2020

21天突破

会计

Accounting

考点通

李彬 编著　BT学院 组编

CPA

李彬教你考注会®

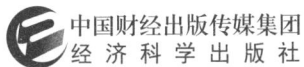

中国财经出版传媒集团
经济科学出版社

目录

Contents

第一编　总论 …… 1

第一章　总论 …… 3

第二编　资产（一） …… 7

第二章　存货 …… 9
第三章　固定资产 …… 14
　第一节　固定资产的初始计量 …… 14
　第二节　固定资产后续计量 …… 16
　第三节　固定资产的处置 …… 18
第四章　无形资产 …… 20
　第一节　无形资产的确认和初始计量 …… 20
　第二节　无形资产的后续计量 …… 21
　第三节　无形资产的处置 …… 22
第五章　投资性房地产 …… 23
　第一节　投资性房地产的确认和初始计量 …… 23
　第二节　投资性房地产的后续计量 …… 23
　第三节　投资性房地产的处置 …… 27
第六章　资产减值 …… 30
第七章　金融工具 …… 34
　第一节　金融资产和金融负债的分类和重分类 …… 34
　第二节　金融负债和权益工具的区分 …… 38
　第三节　金融工具的计量 …… 38

第三编　资产（二） …… 49

第八章　长期股权投资及企业合并 …… 51
第一节　合并财务报表 …… 51
第二节　不形成控股合并的长期股权投资 …… 52
第三节　非同一控制下控股合并的长期股权投资及企业合并 …… 56
第四节　同一控制下控股合并的长期股权投资及企业合并 …… 60
第五节　长期股权投资核算方法的转换及处置 …… 64
第六节　内部交易的合并处理 …… 68
第七节　特殊交易在合并财务报表中的会计处理 …… 72
第八节　合并现金流量表的编制 …… 74

第四编　负债和所有者权益 …… 99

第九章　负债 …… 101
第十章　所有者权益 …… 103

第五编　收入及财务报告 …… 107

第十一章　收入、费用和利润 …… 109
第一节　收入 …… 109
第二节　费用 …… 124
第三节　利润 …… 126
第十二章　财务报告 …… 130

第六编　特殊事项（一） …… 139

第十三章　或有事项 …… 141
第十四章　非货币性资产交换 …… 146
第十五章　债务重组 …… 150
第十六章　政府补助 …… 155
第十七章　借款费用 …… 161
第十八章　股份支付 …… 166
第十九章　外币折算 …… 175

第七编　特殊事项（二） …… 179

第二十章　所得税 …… 181

第二十一章　租赁 …… 192

第八编　特殊事项（三） …… 199

第二十二章　会计政策、会计估计变更和差错更正 …… 201
第二十三章　资产负债表日后事项 …… 208

第九编　特殊事项（四） …… 213

第二十四章　应付职工薪酬 …… 215
第二十五章　每股收益的计算 …… 225
第二十六章　持有待售的非流动资产、处置组和终止经营 …… 230
第二十七章　附加内容 …… 238
第一节　金融资产转移 …… 238
第二节　反向购买 …… 240
第三节　合营安排 …… 241

第一编 总 论

第一章　总　论

考点一：会计基本假设

1. 会计主体：简单地说就是会计计量的对象，是指企业会计确认、计量和报告的空间范围。

这里可以区分一下法律主体和会计主体，所谓法律主体是指在法律上的独立的主体。法律主体必然是会计主体，但是会计主体不一定是法律主体，比如母子公司都是独立的，都是独立的法律主体，但是母子公司作为一个整体，就有必要将整个集团作为一个会计主体，编制合并财务报表。

2. 持续经营：是指在可以预见的将来，企业将会按当前的规模和状态继续经营下去。

3. 会计分期：企业的经营是持续的，但是会计的计量要分期进行，比如年报、半年报等。

4. 货币计量：是指会计主体在财务会计确认、计量和报告时以货币计量，反映会计主体的生产经营活动。

【例题 1－1·单选题】 甲公司 2014 年 12 月 20 日与乙公司签订商品销售合同。合同约定：甲公司应于 2015 年 5 月 20 日前将合同标的商品运抵乙公司并经验收，在商品运抵乙公司前灭失、毁损变动等风险由甲公司承担。甲公司该项合同中所售商品为库存 W 商品，2014 年 12 月 30 日，甲公司根据合同向乙公司开具了增值税专用发票并于当日确认了商品销售收入。W 商品于 2015 年 5 月 10 日发出并于 5 月 15 日运抵乙公司验收合格。对于甲公司 2014 年 W 商品销售收入确认的恰当性判断，除考虑与会计准则规定的收入确认条件的符合性以外，还应考虑可能违背的会计基本假设是（　　）。（2016 年）

A. 会计主体　　B. 会计分期

C. 持续经营　　D. 货币计量

【答案】 B

【解析】 甲公司在合同中规定，在商品运抵乙公司以前发生的损失风险由甲公司承担，故不应在 12 月 30 日就开具发票并确认收入，此行为会导致本来应该在 2015 年确认的收入，提前确认在 2014 年，违背了会计分期的基本假设。

考点二：会计信息质量要求

可靠性	以实际发生的交易或者事项为依据进行确认、计量和报告，如实反映符合确认和计量要求的各项会计要素和其他信息，保证会计信息的真实可靠、内容完整
相关性	提供的信息应当与财务报告使用者的经济决策需求相关
可理解性	要求企业提供的会计信息应当清晰明了
可比性	同一企业不同时期可比，不同企业相同会计期间可比

续表

实质重于形式	实质重于形式要求企业应当按照交易或者事项的经济实质进行会计确认、计量和报告，不仅仅以交易或者事项的法律形式为依据 例如，商品已经售出，但企业为确保到期收回债款而暂时保留商品的法定所有权时，该权利通常不会对客户取得对该商品的控制权构成障碍，在满足收入确认的其他条件时企业确认相应的收入
重要性	企业提供的会计信息应当反映与企业财务状况、经营成果和现金流量有关的所有重要交易或者事项
谨慎性	要求在计量时保持应有的谨慎，不应高估资产或者收益，不应低估负债或者费用，且不允许企业设置秘密准备。 例如：资产在发生减值的时候要确认资产减值损失
及时性	企业对于已经发生的交易或者事项，应当及时进行确认、计量和报告，不得提前或延后

【例题1-2·单选题】甲公司销售乙产品，同时对售后3年内因产品质量问题承担免费保修义务，有关产品更换或修理至达到正常使用状态的支出由甲公司负担。2016年，甲公司共销售乙产品1 000件，根据历史经验估计，因履行售后保修承诺预计将发生的支出为600万元，甲公司确认了销售费用，同时确认为预计负债。甲公司该会计处理体现的会计信息质量要求是（　　）。(2017年)

A. 可比性　　B. 谨慎性　　C. 及时性　　D. 实质重于形式

【答案】B

【解析】谨慎性要求企业对交易或者事项进行会计确认、计量和报告时应当保持应有的谨慎，不应高估资产或者收益、低估负债或者费用。甲公司将符合条件的或有事项确认为负债并同时确认了销售费用，体现了会计信息质量要求的谨慎性原则。

【例题1-3·单选题】甲公司2015年经批准发行10亿元永续中票。其发行合同约定：(1) 采用固定利率，当期票面利率=当期基准利率+1.5%，前5年利率保持不变，从第6年开始，每5年重置一次，票面利率最高不超过8%；(2) 每年7月支付利息，经提前公告当年应予发放的利息可递延，但付息前12个月，如遇公司向普通股股东分红或减少注册资本，则利息不能递延，否则递延次数不受限制；(3) 自发行之日起5年后，甲公司有权决定是否实施转股；(4) 甲公司有权决定是否赎回，赎回前长期存续。根据以上条款，甲公司将该永续中票确认为权益，其所体现的会计信息质量要求是（　　）。(2016年)

A. 相关性　　B. 可靠性　　C. 可理解性　　D. 实质重于形式

【答案】D

【解析】实质重于形式原则，要求企业按照交易或事项的经济实质进行会计确认、计量和报告，而不应当仅仅按照交易或事项的法律形式作为会计确认、计量和报告的依据。

永续中票虽然有固定利率，看起来符合债务的要求，但其同时可以利息递延，且甲公司有权决定是否赎回，5年之后，甲公司有权决定是否转股，故从性质上来看，其本质更符合权益，而不是债务。

【例题1-4·多选题】下列各项交易事项的会计处理中，体现实质重于形式原则的有（　　）。(2015年)

A. 将发行的附有强制付息义务的优先股确认为负债

B. 将企业未持有权益但能够控制的结构化主体纳入合并范围

C. 将附有追索权的商业承兑汇票出售确认为质押贷款

D. 对存货计提跌价准备

【答案】 ABC

【解析】 选项A，虽然表述为优先股，是权益类，但因其附有强制付息义务，其实质为负债。选项B，未持有权益，不应纳入合并范围，但因其能够控制，故应纳入合并范围。选项C，商业承兑汇票出售以后，其本身不再承担义务，但因为附有追索权，当其得不得兑现时，可以向企业追索，故应属于质押贷款。选项D，体现谨慎性。

【例题1-5·单选题】 下列各项中，体现实质重于形式这一会计信息质量要求的是（　　）。(2014年AB卷)

A. 确认预计负债

B. 对应收账款计提坏账准备

C. 对外公布财务报表时提供可比信息

D. 将发行的附有强制付息义务的优先股确认为负债

E. 对存货计提跌价准备

【答案】 D

【解析】 根据负债与权益工具的划分规定，附有强制付息义务的优先股虽然名义上是“股”，但实质上是负债。

考点三：要素计量属性

计量属性主要包括：历史成本、重置成本、可变现净值、现值和公允价值。

历史成本	就是取得或制造某项财产物资时所实际支付的现金或其他等价物，是取得时点的实际成本
重置成本	重置成本又称现行成本，是指按照当前市场条件，重新取得同样一项资产所需支付的现金或现金等价物
可变现净值	指在正常生产经营过程中，以预计售价减去进一步加工成本和销售所必须的预计税金、费用后的净值。稍后的存货章节就需要利用可变现净值这种计量方法
现值	指对未来现金流量以恰当的折现率进行折现后的价值，即是将未来现金流量按照一定折现率进行折现
公允价值	指市场参与者在计量日发生的有序交易中，出售一项资产所能收到或者转移一项负债所支付的价格

第二编
资产（一）

第二章 存 货

考点一：初始计量

1. 外购成本（购买价款 + 其他相关费用）。

其他相关费用包括：相关税费、运输费、装卸费、保险费、运输中存货的合理损耗、入库前的挑选整理费等其他可归属于存货采购成本的费用。

2. 加工取得存货的成本（加工中的各种成本之和）。

3. 其他方式取得存货的成本。

4. 存货盘盈。

盘盈的存货应按其重置成本作为入账价值，并通过“待处理财产损溢”科目进行会计处理，按管理权限报经批准后，冲减当期管理费用。

【注意】下列费用不应当计入存货成本，而应当在其发生时计入当期损益：

（1）非正常消耗的直接材料、直接人工及制造费用。

（2）企业在采购入库后发生的储存费用，应计入当期损益。但是，在生产过程中为达到下一个生产阶段所必须的仓储费，应计入存货成本。

（3）不能归属于使存货达到目前场所和状态的其他支出。

（4）企业采购用于广告营销活动的特定商品，计入当期损益（销售费用）。

【例题 2－1 · 单选题】 甲公司为制造企业，其在日常经营活动中发生的下列费用或损失，应当计入存货成本的是（　　）。(2014 年)

A. 仓库保管人员的工资

B. 季节性停工期间发生的制造费用

C. 未使用管理用固定资产计提的折旧

D. 采购运输过程中因自然灾害发生的损失

【答案】 B

【解析】 仓库保管人员的工资计入管理费用，不影响存货成本，选项 A 错误；制造费用是一项间接生产成本，影响存货成本，选项 B 正确；未使用管理用固定资产计提的折旧计入管理费用，不影响存货成本，选项 C 错误；采购运输过程中因自然灾害发生的损失计入营业外支出，不影响存货成本，选项 D 错误。

考点二：发出存货的计量

发出存货的计量方法包括先进先出法、移动加权平均法、月末一次加权平均法、个别计价法。

1. 先进先出法：先购入的存货应先发出（销售或耗用）。

2. 移动加权平均法：每次进货都要重新计算一次存货的成本。

3. 月末一次加权平均法：当月全部进货数量加上月初存货数量的加权平均成本。

4. 个别计价法：逐一确认成本的方法。

【例题 2-2·单选题】 甲公司为增值税一般纳税人，采用先进先出法计量发出 A 原材料的成本。2011 年年初，甲公司库存 200 件 A 原材料的账面余额为 200 万元，未计提跌价准备。6 月 1 日购入 A 原材料 250 件，成本 2 375 万元、运输费用 80 万元、保险费用 0.23 万元，以上支出都取得了增值税专用发票。1 月 31 日、6 月 6 日、11 月 12 日分别发出 A 原材料 150 件、200 件和 30 件。甲公司 2011 年 12 月 31 日库存 A 原材料的成本是（　　）万元。（2013 年改编）

A. 665.00　　B. 686.00　　C. 687.40　　D. 700.00

【答案】 C

【解析】 6 月 1 日购入 A 原材料的实际单位成本 =（2 375 + 80 + 0.23）÷ 250 = 9.82（万元），2011 年 12 月 31 日库存 A 原材料结存数量 = 200 + 250 - 150 - 200 - 30 = 70（件），此 70 件即为 6 月 1 日购买的原材料，库存 A 原材料的成本 = 70 × 9.82 = 687.40（万元）。

考点三：期末存货的计量

期末存货按照成本和可变现净值孰低计量。

（一）可变现净值的确认方法

（1）材料账面价值的确定：

- 若材料直接出售：材料按成本与可变现净值孰低计量
  （材料的可变现净值 = 材料估计售价 - 销售材料估计的销售费用 - 相关税费）
- 若材料用于生产产品
  - 产品没有发生减值：材料按成本计量
  - 产品发生减值：材料按可变现净值计量
    （材料可变现净值 = 产品的估计售价 - 至完工估计将要发生成本 - 销售产品估计的销售费用 - 相关税费）

（2）签订合同的情形：

- 有合同
  - 合同数量内：可变现净值 = 合同价 - 销售费用 - 相关税费
  - 超出合同数量：可变现净值 = 估计售价 - 销售费用 - 相关税费
- 无合同：按照正常可变现净值确定

强调：如果一批产品中，其中部分有合同，部分没有合同，在期末存货的计量中，两部分要分开计算，不得相互抵销。

【例题 2-3·多选题】 在确定存货的可变现净值时，应当考虑的因素有（　　）。（2019 年）

A. 持有存货的目的　　B. 存货的采购成本

C. 存货的市场销售价格　　D. 资产负债表日后事项

【答案】 ACD

【解析】 在确定存货的可变现净值时，应当考虑的因素有：（1）以确凿证据为基础（如产成品或商品的市场销售价格）；（2）应当考虑持有存货的目的；（3）应当考虑资产负债表日后事项的影响。

【例题2－4·单选题】 甲公司主要从事X产品的生产和销售，生产X产品使用的主要材料Y材料全部从外部购入。2017年12月31日，在甲公司财务报表中库存Y材料的成本为5 600万元。若将全部库存Y材料加工成X产品，甲公司估计还需发生成本1 800万元，预计加工而成的X产品售价总额为7 000万元，预计的销售费用及相关税费总额为300万元。若将库存Y材料全部予以出售，其市场价格为5 000万元。假定甲公司持有Y材料的目的系用于X产品的生产，不考虑其他因素，甲公司在对Y材料进行期末计量时确定的可变现净值是（　　）万元。（2018年）

A. 4 900　　B. 5 000　　C. 5 600　　D. 7 000

【答案】 A

【解析】 由于Y材料主要用于X产品的生产，所以Y材料的可变现净值＝（7 000－300）－1 800＝4 900（万元）。

（二）计提存货跌价准备

企业应在每一资产负债表日，比较存货成本与可变现净值，将存货可变现净值小于成本的部分，计提存货跌价准备。

借：资产减值损失

　　贷：存货跌价准备

注意：题目有时候告诉我们材料可以生产为某产品，同时告知材料和产品的价格，让求存货跌价准备应该计提多少，这里需要用最终产品的市场价格或者合同价格来计算。给出材料市场价格只是为了混淆大家的，做题时千万不要纠结，认为题目没有说材料专门生产某产品，所以我可以按材料卖价来算，千万不要在这里过多较真，我们要明白出题老师的目的。

【例题2－5·单选题】 2016年12月31日，甲公司持有乙原材料200吨，单位成本为20万元/吨。每吨乙原材料可加工生产丙产成品一件，该丙产成品售价为21.2万元/件，将乙原材料加工至丙产成品过程中发生加工费等相关费用共计2.6万元/件；当日，乙原材料的市场价格为19.3万元/吨。甲公司2016年财务报表批准报出前几日，乙原材料及丙产成品的市场价格开始上涨，其中乙原材料价格为19.6万元/吨，丙产成品的价格为21.7万元/件，甲公司在2016年以前未计提存货跌价准备。不考虑其他因素，甲公司2016年12月31日就持有的乙原材料应当计提的存货跌价准备是（　　）万元。（2017年）

A. 80　　B. 280　　C. 140　　D. 180

【答案】 B

【解析】 乙原材料是用于加工生产丙产品的，则乙原材料的可变现净值要根据最终产品的市场价格确认。最终产品价格题目中告知了两个，一个是12月31日的价格为21.2万元/件，一个是财务报表批准报出前几日的价格19.6万元/吨，这里我们用12月31日的价格为21.2万元/件，因为题目问的是12月31日应当计提的存货跌价准备，且财务报表批准报出前价格上涨，是因为市场因素，则表明在12月31日，丙产品的市场价格为21.2万元/件。

乙原材料的可变现净值＝丙产品市场售价－乙原材料加工成丙产品尚需要的成本－销售丙产品的销售费用＝21.2－2.6＝18.6（万元）。乙原材料的成本为20（万元），因此应该计提存货跌价准备＝（20－18.6）×200＝280（万元）。

【例题2-6·单选题】甲公司2015年年末持有乙原材料100件，成本为每件5.3万元。每件乙原材料可加工为一件丙产品，加工过程中需发生的费用为每件0.8万元，销售过程中估计将发生运输费用为每件0.2万元。2015年12月31日，乙原材料的市场价格为每件5.1万元，丙产品的市场价格为每件6万元。乙原材料以前期间未计提跌价准备，不考虑其他因素，甲公司2015年末对乙原材料应计提的存货跌价准备是（　　）万元。(2016年)

A. 0　　B. 10　　C. 20　　D. 30

【答案】D

【解析】乙原材料是用于加工生产丙产品的，则乙原材料的可变现净值要根据最终产品的市场价格确认。乙原材料的可变现净值 = 丙产品市场售价 - 乙原材料加工成丙产品尚需要的成本 - 销售丙产品的销售费用 = 6 - 0.8 - 0.2 = 5（万元）。

乙原材料的成本为5.3万元/件，因此应该计提存货跌价准备 = (5.3 - 5) × 100 = 30（万元）。

【例题2-7·单选题】2013年年末，甲公司库存A原材料账面余额为200万元，数量为10吨。该原材料全部用于生产按照合同约定向乙公司销售的10件B产品。合同约定：甲公司应于2014年5月1日前向乙公司发出10件B产品，每件售价为30万元（不含增值税）。将A原材料加工成B产品尚需发生加工成本110万元，预计销售每件B产品尚需发生相关税费0.5万元。2013年年末，市场上A原材料每吨售价为18万元，预计销售每吨A原材料尚需发生相关税费0.2万元。2013年年初，A原材料未计提存货跌价准备。不考虑其他因素，甲公司2013年12月31日对A原材料应计提的存货跌价准备是（　　）万元。(2014年)

A. 5　　B. 10　　C. 15　　D. 20

【答案】C

【解析】A原材料是专门用于生产B产品的，则A原材料的可变现净值 = 30 × 10 - 110 - 0.5 × 10 = 185（万元），甲公司2013年12月31日对A原材料应计提的存货跌价准备 = 200 - 185 = 15（万元）。

【例题2-8·单选题】2011年10月20日，甲公司与乙公司签订不可撤销的销售合同，拟于2012年4月10日以40万元的价格向乙公司销售W产品一件。该产品主要由甲公司库存自制半成品S加工而成，每件半成品S可加工成W产品一件。2011年12月31日，甲公司库存1件自制半成品S，成本为37万元，预计加工成W产品尚需发生加工费用10万元。当日，自制半成品S的市场销售价格为每件33万元，W产品的市场销售价格为每件36万元。不考虑其他因素，2011年12月31日甲公司应就库存自制半成品S计提的存货跌价准备为（　　）万元。(2012年)

A. 1　　B. 4　　C. 7　　D. 11

【答案】C

【解析】本题考点有两个：一是合同数量内按合同价；二是材料是为生产产品而持有的。

因为甲公司与乙公司签订不可撤销合同，而W产品是由S半成品制作的，则S半成品的可变现净值要根据最终产品的市场价格确认，W产品的市场售价就是合同价40万元。

自制半成品S可变现净值 = W产品市场售价 - S半成品加工成W产品尚需要的成本 - 销售W产品的销售费用 = 40 - 10 - 0 = 30（万元）。

S半成品成本为37万元，因此应该计提存货跌价准备 = 37 - 30 = 7（万元）。

（三）存货跌价准备的转回

当以前减记存货价值的影响因素已经消失，而不是在当期造成存货可变现净值高于成本的其

他影响因素，存货跌价准备在原已计提的存货跌价准备的金额内转回，转回的金额计入当期损益。(与计提相反的分录)

考点四：存货的处置

（一）存货的清查（盘亏和毁损）

（1）人为原因：计量收发差错和管理不善造成存货短缺，应先扣除残料价值、可以收回的保险赔偿和过失人赔偿等，将净损失的金额计入管理费用。

（2）自然灾害造成的存货毁损，应先扣除残料价值、可以收回的保险赔偿等，将净损失计入营业外支出。

【例题2－9·多选题】下列各项中，应计入制造企业存货成本的有（　　）。(2012年)

A. 进口原材料支付的关税

B. 采购原材料发生的运输费

C. 自然灾害造成的原材料净损失

D. 用于生产产品的固定资产修理期间的停工损失

【答案】ABD

【解析】选项AB，外购存货的成本包括购买价款、相关税费、运输费、装卸费、保险费、运输中存货的合理损耗、入库前的挑选整理费用等其他可归属于存货采购成本的费用；选项C，自然灾害造成的存货净损失经批准应记入“营业外支出”科目；选项D，用于生产产品的固定资产修理期间的停工损失，计入存货成本。

（二）存货的出售

<table>
<tr><td>确认收入</td><td>借：银行存款（应收账款）
　　贷：主营业务收入</td></tr>
<tr><td rowspan="2">结转成本</td><td>借：主营业务成本
　　存货跌价准备（若未发生跌价，则无此分录）
　　贷：库存商品</td></tr>
<tr><td>企业计提了存货跌价准备，如果其中有部分存货已经销售，则企业在结转销售成本时，应同时结转对应的已计提存货跌价准备</td></tr>
</table>

第三章　固定资产

第一节　固定资产的初始计量

考点一：外购固定资产的成本

基本原则：成本 = 购买价款 + 相关费用（不含增值税进项税额）

成本包括购买价款、相关税费、使固定资产达到预定可使用状态前所发生的可归属于该项资产的运输费、装卸费、安装费和专业人员服务费等。

【注意】需要安装的固定资产，写分录时需要通过“在建工程”科目核算，最后转入固定资产。

企业以一笔款项同时购入多项没有单独标价的资产，此时应当将这些资产分别单独确认为固定资产，并按各项固定资产公允价值的比例对总成本进行分配。

采用分期付款方式购买资产，按照购入固定资产的成本应以各期付款额的现值之和确认。现值和应付账款之间的差额计入未确认融资费用。在付款期内按照实际利率法确认利息计入财务费用。

【例题 3-1·单选题】甲公司 2020 年取得一项固定资产，与取得该资产相关的支出包括：（1）支付购买价款 300 万元、增值税进项税额 39 万元，另支付购入过程中运输费 8 万元、相关增值税进项税额 0.72 万元；（2）为使固定资产符合甲公司特定用途，购入后甲公司对其进行了改造。改造过程中领用本公司原材料 6 万元，相关增值税 0.78 万元，发生职工薪酬 3 万元。甲公司为增值税一般纳税人。不考虑其他因素，甲公司该固定资产的入账价值是（　　）万元。（2017 年）

A. 317　　B. 317.8　　C. 317.96　　D. 366.76

【答案】A

【解析】企业外购固定资产的成本，包括购买价款、相关税费以及使固定资产达到预定可使用状态前所发生的可归属于该项资产的运输费、装卸费、安装费等。企业对固定资产进行改扩建，在达到预定可使用状态前所发生的必要支出，包括物资成本、人工成本等，都应计入固定资产成本。固定资产入账价值 = 300 + 8 + 6 + 3 = 317（万元）。

考点二：自行建造固定资产

基本确认原则：根据实际发生的成本确认计量。

（一）自营方式建造固定资产

<table>
<tr><td rowspan="3">工程物资处理</td><td rowspan="2">建造期间</td><td>工程物资盘亏、报废及毁损</td><td>减去残料价值以及保险公司、过失人等赔偿后的净损失，计入在建工程的成本</td></tr>
<tr><td>工程物资盘盈或处置净收益</td><td>冲减所建工程项目的成本</td></tr>
<tr><td>完工后</td><td>工程物资盘盈、盘亏、报废、毁损</td><td>计入当期损益</td></tr>
<tr><td>完工未结算先折旧的情况</td><td colspan="3">自达到预定可使用状态之日起，按暂估价值转入固定资产，并计提固定资产折旧；
待办理了竣工决算手续后再调整原来的暂估价值，但不需要调整原来的折旧额</td></tr>
<tr><td rowspan="3">高危行业企业按照国家规定提取的安全生产费</td><td>提取安全生产费时</td><td colspan="2">借：生产成本（或当期损益）
　贷：专项储备</td></tr>
<tr><td rowspan="2">使用提取的安全费用时</td><td>（1）属于费用性支出，直接冲减专项储备</td><td>借：专项储备
　贷：银行存款</td></tr>
<tr><td>（2）形成固定资产的</td><td>借：在建工程
　应交税费——应交增值税（进项税额）
　贷：银行存款
　　应付职工薪酬
借：固定资产
　贷：在建工程
转入“固定资产”之后将固定资产一次性计提完折旧：
借：专项储备
　贷：累计折旧</td></tr>
</table>

（二）出包方式建造固定资产

其成本由建造该项固定资产达到预定可使用状态前所发生的必要支出构成，包括发生的建筑工程支出、安装工程支出以及需分摊计入各固定资产价值的待摊支出。

【例题3－2·多选题】甲公司以出包方式建造厂房，建造过程中发生的下列支出中，应计入所建造厂房成本的有（　　）。(2014年改编)

A. 支付给第三方监理公司的监理费

B. 为取得土地使用权而缴纳的土地出让金

C. 建造期间进行试生产发生的负荷联合试车费用

D. 建造期间因可预见的不可抗力导致暂停施工发生的费用

E. 季节性因素暂停建造期间外币专门借款的汇兑损益

【答案】ACDE

【解析】选项B，为取得土地使用权而缴纳的土地出让金应当确认为无形资产。

【例题3－3·分析题】甲股份有限公司为资源开采型企业，按照国家有关规定需计提安全生产费用，当年度计提安全生产费800万元，用已计提的安全生产费购置安全生产设备200万元。(其他有关资料：不考虑相关税费)

要求：编制甲公司有关交易事项的会计分录。(2015 年节选)

【答案】按照国家规定提取的安全生产费，计入相关产品的成本或当期损益。企业使用安全生产费形成的固定资产，确认为固定资产，同时按照一次性冲减专项储备，并确认相同金额的累计折旧。该固定资产以后期间不再计提折旧。

借：生产成本（制造费用）　800
　　贷：专项储备　800

借：固定资产　200
　　贷：银行存款　200

借：专项储备　200
　　贷：累计折旧　200

考点三：盘盈的固定资产

盘盈的固定资产，作为前期差错处理，在按管理权限报经批准处理前，应先通过“以前年度损益调整”科目核算。

第二节　固定资产后续计量

考点一：折旧范围和时间

1. 影响固定资产折旧的因素：原价、使用寿命、预计净残值、计提的减值准备。
2. 固定资产折旧范围。应当对所有的固定资产计提折旧，但是下列资产不用折旧：
(1) 已提足折旧仍继续使用的固定资产；
(2) 提前报废的固定资产；
(3) 单独计价入账的土地；
(4) 持有待售的固定资产（1 年内卖掉）。
3. 固定资产折旧的时间，当月增加当月不提，当月减少当月提。

【例题 3-4·多选题】下列资产中，不需要计提折旧的有（　　）。(2014 年)

A. 已划分为持有待售的固定资产
B. 以公允价值模式进行后续计量的已出租厂房
C. 因产品市场不景气尚未投入使用的外购机器设备
D. 已经完工投入使用但尚未办理竣工决算的自建厂房

【答案】AB

【解析】尚未投入使用的固定资产和已经完工投入使用但尚未办理竣工决算的自建厂房都需要计提折旧。已经完工投入使用但尚未办理竣工决算的固定资产，按照估价确定其成本，并计提折旧，待办理竣工决算后再按实际成本调整原来的暂估价值，但不需要调整原来已计提的折旧额。

【例题 3-5·多选题】下列关于固定资产折旧会计处理的表述中，正确的有（　　）。(2015 年)

A. 处于季节性修理过程中的固定资产在修理期间应当停止计提折旧
B. 已达到预定可使用状态但尚未办理竣工决算的固定资产应当按暂估价值计提折旧
C. 自用固定资产转为成本模式后续计量的投资性房地产后仍应当计提折旧

D. 与固定资产有关的经济利益预期消耗方式发生重大改变的，应当调整折旧方法

【答案】BCD

【解析】选项A，固定资产的后续支出，分为资本化后续支出和费用化后续支出，若属于改扩建等，满足资本化的后续支出，则应转入在建工程，不再计提折旧；若属于费用化后续支出，则直接计入当期损益，应继续计提折旧。季节性修理，属于费用化后续支出，应该继续计提折旧。选项C，投资性房地产分为成本模式和公允价值模式，对于成本模式，应该计提折旧，对于公允价值模式，不计提折旧。

考点二：折旧方法

折旧方法包括年限平均法、工作量法、双倍余额递减法和年数总和法等，固定资产的折旧方法一经确定，不得随意变更。

【注意】双倍余额递减法，开始几年不考虑净残值，最后两年改为年限平均法，考虑净残值。

【例题3-6·单选题】2011年11月20日，甲公司购进一台需要安装的A设备，取得的增值税专用发票上注明的设备价款为950万元，可抵扣增值税进项税额为152万元，款项已通过银行支付。安装A设备时，甲公司领用原材料36万元（不含增值税额），支付安装人员工资14万元。2011年12月30日，A设备达到预定可使用状态。A设备预计使用年限为5年，预计净残值率为5%，甲公司采用双倍余额递减法计提折旧。(2011年)

要求：根据上述资料，不考虑其他因素，回答下列小题。

(1) 甲公司A设备的入账价值是（　　）万元。

A. 950　　B. 986　　C. 1 000　　D. 1 111.5

(2) 甲公司2014年度对A设备计提的折旧是（　　）万元。

A. 136.8　　B. 144　　C. 187.34　　D. 190

【答案】(1) C；(2) B

【解析】(1) 甲公司A设备的入账价值 $=950+36+14=1\ 000$（万元）。

(2) 2011年12月30日达到预定可使用状态，2012年1月就可以开始折旧。

所以2012年计提的折旧 $=1\ 000\times2/5=400$（万元）

2013年计提的折旧 $=(1\ 000-400)\times2/5=240$（万元）

2014年计提的折旧 $=(1\ 000-400-240)\times2/5=144$（万元）

【例题3-7·单选题】甲公司为增值税一般纳税人，该公司2019年5月10日购入需安装设备一台，价款为500万元，可抵扣增值税进项税额为65万元。为购买该设备发生运输途中保险费20万元（不含增值税额）。设备安装过程中，领用材料50万元，相关增值税进项税额为6.5万元；支付安装工人工资12万元。该设备于2019年12月30日达到预定可使用状态。甲公司对该设备采用年数总和法计提折旧，预计使用10年，预计净残值为零。假定不考虑其他因素，2020年该设备应计提的折旧额为（　　）万元。(2012年)

A. 102.18　　B. 103.64　　C. 105.82　　D. 120.64

【答案】C

【解析】确定外购的固定资产的成本时所遵循的基本原则是：成本 = 购买价款 + 相关费用（不含增值税进项税额），即外购固定资产确认的成本包括购买价款、相关税费、使固定资产达到预定可使用状态前所发生的可归属于该项资产的运输费、装卸费、安装费和专业人员服务费等。

2019 年 12 月 30 日甲公司购入固定资产的入账价值 = 500 + 20 + 50 + 12 = 582（万元）

年数总和法的年折旧率 = 尚可使用寿命 ÷ 预计使用寿命的年数总和 × 100%

2020 年该设备应计提的折旧额 = 582 × 10 ÷ 55 = 105.82（万元）

考点三：固定资产资本化后续支出

基本处理原则：符合固定资产确认条件的，应当计入固定资产成本或其他相关资产的成本，同时将被替换部分的账面价值扣除；

资本化的后续支出要遵循三步走原则：

第一步，将固定资产账面价值转入在建工程，转入在建工程后，固定资产应停止计提折旧。

第二步，将资本化的后续化支出，通过“在建工程”科目核算。

第三步，将完工后的“在建工程”转入“固定资产”，并按重新确认的价值，使用寿命，预计净残值和折旧方法计提折旧。

【例题 3－8·单选题】 甲公司为增值税一般纳税人，适用的增值税税率为 13%。2019 年 5 月 1 日，甲公司对某项生产用机器设备进行更新改造。当日，该设备原价为 500 万元，累计折旧 200 万元，已计提减值准备 50 万元。更新改造过程中发生劳务费用 100 万元；领用本公司生产的产品一批，成本为 80 万元，市场价格（不含增值税额）为 100 万元。经更新改造的机器设备于 2019 年 7 月 10 日达到预定可使用状态。假定上述更新改造支出符合资本化条件，更新改造后该机器设备的入账价值为（　　）万元。(2012 年)

A. 430　　B. 467　　C. 680　　D. 717

【答案】 A

【解析】 公司改造固定资产或建造固定资产，领用本公司生产的产品按成本价入账且不考虑增值税。机器设备更新改造后的入账价值 = 该项机器设备进行更新前的账面价值 + 发生的后续支出 = (500 − 200 − 50) + 100 + 80 = 430（万元）。

第三节　固定资产的处置

这里说的处置是指未划分为持有待售类别而出售、转让的固定资产。对于划分为持有待售类别的，按照持有待售非流动资产、处置组的内容进行会计处理。

考点一：固定资产处置的账务处理

固定资产转入清理	借：固定资产清理 　　累计折旧 　　固定资产减值准备 　　贷：固定资产
发生清理费用	借：固定资产清理 　　贷：银行存款
出售收入	借：银行存款 　　贷：固定资产清理 　　　　应交税费——应交增值税

续表

保险赔偿		借：其他应收款/银行存款 　　贷：固定资产清理
清理净损益	正常出售、转让所得	借：资产处置损益 　　贷：固定资产清理（或反分录）
	丧失使用功能正常报废	借：营业外支出——非流动资产报废 　　贷：固定资产清理（或反分录）
	自然灾害等非正常原因造成	借：营业外支出——非常损失 　　贷：固定资产清理（或反分录）

固定资产的正常出售、转让所得记入“资产处置损益”，因此现在影响的是营业利润，这里可能结合“非货币性资产交换”出题，值得关注。

考点二：固定资产盘亏

固定资产盘亏应当首先将固定资产的账面价值转入“待处理财产损溢——待处理固定资产损溢”，按管理权限报经批准后，扣除可收回的保险赔偿或过失人赔偿，记入“营业外支出——盘亏损失”科目。

第四章　无形资产

第一节　无形资产的确认和初始计量

考点一：无形资产内容

无形资产主要包括专利权、非专利技术、商标权、著作权、土地使用权、特许权等。

【注意】

1. 商誉不是无形资产，因为商誉具有不可辨认性。

2. 土地使用权不一定作为无形资产核算。

（1）房地产开发企业取得的土地使用权用于建造对外出售的房屋建筑物，相关的土地使用权应当计入所建造的房屋建筑物成本。（开发成本）

（2）企业外购房屋建筑物所支付的价款应当按照合理的方法在地上建筑物与土地使用权之间进行分配；难以合理分配的，应当全部作为固定资产处理。

（3）企业改变土地使用权的用途，停止自用土地使用权，将其用于赚取租金或资本增值时，应将其账面价值转为投资性房地产。

【例题 4－1·单选题】下列各项中，制造企业应确认为无形资产的是（　　）。（2014 年）

A. 自创的商誉

B. 企业合并产生的商誉

C. 内部研究开发项目研究阶段发生的支出

D. 以缴纳土地出让金方式取得的土地使用权

【答案】D

【解析】自创的商誉、企业合并产生的商誉，以及开发项目研究阶段发生的支出，不符合无形资产的定义，不确认为无形资产。

【例题 4－2·单选题】长江公司为一家多元化经营的综合性集团公司，不考虑其他因素，其纳入合并范围的下列子公司对所持有土地使用权的会计处理中，不符合会计准则规定的是（　　）。（2016 年）

A. 子公司甲为房地产开发企业，将土地使用权取得成本计入所建造商品房成本

B. 子公司乙将取得的用于建造厂房的土地使用权在建造期间的摊销计入当期管理费用

C. 子公司丙将持有的土地使用权对外出租，租赁开始日停止摊销并转为采用公允价值进行后续计量

D. 子公司丁将用作办公用房的外购房屋价款按照房屋建筑物和土地使用权的相对公允价值

分别确认为固定资产和无形资产，采用不同的年限计提折旧或摊销

【答案】 B

【解析】 取得的用于建造厂房的土地使用权在建造期间的摊销计入厂房成本，而不是当期管理费用。

考点二：外购的无形资产

1. 初始入账价值包括购买价款、相关税费以及直接归属于使该资产达到预定可使用状态所发生的其他支出。

下列各项不包括在无形资产初始成本中：

（1）为引入新产品进行宣传发生的广告费、管理费用及其他间接费用；

（2）无形资产已经达到预定可使用状态以后发生的费用。

2. 分期购买无形资产的会计处理与分期购买固定资产的处理相同。采用分期付款方式购买资产，且具有融资性质，购入无形资产的成本应以各期付款额的现值之和计量。

考点三：内部研究开发支出的确认和计量

对企业自行进行的研究开发项目，应当区分研究阶段与开发阶段两个部分分别进行核算。

研究阶段应当全部费用化，计入当期损益（管理费用）。

开发阶段符合资本化条件的部分，应当资本化，不符合资本化条件的部分，应当费用化计入当期损益（管理费用）。

如果确实无法区分研究阶段的支出和开发阶段的支出，应将其所发生的研发支出全部费用化，计入当期损益。

【注意】对于同一项无形资产在开发过程中达到资本化条件之前已经费用化计入当期损益的支出不再进行调整。

【例题4－3·多选题】 下列各项关于无形资产会计处理的表述中，错误的有（　　）。（2019年）

A. 外包无形资产开发活动在实际支付款项时确认无形资产

B. 使用寿命不确定的无形资产只在存在减值迹象时进行减值测试

C. 无法区分研究阶段和开发阶段的支出，全部费用化计入当期损益

D. 在无形资产达到预定用途前为宣传新技术而发生的费用计入无形资产的成本

【答案】 ABD

【解析】 选项A，应在研发完成达到预定用途时确认无形资产；选项B，使用寿命不确定的无形资产应于每个资产负债表日进行减值测试；选项D，宣传费用应计入当期损益。

第二节　无形资产的后续计量

考点：摊销

1. 无形资产分为使用寿命有限的无形资产和使用寿命不确定的无形资产。

2. 使用寿命不确定的无形资产不用摊销，应该每年进行减值测试，测试表明确实发生减值

的，按资产减值处理。商誉不是无形资产，但也应该每年进行减值测试。

3. 使用寿命有限的无形资产应该摊销。

4. 当月增加的无形资产，当月开始摊销；当月减少的无形资产，当月不再摊销。

5. 摊销金额一般计入当期损益，但如果某项无形资产是专门用于生产某种产品或者其他资产，其所包含的经济利益是通过转入所生产的产品或其他资产中实现的，则无形资产的摊销费用应当计入相关资产的成本。

6. 无形资产的残值一般为零，但是不能绝对化。

无形资产 { 使用寿命不确定的无形资产：不摊销，但要每年检测是否减值
使用寿命有限的无形资产：摊销 }

第三节　无形资产的处置

考点一：无形资产的出售

企业出售无形资产，应当将取得的价款与该无形资产账面价值及应交税费的差额计入当期损益（资产处置损益）；如果是报废，应该记入“营业外支出”。

考点二：无形资产的出租

1. 应当按照有关收入确认原则确认所取得的转让使用权收入：

借：银行存款

　　贷：其他业务收入

　　　　应交税费——应交增值税（销项税额）

2. 将发生的与该出租使用权有关的费用计入其他业务成本：

借：其他业务成本

　　贷：累计摊销

【例题 4－4·单选题】 2019 年 1 月 1 日，甲公司将某商标权出租给乙公司，租期为 3 年，每年收取租金 100 万元。该商标权系甲公司 2016 年 1 月 1 日购入的，初始入账价值为 1 000 万元，预计使用年限为 20 年，采用直线法摊销，无残值。假定不考虑相关税费，甲公司 2019 年度出租该商标权影响营业利润的金额为（　　）万元。

A. 20　　B. 60　　C. 50　　D. 100

【答案】 C

【解析】 该商标每年摊销额 = 1 000 ÷ 20 = 50（万元），出租该商标权影响营业利润的金额为 100 － 50 = 50（万元）。

考点三：无形资产的报废

如果无形资产预期不能为企业带来未来经济利益的流入，则不再符合无形资产的定义，应将其报废并予以转销，其账面价值转作当期损益（营业外支出）。

第五章　投资性房地产

第一节　投资性房地产的确认和初始计量

考点：投资性房地产的范围

（1）已出租的土地使用权（自有土地使用权以经营租赁方式出租）。

（2）持有并准备增值后转让的土地使用权。

（3）已出租的建筑物（自己拥有产权以经营租赁方式出租）。

（4）下列项目不属于投资性房地产：①自用房地产；②作为存货的房地产。

（5）如果某项房地产部分自用或作为存货出售、部分用于赚取租金或资本增值，不同用途的部分能够单独计量的，应当分别确认为不同资产。

彬哥说：这里具有选择题的可考性，可以关注一下。

第二节　投资性房地产的后续计量

投资性房地产的后续计量包括：计量模式（成本法和公允价值法）、改建和转换。

考点一：后续计量模式

投资性房地产后续计量，有两种模式：成本模式和公允价值模式。需要注意，同一企业只能采用一种模式对所有投资性房地产进行后续计量，不得同时采用两种计量模式。

成本模式	取得租金收入	借：银行存款 　　贷：其他业务收入
	计提折旧（摊销）时	借：其他业务成本 　　贷：投资性房地产累计折旧（摊销）
公允价值模式（不用折旧）	持有期间投资性房地产公允价值变动	借：投资性房地产——公允价值变动 　　贷：公允价值变动损益（公允价值下降时，相反分录）
后续计量模式的变更（会计政策变更）	只能从成本模式变更为公允价值模式，不允许从公允价值模式变更到成本模式	公允价值和账面价值的差额应调整期初留存收益。 借：投资性房地产——成本（公允价值模式） 　　投资性房地产累计折旧（摊销）（成本模式下提取的折旧或摊销） 　　投资性房地产减值准备（成本模式下确认的减值） 　　贷：投资性房地产（成本模式） 　　　　盈余公积 　　　　利润分配——未分配利润

考点二：房地产的重分类——转换（重点）

对房地产进行的重分类（资产性质的转换），是指“非投资性房地产”和“投资性房地产”之间的互相转换。非投资性房地产主要指固定资产、无形资产和存货（房地产企业）。

【注意】区分投资性房地产后续计量模式的变更。

三种转换模式如下表：

	说明	会计处理
第一种模式	非投资性房地产和投资性房地产（采用成本模式计量）互相转换	直接将他们的科目对调
第二种模式	投资性房地产（公允价值模式计量）转换为非投资性房地产	公允价值和原账面价值的差额记入“公允价值变动损益”
第三种模式	非投资性房地产转换为投资性房地产（公允价值模式计量）	如果转换日公允价值小于非投资性房地产账面价值的，按其差额，记入“公允价值变动损益”科目； 如果转换日公允价值大于非投资性房地产账面价值，按其差额，记入“其他综合收益”科目

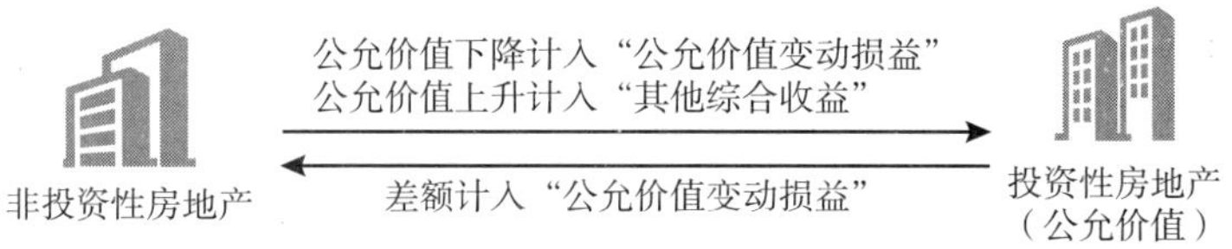

【例题5－1·单选题】甲公司将原自用的办公楼用于出租，以赚取租金收入。从租赁期开始日，该办公楼账面原价为14 000万元，已计提折旧为5 600万元，公允价值为12 000万元。甲公司对投资性房地产采用公允价值模式进行后续计量。甲公司上述自用办公楼转换为投资性房地产时公允价值大于原账面价值的差额在财务报表中列示的项目是（ ）。（2019年）

A. 资本公积　　B. 营业收入

C. 其他综合收益　　D. 公允价值变动收益

【答案】C

【解析】自用房地产转为以公允价值后续计量的投资性房地产，公允价值大于原账面价值之间的差额计入其他综合收益，在财务报表中列示项目也是其他综合收益；公允价值小于原账面价值之间的差额计入公允价值变动损益，在财务报表中列示的项目是公允价值变动收益。

【例题5－2·多选题】下列关于采用公允价值模式进行后续计量的投资性房地产会计处理的表述中，正确的有（　　）。

A. 公允价值变动的金额计入当期损益

B. 按预计使用年限计提折旧

C. 公允价值变动的金额计入其他综合收益

D. 自用房地产转换为投资性房地产时公允价值高于账面价值的差额计入其他综合收益

【答案】AD

【解析】采用公允价值模式计量的投资性房地产不计提折旧，选项B错误；公允价值变动的金额计入公允价值变动损益，选项C错误。

【例题5-3·单选题】 2016年6月30日，甲公司与乙公司签订租赁合同，合同规定甲公司将一栋自用办公楼出租给乙公司，租赁期为1年，年租金为200万元。当日，出租办公楼的公允价值为8 000万元，其账面价值5 500万元。2016年12月31日，该办公楼的公允价值为9 000万元。2017年6月30日，甲公司收回租赁期届满的办公楼并对外出售，取得价款9 500万元。甲公司采用公允价值模式对投资性房地产进行后续计量，不考虑其他因素。上述交易或事项对甲公司2017年度损益的影响金额是（　　）万元。(2012年改编)

A. 500　　B. 6 000　　C. 3 100　　D. 7 000

【答案】 C

【解析】 思路：看到"非投资性房地产转投资性房地产（公允价值模式）"，我们一定要注意"其他综合收益"。

第一步思考：第一句话说的年租金200万元，这个毫无疑问会影响损益！而且2017年只有半年，因此进入损益的金额是100万元（这里告诉我们要注意时间）。

第二步思考：第二句话，出租办公楼的公允价值为8 000万元，其账面价值5 500万元。从非投资性房地产转换为投资性房地产，公允价值上升，应该记入"其他综合收益"2 500万元，卖掉的时候影响损益。

第三步思考：第三句话，2016年12月31日，该办公楼的公允价值为9 000万元，高于转换时的公允价值1 000万元，应该记入"公允价值变动损益"，出售的时候也要冲减"其他业务成本"，但是不影响损益。

第四步思考，出售取得价款9 500万元，之前的账面价值是9 000万元，500万元为收益。

综上，上述交易或事项对甲公司2017年度损益的影响金额是：100+2 500+500=3 100（万元）

【例题5-4·单选题】 甲公司2011年至2014年发生以下交易或事项：2011年12月31日购入一栋办公楼，实际取得成本为3 000万元。该办公楼预计使用年限为20年，预计净残值为零，采用年限平均法计提折旧。因公司迁址，2014年6月30日甲公司与乙公司签订租赁协议。该协议约定：甲公司将上述办公楼租赁给乙公司，租赁期开始日为协议签订日，租期2年，年租金150万元，每半年支付一次。租赁协议签订日该办公楼的公允价值为2 800万元。甲公司对投资性房地产采用公允价值模式进行后续计量。2014年12月31日，该办公楼的公允价值为2 200万元。(2011年改编)

要求：根据上述资料，不考虑其他因素，回答下列小题。

(1) 下列各项关于甲公司上述交易或事项会计处理的表述中，正确的是（　　）。

A. 出租办公楼应于2014年计提折旧150万元

B. 出租办公楼应于租赁期开始日确认其他综合收益175万元

C. 出租办公楼应于租赁期开始日按其原价3 000万元确认为投资性房地产

D. 出租办公楼2014年取得的75万元租金应冲减投资性房地产的账面价值

(2) 上述交易或事项对甲公司2014年度营业利润的影响金额是（　　）万元。

A. 0　　B. -75　　C. -600　　D. -675

(1) **【答案】** B

【解析】 2014年应计提的折旧=3 000÷20×6÷12=75（万元），选项A错误；应确认的其他综合收益=2 800-2 625=175（万元），选项B正确；办公楼出租前的账面价值=3 000-3 000÷20×2.5=2 625（万元），出租日转换为以公允价值模式计量的投资性房地产，租赁期开始日应按当日的公允价值确认投资性房地产的入账价值，选项C错误；出租办公楼取得的租金收入应当作为其他业务收入，选项D错误。

（2）**【答案】**C

【解析】上述交易或事项对2014年度营业利润的影响 = −75 + 150/2 + (2 200 − 2 800) = −600（万元）。

【例题5－5·问答题】甲股份有限公司（以下简称"甲公司"）2016年6月30日，将原作为办公用房的一栋房产对外出租，该房产原价为3 000万元，至租赁期开始日已计提折旧1 200万元，未计提减值准备。甲公司对投资性房地产采用公允价值模式进行后续计量，当日根据租金折现法估计该房产的公允价值为1 680万元。2016年12月31日，周边租赁市场租金水平上升，甲公司估计该房产的公允价值为1 980万元。

本题中不考虑所得税等相关税费影响以及其他因素。

要求：说明该事项是否影响甲公司2016年利润表中列报的其他综合收益，并编制与所发生交易或事项相关的会计分录。（2017年改编）

【答案】甲公司在将固定资产（非投资性房地产）转为投资性房地产时，转换日公允价值低于账面价值，两者之间差额应确认为损益，计入公允价值变动损益，不影响其他综合收益。

2016年12月31日，该投资性房地产后续计量，因其持续采用公允模式，该房产的公允价值变动应确认为损益，计入公允价值变动损益，不影响其他综合收益。

会计处理：

借：投资性房地产——成本	1 680	
公允价值变动损益	120	
累计折旧	1 200	
贷：固定资产		3 000

（这一步是非投资性房地产转换为以公允价值计量的投资性房地产）

借：投资性房地产——公允价值变动	300	
贷：公允价值变动损益		300

（这一步是投资性房地产公允价值模式下的后续计量）

【例题5－6·分析题】甲股份有限公司，2014年2月1日，与其他方签订租赁合同，将本公司一栋原自用现已闲置的办公楼对外出租，年租金为120万元，自当日起租。甲公司该办公楼原价为1 000万元，至起租日累计折旧400万元，未计提减值。甲公司对投资性房地产采用公允价值模式进行后续计量，出租日根据同类资产的市场状况估计其公允价值为2 000万元。12月31日，该办公楼的公允价值为2 080万元。甲公司已一次性收取第一年租金120万元。（其他有关资料：不考虑相关税费）

要求：编制甲公司2014年有关交易事项的会计分录。（2015年）

【答案】2月1日，将以成本计量的非投资性房地产转为以公允价值计量的投资性房地产，转换日，公允价值小于账面价值的，其差额计入公允价值变动损益；转换日，公允价值大于账面价值的，其差额计入其他综合收益。

借：投资性房地产——成本	2 000	
累计折旧	400	
贷：固定资产		1 000

其他综合收益　　[2 000 -(1 000 -400)] 1 400

12 月 31 日，以公允价值计量的投资性房地产，公允价值变动，计入公允价值变动损益

借：投资性房地产——公允价值变动　　80

　　贷：公允价值变动损益　　80

投资性房地产取得的租金收入，计入其他业务收入

借：银行存款　　120

　　贷：其他业务收入　　(120 ÷12 ×11) 110

　　　　预收账款　　10

第三节　投资性房地产的处置

考点：处置

	一、采用成本模式计量的投资性房地产的处置	二、采用公允价值模式计量的投资性房地产的处置
确认收入	借：银行存款 　贷：其他业务收入 　　应交税费——应交增值税（销项税额）	借：银行存款 　贷：其他业务收入 　　应交税费——应交增值税（销项税额）
结转成本	借：其他业务成本 　投资性房地产累计折旧（摊销） 　投资性房地产减值准备 　贷：投资性房地产	借：其他业务成本 　贷：投资性房地产——成本 　　——公允价值变动 借：其他综合收益 　贷：其他业务成本 借：公允价值变动损益 　贷：其他业务成本（或反分录）

【例题 5 -7 · 单选题】企业处置一项以公允价值模式计量的投资性房地产，实际收到的金额为 450 万元，投资性房地产的账面余额为 420 万元，其中“成本”明细科目为借方 500 万元，“公允价值变动”明细科目为贷方余额 80 万元。该项投资性房地产是由自用房地产转换的，转换日公允价值大于账面价值的差额为 30 万元。假设不考虑相关税费，处置该项投资性房地产时，确认的“其他业务成本”金额为（　　）万元。

A. 470　　B. 420　　C. 450　　D. 500

【答案】A

【解析】该投资性房地产的账面余额为 420 万元，其中“成本”明细科目为借方 500 万元，“公允价值变动”明细科目贷方余额 80 万元，意思即是初始成本是 500 万元，公允价值下降 80 万元，当前账面价值 420 万元。

该投资性房地产是从非投资性房地产转换而来，转换日的公允价值大于账面价值 30 万元，因此计入“其他综合收益”的金额是 30 万元。

处置投资性房地产时，“其他综合收益”和“公允价值变动损益”应转入“其他业务成本”。

借：银行存款　　450

　　贷：其他业务收入　　450

借：其他业务成本 420
　　投资性房地产——公允价值变动 80
　　贷：投资性房地产——成本 500
借：其他业务成本 80
　　贷：公允价值变动损益 80
借：其他综合收益 30
　　贷：其他业务成本 30

【例题5-8·计算分析题】 甲公司为房地产开发企业，对投资性房地产采用公允价值模式进行后续计量。

（1）2016年1月1日，甲公司以20 000万元总价款购买了一栋已达到预定可使用状态的公寓。该公寓总面积为1万平方米，每平方米单价为2万元，预计使用寿命为50年，预计净残值为零。甲公司计划将该公寓对外出租。

（2）2016年，甲公司出租上述公寓实现租金收入500万元，发生费用支出（不含折旧）100万元。由于市场发生变化，甲公司出售了公寓总面积的20%，取得收入4 200万元，所出售公寓于2016年12月31日办理了房产过户手续。2016年12月31日，该公寓每平方米的公允价值为2.1万元。

要求：编制甲公司2016年1月1日至12月31日与投资性房地产的购买、公允价值变动、出租、出售相关的会计分录。(2014年改编)

【答案】

①2016年1月1日，甲公司以20 000万元购买公寓

借：投资性房地产——成本 20 000
　　贷：银行存款 20 000

②2016年12月31日，公寓的公允价值增加至21 000万元（2.1万元/平方米×1万平方米），增值1 000万元。

借：投资性房地产——公允价值变动 1 000
　　贷：公允价值变动损益 1 000

或（剩余80%部分）：

借：投资性房地产——公允价值变动 （1 000×80%）800
　　贷：公允价值变动损益 800

③甲公司实现租金收入和成本：

借：银行存款 500
　　贷：主营业务收入（或其他业务收入） 500
借：主营业务成本（或其他业务成本） 100
　　贷：银行存款 100

④甲公司于2016年12月31日出售投资性房地产的会计分录如下：

借：银行存款 4 200
　　贷：其他业务收入（或主营业务收入） 4 200
借：其他业务成本（或主营业务成本） （20 000×20%）4 000
　　公允价值变动损益 （1 000×20%）200

贷：投资性房地产——成本　　（20 000×20%）4 000

——公允价值变动　　（1 000×20%）200

或：（原来期末时不确认20%公允价值变动，现在出售时也无须转出）

借：其他业务成本（或主营业务成本）　　（20 000×20%）4 000

贷：投资性房地产——成本　　（20 000×20%）4 000

第六章　资产减值

本章涉及的资产减值对象主要包括以下资产：（1）长期股权投资；（2）采用成本模式进行后续计量的投资性房地产；（3）固定资产；（4）生产性生物资产；（5）无形资产；（6）商誉等资产的减值。

考点一：资产减值测试

如果有确凿证据表明资产存在减值迹象的，应当进行减值测试，估计资产的可收回金额。

下列资产应当每年进行减值测试：（1）使用寿命不确定的无形资产；（2）尚未达到使用状态的无形资产；（3）因企业合并形成的商誉。

【例题6－1·多选题】下列各项中，无论是否有确凿证据表明资产存在减值迹象，均应至少于每年年末进行减值测试的有（　　）。(2014年)

A. 对联营企业的长期股权投资　　B. 使用寿命不确定的专有技术

C. 非同一控制下企业合并产生的商誉　　D. 尚未达到预定可使用状态的无形资产

【答案】BCD

【解析】使用寿命不确定的无形资产和因企业合并所形成的商誉，无论是否存在减值迹象，每年都应当进行减值测试。另外，对于尚未达到预定可使用状态的无形资产，由于其价值具有较大的不确定性，也应当每年进行减值测试。

考点二：资产可收回金额的计量

在估计资产可收回金额时，原则上应当以单项资产为基础，如果企业难以对单项资产的可收回金额进行估计的，应当以该资产所属的资产组为基础确定资产组的可收回金额。

资产可收回金额的估计，应当根据其公允价值减去处置费用后的净额与资产预计未来现金流量的现值两者之间较高者确定。其中一项无法确定时，以另一项作为其可收回金额。

（一）预计未来现金流量

预计资产未来现金流量应当考虑的因素：

（1）以资产的当前状况为基础预计资产未来现金流量，不应当包括与将来可能会发生的、尚未作出承诺的重组事项或者与资产改良有关的预计未来现金流量。

（2）预计资产未来现金流量不应当包括筹资活动和所得税收付产生的现金流量。

（3）对通货膨胀因素的考虑应当和折现率相一致。

（4）内部转移价格应当予以调整。

（二）外币未来现金流量及其现值的预计

企业使用的资产所收到的未来现金流量为外币时，应按以下顺序确定资产未来现金流量的现值：

其基本路线为：以外币估算未来现金流——以外币折现率折现——将外币现值折算成记账本位币现值。

【例题 6－2·单选题】下列关于固定资产减值的表述中，符合会计准则规定的是（　　）。（2015 年）

A. 预计固定资产未来现金流量应当考虑与所得税收付相关的现金流量

B. 固定资产的公允价值减去处置费用后的净额高于其账面价值，但预计未来现金流量现值低于其账面价值的，应当计提减值

C. 在确定固定资产未来现金流量现值时，应当考虑将来可能发生的与改良有关的预计现金流量的影响

D. 单项固定资产本身的可收回金额难以有效估计的，应当以其所在的资产组为基础确定可收回金额

【答案】D

【解析】选项 A，预计资产未来现金流量不需要考虑筹资活动和所得税收付相关的现金流量；选项 B，资产的可收回金额，应当根据其公允价值减去处置费用后的净额与资产预计未来现金流量的现值，两者之间较高者确定。当公允价值减去处置费用后的净额与预计未来现金流量现值中有一个高于账面价值，则不需要计提减值；选项 C，预计资产的未来现金流量，应当以资产的当前状况为基础，不需要考虑将来可能会发生的、尚未作出承诺的重组事项或者与资产改良有关的预计未来现金流量。

考点三：资产减值损失的确认与计量

1. 一旦发生减值，应当将资产的账面价值减记至可收回金额，减记的金额确认为资产减值损失，计入当期损益。

2. 发生减值后，那么账面价值就要减掉减值金额，即账面价值＝原值－折旧（摊销）金额－资产减值准备。那么资产在未来计提折旧（摊销）的时候，应当以新的账面价值为基础计提每月折旧（摊销）。

3. 资产减值金额一旦确定，在以后会计期间不得转回。

借：资产减值损失

　　贷：固定资产减值准备/无形资产减值准备/商誉减值准备/长期股权投资减值准备等

【例题 6－3·多选题】下列各项资产减值准备中，在相关资产持有期间内可以通过损益转回的有（　　）。（2013 年改编）

A. 存货跌价准备　　B. 长期应收款坏账准备

C. 长期股权投资减值准备　　D. 商誉

【答案】AB

【解析】选项 C、选项 D 不得转回。

考点四：资产组减值测试

1. 确定资产组可收回金额。

按照该资产组的公允价值减去处置费用后净额与其未来现金流量的现值之间较高者确定。

2. 资产组减值会计处理：

（1）首先抵减分摊至资产组中商誉的账面价值；（2）然后根据资产组中除商誉之外的其他各项资产的账面价值所占比重，按比例抵减其他各项资产的账面价值。

以上资产账面价值的抵减，应当作为各单项资产（包括商誉）的减值损失处理，计入当期损益。

抵减后的各单项资产的账面价值不得低于以下三者之中最高者：该资产的公允价值减去处置费用后的净额（如可确定的）、该资产预计未来现金流量的现值（如可确定的）和零。

如果还有未能分摊的减值损失金额，应当按照相关资产组中其他各项资产的账面价值所占比重进行分摊。

【例题 6-4·单选题】 2019 年 1 月 1 日，甲公司以非同一控制下企业合并的方式购买了乙公司 60% 的股权，支付价款 1 800 万元。在购买日，乙公司可辨认资产的账面价值为 2 300 万元，公允价值为 2 500 万元，没有负债和或有负债。2019 年 12 月 31 日，乙公司可辨认资产的账面价值为 2 500 万元，按照购买日的公允价值持续计算的金额为 2 600 万元，没有负债和或有负债。甲公司认定乙公司的所有资产为一个资产组，确定该资产组在 2019 年 12 月 31 日的可收回金额为 2 700 万元。经评估，甲公司判断乙公司资产组不存在减值迹象。不考虑其他因素，甲公司在 2019 年度合并利润表中应当列报的资产减值损失金额是（　　）万元。(2019 年)

A. 0　　B. 200　　C. 240　　D. 400

【答案】 C

【解析】 2019 年 1 月 1 日，合并报表中确认商誉的金额 = 1 800 − 2 500 × 60% = 300（万元）。2019 年 12 月 31 日，完全商誉的金额 = 300 ÷ 60% = 500（万元），减值测试前乙公司自购买日公允价值持续计算的净资产账面价值 = 2 600 + 500 = 3 100（万元），可收回金额是 2 700 万元，那么乙公司发生减值的金额 = 3 100 − 2 700 = 400（万元），因完全商誉为 500 万元，所以减值应冲减商誉，其他资产不减值。合并利润表中应当列报的是归属于甲公司承担的减值的部分 400 × 60% = 240（万元）。

【例题 6-5·多选题】 下列各项关于资产组认定及减值处理的表述中，正确的有（　　）。(2011 年改编)

A. 主要现金流入是否独立于其他资产或资产组是认定资产组的依据

B. 资产组账面价值的确定基础应当与其可收回金额的确定方式一致

C. 资产组的认定与企业管理层对生产经营活动的管理或者监控方式密切相关

D. 资产组的减值损失应当首先抵减分摊至该资产组中商誉（如果有的话）的账面价值

E. 当企业难以估计某单项资产的可收回金额时，应当以其所属资产组为基础确定资产组的可收回金额

【答案】 ABCDE

【例题 6-6·多选题】 2016 年末，甲公司某项资产组（均为非金融长期资产）存在减值迹象，经减值测试，预计资产组的未来现金流量现值为 4 000 万元、公允价值减去处置费用后的净额为 3 900 万元；该资产组资产的账面价值为 5 500 万元，其中商誉的账面价值为 300 万元。2017

年末，该资产组的账面价值为3 800万元，预计未来现金流量现值为5 600万元，公允价值减去处置费用后的净额为5 000万元。该资产组2016年以前未提减值准备。不考虑其他因素。下列各项关于甲公司对该资产组减值会计处理的表述中，正确的有（　　）。

A. 2017年末资产组的账面价值为3 800万元

B. 2016年末应计提资产组减值准备1 500万元

C. 2017年末资产组中商誉的账面价值为300万元

D. 2016年末应对资产组包含的商誉计提300万元的减值准备

【答案】ABD

【解析】2016年计提减值前，资产组包含商誉的账面价值是5 500万元，现金流量现值为4 000万元，公允价值减去处置费用后的净额为3 900万元，因此可收回金额为4 000万元，所以2016年末应确认的减值金额为1 500万元，其中冲减商誉的金额为300万元，减值后商誉的账面价值为0，所以选项BD正确；

2017年，资产组的账面价值为3 800万元，可收回金额为5 600万元，但是资产组（均为非金融长期资产）减值后不得转回，所以商誉还是0，资产组的账面价值为3 800万元，所以选项A正确，选项C错误。

第七章　金融工具

金融工具是指形成一方的金融资产并形成其他方的金融负债或权益工具的合同。金融工具包括金融资产、金融负债和权益工具。

第一节　金融资产和金融负债的分类和重分类

考点一：金融资产的分类

（一）关于企业管理金融资产的业务模式

业务模式评估。企业管理金融资产的业务模式是指企业如何管理其金融资产以产生现金流量。业务模式决定企业所管理金融资产现金流量的来源是收取合同现金流量、出售金融资产还是两者兼有。

1. 以收取合同现金流量为目标的业务模式（本书简称“业务模式一”）。
2. 以收取合同现金流量和出售金融资产为目标的业务模式（本书简称“业务模式二”）。
3. 其他业务模式（本书简称“业务模式三”）。

（二）关于金融资产的合同现金流量的特征

金融资产的合同现金流量特征是指金融工具合同约定的、反映相关金融资产经济特征的现金流量属性。企业分类为以摊余成本计量的金融资产和以公允价值计量且其变动计入其他综合收益的金融资产，其合同现金流量特征应当与基本借贷安排相一致，即相关金融资产在特定日期产生的合同现金流量仅为对本金和以未偿付本金金额为基础的利息的支付。

（三）金融资产的具体分类

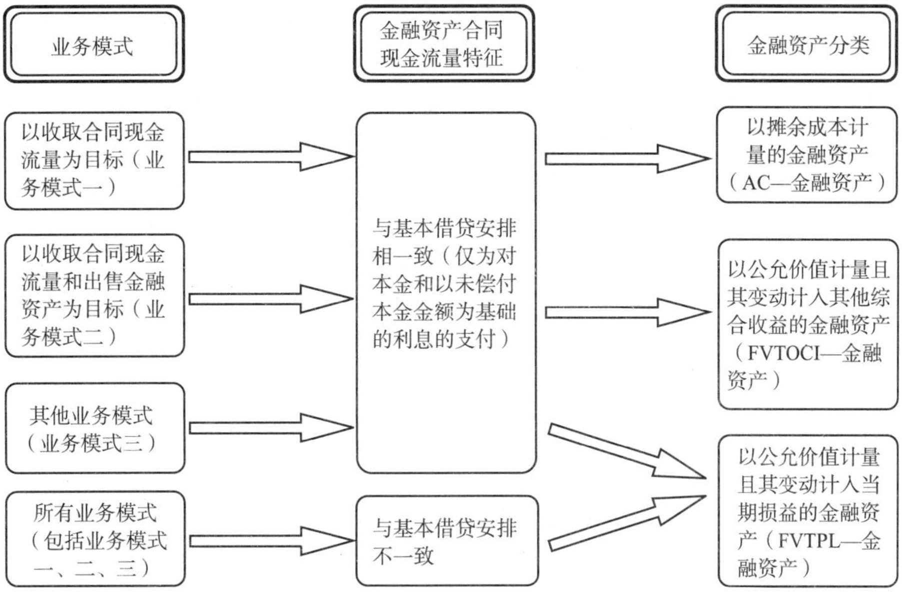

分类	要求
以摊余成本计量的金融资产	同时符合下列条件： （1）企业管理该金融资产的业务模式是以收取合同现金流量为目标（满足“业务模式一”）。 （2）该金融资产的合同条款规定，在特定日期产生的现金流量，仅为对本金和以未偿付本金金额为基础的利息的支付
以公允价值计量且其变动计入其他综合收益的金融资产	同时符合下列条件： （1）企业管理该金融资产的业务模式既以收取合同现金流量为目标，又以出售该金融资产为目标（满足“业务模式二”）。 （2）该金融资产的合同条款规定，在特定日期产生的现金流量，仅为对本金和以未偿付本金金额为基础的利息的支付
以公允价值计量且其变动计入当期损益的金融资产	不满足上述条件的金融资产

（四）金融资产分类的特殊规定

在初始确认时，企业可以将非交易性权益工具投资指定为以公允价值计量且其变动计入其他综合收益的金融资产，并按规定确认股利收入。该指定一经做出，不得撤销。

其特征主要如下：

（1）是属于“指定”形式，不是“分类”情形；

（2）该指定一经做出，不得撤销；

（3）在“其他权益工具投资”科目核算，而非“其他债权投资”科目核算；

（4）公允价值后续变动计入其他综合收益；

（5）股利一般计入当期损益外，其他相关的利得和损失（包括汇兑损益）均应当计入其他综合收益，且后续不得转入当期损益；

（6）由于它属于“指定”形式不需要计提减值准备，其他分类为以公允价值计量且其变动计入其他综合收益的金融资产需要进行减值；

（7）当金融资产终止确认时，之前计入其他综合收益的累计利得或损失应当从其他综合收益中转出，计入留存收益。

【例题7-1·多选题】下列资产分类或转换的会计处理中，符合会计准则规定的有（　　）。（2015年）

A. 将投资性房地产的后续计量由公允价值模式转为成本模式

B. 因签订不可撤销的出售协议，将对联营企业投资终止采用权益法并作为持有待售资产列报

C. 对子公司失去控制或重大影响导致将长期股权投资转换为以摊余成本计量的金融资产

D. 因出售具有重要性的债券投资导致以摊余成本计量的金融资产转为以公允价值计量且其变动计入其他综合收益的金融资产

【答案】BD

【解析】选项A，投资性房地产后续计量，只能由成本模式转为公允价值模式，不能由公允价值模式转为成本模式；选项C，股权投资的合同现金流量特征不满足基本借贷安排，故不能划分为以摊余成本计量的金融资产。

【例题7-2·单选题】下列关于指定为以公允价值计量且其变动计入其他综合收益的金融资产的说法中正确的是（　　）。（彬哥自编题目）

A. 其后续公允价值变动计入其他综合收益

B. 其外币汇兑损益应该记入当期损益

C. 该指定一经做出，后续可以撤销

D. 出售的时候其他综合收益要转入当期损益

【答案】A

【解析】选项B，其外币汇兑损益应该计入其他综合收益；选项C，该指定一经做出，不得撤销；选项D，出售的时候其他综合收益要转入留存收益。

考点二：金融负债的分类

（一）除下列各项外，企业应当将金融负债分类为以摊余成本计量的金融负债

1. 以公允价值计量且其变动计入当期损益的金融负债，包括交易性金融负债（含属于金融负债的衍生工具）和指定为以公允价值计量且其变动计入当期损益的金融负债。

2. 金融资产转移不符合终止确认条件或继续涉入被转移金融资产所形成的金融负债。对此类金融负债，企业应当按照金融资产转移相关规定进行计量。

3. 部分财务担保合同以及不属于以公允价值计量且其变动计入当期损益的金融负债，以低于市场利率贷款的贷款承诺。

（二）公允价值选择权

企业将一项金融资产、一项金融负债或者一组金融工具（金融资产、金融负债或者金融资产

及负债）指定为以公允价值计量且其变动计入当期损益的，一经做出不得撤销。

考点三：金融工具的重分类

三类金融资产之间重分类的六种转换情形见下表。

转换前	转换后	重分类日计量规则	原账面价值与公允价值之间的差额
以摊余成本计量的金融资产（AC）	以公允价值计量且其变动计入当期损益的金融资产（FVTPL）	重分类日公允价值	当期损益
以摊余成本计量的金融资产（AC）	以公允价值计量且其变动计入其他综合收益的金融资产（FVTOCI）	重分类日公允价值	其他综合收益 （注：该金融资产重分类不影响其实际利率和预期信用损失的计量）
以公允价值计量且其变动计入其他综合收益的金融资产（FVTOCI）	以摊余成本计量的金融资产（AC）	计入其他综合收益的累计利得或损失转出，调整该金融资产在重分类日的公允价值	以调整后的金额作为新的账面价值，即视同该金融资产一直以摊余成本计量 （注：该金融资产重分类不影响其实际利率和预期信用损失的计量）
以公允价值计量且其变动计入其他综合收益的金融资产（FVTOCI）	以公允价值计量且其变动计入当期损益的金融资产（FVTPL）	继续以公允价值进行计量，将之前计入其他综合收益的累计利得或损失从其他综合收益转入当期损益	无
以公允价值计量且其变动计入当期损益的金融资产（FVTPL）	以摊余成本计量的金融资产（AC）	重分类日公允价值作为新的账面余额，确定实际利率，重分类日起适用金融资产减值的相关规定	重分类日公允价值作为新的账面余额
以公允价值计量且其变动计入当期损益的金融资产（FVTPL）	以公允价值计量且其变动计入其他综合收益的金融资产（FVTOCI）	继续以公允价值进行计量，确定实际利率，重分类日起适用金融资产减值的相关规定	无

企业对金融资产进行重分类，应当自重分类日起采用未来适用法进行相关会计处理，不得对以前已经确认的利得、损失（包括减值损失或利得）或利息进行追溯调整。

所有金融负债不得重分类。

【例题7－3·多选题】下列各项中，应当计入发生当期损益的有（　　）。（2018年）

A. 以现金结算的股份支付形成的负债在结算前资产负债表日公允价值的变动

B. 原分类为权益工具的金融工具重分类为金融负债时公允价值与账面价值的差额

C. 自用房地产转换为采用公允价值模式计量的投资性房地产时公允价值小于原账面价值的差额

D. 以摊余成本计量的金融资产重分类为以公允价值计量且其变动计入当期损益的金融资产时公允价值与原账面价值的差额

【答案】ACD

【解析】 选项A，以现金结算的股份支付形成的负债在结算前资产负债表日公允价值变动计入公允价值变动损益；选项B，将分类为权益工具的金融工具重分类为金融负债时公允价值与账面价值的差额计入资本公积——股本溢价，不影响损益；选项C，自用房地产转换为采用公允价值模式计量的投资性房地产时公允价值小于原账面价值的差额计入公允价值变动损益；选项D，以摊余成本计量的金融资产重分类为以公允价值计量且其变动计入当期损益的金融资产时公允价值与原账面价值的差额计入公允价值变动损益。

第二节　金融负债和权益工具的区分（无考点）

第三节　金融工具的计量

考点一：金融资产和金融负债计量的基本原则

企业取得金融资产所支付的价款中包含的已宣告但尚未发放的债券利息或现金股利，应当单独确认为应收项目（“应收利息”或“应收股利”）进行处理。

企业在对金融资产进行后续计量时，需要注意的是：如果一项金融工具以前被确认为一项金融资产并以公允价值计量，而现在它的公允价值低于零，企业应将其确认为一项负债。

考点二：以摊余成本计量的金融资产的会计处理

（一）初始交易

相关交易费用应当计入初始确认金额。

借：债权投资——成本（这里是面值）

　　贷：银行存款

　　　　债权投资——利息调整（这里有可能在借方）

（二）后续计量

1. 采用摊余成本法。

金融资产或金融负债的摊余成本，应当以该金融资产或金融负债的初始确认金额经下列调整后的结果确定：

（1）扣除已偿还的本金。

（2）加上或减去采用实际利率法将该初始确认金额与到期日金额之间的差额进行摊销形成的累计摊销额。

（3）扣除累计计提的信用减值准备（仅适用于金融资产）。

2. 利息收入。

企业应当按照实际利率法确认利息收入。

已发生信用减值的金融资产，未来现金流量将会发生变化，需要按新确定的经信用调整的实际利率计算利息收入，但是金融工具后续期间因同一事件因素，其信用风险有所改善而不再存在信用减值，转按实际利率计算利息收入。

3. 以摊余成本计量且不属于任何套期关系的一部分的金融资产所产生的利得或损失，应当在终止确认、重分类、按照实际利率法摊销或确认减值时，计入当期损益。

【例题7－4·单选题】2010年1月1日，甲公司自证券市场购入乙公司当日发行的面值总额为2 000万元的债券。购入时实际支付价款2 032.75万元，另外支付交易费用12万元。该债券系到期一次还本付息债券，期限为3年，票面年利率为5%，实际年利率为4%。甲公司根据其管理该债券的业务模式和该债券的合同现金流量特征，将该债券分类为以摊余成本计量的金融资产。则甲公司2011年因持有该项以摊余成本计量的金融资产应确认的投资收益的金额为（　　）万元。

A. 100　　B. 102.24　　C. 85.06　　D. 17.81

【答案】C

【解析】提醒看题：是到期一次还本付息，不是每年支付利息！请再次看清楚时间！本题为到期一次还本，所以计算摊余成本时，不考虑当期收到的现金。

2010年年末的摊余成本：(2 032.75＋12)×(1＋4%)＝2 126.54（万元）

2011年年末应确认的投资收益：2 126.54×4%＝85.06（万元）

考点三：以公允价值计量且其变动计入当期损益的金融资产的会计处理

（一）初始交易

相关交易费用应当直接计入当期损益。

借：应收股利

　　交易性金融资产——成本

　　投资收益（交易费用计入当期损益）

　　贷：银行存款

（二）后续计量

以公允价值计量且其变动计入当期损益的金融资产，其公允价值变动形成的利得或损失，应当计入当期损益。

借：交易性金融资产——公允价值变动

　　贷：公允价值变动损益

【例题7－5·单选题】2014年2月5日，甲公司以7元1股的价格购入乙公司股票100万股，支付手续费1.4万元。甲公司根据其管理该股票的业务模式和该股票的合同现金流量特征，将该股票投资指定为以公允价值计量且其变动计入当期损益的金融资产。2014年12月31日，乙公司股票价格为9元1股。2015年2月20日，乙公司分配现金股利，甲公司获得现金股利8万元；2015年3月20日，甲公司以11.6元1股的价格将其持有的乙公司股票全部出售。不考虑其他因素，甲公司因持有乙公司股票在2015年确认的投资收益是（　　）万元。(2015年)

A. 260　　B. 468　　C. 268　　D. 466.6

【答案】C

【解析】(1) 卖掉的时候，收到的钱与出售之前的账面之差计入投资收益：(11.6－9)×100＝260（万元）。

（2）2015年收到的现金股利也是投资收益：8万元。

（3）所以2015年确认的投资收益是260＋8＝268（万元）。

以公允价值计量且其变动计入当期损益的金融资产，购买时支付的手续费要确认投资收益，但这里确认的是2014年的投资收益，并不影响2015年的。

考点四：以公允价值计量且其变动计入其他综合收益的金融资产的会计处理

（一）初始交易

相关交易费用应当计入初始确认金额。

（二）后续计量

1. 以公允价值计量且其变动计入其他综合收益的金融资产，其公允价值变动形成的利得或损失，除减值损失或利得和汇兑损益之外，均应当计入其他综合收益，直至该金融资产终止确认或被重分类。但是，采用实际利率法计算的该金融资产的利息应当计入当期损益。

该金融资产终止确认时，之前计入其他综合收益的累计利得或损失应当从其他综合收益中转出，计入当期损益。

2. 指定为以公允价值计量且其变动计入其他综合收益的非交易性权益工具投资，其公允价值变动形成的利得或损失，除了获得的股利（明确代表投资成本部分收回的股利除外）计入当期损益外，其他相关的利得和损失（包括汇兑损益）均应当计入其他综合收益，且后续不得转入当期损益。当其终止确认时，之前计入其他综合收益的累计利得或损失应当从其他综合收益中转出，计入留存收益。

【例题7－6·单选题】2012年6月2日，甲公司自二级市场购入乙公司股票1 000万股，支付价款8 000万元，另支付佣金等费用16万元。甲公司将购入上述乙公司股票指定为以公允价值计量且其变动计入其他综合收益的金融资产。2012年12月31日，乙公司股票的市场价格为每股10元。2013年8月20日，甲公司以每股11元的价格将所持乙公司股票全部出售。在支付佣金等费用33万元后实际取得价款10 967万元。不考虑其他因素，甲公司出售乙公司股票应确认的留存收益是（　　）万元。（2013年）

A. 967　　B. 2 951　　C. 2 984　　D. 3 000

【答案】B

【解析】甲公司将该股票指定为以公允价值计量且其变动计入其他综合收益的金融资产，除获得的股利计入当期损益之外，其他全部计入其他综合收益，且后续不得转为当期损益。终止确认时，要将其他综合收益转出，计入留存收益。故处置的时候，之前甲公司出售乙公司股票应确认的留存收益＝10 967－（8 000＋16）＝2 951（万元）。

【例题7－7·单选题】下列与以公允价值计量且其变动计入其他综合收益的金融资产相关的价值变动中，应当直接计入发生当期损益的是（　　）。（2014年）

A. 以公允价值计量且其变动计入其他综合收益的金融资产的公允价值的增加

B. 购买以公允价值计量且其变动计入其他综合收益的金融资产时发生的交易费用

C. 指定为以公允价值计量且其变动计入其他综合收益的金融资产在持有期间获得的现金股利

D. 以外币计价的指定为以公允价值计量且其公允价值变动计入其他综合收益的金融资产由

于汇率变动引起的价值上升

【答案】C

【解析】以公允价值计量且其变动计入其他综合收益的金融资产的公允价值的增加计入其他综合收益，选项A错误；购买以公允价值计量且其变动计入其他综合收益的金融资产时发生的交易费用计入初始投资成本，选项B错误；指定以公允价值计量且其变动计入其他综合收益的金融资产持有期间获得的股利计入当期损益，选项C正确；以外币计价的指定为以公允价值计量且其公允价值变动计入其他综合收益的金融资产由于汇率变动引起的价值上升计入其他综合收益，选项D错误。

【例题7-8·单选题】2013年1月1日，甲公司支付价款1 000万元（含交易费用），从上海证券交易所购入A公司同日发行的5年期公司债券12 500份，债券票面价值总额为1 250万元，票面年利率为4.72%，于年末支付本年度债券利息（即每年利息为59万元），本金在债券到期时一次性偿还。合同约定，该债券的发行方在遇到特定情况时可以将债券赎回，且不需要为提前赎回支付额外款项。甲公司在购买该债券时，预计发行方不会提前赎回。甲公司根据其管理该债券的业务模式和该债券的合同现金流量特征，将该债券分类为以公允价值计量且其变动计入其他综合收益的金融资产（假设实际利率是10%）。其他资料如下：

（1）2013年12月31日，A公司债券的公允价值为1 200万元（不含利息）。

（2）2014年12月31日，A公司债券的公允价值为1 300万元（不含利息）。

2014年12月31日，当年因为公允价值变动计入其他综合收益的金额为（　　）万元。（彬哥自编题目）

A. 159　　B. 214　　C. 55　　D. 104

【答案】C

【解析】2013年12月31日期末摊余成本＝1 000×(1＋10%)－59＝1 041（万元），故2013年12月31日已调增“其他债权投资——公允价值变动”1 200－1 041＝159（万元），2014年12月31日期末摊余成本＝1 041×(1＋10%)－59＝1 086（万元），债券的公允价值1 300万元，故应累计调增“其他债权投资——公允价值变动”1 300－1 086＝214（万元），由于2013年12月31日已调增“其他债权投资——公允价值变动”159万元，本期只需要调增＝214－159＝55（万元）。

考点五：金融工具的减值

（一）金融工具减值概述

企业应当以预期信用损失为基础，对下列项目进行减值会计处理并确认损失准备：

1. 分类为以摊余成本计量的金融资产和以公允价值计量且其变动计入其他综合收益的金融资产。（AC－金融资产和FVTOCI－金融资产）

2. 租赁应收款。

3. 合同资产。合同资产是指《企业会计准则第14号——收入》定义的合同资产。

4. 部分贷款承诺和财务担保合同。

（二）金融工具减值的账务处理

1. 减值准备的计提和转回。

借：信用减值损失

　贷：贷款损失准备

　　债权投资减值准备

　　坏账准备

　　合同资产减值准备

　　租赁应收款减值准备

　　预计负债

　　其他综合收益——信用减值准备

注意：对于分类为以公允价值计量且其变动计入其他综合收益的金融资产，企业应当在其他综合收益中确认其损失准备，并将减值损失或利得计入当期损益，且不应减少该金融资产在资产负债表中列示的账面价值，科目为“其他综合收益——信用减值准备”。

2. 已发生信用损失金融资产的核销。

企业实际发生信用损失，认定相关金融资产无法收回，经批准予以核销的：

借：贷款损失准备/坏账准备/合同资产减值准备/租赁应收款减值准备

　信用减值损失（如果核销金额大于已计提的损失准备）

　贷：贷款

　　应收账款

　　合同资产

　　应收租赁款

【例题 7－9・分析题】 2017 年 7 月 10 日，甲公司与乙公司签订股权转让合同，以 2 600 万元的价格受让乙公司所持丙公司 2% 股权。同日，甲公司向乙公司支付股权转让款 2 600 万元；丙公司的股东变更手续办理完成。受让丙公司股权后，甲公司将其指定为以公允价值计量且其变动计入其他综合收益的金融资产。

2017 年 8 月 5 日，甲公司从二级市场购入丁公司发行在外的股票 100 万股（占丁公司发行在外有表决权股份的 1%），支付价款 2 200 万元，另支付交易费用 1 万元。根据丁公司股票的合同现金流量特征及管理丁公司股票的业务模式，甲公司将购入的丁公司股票作为以公允价值计量且其变动计入当期损益的金融资产核算。

2017 年 12 月 31 日，甲公司所持上述丙公司股权的公允价值为 2 800 万元，所持上述丁公司股票的公允价值为 2 700 万元。

2018 年 5 月 6 日，丙公司股东会批准利润分配方案，向全体股东共计分配现金股利 500 万元。2018 年 7 月 12 日，甲公司收到丙公司分配的股利 10 万元。

2018 年 12 月 31 日，甲公司所持上述丙公司股权的公允价值为 3 200 万元，所持上述丁公司股票的公允价值为 2 400 万元。

2019 年 9 月 5 日，甲公司将所持丙公司 2% 股权予以转让，取得款项 3 300 万元。2019 年 12 月 4 日，甲公司将所持上述丁公司股票全部出售，取得款项 2 450 万元。

其他资料：

（1）甲公司对丙公司和丁公司不具有控制、共同控制或重大影响；（2）甲公司按实现净利润的 10% 计提法定盈余公积，不计提任意盈余公积；（3）不考虑税费及其他因素。

要求：

（1）根据上述资料，编制甲公司与购入、持有及处置丙公司股权相关的全部会计分录。

（2）根据上述资料，编制甲公司与购入、持有及处置丁公司股票相关的全部会计分录。

（3）根据上述资料，计算甲公司处置所持丙公司股权及丁公司股票对其2019年度净利润和2019年12月31日所有者权益的影响。(2018年)

【答案】

（1）编制甲公司与购入、持有及处置丙公司股权相关的全部会计分录。

2017年7月10日：

借：其他权益工具投资——成本　2 600

　贷：银行存款　2 600

2017年12月31日：

借：其他权益工具投资——公允价值变动　200

　贷：其他综合收益——其他权益工具投资公允价值变动　200

2018年5月6日：

借：应收股利　10

　贷：投资收益　10

2018年7月12日：

借：银行存款　10

　贷：应收股利　10

2018年12月31日：

借：其他权益工具投资——公允价值变动　400

　贷：其他综合收益——其他权益工具投资公允价值变动　400

2019年9月5日

借：银行存款　3 300

　其他综合收益——其他权益工具投资公允价值变动　600

　贷：其他权益工具投资——成本　2 600

　　——公允价值变动　600

　　盈余公积　70

　　利润分配——未分配利润　630

（2）编制甲公司与购入、持有及处置丁公司股票相关的全部会计分录。

2017年8月5日：

借：交易性金融资产——成本　2 200

　投资收益　1

　贷：银行存款　2 201

2017年12月31日：

借：交易性金融资产——公允价值变动　500

　贷：公允价值变动损益　500

2018年12月31日：

借：公允价值变动损益　300

　贷：交易性金融资产——公允价值变动　300

2019年12月4日：

借：银行存款 2 450

　贷：投资收益 50

　　交易性金融资产——成本 2 200

　　　　　　　　——公允价值变动 200

（3）根据上述资料，计算甲公司处置所持丙公司股权及丁公司股票对其2019年度净利润和2019年12月31日所有者权益的影响。

对2019年度净利润的影响＝2 450－2 400＝50（万元）

对2019年12月31日所有者权益的影响＝50＋(3 300－3 200)＝150（万元）

【例题7－10·分析题】甲公司为上市金融企业，2017年至2019年期间有关投资如下：

（1）2017年1月1日，按面值购入100万份乙公司公开发行的分次付息、一次还本债券，款项已用银行存款支付，该债券每份面值100元，票面年利率5%，每年年末支付利息，期限5年，甲公司根据其管理该债券的业务模式和该债券的合同现金流量特征，将该债券分类为以公允价值计量且其变动计入其他综合收益的金融资产。

2017年6月1日，自公开市场购入1 000万股丙公司股票，每股20元，实际支付价款20 000万元。甲公司将该股票投资指定为以公允价值计量且其变动计入其他综合收益的非交易性权益工具投资。

（2）2017年10月，受金融危机影响，丙公司股票价格开始下跌，2017年12月31日丙公司股票收盘价为每股16元。

2017年11月，受金融危机影响，乙公司债券价格开始下跌。2017年12月31日乙公司债券价格为每份90元。

本题不考虑所得税及其他相关税费。

要求：

（1）编制甲公司取得乙公司债券和丙公司股票时的会计分录。

（2）计算甲公司2017年因持有乙公司债券和丙公司股票对当年损益或权益的影响金额，并编制相关会计分录。(2013年)

【答案】

（1）

①取得乙公司债券的会计分录：

借：其他债权投资——成本 10 000

　贷：银行存款 10 000

②取得丙公司股票的会计分录：

借：其他权益工具投资——成本 20 000

　贷：银行存款 20 000

（2）

①持有乙公司债券影响当期损益的金额＝10 000×5%＝500（万元）

会计分录为：

借：应收利息 500

　贷：投资收益 500

借：银行存款 500

　　贷：应收利息 500

持有乙公司债券影响当期权益金额 =100×90－10 000 =－1 000（万元），会计分录为：

借：其他综合收益——其他债权投资公允价值变动 1 000

　　贷：其他债权投资——公允价值变动 1 000

②持有丙公司股票影响当期权益金额 =1 000×16－20 000 =－4 000（万元），会计分录为：

借：其他综合收益——其他权益工具投资公允价值变动 4 000

　　贷：其他权益工具投资——公允价值变动 4 000

【例题7－11】甲公司为一家上市公司，相关年度发生与金融工具有关的交易或事项如下：

（1）2018 年7 月1 日，甲公司购入了乙公司同日按面值发行的债券50 万张，该债券每张面值为100 元，面值总额5 000 万元，款项已以银行存款支付。根据乙公司债券的募集说明书，该债券的年利率为6%（与实际利率相同），自发行之日起开始计息，债券利息每年支付一次，于每年6 月30 日支付；期限为5 年，本金在债券到期时一次性偿还。甲公司管理乙公司债券的目标是在保证日常流动性需求的同时，维持固定的收益率。

2018 年12 月31 日，甲公司所持上述乙公司债券的公允价值为5 200 万元。

2019 年1 月1 日，甲公司基于流动性需求将所持乙公司债券全部出售，取得价款5 202 万元。

（2）2019 年7 月1 日，甲公司从二级市场购入了丙公司发行的5 年期可转换债券10 万张，以银行存款支付价款1 050 万元，另支付交易费用15 万元。根据丙公司可转换债券的募集说明书，该可转换债券每张面值为100 元；票面年利率为1.5%，利息每年支付一次，于可转换债券发行之日起每满1 年的当日支付；可转换债券持有人可于可转换债券发行之日满3 年后第一个交易日起至到期日止，按照20 元/股的转股价格将持有的可转换债券转换为丙公司的普通股。

2019 年12 月31 日，甲公司所持上述丙公司可转换债券的公允价值为1 090 万元。

（3）2019 年9 月1 日，甲公司向特定的合格投资者按面值发行优先股1 000 万股，每股面值100 元，扣除发行费用3 000 万元后的发行收入净额已存入银行。根据甲公司发行优先股的募集说明书，本次发行优先股的票面股息率为5%；甲公司在有可分配利润的情况下，可以向优先股股东派发股息；在派发约定的优先股当期股息前，甲公司不得向普通股股东分配股利；除非股息支付日前12 个月发生甲公司向普通股股东支付股利等强制付息事件，甲公司有权取消支付优先股当期股息，且不构成违约；优先股股息不累积；优先股股东按照约定的票面股息率分配股息后，不再同普通股股东一起参加剩余利润分配；甲公司有权按照优先股票面金额加上当期已决议支付但尚未支付的优先股股息之和赎回并注销本次发行的优先股；本次发行的优先股不设置投资者回售条款，也不设置强制转换为普通股的条款；甲公司清算时，优先股股东的清偿顺序劣后于普通债务的债权人，但在普通股股东之前。

甲公司根据相应的议事机制，能够自主决定普通股股利的支付。

本题不考虑相关税费及其他因素。(2019 年)

要求：

（1）根据资料（1），判断甲公司所持乙公司债券应予确认的金融资产类别，从业务模式和合同现金流量特征两个方面说明理由，并编制与购入、持有及出售乙公司债券相关的会计分录。

（2）根据资料（2），判断甲公司所持丙公司可转换债券应予确认的金融资产类别，说明理由，并编制与购入、持有丙公司可转换债券相关的会计分录。

(3) 根据资料 (3)，判断甲公司发行的优先股是负债还是权益工具，说明理由，并编制发行优先股的会计分录。

【答案】

(1) 甲公司所持乙公司债券应予确认的金融资产类别是以公允价值计量且其变动计入其他综合收益的金融资产。

理由：由于甲公司管理乙公司债券的目标是在保证日常流动性需求的同时，维持固定的收益率，该种业务模式是以收取合同现金流量和出售金融资产为目标的业务模式；所持乙公司债券的合同现金流量特征与基本借贷安排相一致，即在特定日期产生的现金流量仅为对本金和以未偿付本金金额为基础的利息的支付。

借：其他债权投资——成本　5 000
　贷：银行存款　5 000

借：应收利息　(5 000 × 6% × 0.5) 150
　贷：投资收益　150

借：其他债权投资——公允价值变动　50
　贷：其他综合收益　50

借：银行存款　5 202
　贷：其他债权投资——成本　5 000
　　　　　　　——公允价值变动　50
　　应收利息　150
　　投资收益　2

借：其他综合收益　50
　贷：投资收益　50

(2) 甲公司所持丙公司可转换债券应予确认的金融资产类别是以公允价值计量且其变动计入当期损益的金融资产。

理由：由于嵌入了一项转股权，甲公司所持丙公司可转换债券在基本借贷安排的基础上，会产生基于其他因素变动的不确定性，不符合本金和以未偿付本金金额为基础的利息支付额的合同现金流量特征。

借：交易性金融资产——成本　1 050
　投资收益　15
　贷：银行存款　1 065

借：交易性金融资产——公允价值变动　(1 090 - 1 050) 40
　贷：公允价值变动损益　40

(3) 甲公司发行的优先股是权益工具。

理由：(1) 由于本次发行的优先股不设置投资者回售条款，甲公司能够无条件避免赎回优先股并交付现金或其他金融资产的合同义务；(2) 由于甲公司有权取消支付优先股当期股息，甲公司能够无条件避免交付现金或其他金融资产支付股息的合同义务；(3) 在发生强制付息事件的情况下，甲公司根据相应的议事机制能够决定普通股股利的支付，因此也就能够无条件避免交付现金或其他金融资产支付股息的合同义务。

借：银行存款　97 000

贷：其他权益工具　　97 000

【例题7－12·分析题】 甲股份有限公司2014年1月2日，甲公司自公开市场以2 936.95万元购入乙公司于当日发行的一般公司债券30万张，该债券每张面值为100元，票面年利率为5.5%；该债券为5年期，分期付息（于下一年度的1月2日支付上一年利息）到期还本。甲公司根据其管理该债券的业务模式和该债券的合同现金流量特征，将该债券分类为以摊余成本计量的金融资产。甲公司2014年对该交易事项的会计处理如下（会计分录中的金额单位为万元，下同）：

借：债权投资——成本　　3 000

　贷：银行存款　　2 936.95

　　财务费用　　63.05

借：应收利息　　165

　贷：投资收益　　165

要求：判断甲公司对有关交易事项的会计处理是否正确，对于不正确的，说明理由并编制更正的会计分录（无须通过“以前年度损益调整”科目）。(2015年改编)

【答案】 甲公司的会计处理不正确。

理由：企业购入折价发行的债券，应该将折价金额计入以摊余成本计量的金融资产的初始成本，且后续采用实际利率法对该折价金额进行摊销。更正分录为：

借：财务费用　　63.05

　贷：债权投资——利息调整　　63.05

该债券预计未来现金流量 = 165 ×（P/A，6%，5）+ 3 000 ×（P/F，6%，5）= 165 × 4.2124 + 3 000 × 0.7473 = 2 936.95（万元）。因此该债券的实际利率为6%。本期应分摊的利息调整金额 = 2 936.95 × 6% − 165 = 11.22（万元）。

借：债权投资——利息调整　　11.22

　贷：投资收益　　11.22

第三编
资产（二）

第八章　长期股权投资及企业合并（包括个别和合并报表）

第一节　合并财务报表

考点：合并范围的确定

合并财务报表的合并范围应当以控制为基础予以确定。

母公司应当将其全部子公司（包括母公司所控制的被投资单位可分割部分、结构化主体）纳入合并范围。但是，如果母公司是投资性主体，则只应将那些为投资性主体的投资活动提供相关服务的子公司纳入合并范围，其他子公司不应予以合并，母公司对其他子公司的投资应当按照公允价值计量且其变动计入当期损益。

一个投资性主体的母公司如果其本身不是投资性主体，则应当将其控制的全部主体，包括投资性主体以及通过投资性主体间接控制的主体，纳入合并财务报表范围。

【例题8－1·多选题】甲公司（非投资主体）为乙公司、丙公司的母公司。乙公司为投资性主体，拥有两家全资子公司，两家子公司均不为乙公司的投资活动提供相关服务，丙公司为股权投资基金，拥有两家联营企业，丙公司对其拥有的两家联营企业按照公允价值考核和评价管理层业绩。不考虑其他因素，下列关于甲公司、乙公司和丙公司对其所持股权投资的会计处理中，正确的有（　　）。

A. 乙公司不应编制合并财务报表

B. 丙公司在个别财务报表中对其拥有的两家联营企业的投资应按照公允价值计量，公允价值变动计入当期损益

C. 乙公司在个别财务报表中对其拥有的两家子公司应按照公允价值计量，公允价值变动计入当期损益

D. 甲公司在编制合并财务报表时，应将通过乙公司间接控制的两家子公司按公允价值计量，公允价值变动计入当期损益

【答案】ABC

【解析】甲公司是母公司，属于非投资性主体，其应该把所有的子公司，以及子公司控制的公司全部纳入合并报表。但是乙公司是投资性主体，不应将不为其提供相关服务的子公司纳入乙公司的合并报表。所以：选项A，正确，乙公司是投资性主体，没有为其投资活动提供相关服务的子公司，因此不应编制合并报表；选项B，正确，丙公司也是投资性主体，对其投资应该按照公允价值计量；选项C，正确，乙公司是投资性主体，对两家子公司应该按照公允价值计量；选

项D错误，一个投资性主体的母公司如果其本身不是投资性主体，则应当将其控制的全部主体，包括投资性主体以及通过投资性主体间接控制的主体，纳入合并财务报表范围。

【例题8-2·单选题】甲公司及子公司对投资性房地产采用不同的会计政策。具体为：子公司乙对作为投资性房地产核算的房屋采用公允价值模式进行后续计量；子公司丙对作为投资性房地产核算的土地使用权采用成本模式计量，按剩余15年期限分期摊销计入损益；子公司丁对出租的房屋采用成本模式计量，并按房屋仍可使用年限10年计提折旧；子公司戊对在建的投资性房地产采用公允价值模式进行后续计量。甲公司自身对作为投资性房地产的房屋采用成本模式进行后续计量，并按房屋仍可使用年限20年计提折旧。不考虑其他因素，下列关于甲公司在编制合并财务报表时，对纳入合并范围的各子公司投资性房地产的会计处理中，正确的是（　　）。(2016年)

A. 将投资性房地产的后续计量统一为成本模式，同时统一有关资产的折旧或摊销年限

B. 对于公允价值能够可靠计量的投资性房地产采用公允价值计量，其他投资性房地产采用成本模式计量

C. 区分在用投资性房地产与在建投资性房地产，在用投资性房地产统一采用成本模式计量，在建投资性房地产采用公允价值模式计量

D. 子公司的投资性房地产后续计量均应按甲公司的会计政策进行调整，即后续计量采用成本模式并考虑折旧或摊销，折旧或摊销年限根据实际使用情况确定

【答案】D

【解析】编制合并报表前，应当尽可能统一母公司和子公司的会计政策，统一要求子公司所采用的会计政策与母公司一致，但不会统一有关资产的折旧或摊销年限，应根据实际情况，确定各自年限。选项A，合并报表不统一有关资产的折旧或摊销年限；选项B，合并报表中，对于投资性房地产都按照甲公司政策，采用成本模式进行后续计量；选项C，合并报表中，对于投资性房地产都按照甲公司政策，采用成本模式进行后续计量，并不区分在用或者在建。

第二节　不形成控股合并的长期股权投资

考点一：不形成控股合并的长期股权投资的初始计量

<table>
<tr><td>初始投资成本</td><td colspan="2">实际支付的购买价款，即付出对价的公允价值+相关交易费用</td></tr>
<tr><td rowspan="2">为取得长期股权投资发生的有关费用</td><td>各项直接相关费用，包括支付的审计费用、资产评估费用、法律咨询费用等</td><td>发生时计入初始投资成本
借：长期股权投资——投资成本
　　贷：银行存款</td></tr>
<tr><td>发行权益性证券相关的佣金、手续费等</td><td>冲减发行权益性证券所确认的溢价收入——资本公积（股本溢价）
借：长期股权投资——投资成本
　　贷：股本（发行股票的数量×每股面值）
　　　　资本公积——股本溢价（差额）
借：资本公积——股本溢价（权益性证券发行费用）
　　贷：银行存款</td></tr>
</table>

续表

为取得长期股权投资发生的有关费用	发行的债券或承担其他债务支付的手续费、佣金等	计入所发行债券及其他债务的初始计量金额。 借：应付债券——利息调整 　　贷：银行存款

【例题8-3·单选题】 甲公司以发行普通股股票的方式取得了乙公司25%的股权，能够对乙公司实施重大影响。已知，甲公司发行数量为20万股，每股公允价值为15元，每股面值为1元。为增发该部分股票，甲公司另向证券承销机构支付了30万的佣金和手续费。当日，乙公司可辨认净资产的账面价值为4 000万元、公允价值为3 500万元，假定不考虑其他因素，甲公司取得该项股权投资应确认的资本公积为（　　）万元。

A. 280　　B. 300　　C. 250　　D. 420

【答案】 C

【解析】 甲公司取得该项股权投资确认的资本公积＝发行股票的公允价值总额－股票面值总额－支付的佣金及手续费＝15×20－20×1－30＝250（万元）。

考点二：不形成控股合并的长期股权投资的后续计量（权益法）

权益法的六步骤（程序）见下表：

调初始投资成本（调初始）	初始投资成本小于取得时应享有被投资单位可辨认净资产公允价值份额，计入“营业外收入” （如果大于，则不做处理）	借：长期股权投资——投资成本 　　贷：营业外收入
投资损益的调整（调利润）	应当按照应享有或应分担被投资单位实现净利润或发生净亏损的份额，确认为当期损益	借：长期股权投资——损益调整 　　贷：投资收益（亏损反分录）
	购买时被投资企业可辨认净资产的公允价值和账面价值不一致	存货卖出部分影响； 固定资产、无形资产，折旧和摊销的金额影响
	未实现内部交易损益	存货未卖出部分影响； 固定资产、无形资产，未折旧和摊销的金额影响
取得现金股利或利润的处理（调股利）	冲减长期股权投资成本，不确认投资收益	借：应收股利 　　贷：长期股权投资——损益调整
超额亏损的确认（调超额亏损）	首先冲减长期股权投资，其次是长期应收款，再次是预计负债，最后是备查账簿。如果实现了盈利就原路返回	
其他综合收益的处理（调其他综合收益）	—	借：长期股权投资——其他综合收益 　　贷：其他综合收益 （或相反分录）
被投资单位所有者权益其他变动的处理（调其他资本公积）	—	借：长期股权投资——其他权益变动 　　贷：资本公积——其他资本公积 （或相反分录）

【注意】股票股利的处理：

被投资单位分派的股票股利，投资企业不作账务处理，但应于除权日注明所增加的股数，以反映股份的变化情况。

【例题8-4·多选题】甲公司为境内上市的非投资性主体，其持有其他企业股权或权益的情况如下：（1）持有乙公司30%的股权并能对其施加重大影响；（2）持有丙公司50%股权并能与丙公司的另一投资方共同控制丙公司；（3）持有丁公司5%股权但对丁公司不具有控制、共同控制和重大影响；（4）持有戊结构化主体的权益并能对其施加重大影响。下列各项关于甲公司持有其他企业股权或权益会计处理的表述中，正确的有（　　）。

A. 甲公司对乙公司的资产采用权益法进行后续计量

B. 甲公司对丙公司的投资采用成本法进行后续计量

C. 甲公司对丁公司的投资采用公允价值进行后续计量

D. 甲公司对戊公司的投资采用公允价值进行后续计量

【答案】AC

【解析】本题主要考察哪些情况采取权益法核算，我们只学了重大影响和共同控制。本题中（1）（2）（4）都是共同控制和重大影响，只有（3）不具有控制、共同控制和重大影响需要采取公允价值核算。所以选AC。

【例题8-5·计算分析题】甲股份有限公司（以下简称“甲公司”）1月2日，甲公司支付3 600万元银行存款取得丙公司30%股权，当日丙公司可辨认净资产公允价值为14 000万元，有关可辨认资产、负债的公允价值与账面价值相同。甲公司取得该股权后，向丙公司董事会派出一名成员，参与丙公司的日常生产经营决策。

2016年丙公司实现净利润2 000万元，持有的以公允价值计量且其变动计入其他综合收益的金融资产当年度市价下跌300万元，但尚未达到丙公司确定的应对其计提减值准备的标准。

2016年12月31日，丙公司引入新投资者，新投资者向丙公司投入4 000万元。新投资者加入后，甲公司持有丙公司的股权比例降至25%，但仍能够对丙公司施加重大影响。

本题中不考虑所得税等相关税费影响以及其他因素。

要求：说明该事项是否影响甲公司2016年利润表中列报的其他综合收益，并编制与所发生交易或事项相关的会计分录。(2017年)

【答案】甲公司在取得丙公司30%股权时点，初始投资成本与应享有丙公司可辨认净资产公允价值份额的差额应当确认为当期损益，不影响其他综合收益。

2016年年末，甲公司按照持股比例计算确定应享有丙公司划分为以公允价值计量且其变动计入其他综合收益的金融资产的公允价值下降的份额，影响甲公司的其他综合收益。

因其他投资者投资，导致甲公司应享有丙公司净资产份额的变动，不影响甲公司当期利润表的其他综合收益。

会计处理：

初始计量：

借：长期股权投资——成本　　3 600

　　贷：银行存款　　3 600

（以实际支付的购买价款+相关税费作为长期股权投资的初始投资成本）

后续计量（权益法）：

借：长期股权投资——成本　　（14 000×30% －3 600）600

　贷：营业外收入　　600

（这一步开始，是权益法的后续计量，首先，调初始投资成本，初始投资成本小于取得投资时应享有的被投资单位可辨认净资产公允价值份额的，差额计入营业外收入，同时增加长期股权投资的账面价值）

借：长期股权投资——损益调整　　600

　贷：投资收益　　（2 000×30%）600

（这一步是调收益，也就是投资损益的确认。投资企业应当按照应享有被投资单位实现净利润或发生净亏损的份额，调整长期股权投资账面价值，并确认为当期损益）

借：其他综合收益　　（300×30%）90

　贷：长期股权投资——其他综合收益　　90

（这一步是调其他综合收益，被投资单位确认的其他综合收益及其变动，调整长期股权投资账面价值，并确认为其他综合收益。被投资企业持有的以公允价值计量且其变动计入其他综合收益的金融资产当年度市价下跌，影响的是其他综合收益）

借：长期股权投资——其他权益变动　　215

　贷：资本公积——其他资本公积　　215

或

借：长期股权投资——成本　　1 000

　　　　　　　　——其他综合收益　　［300×（30% －25%）］15

　贷：长期股权投资——成本　　（4 200×5%/30%）700

　　　　　　　　　——损益调整　　［2 000×（30% －25%）］100

　　资本公积——其他资本公积　　215

这一步是因为引入新投资者投入，股权被稀释下降。引入投资者后，丙公司账面净资产价值＝14 000＋2 000－300＋4 000＝19 700（万元），甲公司的长期股权投资＝19 700×25%＝4 925（万元），在引入新投资者之前，甲公司的长期股权投资＝4 200＋600－90＝4 710（万元），故引入新投资者之后，需要补确认长期股权投资＝4 925－4 710＝215（万元）。

【例题8－6】甲股份有限公司2014年7月1日，甲公司以一项对联营企业的股权投资换取丙公司30%股权，甲公司对该联营企业的股权投资的账面价值为2 800万元，双方协商确定的公允价值为3 600万元。当日，甲公司即向丙公司董事会派出成员参与其生产经营决策。购买日，丙公司可辨认净资产公允价值为15 000万元，账面价值为12 000万元，公允价值与账面价值的差额源自一项土地使用权增值，该项土地使用权在丙公司的账面价值为3 000万元，未计提减值，预计未来仍可使用30年，预计净残值为零，采用直线法摊销。

丙公司2014年个别财务报表中实现净利润2 400万元，有关损益在年度当中均衡实现。自甲公司取得对丙公司股权之日起，丙公司原持有的一项划分为以公允价值计量且其变动计入其他综合收益的金融资产至年末公允价值上升60万元。

要求：编制甲公司2014年有关交易事项的会计分录。（2015年）

【答案】长期股权投资的初始计量，属于非货币性资产交换的，以换出资产的公允价值为初始成本：

借：长期股权投资——投资成本　　3 600

贷：长期股权投资　　2 800

　　投资收益　　800

长期股权投资权益法后续计量，调初始。初始投资成本小于取得投资时应享有被投资单位可辨认净资产公允价值份额的，差额确认为营业外收入：

借：长期股权投资　　（15 000×30% －3 600）900

　　贷：营业外收入　　900

长期股权投资权益法后续计量，调利润和其他综合收益。取得投资时被投资单位资产的公允价值和账面价值不同的，折旧或摊销的差额影响利润。因购买日为7月1日，故取得以后的利润为2 400×1÷2＝1 200万元。

借：长期股权投资——损益调整　　345

　　　　　　　　——其他综合收益　　18

　　贷：投资收益　　［（1 200－3 000÷30÷2）×30%］345

　　　　其他综合收益　　（60×30%）18

第三节　非同一控制下控股合并的长期股权投资及企业合并

非同一控制下控股合并形成的长期股权投资的个别报表框架。

初始计量	（1）初始投资成本为付出对价的公允价值	借：长期股权投资 　贷：银行存款 　　股本 　　资本公积——股本溢价
	（2）若为合并发生的交易费用	借：管理费用 　贷：银行存款
	（3）若是发行股票进行合并，为发行股票支付的佣金（不是合并交易费用）冲减资本公积	借：资本公积——股本溢价 　贷：银行存款
后续计量（成本法）	被投资单位实现利润或者发生亏损	长期股权投资的账面价值不变
	如果分配现金股利	借：应收股利 　贷：投资收益
	减值	按照减值的方法处理
处置	收到的价款跟长期股权投资的账面价值的差额计入“投资收益”	借：银行存款 　长期股权投资减值准备 　贷：长期股权投资 　　投资收益

考点一：非同一控制下控股合并的长期股权投资的初始计量

处理原则：支付的对价的公允价值为企业合并成本，但是为合并所支付的交易费用不能计入初始投资成本，只能计入当期损益。

初始投资成本	支付对价的公允价值	
投出的各项资产或负债的处理（相当于卖掉）	投出资产为固定资产或无形资产	其差额记入“资产处置损益”
	投出资产为存货	按其公允价值确认主营业务收入或其他业务收入，按其账面价值结转主营业务成本或其他业务成本，若存货计提跌价准备的，应将跌价准备一并结转
	投出资产为金融资产等	其差额记入“投资收益”（或留存收益），以公允价值计量且其变动计入其他综合收益的金融资产持有期间公允价值变动形成的“其他综合收益”应一并转入投资收益或留存收益
发生的相关费用的处理	（1）合并方为进行企业合并发生的各项直接相关费用（包括为合并而支付的审计费用、资产评估费用、法律咨询费用等）	应当于发生时计入当期损益（管理费用），不计入初始投资成本： 借：管理费用 　　贷：银行存款
	（2）为企业合并发行权益性证券相关的佣金、手续费等费用	应当冲减发行权益性证券所确认的溢价收入（股本溢价）： 借：长期股权投资 　　贷：股本（发行股票的数量×每股面值） 　　　　资本公积——股本溢价 借：资本公积——股本溢价（权益性证券发行费用） 　　贷：银行存款
	（3）为企业合并发行的债券或承担其他债务支付的手续费、佣金等	应当计入所发行债券及其他债务的初始计量金额： 借：应付债券——利息调整 　　贷：银行存款
企业通过多次交易分步实现非同一控制下控股合并（个表）	（1）原投资为长期股权投资	购买日长期股权投资初始成本＝原投资账面价值＋新增股份公允价值 【注意】购买日之前持有的股权投资因采用权益法形成的其他综合收益，暂时不做处理，待到处置该项投资时，再按长期股权投资的规定进行处理
	（2）原投资为金融资产	购买日长期股权投资初始成本＝原投资公允价值＋新增股份公允价值

【例题8－7·单选题】下列各项交易产生的费用中，不应计入相关资产成本或负债初始确认金额的是（　　）。(2018年)

A. 外购无形资产发生的交易费用

B. 承租人在租赁中发生的初始直接费用

C. 发行以摊余成本计量的公司债券时发生的交易费用

D. 合并方在非同一控制下企业合并中发生的中介费用

【答案】D

【解析】合并方在非同一控制下的企业合并中发生的中介费用应计入管理费用。

【例题 8－8·多选题】下列各项涉及交易费用会计处理的表述中，正确的有（　　）。（2012年B卷）

A. 购买子公司股权发生的手续费直接计入当期损益

B. 定向增发普通股支付的券商手续费直接计入当期损益

C. 购买以公允价值计量且其变动计入当期损益的金融资产发生的手续费直接计入当期损益

D. 购买以摊余成本计量的金融资产发生的手续费直接计入当期损益

【答案】AC

【解析】选项B，定向增发普通股支付的券商手续费冲减发行股票的溢价收入；选项D，购买以摊余成本计量的金融资产发生的手续费直接计入初始投资成本。

考点二：非同一控制下控股合并的长期股权投资的后续计量（成本法）

在成本法下面，长期股权投资以最初的初始投资成本计量，除非新增投资或者减值，长期股权投资的账面金额不会改变。

（1）如果分配了现金股利或现金利润，确认投资收益。

（2）如果只是将未分配利润或盈余公积转增股本，投资方并没有取得现金股利，不用确认投资收益。

考点三：通过多次交易分步实现的企业合并（非同一控制）

（一）个别报表（账面价值＋公允价值）

对于个别报表的处理，在长期股权投资的初始计量中，已经讲过，这里不再重复。

合并成本＝购买日之前持有的被购买方的股权于购买日的账面价值
＋购买日新购入股权所支付对价的公允价值

（二）合并财务报表（公允价值＋公允价值）

（1）购买方对于购买日之前持有的被购买方的股权，按照该股权在购买日的公允价值进行重新计量，公允价值与账面价值的差额计入当期投资收益。

（2）合并成本＝购买日之前持有的被购买方的股权于购买日的公允价值＋购买日新购入股权所支付对价的公允价值

（3）比较购买日合并成本与现有的被购买方可辨认净资产公允价值的份额，确定购买日应予确认的商誉，或者应计入营业外收入（用留存收益代替）的金额。

（4）购买日之前持有的被购买方的股权涉及权益法核算下的其他综合收益以及除净损益、其他综合收益和利润分配外的其他所有者权益变动的，与其相关的其他综合收益、资本公积——其他资本公积应当转为购买日所属当期损益，由于被购买方重新计量设定收益计划净负债或净资产变动而产生的其他综合收益、其他权益工具投资因公允价值变动而产生的其他综合收益等不能重分类进损益的其他综合收益除外。（也就是能重分类进损益的情况下，个别报表不转投资收益，但是合并报表要转投资收益）

考点四：非同一控制下企业合并涉及或有对价时长期股权投资成本的计算

非同一控制下企业合并形成的长期股权投资的初始投资成本是付出的对价的公允价值，因此或有对价是直接影响企业合并成本的，影响了企业合并成本也应该影响商誉的金额。

（1）如果在购买日存在的情况，在12个月内取得进一步的证据表明购买日已存在状况，可以据以调整企业合并成本；

（2）如果超过12个月取得进一步证据或者就算在12个月内但是不是购买日就存在的情况而是新出现的情况，则不能调整企业合并成本，而是可能确认为金融工具（根据最新的金融工具准则只能确认为以公允价值计量且其变动计入当期损益的金融资产，不能计入其他综合收益）。

考点五：非同一控制下控股合并形成的长期股权投资的合并报表

<table>
<tr><td rowspan="5">购买日合并报表</td><td colspan="2">（1）确认长期股权投资，是前面的内容</td></tr>
<tr><td>（2）确认“商誉”</td><td>商誉 = 初始投资成本 − 被购买方可辨认净资产公允价值份额</td></tr>
<tr><td>（3）将被购买方从“账面价值”调整到“公允价值”</td><td>借：相关资产
　贷：资本公积——其他资本公积（或者反分录）</td></tr>
<tr><td>（4）将母公司长期股权投资和子公司股东权益抵销</td><td>借：股本
　资本公积
　其他综合收益
　盈余公积
　未分配利润
　商誉（借方差额）
　贷：长期股权投资
　　少数股东权益
　　盈余公积（贷方差额）
　　未分配利润（贷方差额）</td></tr>
<tr><td rowspan="4">购买日后合并报表（即合并后每个资产负债表日都需要重新编制）</td><td>（1）将被购买方从“账面价值”调整到“公允价值”（实际就是重复之前的行为）</td><td>借：相关资产
　贷：资本公积——其他资本公积（或者反分录）
（同时，由于从账面价值调整到了公允价值，相应的也会影响损益，因为折旧或者摊销的金额肯定变了）</td></tr>
<tr><td>（2）将后续计量从成本法调整成权益法</td><td>权益法调整
（调整到权益法是合并财务报表的要求）</td></tr>
<tr><td>（3）将母公司长期股权投资和子公司股东权益抵销</td><td>借：股本
　资本公积
　其他综合收益
　盈余公积
　未分配利润
　商誉（借方差额）
　贷：长期股权投资
　　少数股东权益</td></tr>
<tr><td>（4）将子公司的利润分配和母公司的投资收益等进行抵销</td><td>借：投资收益
　少数股东损益
　未分配利润——年初
　贷：提取盈余公积
　　对所有者（或股东）的分配
　　未分配利润</td></tr>
</table>

【例题8-9·多选题】 甲公司持有乙公司70%股权并控制乙公司，甲公司2013年度合并财务报表中少数股东权益为950万元，2014年度，乙公司发生净亏损3 500万元。无其他所有者权益变动，除乙公司外，甲公司没有其他子公司。不考虑其他因素，下列关于甲公司在编制2014年度合并财务报表的处理中，正确的有（　　）。(2013年改编)

A. 母公司所有者权益减少950万元

B. 少数股东承担乙公司亏损950万元

C. 母公司承担乙公司亏损2 450万元

D. 少数股东权益的列报金额为-100万元

【答案】 CD

【解析】 母公司所有者权益减少=3 500×70%=2 450（万元），选项A错误；少数股东承担乙公司亏损=3 500×30%=1 050（万元），选项B错误；母公司承担乙公司亏损=3 500×70%=2 450（万元），选项C正确；少数股东权益的列报金额=950-1 050=-100（万元），选项D正确。

【例题8-10·多选题】 甲公司2010年1月1日购入乙公司80%股权，能够对乙公司的财务和经营政策实施控制。除乙公司外，甲公司无其他子公司。2010年度，乙公司按照购买日可辨认净资产公允价值为基础计算实现的净利润为2 000万元，无其他所有者权益变动。2010年年末，甲公司合并财务报表中少数股东权益为825万元。2011年度，乙公司按购买日可辨认净资产公允价值为基础计算的净亏损为5 000万元，无其他所有者权益变动。2011年年末，甲公司个别财务报表中所有者权益总额为8 500万元。下列各项关于甲公司2010年度和2011年度合并财务报表列报的表述中，正确的有（　　）。(2011年)

A. 2011年度少数股东损益为0

B. 2010年度少数股东损益为400万元

C. 2011年12月31日少数股东权益为0

D. 2011年12月31日股东权益总额为5 925万元

E. 2011年12月31日归属于母公司股东权益为6 100万元

【答案】 BDE

【解析】 2011年度少数股东损益=-5 000×20%=-1 000（万元），选项A错误；2010年少数股东损益=2 000×20%=400（万元），选项B正确；2011年12月31日少数股东权益=825-5 000×20%=-175（万元），选项C错误；2011年12月31日股东权益总额=6 100-175=5 925（万元），选项D正确；2011年12月31日归属于母公司的股东权益=8 500+(2 000-5 000)×80%=6 100（万元），选项E正确。

第四节　同一控制下控股合并的长期股权投资及企业合并

考点一：同一控制下控股合并的长期股权投资的初始计量

处理原则：账面价值原则。

<table>
<tr><td>初始投资成本</td><td>合并方应以合并日应享有被合并方所有者权益在最终控制方合并财务报表中的账面价值的份额（包括最终控制方收购被合并方而形成的商誉）作为长期股权投资的初始投资成本</td><td rowspan="3">借：长期股权投资
应收股利
贷：有关资产、负债（账面价值）
资本公积——资本溢价或股本溢价（也可能在借方）</td></tr>
<tr><td>初始投资成本与支付的对价的账面价值的差额</td><td>计入资本公积（资本溢价或股本溢价），资本公积（资本溢价或股本溢价）的余额不足冲减的，依次冲减盈余公积、未分配利润</td></tr>
<tr><td>合并支付的价款或对价中包含的已宣告但尚未发放的现金股利或利润</td><td>应作为应收项目处理，不计入企业合并成本</td></tr>
<tr><td>为合并支付的交易费用</td><td>不能计入初始投资成本，只能计入当期损益</td><td>—</td></tr>
</table>

【例题8－11·单选题】 甲公司2013年7月1日自母公司（丁公司）取得乙公司60%股权，当日，乙公司个别财务报表中净资产账面价值为3 200万元。该股权系丁公司于2011年6月自公开市场购入，丁公司在购入乙公司60%股权时确认了800万元商誉。2013年7月1日，按丁公司取得该股权时乙公司可辨认净资产公允价值为基础持续计算的乙公司可辨认净资产价值为4 800万元。为进行该项交易，甲公司支付有关审计等中介机构费用120万元。不考虑其他因素，甲公司应确认对乙公司股权投资的初始投资成本是（　　）万元。(2014年)

A. 1 920　　B. 2 040　　C. 2 880　　D. 3 680

【答案】 D

【解析】 同一控制下控股合并中，初始投资成本是合并日按照持股比例与被合并方所有者权益在最终控制方合并财务报表上的账面价值享有的份额。甲公司应确认对乙公司股权投资的初始投资成本＝4 800×60%＋800＝3 680（万元）。

【例题8－12·多选题】 下列各项交易费用中，应当于发生时直接计入当期损益的有（　　）。(2014年A卷)

A. 与取得以公允价值计量且其变动计入当期损益的金融资产相关的交易费用

B. 同一控制下企业合并中发生的审计费用

C. 取得一项以摊余成本计量的金融资产发生的交易费用

D. 非同一控制下企业合并中发生的资产评估费用

【答案】 ABD

【解析】 选项A，交易费用计入投资收益借方；选项B和D，相关费用计入管理费用；选项C，交易费用计入成本。

【例题8－13·综合题】 甲股份有限公司（以下简称"甲公司"）8月20日，以一项土地使用权为对价，自母公司购入其持有的一项对乙公司60%的股权（甲公司母公司自2014年2月起持有乙公司股权），另以银行存款向母公司支付补价3 000万元。当日，甲公司土地使用权成本为12 000万元，已摊销1 200万元，未计提减值准备，公允价值为19 000万元；乙公司可辨认净资产的公允价值为38 000万元，所有者权益账面价值为8 000万元（含原吸收合并时产生的商誉1 200万元）。取得乙公司60%股权后，甲公司能够对乙公司实施控制。

当日，甲公司与母公司办理完成了相关资产的所有权转让及乙公司工商变更登记手续，并控制乙公司。

本题中不考虑所得税等相关税费影响以及其他因素。

要求：说明该事项是否影响甲公司2016年利润表中列报的其他综合收益，并编制与所发生交易或事项相关的会计分录。(2017年)

【答案】该项交易中甲公司合并乙公司属于同一控制下企业合并，合并日应享有被合并方账面所有者权益份额作为长期股权投资的初始成本，初始投资成本与支付对价账面价值的差额应当调整资本公积（资本溢价），不影响交易发生当期的其他综合收益。

会计处理：

借：长期股权投资 (8 000 × 60%) 4 800
　　累计摊销 1 200
　　资本公积 9 000
　　贷：无形资产 12 000
　　　　银行存款 3 000

考点二：通过多次交易分步实现的企业合并（同一控制）

在个别财务报表中，应当以持股比例计算的合并日应享有被合并方所有者权益在最终控制方合并财务报表上的账面价值享有的份额，作为该项投资的初始投资成本。

合并日初始投资成本 = 合并日被合并方所有者权益在最终控制方合并财务报表上的账面价值享有的份额

新增投资部分的初始投资成本 = 合并日初始投资成本 − 原股权投资于合并日的账面价值

新增投资部分初始投资成本与为取得新增部分投资所支付对价的账面价值的差额，调整资本公积（资本溢价或股本溢价），资本公积不足冲减的，依次冲减盈余公积和未分配利润。

考点三：同一控制下企业合并形成的控股合并所涉及的或有对价

或有对价不会影响长期股权投资的账面价值，影响的是调整的资本公积（资本溢价或股本溢价）的金额。

考点四：同一控制下控股合并形成的长期股权投资的合并报表

（一）处理原则

同一控制下的企业合并，不产生新的资产和负债。

被合并方在企业合并前，在最终控制方合并报表中原已确认的商誉应作为合并中取得的资产确认，但合并过程中不产生新的商誉。

（二）合并日合并财务报表的编制原则

(1) 合并日的资产负债表：被合并方的资产、负债应以其账面价值并入合并资产负债表。这里的账面价值是指被合并方的资产、负债（包括最终控制方收购被合并方而形成的商誉）在最终控制方财务报表中的价值。

(2) 合并利润表、合并现金流量表：合并方在编制合并日的合并利润表时，应包含合并方及被合并方自合并当期期初至合并日实现的净利润，双方在当期所发生的交易，应当按照合并财务报表的有关原则进行抵销。

【例题8-14·多选题】 关于同一控制下的企业合并形成母子公司关系的，在合并日，下列说法中正确的有（　　）。

A. 合并资产负债表中被合并方的各项资产、负债，应当按其公允价值计量

B. 合并资产负债表中被合并方的各项资产、负债，应当按其账面价值计量

C. 合并利润表应当包括参与合并各方自合并当期期初至合并日所发生的收入、费用和利润

D. 合并现金流量表应当包括参与合并各方自合并当期期初至合并日的现金流量

【答案】 BCD

【例题8-15·单选题】 下列各项关于无形资产会计处理的表述中，正确的是（　　）。(2015年)

A. 自行研究开发的无形资产在尚未达到预定用途前无须考虑减值

B. 非同一控制下企业合并中，购买方应确认被购买方在该项交易前未确认但可单独辨认且公允价值能够可靠计量的无形资产

C. 使用寿命不确定的无形资产在持有过程中不应该摊销也不考虑减值

D. 同一控制下企业合并中，合并方应确认被合并方在该项交易前未确认的无形资产

【答案】 B

【解析】 选项A，对于尚未达到可使用状态的无形资产，由于其价值具有较大的不确定性，应当每年进行减值测试；选项C，使用寿命不确定的无形资产在持有过程中不应该摊销，但至少需要在每年年末进行减值测试；选项D，同一控制下的企业合并，不产生新的资产，故不应确认之前未确认的无形资产。

（三）合并报表框架

合并日合并财务报表的处理	(1) 确认长期股权投资	（个别报表的处理，跟合并报表无关）
	(2) 将母公司的长期股权投资和子公司的股东权益抵销（同一控制不会产生新的商誉）	借：股本 　　资本公积 　　其他综合收益 　　盈余公积 　　未分配利润 　　贷：长期股权投资 　　　　少数股东权益
	(3) 将子公司之前的留存收益转回（以母公司的资本公积为限）	借：资本公积 　　贷：盈余公积 　　　　未分配利润

续表

合并日后合并财务报表的处理	(1) 将长期股权投资从成本法调整到权益法（合并报表需要调整）	借：长期股权投资 　　贷：投资收益等
	(2) 将母公司长期股权投资和子公司的股东权益进行抵销	借：股本（实收资本） 　　资本公积 　　其他综合收益 　　盈余公积 　　未分配利润——年末 　　贷：长期股权投资 　　　　少数股东权益
	(3) 将子公司的利润分配和母公司的投资收益进行抵销	借：投资收益 　　少数股东损益 　　未分配利润——年初 　　贷：提取盈余公积 　　　　对所有者（或股东）的分配 　　　　未分配利润——年末

第五节　长期股权投资核算方法的转换及处置

考点：长期股权投资核算方法的转换

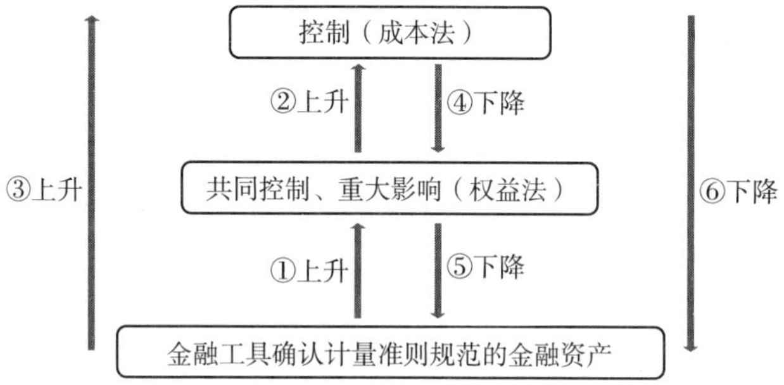

转换形式	个别报表	合并报表
公允价值计量转换为权益法	注：此处的金融资产可能有两类，即以公允价值计量且其变动计入当期损益的金融资产和指定为以公允价值计量且其变动计入其他综合收益的金融资产。 原投资调整到公允价值 公允价值 + 公允价值 (1) 原投资账面和公允价值的差额计入“投资收益”或者“留存收益” (2) 原投资公允价值变动计入“其他综合收益”的转入“留存收益”	无合并报表

续表

转换形式	个别报表	合并报表
权益法转换为成本法（非同一控制）	长投账面价值 = 原投资账面价值 + 新增投资公允价值	（1）原投资部分调整到公允价值 原投资公允价值 + 新增投资公允价值 （2）原投资账面和公允价值的差额计入“投资收益” （3）权益法下确认的“其他综合收益”转入投资收益或留存收益
公允价值计量转换为成本法（非同一控制）	（1）长投账面价值 = 原投资公允价值 + 新增投资公允价值 （2）原金融资产，视同处置	无须调整
成本法转换为权益法	（1）卖出部分：确认投资收益 （2）剩余投资：追溯调整为权益法下的账面价值（视同从一开始就是以权益法计量）	剩余投资调整到公允价值（相当于整体卖掉） （1）账面价值和公允价值的差额确认“投资收益” （2）对个别财务报表中的处置部分的投资收益的归属期间进行调整（冲减投资收益） （3）将与处置部分和剩余投资有关的其他综合收益、资本公积——其他资本公积全部转入投资收益或留存收益
权益法转换为公允价值计量	（1）剩余投资调整到公允价值，公允价值与账面价值的差额确认损益 （2）卖出部分确认损益 （3）权益法下面的全部“其他综合收益”转入“投资收益”或“留存收益”；“资本公积——其他资本公积”转入“投资收益”	无合并报表
成本法转换为公允价值计量	（1）剩余投资调整到公允价值，公允价值与账面价值的差额确认损益 （2）卖出部分公允价值与账面价值的差额确认损益	无须调整剩余投资价值

【例题 8－16·多选题】 甲公司 2013 年 7 月以 860 万元取得 100 万股乙公司普通股，占乙公司发行在外普通股股份的 0.5%，指定为以公允价值计量且其变动计入其他综合收益的金融资产核算。乙公司股票 2013 年年末收盘价为每股 10.2 元。2014 年 4 月 1 日，甲公司又出资 27 000 万元取得乙公司 15% 的股份，按照乙公司章程规定，自取得该股份之日起，甲公司有权向乙公司董事会派出成员；当日，乙公司股票价格为每股 9 元。2015 年 5 月，乙公司经股东大会批准进行重大资产重组（接受其他股东出资），甲公司在该项重大资产重组后持有乙公司的股权比例下降为 10%。但仍能向乙公司董事会派出董事并对乙公司施加重大影响。不考虑其他因素，下列关于因持有乙公司股权对甲公司各期间利润影响的表述中，正确的有（　　）。（2016 年）

A. 2014 年持有乙公司 15.5% 股权应享有乙公司净利润的份额影响 2014 年利润

B. 2013 年持有乙公司股权期末公允价值相对于取得成本的变动额影响 2013 年利润

C. 2015 年因重大资产重组，相应享有乙公司净资产份额的变动额影响 2015 年利润

D. 2014年增持股份时，原所持100万股乙公司股票公允价值与账面价值的差额影响2014年留存收益

【答案】AD

【解析】选项A，持有15.5%之后，从公允价值法转为权益法核算，享有乙公司净利润的份额计入投资收益，影响利润；选项B，2013年，乙公司股票是指定为以公允价值计量且其变动计入其他综合收益的非交易性金融资产，其公允价值变动计入其他综合收益，不影响利润；选项C，2015年因重大资产重组，相应享有乙公司净资产份额的变动计入资本公积，不影响利润；选项D，2014年增持股份时，从公允价值法转为权益法，相当于把原金融资产卖掉，账面与公允价值的差额要转入“留存收益”。

【例题8-17·单选题】2011年1月1日，甲公司支付800万元取得乙公司100%的股权。购买日乙公司可辨认净资产的公允价值为600万元。2011年1月1日至2012年12月31日期间，乙公司以购买日可辨认净资产公允价值为基础计算实现的净利润为50万元（未分配现金股利），分类为以公允价值计量且其变动计入其他综合收益的金融资产的公允价值上升20万元，除上述外，乙公司无其他影响所有者权益变动的事项。2013年1月1日，甲公司转让所持有乙公司70%的股权，取得转让款项700万元；甲公司持有乙公司剩余30%股权的公允价值为300万元。转让后，甲公司能够对乙公司施加重大影响。

要求：根据上述资料，不考虑其他因素，回答下列问题。

（1）甲公司因转让乙公司70%股权在2013年度个别财务报表中应确认的投资收益是（　　）万元。

A. 91　　B. 111　　C. 140　　D. 160

（2）甲公司因转让乙公司70%股权在2013年度合并财务报表中应确认的投资收益是（　　）万元。

A. 91　　B. 111　　C. 140　　D. 150

【答案】（1）C；（2）D

【解析】个别报表中应确认的投资收益 $=700-800\times70\%=140$（万元）。

合并报表中确认的投资收益 $=(700+300)-(800+70)+20=150$（万元）。

【例题8-18】甲公司没有子公司，不需要编制合并财务报表。甲公司相关年度发生与投资有关的交易或事项如下：

（1）2017年1月1日，甲公司通过发行普通股2 500万股（每股面值1元）取得乙公司30%股权，能够对乙公司施加重大影响。甲公司所发行股份的公允价值为6元/股，甲公司取得投资时乙公司可辨认净资产的账面价值为50 000万元，公允价值为55 000万元，除A办公楼外，乙公司其他资产及负债的公允价值与其账面价值相同。A办公楼的账面余额为30 000万元，已计提折旧15 000万元，公允价值为20 000万元。乙公司对A办公楼采用年限平均法计提折旧，该办公楼预计使用40年，已使用20年，自甲公司取得乙公司投资后尚可使用20年，预计净残值为零。

（2）2017年6月3日，甲公司以300万元的价格向乙公司销售产品一批，该批产品的成本为250万元。至2017年末，乙公司已销售上述从甲公司购入产品的50%，其余50%产品尚未销售形成存货。

2017年度，乙公司实现净利润3 600万元，因分类为以公允价值计量且其变动计入其他综合收益的金融资产公允价值变动而确认的其他综合收益100万元。

(3) 2018 年 1 月 1 日，甲公司以 12 000 万元的价格将所持乙公司 15% 股权予以出售，款项已存入银行。出售上述股权后，甲公司对乙公司不再具有重大影响，将所持乙公司剩余 15% 股权指定为以公允价值计量且其变动计入其他综合收益的金融资产，公允价值为 12 000 万元。

(4) 2018 年 12 月 31 日，甲公司所持乙公司 15% 股权的公允价值为 14 000 万元。

(5) 2019 年 1 月 1 日，甲公司将所持乙公司 15% 股权予以出售，取得价款 14 000 万元。

其他有关资料：第一，甲公司按照年度净利润的 10% 计提法定盈余公积。第二，本题不考虑相关税费及其他因素。

要求：

(1) 根据资料 (1)，计算甲公司对乙公司股权投资的初始投资成本，编制相关会计分录。

(2) 根据资料 (1) 和资料 (2)，计算甲公司对乙公司股权投资 2017 年度应确认的投资损益，编制相关会计分录。

(3) 根据资料 (3)，计算甲公司出售所持乙公司 15% 股权产生的损益，编制相关会计分录。

(4) 根据资料 (4) 和资料 (5)，编制甲公司与持有及出售乙公司股权相关的会计分录。(2019 年)

【答案】

(1) 根据资料 (1)，计算甲公司对乙公司股权投资的初始投资成本，编制相关会计分录。

初始投资成本 = 2 500 × 6 = 15 000 (万元)，享有被投资单位在投资日可辨认净资产的公允价值份额 = 55 000 × 30% = 16 500 (万元)，应调增初始成本 1 500 万元 (16 500 − 15 000)，同时确认营业外收入。

借：长期股权投资——投资成本	15 000	
贷：股本		2 500
资本公积——股本溢价		12 500
借：长期股权投资——投资成本	1 500	
贷：营业外收入		1 500

(2) 根据资料 (1) 和 (2)，计算甲公司对乙公司股权投资 2017 年度应确认的投资损益，编制相关会计分录。

2017 年度乙公司调整后净利润 = 3 600 − (20 000 ÷ 20 − 30 000 ÷ 40) − (300 − 250) × 50% = 3 325 (万元)

甲公司 2017 年度应确认的投资损益 = 3 325 × 30% = 997.5 (万元)

借：长期股权投资——损益调整	997.5	
贷：投资收益		997.5
借：长期股权投资——其他综合收益	(100 × 30%) 30	
贷：其他综合收益		30

(3) 根据资料 (3)，计算甲公司出售所持乙公司 15% 股权产生的损益，编制相关会计分录。

出售所持乙公司 15% 股权产生的损益 = (12 000 + 12 000) − (15 000 + 1 500 + 997.50 + 30) + 30 = 6 502.5 (万元)

借：银行存款	12 000	
贷：长期股权投资——投资成本		8 250
——损益调整		498.75

——其他综合收益 15

投资收益 3 236. 25

借：其他综合收益 30

贷：投资收益 30

借：其他权益工具投资——成本 12 000

贷：长期股权投资——投资成本 8 250

——损益调整 498. 75

——其他综合收益 15

投资收益 3 236. 25

（4）根据资料（4）和（5），编制甲公司与持有及出售乙公司股权相关的会计分录。

借：其他权益工具投资——公允价值变动 （14 000 - 12 000）2 000

贷：其他综合收益 2 000

借：银行存款 14 000

贷：其他权益工具投资——成本 12 000

——公允价值变动 2 000

借：其他综合收益 2 000

贷：盈余公积 200

利润分配——未分配利润 1 800

第六节 内部交易的合并处理

考点一：内部商品交易的合并处理

内部商品交易的抵销	将年初存货中未实现内部销售利润抵销	借：未分配利润——年初（年初存货中未实现内部销售利润） 贷：营业成本
	将本期内部商品交易的销售收入抵销	借：营业收入（本期内部商品销售产生的收入） 贷：营业成本
	将期末存货中未实现内部销售利润抵销	借：营业成本 贷：存货（期末存货中未实现内部销售利润）
发生减值的调整	首先抵销存货跌价准备期初数	借：存货——存货跌价准备 贷：未分配利润——年初
	抵销因本期销售存货结转的存货跌价准备	借：营业成本 贷：存货——存货跌价准备
	抵销存货跌价准备期末数与上述余额的差额，但存货跌价准备的抵销以存货中未实现内部销售利润为限	借：存货——存货跌价准备 贷：信用减值损失 （或做相反分录）

续表

涉及递延所得税资产	确认本期合并财务报表中递延所得税资产期末余额（即列报金额）	—	
	调整合并财务报表中本期递延所得税资产	（1）调整期初数	借：递延所得税资产 　贷：未分配利润——年初
		（2）调整期初期末差额	借：递延所得税资产 　贷：所得税费用 （或做相反分录）

考点二：内部债权债务的合并处理

内部债权债务项目本身的抵销		借：债务类项目 　贷：债权类项目
内部投资收益（利息收入）和利息费用的抵销		借：投资收益 　贷：财务费用（在建工程等）
内部应收账款计提坏账准备的抵销	抵销坏账准备的期初数	借：应收账款——坏账准备 　贷：未分配利润——年初
	将本期计提（或冲回）的坏账准备数额抵销	借：应收账款——坏账准备 　贷：信用减值损失 （或相反分录）
内部应收款项相关所得税会计的合并抵销处理	先抵销期初坏账准备对递延所得税的影响	借：未分配利润——年初（期初坏账准备余额×所得税税率） 　贷：递延所得税资产
	然后确认递延所得税资产期初期末余额的差额	若坏账准备期末余额大于期初余额 借：所得税费用（坏账准备增加额×所得税税率） 　贷：递延所得税资产 若坏账准备期末余额小于期初余额则为相反分录

考点三：内部固定资产交易的合并处理

（一）未发生变卖或报废的内部交易固定资产的抵销

将期初固定资产原价中未实现内部销售利润抵销	借：未分配利润——年初 　贷：固定资产——原价（期初固定资产原价中未实现内部销售利润）
将期初累计多提折旧抵销	借：固定资产——累计折旧（期初累计多提折旧） 　贷：未分配利润——年初

续表

将本期购入的固定资产原价中未实现内部销售利润抵销	（1）一方销售的商品，另一方购入后作为固定资产 借：营业收入（本期内部固定资产交易产生的收入） 贷：营业成本（本期内部固定资产交易产生的销售成本） 固定资产——原价（本期购入的固定资产原价中未实现内部销售利润） （2）一方的固定资产，另一方购入后仍作为固定资产 借：资产处置收益 贷：固定资产——原价
将本期多提折旧抵销	借：固定资产——累计折旧（本期多提折旧） 贷：管理费用

（二）发生变卖或报废情况下的内部固定资产交易的抵销

将上述抵销分录中的“固定资产——原价”项目和“固定资产——累计折旧”项目用“资产处置收益”项目代替。

将期初固定资产原价中未实现内部销售利润抵销	借：未分配利润——年初 贷：资产处置收益（期初固定资产原价中未实现内部销售利润）
将期初累计多提折旧抵销	借：资产处置收益（期初累计多提折旧） 贷：未分配利润——年初
将本期多提折旧抵销	借：资产处置收益（本期多提折旧） 贷：管理费用

【例题8－19·多选题】2015年12月31日，甲公司以某项固定资产及现金与其他三家公司共同出资设立乙公司，甲公司持有乙公司60%股权并能够对其实施控制；当日，双方办理了与固定资产所有权转移相关的手续。该固定资产的账面价值为2 000万元，公允价值为2 600万元。乙公司预计上述固定资产尚可使用10年，预计净残值为零，采用年限平均法计提坏账准备计提折旧，每年计提的折旧额直接计入当期管理费用。不考虑其他因素，下列各项关于甲公司在编制合并财务报表时会计处理的表述中，正确的有（　　）。(2017年)

A. 2016年合并利润表管理费用项目抵销60万元

B. 2015年合并利润表资产处置收益项目抵销600万元

C. 2017年末合并资产负债表固定资产项目抵销480万元

D. 2017年末合并资产负债表未分配利润项目的年初数抵销540万元

【答案】ABCD

【解析】合并报表中的抵销分录：

2015年：

借：资产处置收益　　(2 600－2 000) 600

　　贷：固定资产　　600

2016年：

借：年初未分配利润　　(2 600－2 000) 600

贷：固定资产　600

借：固定资产　60

贷：管理费用　60

2017 年：

借：年初未分配利润　600

贷：固定资产　600

借：固定资产　60

贷：年初未分配利润　60

借：固定资产　60

贷：管理费用　60

考点四：内部无形资产交易的合并处理

（一）未发生变卖或报废的内部交易无形资产的抵销

将期初无形资产原价中未实现内部销售利润抵销	借：未分配利润——年初 贷：无形资产——原价（期初无形资产原价中未实现内部销售利润）
将期初累计多提摊销抵销	借：无形资产——累计摊销（期初累计多提摊销） 贷：未分配利润——年初
将本期购入的无形资产原价中未实现内部销售利润抵销	借：资产处置收益 贷：无形资产——原价
将本期多提摊销抵销	借：无形资产——累计摊销（本期多提摊销） 贷：管理费用

（二）发生变卖情况下的内部无形资产交易的抵销

将上述抵销分录中的“无形资产——原价”项目和“无形资产——累计摊销”项目用“资产处置收益”项目代替。

将期初无形资产原价中未实现内部销售利润抵销	借：未分配利润——年初 贷：资产处置收益（期初无形资产原价中未实现内部销售利润）
将期初累计多提摊销抵销	借：资产处置收益（期初累计多提摊销） 贷：未分配利润——年初
将本期多提摊销抵销	借：资产处置收益（本期多提摊销） 贷：管理费用

第七节　特殊交易在合并财务报表中的会计处理

考点一：追加投资的会计处理

（一）母公司购买子公司少数股东股权

个别财务报表：按照付出的对价的公允价值确认新增长期股权投资。

合并财务报表：合并财务报表中，因购买少数股权新取得的长期股权投资与按照新增持股比例计算应享有子公司自购买日或合并日开始持续计算的可辨认净资产份额之间的差额，应当调整母公司个别报表中的资本公积（资本溢价或股本溢价），资本公积不足冲减的，调整留存收益。（不影响商誉）

【例题 8－20·单选题】A 公司 2014 年 12 月 31 日以 110 万元取得 B 公司 60% 股权，能够对 B 公司实施控制，购买日 B 公司可辨认净资产公允价值 180 万元；2015 年 12 月 31 日 A 公司以银行存款 15 万元取得原少数股东持有的 B 公司股权 5%。当日 B 公司可辨认净资产公允价值为 200 万元，B 公司自购买日公允价值开始持续计算的可辨认净资产价值 220 万元，A 公司和 B 公司无关联方关系。则 2015 年 12 月 31 日合并财务报表应列示的商誉为（　　）万元。

A. 8　　B. －5　　C. 5　　D. 2

【答案】D

【解析】只有在购买日即 2014 年 12 月 31 日形成商誉，购买子公司少数股权日即 2015 年 12 月 31 日不形成新的商誉，2015 年 12 月 31 日合并财务报表应列示的商誉＝合并成本－被合并方可辨认净资产在购买日公允价值份额＝110－180×60%＝2（万元）。

（二）企业因追加投资等原因能够对非同一控制下的被投资方实施控制

1. 如果属于“一揽子交易”，应当将各项交易作为一项取得子公司控制权的交易进行会计处理。

2. 如果不属于“一揽子交易”，在合并财务报表中，对于购买日之前持有的被购买方的股权，应当按照该股权在购买日的公允价值进行重新计量，公允价值与其账面价值之间的差额计入当期投资收益。（即“公允价值＋公允价值”）

（三）本期增加子公司时如何编制合并财务报表

类别	同一控制	非同一控制
基本原则	一体化存续	自购买日起
合并资产负债表	调整年初数	不调整年初数
合并利润表	年初——年末	购买日——年末
合并现金流量表	年初——年末	购买日——年末

考点二：处置对子公司投资的会计处理

（一）在不丧失控制权的情况下部分处置对子公司的长期股权投资

个别报表：按照收到的价款与处置的长期股权投资的成本作比较，确认投资收益。

合并财务报表：不确认损益，不影响商誉！母公司在不丧失控制权的情况下部分处置对子公司的长期股权投资的，处置价款与处置长期股权投资相对应享有子公司自购买日或合并日开始持续计算的净资产份额之间的差额，应当调整资本公积（资本溢价或股本溢价），资本公积不足冲减的，调整留存收益。

合并财务报表中确认资本公积的金额 = 售价 – 出售日应享有子公司按购买日公允价值持续计算的净资产账面价值对应处置比例份额。

（二）母公司因处置对子公司长期股权投资而丧失控制权

1. 一次交易处置子公司。

丧失控制权，就是“成本法转权益法”或者“成本法转公允价值法”。

权益法和公允价值法，不用编制合并报表，因此在合并报表中的长期股权投资就要当作全部卖掉。

合并报表中的长期股权投资是“从成本法调整到权益法”，因此合并报表中的长期股权投资是权益法下面的账面价值。

有鉴于此，我给大家一个简单公式，这个公式也被我跟我的学员多次证明正确：

合并报表确认的投资收益 =（卖出的部分收到的对价 + 剩余部分的公允价值）– 该长期股权投资在合并报表中的账面价值（合并报表是按照权益法调整过的）+ 其他综合收益（资本公积——其他资本公积）

注意：其他综合收益不能重分类进损益的除外。

2. 多次交易分步处置子公司。

如果分步交易不属于“一揽子交易”，则在丧失对子公司控制权以前的各项交易，应按照本节中“（一）在不丧失控制权的情况下部分处置对子公司长期股权投资”的规定进行会计处理。

如果分步交易属于“一揽子交易”，则应将各项交易作为一项处置原有子公司并丧失控制权的交易进行会计处理，其中，对于丧失控制权之前的每一次交易，处置价款与处置投资对应的享有该子公司自购买日开始持续计算的净资产账面价值的份额之间的差额，在合并财务报表中应当计入其他综合收益，在丧失控制权时一并转入丧失控制权当期的损益。

（三）本期减少子公司时如何编制合并财务报表

在本期出售或转让子公司部分股份或全部股份，丧失对该子公司的控制权而使其成为非子公司的情况下，应当将其排除在合并财务报表的合并范围之外。

在编制合并资产负债表时，不需要对该出售或转让股份而成为非子公司的资产负债表进行合并。

考点三：因子公司少数股东增资导致母公司股权稀释

如果由于子公司的少数股东对子公司进行增资，导致母公司股权稀释，母公司应当按照增资前的股权比例计算其在增资前子公司账面净资产中的份额，该份额与增资后按母公司持股比例计算的在增资后子公司账面净资产份额之间的差额计入合并报表的资本公积，资本公积不足冲减的，调整留存收益。

考点四：逆流交易的合并处理

如果母子公司之间发生逆流交易，即子公司向母公司出售资产，则所发生的未实现内部交易损益，应当按照母公司对该子公司的分配比例在“归属于母公司所有者的净利润”和“少数股东损益”之间分配抵销。

【例题 8－21·多选题】甲公司 2013 年 1 月 2 日取得乙公司 30% 的股权，并与其他投资方共同控制乙公司，甲公司、乙公司 2013 年发生的下列交易或事项中，会对甲公司 2013 年个别财务报表中确认对乙公司投资收益产生影响的有（　　）。(2013 年)

A. 乙公司股东大会通过发放股票股利的议案

B. 甲公司将成本为 50 万元的产品以 80 万元出售给乙公司作为固定资产

C. 投资时甲公司投资成本小于应享有乙公司可辨认净资产公允价值的份额

D. 乙公司将账面价值 200 万元的专利权作价 360 万元出售给甲公司作为无形资产

【答案】BD

【解析】选项 A，甲公司不做会计处理；选项 B 和 D 属于内部交易，影响调整后的净利润，因此影响投资收益；选项 C，确认营业外收入，不影响投资收益。

第八节　合并现金流量表的编制

考点：编制合并现金流量表

编制合并现金流量表时需要进行抵销处理的项目，主要有：

（1）母公司与子公司、子公司相互之间当期以现金投资或收购股权增加的投资所产生的现金流量；

（2）母公司与子公司、子公司相互之间当期取得投资收益收到的现金与分配股利、利润或偿付利息支付的现金；

（3）母公司与子公司、子公司相互之间以现金结算债权与债务所产生的现金流量；

（4）母公司与子公司、子公司相互之间当期销售商品所产生的现金流量；

（5）母公司与子公司、子公司相互之间处置固定资产、无形资产和其他长期资产收回的现金净额与购建固定资产、无形资产和其他长期资产支付的现金等；

（6）母公司与子公司相互之间当期发生的其他内部交易所产生的现金流量等。

【例题 8－22·多选题】2017 年，甲公司与其子公司（乙公司）发生的有关交易或事项如下：（1）甲公司收到乙公司分派的现金股利 600 万元；（2）甲公司将其生产的产品出售给乙公司用于对外销售，收到价款及增值税 585 万元；（3）乙公司偿还上年度自甲公司购买产品的货款 900 万元；（4）乙公司将土地使用权及其他地上厂房出售给甲公司用于其生产，收到现金 3 500 万元。下列各项关于甲公司上述交易或事项在编制合并现金流量表时应予抵销的表述中，正确的有（　　）。

A. 甲公司经营活动收到的现金585万元与乙公司经营活动支付的现金585万元抵销

B. 甲公司投资活动收到的现金900万元与乙公司筹资活动支付的现金900万元抵销

C. 甲公司投资活动收到的现金600万元与乙公司筹资活动支付的现金600万元抵销

D. 甲公司投资活动支付的现金3 500万元与乙公司投资活动收到的现金3 500万元抵销

【答案】 ACD

【解析】 由于乙公司偿还上年度自甲公司购买产品的货款900万元，这里甲公司和乙公司均属于经营活动，不属于投资活动和筹资活动，所以选项B错误。

【例题8－23·综合题】 甲股份有限公司（以下简称“甲公司”）2015年、2016年发生的有关交易或事项如下：

（1）2015年2月10日，甲公司自公开市场以6.8元/股购入乙公司股票2 000万股，占乙公司发行在外股份数量的4%，取得股票过程中另支付相关税费等40万元。甲公司在取得该部分股份后，未以任何方式参与乙公司日常管理，也未拥有向乙公司派出董事及管理人员的权利。甲公司对持有的乙公司股票不准备随时出售。

（2）2015年6月30日，甲公司以4 800万元取得丙公司20%股权。当日，交易各方办理完成了股权变更登记手续，丙公司可辨认净资产公允价值为28 000万元，其中除一项土地使用权的公允价值为2 400万元，账面价值为1 200万元外，其他资产、负债的公允价值与账面价值相同。该土地使用权未来仍可使用10年，丙公司采用直线法摊销，预计净残值为零。

当日，根据丙公司章程规定，甲公司向丙公司董事会派出一名成员，参与财务和生产经营决策。

（3）2015年12月31日，乙公司股票的收盘价为8元/股。

（4）2016年6月30日，甲公司自公开市场进一步购买乙公司股票20 000万股（占乙公司发行在外普通股的40%），购买价格为8.5元/股，支付相关税费400万元。当日，有关股份变更登记手续办理完成，乙公司可辨认净资产公允价值为400 000万元。购入上述股份后，甲公司立即对乙公司董事会进行改选，改选后董事会由7名董事组成，其中甲公司派出4名成员。乙公司章程规定，除公司合并、分立等事项应由董事会2/3成员通过外，其他财务和生产经营决策由董事会1/2以上（含1/2）成员通过后实施。

（5）2016年，甲公司与乙公司、丙公司发生的交易或事项如下：

7月20日，甲公司将其生产的一台设备销售给丙公司，该设备在甲公司的成本为600万元，销售给丙公司的售价为900万元，有关款项已通过银行存款收取。丙公司将取得的设备作为存货，至2016年末，尚未对外销售。

8月30日，甲公司自乙公司购进一批产品，该批产品在乙公司的成本为800万元，甲公司的购买价格为1 100万元，相关价款至2016年12月31日尚未支付。甲公司已将其中的30%对集团外销售。乙公司对1年以内应收账款（含应收关联方款项）按余额5%计提坏账准备。

（6）丙公司2016年实现净利润4 000万元，2015年末持有的以公允价值计量且其变动计入其他综合收益的金融资产在2016年数量未发生变化，年末公允价值下跌400万元，但未达到丙公司应对其计提减值准备的标准。

其他有关资料：

本题中不考虑所得税等相关税费影响以及其他因素；有关各方在交易前不存在任何关联方关系。

要求：

（1）判断甲公司取得乙公司4%股份应当划分的资产类别并说明理由，编制甲公司2015年与取得和持有乙公司股份相关的会计分录；确定甲公司取得丙公司20%股权应当采用的核算方法并说明理由，编制甲公司2015年与取得丙公司股权相关的会计分录。

（2）判断甲公司对乙公司企业合并的类型并说明理由：确定甲公司对乙公司的合并日或购买日并说明理由；确定该项交易的企业合并成本，判断企业合并类型为非同一控制下企业合并的，计算确定该项交易中购买日应确认的商誉金额。

（3）计算甲公司2016年度合并利润表中应当确认的投资收益，编制甲公司2016年个别财务报表中与持有丙公司投资相关的会计分录。

（4）编制甲公司2016年合并财务报表时与丙公司、乙公司未实现内部交易损益相关的调整或抵销分录。（2017年）

【答案】

（1）甲公司应将取得的乙公司股票作为指定为以公允价值计量且其变动计入其他综合收益的金融资产。

理由：甲公司持有的乙公司股份，未能以任何方式参与乙公司的财务和经管决策，同时也不准备随时变现，不能作为长期股权投资或以公允价值计量且其变动计入当期损益的金融资产，按照金融资产分类，应指定为以公允价值计量且其变动计入其他综合收益的非交易性金融资产。

取得时的会计处理为：

借：其他权益工具投资——成本　　13 640

　　贷：银行存款　　13 640

年末会计处理：

借：其他权益工具投资——公允价值变动　　2 360

　　贷：其他综合收益——其他权益工具投资公允价值变动　　2 360

甲公司对持有的丙公司20%股权应当采用权益法核算。

理由：甲公司在取得丙公司股权后，能够派出董事参与丙公司的财务和生产经营决策，对丙公司具有重大影响。

借：长期股权投资　　4 800

　　贷：银行存款　　4 800

（这一步是初始计量）

借：长期股权投资　　800

　　贷：营业外收入　　800

（这一步是后续计量的调初始）

（2）该合并为非同一控制下企业合并。

理由：因为交易各方在合并前不具有关联方关系，不存在交易事项发生前后均能对交易各方实施控制的最终控制方。

2016年6月30日为甲公司合并乙公司的购买日。

理由：当日甲公司对乙公司董事会进行改选，改选后能够控制乙公司财务和生产经营。

通过多次交换分步实现非同一控制下控股合并，合并报表中，合并成本＝原投资的公允价值＋新投资的公允价值。

甲公司对乙公司企业合并成本＝2 000×8.5＋20 000×8.5＝187 000（万元）

商誉＝初始投资成本－被购买方可辨认净资产公允价值的份额＝187 000－400 000×(4%＋40%)＝11 000（万元）

（3）甲公司2016年合并利润表应当确认的投资收益＝(4 000－120－300)×20%＋(900－600)×20%＝716＋60＝776（万元）

甲公司持有丙公司20%的股份，在甲公司的个别报表中确认投资收益＝(4 000－120－300)×20%＝716（万元）。

之后甲公司的个别报表才会和乙公司的和个别报表合并，形成合并报表。故这里合并报表需要考虑丙公司的投资收益。

因与联营企业之间的内部交易，在甲公司的合并报表中，抵销的内部交易虚增的损益，而不是抵销投资收益，故在合并利润表中，需要将与联营企业之间的内部交易部分所影响的投资收益再调整回来。简而言之就是顺流交易，在合并利润表中确认投资收益时，只需考虑投资时联营企业的账面和公允价值产生的影响，而不考虑内部交易对合并利润表中投资收益的影响。

（这里注意：甲公司购买乙公司4%股权，而后变为控股，也就是从公允价值法转为成本法核算，因为乙公司属于指定为以公允价值计量且其变动计入其他综合收益的金融资产，故4%股权转为成本法的时候，影响的是留存收益，不是投资收益）

因从公允价值法转入成本法，确认留存收益＝8.5×2 000－(6.8×2 000＋40)＝3 360（万元）

借：长期股权投资　　[(4 000－120－300)×20%] 716
　　贷：投资收益　　716
借：其他综合收益　　(400×20%) 80
　　贷：长期股权投资　　80

（4）编制甲公司2016年合并财务报表时与丙公司、乙公司未实现内部交易损益相关的调整或抵销分录。

丙公司的内部交易：
借：营业收入　　(900×20%) 180
　　贷：营业成本　　(600×20%) 120
　　　　投资收益　　60

乙公司的内部交易：
借：应付账款　　1 100
　　贷：应收账款　　1 100
（这一步是应收应付款项的抵销）
借：营业收入　　1 100
　　贷：营业成本　　1 100
（这一步是将本期内部商品销售收入抵销）
借：营业成本　　210
　　贷：存货　　[(1 100－800)×(1－30%)] 210
（这一步是将期末存货中未实现内部销售利润抵销）
借：少数股东权益　　(210×56%) 117.6
　　贷：少数股东损益　　117.6

（这一步是逆流交易中，未实现内部交易利润，应当按照母公司对该子公司的分配比例进行抵销）

借：应收账款　　　　（1 100 ×5%）55

　　贷：信用减值损失　　　　55

（这一步是将本期计提或冲回的坏账准备额抵销）

【例题 8-24·综合题】甲股份有限公司（以下简称“甲公司”）及其子公司 2013 年、2014 年、2015 年进行的有关资本运作、销售等交易或事项如下：

（1）2013 年 9 月，甲公司与乙公司控股股东 P 公司签订协议，约定以发行甲公司股份为对价购买 P 公司持有的乙公司 60% 股权。协议同时约定：评估基准日为 2013 年 9 月 30 日，以该基准日经评估的乙公司股权价值为基础，甲公司以每股 9 元的价格发行本公司股份作为对价。

乙公司全部权益（100%）于 2013 年 9 月 30 日的公允价值为 18 亿元，甲公司向 P 公司发行 1.2 亿股，交易完成后，P 公司持有股份占甲公司全部发行在外普通股股份的 8%。上述协议分别经交易各方内部决策机构批准并于 2013 年 12 月 20 日经监管机构核准。甲公司于 2013 年 12 月 31 日向 P 公司发行 1.2 亿股，当日甲公司股票收盘价为每股 9.5 元（公允价值）；交易各方于当日办理了乙公司股权过户登记手续，甲公司对乙公司董事会进行改组。改组后乙公司董事会由 7 名董事组成，其中甲公司派出 5 名，对乙公司实施控制；当日，乙公司可辨认净资产公允价值为 18.5 亿元（有关可辨认资产、负债的公允价值与账面价值相同）；乙公司 2013 年 12 月 31 日账面所有者权益构成为：实收资本 40 000 万元、资本公积 60 000 万元、盈余公积 23 300 万元、未分配利润 61 700 万元。

该项交易中，甲公司以银行存款支付法律、评估等中介机构费用 1 200 万元。

协议约定，P 公司承诺本次交易完成后的 2014 年、2015 年和 2016 年三个会计年度乙公司实现的净利润分别不低于 10 000 万元、12 000 万元和 20 000 万元。乙公司实现的净利润低于上述承诺利润的，P 公司将按照出售股权比例，以现金对甲公司进行补偿。各年度利润补偿单独计算，且已经支付的补偿不予退还。

2013 年 12 月 31 日，甲公司认为乙公司在 2014 年至 2016 年间基本能够实现承诺利润，发生业绩补偿的可能性较小。

（2）2014 年 4 月，甲公司自乙公司购入一批 W 商品并拟对外出售，该批商品在乙公司的成本为 200 万元，售价为 260 万元（不含增值税，与对第三方的售价相同），截至 2014 年 12 月 31 日，甲公司已对外销售该批商品的 40%，但尚未向乙公司支付货款。乙公司对 1 年以内的应收账款按照余额的 5% 计提坏账准备，对 1 ~2 年的应收账款按照 20% 计提坏账准备。

（3）乙公司 2014 年实现净利润 5 000 万元，较原承诺利润少 5 000 万元。2014 年年末，根据乙公司利润实现情况及市场预期，甲公司估计乙公司未实现承诺利润是暂时性的，2015 年、2016 年仍能够完成承诺利润；经测试该时点商誉未发生减值。

2015 年 2 月 10 日，甲公司收到 P 公司 2014 年业绩补偿款 3 000 万元。

（4）2014 年 12 月 31 日，甲公司向乙公司出售一栋房屋，该房屋在甲公司的账面价值为 800 万元，出售给乙公司的价格是 1 160 万元。乙公司取得后作为管理用房，预计未来仍可使用 12 年，采用年限平均法计提折旧，预计净残值为零。

截至 2015 年 12 月 31 日，甲公司原自乙公司购入的 W 商品累计已有 80% 对外出售，货款仍未支付。

乙公司2015年实现净利润12 000万元，2015年12月31日账面所有者权益构成为：实收资本40 000万元、资本公积60 000万元、盈余公积25 000万元、未分配利润77 000万元。

其他有关资料：

本题中甲公司与乙公司、P公司在并购交易发生前不存在关联关系；本题中有关公司均按净利润的10%提取法定盈余公积，不计提任意盈余公积；不考虑相关税费和其他因素。

要求：

(1) 判断甲公司合并乙公司的类型，说明理由。如为同一控制下企业合并，计算确定该项交易中甲公司对乙公司长期股权投资的成本；如为非同一控制下企业合并，确定该项交易中甲公司的企业合并成本，计算应确认商誉的金额；编制甲公司取得乙公司60%股权的相关会计分录。

(2) 对于因乙公司2014年未实现承诺利润，说明甲公司应进行的会计处理及理由，并编制相关会计分录。

(3) 编制甲公司2015年合并财务报表与乙公司相关的调整抵销会计分录。(2016年)

【答案】

(1) 甲公司对乙公司的合并属于非同一控制下企业合并。

理由：甲公司与乙公司、P公司在本次重组交易前不存在关联关系。

因合并日为12月31日，故算合并成本时，用12月31日的收盘价计算。甲公司对乙公司的企业合并成本 = 12 000 × 9.5 = 114 000（万元）

应确认商誉 = 初始投资成本 - 被购买方可辨认净资产公允价值份额 = 114 000 - 185 000 × 60% = 3 000（万元）

借：长期股权投资　　114 000
　　贷：股本　　12 000
　　　　资本公积　　102 000
借：管理费用　　1 200
　　贷：银行存款　　1 200

(2) 甲公司应将预期可能取得的补偿款计入预期获得年度（2014年）损益。

理由：该部分金额是企业合并交易中的或有对价，因不属于购买日12个月内可以对企业合并成本进行调整的因素，应当计入预期取得当期损益。

2014年年末补偿金额确定时：

借：交易性金融资产　　3 000
　　贷：公允价值变动损益　　3 000

2015年2月收到补偿款时：

借：银行存款　　3 000
　　贷：交易性金融资产　　3 000

(3) 2014年内部出售房屋：

将期初固定资产原价中未实现内部销售利润抵销：

借：年初未分配利润　　360
　　贷：固定资产　　（1 160 - 800）360

将本期多提折旧抵销：

借：累计折旧　　（360 ÷ 12）30

贷：管理费用 30

2014 年内部出售商品：

内部债权债务项目本身的抵销：

借：应付账款 260

贷：应收账款 260

抵销坏账准备的期初数：

借：应收账款 （260×5%） 13

贷：年初未分配利润 13

将本期计提的坏账准备数额抵销：

借：应收账款 （260×20% −13） 39

贷：信用减值损失 39

将年初存货中未实现内部销售利润抵销：

借：年初未分配利润 [（260−200）×（1−40%）] 36

贷：营业成本 36

将期末存货中未实现内部销售利润抵销：

借：营业成本 12

贷：存货 [（260−200）×（1−80%）] 12

借：少数股东损益 （24×40%） 9.6

少数股东权益 （60×20% ×40%） 4.8

贷：年初未分配利润 （60×60% ×40%） 14.4

2015 年合并调整抵销：

购买日后，从个别报表的成本法调整到合并报表的权益法：

借：长期股权投资 10 200

贷：投资收益 （12 000×60%） 7 200

年初未分配利润 3 000

购买日后，母公司长期股权投资与子公司所有者权益的抵销：

借：实收资本 40 000

资本公积 60 000

盈余公积 25 000

年末未分配利润 77 000

商誉 3 000

贷：长期股权投资 124 200

少数股东权益 80 800

购买日后，将子公司的利润分配和母公司的投资收益等进行抵销：

借：投资收益 7 200

少数股东损益 4 800

年初未分配利润 （61 700＋5 000−500） 66 200

贷：提取盈余公积 1 200

年末未分配利润 77 000

【例题8-25·综合题】甲公司为生产加工企业，其在2016年度发生了以下与股权投资相关的交易：

（1）甲公司在若干年前参与设立了乙公司并持有其30%的股权，将乙公司作为联营企业，采用权益法核算。2016年1月1日，甲公司自A公司（非关联方）购买了乙公司60%的股权并取得了控制权，购买对价为3 000万元，发生与合并直接相关费用100万元，上述款项均以银行存款转账支付。

2016年1月1日，甲公司原持有对乙公司30%长期股权投资的账面价值为600万元（长期股权投资账面价值的调整全部为乙公司实现净利润，乙公司不存在其他综合收益及其他影响权益变动的因素）；当日乙公司净资产账面价值为2 000万元，可辨认净资产公允价值为3 000万元，乙公司100%股权的公允价值为5 000万元，30%股权的公允价值为1 500万元，60%股权的公允价值为3 000万元。

（2）2016年6月20日，乙公司股东大会批准2015年度利润分配方案，提取盈余公积10万元，分配现金股利90万元，以未分配利润200万元转增股本。

（3）2016年1月1日，甲公司与B公司出资设立丙公司，双方共同控制丙公司。丙公司注册资本2 000万元，其中甲公司占50%。甲公司以公允价值为1 000万元的土地使用权出资，B公司以公允价值为500万元的机器设备和500万元现金出资。该土地使用权系甲公司于10年前以出让方式取得，原值为500万元，期限为50年，按直线法摊销，预计净残值为零，至投资设立丙公司时账面价值为400万元，后续仍可使用40年。

丙公司2016年实现净利润220万元。

（4）2016年1月1日，甲公司自C公司购买丁公司40%的股权，并派人参与丁公司生产经营决策，购买对价为4 000万元，以银行存款转账支付。购买日，丁公司净资产账面价值为5 000万元，可辨认净资产公允价值为8 000万元，3 000万元增值均来自丁公司的一栋办公楼。该办公楼的原值为2 000万元，预计净残值为零，预计使用寿命为40年，采用年限平均法计提折旧，自甲公司取得丁公司股权之日起剩余使用寿命为20年。

丁公司2016年实现净利润900万元，实现其他综合收益200万元。

其他资料：本题中不考虑所得税等税费及其他相关因素。

要求：

（1）根据资料（1），计算甲公司在进一步取得乙公司60%股权后，个别财务报表中对乙公司长期股权投资的账面价值，并编制相关会计分录；计算甲公司合并财务报表中与乙公司投资相关的商誉金额，计算该交易对甲公司合并财务报表损益的影响。

（2）根据资料（2），针对乙公司2015年利润分配方案，说明甲公司个别财务报表中的相关会计处理，并编制相关会计分录。

（3）根据资料（3），编制甲公司对丙公司出资及确认2016年投资收益相关的会计分录。

（4）根据资料（4），计算甲公司对丁公司的初始投资成本，并编制相关会计分录。计算甲公司2016年因持有丁公司股权应确认的投资收益金额，并编制调整长期股权投资账面价值相关的会计分录。（2014年）

【答案】

（1）甲公司个别财务报表中长期股权投资的账面价值＝600＋3 000＝3 600（万元）。

会计分录如下：

借：长期股权投资　　3 000
　　贷：银行存款　　3 000
借：管理费用　　100
　　贷：银行存款　　100

甲公司合并财务报表中的商誉计算过程如下：

商誉 = 甲公司原持有股权的公允价值 + 新增的购买成本 − 乙公司可辨认净资产公允价值的份额 = (1 500 + 3 000) − 3 000 × 90% = 4 500 − 2 700 = 1 800（万元）。

与合并直接相关费用 100 万元计入管理费用；原持有的 30% 股权的账面价值 600 万元和公允价值 1 500 万元的差额记入投资收益，反映在合并报表中，故该交易对甲公司合并财务报表的损益影响 = −100 + (1 500 − 600) = 800（万元）。

（2）自 2016 年 1 月 1 日起，甲公司对乙公司持股 90% 并采用成本法核算。对乙公司宣告分配的现金股利按照应享有的份额确认投资收益。

对乙公司提取盈余公积和以未分配利润转增股本，不属于分配现金股利或利润，甲公司不进行会计处理。

甲公司应确认的投资收益为 81 万元（90 × 90%），会计分录如下：

借：应收股利——乙公司　　81
　　贷：投资收益　　81

（3）借：长期股权投资　　1 000
　　　累计摊销　　(500 − 400) 100
　　　贷：无形资产——土地使用权成本　　500
　　　　　资产处置损益　　600

对于甲公司来说，丙公司调整后的净利润 = 220 − (1 000 − 400) + (1 000 − 400) ÷ 40 = −365（万元）；

（甲公司用土地使用权建立公司，对于甲公司来说，土地使用权账面和公允价值的差额 600 万元并没有真的实现，故这里要减去；又因该土地使用权每年摊销的金额不一样，对于丙公司多摊销的，需要加回去）

借：投资收益　　182.5
　　贷：长期股权投资　　(365 × 50%) 182.5

（4）甲公司购买丁公司 40% 股权的初始投资成本为 4 000 万元。

会计分录如下：

借：长期股权投资　　4 000
　　贷：银行存款　　4 000

丁公司自身报表中该办公楼的年折旧额 = 2 000 ÷ 40 = 50（万元）

购买日办公楼的账面价值 = 2 000 ÷ 40 × 20 = 1 000（万元）

购买日办公楼的公允价值 = 1 000 + 3 000 = 4 000（万元）

基于购买日公允价值计算的办公楼年折旧额 = 4 000 ÷ 20 = 200（万元）

在进行权益法核算时，应该将丁公司的年度净利润调减 150 万元（200 − 50）。

甲公司应确认投资收益 =（丁公司的合并报表净利润 + 基于公允价值的折旧调整）× 甲公司的持股比例 = (900 − 150) × 40% = 750 × 40% = 300（万元）

甲公司在权益法下应享有的丁公司其他综合收益的份额＝丁公司合并报表其他综合收益×甲公司的持股比例＝200×40%＝80（万元）

会计分录如下：

借：长期股权投资　　300

　　贷：投资收益　　300

借：长期股权投资　　80

　　贷：其他综合收益　　80

或：

借：长期股权投资　　380

　　贷：投资收益　　300

　　　　其他综合收益　　80

【例题8－26·综合题】甲上市公司（以下简称“甲公司”）2011年至2013年发生的有关交易或事项如下：

（1）2011年8月30日，甲公司公告购买丁公司持有的乙公司60%股权。购买合同约定，以2011年7月31日经评估确定的乙公司净资产价值52 000万元为基础，甲公司以每股6元的价格定向发行6 000万股本公司股票作为对价，收购乙公司60%股权。

12月26日，该交易取得证券监管部门核准；12月30日，双方完成资产交接手续；12月31日，甲公司向乙公司董事会派出7名成员，能够控制乙公司的财务和经营决策；该项交易后续不存在实质性障碍。

12月31日，乙公司可辨认净资产以7月31日评估值为基础进行调整后的公允价值为54 000万元（有关可辨认资产、负债的公允价值与账面价值相同）。当日，乙公司股本为10 000万元、资本公积为20 000万元、盈余公积为9 400万元、未分配利润为14 600万元；甲公司股票收盘价为每股6.3元。

2012年1月5日，甲公司办理完毕相关股份登记，当日甲公司股票收盘价为每股6.7元，乙公司可辨认净资产公允价值为54 000万元；1月7日，完成该交易相关验资程序，当日甲公司股票收盘价为每股6.8元，期间乙公司可辨认净资产公允价值未发生变化。

该项交易中，甲公司为取得有关股权以银行存款支付评估费100万元、法律费300万元，为发行股票支付券商佣金2 000万元。

甲、乙公司在该项交易前不存在关联关系。

（2）2012年3月31日，甲公司支付2 600万元取得丙公司30%股权并能对丙公司施加重大影响。当日，丙公司可辨认净资产的账面价值为8 160万元，可辨认净资产公允价值为9 000万元，其中，有一项无形资产公允价值为840万元，账面价值为480万元，该无形资产预计仍可使用5年，预计净残值为零，采用直线法摊销；一项固定资产公允价值为1 200万元，账面价值为720万元，预计仍可使用6年，预计净残值为零，采用年限平均法计提折旧。假定上述固定资产或无形资产均自甲公司取得丙公司30%股权后的下月开始计提折旧或摊销。

丙公司2012年实现净利润2 400万元，其他综合收益减少120万元，假定有关利润和其他综合收益在年度中均匀实现。

（3）2012年6月20日，甲公司将本公司生产的A产品出售给乙公司，售价为300万元，成本为216万元。乙公司将取得的A产品作为管理用固定资产，取得时即投入使用，预计使用5

年，预计净残值为零，采用年限平均法计提折旧。至2012年年底，甲公司尚未收到乙公司购买A产品价款。甲公司对账龄在1年以内的应收账款（含应收关联方款项）按照账面余额的5%计提坏账准备。

（4）乙公司2012年实现净利润6 000万元，其他综合收益增加400万元。乙公司2012年12月31日股本为10 000万元，资本公积为20 000万元，其他综合收益400万元，盈余公积为10 000万元，未分配利润为20 000万元。

（5）甲公司2012年向乙公司销售A产品形成的应收账款于2013年结清。

其他有关资料：甲、乙公司均为增值税一般纳税人，适用的增值税税率均为13%，本题不考虑除增值税外其他相关税费；售价均不含增值税；本题中有关公司均按净利润的10%提取法定盈余公积，不提取任意盈余公积。

要求：

（1）确定甲公司合并乙公司的购买日，并说明理由；计算该项合并中应确认的商誉，并编制相关会计分录。

（2）确定甲公司对丙公司投资应采用的核算方法，并说明理由；编制甲公司确认对丙公司长期股权投资的会计分录；计算甲公司2012年持有丙公司股权应确认的投资收益，并编制甲公司个别财务报表中对该项股权投资账面价值调整相关的会计分录。

（3）编制甲公司2012年12月31日合并乙公司财务报表相关的调整和抵销分录。

（4）编制甲公司2013年12月31日合并乙公司财务报表时，抵销上年双方未实现内部交易对期初未分配利润影响的会计分录。(2013年)

【带你读题】

（1）看见购买60%的股权，自然要形成条件反射，这是合并，而且考试一般考控股合并，也就是考形成控股合并的长期股权，那么初始计量有一个大考点，那就是交易费用一定要记入当期损益！但是发行股票的佣金要冲减“资本公积——股本溢价”。

（2）如果考得复杂，那就可能考合并报表怎么处理，这里没有这么复杂。

（3）第二个材料，看到30%，我们就立马条件反射这是属于“不形成控股合并的长期股权投资”，那就立马条件反射交易费用要计入成本，同时要调整初始。

【答案】

（1）甲公司合并乙公司的购买日是2011年12月31日。

理由：甲公司能够控制乙公司的财务和经营决策，该项交易后续不存在实质性障碍。

商誉＝初始投资成本－被购买方可辨认净资产公允价值份额＝6 000×6.3－54 000×60%＝5 400（万元）。

借：长期股权投资　　(6 000×6.3) 37 800

　　贷：股本　　6 000

　　　　资本公积——股本溢价　　31 800

借：管理费用　　(100＋300) 400

　　资本公积——股本溢价　　2 000

　　贷：银行存款　　2 400

（为合并发生的交易费用计入管理费用；通过发行股票进行合并的，为发行股票支付的佣金冲减资本公积）

（2）

①甲公司对丙公司投资应采用权益法核算。

理由：甲公司取得丙公司30%股权并能对丙公司施加重大影响。

借：长期股权投资——投资成本　　2 600

　贷：银行存款　　2 600

②购买时无形资产和固定资产的账面价值和公允价值存在差异，影响投资收益。

固定资产公允价值与账面价值的差额应调整增加的折旧额＝（1 200－720）÷6×9/12＝60（万元）

无形资产公允价值与账面价值的差额应调整增加的摊销额＝（840－480）÷5×9/12＝54（万元）

调整以后的净利润＝2 400×9/12－60－54＝1 686（万元）

③权益法下调初始：

借：长期股权投资——投资成本　　（9 000×30%－2 600）100

　贷：营业外收入　　100

权益法下调利润：

借：长期股权投资——损益调整　　505.8

　贷：投资收益　　505.8

权益法下调其他综合收益：

借：其他综合收益　　（120×9/12×30%）27

　贷：长期股权投资——其他综合收益　　27

（3）

①购买日后，从个别报表的成本法调整到合并报表权益法：

借：长期股权投资　　（6 000×60%）3 600

　贷：投资收益　　3 600

借：长期股权投资　　（400×60%）240

　贷：其他综合收益　　240

②购买日后，将母公司长期股权投资与子公司所有者权益的抵销：

借：股本　　10 000

　资本公积　　20 000

　其他综合收益　　400

　盈余公积　　10 000

　未分配利润　　20 000

　商誉　　（6 000×6.3－54 000×60%）5 400

　贷：长期股权投资　　（37 800＋3 600＋240）41 640

　　少数股东权益

　　［（10 000＋20 000＋400＋10 000＋20 000）×40%］24 160

购买日后，将子公司的利润分配和母公司的投资收益等进行抵销：

借：投资收益　　　　（6 000 × 60%）3 600
　　少数股东损益　　　　（6 000 × 40%）2 400
　　未分配利润——年初　　　　（20 000 - 6 000 × 90%）14 600
　　贷：提取盈余公积　　　　（6 000 × 10%）600
　　　　未分配利润——年末　　　　20 000

将本期购入的固定资产原价中未实现内部销售利润抵销：

借：营业收入　　　　300
　　贷：营业成本　　　　216
　　　　固定资产——原价　　　　84

将本期多提折旧抵销：

借：固定资产——累计折旧　　　　（84 ÷ 5 × 6/12）8.4
　　贷：管理费用　　　　8.4

内部债权债务项目本身的抵销：

借：应付账款　　　　（300 + 300 × 13%）339
　　贷：应收账款　　　　339

将本期计提的坏账准备数额抵销：

借：应收账款——坏账准备　　　　（339 × 5%）16.95
　　贷：信用减值损失　　　　16.95

（4）

将期初固定资产原价中未实现内部销售利润抵销：

借：未分配利润——年初　　　　84
　　贷：固定资产——原价　　　　84

将期初累计多提折旧抵销：

借：固定资产——累计折旧　　　　（84 ÷ 5 × 6/12）8.4
　　贷：未分配利润——年初　　　　8.4

抵销坏账准备的期初数：

借：应收账款——坏账准备　　　　16.95
　　贷：未分配利润——年初　　　　16.95

【例题 8 - 27 · 综合题】 甲公司、乙公司 2011 年有关交易或事项如下：

（1）1 月 1 日，甲公司向乙公司控股股东丙公司定向增发本公司普通股股票 1 400 万股（每股面值为 1 元，市价为 15 元），以取得丙公司持有的乙公司 70% 股权，实现对乙公司财务和经营决策的控制，股权登记手续于当日办理完毕，交易后丙公司拥有甲公司发行在外普通股的 5%。甲公司为定向增发普通股股票，支付券商佣金及手续费 300 万元；为核实乙公司资产价值，支付资产评估费 20 万元；相关款项已通过银行支付。

当日，乙公司净资产账面价值为 24 000 万元，其中：股本 6 000 万元、资本公积 5 000 万元、盈余公积 1 500 万元、未分配利润 11 500 万元；乙公司可辨认净资产的公允价值为 27 000 万元。乙公司可辨认净资产账面价值与公允价值的差额系由以下两项资产所致：①一批库存商品，成本为 8 000 万元，未计提存货跌价准备，公允价值为 8 600 万元；②一栋办公楼，成本为 20 000 万元，累计折旧 6 000 万元，未计提减值准备，公允价值为 16 400 万元。上述库存商品于 2011 年 12 月

31日前全部实现对外销售；上述办公楼预计自2011年1月1日起剩余使用年限为10年，预计净残值为零，采用年限平均法计提折旧。

（2）2月5日，甲公司向乙公司销售产品一批，销售价格为2 500万元（不含增值税额，下同），产品成本为1 750万元。至年末，乙公司已对外销售70%，另30%形成存货，未发生跌价损失。

（3）6月15日，甲公司以2 000万元的价格将其生产的产品销售给乙公司，销售成本为1 700万元，款项已于当日收存银行。乙公司取得该产品后作为管理用固定资产并于当月投入使用，采用年限平均法计提折旧，预计使用5年，预计净残值为零。至当年末，该项固定资产未发生减值。

（4）10月2日，甲公司以一项专利权交换乙公司生产的产品。交换日，甲公司专利权的成本为4 800万元，累计摊销1 200万元，未计提减值准备，公允价值为3 900万元；乙公司换入的专利权作为管理用无形资产使用，采用直线法摊销，预计尚可使用5年，预计净残值为零。乙公司用于交换的产品成本为3 480万元，未计提跌价准备，交换日的公允价值为3 600万元，乙公司另支付了300万元给甲公司；甲公司换入的产品作为存货，至年末尚未出售。上述两项资产已于10月10日办理了资产划转和交接手续，且交换资产未发生减值。

（5）12月31日，甲公司应收账款账面余额为2 500万元，计提坏账准备200万元。该应收账款系2月份向乙公司赊销产品形成。

（6）2011年度，乙公司利润表中实现净利润9 000万元，提取盈余公积900万元，其他综合收益增加500万元。当年，乙公司向股东分配现金股利4 000万元，其中甲公司分得现金股利2 800万元。

（7）其他有关资料：

①2011年1月1日前，甲公司与乙公司、丙公司均不存在任何关联方关系。

②甲公司与乙公司均以公历年度作为会计年度，采用相同的会计政策。

③假定不考虑所得税及其他因素，甲公司和乙公司均按当年净利润的10%提取法定盈余公积，不提取任意盈余公积。

要求：

（1）计算甲公司取得乙公司70%股权的成本，并编制相关会计分录。

（2）计算甲公司在编制购买日合并财务报表时因购买乙公司股权应确认的商誉。

（3）编制甲公司2011年12月31日合并乙公司财务报表时按照权益法调整对乙公司长期股权投资的会计分录。

（4）编制甲公司2011年12月31日合并乙公司财务报表相关的抵销分录（不要求编制与合并现金流量表相关的抵销分录）。（2012年）

【答案】

（1）甲公司对乙公司长期股权投资的成本 = 15 × 1 400 = 21 000（万元）

借：长期股权投资——成本	21 000	
贷：股本		1 400
资本公积		19 600
借：管理费用	20	
资本公积	300	
贷：银行存款		320

（为定向增发普通股股票，支付券商佣金及手续费，冲减资本公积）

（2）商誉 = 初始投资成本 - 被购买方可辨认净资产公允价值份额 = 21 000 - 27 000 × 70% = 2 100（万元）

（3）购买时存货和固定资产的账面价值和公允价值存在差异，影响投资收益。

固定资产公允价值与账面价值的差额应调整增加的折旧额 = [16 400 - (20 000 - 6 000)] ÷ 10 = 240（万元）

存货全部卖出，公允价值与账面价值的差额应调整增加的营业成本 = (8 600 - 8 000) = 600（万元）

调整后的乙公司 2011 年度净利润 = 9 000 - 600 - 240 = 8 160（万元）

权益法下调利润：

借：长期股权投资——损益调整　（8 160 × 70%）5 712

　　贷：投资收益　5 712

权益法下调其他综合收益：

借：长期股权投资——其他综合收益　（500 × 70%）350

　　贷：其他综合收益　350

权益法下调现金股利：

借：投资收益　2 800

　　贷：长期股权投资——损益调整　2 800

（4）内部交易抵销交易。

①甲公司向乙公司销售存货。

将本期内部商品销售收入抵销：

借：营业收入　2 500

　　贷：营业成本　2 500

将期末存货中未实现内部销售利润抵销：

借：营业成本　[(2 500 - 1 750) × 30%] 225

　　贷：存货　225

②甲公司向乙公司销售存货作为乙公司固定资产。

将本期购入的固定资产原价中未实现内部销售利润抵销：

借：营业收入　2 000

　　贷：营业成本　1 700

　　　　固定资产　300

将本期多提折旧抵销：

借：固定资产——累计折旧　（300 ÷ 5 × 6/12）30

　　贷：管理费用　30

③甲公司以一项专利权交换乙公司生产的产品。

将本期购入的无形资产原价中未实现内部销售利润抵销：

借：资产处置损益　300

　　贷：无形资产　（3 900 - 3 600）300

将本期内部商品销售收入抵销：

借：营业收入　　3 600
　　贷：营业成本　　3 600
将期末存货中未实现内部销售利润抵销：
借：营业成本　　（3 600 – 3 480）120
　　贷：存货　　120
将本期多提折旧抵销：
借：无形资产——累计摊销　　（300 ÷ 5 × 3/12）15
　　贷：管理费用　　15
④甲乙公司的应收应付款项。
内部债权债务项目本身的抵销：
借：应付账款　　2 500
　　贷：应收账款　　2 500
将本期计提的坏账准备数额抵销：
借：应收账款——坏账准备　　200
　　贷：信用减值损失　　200
⑤购买日后，将母公司的长期股权投资和子公司的股东权益进行抵销。
借：股本　　6 000
　　资本公积　　[5 000 + (27 000 – 24 000)] 8 000
　　其他综合收益　　500
　　盈余公积　　（1 500 + 900）2 400
　　未分配利润　　（11 500 + 8 160 – 900 – 4 000）14 760
　　商誉　　（21 000 – 27 000 × 70%）2 100
　　贷：长期股权投资　　（21 000 + 5 712 + 350 – 2 800）24 262
　　　　少数股东权益　　[（6 000 + 8 000 + 500 + 2 400 + 14 760）× 30%] 9 498
因题目告诉的是购买日乙公司净资产账面价值，故需要对其进行调整。

购买日，乙公司净资产账面价值和可辨认净资产的公允价值的差额 = 27 000 – 24 000 = 3 000（万元），确认为资本公积；购买日盈余公积为 500 万元，当年内提取盈余公积 900 万元；购买日未分配利润为 11 500 万元，年末未分配利润 = 年初未分配利润 + 当年实现利润 – 提取盈余公积 – 分配现金股利。

⑥购买日后，将子公司的利润分配和母公司的投资收益进行抵销。
借：投资收益　　5 712
　　少数股东损益　　（8 160 × 30%）2 448
　　未分配利润——年初　　11 500
　　贷：提取盈余公积　　900
　　　　对股东的分配　　4 000
　　　　未分配利润　　14 760
将期末存货中未实现内部销售利润中属于少数股东的部分抵销：
借：少数股东权益　　[（3 600 – 3 480）× 30%] 36
　　贷：少数股东损益　　36

【例题8-28·综合题】 甲公司为我国境内的上市公司，该公司2016年经股东大会批准处置部分股权，其有关交易或事项如下：

（1）甲公司于2016年1月1日出售其所持子公司（乙公司）股权的60%，所得价款10 000万元收存银行，同时办理了股权划转手续。当日，甲公司持有乙公司剩余股权的公允价值为6 500万元。甲公司出售乙公司股权后，仍持有乙公司28%股权并在乙公司董事会中派出1名董事。

甲公司原所持乙公司70%股权系2015年1月1日以11 000万元从非关联方购入，购买日乙公司可辨认净资产的公允价值为15 000万元，除办公楼的公允价值大于账面价值4 000万元外，其余各项可辨认资产、负债的公允价值与账面价值相同。上述办公楼按20年采用年限平均法计提折旧，自购买日开始尚可使用16年，预计净残值为零。

2015年1月1日至2015年12月31日，乙公司按其资产、负债账面价值计算的净资产增加2 400万元，其中：净利润增加2 000万元，持有的指定为以公允价值计量且其变动计入其他综合收益的非交易性权益工具投资的公允价值增加400万元。

（2）甲公司于2016年9月30日出售其所持子公司（丙公司）股权的10%，所得价款3 500万元收存银行，同时办理了股权划转手续。甲公司出售丙公司股权后，仍持有丙公司90%股权并保持对丙公司的控制。

甲公司所持丙公司100%股权系2014年3月1日以30 000万元投资设立，丙公司注册资本为30 000万元，自丙公司设立起至出售股权止，丙公司除实现净利润4 500万元外，无其他所有者权益变动。

（3）甲公司于2016年12月30日出售其所持联营企业（丁公司）股权的50%，所得价款1 900万元收存银行，同时办理了股权划转手续。甲公司出售丁公司股权后持有丁公司12%的股权，对丁公司不再具有重大影响。

甲公司所持丁公司24%股权系2013年1月5日购入，初始投资成本为2 000万元。投资日丁公司可辨认净资产公允价值为8 000万元，除某项无形资产的公允价值大于账面价值900万元外，其他各项可辨认资产、负债的公允价值与账面价值相同。上述无形资产自取得投资起按5年、直线法摊销，预计净残值为零。

2016年12月30日，按甲公司取得丁公司投资日确定的丁公司各项可辨认资产、负债的公允价值持续计算的丁公司净资产为12 500万元，其中：实现净利润4 800万元，持有的指定为以公允价值计量且其变动计入其他综合收益的金融资产公允价值减少300万元；按原投资日丁公司各项资产、负债账面价值持续计算的丁公司净资产为13 220万元，其中：实现净利润5 520万元，持有的指定为以公允价值计量且其变动计入其他综合收益的金融资产公允价值减少300万元。

（4）其他有关资料：

①甲公司实现净利润按10%提取法定盈余公积后不再分配；

②本题不考虑税费及其他因素。

要求：

（1）根据资料（1）：①说明甲公司出售乙公司股权后对乙公司的投资应当采用的后续计量方法，并说明理由；②计算甲公司出售乙公司股权在其个别财务报表中应确认的投资收益，并编制相关会计分录；③计算甲公司出售乙公司股权在其合并财务报表中应确认的投资收益，并编制相关的调整分录；④编制甲公司因持有乙公司股权比例下降对其长期股权投资账面价值调整相关的会计分录。

(2) 根据资料 (2)：①计算甲公司出售丙公司股权在其个别财务报表中应确认的投资收益；②说明甲公司出售丙公司股权在合并财务报表中的处理原则；③计算甲公司出售丙公司股权在合并资产负债表中应计入相关项目（指出项目名称）的金额。

(3) 根据资料 (3)：①计算甲公司对丁公司投资于出售日前的账面价值；②计算甲公司出售丁公司股权在其个别财务报表中应确认的投资收益；③编制甲公司出售丁公司股权相关的会计分录。(2012 年 A 卷)

【答案】

(1)

①甲公司出售乙公司股权后对乙公司的投资采用权益法进行后续计量。

理由：甲公司出售乙公司股权后在乙公司董事会中派出一名代表，对乙公司财务和经营决策具有重大影响。

②甲公司个别报表的处理。

a. 确认部分股权处置收益（卖掉其中 60% 确认的投资收益）

甲公司出售乙公司股权在其个别财务报表中应确认的投资收益 = 10 000 − (11 000 × 60%) = 3 400（万元）

借：银行存款　　10 000

　　贷：长期股权投资——乙公司　　(11 000 × 60%) 6 600

　　　　投资收益　　3 400

b. 对剩余股权改按权益法核算。

购买日，办公楼的公允价值与账面价值的差额应调整增加的折旧额 = 4 000 ÷ 16 = 250（万元）

借：长期股权投资　　[(2 000 − 250) × 28% + 400 × 0.28] 602

　　贷：盈余公积　　[(2 000 − 250) × 28% × 10%] 49

　　　　利润分配——未分配利润　　[(2 000 − 250) × 28% × 90%] 441

　　　　其他综合收益　　(400 × 0.28) 112

③甲公司合并报表的处理。

公司出售乙公司股权在其合并财务报表中应确认的投资收益 = (6 500 + 10 000) − [11 000 + (2 400 − 250) × 0.7] = 16 500 − 12 505 = 3 995（万元）

a. 对剩余股权投资由个别报表中的账面价值调整到丧失控制日的公允价值。

借：长期股权投资　　6 500

　　贷：长期股权投资　　[11 000 × 40% + (2 000 − 250) × 28% + 400 × 28%] 5 002

　　　　投资收益　　1 498

b. 对个别报表中部分处置投资收益的归属期间进行调整。

借：投资收益　　[(2 000 − 250) × 42% + 400 × 42%] 903

　　贷：盈余公积　　[(2 000 − 250) × 42% × 10%] 73.5

　　　　未分配利润　　[(2 000 − 250) × 42% × 90%] 661.5

　　　　其他综合收益　　(400 × 42%) 168

c. 将与剩余投资有关的其他综合收益转入留存收益（因与子公司股权投资相关的其他综合收

益为被投资公司持有的指定为以公允价值计量且其变动计入其他综合收益的非交易性权益工具投资的公允价值变动，在子公司终止确认时该其他综合收益应转入留存收益）

借：其他综合收益　　(400×70%) 280

　　贷：盈余公积　　(400×70%×10%) 28

　　　　未分配利润　　(400×70%×90%) 252

(2)

①甲公司出售丙公司股权在其个别财务报表中应确认的投资收益=3 500－30 000×10%=500（万元）

②公司出售丙公司股权并未丧失控制权情况下，在合并财务报表中的处理原则为：处置价款与处置长期股权投资相对应享有丙公司净资产的差额计入所有者权益（或资本公积）。

③甲公司出售丙公司股权，在不丧失控制权时，合并报表中，处置价款与处置长期股权投资相对应享有子公司自购买日或合并日开始持续计量的净资产份额之间的差额，应当调整资本公积，资本公积不足冲减的，调整留存收益。导致合并资产负债表中应计入所有者权益（资本公积）的金额=3 500－(30 000+4 500)×10%=50（万元）

(3)

①甲公司对丁公司投资于出售日前的账面价值=2 000+(4 800－300)×24%=3 080（万元）

②甲公司出售丁公司股权应确认的投资收益=1 900－(3 080×50%)=360（万元）

③制甲公司出售丁公司股权相关的会计分录：

确认有关股权的处置损益：

借：银行存款　　1 900

　　贷：长期股权投资——丁公司　　1 540

　　　　投资收益　　360

因与丁公司投资相关的其他综合收益为被投资公司其持有的指定为以公允价值计量且其变动计入其他综合收益的非交易性权益工具投资的公允价值变动，在终止采用权益法核算时，将原确认的相关其他综合收益应转入留存收益

借：盈余公积　　(300×24%×10%) 7.2

　　利润分配——未分配利润　　(300×24%×90%) 64.8

　　贷：其他综合收益　　(300×24%) 72

【例题8－29·综合题】甲上市公司（以下简称甲公司）2017年起实施了一系列股权交易计划，具体情况如下：

(1) 2017年10月，甲公司与乙公司控股股东丁公司签订协议，协议约定：甲公司向丁公司定向发行1.2亿股本公司股票，以换取丁公司持有的乙公司60%的股权。甲公司定向发行的股票按规定确定为每股5元，双方确定的评估基准日为2017年9月30日。

乙公司经评估确定2017年9月30日的可辨认净资产公允价值（不含递延所得税资产和负债）为10亿元。

(2) 甲公司该并购事项于2017年12月10日经监管部门批准，作为对价定向发行的股票于2017年12月31日发行，当日收盘价为每股5.5元。甲公司于12月31日起主导乙公司财务和生产经营决策。以2017年9月30日的评估值为基础，乙公司可辨认净资产于2017年12月31日的公允价值为10.5亿元（不含递延所得税资产和负债），其中公允价值与账面价值的差异产生于一

项无形资产和一项固定资产：①无形资产系2015年1月取得，成本为8 000万元，预计使用10年，采用直线法摊销，预计净残值为零，2017年12月31日的公允价值为8 400万元；②固定资产系2015年12月取得，成本为4 800万元，预计使用8年，预计净残值为零，采用年限平均法计提折旧，2017年12月31日的公允价值为7 200万元。上述资产均未计提减值，其计税基础与按历史成本计算确定的账面价值相同。

甲公司和丁公司在此项交易前不存在关联方关系。有关资产在该项交易后预计使用年限、净残值、折旧和摊销方法保持不变。

甲公司向丁公司发行股份后，丁公司持有甲公司发行在外普通股的10%，不具有重大影响。

(3) 2019年1月1日，甲公司又支付5亿元自乙公司其他股东处进一步购入乙公司40%的股权，当日乙公司可辨认净资产公允价值为12.5亿元，乙公司个别财务报表中净资产账面价值为11.86亿元，其中2018年实现净利润为2亿元。

(4) 2019年10月，甲公司与其另一子公司（丙公司）协商，将持有的全部乙公司股权转让给丙公司。以乙公司2019年10月31日评估值14亿元为基础，丙公司向甲公司定向发行本公司普通股7 000万股（每股面值1元），按规定确定为每股20元。有关股份于2019年12月31日发行，丙公司于当日开始主导乙公司生产经营决策。当日，丙公司每股股票收盘价为21元，乙公司可辨认净资产公允价值为14.3亿元。

乙公司个别财务报表显示，其2019年实现净利润为1.6亿元。

(5) 其他有关资料：

本题中各公司适用的所得税税率均为25%，除所得税外，不考虑其他因素。

乙公司没有子公司和其他被投资单位，在甲公司取得其控制权后未进行利润分配，除所实现净利润外，无其他影响所有者权益变动的事项。

甲公司取得乙公司控制权后，每年年末对商誉进行的减值测试表明商誉未发生减值。

甲公司与乙公司均以公历年度作为会计年度，采用相同的会计政策。

要求：

(1) 根据资料（1）和（2），确定甲公司合并乙公司的类型，并说明理由；如为同一控制下企业合并，确定其合并日，计算企业合并成本及合并日确认长期股权投资应调整所有者权益的金额；如为非同一控制下企业合并，确定其购买日，计算企业合并成本、合并中取得可辨认净资产公允价值及合并中应予确认的商誉或计入当期损益的金额。

(2) 根据资料（3），计算确定甲公司在其个别财务报表中对乙公司长期股权投资的账面价值并编制相关会计分录；计算确定该项交易发生时乙公司应并入甲公司合并财务报表的可辨认净资产价值及该交易对甲公司合并资产负债表中所有者权益项目的影响金额。

(3) 根据资料（4），确定丙公司合并乙公司的类型，说明理由；确定该项合并的购买日或合并日，计算乙公司应纳入丙公司合并财务报表的净资产价值并编制丙公司确认对乙公司长期股权投资的会计分录。(2012年改编)

【答案】

(1) 该项合同为非同一控制下的企业合并。

理由：甲公司与乙公司在合并发生前后不存在同一最终控制方，或甲公司与A公司在交易前不存在关联方关系。

购买日为2017年12月31日。

企业合并成本 =12 000 ×5.5 =66 000（万元）

合并中取得可辨认净资产公允价值 =105 000 -6 400 ×25% =103 400（万元）

商誉 =初始投资成本 -被购买方可辨认净资产公允价值份额 =66 000 -103 400 ×60% =3 960（万元）

本题属于免税合并，会计按照公允价值进行交易，但是税法属于免税合并，按照账面价值计量，因此税法和会计会形成暂时性差异，需要确认。

免税合并，即企业合并收购股权，收购企业购买的股权不低于被收购企业全部股权的 50%（此题为 60%），且收购企业在该股权收购发生时的股权支付金额不低于其交易支付总额的 85%（此题为全部股权支付），经税务部门批准，可以作为免税合并处理。

本题的公允和账面之差为 6 400 万元，需要确认递延所得税负债，影响合并中的可辨认净资产公允价值。

①无形资产当前账面价值：8 000 -8 000 ×3 ÷10 =5 600（万元），公允价值 8 400 万元，差额 2 800 万元。

②固定资产当前账面价值：4 800 -4 800 ×2 ÷8 =3 600（万元），公允价值 7 200 万元，差额 3 600 万元。

所以总的公允账面之差 =2 800 +3 600 =6 400（万元）

（2）个表报表：

长期股权投资账面价值 = 原账面价值 + 新投资的公允价值 =66 000 +50 000 =116 000（万元）

借：长期股权投资　　50 000

　　贷：银行存款　　50 000

合并报表：

乙公司应纳入甲公司合并报表中的可辨认净资产价值 =105 000 -6 400 ×25% +20 000 -1 000 +250 =122 650（万元）

应当冲减合并报表资本公积金额 =50 000 -122 650 ×40% =940（万元）

此处是合并财务报表的特殊交易，母公司购买子公司少数股权股东股权，在母公司个别财务报表中，其自子公司少数股东处新取得的长期股权投资应当按照《企业会计准则第 2 号——长期股权投资》的规定确定其入账价值；在合并财务报表中，子公司的资产、负债应以购买日或合并日所确定的净资产价值开始持续计算的金额反映，因购买少数股权新取得的长期股权投资与按照新增持股比例计算应享有子公司自购买日或合并日开始持续计算的净资产份额之间的差额，应当调整母公司个别报表中的资本公积（资本溢价或股本溢价），资本公积不足冲减的，调整留存收益。

以购买日或合并日所确定的净资产价值开始持续计算的金额为：103 400 +20 000 -1 000（公允账面之差）+250（公允账面之差减少 1 000，那么递延所得税负债减少 250，所得税费用减少 250，净利润增加 250）

公允和账面的差，导致今年要多折旧和摊销 1 000 万元，这是对净利润的调整。

①无形资产按照账面摊销是：8 000 ÷10 =800（万元）；按照公允价值摊销是：8 400 ÷7 =1 200（万元）

②固定资产按照账面折旧是：4 800 ÷8 =600（万元）；按照公允价值折旧是：7 200 ÷6 =1 200（万元）

公允和账面的差，导致今年要多折旧和摊销 =（1 200 - 800）+（1 200 - 600）= 1 000（万元）

（3）

该项交易为同一控制下企业合并。

理由：乙、丙公司在合并前后均受甲公司最终控制，且符合实践性要求。

乙公司应纳入丙公司合并报表的净资产价值 = 122 650 + 16 000 - 1 000 + 250 + 3 960 = 141 860（万元）

借：长期股权投资　　141 860

　　贷：股本　　7 000

　　　　资本公积　　134 860

（在同一控制中，应当按取得被合并方所有者权益在最终控制方合并财务报表中的账面价值的份额，记入“长期股权投资”）

【例题 8 - 30·综合题】 甲公司为一上市集团公司，持有乙公司 80% 股权，对其具有控制权；持有丙公司 30% 股权，能对其实施重大影响。2016 年及 2017 年发生的相关交易或事项如下：

（1）2016 年 6 月 8 日，甲公司将生产的一批汽车销售给乙公司，销售价格为 600 万元，汽车已交付乙公司，款项尚未收取。该批汽车的成本为 480 万元。2016 年 12 月 31 日，甲公司对尚未收回的上述款项计提坏账准备 30 万元。2017 年 9 月 2 日，甲公司收到乙公司支付的上述款项 600 万元。

乙公司将上述购入的汽车作为行政管理部门的固定资产于当月投入使用，该批汽车采用年限平均法计提折旧，预计使用 6 年，预计无净残值。

（2）2016 年 7 月 13 日，丙公司将成本为 400 万元的商品以 500 万元的价格出售给甲公司，货物已交付，款项已收取。甲公司将上述购入的商品向集团外单位出售，其中 50% 商品在 2016 年售完，其余 50% 商品在 2017 年售完。

在丙公司个别财务报表上，2016 年度实现的净利润为 3 000 万元；2017 年度实现的净利润为 3 500 万元。

（3）2016 年 8 月 1 日，甲公司以 9 000 万元的价格从非关联方购买丁公司 70% 股权，款项已用银行存款支付，丁公司股东的工商变更登记手续已办理完成。购买日丁公司可辨认净资产的公允价值为 12 000 万元（含原未确认的无形资产公允价值 1 200 万元），除原未确认的无形资产外，其余各项可辨认资产、负债的公允价值与账面价值相同。上述无形资产系一项商标权，采用直线法摊销，预计使用 10 年，预计无残值。甲公司根据企业会计准则的规定将购买日确定为 2016 年 8 月 1 日。

丁公司 2016 年 8 月 1 日个别资产负债表中列报的货币资金为 3 500 万元（全部为现金流量表中所定义的现金），列报的所有者权益总额为 10 800 万元，其中实收资本为 10 000 万元，盈余公积为 80 万元，未分配利润为 720 万元。在丁公司个别利润表中，2016 年 8 月 1 日起至 12 月 31 日止期间实现净利润 180 万元；2017 年度实现净利润 400 万元。

（4）2017 年 1 月 1 日，甲公司将专门用于出租的办公楼租赁给乙公司使用，租赁期为 5 年，租赁期开始日为 2017 年 1 月 1 日，年租金为 50 万元，于每年年末支付。出租时，该办公楼的成本为 600 万元，已计提折旧 400 万元。甲公司对上述办公楼采用年限平均法计提折旧，预计使用 30 年，预计无净残值。

乙公司将上述租入的办公楼专门用于行政管理部门办公。2017 年 12 月 31 日，乙公司向甲公司支付当年租金50万元。

(5) 其他有关资料：

第一，本题所涉销售或购买的价格是公允的。2016年以前，甲公司与子公司以及子公司相互之间无集团内部交易，甲公司及其子公司与联营企业无关联方交易。

第二，甲公司及其子公司按照净利润的10%计提法定盈利公积，不计提任意盈余公积。

第三，甲公司及其子公司、联营企业在其个别财务报表中已按照企业会计准则的规定对上述交易或事项分别进行了会计处理。

第四，不考虑税费及其他因素。

要求：

(1) 根据资料(2)，计算甲公司在其2016年和2017年个别财务报表中应确认的投资收益。

(2) 根据资料(3)，计算甲公司购买丁公司股权产生的商誉。

(3) 根据资料(3)，说明甲公司支付的现金在2016年度合并现金流量表中列报的项目名称，并计算该列报项目的金额。

(4) 根据资料(4)，说明甲公司租赁给乙公司的办公楼在2017年12月31日合并资产负债表中列报的项目名称，并陈述理由。

(5) 根据上述资料，说明甲公司在其2016年度合并财务报表中应披露的关联方名称，分别不同类别的关联方简述应披露的关联方信息。

(6) 根据上述资料，编制与甲公司2017年度合并资产负债表和合并利润表相关的调整分录和抵销分录。(2018年)

【答案】

(1) 甲公司2016年个别报表中应确认投资收益 = [3 000 - (500 - 400) × (1 - 50%)] × 30% = 885(万元)。

甲公司2017年个别报表中应确认投资收益 = [3 500 + (500 - 400) × 50%] × 30% = 1 065(万元)。

(2) 商誉 = 9 000 - 12 000 × 70% = 600(万元)。

(3) 甲公司支付的现金在2016年度合并现金流量表中列报的项目名称为"取得子公司及其他营业单位支付的现金净额"。

列报金额 = 9 000 - 3 500 = 5 500(万元)。

(4) 甲公司租赁给乙公司的办公楼在2017年12月31日的合并资产负债表中列报项目名称为"固定资产"。

理由：母子公司之间内部交易抵销，视同交易从未发生，即合并报表角度将甲公司租赁的办公楼由投资性房地产还原为固定资产，所以甲公司租赁给乙公司的办公楼在2017年12月31日的合并资产负债表中应列报在"固定资产"项目。

(5) 甲公司在其2016年度合并财务报表中应披露的关联方：乙公司、丙公司、丁公司。

对于乙公司和丁公司，应披露子公司的名称、业务性质、注册地、注册资本及其变化、母公司对该子公司的持股比例和表决权比例。

对于丙公司，应披露关联方关系的性质。

(6) 甲公司和乙公司：

将期初固定资产原价中未实现内部销售利润抵销。

借：年初未分配利润　　　　120

贷：固定资产 (600－480) 120

将期初累计多提折旧抵销：

借：固定资产（或累计折旧） (120÷6÷2) 10

贷：年初未分配利润 10

将本期多提折旧抵销：

借：固定资产（或累计折旧） (120÷6) 20

贷：管理费用 20

抵销坏账准备的期初数：

借：应收账款——坏账准备 30

贷：年初未分配利润 30

将本期冲回的坏账准备数额抵销：

借：信用减值损失 30

贷：应收账款——坏账准备 30

甲公司和丁公司：

将子公司的账面价值调整到公允价值：

借：无形资产 1 200

贷：资本公积 1 200

借：管理费用 (1 200/10) 120

年初未分配利润 (1 200/10/12×5) 50

贷：无形资产（或累计摊销） 170

从个别报表的成本法调整到合并报表的权益法：

借：长期股权投资 [(400－120)×70%] 196

贷：投资收益 196

母公司长期股权投资与子公司所有者权益的抵销：

借：实收资本 10 000

资本公积 1 200

盈余公积 [80＋(180＋400)×10%] 138

年末未分配利润 [720＋(180＋400)×90%－170] 1 072

商誉 600

贷：长期股权投资 [9 000＋(180－50)×70%＋(400－120)×70%] 9 287

少数股东权益 {[10 800＋1 200＋(180－50)＋(400－120)]×30%} 3 723

将子公司的利润分配和母公司的投资收益进行抵销

借：投资收益 [(400－120)×70%] 196

少数股东损益 [(400－120)×30%] 84

年初未分配利润 (720＋180×90%－50) 832

贷：提取盈余公积 (400×10%) 40

年末未分配利润 [720＋(180＋400)×90%－170] 1 072

甲公司和乙公司之间的租赁交易：

借：营业收入（或其他业务收入） 50

贷：营业成本（或其他业务成本）	（600 ÷ 30）20
管理费用	30
借：固定资产	（600 − 400 − 20）180
贷：投资性房地产	180

第四编
负债和所有者权益

第九章　负　债

考点：可转换公司债券

<table>
<tr><td rowspan="2">发行可转换公司债券时</td><td rowspan="2">负债成分和权益成分进行分拆；
发生的交易费用，应当在负债成分和权益成分之间按照各自的相对公允价值进行分摊</td><td>负债成分的未来现金流量进行折现确定负债成分的初始确认金额</td><td rowspan="2">借：银行存款
　　应付债券——可转换公司债券（利息调整）（或贷方）
　　贷：应付债券——可转换公司债券（面值）
　　　　其他权益工具（权益成分公允价值）</td></tr>
<tr><td>剩余为权益成分</td></tr>
<tr><td>转换股份前</td><td>债券的负债成分</td><td colspan="2">会计处理与一般公司债券相同，即按照实际利率和摊余成本确认利息费用，按面值和票面利率确认应付利息，差额作为利息调整进行摊销</td></tr>
<tr><td>转换股份时</td><td>权益成分部分</td><td>要转入资本公积</td><td>借：应付债券——可转换公司债券（面值）
　　其他权益工具
　　贷：股本
　　　　应付债券——可转换公司债券（利息调整）
　　　　资本公积——股本溢价（差额）</td></tr>
</table>

【例题 9－1·单选题】 甲公司 2012 年 1 月 1 日发行 1 000 万份可转换公司债券，每份面值为 100 元．每份发行价格为 100.5 元，可转换公司债券发行 2 年后，每份可转换公司债券可以转换 4 股甲公司普通股（每股面值 1 元）。甲公司发行该可转换公司债券确认的负债初始计量金额为 100 150 万元。2013 年 12 月 31 日，与该可转换公司债券相关负债的账面价值为 100 050 万元。2014 年 1 月 2 日，该可转换公司债券全部转换为甲公司股份。甲公司因可转换公司债券的转换应确认的资本公积（股本溢价）是（　　）万元。(2013 年)

A. 350　　　B. 400　　　C. 96 050　　　D. 96 400

【答案】 D

【解析】 企业发行的可转换公司债券，应当在初始确认时将其包含的负债成分和权益成分进行分拆，将负债成分的确认为应付债券，将权益成分确认为其他权益工具，确认的其他权益工具的金额 = 1 000 × 100.5 － 100 150 = 350（万元）。

债券转为股份时，债券部分账面价值和股本之间的差额确认的资本公积（股本溢价）的金额 = 100 050 － 4 × 1 000 = 96 050（万元）。

其他权益工具转为资本公积（股本溢价）的金额为 350 万元，则甲公司因可转债的转换确认的资本公积（股本溢价）的金额 = 350 + 96 050 = 96 400（万元）。

【例题 9－2·单选题】 甲公司 2017 年 1 月 1 日发行 5 年期可转换公司债券，实际发行价格

200 000 万元，其中负债成分的公允价值为 160 000 万元。假定发行债券时另支付发行费用 800 万元。甲公司发行债券时应确认的“应付债券”的金额为（　　）万元。

A. 159 360　　B. 100 000　　C. 139 970　　D. 168 320

【答案】 A

【解析】 发行费用应在负债成分和权益成分之间按公允价值比例分摊；负债成分应承担的发行费用 = 800 × 160 000 ÷ 200 000 = 640（万元），应确认的“应付债券”的金额 = 160 000 − 640 = 159 360（万元）。

【例题 9 - 3 · 单选题】 甲公司经批准于 2015 年 1 月 1 日以 50 000 万元的价格（不考虑相关税费）发行面值总额为 50 000 万元的可转换公司债券。该可转换公司债券期限为 5 年，每年 1 月 1 日付息、票面年利率为 4%，实际年利率为 6%。已知（P/A，6%，5）= 4.2124，（P/F，6%，5）= 0.7473。2015 年 1 月 1 日发行可转换公司债券时应确认的权益成分的公允价值为（　　）万元。

A. 45 789.8　　B. 4 210.2　　C. 50 000　　D. 0

【答案】 B

【解析】 可转换公司债券负债成分的公允价值 = 50 000 × 0.7473 + 50 000 × 4% × 4.2124 = 45 789.8（万元），权益成分公允价值 = 50 000 − 45 789.8 = 4 210.2（万元）。

第十章　所有者权益

考点一：资本公积的会计处理

资本公积包括资本溢价（或股本溢价）以及其他资本公积。

投资者投入的资本中按其投资比例计算的出资额部分，应记入“实收资本”科目，大于部分记入“资本公积——资本溢价”科目。

企业在采用溢价发行股票的情况下，企业发行股票取得的收入，相当于股票面值的部分记入“股本”科目，超过股票面值的溢价部分在扣除发行手续费、佣金等发行费用后，记入“资本公积——股本溢价”科目。

【例题 10－1·单选题】 甲公司以定向增发股票的方式购买同一集团内另一企业持有的A公司80%股权。为取得该股权，甲公司增发2 000万股普通股，每股面值为1元，每股公允价值为5元；支付承销商佣金50万元。取得该股权时，A公司净资产账面价值为9 000万元，公允价值为12 000万元。假定甲公司和A公司采用的会计政策相同，甲公司取得该股权时应确认的资本公积为（　　）万元。（2007年）

A. 5 150　　B. 5 200　　C. 7 550　　D. 7 600

【答案】 A

【解析】 发行权益性证券支付的手续费佣金应冲减资本溢价，甲公司购买同一集团内另一企业持有的A公司股权，属于同一控制下企业合并，故甲公司购买成本为被投资公司净资产的账面价值份额7 200万元（9 000×80%），甲公司取得该股权时应确认的资本公积＝9 000×80%－2 000×1－50＝5 150（万元）。

考点二：其他综合收益的确认与计量及会计处理

（一）以后会计期间不能重分类进损益的其他综合收益项目

主要包括：

（1）重新计量设定受益计划净负债或净资产导致的变动。

（2）按照权益法核算因被投资单位重新计量设定受益计划净负债或净资产变动导致的权益变动，投资企业按持股比例计算确认的该部分其他综合收益项目。

（3）在初始确认时，企业可以将非交易性权益工具指定为以公允价值计量且其变动计入其他综合收益的金融资产，该指定后不得撤销，即当该类非交易性权益工具终止确认时原计入其他综合收益的公允价值变动损益不得重分类进损益。

（二）以后会计期间满足规定条件时将重分类进损益的其他综合收益项目

1. 部分金融资产：

（1）符合金融工具准则规定，同时符合两个条件的金融资产应当分类为以公允价值计量且其变动计入其他综合收益：企业管理该金融资产的业务模式既以收取合同现金流量为目标又以出售该金融资产为目标；该金融资产的合同条款规定，在特定日期产生的现金流量，仅为对本金和以未偿付本金金额为基础的利息的支付。当该类金融资产终止确认时，之前计入其他综合收益的累计利得或损失应当从其他综合收益中转出，计入当期损益。

（2）按照金融工具准则规定，将以公允价值计量且其变动计入其他综合收益的债务工具投资重分类为以摊余成本计量的金融资产的，或重分类为以公允价值计量且其变动计入当期损益的金融资产的，按规定可以将原计入其他综合收益的利得或损失转入当期损益部分。

2. 采用权益法核算的长期股权投资：

（1）被投资单位其他综合收益变动，投资方按持股比例计算应享有的份额。

（2）处置采用权益法核算的长期股权投资时。

3. 存货或自用房地产转换为投资性房地产：

（1）企业将作为存货的房地产转为采用公允价值模式计量的投资性房地产，其公允价值大于账面价值的；企业将自用房地产转为采用公允价值模式计量的投资性房地产，其公允价值大于账面价值的。

（2）处置该项投资性房地产时，因转换计入其他综合收益的金额应转入当期其他业务成本。

4. 现金流量套期工具产生的利得或损失中属于有效套期的部分。

现金流量套期工具利得或损失中属于有效套期部分，直接确认为其他综合收益。

5. 外币财务报表折算差额。

按照外币折算的要求，企业在处置境外经营的当期，将已列入合并财务报表所有者权益的外币报表折算差额中与该境外经营相关部分，自其他综合收益项目转入处置当期损益。如果是部分处置境外经营，应当按处置的比例计算处置部分的外币报表折算差额，转入处置当期损益。

【例题 10－2·单选题】下列各项中，在相关资产处置时不应转入当期损益的是（　　）。(2012 年)

A. 分类为公允价值计量且其变动计入其他综合收益金融资产因公允价值变动计入其他综合收益的部分

B. 权益法核算的股权投资因享有联营企业其他综合收益（其他债权投资公允价值变动）计入其他综合收益的部分

C. 同一控制下企业合并中股权投资入账价值与支付对价差额计入资本公积的部分

D. 自用房地产转为以公允价值计量的投资性房地产在转换日计入其他综合收益的部分

【答案】C

【解析】同一控制下企业合并中确认长期股权投资时形成的资本公积属于资本溢价或股本溢价，处置时不能转入当期损益。

【例题 10－3·多选题】下列各项中，属于在以后会计期间满足规定条件时将重分类进损益的其他综合收益有（　　）。(2019 年)

A. 外币财务报表折算差额

B. 分类为以公允价值计量且其变动计入其他综合收益的金融资产公允价值变动

C. 分类为以公允价值计量且其变动计入其他综合收益的金融资产信用减值准备

D. 指定为以公允价值计量且其变动计入当期损益的金融负债因企业自身信用风险变动引起的公允价值变动

【答案】 ABC

【解析】 指定为以公允价值计量且其变动计入当期损益的金融负债，这类金融负债的公允价值变动一般是计入当期损益的。但是当公允价值变动是由企业自身信用风险变动引起的，则该公允价值变动计入其他综合收益，且处置时不转入当期损益。

【例题 10－4·多选题】 2016 年甲公司所属企业集团内各公司发生的下列交易或事项中，不考虑其他因素，会引起甲公司合并财务报表中归属于母公司所有者的权益金额减少的有（　　）（2017 年）

A. 2 月 3 日，甲公司向其控股 60% 的子公司（乙公司）捐赠货币资金 3 000 万元

B. 8 月 20 日，甲公司的子公司（戊公司）以资本公积金转增股本，每 10 股转增 3 股

C. 9 月 10 日，甲公司控股 70% 的子公司（丙公司）向所有股东按持股比例派发 1 亿元的股票股利

D. 12 月 31 日，甲公司的子公司（丁公司）持有的指定为以公允价值计量且其变动计入其他综合收益的金融资产的股票投资公允价值相对年初下降 1 200 万元

【答案】 AD

【解析】 选项 A，母公司捐赠了 3 000 万元，个别报表中确认资本公积 3 000 万元，母公司持股 60%，则母公司对于子公司的捐赠，60% 赠送给子公司，另外 40% 赠送给小股东。在合并报表层面来看，个别确认的资本公积 3 000 万元要全部抵销，其中 60% 抵销母公司的长期股权投资，而属于小股东的 40% 会导致小股东的权益增加，也就意味着归属于母公司所有者权益的金额减少。

选项 B，以资本公积金转增股本是所有者权益内部变动，不影响所有者权益金额。

选项 C，派发股票股利是所有者权益内部变动，不影响所有者权益金额。

选项 D，子公司持有的指定为以公允价值计量且其变动计入其他综合收益的金融资产的股票投资公允价值相对年初下降，在合并报表中，成本法调整为权益法时，确认其他综合收益减少，导致归属于母公司的所有者权益金额减少。

【例题 10－5·多选题】 甲公司 2015 年发生下列交易或事项：（1）以账面价值为 18 200 万元的土地使用权作为对价，取得同一集团内乙公司 100% 股权，合并日乙公司净资产在最终控制方合并报表中的账面价值为 12 000 万元；（2）为解决现金困难，控股股东代甲公司缴纳税款 4 000 万元；（3）为补助甲公司当期研发投入，取得与收益相关的政府补助 6 000 万元；（4）控股股东将自身持有的甲公司 2% 股权赠与甲公司 10 名管理人员并立即行权。不考虑其他因素，与甲公司有关的交易或事项中，会引起其 2015 年所有者权益中资本性项目发生变动的有（　　）。（2016 年）

A. 大股东代为缴纳税款

B. 取得与收益相关的政府补助

C. 控股股东对管理人员的股份赠与

D. 同一控制下企业合并取得乙公司股权

【答案】 ACD

【解析】 选项 A，大股东代为缴纳税款，相当于大股东的捐赠，记入“资本公积”；选项 B，取得与收益相关的政府补助，记入“其他收益”或者“营业外收入”，不影响资本性项目；选项

C，控股股东对管理人员的股份赠与，相当于集团股份支付，子公司没有结算义务，因此属于以权益结算的股份支付，记入“资本公积”；选项D，同一控制下企业合并取得乙公司股权，初始投资成本与投出的资产的账面价值的差额记入“资本公积——股本溢价”。

【例题10-6·单选题】根据我国《公司法》的规定，上市公司在弥补亏损和提取法定公积金后所余税后利润，按照股份比例向股东分配利润。上市公司因分配现金利润而确认应付股利的时点是（　　）。(2019年)

A. 实际分配利润时　　B. 实现利润当年年末

C. 董事会通过利润分配预案时　　D. 股东大会批准利润分配方案时

【答案】D

【解析】企业股东大会或类似机构通过的利润分配方案中确定分配的现金股利或利润时，应确认为应付股利，选项D正确。董事会或类似机构通过的利润分配方案中拟分配的现金股利或利润，不作账务处理。

【例题10-7·单选题】下列各项，能够引起所有者权益总额变化的是（　　）。

A. 以资本公积转增资本　　B. 增发新股

C. 向股东支付已宣告分派的现金股利　　D. 以盈余公积弥补亏损

【答案】B

【解析】股份有限公司增发新股能够引起所有者权益总额变化，选项B正确。以资本公积转增资本和以盈余公积弥补亏损，都是所有者权益内部科目的变化，选项AD错误。向股东支付已宣告分派的现金股利，不涉及所有者权益科目，选项C错误。

第五编
收入及财务报告

第十一章 收入、费用和利润

第一节 收 入

考点一：收入的确认和计量

收入确认和计量大致分为五步：

其中，第一步、第二步和第五步主要与收入的确认有关，第三步和第四步主要与收入的计量有关。

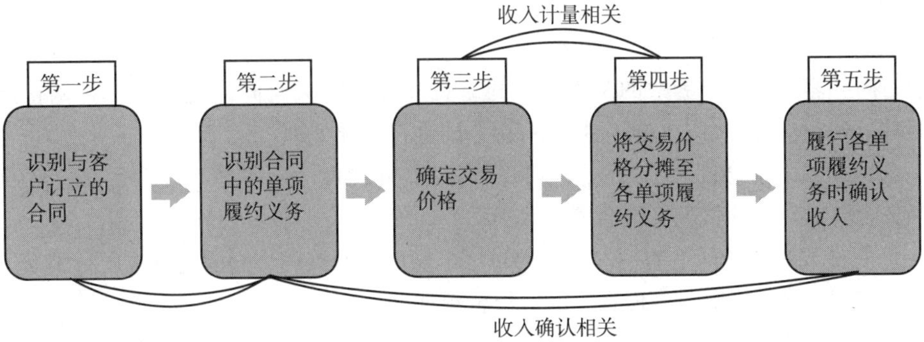

（一）识别与客户订立的合同

1. 收入确认的原则。

企业与客户之间的合同同时满足下列条件的，企业应当在客户取得相关商品控制权时确认收入：

（1）合同各方已批准该合同并承诺将履行各自义务；

（2）该合同明确了合同各方与所转让的商品（或提供的服务，以下简称“转让的商品”）相关的权利和义务；

（3）该合同有明确的与所转让的商品相关的支付条款；

（4）该合同具有商业实质，即履行该合同将改变企业未来现金流量的风险、时间分布或金额；

（5）企业因向客户转让商品而有权取得的对价很可能收回。

对于合同各方均有权单方面终止完全未执行的合同，且无须对合同其他方作出补偿的，企业应当视为该合同不存在。

对于不能同时满足上述收入确认的五个条件的合同，企业只有在不再负有向客户转让商品的剩余义务（例如，合同已完成或取消），且已向客户收取的对价（包括全部或部分对价）无须退回时，才能将已收取的对价确认为收入；否则，应当将已收取的对价作为负债进行会计处理。

如果在合同开始日满足收入确认条件的，则将对应的交易费用确认为收入。若有迹象表明相关事项和情况发生了重大变化，应对后续期间进行评估，判断是否满足收入确认条件。

【例题 11－1 · 单选题】甲房地产开发公司与乙公司签订合同，向其销售一栋建筑物，合同价款为 100 万元。该建筑物的成本为 60 万元，乙公司在合同开始日即取得了该建筑物的控制权。根据合同约定，乙公司在合同开始日支付了 5% 的保证金 5 万元，并就剩余 95% 的价款与甲公司签订了不附追索权的长期融资协议，如果乙公司违约，甲公司可重新拥有该建筑物，即使收回的建筑物不能涵盖所欠款项的总额，甲公司也不能向乙公司索取进一步的赔偿。乙公司计划在该建筑物内开设一家餐馆。在该建筑物所在的地区，餐饮行业面临激烈的竞争，但乙公司缺乏餐饮行业的经营经验。本例中，甲公司的正确会计处理是（　　）。（彬哥自编题目）

A. 甲公司应当将收到的 5 万元确认为营业收入

B. 甲公司应当将收到的 5 万元确认为一项负债

C. 甲公司无须进行任何会计处理

D. 甲公司应当将 5 万元确认为营业外收入

【答案】B

2. 合同合并。

企业与同一客户（或该客户的关联方）同时订立或在相近时间内先后订立的两份或多份合同，在满足下列条件之一时，应当合并为一份合同进行会计处理：

（1）该两份或多份合同基于同一商业目的而订立并构成“一揽子”交易，如一份合同在不考虑另一份合同的对价的情况下将会发生亏损；

（2）该两份或多份合同中的一份合同的对价金额取决于其他合同的定价或履行情况，比如一份合同发生违约，将会影响另一份合同的对价金额；

（3）该两份或多份合同中所承诺的商品（或每份合同中所承诺的部分商品）构成单项履约义务。

两份或多份合同合并为一份合同进行会计处理的，仍然需要区分该合同中包含的各单项履约义务。

3. 合同变更。

三种情形	原合同是继续还是终止	合同变更部分特征	最终合同形式
情形一：合同变更部分作为单独合同进行会计处理的情形	原合同继续	可明确区分的商品及合同价款，且新增合同价款反映了新增商品单独售价的	原合同继续，变更合同作为新单独合同
情形二：合同变更作为原合同终止及新合同订立进行会计处理的情形	原合同终止	不属于情形一，且在合同变更日已转让商品与未转让商品之间可明确区分的	原合同终止，原合同未履行部分＋合同变更部分作为新合同

续表

三种情形	原合同是继续还是终止	合同变更部分特征	最终合同形式
情形三：合同变更部分作为原合同的组成部分进行会计处理的情形	原合同继续	不属于情形一，且在合同变更日已转让商品与未转让商品之间不可明确区分的	原合同继续且扩大范围（包含合同变更部分）

合同变更情形判断实际上是“两步走”的流程：一看商品价款是否为新增商品单独售价，二看已转让商品与未转让商品是否可明确区分。

【例题 11－2·单选题】 2017 年 2 月 1 日，甲公司与乙公司签订了一项总额为 20 000 万元的固定造价合同，在乙公司自有土地上为乙公司建造一栋办公楼。截至 2017 年 12 月 20 日，甲公司累计已发生成本 6 500 万元。2017 年 12 月 25 日，经协商合同双方同意变更合同范围，增加装修办公楼的服务内容，合同价格相应增加 3 400 万元。假定上述新增合同价款不能反映装修服务的单独售价，不考虑其他因素，下列各项关于上述合同变更会计处理的表述中，正确的是（　　）。（2018 年）

A. 合同变更部分作为单独合同进行会计处理

B. 合同变更部分作为原合同的组成部分进行会计处理

C. 原合同未履约部分与合同变更部分作为新合同进行会计处理

D. 合同变更部分作为单项履约义务于完成装修服务时确认收入

【答案】 B

【解析】 在合同变更日已转让商品与未转让商品之间不可明确区分的，应当将该合同变更部分作为原合同的组成部分，在合同变更日重新计算履约进度，并调整当期收入和相应成本等。

（二）识别合同中的单项履约义务

确定各单项履约义务是在某一时段内履行，还是在某一时点履行，然后，在履行了各单项履约义务时分别确认收入。

履约义务是指合同中企业向客户转让可明确区分商品的承诺。

企业应当将下列向客户转让商品的承诺作为单项履约义务：

1. 企业向客户转让可明确区分商品（或者商品或服务的组合）的承诺。

【提示】 下列情形通常表明企业向客户转让该商品的承诺与合同中的其他承诺不可明确区分：

（1）企业需提供重大的服务以将该商品与合同中承诺的其他商品进行整合，形成合同约定的某个或某些组合产出转让给客户。

（2）该商品将对合同中承诺的其他商品予以重大修改或定制。

（3）该商品与合同中承诺的其他商品具有高度关联性。即合同中承诺的每一项商品均受到合同中其他商品的重大影响。

要注意的是，企业向客户销售商品，往往约定需要将商品运送至客户指定的地方。通常情况下，商品控制权转移给客户之前发生的运输活动不构成单项履约义务，商品控制权转移之后发生的运输活动可能构成单项履约义务。

2. 一系列实质相同且转让模式相同的、可明确区分的商品。

当企业向客户连续转让某种承诺的商品时，如每天提供类似劳务的长期劳务合同等，如果这些商品属于实质相同且转让模式相同的一系列商品时，企业应当将这一系列商品作为单项履约义务。

（三）确定交易价格

交易价格，是指企业因向客户转让商品而预期有权收取的对价金额。

企业代第三方收取的款项（例如增值税）以及企业预期将退还给客户的款项，应当作为负债进行会计处理，不计入交易价格。

对交易价格有影响的因素主要有：可变对价、重大融资成分、非现金对价、应付客户对价等。

1. 可变对价。

（1）可变对价最佳估计数的确定。

企业应当按照期望值或最可能发生金额确定可变对价的最佳估计数。当合同仅有两个可能结果时，通常按照最可能发生金额估计可变对价金额。

（2）计入交易价格的可变对价金额的限制。

企业按照期望值或最可能发生金额确定可变对价金额之后，计入交易价格的可变对价金额还应该满足限制条件，即包含可变对价的交易价格，应当不超过在相关不确定性消除时，累计已确认的收入极可能不会发生重大转回的金额。

每一资产负债表日，企业应当重新估计应计入交易价格的可变对价金额，包括重新评估对可变对价的估计是否受到限制，以如实反映报告期末存在的情况以及报告期内发生的情况变化。

2. 合同中存在的重大融资成分。

如果企业将商品控制权转移给客户的时间与客户实际付款时间不一致，且合同约定的对价与商品正常交易价格差异很大时，可能存在重大融资成分，比如企业以赊销方式销售商品，或者要求客户支付预付款等。

合同中存在重大融资成分的，企业应当按照假定客户在取得商品控制权时即以现金支付的应付金额确定交易价格（即现销价格）。该交易价格与合同对价之间的差额，应当在合同期间内采用实际利率法摊销。

企业向客户转让商品与客户支付相关款项之间虽然存在时间间隔，但两者之间的合同没有包括重大融资成分的情形有：

（1）客户就商品支付了预付款，且可以自行决定这些商品转让时间。如向客户出售其发行的储值卡，客户可以随时持卡购物；企业向客户授予奖励积分，客户可以随时兑换积分。

（2）客户承诺支付的对价中有相当大的部分是可变的，该对价金额或付款时间取决于某一未来事项是否发生，且该事项实质不受客户或企业控制。例如，按照实际销售量收取的特许权使用费。

（3）合同承诺的对价金额与现销价格之间的差额是由于向客户或企业提供融资利益以外的其他原因所导致，且这一差额与产生该差额的原因是相称的。例如，合同约定的支付条款是为了向企业或客户提供保护，以防止另一方未能依照合同充分履行其部分或全部义务；例如，客户扣留的质量保证金。

如果在合同开始日，企业预计客户取得商品控制权与客户支付价款间隔不超过一年的，可以不考虑合同中存在的重大融资成分。

3. 非现金对价。

当企业因转让商品而有权向客户收取的对价是非现金形式时，如实物资产、无形资产、股权等。企业通常应当按照非现金对价在合同开始日的公允价值确定交易价格。但是，如果非现金对价的公允价值不能合理估计的，企业应当参照其承诺向客户转让商品的单独售价间接确定交易价格。

合同开始日之后，非现金对价的公允价值因对价形式以外的原因而发生变动的，应当作为可变对价，按照计入交易价格的可变对价金额的限制条件相关规定进行会计处理。

合同开始日之后，非现金对价公允价值因对价形式而发生变动，该变动金额不计入交易价格。

4. 应付客户对价。

企业在向客户转让商品的同时，需要向客户或第三方支付对价的，除为了自客户取得其他可明确区分商品的款项外，应当将该应付对价冲减商品交易价格，并在确认相关收入与支付客户对价二者孰晚的时点冲减当期收入。

（四）将交易价格分摊至各单项履约义务

企业应当在合同开始日，按照各单项履约义务所承诺商品的单独售价的相对比例，将交易价格分摊至各单项履约义务。

单独售价是指企业向客户单独销售商品的价格。单独售价无法直接观察的，企业应当综合考虑其能够合理取得的全部相关信息，采用市场调整法、成本加成法、余值法等方法合理估计单独售价。

1. 分摊合同折扣。

分摊原则：一般全体分摊，特殊局部分摊

对于合同折扣，企业应当在各单项履约义务之间按比例分摊（即全体分摊）。

有确凿证据表明合同折扣仅与合同中一项或多项（而非全部）履约义务相关的，企业应当将该合同折扣分摊至相关一项或多项履约义务（即局部分摊）。

同时满足下列三项条件时，企业应当将合同折扣分摊至合同中的一项或多项（而非全部）履约义务：

（1）企业经常将该合同中的各项可明确区分的商品单独销售或者以组合的方式单独销售；

（2）企业也经常将其中部分可明确区分的商品以组合的方式按折扣价格单独销售；

（3）上述第二项中的折扣与该合同中的折扣基本相同，且针对每一组合中的商品的评估为将该合同的全部折扣归属于某一项或多项履约义务提供了可观察的证据。

2. 分摊可变对价。

合同中包含可变对价的，该可变对价可能与整个合同相关，也可能仅与合同中的某一特定组成部分有关。

同时满足下列条件的，企业应当将可变对价及可变对价的后续变动额分摊至与之相关的某项履约义务，或者构成单项履约义务的一系列可明确区分商品中的某项商品（即局部分摊）：

（1）可变对价的条款专门针对企业为履行该项履约义务或转让该项可明确区分商品所作的努力；

（2）企业在考虑了合同中的全部履约义务及支付条款后，将合同对价中的可变金额全部分摊至该项履约义务或该项可明确区分商品符合分摊交易价格的目标。

对于不满足上述条件的可变对价及可变对价的后续变动额，以及可变对价及其后续变动额中未满足上述条件的剩余部分，企业应当按照分摊交易价格的一般原则，将其分摊至合同中的各单项履约义务。对于已履行的履约义务，其分摊的可变对价后续变动额应当调整变动当期的收入。

【例题 11－3·多选题】 单独售价无法直接观察的，企业应当综合考虑其能够合理取得的全部相关信息，采用（　　）方法合理估计单独售价。（彬哥自编题目）

A. 市场调整法　　B. 成本加成法　　C. 余值法　　D. 计划成本法

【答案】 ABC

（五）履行每一单项履约义务时确认收入

企业应当在履行了合同中的履约义务，即客户取得相关商品控制权时确认收入。

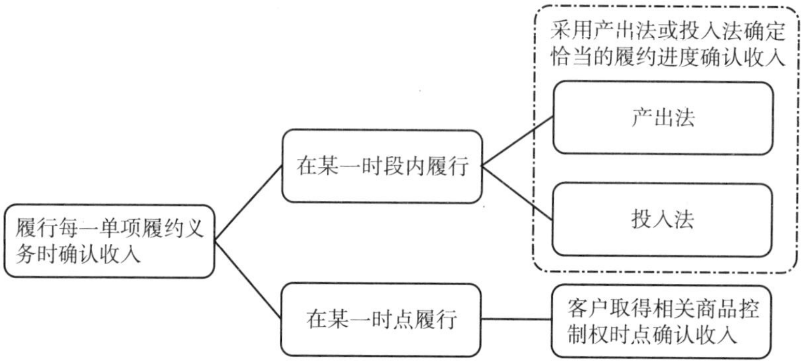

1. 在某一时段内履行的履约义务。

收入确认条件（满足条件之一）	（1）客户在企业履约的同时即取得并消耗企业履约所带来的经济利益。 （2）客户能够控制企业履约过程中在建的商品。企业在履约过程中创建的商品包括在产品、在建工程、尚未完成的研发项目、正在进行的服务等。 （3）企业履约过程中所产出的商品具有不可替代用途，且该企业在整个合同期间内有权就累计至今已完成的履约部分收取款项。（实质为同时满足两个条件："不可替代"＋"累计至今收款权"）	
收入确认方法（按照履约进度确认）	产出法	根据已转移给客户的商品对于客户的价值确定履约进度。 主要包括按照实际测量的完工进度、评估已实现的结果、已达到的里程碑、时间进度、已完工或交付的产品等
	投入法	根据企业履行履约义务的投入确定履约进度。 主要包括以投入的材料数量、花费的人工工时或机器工时、发生的成本和时间进度等
		调整的情形： （1）已发生的成本并未反映企业履行其履约义务的进度； （2）已发生的成本与企业履行其履约义务的进度不成比例
		采用成本法按照其成本金额确认收入，需要同时满足以下四个条件： （1）该商品不构成单项履约义务； （2）客户先取得该商品的控制权，之后才接受与之相关的服务； （3）该商品的成本占预计总成本的比重较大； （4）企业自第三方采购该商品，且未深入参与其设计和制造，对于包含该商品的履约义务而言，企业是主要责任人

对于每一项履约义务，企业只能采用一种方法来确定其履约进度，并加以一贯运用。对于类似情况下的类似履约义务，企业应当采用相同的方法确定履约进度。

同一合同下的合同资产和合同负债应当以净额列示，不同合同下的合同资产和合同负债不能互相抵销。

2. 在某一时点履行的履约义务。

当一项履约义务不属于在某一时段内履行的履约义务时，应当属于在某一时点履行的履约义务。对于在某一时点履行的履约义务，企业应当在客户取得相关商品控制权时点确认收入。在判断客户是否已取得商品控制权时，企业应当考虑下列迹象：

（1）企业就该商品享有现时收款权利，即客户就该商品负有现时付款义务。

（2）企业已将该商品的法定所有权转移给客户，即客户已拥有该商品的法定所有权。

（3）企业已将该商品实物转移给客户，即客户已实物占有该商品。但是，客户占有实物并不意味其就一定取得了该商品的控制权。

（4）企业已将该商品所有权上的主要风险和报酬转移给客户。

（5）客户已接受该商品。当商品通过客户的验收，通常表明客户已经接受该商品。

在对控制权转移时点五个迹象中，需要格外关注的有：

（1）委托代销安排。委托代销安排中，如果受托方并未在企业向其转让商品时获得商品的控制权，则不应在此时点确认收入。

（2）售后代管安排。售后代管商品是指企业与客户签订合同，企业已经就销售的商品向客户收款或取得收款权利，但是直到在未来某一时点将该商品交付给客户之前，企业仍然继续持有该商品实物的安排。

【例题 11-4·多选题】 对于在某一时点履行的履约义务，企业应当在客户取得相关商品控制权时确认收入。在判断客户是否取得商品的控制权时，企业应当考虑的迹象有（　　）。(2018 年)

A. 客户已接受该商品

B. 客户已拥有该商品的法定所有权

C. 客户就该商品负有现时付款义务

D. 客户已取得该商品所有权上的主要风险和报酬

【答案】 ABCD

【解析】 在判断客户是否已取得商品控制权时，企业应当考虑下列迹象：①企业就该商品享有现时收款权利，即客户就该商品负有现时付款义务；②企业已将该商品的法定所有权转移给客户，即客户已拥有该商品的法定所有权；③企业已将该商品实物转移给客户，即客户已实物占有该商品；④企业已将该商品所有权上的主要风险和报酬转移给客户，即客户已取得该商品所有权上的主要风险和报酬；⑤客户已接受该商品等。

【例题 11-5·简答题】 甲公司是一家投资控股型的上市公司，拥有从事各种不同业务的子公司。

（1）甲公司的子公司——乙公司是一家建筑承包商，专门从事办公楼设计和建造业务。2017 年 2 月 1 日，乙公司与戊公司签订办公楼建造合同，按照戊公司的特定要求在戊公司的土地上建造一栋办公楼。根据合同的约定，建造该办公楼的价格为 8 000 万元，乙公司分三次收取款项，分别于合同签订日、完工进度达到 50%、竣工验收日收取合同造价的 20%、30%、50%。

工程于 2017 年 2 月开工，预计于 2019 年年底完工。乙公司预计建造上述办公楼的总成本为

6 500 万元，截至 2017 年 12 月 31 日止，乙公司累计实际发生的成本为 3 900 万元。乙公司按照累计实际发生的成本占预计总成本的比例确定履约进度。

（2）甲公司的子公司——丙公司是一家生产通信设备的公司。2017 年 1 月 1 日，丙公司与己公司签订专利许可合同，许可己公司在 5 年内使用自己的专利技术生产 A 产品。根据合同的约定，丙公司每年向己公司收取由两部分金额组成的专利技术许可费：一是固定金额 200 万元，于每年年末收取；二是按照己公司 A 产品销售额的 2% 计算的提成，于第二年初收取。根据以往年度的经验和做法，丙公司可合理预期不会实施对该专利技术产生重大影响的活动。

2017 年 12 月 31 日，丙公司收到己公司支付的固定金额专利技术许可费 200 万元。2017 年度，己公司销售 A 产品 80 000 万元。

其他有关资料：

第一，本题涉及的合同均符合企业会计准则关于合同的定义，均经合同各方管理层批准。

第二，乙公司和丙公司估计，因向客户转让商品或提供服务而有权取得的对价很可能收回。

第三，不考虑货币时间价值，不考虑税费及其他因素。

要求：

（1）根据资料（1），判断乙公司的建造办公楼业务是属于在某一时段内履行履约义务还是属于在某一时点履行履约义务，并说明理由。

（2）根据资料（1），计算乙公司 2017 年度的合同履约进度，以及应确认的收入和成本。

（3）根据资料（2），判断丙公司授予知识产权许可属于在某一时段内履行履约义务还是属于在某一时点履行履约义务，并说明理由；说明丙公司按照己公司 A 产品销售额的 2% 收取的提成应于何时确认收入。

（4）根据资料（2），编制丙公司 2017 年度与收入确认相关的会计分录。

【答案】

（1）乙公司的建造办公楼业务属于在某一时段内履行的履约义务。

理由：按照戊公司的特定要求在戊公司的土地上建造一栋办公楼，满足“客户能够控制企业履约过程中在建的商品”。

（2）乙公司 2017 年度的合同履约进度 = 3 900 ÷ 6 500 × 100% = 60%

应确认的收入 = 8 000 × 60% = 4 800（万元）

确认的成本 = 6 500 × 60% = 3 900（万元）。

（3）丙公司授予知识产权许可属于在某一时点履行履约义务。

理由：丙公司可合理预期不会实施对该专利技术产生重大影响的活动，应当作为在某一时点履行的履约义务。企业向客户授予知识产权许可，并约定按客户实际销售或使用情况收取特许权使用费的，应当在下列两项孰晚的时点确认收入：①客户后续销售或使用行为实际发生；②企业履行相关履约义务。即丙公司按照己公司 A 产品销售额的 2% 收取的提成应于 2017 年 12 月 31 日确认收入。

（4）2017 年 1 月 1 日：

借：应收账款	1 000	
贷：主营业务收入		1 000

2017 年 12 月 31 日：

借：银行存款	200	

贷：应收账款　　200

借：应收账款　　（80 000×2%）1 600

贷：主营业务收入　　1 600

考点二：关于合同成本

（一）合同履约成本

不属于其他章节规范范围且同时满足下列条件的，应当作为合同履约成本确认为一项资产：

（1）该成本与一份当前或预期取得的合同直接相关。预期取得的合同应当是企业能够明确识别的合同。

（2）该成本增加了企业未来用于履行（或持续履行）履约义务的资源。

（3）该成本预期能够收回。

企业应当在下列支出发生时，将其计入当期损益：

（1）管理费用，除非这些费用明确由客户承担。

（2）非正常消耗的直接材料、直接人工和制造费用（或类似费用），这些支出为履行合同发生，但未反映在合同价格中。

（3）与履约义务中已履行（包括已全部履行或部分履行）部分相关的支出，即该支出与企业过去的履约活动相关。

（4）无法在尚未履行的与已履行（或已部分履行）的履约义务之间区分的相关支出。

（二）合同取得成本

企业为取得合同发生的增量成本预期能够收回的，应当作为合同取得成本确认为一项资产。

增量成本是指企业不取得合同就不会发生的成本，如销售佣金等。为简化实务操作，该资产摊销期限不超过一年的，可以在发生时计入当期损益。企业采用该简化处理方法的，应当对所有类似合同一致采用。

企业为取得合同发生的、除预期能够收回的增量成本之外的其他支出，应当在发生时计入当期损益，除非这些支出明确由客户承担。

企业因现有合同续约或发生合同变更需要支付的额外佣金，也属于为取得合同发生的增量成本。

【例题11－6·多选题】下列各项中，不应作为合同履约成本确认为资产的有（　　）。（2018年）

A. 为取得合同发生但预期能够收回的增量成本

B. 为组织和管理企业生产经营发生的但非由客户承担的管理费用

C. 为履行合同发生的非正常消耗的直接材料、直接人工和制造费用

D. 无法在尚未履行的与已履行（或已部分履行）的履约义务之间区分的支出

【答案】ABCD

【解析】选项A：应作为合同取得成本确认为一项资产；选项BCD：下列支出在实际发生时，应计入当期损益：（1）管理费用；（2）非正常消耗的直接材料、直接人工和制造费用（或类似费用），这些支出为履行合同发生，但未反应在合同价格中；（3）与履约义务中已履行部分相关

的支出；(4) 无法在尚未履行的与已履行的履约义务之间区分的相关支出。

（三）与合同履约成本和合同取得成本有关的资产的摊销和减值

1. 摊销。

确认为资产的合同履约成本和合同取得成本，企业应当采用与该资产相关的商品收入确认相同的基础（即在履约义务履行的时点或按照履约义务的履约进度）进行摊销，计入当期损益。

2. 减值。

发生减值的，应当计提减值准备，并确认为资产减值损失。

计提减值准备的金额 = 合同履约成本和合同取得成本的账面价值 -（企业因转让与该资产相关的商品预期能够取得的剩余对价 - 为转让该相关商品估计将要发生的成本）

以前期间减值的因素之后发生变化，允许减值转回，计入当期损益，转回后的资产账面价值不应超过原先假定不计提减值准备情形下的账面价值。

在确定合同履约成本和合同取得成本的减值损失时，企业应当首先确定其他资产减值损失；然后，再确定合同履约成本和合同取得成本的减值损失。

考点三：关于特定交易的会计处理

（一）附有销售退回条款的销售

对于附有销售退回条款的销售，企业应当在客户取得相关商品控制权时，按照因向客户转让商品而预期有权收取的对价金额（即不包含预期因销售退回将退还的金额）确认收入，按照预期因销售退回将退还的金额确认负债；同时，按照预期将退回商品转让时的账面价值，扣除收回该商品预计发生的成本（包括退回商品的价值减损）后的余额，确认为一项资产，按照所转让商品转让时的账面价值，扣除上述资产成本的净额结转成本。

借：应收账款（销售全部价款）
　　贷：主营业务收入（预计不会退回部分商品销售价格）
　　　　预计负债——应付退货款（预计退回部分商品销售价格）
　　　　应交税费——应交增值税（销项税额）
借：主营业务成本（预计不会退回部分商品成本）
　　应收退货成本（预计会退回部分商品成本）
　　贷：库存商品（发出货物的成本）

每一资产负债表日，企业应当重新估计未来销售退回情况，如有变化，应当作为会计估计变更进行会计处理。

【例题 11-7】甲公司为上市公司，2012 年 8 月 1 日，甲公司与丁公司签订产品销售合同。合同约定，甲公司向丁公司销售最近开发的 C 商品 1 000 件，售价（不含增值税）为 500 万元，增值税税额为 65 万元；甲公司于合同签订之日起 10 日内将所售 C 商品交付丁公司，丁公司于收到 C 商品当日支付全部款项；丁公司有权于收到 C 商品之日起 6 个月内无条件退还 C 商品，2012 年 8 月 5 日，甲公司将 1 000 件 C 商品交付丁公司并开出增值税专用发票，同时，收到丁公司支付的款项 565 万元。该批 C 商品的成本为 400 万元。由于 C 商品系初次销售，甲公司无法估计退货的可能性。

甲公司对上述交易或事项的会计处理为：

借：银行存款　　565

　　贷：主营业务收入　　500

　　　　应交税费——应交增值税（销项税额）　　65

借：主营业务成本　　400

　　贷：库存商品　　400

要求：判断甲公司的会计处理是否正确，并说明理由，如果甲公司的会计处理不正确，编制更正甲公司2012年度财务报表的会计分录（编制更正分录时可以使用报表项目）。（2013年改编）

【答案】该事项会计处理不正确。

理由：附有销售退回条件的商品，如不能根据以往经验确定退回可能性，发出商品时风险和报酬未发生转移，不应确认收入和结转成本。

更正分录：

借：营业收入（或主营业务收入）　　500

　　贷：预计负债——应付退货款　　500

借：应收退货成本　　400

　　贷：营业成本（或主营业务成本）　　400

（二）附有质量保证条款的销售

对于附有质量保证条款的销售，企业应当评估该质量保证是否在向客户保证所销售商品符合既定标准之外提供了一项单独的服务。

企业提供额外服务的，应当作为单项履约义务，按照本节进行会计处理；否则，质量保证责任应当按照或有事项的要求进行会计处理。

在评估质量保证是否在向客户保证所销售商品符合既定标准之外提供了一项单独的服务时，企业应当考虑该质量保证是否为法定要求、质量保证期限以及企业承诺履行任务的性质等因素。客户能够选择单独购买质量保证的，该质量保证构成单项履约义务。质量保证期限越长，越有可能是单项履约义务。

如果企业必须履行某些特定的任务以保证所转让的商品符合既定标准（如企业负责运输被客户退回的瑕疵商品），则这些特定的任务可能不构成单项履约义务。

企业提供的质量保证同时包含上述两类的，应当分别对其进行会计处理，无法合理区分的，应当将这两类质量保证一起作为单项履约义务进行会计处理。

（三）主要责任人和代理人

企业应当根据其在向客户转让商品前是否拥有对该商品的控制权，来判断其从事交易时的身份是主要责任人还是代理人。

	是否拥有对该商品的控制权	确认收入标准
主要责任人	企业在向客户转让商品前能够控制该商品	按照已收或应收对价总额确认收入
代理人	不能够控制	按照预期有权收取的佣金或手续费的金额确认收入（该金额应当按照已收或应收对价总额扣除应支付给其他相关方的价款后的净额，或者按照既定的佣金金额或比例等确定）

企业与客户订立的包含多项可明确区分商品的合同中，企业需要分别判断其在这些不同履约义务中的身份是主要责任人还是代理人。

（四）附有客户额外购买选择权的销售

对于附有客户额外购买选择权的销售，企业应当评估该选择权是否向客户提供了一项重大权利。企业提供重大权利的，应当作为单项履约义务，将交易价格分摊至该履约义务，在客户未来行使购买选择权取得相关商品控制权时，或者在该选择权失效时确认相应的收入。

判断标准：

在考虑授予客户的该项权利是否重大时，应根据其金额和性质综合进行判断。

（1）如果客户只有在订立了一项合同的前提下才取得了额外购买选择权，并且客户行使该选择权购买额外商品时，能够享受到超过该地区或该市场中其他同类客户所能够享有的折扣，则通常认为该选择权向客户提供了一项重大权利。

（2）当企业向客户提供了额外购买选择权，但客户在行使该选择权购买商品的价格反映了该商品的单独售价时，即使客户只能通过与企业订立特定合同才能获得该选择权，该选择权也不应被视为企业向该客户提供了一项重大权利。

【例题 11－8】甲公司为通信服务运营企业。2016 年 12 月发生的有关交易或事项如下：

（1）2016 年 12 月 1 日，甲公司推出预缴话费送手机活动，客户只需预缴话费 5 000 元，即可免费获得市价为 2 400 元、成本为 1 700 元的手机一部，并从参加活动的当月起未来 24 个月内每月享受价值 150 元、成本为 90 元的通话服务。当月共有 10 万名客户参与了此项活动。

（2）2016 年 11 月 30 日，甲公司董事会批准了管理层提出的客户忠诚度计划。具体为：客户在甲公司消费价值满 100 元的通话服务时，甲公司将在下月向其免费提供价值 10 元的通话服务。2016 年 12 月，客户消费了价值 10 000 万元的通话服务（假定均符合下月享受免费通话服务的条件），甲公司已收到相关款项。

（3）2016 年 12 月 25 日，甲公司与丙公司签订合同，甲公司以 2 000 万元的价格向丙公司销售市场价格为 2 200 万元、成本为 1 600 万元的通信设备一套。作为与该设备销售合同相关的“一揽子”合同的一部分，甲公司同时还与丙公司签订通信设备维护合同，约定甲公司将在未来 10 年内为丙公司的该套通信设备提供维护服务，每年收取固定维护费用 200 万元。类似维护服务的市场价格为每年 180 万元。销售的通信设备已发出，价款至年末尚未收到。

其他：本题不考虑货币时间价值以及税费等其他因素。

要求：根据资料（1）至（3），分别计算甲公司于 2016 年 12 月应确认的收入金额，说明理由，并编制与收入确认相关的会计分录（无须编制与成本结转相关的会计分录）。(2012 年)

【答案】

(1) 根据资料 (1)，每部手机公允价值为 2 400 元，每名客户享受通话服务的公允价值 = 150 × 24 = 3 600 (元)

2016 年 12 月手机应确认的收入 = 2 400 ÷ (2 400 + 3 600) × 5 000 × 10 = 20 000 (万元)

未来 24 个月话费应确认的收入 = 3 600 ÷ (2 400 + 3 600) × 5 000 × 10 = 30 000 (万元)

2016 年 12 月份话费应确认的收入 = 30 000 ÷ 24 = 1 250 (万元)

甲公司于 2016 年 12 月应确认的收入 = 20 000 + 1 250 = 21 250 (万元)

理由：当合同中包含两项或多项履约义务时，按照各单项履约义务所承诺商品的单独售价的相对比例，将交易价格分摊至各单项履约义务。甲公司应当将收到的话费在手机销售和通话服务之间按相对公允价值比例进行分配。手机销售收入应在当月一次性确认，话费服务收入在提供期间逐期确认。

借：银行存款	50 000	
贷：合同负债		28 750
主营业务收入		21 250

(2) 根据资料 (2)，甲公司应确认的收入金额 = 100 ÷ (100 + 10) × 10 000 = 9 090.91 (万元)

理由：甲公司取得 10 000 万元的收入，应当在当月提供服务和下月需要提供的免费服务之间按其公允价值的相对比例进行分配。

借：银行存款	10 000	
贷：主营业务收入		9 090.91
合同负债		909.09

(3) 根据资料 (3)，甲公司应确认的收入金额 = (2 000 + 200 × 10) × 2 200/(2 200 + 180 × 10) = 2 200 (万元)

理由：因设备销售和设备维护合同相关联，甲公司应当将两项合同总收入按照相关设备和服务的相对公允价值比例进行分配。

借：应收账款	2 200	
贷：主营业务收入		2 200

(五) 授予知识产权许可

处理原则：

企业向客户授予知识产权许可的，应当评估该知识产权许可是否构成单项履约义务。

(1) 对于不构成单项履约义务的，企业应当将该知识产权许可和其他商品一起作为一项履约义务进行会计处理。例如，企业向客户销售设备和相关软件，该软件与设备内嵌其中、不可分离。

(2) 对于构成单项履约义务的，应当进一步确定其是在某一时段内履行还是在某一时点履行，同时满足下列条件时，应当作为在某一时段内履行的履约义务确认相关收入；否则，应当作为在某一时点履行的履约义务确认相关收入：

(1) 合同要求或客户能够合理预期企业将从事对该项知识产权有重大影响的活动。

(2) 该活动对客户将产生有利或不利影响。

(3) 该活动不会导致向客户转让商品。

【提示】对于某一时点履行的履约义务，在履行该履约义务时确认收入。在客户能够使用某项知识产权许可并开始从中获益之前，企业不能对此类知识产权许可确认收入。例如企业授权客户在一定期间内使用软件，但是在企业向客户提供该软件的秘钥之前，客户都无法使用该软件，因此企业在向客户提供秘钥之前虽然已经授权，也不应确认收入。

（六）售后回购

售后回购是指企业销售商品的同时承诺或有权选择日后再将该商品（包括相同或几乎相同的商品，或以该商品作为组成部分的商品）购回的销售方式。

1. 企业因存在与客户的远期安排而负有回购义务或企业享有回购权利的。

	回购价格与原售价相比	会计处理
租赁交易	回购价格 < 原售价	按租赁交易进行会计处理
融资交易	回购价格≥原售价	在收到客户款项时确认金融负债，并将该款项和回购价格的差额在回购期间内确认为利息费用等

企业到期未行使回购权利的，应当在该回购权利到期时终止确认金融负债，同时确认收入。

2. 企业负有应客户要求回购商品义务的，应当在合同开始日评估客户是否具有行使该要求权的重大经济动因。

有重大经济动因，按售后回购规则来判断是租赁交易还是融资交易；无重大经济动因，按附有销售退回条款的销售交易进行会计处理。

（七）客户未行使的权利

（1）企业因销售商品向客户收取了预收款，应当将预收款确认为合同负债，待未来履行了相关履约义务时再将该负债转为收入。

（2）当企业预收款项无须退回，且客户可能会放弃其全部或部分合同权利时（如放弃储值卡的使用等），企业预期将有权获得与客户所放弃的合同权利相关的金额的，应当按照客户行使合同权利的模式按比例将上述金额确认为收入；

否则，企业只有在客户要求其履行剩余履约义务的可能性极低时，才能将上述负债的相关余额转为收入。

（3）如果有相关法律规定，企业所收取的与客户未行使权利相关的款项须转交给其他方的（例如法律规定无人认领的财产需上交政府），企业不应将其确认为收入。

（八）无须退回的初始费

企业在合同开始（或接近合同开始）日向客户收取的无须退回的初始费（如俱乐部的入会费等）应当计入交易价格。企业应当评估该初始费是否与向客户转让已承诺的商品相关。

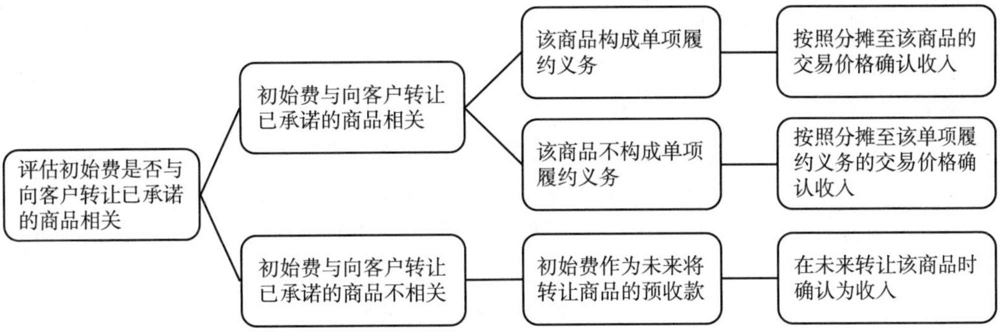

企业收取了无须退回的初始费且为履行合同应开展初始活动，但这些活动本身并没有向客户转让已承诺的商品的，该初始费与未来将转让的已承诺商品相关，应当在未来转让该商品时确认为收入，企业在确定履约进度时不应考虑这些初始活动。

【例题 11－9·单选题】 甲公司为设备安装企业。2013 年 10 月 1 日，甲公司接受一项设备安装任务，安装期为 4 个月，合同总收入 480 万元。至 2013 年 12 月 31 日，甲公司已预收合同价款 350 万元，实际发生安装费 200 万元，预计还将发生安装费 100 万元。假定该安装合同属于在某一时段内履行的履约义务，甲公司按实际发生的成本占预计总成本的比例确定履约进度。甲公司 2013 年该设备安装业务应确认的收入是（　　）万元。（2014 年）

A. 320　　B. 350　　C. 450　　D. 480

【答案】 A

【解析】 至 2013 年 12 月 31 日完工进度 = 200/(200 + 100) = 2/3，甲公司 2013 年该设备安装业务应确认的收入 = 480 × 2/3 = 320（万元）。

【例题 11－10·分析题】 为促进产品销售，甲公司于 2015 年推出贵金属产品以旧换新业务。甲公司在销售所生产的黄金饰品时，承诺客户在购买后任一时点，若购买的黄金饰品不存在不可修复的瑕疵，可按其原购买价格换取甲公司在售的其他黄金饰品。具体为，所换取新的黄金饰品价格低于原已售饰品价格的，差额不予退还；所换取新的黄金饰品价格高于原已售饰品价格的，客户补付差额。

2015 年，甲公司共销售上述承诺范围内的黄金饰品 2 300 件，收取价款 4 650 万元，相关产品成本为 3 700 万元。

该以旧换新政策系甲公司 2015 年首次推向市场，以前年度没有类似的销售政策。2015 年黄金的市场价格处于上升通道，根据有关预测数据，未来期间黄金价格会持续保持小幅上升趋势。

本题不考虑增值税等相关税费及其他因素。

要求：根据资料，说明甲公司 2015 年应进行的会计处理并说明理由（包括应如何确认及相关理由，并编制会计分录）。（2016 年改编）

【答案】 甲公司应当确认所售产品的收入并结转有关成本。

理由：甲公司对于 2015 年推出的以旧换新政策下的产品销售，考虑到有关价款已取得、未来黄金价格在上涨的趋势下，发生以旧换新的比率相对较小，同时有关销售政策规定未来换取新产品的价格不能低于原所售产品价格等因素，可以认为所售产品的风险和报酬发生转移，满足销售商品的收入确认条件。

借：现金（银行存款）　　4 650

　　贷：主营业务收入（营业收入）　　4 650

借：主营业务成本（营业成本）　　3 700
　　贷：库存商品　　3 700

【例题 11－11】2003 年，甲公司尝试通过中间商扩大 B 商品市场占有率。甲公司与中间商签订的合同分为两类。第一类合同约定：甲公司按照中间商要求发货，中间商按照甲公司确定的售价 3 000 元/件对外出售，双方按照实际售出数量定期结算，未售出商品由甲公司收回，中间商就所销售 B 商品收取提成费 200 元/件；该类合同下，甲公司 2003 年共发货 1 000 件，中间商实际售出 800 件。

第二类合同约定：甲公司按照中间商要求的时间和数量发货，甲公司出售给中间商的价格为 2 850 元/件，中间商对外出售的价格自行确定，未售出商品由中间商自行处理；该类合同下，甲公司 2003 年共向中间商发货 2 000 件。甲公司向中间商所发送 B 商品数量、质量均符合合同约定，成本为 2 400 元/件。甲公司对上述事项的会计处理如下：

借：应收账款　　870
　　贷：主营业务收入　　870
借：主营业务成本　　720
　　贷：库存商品　　720
借：销售费用　　20
　　贷：应付账款　　20

其他资料：假定本题中有关事项均具有重要性，不考虑相关税费及其他因素。

要求：判断甲公司的会计处理是否正确，并说明理由。对于甲公司会计处理不正确的，编制更正 2003 年度财务报表相关项目的会计分录。(2014 年改编)

【答案】甲公司对该事项的会计处理不完全正确。

理由：第一类合同本质上属于收取手续费方式的委托代销，在中间商未对外实际销售前，与所转移商品所有权相关的风险和报酬并未实际转移，不能确认收入，也不能确认与未售商品相关的手续费。

借：存货（发出商品）　　（200×0.24）48
　　贷：营业成本（主营业务成本）　　48
借：营业收入（主营业务收入）　　（200×0.3）60
　　贷：应收账款　　60
借：应付账款　　（200×0.02）4
　　贷：销售费用　　4

第二节　费　用

考点：期间费用

期间费用是指本期发生的，不能直接或间接归入某种产品成本的各项费用，包括管理费用、销售费用和财务费用。

（1）管理费用。管理费用是指企业为组织和管理企业生产经营所发生的管理费用。（项目很多，没必要单独记忆，遇到之后一般能判断）

（2）销售费用。销售费用是指企业在销售商品和材料、提供劳务的过程中发生的各种费用。

（3）财务费用。财务费用是指企业为筹集生产经营所需资金等而发生的筹资费用。

注意：研发费用反映企业进行研究与开发过程中发生的费用化支出。该项目应根据“管理费用”科目下的“研发费用”明细科目的发生额分析填列。

【例题11－12·单选题】甲公司为啤酒生产企业，为答谢长年经销其产品的代理商，经董事会批准，2016年为过去3年达到一定销量的代理商每家免费配备一台冰箱。按照甲公司与代理商的约定，冰箱的所有权归甲公司，在预计使用寿命内免费提供给代理商使用，甲公司不会收回，也不会转作他用。甲公司共向代理商提供冰箱500台，每台价值1万元，冰箱的预计使用寿命为5年，预计净残值为零。甲公司对本公司使用的同类固定资产采用年限平均法计提折旧。不考虑其他因素，下列各项关于甲公司免费提供给代理商使用冰箱会计处理的表述中，正确的是（　　）。（2017年）

A. 将冰箱的购置成本作为2016年销售费用计入当期利润表

B. 将冰箱的购置成本作为过去3年的销售费用，追溯调整以前年度损益

C. 作为本公司固定资产，按照年限平均法在预计使用年限内分期计提折旧

D. 因无法控制冰箱的实物及其使用，将冰箱的购置成本确认为无形资产并分5年摊销

【答案】A

【解析】甲公司将冰箱在预计使用寿命内免费提供给代理商使用，甲公司不会收回，也不会转作他用，虽然该冰箱所有权归甲公司所有，但实质上属于为过去销售的商家提供的奖励，并不能为企业带来未来的经济利益流入，从实质重于形式角度来看，甲公司不应当将其作为资产核算，而是在发生当期作为销售费用处理。

【例题11－13·分析题】为了进一步树立公司产品的品牌形象，甲公司2015年聘请专业设计机构为本公司品牌设计了卡通形象摆件，并自市场上订制后发放给经销商供展示使用。为此，甲公司支付设计机构200万元设计费，共订制黄金卡通形象摆件200件，订制价为每件3.5万元。2015年11月，甲公司收到所订制的摆件并在年底前派发给经销商。

甲公司在将订制的品牌卡通形象摆件发放给主要经销商供其摆放宣传后，按照双方约定，后续不论经销商是否退出，均不要求返还。

本题不考虑增值税等相关税费及其他因素。

要求：根据资料，说明甲公司2015年应进行的会计处理并说明理由（包括应如何确认及相关理由，并编制会计分录）。（2016年改编）

【答案】甲公司对于品牌形象设计费及卡通摆件订制费应当作为期间费用核算。

理由：对于发放给经销商的黄金卡通形象摆件和设计费，因其主要目的在于推广公司品牌，且无法证明未来期间可能带来经济利益流入，也不会自经销商收回，不符合资产的定义，应当作为当期销售费用核算。

借：销售费用　　200

　　贷：银行存款　　200

借：销售费用　　（200×3.5）700

　　贷：银行存款　　700

第三节 利 润

考点一：利润的构成

利润是指企业在一定会计期间的经营成果。利润包括收入减去费用后的净额、直接计入当期利润的利得和损失等。

直接计入当期利润的利得和损失，是指应当计入当期损益、会导致所有者权益发生增减变动的、与所有者投入资本或者向所有者分配利润无关的利得或者损失。

（一）营业利润

营业利润＝营业收入－营业成本－税金及附加－销售费用－管理费用
－研发费用－财务费用－资产减值损失－信用减值损失＋其他收益＋投资收益
（－投资损失）＋净敞口套期收益（－净敞口套期损失）＋公允价值变动收益
（－公允价值变动损失）＋资产处置收益（－资产处置损失）

（二）利润总额

利润总额＝营业利润＋营业外收入－营业外支出

其中：营业外收入是指企业发生的与其日常活动无直接关系的各项利得。营业外支出是指企业发生的与其日常活动无直接关系的各项损失。

（三）净利润

净利润＝利润总额－所得税费用

其中：所得税费用是指企业确认的应从当期利润总额中扣除的所得税费用。

【例题 11－14·单选题】甲公司2016年发生以下交易或事项：（1）销售商品确认收入24 000万元，结转成本19 000万元；（2）采用公允价值进行后续计量的投资性房地产取得出租收入2 800万元，2016年公允价值变动收益1 000万元；（3）固定资产报废损失600万元；（4）因持有以公允价值计量且其变动计入其他综合收益的金融资产确认公允价值变动收益800万元；（5）确认商誉减值损失2 000万元，不考虑其他因素，甲公司2016年营业利润是（　　）万元。（2017年）

A. 5 200　　B. 8 200　　C. 6 200　　D. 6 800

【答案】D

【解析】事项（1）营业收入24 000万元，营业成本19 000万元；事项（2）投资性房地产取得出租收入，属于营业收入（其他业务收入）2 800万元，投资性房地产公允价值变动收益计入公允价值变动收益1 000万元；事项（3）固定资产报废损失计入营业外支出，不影响营业利润；事项（4）以公允价值计量且其变动计入其他综合收益的金融资产确认公允价值变动收益计入其他综合收益，不影响营业利润；事项（5）商誉减值损失计入资产减值损失2 000万元。

营业利润＝24 000－19 000＋2 800＋1 000－2 000＝6 800（万元）

【例题 11－15·单选题】甲公司为增值税一般纳税人，2015年发生的有关交易或事项如下：

(1) 销售产品确认收入12 000万元，结转成本8 000万元，当期应缴纳的增值税为1 060万元，有关税金及附加为100万元；(2) 持有的划分为以公允价值计量且其变动计入当期损益的金融资产当期市价上升320万元，以公允价值计量且其变动计入其他综合收益的金融资产当期市价上升260万元；(3) 出售一项专利技术产生收益600万元；(4) 计提无形资产减值准备820万元。甲公司的金融资产在2015年末未对外出售，不考虑其他因素，甲公司2015年营业利润是（　　）万元。(2016年)

A. 3 400　　B. 3 420　　C. 3 760　　D. 4 000

【答案】 D

【解析】 事项（1）营业收入12 000万元，营业成本8 000万元，税金及附加100万元（注意，增值税不属于利润表中税金及附加这项）；事项（2）持有的划分为以公允价值计量且其变动计入当期损益的金融资产当期市价上升，属于公允价值变动收益320万元，以公允价值计量且其变动计入其他综合收益的金融资产当期市价上升计入其他综合收益，不影响营业利润；事项（3）出售一项专利技术收益，属于资产处置收益600万元；事项（4）计提无形资产减值准备，确认资产减值损失820万元。。

营业利润 = 12 000 - 8 000 - 100 + 320 + 600 - 820 = 4 000（万元）

【例题11-16·多选题】 企业因下列交易事项产生的损益中，不影响发生当期营业利润的是（　　）。(2014年)

A. 固定资产报废损失

B. 投资于银行理财产品取得的收益

C. 预计与当期产品销售相关的保修义务

D. 因授予高管人员股票期权在当期确认的费用

E. 自国家取得的重大自然灾害补助款

【答案】 AE

【解析】 选项A，固定资产报废损失计入营业外支出，不影响当期营业利润。选项B，投资取得的收益计入投资收益，影响当期营业利润。选项C，预计与当期产品销售相关的保修义务，计提时要计入销售费用，影响当期营业利润。选项D，因授予高管股票期权在当期确认的费用，计入管理费用，影响当期营业利润。选项E属于与日常活动无关的政府补助，计入营业外收入，不影响当期营业利润。

【例题11-17·多选题】 下列交易事项中，会影响企业当期营业利润的有（　　）。(2014年)

A. 出租无形资产取得租金收入　　B. 出售无形资产取得的收益

C. 使用寿命有限的管理用无形资产的摊销　　D. 使用寿命不确定的无形资产计提的减值

【答案】 ABCD

【解析】 选项A，出租无形资产取得租金收入，计入其他业务收入，影响营业利润；选项B，出售无形资产取得的处置收益计入资产处置收益，影响营业利润；选项C，使用寿命有限的管理用无形资产的摊销，摊销费用计入管理费用，影响营业利润；选项D，使用寿命不确定的无形资产计提的减值，计入资产减值损失，影响营业利润。

【例题11-18·单选题】 企业发生的下列交易或事项中，不会引起当年度营业利润发生变动的是（　　）。(2013年)

A. 对持有存货计提跌价准备

B. 自有专利技术报废产生损失

C. 持有的交易性金融资产公允价值上升

D. 处置某项联营企业投资产生投资损失

【答案】 B

【解析】 选项A，对存货计提跌价准备计入资产减值损失，影响营业利润；选项B，无形资产报废净损失计入营业外支出，不影响营业利润。但要注意，无形资产出售形成的净收益（损失）计入资产处置收益，影响营业利润；选项C，持有的交易性金融资产公允价值上升，计入公允价值变动损益，影响营业利润；选项D，处置联营企业投资损失计入投资收益，影响营业利润。

【例题11－19·多选题】 下列各项中，不应计入发生当期损益的有（　　）。(2012年)

A. 开发无形资产时发生的符合资本化条件的支出

B. 以公允价值计量的投资性房地产持有期间公允价值的变动

C. 经营用固定资产转为持有待售时其账面价值小于公允价值减去处置费用后的金额

D. 对联营企业投资的初始投资成本大于应享有投资时联营企业可辨认净资产公允价值的差额

【答案】 ACD

【解析】 选项A，开发无形资产时发生的符合资本化条件的支出应计入无形资产成本，不影响当期损益；选项B，以公允价值计量的投资性房地产持有期间公允价值的变动，计入公允价值变动损益，影响当期损益；选项C，经营用固定资产转为持有待售时其账面价值小于公允价值减去处置费用后的金额，不做账务处理；选项D，对联营企业投资的初始投资成本大于应享有投资时联营企业可辨认净资产公允价值的差额，不进行账务处理。

【例题11－20·多选题】 下列各项交易或事项中，不会影响发生当期营业利润的有（　　）。(2011年)

A. 计提应收账款坏账准备

B. 出售无形资产取得净收益

C. 开发无形资产时发生符合资本化条件的支出

D. 自营建造固定资产期间处置工程物资取得净收益

E. 以公允价值进行后续计量的投资性房地产持有期间公允价值发生变动

【答案】 CD

【解析】 选项A，计提坏账准备，影响营业利润；选项B，出售无形资产取得净收益，计入资产处置收益，影响营业利润；选项D，自营建造固定资产期间处置工程物资取得净收益，冲减在建工程成本，不影响营业利润；选项E，以公允价值进行后续计量的投资性房地产持有期间公允价值发生变动，计入公允价值变动损益，影响营业利润。

考点二：营业外收支的会计处理

（一）营业外收入

营业外收入是指企业发生的与其日常活动无直接关系的各项利得，主要包括非流动资产毁损报废利得、与企业日常活动无关的政府补助、盘盈利得、捐赠利得等。

但是，企业接受控股股东（或控股股东的子公司）或非控股股东（或非控股股东的子公司）直接或间接代为代偿、债务豁免或捐赠，经济实质表明属于控股股东或非控股股东对企业的资本性投入，应当将相关利得计入所有者权益（资本公积）。

（二）营业外支出

营业外支出是指企业发生的与其日常活动无直接关系的各项损失，主要包括非流动资产毁损报废损失、公益性捐赠支出、非常损失、盘亏损失等。

注意，营业外收入和营业外支出应当分别核算，不得相互抵销。

【例题11－21·单选题】2018年5月，甲公司以固定资产和无形资产作为对价，自独立第三方购买了丙公司80%股权。由于作为支付对价的固定资产和无形资产发生增值，甲公司产生大额应交企业所得税的义务。考虑到甲公司的母公司（乙公司）承诺为甲公司承担税费，甲公司没有计提因上述企业合并产生的相关税费。2018年12月，乙公司按照事先承诺为甲公司支付了因企业合并产生的相关税费。不考虑其他因素，对于上述乙公司为甲公司承担相关税费的事项，甲公司应当进行的会计处理是（　　）。(2019年)

A. 无须进行会计处理　　B. 确认费用，同时确认收入

C. 确认费用，同时确认所有者权益　　D. 不作账务处理，但在财务报表附注中披露

【答案】C

【解析】企业接受控股股东（或控股股东的子公司）或非控股股东（或非控股股东的子公司）直接或间接代为偿债、债务豁免或捐赠，经济实质表明属于控股股东或非控股股东对企业的资本性投入，应当将相关利得计入所有者权益（资本公积）。

【例题11－22】2014年6月24日，甲股份有限公司与其控股股东P公司签订债务重组协议，约定对甲公司的应付控股股东款项1 200万元，甲公司应于2014年6月30日前按照余额的80%偿付，余款予以豁免。

6月28日，甲公司偿付了上述有关债务。

9月20日，为帮助甲公司度过现金流危机，甲公司控股股东P公司代其支付了600万元的原材料采购款，并签订协议约定P公司对于所承担债务将不以任何方式要求甲公司偿还或增加持股比例。(其他有关资料：不考虑相关税费)

要求：编制甲公司2014年有关交易事项的会计分录。(2015年)

【答案】企业接受的捐赠和债务豁免，通常应当确认为当期收益。如果接受控股股东或控股股东的子公司直接或间接的捐赠，从经济实质上判断属于控股股东对企业的资本性投入，应作为权益性交易，相关利得计入所有者权益（资本公积）。

借：应付账款　　1 200
　　贷：银行存款　　($1200\times80\%$) 960
　　　　资本公积　　($1200\times20\%$) 240

借：应付账款　　600
　　贷：资本公积　　600

考点三：本年利润的会计处理

借：本年利润
　　贷：利润分配——未分配利润

第十二章　财务报告

考点一：资产和负债按流动性列报

（一）资产的流动性划分

资产满足下列条件之一的，应当归类为流动资产：

（1）预计在一个正常营业周期中变现、出售或耗用；

（2）主要为交易目的而持有，例如交易性金融资产。但是并非所有交易性金融资产均为流动资产，如自资产负债表日起超过一年到期且预期持有超过一年的以公允价值计量且其变动计入当期损益的非流动金融资产的期末账面价值，在“其他非流动金融资产”项目反映。

（3）预计在资产负债表日起一年内（含一年）变现；

（4）自资产负债表日起一年内，交换其他资产或清偿负债的能力不受限制的现金或现金等价物。

（二）负债的流动性划分

负债满足下列条件之一的，应当归类为流动负债：

（1）预计在一个正常营业周期中清偿；

（2）主要为交易目的而持有；

（3）自资产负债表日起一年内到期应予以清偿；

（4）企业无权自主地将清偿推迟至资产负债表日后一年以上。

【例题 12－1・多选题】甲公司 2015 年 12 月 31 日有关资产、负债如下：（1）划分为以公允价值计量且其变动计入其他综合收益金融资产核算的一项信托投资，期末公允价值 1 200 万元，合同到期日为 2017 年 2 月 5 日，在此之前不能变现；（2）因 2014 年销售产品形成到期日为 2016 年 8 月 20 日的长期应收款账面价值 3 200 万元；（3）应付供应商货款 4 000 万元，该货款已超过信用期，但尚未支付；（4）因被其他方提起诉讼计提的预计负债 1 800 万元，该诉讼预计 2016 年 3 月结案，如甲公司败诉，按惯例有关赔偿款需在法院做出判决之日起 60 日内支付。不考虑其他因素，甲公司 2015 年 12 月 31 日的资产负债表中，上述交易或事项产生的相关资产、负债应当作为流动性项目列报的有（　　）。（2016 年）

A. 应付账款 4 000 万元

B. 预计负债 1 800 万元

C. 长期应收款 3 200 万元

D. 以公允价值计量且其变动计入其他综合收益金融资产 1 200 万元

【答案】ABC

【解析】所谓流动性项目列报，最基本要求是为交易目的而持有的，预计在一个营业周期中变现、耗用、出售或清偿。事项（2）（3）（4）都可在一个营业周期内变现、耗用或清偿，故属于流动性项目。事项（1）因距离合同到期日实际超过1年，且到期前不能变现，因此应当作为非流动项目列报。

【例题12-2·多选题】甲公司2016年12月31日持有的下列资产、负债中，应当在2016年12月31日资产负债表中作为流动性项目列报的有（　　）。(2017年)

A. 持有但准备随时变现的商业银行非保本浮动收益理财产品

B. 预计将于2017年4月底前出售的划分为以公允价值计量且其变动计入其他综合收益的金融资产核算的股票投资

C. 作为衍生工具核算的2016年2月签订的到期日为2018年8月的外汇汇率互换合同

D. 当年支付定制生产用设备的预付款3 000万元，按照合同约定该设备预计交货期为2018年2月

【答案】AB

【解析】资产满足下列条件之一，应当归类为流动资产：(1) 预计在一个正常营业周期中变现、出售或耗用；(2) 主要为交易目的而持有（选项A)；(3) 预计在资产负债表日起一年内（含一年）变现（选项B)；(4) 自资产负债表日起一年内，交换其他资产或清偿负债的能力不受限制的现金或现金等价物。

负债满足下列条件之一，应当归类为流动负债：(1) 预计在一个正常营业周期中清偿；(2) 主要为交易目的而持有；(3) 预计在资产负债表日起一年内（含一年）到期应予以清偿；(4) 企业无权自主地将清偿推迟至资产负债表日后超过一年才予清偿。

选项C，该衍生工具2018年8月到期，其持有时间为20个月，超过12个月的衍生工具应当划分为非流动资产。选项D，该设备预计交货期为2018年2月，交货时间为14个月，该预付账款在一个正常营业周期内无法变现、出售或耗用应划分为非流动资产。

【例题12-3·多选题】2016年末，甲公司与财务报表列报相关的事项如下：(1) 购买的国债将于2017年5月到期；(2) 乙公司定制的产品尚在加工中，预计将于2018年10月完工并交付乙公司；(3) 甲公司发行的公司债券将于2017年11月到期兑付；(4) 向银行借入的款项将于2017年6月到期。但甲公司可以自主地将清偿义务展期至2019年6月，甲公司预计将展期两年清偿该债务。不考虑其他因素，下列各项关于甲公司上述事项于2016年末资产负债表列报的表述中，正确的有（　　）。

A. 为乙公司加工的定制产品作为流动资产列报

B. 甲公司可自主展期的银行借款作为流动负债列表

C. 甲公司持有的于2017年5月到期的国债作为流动资产列报

D. 甲公司发行的将于2017年11月到期兑付的债券作为流动负债列报

【答案】ACD

【解析】选项A，在判断流动资产、流动负债时所指的正常营业周期，是指企业从购买用于加工的资产起至实现现金或现金等价物的期间。因生产周期较长等导致正常营业周期长于一年的，尽管相关资产往往超过一年才变现、出售或耗用，仍应当划分为流动资产。题目告知2018年10月才能完工，表明生产周期长于一年，故这里也划分为流动资产。

选项 B，甲公司有意图且有能力自主展期一年以上，属于非流动负债。

选项 C，自资产负债表日起一年内变现的资产，属于流动资产。

选项 D，自资产负债表日起一年内清偿的负债，属于流动负债。

【例题 12-4·多选题】 2012 年 1 月 1 日，甲公司从乙公司购入一项无形资产，由于资金周转紧张，甲公司与乙公司协议以分期付款方式支付款项。协议约定：该无形资产作价 2 000 万元，甲公司每年年末付款 400 万元，分 5 年付清。假定银行同期贷款利率为 5%，5 年期 5% 利率的年金现值系数为 4.3295。不考虑其他因素，下列甲公司与该无形资产相关的会计处理中，正确的有（　　）。（2014 年 B 卷）

A. 2012 年财务费用增加 86.59 万元

B. 2013 年财务费用增加 70.92 万元

C. 2012 年 1 月 1 日确认无形资产 2 000 万元

D. 2012 年 12 月 31 日长期应付款列报为 2 000 万元

【答案】 AB

【解析】 2012 年 1 月 1 日确认无形资产 = 400 × 4.3295 = 1 731.8（万元），选项 C 错误；

2012 年财务费用增加 = 400 × 4.3295 × 5% = 1 731.8 × 5% = 86.59（万元），选项 A 正确；

2013 年财务费用增加 =（1 731.8 + 86.59 − 400）× 5% = 70.92（万元），选项 B 正确；

长期应付款的列报，长期应付款的列报金额 =（"长期应付款"科目余额 − 将于 1 年内支付的金额）−（"未确认融资费用"科目余额 − 将于 1 年内摊销的金额）。这里 12 月 31 日的期末余额是 2 000 − 400 = 1 600，然后未确认融资费用期末余额是 268.2 − 86.59 = 181.61，1 年内支付的金额是 400，年内摊销的金额是指 2013 年的未确认融资费用，即财务费用 70.92，则长期应付款列报 =（1 600 − 400）−（181.61 − 70.92）= 1 089.31，选项 D 错误。

【例题 12-5·多选题】 下列各项关于财务报表列报的表述中，正确的有（　　）。（2019 年）

A. 收到的扣缴个人所得税款手续费在利润表"其他收益"项目列报

B. 出售子公司产生的利得或损失在利润表"资产处置收益"项目列报

C. 收到与资产相关的政府补助在现金流量表中作为经营活动产生的现金流量列报

D. 自资产负债表日起超过 1 年到期且预期持有超过 1 年的以公允价值计量且其变动计入当期损益的金融资产在资产负债表中作为流动资产列报

【答案】 AC

【解析】 出售子公司产生的利得或损失在利润表"投资收益"项目列报，选项 B 错误；自资产负债表日起超过 1 年到期且预期持有超过 1 年的以公允价值计量且其变动计入当期损益的金融资产在资产负债表中作为"其他非流动金融资产"列报，选项 D 错误。

考点二：现金流量表

现金和现金等价物之间的互转不属于现金流量的内容。现金等价物通常包括投资日起三个月到期或清偿之国库券、商业本票等。

现金流量主要分为三类，即经营活动产生的现金流量、投资活动产生的现金流量和筹资活动产生的现金流量。

企业实际收到的政府补助，无论是与资产相关还是收益相关，均在"收到其他与经营活动有关的现金”填列。

将净利润调节为经营活动产生的现金流量净额时，调增、调减项目的确定原则：

（1）调整事项属于利润表项目，将不是与经营活动相关的调整回去：①使净利润减少，调增；②使净利润增加，调减。

（2）调整事项属于资产负债表项目：$-\Delta$经营性资产$+\Delta$经营性负债

【例题12－6·多选题】制造企业下列各项交易或事项所产生的现金流量中，属于现金流量表中“投资活动产生的现金流量”的有（　　）。(2012年)

A. 出售期初购买的债券收到的现金

B. 收到股权投资的现金股利

C. 支付的为购建固定资产发生的专门借款利息

D. 收到因自然灾害而报废固定资产的保险赔偿款

【答案】ABD

【解析】选项A，自己购入的债券然后出售，这属于投资活动的现金流入；选项B，股权投资属于投资活动；选项C，支付的为购建固定资产发生的专门借款利息，属于筹资活动产生的现金流量；选项D，自然灾害而报废固定资产的保险赔偿款，该补偿对应的是固定资产，而固定资产属于投资活动。

【例题12－7·单选题】甲公司为制造企业，2014年发生的现金流量：(1）将销售产生的应收账款申请保理，取得现金1 200万元，银行对于标的债券具有追索权；(2）购入的分类为以公允价值计量且其变动计入当期损益的金融资产核算的股票支付现金200万元；(3）收到保险公司对存货损毁的赔偿款120万元；(4）收到所得税返还款260万元；(5）向其他方提供劳务收取现金400万元。不考虑其他因素，甲公司2014年经营活动产生的现金流量净额是（　　）万元。(2015年)

A. 780　　B. 2 180　　C. 980　　D. 1 980

【答案】A

【解析】事项（1）属于筹资活动；事项（2）属于投资活动；其他事项属于经营活动，产生的经营活动现金流量净额＝120＋260＋400＝780（万元）。

【例题12－8·单选题】甲公司2015年发生以下有关现金流量：(1）当期销售产品收回现金36 000万元、以前期间销售产品本期收回现金20 000万元；(2）购买原材料支付现金16 000万元；(3）取得以前期间已交增值税返还款2 400万元；(4）将当期销售产品收到的工商银行承兑汇票贴现，取得现金8 000万元；(5）购买国债支付2 000万元。不考虑其他因素，甲公司2015年经营活动产生的现金流量净额是（　　）万元。(2016年)

A. 40 000　　B. 42 400　　C. 48 400　　D. 50 400

【答案】D

【解析】事项（1）（2）（3）（4）属于经营活动，事项（5）属于投资活动。经营活动产生的现金流量净额＝36 000＋20 000－16 000＋2 400＋8 000＝50 400（万元）。购买国债支付2 000万元，属于投资活动的支出。

【例题12－9·单选题】甲公司为制造业企业，2016年产生下列现金流量：(1）收到客户定购商品预付款3 000万元；(2）税务部门返还上年度增值税款600万元；(3）支付购入划分为以公允价值计量且其变动计入当期损益的金融资产核算的股票投资款1 200万元；(4）为补充营运资金不足，自股东取得经营性资金借款6 000万元；（5）因存货非正常毁损取得保险赔偿款2 800万元。不考虑其他因素，甲公司2016年经营活动现金流量净额是（　　）万元。（2017年）

A. 5 200　　B. 6 400　　C. 9 600　　D. 12 400

【答案】B

【解析】事项（1）属于经营活动中的销售商品；事项（2）属于经营活动中的收到的税费返还；事项（3）属于投资活动中支付投资现金；事项（4）属于筹资活动中取得借款；事项（5）属于经营活动中收到与经营活动相关的现金。故经营活动现金流量净额 = 3 000 + 600 + 2 800 = 6 400（万元）。

【例题12－10·多选题】甲公司2012年发生与现金流量相关的交易或事项包括：（1）以现金支付管理人员的现金股票增值权500万元，（2）办公楼换取股权交易中，以现金支付补价240万元；（3）销售A产品收到现金5 900万元；（4）支付经营租入固定资产租金300万元；（5）支付管理人员报销差旅费2万元；（6）发行权益性证券收到现金5 000万元。下列各项关于甲公司2012年现金流量相关的表述中，正确的有（　　）。（2013年）

A. 经营活动现金流出802万元　　B. 经营活动现金流入5 900万元

C. 投资活动现金流出540万元　　D. 筹资活动现金流入10 900万元

【答案】AB

【解析】事项（1）（4）（5）属于经营活动现金流出，经营活动现金流出 = 500 + 300 + 2 = 802（万元），选项A正确；事项（3）属于经营活动现金流入，经营活动现金流入为5 900万元，选项B正确；事项（2）属于投资活动现金流出，投资活动现金流出为240万元，选项C错误；事项（6）属于筹资活动现金流入，筹资活动现金流入为5 000万元，选项D错误。

【例题12－11·单选题】甲企业当期净利润为550万元，其中投资收益为80万元，与筹资活动有关的财务费用为70万元，资产负债表中的经营性应收项目增加60万元，经营性应付项目减少35万元，固定资产折旧为40万元。则该企业当期经营活动产生的现金流量净额为（　　）万元。

A. 350　　B. 550　　C. 420　　D. 485

【答案】D

【解析】该企业当期经营活动产生的现金流量净额 = 550 − 80 + 70 − 60 − 35 + 40 = 485（万元）。

考点三：分部报告

（一）报告分部的确定

1. 企业以经营分部为基础确定报告分部时，应满足下列三个条件之一：

（1）该分部的分部收入占所有分部收入合计的10%或者以上；

（2）该分部的分部利润（亏损）的绝对额，占所有盈利分部利润合计额或者所有亏损分部亏损合计额的绝对额两者中较大者的10%或者以上；

（3）该分部的分部资产占所有分部资产合计额的10%或者以上。

2. 报告分部的数量通常不超过10个。

3. 报告分部的对外交易收入合计额占合并总收入或企业总收入的比重未达到75%的，将其他的分部确定为报告分部（即使它们未满足规定的条件），直到该比重达到75%。

【例题 12－12·多选题】下列各经营分部中，应当确定为报告部分的有（　　）。（2015 年）

A. 该分部的分部费用占所有分部费用合计的 10% 或者以上

B. 该分部的分部利润（亏损）绝对额占所有盈利分部利润合计额或所有亏损分部亏损合计额较大者的 10% 或者以上

C. 该分部的分部收入占所有分部收入合计额的 10% 或者以上

D. 该分部的分部资产占所有分部资产合计额的 10% 或者以上

【答案】BCD

【解析】确认报告分部时，没有要求费用占所有分部费用合计的 10% 或者以上，选项 A 错误。

（二）分部信息的披露

企业在披露分部信息时，应当提供前期的比较数据。

披露时，报告分部信息总额与企业信息总额相衔接。（收入、利润、亏损、资产、负债）

【例题 12－13·多选题】下列各项关于分部报告的表述中，正确的有（　　）。（2012 年）

A. 企业应当以经营分部为基础确定报告分部

B. 企业披露分部信息时无须提供前期比较数据

C. 企业披露的报告分部收入总额应当与企业收入总额相衔接

D. 企业披露分部信息时应披露每一报告分部的利润总额及其组成项目的信息

【答案】ACD

【解析】选项 B，企业在披露分部信息时，为可比起见，应当提供前期的比较数据。

考点四：关联方披露

一方控制、共同控制另一方或对另一方施加重大影响，以及两方或两方以上同受一方控制、共同控制的，构成关联方。

企业与其所属企业集团的其他成员单位（包括母公司和子公司）的合营企业或联营企业、企业的合营企业与企业的其他合营企业或联营企业构成关联方。

不构成关联方关系的情况：

（1）与该企业发生日常往来的资金提供者、公用事业部门、政府部门和机构，以及因与该企业发生大量交易而存在经济依存关系的单个客户、供应商、特许商、经销商或代理商之间，不构成关联方关系。

（2）与该企业共同控制合营企业的合营者之间，通常不构成关联方关系。

（3）仅仅同受国家控制而不存在控制、共同控制或重大影响关系的企业，不构成关联方关系。

（4）受同一方重大影响的企业之间不构成关联方。

对外提供合并财务报表的，对于已经包括在合并范围内各企业之间的交易不予披露。

【例题 12－14·多选题】甲公司为集团母公司，其所控制的企业集团内部各公司发生的下列交易或事项中应当作为合并财务报表附注中关联方关系及其交易披露的有（　　）。（2017 年）

A. 甲公司支付给其总经理的薪酬

B. 甲公司的子公司（乙公司和丙公司）的有关信息

C. 甲公司为其子公司（丁公司）银行借款提供的连带责任担保

D. 乙公司将其生产的产品出售给丙公司作为固定资产使用，出售中产生高于成本 20% 的毛利

【答案】AB

【解析】选项ABCD都属于关联方关系及其交易。题目中问的是作为合并财务报表附注中，是否需要披露。对外提供合并财务报表的，对于已经包括在合并范围内各企业之间的交易不予披露。在合并报表中，企业集团是作为一个整体看待，企业集团内的交易已不属于交易，并且在编制财务报表时予以抵销。甲公司为其子公司借款提供的担保，在合并报表中，该笔借款就显示为甲公司的债务，故不需要披露，选项C错误；乙公司和丙公司都为甲公司的子公司，已经包括在合并范围内了，故不需要披露，选项D错误。

【例题12-15·单选题】下列各方中，不构成江海公司关联方的是（　　）。(2016年)

A. 江海公司外聘的财务顾问甲公司

B. 江海公司总经理之子控制的乙公司

C. 与江海公司同受集团公司（红光公司）控制的丙公司

D. 江海公司拥有15%股权并派出一名董事的被投资单位丁公司

【答案】A

【解析】江海公司与外聘的财务顾问甲公司只是发生业务往来，与控制、共同控制和重大影响均无关，故不形成关联方关系。

【例题12-16·单选题】不考虑其他因素，下列各项中，构成甲公司关联方的是（　　）。(2015年)

A. 与甲公司同受乙公司重大影响的长江公司

B. 与甲公司存在长期业务往来，为甲公司供应40%原材料的黄河公司

C. 与甲公司共同出资设立合营企业的合营方长城公司

D. 对甲公司具有重大影响的个人投资者丙全额出资设立的黄山公司

【答案】D

【解析】不构成关联方关系的情况主要有四种：

(1) 与该企业发生日常往来的企业，以及因与该企业发生大量交易而存在经济依存关系的单个客户或企业。(选项B)

(2) 与该企业共同控制合营企业的合营者之间。(选项C)

(3) 仅仅同受国家控制而不存在控制、共同控制或重大影响关系的企业。

(4) 受同一方重大影响的企业之间。(选项A)

【例题12-17·多选题】不考虑其他因素，下列单位和个人中属于甲公司关联方的有（　　）。(2014年)

A. 甲公司的联营企业

B. 甲公司控股股东的财务总监

C. 甲公司的合营企业的另一合营方

D. 持有甲公司5%股权且向甲公司派有一名董事的股东

【答案】ABD

【解析】选项C，与某企业共同控制某合营企业的合营者之间通常不构成关联方关系。

【例题12-18·单选题】在不考虑其他因素的情况下，下列各方中，不构成甲公司关联方的是（　　）。(2013年)

A. 甲公司母公司的财务总监

B. 甲公司总经理的儿子控制的乙公司

C. 与甲公司共同投资设立合营企业的合营方丙公司

D. 甲公司通过控股子公司间接拥有30%股权并能施加重大影响的丁公司

【答案】C

【解析】与该企业共同控制合营企业的合营者之间（选项C）不属于关联方。

考点五：中期财务报告

中期财务报告是指以中期为基础编制的财务报告。

中期财务报告至少应当包括以下部分：（1）资产负债表；（2）利润表；（3）现金流量表；（4）附注。

中期财务报告中各会计要素的确认和计量原则应当与年度财务报表所采用的原则相一致。

在编制中期财务报告时，中期会计计量应当以年初至本中期末为基础。

企业在中期不得随意变更会计政策，应采用与年度财务报告相一致的会计政策。

【例题12－19·多选题】下列各项关于中期财务报告编制的表述中，正确的有（　　）。（2017年）

A. 中期财务报告编制时采用的会计政策、会计估计应当与年度报告相同

B. 对于会计年度中不均衡发生的费用，在报告中期如尚未发生，应当基于年度水平预计中期金额后确认

C. 报告中期处置了合并报表范围内子公司的，中期财务报告中应当包括被处置子公司当期期初至处置日的相关信息

D. 编制中期财务报告时的重要性应当以至中期期末财务数据为依据，在估计年度财务数据的基础上确定

【答案】AC

【解析】中期财务报告，是指以中期为基础编制的财务报告。选项B，对于会计年度中不均衡发生的费用，应当在发生时予以确认和计量，在报告中期如尚未发生，不应当在中期财务报表中预计。选项D，编制中期财务报告时的重要性应当以至中期期末财务数据为依据，而不得以预计的年度财务数据为基础。

【例题12－20·单选题】下列有关编制中期财务报告的表述中，符合会计准则规定的是（　　）。（2015年）

A. 中期财务报告会计计量以本报告期期末为基础

B. 在报告中期内新增子公司的中期末不应将新增子公司纳入合并范围

C. 中期财务报告会计要素确认和计量原则应与本年度财务报告相一致

D. 中期财务报告的重要性判断应以预计的年度财务报告数据为基础

【答案】C

【解析】选项A，中期财务报告会计计量以本中期末数据为基础编制；选项B，在报告中期内新增子公司的中期末应将新增子公司纳入合并范围；选项D，中期财务报告的重要性判断应当以中期财务数据为基础，不得以预计的年度财务数据为基础。

第六编
特殊事项（一）

第十三章　或有事项

考点一：或有事项的确认条件

与或有事项有关的义务应当在同时符合以下三个条件时确认为预计负债进行确认和计量：

1. 该义务是企业承担的现时义务。

2. 履行该义务很可能（50%，95%］导致经济利益流出企业。

3. 该义务的金额能够可靠地计量。

企业通常不应当披露或有资产，但或有资产很可能会给企业带来经济利益的，应当披露其形成的原因、预计产生的财务影响等。

考点二：预计负债的计量

预计负债的初始入账价值是“最佳估计数”。

最佳估计数
- 连续范围、相等概率：取中间值（算术平均数）
- 其他情况
  - 单个项目：最可能发生的金额
  - 多个项目：按照各种可能结果及相关概率计算确定（加权平均数）

预期可获得补偿金额要获得确认，必须是基本确定能够收到时，才能确认为资产。

【例题 13－1·多选题】或有事项是一种不确定事项，其结果具有不确定性。下列各项中，属于或有事项直接形成的结果有（　　）。（2019 年）

A. 预计负债　　B. 或有负债

C. 或有资产　　D. 因预期获得补偿而确认的资产

【答案】ABC

【解析】选项 D，补偿金额只有在基本确定能够收到时，才能作为资产单独确认，确认的补偿金额不应超过所确认负债的账面价值。

【例题 13－2·单选题】下列关于或有事项的表述中，正确的是（　　）。（2015 年）

A. 或有事项形成的预计负债是企业承担的现时义务

B. 预计负债应当与其相关的或有资产相抵后在资产负债表中以净额列报

C. 或有事项形成的资产应当在很可能收到时予以确认

D. 预计负债计量应考虑与其相关的或有资产预期处置产生的损益

【答案】A

【解析】选项 B，预计负债应与其他负债项目区别开来，单独反映。且预计负债与或有资产不能相互抵销。选项 C，或有事项形成的资产应当在基本确定收到时才能确认为资产。选项

D，预计负债应当按照履行相关现时义务所需支出的最佳估计数进行初始计量。与其相关的或有资产，在基本确定能够收到时应当确认为一项资产，但不能作为预计负债金额的扣减，也就是预计负债计量不考虑与其相关或有资产预期处置产生的损益。

【例题 13－3·单选题】下列各项关于预计负债的表述中，正确的是（　　）。(2012 年)

A. 预计负债是企业承担的潜在义务

B. 与预计负债相关支出的时间或金额具有一定的不确定性

C. 预计负债计量应考虑未来期间相关资产预期处置利得的影响

D. 预计负债应按相关支出的最佳估计数减去基本确定能够收到的补偿后的净额计量

【答案】B

【解析】预计负债是企业承担的现时义务，选项 A 错误；企业应当考虑可能影响履行现时义务所需金额的相关未来事项，但不应考虑与其处置相关资产形成的利得，选项 C 错误；预计负债应当按照履行相关现时义务所需支出的最佳估计数进行初始计量，选项 D 错误。

考点三：或有事项的具体应用

<table>
<tr><td>未决诉讼或未决仲裁</td><td colspan="2">将诉讼费用和赔偿金额一起贷记“预计负债”，其中诉讼费用借记“管理费用”，而赔偿金额借记“营业外支出”</td></tr>
<tr><td>债务担保</td><td colspan="2">如果很可能要承担担保金额，且金额能够可靠计量，则要确认预计负债，同时借记“营业外支出”</td></tr>
<tr><td rowspan="3">产品质量保证</td><td>计提维修费用</td><td>借：销售费用——产品质量保证
　　贷：预计负债——产品质量保证</td></tr>
<tr><td>实际发生维修费用</td><td>借：预计负债——产品质量保证
　　贷：银行存款</td></tr>
<tr><td>质量保证期满，将该批产品的“预计负债”全部冲销掉</td><td>借：预计负债——产品质量费用
　　贷：销售费用——产品质量保证</td></tr>
<tr><td>亏损合同</td><td colspan="2">(1) 待执行合同本身并不是或有事项，只有待执行合同变成亏损合同的时候才是或有事项；
(2) 预计负债的计量应当反映退出该合同的最低净成本，即履行该合同的成本与未能履行该合同而发生的补偿或处罚两者之中的较低者；
(3) 如果与亏损合同相关的义务不需支付任何补偿即可撤销，不应确认预计负债；
(4) 合同存在标的资产的，应当对标的资产进行减值测试并按规定确认减值损失，如果预计亏损超过该减值损失，应将超过部分确认为预计负债；合同不存在标的资产的，亏损合同相关义务满足预计负债确认条件时，应当确认为预计负债</td></tr>
<tr><td>重组义务</td><td colspan="2">“遣散费用”和“将不再使用的厂房的租赁撤销费”计入重组义务，其他的不能计算在内</td></tr>
</table>

【例题 13－4·单选题】甲公司主营业务为自供电方购买电力后向实际用电方销售，其与供电方、实际用电方分别签订合同，价款分别结算；从供电方购入电力后，向实际用电方销售电力的价格由甲公司自行决定，并承担相关收款风险。2016 年 12 月，因实际用电方拖欠甲公司用电款，甲公司资金周转出现困难，相应地拖欠了供电方部分款项。为此，供电方提起仲裁，经裁决甲公司需支付电款 2 600 万元，该款项至 2016 年 12 月 31 日尚未支付。同时，甲公司起诉实际用电方，要求用电方支付用电款 3 200 万元，法院终审判决支持甲公司主张。甲公司在按照会计政策计提坏账准备后，该笔债权账面价值为 2 400 万元。不考虑其他因素，下列各项关于甲公司

针对上述交易会计处理的表述中，正确的是（　　）。（2017 年）

A. 资产负债表中列报应收债权 3 200 万元和应付债务 2 600 万元

B. 资产负债表中列报对供电方的负债 2 600 万元，但不列报应收债权 2 400 万元

C. 资产负债表中列报应收债权 2 400 万元和应付债务 2 600 万元

D. 资产负债表中应收和应付项目以抵销后的净额列报为 200 万元负债

【答案】 C

【解析】 因仲裁和诉讼均已判决，属于确定事项，甲公司应将应付供电方电款确认为负债，应付债务应根据总账科目余额填列，故列示金额为 2 600 万元。应将应收用电方的用电款确认为资产，应收债权应根据相关科目的期末余额，减去坏账准备科目中有关坏账准备期末余额后的金额填列，故应按照计提坏账准备之后的账面价值 2 400 万元列示于资产负债表中，选项 C 正确。

【例题 13－5·单选题】 2015 年 8 月 1 日，甲公司因出售质量不合格的产品而被乙公司起诉。至 2015 年 12 月 31 日，该起诉讼尚未判决，甲公司估计很可能承担该项违约赔偿责任，需要赔偿 200 万元的可能性为 70%，需要赔偿 100 万元的可能性为 30%。甲公司基本确定能够从直接责任人处追回 50 万元。2015 年 12 月 31 日，甲公司对该起诉讼应确认的预计负债的金额为（　　）万元。

A. 120　　B. 150　　C. 170　　D. 200

【答案】 D

【解析】 或有事项只涉及单个项目的，按最可能发生金额确定，最可能发生的赔偿支出金额为 200 万元；甲公司基本确定能够从直接责任人处追回 50 万元，应通过其他应收款核算，不能冲减预计负债的账面价值。

【例题 13－6·单选题】 2013 年 10 月 1 日甲公司与乙公司签订一份不可撤销的产品销售合同，约定在 2014 年 4 月 1 日以每件 5 万元的价格向乙公司销售 30 件 D 产品，乙公司于签订合同同时预付定金 30 万元，若甲公司违约须双倍返还定金。2013 年 12 月 31 日，甲公司尚未开始生产 D 产品，且库存中没有 D 产品所需原材料，因原材料价格突然上涨，预计生产每件 D 产品成本上升至 8 万元，则 2013 年年末甲公司应在资产负债表中确认预计负债的金额为（　　）万元。

A. 60　　B. 30　　C. 0　　D. 90

【答案】 B

【解析】 继续执行合同的损失 $=(8-5)\times30=90$（万元），不执行合同的损失：30 万元（不是 60 万元）。

这里之所以是 30 万元，因为 30 万元的定金已经支付是已经发生的，不执行合同还将发生 30 万元的损失，我们计算的是预计负债。

【例题 13－7·多选题】 根据《企业会计准则第 13 号——或有事项》的规定，重组是指企业制定和控制的，将显著改变企业组织形式、经营范围或经营方式的计划实施行为。下列各项中，符合上述重组定义的交易或事项有（　　）。（2018 年）

A. 出售企业的部分业务

B. 对组织结构进行较大调整

C. 为扩大业务链条购买数家子公司

D. 营业活动从一个国家迁移到其他国家

【答案】 ABD

【解析】属于重组的事项主要包括：(1) 出售或终止企业的部分业务；(2) 对企业的组织结构进行较大调整；(3) 关闭企业的部分营业场所，或将营业活动由一个国家或地区迁移到其他国家或地区。

【例题13-8】甲公司2017年度因合同纠纷被起诉。在编制2017年度财务报表时，该诉讼案件尚未判决，甲公司根据法律顾问的意见，按最可能发生的赔偿金额100万元确认了预计负债。2018年7月，法院判决甲公司赔偿原告150万元。甲公司决定接受判决，不再上诉。据此，甲公司2018年度相关会计处理如下：

借：以前年度损益调整　　50

　贷：预计负债　　50

其他资料：不考虑所得税等相关税费的影响，以及以前年度损益调整结转的会计处理。

要求：判断甲公司对该事项的会计处理是否正确，并说明理由；对于不正确的事项，编制更正有关会计处理的调整分录。(2014年改编)

【答案】甲公司对该事项的会计处理不正确。

理由：上年度对诉讼事项的预计负债是基于编制上年度财务报表时的情形所作的最佳估计，在没有明确证据表明上年度会计处理构成会计差错的情况下，有关差额应计入当期损益。

调整分录：

借：营业外支出　　50

　贷：以前年度损益调整　　50

【例题13-9】2013年7月，甲公司一未决诉讼结案。法院判定甲公司承担损失赔偿责任3 000万元。该诉讼事项源于2012年9月一竞争对手提起的对甲公司的起诉，编制2012年财务报表期间，甲公司曾在法院的调解下，与原告方达成初步和解意向。按照该意向，甲公司需向对方赔偿1 000万元，甲公司据此在2012年确认预计负债1 000万元。2013年，原告方控股股东变更，新的控股股东认为原调解决定不合理，不再承认原初步和解相关事项，向法院请求继续原法律程序。因实际结案时需赔偿金额与原确认预计负债的金额差别较大，甲公司于2013年进行了以下会计处理：

借：以前年度损益调整　　2 000

　贷：预计负债　　2 000

借：盈余公积　　200

　利润分配——未分配利润　　1 800

　贷：以前年度损益调整　　2 000

其他资料：假定本题中有关事项均具有重要性，不考虑相关税费及其他因素。

甲公司按照净利润的10%提取法定盈余公积，不提取任意盈余公积。

要求：判断甲公司的会计处理是否正确，并说明理由。对于甲公司会计处理不正确的，编制更正2013年度财务报表相关项目的会计分录。(2014年改编)

【答案】甲公司对该事项的会计处理不正确。

理由：甲公司在编制2012年财务报表时，按照当时初步和解意向确认的1 000万元预计负债不存在会计差错。后因情况变化导致法院判决结果与原预计金额存在的差额属于新发生情况，所承担损失的金额与原预计负债之间的差额应计入发生当期损益，不应追溯调整以前期间。

借：营业外支出　　2 000

贷：盈余公积　　　　　　　　　　　　　　　　　　　　(2 000 × 10%) 200

　　利润分配——未分配利润　　　　　　　　　　　　　　　　　　　1 800

【例题 13 - 10】甲公司为境内上市公司，2016 年度财务报表于 2017 年 2 月 28 日经董事会批准对外报出。2016 年，甲公司历年来对所售乙产品实行“三包”服务，根据产品质量保证条款，乙产品出售后两年内如发生质量问题，甲公司将负责免费维修、调换等（不包括非正常损坏）。甲公司 2016 年年初与“三包”服务相关的预计负债账面余额为 60 万元，当年实际发生“三包”服务费用 45 万元。

按照以往惯例，较小质量问题发生的维修等费用为当期销售乙产品收入总额的 0.5%；较大质量问题发生的维修等费用为当期销售乙产品收入总额的 2%；严重质量问题发生的维修等费用为当期销售乙产品收入总额的 1%。根据乙产品质量检测及历年发生“三包”服务等情况，甲公司预计 2016 年度销售乙产品中的 75% 不会发生质量问题，20% 可能发生较小质量问题，4% 可能发生较大质量问题，1% 可能发生严重质量问题。甲公司 2016 年销售乙产品收入总额为 50 000 万元。

其他资料：本题不考虑相关税费及其他因素。

要求：根据资料说明甲公司因“三包”服务预计负债时确定最佳估计数的原则；计算甲公司 2016 年应计提的产品“三包”服务费用，计算甲公司 2016 年 12 月 31 日与产品“三包”服务有关的预计负债年末余额。

【答案】

确认的原则：因销售的乙产品可能发生较小质量问题，可能发生较大质量问题，可能发生严重质量问题，也可能不发生质量问题，即存在多种可能性，属于涉及多个项目的情况，最佳估计数按照各种可能结果及相关概率计算确定。

2016 年应计提的产品“三包”服务费用 = 50 000 × (0.5% × 20% + 2% × 4% + 1% × 1% + 75% × 0) = 95（万元）。

2016 年 12 月 31 日与“三包”服务相关的预计负债的年末余额 = 60 + 95 − 45 = 110（万元）。

第十四章　非货币性资产交换

考点一：非货币性资产交换的认定

非货币性资产交换，是指企业主要以固定资产、无形资产、投资性房地产和长期股权投资等非货币性资产进行的交换。该交换不涉及或只涉及少量的货币性资产（即补价）。

货币性资产，是指企业持有的货币资金和收取固定或可确定金额的货币资金的权利，包括现金、银行存款、应收账款和应收票据等。

非货币性资产，是指货币性资产以外的资产。

非货币性资产交换也可以涉及补价，但是要求补价占整个资产交换金额的比例低于25%。

即补价÷整个资产交换金额<25%，则属于非货币性资产交换，若≥25%则不是。

具体来说：

（1）从收到补价的企业来看，收到的补价的公允价值占换出资产公允价值（或占换入资产公允价值和收到的货币性资产之和）的比例低于25%的，视为非货币性资产交换；

（2）从支付补价的企业来看，支付的货币性资产占换出资产公允价值与支付的补价的公允价值之和（或占换入资产公允价值）的比例低于25%的，视为非货币性资产交换。

考点二：非货币性资产交换不涉及的交易和事项

（1）换出资产为存货的非货币性资产交换。

企业以存货换取客户的非货币性资产（如固定资产、无形资产等）的，换出存货的企业相关的会计处理适用《企业会计准则第14号——收入》。

（2）在企业合并中取得的非货币性资产。

（3）交换的资产包括属于非货币性资产的金融资产。

（4）非货币性资产交换中涉及使用权资产或应收融资租赁款。

（5）非货币性资产交换构成权益性交易。

（6）其他不适用非货币性资产交换准则的交易和事项。

【例题14-1·单选题】对于甲公司而言，下列各项交易中，应当认定为非货币性资产交换进行会计处理的是（　　）。（2019年）

A. 甲公司以一批产成品交换乙公司一台汽车

B. 甲公司以所持丙公司20%股权交换乙公司一批原材料

C. 甲公司以应收T公司的2 200万元银行承兑汇票交换乙公司一栋办公用房

D. 甲公司以一项专利权交换乙公司一项非专利技术，并以银行存款收取补价，所收取补价占换出专利权公允价值的30%

【答案】B

【解析】企业以存货换取其他企业固定资产、无形资产等的，应适用《企业会计准则第14号收入》的规定进行会计处理，选项A错误；应收票据属于货币性资产，不能作为非货币性资产交换处理，选项C错误；补价的比例大于25%，不能作为非货币性资产交换处理，选项D错误。

【例题14-2·多选题】下列各项资产中，属于货币性资产的有（　　）。(2018年)

A. 银行存款

B. 预付款项

C. 应收票据

D. 以公允价值计量且其变动计入当期损益的金融资产

【答案】AC

【解析】货币性资产指企业持有的货币资金或将以固定或可确定的金额收取的资产。选项B和D，属于非货币性资产。

【例题14-3·多选题】甲公司为一影视视频平台提供商。2016年，甲公司以其拥有的一部电影的版权与乙公司一电视剧作品的版权交换，换出版权在甲公司的账面价值为800万元，换入版权在乙公司的账面价值为550万元，交易中未涉及货币资金收付。不考虑其他因素，下列各项关于甲公司对该交易的会计判断中，符合会计准则规定的有（　　）(2017年)

A. 该交易属于非货币性资产交换，应当按照非货币性资产交换的原则进行会计处理

B. 无法可靠确定换入、换出资产公允价值的情况下，应按照换出资产的账面价值并考虑相关税费作为换入资产的入账价值

C. 因换入、换出资产内容、制作方和演员团队、适应用户人群等并不相同，其带来的预期现金流量存在差异，该交易具有商业实质

D. 因换出电影版权处于使用期间内且无市场交易价格可供借鉴，在确定其公允价值时，可参考同类作品的对外版权许可收入并作适当调整

【答案】ABCD

【解析】选项A，该项交易中，因版权为非货币性资产，且未涉及货币资金收付，故属于非货币性资产交换；选项B，非货币资产交换中，若无法可靠确定换入、换出资产公允价值的情况下，应按照换出资产的账面价值并考虑相关税费作为换入资产的入账价值；选项C，判断是否具有商业实质的条件有两个（满足一个即可）：投入资产的未来现金流量在风险、时间分布或金额方面与换出资产显著不同；换入资产与换出资产的预计未来现金流量现值不同，且其差额与换入资产和换出资产的公允价值相比是重大的；选项D，公允价值视为能够可靠计量的情形有三种：换入资产或换出资产存在活跃市场；换入资产或换出资产不存在活跃市场、但同类或类似资产存在活跃市场；换入资产或换出资产不同类或类似资产可比交易市场、采用估值技术确定的公允价值满足一定条件。

【例题14-4·单选题】在不涉及补价的情况下，下列各项交易事项中，属于非货币性资产交换的是（　　）。(2015年)

A. 开出商业承兑汇票购买原材料

B. 以准备持有至到期的债券投资换入机器设备

C. 以拥有的联营企业股权投资换入专利技术

D. 以应收账款换入对联营企业投资

【答案】C

【解析】选项A、B和D中商业汇票、持有至到期的债权投资、应收账款都是货币性资产。

【例题14－5·多选题】甲公司为一家互联网视频播放经营企业，其为减少现金支出而进行的取得有关影视作品播放权的下列交易中，属于非货币性资产交换的有（　　）。(2016年)

A. 以应收商业承兑汇票换取其他方持有的乙版权

B. 以本公司持有的丙版权换取其他方持有的丁版权

C. 以将于3个月内到期的国债投资换取其他方持有的戊版权

D. 以对联营企业的股权投资换取其他方持有的己版权

【答案】BD

【解析】选项A和C，商业承兑汇票与3个月内到期的国债均属于货币性项目，不属于非货币性资产交换。

【例题14－6·多选题】不考虑其他因素，甲公司发生的下列交易事项中，应当按照非货币性资产交换进行会计处理的有（　　）。(2014年A卷)

A. 以对联营企业的股权投资换入一项投资性物业

B. 以本公司固定资产换入生产用专利技术

C. 以原准备持有至到期的债券投资换入固定资产

D. 定向发行本公司股票取得某被投资单位40%股权

【答案】AB

【解析】选项C，准备持有至到期的债券属于货币性资产，该交换不属于非货币性资产交换；选项D，发行的本公司股票属于公司所有者权益，不属于资产，该交换不属于非货币性资产交换。

【例题14－7·多选题】甲公司为房地产开发企业，下列各项具有商业实质的资产交换交易中，甲公司应当适用《企业会计准则第7号——非货币性资产交换》的规定进行会计处理的有（　　）。(2018年)

A. 甲公司以其持有的乙公司25%的股权换取丙公司的一块土地

B. 甲公司以其拥有的一项专利权换取戊公司的十台机器设备

C. 甲公司以其一栋已开发完成的商品房换取己公司的一块土地

D. 甲公司以其一套用于经营出租的公寓换取丁公司持有的无形资产

【答案】ABD

【解析】选项C，企业以存货换取其他企业固定资产、无形资产的，换出存货的企业适用《企业会计准则第14号——收入》的规定进行会计处理。甲公司的已开发完成的商品房，属于甲公司的存货。

【例题14－8·单选题】在不涉及补价的情况下，下列各项交易中，属于非货币性资产交换的是（）。(2012年AB卷)

A. 以应收票据换入投资性房地产

B. 以应收账款换入一块土地使用权

C. 以对联营企业的股权投资换入固定资产

D. 以长期股权投资换入持有至到期的债券投资

【答案】C

【解析】应收票据、应收账款与准备持有至到期的债券投资属于货币性项目，所以选择A、B

和D错误，选项C正确。

考点三：非货币性资产交换的会计处理（以公允价值计量）

非货币性资产交换同时满足下列条件的，应当以换出资产的公允价值，加上支付补价的公允价值（或减去收到补价的公允价值）和应支付的相关税费作为换入资产的成本，换出资产的公允价值与其账面价值的差额计入当期损益：（1）该项交换具有商业实质；（2）换入资产或换出资产的公允价值能够可靠地计量。

换出资产类别	会计处理
固定资产、无形资产	换出资产公允价值与其账面价值的差额，计入资产处置损益
长期股权投资	换出资产公允价值与其账面价值的差额，计入投资收益
投资性房地产	按换出资产公允价值或换入资产公允价值确认其他业务收入，按换出资产账面价值结转其他业务成本，二者之间的差额计入当期损益

【例题14-9·单选题】 经与乙公司商协，甲公司以固定资产换入乙公司的一项专利技术，交换日，甲公司换出固定资产的账面价值为560万元，公允价值为700万元（等于计税价格），甲公司将固定资产运抵乙公司并向乙公司开具了增值税专用发票，当日双方办妥了专利技术所有权转让手续。经评估确认，该专项技术的公允价值为900万元（不考虑专利技术增值税），甲公司另以银行存款支付乙公司109万元，甲、乙公司均为增值税一般纳税人，适用的增值税税率均为13%，不考虑其他因素，甲公司换入专利技术的入账价值是（　　）万元。(2015年)

A. 641　　B. 900　　C. 781　　D. 819

【答案】 B

【解析】 非货币资产交换，以公允价值计量并涉及补价的，作为支付补价的一方，换入资产的成本＝换出资产的公允价值＋支付的补价＋支付的相关税费。专利技术的入账价值＝换出固定资产的公允价值＋增值税销项税额＋支付的补价＝700＋700×13%＋109＝900（万元）。

考点四：非货币性资产交换的会计处理（以换出资产账面价值计量）

未同时满足准则规定的两个条件的非货币性资产交换，即（1）该项交换具有商业实质；（2）换入资产或换出资产的公允价值能够可靠地计量，应当以换出资产的账面价值，加上支付补价的账面价值（或减去收到补价的公允价值）和应支付的相关税费作为换入资产的成本，对于换出资产，终止确认时不确认损益。

第十五章 债务重组

考点一：债务重组的定义

债务重组是指在不改变交易对手方的情况下，经债权人和债务人协定或法院裁定，就清偿债务的时间、金额或方式等重新达成协议的交易。债务重组不强调在债务人发生财务困难的背景下进行，也不论债权人是否作出让步。

本准则适用于所有债务重组，但下列各项适用其他相关会计准则：

（1）债务重组涉及的债权和债务，是指《企业会计准则第 22 号——金融工具确认和计量》规范的债权和债务，不包括合同资产、合同负债、预计负债，但包括租赁应收款和租赁应付款。债务重组中涉及的债权、重组债权、债务、重组债务和其他金融工具的确认、计量和列报，适用《企业会计准则第 22 号——金融工具确认和计量》和《企业会计准则第 37 号——金融工具列报》等金融工具相关准则。

（2）通过债务重组形成企业合并的，适用《企业会计准则第 20 号——企业合并》。债务人以股权投资清偿债务或者将债务转为权益工具，可能对应导致债权人取得被投资单位或债务人控制权，在合并财务报表层面，债权人取得资产和负债的确认和计量适用《企业会计准则第 20 号——企业合并》的有关规定。

（3）债务重组构成权益性交易的，应当适用权益性交易的有关会计处理规定，债权人和债务人不确认构成权益性交易的债务重组相关损益。债务重组构成权益性交易的情形包括：①债权人直接或间接对债务人持股，或者债务人直接或间接对债权人持股，且持股方以股东身份进行债务重组；②债权人与债务人在债务重组前后均受同一方或相同的多方最终控制，且该债务重组的交易实质是债权人或债务人进行了权益性分配或接受了权益性投入。

考点二：债务人以资产清偿债务

1. 债权人的会计处理。

（1）受让金融资产。

按照金融工具的规定进行确认和计量，金融资产初始确认时应当以其公允价值计量，金融资产确认金额与债权终止确认日账面价值之间的差额，记入“投资收益”科目。

（2）受让非金融资产。

基本原则：以放弃债权的公允价值为基础进行计量 + 其他相关的税费

放弃债权的公允价值与账面价值之间的差额，记入“投资收益”科目。

（3）受让多项资产。

债权人受让多项非金融资产，或者包括金融资产、非金融资产在内的多项资产的，应当按照

《企业会计准则第22号——金融工具确认和计量》的规定确认和计量受让的金融资产；按照受让的金融资产以外的各项资产在债务重组合同生效日的公允价值比例，对放弃债权在合同生效日的公允价值扣除受让金融资产当日公允价值后的净额进行分配，并以此为基础分别确定各项资产的成本。（类似非货币性资产交换对换入多项资产成本的分摊方法）

2. 债务人的会计处理。

债务人应当在相关资产和所清偿债务符合终止确认条件时予以终止确认，所清偿债务账面价值与转让资产账面价值之间的差额计入当期损益。

（1）以金融资产清偿债务。

债务的账面价值与偿债金融资产账面价值的差额，记入“投资收益”科目。偿债金融资产已计提减值准备的，应结转已计提的减值准备。对于以分类为以公允价值计量且其变动计入其他综合收益的债务工具投资清偿债务的，之前计入其他综合收益的累计利得或损失应当从其他综合收益中转出，记入“投资收益”科目。对于以指定为以公允价值计量且其变动计入其他综合收益的非交易性权益工具投资清偿债务的，之前计入其他综合收益的累计利得或损失应当从其他综合收益中转出，记入“盈余公积”“利润分配——未分配利润”等科目。

（2）以非金融资产清偿债务。

债务人以单项或多项非金融资产清偿债务，或者以包括金融资产和非金融资产在内的多项资产清偿债务的，不需要区分资产处置损益和债务重组损益，也不需要区分不同资产的处置损益，而应将所清偿债务账面价值与转让资产账面价值之间的差额，记入“其他收益——债务重组收益”科目。偿债资产已计提减值准备的，应结转已计提的减值准备。

债务人以包含非金融资产的处置组清偿债务的，应当将所清偿债务和处置组中负债的账面价值之和，与处置组中资产的账面价值之间的差额，记入“其他收益——债务重组收益”科目。处置组所属的资产组或资产组组合按照《企业会计准则第8号——资产减值》分摊了企业合并中取得的商誉的，该处置组应当包含分摊至处置组的商誉。处置组中的资产已计提减值准备的，应结转已计提的减值准备。

债务人以日常活动产出的商品或服务清偿债务的，应当将所清偿债务账面价值与存货等相关资产账面价值之间的差额，记入“其他收益——债务重组收益”科目。（不再确认收入、结转成本）

【例题15－1·单选题】 甲公司应收乙公司货款2 000万元，甲公司将该应收款项分类为以摊余成本计量的金融资产。2019年6月10日，双方签订协议，约定以乙公司生产的100件A产品抵偿该债务。乙公司A产品售价为13万元/件（不含增值税），成本为10万元/件；6月20日，乙公司将抵债产品运抵甲公司并向甲公司开具了增值税专用发票。当日，甲公司应收款项的公允价值为1500万元，已计提坏账准备400万元。甲、乙公司均为增值税一般纳税人，适用的增值税税率均为13%。不考虑其他因素，甲公司应确认的投资收益是（　　）万元。（2014年A卷）

A. －100　　B. 100　　C. 131　　D. 600

【答案】 A

【解析】 甲公司应确认的投资收益＝1 500－（2 000－400）＝－100（万元）

分录是：

借：库存商品	13 310 000
应交税费——应交增值税（进项税额）	1 690 000

坏账准备　4 000 000
投资收益　1 000 000
贷：应收账款　20 000 000

【例题 15-2·多选题】 甲公司销售商品产生应收乙公司货款 1 200 万元，甲公司将其分类为以摊余成本计量的金融资产。因乙公司资金周转困难，逾期已 1 年以上尚未支付，甲公司就该债权计提了 240 万元坏账准备。2015 年 10 月 20 日，双方经协商达成以下协议：乙公司以其生产的 100 件丙产品和一项应收银行承兑汇票偿还所欠甲公司货款。乙公司用以偿债的丙产品单件成本为 5 万元，市场价格（不含增值税）为 8 万元，银行承兑汇票票面金额为 120 万元。10 月 25 日，甲公司收到乙公司的 100 件丙产品及银行承兑汇票，乙公司向甲公司开具了增值税专用发票，双方债权债务结清。当日，甲公司应收账款的公允价值为 900 万元。甲、乙公司均为增值税一般纳税人，适用的增值税税率均为 13%。不考虑其他因素，下列各项关于甲公司该项交易会计处理的表述中，正确的有（　　）。(2016 年)

A. 确认投资收益 60 万元　　B. 确认增值税进项税额 65 万元

C. 确认丙产品入账价值 676 万元　　D. 确认应收票据入账价值 120 万元

【答案】 CD

【解析】 甲公司应收账款账面价值为 1 200 - 240 = 960（万元），公允价值为 900 万元，确认投资收益为 900 - 960 = -60（万元），选项 A 错误；

收到乙公司开具的增值税专用发票上进项税额 = 800 × 0.13 = 104（万元），选项 B 错误；

收到的银行承兑汇票价值 = 120 万元，选项 D 正确；

甲公司收到的丙产品，以放弃的债权的公允价值为基础计量，故丙产品入账价值 = 900 - 104 - 120 = 676（万元），选项 C 正确；

会计分录为：

借：库存商品　676
　应交税费——应交增值税（进项税额）　104
　应收票据　120
　坏账准备　240
　投资收益　60
　贷：应收账款　1 200

【例题 15-3·单选题】 甲公司应付乙公司购货款 2 000 万元于 2019 年 6 月 20 日到期，甲将该应付账款分类为以摊余成本计量的金融负债，乙公司将该应收款项分类为以摊余成本计量的金融资产。甲公司无法按期支付，经与乙公司协商进行债务重组，甲公司以其生产的 200 件 A 产品抵偿该债务，甲公司将抵债产品运抵乙公司并开具增值税专用发票后，原 2 000 万元债务结清，甲公司 A 产品的市场价格为每件 7 万元（不含增值税价格），成本为每件 4 万元。6 月 30 日，甲公司将 A 产品运抵乙公司并开具增值税专用发票。甲、乙公司均为增值税一般纳税人，适用的增值税税率均为 13%。当日，乙公司应收账款的公允价值为 1 300 万元，乙公司在该项交易前已就该债权计提 500 万元坏账准备。不考虑其他因素，下列关于该交易或事项的会计处理中，正确的是（　　）。(2013 年)

A. 甲公司应确认其他收益 1 018 万元

B. 乙公司应确认相关损益 82 万元

C. 甲公司应确认收入 1 400 万元

D. 乙公司应确认取得 A 商品成本 1 400 万元

【答案】 A

【解析】 甲公司以存货偿还债务，其他收益 =2 000 −4 ×200 −7 ×200 ×13% =1 018（万元），选项 A 正确；

乙公司应收账款账面价值为 2 000 −500 =1 500（万元），公允价值为 1 300 万元，确认投资收益为 1 300 −1 500 = −200（万元），选项 B 错误；

甲公司不应确认收入，也不结转成本，选项 C 错误；

乙公司收到存货确认 A 商品成本 =1 300 −7 ×200 ×13% =1 118（万元），选项 D 错误。

【例题 15 −4 · 单选题】 甲公司与乙公司均为增值税一般纳税人。因乙公司无法偿还到期债务，经协商，甲公司同意乙公司以库存商品偿还其所欠全部债务。甲公司将该应收款项分类为以摊余成本计量的金融资产。债务重组日，甲公司应收乙公司债权的账面余额为 2 000 万元，已计提坏账准备 1 500 万元，公允价值为 500 万元；乙公司用于偿债商品的账面价值为 480 万元，公允价值为 600 万元，增值税税额为 78 万元。不考虑其他因素，甲公司因上述交易应确认的投资收益金额是（　　）万元。(2018 年)

A. 0　　B. −196　　C. 196　　D. 1 304

【答案】 A

【解析】 投资收益 =500 −（2 000 −1 500）=0（万元）。

甲公司会计处理如下：

借：库存商品	422	
应交税费——应交增值税（进项税额）	78	
坏账准备	1 500	
贷：应收账款		2 000

考点三：债务人将债务转为权益工具

1. 债权人的会计处理。

债务人将债务转为权益工具方式进行债务重组导致债权人将债权转为对联营企业或合营企业的权益性投资的，债权人应当按照“以资产清偿债务”的相关规定计量其初始投资成本。

债权人放弃债权的公允价值与账面价值之间的差额，应当记入“投资收益”。

2. 债务人的会计处理。

债务重组采用将债务转为权益工具方式进行的，债务人初始确认权益工具时，应当按照权益工具的公允价值计量，权益工具的公允价值不能可靠计量的，应当按照所清偿债务的公允价值计量。所清偿债务账面价值与权益工具确认金额之间的差额，记入“投资收益”科目。债务人因发行权益工具而支出的相关税费等，应当依次冲减资本溢价、盈余公积、未分配利润等。

考点四：修改其他条款

除第一项和第二项以外，采用调整债务本金、改变债务利息、变更还款期限等方式修改债权和债务的其他条款，形成重组债权和重组债务。

1. 债权人的会计处理。

债务重组采用以修改其他条款方式进行的，如果修改其他条款导致全部债权终止确认，债权人应当按照修改后的条款以公允价值初始计量新的金融资产，新金融资产的确认金额与债权终止确认日账面价值之间的差额，记入“投资收益”科目。

如果修改其他条款未导致债权终止确认，债权人应当根据其分类，继续以摊余成本、以公允价值计量且其变动计入其他综合收益，或者以公允价值计量且其变动计入当期损益进行后续计量。

对于修改或重新议定合同所产生的成本或费用，债权人应当调整修改后的重组债权的账面价值，并在修改后重组债权的剩余期限内摊销。

2. 债务人的会计处理。

债务重组采用修改其他条款方式进行的，如果修改其他条款导致债务终止确认，债务人应当按照公允价值计量重组债务，终止确认的债务账面价值与重组债务确认金额之间的差额，记入“投资收益”科目。

如果修改其他条款未导致债务终止确认，或者仅导致部分债务终止确认，对于未终止确认的部分债务，债务人应当根据其分类，继续以摊余成本、以公允价值计量且其变动计入当期损益或其他适当方法进行后续计量。

对于修改或重新议定合同所产生的成本或费用，债务人应当调整修改后的重组债务的账面价值，并在修改后重组债务的剩余期限内摊销。

第十六章　政府补助

考点一：政府补助概述

政府补助是企业从政府直接取得的资产，包括货币性资产和非货币性资产。

不涉及资产直接转移的经济支持不属于政府补助，比如政府与企业间的债务豁免，除税收返还外的税收优惠，如直接减征、免征、增加计税抵扣额、抵免部分税额等。

此外，还需说明的是，增值税出口退税不属于政府补助。

企业从政府取得的经济资源，如果与企业销售商品或提供劳务等活动密切相关，且来源于政府的经济资源是企业商品或服务的对价或者对价的组成部分，应当确认为收入，不属于政府补助范畴。

【例题 16－1·单选题】企业享受的下列税收优惠中，属于企业会计准则规定的政府补助的是（　　）。（2013 年）

A. 增值税出口退税

B. 免征的企业所得税

C. 减征的企业所得税

D. 先征后返的企业所得税

【答案】D

【解析】企业会计准则规定的政府补助是企业直接从政府得到资产，选项 B 和 C 免征和减征企业所得税不是直接得到资产；选项 A 增值税出口退税是企业原支付增值税的退回，也不属于政府补助。

考点二：与资产相关的政府补助

企业对某项经济业务选择总额法或净额法后，应当对该项业务一贯地运用该方法，不得随意变更。

<table>
<tr><td rowspan="3">总额法</td><td colspan="2">收到相关补助的时候，记入“递延收益”，在相关资产使用寿命内按合理、系统的方法分期记入损益。相关资产在使用寿命结束时或结束前被处置（出售、转让、报废），尚未分摊的递延收益余额应当一次性转入资产处置当期的资产处置损益或营业外收入，不再予以递延</td></tr>
<tr><td>收到补助款时</td><td>借：银行存款
　　贷：递延收益</td></tr>
<tr><td>分期记入损益</td><td>借：递延收益
　　贷：其他收益（日常）/营业外收入（非日常）</td></tr>
</table>

续表

总额法	资产被提前处置时	借：递延收益 　　贷：资产处置损益/营业外收入
净额法	将补助冲减相关资产账面价值	
	收到补助款时	借：银行存款 　　贷：递延收益
	购入资产时	借：固定资产 　　贷：银行存款 借：递延收益 　　贷：固定资产

考点三：与收益相关的政府补助

情况一：用于补偿以后期间的相关成本费用或损失的，在收到时应当先判断企业能否满足政府补助所附条件		
1. 如收到时暂时无法确定，则应当先作为预收款项记入“其他应付款”科目，待客观情况表明企业能够满足政府补助所附条件后，再确认递延收益	收到时	借：银行存款 　　贷：其他应付款
	能够确定时	借：其他应付款 　　贷：递延收益
	实际发生时	借：递延收益 　　贷：其他收益/管理费用/营业外收入
2. 如收到补助时，客观情况表明企业能够满足政府补助所附条件，则应当确认递延收益，并在确认相关费用或损失的期间，计入当期损益或冲减相关成本	收到时	借：银行存款 　　贷：递延收益
	实际发生时	借：递延收益 　　贷：其他收益/管理费用/营业外收入
情况二：用于补偿已发生的相关成本费用或损失的，直接计入当期损益或冲减相关成本		
1. 如果企业已经实际收到补助资金，应当按照实际收到的金额计入当期损益或冲减相关成本	借：银行存款 　　贷：其他收益/管理费用/营业外收入 或冲减相关成本 借：银行存款 　　贷：生产成本等	
2. 如果会计期末企业尚未收到补助资金，但企业在符合了相关政策规定后就获得了收款权，且与之相关的经济利益很可能流入企业，企业应当在这项补助成为应收款时按照应收的金额予以确认，记入当期损益或冲减相关成本	借：其他应收款 　　贷：其他收益/管理费用/营业外收入/生产成本	
3. 已计入损益的政府补助需要退回的，应当分别下列情况进行会计处理	（1）初始确认时冲减相关资产成本的，应当调整资产账面价值； （2）存在尚未摊销的递延收益的，冲减相关递延收益账面余额，超出部分计入当期损益； （3）属于其他情况的，直接计入当期损益	

【例题 16－2・单选题】 甲公司为从事集成电路设计和生产的高新技术企业，适用增值税先

征后返政策。2017年3月31日，甲公司收到政府即征即退的增值税税额300万元。2017年3月12日，甲公司收到当地财政部门为支持其购买实验设备拨付的款项120万元。2017年9月26日，甲公司购买不需要安装的实验设备一台并投入使用，实际成本为240万元，资金来源为财政拨款及借款。该设备采用年限平均法计提折旧，预计使用10年，预计无净残值。甲公司采用总额法核算政府补助。不考虑其他因素，甲公司2017年度因政府补助应确认的收益是（　　）万元。（2018年）

A. 300　　B. 303

C. 309　　D. 420

【答案】B

【解析】甲公司2017年度因政府补助应确认的收益 $=300+120\div10\times3\div12=303$（万元）。

【例题16-3·多选题】下列各项关于已确认的政府补助需要退回的会计处理的表述中，正确的有（　　）。（2019年）

A. 初始确认时冲减资产账面价值的，调整资产账面价值

B. 初始确认时计入其他收益或营业外收入的，直接计入当期损益

C. 初始确认时冲减相关成本费用或营业外支出的，直接计入当期损益

D. 初始确认时确认为递延收益的，冲减相关递延收益账面余额，超出部分计入当期损益

【答案】ABCD

【解析】已计入损益的政府补助需要退回的：（1）初始确认时冲减相关资产账面价值的，调整账面价值，A正确；（2）存在相关递延收益的，冲减递延收益账面余额，超出部分计入当期损益，D正确；（3）属于其他情况的，直接计入当期损益，BC正确。

【例题16-4】甲股份有限公司2014年7月20日，甲公司取得当地财政部门拨款1 860万元，用于资助甲公司2014年7月开始进行的一项研发项目的前期研究。该研发项目预计周期为两年，预计将发生研究支出3 000万元。项目自2014年7月开始启动，至年末累计发生研究支出1 500万元（全部以银行存款支付）。甲公司对该交易事项的会计处理如下：

借：银行存款　　1 860

　　贷：营业外收入　　1 860

借：研发支出——费用化支出　　1 500

　　贷：银行存款　　1 500

借：管理费用　　1 500

　　贷：研发支出——费用化支出　　1 500

要求：判断甲公司对该交易事项的会计处理是否正确，对于不正确的，说明理由并编制更正的会计分录（无须通过“以前年度损益调整”科目）。（2015年改编）

【答案】甲公司的会计处理不正确。

理由：研发项目的前期研究，也就是自行开发的无形资产的研究阶段，此阶段不资本化，不形成资本，故属于与收益相关的政府补助，用于弥补以后期间相关成本费用或亏损的，应该先确认为递延收益，然后在确认相关费用或损失的期间，计入当期损益或重建相关成本。

正确分录为：

借：银行存款　　1 860

　　贷：递延收益　　1 860

借：研发支出——费用化支出　1 500
　贷：银行存款　1 500
借：管理费用　1 500
　贷：研发支出——费用化支出　1 500
借：递延收益　（1 860×1 500÷3 000）930
　贷：管理费用　930
更正分录为：
借：营业外收入　1 860
　贷：递延收益　（1 860×1 500÷3 000）930
　　管理费用　930
或：
借：营业外收入　1 860
　贷：递延收益　1 860
借：递延收益　（1 860×1 500÷3 000）930
　贷：管理费用　930

【例题 16－5·分析题】 按照国家有关部门要求，2015 年甲公司代国家进口某贵金属 100 吨，每吨进口价为 1 200 万元，同时按照国家规定将有关进口贵金属按照进口价格的 80% 出售给政府指定的下游企业，收取货款 96 000 万元。

2015 年年末，甲公司收到国家有关部门按照上述进口商品的进销差价支付的补偿款 24 000 万元。

本题不考虑增值税等相关税费及其他因素。

要求：根据资料，说明甲公司 2015 年应进行的会计处理并说明理由（包括应如何确认及相关理由，并编制会计分录）。(2016 年改编)

【答案】 甲公司一方面应确认进口商品的收入并结转成本，同时对于自国家有关部门取得的 24 000 万元补偿款应确认为营业收入。

理由：甲公司自国家有关部门取得的补偿款并非属于政府向公司单方面的经济资源流入，其本质上是国家代下游客户向甲公司支付的购货款，不属于政府补助。

借：银行存款　96 000
　贷：主营业务收入（营业收入或其他业务收入）　96 000
借：银行存款　24 000
　贷：主营业务收入（营业收入或其他业务收入）　24 000

考点四：特定业务的会计处理

综合性项目政府补助	同时包含与资产相关的政府补助和与收益相关的政府补助，企业需要将其进行分解并分别进行会计处理；难以区分的，企业应当将其整体归类为与收益相关的政府补助进行处理

续表

财政贴息	财政将贴息资金拨付给贷款银行	第一种方法：以实际收到的借款金额作为入账价值，按照借款本金和该政策性优惠利率计算借款费用
		第二种方法：以借款的公允价值作为借款的入账价值并按照实际利率法计算借款费用，实际收到的金额与借款公允价值之间的差额确认为递延收益，递延收益在借款存续期内采用实际利率法摊销，冲减相关借款费用
	财政将贴息资金直接拨付给受益企业	由于企业先按照同类贷款市场利率向银行支付利息，所以实际收到的借款金额通常是借款的公允价值，企业应当将对应的贴息冲减相关借款费用

【例题16－6·综合题】 甲公司为境内上市公司。2017年，甲公司发生的有关交易或事项如下：

（1）甲公司生产并销售环保设备。该设备的生产成本为每台600万元，正常市场销售价格为每台780万元。甲公司按照国家确定的价格以每台500万元对外销售；同时，按照国家有关政策，每销售1台环保设备由政府给予甲公司补助250万元。2017年，甲公司销售环保设备20台，50%款项尚未收到，当年收到政府给予的环保设备销售补助款5 000万元。

（2）甲公司为采用新技术生产更先进的环保设备，于3月1日起对某条生产线进行更新改造。该生产线的原价为10 000万元，已计提折旧6 500万元，被替换设备的账面价值为300万元（假定无残值），新安装设备的购进成本为8 000万元；另发生其他相关费用1 200万元。相关支出均通过银行转账支付。生产线更新改造项目于12月25日达到预定可使用状态。

甲公司更新改造该生产线属于国家鼓励并给予补助的项目，经甲公司申请，于12月20日得到相关政府部门批准，可获得政府补助3 000万元。截至12月31日，补助款项尚未收到，但甲公司预计能够取得。

（3）5月10日，甲公司所在地地方政府为了引进人才，与甲公司签订了人才引进合作协议，该协议约定，当地政府将向甲公司提供1 500万元人才专用资金，用于甲公司引进与研发新能源汽车相关的技术人才，但甲公司必须承诺在当地注册并至少八年内注册地址不变且不搬离本地区，如八年内甲公司注册地变更或搬离本地区的，政府有权收回该补助资金。该资金分三年使用，每年500万元。每年年初，甲公司需向当地政府报送详细的人才引进及资金使用计划，每年11月末，由当地政府请中介机构评估甲公司人才引进是否符合年初计划并按规定的用途使用资金。甲公司预计八年内不会变更注册地，也不会撤离该地区，且承诺按规定使用资金。8月20日，甲公司收到当地政府提供的1 500万元补助资金。

其他：甲公司对于政府补助按净额法进行会计处理。本题不考虑增值税和相关税费以及其他因素。

要求：

（1）根据资料（1）说明甲公司收到政府的补助款的性质及应当如何进行会计处理，并说明理编制相关的会计分录。

（2）根据资料（2），说明甲公司获得政府的补助款的分类；编制与生产线更新改造相关的会计分录。

（3）根据资料（3），说明甲公司收到政府的补助款的分类；编制甲公司2017年相关的会计分录。

【答案】

（1）甲公司与政府发生的销售商品交易与日常活动相关，且来源于政府的经济资源是商品对价的组成部分，应当按照《企业会计准则第14号——收入》的规定进行会计处理。

借：银行存款　　（5 000＋500×20×50%）10 000

　　应收账款　　（500×20×50%）5 000

　　贷：主营业务收入　　（20×750）15 000

（2）甲公司获得政府的补助款用于补偿生产线更新改造发生的支出，属于与资产相关的政府补助。

借：在建工程　　3 500

　　累计折旧　　6 500

　　贷：固定资产　　10 000

借：营业外支出　　300

　　贷：在建工程　　300

借：在建工程　　9 200

　　贷：银行存款　　9 200

借：固定资产　　12 400

　　贷：在建工程　　12 400

因政府已经批准给予补助，但款项尚未收到，故：

借：其他应收款　　3 000

　　贷：递延收益　　3 000

借：递延收益　　3 000

　　贷：固定资产　　3 000

（3）公司获得政府的补助款用于补偿甲公司引进与研发新能源汽车相关的技术人才的支出，属于与收益相关的政府补助，且属于对以后期间发生支出的补偿。

借：银行存款　　1 500

　　贷：递延收益　　1 500

年末

借：递延收益　　500

　　贷：管理费用　　500

第十七章 借款费用

考点一：借款费用开始资本化的时点

借款费用只有在同时满足以下三个条件时才能开始资本化：

（1）“资产支出已经发生”：是指企业已经发生了支付现金、转移非现金资产或者承担带息债务形式所发生的支出。

（2）“借款费用已经发生”。

（3）“为使资产达到预定可使用或者可销售状态所必要的购建或者生产活动已经开始”。

考点二：借款费用暂停资本化的时间

暂停资本化期间发生的利息费用不能计入资产的成本，只能计入当期损益（财务费用）。

符合资本化条件的资产在购建或者生产过程中发生非正常中断，且中断时间连续超过3个月的，应当暂停借款费用的资本化。

【例题17－1·多选题】根据企业会计准则的规定，符合资本化条件的资产在购建或生产的过程中发生非正常中断且中断时间超过3个月的，应当暂停借款费用的资本化。下列各项中，属于资产购建或生产非正常中断的有（ ）。（2019年）

A. 因劳资纠纷导致工程停工

B. 因资金周转困难导致工程停工

C. 因发生安全事故被相关部门责令停工

D. 因工程用料未能及时供应导致工程停工

【答案】ABCD

【解析】非正常中断，通常是由于企业管理决策上的原因，或者其他不可预见的原因等导致的中断，选项ABCD均属于非正常中断的情形。

考点三：借款费用停止资本化的时点

如果资产的各部分分别完工，各部分可以独立使用或者对外销售，那可以分别停止资本化；如果必须全部完工才能使用的，那等全部完工后再停止资本化。

考点四：借款利息资本化金额的确定

专门借款：在资本化期间，不管使用没使用，所有专门借款都要资本化，未使用部分所取得的收益可扣减资本化金额。

一般借款：在资本化期间，用多少算多少。一般借款有多笔的，应使用加权平均利率计算利息资本化金额。

外币专门借款本金及其利息的汇兑差额，应当予以资本化。

【例题 17 - 2 · 多选题】 甲公司为境内上市公司，2016 年 3 月 10 日为筹集生产线建设资金，通过定向增发本公司股票募集资金 30 000 万元。生产线建造工程于 2016 年 4 月 1 日开工，至 2016 年 10 月 31 日，募集资金已全部投入。为补充资金缺口，11 月 1 日，甲公司以一般借款（甲公司仅有一笔年利率为 6% 的一般借款）补充生产线建设资金 3 000 万元。建造过程中，甲公司领用本公司原材料一批，成本为 1 000 万元。至 2016 年 12 月 31 日，该生产线建造工程仍在进行当中。不考虑税费及其他因素，下列各项甲公司 2016 年所发生的支出中，应当资本化并计入所建造生产线成本的有（　　）（2017 年）

A. 领用本公司原材料 1 000 万元

B. 使用募集资金支出 30 000 万元

C. 使用一般借款资金支出 3 000 万元

D. 2016 年 11 月 1 日至年底占用一般借款所发生的利息

【答案】 ABCD

【解析】 自行建造的固定资产，以实际发生的支出确定其成本，其领用的本公司原材料及投入的资金，都要计算在内，选项 ABC 正确；借款费用满足资本化的条件为：资产支出已经发生、借款费用已经发生、为使资产达到预定可使用或者可销售状态所必要的购建或者生产活动已经开始，根据题意可知，该生产线 4 月 1 日开工，11 月 1 日投入一般借款 1 000 万元，故一般性借款资本化开始的时间为 2016 年 11 月 1 日，至 12 月 31 日，该生产线仍在进行中，对于一般借款利息资本化金额，在资本化期间，用多少则算多少，选项 D 正确。

【例题 17 - 3 · 单选题】 2016 年 3 月 5 日，甲公司开工建设一栋办公大楼，工期预计为 1.5 年。为筹集办公大楼后续建设所需要的资金，甲公司于 2017 年 1 月 1 日向银行专门借款 5 000 万元，借款期限为 2 年，年利率为 7%（与实际利率相同），借款利息按年支付。2017 年 4 月 1 日、2017 年 6 月 1 日、2017 年 9 月 1 日，甲公司使用专门借款分别支付工程进度款 2 000 万元、1 500 万元、1 500 万元。借款资金闲置期间专门用于短期理财，共获得理财收益 60 万元。办公大楼于 2017 年 10 月 1 日完工，达到预定可使用状态。不考虑其他因素，甲公司 2017 年度应予资本化的利息金额是（　　）万元。（2018 年）

A. 202.50　　　B. 262.50　　　C. 290.00　　　D. 350.00

【答案】 A

【解析】 借款费用只有在同时满足以下三个条件时才能开始资本化：（1）资产支出已经发生（开工为 2016 年，故资产支出在 2016 年已经开始）；（2）借款费用已经发生（2017 年 1 月 1 日）；（3）为使资产达到预定可使用或者可销售状态所必要的构建或者生产活动已经开始（2016 年 3 月 5 日）。

故甲公司借款费用资本化的时间为 2017 年 1 月 1 日至 2017 年 10 月 1 日，甲公司 2017 年度应预计资本化的利息金额 $=5\ 000\times7\%\times9\div12-60=202.5$（万元）。

【例题 17 - 4 · 综合题】 甲股份有限公司（以下简称"甲公司"）拟自建一条生产线，与该生产线建造相关的情况如下：

（1）2012 年 1 月 2 日，甲公司发行公司债券，专门筹集生产线建设资金。该公司债券为 3 年期分期付息、到期还本债券，面值为 3 000 万元，票面年利率为 5%，发行价格为 3 069.75 万元，另在发行过程中支付中介机构佣金150万元，实际募集资金净额为2 919.75万元。

(2) 甲公司除上述所发行公司债券外，还存在两笔流动资金借款：一笔于2011年10月1日借入，本金为2 000万元，年利率为6%，期限2年；另一笔于2011年12月1日借入，本金为3 000万元，年利率为7%，期限18个月。

(3) 生产线建造工程于2012年1月2日开工，采用外包方式进行，预计工期1年。有关建造支出情况如下：

2012年1月2日，支付建造商1 000万元；

2012年5月1日，支付建造商1 600万元；

2012年8月1日，支付建造商1 400万元。

(4) 2012年9月1日，生产线建造工程出现人员伤亡事故，被当地安监部门责令停工整改，至2012年12月底整改完毕。工程于2013年1月1日恢复建造，当日向建造商支付工程款1 200万元。建造工程于2013年3月31日完成，并经有关部门验收，试生产出合格产品。为帮助职工正确操作使用新建生产线，甲公司自2013年3月31日起对一线员工进行培训，至4月30日结束，共发生培训费用120万元。该生产线自2013年5月1日起实际投入使用。

(5) 甲公司将闲置专门借款资金投资固定收益理财产品，月收益率为0.5%。

其他资料：

本题中不考虑所得税等相关税费以及其他因素。

(P/A，5%，3) =2.7232，(P/A，6%，3) =2.6730，(P/A，7%，3) =2.6243

(P/F，5%，3) =0.8638，(P/F，6%，3) =0.8396，(P/F，7%，3) =0.8163

要求：

(1) 确定甲公司生产线建造工程借款费用的资本化期间，并说明理由。

(2) 计算甲公司发行公司债券的实际利率，并对发行债券进行会计处理。

(3) 分别计算甲公司2012年专门借款、一般借款利息应予资本化的金额，并对生产线建造工程进行会计处理。

(4) 分别计算甲公司2013年专门借款、一般借款利息应予资本化的金额，并对生产线建造工程进行会计处理，编制结转固定资产的会计分录。(2014年)

【答案】

(1)

资本化期间为：2012年1月2日至2012年8月31日；2013年1月1日至2013年3月31日。(9月1日至12月31日期间暂停)

理由：2012年1月2日资产支出发生、借款费用发生、有关建造活动开始，符合借款费用开始资本化的条件，9月1日至12月31日期间因事故停工且连续超过3个月，应暂停资本化；2013年3月31日试生产出合格产品，已达到预定可使用状态，应停止借款费用资本化。

(2)

通过内插法确定实际利率为6%。当i =6%时，应付债券的初始入账金额 =3 000 ×5% ×(P/A，6%，3) +3 000 ×(P/F，6%，3) =3 000 ×0.8396 +150 ×2.673 =2 919.75 (万元)。

借：银行存款	2 919.75	
应付债券——利息调整	80.25	
贷：应付债券——面值		3 000

(3)

应付债券2012年利息 =2 919.75 ×6% =175.19（万元）

2012年用于短期投资取得的收益 =(2 919.75 -1 000) ×0.5% ×4 +(2 919.75 -1 000 -1 600) ×0.5% ×3 =43.19（万元）

专门借款利息资本化金额 =2 919.75 ×6% ×8 ÷12 -43.19 =73.60（万元）

一般借款平均资本化率 =(2 000 ×6% +3 000 ×7%) ÷(2 000 +3 000) =6.6%

至2012年8月1日，发生建造支出 =1 000 +1 600 +1 400 =4 000（万元），1月1日和5月1日发生的支出占用的均为专门借款，8月1日支出占用一般借款 =4 000 -2 919.75 =1 080.25（万元）

一般借款利息资本化金额 =1 080.25 ×6.6% ×1 ÷12 =5.94（万元）

借：在建工程　　4 000

　　贷：银行存款　　4 000

2012年一般借款利息费用总额 =2 000 ×6% +3 000 ×7% =330（万元）

2012年一般借款利息费用化金额 =330 -5.94 =324.06（万元）

2012年专门借款暂停资本化期间利息费用总额 =2 919.75 ×6% ×4 ÷12 =58.4（万元）

分录：

借：在建工程　　(73.60 +5.94) 79.54

　　财务费用　　(58.4 +324.06) 382.46

　　应收利息　　43.19

　　贷：应付利息　　(3 000 ×5% +330) 480

　　　　应付债券——利息调整　　(175.19 -3 000 ×5%) 25.19

(4)

2013年专门借款利息资本化金额 =(2 919.75 +25.19) ×6% ×3/12 =44.17（万元）

2013年第一季度一般借款平均资本化率 =(2 000 ×6% ×3/12 +3 000 ×7% ×3/12)/(2 000 +3 000) =1.65%；第一季度一般借款累计支出加权平均数 =1 000 +1 600 +1 400 +1 200 -2 919.75 =2 280.25（万元）

第一季度一般借款利息支出资本化金额 =2 280.25 ×1.65% =37.62（万元）

2013年借款费用资本化金额 =44.17 +37.62 =81.79（万元）

借：在建工程　　1 200

　　贷：银行存款　　1 200

借：在建工程　　44.17

　　贷：应付利息　　(3 000 ×5% ×3/12) 37.50

　　　　应付债券——利息调整　　6.67

借：在建工程　　37.62

　　财务费用　　[(2 000 ×6% +3 000 ×7%) ×3/12 -37.62] 44.88

　　贷：应付利息　　[(2 000 ×6% +3 000 ×7%) ×3/12] 82.5

借：固定资产　　5 361.33

　　贷：在建工程　　5 361.33

固定资产 =4 000 +79.54 +1 200 +44.17 +37.62 =5 361.33（万元）

【例题17－5】 甲股份有限公司2014年8月26日，甲公司与其全体股东协商，由各股东按照持股比例同比例增资的方式解决生产线建设资金需求。8月30日，股东新增投入甲公司资金3 200万元，甲公司将该部分资金存入银行存款账户。9月1日，生产线工程开工建设，并于当日及12月1日分别支付建造承包商工程款600万元和800万元。甲公司将尚未动用增资款项投资货币市场，月收益率0.4%。甲公司对该交易事项的会计处理如下：

借：银行存款　　3 200
　　贷：资本公积　　3 200
借：在建工程　　1 400
　　贷：银行存款　　1 400
借：银行存款　　38.40
　　贷：在建工程　　38.40

其中，冲减在建工程的金额＝2 600×0.4%×3＋1 800×0.4%×1＝38.40（万元）。

其他有关资料：（P/A，5%，5）＝4.3295，（P/A，6%，5）＝4.2124，（P/F，5%，5）＝0.7835；（P/F，6%，5）＝0.7473。不考虑相关税费及其他因素。

要求：判断甲公司对有关交易事项的会计处理是否正确，对于不正确的，说明理由并编制更正的会计分录（无须通过“以前年度损益调整”科目）。(2015年改编)

【答案】 甲公司的会计处理不正确。

理由：企业采用增资的方式筹集资金，此时应该是将取得的现金增加股本金额，同时闲置资金的利息收益应该冲减财务费用。只有企业专门借款中，闲置资金的利息收益可以冲减在建成本。

正确分录为：

借：银行存款　　3 200
　　贷：股本　　3 200
借：在建工程　　（600＋800）1 400
　　贷：银行存款　　1 400
借：银行存款　　38.40
　　贷：财务费用　　38.40

更正分录为：

借：资本公积　　3 200
　　贷：股本　　3 200
借：在建工程　　38.40
　　贷：财务费用　　38.40

第十八章　股份支付

考点一：股份支付工具的主要类型

1. 以权益结算的股份支付。

指企业为获取服务而以股份或其他权益工具作为对价进行结算的交易。通常包括限制性股票和股票期权。

2. 以现金结算的股份支付。

指企业为获取服务而承担的以股份或其他权益工具为基础计算的交付现金或其他资产的义务的交易。通常包括模拟股票和现金股票增值权。

考点二：股份支付的确认和计量

日期	以权益结算的股份支付	以现金结算的股份支付
授予日	不作会计处理	不作会计处理
等待期内每个资产负债表日	按照“授予日”的公允价值进行计量 借：管理费用 　　贷：资本公积——其他资本公积	按照等待期的资产负债表日公允价值进行计量 借：管理费用 　　贷：应付职工薪酬
行权日	借：银行存款 　　资本公积——其他资本公积 　　贷：股本（为股份支付发行的股份） 　　　　资本公积——股本溢价	借：应付职工薪酬——股份支付 　　贷：银行存款
可行权日之后公允价值变动（意思是还未行权的部分的公允价值发生变动）	不需要作处理	记入“公允价值变动损益” 借：公允价值变动损益 　　贷：应付职工薪酬——股份支付

企业在确定权益工具在授予日的公允价值时，应考虑市场条件和非可行权的影响；市场条件和非可行权条件是否得到满足，不影响企业对预计可行权情况的估计。

对于可行权条件为业绩条件的股份支付，只要职工满足了其他所有非市场条件（如利润增长率、服务期限等），企业就应当确认已取得的服务。

【例题 18－1·单选题】 2016 年 1 月 1 日，经股东大会批准，甲公司向 50 名高管人员每人授予 1 万份股票期权。根据股份支付协议规定，这些高管人员自 2016 年 1 月 1 日起在甲公司连续服务 3 年，即可以每股 5 元的价格购买 1 万股甲公司普通股。2016 年 1 月 1 日，每份股票期权的公允价值为 15 元。2016 年没有高管人员离开公司，甲公司预计在未来两年将有 5 名高管离开公司。

2016年12月31日，甲公司授予高管的股票期权每份公允价值为13元。甲公司因该股份支付协议在2016年应确认的职工薪酬费用金额是（　　）万元。(2012年改编)

A. 195　　B. 216.67　　C. 225　　D. 250

【答案】C

【解析】以权益结算的股份支付，在每个等待期期末以“授予日”的公允价值进行计量。甲公司因该股份支付协议在2016年应确认的职工薪酬费用金额 =（50 − 5）× 15 × 1/3 = 225（万元）。

考点三：回购股份进行职工期权激励

回购股份	借：库存股 　贷：银行存款（实际支付的款项）
确认成本费用	借：管理费用等 　贷：资本公积——其他资本公积
职工行权	借：银行存款（企业收到的股票价款） 　资本公积——其他资本公积（等待期内资本公积累计确认的金额） 　贷：库存股（交付给职工的库存股成本） 　　资本公积——股本溢价（差额）

【例题18－2·单选题】2014年1月1日，甲公司向50名高管人员每人授予2万份股票期权，这些人员从被授予股票期权之日起连续服务满2年，即可按每股6元的价格购买甲公司2万股普通股股票（每股面值1元）。该期权在授予日的公允价值为每股12元。2015年10月20日，甲公司从二级市场以每股15元的价格回购本公司普通股股票100万股，拟用于高管人员股权激励。在等待期内，甲公司没有高管人员离职。2015年12月31日，高管人员全部行权，当日甲公司普通股市场价格为每股16元。2015年12月31日，甲公司因高管人员行权应确认的股本溢价为（　　）万元。

A. 200　　B. 300　　C. 500　　D. 1 700

【答案】B

【解析】行权时收到的款项 = 50 × 2 × 6 = 600（万元），等待期确认的“资本公积——其他资本公积” = 50 × 2 × 12 = 1 200（万元），回购确认的库存股 = 100 × 15 = 1 500（万元），则行权应确认的股本溢价 = 600 + 1 200 − 1 500 = 300（万元）。

考点四：集团股份支付的处理

企业集团（由母公司和其全部子公司构成）内发生的股份支付交易，应当按照以下规定进行会计处理：

1. 结算企业以其本身权益工具结算的，应当将该股份支付交易作为权益结算的股份支付处理；除此之外，应当作为现金结算的股份支付处理。

结算企业是接受服务企业的投资者的，应当按照授予日权益工具的公允价值或应承担负债的公允价值确认为对接受服务企业的长期股权投资，同时确认资本公积（其他资本公积）或负债。

解释：所谓结算企业就是给钱的企业，在集团支付中有两种情况：第一是接受服务企业自己不结算，让给其他公司（比如母公司）来结算；第二就是自己接受服务自己结算。

2. 接受服务企业没有结算义务或授予本企业职工的是其本身权益工具的，应当将该股份支付交易作为权益结算的股份支付处理；接受服务企业具有结算义务且授予本企业职工的是企业集团内其他企业权益工具的，应当将该股份支付交易作为现金结算的股份支付处理。

解释：接受服务企业有两种情况是“以权益结算的股份支付”，第一种就是我们上面所讲的用自己的权益来结算，第二种就是自己根本没有结算义务，比如我们上面所讲的由母公司结算，子公司不需要结算。

结算单位		用的自身的权益工具结算	不是用的自身的权益工具结算
母公司帮助子公司结算	母公司	借：长期股权投资 贷：资本公积——其他资本公积	借：长期股权投资 贷：应付职工薪酬
	子公司（均采用权益结算）	借：管理费用 贷：资本公积——其他资本公积	借：管理费用 贷：资本公积——其他资本公积
接受服务企业自己结算		借：管理费用 贷：资本公积——其他资本公积	借：管理费用 贷：应付职工薪酬

【例题18-3·单选题】甲公司是一家上市公司，经股东大会批准，向其子公司（乙公司）的高级管理人员授予其自身的股票期权。对于上述股份支付，在甲公司和乙公司的个别财务报表中，正确的会计处理方法是（　　）。(2019年)

A. 均作为以权益结算的股份支付处理

B. 均作为以现金结算的股份支付处理

C. 甲公司作为以权益结算的股份支付处理，乙公司作为以现金结算的股份支付处理

D. 甲公司作为以现金结算的股份支付处理，乙公司作为以权益结算的股份支付处理

【答案】A

【解析】甲公司作为母公司，授予子公司高管自身的股票期权，作为权益结算股份支付处理，乙公司作为子公司，接受母公司的股权激励，不具有结算义务，所以也是作为权益结算股份支付处理。

【例题18-4·综合题】甲股份有限公司（以下简称“甲公司”）于2013年开始对高管人员进行股权激励。具体情况如下：

(1) 2013年1月2日，甲公司与50名高管人员签订股权激励协议并经股东大会批准。协议约定：甲公司向每名高管授予120 000份股票期权，每份期权于到期日可以8元/股的价格购买甲公司1股普通股。该股票期权自股权激励协议签订之日起3年内分三期平均行权，即该股份支付协议包括等待期分别为1年、2年和3年的三项股份支付安排：2013年年末甲公司实现的净利润较上一年度增长8%（含8%）以上，在职的高管人员持有的股票期权中每人可行权40 000份；2014年末，如果甲公司2013年、2014年连续两年实现的净利润增长率达到8%（含8%）以上，在职的高管人员持有的股票期权中每人可行权40 000份；2015年末，如果甲公司连续三年实现的净利润增长率达到8%（含8%）以上，则高管人员持有的剩余股票期权可以行权。当日甲公司估计授予高管人员的股票期权公允价值为5元/份。

(2) 2013年，甲公司实现净利润12 000万元，较2012年增长9%，预计股份支付剩余等待

期内净利润仍能够以同等速度增长。2013 年甲公司普通股平均市场价格为 12 元/股。2013 年 12 月 31 日，甲公司的授予股票期权的公允价值为 4.5 元/份。2013 年，与甲公司签订了股权激励协议的高管人员没有离职，预计后续期间也不会离职。

（3）2014 年，甲公司 50 名高管人员将至 2013 年年末到期可行权的股票期权全部行权。2014 年，甲公司实现净利润 13 200 万元，较 2013 年增长 10%。2014 年没有高管人员离职，预计后续期间也不会离职。2014 年 12 月 31 日，甲公司所授予股票期权的公允价值为 3.5 元/份。

其他有关资料：甲公司 2013 年 1 月 1 日发行在外普通股为 5 000 万股，假定各报告期未发生其他影响发行在外普通股股数变动的事项，且公司不存在除普通股外其他权益工具。不考虑相关税费及其他因素。

要求：

（1）确定甲公司该项股份支付的授予日。计算甲公司 2013 年、2014 年就该股份支付应确认的费用金额，并编制相关会计分录。

（2）编制甲公司高管人员 2014 年就该股份支付行权的会计分录。（2015 年）

【答案】

（1）授予日：2013 年 1 月 2 日。授予日是指股份支付协议获得批准的日期，本题中企业与高管人员在当日签订了股权激励协议并经股东大会批准的日期为：2013 年 1 月 2 日。

题目中，该股份支付协议包括等待期分别为 1 年、2 年和 3 年的三项股份支付安排，且这三项股份支付，每一项的可行权数都是 40 000 份，在每一年确认时，我们都要分别确认。

2013 年，甲公司实现净利润增长 9%，也就是说对于 1 年期股份支付全部确认，对于 2 年期的股份支付确认一半，对于 3 年期的股份支付确认 1/3，故 2013 年企业应确认的成本费用：

$(50\times 40\ 000\times 5+50\times 40\ 000\times 5\times 1/2+50\times 40\ 000\times 5\times 1/3)\div 10\ 000=1\ 833.33$（万元）

（注意，这里 ÷10 000，是为了将单位从元换算为万元）

相关会计分录为：

借：管理费用　　1 833.33

　　贷：资本公积——其他资本公积　　1 833.33

2014 年，甲公司实现净利润增长 10%，也就是说对于 1 年期和 2 年期的股份支付全部确认，对于 3 年期的股份支付确认 2/3，故 2013 年和 2014 年企业累计确认的费用：

$(50\times 40\ 000\times 5+50\times 40\ 000\times 5+50\times 40\ 000\times 5\times 2/3)\div 10\ 000=2\ 666.66$（万元）

2014 年确认的成本费用 $=2\ 666.66-1\ 833.33=833.33$（万元）

相关会计分录为：

借：管理费用　　833.33

　　贷：资本公积——其他资本公积　　833.33

（2）2014 年，甲公司 50 名高管人员将至 2013 年年末到期可行权的股票期权全部行权。股票行权即增加股本，故 2014 年因职工行权增加的股本 $=50\times 40\ 000\div 10\ 000=200$（万股）

权益结算的股份支付，行权日之后不再对已确认的成本费用和所有者权益总额金额调整。

行权部分确认的资本公积——其他资本公积为：$50\times 40\ 000\times 5\div 10\ 000=1\ 000$（万元）

行权收到的款项为：$50\times 40\ 000\times 8\div 10\ 000=1\ 600$（万元）

形成的股本溢价 $=(1\ 000+1\ 600)-200=2\ 400$（万元）

借：银行存款　　1 600

资本公积——其他资本公积　　1 000

　贷：股本　　200

　　资本公积——股本溢价　　2 400

【例题 18－5】2016 年 1 月 1 日，经股东大会批准，甲上市公司（以下简称“甲公司”）与 50 名高级管理人员签署股份支付协议。协议规定：①甲公司向 50 名高级管理人员每人授予 10 万股股票期权，行权条件为这些高级管理人员从授予股票期权之日起连续服务满 3 年，公司 3 年平均净利润增长率达到 12%；②符合行权条件后，每持有 1 股股票期权可以自 2019 年 1 月 1 日起 1 年内，以每股 5 元的价格购买甲公司 1 股普通股股票，在行权期间内未行权的股票期权将失效。甲公司估计授予日每股股票期权的公允价值为 15 元。2016 年至 2019 年，甲公司与股票期权有关的资料如下：

（1）2016 年 5 月，甲公司自市场回购本公司股票 500 万股，共支付款项 4 025 万元，作为库存股待行权时使用。

（2）2016 年，甲公司有 1 名高级管理人员离开公司，本年净利润增长率为 10%。该年末，甲公司预计未来两年将有 1 名高级管理人员离开公司，预计 3 年平均净利润增长率将达到 12%；每股股票期权的公允价值为 16 元。

（3）2017 年，甲公司没有高级管理人员离开公司，本年净利润增长率为 14%。该年末，甲公司预计未来 1 年将有 2 名高级管理人员离开公司，预计 3 年平均净利润增长率将达到 12.5%；每股股票期权的公允价值为 18 元。

（4）2018 年，甲公司有 1 名高级管理人员离开公司，本年净利润增长率为 15%。该年末，每股股票期权的公允价值为 20 元。

（5）2019 年 3 月，48 名高级管理人员全部行权，甲公司共收到款项 2 400 万元，相关股票的变更登记手续已办理完成。

要求：

（1）编制甲公司回购本公司股票时的相关会计分录。

（2）计算甲公司 2016 年、2017 年、2018 年因股份支付应确认的费用，并编制相关会计分录。

（3）编制甲公司高级管理人员行权时的相关会计分录。（2009 年改编）

【答案】

（1）借：库存股　　4 025

　　贷：银行存款　　4 025

（2）2016 年应确认的费用＝(50－1－1)×10×15×1/3＝2 400（万元）

借：管理费用　　2 400

　贷：资本公积——其他资本公积　　2 400

2017 年应确认的费用＝(50－1－2)×10×15×2/3－2 400＝2 300（万元）

借：管理费用　　2 300

　贷：资本公积——其他资本公积　　2 300

2018 年应确认的费用＝(50－1－1)×10×15－2 400－2 300＝2 500（万元）

借：管理费用　　2 500

　贷：资本公积——其他资本公积　　2 500

（3）借：银行存款　　2 400

资本公积——其他资本公积 [(50－1－1)×10×15] 7 200

贷：库存股 [4 025÷500×(48×10)] 3 864

资本公积——股本溢价 5 736

考点五：限制性股票

（一）授予日的处理

收到认股款	借：银行存款 贷：股本 资本公积——股本溢价
就回购义务确认负债	按照发行限制性股票的数量以及相应的回购价格计算确定的金额，借记“库存股” 借：库存股 贷：其他应付款——限制性股票回购义务

（二）等待期内的会计处理

1. 与股份支付有关的会计处理。

在每个资产负债表日，按照权益结算的股份支付确认与计量原则处理。

2. 分配现金股利的处理。

现金股利可撤销，即未达到解锁条件，被回购限制性股票的持有者将无法获得其在等待期内应收的现金股利。

项目		预计未来可解锁	预计未来不可解锁
现金股利可撤销	分配股利时	借：利润分配——应付现金股利或利润 贷：应付股利——限制性股票股利 同时，按分配的现金股利金额： 借：其他应付款——限制性股票回购义务 贷：库存股	上市公司应分配给限制性股票持有者的现金股利应当冲减相关的负债 借：其他应付款——限制性股票回购义务 贷：应付股利——限制性股票股利
	实际支付时	借：应付股利——限制性股票股利 贷：银行存款	借：应付股利——限制性股票股利 贷：银行存款
现金股利不可撤销	宣告时	借：利润分配——应付现金股利或利润 贷：应付股利——限制性股票股利	上市公司应分配给限制性股票持有者的现金股利应当计入当期成本费用 借：管理费用 贷：应付股利——应付限制性股票股利
	实际支付时	借：应付股利——应付限制性股票股利 贷：银行存款	借：应付股利——应付限制性股票股利 贷：银行存款

（三）解锁日的会计处理

（1）上市公司未达到限制性股票解锁条件而需回购的股票：

借：其他应付款——限制性股票回购义务

　　贷：银行存款

同时，注销库存股：

借：股本

　　资本公积——股本溢价

　　贷：库存股

（2）上市公司达到限制性股票解锁条件而无须回购的股票，按照解锁股票相对应的负债的账面价值：

借：其他应付款——限制性股票回购义务

　　贷：库存股

　　　　资本公积——股本溢价（有可能在借方）

【例题 18－6·综合题】 甲股份有限公司（以下简称"甲公司"）为一家从事贵金属进口、加工生产及相关产品销售的企业。

2015 年 1 月 2 日，甲公司股东大会通过向高管人员授予限制性股票的方案。方案规定：30 名高管人员每人以每股 5 元的价格购买甲公司 10 万股普通股，自方案通过之日起，高管人员在甲公司服务满 3 年且 3 年内公司净资产收益率平均达到 15% 或以上，3 年期满即有权利拥有相关股票。服务期未满或未达到业绩条件的，3 年期满后，甲公司将以每股 5 元的价格回购有关高管人员持有的股票。3 年等待期内，高管人员不享有相关股份的股东权利。

2015 年 1 月 2 日，甲公司普通股的市场价格为每股 10 元；当日，被授予股份的高管人员向甲公司支付价款并登记为相关股票的持有人。

2015 年，该计划涉及的 30 名高管人员中没有人离开甲公司，且预计未来期间不会有高管人员离开。2015 年甲公司净资产收益率为 18%，预计未来期间仍有上升空间，在 3 年期间内平均净资产收益率达到 20% 的可能性较大。

本题不考虑增值税等相关税费及其他因素。

要求：说明甲公司 2015 年应进行的会计处理并说明理由（包括应如何确认及相关理由，并编制会计分录）。(2016 年改编)

【答案】

甲公司所授予高管的限制性股票应作为股份支付处理，取得高管支付的价款应当确认为负债。

借：银行存款	（30×5×10）1 500	
贷：股本		300
资本公积		1 200
借：库存股	1 500	
贷：其他应付款		1 500
借：管理费用	［30×10×（10－5）÷3］500	
贷：资本公积		500

理由：授予日有关限制性股票的市场价格高于高管实际支付的价格，其差额未来 3 年内应作为股份支付费用计入相关期间损益。对于取得的限制性股票，因未来期间在没有达到行权条件时甲公司将以原价回购，不符合权益界定，应作为金融负债。

【例题 18－7】 甲公司是一家上市公司，为建立长效激励机制，吸引和留住优秀人才，制定和实施了限制性股票激励计划。甲公司发生的与该计划相关的交易或事项如下：

（1）2016年1月1日，甲公司实施经批准的限制性股票激励计划，通过定向发行股票的方式向20名管理人员每人授予50万股限制性股票，每股面值1元，发行所得款项8 000万元已存入银行，限制性股票的登记手续已办理完成。甲公司以限制性股票授予日公司股票的市价减去授予价格后的金额确定限制性股票在授予日的公允价值为12元/股。上述限制性股票激励计划于2016年1月1日经甲公司股东大会批准。根据该计划，限制性股票的授予价格为8元/股。限制性股票的限售期为授予的限制性股票登记完成之日起36个月，激励对象获授的限制性股票在解除限售前不得转让、用于担保或偿还债务。限制性股票的解锁期为12个月，自授予的限制性股票登记完成之日起36个月后的首个交易日起，至授予的限制性股票登记完成之日起48个月内的最后一个交易日当日止。解锁期内，同时满足下列条件的，激励对象获授的限制性股票方可解除限售：激励对象自授予的限制性股票登记完成之日起工作满3年；以上年度营业收入为基数，甲公司2016年度、2017年度及2018年度3年营业收入增长率的算术平均值不低于30%。限售期满后，甲公司为满足解除限售条件的激励对象办理解除限售事宜，未满足解除限售条件的激励对象持有的限制性股票由甲公司按照授予价格回购并注销。

（2）2016年度，甲公司实际有1名管理人员离开，营业收入增长率为35%。甲公司预计，2017年度及2018年度还有2名管理人员离开，每年营业收入增长率均能够达到30%。

（3）2017年5月3日，甲公司股东大会批准董事会制定的利润分配方案，即以2016年12月31日包括上述限制性股票在内的股份45 000万股为基数，每股分配现金股利1元，共计分配现金股利45 000万元。根据限制性股票激励计划，甲公司支付给限制性股票持有者的现金股利可撤销，即一旦未达到解锁条件，被回购限制性股票的持有者将无法获得（或需要退回）其在等待期内应收（或已收）的现金股利。

2017年5月25日，甲公司以银行存款支付股利45 000万元。

（4）2017年度，甲公司实际有1名管理人员离开，营业收入增长率为33%。甲公司预计，2018年度还有1名管理人员离开，营业收入增长率能够达到30%。

（5）2018年度，甲公司没有管理人员离开，营业收入增长率为31%。

（6）2019年1月10日，甲公司对符合解锁条件的900万股限制性股票解除限售，并办理完成相关手续。

2019年1月20日，甲公司对不符合解锁条件的100万股限制性股票按照授予价格予以回购，并办理完成相关注销手续。在扣除已支付给相关管理人员股利100万元后，回购限制性股票的款项700万元已以银行存款支付给相关管理人员。

其他有关资料：第一，甲公司2015年12月31日发行在外的普通股为44 000万股。第二，甲公司2016年度、2017年度及2018年度实现的净利润分别为88 000万元、97 650万元、101 250万元。第三，本题不考虑相关税费及其他因素。

要求：

（1）根据资料（1），编制甲公司与定向发行限制性股票相关的会计分录。

（2）根据上述资料，计算甲公司2016年度、2017年度及2018年度因限制性股票激励计划分别应予确认的损益，并编制甲公司2016年度相关的会计分录。

（3）根据上述资料，编制甲公司2017年度及2018年度与利润分配相关的会计分录。

（4）根据资料（6），编制甲公司解除限售和回购并注销限制性股票的会计分录。

（5）根据上述资料，计算甲公司2016年度、2017年度及2018年度的基本每股收益。（2019年）

【答案】

（1）借：银行存款　　8 000

　　贷：股本　　1 000

　　　　资本公积——股本溢价　　7 000

借：库存股　　8 000

　　贷：其他应付款　　8 000

（2）2016年度应予确认的损益 $=(20-1-2)\times 50\times 12\div 3=3\ 400$（万元）

2017年度应予确认的损益 $=(20-2-1)\times 50\times 12\div 3\times 2-3\ 400=3\ 400$（万元）

2018年度应予确认的损益 $=(20-2)\times 50\times 12-6\ 800=4\ 000$（万元）

甲公司20×6年度相关的会计分录：

借：管理费用　　3 400

　　贷：资本公积——其他资本公积　　3 400

（3）根据上述资料，编制甲公司2017年度及2018年度与利润分配相关的会计分录。

借：利润分配——应付现金股利或利润　　44 850

　　其他应付款　　（3×50×1）150

　　贷：应付股利　　45 000

借：其他应付款　　850

　　贷：库存股　　850

借：应付股利　　45 000

　　贷：银行存款　　45 000

借：利润分配——应付现金股利或利润　　50

　　贷：其他应付款　　50

借：其他应付款　　50

　　贷：库存股　　50

（4）根据资料（6），编制甲公司解除限售和回购并注销限制性股票的会计分录。

借：其他应付款　　6 300

　　贷：库存股　　6 300

借：其他应付款　　700

　　贷：银行存款　　700

借：股本　　100

　　资本公积　　700

　　贷：库存股　　800

（5）根据上述资料，计算甲公司2016年度、2017年度及2018年度的基本每股收益。

2016年度的基本每股收益 $=88\ 000\div 44\ 000=2$（元）

2017年度的基本每股收益 $=(97\ 650-850)\div 44\ 000=2.2$（元）

2018年度的基本每股收益 $=(101\ 250-50)\div 44\ 000=2.3$（元）

第十九章　外币折算

考点一：记账本位币的确定

业务收支以人民币以外的货币为主的企业，可以选定其中一种货币作为记账本位币，但是，编报的财务会计报告应当折算为人民币。

企业记账本位币一经确定，不得随意变更。企业确需变更记账本位币的，应当采用变更当日的即期汇率将所有项目折算为变更后的记账本位币。

境外经营记账本位币的选择还应当考虑该境外经营与企业的关系：

(1) 境外经营对其所从事的活动是否拥有很强的自主性；

(2) 境外经营活动中与企业的交易是否在境外经营活动中占有较大比重；

(3) 境外经营活动产生的现金流量是否直接影响企业的现金流量、是否可以随时汇回；

(4) 境外经营活动产生的现金流量是否足以偿还其现有债务和可预期的债务。

考点二：外币交易的会计处理

企业发生外币交易的，应在初始确认时采用交易发生日的即期汇率将外币金额折算为记账本位币金额；

企业收到投资者以外币投入的资本，应当采用交易发生日即期汇率折算，不得采用合同约定汇率和即期汇率的近似汇率折算。

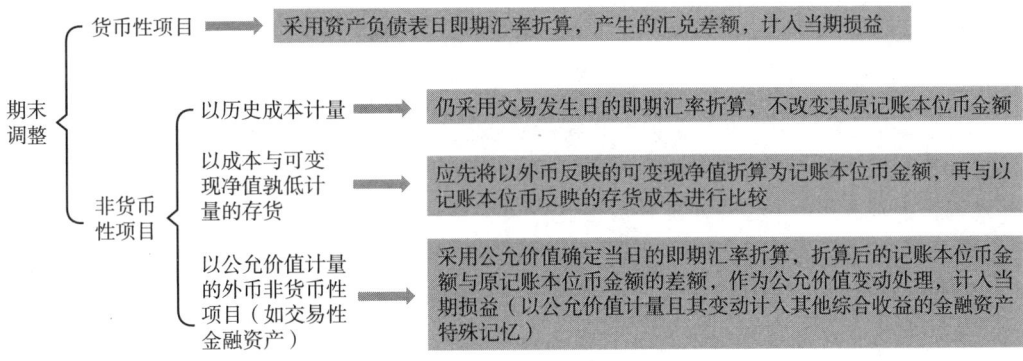

期末调整
- 货币性项目 → 采用资产负债表日即期汇率折算，产生的汇兑差额，计入当期损益
- 非货币性项目
  - 以历史成本计量 → 仍采用交易发生日的即期汇率折算，不改变其原记账本位币金额
  - 以成本与可变现净值孰低计量的存货 → 应先将以外币反映的可变现净值折算为记账本位币金额，再与以记账本位币反映的存货成本进行比较
  - 以公允价值计量的外币非货币性项目（如交易性金融资产） → 采用公允价值确定当日的即期汇率折算，折算后的记账本位币金额与原记账本位币金额的差额，作为公允价值变动处理，计入当期损益（以公允价值计量且其变动计入其他综合收益的金融资产特殊记忆）

【例题 19－1·单选题】 下列各项关于外币折算会计处理的表述中，正确的是（　　）。(2019 年)

A. 期末外币预收账款以当日即期汇率折算并将由此产生的汇兑差额计入当期损益

B. 以公允价值计量且其变动计入其他综合收益的外币货币性金融资产形成的汇兑差额计入其他综合收益

C. 以公允价值计量且其变动计入其他综合收益的外币非交易性权益工具投资形成的汇兑差额计入其他综合收益

D. 收到投资者以外币投入的资本时，外币投入资本与相应的货币性项目均按合同约定汇率折算，不产生外币资本折算差额

【答案】 C

【解析】 选项A，预收账款是非货币性项目，期末不需要折算。选项B，应计入财务费用。选项D，应按交易发生日即期汇率折算，不能按合同约定汇率折算。

【例题19-2·多选题】 对于企业发生的汇兑差额，下列说法中正确的有（　　）。

A. 因外币交易业务所形成的应收应付款发生的汇兑差额，应计入当期财务费用

B. 因外币银行存款发生的汇兑差额，应计入当期财务费用

C. 外币交易性金融资产发生的汇兑差额计入财务费用

D. 外币专门借款发生的汇兑差额，应计入购建固定资产期间的财务费用

【答案】 AB

【解析】 选项A，外币货币性资产的汇兑差额，应计入当期财务费用；选项B，企业的外币兑换业务所发生的汇兑差额，应计入财务费用；选项C，外币交易性金融资产发生的汇兑差额计入公允价值变动损益；选项D，外币专门借款发生的汇兑差额，符合资本化条件的应计入相关资产成本，不符合资本化条件的计入当期损益（财务费用）。

【例题19-3·多选题】 甲公司2015年发生以下外币交易或事项：（1）取得外币借款1 000万美元用于补充外币流动资金，当日即期汇率为1美元=6.34元人民币；（2）自国外进口设备支付预付款600万美元，当日即期汇率为1美元=6.38元人民币；（3）出口销售确认美元应收账款1 800万美元，当日即期汇率为1美元=6.43元人民币；（4）收到私募股权基金对甲公司投资2 000万美元，当日即期汇率为1美元=6.48元人民币。假定甲公司有关外币项目均不存在期初余额，2015年12月31日美元兑人民币的即期汇率为1美元=6.49元人民币。不考虑其他因素，下列关于甲公司2015年12月31日因上述项目产生的汇兑损益会计处理的表述中，正确的有（　　）。（2016年）

A. 应收账款产生汇兑收益应计入当期损益

B. 外币借款产生的汇兑损失应计入当期损益

C. 预付设备款产生的汇兑收益应抵减拟购入资产成本

D. 取得私募股权基金投资产生的汇兑收益应计入资本性项目

【答案】 AB

【解析】 选项A，外币货币性资产的汇兑差额，应计入当期财务费用；选项B，外币借款产生的汇兑损失应计入当期损益，若购建资产而借入的专门外币借款，在资本化期间的汇兑差额计入资产成本；选项C，预付账款属于非货币性项目，以历史成本计量，采用交易发生日的即期汇率折算，不改变其原记账本位币金额；选项D，企业收到投资者以外币投入的资本，应采用交易日的即期汇率折算，不产生汇兑损益。不得按照合同约定的汇率折算。

考点三：外币财务报表折算

1. 折算方法：

（1）资产负债表中的资产和负债项目，采用资产负债表日的即期汇率折算，所有者权益项目

除“未分配利润”项目外，其他项目采用发生时的即期汇率折算。

(2) 利润表中的收入和费用项目，采用交易发生日的即期汇率折算；也可以采用按照系统合理的方法确定的、与交易发生日即期汇率近似的汇率折算。

(3) 按照上述规定折算产生的外币财务报表折算差额，在合并资产负债表中所有者权益项目下的“其他综合收益”项目列示。

2. 少数股东应分担的外币报表折算差额，应并入少数股东权益列示于合并资产负债表中。

3. 在编制合并财务报表时，如有实质上构成对境外经营净投资的外币货币性项目，因汇率变动而产生的汇兑差额，也应列入所有者权益项目下的“其他综合收益”；处置境外经营时，计入处置当期损益。

【例题 19－4·单选题】下列关于归属于境外子公司少数股东的外币报表折算差额在境内母公司合并资产负债表的列示方法中，正确的是（　　）。

A. 列入负债项目

B. 列入少数股东权益项目

C. 列入其他综合收益项目

D. 列入负债和所有者权益项目之间单设的项目

【答案】B

【解析】少数股东应分担的外币报表折算差额，应并入少数股东权益列示于合并资产负债表中。

【例题 19－5·多选题】甲公司为我国境内企业，其日常核算以人民币作为记账本位币。甲公司在英国和加拿大分别设有子公司，负责当地市场的运营，子公司的记账本位币分别为英镑和加元。甲公司在编制合并财务报表时，下列各项关于境外财务报表折算所采用汇率的表述中，正确的有（　　）。(2017 年)

A. 英国公司的固定资产采用购入时的历史汇率折算为人民币

B. 加拿大公司的未分配利润采用报告期平均汇率折算为人民币

C. 加拿大公司的加元收入和成本采用报告期平均汇率折算为人民币

D. 英国公司持有的以公允价值计量且其变动计入其他综合收益的金融资产的股票投资采用期末汇率折算为人民币

【答案】CD

【解析】境外财务报表折算时，资产和负债项目，采用资产负债表日的即期汇率折算，选项 A 错误，选项 D 正确；所有者权益项目除了“未分配利润”外，其他项目采用发生时的即期汇率折算，选项 B 错误；利润表中的收入和费用项目，采用交易发生日的即期汇率折算或者即期汇率的近似汇率（例如平均汇率）折算，选项 C 正确。

【例题 19－6·多选题】对外币财务报表进行折算时，下列项目中，应当采用期末资产负债表日的即期汇率进行折算的有（　　）。(2014 年)

A. 盈余公积　　B. 未分配利润　　C. 长期股权投资　　D. 交易性金融资产

【答案】CD

【解析】在对外币报表进行折算时，对于资产负债表中资产和负债项目按照资产负债表日即期汇率进行折算，选项 C 和 D 正确。

所有者权益中的“未分配利润”是在所有者权益里面倒挤出来的，无须换算，选项 B 错误；

当期提取的盈余公积，采用当年平均汇率折算。可以理解为利润是全年平均取得，所以用当年平均汇率折算，选项A错误。

【例题19－7·多选题】下列关于外币资产负债表折算的表述中，不符合企业会计准则规定的有（　　）。（2012年）

A. 实收资本项目按交易发生日的即期汇率折算

B. 未分配利润项目按交易发生日的即期汇率折算

C. 资产项目按交易发生日即期汇率的近似汇率折算

D. 负债项目按资产负债表日即期汇率的近似汇率折算

【答案】BCD

【解析】选项A，所有者权益项目除“未分配利润”项目外，其他项目采用发生时的即期汇率折算；选项B，所有者权益项目中“未分配利润”是在所有者权益里面倒挤出来的，无须换算；选项CD，资产负债表中的资产和负债项目，采用资产负债表日的即期汇率折算。

【例题19－8·多选题】下列各项中，在对境外经营财务报表进行折算时选用的有关汇率，符合会计准则规定的有（　　）。（2015年）

A. 股本采用股东出资日的即期汇率折算

B. 以公允价值计量且其变动计入其他综合收益的金融资产采用资产负债表日即期汇率折算

C. 未分配利润项目采用报告期平均汇率折算

D. 当期提取的盈余公积采用当期平均汇率折算

【答案】ABD

【解析】选项C，所有者权益中的“未分配利润”是在所有者权益里面倒挤出来的，无须换算。

第七编
特殊事项（二）

第二十章 所得税

考点一：计税基础

（一）资产的计税基础

资产的计税基础，简而言之，就是未来还可以计入成本的金额。

资产种类	账面价值和计税基础差异原因
固定资产	（1）折旧方法不一致（有可能也包括残值不一样）； （2）计提减值准备。
无形资产	（1）税法中规定形成资产的部分允许按照175%进行后续摊销，这样跟会计形成了差异；但是这部分不会确认递延所得税资产； （2）无形资产的摊销方法跟税法要求不一致； （3）会计中无形资产出现了减值。
以公允价值计量且其变动计入当期损益（或其他综合收益）的金融资产	会计按照公允价值，公允价值变动记入"其他综合收益"或"公允价值变动损益"，而税法就是按照初始成本保持不变。
投资性房地产	（1）如果采用成本模式进行后续计量，那差异就是因为折旧和减值产生； （2）如果采用公允价值进行后续计量，那差异就是会计的公允价值变动和税法的折旧（摊销）产生。

（二）负债的计税基础

负债的计税基础，是指负债的账面价值减去未来期间计算应纳税所得额时按照税法规定可予抵扣的金额。

负债的计税基础 = 账面价值 − 未来期间按照税法规定可予税前扣除的金额

【例题 20 −1 · 多选题】下列各项负债中，其计税基础为零的是（　　）。

A. 因各项税收滞纳金和罚款确认的其他应付款

B. 因确认保修费用形成的预计负债

C. 以现金结算的股份支付形成的应付职工薪酬

D. 从银行取得的短期借款

【答案】BC

考点二：暂时性差异

暂时性差异是指资产、负债的账面价值与其计税基础不同产生的差额。分为应纳税暂时性差异和可抵扣暂时性差异。

分类	产生情况
应纳税暂时性差异	（1）资产的账面价值大于其计税基础； （2）负债的账面价值小于其计税基础
可抵扣暂时性差异	（1）资产的账面价值小于其计税基础； （2）负债的账面价值大于其计税基础

考点三：递延所得税负债的确认和计量

（一）确认递延所得税负债

1. 一般情况：企业对于所有的应纳税暂时性差异均应确认相关的递延所得税负债。在确认递延所得税负债的同时，应增加利润表中的所得税费用。

借：所得税费用

　　贷：递延所得税负债

2. 特殊情况：主要是指以公允价值计量且其变动计入其他综合收益的金融资产。

借：其他综合收益（注意，这里就不是所得税费用）

　　贷：递延所得税负债

（二）不确认递延所得税负债的情况

1. 商誉的初始确认。

2. 除企业合并以外的其他交易事项中，发生时既不影响会计利润，也不影响应纳税所得额的交易或事项。

3. 同时满足下列条件的投资企业：

（1）投资企业能够控制暂时性差异转回的时间；

（2）该暂时性差异在可预见的未来很可能不会转回。

4. 准备长期持有的，采用权益法核算的长期股权投资。

考点四：递延所得税资产的确认和计量

（一）递延所得税资产的确认

递延所得税资产产生于可抵扣暂时性差异。确认因可抵扣暂时性差异产生的递延所得税资产应以未来期间可能取得的应纳税所得额为限。

1. 对与子公司、联营企业、合营企业的投资相关的可抵扣暂时性差异，同时满足下列条件的，应当确认相关的递延所得税资产：一是暂时性差异在可预见的未来很可能转回；二是未来很可能获得用来抵扣可抵扣暂时性差异的应纳税所得额。

2. 按照税法规定可以结转以后年度的未弥补亏损和税款抵减，应视同可抵扣暂时性差异处理。

（二）不确认递延所得税资产的特殊情况

发生时既不影响会计利润，也不影响应纳税所得额的交易或事项。（也就是无形资产按照175%进行摊销，有暂时性差异，但是不确认递延所得税资产）

考点五：递延所得税

影响递延所得税费用的是递延所得税资产及递延所得税负债的当期发生额，但不包括计入所有者权益的交易或事项及企业合并的所得税影响。

递延所得税 =Δ 递延所得税负债 −Δ 递延所得税资产

考点六：所得税费用

所得税费用 = 当期所得税 + 递延所得税费用

影响所得税情况汇总见下表：

项目	导致差异的项目	影响当期所得税吗	有暂时性差异吗	确认递延所得税资产或者负债吗	影响递延所得税费用吗
固定资产	折旧/减值	影响	有	确认	影响
无形资产	摊销/减值	影响	有	确认	影响
无形资产	税法按照175%摊销	影响	有	不确认	不影响
投资性房地产	公允价值变动/折旧减值	影响	有	确认	影响
以公允价值计量且其变动计入当期损益的金融资产	公允价值变动	影响	有	确认	影响
以公允价值计量且其变动计入其他综合收益的金融资产	公允价值变动（减值也有影响，但是这里不讨论）	不影响	有	确认	不影响
长期股权投资	权益法的变动/减值（准备长期持有）	影响	有	不	不
商誉的初始确认	初始确认	不	有	不	不
职工教育经费	未来还可以继续抵扣	影响	有	确认	影响
工会经费	未来不能继续抵扣	影响	没有	不确认	不影响
可以抵扣亏损	未来可以减少利润	不影响	有	确认	影响
预计负债	如果是未来可以税前扣除，则有暂时性差异；如果不能扣除，则没有	影响	可以扣除的话有暂时性差异	可以扣除的话需要确认	可以扣除的话影响
行政机关罚款	不得税前扣除	影响	没有	不确认	不影响
国债利息	免税	影响	没有	不确认	不影响

【例题20-2·单选题】甲公司适用的企业所得税税率为25%。2019年6月30日，甲公司以3 000万元（不含增值税）的价格购入一套环境保护专用设备，并于当月投入使用。按照企业所得税法的相关规定，甲公司对上述环境保护专用设备投资额的10%可以从当年应纳税额中抵免，当年不足抵免的，可以在以后5个纳税年度抵免。2019年度，甲公司实现利润总额1 000万元。假定甲公司未来5年很可能获得足够的应纳税所得额用来抵扣可抵扣亏损和税款抵减，不考虑其他因素，甲公司在2019年度利润表中应当列报的所得税费用金额是（　　）万元。(2019年)

A. -50　　B. 0　　C. 190　　D. 250

【答案】A

【解析】当期所得税=应交所得税=1 000×25%-抵减税额，购买环保专用设备形成的抵免税额=3 000×10%=300（万元），因此当期可以抵减250万元，当期应缴纳的应交所得税为0（万元）。剩下50万抵免限额可以结转以后年度抵税，属于可抵扣暂时性差异，应确认递延所得税资产50万元，相应减少递延所得税费用50万元。因此，甲公司在2019年度利润表中应当列报的所得税费用金额=0-50=-50（万元）

【例题20-3·单选题】甲公司2018年1月开始研发一项新技术。2019年1月进入开发阶段，2019年12月31日完成开发并申请了专利，该项目2018年发生研究费用600万元，截至2019年末累计发生研发费用1 600万元，其中符合资本化条件的金额为1 000万元，按照税法规定，研发支出可按实际支出的175%税前抵扣。不考虑其他因素，下列各项关于甲公司上述研发项目会计处理的表述中，正确的是（　　）。

A. 将研发项目发生的研究费用确认为长期待摊费用

B. 实际发生的研发费用与其可予税前抵扣金额的差额确认递延所得税资产

C. 自符合资本化条件起至达到预定用途时所发生的研发费用资本化计入无形资产

D. 研发项目在达到预定用途后，将所发生全部研究和开发费用可予以税前抵扣金额的所得税影响额确认为所得税费用

【答案】C

【解析】选项A，研究费用计入当期损益，所以选项A错误；选项B，无形资产的研发费用与其可予税前抵扣金额的差额不确认递延所得税资产，所以选项B错误；选项C正确；选项D，由于在税法中，资本化的金额是按照175%进行摊销，由此产生的暂时性差异不确认递延所得税资产，因此也不影响所得税费用。

【例题20-4·多选题】甲公司适用所得税税率为25%，其2019年发生的交易或事项中，会计与税收处理存在差异的事项如下：①当期购入作为分类为以公允价值计量且其变动计入其他综合收益的金融资产，期末公允价值大于取得成本160万元；②收到与资产相关政府补助1 600万元，相关资产至年末尚未开始计提折旧。甲公司2019年利润总额为5 200万元，假定递延所得税资产/负债年初余额为零，未来期间能够取得足够应纳税所得额利用可抵扣暂时性差异。下列关于甲公司2019年所得税的处理中，正确的有（　　）。(2012年改编)

A. 所得税费用为900万元　　B. 应交所得税为1 300万元

C. 递延所得税负债为40万元　　D. 递延所得税资产为400万元

【答案】CD

【解析】2019年年末分类为以公允价值计量且其变动计入其他综合收益的金融资产的账面价值大于取得成本160万元，形成应纳税暂时性差异，应确认递延所得税负债的金额=160×25%=40

（万元），选项 C 正确；

与资产相关的政府补助，税法规定在取得的当年全部计入应纳税所得额，会计处理为分期确认收入，所以在收到当期应确认递延所得税资产，确认递延所得税资产的金额 = 1 600 × 25% = 400（万元），选项 D 正确；

甲公司 2019 年应交所得税 =（5 200 + 1 600）× 25% = 1 700（万元），选项 B 错误；

所得税费用的金额 = 1 700 − 400 = 1 300（万元），选项 A 错误。

【例题 20 − 5 · 单选题】 2013 年，甲公司实现利润总额 210 万元，包括：2013 年收到的国债利息收入 10 万元，因违反环保法规被环保部门处以罚款 20 万元。甲公司 2013 年年初递延所得税负债余额为 20 万元，年末余额为 25 万元，上述递延所得税负债均产生于固定资产账面价值与计税基础的差异。甲公司适用的所得税税率为 25%。不考虑其他因素，甲公司 2013 年的所得税费用是（　　）万元。（2014 年）

A. 52.5　　B. 55　　C. 57.5　　D. 60

【答案】 B

【解析】 甲公司 2013 年年初递延所得税负债余额为 20 万元，年末余额为 25 万元，上述递延所得税负债均产生于固定资产账面价值与计税基础的差异。这句话告诉我们，甲公司 2013 年，因为固定资产确认了 25 − 20 = 5（万元）的递延所得税负债。

递延所得税负债，是因为资产的账面价值大于计税基础所造成的，也就意味着该固定资产在会计上折旧要小于税法上计提的折旧。确认了 5 万元的递延所得税负债，就是该固定资产在会计上折旧要比税法上的折旧少了 5 ÷ 0.25 = 20（万元）。那按照税法规定来调整会计上的利润的话，在税法上，就要因该固定资产多 −20 万元应纳税所得额。

故甲公司 2013 年应纳税所得额 = 210 − 10 + 20 − 20 = 200（万元），应交所得税 = 200 × 25% = 50（万元）

递延所得税 = 递延所得税负债的增加 − 递延所得税资产的增加 = 5 − 0 = 5（万元）

甲公司 2013 年确认的所得税费用 = 应交所得税 + 递延所得税 = 50 + 5 = 55（万元）

【例题 20 − 6 · 单选题】 A 公司 2018 年度会计处理与税务处理存在差异的交易或事项如下：

（1）持有的分类为以公允价值计量且其变动计入其他综合收益的金融资产公允价值上升 200 万元。根据税法规定，分类为以公允价值计量且其变动计入其他综合收益的金融资产持有期间公允价值的变动金额不计入当期应纳税所得额；

（2）计提与担保事项相关的预计负债 600 万元。根据税法规定，与上述担保事项相关的支出不得税前扣除；

（3）计提固定资产减值准备 140 万元。根据税法规定，计提的资产减值准备在未发生实质性损失前不允许税前扣除。

（4）持有的分类为以公允价值计量且其变动计入当期损益的金融资产公允价值上升 60 万元。根据税法规定，交易性金融资产持有期间公允价值的变动金额不计入当期应纳税所得额；

A 公司适用的所得税税率为 25%。假定期初递延所得税资产和递延所得税负债的余额均为零，A 公司未来年度能够产生足够的应纳税所得额用以抵扣可抵扣暂时性差异。甲公司 2010 年度递延所得税费用是（　　）万元。

A. −35　　B. −20　　C. 15　　D. 30

【答案】 B

【解析】(1) 以公允价值计量且其变动计入其他综合收益的金融资产不影响递延所得税费用；

(2) 与担保事项相关的支出不允许税前扣除，因此不存在暂时性差异；

(3) 计提减值准备 140 万元，因此应当确认递延所得税资产 35 万元：

借：递延所得税资产　350 000

　贷：所得税费用　350 000

(4) 交易性金融资产公允价值上升 60 万元，账面价值大于计税基础，确认递延所得税负债 15 万元：

借：所得税费用　150 000

　贷：递延所得税负债　150 000

甲公司 2018 年度递延所得税费用 = 递延所得税负债 - 递延所得税资产 = 15 - 35 = -20（万元）

【例题 20 -7 · 综合题】 甲股份有限公司（以下简称"甲公司"）为上市公司，该公司 2019 年发生的有关交易或事项如下：

(1) 甲公司生产的乙产品中标参与国家专项扶持计划，该产品正常市场价格为 1.2 万元/台，甲公司的生产成本为 0.8 万元/台。按照规定，甲公司参与国家专项扶持计划后，将乙产品销售给目标消费者的价格为 1 万元/台，国家财政另外给予甲公司补助款 0.2 万元/台。

2019 年，甲公司按照该计划共销售乙产品 2 000 台，销售价款及国家财政补助款均已收到。

税法规定，有关政府补助收入在取得时计入应纳税所得额。

(2) 9 月 30 日，甲公司自外部购入一项正在进行中的研发项目，支付价款 900 万元。甲公司预计该项目前期研发已经形成一定的技术雏形，预计能够带来的经济利益流入足以补偿外购成本。甲公司组织自身研发团队在该项目基础上进一步研发，当年度共发生研发支出 400 万元，通过银行存款支付。甲公司判断有关支出均符合资本化条件，至 2019 年末，该项目仍处于研发过程中。

税法规定，企业自行研发的项目，按照会计准则规定资本化的部分，其计税基础为资本化金额的 175%；按照会计准则规定费用化的部分，当期可予税前扣除的金额为费用化金额的 175%。

其他有关资料：

第一，本题中不考虑除所得税外其他相关税费的影响，甲公司适用的所得税税率为 25%，假定甲公司在未来期间能够产生足够的应纳税所得额用以抵扣可抵扣暂时性差异。

第二，甲公司以人民币为记账本位币，外币业务采用业务发生时的即期汇率折算。

要求：就甲公司 2019 年发生的有关交易或事项，分别说明其应当进行的会计处理并说明理由；分别说明有关交易或事项是否产生资产、负债的账面价值与计税基础之间的暂时性差异，是否应确认相关递延所得税，并分别编制与有关交易或事项相关的会计分录。(2017 年)

【答案】

交易事项 (1)：甲公司应将自消费者收取的 2 000 万元以及自国家财政取得的 400 万元补助款确认营业收入。

理由：400 万元补助款是甲公司销售乙产品给消费者，国家代消费者支付的商品价款，不属于政府补助，构成产品销售收入的组成部分。

借：银行存款　(2 000 × 1.2) 2 400

　贷：主营业务收入　2 400

借：主营业务成本　(2 000 × 0.8) 1 600

　贷：库存商品（存货）　1 600

该项交易的会计处理与税收处理不存在差异。

交易事项（2）：甲公司应当将外购研发项目发生的支出资本化，在该项目的基础上进一步发生的研发支出符合资本化条件的，应当计入资本化金额。

理由：外购研发项目发生的支出，符合资产确认条件的，应当确认为资产，自行研究开发项目发生的支出，应当按照会计准则规定判断是否符合资本化条件并分别处理。

借：研发支出——资本化支出　　900

　　贷：银行存款　　900

借：研发支出——资本化支出　　400

　　贷：银行存款　　400

该交易会计处理与税收处理存在差异，所形成的可抵扣暂时性差异为975［(900+400)×75%］万元，因该交易发生时既不影响会计利润也不影响应纳税所得额，且不是产生于企业合并，不确认相关的递延所得税。

【例题20-8·综合题】甲公司适用的企业所得税税率为25%。经当地税务机关批准，甲公司自2011年2月取得第一笔生产经营收入所属纳税年度起，享受“三免三减半”的税收优惠政策，即2011～2013年免交企业所得税，2014～2016年减半按照12.5%的税率交纳企业所得税。甲公司2013～2017年有关会计处理与税收处理不一致的交易或事项如下：

（1）2012年12月10日，甲公司购入一台不需要安装即可投入使用的行政管理用A设备，成本为6 000万元。该设备采用年数总和法计提折旧，预计使用5年，预计无净残值。税法规定，固定资产按照年限平均法计提的折旧准予在税前扣除。假定税法规定的A设备预计使用年限及净残值与会计规定相同。

（2）甲公司拥有一栋五层高的B楼房，用于本公司行政管理部门办公。迁往新建的办公楼后，甲公司2017年1月1日与乙公司签订租赁协议，将B楼房租赁给乙公司使用。租赁合同约定，租赁期为3年，租赁期开始日为2017年1月1日；年租金为240万元，于每月月末分期支付。B楼房转换为投资性房地产前采用年限平均法计提折旧，预计使用50年，预计无净残值；转换为投资性房地产后采用公允价值模式进行后续计量。转换日，B楼房原价为800万元，已计提折旧为400万元，公允价值为1 300万元。2017年12月31日，B楼房的公允价值为1 500万元。税法规定，企业的各项资产以历史成本为计量基础；固定资产按照年限平均法计提的折旧准予在税前扣除。假定税法规定的B楼房使用年限及净残值与其转换为投资性房地产前的会计规定相同。

（3）2017年7月1日，甲公司以1 000万元的价格购入国家同日发行的国债，款项已用银行存款支付。该债券的面值为1 000万元，期限为3年，年利率为5%（与实际利率相同），利息于每年6月30日支付，本金到期一次支付。甲公司根据其管理该国债的业务模式和该国债的合同现金流量特征，将购入的国债分类为以摊余成本计量的金融资产。税法规定，国债利息收入免交企业所得税。

（4）2017年9月3日，甲公司向符合税法规定条件的公益性社会团体捐赠现金600万元。税法规定，企业发生的公益性捐赠支出不超过年度利润总额12%的部分准予扣除。

其他资料如下：

第一，2017年度，甲公司实现利润总额4 500万元。

第二，2013年年初，甲公司递延所得税资产和递延所得税负债无余额，无未确认递延所得税资产的可抵扣暂时性差异和可抵扣亏损。除上面所述外，甲公司2013～2017年无其他会计处理与税收处理不一致的交易或事项。

第三，2013～2017年各年末，甲公司均有确凿证据表明未来期间很可能获得足够的应纳税所得额用来抵扣可抵扣暂时性差异。

第四，不考虑除所得税外的其他税费及其他因素。

要求：

（1）根据资料（1），分别计算甲公司2013～2017年各年A设备应计提的折旧，并填写完成下列表格。

单元：万元

项目	2013年12月31日	2014年12月31日	2015年12月31日	2016年12月31日	2017年12月31日
账面价值					
计税基础					
暂时性差异					

（2）根据资料（2），编制甲公司2017年与B楼房转换为投资性房地产及其后续公允价值变动相关的会计分录。

（3）根据资料（3），编制甲公司2017年与购入国债及确认利息相关的会计分录。

（4）根据上述资料，计算甲公司2013～2016年各年年末的递延所得税资产或负债余额。

（5）根据上述资料，计算甲公司2017年的应交所得税和所得税费用，以及2017年年末递延所得税资产或负债余额，并编制相关会计分录。(2018年)

【答案】

（1）

2013年A设备应计提的折旧＝6 000×5÷（1＋2＋3＋4＋5）＝2 000（万元）

2014年A设备应计提的折旧＝6 000×4÷（1＋2＋3＋4＋5）＝1 600（万元）

2015年A设备应计提的折旧＝6 000×3÷（1＋2＋3＋4＋5）＝1 200（万元）

2016年A设备应计提的折旧＝6 000×2÷（1＋2＋3＋4＋5）＝800（万元）

2017年A设备应计提的折旧＝6 000×1÷（1＋2＋3＋4＋5）＝400（万元）

单元：万元

项目	2013年12月31日	2014年12月31日	2015年12月31日	2016年12月31日	2017年12月31日
账面价值	4 000	2 400	1 200	400	0
计税基础	4 800	3 600	2 400	1 200	0
暂时性差异	800	1 200	1 200	800	0

（2）

借：投资性房地产　　1 300

　　累计折旧　　400

　　贷：固定资产　　800

　　　　其他综合收益　　900

借：投资性房地产　　200

贷：公允价值变动损益 200

（3）

借：债权投资 1 000

贷：银行存款 1 000

借：应收利息 25

贷：投资收益 25

（4）

2013 年年末的递延所得税资产余额 =400×12.5% +400×25% =150（万元）

2014 年年末的递延所得税资产余额 =400×12.5% +800×25% =250（万元）

2015 年年末的递延所得税资产余额 =400×12.5% +800×25% =250（万元）

2016 年年末的递延所得税资产余额 =800×25% =200（万元）

【注意】

递延所得税的税率，是适用该部分递延所得税真正要缴税年度的所得税税率。

2013 年 12 月 31 日，暂时性差异 =800，该差异属于可抵扣差异，当年不缴税

2014 年 12 月 31 日，暂时性差异 =1 200，该差异属于可抵扣差异，当年不缴税

2015 年 12 月 31 日，暂时性差异 =1 200，该差异属于可抵扣差异，当年不缴税

2016 年 12 月 31 日，暂时性差异 =800，（当年可抵扣暂时性差异比上年减少 400，表明这 400 的部分，在当年缴纳税款，所以导致差异减少）

2017 年 12 月 31 日，暂时性差异 =0（当年暂时性差异比上年减少 800，表明这 800 的部分，在当年缴纳税款，所以导致差异减少）

在 13 年确认的暂时性差异 =800，其中 400 为 2016 年交税，税率 12.5%。剩余 400 为 2017 年交税，税率 25%。

在 14 年确认的暂时性差异 =1 200，其中 400 为 2016 年交税，税率 12.5%。剩余 800 为 2017 年交税，税率 25%。

在 15 年确认的暂时性差异 =1 200，其中 400 为 2016 年交税，税率 12.5%。剩余 800 为 2017 年交税，税率 25%。

在 16 年确认的暂时性差异 =800，其中 400 当年已经交税。剩余 800 为 2017 年交税，税率 25%。

（5）

应交所得税 =（4 500 −800 −200 −16 −25 +60）×25% =879.75（万元）

所得税费用 =879.75 +800×25% +279 −（1 300 −400）×25% =1 133.75（万元）

递延所得税负债余额 =（1 500 −400 +16）×25% =279（万元）

借：所得税费用 1 133.75

其他综合收益 [（1 300 −400）×25%] 225

贷：递延所得税负债 279

应交税费 879.75

递延所得税资产 200

【注意】应交所得税中各个数字来源：

（1）购进的设备，在 2017 年，会计上折旧 400，税法上折旧 1 200，会计上少计提折旧 800，

要在计算应交所得税的时候，用会计利润减去。

（2）投资性房地产2017年公允价值变动损益200，税法上不认公允价值变动，所以要在计算应交所得税的时候，用会计利润减去。

（3）投资性房地产税法上仍然要按照原来的年限平均法计提折旧，会计上转为公允价值计量，不计提折旧。税法上折旧800÷50=16，所以要在计算应交所得税的时候，用会计利润减去。

（4）国债利息收入免税，2017年国债利息收入=1 000×5%×1/2=25，要在计算应交所得税的时候，用会计利润减去。

（5）捐赠支出，超过部分，不得在所得税前扣除，捐赠允许扣除的限额=4 500×12%=540，超出部分60，要在计算应交所得税的时候，用会计利润加上。

递延所得税负债余额数字来源：

1 500-400+16，是投资性房地产公允价值与计税基础的差额，计税基础=800-（400+800/50）=384万元，所以差额这一部分，确认为递延所得税负债。

所得税费用的计算：

（1）800×25%是2017年期初递延所得税资产余额，也就是第4问中计算出来的2016年末的递延所得税资产余额。

（2）279是2017年期末递延所得税负债余额。

（3）（1 300-400）×25%，是2017年年初，递延所得负债的金额。当时投资性房地产公允价值1 300，计税基础800-400=400，所以差额部分，要确认递延所得税负债。因这里投资性房地产公允价值的变动计入其他综合收益，所以不影响所得税费用，所以从中减去。

（4）所得税费用=应交所得税+递延所得税负债的增加额-递延所得税资产的增加额-不影响所得税费用的部分=879.75+（279-0）-（0-800×25%）-（1 300-400）×25%=1 133.75（万元）

【例题20-9·综合题】甲股份有限公司（以下简称“甲公司”）2018年发生的有关交易或事项中，会计处理与所得税处理存在差异的包括以下几项：

（1）1月1日，甲公司以3 800万元取得对乙公司20%股权，并自取得当日起向乙公司董事会派出1名董事，能够对乙公司财务和经营决策施加重大影响。取得股权时，乙公司可辨认净资产的公允价值与账面价值相同，均为16 000万元。

乙公司2018年实现净利润500万元，当年取得的指定为以公允价值计量且其变动计入其他综合收益的金融资产核算的股票投资2018年年末市价相对于取得成本上升200万元。甲公司与乙公司2018年未发生交易。

甲公司拟长期持有对乙公司的投资。税法规定，我国境内设立的居民企业间股息、红利免税。

（2）甲公司2018年发生研发支出1 000万元，其中按照会计准则规定费用化的部分为400万元，资本化形成无形资产的部分为600万元。该研发形成的无形资产于2018年7月1日达到预定用途，预计可使用5年，采用直线法摊销，预计净残值为零。税法规定，企业为开发新技术、新产品、新工艺发生的研究开发费用，未形成资产计入当期损益的，在据实扣除的基础上，按照研发费用的75%加计扣除；形成资产的，未来期间按照无形资产摊销金额的175%予以税前扣除。该无形资产摊销方法、摊销年限及净残值的税法规定与会计相同。

（3）甲公司2018年利润总额为5 200万元。

其他有关资料：

本题中有关公司均为我国境内居民企业，适用的所得税税率均为25%；预计甲公司未来期间能够产生足够的应纳税所得额用以抵扣可抵扣暂时性差异。

甲公司2018年年初递延所得税资产与负债的余额均为零，且不存在未确认递延所得税负债或资产的暂时性差异。

要求：

(1) 根据资料 (1)、资料 (2)，分别确定各交易或事项截至2018年12月31日所形成资产的账面价值与计税基础，并说明是否应确认相关的递延所得税资产或负债及其理由。

(2) 计算甲公司2018年应交所得税，编制甲公司2018年与所得税费用相关的会计分录。(2016年)

【答案】

(1) 事项 (1)：

甲公司对乙公司长期股权投资2018年12月31日的账面价值 = 3 800 + (500 + 200) × 20% = 3 940 (万元)，其计税基础为3 800万元。

该长期股权投资的账面价值与计税基础形成暂时性差异，但不应确认相关递延所得税负债。

理由：在甲公司拟长期持有该投资的情况下，其账面价值与计税基础形成的暂时性差异将通过乙公司向甲公司分配现金股利或利润的方式消除，在两者适用所得税税率相同的情况下，有关利润在回甲公司时是免税的，不产生对未来期间的所得税影响。

事项 (2)：

该项无形资产2018年12月31日的账面价值 = 600 - 600 ÷ 5 × 1/2 = 540 (万元)，计税基础 = 540 × 175% = 945 (万元)。

该无形资产的账面价值与计税基础之间形成的可抵扣暂时性差异405 (945 - 540) 万元，企业不应确认相关的递延所得税资产。

理由：该差异产生于自行研究开发形成无形资产的初始入账价值与其计税基础之间。会计准则规定，有关暂时性差异在产生时 (交易发生时) 既不影响会计利润，也不影响应纳税所得额，同时亦非产生于企业合并的情况下，不应确认相关暂时性差异的所得税影响。相应地，因初始确认差异所带来的后续影响亦不应予以确认。

(2) 应纳税所得额 = 5 200 - 100 - 300 - 45 = 4 755 (万元)

我国境内设立的居民企业间股息、红利免税，故乙公司实现净利润500万元中归属于甲公司的100 (500 × 20%) 万元，调减。

研发支出费用化的75%加计扣除，即300 (400 × 75%) 万元，调减。

无形资产，按照无形资产摊销金额的175%予以税前扣除，即45 (600 ÷ 5 × 1/2 × 75%) 万元，调减。

应交所得税 = 4 755 × 25% = 1 188.75 (万元)

借：所得税费用　　1 188.75

　　贷：应交税费——应交所得税　　1 188.75

第二十一章 租 赁

考点一：租赁的识别

如果合同一方让渡了在一定期间内控制一项或多项已识别资产使用的权利以换取对价，则该合同为租赁或者包含租赁。

一项合同要被分类为租赁，必须要满足三要素：

（1）存在一定期间：在合同中，"一定期间"也可以表述为已识别资产的使用量。

（2）存在已识别资产。

（3）资产供应方向客户转移对已识别资产使用权的控制。

考点二：租赁的分拆与合并

1. 单独租赁，需同时符合两个条件。

（1）承租人可从单独使用该资产或将其与易于获得的其他资源一起使用中获利。

（2）该资产与合同中的其他资产不存在高度依赖或高度关联关系。

2. 分拆。

（1）同时包含多项单独租赁的，承租人、出租人都应当将合同分拆。

（2）同时包括租赁、非租赁，承租人可以分拆或者不分拆；出租人应当分拆。

承租人：在分拆合同包含的租赁和非租赁部分时，承租人应当按照各项租赁部分单独价格及非租赁部分的单独价格之和的相对比例分摊合同对价。选择不分拆的，应当将各租赁部分及与其相关的非租赁部分分别合并为租赁，按照新租赁准则进行会计处理。

出租人：出租人应当分拆租赁部分和非租赁部分，根据收入准则关于交易价格分摊的规定分摊合同对价。

3. 合并。

在满足下列条件之一时，应当合并为一份合同进行会计处理：

（1）该两份或多份合同基于总体商业目的而订立并构成一揽子交易，若不作为整体考虑则无法理解其总体商业目的。

（2）该两份或多份合同中的某份合同的对价金额取决于其他合同的定价或履行情况。

（3）该两份或多份合同让渡的资产使用权合起来构成一项单独租赁。

两份或多份合同合并为一份合同进行会计处理的，仍然需要区分该一份合同中的租赁部分和非租赁部分。

考点三：租赁期

租赁期：承租人有权使用租赁资产且不可撤销的期间。租赁期自租赁期开始日起计算。

租赁期开始日：租赁期开始日，是指出租人提供租赁资产使其可供承租人使用的起始日期。

承租人有续租选择权，且合理确定将行使该选择权的，租赁期还应当包含续租选择权涵盖的期间；承租人有终止租赁选择权，但合理确定将不会行使该选择权的，租赁期应当包含终止租赁选择权涵盖的期间。

不可撤销期间：如果承租人和出租人双方均有权在未经另一方许可的情况下终止租赁，且罚款金额不重大，则该租赁不再可强制执行。

如果不可撤销的租赁期间发生变化，企业应当修改租赁期。

考点四：承租人的会计处理

在租赁期开始日，承租人应当对租赁确认使用权资产和租赁负债，应用短期租赁和低价值资产租赁简化处理的除外。

一、租赁负债

1. 初始计量。

按照租赁期开始日尚未支付的租赁付款额的现值进行初始计量。

租赁付款额包括以下五项内容：

（1）固定付款额及实质固定付款额，存在租赁激励的，扣除租赁激励相关金额。

（2）取决于指数或比率的可变租赁付款额。

除了取决于指数或比率的可变租赁付款额之外，其他可变租赁付款额均不纳入租赁负债的初始计量中。

（3）购买选择权的行权价格，前提是承租人合理确定将行使该选择权。

（4）行使终止租赁选择权需支付的款项，前提是租赁期反映出承租人将行使终止租赁选择权。

（5）根据承租人提供的担保余值预计应支付的款项。

折现率：在计算租赁付款额的现值时，承租人应当采用租赁内含利率作为折现率；无法确定租赁内含利率的，应当采用承租人增量借款利率作为折现率。

租赁内含利率，是指使出租人的租赁收款额的现值与未担保余值的现值之和等于租赁资产公允价值与出租人的初始直接费用之和的利率。

初始直接费用，是指为达成租赁所发生的增量成本。增量成本是指若企业不取得该租赁，则不会发生的成本，如佣金、印花税等。无论是否实际取得租赁都会发生的支出，不属于初始直接费用，例如为评估是否签订租赁而发生的差旅费、法律费用等，此类费用应当在发生时计入当期损益。

2. 后续计量。

（1）确认租赁负债的利息时，增加租赁负债的账面金额；

（2）支付租赁付款额时，减少租赁负债的账面金额；

（3）因重估或租赁变更等原因导致租赁付款额发生变动时，重新计量租赁负债的账面价值。

借：租赁负债——租赁付款额

　　贷：银行存款

借：财务费用——利息费用

贷：租赁负债——未确认融资费用

重新计量租赁负债的情形：①实质固定付款额发生变动。②担保余值预计的应付金额发生变动。③用于确定租赁付款额的指数或比率发生变动。④购买选择权、续租选择权或终止租赁选择权的评估结果或实际行使情况发生变化。

二、使用权资产

1. 初始计量。

在租赁期开始日，承租人应当按照成本对使用权资产进行初始计量。该成本包括下列四项：

（1）租赁负债的初始计量金额。

（2）在租赁期开始日或之前支付的租赁付款额；存在租赁激励的，应扣除已享受的租赁激励相关金额。

（3）承租人发生的初始直接费用。

（4）承租人为拆卸及移除租赁资产、复原租赁资产所在场地或将租赁资产恢复至租赁条款约定状态预计将发生的成本。

借：使用权资产

租赁负债——未确认融资费用

贷：租赁负债——租赁付款额

银行存款（第1年的租赁付款额）

2. 后续计量。

在租赁期开始日后，承租人应当采用成本模式对使用权资产进行后续计量，即，以成本减累计折旧及累计减值损失计量使用权资产。

通常，承租人按直线法对使用权资产计提折旧。使用权资产通常应自租赁期开始的当月计提折旧。

使用权资产发生减值的，按应减记的金额，借记“资产减值损失”科目，贷记“使用权资产减值准备”科目。使用权资产减值准备一旦计提，不得转回。承租人应当按照扣除减值损失之后的使用权资产的账面价值，进行后续折旧。

三、短期租赁和低价值资产租赁

对于短期租赁和低价值资产租赁，承租人可以选择不确认使用权资产和租赁负债。作出该选择的，承租人应当将短期租赁和低价值资产租赁的租赁付款额，在租赁期内各个期间按照直线法或其他系统合理的方法计入相关资产成本或当期损益。

短期租赁，是指在租赁期开始日，租赁期不超过12个月的租赁。包含购买选择权的租赁不属于短期租赁。

【例题21－1·多选题】下列关于承租人租赁会计处理的表述中，正确的有（　　）。（2016年改编）

A. 承租人对于租赁中可能发生的，不取决于指数或比率的可变租赁付款额，应于发生时计入当期损益

B. 承租人发生的初始直接费用应当在整个租赁期间平均摊销

C. 根据承租人提供的担保余值预计应支付的款项应计入租赁负债的初始计量成本

D. 出租人承担了应由承租人承担的相关费用时，承租人对于出租人所承担的费用应确认为

当期损益

【答案】AC

【解析】选项B错误，承租人发生的初始直接费用应计入使用权资产的初始计量成本；选项D错误，属于租赁激励，存在租赁激励的，承租人在确定租赁付款额时，应扣除租赁激励相关金额。

【例题21－2·多选题】下列各项中，应当计入相关资产初始确认金额的有（　　）。（2013年）

A. 采购原材料过程中发生的装卸费

B. 取得以摊余成本计量的金融资产时发生的交易费用

C. 取得交易性金融资产发生的交易费用

D. 承租人签订租赁合同过程中发生的可归属于租赁项目的初始直接费用

【答案】ABD

【解析】选项C，应计入投资收益。

考点五、出租人的会计处理

一、租赁分类

出租人应当在租赁开始日将租赁分为融资租赁和经营租赁。

一项租赁存在下列一种或多种情形的，通常分类为融资租赁：

（1）在租赁期届满时，租赁资产的所有权转移给承租人。

（2）承租人有购买租赁资产的选择权，所订立的购买价款预计将远低于行使选择权时租赁资产的公允价值，因而在租赁开始日就可以合理确定承租人将行使该选择权。

（3）资产的所有权虽然不转移，但租赁期占租赁资产使用寿命的大部分。实务中，这里的“大部分”一般指租赁期占租赁开始日租赁资产使用寿命的75%以上（含75%）。

这条标准强调的是租赁期占租赁资产使用寿命的比例，而非租赁期占该项资产全部可使用年限的比例。

（4）在租赁开始日，租赁收款额的现值几乎相当于租赁资产的公允价值。实务中，这里的“几乎相当于”，通常掌握在90%以上。

（5）租赁资产性质特殊，如果不作较大改造，只有承租人才能使用。

二、出租人对融资租赁的会计处理

1. 初始计量。

在租赁期开始日，出租人应当对融资租赁确认应收融资租赁款，并终止确认融资租赁资产。出租人对应收融资租赁款进行初始计量时，应当以租赁投资净额作为应收融资租赁款的入账价值。

租赁投资净额＝未担保余值＋租赁期开始日尚未收到的租赁收款额按照租赁内含利率折现的现值＝租赁资产在租赁期开始日的公允价值＋出租人发生的租赁初始直接费用

租赁收款额包括：

（1）承租人需支付的固定付款额及实质固定付款额。存在租赁激励的，应当扣除租赁激励相关金额。

（2）取决于指数或比率的可变租赁付款额。该款项在初始计量时根据租赁期开始日的指数或比率确定。

出租人取得的未纳入租赁投资净额计量的可变租赁付款额，如与资产的未来绩效或使用情况挂钩的可变租赁付款额，应当在实际发生时计入当期损益。

（3）购买选择权的行权价格，前提是合理确定承租人将行使该选择权。

（4）承租人行使终止租赁选择权需支付的款项，前提是租赁期反映出承租人将行使终止租赁选择权。

（5）由承租人、与承租人有关的一方以及有经济能力履行担保义务的独立第三方向出租人提供的担保余值。

借：应收融资租赁款——租赁收款额（租赁收款额，包括上述（1）~（5）项）

　　贷：银行存款（初始直接费用）

　　　　融资租赁资产（账面价值）

　　　　资产处置损益（融资租赁资产公允价值与账面价值的差额）

　　　　应收融资租赁款——未实现融资收益

2. 融资租赁的后续计量。

出租人应当按照固定的周期性利率计算并确认租赁期内各个期间的利息收入。

借：银行存款

　　贷：应收融资租赁款——租赁收款额

借：应收融资租赁款——未实现融资收益

　　贷：租赁收入

【例题 21 -3 · 单选题】下列各项中，不构成融资租赁中租赁收款额组成部分的是（　　）（2017 年）

A. 出租人为承租人偿付或承担的成本

B 取决于指数或比率的可变租赁付款额

C. 承租人或与其有关的第三方担保的资产余值

D. 独立于承租人和出租人的第三方担保的资产余值

【答案】A

【解析】选项 A 属于租赁激励相关金额，应当从租赁收款额中扣除。

三、出租人对经营租赁的会计处理

1. 租金的处理。

在租赁期内各个期间，出租人应采用直线法或者其他系统合理的方法将经营租赁的租赁收款额确认为租金收入。

2. 出租人对经营租赁提供激励措施。

出租人提供免租期的，出租人应将租金总额在不扣除免租期的整个租赁期内，按直线法或其他合理的方法进行分配，免租期内应当确认租金收入。出租人承担了承租人某些费用的，出租人应将该费用自租金收入总额中扣除，按扣除后的租金收入余额在租赁期内进行分配。

3. 初始直接费用。

出租人发生的与经营租赁有关的初始直接费用应当资本化至租赁标的资产的成本，在租赁期内按照与租金收入相同的确认基础分期计入当期损益。

4. 折旧和减值。

对于经营租赁资产中的固定资产，出租人应当采用类似资产的折旧政策计提折旧出租人应当按照《企业会计准则第8号——资产减值》的规定，确定经营租赁资产是否发生减值，并对已识别的减值损失进行会计处理。

5. 可变租赁付款额。

出租人取得的与经营租赁有关的可变租赁付款额，如果是与指数或比率挂钩的，应在租赁期开始日计入租赁收款额；除此之外的，应当在实际发生时计入当期损益。

6. 经营租赁的变更。

经营租赁发生变更的，出租人应自变更生效日开始，将其作为一项新的租赁进行会计处理，与变更前租赁有关的预收或应收租赁收款额视为新租赁的收款额。

【例题21－4·单选题】 2019年1月1日，甲公司与乙公司签订租赁合同，将其一栋物业租赁给乙公司作为商场使用。根据合同约定，物业的租金为每月50万元，于每季末支付；租赁期为5年，自合同签订日开始算起；租赁期首3个月为免租期，乙公司免予支付租金；如果乙公司每年的营业收入超过10亿元，乙公司应向甲公司支付经营分享收入100万元。乙公司2019年度实现营业收入12亿元。甲公司认定上述租赁为经营租赁。不考虑增值税及其他因素，上述交易对甲公司2019年度营业利润的影响金额是（　　）万元。(2019年)

A. 570　　B. 600　　C. 670　　D. 700

【答案】 C

【解析】 在出租人提供了免租期的情况下应将租金总额在整个租赁期内，而不是在租赁期扣除免租期后的期间内按直线法或其他合理的方法进行摊销，免租期内应确认租金费用。

出租人取得的与经营租赁有关的可变租赁付款额，如果是与指数或比率挂钩的，应在租赁期开始日计入租赁收款额；除此之外的，应当在实际发生时计入当期损益。

甲公司20×9年需要确认的租金费用＝(5×12－3)×50/60×12＋100＝670（万元)。

【例题21－5·多选题】 2017年1月1日，甲公司与租赁公司乙签订一项经营租赁合同，向乙公司租入一台设备。租赁合同约定：租赁期为3年，租赁期开始日为合同签订当日，月租金为6万元，每年末支付当年度租金；前3个月免交租金；如果市场平均月租金水平较上月上涨的幅度超过10%，自次月起每月增加租金0.5万元。乙公司为签订上述经营租赁合同于2017年1月5日支付律师费3万元。已知租赁开始日租赁设备的公允价值为980万元。下列各项关于租赁会计处理的表述中，正确的有（　　）。(2009年新制度考题改编)

A. 甲的可变租赁付款额在实际发生时计入当期损益

B. 乙为签订租赁合同发生的律师费用计入当期损益

C. 甲按照租赁开始日租赁设备的公允价值确认为使用权资产

D. 甲对该使用权资产自2017年2月起开始计提折旧

E. 乙在免租期内按照租金总额在整个租赁期内采用合理方法分摊的金额确认租金收入

【答案】 ABE

【解析】 选项A正确，该可变租赁付款额不取决于指数或比例，不计入租赁负债；选项B正确，律师费用不属于初始直接费用，发生时直接计入当期损益；选项C错误，应当以租赁负债的初始计量金额对使用权资产进行初始计量；选项D错误，承租人应当自租赁期开始日起对使用权资产计提折旧；选项E正确，出租人提供免租期的，出租人应将租金总额在不扣除免租期的整个租赁期内，按直线法或其他合理的方法进行分配，免租期内应当确认租金收入。

【例题21－6·单选题】 甲公司将一闲置机器设备以经营租赁方式租给乙公司使用。租赁合同约定，租赁期开始日为2013年7月1日，租赁期4年，年租金为120万元，租金每年7月1日支付。租赁期开始日起的前3个月免收租金。2013年7月1日，甲公司收到乙公司支付的扣除免租期后的租金90万元。不考虑其他因素，甲公司2013年应确认的租金收入是（　　）万元。（2013年）

A. 56.25　　B. 60.00　　C. 90.00　　D. 120.00

【答案】A

【解析】出租人提供了免租期的情况下，出租人应将租金总额在整个租赁期内（不是在租赁期扣除免租期后的期间内）进行分配，免租期内应确认租金收入。

租赁期收取的租金总额 = 120 × 3 + 90 = 450（万元），每年确认的租金 = 450 ÷ 4 = 112.5（万元），2013年应确认的租金收入 = 112.5 × 6/12 = 56.25（万元）。

考点六：特殊租赁业务的会计处理

一、转租赁

转租出租人对原租赁合同和转租赁合同分别根据承租人和出租人进行会计处理。

二、生产商或经销商出租人的融资租赁会计处理

确认收入：在租赁期开始日应当按照租赁资产公允价值与租赁收款额按市场利率折现的现值两者孰低确认。

结转成本：按照租赁资产账面价值扣除未担保余值的现值后的余额结转销售成本。

由于取得融资租赁所发生的成本主要与生产商或经销商赚取的销售利得相关，生产商或经销商出租人应当在租赁期开始日将其计入损益。

三、售后租回交易的会计处理

评估确定售后租回交易中的资产转让是否属于销售，并区别进行会计处理。如果承租人在资产转移给出租人之前已经取得对标的资产的控制，则该交易属于售后租回交易。

1. 售后租回交易中的资产转让属于销售。

卖方兼承租人：

确认使用权资产：原资产账面价值中与租回获得的使用权有关的部分。

确认相关利得或损失：原资产转让至买方兼出租人的部分确认利得或损失。

买房兼出租人：分别按购买资产、出租资产进行会计处理。

如果销售对价的公允价值与资产的公允价值不同，或者出租人未按市场价格收取租金，企业应当进行以下调整：

（1）销售对价低于市场价格的款项作为预付租金进行会计处理；

（2）销售对价高于市场价格的款项作为买方兼出租人向卖方兼承租人提供的额外融资进行会计处理。

同时，承租人按照公允价值调整相关销售利得或损失，出租人按市场价格调整租金收入。

2. 售后租回交易中的资产转让不属于销售。

卖方兼承租人不终止确认所转让的资产，而应当将收到的现金作为金融负债，买方兼出租人不确认被转让资产，而应当将支付的现金作为金融资产。

第八编
特殊事项（三）

第二十二章　会计政策、会计估计变更和差错更正

考点一：会计政策变更与会计估计变更的划分

（一）会计政策变更

1. 以会计确认是否发生变更作为判断基础。

一般地，对会计确认的指定或选择是会计政策，其相应的变更是会计政策变更。

2. 以计量基础是否发生变更作为判断基础。

一般地，对计量基础的指定或选择是会计政策，其相应的变更是会计政策变更。

3. 以列报项目是否发生变更作为判断基础。

一般地，对列报项目的指定或选择是会计政策，其相应的变更是会计政策变更。

4. 根据会计确认、计量基础和列报项目所选择的、为取得与资产负债表项目有关的金额或数值（如预计使用寿命、净残值等）所采用的处理方法，不是会计政策，而是会计估计，其相应的变更是会计估计变更。

5. 难以对某项变更区分会计政策变更或会计估计变更的，应当将其作为会计估计变更。

【注意】以下两种情况不属于会计政策变更：

（1）本期发生的交易或者事项与以前相比具有本质差别而采用新的会计政策；

（2）对初次发生的或不重要的交易或者事项采用新的会计政策。

（二）会计估计变更

会计估计变更是指由于资产和负债的当前状况及预期经济利益和义务发生了变化，从而对资产或负债的账面价值或者资产的定期消耗金额进行调整。例如，固定资产折旧方法由年限平均法改为年数总和法。

【例题22－1·单选题】下列各项中，属于会计政策变更的是（　　）。（2014年）

A. 将一项固定资产的净残值由20万元变更为5万元

B. 将产品保修费用的计提比例由销售收入的2%变更为1.5%

C. 将发出存货的计价方法由移动加权平均法变更为个别计价法

D. 将一台生产设备的折旧方法由年限平均法变更为双倍余额递减法

【答案】C

【解析】选项A、B和D均属于会计估计变更，选项C属于会计政策变更。

【例题22－2·多选题】下列各项中，属于会计政策变更的有（　　）。（2012年）

A. 固定资产的预计使用年限由15年改为10年

B. 所得税会计处理由应付税款法改为资产负债表债务法

C. 投资性房地产的后续计量由成本模式改为公允价值模式

D. 开发费用的处理由直接计入当期损益改为有条件资本化

【答案】 BCD

【解析】 选项A，固定资产的预计使用年限由15年改为10年属于会计估计变更。

【例题22－3·单选题】 甲公司董事会决定的下列事项中，属于会计政策变更的是（　　）。(2013年)

A. 将自行开发无形资产的摊销年限由8年调整为6年

B. 将发出存货的计价方法由先进先出法变更为移动加权平均法

C. 将账龄在1年以内应收账款的坏账计提比例由5%提高至8%

D. 将符合持有待售条件的固定资产由非流动资产重分类为流动资产列报

【答案】 B

【解析】 选项A和C属于会计估计变更；选项D属于新的事项，不属于会计变更。

【例题22－4·单选题】 甲公司为某集团母公司，其与控股子公司（乙公司）会计处理存在差异的下列事项中，在编制合并财务报表时，应当作为会计政策予以统一的是（　　）。(2014年)

A. 甲公司产品保修费用的计提比例为售价的2%，乙公司为售价的3%

B. 甲公司对机器设备的折旧年限按不少于15年确定，乙公司按不少于20年

C. 甲公司对投资性房地产采用成本模式进行后续计量，乙公司采用公允价值模式

D. 甲公司对1年以内应收款项计提坏账准备的比例为期末余额的3%，乙公司为期末余额的5%

【答案】 C

【解析】 选项A、B和D属于会计估计，不属于会计政策。

【例题22－5·多选题】 甲公司2014年经董事会决议作出的下列变更中，属于会计估计变更的有（　　）。(2015年)

A. 将发出存货的计价方法由移动加权平均法改为先进先出法

B. 改变离职后福利核算方法，按照新的会计准则有关设定受益计划的规定进行追溯

C. 因车流量不均衡，将高速公路收费权的摊销方法由年限平均法改为车流量法

D. 因市场条件变化，将某项采用公允价值计量的金融资产的公允价值确定方法由第一层级转变为第二层级

【答案】 CD

【解析】 选项A和B属于会计政策变更。

【例题22－6·多选题】 甲公司专门从事大型设备制造与销售，设立后即召开董事会会议，确定有关会计政策和会计估计事项。下列各项关于甲公司董事会确定的事项中，属于会计政策的有（　　）。

A. 建造合同按照完工百分比法确认收入

B. 投资性房地产采用公允价值模式进行后续计量

C. 按照生产设备预计生产能力确定固定资产的使用寿命

D. 将发出存货的计价方法由移动加权平均法改为先进先出法

【答案】ABD

【解析】改变固定资产的使用寿命，属于会计估计，选项C不正确。

【例题22－7·单选题】甲公司拥有对四家公司的控股权，其下属子公司的会计政策和会计估计均符合会计准则规定。不考虑其他因素，甲公司在编制2016年合并财务报表时，对其子公司进行的下述调整中，正确的是（　　）。(2017年)

A. 将子公司（乙公司）1年以内应收账款坏账准备的计提比例由3%调整为与甲公司相同的计提比例5%

B. 对2016年通过同一控制下企业合并取得的子公司（丁公司），将其固定资产、无形资产的折旧和摊销年限按照与甲公司相同的期限进行调整

C. 将子公司（丙公司）投资性房地产的后续计量模式由成本模式调整为与甲公司相同的公允价值模式

D. 将子公司（戊公司）闲置不用但没有明确处置计划的机器设备由固定资产调整为持有待售非流动资产并相应调整后续计量模式

【答案】C

【解析】合并财务报表编制时要统一母子公司的会计政策、资产负债表日及会计期间。对于母子公司的会计估计，并不需要统一。选项A属于会计估计；选项B属于会计估计；选项C属于会计政策；选项D，闲置不用但没有明确处置计划的机器设备不满足划分为持有待售的条件，属于错误的会计处理。

考点二：会计政策变更的会计处理

发生会计政策变更时，有两种会计处理方法，即追溯调整法和未来适用法。

追溯调整法是指对某项交易或事项变更会计政策，视同该项交易或事项初次发生时即采用变更后的会计政策，并以此对财务报表相关项目进行调整的方法。

未来适用法是指将变更后的会计政策应用于变更日及以后发生的交易或者事项，或者在会计估计变更当期和未来期间确认会计估计变更影响数的方法。

考点三：会计估计变更的会计处理

企业对会计估计变更应当采用未来适用法处理。

1. 会计估计变更仅影响变更当期的，其影响数应当在变更当期予以确认。

2. 会计估计变更既影响变更当期又影响未来期间的，其影响数应当在变更当期和未来期间予以确认。

3. 难以对某项变更区分为会计政策变更或会计估计变更的，应当将其作为会计估计变更处理。

【例题22－8】甲公司某项管理用固定资产系2015年6月30日购入并投入使用，该设备原值1 200万元，预计使用年限12年，预计净残值为零，按年限平均法计提折旧。2018年6月，市场出现更先进的替代资产，管理层重新评估了该资产的剩余使用年限，预计其剩余使用年限为6年，预计净残值仍为零（折旧方法不予调整）。甲公司2018年的相关会计处理如下：

借：以前年度损益调整	83.33	
管理费用	133.33	
贷：累计折旧		216.66

其他资料：不考虑所得税等相关税费的影响，以及以前年度损益调整结转的会计处理。

要求：判断甲公司对该事项的会计处理是否正确，并说明理由；对于不正确的事项，编制更正有关会计处理的调整分录。(2014 年 B 卷节选)

【答案】甲公司对该事项的会计处理不正确

理由：固定资产折旧年限变更属于会计估计变更，不应追溯调整。

估计变更后，按照剩余年限计算的每年折旧额 =

(1 200 - 1 200 × 3/12) ÷ 6 = 150（万元)，即每半年折旧额为 75 万元。

调整分录：

借：累计折旧　　91.66

　贷：管理费用　　[133.33 - (50 + 75)] 8.33

　　以前年度损益调整　　83.33

【例题 22 - 9 · 单选题】甲公司持有非上市的乙公司 5% 股权。以前年度，甲公司采用上市公司比较法、以市盈率为市场乘数估计所持乙公司股权投资的公允价值。由于客观情况发生变化，为使计量结果更能代表公允价值，甲公司从 2019 年 1 月 1 日起变更估值方法，采用以市净率为市场乘数估计所持乙公司股权投资的公允价值。对于上述估值方法的变更，甲公司正确的会计处理方法是（　　)。(2019 年)

A. 作为会计估计变更进行会计处理，并按照《企业会计准则第 39 号——公允价值计量》的规定对估值技术及其应用的变更进行披露

B. 作为会计估计变更进行会计处理，并按照《企业会计准则第 28 号——会计政策、会计估计变更和差错更正》的规定对会计估计变更进行披露

C. 作为前期差错更正进行会计处理，并按照《企业会计准则第 28 号——会计政策、会计估计变更和差错更正》的规定对前期差错更正进行披露

D. 作为会计政策变更进行会计处理，并按照《企业会计准则第 28 号——会计政策、会计估计变更和差错更正》的规定对会计政策变更进行披露

【答案】A

【解析】企业变更估值技术或其应用的，应当按照《企业会计准则第 28 号——会计政策会计估计变更和差错更正》的规定作为会计估计变更，并根据《企业会计准则第 39 号公允价值计量》的披露要求对估值技术及其应用的变更进行披露，而不需要按照《企业会计准则第 28 号——会计政策、会计估计变更和差错更正》的规定对相关会计估计变更进行披露。

考点四：前期差错及其更正

1. 对于不重要的前期差错。

对于不重要的前期差错，企业不需调整财务报表相关项目的期初数（也就是不需要追溯)，但应调整发现当期与前期相同的相关项目。

2. 重要的前期差错的会计处理。

企业应当采用追溯重述法更正重要的前期差错，但确定前期差错累积影响数不切实可行的除外。

追溯重述法，是指在发现前期差错时，视同该项前期差错从未发生过，从而对财务报表相关项目进行更正的方法。追溯重述法的会计处理与追溯调整法相同。

【例题 22 - 10 · 单选题】甲公司注册在乙市，在该市有大量的投资性房地产。由于地处偏

僻，乙市没有活跃的房地产交易市场，无法取得同类或类似房地产的市场价格。以前年度，甲公司对乙市投资性房地产采用公允价值模式进行后续计量。经董事会批准，甲公司从2019年1月1日起将投资性房地产的后续计量由公允价值模式改变为成本模式。假定投资性房地产后续计量模式的改变对财务报表的影响重大，甲公司正确的会计处理方法是（　　）。(2019年)

A. 作为会计政策变更采用未来适用法进行会计处理

B. 作为会计估计变更采用未来适用法进行会计处理

C. 作为会计政策变更采用追溯调整法进行会计处理，并相应调整可比期间信息

D. 作为前期差错更正采用追溯重述法进行会计处理，并相应调整可比期间信息

【答案】 D

【解析】 由于地处偏僻，乙市没有活跃的房地产交易市场，无法取得同类或类似房地产的市场价格，投资性房地产无法以公允价值模式进行后续计量，而甲公司却在以前年度对乙市投资性房地产采用公允价值模式进行后续计量，因此属于前期差错，而且对财务报表具有重大影响，应当作为前期差错更正采用追溯重述法进行会计处理，并相应调整可比期间信息。

【例题22-11·单选题】 甲公司2012年10月为乙公司的银行贷款提供担保。银行、甲公司、乙公司三方签订的合同约定：(1) 贷款本金为4 200万元，自2012年12月21日起2年，年利率5.6%；(2) 乙公司以房产为该项贷款提供抵押担保；(3) 甲公司为该贷款提供连带责任担保。2014年12月22日，该项贷款逾期未付，银行要求甲公司履行担保责任。2014年12月30日，甲公司、乙公司与贷款银行经协商签订补充协议，约定将乙公司的担保房产变现用以偿付该贷款本息。该房产预计处置价款可以覆盖贷款本息，甲公司在其2014年财务报表中未确认相关预计负债。2015年5月，因乙公司该房产出售过程中出现未预期到的纠纷导致无法出售，银行向法院提起诉讼，判决甲公司履行担保责任。经庭外协商，甲公司需于2015年7月和2016年1月分两次等额支付乙公司所欠借款本息，同时获得对乙公司的追偿权，但无法预计能否取得。不考虑其他因素，甲公司对需履行的担保责任应进行的会计处理是（　　）。(2016年)

A. 作为2015年事项将需支付的担保款计入2015年财务报表

B. 作为会计政策变更将需支付的担保款追溯调整2014年财务报表

C. 作为重大会计差错更正将需支付的担保款追溯重述2014年财务报表

D. 作为新发生事项，将需支付的担保款分别计入2015年和2016年财务报表

【答案】 A

【解析】 此项不属于会计准则中规定的“编报前期财务报表时能够合理预计取得并应当加以考虑的可靠信息”，也不属于“前期财务报表批准报出时能够取得的可靠信息”，即不属于差错，当然也不属于会计政策变更。因2015年5月，法院判决甲公司履行担保责任，所以应将需支付的担保款计入2015年财务报表。

【例题22-12·多选题】 下列情形中，根据会计准则规定应当重述比较期间财务报表的有（　　）。(2015年)

A. 本年发现重要的前期差错

B. 因部分处置对联营企业投资将剩余长期股权投资转变为采用公允价值计量的金融资产

C. 发生同一控制下企业合并，自最终控制方取得被投资单位60%股权

D. 购买日后12个月内对上年非同一控制下企业合并中取得的可辨认资产负债暂时确定的价值进行调整

【答案】ACD

【解析】选项A，对于重要的前期差错，企业应当在其发现当期的财务报表中，调整前期比较数据；

选项B，直接作为当期事项处理，不需要重述比较期间财务报表；

选项C，对于同一控制下的控股合并，在合并当期编制合并财务报表时，应当对合并资产负债表的期初数进行调整，同时应当对比较报表的相关项目进行调整，视同合并后的报告主体在以前期间一直存在；

选项D，合并当期期末，对企业合并成本或所取得的被购买方可辨认资产、负债以暂时确定的价值对企业合并进行处理，自购买日算起12个月内取得进一步的信息表明需对原暂时确定的价值进行调整的，应视同在购买日发生，进行追溯调整，同时对以暂时性价值为基础提供的比较报表信息也应进行相关的调整。

【例题22-13】注册会计师在对甲股份有限公司（以下简称“甲公司”）2014年财务报表进行审计时，对其当年度发生的下列交易事项的会计处理提出疑问，希望能与甲公司财务部门讨论：

（1）1月2日，甲公司自公开市场以2 936.95万元购入乙公司于当日发行的一般公司债券30万张，该债券每张面值为100元，票面年利率为5.5%；该债券为5年期，分期付息（于下一年度的1月2日支付上一年利息）到期还本。甲公司根据其管理该债券的业务模式和该债券的合同现金流量特征，将该债券分类为以摊余成本计量的金融资产。甲公司对该交易事项的会计处理如下（会计分录中的金额单位为万元，下同）：

借：债权投资——成本　　3 000

　贷：银行存款　　2 936.95

　　财务费用　　63.05

借：应收利息　　165

　贷：投资收益　　165

（2）7月20日，甲公司取得当地财政部门拨款1 860万元，用于资助甲公司2014年7月开始进行的一项研发项目的前期研究。该研发项目预计周期为两年，预计将发生研究支出3 000万元。项目自2014年7月开始启动，至年末累计发生研究支出1 500万元（全部以银行存款支付）。甲公司对该交易事项的会计处理如下：

借：银行存款　　1 860

　贷：营业外收入　　1 860

借：研发支出——费用化支出　　1 500

　贷：银行存款　　1 500

借：管理费用　　1 500

　贷：研发支出——费用化支出　　1 500

（3）8月26日，甲公司与其全体股东协商，由各股东按照持股比例同比例增资的方式解决生产线建设资金需求。8月30日，股东新增投入甲公司资金3 200万元，甲公司将该部分资金存入银行存款账户。9月1日，生产线工程开工建设，并于当日及12月1日分别支付建造承包商工程款600万元和800万元。甲公司将尚未动用增资款项投资货币市场，月收益率0.4%。甲公司对该交易事项的会计处理如下：

借：银行存款　　3 200

贷：资本公积　　3 200

借：在建工程　　1 400

贷：银行存款　　1 400

借：银行存款　　38.40

贷：在建工程　　38.40

其中，冲减在建工程的金额 = 2 600 × 0.4% × 3 + 1 800 × 0.4% × 1 = 38.40（万元）。

其他有关资料：（P/A，5%，5）= 4.3295，（P/A，6%，5）= 4.2124，（P/F，5%，5）= 0.7835；（P/F，6%，5）= 0.7473。本题中有关公司均按净利润的10%计提法定盈余公积，不计提任意盈余公积。不考虑相关税费及其他因素。

要求：判断甲公司对有关交易事项的会计处理是否正确，对于不正确的，说明理由并编制更正的会计分录（无须通过"以前年度损益调整"科目）。(2015年)

【答案】

事项（1），甲公司的会计处理不正确。理由：企业购入折价发行的债券，应该将折价金额计入以摊余成本计量的金融资产的初始成本，且后续采用实际利率法对该折价金额进行摊销。更正分录为：

借：财务费用　　63.05

贷：债权投资——利息调整　　63.05

该债券预计未来现金流量 = 165 ×（P/A，6%，5）+ 30 000 ×（P/F，6%，5）= 165 × 4.2124 + 3 000 × 0.7473 = 2 936.95（万元）。因此该债券的实际利率为6%。本期应分摊的利息调整金额 = 2 936.95 × 6% − 165 = 11.22（万元）。

借：债权投资——利息调整　　11.22

贷：投资收益　　11.22

事项（2），甲公司的会计处理不正确。理由：与收益相关的政府补助，用于弥补以后期间将发生的费用或亏损的，应该先计入递延收益，然后在费用发生的期间转入当期营业外收入。

更正分录为：

借：营业外收入　　1 860

贷：递延收益　　（1 860 × 1 500 ÷ 3 000）930

管理费用　　930

或：

借：营业外收入　　1 860

贷：递延收益　　1 860

借：递延收益　　（1 860 × 1 500 ÷ 3 000）930

贷：管理费用　　930

事项（3），甲公司的会计处理不正确。理由：企业采用增资的方式筹集资金，此时应该是将取得的现金增加股本金额，同时闲置资金的利息收益应该冲减财务费用。更正分录为：

借：资本公积　　3 200

贷：股本　　3 200

借：在建工程　　38.40

贷：财务费用　　38.40

第二十三章　资产负债表日后事项

考点一：资产负债表日后事项的内容

资产负债表日后事项，是指资产负债表日至财务报告批准报出日之间发生的有利或不利事项；

资产负债表日后事项包括资产负债表日后调整事项和资产负债表日后非调整事项。

（1）资产负债表日后调整事项，是指对资产负债表日已经存在的情况提供了新的或进一步证据的事项；

（2）资产负债表日后非调整事项，是指表明资产负债表日后发生的情况的事项。

对资产负债表日后事项，若在资产负债表日或之前已经存在，则属于调整事项；反之，则属于非调整事项。

【注意】

（1）看时间。如果过了财务报表批准报出日，再发生这种调整事项是不能调整的，直接反映到当年的会计报表就行，不需要调整上一年度的财务报表；

（2）那就是区分“调整事项”和“非调整事项”，调整事项一定是上一年度存在的事情，只是下一年才最终确认而已。

【例题 23－1·多选题】 甲公司 2016 年财务报表于 2017 年 4 月 10 日批准对外报出，下列各项关于甲公司 2017 年发生的交易或事项中，属于 2016 年资产负债表日后调整事项的有（　　）。(2017 年)

A. 2 月 10 日，甲公司董事会通过决议，将投资性房地产的后续计量由成本模式变更为公允价值模式

B. 3 月 2 日，发现 2015 年度存在一项重大会计差错，该差错影响 2015 年利润表及资产负债表有关项目

C. 3 月 10 日，2016 年底的一项未决诉讼结案，法院判甲公司胜诉并获赔偿 1 800 万元，但甲公司无法判断对方的财务状况和支付能力

D. 4 月 3 日，收到 2016 年 11 月销售的一批已确认销售收入的商品发生 15% 的退货，按照购销合同约定，甲公司应当返还客户与该部分商品相关的货款

【答案】 BD

【解析】 选项 A 该事项发生在资产负债表日后，且在资产负债表日以前并不存在，故属于非调整事项。选项 B，该事项发生在资产负债表日之前，只是在资产负债表日后才发现，故属于调整事项。选项 C，该事项发生在资产负债表日前，但因无法判断对方财务状况和支付能力，故不能确认该笔赔偿为营业外收入，故不影响资产负债表，该事项属于非调整事项。选项 D，退货发

生在资产负债表日后，但由于该笔退货在资产负债表日之前销售的时候就已经确认了退货率，故属于资产负债表日以前就存在，只是现在进一步确认了，故属于调整事项。

【例题23-2·多选题】 甲公司2015年财务报告于2016年3月20日经董事会批准对外报出，其于2016年发生的下列事项中，不考虑其他因素，应当作为2015年度资产负债表日后调整事项的有（　　）。(2016年)

A. 2月10日，收到客户退回2013年6月销售部分商品，甲公司向客户开具红字增值税发票

B. 2月20日，一家子公司发生安全生产事故造成重大财产损失，同时被当地安监部门罚款600万元

C. 3月15日，于2015年发生的某涉诉案件终审判决，甲公司需赔偿原告1 600万元，该金额较2015年原已确认的预计负债多300万元

D. 3月18日，董事会会议通过2015年度利润分配预案，拟分配现金股利6 000万元，以资本公积转增股本，每10股转增2股

【答案】 AC

【解析】 选项B和D，这两个事项虽然发生在资产负债表日之后，财务报告报出之前，但因其属于资产负债表日后发生的事项，故属于资产负债表日后期间非调整事项。

【例题23-3·多选题】 2014年财务报告于2015年3月20日对外报出，其于2015年发生的下列交易事项中，应作为2014年调整事项处理的有（　　）。(2015年)

A. 1月20日，收到客户退回的部分商品，该商品于2014年9月确认销售收入

B. 3月18日，甲公司的子公司发布2014年经审计的利润，根据购买该子公司协议约定，甲公司在原预计或有对价基础上向出售方多支付1 600万元

C. 2月25日发布重大资产重组公告，发行股份收购一家下游企业100%股权

D. 3月10日，2013年被提起诉讼的案件结案，法院判决甲公司赔偿金额与原预计金额相差1 200万元

【答案】 ABD

【解析】 选项ABD，这些事项都在2014年资产负债表日就已经发生了，只是在2015年，又提供了新的或者进一步证据；选项C，该事项就属于2015年发生的，在资产负债表日之前就不存在，故属于非调整事项。

【例题23-4·单选题】 甲公司2013年财务报表于2014年4月10日对外报出。假定其2014年发生的下列有关事项均具有重要性，甲公司应当据以调整2013年财务报表的是（　　）。(2014年)

A. 5月2日，自2013年9月即已开始策划的企业合并交易获得股东大会批准

B. 4月15日，发现2013年一项重要交易会计处理未充分考虑当时情况，导致虚增2013年利润

C. 3月12日，某项于2013年资产负债表日已存在的未决诉讼结案，由于新的司法解释出台，甲公司实际支付赔偿金额大于原已确认预计负债

D. 4月10日，因某客户所在地发生自然灾害造成重大损失，导致甲公司2013年资产负债表日应收该客户货款按新的情况预计的坏账高于原预计金额

【答案】 C

【解析】 选项A和B不属于日后事项期间发生的交易或事项；选项D，自然灾害导致的重大损失，属于非调整事项。

【例题 23－5 · 多选题】下列各项中，属于资产负债表日后调整事项的有（　　）。(2018 年)

A. 资产负债表日后事项期间发生重大火灾损失

B. 报告年度已售商品在资产负债表日后事项期间发生退回

C. 资产负债表日后事项期间发现报告年度不重要的会计差错

D. 报告年度按照暂估价值入账的固定资产在资产负债表日后事项期间办理完成竣工决算手续

【答案】BCD

【解析】资产负债表日后调整事项是指对资产负债表日已经存在的情况提供了新的或进一步证据的事项。选项 A，火灾的发生不影响资产负债表日企业的财务报表数字，只说明资产负债表日后发生了某些情况，属于资产负债表日后非调整事项。

【例题 23－6 · 单选题】2018 年 12 月 31 日，甲公司应收乙公司货款 1 000 万元，由于该应收款项尚在信用期内，甲公司按照 5% 的预期信用损失率计提坏账准备 50 万元。甲公司 2018 年度财务报表于 2019 年 3 月 15 日经董事会批准对外报出。下列各项中，属于资产负债表日后调整事项的是（　　）。(2019 年)

A. 乙公司于 2019 年 1 月 10 日宣告破产，甲公司应收乙公司货款很可能无法收回

B. 乙公司于 2019 年 2 月 24 日发生火灾，甲公司应收乙公司货款很可能无法收回

C. 乙公司于 2019 年 3 月 5 日被另一公司吸收合并，甲公司应收乙公司货款可以全部收回

D. 乙公司于 2019 年 3 月 10 日发生安全生产事故，被相关监管部门责令停业，甲公司应收乙公司货款很可能无法收回

【答案】A

【解析】资产负债表日后调整事项是指对资产负债表日已经存在的情况提供了新的或进一步证据的事项。乙宣告破产，也就是为已经计提的坏账准备提供进一步的证据，A 正确。BCD 为资产负债表日后才发生的新的情况，且上一年度并不存在，所以不进行调整。

考点二：调整事项的处理原则

资产负债表日后发生的调整事项，应当如同资产负债表所属期间发生的事项一样，作出相关账务处理，并对资产负债表日已经编制的财务报表进行调整。

涉及损益的事项	通过“以前年度损益调整”科目核算，调整完成后，应将“以前年度损益调整”科目的贷方或借方余额，转入“利润分配——未分配利润”科目
涉及利润分配调整的事项	直接在“利润分配——未分配利润”科目核算
不涉及损益以及利润分配的事项	调整相关科目

【例题 23－7 · 单选题】甲公司 2008 年 12 月 31 日应收乙公司账款 2 000 万元，按照当时估计已计提坏账准备 200 万元。2009 年 2 月 20 日，甲公司获悉乙公司于 2009 年 2 月 18 日向法院申请破产。甲公司估计应收乙公司账款全部无法收回。甲公司按照净利润的 10% 提取法定盈余公积，2008 年度财务报表于 2009 年 4 月 20 日经董事会批准对外报出。不考虑其他因素。甲公司因该资产负债表日后事项减少 2008 年 12 月 31 日未分配利润的金额是（　　）万元。(2009 年)

A. 180　　B. 1 620　　C. 1 800　　D. 2 000

【答案】B

【解析】甲公司因该事项减少的2008年度未分配利润金额＝(2 000－200)×(1－10%)＝1 620（万元）。

考点三：非调整事项的处理原则

资产负债表日后发生的非调整事项，不应当调整资产负债表日的财务报表。

资产负债表日后，企业利润分配方案中拟分配的以及经审议批准宣告发放的股利或利润，不确认为资产负债表日负债。

【例题23－8】甲公司为境内上市公司，2016年度财务报表于2017年2月28日经董事会批准对外报出。2016年，甲公司发生的有关交易或事项如下：

（1）2017年1月20日，甲公司收到其客户丁公司通知，因丁公司所在地区于2017年1月18日发生自然灾害，导致丁公司财产发生重大损失，无法偿付所欠甲公司货款12 000元的60%。甲公司已对该应收账款于2016年年末计提了200万元的坏账准备。

（2）根据甲公司与丙公司签订的协议，甲公司应于2016年9月20日向丙公司交付一批乙产品，因甲公司未能按期交付，导致丙公司延迟向其客户交付商品而产生违约损失1 000万元。为此，丙公司于2016年10月8日向法院提起诉讼，要求甲公司按合同约定支付违约金950万元以及由此导致的丙公司违约损失1 000万元。

截至2016年12月31日，双方拟进行和解，和解协议正在商定过程中，甲公司经咨询其法律顾问后，预计很可能赔偿金额在950万元至1 000万元之间。为此，甲公司于年末预计975万元损失并确认为预计负债。2017年2月10日，甲公司与丙公司达成和解。甲公司同意支付违约金950万元和丙公司的违约损失300万元，丙公司同意撤诉。甲公司于2017年3月20日通过银行转账支付上述款项。

其他资料：本题不考虑相关税费及其他因素。

要求：根据资料（1）和（2），分别说明与甲公司有关的事项属于资产负债表日后调整事项还是非调整事项，并说明理由，如为调整事项，分别计算甲公司应调整2016年年末留存收益的金额；如为非调整事项，说明其会计处理方法。

【答案】

资料（1），该事项应该作为资产负债表日后非调整事项。

理由：资产负债表日虽然已经对该项应收账款计提坏账，但在资产负债表日后期间是因为发生自然灾害导致应收账款进一步减值，导致进一步减值的因素在资产负债表日不存在，所以应该作为资产负债表日后重大的非调整事项进行披露。

资料（2），该事项应该作为资产负债表日后调整事项。

理由：资产负债表日该诉讼事项已经存在，资产负债表日后期间进一步取得了新的证据，应作为资产负债表日后调整事项处理。

甲公司应该调减2016年期末留存收益的金额＝(950＋300)－975＝275（万元）。

第九编
特殊事项（四）

第二十四章　应付职工薪酬

考点一：短期薪酬的确认与计量

（一）货币性短期薪酬

企业应当根据职工提供服务情况和工资标准计算应计入职工薪酬的工资总额，按照受益对象计入当期损益或相关资产成本。

（二）带薪缺勤

带薪缺勤应当分为累积带薪缺勤和非累积带薪缺勤两类。

1. 累积带薪缺勤。

累积带薪缺勤是指带薪权利可以结转下期的带薪缺勤，本期尚未用完的带薪缺勤权可以在未来期间使用。

企业应当在职工提供服务从而增加了其未来享有的带薪缺勤权利时，确认与累积带薪缺勤相关的职工薪酬，并以累积未行使权利而增加的预期支付金额计量。

（1）在职工离开企业时，对未行使的权利有权获得现金支付，企业就应当确认职工全部累计未使用权利的金额。

（2）在职工离开企业时，不能获得现金支付，则企业应当根据资产负债表日因累计未使用权利而导致的预期支付的追加金额，作为累积带薪缺勤费用进行预计。

2. 非累积带薪缺勤。

非累积带薪缺勤是指带薪权利不能结转下期的带薪缺勤，本期尚未用完的带薪缺勤权利将予以取消，并且职工离开企业时也无权获得现金支付。

企业应当在职工实际发生缺勤的会计期间确认与非累积带薪缺勤相关的职工薪酬。

（三）短期利润分享计划

是指因职工提供服务而与职工达成的基于利润或其他经营成果提供薪酬的协议。

企业根据企业经济效益增长的实际情况提取的奖金，属于奖金计划，应当比照利润分享计划进行处理。

（四）非货币性福利

企业向职工提供非货币性福利的，应当按照公允价值计量。公允价值不能可靠取得的，可以采用成本计量。

企业向职工提供的非货币性福利，应当分情况处理。

1. 以自产产品或外购商品发放给职工作为福利。

	以自产产品发放给职工作为福利	以外购商品发放给职工作为福利
购入时	—	借：库存商品等 　应交税费——应交增值税（进项税额） 　贷：银行存款
决定发放非货币性福利	借：生产成本 　管理费用 　在建工程 　研发支出等 　贷：应付职工薪酬——非货币性福利	
实际发放时	借：应付职工薪酬——非货币性福利 　贷：主营业务收入 　　应交税费——应交增值税（销项税额） 借：主营业务成本 　贷：库存商品	借：应付职工薪酬——非货币性福利 　贷：库存商品等 　　应交税费——应交增值税（进项税额转出）

2. 将拥有的房屋等资产无偿提供给职工使用或租赁住房等资产供职工无偿使用。

企业拥有的房屋（根据受益对象处理）	租赁住房等（根据受益对象处理）
借：管理费用等 　贷：应付职工薪酬——非货币性福利 借：应付职工薪酬——非货币性福利 　贷：累计折旧	借：管理费用等 　贷：应付职工薪酬——非货币性福利 借：应付职工薪酬——非货币性福利 　贷：其他应付款

3. 向职工提供企业支付了补贴的商品或服务（以提供包含补贴的住房为例）。

（1）出售住房的合同或协议中未规定职工在购得住房后必须服务的年限，企业应当将该项差额直接计入出售住房当期相关资产成本或当期损益。

（2）出售住房的合同或协议中规定了职工在购得住房后至少应当提供服务的年限，且如果职工提前离开则应退回部分差价，企业应当将该项差额作为长期待摊费用处理，并在合同或协议规定的服务年限内平均摊销，根据受益对象分别计入相关资产成本或当期损益。

购入住房时	借：固定资产 　贷：银行存款
出售时	借：银行存款 　长期待摊费用 　贷：固定资产
摊销时	借：管理费用等 　贷：应付职工薪酬——非货币性福利 借：应付职工薪酬——非货币性福利 　贷：长期待摊费用

【例题 24－1·多选题】2017 年，甲公司发生与职工薪酬有关的交易或事项如下：（1）以甲公司生产的产品作为福利发放给职工，该产品的生产成本为 1 500 万元，市场价格为 1 800 万元；

(2) 为职工交纳200万元的“五险一金”；(3) 根据职工入职期限，分别可以享受5至15天的年休假，当年未用完的带薪休假权利予以取消。甲公司职工平均日工资为120元/人；(4) 对管理人员实施2017年度的利润分享计划，按当年度利润实现情况，相关管理人员可分享利润500万元。不考虑其他因素，下列各项关于甲公司2017年与职工薪酬有关会计处理的表述中，正确的有（　　）。

A. 对于职工未享受的休假权利无须进行会计处理

B. 管理人员应分享的利润确认为当期费用和计入损益

C. 以产品作为福利发放给职工按产品的生产成本计入相关成本费用

D. 为职工交纳的“五险一金”按照职工所在岗位分别确认为相关成本费用

【答案】 ABD

【解析】 选项C，以产品作为福利发放给职工，应当按照产品的公允价值和相关税费计入相关成本费用。

【例题24－2】 甲股份有限公司2013年6月，董事会决议将公司生产的一批C商品作为职工福利发放给部分员工。该批C商品的成本为3 000元/件，市场售价为4 000元/件。受该项福利计划影响的员工包括：中高层管理人员200人、企业正在进行的某研发项目相关人员50人，甲公司向上述员工每人发放1件C商品。研发项目已进行至后期开发阶段，甲公司预计能够形成无形资产，至2013年12月31日，该研发项目仍在进行中。甲公司进行的会计处理如下：

借：管理费用	75	
贷：库存商品		75

其他资料：假定本题中有关事项均具有重要性，不考虑相关税费及其他因素。

要求：判断甲公司的会计处理是否正确，并说明理由。对于甲公司会计处理不正确的，编制更正2013年度财务报表相关项目的会计分录。(2014年改编)

【答案】 甲公司对该事项的会计处理不正确。

理由：以自产产品用于职工福利，应按照产品的售价确认收入，同时确认应付职工薪酬。同时，应按照员工服务的受益对象进行分配，服务于研发项目人员相关的部分应计入所研发资产的成本。

借：开发支出（研发支出——资本化支出）	（50×0.4）20	
管理费用	（200×0.4）80	
贷：应付职工薪酬		100
借：应付职工薪酬	100	
贷：营业收入（主营业务收入）		100
借：营业成本（主营业务成本）	75	
贷：管理费用		75

【例题24－3】 甲公司为上市公司，2011年12月20日，甲公司与10名公司高级管理人员分别签订商品房销售合同。合同约定，甲公司将自行开发的10套房屋以每套600万元的优惠价格销售给10名高级管理人员；高级管理人员自取得房屋所有权后必须在甲公司工作5年，如果在工作未满5年的情况下离职，需根据服务期限补交款项。2012年6月25日，甲公司收到10名高级管理人员支付的款项6 000万元。2012年6月30日，甲公司与10名高级管理人员办理完毕上述房屋产权过户手续。上述房屋成本为每套420万元，市场价格为每套800万元。

甲公司对上述交易或事项的会计处理为：

借：银行存款　6 000

　　贷：主营业务收入　6 000

借：主营业务成本　4 200

　　贷：开发产品　4 200

要求：判断甲公司的会计处理是否正确，并说明理由，如果甲公司的会计处理不正确，编制更正甲公司2012年度财务报表的会计分录（编制更正分录时可以使用报表项目）。(2013年改编)

【答案】 该事项会计处理不正确。

理由：该项业务系向职工提供企业承担了补贴的住房且合同规定了获得住房职工至少应提供服务的年限的业务，应按市场价确认收入，市场价与售价的差额计入长期待摊费用，在职工提供服务年限内平均摊销。

更正分录：

借：长期待摊费用（或预付账款）　2 000

　　贷：营业收入（或主营业务收入）　2 000

借：管理费用　200

　　贷：应付职工薪酬　200

借：应付职工薪酬　200

　　贷：长期待摊费用（或预付账款）　200

或：

借：应付职工薪酬　2 000

　　贷：营业收入（或主营业务收入）　2 000

借：管理费用　200

　　贷：应付职工薪酬　200

考点二：离职后福利的确认与计量

企业应当将离职后福利计划分类为设定提存计划和设定受益计划两种类型。

（一）设定提存计划

设定提存计划是指向独立的基金缴存固定费用后，企业不再承担进一步支付义务的离职后福利计划。

企业应在资产负债表日确认为换取职工在会计期间内为企业提供的服务而应付给设定提存计划的提存金，并作为一项费用计入当期损益或相关资产成本。

借：管理费用等

　　贷：应付职工薪酬

借：应付职工薪酬

　　贷：银行存款

（二）设定受益计划

设定受益计划是指除设定提存计划以外的离职后福利计划。

【提示】在设定提存计划下，风险实质上要由职工来承担。在设定受益计划下，风险实质上由企业来承担。

设定收益计划的核算涉及四个步骤：

步骤一：确定设定受益义务现值和当期服务成本。

将当期服务成本借记“管理费用”，贷记“应付职工薪酬”。将确定的利息费用借记“财务费用”，贷记“应付职工薪酬”。

步骤二：确定设定受益计划净负债或净资产。

步骤三：确定应当计入当期损益的金额。

步骤四：确定应当计入其他综合收益的金额。

【例题 24-4·单选题】 甲公司发生的下列交易或事项中，相关会计处理将影响发生当年净利润的是（　　）。(2016 年)

A. 因重新计算设定受益计划净负债产生的保险精算收益

B. 因联营企业其他投资方单方增资导致应享有联营企业净资产份额的变动

C. 根据确定的利润分享计划，基于当年度实现利润计算确定应支付给职工的利润分享款

D. 将自用房屋转为采用公允价值进行后续计量的投资性房地产时，公允价值大于账面价值的差额

【答案】 C

【解析】 选项 A 和 D，计入其他综合收益；选项 B 计入资本公积；选项 C，计入管理费用，影响净利润。

【例题 24-5·单选题】 下列各项因设定受益计划产生的职工薪酬成本中，除非计入资产成本，应当计入其他综合收益的是（　　）。(2018 年)

A. 精算利得或损失

B. 结算利得或损失

C. 计划资产的利息收益

D. 资产上限影响的利息

【答案】 A

【解析】 因设定受益计划产生的职工薪酬成本中需注意区分应当计入当期损益的金额和应当计入其他综合收益的金额：

设定受益计划应计入其他综合收益的部分包括：(1) 精算利得和损失；(2) 计划资产回报，扣除包括在设定受益计划净负债或净资产的利息净额中的金额；(3) 资产上限影响的变动，扣除包括在设定受益计划净负债或净资产的利息净额中的金额。

选项 B，结算利得或损失，应当计入当期损益。选项 CD，设定受益计划净负债或净资产的利息净额，包括计划资产的利息收益、设定受益计划义务的利息费用以及资产上限影响的利息，应当计入当期损益。

【例题 24-6·多选题】 甲公司 2017 年度因相关交易或事项产生以下其他综合收益：(1) 以公允价值计量且其变动计入其他综合收益的债务工具投资因公允价值变动形成其他综合收益 3 200 万元；(2) 按照应享有联营企业重新计量设定受益计划净负债变动的份额相应确认其他综合收益 500 万元；(3) 对子公司的外币财务报表进行折算产生其他综合收益 1 400 万元；(4) 指定为以公允价值计量且其变动计入当期损益的金融负债因企业自身信用风险的变动形成其他综合收益 360 万元。不考虑其他因素，上述其他综合收益在相关资产处置或负债终止确认时不应重分类计入当期损益的有（　　）。(2018 年)

A. 对子公司的外币财务报表进行折算产生的其他综合收益

B. 按照应享有联营企业重新计量设定受益计划净负债变动的份额相应确认的其他综合收益

C. 以公允价值计量且其变动计入其他综合收益的债务工具投资因公允价值变动形成的其他综合收益

D. 指定为以公允价值计量且其变动计入当期损益的金融负债因企业自身信用风险的变动形成的其他综合收益

【答案】BD

【解析】选项B，重新计量设定受益计划相关的其他综合收益以后期间不可以结转至损益；选项D，指定为以公允价值计量且其变动计入当期损益的金融负债因企业自身信用风险的变动形成的其他综合收益以后期间应转入留存收益。

考点三：辞退福利的确认与计量

辞退福利包括两方面的内容：一是在职工劳动合同尚未到期前，不论职工本人是否愿意，企业决定解除与职工的劳动关系而给予的补偿；二是在职工劳动合同尚未到期前，为鼓励职工自愿接受裁减而给予的补偿，职工有权利选择继续在职或接受补偿离职。辞退福利还包括当公司控制权发生变动时，对辞退的管理层人员进行补偿的情况。

【注意】

（1）将辞退福利与正常退休养老金区分开。

（2）对于职工虽然没有与企业解除劳动合同，但未来不再为企业提供服务，不能为企业带来经济利益，企业承诺提供实质上具有辞退福利性质的经济补偿，比照辞退福利处理。

确认辞退福利	（1）企业向职工提供辞退福利的，应当确认辞退福利产生的职工薪酬负债，并计入当期损益。 （2）对于分期或分阶段实施的，在每期或每阶段计划符合预计负债确认条件时，将该期或该阶段计划中产生的预计负债予以确认，计入当期管理费用。 （3）对于企业实施的职工内部退休计划，企业应当比照辞退福利处理。
辞退福利的计量	（1）辞退福利预期在其确认的年度报告期间期末后12个月内完全支付的，适用短期薪酬相关规定。 （2）辞退福利预期在年度报告期间期末后12个月内不能完全支付的，适用其他长期职工福利有关规定。 （3）对于所有辞退福利，均应当于辞退计划满足负债确认条件的当期一次计入费用（12个月内支付），不计入资产成本。 借：管理费用 　　贷：应付职工薪酬

【例题24－7·多选题】下列各项关于职工薪酬会计处理的表述中，错误的有（　　）。（2019年）

A. 重新计量设定受益计划净负债或净资产而产生的变动计入其他综合收益

B. 将租赁的汽车无偿提供高级管理人员使用的，按照每期应付的租金计量应付职工薪酬

C. 以本企业生产的产品作为福利提供给职工的，按照该产品的成本和相关税费计量应付职工薪酬

D. 因辞退福利计划而确认的应付职工薪酬，按照辞退职工提供服务的对象计入相关资产的成本

【答案】CD

【解析】企业以自产产品作为福利提供给职工的，应视同销售，即按照产品的公允价值和相关税费计入职工薪酬，因此选项C错误。企业向职工提供辞退福利的，应当确认辞退福利产生的应付职工薪酬，并计入当期损益，因此D错误。

【例题24－8】甲股份有限公司（以下简称“甲公司”）2015年更换年审会计师事务所，新任注册会计师在对其2015年度财务报表进行审计时，对以下事项的会计处理存在质疑：

（1）自2014年开始，甲公司每年年末均按照职工工资总额的10%计提相应资金计入应付职工薪酬，计提该资金的目的在于解决后续拟实施员工持股计划的资金来源，但有关计提金额并不对应于每一在职员工。甲公司计划于2018年实施员工持股计划，以2014年至2017年四年间计提的资金在二级市场购买本公司股票，授予员工持股计划范围内的管理人员，员工持股计划范围内的员工与原计提时在职员工的范围很可能不同。如员工持股计划未能实施，员工无权取得该部分计入职工薪酬的提取金额。该计划下，甲公司2014年计提了3 000万元。2015年年末，甲公司就当年度应予计提的金额进行了以下会计处理：

借：管理费用　　3 600

　贷：应付职工薪酬　　3 600

（2）为调整产品结构，去除冗余产能，2015年甲公司推出一项鼓励员工提前离职的计划。该计划范围内涉及的员工共有1 000人，平均距离退休年龄还有5年。甲公司董事会于10月20日通过决议，该计划范围内的员工如果申请提前离职，甲公司将每人一次性地支付补偿款30万元。根据计划公布后与员工达成的协议，其中的800人会申请离职。截至2015年12月31日，该计划仍在进行当中。甲公司进行了以下会计处理：

借：长期待摊费用　　24 000

　贷：预计负债　　24 000

借：营业外支出　　4 800

　贷：长期待摊费用　　4 800

（3）2015年甲公司销售快速增长，对当年度业绩起到了决定性作用。根据甲公司当年制定并开始实施的利润分享计划，销售部门员工可以分享当年度净利润的3%作为奖励。2016年2月10日，根据确定的2015年年度利润，董事会按照利润分享计划，决议发放给销售部门员工奖励620万元。甲公司于当日进行了以下会计处理：

借：利润分配——未分配利润　　620

　贷：应付职工薪酬　　620

其他有关资料：甲公司按照净利润的10%提取法定盈余公积，不计提任意盈余公积。不考虑所得税等相关税费因素的影响。甲公司2015年年度报告于2016年3月20日对外报出。

要求：判断甲公司对事项（1）至事项（3）的会计处理是否正确并说明理由；对于不正确的会计处理，编制更正的会计分录（无须通过“以前年度损益调整”科目，不考虑当期盈余公积的计提）。(2016年改编)

【答案】

事项（1）：

甲公司该项会计处理不正确。

理由：该部分金额不是针对特定员工需要对象化支付的费用，即不是当期为了获取员工服务实际发生的费用，准则规定不能予以计提。涉及员工持股计划拟授予员工的股份，应当根据其授予条件等分析是获取的哪些期间的职工服务，并将与股份支付相关的费用计入相应期间。

更正分录：

借：应付职工薪酬　　(3 600 +3 000) 6 600

　　贷：盈余公积　　(3 000 ×10%) 300

　　　　未分配利润　　(3 000 ×90%) 2 700

　　　　管理费用　　3 600

事项（2）：

甲公司该项交易的会计处理不正确。

理由：该项计划原则上应属于会计准则规定的辞退福利，有关一次性支付的辞退补偿金额应于计划确定时作为应付职工薪酬，相关估计应支付的金额全部计入当期损益，而不能在不同年度间分期摊销。

更正分录：

借：管理费用　　24 000

　　贷：营业外支出　　4 800

　　　　长期待摊费用　　(24 000 -4 800) 19 200

借：预计负债　　24 000

　　贷：应付职工薪酬——辞退福利　　24 000

事项（3）：

甲公司该项会计处理不正确。

理由：利润分享计划下员工应分享的部分应作为职工薪酬并计入有关成本费用，因涉及的是销售部门，甲公司应计入2015年销售费用。

借：销售费用　　620

　　贷：利润分配——未分配利润　　620

【例题24 -9】 甲股份有限公司（以下简称"甲公司"）2019年发生的与职工薪酬相关的事项如下：

（1）8月10日，甲公司董事会通过决议，以本公司自产产品作为奖品，对乙车间全体员工超额完成一季度生产任务进行奖励，每名员工奖励一件产品。该车间员工总数为200人，其中车间管理人员30人，一线生产工人170人，发放给员工的本公司产品市场售价为3 000元/件，成本为1 800元/件。8月20日，200件产品发放完毕。

（2）甲公司共有2 000名员工，从2019年1月1日起，该公司实行累积带薪休假制度，规定每名职工每年可享受7个工作日带薪休假，未使用的年休假可向后结转1个年度，超过期限未使用的作废，员工离职时也不能取得现金支付。2019年12月31日，每名职工当年平均未使用带薪休假为2天。根据过去的经验并预期该经验将继续适用，甲公司预计2020年有1 800名员工将享受不超过7天带薪休假，剩余200名员工每人将平均享受8.5天休假，该200名员工中150名为销售部门人员，50名为总部管理人员。甲公司平均每名员工每个工作日工资为400元。甲公司职工年休假以后进先出为基础，即有关休假首先从当年可享受的权利中扣除。

（3）甲公司正在开发丙研发项目，2019年共发生项目研发人员工资200万元，其中自2019年1月1日研发开始至6月30日期间发生的研发人员工资120万元属于费用化支出，7月1日至

11月30日研发项目达到预定用途前发生的研发人员工资80万元属于资本化支出。有关工资以银行存款支付。

(4) 2019年12月20日，甲公司董事会做出决议，拟关闭设在某地区的一分公司并对该分公司员工进行补偿，方案为：对因尚未达到法定退休年龄提前离开公司的员工给予一次性离职补偿30万元，另外自其达到法定退休年龄后，按照每月1 000元的标准给予退休后补偿。涉及员工80人，每人30万元的一次性补偿2 400万元已于12月26日支付。每月1 000元的退休后补偿将于2020年1月1日起陆续发放，根据精算结果，甲公司估计该补偿义务的现值为1 200万元。

其他有关资料：甲公司为增值税一般纳税人，适用的增值税税率为13%。本题不考虑其他因素。

要求：就甲公司2019年发生的与职工薪酬有关的事项，逐项说明其应进行的会计处理并编制相关会计分录。

【答案】

事项(1)：甲公司以其生产的产品作为非货币性福利提供给职工的，应当按照该产品的公允价值和相关税费，计量应计入成本费用的职工薪酬金额，相关收入的确认、销售成本的结转和相关税费的处理，与正常商品销售相同。会计分录：

借：生产成本　　(170×3 000×1.13÷10 000) 57.63
　　制造费用　　(30×3 000×1.13÷10 000) 10.17
　　贷：应付职工薪酬　　67.8

借：应付职工薪酬　　67.8
　　贷：主营业务收入　　60
　　　　应交税费——应交增值税(销项税额)　　7.8

借：主营业务成本　　36
　　贷：存货(库存商品)　　(1 800×200÷10 000) 36

借：应付职工薪酬　　69.6
　　贷：主营业务收入　　60
　　　　应交税费——应交增值税(销项税额)　　9.6

借：主营业务成本　　36
　　贷：存货(库存商品)　　(1 800×200÷10 000) 36

事项(2)：甲公司应当在2019年资产负债表日，根据因累积未使用权利而导致的预期支付的工资，作为累积带薪缺勤费用进行预计确认：

借：销售费用　　[(8.5－7)×150×400] 9
　　管理费用　　[(8.5－7)×50×400] 3
　　贷：应付职工薪酬　　[(8.5－7)×200×400] 12

事项(3)：甲公司为进行研发项目发生的研发人员工资应当按照内部研究开发无形资产的有关条件判断其中应予资本化或费用化的部分，并确认为应付职工薪酬。

借：研发支出——费用化支出　　120
　　　　　　——资本化支出　　80
　　贷：应付职工薪酬　　200

借：管理费用　　120
　　贷：研发支出——费用化支出　　120

借：无形资产　　80

　　贷：研发支出——资本化支出　　80

借：应付职工薪酬　　200

　　贷：银行存款　　200

事项（4）：甲公司向员工支付每人30万元的补偿款为辞退福利，应于发生时计入当期损益。对于员工在达到退休年龄后所支付的补偿款，虽然其于退休后付，但由于该补偿与部分员工因分公司关闭离开公司有关，又因为该部分补偿款的支付期限超过一年，故企业应当采用恰当折现率，以折现后的现值计入当期损益，故该退休后补偿的现值也应于发生时计入当期损益。

借：管理费用（营业外支出）　　3 600

　　贷：银行存款　　（80×30）2 400

　　　　应付职工薪酬　　1 200

第二十五章　每股收益的计算

考点一：基本每股收益

基本每股收益＝归属于普通股股东的当期净利润/发行在外普通股的加权平均数

（1）归属于普通股股东的当期净利润：净利润－优先股股利；

（2）发行在外普通股的加权平均数：以时间为标准进行加权。

发行在外普通股加权平均数＝期初发行在外普通股股数＋当期新发行普通股股数×已发行时间/报告期时间－当期回购普通股股数×已回购时间/报告期时间

【例题 25－1·单选题】甲公司为上市公司，2016 年期初发行在外普通股股数为 8 000 万股。当年度，甲公司合并财务报表中归属于母公司股东的净利润为 4 600 万元，发生的可能影响其发行在外普通股股数的事项有：（1）2016 年 4 月 1 日，股东大会通过每 10 股派发 2 股股票股利的决议并于 4 月 12 日实际派发；（2）2016 年 11 月 1 日，甲公司自公开市场回购本公司股票 960 万股，拟用于员工持股计划。不考虑其他因素，甲公司 2016 年基本每股收益是（　　）元/股。（2017 年）

A. 0.49　　　B. 0.51　　　C. 0.53　　　D. 0.56

【答案】A

【解析】基本每股收益只考虑当期实际发行在外的普通股股份，按照归属于普通股股东的当期净利润除以当期实际发行在外普通股的加权平均数计算确定。事项（1），派发股票股利，因为派发股票是针对老股东的行为，所以不考虑时间权重。事项（2），回购股票，导致发行在外的普通股减少，因为回购不针对全体股东，故要考虑时间权重问题。

发行在外的普通股加权平均数＝期初发行在外普通股股数＋当期新发行普通股股数×已发行时间÷报告期时间－当期回购普通股股数×已回购时间÷报告期时间＝8 000＋（8 000÷10×2）－960×2÷12＝8 000＋1 600－160＝9 440（股），

故基本每股收益＝当期净利润÷发行在外的普通股加权平均数＝4 600/9 440＝0.49（元/股）。

【例题 25－2·多选题】甲公司 2015 年除发行在外普通股外，还发生以下可能影响发行在外普通股数量的交易或事项：（1）3 月 1 日，授予高管人员以低于当期普通股平均市价在未来期间购入甲公司普通股的股票期权；（2）6 月 10 日，以资本公积转增股本，每 10 股转增 3 股；（3）7 月 20 日，定向增发 3 000 万股普通股用于购买一项股权；（4）9 月 30 日，发行优先股 8 000 万股，按照优先股发行合同约定，该优先股在发行后 2 年，甲公司有权选择将其转换为本公司普通股。不考虑其他因素，甲公司在计算 2015 年基本每股收益时，应当计入基本每股收益计算的股份有（　　）。（2016 年）

A. 为取得股权定向增发增加的发行在外股份数
B. 因资本公积转增股本增加的发行在外股份数
C. 因优先股于未来期间转股可能增加的股份数
D. 授予高管人员股票期权可能于行权条件达到时发行的股份数

【答案】AB

【解析】基本每股收益只考虑当期实际发行在外的普通股数量。选项C和D，在2015年均属于稀释性潜在普通股，计算2015年基本每股收益时不需要考虑。

考点二：稀释每股收益

（一）计算原则

我们只用考虑具有稀释性潜在普通股的影响，而不考虑不具有稀释性潜在普通股的影响。

当期净利润调整	（1）当期已确认为费用的稀释性潜在普通股的利息； （2）稀释性潜在普通股转换时将产生的收益或费用
普通股的加权平均数调整 （时间要加权）	以前期间发行的稀释性潜在普通股，应当假设在当期期初转换为普通股； 当期发行的稀释性潜在普通股，应当假设在发行日转换普通股

（二）具体计算

可转换债券	稀释每股收益=（净利润+假设转换时增加的净利润）/（发行在外普通股加权平均数+假设转换所增加的普通股股数加权平均数）
认股权证和股份期权	增加的普通股股数=拟行权时转换的普通股股数－行权价格×拟行权时转换的普通股股数/当期普通股平均市场价格
限制性股票	行权价格=限制性股票的发行价格+资产负债表日尚未取得的职工服务的公允价值 稀释每股收益=当期净利润÷（普通股加权平均数+调整增加的普通股加权平均数）=当期净利润÷[普通股加权平均数+（限制性股票股数－行权价格×限制性股票股数÷当期普通股平均市场价格）]
股份回购	增加的普通股股数=回购价格×承诺回购的普通股股数/当期普通股平均市场价格－承诺回购的普通股股数

【例题25－3·单选题】甲公司2013年实现归属于普通股股东的净利润为1 500万元，发行在外普通股的加权平均数为3 000万股。甲公司2013年有两项与普通股相关的合同：（1）4月1日授予的规定持有者可于2014年4月1日以5元/股的价格购买甲公司900万股普通股的期权合约；（2）7月1日授予员工100万份股票期权，每份期权于2年后的到期日可以3元/股的价格购买1股甲公司普通股。甲公司2013年普通股平均市场价格为6元/股。不考虑其他因素，甲公司2013年稀释每股收益是（　　）元/股。（2014年）

A. 0.38　　B. 0.48　　C. 0.49　　D. 0.50

【答案】B

【解析】事项（1）调整增加的普通股股数=900－900×5/6=150（万股），事项（2）调整增

加的普通股股数 =100 - 100 ×3/6 =50（万股），甲公司 2013 年稀释每股收益 =1 500/(3 000 + 150 × 9/12 +50 ×6/12) =0.48（元/股）。

【例题 25 -4 · 单选题】 甲公司 2006 年度归属于普通股股东的净利润为 1 200 万元，发行在外的普通股加权平均数为 2 000 万股，当年度该普通股平均市场价格为每股 5 元。2006 年 1 月 1 日，甲公司对外发行认股权证 1 000 万份，行权日为 2007 年 6 月 30 日，每份认股权可以在行权日以 3 元的价格认购甲公司 1 股新发的股份。甲公司 2006 年度稀释每股收益金额是（　　）元。(2012 年)

A. 0.4　　B. 0.46　　C. 0.5　　D. 0.6

【答案】 C

【解析】 甲公司发行认股权证增加的普通股股数 = 拟行权时转换的普通股股数 - 行权价格 × 拟行权时转换的普通股股数/当期普通股平均市场价格 =1 000 - 1 000 ×3/5 =400，稀释每股收益金额 =1 200/(2 000 +400) =0.5（元/股）。

考点三：每股收益列报

（一）派发股票股利、公积金转增资本、拆股和并股

企业派发股票股利、公积金转增资本、拆股和并股等，按调整后的股数重新计算各列报期间的每股收益。

（二）配股

配股是向全部现有股东以低于当前股票市价的价格发行普通股，实际上可以理解为按市价发行股票和无对价送股的混合体。列报的处理如下：

（1）每股理论除权价格 =（行权前发行在外普通股的公允价值总额 + 配股收到的款项）÷ 行权后发行在外的普通股股数

（2）调整系数 = 行权前发行在外普通股的每股公允价值 ÷ 每股理论除权价格

（3）因配股重新计算上年度基本每股收益 = 上年度基本每股收益 ÷ 调整系数

（4）本年度基本每股收益 = 归属于普通股股东的当期净利润 ÷（配股前发行在外普通股股数 × 调整系数 × 配股前普通股发行在外的时间权重 + 配股后发行在外普通股加权平均数）

【例题 25 -5 · 单选题】 甲公司 2016 年度和 2017 年度归属于普通股股东的净利润分别为 3 510 万元和 4 260 万元。2016 年 1 月 1 日，甲公司发行在外普通股为 2 000 万股。2016 年 7 月 1 日，甲公司按照每股 12 元的市场价格发行普通股 500 万股。2017 年 4 月 1 日，甲公司以 2016 年 12 月 31 日股份总额 2 500 万股为基数，每 10 股以资本公积转增股本 2 股。不考虑其他因素，甲公司在 2017 年度利润表中列报的 2016 年度基本每股收益是（　　）。(2018 年)

A. 1.17 元　　B. 1.30 元　　C. 1.40 元　　D. 1.56 元

【答案】 B

【解析】 在 2017 年度利润表中列报的 2016 年度的基本每股收益 =3 510/[(2 000 +500 ×6/12) × 1.2] =1.30（元/股）。

【例题 25 -6】 甲公司 2008 年发生的部分交易事项如下：

（1）2008 年 4 月 1 日，甲公司对 9 名高管人员每人授予 20 万份甲公司股票认股权证，每份

认股权证持有人有权在2009年2月1日按每股10元的价格购买1股甲公司股票。该认股权证不附加其他行权条件，无论行权日相关人员是否在职均不影响其享有的权利，行权前的转让也不受限制。授予日，甲公司股票每股市价10.5元，每份认股权证的公允价值为2元。

甲公司股票2008年平均市价为10.8元，自2008年4月1日至12月31日期间平均市价为12元。

（2）2008年7月1日，甲公司发行5年期可转换债券100万份，每份面值100元，票面年利率5%，利息在每年6月30日支付（第一次支付在2009年6月30日）。可转换债券持有人有权在期满时按每份债券的面值换5股股票的比例将债券转换为甲公司普通股股票。在可转换债券发行日，甲公司如果发行同样期限的不附转换权的公司债券，则需要支付年利率为8%的市场利率。

（3）2008年9月10日，甲公司以每股6元自公开市场购入100万股乙公司股票，另支付手续费8万元，取得时乙公司已宣告按照每股0.1元发放上年度现金股利。甲公司将取得的乙公司股票指定为以公允价值计量且其变动计入其他综合收益的非交易性权益工具投资。

上述手续费以银行存款支付，有关现金股利于9月15日收到。

2008年12月31日，乙公司股票的收盘价为每股7.5元。

（4）甲公司2007年全年发行在外的普通股均为1 000万股，不存在具稀释性潜在普通股。2008年1月31日，甲公司临时股东大会批准以未分配利润转增股本1 000万股，之后发行在外普通股数量均为2 000万股。

甲公司2008年归属于普通股股东的净利润为5 000万元，2007年归属于普通股股东的净利润为4 000万元。

其他资料：(P/A，5%，5) =4.3295；(P/A，8%，5) =3.9927；(P/F，5%，5) =0.7835；(P/F，8%，5) =0.6806。

不考虑所得税等相关税费及其他因素的影响。

要求：

（1）根据资料（1），说明甲公司2008年应进行的会计处理，计算2008年应确认的费用金额并编制相关会计分录。

（2）根据资料（2），说明甲公司对可转换公司债券应进行的会计处理，编制甲公司2008年与可转换公司债券相关的会计分录，计算2008年12月31日与可转换公司债券相关负债的账面价值。

（3）根据资料（3），编制甲公司2008年与该指定为以公允价值计量且其变动计入其他综合收益的非交易性权益工具投资相关的会计分录。

（4）根据资料（1）至（4），确定甲公司2008年在计算稀释每股收益时应考虑的具稀释性潜在普通股并说明理由；计算甲公司2008年度财务报表中应列报的本年度和上年度基本每股收益、稀释每股收益。(2014年)

【答案】

（1）

已授予高管人员的认股权证属于以权益结算的股份支付，由于相关权利不附加其他行权条件，没有等待期，应根据授予的认股权证在授予日的公允价值确认当期员工服务成本。

当期应确认的费用 $=9\times20\times2=360$（万元）

会计分录：

借：管理费用　　　　360

　　贷：资本公积——其他资本公积 360

(2)

甲公司对可转换公司债券应进行的会计处理：该可转换公司债券初始确认时应区分负债成分和权益成分，并按负债部分的实际年利率确认利息费用。

可转换公司债券负债成分的公允价值 = 10 000 × 0.6806 + (10 000 × 5%) × 3.9927 = 8 802.35（万元）

可转换公司债券权益成分公允价值 = 10 000 − 8 802.35 = 1 197.65（万元）

应确认的利息费用 = 8 802.35 × 8% × 6/12 = 352.09（万元）

会计分录：

借：银行存款 10 000

　　应付债券——利息调整 1 197.65

　　贷：应付债券——面值 10 000

　　　　其他权益工具 1 197.65

借：财务费用 (8 802.35 × 8% × 1/2) 352.09

　　贷：应付债券——利息调整 102.09

　　　　应付利息 (100 × 100 × 5% × 1/2) 250

甲公司可转换公司债券的负债成分在2008年12月31日的账面价值 = 10 000 − 1 197.65 + 102.09 = 8 904.44（万元）

(3)

借：应收股利 10

　　其他权益工具投资——成本 598

　　贷：银行存款 608

借：银行存款 10

　　贷：应收股利 10

借：其他权益工具投资——公允价值变动 (100 × 7.5 − 598) 152

　　贷：其他综合收益——其他权益工具投资公允价值变动 152

(4)

假设认股权证于发行日即转为普通股所确认的股票数量增加额 = [9 × 20 − (9 × 20 × 10) ÷ 12] × 9/12 = 22.5（万股），增量股每股收益为0，具有稀释性。

假设可转换债券于发行日即转为普通股所确认的净利润增加额和股票数量增加额：净利润增加额为352.09万元，股票数量增加额 = 100 × 5 × 6/12 = 250（万股），增量股每股收益 = 352.09 ÷ 250 = 1.41（元/股），具有稀释性。

2008年度：

基本每股收益 = 5 000 ÷ 2 000 = 2.5（元/股）

稀释每股收益 = (5 000 + 352.09) ÷ (2 000 + 250 + 22.5) = 2.36（元/股）

2007年度：

基本每股收益 = 4 000 ÷ 2 000 = 2（元/股）

稀释每股收益与基本每股收益相同，为2元/股。

第二十六章　持有待售的非流动资产、处置组和终止经营

考点一：持有待售类别的分类

1. 专为转售而取得的非流动资产或处置组。

对于企业专为转售而新取得的非流动资产或处置组，如果在取得日满足“预计出售将在一年内完成”的规定条件，且短期（通常为3个月）内很可能满足划分为持有待售类别的其他条件，企业应当在取得日将其划分为持有待售类别。

2. 持有待售的长期股权投资。

（1）对子公司的投资。

企业应当在拟出售的对子公司投资满足持有待售类别划分条件时，在母公司个别财务报表中将对子公司投资整体划分为持有待售类别，而不是仅将拟处置的投资划分为持有待售类别；在合并财务报表中将子公司所有资产和负债划分为持有待售类别，而不是仅将拟处置的投资对应的资产和负债划分为持有待售类别。但是，无论对子公司的投资是否划分为持有待售类别，企业始终应当按照合并财务报表的规定确定合并范围，编制合并财务报表。

（2）对联营企业和合营企业的投资。

对联营企业或合营企业的权益性投资全部或部分分类为持有待售资产的应当停止权益法核算，对于未划分为持有待售资产的剩余权益性投资，应当在划分为持有待售的那部分权益性投资出售前继续采用权益法进行会计处理。

3. 拟结束使用而非出售的非流动资产或处置组。

非流动资产或处置组可能因为种种原因而结束使用，且企业并不会将其出售，或仅获取其残值，由于对该非流动资产或处置组的使用几乎贯穿其整个经济使用寿命期，其账面价值并非主要通过出售收回，企业不应当将其划分为持有待售类别。

对于暂时停止使用的非流动资产，不应当认为其拟结束使用，也不应当将其划分为持有待售类别。

【例题26－1·单选题】下列关于持有待售资产的表述中，正确的是（　　）。（彬哥自编题目）

A. 专为转售而取得的非流动资产，如果满足条件，应该在取得日将其划分为持有待售类别

B. 企业应当在拟出售的对子公司投资满足持有待售类别划分条件时，在母公司个别财务报表中将对子公司出售的部分划分为持有待售类别

C. 企业应当在拟出售的对子公司投资满足持有待售类别划分条件时，在合并报表中将拟处置的投资对应的资产和负债划分为持有待售类别

D. 企业原持有30%份额的长期股权投资，现拟出售25%，满足持有待售的确认条件，剩下的5%应当按照公允价值进行计量。

【答案】 A

【解析】 企业应当在拟出售的对子公司投资满足持有待售类别划分条件时，在母公司个别财务报表中将对子公司投资整体划分为持有待售类别，而不是仅将拟处置的投资划分为持有待售类别；在合并财务报表中将子公司所有资产和负债划分为持有待售类别，而不是仅将拟处置的投资对应的资产和负债划分为持有待售类别。但是，无论对子公司的投资是否划分为持有待售类别，企业始终应当按照合并财务报表的规定确定合并范围，编制合并财务报表。所以选项B和C错误。

对联营企业或合营企业的权益性投资全部或部分分类为持有待售资产的应当停止权益法核算，对于未划分为持有待售资产的剩余权益性投资，应当在划分为持有待售的那部分权益性投资出售前继续采用权益法进行会计处理。所以选项D错误。

考点二：持有待售类别的计量

（一）划分为持有待售类别前的计量

企业将非流动资产或处置组首次划分为持有待售类别前，应当按照相关会计准则规定计量非流动资产或处置组中各项资产和负债的账面价值。对于拟出售的非流动资产或处置组，企业应当在划分为持有待售类别前考虑进行减值测试。

（二）划分为持有待售类别时的计量

对于持有待售的非流动资产或处置组，企业在初始计量时，应当按照相关会计准则规定计量流动资产、适用其他准则计量规定的非流动资产和负债。（因为流动资产和部分非流动资产和负债并不适用于本准则）

持有待售的非流动资产或处置组整体的	账面价值 < 其公允价值减去出售费用后的净额	不需要对账面价值进行调整
	账面价值 > 其公允价值减去出售费用后的净额	企业应当将账面价值减记至公允价值减去出售费用后的净额，减记的金额确认为资产减值损失，计入当期损益，同时计提持有待售资产减值准备

（三）划分为持有待售类别后的计量

企业在资产负债表日重新计量持有待售的处置组时，应当按照下列步骤处理：

（1）应当首先按照相关会计准则规定计量处置组中的流动资产、适用其他准则计量规定的非流动资产和负债的账面价值。

（2）经过“（1）”的正常处理后，我们可以得出处置组最终的整体账面价值，如果账面价值高于其公允价值减去出售费用后的净额，应当将账面价值减记至公允价值减去出售费用后的净额，减记的金额确认为资产减值损失，计入当期损益，同时计提持有待售资产减值准备。

（3）对于持有待售的处置组确认的资产减值损失金额，如果该处置组包含商誉，应当先抵减商誉的账面价值。

（4）抵减商誉的价值之后，再根据处置组中适用本章计量规定的各项非流动资产账面价值所占比重，按比例抵减其账面价值。确认的资产减值损失金额应当以处置组中包含的适用本章计量规定的各项资产的账面价值为限，不应分摊至处置组中包含的流动资产或适用其他准则计量规定的非流动资产。（强调的是：抵减的价值跟“1”里面所述的流动资产和适用其他准则计量规定的非流动资产和负债无关，只涉及本章准则相关的非流动资产）

（5）（资产减值准备的转回）如果后续资产负债表日持有待售的处置组公允价值减去出售费用后的净额增加，以前减记的金额应当予以恢复，并在划分为持有待售类别后适用本章计量规定的非流动资产确认的资产减值损失金额内转回，转回金额计入当期损益，且不应当重复确认适用其他准则计量规定的非流动资产和负债按照相关准则规定已经确认的利得。已抵减的商誉账面价值，以及适用本章计量规定的非流动资产在划分为持有待售类别前确认的资产减值损失不得转回。对于持有待售的处置组确认的资产减值损失后续转回金额，应当根据处置组中除商誉外适用本章计量规定的各项非流动资产账面价值所占比重，按比例增加其账面价值。

（四）不再继续划分为持有待售类别的计量

对于不再继续划分为持有待售类别或非流动资产从持有待售的处置组中移除时，应当按照以下两者孰低计量：

（1）划分为持有待售类别前的账面价值，按照假定不划分为持有待售类别情况下本应确认的折旧、摊销或减值等进行调整后的金额；

（2）可收回金额。

由此产生的差额计入当期损益，可以通过“资产减值损失”科目进行会计处理。

考点三：持有待售类别的列报

1. 持有待售资产和负债不应当相互抵销，应当分别作为流动资产和流动负债列示。

2. 对于当期首次满足持有待售类别划分条件的非流动资产或划分为持有待售类别的处置组的资产和负债，不应当调整可比会计期间资产负债表，即不对其符合持有待售类别划分条件前各个会计期间的资产负债表进行项目的分类调整或重新列报。

3. 非流动资产或处置组在资产负债表日至财务报告批准报出日之间满足持有待售类别划分条件的，应当作为资产负债表日后非调整事项进行会计处理，并在附注中披露相关信息。

【例题 26－2·多选题】2016 年 9 月末，甲公司董事会通过一项决议，拟将持有的一项闲置管理用设备对外出售。该设备为甲公司于 2014 年 7 月购入，原价为 6 000 万元，预计使用 10 年，预计净残值为零。甲公司 10 月 3 日与独立第三方签订出售协议，拟将该设备以 4 100 万元的价格出售给独立第三方，预计出售过程中将发生的处置费用为 100 万元。至签订出售协议时已计提折旧 1 350 万元，未计提减值准备。至 2016 年 12 月 31 日，该设备出售尚未完成，但甲公司预计将于 2017 年第一季度完成。不考虑其他因素，下列各项关于甲公司因该设备对其财务报表影响的表述中，正确的有（　　）。（2017 年）

A. 甲公司 2016 年年末因持有该设备应计提 650 万元减值准备

B. 甲公司 2016 年年对该设备计提的折旧 600 万元计入当期损益

C. 甲公司 2016 年年末资产负债表中因该交易应确认 4 100 万元应收款

D. 该设备在 2016 年年末资产负债表中应以 4 000 万元的价值列报为流动资产

【答案】AD

【解析】选项A，划分为持有待售非流动资产前该设备账面价值=6 000－1 350=4 650（万元），持有待售的非流动资产账面价值高于其公允价值减去出售费用后的净额，企业应当将账面价值减记至公允价值减去出售费用后的净额，减记的金额确认为资产减值损失，计提资产减值准备。计提减值金额=4 650－（4 100－100）=650（万元）；

选项B，该设备10月3日划分持有待售资产。划分为持有待售的非流动资产不应计提折旧，固定资产当月减少，当月仍然计提折旧，故该设备2016年计提折旧金额=6 000÷10÷12×10=500（万元）；

选项C，该交易只是签订协议，故不应确认应收款；

选项D，划分为持有待售非流动资产时该设备账面价值=4 100－100=4 000（万元），持有待售资产和负债，应当分别作为流动资产和流动负债列示。

【例题26－3·单选题】2017年12月15日，甲公司与乙公司签订具有法律约束力的股权转让协议，拟将其持有子公司——丙公司70%股权转让给乙公司。甲公司原持有丙公司90%股权，转让完成后，甲公司将失去对丙公司的控制，但能够对丙公司实施重大影响。截至2017年12月31日止，上述股权转让的交易尚未完成。假定甲公司拟出售的对丙公司投资满足持有待售类别的条件，不考虑其他因素，下列各项关于甲公司2017年12月31日合并资产负债表列报的表述中，正确的是（　　）。(2018年)

A. 将丙公司全部资产和负债按其净额在持有待售资产或持有待售负债项目列报

B. 将丙公司全部资产在持有待售资产项目列报，全部负债在持有待售负债项目列报

C. 将丙公司全部资产和负债按照其在丙公司资产负债表中的列报形式在各个资产和负债项目分别列报

D. 将拟出售的丙公司70%股权部分对应的净资产在持有待售资产或持有待售负债项目列报，其余丙公司20%股权部分对应的净资产在其他流动资产或其他流动负债项目列报

【答案】B

【解析】母公司出售部分股权，丧失对子公司控制权，但仍能施加重大影响的，应当在母公司个别报表中将拥有的子公司股权整体划分为持有待售类别，在合并财务报表中将子公司的所有资产和负债划分为持有待售类别分别进行列报。

【例题26－4·多选题】为整合资产，甲公司2014年9月经董事会决议处置部分生产线。2014年12月31日，甲公司与乙公司签订某生产线出售合同。合同约定：该项交易自合同签订之日起10个月内完成，原则上不可撤销，但因外部审批及其他不可抗力因素影响的除外。如果取消合同，主动提出取消的一方应向对方赔偿损失360万元。生产线出售价格为2 600万元，甲公司负责生产线的拆除并运送至乙公司指定地点，经乙公司验收后付款。甲公司该生产线2014年年末账面价值为3 200万元，预计拆除、运送等费用为120万元。2015年3月，在合同实际执行过程中，因乙公司所在地方政府出台新的产业政策，乙公司购入资产属于新政策禁止行业，乙公司提出取消合同并支付了赔偿款。至2015年12月31日，甲公司未找到合适买家。不考虑其他因素，下列关于甲公司对于上述事项的会计处理中，正确的有（　　）。(2016年)

A. 自2015年1月起对拟处置生产线停止计提折旧

B. 2014年资产负债表中该生产线列报为3 200万元

C. 2015年将取消合同取得的乙公司赔偿款确认为营业外收入

D. 自2015年3月知晓合同将予取消时起，对生产线恢复计提折旧

【答案】AC

【解析】划分持有待售的固定资产后，不再计提折旧，因此自2015年1月起对外拟处置生产线停止折旧，选项A正确；2014年资产负债表中该生产线列报金额=2 600－120=2 480（万元），选项B错误；收到的赔偿款应确认为营业外收入，选项C正确；对于不再继续划分为持有待售类别的资产，应按照以下两者孰低计量：(1) 划分为持有待售类别前的账面价值，按照假定不划分为持有代售类别情况下本应确认的折旧、摊销或减值等进行调整后的金额；(2) 可收回金额。而不是知晓合同将予取消时起恢复计提折旧，选项D错误。

【例题26－5】甲公司拥有乙公司、丙公司、丁公司和戊公司等子公司，需要编制合并财务报表。甲公司及其子公司相关年度发生的交易或事项如下：

(1) 乙公司是一家建筑施工企业，甲公司持有其80%股权。2016年2月10日，甲公司与乙公司签订一项总金额为55 000万元的固定造价合同，将A办公楼工程出包给乙公司建造，该合同不可撤销。A办公楼于2016年3月1日开工，预计2017年12月完工。乙公司预计建造A办公楼的总成本为45 000万元。甲公司和乙公司一致同意按照乙公司累计实际发生的成本占预计总成本的比例确定履约进度。

2016年度，乙公司为建造A办公楼实际发生成本30 000万元；乙公司与甲公司结算合同价款25 000万元，实际收到价款20 000万元。由于材料价格上涨等因素，乙公司预计为完成工程尚需发生成本20 000万元。

2017年度，乙公司为建造A办公楼实际发生成本21 000万元；乙公司与甲公司结算合同价款30 000万元，实际收到价款35 000万元。

2017年12月10日，A办公楼全部完工，达到预定可使用状态。2018年2月3日，甲公司将A办公楼正式投入使用。甲公司预计A办公楼使用50年，预计净残值为零，采用年限平均法计提折旧。

2019年6月30日，甲公司以70 000万元的价格（不含土地使用权）向无关联关系的第三方出售A办公楼，款项已收到。

(2) 丙公司是一家高新技术企业，甲公司持有其60%股权。为购买科学实验需要的B设备，2019年5月10日，丙公司通过甲公司向政府相关部门递交了400万元补助的申请。

2019年11月20日，甲公司收到政府拨付的丙公司购置B设备补助400万元。2019年11月26日，甲公司将收到的400万元通过银行转账给丙公司。

(3) 丁公司是一家专门从事水力发电的企业，甲公司持有其100%股权。丁公司从2015年2月26日开始建设C发电厂。

为解决丁公司建设C发电厂资金的不足，甲公司决定使用银行借款对丁公司增资。2017年10月11日，甲公司和丁公司签订增资合同，约定对丁公司增资50 000万元。2018年1月1日，甲公司从银行借入专门借款50 000万元，并将上述借入款项作为出资款全部转账给丁公司。该借款期限为2年，年利率为6%（与实际利率相同），利息于每年末支付。

丁公司在2018年1月1日收到甲公司上述投资款当日，支付工程款30 000万元。2019年1月1日，丁公司又使用甲公司上述投资款支付工程款20 000万元。丁公司未使用的甲公司投资款在2018年度产生的理财产品收益为600万元。

C发电厂于2019年12月31日完工并达到预定可使用状态。

（4）戊公司是一家制造企业，甲公司持有其75%股权，投资成本为3 000万元。2019年12月2日，甲公司董事会通过决议，同意出售所持戊公司55%股权。2019年12月25日，甲公司与无关联关系的第三方签订不可撤销的股权转让合同，向第三方出售其所持戊公司55%股权，转让价格为7 000万元。甲公司预计，出售上述股权后将丧失对戊公司的控制，但能够对其具有重大影响。

2019年12月31日，上述股权尚未完成出售。戊公司在2019年12月31日全部资产的账面价值为13 500万元，全部负债的账面价值为6 800万元。甲公司预计上述出售将在一年内完成，因出售戊公司股权将发生的出售费用为130万元。

其他有关资料：第一，乙公司、丙公司、丁公司和戊公司的会计政策与甲公司相同，资产负债表日和会计期间与甲公司保持一致。第二，本题不考虑相关税费及其他因素。

要求：

（1）根据资料（1），计算乙公司2016年度、2017年度分别应确认的收入，并编制2016年度与建造A办公楼业务相关的全部会计分录（实际发生成本的会计分录除外）。

（2）根据资料（1），计算甲公司因出售A办公楼应确认的损益，并编制相关会计分录。

（3）根据资料（1），编制甲公司2017年度、2018年度、2019年度合并财务报表的相关抵销分录。

（4）根据资料（2），判断该政府补助是甲公司的政府补助还是丙公司的政府补助，并说明理由。

（5）根据资料（3），说明甲公司发生的借款费用在其2018年度、2019年度个别财务报表和合并财务报表中分别应当如何进行会计处理。

（6）根据资料（4），判断甲公司对戊公司的长期股权投资是否构成持有待售类别，并说明理由。

（7）根据资料（4），说明甲公司对戊公司的长期股权投资在其2019年度个别财务报表和合并财务报表中分别应当如何列报。（2019年）

【答案】

（1）

2016年度应确认的收入 = 55 000 × 30 000 ÷ (30 000 + 20 000) = 33 000（万元）

2017年度应确认的收入 = 55 000 − 33 000 = 22 000（万元）

借：合同结算	33 000	
贷：主营业务收入		33 000
借：主营业务成本	30 000	
贷：合同履约成本		30 000
借：应收账款	25 000	
贷：合同结算		25 000
借：银行存款	20 000	
贷：应收账款		20 000

（2）出售A办公楼应确认的损益 = 70 000 − (55 000 − 1 100 − 550) = 16 650（万元）

借：银行存款	70 000	
累计折旧	1 650	

贷：固定资产 55 000

资产处置损益 16 650

（3）根据资料（1），编制甲公司2017年度、2018年度、2019年度合并财务报表的相关抵销分录。

2017年度：

借：未分配利润——年初 3 000

贷：固定资产 3 000

借：营业收入 22 000

贷：营业成本 21 000

固定资产 1 000

2018年度：

借：未分配利润——年初 4 000

贷：固定资产 4 000

借：固定资产——累计折旧 80

贷：管理费用 80

2019年度：

借：未分配利润——年初 3 920

贷：固定资产 3 920

借：固定资产——累计折旧 40

贷：管理费用 40

借：固定资产 3 880

贷：资产处置收益 3 880

（4）是丙公司的政府补助。

理由：该补助的对象是丙公司，甲公司只是起到代收代付的作用。

（5）2018年度：在个别财务报表中借款费用计入当期损益，金额为3 000万元；在合并财务报表中借款费用计入在建工程成本，金额为2 400万元。

2019年度：在个别财务报表中借款费用计入当期损益，金额为3 000万元；在合并财务报表中借款费用计入在建工程成本，金额为3 000万元。

（6）构成持有待售类别。

理由：由于甲公司已与无关联关系的第三方签订了具有法律约束力的股权转让合同，签订合同前的准备，工作已经完成，甲公司按照合同约定可立即出售；甲公司董事会已就出售戍公司股权通过决议；甲公司已获得确定承诺；预计出售将在一年内完成。

（7）在个别财务报表中，将对戍公司的长期股权投资3 000万元全部在“持有待售资产”项目中列报。在合并财务报表中，将戍公司的资产13 500万元全部在“持有待售资产”项目中列报，将戍公司的负债6 800万元全部在“持有待售负债”项目中列报。

考点四：终止经营列报

企业应当在利润表中分别列示持续经营损益和终止经营损益。

终止经营的相关损益应当作为终止经营损益列报，列报的终止经营损益应当包含整个报告期间，而不仅包含认定为终止经营后的报告期间。相关损益具体包括：

（1）终止经营的经营活动损益，如销售商品、提供服务的收入、相关成本和费用等。

（2）企业初始计量或在资产负债表日重新计量符合终止经营定义的持有待售的处置组时，因账面价值高于其公允价值减去出售费用后的净额而确认的资产减值损失。

（3）后续资产负债表日符合终止经营定义的持有待售处置组的公允价值减去出售费用后的净额增加，因恢复以前减记的金额而转回的资产减值损失。

（4）终止经营的处置损益。

（5）终止经营处置损益的调整金额。

企业在处置终止经营的过程中可能附带产生一些增量费用，如果不进行该项处置就不会产生这些费用，企业应当将这些增量费用作为终止经营损益列报。

【例题 26－6 · 多选题】 下列各项关于终止经营列报的表述中，错误的有（　　）。（2019 年）

A. 终止经营的经营损益作为持续经营损益列报

B. 终止经营的处置损益以及调整金额作为终止经营损益列报

C. 拟结束使用而非出售的处置组满足终止经营定义中有关组成部分条件的，自停止使用日起作为终止经营列报

D. 对于当期列报的终止经营，在当期财务报表中将处置日前原来作为持续经营损益列报的信息重新作为终止经营损益列报，但不调整可比会计期间利润表

【答案】 AD

【解析】 终止经营的相关损益应当作为终止经营损益列报，选项 A 错误，B 正确；从财务报表可比性出发，对于当期列报的终止经营，企业应当在当期财务报中将原来作为持续经营损益列报的信息重新作为可比会计期间的终止经营损益列报，调整可比期间利润表，选项 D 错误。

第二十七章　附加内容

第一节　金融资产转移

考点一：金融资产整体终止确认和部分终止确认的区分

符合金融资产的部分终止确认的，需满足下列条件之一，除此之外，企业应当将终止确认的规定适用于该金融资产的整体：

（1）该金融资产部分仅包括金融资产所产生的特定可辨认现金流量。

（2）该金融资产部分仅包括与该金融资产所产生的全部现金流量完全成比例的现金流量部分。

（3）该金融资产部分仅包括与该金融资产所产生的特定可辨认现金流量完全成比例的现金流量部分。

考点二：金融资产转移的会计处理

		会计处理	注意事项
满足终止确认条件	整体转移	将下列两项金额的差额计入当期损益： （1）被转移金融资产在终止确认日的账面价值。 （2）因转移金融资产而收到的对价，与原直接计入其他综合收益的公允价值变动累计额（涉及转移的金融资产为分类为以公允价值计量且其变动计入其他综合收益的金融资产的情形）之和	金融资产整体转移形成的损益 = 因转移收到的对价 - 所转移金融资产账面价值 +/- 原直接计入其他综合收益的公允价值变动累计利得（或损失） 因转移收到的对价 = 因转移交易实际收到的价款 + 新获得金融资产的公允价值 + 因转移获得的服务资产的价值 - 新承担金融负债的公允价值 - 因转移承担的服务负债的公允价值
	部分转移	将转移前金融资产整体的账面价值，在终止确认部分和继续确认部分之间，按照转移日各自的相对公允价值进行分摊，并将下列两项金额的差额计入当期损益： （1）终止确认部分在终止确认日的账面价值。 （2）终止确认部分收到的对价，与原计入其他综合收益的公允价值变动累计额中对应终止确认部分的金额（涉及部分转移的金融资产为分类为以公允价值计量且其变动计入其他综合收益的金融资产的情形）之和	在此种情形下，所保留的服务资产应当视同继续确认金融资产的一部分

续表

	会计处理	注意事项
继续确认被转移金融资产	继续确认所转移的金融资产整体，因资产转移而收到的对价，应当在收到时确认为一项金融负债	该金融负债与被转移金融资产应当分别确认和计量，不得相互抵销。在后续会计期间，企业应当继续确认该金融资产产生的收入或利得以及该金融负债产生的费用或损失
继续涉入	按照其继续涉入被转移金融资产的程度继续确认该被转移金融资产，并相应确认相关负债。 相关负债应当根据被转移的资产是按公允价值计量还是摊余成本计量予以计量，使得被转移资产和相关负债的账面价值： （1）被转移的金融资产以摊余成本计量的，等于企业保留的权利和义务的摊余成本； （2）被转移金融资产以公允价值计量的，等于企业保留的权利和义务按独立基础计量的公允价值	如果所转移的金融资产以摊余成本计量，确认的相关负债不得指定为以公允价值计量且其变动计入当期损益。 企业通过对被转移金融资产提供担保方式继续涉入的，应当在转移日按照金融资产的账面价值和担保金额两者之中的较低者，按继续涉入的程度继续确认被转移资产，同时按照担保金额和担保合同的公允价值之和确认相关负债

【例题 27-1·单选题】2005 年 2 月 1 日，甲公司将收到的乙公司开出并承兑的不带息商业承兑汇票向丙商业银行贴现，取得贴现款 280 万元。合同约定，在票据到期日不能从乙公司收到票款时，丙商业银行可向甲公司追偿。该票据系乙公司于 2005 年 1 月 1 日为支付购买原材料款而开出的，票面金额为 300 万元，到期日为 2005 年 5 月 31 日。假定不考虑其他因素。2005 年 2 月份，甲公司该应收票据贴现影响利润总额的金额为（　　）万元。

A. 0　　B. 5　　C. 10　　D. 20

【答案】A

【解析】本题是关于应收票据贴现的问题，由于本题中是带追索权的，所以是按短期借款来处理。

会计分录：

借：银行存款　　280

　贷：短期借款　　280

【例题 27-2·单选题】甲公司将一项应收账款 40 000 万元出售给某商业银行乙，取得款项 39 000 万元，同时承诺对不超过该应收账款余额 3% 的信用损失提供保证。出售之后，甲公司不再对该应收账款进行后续管理。根据甲公司以往的经验，该类应收账款的损失率预计为 5%。假定甲公司已将该应收账款的利率风险等转移给了乙银行，为该应收账款提供保证的公允价值为 100 万元。不考虑其他因素，甲公司在出售日的会计处理中正确的是（　　）。

A. 确认继续涉入资产 1 200 万元和继续涉入负债 1 300 万元

B. 不需要确认继续涉入资产和继续涉入负债

C. 确认继续涉入资产 1 000 万元

D. 确认营业外支出 1 000 万元

【答案】A

【解析】财务担保 $=40\ 000\times3\%=1\ 200$（万元），按照资产账面价值和财务担保孰低以 1 200 万元计入继续涉入资产，按照财务担保 $1\ 200+100$（提供担保费）$=1\ 300$（万元）计入继续涉入负债。

第二节 反向购买

考点一：企业合并成本

反向购买中，企业合并成本是指法律上的子公司（购买方）如果以发行权益性证券的方式为获取在合并后报告主体的股权比例，应向法律上母公司（被购买方）的股东发行的权益性证券数量与其公允价值计算的结果。

考点二：合并财务报表列报

项目	合并金额
流动资产	A 公司在购买日的公允价值 + B 公司账面价值
非流动资产	A 公司在购买日的公允价值（不含反向购买时产生的长期股权投资）+ B 公司账面价值
商誉	B 公司的合并成本 – A 公司可辨认净资产公允价值的份额（如果为负数，则反映在留存收益中）
资产总额	合计
流动负债	A 公司在购买日的公允价值 + B 公司账面价值
非流动负债	A 公司在购买日的公允价值 + B 公司账面价值
负债总额	合计
股本（A 公司股票股数）	B 公司合并前发行在外的股份面值 × A 公司持有 B 公司股份比例 + 假定 B 公司在确定该项企业合并成本过程中新发行的权益性工具的面值
资本公积	差额
盈余公积	B 公司合并前盈余公积 × A 公司持有 B 公司股份比例
未分配利润	B 公司合并前未分配利润 × A 公司持有 B 公司股份比例
少数股东权益（B 公司的少数股东享有的部分）	少数股东按持有 B 公司股份比例计算享有 B 公司合并前净资产账面价值的份额
所有者权益总额	资产总额 – 负债总额

总结：合并报表的列报：

资产负债类（除商誉）= A 公司在购买日的公允价值 + B 公司账面价值

留存收益 = B 公司合并前金额 × A 公司持有 B 公司股份比例

考点三：每股收益的计算

发生反向购买当期，用于计算每股收益的发行在外普通股加权平均数为：

（1）自当期期初至购买日，发行在外的普通股数量应假定为在该项合并中法律上母公司向法律上子公司股东发行的普通股数量；

（2）自购买日至期末发行在外的普通股数量为法律上母公司实际发行在外的普通股股数。

反向购买后对外提供比较合并财务报表的，其比较前期合并财务报表中的基本每股收益，应以法律上子公司在每一比较报表期间归属于普通股股东的净损益除以在反向购买中法律上母公司向法律上子公司股东发行的普通股股数计算确定。

考点四：非上市公司购买上市公司股权实现间接上市的会计处理

非上市公司以所持有的对子公司投资等资产为对价取得上市公司的控制权，构成反向购买的，上市公司编制合并报表时应当区别以下情况处理：

（1）交易发生时，上市公司未持有任何资产、负债或仅持有现金、交易性金融资产等不构成业务的资产或负债的，应按照权益性交易的原则进行处理，不得确认商誉或确认廉价购买利得计入当期损益。

（2）交易发生时，上市公司保留的资产、负债构成业务的，对于形成非同一控制下企业合并的，企业合并成本与取得的上市公司可辨认净资产公允价值份额的差额应当确认为商誉或计入当期损益。

第三节　合营安排

考点一：合营安排

合营安排是指一项由两个或两个以上的参与方共同控制的安排。合营安排具有下列特征：

（1）各参与方均受到该安排的约束；

（2）两个或两个以上的参与方对该安排实施共同控制。

如果存在两个或两个以上的参与方组合能够集体控制某项安排的，不构成共同控制。

只要两个或两个以上的参与方对该安排实施共同控制，一项安排就可以被认定为合营安排，并不要求所有参与方都对该安排享有共同控制。

考点二：合营安排的分类

对比项目	共同经营	合营企业
概念	合营方享有该安排相关资产且承担该安排相关负债的合营安排	合营方仅对该安排的净资产享有权利的合营安排
单独主体	未通过单独主体达成或通过单独主体达成	通过单独主体达成
合营安排的条款	参与方对合营安排的相关资产享有权利并对相关负债承担义务	参与方对与合营安排有关的净资产享有权利，即单独主体（而不是参与方），享有与安排相关资产的权利，并承担与安排相关负债的义务
对资产的权利	参与方按照约定的比例分享合营安排的相关资产的全部利益	资产属于合营安排，参与方并不对资产享有权利
对负债的义务	参与方按照约定的比例分担合营安排的成本、费用、债务及义务。第三方对该安排提出的索赔要求，参与方作为义务人承担赔偿责任	合营安排对自身的债务或义务承担责任。参与方仅以其各自对该安排认缴的投资额为限对该安排承担相应的义务。合营安排的债权方无权就该安排的债务对参与方进行追索

续表

对比项目	共同经营	合营企业
收入、费用及损益	合营安排建立了各参与方按照约定的比例（例如按照各自所耗用的产能比例）分配收入和费用的机制。某些情况下，参与方按约定的份额比例享有合营安排产生的净损益不会必然使其被分类为合营企业，仍应当分析参与方对该安排相关资产的权利以及对该安排相关负债的义务	各参与方按照约定的份额比例享有合营安排产生的净损益

参与方为合营安排提供担保（或提供担保的承诺）的行为本身并不直接导致一项安排被分类为共同经营。

注意：共同经营有点类似于合伙企业，而合营企业类似于有限责任公司。

2020

21天突破

会计

Accounting

2020年注册会计师全国统一考试应试指导

李彬 编著　BT学院 组编

CPA

李彬教你考注会®

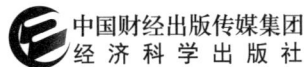

中国财经出版传媒集团
经济科学出版社

图书在版编目（CIP）数据

会计．2020/李彬编著．—北京：经济科学出版社，2020.3
（李彬教你考注会）
ISBN 978－7－5218－1411－8

Ⅰ．①会…　Ⅱ．①李…　Ⅲ．①会计－资格考试－自学参考资料　Ⅳ．①F23

中国版本图书馆 CIP 数据核字（2020）第 046781 号

责任编辑：孙丽丽
责任校对：郑淑艳
责任印制：李　鹏

会　计

李　彬　编著　BT 学院　组编
经济科学出版社出版、发行　新华书店经销
社址：北京市海淀区阜成路甲 28 号　邮编：100142
总编部电话：010－88191217　发行部电话：010－88191522
网址：www.esp.com.cn
电子邮件：esp@esp.com.cn
天猫网店：经济科学出版社旗舰店
网址：http://jjkxcbs.tmall.com
北京鑫海金澳胶印有限公司印装
787×1092　16 开　56.25 印张　1450000 字
2020 年 4 月第 1 版　2020 年 4 月第 1 次印刷
ISBN 978－7－5218－1411－8　定价：105.00 元

使用说明

满怀欣喜地又在春夏交叠之际与大家见面，2017 年是本套教材的出版元年，幸得各位同学的支持和喜爱，给予了编写组不尽的创意与动力，2020 年的再版相信会带给你们新的惊喜。

一、本书特点说明

初心不忘，我们的目标依旧是做一套真正符合青年学员胃口的注会辅导书，这意味着本套书需要在兼顾科学、全面的基础上，以简洁的语言、活泼的例证让你学通学透，这目标说白了就是一个字——“俗”。如何才能做到“俗”，我们一帮“俗人”做了诸多尝试。

关于章节设置。在章节设置上，我们做了较大的创新，以《会计》为例，我们将全书 28 章重新整合化为总论、资产、负债和所有者权益、收入及财务报告、特殊事项 10 篇，其中资产篇为整本书的重中之重，资产（一）包含了按“初始计量—后续计量—处置”三段式处理方法进行会计处理的存货、固定资产、无形资产、投资性房地产；资产（二）则是讲述关联度极高的长期股权投资和企业合并报表两部分内容。审计、财务管理、税法等科目也重新搭建了全书构架，在每本书的前言皆有详细表述。

关于前言。有心的同学可能发现，我们这套书的“前言”都很长，像《会计》《审计》《财务成本管理》等，甚至从前言就开始讲述知识点。是因为 21 天的时间太紧迫了，要提前加课吗？确实是。前言就像是一节先修课。想要在 21 天内入手一门新的学科，其最大的难度在于对该领域建立整体的认知，所以在前言提纲挈领地为大家搭建好“手脚架”是提升大家“搬砖”速度的关键，在各科的前言中，我们将常见的问题拢了拢，一起呈现给你，希望你先大致略读一遍，有个印象，等真正遇到问题时，就能体会其中深意了。

关于双色。本书采用双色印刷，重要的词句均以彩色标识，这大大提升了我们的学习效率，同学们在阅读时也要对彩印部分加以重视。但切不可偷懒！**为避免造成“满篇皆是重点反而无重点的情况”，我们并没有对所有需要注意的语句进行标识**。各位同学在初学时要一视同仁，不可怀着侥幸心理只关注彩色部分，这可能使你错过理解重点难点的关键解释性段落。

关于提示。为了保证内容的严谨性，我们大多采用删减掉不必要语句段落的教材原文作为本书正文，并以【提示】的方式对原文知识点进行注解或重难点提示，对于【提示】的内容，请大家务必默读三遍以上，确保理解。

关于例题。书中所选择的例题覆盖近 5 年真题，同时收录教材和相关准则中的经典例题，紧扣考点，权威性强且含金量高。希望各位在学习、复习过程中通过例题多揣摩知识点的考查方式，将题目做会、做熟。

二、彬哥学习五法

这“五法”也讲究个顺序，首先要有良好而稳定的心态；其次是要按照框架法“从宏观到微观”再“从微观回到宏观”的反复学习；再次是题目至少做“三遍”，这里所说的三遍是每次连续地做三遍，短时间内高强度地重复可助你深刻体会一道题的精髓；然后就是要建立好改错本，这是整个学习过程中最具个性化也是成效最显著的环节；最后则是要在冲刺阶段善用真题去夯实基础、查缺补漏以及锻炼临场心态。

接下来，我们就详细讲讲这制胜五法。

* 第一法　彬哥心态法 *

心态，我一直认为是考试第一法，也是最重要的方法，我们准备考试时，心要似磐石，定而稳。当你身边出现各种嘈杂声音时，有嗤笑围观的，有摇头反对的，有约饭、约影、约旅游的，此时就别浪费时间感叹天地人狗皆不仁了，既然闲言碎语免不了，不如想想如何面对吧！

（1）树立必过的信念！即使每年报考的人犹如过江之鲫，而实际被端盘上菜的“烤生”只有40%左右，这40%中也会有很大比例的人并未做好充足准备，鳞未去，腹未剖。因此像你这种花数月时间认认真真把自己洗干净准备上“烤场”的人实属罕见，过关率会非常高的。因此，在准备注会的那一刻开始，我们就应该告诉自己，我只要认真复习了，那么过关就是必然的事情！

（2）学习过程中学会调节自己的心态！其实每个人的坚持都是有极限的，每过一段时间都有崩溃的感觉，轻则厌学，重则厌世，好不容易把炸毛的自己安抚好了，过了段日子又炸了。这种“心道好轮回”会反复循环发作，其实解决之法倒也不难，只要明白你不是一个人，这是每个考生都会面临的常态即可，放平心态，炸着炸着也就习惯了。

（3）学会取舍！有舍才有得，我们在学习知识的时候不需要一次性100%学完吃透！有选择性地放弃一点内容，留着第二遍、第三遍慢慢来补足反而更佳。比如，我们在学习第三章的时候，可能遇到了第十三章的概念，你也知道为了这个概念追本溯源先把第十三章看一遍是没必要的，所以此时最有效率的做法是在不影响我们总进度的前提下，把这块内容先放一放，往后继续学习，待后面学到了再回头看或许会有更加饱满的认知。其实大家不必多虑，对于这个问题，我们已经在相应位置为你做好了提示，你只需要把心放在肚子里，安安心心地学下去即可。

（4）动笔！动笔！动笔！好记性不如烂笔头，当你拿起书本的那一刻开始，你就要拿起你手中的笔，不断地在书上或讲义上画画写写，可能很多时候只是无心的一些勾画也能增强你的记忆，所以看书务必拿出笔。

（5）学而不思则罔，必须要学会深思。在手机面前，我们都是它忠实的奴仆，我们习惯性地每隔几分钟就要温柔地对它又抚又摸念念叨叨，导致我们总是在浅层次思考。可是在学习上，要想透彻地想明白一个知识点，对一种类型的题目触类旁通，就必须要形成自己的思维，不让自己沉下去思考怎么可能做到呢？因此，在学习的时候要学会摆脱手机的控制，深思2个小时强于浮躁地学习5个小时。

* 第二法　彬哥框架法 *

所谓框架法，就是“从宏观到微观”，然后“从微观回到宏观”。

如果是自学，那么框架法的应用如下：

1. 要读书，先读目录

学习整本书前，先翻一遍本书的大概章节，大致了解一下各章的内容，对本书有一定的初步了解。

学习每章之前，将每节的标题列出来，将每节的次级标题也可以列出来，比如合同法：合同法概述—合同的订立—合同的生效—合同的履行—合同的担保—合同的变更和转让—合同的终止—违约责任。

从标题中我们就可以发现本章的大致思路：合同订立了到底能否生效？生效了怎么履行？履行的过程中可能需要提供担保也可能变更？完成或者不能完成合同要终止，终止了谁有过错谁来承担责任。

纵观章节标题，我们可以对本章有个初步了解，当然在理清章节构架之后，还可以深入到每一节，借助小标题再理清一下每节构架。

2. 心怀框架，进入细节的学习

第三步就是进入到每节的细节学习，在细节的学习过程中可能会有一点点的乱。这时要心怀警惕，一旦有要乱的苗头就赶紧跳出包围圈重新去回顾一下自己列的框架，定位一下目前学到了哪里，理顺之后再继续深入学习。

3. 重新整理框架，再回“高地”

经过前面的学习，我们已经学完了本章，这个时候不要急急忙忙地学习下一章，最好重新拿出框架，做细化完善，这时你的框架就正式形成，再将这个框架熟记于心，你会发现这章知识你已经彻底掌握。

如果跟直播学习，那么框架法的应用如下：

（1）每科的第一课花 1 个小时时间熟悉整本书的内容，对整本书有大致的了解，对每章有大致的了解。

（2）在每章的学习中，花半个小时将本章的内容稍微详细地讲述一遍，对本章要阐述的基本问题做到心中有数，也是为了消除学生心中的紧张情绪和对未知事物的抵触。

（3）进入到每章节的细节学习。每次直播课学习的内容多达几十页，大家可能学到中间又会模糊，不知身在何处，我会带领大家跳出细节回到框架，定位当前的学习进度。当然在跟上节奏的前提下，希望各位自己也要学会这种跳出定位法。

（4）当所有内容学完再重新回到框架时，对框架的理解也会更加深刻。在此基础上，可以对着框架回忆细节，让框架的血肉更加饱满。

（5）下课后，要在适当的时点，多多回忆框架，这样学习、复习都会更加轻松。

* 第三法　彬哥三遍法 *

所谓三遍法的思想精髓就是“贪精不贪多”。回忆一下之前我们做题的习惯，很多时候我们做了一大堆的题目，可再做第二遍时又感觉和没做一样。这是因为你对这众多的题目没有消化分解，故而难免积食。我认为做题的目的在于消化吸收，才能做到举一反三，而不仅仅止于完成。

遇见好题目，就像遇见你心爱的恋人一般，看见之后都应该有兴奋的感觉、都应该有喜极而泣的感觉、都应该有爱不释手的感觉、都应该有马上搞懂抄下来的冲动。题目不在多，而在精，课本的例题是最好的练习题，默写几遍都不为过。真题是第二好的题目，也需要多思考几遍才能使其发挥应有的价值。

那么三遍法该如何应用呢?

第一遍，看到好的题目，自己独立做一遍，正确弄懂这道题考点在哪里？妙在哪里？错误了要思考几分钟之后看着答案搞懂，然后问问自己思维误区在哪里？

第二遍，在第一遍的基础上，马上重新做一遍，其实对一道较长的题目，马上做依旧会出错，可借此再次检验自己的思维误区。

第三遍，在第二遍的基础上赶紧再重做一遍，这个时候你会感觉到彻底消化了这道题目，这才是好题的正确打开方式。

经历了上面的三个步骤，你已经初步掌握了好题，但是也要时刻拿出来重温，对于做错的题目和特别好的题目，应该记入你的改错本。

* 第四法　彬哥改错本法 *

就像你上高中时班主任耳提面命地让你抄错题一样，我也要一次一次地将改错本拎出来告诉你它的妙用。改错本法是经过实际验证卓有成效的方法，因为每个人的思维都是定式的，第一遍出错时，我们以为看了答案就足够了，但要真的从潜意识里纠正误区，需要下狠功夫，死皮赖脸地去磨、去看，直到让错误思维烦不胜烦地自己出走，才算罢休，这就是改错本法。

1. 改错本只是记录错题吗

改错本不只是记录错题，还应该记录经典的题目。

2. 改错本的格式

如果是短题目：第一步，抄写上题目；第二步，写上你的错误方式；第三步，纠正你的错误；第四步，写上总结，总结是自己为什么错误了，思路有什么问题，这类题目以后怎么办。

如果是长题目：题目太长的话，则无须抄写，但是要详细写明从这道题中你学到的知识，你的思路出错的地方。

3. 错题本该怎么用

首先，利用业余时间要多翻翻改错本，不断地修正自己的错误和学习经典的题目。

其次，一定要学会“撕掉”改错本，一本改错本看了10多遍之后，你会发现很多题目已经烂熟于心了，而且对你意义也不大了，但是有些题目你却特别喜欢，这个时候你就需要将前面经典的部分抄写到新的地方，前面的改错本要学会“撕掉”。

请记住：“慢即是快”，不要去节约改错本这点时间，从这里获得的收获远远大于你的付出，这也是将外在的知识内化成自己的知识必经的一步。

* 第五法　彬哥真题法 *

“书上例题 + 真题”是学习注会甚至是学习所有考试科目的最好的练习题，试想，这么多年的考试，任何一个考点基本都有所涉及，如果我们能够将真题涉及的每个考点都吃透，那么考试还怕什么呢？

因此，除了书上例题之外，真题就是我们最重要的习题资料，务必“内化”成自己的知识。所谓“内化”就是将真题的考点真正地消化成自己的，那么也需要经历上面说过的几点：

（1）心态上务必重视真题，真题的每一道题目都要重视；

（2）在每章节的经典习题里面，会涉及很多真题，在每章节的习题中要弄明白真题的考点；

（3）学习完之后，将汇总的每年的完整的真题重新做3遍以上，以便弄明白每年的考点都是怎么分布，整套试卷是什么感觉？

（4）将真题的答案在Word中完整地动手打出来，感受一下机考的时候打字的感觉。

“彬哥学习五法”是基本方法的总结，也是在大量实践中不断总结改进所得出的，其核心思想就是将知识真正消化，真正消化并不是靠完全的背诵，而是“动笔+思考”的有机结合。如果只是纯粹的看书、做题、抄错题本，而不动脑筋思考，那最终的分数必然很低，因为根本没有完全消化。如果只是盯着书本，笔都不拿地在脑子里头脑风暴，分数可能也就60分左右，稍有不慎就和过关失之交臂了，因为在真正的考试中你就会发现自己的下笔无神，一边写一边战战兢兢，对错就完全听天由命了。

总之，合理运用好上面的五法，多尝试“动笔+思考”的模式，相信会给同学们的学习多一份助力。

三、21天计划及使用方法

在讲述21天学习计划时，我们首先要强调，**本学习计划可能不适合于所有人**，即使本方法是我们的教研团队将每门课程的章节设置特点、记忆规律与在教学实践中无数学生的经验反馈相结合并经反复推敲设计而成。但我们坚信该计划适用于绝大多数考生朋友，是否每位同学都能将这套计划发挥出其最大的价值，还要因人而异。直白地说，本计划只适合于那些**有决心、有定力、肯吃苦并在这21天中每天能够拿出一个专门的时段（4小时左右）专心攻克一门科目**的同学，对于连专心和投入都做不到的同学，我想，再精巧的计划也无济于事，所以在各位考生朋友开始学习本书之前，先问自己几个问题。

- **我已经准备好学习一门新的学科了吗？**
- **在这21天中，我能够每天至少确保3个小时的学习时间吗？**
- **在接下来的计划中，我可能面临着极大的理解压力和复习压力，我真的做好准备去攻克，无论遇到什么样的困难都不退缩了吗？**

如果上面三个问题，你的答案都是肯定的，那么就请进入下一环节——请听我给大家解释一下本套丛书21天计划的设计理念。

其一，关于21天。初学者最初接触到一门新鲜的学科，总会感到无所适从，对未知的恐惧会造成不断的自我怀疑，“我这样做可不可以？”“我是不是又走了弯路？”“为什么这门课我还是零零散散毫无印象？”这是正常的心理状态，随着认知的不断深入，你对一个新鲜的概念越来越熟悉，对其特性越来越了解，心理就会感到安定。在学习的后期不需要他人替你引导，你也可以根据自己的实际情况制订最适合自己的学习计划。授人以鱼不如授人以渔，这套书要做的就是带你入门。

那么为什么是21天呢？美国医学博士麦克斯威尔·马尔茨曾在他的自救书 *Power Self Image Pyschology* 中提到过21天习惯养成法，他告诉我们要改变心理意象一般至少需要21天。在各科的21天学习计划中，我们设计了新学课和2～3轮复习以帮助大家建立对该门学科的“心理意象”。在这21天的学习中，你将会逐渐构建学科框架，对重点、难点、记忆点、易考点做到心中有数，随着认知的不断加深和知识的不断重复，你还会发现知识点之间的明里暗里的关联，这会使你真正地明白框架结构的原理为何，这时候整个知识体系才牢牢扎根在你心里，任谁也拔不走了。除此之外，发现个性才是对于你而言最宝贵的东西，认真贯彻落实彬哥错题法，你会了解到自己的薄弱点所在，守好自己的命门，焉会有59分的道理？

所以，虽说想要顺利通关，21天可能并不是充分条件，但作为奠基性的21天，它却是十分关键的。

其二，关于新学科。我们把每本书根据内容的难易程度划分不同的任务单元，按照往年的教学经验，学员在新接触一门学科的前几天，容易产生因为搞不清楚我是谁、我在哪、我在学什么、我该怎么学而由内心升起一种迷茫情绪，重症者可能演化成抵抗情绪，这会相应地减缓知识的接受程度。考虑到这一点，我们一般不会在前3天赶进度，而是希望大家循序渐进地慢慢接受新知识，感悟到新学科的知识结构和学习方法，并在重大章节之后设置复习日，以便让同学们能够在缓冲期将迷失的自己拉回来，整理行程继续上路，希望同学们能够合理利用复习日，把已学的内容夯实，毫无压力地继续下一天的学习。综上，每一天的学习计划都是我们精心为大家设计的，希望大家多体会、多思考。

其三，关于三轮复习。请大家合上眼回想一下，21天前发生的事你还能记得多少？学习更是这样，理解吃透只是第一步，不断地循环复习才是制胜的法宝。为避免大家陷入“熊瞎子劈棒子”的窘境中，我们特意在21天的学习进程中穿插入2～3轮复习。

复习计划的设计也付诸了我们诸多心血。我们翻阅了许多记忆规律方面的文献发现，学习者在学习过程中效率低下的原因常常是因为没有在恰好的时间做及时的复习和巩固，使之前所学内容逐步被遗忘，再次拿起书本时又像是新的一样了，这就造成了大量的重复劳动和时间浪费，严重的还会使学习者信心严重受挫，多来上几回，可能连再拿起课本的念头都没有了。所以，我们这套计划，将艾宾浩斯记忆规律与新学课的内容多少和难易程度相结合，为大家在不同时点针对不同的目的设计了两轮复习。一轮复习的时间安排在新学课的次日，一是为了让大家再回顾一遍旧识，二是紧凑的复习计划其实也是一种复习习惯的养成。二轮复习的安排相对松散，复习时点与初学时相隔3～4天，这是因为根据艾宾浩斯记忆规律，4天是一个重要记忆周期。且为了不与新学课和一轮复习冲突，二轮复习任务多安排在复习日，有充足的时间进行复习。二轮计划每次安排的复习章节数都相对于一轮多，也是为了让大家对整本书的知识做一个整合。最后一轮复习则在整个计划的末尾（有时会超出21天），为的是让大家最后集中起来对整本书再复习一遍，这一遍的学习压力应该大大减轻，各位所需做的就是查缺补漏了。

子曰：“温故而知新”，每用心复习一遍都会对知识有一层新的领悟，所以我们提醒大家重视复习习惯的力量，重视知识重复的力量。

最后预祝同学们顺利通过考试！

目录 Contents

第1天

前言/2

第一篇　总　　论

第一章　总论/29
第一节　会计概述/30
第二节　财务报告目标、会计基本假设和会计基础/30
第三节　会计信息质量要求/31
第四节　会计要素及其确认与计量/32
第五节　财务报告/35

第2天

第二篇　资产（一）

第二章　存货/47
第一节　存货的确认和初始计量/48
第二节　发出存货的计量/50
第三节　期末存货的计量/52
第四节　存货的处置/55
第三章　固定资产/58
第一节　固定资产的确认和初始计量/59
第二节　固定资产的后续计量/65
第三节　固定资产的处置/71
第四章　无形资产/74
第一节　无形资产的确认和初始计量/74
第二节　无形资产的后续计量/78

第三节 无形资产的处置 / 79

第五章 投资性房地产 / 84

第一节 投资性房地产确认和初始计量 / 85

第二节 投资性房地产的后续计量 / 86

第三节 投资性房地产的处置 / 93

第 3 天

第六章 资产减值 / 100

第一节 资产减值概述 / 101

第二节 资产可收回金额的计量 / 102

第三节 资产减值损失的确认与计量 / 105

第四节 资产组的认定及减值处理 / 106

第 4 天

第七章 金融工具 / 115

第一节 金融工具概述 / 117

第二节 金融资产和金融负债的分类和重分类 / 118

第三节 金融负债和权益工具的区分 / 127

第四节 金融工具的计量 / 128

第五节 金融资产转移 / 148

第六节 套期会计 / 148

第七节 金融工具的披露 / 149

第 5 天

第三篇 资产（二）

第八章 长期股权投资及企业合并 / 155

第一节 企业合并概述 / 162

第二节 合并财务报表 / 163

第三节 不形成控股合并的长期股权投资 / 166

第四节 非同一控制下控股合并的长期股权投资及企业合并 / 182

第五节　同一控制下控股合并的长期股权投资及企业合并/205

第6天

第六节　长期股权投资核算方法的转换及处置/224
第七节　内部交易的合并处理/233
第八节　特殊交易在合并财务报表中的会计处理/250
第九节　所得税会计相关的合并处理/257
第十节　合并现金流量表的编制/260

第7天
第8天
第9天

第四篇　负债和所有者权益

第九章　负债/273
第一节　流动负债/273
第二节　非流动负债/278

第十章　所有者权益/283
第一节　实收资本和其他权益工具/284
第二节　资本公积和其他综合收益/288
第三节　留存收益/291

第10天

第五篇　收入及财务报告

第十一章　收入、费用和利润/299
第一节　收入/300
第二节　费用/330
第三节　利润/331

第11天

第十二章　财务报告/336
第一节　财务报告概述/337

第二节　资产负债表／338
第三节　利润表／343
第四节　现金流量表／344
第五节　所有者权益变动表／348
第六节　附注／348
第七节　中期财务报告／352

第 12 天

第六篇　特殊事项（一）

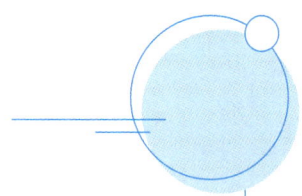

第十三章　或有事项／362
第一节　或有事项概述／362
第二节　或有事项的确认和计量／363
第三节　或有事项会计的具体应用／364
第四节　或有事项的列报／369
第十四章　非货币性资产交换／371
第一节　非货币性资产交换的概念／372
第二节　非货币性资产交换的确认和计量／374
第三节　非货币性资产交换的会计处理／376
第十五章　债务重组／384
第十六章　政府补助／398
第一节　政府补助概述／399
第二节　政府补助的会计处理／400

第 13 天

第十七章　借款费用／410
第一节　借款费用概述／411
第二节　借款费用的确认／411
第三节　借款费用的计量／412
第十八章　股份支付／420
第一节　股份支付概述／421
第二节　股份支付的确认和计量／422

第三节　限制性股票的处理／429

第十九章　外币折算／433

第一节　记账本位币的确定／434

第二节　外币交易的会计处理／435

第三节　外币财务报表折算／440

第14天
第15天

第七篇　特殊事项（二）

第二十章　所得税／452

第一节　所得税会计概述／453

第二节　资产、负债的计税基础及暂时性差异／454

第三节　递延所得税负债及递延所得税资产的确认和计量／462

第四节　所得税费用的确认和计量／469

第16天

第二十一章　租赁／479

第一节　租赁概述／480

第二节　承租人会计处理／485

第三节　出租人会计处理／495

第四节　特殊租赁业务的会计处理／502

第17天

第八篇　特殊事项（三）

第二十二章　会计政策、会计估计变更和差错更正／513

第一节　会计政策及其变更／514

第二节　会计估计及其变更／519

第三节　前期差错及其更正／521

第二十三章　资产负债表日后事项／525

第一节　资产负债表日后事项概述／526

第二节　调整事项的会计处理 / 528
第三节　非调整事项的会计处理 / 533

第 18 天

第九篇　特殊事项（四）

第二十四章　**应付职工薪酬 / 539**
第一节　职工和职工薪酬的范围及分类 / 540
第二节　短期薪酬的确认与计量 / 541
第三节　离职后福利的确认与计量 / 548
第四节　辞退福利的确认与计量 / 555
第五节　其他长期职工福利的确认与计量 / 557

第二十五章　**每股收益 / 560**
第一节　每股收益概述 / 560
第二节　基本每股收益 / 561
第三节　稀释每股收益 / 561
第四节　每股收益的列报 / 567

第 19 天

第十篇　特殊事项（五）

第二十六章　**持有待售的非流动资产、处置组和终止经营 / 575**
第一节　持有待售的非流动资产和处置组 / 576
第二节　终止经营 / 589

第二十七章　**政府及民间非营利组织会计 / 593**

第 20 天

第二十八章　**附加章节 / 595**
第一节　金融资产转移 / 595
第二节　反向购买 / 601
第三节　合营安排 / 609

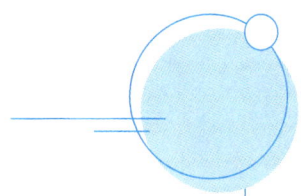

第 21 天

第 1 天

复习旧内容：

无

学习新内容：

前言和总论

学习方法：

（1）前言是我们专为入门而写，请把自己当零基础学员，从前言开始慢慢了解会计，不急不躁，偶尔遇到不懂的名词也跟你的基础毫无关系，是正常现象。

（2）总论是简单介绍会计，请不要去背诵，学会理解，考点并不多。

你今天可能有的心态：

跟会计初次见面，无疑是兴奋的，你们每人都在心中告诫自己一定要过注会，一定要改变人生，但是实际上注会的放弃率超过 50%，所以请放松心态，平和地学习，注会是一场马拉松，不是百米冲刺，所以无须激动，你只需要告诉自己，注会过关的唯一条件就是坚持下去，多思考多动笔。

简单解释今天学习内容：

（1）所谓前言，首先带领大家看一下几个财务报表，大致知道有哪些内容，并得出了几个公式，然后根据这条线给大家做一下延伸，这些知识应该详细掌握一下，由于是概念性的东西，这里就无须解释了。

（2）所谓总论。也是一些文字内容，只希望大家不要去背诵，基本没考点，理解了几个重点就行。

可能会遇到的难点：

（1）名词解释：很多不太会学习的同学会异常纠结名词，比如“其他综合收益”，有同学就一定要搞清楚什么是其他综合、什么是收益，其实这就是一个名字而已，跟人名一样，所以不要去纠结名词解释。

（2）总论里面会涉及很多后面章节的名词和内容，我们在前言解释了一些，如果没解释到的就不要去搜索，先略过，等学到具体的章节就懂了。

习题注意事项：

初识会计，这些习题你们会觉得新奇，觉得也有一点难度，你们会怀疑自己的基础知识，其实就是后面的知识没学而已，不用担心，但是就算没学自己也要去动笔一下。

建议学习时间：

1.5 个小时

前　言

在介绍本书的核心内容之前，需要大家先掌握一些基本的概念及理念，这些基础知识是整个会计学的基石，贯穿本书始终，对各位同学在后续深入的学习中更快更好地掌握知识内涵起到至关重要的作用，请大家务必反复研读前言内容，先形成印象，再逐步体会，通过后面章节的学习不断加深理解，以至融会贯通。

一、什么是会计？

会计是什么？很多人觉得会计离生活很遥远，专业的人才能做的事情！实际上会计就在我们身边，你记录的流水账，就是会计，今年工资多少钱，兼职多少钱，开支多少钱，还剩多少钱，这就是会计！你到年末，你可能要跟家人盘点你有多少资产，欠人家多少钱，以此来判断自己该不该继续借钱买房，这其实就是会计的应用！

那么，会计到底是什么？先看看官方定义：

会计是以货币为主要计量单位，反映和监督一个单位经济活动的一种经济管理工作。

（1）会计是记账的，这是会计的最基本工作，没那么高大上，就是一个记账的！

（2）会计的目的是：反映和监督企业的经济管理工作！其实会计也没有那么廉价，会计的工作结果反映了企业经营的状况，为企业的经营指明方向！

二、财务报表是企业的“指南针”

说起会计，就不得不说财务报表！会计要记账，通过原始凭证，然后去编制一堆账簿，但是在每个报告期末（比如一年末）对外提供的必然不是这成堆的账簿，会计需要将这堆账簿转化成简洁明了的财务报表给他人看！

企业的管理层依据这几张财务报表做出经营决策，股东依据这几张财务报表决定是否增加投资，债权人依据这几张财务报表决定是否继续提供贷款，所以这几张财务报表就是所有人做出决策的依据。如果这几张财务报表如实反映了企业的经营现状，那么我们的“指南针”就可以正确指明企业发展的方向，但是如果这几张财务报表无法如实反映企业真实情况，那么企业就会没法做出正确决策，最后会越走越远，所有人都要受损！

可能有人要问，为什么财务报表无法如实反映企业的真实情况，这有两种原因：一是故意的欺诈；二是对会计政策的灵活运用！

故意欺诈，这种案例就太多了，还记得2001年的美国“安然事件”，安然公司曾经是世界上最大的能源、商品和服务公司之一，名列《财富》杂志“美国500强”的第七名，然后短短几个月，市值就从800亿美元跌到了2亿美元，这其中有多少人的财产化为灰烬，多少人的养老金灰飞烟灭；我国近年来也有很多这种欺诈，比如万福生科、银广夏、绿大地、康美药业等。

至于对会计政策的灵活运用，这样的运用基本存在于每个公司，这并不违法，但是这种运用也是有好有坏！比如企业今年的利润增长率过高，考虑到明年的市场竞争加剧，于是企业想隐藏一点利润，可能会多提坏账准备，什么叫多提坏账准备？就是假设更多的人不还钱了，出现了更多的损失。等明年再把坏账准备转回，这样可以确保利润的稳定增长，不至于出现大起大落，因为投资者并不希望企业“坐过山车”，而希望企业稳定增长！再比如有上市公司连续几年亏损了，企业出现了退市风险，于是今年把自己的办公楼卖给其他公司，然后租赁回来，这样办公楼还是在使用，但是企业利润转正了，这样就保住了上市这个“壳”。这些都是对会计政策的灵活运用！

所以会计可以是骗术也可以是艺术，就看掌握在谁的手里！如果把会计当作是骗术，最终害的不只是别人，也是自己，因为每一个欺诈中，财务人员总是被惩罚的对象；如果把会计当作一门艺术，好的艺术应该是让人赏心悦目，这也是会计工作的未来，熟悉知识，做好企业的“指南针”角色！

三、什么是财务报表

前面介绍了财务报表是什么，有什么作用，这里我就想简单介绍一下财务报表的格式以及含义，主要的财务报表有三个：资产负债表、利润表和现金流量表。

> 在这里提醒一下初学者，你们在学习的时候总喜欢去搜索各个名词的意思，总想搞懂每个名词。这是极其错误的学习方法，名词解释要么从字面意思理解，要么就像人名一样，在后面的学习中接触多了自然就懂了。所以别遇到不懂的名词就停下前进的脚步，应该继续往后学。

（一）资产负债表（见表0-1）

表0-1 资产负债表

会企01表

编制单位： ____年__月__日 单位：元

资产	期末余额	上年年末余额	负债和所有者权益（或股东权益）	期末余额	上年年末余额
流动资产：			流动负债：		
货币资金			短期借款		
交易性金融资产			交易性金融负债		
衍生金融资产			衍生金融负债		
应收票据			应付票据		
应收账款			应付账款		
应收款项融资			预收款项		
预付款项			合同负债		
其他应收款			应付职工薪酬		
存货			应交税费		
合同资产			其他应付款		
持有待售资产			持有待售负债		
一年内到期的非流动资产			一年内到期的非流动负债		
其他流动资产			其他流动负债		
流动资产合计			流动负债合计		
非流动资产：			非流动负债：		
债权投资			长期借款		
其他债权投资			应付债券		
长期应收款			其中：优先股		
长期股权投资			永续债		
其他权益工具投资			租赁负债		
其他非流动金融资产			长期应付款		
投资性房地产			预计负债		
固定资产			递延收益		
在建工程			递延所得税负债		
生产性生物资产			其他非流动负债		
油气资产			非流动负债合计		
使用权资产			负债合计		
无形资产			所有者权益（或股东权益）：		

续表

资产	期末余额	上年年末余额	负债和所有者权益（或股东权益）	期末余额	上年年末余额
开发支出			实收资本（或股本）		
商誉			其他权益工具		
长期待摊费用			其中：优先股		
递延所得税资产			永续债		
其他非流动资产			资本公积		
非流动资产合计			减：库存股		
			其他综合收益		
			专项储备		
			盈余公积		
			未分配利润		
			所有者权益（或股东权益）合计		
资产总计			负债和所有者权益（或股东权益）总计		

（1）如表0-1所示，表格最下方左边是“资产总计”，右边是“负债和所有者权益（或股东权益）总计”，且存在如下勾稽关系：**资产=负债+所有者权益**，举例说明：

初始有100万元自有资金，因此会计等式是“资产100万元=负债0+所有者权益100万元”；然后用自有资金100万元和贷款400万元买价值500万元的房屋，这笔交易使他的负债增加了400万元，资产（原有资金）减少了100万元，但同时拥有了价值500万元的另一项资产——房子。这笔交易的发生改变了他的会计等式，变成了“资产500万元=负债400万元+自有资金100万元”，这也就是公式“资产=负债+所有者权益”。

（2）再来看资产项目，资产负债表中资产一栏中首先列示的是流动资产，其特征为随时出售变现的资产，如存货，在流动资产大类中还按照流动性从强到弱的顺序来细分出具体的资产项目，在稍后的章节中都会详细讲述；其次列示的是非流动资产，其特征为客观上不容易出售变现且主观上不准备随时出售的资产，如固定资产。

根据上述描述，可以把资产负债表简化为表0-2所示。

表0-2　简化资产负债表

流动资产	负债
	所有者权益
非流动资产	
资产合计（流动资产+非流动资产）	负债+所有者权益

至此，我们介绍了第一个知识点——资产=负债+所有者权益。简言之，企业中拥有的各种东西，一部分是借钱买的，一部分是股东出钱买的，这样想来就通俗易懂得多。

其实这个公式你可以这样理解，左边是你占用的资源（资产），右边是这些资源的来源，部分来源于股东投资（所有者权益），不够的部分就要去借钱（负债），于是也可以得出“资产=负债+所有者权益”这个公式。

（二）利润表（见表0-3）

表0-3　　利润表

会企02表

编制单位：　　____年__月　　单位：元

项目	本期金额	上期金额
一、营业收入		
减：营业成本		
税金及附加		
销售费用		
管理费用		
研发费用		
财务费用		
其中：利息费用		
利息收入		
加：其他收益		
投资收益（损失以“-”号填列）		
其中：对联营企业和合营企业的投资收益		
以摊余成本计量的金融资产终止确认收益（损失以“-”号填列）		
净敞口套期收益（损失以“-”号填列）		
公允价值变动收益（损失以“-”号填列）		
信用减值损失（损失以“-”号填列）		
资产减值损失（损失以“-”号填列）		
资产处置收益（损失以“-”号填列）		
二、营业利润（亏损以“-”号填列）		
加：营业外收入		
减：营业外支出		
三、利润总额（亏损总额以“-”号填列）		
减：所得税费用		

续表

项目	本期金额	上期金额
四、净利润（净亏损以“－”号填列）		
（一）持续经营净利润（净亏损以“－”号填列）		
（一）终止经营净利润（净亏损以“－”号填列）		
五、其他综合收益的税后净额		
（一）不能重分类进损益的其他综合收益		
1. 重新计量设定受益计划变动额		
2. 权益法下不能转损益的其他综合收益		
3. 其他权益工具投资公允价值变动		
4. 企业自身信用风险公允价值变动		
……		
（二）将重分类进损益的其他综合收益		
1. 权益法下可转损益的其他综合收益		
2. 其他债权投资公允价值变动		
3. 金融资产重分类计入其他综合收益的金额		
4. 其他债权投资信用减值准备		
5. 现金流量套期储备		
6. 外币财务报表折算差额		
……		
六、综合收益总额		
七、每股收益		
（一）基本每股收益		
（二）稀释每股收益		

关于利润表，也可以叫作“损益表”，所以我们常常听说“影响当期损益”也就是“影响当期利润”！首先我们看几个公式：

营业利润＝营业收入－营业成本－税金及附加－销售费用－管理费用
－研发费用－财务费用－资产减值损失－信用减值损失
＋其他收益＋投资收益＋净敞口套期收益＋公允价值变动收益
＋资产处置收益

利润总额＝营业利润＋营业外收入－营业外支出

净利润＝利润总额－所得税费用

这就是表格里面的反馈，有人就在发出疑问，为何下面还有“其他综合收益”？为何还有“综合收益总额”，其实这是我们准则的一个“小误区”，因为这个表最准确的说法应该是“综合收益表”，所谓综合收益不仅包含了“净利润”，还包含了“其他综合收益”，至于什么是“其他综合收益”，稍后我们会详细讨论，总之其他综合收益不属于净利润的组成部分，也就是不属于当期损益！

【注意】这里是前言，只需要搞懂利润表的大致结构，不需要搞懂每个科目代表的意思，所谓前言就是带领大家初步了解一下会计！

对上述两个关系式，有以下两点注解：

(1) 所谓营业利润，就是日常活动中的收入减去日常活动的支出，换句话说，可以期望的会持续发生的收入和支出项目。

(2) 利润总额与营业利润主要强调“营业”的概念不同，利润总额在营业利润的基础上，纳入了强调“非营业”利润数额的“营业外收入”和“营业外支出”两个项目。这里的“营业利润”强调的是“经常性利润”，而“营业外收入”和“营业外支出”则普遍被专业人士理解为“非经常性损益”。打个比方，一般情况下，你的工资、薪酬，是“经常性”的；但你买彩票有一天中奖了，或者你在路上捡到100元放自己腰包了，则是“非经营性”的，应报告为“营业外收入”。

【注意】至于哪些项目属于营业外收入，后面的章节我们会学，我们这里可以简单讲一下：

(1) 出售存货肯定是企业的日常经营，这就是营业收入；但是企业的固定资产不可能随时报废吧？这就叫营业外支出。

(2) 确认无法支付的应付账款，比如债权人失踪了，企业确实还不了，那就作为营业外收入。

现在在理解的基础上，请大家再来写一遍：

利润总额 = 营业收入 − 营业成本 − 税金及附加 − 销售费用 − 管理费用
− 研发费用 − 财务费用 − 资产减值损失 − 信用减值损失
+ 其他收益 + 投资收益 + 净敞口套期收益 + 公允价值变动收益
+ 资产处置收益 + 营业外收入 − 营业外支出

注意：一定要默写三遍，熟悉一下大概哪些是属于利润表的科目！因为后面我们经常会涉及哪些情形影响当期损益，哪些情形不影响当期损益？

（三）现金流量表（见表0-4）

表0-4 **现金流量表**

会企03表

编制单位：　　　　　　　　　　____年__月　　　　　　　　　　单位：元

项目	本期金额	上期金额
一、经营活动产生的现金流量		
销售商品、提供劳务收到的现金		
收到的税费返还		
收到其他与经营活动有关的现金		
经营活动现金流入小计		
购买商品、接受劳务支付的现金		
支付给职工以及为职工支付的现金		
支付的各项税费		
支付其他与经营活动有关的现金		
经营活动现金流出小计		
经营活动产生的现金流量净额		
二、投资活动产生的现金流量		
收回投资收到的现金		
取得投资收益收到的现金		
处置固定资产、无形资产和其他长期资产收回的现金净额		
处置子公司及其他营业单位收到的现金净额		
收到其他与投资活动有关的现金		
投资活动现金流入小计		
购建固定资产、无形资产和其他长期资产支付的现金		
投资支付的现金		
取得子公司及其他营业单位支付的现金净额		
支付其他与投资活动有关的现金		
投资活动现金流出小计		
投资活动产生的现金流量净额		
三、筹资活动产生的现金流量		
吸收投资收到的现金		
取得借款收到的现金		
收到其他与筹资活动有关的现金		
筹资活动现金流入小计		
偿还债务支付的现金		

续表

项目	本期金额	上期金额
分配股利、利润或偿付利息支付的现金		
支付其他与筹资活动有关的现金		
筹资活动现金流出小计		
筹资活动产生的现金流量净额		
四、汇率变动对现金及现金等价物的影响		
五、现金及现金等价物净增加额		
加：期初现金及现金等价物余额		
六、期末现金及现金等价物余额		

现金流量表是什么？为什么有这个表格的存在？

我们知道了资产负债表，就是企业的资产和负债问题，我们知道了利润表，知道了企业今年赚了多少钱！但是有一件事情估计你们也想不通，就是很多大企业，其实是赚钱的，但是还会出现资金链断裂！

其实赚钱有很多情况，比如为了促进销售，我可以把货物全部赊销出去，只要赊销出去了，利润就实现了，因此利润表就好看了，甚至极端的情况是为了虚构利润，直接把存货卖给自己的关联企业，这样也实现了利润！但是问题是收到了钱吗？

这个时候就需要看企业全年的现金流量了，现金流量分为三种：经营活动现金流量、投资活动现金流量、筹资活动现金流量。其中我们最关心的是经营活动现金流量，这是代表企业是否真的赚钱的，比如企业今年的净利润增长了50%，但是经营活动的现金流量没有变化，那就很显然销售可能有问题，于是我们需要看应收账款的增加是怎么引起的，是不是虚假销售，是不是销售给关联方！

这就是现金流量表带给我们的作用，通过几个表格的勾稽关系，可以一目了然地查证企业的经营情况！

四、关于所有者权益

还记得之前学习资产负债表的时候的那个公式吗？资产 = 负债 + 所有者权益！当然资产是形形色色的，后面的章节都要详细讲解，负债也是形形色色的，但是理解起来不难，这里我想跟大家讲一下所有者权益的内容。

所有者权益，就是所有者享有的部分，一个企业的资产中，一部分是债权人提供的，剩下的才是所有者提供的！

所有者权益主要包括“实收资本”“资本公积”“其他综合收益”“盈余公

积”“未分配利润”。

这里可以分为三块，一块是股东的投入，反映在“实收资本和资本公积”上面，一块是企业赚的钱留在公司的部分，反映在“盈余公积和未分配利润”这里，剩下一块就是“其他综合收益”了！

第一块，实收资本和资本公积！

什么是实收资本？其实在股份有限公司里面，叫作股本。无论是股本还是实收资本，其实质是一样的：在中国，股本是等于注册资本的，虽然股本不一定马上缴纳进来，但最终股本就是注册资本！

那么什么是资本公积呢？这很简单！就拿股份有限公司来说，股票的面值是1元钱，可是去买的时候难道没有溢价？可能你要花20元去购买，那么多的19元就是资本公积！

那么有人又要问？有限责任公司怎么产生资本公积的？其实也很简单，甲投入了100万元成立了一个科技公司，一年之后乙想加入，如果想获得50%的股份，是不是乙也只用投入100万元呢？很显然，如果甲公司经营得不错，甲肯定会要求很高的溢价，比如500万元，那么多给的400万元，这就是资本公积！

第二块，盈余公积和未分配利润！

企业每年赚的钱，也就是利润表里面产生的净利润，企业可能会给股东分配一部分，剩下的就留在企业继续发展，这就是“留存收益”，留存收益，又分为“盈余公积和未分配利润”，为何？其实你可以理解为：盈余公积是法律不让你分配的，未分配利润是自己不分配的！两者之间的区别是：盈余公积是被指定了用途的利润（将来我们再来学习这些用途），不可再用于分红，而未分配利润则还可继续用于分红，或者其他用途。

第三块，其他综合收益！

这个科目是一个奇怪的科目，会从开始一直缠绕我们到最后！你们可能会奇怪，为什么说是一直缠绕我们？难道真的这么烦！是的，就是这么烦！甚至现行准则根本没对其他综合收益进行明确的定义，只是采用了列举的方式指出了哪些属于其他综合收益！

《会计》教材是这样说的：其他综合收益是指企业根据其他会计准则规定未在当期损益中确认的各项利得和损失！言外之意就是有些利得和损失，不能在当期损益确认，直接计入了其他综合收益，没有影响利润表，直接计入了所有者权益表！然后教材就列举了很多种，我们在学习中也会逐步的总结！

有人要问，能否给个简单解释？我的解释是，某些资产具有一些不确定性，或者易于操纵利润，所以暂时不让它影响当期损益，直接计入了所有者权益的其他综合收益！大致是这个意思！

五、关于三张报表的勾稽关系

三张报表到底什么关系呢？其实也有不同的观点！我们可以从资产负债表角度看看！

资产负债表的基本公式就是“资产 = 负债 + 所有者权益”。

如果站在资产负债表角度来看问题，资产 = 负债 + 所有者权益，为什么有收入？实现了收入，要么收到银行存款，要么有应收账款，这就影响了“资产”；同样如果发生了费用，要么用银行存款去支付，这就影响了“资产”，要么把钱先欠着，那就影响了“负债”；收入 – 费用 = 利润，最终的利润要么分配给股东，要么留在企业继续发展，留在企业继续发展的就是“留存收益”，这就影响了“所有者权益”！

至于现金流量表，可以简单理解为它真实体现了利润的“含金量”，避免出现只见利润增长但是不见钱的虚假繁荣！现金流量表是银行贷款的时候常看的报表，因为银行并不希望你去变卖资产来还债，如果连还债都要变卖资产了，可想而知这个企业差到了什么程度，还是不借钱为好，现金流量表正常，说明企业的盈利能力正常，具备偿债能力！

我们还可以这样理解，现金流量表代表了现金的流向问题，现金流出那么资产负债表的货币资金就会减少，现金流入，那么资产负债表的货币资金就会增加，这其实跟资产负债表也是紧密相关的！

其实这只是我们站在资产负债表角度思考的结果，如果站在利润表角度来思考这个关系，又会有新的结果，这里就不做赘述！

六、什么是收入和费用、利得和损失

通过对前面利润表的学习，对于收入和费用、利得和损失的概念，我们可以简单总结为：

（1）收入和费用是指**日常活动**中所形成的各项收入以及产生的各项成本，也就是影响“营业利润”的各要素。此处请大家再将营业利润的公式默写一遍：

营业利润 = 营业收入 – 营业成本 – 税金及附加 – 销售费用 – 管理费用
– 研发费用 – 财务费用 – 资产减值损失 – 信用减值损失
+ 其他收益 + 投资收益 + 净敞口套期收益
+ 公允价值变动收益 + 资产处置收益

（2）利得和损失是“**非日常活动**”产生各项变动。即记入“营业外收入”或者“营业外支出”的科目金额。

一言以蔽之：“收入和费用”跟“利得和损失”的区别就是是否是“日常

活动”！

（3）需要注意的是，根据现行会计准则规定，利得和损失分为两种：

一种是直接计入当期损益的利得和损失，比如营业外收入或者营业外支出！

另一种是直接计入所有者权益的利得和损失，比如其他综合收益。

为了让大家更直观地感受到利得和损失的两种分类之间的差别及其在考试中的重要性，此处罗列出两道真题。

注意：因为相关知识还没有详细介绍，所以这些题目同学们不会做是正常的，仅体会出题方式即可。

【例题0－1·多选题】下列各项中，属于应计入损益的利得的有（　　）。（2012年）

A. 出售存货产生的收入

B. 固定资产报废损失

C. 持有以公允价值计量且其变动计入其他综合收益的金融资产公允价值增加额

D. 对联营企业投资的初始投资成本小于应享有投资时联营企业净资产公允价值份额的差额

【答案】BD

【彬哥做题思维训练法】

找关键词	导入知识点	得出结论	引发思考
（1）计入损益 （2）利得	（1）损益：利润表科目 （2）利得：营业外收入或支出，其他综合收益	计入营业外收入的项目	利得分为两种，读题要读清楚

【解析】

此题目虽然简单，但是也应该有分析的思路：

（1）题目的问题是“应计入损益的利得”，利得分为两种，一种是计入损益，一种是直接计入所有者权益，这里的问题是计入损益，因此这是第一个考点。

（2）具体选项到底是计入损益还是计入所有者权益，暂时还未学。这里可以不用了解太清楚。首先选项A出售存货产生的收入属于日常活动的营业收入，不属于利得；选项C，持有以公允价值计量且其变动计入其他综合收益的金融资产公允价值增加额计入其他综合收益，属于直接计入所有者权益的利得。

七、什么是“影响损益”

利润表也常被称为损益表，因此影响损益即为影响利润表，反之，一个事项若影响到了利润表的金额，也就影响了损益。

事实上，影响损益包括两个方面，一方面影响利润表的整体金额，另一方面影响利润表内部各个科目之间的变动，但注册会计师（CPA）考试所涉及的题目中，影响损益即指影响利润表的整体金额，可以由下述例子说明：

【例1】假设从销售费用中转100万元进入管理费用，即销售费用减少100万元的同时管理费用增加100万元，这属于利润表内部科目之间的互相转换，而不会影响利润表的整体金额。

【例2】经过前面的学习，我们知道“其他综合收益”是属于所有者权益的科目，假设将“其他综合收益”转100万元进入利润表的“投资收益”时，利润表的总金额就受到了影响——利润总额增加了100万元。

第二种情况才是CPA考试中所说的“影响损益”！

八、关于“其他综合收益”，我们应该怎么理解？

前面简单提到过“其他综合收益”，这里我想详细讲解一下这个科目！

一般情况下的企业经营流程是：投资人投资（开始有资产负债表）——企业生产运营，产生利润（利润表）——利润的留存会进而影响所有者权益（进一步影响资产负债表）。

但是其他综合收益这里，没有经过利润表，直接计入了所有者权益！这就是其他综合收益的特殊性，也就是教材给其他综合收益的一个简单定义：其他综合收益是指企业根据其他会计准则规定未在当期损益中确认的各项利得和损失！

为什么会有“其他综合收益”这个科目，既然其他综合收益也有“收益”二字，那为什么不能像“投资收益”放到利润表然后年末再去计入所有者权益，其实我们看这个安排的根本性目的还是防止企业操纵利润！比如某些资产的流动性并不强，但是准则也要求用公允价值计量，那么如果可以随便用公允价值计量，操纵利润的空间就很大，所以准则就要求把“其他综合收益”暂时放入股东权益，以免使利润表出现异常变动。

其他综合收益并没有明确的定义，准则采取的是列举法，即哪些情况记入“其他综合收益”。其他综合收益既然是收益，那是什么收益呢？我们可以看成暂时未实现的收益，未来终止确认（比如出售）的时候才会确认的收益！待真的终止确认的时候再将其他综合收益转入当期损益，比如：

借：其他综合收益

　　贷：投资收益

当然准则又有列举，某几种极特殊的情况甚至不允许转入投资收益，直接计入了留存收益，这种情况就属于极其特殊极其少见，准则进行了严格的规定！

九、"借""贷"怎么回事？

1. "借""贷"的意思

先看看表0－5，最早的资产负债表很简单，就是两边记录，左边记录人家欠我的，这些欠钱的人就是我的Debtor；右边记录"我欠人家的"，这些债主就是我的Creditor。这便是资产负债表的雏形，渐渐地，人们将名词演化成了动词，于是在左边记录就是Debit，在右边记录就是Credit。等到这种记账方法传入中国，就被翻译为了借（Debit）和贷（Credit）。所以，借、贷没有特别的含义，简单地讲，就是左边和右边，在左边记录和在右边记录的意思。

表0－5　资产负债表

资产	负债＋所有者权益
人家欠我的 欠钱的人就是我的Debtor	我欠人家的（我欠股东和债权人的钱） 债主就是我的Creditor

换个角度理解，资产就是我拥有的所有资源，但是这个资源来源于两个方向，一个来自股东，即"所有者权益"，另外一个来自债权人，即"负债"。这样我们的表格可以变成（见表0－6）：

表0－6　资产负债表

我拥有的资源	资源的归属
资产	负债＋所有者权益

2. 回忆从第一部分资产负债表的学习中得到的公式：

资产＝负债＋所有者权益

所有者权益来源有两处：一处是投资者投入，另一处是每年的利润留存，其中，利润为收入与费用的差额。假设利润全部留存，那么有：

资产＝负债＋投资者投入＋收入－费用

将费用移到左边，得出新的公式：

资产＋费用＝负债＋投资者投入＋收入

实际上除了收入和费用会影响利润之外，利得和损失也会影响利润，本公式进行了简化。

在这个公式中，左边的资产和费用，增加记入"借"，减少记入"贷"。右边则刚好相反，增加记入"贷"，减少记入"借"。

左边：资产、费用	右边：负债、投资者投入、收入
借：增加 　　贷：减少	借：减少 　　贷：增加

请注意：分录不需要死记硬背！初始理解时速度会稍慢，但随着时间的推移、知识沉淀，慢慢就熟练了，平时学习时一边理解一边动笔写上几遍，其效果是死记硬背远不能比的。为了帮助大家慢慢熟悉分录，我会对某些分录进行注解，但是各位一定要注意，不管分录简单还是复杂，请勿依赖我的注解，而是应该独立思索原因，然后默写几遍，过一段时间再默写一遍。

举例说明：

甲公司购入一批原材料，已经入库，价值100万元，用银行存款支付。

首先，原材料属于资产，增加了100万元，应当记入“借”；

同时，用银行存款支付，银行存款也是资产，减少100万元，应当记入“贷”。

分录为：

借：原材料　　1 000 000

　　贷：银行存款　　1 000 000

甲公司购入一批原材料，已经入库，价值100万元，货款约定下个月支付。

首先，原材料属于资产，增加记入“借”；

同时，应付账款属于负债科目，负债在公式右边，增加记“贷”。

分录为：

借：原材料　　1 000 000

　　贷：应付账款　　1 000 000

甲公司用银行存款支付一笔广告费用50万元。

首先，广告费用属于销售费用，费用在公式的左边，增加记入“借”；

同时，银行存款减少了，资产的减少记入“贷”。

分录为：

借：销售费用　　500 000

　　贷：银行存款　　500 000

十、什么是“摊余成本法”

【注意】所谓“摊余成本法”，这并不是会计上面很明确的一种方法，我在这里提出所谓的“摊余成本法”，希望在这里给大家树立一个基本的理念，在后面的学习过程中会多次用到。

所谓的摊余成本，通俗的含义就是“你真正欠人家多少钱”或者“人家真正欠你多少钱”！

我们先来看一个例子：

债券A的票面金额为1 000元，票面利率是7%，每年付息，但若市面上正常利率水平为8%（所谓正常利率8%的意思就是投资类似债券能达到8%的收益），请问你会不会花1 000元去买这份利率只有7%的债券？很显然你不会。那么债券A的发行方要如何做才能售出他的债券？只能以低于1 000元的价格出售才会有人买！

通过上面这个例子我们要明白两个问题：

(1) 票面利率和市场利率通常不相等，因为票面利率是债券发行方自行规定，而市场利率是整个市场中的真实利率。

(2) 票面金额与实际支付的对价通常也不相等。根据市场参与者的理性假定，当票面利率高于市场利率时，理性的发行方不会选择将债券定价为票面金额；而当票面利率低于市场利率时，理性的投资者不会选择去购买一份售价同为票面价值但收益却低于市场平均水平的债券。

紧接上面的例子，假设李某投资950元买了一份债券面值为1 000元的债券A，我们来分析一下：

期初时，李某实际借给债券发行商950元；

期末时，按照市场利率计算，李某应获得950×8%＝76（元）的投资收益；

债券A每年付息，那么期末时发行商应支付李某1 000×7%＝70（元）的利息，即发行商在期末偿还李某70元；

此时发行商实际欠李某的金额为950＋950×8%－1 000×7%＝956（元），这就是第1年年末的摊余成本。

总结上面的分析过程可以得到公式如下：

期末摊余成本＝期初摊余成本×(1＋实际市场利率)
－当期应当收到的现金(或支付的现金)

这个公式也可以拆解开：

(1) 本期投资收益（或财务费用）＝期初摊余成本×实际利率

(2) 期末摊余成本＝期初摊余成本＋投资收益（或财务费用）－当期应当收到的现金（或支付的现金）

【注意】

（1）摊余成本的概念很多题目中都会遇到，在这里我们首先要形成其计算思路。

（2）对于债券持有人来讲，每个计息期期末发行商偿还的利息均应记入“应收利息”科目中去，即该笔利息不一定能够立刻收到，比如实际上每年1月5日才能收到上一年度的利息，这个细节对摊余成本的理解没有影响。

【例题0-2·计算题】 2014年1月1日，甲公司自证券市场购入面值总额为2 000万元的债券。购入时实际支付价款2 088.98万元。该债券发行日为2014年1月1日，系分期付息、到期还本债券，期限为5年，票面年利率为5%，实际年利率为4%，每年12月31日支付当年利息。

求2014年12月31日的摊余成本：

期初摊余成本＝2 088.98万元

本年应该确认的投资收益＝2 088.98×4%＝83.56（万元）

本年收到的现金＝2 000×5%＝100（万元）

期末摊余成本＝2 088.98×（1＋4%）－100＝2 072.54（万元）

那2015年12月31日的摊余成本呢？

你们自己计算！一定要动笔！

十一、什么叫折旧，什么叫摊销，什么叫资产减值损失

1. 初始买入固定资产或者无形资产时，分录为：

借：固定资产/无形资产

　　贷：银行存款

从上面的分录可知，固定资产或者无形资产在购入时并不影响损益，但追其根本，天下没有免费的午餐，固定资产或者无形资产作为经营活动所必备的资源，是要计算其使用成本的，那么通过何种方式计量呢？这就涉及会计学中折旧和摊销的概念。比如预计一台设备使用寿命为10年，在不考虑残值的情况下，按照年限平均法，每年将该设备的初始取得成本的1/10计入成本中去，就是通常所说的固定资产折旧；相应地，在无形资产的计量中，这种类似的情况叫作摊销。

2. 固定资产折旧的分录为：

借：制造费用（生产车间使用的固定资产计提折旧）

　　管理费用（企业管理部门、未使用的固定资产计提折旧）

销售费用（企业专设销售部门的固定资产计提折旧）
其他业务成本（企业出租固定资产计提折旧）
研发支出（企业研发无形资产时使用固定资产计提折旧）
在建工程（在建工程中使用固定资产计提折旧）
贷：累计折旧

分录解释：折旧的意思就是将固定资产计入费用，因此固定资产的用途不一样，计入的费用科目也不一样，分别计入制造费用、管理费用、销售费用等。

3. 资产减值损失

所谓资产减值损失，意思就是，根据会计的谨慎性原则，预计未来某资产将会贬值，即其实际价格将低于现在的账面价值，对此要提前计入损失。因此，会计上专门设置了利润表科目“资产减值损失”，当企业预提某项资产减值损失时，当期的利润便会相应减少；相反，当企业转回以前计提过多的某些资产（例如存货）减值损失时，当期的利润便可以得以增加。资产减值损失是一个相对来说受管理层操纵比较强的项目。

举例来说，当企业计提固定资产减值准备时，相关会计分录为：

借：资产减值损失（注：损失的增加记入借方）
　　贷：固定资产减值准备（注：该科目属于资产的抵减科目，造成资产减少，记入贷方）

十二、什么叫账面价值和账面余额

所谓账面余额，英文叫作 account balance，这里的 account 是指账户，是指某科目的账面实际余额，**不扣除**作为该科目备抵的项目（如累计折旧、相关资产的减值准备等），因此也叫作账面原价。

所谓账面价值，英文叫作 book value，这里的 book 是指账簿，所以账面价值其实是指某科目（通常是资产类科目）的账面余额减去相关备抵项目后的**净额**。

以固定资产为例，在企业的账簿中，与固定资产相关的账户包括：固定资产、累计折旧和固定资产减值准备这三个，因此固定资产的账面价值可以表述为：

账面价值 = 固定资产账户的账面余额 − 累计折旧 − 固定资产减值准备

十三、什么叫“资本化”，什么叫“费用化”

简单地说：资本化就是要计入资产负债表的科目，费用化就是要计入利润表的科目。

简单来说，资本化支出计入形成资产的成本，通过折旧摊销在使用期内扣除，而费用化的支出是当期发生就一次性计入当期损益中，以后不再扣除。举例说明：

对甲固定资产进行改建，总共花费了10万元。对于耗资巨大的改建项目，不能直接记入"管理费用"，而是将改建支出10万元全部计入甲固定资产的账面价值中去，在之后的使用年限内通过固定资产折旧不断地计入费用中。改建支出资本化的分录为：

借：在建工程　　100 000

　　贷：银行存款　　100 000

假设对甲固定资产进行修理，总共花费了1 000元。对于金额微小的日常修理项目，可以直接计入当期损益（管理费用）中，分录为：

借：管理费用　　1 000

　　贷：银行存款　　1 000

> 有同学在纠结，怎么判断什么叫金额大小，什么时候应该资本化，其实金额大小只是本书在这里为了便于理解而举例，在做题的过程中，题目会清晰地告诉考生到底是否应该资本化。

十四、什么是"增值税"

增值税这个税种稍显复杂，在CPA的会计科目中，我们只需要掌握最基本的原理即可，至于增值税的详细细节，属于CPA考试《税法》科目的范畴。

需要特别注意的是，近年来，增值税税率变化特别大，2018年5月1日之后增值税的税率从17%降到16%，2019年4月1日开始，增值税税率又从16%降至13%，会计并不会考查税率问题，题目都会直接告诉的，所以不需要太纠结这个，本教材中，如果未给出增值税税率，都假设为13%计算。

为了没有学过税法的同学在这里简单理解，我们就将增值税简化一下，待你们学税法的时候再详细学习，你们会发现我们这里的解释并不是100%的准确。

增值税的基本原理：增值税＝现金，即**增值税发票＝现金票据**。

顾名思义，增值税是价外税（即价格之外需要缴纳的税，不包含在价格之内，需要单独收取计算，通过下面的例题可以更清楚地理解价外税的含义），即应税项目产生增值后才需要交税，举例说明。

如图0－1所示：

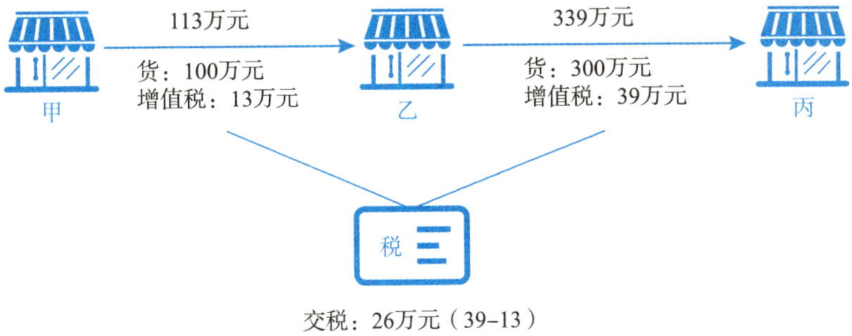

图 0 –1　增值税

我们假设增值税税率为 13%。

（1）乙公司生产一批产品，首先需要向甲公司购买原材料，原材料的购买价格是 100 万元；

（2）乙公司生产完毕后销售给丙公司，售价为 300 万元；

（3）乙公司只就增值部分 200 万元（300 – 100）缴纳增值税，税率是 13%，乙公司需要缴纳 26 万元（200 × 13%）；

（4）那么税务机关需要每次都去查看乙公司原材料的买价和产成品的卖价吗？假设乙公司是一个庞大的企业，存货的流转环节可能比较多，税务机关如何去查看原材料的购买价格？

这就引入了价外税这个概念：

（1）首先乙公司去找甲公司购买原材料，价格是 100 万元，另外支付了 13 万元的税款，合计支付了 113 万元；这个 13 万元叫作进项税额！

（2）乙公司销售给丙公司最终产成品，最终售价是 300 万元，另外还收取了 39 万元的税款，合计收取了 339 万元；这里 39 万元叫作销项税额！

（3）这个时候乙公司需要去税务机关缴纳 26 万元（39 – 13）。因此乙公司有进项税额，那么不管是哪一笔，只要符合要求，都可以抵扣，这样就保证了差额征税！

（4）例题中的 13 万元和 39 万元，都是价格之外单独征收的，这就是价外费用，这就是增值税的征税原理，也是为了避免重复征税而设计。

我们可以看见，对甲公司来说，13 万元是在 100 万元之外单独给，对乙公司来说，虽然给了 13 万元的增值税给甲公司，但是收到了一张增值税专用发票，可以去抵扣乙公司应该缴纳的销项税额。乙公司支付的 13 万元在税务机关那里就起到了现金一样的作用，乙公司拿到 13 万元的票据之后，将来可以在税务机关抵扣，所以在会计中，我们可以简单地认为“增值税发票 = 现金票据”。

通过 2 道例题加深对增值税的理解：

（1）甲公司用银行存款购买一批原材料，购买价款 100 万元，并取得了一张增值税专用发票13万元，处理如下：

借：原材料　　1 000 000
　　应交税费——应交增值税（进项税额）　　130 000
　　贷：银行存款　　1 130 000

【注意】在这个分录中，支付的增值税有单独的科目“应交税费——应交增值税（进项税额）”，没有影响原材料的账面价值。

（2）甲公司销售一批存货，销售价格是100万元，该存货的成本是80万元，未提取存货跌价准备，会计处理如下：

借：银行存款　　1 130 000
　　贷：主营业务收入　　1 000 000
　　　　应交税费——应交增值税（销项税额）　　130 000

同时结转成本：

借：主营业务成本　　800 000
　　贷：库存商品　　800 000

上面这个分录可能不熟悉，在存货章节会学习，但是这个分录告诉我们增值税是价外的，并没有影响存货销售的利润，主营业务收入是100万元，成本是80万元，实现了毛利润是20万元。

十五、哪些资产需要缴纳增值税？

目前，所有商品和服务的销售都需要缴纳增值税，但是很多同学在做题的时候有很多疑惑，为什么有时候需要计算增值税，有时候不需要，在前言我就做个简单说明：

一般情况下题目会告诉我们是否考虑增值税，如果题目要求我们不考虑，那就不用管增值税。如果题目要求我们考虑增值税时基本会告诉税率，否则就会说不考虑税收的影响。基本规则如下：

（1）存货一般是会涉及增值税，除非特殊情况题目明确告诉不用计算。

（2）固定资产和无形资产由于是历史遗留问题，一般情况下销售是不用计算增值税，除非题目明确说明需要计算。

注意：这些知识只是针对会计科目，在税法中会有详细的规定。

十六、何谓“终值”何谓“现值”？

由于在后面的章节也会涉及“终值”和“现值”的概念，但是在会计这里只需要懂得相关概念即可，并没有什么计算。

(1) 所谓终值，就是未来的价值，也就是未来到期之后的最终的价值。所谓现值，就是现在的价值，即是将来支付一笔钱，在当下看，这笔钱现在值多少钱。

(2) 不管求终值还是求现值，在本书会遇到两种情况，一种是复利终值（或现值），一种是年金终值（或现值）。

①复利终值即是期初放一笔钱，放到到期价值多少，而复利现值则恰好相反，是到期日需要拿到一笔固定的金额，现在应该存多少钱（见图0－2）。

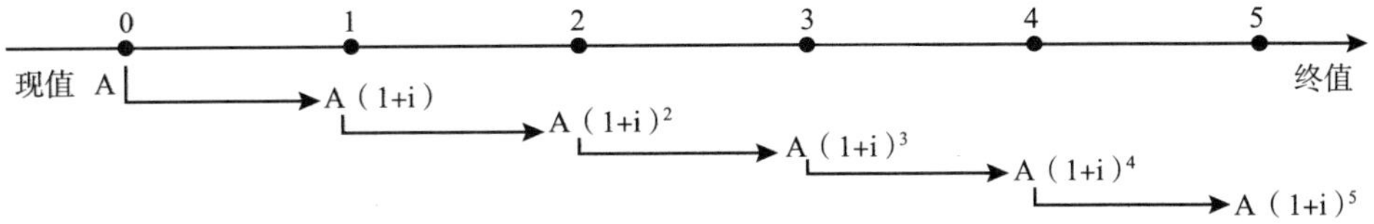

图0－2　复利终值

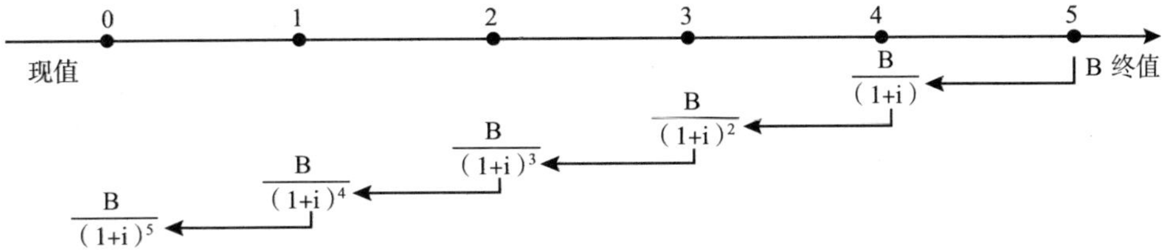

图0－3　复利现值

②年金是指每年支付一笔固定的金额。年金终值是指每年支付一笔固定的金额，到期总共价值多少；而年金现值是指每年支付一笔固定的金额，当前价值多少。

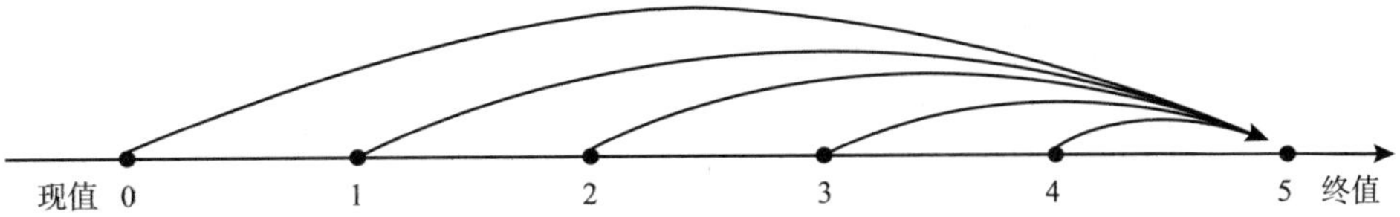

图0－4　年金终值

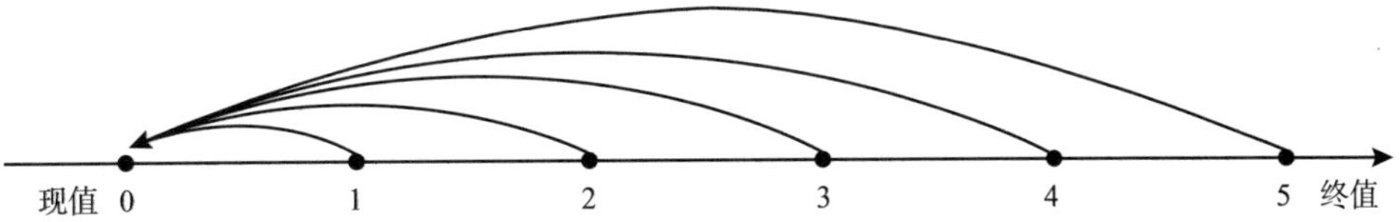

图0－5　年金现值

(3) 会计上面无须考生复杂计算，一是很多人基础较差，不知道何谓复利何谓年金，这里了解基本概念；二是原教材用了一些英文简写，这里也做一个说明（见表0－7）。

表 0-7

复利现值系数	(P/F, i, n)，其中P代表现值，F代表终值，i代表利率，n代表期数，这些值会直接在题目中告诉，无须计算
复利终值系数	(F/P, i, n)
年金现值系数	(P/A, i, n)，这里A代表年金
年金终值系数	(F/A, i, n)

十七、发行股票的分录如何写？

在本书的前面章节也会涉及公司发行股票的情况，因此在这里简单讲解一下，帮助各位打下基础。

(1) 所谓发行股票，是指企业通过发行股票进行募集资金。股票有面值(通常是1元)，也有公允价值（市场价格），公允价值和面值之差就是股本溢价。

甲股份有限公司发行100万股股票，每股面值是1元，公允价值是3元，分录为：

借：银行存款　　3 000 000
　贷：股本　　1 000 000
　　资本公积——股本溢价　　2 000 000

看看这个分录，银行存款属于资产，增加应当记入“借方”，而“股本”和“资本公积”的增加，属于投资者投入，增加应当记入“贷方”！

(2) 如果为发行股票支付了发行费（佣金），佣金应该冲减股本溢价。

甲公司为发行股票支付了10万元的发行费用，分录为：

借：资本公积——股本溢价　　100 000
　贷：银行存款　　100 000

【思考】请问此次发行股票确认的“资本公积——股本溢价”的金额是多少？

确认的“资本公积——股本溢价”金额为190万元（200-10）！

十八、股东权益、所有者权益、净资产、可辨认净资产是什么关系

一般情况下，股东权益=所有者权益=净资产，三者是同一个事物，只是表达方式不一样而已。

净资产=资产-负债

如果涉及企业合并，还会有商誉，商誉也属于资产，但是不可辨认，所以

可辨认净资产不包含商誉。

$$可辨认净资产=资产-负债-商誉$$

十九、关于本辅导书的说明

（一）本书配有专门的习题册

（1）本书配套习题册，将所有考点汇总，同时将所有的历年真题题目嵌入相应的考点，方便大家在课后有足够的题目训练，这样最大限度地节约各位考生的时间。

（2）注会跟初级的区别在哪里？初级的考试更多地倾向于“1+1=2”这种直接概念性的考核，但是注会不是，注会的考核是“1+5+2-3+4-2”这种思维性的考核，思维性的考核需要更加突出思维训练。思维如何训练，就是对题目进行深入研究，而不是浅尝辄止，题目的题眼在哪里？考点在哪里？得分点在哪里？这些思考才有助于思维的提升，因此注会强调的是“消化”，在有限的真题中达到最大程度的消化。

（3）整本书学完之后，后期会有成套的历年真题进行检测，足够检查出学习中的所有漏洞。

（二）本书应该如何使用？

（1）关于每天的时间规划问题，这个不一定适合所有人，只是一个参考，所以如果时间用的比规划的多，我认为无须担忧，这是正常现象。

（2）学会“从例题反推知识点”。遇到较难的一个考点，正面学习遇到困难，那么学会从后面的例题来反推知识点的构成，这样可以帮助学习和思考，不在一个知识点上死磕。

（3）例题做三遍以上。本书的所有例题都是精挑细选，每个例题都代表性极强，第一遍跟着教材学完之后一定要把例题单独再做2～3遍，这样方可达到消化的目的。

（4）本书按照难易程度、章节之间的逻辑联系，对官方教材的内容、章节顺序，做了一定的调整、删减，让大家能够根据考试的特点，更加高效、精准地学习。比如即将学习的资产篇，这些资产科目之所以放在一起来讲，是因为资产类的会计处理有共同的规律，因此我们可以通过框架发现共同点，找出差异点，这样学习起来就轻松很多。

第一篇
总　论

第一章 总 论

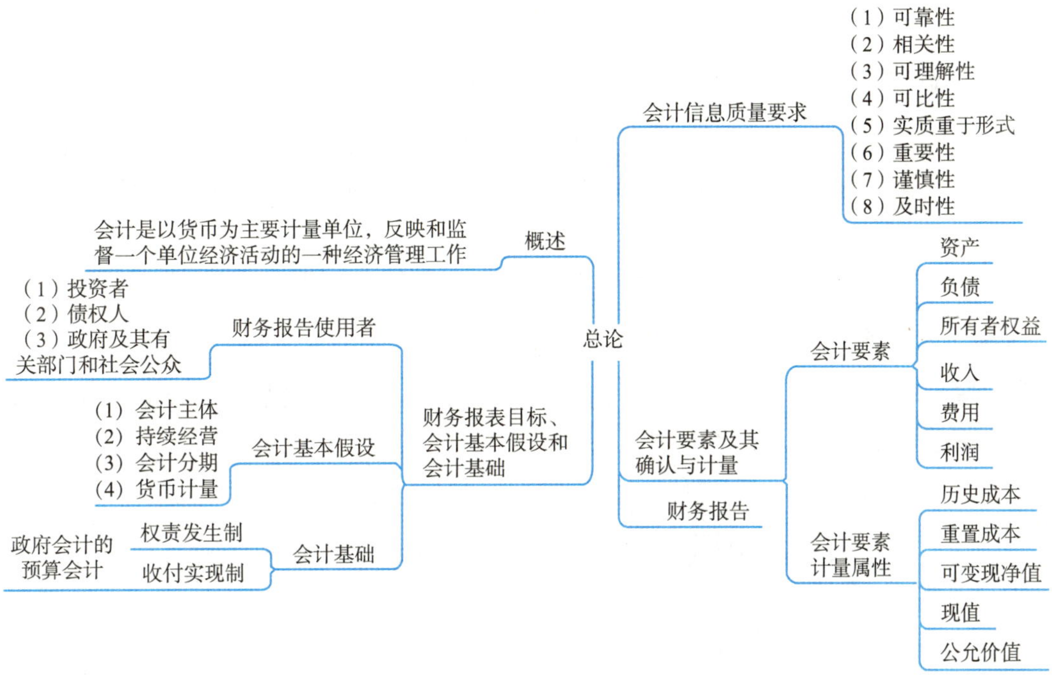

图 1-1 总体学习框架

【本章说明】

恭喜你终于拿起会计课本，此刻你定然心绪起伏、心情激荡、心潮澎湃，一想到拿下注会之后的幸福美满便心花怒放，于是你充满激情地看书，下定决心要攻克甚至背下每个知识点，但在这里要告诉大家，注会并不等于背诵，也不需要你在初学时就搞懂每个知识点，会计的全书特点就是前后交叉遥相呼应，一个问题在初遇时懵懵懂懂，但随着时间的推移，积累的知识越来越多，就会自然而然地一通百通。

在第一章总论中，我们将了解什么是会计，大概需要掌握哪些知识。在这个过程中，我们将会遇到很多陌生的专业术语，你无须一一搞懂，有一个初始印象即可，这其实就跟每个人的姓名一样，看得多了自然就映入脑海了。

本章的学习方法是迅速学完，不要记忆，越快越好！

第一节　会计概述

会计是以货币为主要计量单位，反映和监督一个单位经济活动的一种经济管理工作。

第二节　财务报告目标、会计基本假设和会计基础

一、财务报告目标（无须记忆）

财务报告目标是向财务报告使用者提供与企业财务状况、经营成果和现金流量等有关的会计信息、反映企业管理层受托责任履行情况，有助于财务报告使用者做出经济决策。

财务报告使用者包括：投资者、债权人、政府及其有关部门和社会公众。

二、会计基本假设（4个，无须记忆）

所谓基本假设，可以理解为会计计量必要的几个基础，这四个前提假设缺一不可，否则将无法进行会计工作（见图1－2）。

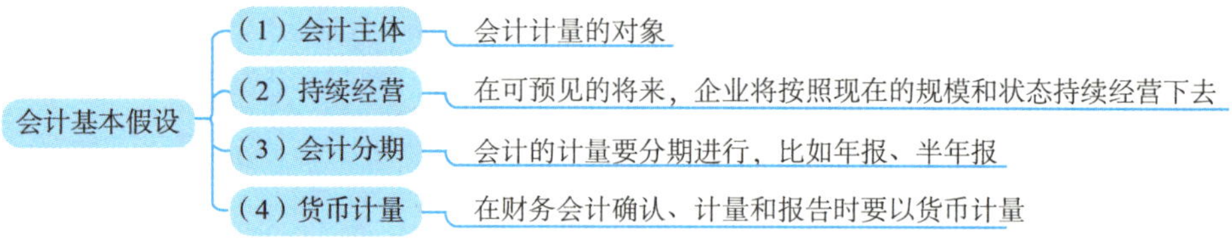

图1－2　会计基本假设

这里可以区分一下法律主体和会计主体：

法律主体是指在法律上的独立的主体。法律主体必然是会计主体，但是会计主体不一定是法律主体，比如母子公司都是独立的，都是独立的法律主体，但是母子公司作为一个整体，就有必要将整个集团作为一个会计主体，编制合并财务报表。

三、会计基础

企业会计的确认、计量和报告应当以**权责发生制**为基础。

权责发生制要求，凡是当期已经实现的收入和已经发生或应当承担的费用，无论款项是否收到，都应当作为当期的收入和费用，计入利润表；凡是不属于当期的收入和费用，即使款项已在当期收付，也不应当作为当期的收入和费用。

与权责发生制相对应的是收付实现制，它是以收到或支付现金作为确认收入和费用的依据。**目前我国政府会计的预算会计实行收付实现制，其他会计一般实行权责发生制。**

第三节　会计信息质量要求（无须记忆）

会计信息质量要求，即提供的会计信息应当满足哪些要求。主要包括可靠性、相关性、可理解性、可比性、实质重于形式、重要性、谨慎性和及时性等（见图1－3）。

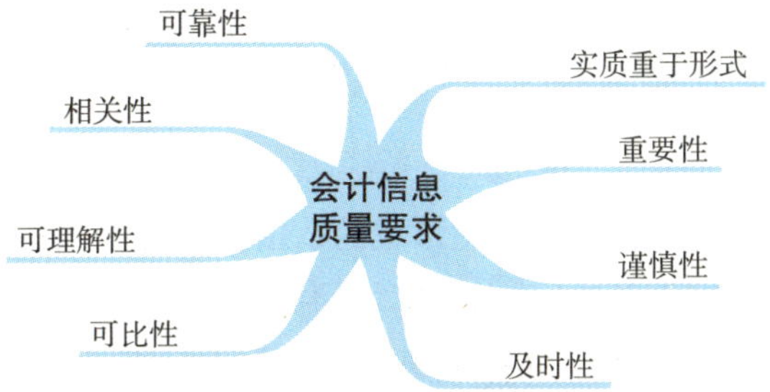

图1－3　会计信息质量要求

表1－1　　会计信息质量要求具体内容

可靠性	以实际发生的交易或者事项为依据进行确认、计量和报告，如实反映符合确认和计量要求的各项会计要素和其他信息，保证会计信息的真实可靠、内容完整
相关性	提供的信息应当与财务报告使用者的经济决策需求相关
可理解性	要求企业提供的会计信息应当清晰明了
可比性	同一企业不同时期可比，不同企业相同会计期间可比
实质重于形式	实质重于形式要求企业应当按照交易或者事项的经济实质进行会计确认、计量和报告，不仅仅以交易或者事项的法律形式为依据。例如，商品已经售出，但企业为确保到期收回债款而暂时保留商品的法定所有权时，该权利通常不会对客户取得对该商品的控制权构成障碍，在满足收入确认的其他条件时企业确认相应的收入
重要性	企业提供的会计信息应当反映与企业财务状况、经营成果和现金流量有关的所有重要交易或者事项
谨慎性	要求在计量时保持应有的谨慎，不应高估资产或者收益，不应低估负债或者费用，且不允许企业设置秘密准备。 比如，资产在发生减值的时候要确认资产减值损失
及时性	企业对于已经发生的交易或者事项，应当及时进行确认、计量和报告，不得提前或延后

【例题1－1·单选题】下列各项中，体现实质重于形式这一会计信息质量要求的是（　　）。（2014年B卷）

A. 确认预计负债

B. 对应收账款计提坏账准备

C. 对外公布财务报表时提供可比信息

D. 将发行的附有强制付息义务的优先股确认为负债

【答案】D

【解析】根据负债与权益工具的划分规定，附有强制付息义务的优先股虽然名义上是“股”，但实质上是负债。

第四节　会计要素及其确认与计量（无须背诵）

所谓会计要素就是我们前言所说的：资产、负债、所有者权益、收入、费用、利润。

一、会计要素定义及其确认条件

（一）资产的定义及其确认条件

1. 资产的定义

资产，是指企业过去的交易或者事项形成的、由企业拥有或者控制的、预期会给企业带来经济利益的资源。根据资产的定义，资产具有以下几个方面的特征：

（1）资产预期会给企业带来经济利益；

（2）资产应为企业拥有或者控制的资源；

（3）资产是由企业过去的交易或者事项形成的。

2. 资产的确认条件

将一项资源确认为资产，需要符合资产的定义，并同时满足以下两个条件：

（1）与该资源有关的经济利益很可能流入企业；

（2）该资源的成本或者价值能够可靠地计量。

（二）负债的定义及其确认条件

1. 负债的定义

负债，是指企业过去的交易或者事项形成的、预期会导致经济利益流出企业的现时义务。

负债具有以下几个方面的特征：

（1）负债是企业承担的现时义务；

（2）负债的清偿预期会导致经济利益流出企业；

（3）负债是由企业过去的交易或者事项形成的。

2. 负债的确认条件

将一项义务确认为负债，需要符合负债的定义，并同时满足以下两个条件：

（1）与该义务有关的经济利益很可能流出企业；

（2）未来流出的经济利益的金额能够可靠地计量。

（三）所有者权益的定义及其确认条件

1. 所有者权益的定义

所有者权益，是指企业资产扣除负债后，由所有者享有的剩余权益。公司的所有者权益又称为股东权益。所有者权益是所有者对企业资产的剩余索取权。

2. 所有者权益的来源构成

所有者权益按其来源主要包括**所有者投入的资本**、**直接计入所有者权益的利得和损失**

（其他综合收益）、留存收益等（见表1－2）。

表1－2　所有者权益的来源构成

所有者投入的资本	所有者投入企业的资本部分，它既包括构成企业注册资本或者股本部分的金额，也包括投入资本超过注册资本或者股本部分的金额，即资本溢价或者股本溢价
直接计入所有者权益的利得和损失	是指不应计入当期损益、会导致所有者权益发生增减变动的、与所有者投入资本或者向所有者分配利润无关的利得或者损失。主要包括其他权益工具投资的公允价值变动额、现金流量套期中套期工具公允价值变动额（有效套期部分）等
留存收益	企业历年实现的净利润留存于企业的部分，主要包括计提的盈余公积和未分配利润

3. 所有者权益的确认条件

由于所有者权益体现的是所有者在企业中的剩余权益，因此，所有者权益的确认主要依赖于其他会计要素，尤其是资产和负债的确认；所有者权益金额的确定也主要取决于资产和负债的计量。

【例题1－2·多选题】下列交易事项中，能够引起资产和所有者权益同时发生增减变动的有（　　）。(2014年)

A. 分配股票股利　　B. 接受现金捐赠

C. 财产清查中固定资产盘盈　　D. 以银行存款支付原材料采购价款

【答案】BC

【解析】选项A，属于所有者权益内部结转，不影响资产；选项D，属于资产内部增减变动；选项B，因为现金捐赠贷记“营业外收入”，年末也会记入“股东权益”科目；选项C，因为固定资产盘盈按照会计差错处理，会直接影响所有者权益。

【提示】你们看到这个题目应该开始怀疑自己的基础了，有人可以轻松做出来，而你却一筹莫展，其实无须担心，这本来就是后面会逐步学习的内容，放在这里只是让你们了解什么是所有者权益而已，无须责怪自己的基础，大步前行！所以我想再强调一次，你在前期的学习中会遇到很多莫名其妙的名词，会有很多困惑，无须查询名词解释，无须踌躇不前，按照进度安静前行即可，你的所有疑惑都会慢慢得到解答。

（四）收入的定义及其确认条件

1. 收入

收入是指企业在日常活动中形成的、会导致所有者权益增加的、与所有者投入资本无关的经济利益的总流入。收入具有以下几个方面的特征：

（1）收入是企业在日常活动中形成的；

（2）收入最终会导致所有者权益的增加；

（3）收入是与所有者投入资本无关的经济利益的总流入。

2. 收入的确认条件

企业应当在履行了合同中的履约义务，即在客户取得相关商品或服务控制权时确认收入。

取得相关商品或服务控制权，是指能够主导该商品的使用并从中获取几乎全部的经济利益。

在前言我们学习了收入和利得，成本和损失的关系，一个是日常活动，另一个是非日常活动。

【例题1－3·单选题】 以下事项中，不属于企业收入的是（　　）。

A. 销售商品所取得的收入　　B. 提供劳务所取得的收入

C. 接受捐赠取得的收入　　D. 出售投资性房地产取得的收入

【答案】 C

【解析】 本题很多都是涉及后面的内容，大致知道就行。接受捐赠取得的收入不属于日常活动，不属于收入。出售投资性房地产是“其他业务收入”，我们将在“投资性房地产”学习。

（五）费用的定义及其确认条件

1. 费用的定义

费用，是指企业在日常活动中发生的、会导致所有者权益减少的、与向所有者分配利润无关的经济利益的总流出。根据费用的定义，费用具有以下几个方面的特征：

（1）费用应当是企业在日常活动中发生的；

（2）费用会导致所有者权益的减少；

（3）费用是与向所有者分配利润无关的经济利益的总流出。

2. 费用的确认条件

费用的确认至少应当符合以下条件：

（1）与费用相关的经济利益应当很可能流出企业；

（2）经济利益流出企业的结果会导致资产的减少或者负债的增加；

（3）经济利益的流出额能够可靠计量。

【彬哥提醒】在前言学习了利润表，我们知道“管理费用、财务费用、销售费用、研发费用”是影响损益表的，这就叫作“期间费用”；其实还有一种费用，叫作“间接费用”，这个费用不是直接影响损益表，而是要首先分配到产品中去，待产品出售，才会影响损益，比如“制造费用”。

（六）利润的定义及其确认条件

1. 利润的定义

利润，是指企业在一定会计期间的经营成果。反映的是企业的经营业绩情况，是业绩考核的重要指标。

2. 利润的来源构成

收入减去费用后的净额、直接计入当期利润的利得和损失等。

3. 利润的确认条件

利润反映的是收入减去费用、利得减去损失后的净额，因此，利润的确认主要依赖于收入和费用以及利得和损失的确认，其金额的确定也主要取决于收入、费用、利得、损失金额的计量。

二、会计要素计量属性及其应用原则

所谓会计要素计量属性的意思就是以何种形式确认各种资产或者负债的金额并进行登记入账，比如固定资产就是购置的时候以成本进行入账，后续进行折旧就行，而平时我们购买的股票却要随着市场价格进行变动。计量属性主要包括：历史成本、重置成本、可变现净值、现值和公允价值（见表1-3）。

表1-3　会计要素计量属性

历史成本	就是取得或制造某项财产物资时所实际支付的现金或其他等价物，是取得时点的实际成本。比如固定资产的初始入账成本就是实际支出的成本，包括支付的购买费用和相应的交易费用
重置成本	重置成本又称现行成本，是指按照当前市场条件，重新取得同样一项资产所需支付的现金或现金等价物
可变现净值	可变现净值是指在正常生产经营过程中，以预计售价减去进一步加工成本和销售所必需的预计税金、费用后的净值。稍后的存货章节就需要利用可变现净值这种计量方法
现值	现值是指对未来现金流量以恰当的折现率进行折现后的价值，即将未来现金流量按照一定折现率进行折现
公允价值	是指市场参与者在计量日发生的有序交易中，出售一项资产所能收到或者转移一项负债所支付的价格

第五节　财务报告（略）

经过前面的学习，我们本书的章节布局基本如图1-4所示。

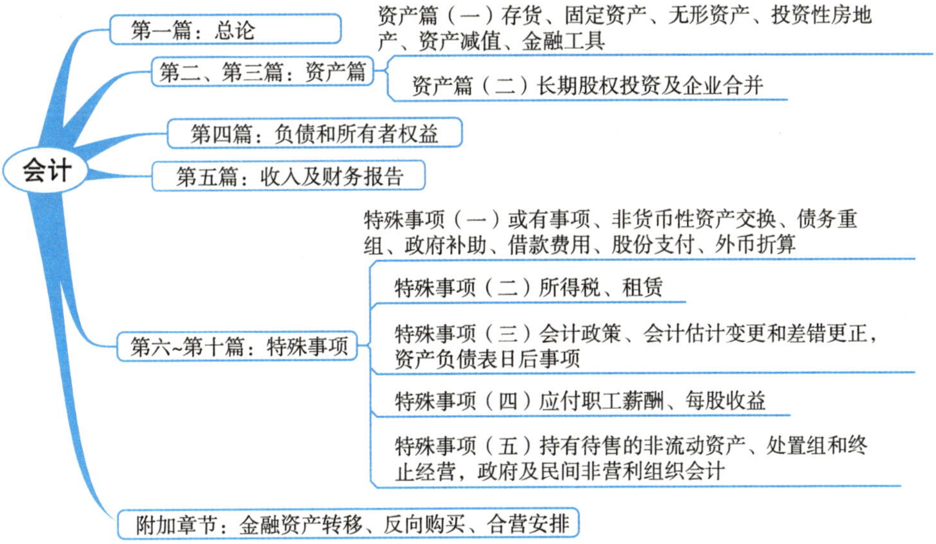

图1-4　《会计》章节布局

一、第一个公式：资产 = 负债 + 所有者权益

“第二、第三篇　资产（一）、（二）”和“第四篇　负债和所有者权益”主要讲解了这个公式的具体科目，其中资产（一）、（二）是重中之重，资产（一）、（二）主要讲述了：存货、固定资产、无形资产、投资性房地产、资产减值、金融资产和长期股权投资。他们的区别如表 1－4 所示。

表 1－4　　各种资产的区别

存货	企业在日常活动中持有的以备出售的产成品或商品、处在生产过程中的在产品、在生产过程中耗用的材料、物料等
固定资产	固定资产是为生产商品、提供劳务、出租或经营管理而持有的使用寿命超过一个会计年度的有形资产
无形资产	无形资产是指企业拥有或者控制的没有实物形态的可辨认非货币性资产
投资性房地产	投资性房地产是指为赚取租金或资本增值，或者两者兼有而持有的房地产
金融工具	跟实物资产相对应的资产，广义来讲包括库存现金、银行存款、股票、债券等
长期股权投资和企业合并报表	通俗的解释就是长期持有的股权投资，由于长期股权投资有可能是控股合并形成的长期股权投资也有可能是非控股合并形成的，如果是控股形成的长期股权投资，那么在个别报表的基础上还需要编制企业合并报表

资产篇主要讲了上述六类资产：其中存货的特点是指持有的目的是为了出售的产品；而固定资产和无形资产持有的目的不是为了出售，而是为了生产运营，一个有形一个无形的区别；投资性房地产其实也是无形资产（比如土地使用权）或者固定资产（建筑物等），但是持有的目的不是为了自己使用，而是为了出租或者增值，所以单独列出来作为投资性房地产；金融资产是企业持有的现金、股票、债券等；长期股权投资是企业对其他企业的长期性的投资。

资产（一）、（二）这么编排是为了各位能够循序渐进地学习，逻辑如下：

（1）首先“存货、固定资产、无形资产、投资性房地产”的学习使得我们掌握了资产学习的“三段论”，掌握了学习资产要从“初始”到“后续计量”最后到“处置”，通过框架的学习明白了各个资产的差异。最后通过“投资性房地产”学习掌握“公允价值变动”的处理方法。

（2）经过前面的学习，为“金融工具”的学习打下了深厚基础，因此“金融工具”能够顺利地入门，金融工具的学习和前面的学习又为“长期股权投资和企业合并”奠定了基础。

（3）通过前面三段论的学习使得我们能够很快进入长期股权投资的三段论：长期股权投资的初始应该怎么计量，后续为什么采用成本法和权益法，直至最后的处置。同时金融工具奠定的基础也能够让我们轻松地理解“其他综合收益”和“资本公积——其他资本公积”变动如何影响损益。

因此，资产（一）（二）的学习要循序渐进，不可跳跃。

二、第二个公式：（收入－费用）＋（利得－损失）＝利润

本书第四篇主要就是讲述有哪些类型的收入，哪些费用，最后求出利润。

注意，这里的（利得－损失）是指计入当期损益的利得和损失。

三、财务报告

经过前面学习了资产、负债、所有者权益、收入、费用、利润，我们了解了会计的科目，接下来就是需要知道在财务报告中如何列报的问题，这就是“第五篇　收入及财务报告”需要解决的问题。

四、特殊事项篇

经过前面的学习，我们了解了会计科目和报表，本篇就是涉及具体事项的会计处理，包括：或有事项，非货币性资产交换，债务重组，政府补助，借款费用，股份支付，外币折算，所得税，租赁，会计政策、会计估计变更和差错更正，资产负债表日后事项，应付职工薪酬，每股收益。

本篇的特点是：每章都会有 1～2 个考点，考点明确，难度不大，但是不能忽视，出题一般是单独出题。

我们将本篇进一步分为五部分，如图 1－5 所示。

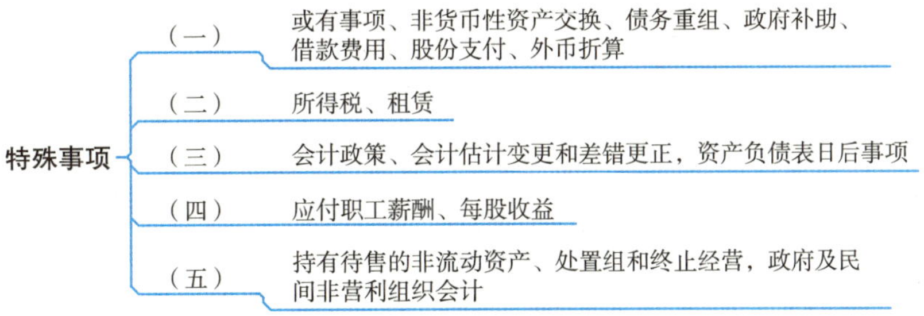

图 1－5　特殊事项内容

（1）特殊事项（一）：该特殊事项中的所有项目较为简单，考点较少，每年只会抽取其中部分的章节进行考核，所以我们放在一起迅速学完。

（2）特殊事项（二）：所得税和租赁属于较为重要，在本篇也算难度较大的章节，所以我们放在一起，可以慢慢学懂。

（3）特殊事项（三）：这两章内容基本差不多，主要涉及对会计报表的调整，在改错题中容易出现。

（4）特殊事项（四）：应付职工薪酬和每股收益，因为这两章基本属于每年都有考题的章节，难度不大但是重要，放在前面都不能体现其重要性，所以单独放在一起。

（5）特殊事项（五）：持有待售的非流动资产、处置组和终止经营，政府及民间非营利组织会计。这两章是 2018 年新增的章节，会有一些考点，所以我们将新增的章节放在一起学习。

注会的学习是枯燥无味的，注会的过关也不是一蹴而就的，可以说，挂科的人是各有

各的问题，但是高分过关的人基本都有一些共同点，主要包括：

（1）学习自信：不管能否看懂，能否听懂，他们都会安静地学习下去，然后不断地整理思路；

（2）勤动笔：看懂和真的懂相差十万八千里，不管题目简单还是复杂，都要动笔去写一遍，只有动笔了你才会发现自己的问题所在；

（3）题目不在多：无须贪多，要把有限的题目做到极致，首先是课本的例题要不看答案反复地去练习，这是基础，然后就是真题要不断地动笔去写，你们会发现，每做一次都会有新的收获。

（4）学习要深思：不要被手机控制，开着手机看书只会让我们浅层次地思考，而注会的考试是有一定的深度的，因此需要在学习的时候养成深思的习惯。

（5）每天问自己两句话：动笔了吗？深思了吗？

接下来，进入正文的学习，坚持下去，直到成功！

第一章　总论

彬哥跟你说：

第一天学《会计》，还处于兴奋状态，第一章内容比较简单，多是一些记忆性内容，所以，放松下来，安静学习。慢慢你会发现，越到后面，内容越不容易理解，这里不用太过担心，随着你知识的积累，再回过头来看会发现，当初很难的内容，都变得简单了。

今日复习步骤：

第一遍：回忆 & 重新复习一遍框架（10 分钟）

学习要求：这一遍的目的是自己重新画一遍框架（不需要整洁也不需要美观，自己在草稿纸上画一遍就好），不需要掌握所有细节，但大框架需要了然于心。

总论讲了什么——会计基本假设、会计信息质量要求、会计要素计量属性。

第二遍：对细节进一步掌握（20 分钟）

（1）会计信息质量要求有哪些内容，哪些比较陌生？

（2）会计要素计量属性有哪些内容，哪些比较陌生？

第三遍：重新复习一遍框架（5 分钟）

我问你答：

（1）会计基本假设有哪些？

（2）会计信息质量要求有几个？每一个是什么含义？

（3）会计要素计量属性有哪些？分别是什么含义？

本章作业：

（1）请把讲义例题做三遍（做错的题目，请分析错误原因并记录到改错本）。

（2）请复习完口述一遍框架，睡前请再回忆一遍框架。

（3）第二天早上，请再回忆一遍框架，对于回忆不起来的内容，请翻书看一遍。

第 2 天

复习旧内容：

前言和总论

学习新内容：

资产（一）：存货、固定资产、无形资产、投资性房地产

学习方法：

存货、固定资产、无形资产、投资性房地产都属于资产，处理方式都一样，都是“初始计量—后续计量—处置”，因此一定要有“从上往下”“从宏观到微观”的学习思路，首先整体了解所有资产的套路，并看一下区别，然后再进入每一章细节的学习，学完之后再回归宏观看一遍，这几章就差不多了！

你今天可能有的心态：

经过上一天的学习，你了解了什么是会计，但是新鲜劲还没过，所以你还是很激情地想学今天的章节，但是今天的章节开始涉及一些专业的名词，不要紧张，都能够搞懂，假设文字内容没懂，那就看例题，从例题再看内容，或许就懂了，我们继续平和地前行。

简单解释今天学习内容：

（1）资产进入企业内部，都要经历“初始计量—后续计量—处置”三个步骤。

（2）所谓“初始计量”即入账价值多少，一般来讲外购都是“购买价款 + 相关费用”，相关费用是指比如评估费、保险费等，这个要记入入账价值；而自建一般都是成本模式，花了多少钱就入多少账。

（3）所谓“后续计量”就是对资产后续如何记入成本或者后续如何进行计量。比如存货因为是流动资产，不用折旧摊销，但是每年年末要看看是否发生了跌价；比如固定资产，后续就要折旧和减值；无形资产就要摊销和减值；投资性房地产后续可以采用成本模式也可以采取公允价值模式等。

（4）所谓处置，就是卖掉或者报废的分录该如何处理。

可能会遇到的难点：

其实今日内容没难点，但是以下几点希望各位注意：

（1）期末存货的计量。这是常考点，是按照可变现净值和账面价值进行比较。

（2）分期付款购买固定资产。这要跟前面的“摊余成本法”结合起来。

（3）投资性房地产后续计量可以从成本模式转入公允价值模式，但是不能从公允价值模式转入成本模式，这属于会计政策的变更。

（4）投资性房地产可以跟非投资性房地产互相转换，这里常考，请注意与（3）的区别。

习题注意事项：

（1）分录不管简单还是复杂，请背着讲义重新写一遍，看跟原文的差距多大；如有差距，再写一遍。

（2）讲义的题目基本都是真题，如果不会做，思考之后赶紧根据答案搞懂，然后重新思考，重新独立做一遍，你基本还是会错，再思考再做三遍，方可初步消化。

题目不在多，但是一定要将每个题目做到极致，学注会≠背注会！

建议学习时间：

3 ~4 个小时

第二篇
资产（一）

【本篇特色】

会计全书详细讲的资产包括：存货、固定资产、无形资产、投资性房地产、金融工具、长期股权投资。我们将所有的资产叫作资产篇，因长期股权投资与合并一起出题，故将长投与合并放在一起称为资产（二），其他统称为资产（一）。

这些资产科目之所以放在一起来讲，是因为资产类的会计处理有一个共同的规律，那就是都遵循"入账（初始计量）—持续计量（后续计量）—处置"的思路，因此我们可以通过框架发现共同点，找出差异点，这样学习起来就能轻松很多。

【本篇学习框架】

对于下面的内容，初学的同学看到诸如存货、固定资产、投资性房地产等陌生会计术语可能有些忐忑不安，其实并不需要慌张，这与你的基础无关，与你的智商无关，只因为我们还没开始学，在本篇中我们将会依次讲述这些科目，而现在的任务是帮助大家建立一个基本的框架。

资产（一）学习框架

项目	初始计量			后续计量	处置
	外购（购买价款＋交易费用）	自建（成本模式）	盘盈		
存货	购买价款＋交易费用	加工成本	冲减管理费用	发出存货 期末存货	收入
固定资产	购买价款＋交易费用 （1）是否需要安装 （2）特殊考虑如分期	成本计算法： （1）自营建造（安全生产费） （2）出包方式	前期差错处理（通过"以前年度损益调整"科目进行调整）	折旧 减值 改建	资产处置损益 营业外支出
无形资产	购买价款＋交易费用 （1）广告费 （2）达到预定用途后的费用 （3）分期付款	研究开发费用（怎么区分）	—	摊销 减值	资产处置损益 营业外支出
投资性房地产	购买价款＋交易费用	建造成本	—	（1）成本法 （2）公允价值法 （3）转换	其他业务收入

续表

项目	初始计量			后续计量	处置
	外购（购买价款+交易费用）	自建（成本模式）	盘盈		
以公允价值计量且其变动计入当期损益的金融资产	购买价款（注意此处不含交易费用！）	—	—	公允价值	投资收益
以摊余成本计量的金融资产	购买价款+交易费用	—	—	摊余成本	投资收益
以公允价值计量且其变动计入其他综合收益的金融资产	购买价款+交易费用	—	—	公允价值	投资收益（有例外）

学习资产章节，思路要清晰，要按照“初始计量—后续计量—处置”三段论的模式对知识进行梳理。任何资产在取得时都需要“确认和初始计量”，在持有期间进行“后续计量”，在“处置”时还要进行会计处理。

一、初始计量即是各项资产入账的金额

（1）若资产通过外购取得，入账价值通常为“购买价款+交易费用”。其中，交易费用是为购买资产所支付的各项保险费、运输费、装卸费以及相关税费（增值税除外）等直接费用。这里需要特别注意的，以公允价值计量且变动计入当期损益的金融资产是唯一的例外，其交易费用不能计入成本，而要计入当期损益（投资收益）（后续我们学资产（二）的时候还会学到一个特殊情况）。

（2）若资产通过自建取得，初始计量通常采用“成本模式”，即以建造资产时实际支付的对价作为资产的入账价值。

（3）除外购、自建之外的其他取得资产方式，如投资者投入等，通常都采用公允价值模式。

二、后续计量就是各项资产在持有期间的后续会计处理

（1）存货是流动资产，在持有期间不需要进行折旧或者摊销，但是存货存在发出存货的计量和期末存货的计量。所谓发出存货的计量就是发出存货的成本到底该怎么计算，期末存货的计量就是看看存货有没有跌价。

（2）固定资产和无形资产的后续计量主要涉及折旧、摊销以及减值的会计处理。

(3) 投资性房地产的后续计量有两种方法——成本法和公允价值法。除了两种计量方法的适用范围及各自的会计处理需要掌握外，非投资性房地产和投资性房地产互相转换时的计量也是我们将要学习的内容。

(4) 以公允价值计量且其变动计入当期损益的金融资产和以公允价值计量且其变动计入其他综合收益的金融资产均采用公允价值进行后续计量，但是公允价值变动计入的科目却不一样，这是一个重点，在相关章节的学习中需要大家多加注意。

(5) 以摊余成本计量的金融资产采用摊余成本进行后续计量，摊余成本法的概念在前言中已经有所提及。

三、处置

(1) 存货的处置通常指企业的销售活动，销售存货取得的收入记入“主营业务收入”，同时结转成本记入“主营业务成本”。

(2) 与存货处置时计入的科目不同，投资性房地产在进行出租或者处置的会计处理时，最常用到的两个科目是“其他业务收入”和“其他业务成本”。在利润表中，“主营业务收入”和“其他业务收入”两科目金额之和构成“营业收入”；同理，“主营业务成本”和“其他业务成本”则构成了“营业成本”。

(3) 固定资产和无形资产在正常的处置中应该记入“资产处置损益”，而如果是报废则应该记入“营业外支出”。在前言已经详细讲解过。

(4) 金融资产的处置基本都是影响“投资收益”。

请回忆一下“营业利润”和“利润总额”的计算公式！

第二章 存 货

- 存货
  - 初始计量
    - 外购：购买价款+其他相关费用（非正常损失不计入成本）
    - 加工：形成过程中发生的各种成本之和
    - 其他方式：公允价值
    - 存货盘盈：按其重置成本作为入账价值；通过“待处理财产损溢”科目，冲减当期管理费用
  - 后续计量
    - 发出存货的计量方法
      - 先进先出法　先购入的先发出
      - 移动加权平均法　每次进货都要重新计算一次存货的成本
      - 月末一次加权平均法　当月全部进货数量加月初存货数量的加权平均成本
      - 个别计价法　逐一确认成本
    - 期末存货的计量
      - 按成本和可变现净值孰低计量
      - 可变现净值
        - （1）产成品、材料等直接用于出售的存货——估计售价-销售费用及税费
        - （2）材料、半成品等需要加工的存货——估计售价-完工时估计要发生的成本-销售费用及相关税费
        - （3）对于签订合同的存货，估计售价为合同价，没有合同的估计售价为一般市场价格
        - （4）如果一批产品中，其中一部分有合同，另一部分没有合同，那期末存货计量要分开计算，分开计提存货跌价准备，不得相互抵销
      - 存货跌价准备
        - 计提：在每一个资产负债表日，比较存货成本与可变现净值，当可变现净值小于存货成本时，确认减值，记入“资产减值损失”
        - 转回：当减值因素消失，存货跌价准备在原已计提的存货跌价准备的金额内转回，转回的金额计入当期损益（资产减值损失）
  - 处置
    - 盘亏或毁损
      - （1）人为原因造成的，扣除残料价值、保险及过失人赔偿后，将净损失金额计入管理费用
      - （2）自然原因造成的，扣除残料价值、保险赔偿等，将净损失金额计入营业外支出
    - 出售
      - （1）确认收入结转成本
      - （2）对于已计提存货跌价准备的存货，在结转销售成本时，应同时结转对应的已经计提的存货跌价准备

        借：存货跌价准备

        　贷：主营业务成本

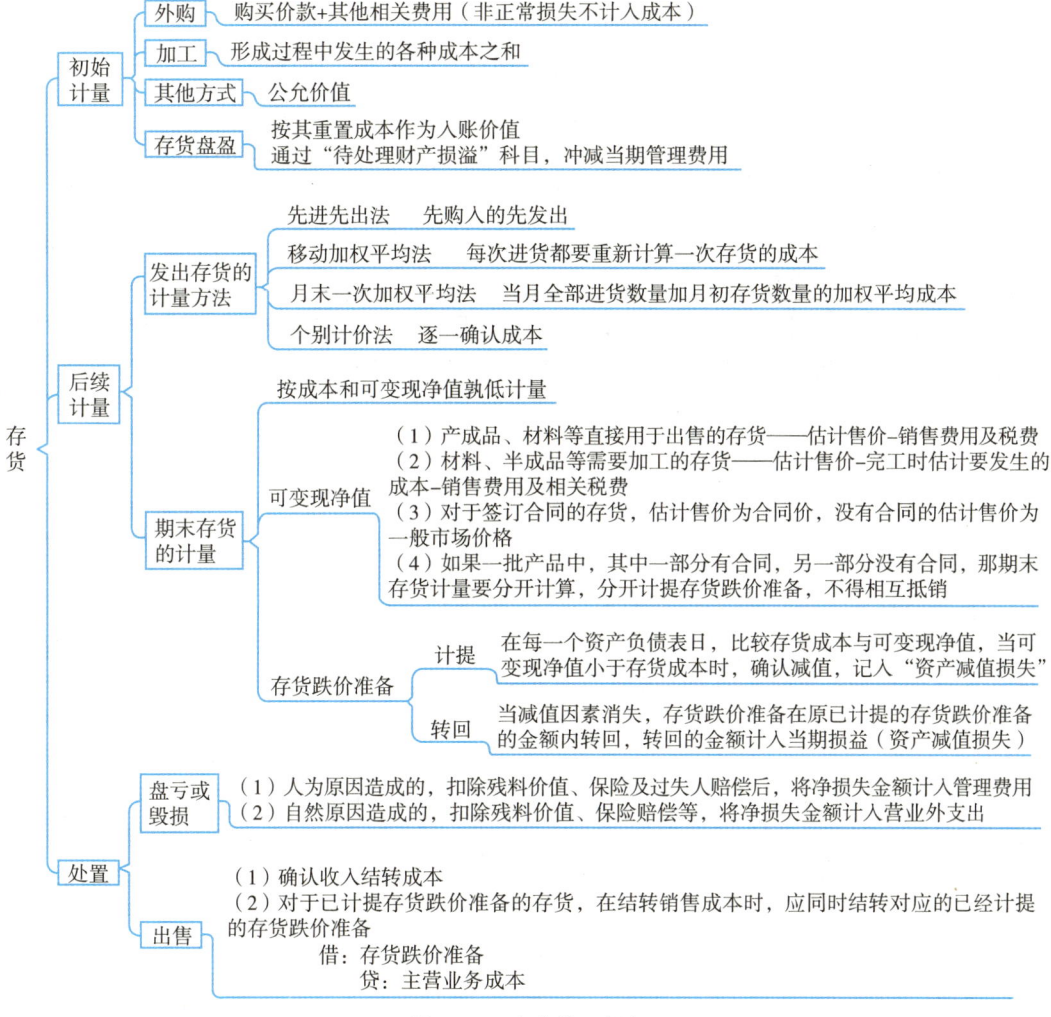

图 2－1　本章学习框架

【重难点解析】无

第一节　存货的确认和初始计量

一、存货的性质与确认条件

存货是企业在日常活动中持有的以备出售的产成品或商品、处在生产过程中的在产品、在生产过程中耗用的材料、物料等。常见的存货有原材料、在产品、半成品、产成品（代制品和代修品）、商品、委托加工物资、委托代销商品、周转材料等。

在理解存货的概念时我们需要注意以下几点：

（1）为建造固定资产等各项工程而储备的各种材料（即工程物资），不属于企业的存货。

（2）企业接受外来原材料加工制造的代制品和为外单位加工修理的代修品，制造和修理完成入库后，应视同为企业的产成品。

（3）已经取得商品所有权，但尚未验收入库的在途物资；已经发出商品但存货的风险和报酬并没有转移给购买方的发出商品，也属于存货。

（4）周转材料指企业能够多次使用但不符合固定资产定义的材料，例如为包装本企业商品而储备的各种包装物等；但是，周转材料符合固定资产定义的，应当作为固定资产。

【小知识】

（1）问：为什么本企业发出的委托代销商品还是本企业的存货，本企业代销的其他公司的代销品不是本企业的存货。

答：所谓委托代销就是货物所有人委托进行销售的一种行为。既然是委托销售，那说明风险和报酬并没有转移，因此本企业发出的委托代销商品还是属于本企业的存货，本企业帮助人家代销的商品不属于本企业的存货。

（2）问：为什么企业接受外来原材料加工制造的代制品和代修品，视同企业的产成品？

答：代制品和代修品本身不属于本企业的存货，而是属于发出方的存货。但是在代制和代修的过程中，本企业也会发生一部分的材料人工耗费，这一部分耗费才视同为企业的产成品。比如原来的代制品和代修品价值是100万元，本企业加工花费了20万元的成本，这个20万元才视同为本企业的产成品。

【彬哥提醒】我需要特别提醒你们，在我们固有的思路中存货就是指商品，其实存货的种类很多，不只是商品，在产品也是的，库存的资料和物料也是的，这些地方特别要重视，纠正惯性思维！

二、初始计量

存货的初始计量主要需要考虑以下四个方面：外购成本、加工取得存货的成本、其他方式取得存货的成本和存货盘盈。

1. 外购成本（购买价款＋其他相关费用）

外购存货的成本包括购买价款、相关税费、运输费、装卸费、保险费、运输中存货的合理损耗、入库前的挑选整理费用等其他可归属于存货采购成本的费用。

2. 加工取得存货的成本

企业接受外来原材料加工制造代制品和为外单位加工修理代修品时，按形成产成品过程中发生的各种成本之和作为存货成本进行初始计量。

【注意】存货加工成本是由直接人工和制造费用构成，其中直接人工很好理解，那么什么是制造费用？

【解析】前面学习利润表时，我们知道了四个费用，即销售费用、财务费用、管理费用和研发费用，这四个称为期间费用。但是制造费用不是期间费用，而是间接费用，并且最终是要计入产品成本的，而不是直接计入当期损益！

制造费用包括企业生产部门（如生产车间）管理人员的职工薪酬、折旧费、办公费、机物料消耗、劳动保护费、车间固定资产的修理费用、季节性和修理期间的停工损失等。

3. 其他方式取得存货的成本

其他方式取得存货主要包括接受投资者投资、非货币性资产交换、债务重组、企业合并等，该部分内容将在之后章节做详细介绍。

4. 存货盘盈

盘盈的存货应按其重置成本作为入账价值，并通过“待处理财产损溢”科目进行会计处理，按管理权限报经批准后，冲减当期管理费用。

分录为：

借：原材料等

　　贷：待处理财产损溢

按管理权限批准后：

借：待处理财产损溢

　　贷：管理费用

这里的重点是，存货盘盈按照重置成本入账，同时要冲减管理费用。“待处理财产损溢”这个科目属于一个过渡科目，无须深究。

【注意】下列费用不应当计入存货成本，而应当在其发生时计入当期损益：

（1）非正常消耗的直接材料、直接人工及制造费用。

（2）企业在采购入库后发生的储存费用，应计入当期损益。但是，在生产过程中为达到下一个生产阶段所必需的仓储费，应计入存货成本。

（3）不能归属于使存货达到目前场所和状态的其他支出。

（4）企业采购用于广告营销活动的特定商品，计入当期损益（销售费用）。

【彬哥提醒】上述【注意】中的几句话看似不重要，却是常考点，特别是（1）和（4）：

（1）非正常消耗的直接材料、直接人工及制造费用不计入存货成本。那么季节性停工和用于生产产品的固定资产修理期间的停工损失则属于正常消耗，这是可以预见的，属于正常消耗，要记入存货成本。

（2）企业采购用于广告营销活动的特定商品，采购进来直接记入“销售费用”，无须计入存货。

【例题2-1·单选题】某企业为增值税一般纳税人。本月购进原材料300公斤，货款为8 000元，取得的增值税专用发票注明增值税税额1 040元；发生的保险费为500元，入库前的挑选整理费用为300元。验收入库时发现数量短缺10%，经检查属于运输途中合理损耗。该企业该批原材料实际单位成本为（　　）元。

A. 31　　B. 35　　C. 32.59　　D. 36

【答案】C

【本题考点】非正常消耗的直接材料、直接人工及制造费用不应计入存货成本，运输途中正常消耗的应当计入存货成本。

【解析】（1）购入原材料的实际总成本 = 8 000 + 500 + 300 = 8 800（元）

（2）实际入库数量 = 300 × (1 - 10%) = 270（公斤）

（3）因存货数量的短缺是由于运输途中的合理损耗造成的，故在确认实际单位成本时，不应扣除数量短缺造成的损失，实际单位成本 = 8 800/270 = 32.59（元/公斤）。

【例题2-2·单选题】下列各项中，应当计入存货成本的是（　　）。(2017年)

A. 季节性停工损失　　B. 超定额的废品损失

C. 新产品研发人员的薪酬　　D. 采购材料入库后的储存费用

【答案】A

【解析】选项A，季节性停工损失计入制造费用，影响存货成本；

选项B，超定额的废品损失，不计入存货成本，直接计入当期损益；因为非正常消耗的直接材料、直接人工和制造费用应当在发生时计入当期损益，不计入存货成本。

选项C，这里是后面章节无形资产的内容，新产品研发人员的薪酬，资本化的部分计入产品成本，费用化的部分计入当期损益；

选项D，采购材料入库后的储存费用计入当期损益，不影响存货的成本。

第二节　发出存货的计量

所谓发出存货的计量就是合理地选择发出存货成本的计算方法，在不同的核算方法下，应计入当期成本的金额不同。发出存货的计量方法包括先进先出法、移动加权平均法、月末一次加权平均法、个别计价法。需要特别注意的是，我国准则规定企业在进行发出存货的会计处理时不得采用后进先出法。

1. 先进先出法

先购入的存货应先发出（销售或耗用）。

特点：在物价持续上升时，期末存货成本接近于市价，而发出成本偏低，会高估企业当年利润和库存存货价值；物价持续下降时，则会低估企业当年利润和库存存货价值。

优缺点：先进先出法可以随时结转成本，但较烦琐；如果存货收发业务较多且存货单价不稳定时，其工作量较大。

2. 移动加权平均法

指以每次进货的成本加上原有库存存货的成本，除以每次进货数量与原有库存存货的数量之和（简而言之就是每次进货都要重新计算一次存货的成本）。

$$存货单位成本=\frac{原有库存存货的实际成本+本次进货的实际成本}{原有库存存货数量+本次进货数量}$$

$$本次发出存货的成本=本次发出的数量\times本次发货前存货的单位成本$$

$$本月月末库存存货成本=月末存货数量\times本月月末存货单位成本$$

优缺点：采用移动加权平均法能够使企业管理层及时了解存货成本的结存情况，计算出的平均单位成本及发出和结存的存货成本比较客观。但是，由于每次收货都要计算一次平均单位成本，计算工作量较大，对收发货频繁的企业不适用。

3. 月末一次加权平均法

月末一次加权平均法，是指求当月全部进货数量加上月初存货数量的加权平均成本。

$$存货单位成本=\frac{月初库存存货的实际成本+本月购入存货的实际成本}{月初库存存货的数量+本月购入存货的数量}$$

优缺点：采用月末一次加权平均法只在月末一次计算加权平均单价，有利于简化成本计算工作。但由于平时无法从账上提供发出和结存存货的单价及金额，不利于存货的日常管理与控制。

但是特别需要说明的是，以上三种方法，不适用于收发频繁的企业或者使用时较烦琐的企业，在会计信息化的支持下，依然可以适用。

4. 个别计价法

逐一确认成本的方法。

优缺点：个别计价法成本计算准确、符合实际情况，但在存货收发频繁的情况下，其发出成本分辨的工作量较大。个别计价法适用于一般不能替代使用的存货、为特定项目专门购入或制造的存货以及提供的劳务，如珠宝、名画等贵重物品。

【例题 2－3·计算题】 甲企业 2 月 1 日有 A 产品 200 件，每件成本是 100 元，2 月 15 日入库 100 件，每件成本是 110 元，2 月 18 日出库 250 件，2 月 25 日入库 50 件，每件成本 120 元。

按照先进先出法，计算 2 月 18 日发出产品的成本。

按照移动加权平均法，计算 2 月 18 日发出商品的成本。

按照月末一次加权平均法，计算 2 月 18 日发出商品的成本。

【解析】

（1）2月18日发出的250件存货，包含2月1日已有的200件及2月15日入库的50件，故发出产品的成本 $=100\times200+110\times50=25\ 500$（元）。

（2）首先计算发货前的加权平均成本为 $(200\times100+100\times110)/(200+100)=103.33$（元），2月18日发出商品的成本 $=103.33\times250=25\ 832.5$（元）。

（3）首先计算月末一次加权平均成本为 $(200\times100+100\times110+50\times120)/(200+100+50)=105.71$（元），2月18日发出商品的成本 $=105.71\times250=26\ 427.5$（元）。

第三节　期末存货的计量

在学习期末存货的计量时，首先要明确的是，期末存货按照成本和可变现净值孰低计量。

那么什么是可变现净值呢？可变现净值是指在日常活动中，存货的估计售价减去至完工时预计要发生的成本、估计的销售费用以及相关税费后的金额。

一、可变现净值的基本特征（了解）

（1）确定存货可变现净值时需要保证企业仍在进行日常经营活动。

（2）可变现净值是存货预计未来净现金的流入，而不是简单地等于存货的售价或合同约定价，这是因为销售费用和相关税费的存在使得两者存在差异。

【注意】很多同学在做题的过程中常常忘记减掉销售费用和相关税费，这属于思维的盲点，要随时提醒自己。

（3）不同存货可变现净值的构成不同：

①产成品、商品和用于出售的材料等直接用于出售的商品存货，应当以该存货的估计售价减去估计的销售费用和相关税费后的金额，确定其可变现净值。

可变现净值＝估计售价－销售费用以及税费

②需要经过加工的材料存货，在正常生产经营过程中，应当以所生产的产成品的估计售价减去至完工时估计将要发生的成本、估计的销售费用和相关税费后的金额，确定其可变现净值。

可变现净值＝估计售价－完工时估计要发生的成本－销售费用以及税费

二、确定存货的可变现净值时应考虑的因素

（1）确定存货的可变现净值应当以取得确凿证据为基础。

（2）确定存货的可变现净值应当考虑持有存货的目的。由于企业持有存货的目的不同，确定存货可变现净值的计算方法也不同。如用于出售的存货和用于继续加工的存货，其可变现净值的计算方式就截然不同，而且即使同样是用于出售的存货，也有有合同约定的存货和没有合同约定的存货之分，这两种情况下存货可变现净值的计算方法也是有差异的。

因此，可变现净值的确认方法可归纳如下：

材料账面价值的确定：

- 若材料直接出售：材料按成本与可变现净值孰低计量
  （材料的可变现净值 = 材料估计售价 − 销售材料估计的销售费用 − 相关税费）
- 若材料用于生产产品
  - 产品没有发生减值：材料按成本计量
  - 产品发生减值：材料按可变现净值计量
  （材料可变现净值 = 产品的估计售价 − 至完工估计将要发生成本 − 销售产品估计的销售费用 − 相关税费）

签订合同的情形：

- 有合同
  - 合同数量内：可变现净值 = 合同价 − 销售费用 − 相关税费
  - 超出合同数量：可变现净值 = 估计售价 − 销售费用 − 相关税费
- 无合同：按照正常可变现净值确定

强调：如果一批产品中，其中部分有合同，部分没有合同，在期末存货的计量中，两部分要分开计算，不得相互抵销。

（3）计提存货跌价准备的方法：

①企业通常按照单个存货项目计提存货跌价准备。

②对于数量繁多、单价较低的存货，可以按照存货类别计提存货跌价准备。

三、计提存货跌价准备

企业应在每一资产负债表日，比较存货成本与可变现净值，当存货的可变现净值小于成本时，为了体现会计的谨慎性，我们要将存货的账面价值调整到可变现净值，这里我们就要涉及“存货跌价准备”科目。

简单来说，就是将存货可变现净值小于成本的部分，计提存货跌价准备，来冲减原有的存货成本，以使得现在账面所反映的存货价值为存货的可变现净值。

借：资产减值损失

　　贷：存货跌价准备

分录的意思：

（1）“资产减值损失”属于利润表科目，损失的增加，利润的减少，应该记入借方；

（2）“存货跌价准备”属于存货的备抵科目，会造成存货的减少，所以记入贷方。

对于分录，刚开始确实有点陌生，反应较慢，但是一个一个的稍微理解一下，后面就很熟悉了，无须专门记忆，这就像工具一样，用多了自然就熟练。

【例题 2－4·计算题】 某公司有 A 材料成本为 100 万元，市场售价为 85 万元，销售费用及税金为 5 万元。则 A 材料的可变现净值为 80 万元（85－5），存货跌价准备要计提 20 万元（100－80）。

借：资产减值损失　　　　200 000

　　贷：存货跌价准备　　　　200 000

注意：通常应当按照单个存货项目计提存货跌价准备，但是对于数量繁多、单价较低的存货，可以按照存货类别计提存货跌价准备。

【例题2－5·单选题】2014年12月31日，某公司有B材料成本为110万元，市场售价为90万元。B材料是专门用于生产乙产品的。由于B材料市场销售价格下降，市场上用B材料生产的乙产品的市场价格也发生下降，用B材料生产的乙产品的市场价格总额由260万元下降为230万元，将B材料加工成乙产品尚需投入140万元，估计乙产品销售费用及税金为8万元，估计B材料销售费用及税金为5万元。2014年12月31日B材料的可变现净值为（　　）万元。

A. 80　　B. 82　　C. 75　　D. 90

【答案】B

【解析】本题由于B材料是专门用来生产乙产品的，由于乙产品发生减值，因此计算B材料的可变现净值时需要以乙产品为基础来计算的，即B材料的可变现净值＝乙产品的售价－销售乙产品的销售费用－用B材料加工成乙产品尚需要的成本。

即：B材料的可变现净值＝230－140－8＝82（万元）。

【做题技巧点拨】有同学在做这种题目的时候思路有点乱，我认为一定要形成自己固有的做题思路，那就按照固定套路"最终产品的售价－至完工还需要的加工费用－费用及税金"，再跟原材料进行比较，这样就慢慢让自己的思路更加清晰。

【例题2－6·单选题】B公司期末存货采用成本与可变现净值孰低法计量。2015年9月26日B公司与M公司签订销售合同：由B公司于2016年3月6日向M公司销售笔记本电脑1 000台，销售价格为每台1.2万元。2015年12月31日B公司库存笔记本电脑1 200台，单位成本为每台1万元，账面成本为1 200万元。2015年12月31日市场销售价格为每台0.95万元，预计销售税费均为每台0.05万元。2015年12月31日笔记本电脑应计提的存货跌价准备的金额为（　　）万元。

A. 1 180　　B. 20　　C. 0　　D. 180

【答案】B

【解析】销售合同约定数量1 000台，其可变现净值＝1 000×1.2－1 000×0.05＝1 150（万元），其成本＝1 000×1＝1 000（万元），未发生减值；没有合同部分的可变现净值＝200×0.95－200×0.05＝180（万元），其成本＝200×1＝200（万元），发生减值，应计提存货跌价准备＝200－180＝20（万元）。

【做题思路点拨】初学者拿到题目比较紧张，总不相信自己能够做对，其实注会的题目都是基础知识稍微加深一点难度，这道题的考点就是一批产品部分有销售合同，部分没有销售合同，需要我们分别核算，那么我们在草稿纸上面就需要将二者的数据分成两行来列，这样思路才不会乱。

四、存货跌价准备转回的处理

企业应在每一资产负债表日，比较存货的成本与可变现净值，确认是否计提存货跌价准备。

当以前减记存货价值的影响因素已经消失，而不是在当期造成存货可变现净值高于成本的其他影响因素，存货跌价准备在原已计提的存货跌价准备的金额内转回，转回的金额计入当期损益。

借：存货跌价准备

　　贷：资产减值损失

【例题2-7·计算题】 2007年12月31日，甲公司W7型机器的账面成本为500万元，但由于W7型机器的市场价格下跌，预计可变现净值为400万元，由此计提存货跌价准备100万元。

假定：

(1) 2008年6月30日，W7型机器的账面成本仍为500万元，但由于W7型机器市场价格有所上升，使得W7型机器的预计可变现净值变为475万元。

(2) 2008年12月31日，W7型机器的账面成本仍为500万元，由于W7型机器的市场价格进一步上升，预计W7型机器的可变现净值为555万元。

本例中：

(1) 2008年6月30日，由于W7型机器市场价格上升，W7型机器的可变现净值有所恢复，原计提存货跌价准备100万元，由于价格上升75万元（475-400），且小于已计提的存货跌价准备（100万元），故转回已计提的存货跌价准备75万元。

会计分录为：

借：存货跌价准备　　750 000

　　贷：资产减值损失——存货减值损失　　750 000

(2) 2008年12月31日，W7型机器的可变现净值又有所恢复，价格上升80万元（555-475），因原计提的存货跌价准备100万元，已转回75万元，余额为25万元，且小于价格上升的80万元，由于存货跌价准备应在原已经计提的金额内转回，因此，当期应转回的存货跌价准备为25万元。

会计分录为：

借：存货跌价准备　　250 000

　　贷：资产减值损失——存货减值损失　　250 000

第四节　存货的处置

存货的处置主要包括存货的出售、盘亏和毁损。

一、存货的清查（即盘盈、盘亏和毁损的处理）

存货清查，是指通过对存货的实地盘点，确定存货的实有数量，并与账面结存数核对，从而确定账面存货实存数和账面结存数是否相符的一种方法。

1. 存货的盘盈

在第一节已经详细讲述过。

2. 对存货的盘亏或毁损的会计处理

对存货的盘亏或毁损进行会计处理时，要注意分为两种情况（见表2-1）。

表 2－1　　存货盘亏或毁损处理

（1）人为原因：计量收发差错和管理不善造成存货短缺	应先扣除残料价值、可以收回的保险赔偿和过失人赔偿等，将净损失的金额计入管理费用
（2）自然灾害造成的存货毁损	应先扣除残料价值、可以收回的保险赔偿等，将净损失计入营业外支出

非正常原因导致的存货盘亏或毁损，按规定不能抵扣增值税进项税额，应当予以转出。

（注：这里所说的非正常原因是指人为原因，而不是自然灾害）

二、存货的出售

存货出售时，应有如下分录（见表 2－2）。

表 2－2　　存货出售分录

<table>
<tr><td>（1）确认收入</td><td colspan="2">借：银行存款（应收账款）
　贷：主营业务收入</td></tr>
<tr><td rowspan="2">（2）结转成本</td><td>借：主营业务成本
　贷：库存商品
借：存货跌价准备（若未发生跌价，则无此分录）
　贷：主营业务成本</td><td>两个分录合并：
　借：主营业务成本
　　存货跌价准备
　　贷：库存商品</td></tr>
<tr><td colspan="2">企业计提了存货跌价准备，如果其中有部分存货已经销售，则企业在结转销售成本时，应同时结转对应的已计提存货跌价准备</td></tr>
</table>

【例题 2－8】 甲企业在 2020 年 2 月 1 日销售一批商品 100 件，增值税专用发票上注明售价 1 000 万元，增值税税额 130 万元。该批产品系 2019 年 7 月购进，购进时的账面成本为 600 万元，但是由于市场价格下跌，2019 年底甲企业计提存货跌价准备 100 万元。2020 年 2 月 1 日的账务处理如下：

借：银行存款	11 300 000	
贷：主营业务收入		10 000 000
应交税费——应交增值税（销项税额）		1 300 000
借：主营业务成本	5 000 000	
存货跌价准备	1 000 000	
贷：库存商品		6 000 000

第二章　存　货

彬哥跟你说：

刚入门《会计》，你会有一种强烈的“不安全感”，就是那种“好像懂了，又好像什么都没懂”的感觉！这个时候你千万不要去“重新听课 + 咬文嚼字”，因为这种感觉在初期是正常的，知识的积累不够而已，往后学习这种不安全感会逐步消失，需要多久不一定，有人需要 1 个星期，有人需要半个月，我当时用了两个月才差不多消失！

今日复习步骤：

第一遍：回忆 & 重新复习一遍框架（15 分钟）

学习要求：这一遍的目的是自己重新画一遍框架（不需要整洁也不需要美观，自己在草稿纸上画一遍就好），不需要掌握所有细节，但大框架需要了然于心。

存货如何学——存货确认、初始计量、发出存货计量、期末存货计量和存货处置。

第二遍：对细节进一步掌握（40 分钟）

（1）存货的确认有哪些考点，哪些比较陌生？

（2）存货的初始计量、期末计量有哪些考点，哪些比较陌生？

（3）存货处置有哪些考点，哪些比较陌生？

第三遍：重新复习一遍框架（5 分钟）

我问你答：

（1）代制品和代修品、委托代销商品是否属于存货？

（2）外购的存货的成本包括哪些？

（3）存货的盘盈如何处置？

（4）哪些费用不计入存货成本？

（5）发出存货的 4 种计量方法的计算？

（6）期末存货的计量原则是什么？

（7）如何确定存货可变现净值？区分以下情形：材料出售，材料用于生产产品，有无签订合同。

（8）存货跌价准备的计提金额如何确定？

（9）存货跌价准备转回的条件是什么？

（10）存货的盘亏或毁损要注意什么？

本章作业：

（1）请把讲义例题做三遍（做错的题目，请分析错误原因并记录到改错本）。

（2）请复习完口述一遍框架，睡前请再回忆一遍框架。

（3）第二天早上，请再回忆一遍框架，对于回忆不起来的内容，请翻书看一遍。

第三章　固定资产

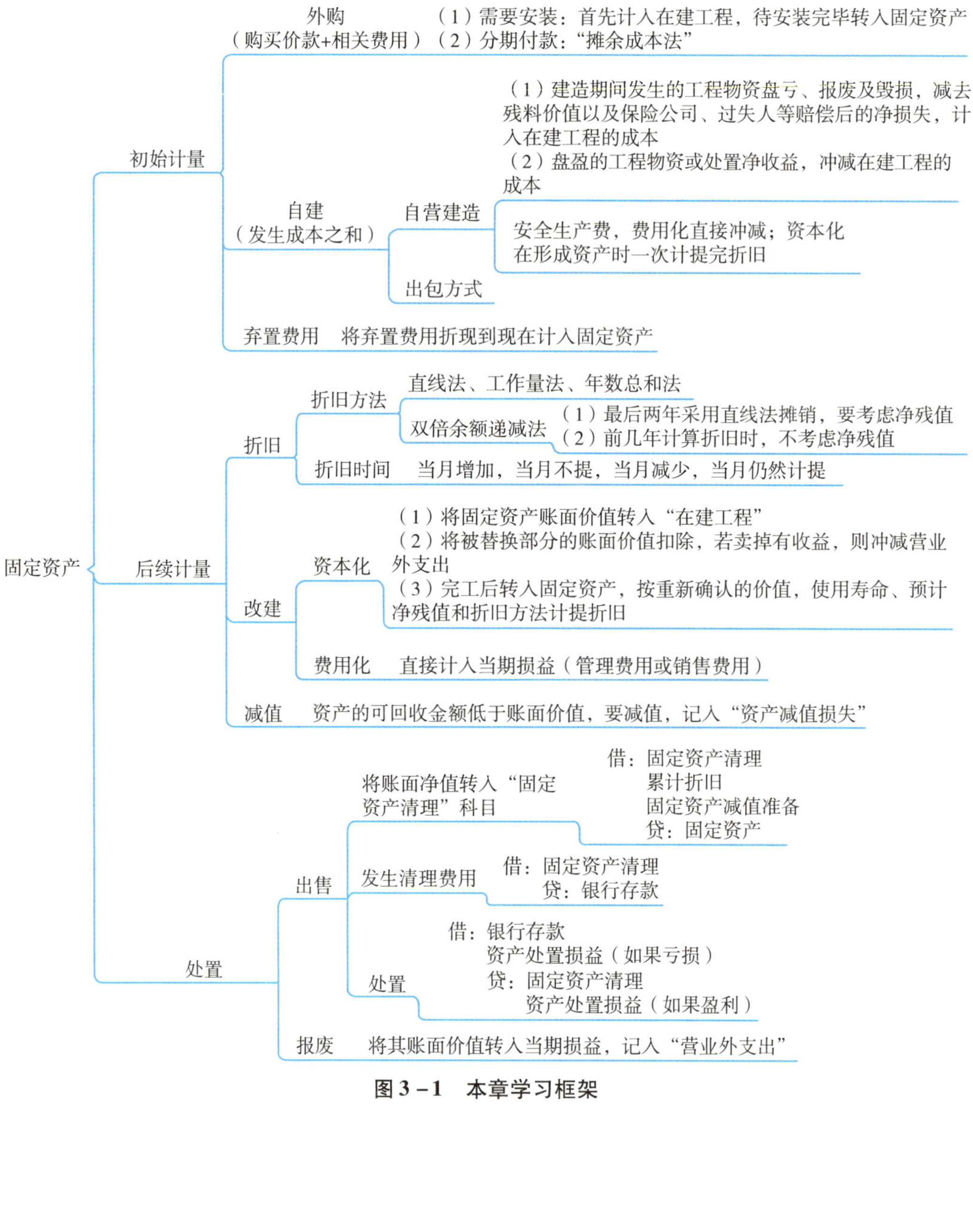
固定资产
初始计量
外购
（购买价款+相关费用）
（1）需要安装：首先计入在建工程，待安装完毕转入固定资产
（2）分期付款："摊余成本法"
自建
（发生成本之和）
自营建造
（1）建造期间发生的工程物资盘亏、报废及毁损，减去残料价值以及保险公司、过失人等赔偿后的净损失，计入在建工程的成本
（2）盘盈的工程物资或处置净收益，冲减在建工程的成本
安全生产费，费用化直接冲减；资本化在形成资产时一次计提完折旧
出包方式
弃置费用　将弃置费用折现到现在计入固定资产
后续计量
折旧
折旧方法
直线法、工作量法、年数总和法
双倍余额递减法
（1）最后两年采用直线法摊销，要考虑净残值
（2）前几年计算折旧时，不考虑净残值
折旧时间　当月增加，当月不提，当月减少，当月仍然计提
改建
资本化
（1）将固定资产账面价值转入"在建工程"
（2）将被替换部分的账面价值扣除，若卖掉有收益，则冲减营业外支出
（3）完工后转入固定资产，按重新确认的价值，使用寿命、预计净残值和折旧方法计提折旧
费用化　直接计入当期损益（管理费用或销售费用）
减值　资产的可回收金额低于账面价值，要减值，记入"资产减值损失"
处置
出售
将账面净值转入"固定资产清理"科目
借：固定资产清理
累计折旧
固定资产减值准备
贷：固定资产
发生清理费用
借：固定资产清理
贷：银行存款
处置
借：银行存款
资产处置损益（如果亏损）
贷：固定资产清理
资产处置损益（如果盈利）
报废　将其账面价值转入当期损益，记入"营业外支出"

图 3－1　本章学习框架

【重难点（考点）分析】

分期购买固定资产的处理：这里的分期购买固定资产是指超过1年的分期，一般来说，超过1年就要考虑货币的时间价值，毕竟超过1年如果存入银行也会有收益，也就是货币成本问题。

举例说明：假设某固定资产现在购买需要500万元，但是进行分期支付，每年年末支付100万元，总共支付了7年。也就是7年的时间里，总共支付了700万元。那这就相当于借款500万元购买固定资产，分期还款，总共需要偿还7年，支付了财务费用200万元。由于这个200万元的财务费用是未来将发生的，所以在购买的时候记入了"未确认融资费用"，以后分期确认。分期购买资产的处理就要用到我们前言所学的"摊余成本法"。首先回忆一下摊余成本法的基本公式：

期末摊余成本＝期初摊余成本×(1＋实际利率)－本期收到(支出)的现金

其中，每年的投资收益＝期初摊余成本×实际利率。

【例题3－1】2020年1月1日，甲公司与乙公司签订一项固定资产购买合同，从乙公司购入一台大型机器设备，收到的增值税专用发票上注明的设备价款为9 000 000元，增值税税额为1 170 000元。合同约定，甲公司在5年内，每半年支付90万元，总共支付10期，假定甲公司适用的6个月折现率为10%，不考虑其他因素。(P/A，10%，10)＝6.1446

思考：(1) 虽然总共支付了价款900万元，但是由于是分为五年（10期）支付，因此900万元里面不仅包含了固定资产的购置价款也包含了"未确认融资费用"，所以固定资产的购置价款＝900 000×6.1446＝5 530 140（元）。

(2) 相当于借款5 530 140元买入了固定资产，但是未来总共要支付900万元的现金，差额3 469 860元即为将来的财务费用，期初记入"未确认融资费用"。

(3) 第一期应该确认的财务费用为：5 530 140×10%＝553 014（元）。第一期期末总共支付了900 000元，其中财务费用占了553 014元，所以剩下的346 986元为偿还的本金。

因此我们可以用"摊余成本法"来计算此类题目：

期末摊余成本＝期初摊余成本×(1＋实际利率)－本期收到（支出）的现金

第一节　固定资产的确认和初始计量

一、固定资产的性质和确认条件

在固定资产的定义中，需要注意三个要点，固定资产是：(1) 为生产商品、提供劳务、出租或经营管理而持有的；(2) 使用寿命超过一个会计年度的；(3) 有形资产。

固定资产的确认条件有两个：一是与该固定资产有关的经济利益很可能流入企业；二是该固定资产的成本能够可靠计量。

对比存货的概念：存货是指企业在日常活动中持有以备出售的产成品或商品、处在生产过程中的在产品，在生产过程或提供劳务过程中耗用的材料、物料等。

二、固定资产的初始计量

在固定资产的初始计量中，外购固定资产的成本、自行建造固定资产、其他方式取得的固定资产的成本、盘盈的固定资产和存在弃置费用的固定资产是需要着重掌握的五个方面。

（一）外购固定资产的成本

确定外购的固定资产的成本时所遵循的基本原则是：**成本 = 购买价款 + 相关费用（不含增值税进项税额）**。

详细地说，外购固定资产确认的成本包括购买价款、相关税费、使固定资产达到预定可使用状态前所发生的可归属于该项资产的运输费、装卸费、安装费和专业人员服务费等。

在这里需要注意的是，不需要安装的固定资产与需要安装的固定资产在写分录时有很大区别（见表 3 – 1）。

表 3 – 1　　外购固定资产的会计处理

不需要安装的固定资产	需要安装的固定资产
借：固定资产 　　应交税费——应交增值税（进项税额） 　　贷：银行存款/其他应付款等	借：在建工程 　　应交税费——应交增值税（进项税额） 　　贷：银行存款/应付职工薪酬 　　借：固定资产 　　　　贷：在建工程

【例题 3 – 2】 2020 年 2 月 1 日，甲公司购入一台需要安装的生产用机器设备，取得的增值税专用发票上注明的设备价款为 50 万元，增值税进项税额为 65 000 元，款项已通过银行支付；安装设备时，领用本公司原材料一批，价值 3 万元，购进该批原材料时支付的增值税进项税额为 3 900 元；支付安装工人的工资为 4 900 元。假定不考虑其他相关税费。

甲公司账务处理如下：

（1）支付设备价款、增值税合计为 565 000 元：

借：在建工程　　500 000
　　应交税费——应交增值税（进项税额）　　65 000
　　贷：银行存款　　565 000

（2）领用本公司原材料、支付安装工人工资等费用合计为 34 900 元：

借：在建工程　　34 900
　　贷：原材料　　30 000
　　　　应付职工薪酬　　4 900

（3）设备安装完毕达到预定可使用状态：

借：固定资产　　534 900
　　贷：在建工程　　534 900

另外，根据企业购买固定资产方式的不同，有两种特殊情况需要特别注意：

一种是企业以一笔款项同时购入多项没有单独标价的资产，此时应当将这些资产分别单独确认为固定资产，并按各项固定资产公允价值的比例对总成本进行分配。

另一种是采用分期付款方式购买资产，且在合同中规定的付款期限比较长，超过了正常信用期限。在这种情况下，该项购货合同实质上具有融资性质，购入固定资产的成本应**以各期付款额的现值之和**确认。这里就涉及我们前言所介绍的摊余成本的概念，我们通过例题来进行详细分析。

【例题3－3·计算题】2007年1月1日，甲公司与乙公司签订一项购货合同，甲公司从乙公司购入一台需要安装的特大型设备。合同约定，甲公司采用分期付款方式支付价款。该设备价款共计900万元（不考虑增值税），在2007年至2011年的5年内每半年支付90万元，每年的付款日期分别为当年6月30日和12月31日。

2007年1月1日，设备如期运抵甲公司并开始安装。2007年12月31日，设备达到预定可使用状态，发生安装费398 530.60元，已用银行存款付讫。

假定甲公司适用的半年折现率为10%。(P/A，10%，10)＝6.1446

所以购买价款的现值为：900 000×（P/A，10%，10）＝900 000×6.1446＝5 530 140（元）（备注：（P/A，10%，10）叫作年金现值系数，题目都会给定，不是计算出来的）。

在前言已经学过，(P/A，10%，10）的意思是利率为10%，总共支付10期的年金现值系数。

2007年1月1日甲公司的账务处理如下：

借：在建工程　　（前面的折现金额）5 530 140

　　未确认融资费用　　（总付款额与入账金额之差）3 469 860

　　贷：长期应付款　　（总付款金额）9 000 000

2007年1月1日至2007年12月31日为设备的安装期间，未确认融资费用的分摊额符合资本化条件，计入固定资产成本。

【注释】

（1）根据摊余成本法，2007年6月30日应该确认的融资费用：期初摊余成本×实际利率。

在这里期初摊余成本是5 530 140元，实际利率是10%，因此本期应该确认的融资费用是：5 530 140×10%＝553 014（元）。

（2）至于为什么记入的借方科目是“在建工程”，而不是“财务费用”，这属于“借款费用”章节的内容，意思是在建造期间本应该记入“财务费用”，但是需要资本化，所以记入了“在建工程”，待学完了“借款费用”的内容你们自然就会明白。

2007年6月30日甲公司的账务处理如下：

借：在建工程　　553 014

　　贷：未确认融资费用　　553 014

借：长期应付款　　900 000

　　贷：银行存款　　900 000

【注释】那么2007年6月30日的摊余成本是多少？

期末摊余成本=期初摊余成本×(1+实际利率)-支出的钱=5 530 140×(1+10%)-900 000=5 183 154（元）

所以2007年12月31日确认的融资费用是：5 183 154×10%=518 315.4（元）

2007年12月31日甲公司的账务处理如下：

借：在建工程　518 315.40

　贷：未确认融资费用　518 315.40

借：长期应付款　900 000

　贷：银行存款　900 000

借：在建工程　398 530.60

　贷：银行存款　398 530.60

借：固定资产　7 000 000

　贷：在建工程　7 000 000

固定资产成本=5 530 140+553 014+518 315.40+398 530.60=7 000 000（元）

2008年1月1日至2011年12月31日，该设备已经达到预定可使用状态，未确认融资费用的分摊额不再符合资本化条件，应计入当期损益。

2008年6月30日：

借：财务费用　[(5 183 154×1.1-900 000)×10%]480 146.94

　贷：未确认融资费用　480 146.94

借：长期应付款　900 000

　贷：银行存款　900 000

特别要注意的是：因为在前面的计算中都会四舍五入，所以最后一期的财务费用一般都采取"倒挤法"，即"未确认融资费用-前期已经确认的费用"。

（二）自行建造固定资产

自行建造固定资产的成本，其基本确认原则是：根据实际发生的成本确认计量。

自行建造固定资产分为自营方式建造固定资产和出包方式建造固定资产两种情况，我们分别来看。

1. 自营方式建造固定资产

（1）企业为建造固定资产准备的各种物资应当按照实际支付的买价、运输费、保险费等相关税费作为实际成本；企业领用的工程物资、原材料或库存商品，应按其**实际成本**转入在建工程成本。

（2）建造期间发生的工程物资盘亏、报废及毁损，减去残料价值以及保险公司、过失人等赔偿后的净损失，计入在建工程的成本；盘盈的工程物资或处置净收益，**冲减所建工程项目的成本！**完工后发生的工程物资盘盈、盘亏、报废、毁损，计入当期损益！

（3）**（完工未结算先折旧的情况）**所建造的固定资产已达到预定可使用状态，但尚未办理竣工决算的，应当自达到预定可使用状态之日起，根据工程预算、造价或者工程实际成本等，按暂估价值转入固定资产，并按有关计提固定资产折旧的规定，计提固定资产折旧。待办理了竣工决算手续后再调整原来的暂估价值，但不需要调整原来的折旧额。

（4）高危行业企业按照国家规定提取的安全生产费如表 3 – 2 所示。

表 3 – 2　　高危行业企业按照国家规定提取的安全生产费

<table>
<tr><td>提取安全生产费时</td><td colspan="2">借：生产成本（或当期损益）
　贷：专项储备</td></tr>
<tr><td rowspan="2">使用提取的安全费用时</td><td>（1）属于费用性支出，直接冲减专项储备</td><td>借：专项储备
　贷：银行存款</td></tr>
<tr><td>（2）形成固定资产的</td><td>借：在建工程
　应交税费——应交增值税（进项税额）
　贷：银行存款
　　应付职工薪酬
借：固定资产
　贷：在建工程
转入“固定资产”之后将固定资产一次性计提完折旧：
借：专项储备
　贷：累计折旧</td></tr>
</table>

“专项储备”科目期末余额在资产负债表所有者权益项目下“减：库存股”和“盈余公积”之间增设“专项储备”科目反映。所以“专项储备”增加的时候，是记入“贷方”，减少的时候记入“借方”。

有同学在纠结什么叫一次性计提完折旧，意思就是将固定资产一次性地全部计入折旧，该固定资产账面价值为 0 了。比如，在建工程当前账面价值 100 万元，转入固定资产，分录为：

借：固定资产　　1 000 000
　贷：在建工程　　1 000 000

同时，一次性计提折旧：

借：专项储备　　1 000 000
　贷：累计折旧　　1 000 000

【例题 3 – 4 · 单选题】 甲公司是一家煤矿企业，依据开采的原煤产量按月提取安全生产费，提取标准为每吨 15 元，假定每月原煤产量为 10 万吨。2019 年 5 月 26 日，经有关部门批准，该企业购入一批需要安装的用于改造和完善矿井运输的安全防护设备，价款为 100 万元，增值税的进项税额为 13 万元，设备预计于 2019 年 6 月 10 日安装完成。甲公司于 2019 年 5 月份支付安全生产设备检查费 10 万元。假定 2019 年 5 月 1 日，甲公司“专项储备——安全生产费”余额为 500 万元。不考虑其他相关税费，2019 年 5 月 31 日，甲公司“专项储备——安全生产费”余额为（　　）万元。

A. 523　　B. 650　　C. 640　　D. 540

【答案】 C

【解析】这道题的考点就在于固定资产建造完毕之后一次性地冲减“专项储备”，截止到5月31日，该工程并未完工，因此暂时不用冲减。所以余额 =500 +10×15 -10 =640（万元）。

2. 出包方式建造固定资产

企业以出包方式建造固定资产，其成本由建造该项固定资产达到预定可使用状态前所发生的必要支出构成，包括发生的建筑工程支出、安装工程支出以及需分摊计入各固定资产价值的待摊支出。

待摊支出，是指在建设期间发生的，不能直接计入某项固定资产价值，而应由所建造固定资产共同负担的相关费用，包括为建造工程发生的管理费、可行性研究费、临时设施费、公证费、监理费、应负担的税金、符合资本化条件的借款费用、建设期间发生的工程物资盘亏、报废及损毁净损失以及负荷联合试车费等。

企业为建造固定资产通过出让方式取得土地使用权而支付的土地出让金不计入在建工程成本，应确认为无形资产（土地使用权）。

（三）其他方式取得的固定资产的成本

以其他方式取得固定资产在确认成本时应采用公允价值模式进行计量。

以其他方式取得固定资产包括投资者投入、非货币性资产交换、债务重组、企业合并等方式，详细内容我们将在后面的章节一一学习。

（四）盘盈的固定资产

盘盈的固定资产，作为**前期差错处理**，在按管理权限报经批准处理前，应先通过“以前年度损益调整”科目核算。

首先回忆一下盘盈的存货怎么处理？最终冲减的管理费用。

其次，盘盈的固定资产作为“前期差错处理”，具体分录怎么写，在差错更正章节会学习。

（五）存在弃置费用的固定资产

对于特殊行业的特定固定资产，确定其初始成本时，还应考虑弃置费用。弃置费用通常是指根据国家法律和行政法规、国际公约等规定，企业承担的环境保护和生态恢复等义务所确定的支出，如核电站核设施等的弃置和恢复环境义务。

弃置费用的金额与其现值差异通常较大，需要考虑货币的时间价值，应当按照现值计算确定应计入固定资产成本的金额和相应的预计负债。在固定资产使用寿命内按照预计负债的摊余成本和实际利率计算确定的利息费用应当在发生时计入财务费用。

【例题3－5·计算题】乙公司经国家批准2017年1月1日建造完成核电站核反应堆并交付使用，建造成本为2 500 000万元，预计使用寿命40年。根据法律规定，该核反应堆将会对生态环境产生一定的影响，企业应在该项设施使用期满后将其拆除，并对造成的污染进行整治，预计发生弃置费用250 000万元。假定适用的折现率为10%。

核反应堆属于特殊行业的特定固定资产，确定其成本时应考虑弃置费用。

账务处理为：

2017 年 1 月 1 日，弃置费用的现值 = 250 000 ×（P/F，10%，40）= 250 000 × 0.0221 =5 525（万元）（备注：（P/F，10%，40）代表了复利现值系数，这也是题目直接给定，不是计算出来的）。

固定资产的成本 =2 500 000 +5 525 =2 505 525（万元）。

借：固定资产　　25 055 250 000

　贷：在建工程　　25 000 000 000

　　预计负债　　55 250 000

以后年度，企业应当按照实际利率法计算确定每年财务费用。

我们可以这样理解，相当于站在现在时点我们欠 55 250 000 元的债务（预计负债），每年需要确认“财务费用”，所以 2017 年 12 月 31 日确认的财务费用是：55 250 000 × 10% =5 525 000（元）。

借：财务费用　　5 525 000

　贷：预计负债　　5 525 000

那么 2018 年应该如何确认财务费用呢？

2018 年 12 月 31 日确认的财务费用是：55 250 000 ×（1 +10%）×10% =6 077 500（元）

借：财务费用　　6 077 500

　贷：预计负债　　6 077 500

【彬哥提醒】初学者学习时经常遇到陌生名词就不自信，这真的与你基础无关，而是因为刚接触，接入会计语境需要一个过程，多翻书就可以解决这个问题的。

本题弃置费用是寿命到期（40 年）支付，但是这笔钱金额较大，因此折现到现在看价值多少，直接计入固定资产的账面价值，然后慢慢地计算复利，让这笔钱在第 40 年的时候等于 250 000 万元。每年的利息就是财务费用！

第二节　固定资产的后续计量

固定资产的后续计量包括折旧、改建和减值，但是减值在专门的章节讲述，这里的后续计量主要讲折旧和改建。

一、折旧

折旧是指在固定资产的使用寿命内，按照确定的方法对应计折旧额进行的系统分摊。应计折旧额，是指应当计提折旧的固定资产的原价扣除其预计净残值后的金额。**如果已对固定资产计提减值准备，还应当扣除已计提的固定资产减值准备累计金额。**

1. 影响固定资产折旧的因素

（1）固定资产的原价；

（2）固定资产的使用寿命；

（3）预计净残值；

（4）固定资产减值准备。

2. 固定资产折旧范围

应当对所有的固定资产计提折旧，但是下列资产不用折旧：

（1）已提足折旧仍继续使用的固定资产；

（2）提前报废的固定资产；

（3）单独计价入账的土地；

（4）持有待售的固定资产（1 年内卖掉）。

特殊：已达到预定可使用状态但尚未办理竣工决算的固定资产，应当按照估计价值确定其成本，并计提折旧，待办理竣工决算后再按实际成本调整原来的暂估价值，但不需要调整原来已计提的折旧额。

3. 固定资产折旧的时间

当月增加的固定资产，当月不计提折旧，从下月起计提折旧；当月减少的固定资产，当月仍计提折旧，从下月起不计提折旧。

简单地说：当月增加当月不提，当月减少当月提。因为固定资产一般需要安装调试，所以当月很难运转，所以准则要求是下月开始计提折旧，而无形资产就不一样了，无形资产是拿来就能用，所以当月增加当月就可以摊销。

4. 固定资产折旧方法

折旧方法包括年限平均法、工作量法、双倍余额递减法和年数总和法等（见表 3－3），固定资产的折旧方法一经确定，不得随意变更。

表 3－3　固定资产折旧方法的计算

折旧方法	详细计算
年限平均法：将固定资产折旧额均衡地分摊到固定资产预计使用寿命内的一种方法。采用这种方法计算的每期折旧额均相等	年折旧率 $=\dfrac{1-\text{预计净残值率}}{\text{预计使用寿命（年）}}\times100\%$ 月折旧率 = 年折旧率 ÷ 12 月折旧额 = 固定资产原价 × 月折旧率
工作量法：根据实际工作量计算每期应提折旧额的一种方法	单位工作量折旧额 $=\text{固定资产原价}\times\dfrac{1-\text{预计净残值率}}{\text{预计总工作量}}$
双倍余额递减法（加速折旧）	年折旧率 = 2 ÷ 预计使用寿命 × 100% 月折旧率 = 年折旧率 ÷ 12 月折旧额 = 固定资产净值 × 月折旧率 最后两年，将双倍递减法改成年限平均法，减去净残值。 最后两年折旧额 $=\dfrac{\text{原值}-\text{折旧}-\text{减值}-\text{净残值}}{2}$
年数总和法（加速折旧）	年折旧率 = 尚可使用寿命/预计使用寿命的年数总和 × 100% 月折旧率 = 年折旧率 ÷ 12 月折旧额 =（固定资产原价 － 预计净残值）× 月折旧率

【例题3－6·计算题】 某企业购买一台机器设备，购买价格100万元，另外支付保险费5万元，运输费用2万元，机器于2011年12月25日安装完毕，预计净残值5万元，预计使用年限5年，根据不同方法计算2012年的折旧额。不考虑税费问题。

首先，该机器的初始入账价值为107万元（100＋5＋2）。

其次，2011年12月25日安装完毕，那提折旧应该从2012年开始。

（1）年限平均法：

年折旧额＝(107－5)÷5＝20.4（万元），每年应该提取折旧20.4万元。

（2）双倍余额递减法：

第一年应该提取折旧：107×2/5＝42.8（万元）。

2/5就是年折旧率，也即：年折旧率＝2/预计使用寿命。

第二年应该提取折旧：(107－42.8)×2/5＝25.68（万元）。

第三年应该提取折旧：(107－42.8－25.68)×2/5＝15.41（万元）。

最后两年应该改为年限平均法，而且前面三年没有减掉“残值”，最后一步需要减掉“残值”。

最后两年提取折旧：(107－42.8－25.68－15.41－5)/2＝9.055（万元）。

（3）年数总和法：

年折旧率＝尚可使用寿命/预计使用寿命的年数总和

第一年的年折旧率＝5/(1＋2＋3＋4＋5)＝1/3，所以第一年折旧(107－5)/3＝34（万元）。

第二年的年折旧率＝4/(1＋2＋3＋4＋5)＝0.27，所以第二年折旧(107－5)×0.27＝27.54（万元）。

5. 固定资产折旧的会计处理

借：制造费用（生产车间使用的固定资产计提折旧）
　　管理费用（企业管理部门、未使用的固定资产计提折旧）
　　销售费用（企业专设销售部门的固定资产计提折旧）
　　其他业务成本（企业出租固定资产计提折旧）
　　研发支出（企业研发无形资产时使用固定资产计提折旧）
　　在建工程（在建工程中使用固定资产计提折旧）
　　贷：累计折旧

【注意】有同学问，为什么借方会有“在建工程”，这里不是在建工程折旧的意思，而是在建工程期间，在建工程所耗用的资产（比如大型机械）的折旧要资本化，记入“在建工程”。

6. 固定资产使用寿命、预计净残值和折旧方法的复核

企业至少应当于每年年度终了，对固定资产的使用寿命、预计净残值和折旧方法进行复核。

【例题3－7·多选题】下列固定资产中，企业应当计提折旧且应将所计提的折旧额记入“管理费用”科目的有（　　）。

A. 以经营租赁方式出租的机器设备　　B. 生产车间使用的机器设备

C. 行政管理部门使用的办公设备　　D. 厂部的办公设备

E. 未使用的厂房

【答案】CDE

【解析】选项A经营租赁出租的机器设备，折旧应该记入“其他业务成本”科目；选项B应记入“制造费用”科目；行政管理部门的固定资产、厂部的办公设备和未使用的固定资产计提的折旧应该记入“管理费用”科目，所以选项C、D和E正确。

【问题】请问减值后折旧年限以及残值会改变吗？

减值的概念在前面涉及过，后面也有专门的章节来讲解。当减值之后要按照减值之后的账面价值来重新计算折旧额、折旧年限和预计净残值是否改变都会在题目中详细说明，所以遇到减值，一定要看题目后续怎么规定。

二、固定资产的后续支出

固定资产的后续支出是指固定资产使用过程中发生的更新改造支出、修理费用等。

基本处理原则：符合固定资产确认条件的，应当计入固定资产成本或其他相关资产的成本（例如，与生产产品相关的固定资产的后续支出记入相关产成品的成本），同时将被替换部分的账面价值扣除；不符合固定资产确认条件的，应当计入当期损益。

（一）资本化的后续支出

资本化的后续支出要遵循三步走原则：

第一步，将固定资产账面价值转入在建工程，转入在建工程后，固定资产应停止计提折旧。

第二步，将资本化的后续支出，通过“在建工程”科目核算。

第三步，将完工后的“在建工程”转入“固定资产”，并按重新确认的价值、使用寿命、预计净残值和折旧方法计提折旧。

【例题3－8·计算题】某公司对其所属的码头仓库进行更新改造，该仓库资产原值为1 000万元，累计折旧为600万元，共花费改造资金300万元，会计分录如下：

（1）将仓库转入在建工程：

借：在建工程	4 000 000	
累计折旧	6 000 000	
贷：固定资产		10 000 000

（2）支付更新改造款：

借：在建工程	3 000 000	
贷：银行存款		3 000 000

(3) 工程完工后转入固定资产：

借：固定资产　　7 000 000

　　贷：在建工程　　7 000 000

【思考】 改建之后折旧年限和残值率怎么处理？

【答案】 改建之后折旧年限和残值率都会在题目中明确说明，所以我们不能还是按照改建前的计算。

【注意】

(1) 企业发生的某些固定资产后续支出可能涉及替换原固定资产的某组成部分，当发生的后续支出符合固定资产确认条件时，应将其计入固定资产成本，同时将被替换部分的账面价值扣除。

(2) 企业对固定资产进行定期检查发生的费用，符合资本化条件的，可以计入固定资产或其他相关资产的成本，不符合资本化条件的，应当费用化，计入当期损益。固定资产在定期大修理期间，照常折旧。

【例题3-9·计算题】 某航空公司2010年12月购入一架飞机，总计花费8 000万元(含发动机)，发动机当时的购价为500万元。公司未将发动机作为一项单独的固定资产进行核算。2019年年初，公司开辟新航线，航程增加。为延长飞机的空中飞行时间，公司决定更换一部性能更为先进的发动机。新发动机购价700万元，另需支付安装费用51 000元。假定飞机的年折旧率为3%，不考虑相关税费的影响，公司的账务处理为：

(1) 2019年年初飞机的累计折旧金额为80 000 000×3%×8=19 200 000（元），固定资产转入在建工程。

借：在建工程——××飞机　　60 800 000

　　累计折旧　　19 200 000

　　贷：固定资产——××飞机　　80 000 000

(2) 安装新发动机：

借：在建工程——××飞机　　7 051 000

　　贷：工程物资——××飞机　　7 000 000

　　　　银行存款　　51 000

(3) 2009年年初老发动机的账面价值为5 000 000 -5 000 000×3%×8=3 800 000(元)，终止确认老发动机的账面价值。假定报废处理，无残值（备注：公式中的8是指折旧了8年)。

借：营业外支出　　3 800 000

　　贷：在建工程——××飞机　　3 800 000

(4) 发动机安装完毕，投入使用。固定资产的入账价值为60 800 000+7 051 000-3 800 000=64 051 000（元）。

借：固定资产——××飞机　　64 051 000

　　贷：在建工程——××飞机　　64 051 000

【提示】很多同学纠结一个问题，那就是被替换掉的部分如果卖掉有收益，那会不会影响“在建工程”的账面金额呢？不会。因为分录是：

借：营业外支出
　　银行存款
　　贷：在建工程

在这里可以看出，贷方在建工程的金额是固定的，如果卖掉了有收益，计入银行存款会减少营业外支出的金额，并不会冲减在建工程！

【例题3－10】甲公司于2015年6月20日对一条生产线进行更新改造，该生产线原值为1 000万元，预计使用年限为5年，已经使用年限为2年，预计净残值为0，采用年限平均法计提折旧。更新改造过程中领用本企业产品一批，计入在建工程的价格为215万元，发生人工费用50万元，领用工程物资125万元。用一台300万元的部件替换生产线中已经报废的部件账面原值350万元（已无使用价值，残值为0）。该改造工程于2015年9月30日达到预定可使用状态并交付使用。经改造后该生产线尚可使用年限为3年，预计净残值为0，折旧方法不变，则2016年12月31日该生产线账面价值为（　　）。

【答案】630万元

【解析】本题两个考点：一是折旧时间；二是题目中给出的是被替换部分账面原值，而计算是要用被替换部分账面价值＝350－350/5×2＝210（万元）。该工程达到预定可使用状态时的入账价值＝1 000－1 000÷5×2＋215＋50＋125＋300－210＝1 080（万元）；因此年末账面价值＝1 080－1 080÷(3×12)×(12＋3)＝630（万元）。

【做题点拨】本题虽然简单，但是也需要我们养成看题目的好习惯，改建之后的使用年限是“尚可使用”还是“延长”一定要看清楚：

（1）尚可使用：即是从改建完成开始还可以使用的年限。

（2）延长几年：即是在之前的年限基础上还加上几年。

（二）费用化的后续支出

费用化的后续支出在计量时应当直接计入当期损益（管理费用或者销售费用），其分录为：

借：管理费用（销售费用）
　　贷：银行存款等

除与存货的生产和加工相关的固定资产的修理费用按照存货成本确定原则进行处理外，行政管理部门、企业专设的销售机构等发生的固定资产修理费用等后续支出计入管理费用或销售费用；企业固定资产更新改造支出不满足资本化条件的，在发生时应直接计入当期损益。

综上所述，资本化的后续支出的可考点如下：

（1）要将固定资产的账面价值转入“在建工程”，在改建期间不计提折旧。

（2）在改建过程中，被替换部分的账面价值需要扣除，那么就涉及被替换部分的账面价值怎么计算的问题？其实就是比例，如果整个资产折旧比例是20%，那该被替换部分的折旧比例也是20%。

第三节　固定资产的处置

固定资产的正常出售应该记入“资产处置损益”，而报废应该记入“营业外支出”。

一、固定资产的终止确认

企业出售、转让、报废固定资产或发生固定资产毁损，应当将处置收入扣除账面价值和相关税费后的金额计入当期损益。固定资产处置一般通过“固定资产清理”科目进行核算。

发生的清理费用，借记“固定资产清理”，贷记“银行存款”等；取得的保险费赔偿等收益，借记“银行存款”，贷记“固定资产清理”科目。

固定资产清理完成后的净收益或净损失，属于正常出售、转让所产生的利得或损失，借记或贷记“资产处置损益”科目，贷记或者借记“固定资产清理”科目；属于已丧失使用功能正常报废所产生的利得或损失，借记或贷记“营业外支出——非流动资产报废”科目，贷记或借记“固定资产清理”科目；属于自然灾害等非正常原因造成的，借记或贷记“营业外支出——非常损失”科目，贷记或借记“固定资产清理”科目。

【例题3-11·计算题】乙公司有一台设备，因使用期满经批准报废。该设备原价为186 400元，累计已计提折旧177 080元、减值准备2 300元。在清理过程中，以银行存款支付清理费用4 000元，收到残料变卖收入5 400元，应支付相关税费270元。

要求：编制乙公司的相关会计分录。

【解析】

(1) 固定资产转入清理（该步骤就是将固定资产账面价值转入到“固定资产清理”这个科目）：

借：固定资产清理　7 020
　　累计折旧　177 080
　　固定资产减值准备　2 300
　　贷：固定资产　186 400

(2) 发生清理费用和相关税费（将所交的清理费用和交的税费也记入“固定资产清理”科目）：

借：固定资产清理　4 270
　　贷：银行存款　4 000
　　　　应交税费　270

(3) 收到残料变价收入（残料变价收入会冲减“固定资产清理”科目的余额）：

借：银行存款　5 400
　　贷：固定资产清理　5 400

(4) 结转固定资产净损益:

借: 营业外支出——非流动资产报废 5 890

贷: 固定资产清理 5 890

注意: 这里是报废, 所以记入的是"营业外支出"这个科目。

【例题3-12·多选题】 某企业2016年12月购入一台设备, 购买价款210万元, 不考虑增值税, 预计使用5年, 采用年限平均法折旧, 预计净残值10万元。2017年年末该设备发生减值, 预计可收回金额120万元, 计提减值准备后, 使用年限、预计净残值和折旧方法不变。2018年6月, 企业出售该设备, 取得价款80万元, 发生相关税费2万元。根据以上资料, 不考虑其他因素, 会计处理正确的有( )。

A. 2017年年末该设备计提减值准备50万元

B. 2018年该设备计提折旧20万元

C. 企业出售该设备, 营业利润减少28.25万元

D. 企业出售该设备, 营业利润减少27万元

【答案】 AC

【解析】 2017年减值前的账面价值为210-(210-10)÷5=170(万元), 减值后, 预计可收回金额为120万元, 故2017年年末应计提减值准备170-120=50(万元), 选项A正确; 固定资产减值后, 应以减值后新的账面价值持续计量, 折旧时间应以剩余时间计算, 固定资产当月增加, 当月不提折旧, 固定资产当月减少, 当月仍提折旧。2018年应计提折旧=(120-10)÷4÷2=13.75(万元), 选项B错误; 2018年出售前的账面价值为120-13.75=106.25(万元), 固定资产出售, 账面价值和卖价的差额, 记入"资产处置损益", 影响营业利润。固定资产出售减少营业利润106.25-(80-2)=28.25(万元), 所以选项D错误。

总结: 涉及固定资产, 以及后续学习的无形资产, 特别要注意新准则的变化, 如果是正常的处置(包括非货币性资产互换处置)都是记入"资产处置损益", 影响营业利润, 而报废则是记入"营业外支出", 影响"利润总额"。

二、固定资产盘亏的处理

企业应当定期或者至少于每年年末对固定资产进行清查盘点, 以保证固定资产核算的真实性, 充分挖掘企业现有固定资产的潜力。

1. 固定资产盘盈

在第一节已经讲述过, 按照以前年度差错处理。

2. 固定资产盘亏

固定资产盘亏, 应当首先将固定资产的账面价值转入"待处理财产损溢——待处理固定资产损溢", 按管理权限报经批准后, 扣除可收回的保险赔偿或过失人赔偿, 记入"营业外支出——盘亏损失"科目。

回忆一下: 存货的盘盈如何处理? 存货的盘亏或毁损如何处理?

第三章　固定资产

彬哥跟你说：

今日的课程对你来说，还是不难，因为三段论可以让你快速入门固定资产，但是有些事情我还是要跟你说：（1）学会抓大放小；（2）回归讲义或者教材。

今日复习步骤：

第一遍：回忆 & 重新复习一遍框架（15 分钟）

学习要求：自己重新画一遍框架，不需要掌握所有细节，但求框架了然于心。

第二遍：对细节进一步掌握（45 分钟）

固定资产怎么学——初始、后续和处置，每一步骤涉及哪些内容？哪些考点？

第三遍：重新复习一遍框架（5 分钟）

我问你答：

1. 初始计量。

（1）外购固定资产的成本包括哪些？

（2）需要安装的和不需要安装的固定资产如何处理？会计分录分别是什么？

（3）分期购买的固定资产如何处理？会计分录怎么写？

（4）自营方式建造固定资产，发生的工程物资的盘盈、盘亏、毁损如何处置？

（5）高危行业企业提取的安全生产费、费用化和资本化的支出分别如何处理？

（6）企业为建造固定资产通过出让方式取得土地使用权而支付的土地出让金记入什么科目？

（7）盘盈的固定资产和存货分别如何处理？

（8）存在弃置费用的固定资产，如何确定初始成本？弃置费用的后续计量如何处置？

2. 后续计量。

（1）固定资产折旧的时间？

（2）固定资产不用计提折旧的有哪几种？

（3）四种固定资产折旧方法？（计量）

（4）固定资产后续支出资本化和费用化应分别如何处理？（成本的计量和分录）

3. 处置。

（1）固定资产终止确认的处理（通过什么科目，注意区分出售和报废）？

（2）固定资产的盘亏处理？

本章作业：

（1）请把讲义例题做三遍（对于做错的题目请记录到改错本）。

（2）请复习完口述一遍框架。

（3）睡前回忆框架一次。

第四章　无形资产

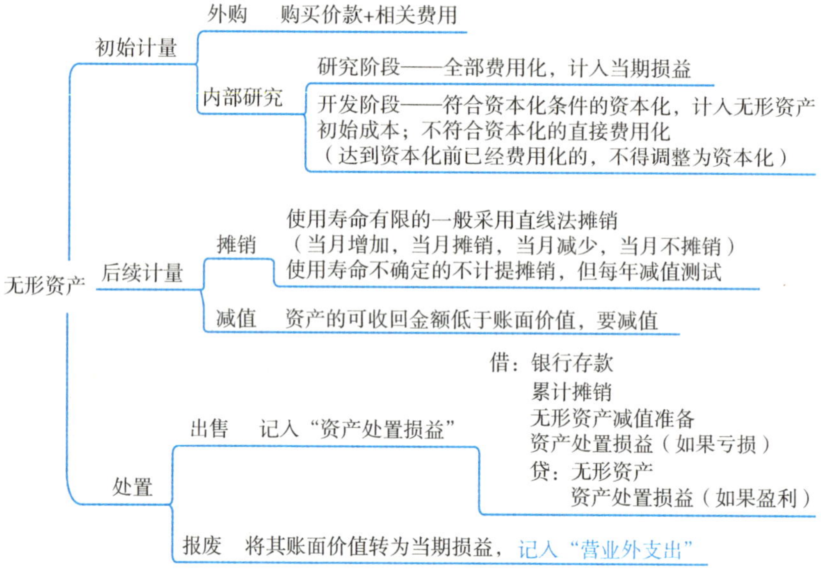

图 4－1　本章学习框架

【重难点解析】无

第一节　无形资产的确认和初始计量

一、无形资产的内容

无形资产主要包括专利权、非专利技术、商标权、著作权、土地使用权、特许权等。

注意：（1）土地使用权不绝对是无形资产，如果某项土地使用权准备增值转让或者直接出租，则该项土地使用权应划分为投资性房地产，而非无形资产；另外，在某些特殊情况下，土地使用权有可能被确认为固定资产，此时也不能确认为无形资产进行计量。

（2）商誉不是无形资产，因为商誉具有不可辨认性。

商誉的英文名称为“Goodwill”，意思是“美好的愿望”，是在企业合并中，企业初始投资成本大于被购买方可辨认净资产公允价值的份额的部分即为商誉，这个不属于无形资产。

二、初始计量

（一）外购的无形资产

（1）外购的无形资产的会计处理与固定资产的处理是一样的，其初始入账价值包括购买价款、相关税费以及直接归属于使该资产达到预定可使用状态所发生的其他支出。

下列各项不包括在无形资产初始成本中：

①为引入新产品进行宣传发生的广告费、管理费用及其他间接费用；

②无形资产已经达到预定可使用状态以后发生的费用。

（2）分期购买无形资产的会计处理与分期购买固定资产的处理相同。

【例题4－1·多选题】 2015年1月1日甲购入一项管理用无形资产，双方协议采用分期付款方式支付价款，合同总价为3 000万元。自2015年12月31日起，每年年末付款600万元，5年付清。假定银行同期贷款年利率为5%。另以现金支付相关税费30万元。该无形资产购入当日即达到预定可使用状态。预计使用10年，直线法，无残值。（P/A，5%，5）=4.3295，下列说法正确的有（　　）。

A. 无形资产的入账价值为2 627.7万元

B. 无形资产的入账价值为3 030万元

C. 对甲公司2015年利润总额的影响是392.66万元

D. 对甲公司2015年利润总额的影响是129.89万元

【答案】 AC

【解析】

（1）无形资产的入账价值应该是购置价款加相关费用 =600×4.3295+30=2 597.7+30=2 627.7（万元）；

（2）对甲公司利润总额的影响包括财务费用和摊销。因此共减少利润总额 =600×4.3295×5%+2 627.7÷10=392.66（万元）（2015年1月1日摊余成本——实际欠别人多少钱：2 597.7万元）。

【彬哥提醒】 为何计算财务费用的时候是“600×4.3295×5%”而没有加上30万元，因为分期购买资产的核心思想就是借钱买资产，这里30万元并不是借钱的部分，是直接以现金支付，所以计算财务费用的时候无须加上30万元。

（二）内部研究开发支出的确认和计量

通常情况下，企业自创商誉以及企业内部产生的无形资产不确认为无形资产，如企业内部产生的品牌、报刊名等。内部研究和开发费用到底能否确认为无形资产，需要企业根据实际情况以及相关信息予以判断。

1. 研究阶段和开发阶段的划分

对企业自行进行的研究开发项目，应当区分研究阶段与开发阶段两个部分分别进行核算。

研究阶段是指为获取新的技术和知识等进行的有计划的调研等准备事项，因此应当全部费用化。

开发阶段是指进行商业性生产或使用前，将研究成果或其他知识应用于某项计划或设计，以生产出新的或具有实质性改进的材料、装置、产品等。也就是具体的研发活动，**开发阶段符合资本化条件的部分，应当资本化，不符合资本化条件的部分，应当费用化。**

【注意】不能武断地认为开发阶段就要资本化，而是要看题目给定多少金额应该资本化，多少金额应该费用化。

2. 内部开发无形资产的计量

内部研发活动形成的无形资产成本，由可直接归属于该资产的创造、生产并使该资产能够以管理层预定的方式运作的所有必要支出组成。（即成本模式）

3. 内部研究开发支出的会计处理

研究阶段的支出全部费用化，计入当期损益；开发阶段的支出符合条件的资本化，不符合资本化条件的计入当期损益；如果确实无法区分研究阶段的支出和开发阶段的支出，应将其所发生的研发支出全部费用化，计入当期损益。

需要说明的是，内部开发无形资产的成本包括在满足资本化条件的时点至无形资产达到预定用途前发生的支出总和，对于同一项无形资产在开发过程中达到资本化条件之前已经费用化计入当期损益的支出不再进行调整。

【例题 4－2·计算题】甲企业自行研究开发一项新产品专利技术，在研究开发过程中发生材料费 500 万元、人工工资 100 万元，以及其他费用 600 万元，总计 1 200 万元，其中，符合资本化条件的支出为 800 万元，期末，该专利技术已经达到预定用途，有关会计处理如下：

借：研发支出——费用化支出	4 000 000	
——资本化支出	8 000 000	
贷：原材料		5 000 000
应付职工薪酬		1 000 000
银行存款		6 000 000

期末：

借：管理费用	4 000 000	
无形资产	8 000 000	
贷：研发支出——费用化支出		4 000 000
——资本化支出		8 000 000

【例题 4-3·计算题】甲公司 2017 年 1 月 1 日开始进行某项新技术的研发，截至 2017 年 12 月 31 日，累计发生研究支出 300 万元，开发支出 200 万元。在编制 2017 年度财务报表时，甲公司考虑到相关技术尚不成熟，能否带来经济利益尚不确定，将全部研究和开发费用均计入当期损益。2018 年 12 月 31 日，相关技术的开发取得重大突破，管理层判断其未来能够带来远高于研发成本的经济利益流入，且甲公司有技术、财务和其他资源支持其最终完成该项目。

甲公司将本年发生的原计入管理费用的研发支出 100 万元全部转入“开发支出”项目，并对 2017 年已费用化的研究和开发支出进行了追溯调整，相关会计处理如下（会计分录中的金额单位为万元，下同）：

借：研发支出（资本化支出）　　600

　贷：以前年度损益调整　　500

　　　管理费用　　100

要求：根据资料，判断甲公司对相关事项的会计处理是否正确，并说明理由；对于不正确的事项，编制更正有关会计处理的调整分录。(2014 年)

注意：本题是改错题，改错题不仅要知道什么是正确分录，还要知道怎么在错误的分录上进行调整。

【答案】甲公司对该事项的会计处理不正确。

理由：2018 年 12 月 31 日之前研发支出资本化条件尚未满足，在满足资本化条件后对于未满足资本化条件时已费用化的研发支出不应进行调整。

调整分录：

借：管理费用　　100

　　以前年度损益调整　　500

　贷：研发支出　　600

（三）其他方式取得的无形资产

以其他方式取得的无形资产，包括以投资者投入、非货币性资产交换、债务重组、政府补助和企业合并等方式取得的无形资产，其详细内容在之后章节会一一介绍。

在这里，土地使用权的处理是一个需要注意的特殊问题。

企业取得的土地使用权通常应确认为无形资产。土地使用权用于自行开发建造厂房等地上建筑物时，土地使用权与地上建筑物分别进行摊销和提取折旧。

但下列情况除外：

（1）房地产开发企业取得的土地使用权用于建造对外出售的房屋建筑物，相关的土地使用权应当计入所建造的房屋建筑物成本。

（2）企业外购房屋建筑物所支付的价款应当按照合理的方法在地上建筑物与土地使用权之间进行分配；难以合理分配的，应当全部作为固定资产处理。

（3）企业改变土地使用权的用途，停止自用土地使用权，将其用于赚取租金或资本增值时，应将其账面价值转为投资性房地产。

【例题 4-4·计算题】2017 年 1 月 1 日，A 股份有限公司购入一块土地的使用权，以银行存款转账支付 8 000 万元，并在该土地上自行建造厂房等工程，发生材料支出 12 000 万元，工资费用 8 000 万元，其他相关费用 10 000 万元等。该工程已经完工并达到预定可使用状态。假定土地使用权的使用年限为 50 年，该厂房的使用年限为 25 年，两者都没有净残值，都采用直线法进行摊销和计提折旧。为简化核算，不考虑其他相关税费。

分析：A 公司购入土地使用权，使用年限为 50 年，表明它属于使用寿命有限的无形资产。在该土地上自行建造厂房，应将土地使用权和地上建筑物分别作为无形资产和固定资产进行核算，并分别摊销和计提折旧。

A 公司的账务处理如下：

（1）支付转让价款：

借：无形资产——土地使用权	80 000 000	
贷：银行存款		80 000 000

（2）在土地上自行建造厂房：

借：在建工程	300 000 000	
贷：工程物资		120 000 000
应付职工薪酬		80 000 000
银行存款		100 000 000

（3）厂房达到预定可使用状态：

借：固定资产	300 000 000	
贷：在建工程		300 000 000

（4）每年分期摊销土地使用权和对厂房计提折旧：

借：制造费用（土地摊销）	1 600 000	
制造费用（厂房折旧）	12 000 000	
贷：累计摊销		（80 000 000 ÷ 50）1 600 000
累计折旧		（300 000 000 ÷ 25）12 000 000

第二节　无形资产的后续计量

无形资产的后续计量包括摊销和减值，但是减值在专门的章节学习，所以这里我们就只是学习无形资产的摊销。

摊销需要注意事项如下：

（1）无形资产分为使用寿命有限的无形资产和使用寿命不确定的无形资产。

（2）使用寿命不确定的无形资产不用摊销，应该每年进行减值测试，测试表明确实发生减值的，按资产减值处理。商誉不是无形资产，但也应该每年进行减值测试。

（3）使用寿命有限的无形资产应该摊销，摊销方法包括直线法、工作量法等多种方法。

（4）摊销金额一般计入当期损益，但如果某项无形资产是专门用于生产某种产品或者其他资产，其所包含的经济利益是通过转入到所生产的产品或其他资产中实现的，则无形资产的摊销费用应当计入相关资产的成本。

（5）当月增加的无形资产，当月开始摊销；当月减少的无形资产，当月不再摊销。

【链接】固定资产是当月增加下月开始折旧，当月减少当月还需要折旧。

（6）无形资产的残值一般为零，但是不能绝对化。

无形资产 { 使用寿命不确定的无形资产：不摊销，但要每年检测是否减值
使用寿命有限的无形资产：摊销

【例题4－5·计算题】2016年1月1日，A公司从外单位购得一项非专利技术，支付价款5 000万元，款项已支付，估计该项非专利技术的使用寿命为10年，该项非专利技术用于产品生产；同时，购入一项商标权，支付价款3 000万元，款项已支付，估计该商标权的使用寿命为15年。假定这两项无形资产的净残值均为零，并按直线法摊销。

A公司的账务处理如下：

（1）取得无形资产时：

借：无形资产——非专利技术　　50 000 000

　　　　　　——商标权　　30 000 000

　　贷：银行存款　　80 000 000

（2）按年摊销时：

借：制造费用——非专利技术　　5 000 000

　　管理费用——商标权　　2 000 000

　　贷：累计摊销　　7 000 000

如果A公司2017年12月31日根据科学技术发展的趋势判断，2016年购入的该项非专利技术在4年后将被淘汰，不能再为企业带来经济利益，决定对其再使用4年后不再使用，为此，A公司应当在2017年12月31日据此变更该项非专利技术的估计使用寿命，并按会计估计变更进行处理。

2017年12月31日该项无形资产累计摊销金额为1 000万元（500×2），2018年该项无形资产的摊销金额为1 000万元［(5 000－1 000)÷4］。

A公司2018年对该项非专利技术按年摊销的账务处理如下：

借：制造费用——非专利技术　　10 000 000

　　贷：累计摊销　　10 000 000

第三节　无形资产的处置

一、无形资产的出售

企业出售无形资产，应当将取得的价款与该无形资产账面价值及应交税费的差额计入当期损益（资产处置损益）；如果是报废，应该记入“营业外支出”。

借：银行存款
　　无形资产减值准备
　　累计摊销
　　资产处置损益（借方差额）
　　贷：无形资产
　　　　应交税费——应交增值税（销项税额）
　　　　资产处置损益（贷方差额）

【例题4-6·计算题】 2017年1月1日，B公司拥有某项专利技术的成本为1 000万元，已摊销金额为500万元，已计提的减值准备为20万元。该公司于2017年将该项专利技术出售给C公司，取得出售收入600万元。不考虑相关税费。

B公司的账务处理为：

借：银行存款	6 000 000
累计摊销	5 000 000
无形资产减值准备	200 000
贷：无形资产	10 000 000
资产处置损益	1 200 000

如果该公司转让该项专利技术取得收入为4 000 000元。

则B公司的账务处理为：

借：银行存款	4 000 000
累计摊销	5 000 000
无形资产减值准备	200 000
资产处置损益	800 000
贷：无形资产	10 000 000

二、无形资产的出租

（1）应当按照有关收入确认原则确认所取得的转让使用权收入。

借：银行存款
　　贷：其他业务收入
　　　　应交税费——应交增值税（销项税额）

（2）将发生的与该出租使用权有关的费用计入其他业务成本。

借：其他业务成本
　　贷：累计摊销

【例题4-7·计算题】 甲股份有限公司将某项专利权出租给乙公司，每年获取租金收入100万元（不含增值税），应交增值税6万元。该专利权账面原值200万元，原预计摊销年限为10年。甲股份有限公司出租专利权的账务处理如下：

(1) 每年收取租金及增值税。

借：银行存款　　1 060 000

　　贷：其他业务收入　　1 000 000

　　　　应交税费——应交增值税（销项税额）　　60 000

(2) 摊销专利权成本。

借：其他业务成本　　200 000

　　贷：累计摊销　　200 000

三、无形资产的报废

如果无形资产预期不能为企业带来未来经济利益的流入，则不再符合无形资产的定义，应将其报废并予以转销，其账面价值转作当期损益。

借：累计摊销

　　无形资产减值准备

　　营业外支出

　　贷：无形资产

【例题4-8·多选题】 下列关于无形资产的会计处理中，正确的有（　　）。

A. 购入无形资产超过正常信用条件分期付款且具有融资性质的，应按现值确定其取得成本

B. 外购土地使用权及建筑物的价款难以在两者之间进行合理分配时，应全部作为无形资产入账

C. 商誉应确认为无形资产

D. 使用寿命不确定的无形资产，在持有期间不需要摊销，但至少应于每年年末进行减值测试

【答案】 AD

【解析】 选项B：外购土地使用权及建筑物的价款难以在两者之间进行合理分配时，应全部作为固定资产入账；选项C：商誉不能确认为无形资产。

再次郑重提示："看懂"和"做懂"的距离相差十万八千里，当你动笔去做的时候，你会发现你的思维里面其实有很多小误区，这些小误区在考场上面会放大，这也是你每次都55分左右的原因！因此，趁刚刚开始，逐步养成动笔的习惯，看书必动笔，动笔必思考，有错必记入改错本！坚持下去，静待成功！

【刻意练习】学到这里，你们应该是已经在逐步入门，但是也伴随着一些疑惑，比如，为何我学得这么慢？我到底入门了吗？

那么我在这里要给你们介绍一下"刻意练习"，其实在学习CPA的考生中，基本上不存在智商和基础的差异，首先从考试层面来讲，不到拼智商的，从基础层面来讲，一本新书就是要让人看懂和学懂，那么为何开始出现差距，主要是几个方面造成的：

刻意练习：刚开始大家都不懂，但是有人会刻意地揣摩这些题目的表达方式，然后就“刻意”地模仿这种方式，去“刻意”感受出题者的出题套路，比如“借方”“贷方”“公允价值上升”，这样去“刻意”揣摩几次，你就发现理解能力在逐步上升，但是有人却始终归结于智商和基础，导致一步步的落下。

安静窍门：学习这件小事，唯有安静可以解决，但是学习和安静本来就是违背人性的，思维总是喜欢走捷径，那我们就顺着思维去走捷径，我们给自己设定25分钟一个学习段，在这个25分钟里面绝对不看手机，绝对不做其他任何事情（如上网和倒茶），然后25分钟到了就立刻奖励自己5分钟的休息（如浅睡眠），然后接下来再来25分钟，你就发现你的自制力会逐步提升！

第四章　无形资产

彬哥跟你说：

今日无形资产对你来说是简单的，因为比固定资产更简单，那么今日你会很轻松，是复习的好日子。

你是不是还在纠结分录不会写？还在纠结科目不知道？这东西真的没必要去背诵，好比你学习英语不是背完 8 000 个单词再去学习，而是边学课文边去搞懂单词，通过日积月累的方式不断地积累，然后慢慢地越学越深入！因此我们面对目前的每一个分录，我们耐心去思考、去写，15 天之后你发现分录就没问题了！

今日复习步骤：

第一遍：回忆 & 重新复习一遍框架（10 分钟）

学习要求：自己重新找一遍框架，不需要掌握所有细节，但求框架了然于心。

第二遍：对细节进一步掌握（30 分钟）

无形资产的确认、初始计量、后续计量、处置都涉及哪些考点？

第三遍：重新复习一遍框架（5 分钟）

我问你答：

1. 初始计量。

（1）外购的无形资产的入账价值包括什么？哪些不包括？

（2）分期购买无形资产如何处理？入账价值如何确定？

（3）企业自行开发的无形资产如何处理？研究开发阶段的支出如何处理？

（4）土地使用权的处理？（分情况应各自确认成为什么）

2. 后续计量。

（1）无形资产是否都需要摊销？

（2）无形资产何时开始或停止摊销？

（3）使用寿命不确定的无形资产如何处理？

3. 处置。

（1）无形资产的出售和报废如何处置？分录怎么写？

（2）无形资产的出租如何处置？分录怎么写？

本章作业：

（1）请把讲义例题做三遍（做错的题目，请分析错误原因并记录到改错本）。

（2）请复习完口述一遍框架，睡前请再回忆一遍框架。

（3）第二天早上，请再回忆一遍框架，对于回忆不起来的内容，请翻书看一遍。

第五章　投资性房地产

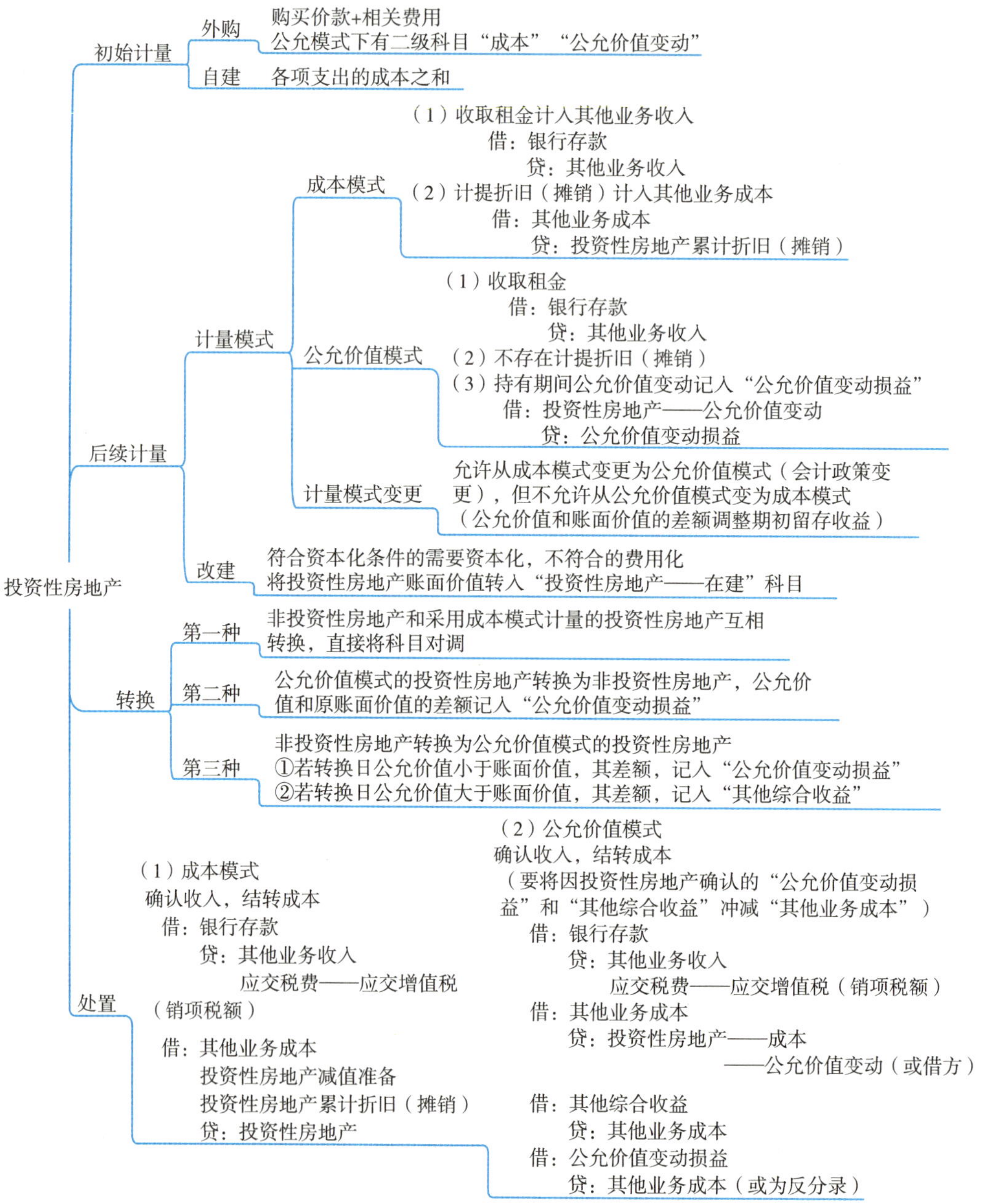

图5－1　本章学习框架

【重难点（考点）分析】

(1) 投资性房地产后续有两种计量模式：一是成本模式（跟固定资产处理一样）；二是公允价值模式。

(2) 成本模式在一定条件下可以转换为公允价值模式，公允价值模式不能转换为成本模式。

(3) 投资性房地产有两个概念容易理解错误，各位在后面学习的时候要注意：

①投资性房地产后续计量可以从成本模式转为公允价值模式，在后面我们会学习这是会计政策变更，会计政策变更追溯调整留存收益就行。

②非投资性房地产和投资性房地产可以相互转换，它们的转换可能涉及“公允价值变动损益”，也可能涉及“其他综合收益”。特别注意，用成本模式进行计量的非投资性房地产转为用公允价值模式进行计量的投资性房地产。

切不可把以上两种转换混淆，粗略来看，都是成本模式转为公允价值模式，但是，这两种转换具有本质上的区别，第一种是投资性房地产的后续计量方式的转变，第二种是资产性质划分的转变。

第一节 投资性房地产确认和初始计量

一、投资性房地产的定义和范围

（一）定义

投资性房地产是指为赚取租金或资本增值，或者两者兼有而持有的房地产。

注：其实投资性房地产是硬性从固定资产和无形资产中划分出来的一块资产，本质上还是固定资产或者无形资产，在美国会计准则中不存在“投资性房地产”这个概念。

（二）范围

(1) 已出租的土地使用权。指企业通过出让或转让方式取得的、以经营租赁方式出租的土地使用权。

(2) 持有并准备增值后转让的土地使用权。但是，按照国家规定认定的闲置土地，不属于持有并准备增值后转让的土地使用权，不属于投资性房地产。

(3) 已出租的建筑物。已出租的建筑物是指企业以经营租赁方式租出的建筑物，主要包括自行建造或开发活动完成后用于出租的建筑物以及正在建造或开发过程中将来用于出租的建筑物。用于出租的建筑物是指企业拥有产权的建筑物，以经营租赁方式租入再转租的建筑物不属于投资性房地产。

如果企业持有以备经营出租的空置建筑物或在建建筑物，如董事会或者类似机构作出书面决议，明确表明将其用于经营出租且短期内不再发生变化的，即使尚未签订租赁协议，也应视为投资性房地产。

（4）但是，下列项目不属于投资性房地产：①自用房地产；②作为存货的房地产。

（5）如果某项房地产部分自用或作为存货出售、部分用于赚取租金或资本增值，不同用途的部分能够单独计量的，应当分别确认为不同资产。

综上，我们可以看看，比如建筑物如果自用是固定资产，但如果出租就是投资性房地产；土地使用权如果自用是无形资产，如果房地产企业开发房地产就是存货，如果是为了出租或者增值后转让就是投资性房地产。

二、初始计量

（一）外购

基本原则：购买价格 + 相关费用。

投资性房地产的初始计量有两种模式，一种是公允价值模式，另一种是成本模式（见表 5 - 1）。

表 5 - 1　　投资性房地产初始计量的两种模式

成本模式的会计处理	公允价值模式的会计处理
借：投资性房地产 　　贷：银行存款	借：投资性房地产——成本 　　贷：银行存款
	因为公允价值变动的时候还有个“公允价值变动”二级科目，假设在后续计量中投资性房地产公允价值上升，就会涉及这个二级科目： 借：投资性房地产——公允价值变动 　　贷：公允价值变动损益

（二）自行建造

与自建固定资产的会计处理一样，按照各项支出的成本进行计量。

第二节　投资性房地产的后续计量

投资性房地产的后续计量包括：计量模式（成本法和公允价值法）、改建、转换。

一、后续计量模式

投资性房地产后续计量，有两种模式：成本模式和公允价值模式。需要注意，同一企业只能采用一种模式对所有投资性房地产进行后续计量，不得同时采用两种计量模式。

1. 成本模式

在成本模式下，对投资性房地产的后续计量与对固定资产和无形资产的后续计量的处理一致。

取得租金收入的分录：

借：银行存款

　　贷：其他业务收入

计提折旧（摊销）时的分录：

借：其他业务成本

　　贷：投资性房地产累计折旧（摊销）（跟固定资产和无形资产处理一致）

问：投资性房地产该如何折旧和摊销？

如果是土地使用权类的投资性房地产，跟无形资产的处理一致，当月增加当月摊销，当月减少当月不摊销；

如果是建筑物类的投资性房地产，跟固定资产的处理一样，当月增加下月折旧，当月减少当月折旧！

2. 在公允价值模式下

企业要采用公允价值模式计量的投资性房地产，应当同时满足两个条件：

（1）投资性房地产所在地有活跃的房地产交易市场；

（2）企业能够从活跃的房地产交易市场上取得同类或类似房地产的市场价格和其他相关信息。

持有期间投资性房地产公允价值上升的分录：

借：投资性房地产——公允价值变动

　　贷：公允价值变动损益

（公允价值下降时，作相反分录）

注意：公允价值模式不用折旧！

【例题5－1·计算题】甲公司对投资性房地产采用公允价值模式进行后续计量，2018年3月1日用5 000万元买入一栋写字楼，并于当日出租给乙公司，每个月收取租金100万元，2018年12月31日，该写字楼的公允价值5 500万元，甲公司的账务处理如下：

（1）2018年3月1日：

借：投资性房地产——成本	50 000 000	
贷：银行存款		50 000 000

（2）每月收到租金：

借：银行存款	1 000 000	
贷：其他业务收入		1 000 000

（3）2018年12月31日：

借：投资性房地产——公允价值变动	5 000 000	
贷：公允价值变动损益		5 000 000

第五章

【例题5-2·单选题】甲公司对投资性房地产采用成本模式进行后续计量。自2018年1月1日起，甲公司将一项投资性房地产出租给某单位，租期为4年，每年收取租金650万元。该投资性房地产原价为12 000万元，预计使用年限为40年，预计净残值为零；至2018年1月1日已使用10年，累计折旧3 000万元。2018年12月31日，甲公司在对该投资性房地产进行减值测试时，发现该投资性房地产的可收回金额为8 800万元。假定不考虑相关税费，该投资性房地产对甲公司2018年利润总额的影响金额为（　　）万元。

A. 250　　B. 350

C. 450　　D. 650

【答案】B

【解析】减值在下面一章讲解，这里对利润总额的影响不仅要考虑折旧也要考虑租金的影响。

2018年计提折旧＝(12 000－0)÷40＝300（万元），2018年12月31日计提减值准备前投资性房地产账面价值＝(12 000－3 000)－300＝8 700（万元），因可收回金额为8 800万元，所以不需计提减值准备。该投资性房地产对甲公司2018年利润总额的影响金额＝650－300＝350（万元）。

【做题技巧点拨】看见“利润总额”或者“营业利润”等字样，那么这类型的题目就可能设置一些陷阱，主要包括以下类型的陷阱：

（1）影响利润的因素很多，但是我们很多人都找不完全，比如折旧和摊销影响、减值影响、其他综合收益转入投资收益（其他业务成本）影响，公允价值变动影响，出售的收益影响。

（2）“营业外收入”和“营业外支出”影响利润总额但是不影响营业利润，做题的时候往往容易忘记。

3. 投资性房地产后续计量模式的变更

在条件满足的情况下，投资性房地产可以从成本模式变更为公允价值模式，但不允许从公允价值模式变更到成本模式。

投资性房地产后续计量模式的变更属于会计政策变更（在后续章节将详细介绍会计政策变更），公允价值和账面价值的差额应调整期初留存收益。

借：投资性房地产——成本（公允价值模式）
　　投资性房地产累计折旧（摊销）（成本模式下提取的折旧或摊销）
　　投资性房地产减值准备（成本模式下确认的减值）
　　贷：投资性房地产（成本模式）
　　　　盈余公积
　　　　利润分配——未分配利润

【例题5-3·单选题】甲公司拥有一项投资性房地产，采用成本模式进行后续计量。2018年1月1日，甲公司将其从成本模式转为公允价值模式计量。2018年1月1日该投资性房地产原价为3 000万元，已计提折旧300万元，账面价值为2 700万元，公允价值为3 200万元。下列处理正确的是（　　）。

A. 确认其他综合收益500万元

B. 确认其他综合收益200万元

C. 确认公允价值变动损益500万元

D. 调整留存收益500万元

【答案】D

【解析】本题的考点是成本模式转为公允价值模式（不是非投资性房地产转为投资性房地产），所以属于会计政策的变更，应当追溯调整。

借：投资性房地产——成本　　3 200
　　投资性房地产累计折旧　　300
　　贷：投资性房地产　　3 000
　　　　盈余公积　　（盈余公积通常默认为净利润的10%）50
　　　　利润分配——未分配利润　　450

二、改建

（一）资本化的后续支出

符合资本化条件的需要资本化，不符合资本化条件的需要费用化。

表5-2　不同模式下投资性房地产的改建

在成本模式下，资本化支出的分录	在公允价值模式下，资本化支出的分录
借：投资性房地产——在建 　　投资性房地产累计折旧（摊销） 　　投资性房地产减值准备 　　贷：投资性房地产 借：投资性房地产——在建 　　贷：原材料/银行存款等 借：投资性房地产 　　贷：投资性房地产——在建	借：投资性房地产——在建 　　　　　　　　——公允价值变动（也可能在贷方） 　　贷：投资性房地产——成本 借：投资性房地产——在建 　　贷：原材料/银行存款等 借：投资性房地产——成本 　　贷：投资性房地产——在建

（二）费用化的后续支出

与投资性房地产有关的后续支出，不满足投资性房地产确认条件的，应当在发生时计入当期损益（其他业务成本）。

借：其他业务成本
　　贷：银行存款

三、转换

【注意】这里所说的转换是“非投资性房地产”和“投资性房地产”之间的互相转换，即对房地产进行的重分类（资产性质的转换），不是我们前面所说投资性房地产后续计量模式的变更。这里的非投资性房地产是指作为存货、无形资产、固定资产存在的资产。

非投资性房地产主要指固定资产、无形资产和存货（房地产企业），它们三种通常都是按照历史成本计量的，投资性房地产有公允价值模式和成本模式，因此转换模式可以概括为三种：

第一种模式，非投资性房地产和采用成本模式计量的投资性房地产互相转换，这种模式最简单，因为都是成本模式，二者分录对调即可。

第二种模式，公允价值模式的投资性房地产转换为非投资性房地产，公允价值和原账面价值的差额记入“公允价值变动损益”。

第三种模式，非投资性房地产转换为公允价值模式的投资性房地产，如果转换日公允价值小于非投资性房地产账面价值的，按其差额，记入“公允价值变动损益”，如果转换日公允价值大于非投资性房地产账面价值，按其差额，记入“其他综合收益”科目。

再强调，超级重点不能混淆：

（1）投资性房地产后续计量分为成本模式和公允价值模式，满足一定条件时，成本模式可以变更为公允价值模式，这叫会计政策变更，详细学习在最后的章节，他们调整的是留存收益。

（2）非投资性房地产和投资性房地产之间的互相转换，是资产性质的转换，跟第一种的转换不是一回事，不能混淆！

同时，也强调一下为什么非投资性房地产转换为公允价值模式的投资性房地产比较复杂？主要是因为公允价值是较容易操纵的，特别很多企业有虚增利润的冲动。因此就规定，转换后公允价值如果大于了账面价值，那就暂时不能记入利润的科目，而是应该先记入“其他综合收益”，如果转换后公允价值低于账面价值，那可以直接记入“公允价值变动损益”。

（一）第一种模式

非投资性房地产和采用成本模式计量的投资性房地产互相转换。直接将它们的科目对调就行，看下面的例题就可以明白：

【例题 5-4·计算题】2018 年 8 月 1 日，甲企业将出租在外的厂房收回，开始用于本企业生产商品。该项房地产账面价值为 3 765 万元，其中，原价 5 000 万元，累计已提折旧 1 235 万元。假设甲企业采用成本计量模式。

甲企业的账务处理如下：

借：固定资产　　50 000 000

　　投资性房地产累计折旧　　12 350 000

　　贷：投资性房地产　　50 000 000

　　　　累计折旧　　12 350 000

下面两种转换，主要可以用图 5－2 表示。

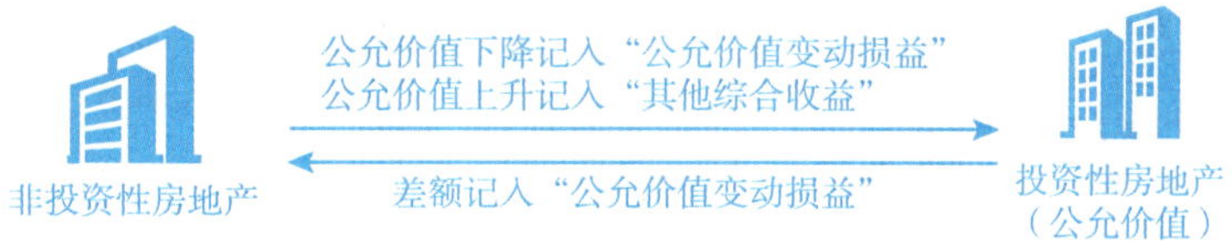

图 5－2　第二种模式和第三种模式

（二）第二种模式

公允价值模式的投资性房地产转换为非投资性房地产，公允价值和原账面价值的差额记入**“公允价值变动损益”**。

【例题 5－5·计算题】2018 年 10 月 15 日，甲企业因租赁期满，将出租的写字楼收回，开始作为办公楼用于本企业的行政管理。2018 年 10 月 15 日，该写字楼的公允价值为 4 800 万元。该项房地产在转换前采用公允价值模式计量，原账面价值为 4 750 万元，其中，成本为 4 500 万元，公允价值变动为增值 250 万元。

甲企业的账务处理如下：

借：固定资产　　48 000 000

　　贷：投资性房地产——成本　　45 000 000

　　　　　　　　　　——公允价值变动　　2 500 000

　　　　公允价值变动损益　　500 000

【例题 5－6·计算题】甲房地产开发企业将其开发的部分写字楼用于对外经营租赁。2018 年 10 月 15 日，因租赁期满，甲企业将出租的写字楼收回，并作出书面决议，将该写字楼重新开发用于对外销售，即由投资性房地产转换为存货，当日的公允价值为 5 800 万元。该项房地产在转换前采用公允价值模式计量，原账面价值为 5 600 万元，其中，成本为 5 000 万元，公允价值增值为 600 万元。

甲企业的账务处理如下：

借：开发产品　　58 000 000

　　贷：投资性房地产——成本　　50 000 000

　　　　　　　　　　——公允价值变动　　6 000 000

　　　　公允价值变动损益　　2 000 000

有同学在问，“开发产品”这个科目是什么？其实就是房地产企业的存货科目。

（三）第三种模式

非投资性房地产转换为公允价值模式的投资性房地产，如果转换日公允价值小于账面价值的，按其差额，记入“公允价值变动损益”，如果转换日公允价值大于账面价值，按其差额，记入“其他综合收益”科目。

【例题5－7·计算题】2018年3月10日，甲房地产开发公司与乙企业签订了租赁协议，将其开发的一栋写字楼出租给乙企业。租赁期开始日为2018年4月15日。2018年4月15日，该写字楼的账面余额45 000万元，公允价值为47 000万元。2018年12月31日，该项投资性房地产的公允价值为48 000万元。

甲企业的账务处理如下：

（1）2018年4月15日：

借：投资性房地产——成本	470 000 000	
贷：开发产品		450 000 000
其他综合收益		20 000 000

（2）2018年12月31日：

借：投资性房地产——公允价值变动	10 000 000	
贷：公允价值变动损益		10 000 000

【例题5－8·计算题】2018年6月，甲企业打算搬迁至新建办公楼，由于原办公楼处于商业繁华地段，甲企业准备将其出租，以赚取租金收入。2018年10月30日，甲企业完成了搬迁工作，原办公楼停止自用。并与乙企业签订了租赁协议，将其原办公楼租赁给乙企业使用，租赁期开始日为2018年10月30日，租赁期限为3年。2018年10月30日，该办公楼原价为5亿元，已提折旧14 250万元，公允价值为35 000万元。假设甲企业对投资性房地产采用公允价值模式计量。

甲企业的账务处理如下：

借：投资性房地产——成本	350 000 000	
公允价值变动损益	7 500 000	
累计折旧	142 500 000	
贷：固定资产		500 000 000

假设：2018年10月30日，该办公楼的公允价值有40 000万元，那甲企业的账务处理如下：

借：投资性房地产——成本	400 000 000	
累计折旧	142 500 000	
贷：固定资产		500 000 000
其他综合收益		42 500 000

【例题5-9·单选题】 甲公司从事房地产开发业务，2018年10月1日因商品房滞销决定将其中的一套商品房出租给乙公司，并于当日开始出租，并对其以公允价值模式进行后续计量，租赁期开始日的公允价值为108万元，年租金为15万元于每年年末支付，该套商品房的建造成本为120万元，已经在8月份计提20万元的减值准备，2018年年末该房产的公允价值为105万元，则因该项房产而影响的甲公司2018年营业利润的金额为（　　）万元。

A. -17.5　　B. -23　　C. 0.75　　D. -19.25

【答案】 D

【解析】 本题的考点是非投资性房地产转为投资性房地产。投资性房地产的减值也影响营业利润。

8月计提减值时：借：资产减值损失　　20
　　贷：存货跌价准备　　20

转换日：借：投资性房地产——成本　　108
　　存货跌价准备　　20
　　贷：开发产品　　120
　　　　其他综合收益　　8

2018年末：借：公允价值变动损益　　（108-105）3
　　贷：投资性房地产——公允价值变动　　3

影响营业利润的金额为：15×（3÷12）-3-20=-19.25（万元）

第三节　投资性房地产的处置

投资性房地产的处置见表5-3。

表5-3　　投资性房地产的处置

	一、采用成本模式计量的投资性房地产的处置	二、采用公允价值模式计量的投资性房地产的处置
确认收入	借：银行存款 　贷：其他业务收入 　　应交税费——应交增值税（销项税额）	借：银行存款 　贷：其他业务收入 　　应交税费——应交增值税（销项税额）
结转成本	借：其他业务成本 　投资性房地产累计折旧（摊销） 　投资性房地产减值准备 　贷：投资性房地产	借：其他业务成本 　贷：投资性房地产——成本 　　——公允价值变动 借：其他综合收益 　贷：其他业务成本 借：公允价值变动损益 　贷：其他业务成本 或 借：其他业务成本 　贷：公允价值变动损益

【解析】为什么要把“公允价值变动损益”和“其他综合收益”转入“其他业务成本”：

（1）公允价值变动损益是公允价值变动产生的，这属于一种不稳定的收益，是没有现金流的收益，因此在变动的时候记入了“公允价值变动损益”，但是最终卖掉的时候，也就向外部宣告这个不稳定的收益实现了，所以将“公允价值变动损益”转入了“其他业务成本”，但这是属于利润表内部科目之间的转换，并不会影响损益的金额。

（2）其他综合收益已经在前面讲述过，其本质上属于收益，但是为了防止企业操纵利润，暂时放入所有者权益里面，待卖出的时候算真正实现了，要从所有者权益转入利润表科目。那么，这里就影响了损益的金额，因为其他综合收益是股东权益科目。

【例题5－10·计算题】甲为一家房地产开发企业，2017年3月10日，甲企业与乙企业签订了租赁协议，将其开发的一栋写字楼出租给乙企业使用，租赁期开始日为2017年4月15日。2017年4月15日，该写字楼的账面余额45 000万元，公允价值为47 000万元。2017年12月31日，该项投资性房地产的公允价值为48 000万元。2018年6月租赁期满，企业收回该项投资性房地产，并以55 000万元出售，出售款项已收讫。甲企业采用公允价值模式计量。不考虑相关税费。

由于“营改增”的影响，销售不动产也要缴纳增值税，但是实际上由于在过渡期，税率这些都较复杂，因此除非题目明确告诉我们增值税是多少，否则我们在做会计题目的时候可以暂时忽视不动产的增值税问题。

甲企业的账务处理如下：

（1）2017年4月15日，存货转换为投资性房地产：

借：投资性房地产——成本	470 000 000	
贷：开发产品		450 000 000
其他综合收益		20 000 000

（2）2017年12月31日，公允价值变动：

借：投资性房地产——公允价值变动	10 000 000	
贷：公允价值变动损益		10 000 000

（3）2018年6月，出售投资性房地产：

借：银行存款	550 000 000	
公允价值变动损益	10 000 000	
其他综合收益	20 000 000	
其他业务成本	450 000 000	
贷：投资性房地产——成本		470 000 000
——公允价值变动		10 000 000
其他业务收入		550 000 000

将上述分录分开写：

借：银行存款　550 000 000

　　贷：其他业务收入　550 000 000

借：其他业务成本　480 000 000

　　贷：投资性房地产——成本　470 000 000

　　　　　　　　　——公允价值变动　10 000 000

借：公允价值变动损益　10 000 000

　　贷：其他业务成本　10 000 000

借：其他综合收益　20 000 000

　　贷：其他业务成本　20 000 000

注意：经过前面的学习我们可以思考一下，投资性房地产的考点有哪些？

（1）投资性房地产后续两种计量方式，一种是成本法，另一种是公允价值法，成本法可以转为公允价值法，但是公允价值法不能转为成本法，而且成本法转为公允价值法属于会计政策的变更。

（2）成本模式后续需要“折旧/摊销”和“减值”，这两块会影响“营业利润”；而公允价值模式后续公允价值的变动记入“公允价值变动损益”，也是影响“营业利润”，这是选择题的常考点。

（3）从非投资性房地产转为公允价值模式的投资性房地产，如果公允价值大于账面价值，那么记入的不是损益，而是“其他综合收益”。

（4）因此，卖出的时候的考点就特别重要，最喜欢出“影响损益的金额”：

①卖出收到的金额与账面价值的差额会影响损益；

②“公允价值变动损益”要转入“其他业务成本”，但这是属于利润表内部科目的变动，不影响损益；

③“其他综合收益”也要转入“其他业务成本”，这就会影响损益了，所以经常会在这里设置考点。

【例题5－11·单选题】2017年6月30日，甲公司与乙公司签订租赁合同，合同规定甲公司将一栋自用办公楼出租给乙公司，租赁期为1年，年租金为200万元。当日，出租办公楼的公允价值为8 000万元，其账面价值5 500万元。2017年12月31日，该办公楼的公允价值为9 000万元。2018年6月30日，甲公司收回租赁期届满的办公楼并对外出售，取得价款9 500万元。甲公司采用公允价值模式对投资性房地产进行后续计量，不考虑其他因素。上述交易或事项对甲公司2018年度损益的影响金额是（　　）万元。

A. 500　　B. 6 000

C. 3 100　　D. 7 000

【答案】C

【解析】请注意，先思考一会儿，做不出来再看答案，看完答案再马上独立做三遍，最后记到改错本说明一下这道题经典在哪里？这是本教材每道题的做题思路！

思路：看到“非投资性房地产转投资性房地产”，我们一定要注意“其他综合收益”。

第一步思考：第一句话说的年租金200万元，这个毫无疑问会影响损益！而且2018年只有半年，因此进入损益的金额是100万元（这里告诉我们要注意时间）。

第二步思考：第二句话，出租办公楼的公允价值为8 000万元，其账面价值5 500万元。从非投资性房地产转换为投资性房地产，公允价值上升，应该记入“其他综合收益”2 500万元，卖掉的时候影响损益。

第三步思考：第三句话，2017年12月31日，该办公楼的公允价值为9 000万元，高于转换时的公允价值1 000万元，应该记入“公允价值变动损益”，出售的时候也要冲减“其他业务成本”，但是不影响损益。

第四步思考：出售取得价款9 500万元，之前的账面价值是9 000万元，500万元为收益。

综上，上述交易或事项对甲公司2018年度损益的影响金额是：100 + 2 500 + 500 = 3 100（万元）。

【例题5－12·单选题】 2017年2月5日，甲公司资产管理部门建议管理层将一闲置办公楼用于出租。

2017年2月10日，董事会批准关于出租办公楼的议案，并明确出租办公楼的意图在短期内不会发生变化。当日，办公楼成本为3 200万元，已计提折旧为2 100万元，未计提减值准备，公允价值为2 400万元。甲公司采用公允价值模式对投资性房地产进行后续计量。

2017年2月20日，甲公司与承租方签订办公楼租赁合同，租赁期为自2017年3月1日起2年，年租金为360万元。办公楼2017年12月31日的公允价值为2 600万元，2018年12月31日的公允价值为2 640万元。2019年3月1日，甲公司收回租赁期届满的办公楼并对外出售，取得价款2 800万元。甲公司2019年度因出售办公楼而应确认的损益金额是（　　）万元。

A. 160　　B. 400　　C. 1 460　　D. 1 700

【答案】 C

【解析】 这个题目比较有意义，题目的问题是2019年因出售办公楼而确认的损益金额，而不是问的2019年影响损益的金额！分析如下：

租金影响2019年的损益，但是不影响出售时的损益。

售价2 800万元跟出售前的账面价值（公允价值）2 640万元的差额属于利润，影响损益。

转换时的公允价值是2 400万元，年末是2 640万元，记入“公允价值变动损益”的金额是240万元，在售出的时候要冲减“其他业务成本”，但这是利润表内部之间的转移，不影响损益的金额。

从“非投资性房地产”转入“投资性房地产”，由于公允价值上升1 300万元[2 400－(3 200－2 100)]，记入的是“其他综合收益”，在卖掉的时候要冲减“其他业务成本”，这个影响损益。

所以2019年因出售办公楼而应确认的损益为：2 800－2 640＋1 300＝1 460（万元）。

第五章　投资性房地产

彬哥跟你说：

今日的课程应该对你来说是“第一轮思维升级”，因为在投资性房地产中，你终于发现了什么叫作分析？什么叫作做题？这个第一轮思维升级我们一定要认真对待，虽然有一点痛苦，但是对未来的思维进一步升级是至关重要的！

今日复习步骤：

第一遍：回忆 & 重新复习一遍框架（15 分钟）

学习要求：自己重新找一遍框架，不需要掌握所有细节，但求框架了然于心。

投资性房地产如何学——初始计量、后续计量、转换、处置都涉及哪些内容？

第二遍：对细节进一步掌握（45 分钟）

第三遍：重新复习一遍框架（5 分钟）

我问你答：

1. 初始计量。

（1）投资性房地产的范围有哪些？哪些不属于投资性房地产？

（2）外购和自行建造的投资性房地产入账价值如何确定？

（3）初始计量有几种模式？每一种分录如何写？

2. 后续计量。

（1）后续计量有几种模式？每一种模式如何处理？

（2）投资性房地产后续计量模式变更如何处理？分录如何写？

（3）投资性房地产的改建、资本化和费用化支出如何处理？分录如何写？

3. 转换。

（1）转换模式分为几种？分别是什么？

（2）这几种转换模式分别如何处理？分别写出分录。

（3）非投资性房地产转换为公允价值模式的投资性房地产，考点有哪些？

4. 出租或处置。

（1）投资性房地产出租如何处理？分录如何写？

（2）成本模式下投资性房地产的处置？分录如何写？

（3）公允价值模式下投资性房地产的处置？分录如何写？

本章作业：

（1）请把讲义例题做三遍（做错的题目，请分析错误原因并记录到改错本）。

（2）请复习完口述一遍框架，睡前请再回忆一遍框架。

（3）第二天早上，请再回忆一遍框架，对于回忆不起来的内容，请翻书看一遍。

第 3 天

复习旧内容：

复习“第 2 天”的内容，大概 40 分钟，回忆一下框架。

学习新内容：

资产减值

学习方法：

（1）今天内容较少，也是为了大家能够有更多的时间复习和巩固。

（2）资产减值理解起来也不难，所以各位不用太过担心。

你今天可能有的心态：

学到现在你可能还是有一点模糊，觉得还没进入会计思维，其实思维的养成岂是一朝一夕的，而是慢慢地就进入了，模糊也是正常，继续坚持“仰头往前走，每天往回看”的学习策略，安安静静地去学习资产减值，学完资产减值，你差不多再坚持几天，那就代表你的会计可以过关了。

但是请坚持“勤动笔、多思考”的学习方法。

简单解释今天学习内容：

（1）所谓资产减值就是资产的价值减损了，亏了，因此根据会计的谨慎性，要先确认减值损失。

（2）那怎么判定亏了？如果马上卖掉，卖掉之后收到的钱还没有账面价值高，那这个算亏了吧？那如果不卖，估算一下未来的现金流，折算到现在是多少钱，如果低于账面价值，也是亏了。因此，要么卖掉，要么估算现金流，取其高者作为可收回金额，来跟账面价值比较。这就是资产减值。

（3）那考试会考你怎么估算现金流吗？不会，直接给你一串数字，运用加减乘除就可以搞定。

可能会遇到的难点：

本章对你们来说只会遇到一个难点，那就是“商誉”的减值问题，其实我在下面的重难点也详细讲解了，我相信不会有问题。

（1）商誉的英文叫“goodwill”，在前面的无形资产也知道了不属于无形资产，而且要每年年末进行减值测试，资产组发生减值，要优先冲减商誉的账面价值。

（2）在合并报表中只体现控股方的商誉，并没有体现少数股东的商誉，因此我们需要计算完全商誉（后面细讲）。

（3）要注意的是，本章所学的资产减值在后面价值恢复的时候都不得转回，只有存货和金融资产可以转回。

习题注意事项：

还是老规矩，不管例题懂没懂，自己背着答案重新写一遍分录和做一遍习题，做错的要至少做三遍。

建议学习时间：

2 个小时

第六章 资产减值

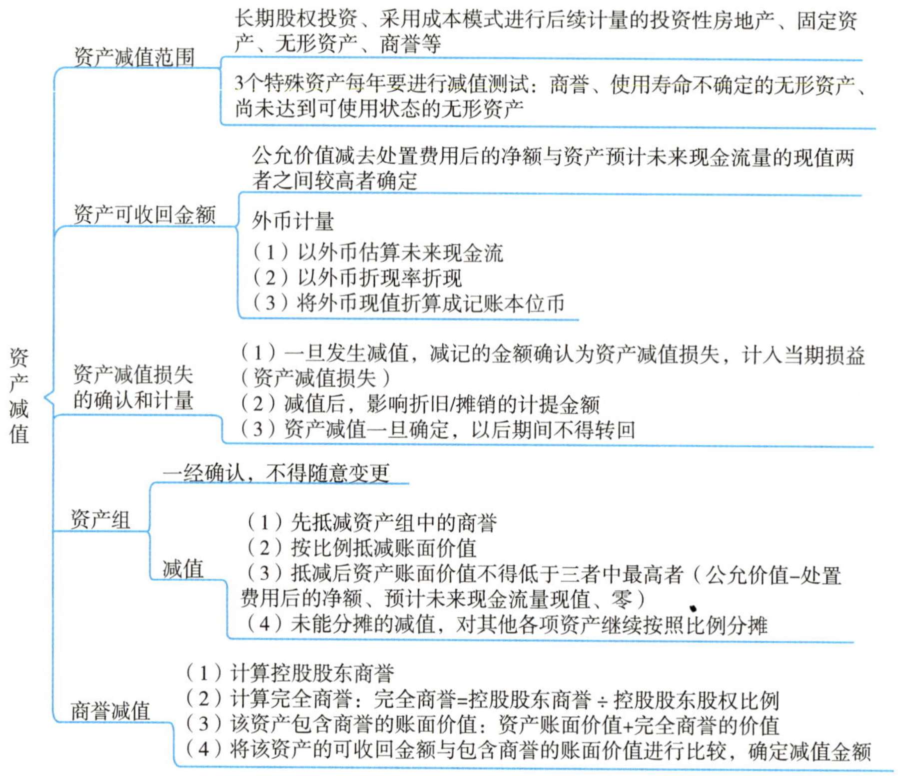
资产减值
资产减值范围
长期股权投资、采用成本模式进行后续计量的投资性房地产、固定资产、无形资产、商誉等
3个特殊资产每年要进行减值测试：商誉、使用寿命不确定的无形资产、尚未达到可使用状态的无形资产
资产可收回金额
公允价值减去处置费用后的净额与资产预计未来现金流量的现值两者之间较高者确定
外币计量
（1）以外币估算未来现金流
（2）以外币折现率折现
（3）将外币现值折算成记账本位币
资产减值损失的确认和计量
（1）一旦发生减值，减记的金额确认为资产减值损失，计入当期损益（资产减值损失）
（2）减值后，影响折旧/摊销的计提金额
（3）资产减值一旦确定，以后期间不得转回
资产组
一经确认，不得随意变更
减值
（1）先抵减资产组中的商誉
（2）按比例抵减账面价值
（3）抵减后资产账面价值不得低于三者中最高者（公允价值–处置费用后的净额、预计未来现金流量现值、零）
（4）未能分摊的减值，对其他各项资产继续按照比例分摊
商誉减值
（1）计算控股股东商誉
（2）计算完全商誉：完全商誉=控股股东商誉 ÷ 控股股东股权比例
（3）该资产包含商誉的账面价值：资产账面价值+完全商誉的价值
（4）将该资产的可收回金额与包含商誉的账面价值进行比较，确定减值金额

图 6－1　本章学习框架

【本章说明】

所谓资产减值就是根据会计的谨慎性原则，如果有证据表明该资产的可收回金额低于账面价值，即资产账面价值存在虚高的问题，根据会计谨慎性原则，应将资产账面价值调至其可回收金额，将其差额确认为资产减值损失。这个概念跟确定是否计提“存货跌价准备”一样，只不过存货的跌价在恢复之后可以转回。金融资产的减值也是在金融资产章节讲解，不属于本章，而且金融资产减值之后也可以转回，除此之外，本章所讲资产减值在后续计量中是不允许恢复的。

【重难点（考点）解析】

（1）前面已经讲过，资产减值需要用资产的账面价值和可收回金额（“公允价值－处置费用”与“未来现金流量现值”较高者）相比较，可收回金额比账面价值高就不用减值，毕竟还能赚钱，如果比账面价值还低就要确认减值，因为出现了账面亏损。

（2）关于商誉，在无形资产章节有提到，使用期限不确定的无形资产和商誉要每年进行减值测试，对于商誉，本是下一篇的内容，但是在这里想跟大家交流一下：

比如某公司的可辨认净资产（股东权益）的公允价值是1 000万元，你花了1 200万元去购买，那200万元就是商誉。现在如果你花了1 000万元买了80%的股份，那么你的商誉就是1 000－1 000×80%＝200（万元），根据合并报表的处理，少数股东权益也要纳入合并报表，那么剩下的20%也跟控股股东的80%拥有相同的溢价，那少数股东的商誉不就是200÷0.8×0.2＝50（万元）吗，所以完全的商誉就应该是200＋50＝250（万元）。

注意：①这个解释是本书的一个解释，有助于大家后面做题；②在母公司的合并报表中，只会登记属于母公司的商誉，不会登记少数股东的商誉。

（3）关于资产组的减值处理，首先资产组的认定，资产组即是能够独立产生现金流量的资产组，简而言之这几个资产相互离开了就不能独自运营，其次就是资产的减值中一定要先冲减商誉。稍后详解！

第一节　资产减值概述

一、资产减值范围

资产减值是指资产的可回收金额低于其账面价值。本章所讲的范围，不包括金融资产的减值和存货的跌价，因为这两个都在各自的章节会讲解。

本章涉及的资产减值对象主要包括以下资产：（1）长期股权投资；（2）采用成本模式进行后续计量的投资性房地产；（3）固定资产；（4）生产性生物资产；（5）无形资产；（6）商誉等资产的减值。

二、资产减值的迹象与测试

1. 资产减值迹象的判断

外部环境和内部环境发生剧烈变化都有可能会发生减值，在考试中不用我们去判断，会直接告诉考生是否发生了变化。

2. 资产减值的测试

所谓资产减值的测试，就是当存在资产减值的迹象的时候，需要估计资产的可收回金额，什么叫资产的可收回金额？

（1）假设立即卖掉，那么“市场价格－处置费用”就是可收回金额。

（2）假设知道未来每年可能产生的现金流量（估计数），那么将未来现金流量折现回来，这也是可收回金额。

如果现在直接卖掉价值更高，那肯定现在卖掉划算，如果未来现金流量折现更高，那就留着慢慢产生现金流量，所以可收回金额是前面（1）和（2）之间的较高者。

【注意】因企业合并所形成的商誉和使用寿命不确定的无形资产，无论是否存在减值迹象，每年都应该进行减值测试。另外，对于尚未达到可使用状态的无形资产，由于其价值具有较大的不确定性，也应当每年进行减值测试。

第二节　资产可收回金额的计量

一、估计资产可收回金额的基本方法

在估计资产可收回金额时，原则上应当以单项资产为基础，如果企业难以对单项资产的可收回金额进行估计的，应当以该资产所属的资产组为基础确定资产组的可收回金额。

资产可收回金额的估计，应当根据其公允价值减去处置费用后的净额与资产预计未来现金流量的现值两者之间较高者确定。其中一项无法确定时，以另一项作为其可收回金额。

二、资产的公允价值减去处置费用后的净额的估计

资产的公允价值减去处置费用后的净额，通常反映的是资产如果被出售或者处置时可以收回的净现金收入。

三、预计未来现金流量应该考虑的问题

（一）预计未来现金流量

1. 预计资产未来现金流量的基础

为了数据可靠性考虑，预测期最多涵盖 5 年；企业层能够证明更长的期间是合理的，可以涵盖更长的期间。

2. 资产预计未来现金流量应当包含的内容

（1）资产持续使用过程中预计产生的现金流入；

（2）为实现资产持续使用过程中产生的现金流入所必需的预计现金流出（包括为使资产达到预定可使用状态所发生的现金流出）；

（3）资产使用寿命结束时，处置资产所收到或支付的净现金流量。

3. 预计资产未来现金流量应当考虑的因素（这里会出客观题，并不会让我们去做什么调整，不需要太过纠结）

（1）以资产的当前状况为基础预计资产未来现金流量，不应当包括与将来可能会发生的、尚未作出承诺的重组事项或者与资产改良有关的预计未来现金流量；

（2）预计资产未来现金流量不应当包括筹资活动和所得税收付产生的现金流量；

（3）对通货膨胀因素的考虑应当和折现率相一致；

（4）内部转移价格应当予以调整。

4. 预计资产未来现金流量的方法：多种可能性加权

（二）折现率的预计

当前市场货币时间价值和资产特定风险的税前利率，是企业在购置或者投资资产时所要求的必要报酬率。

（三）资产未来现金流量现值的预计

在预计了资产的未来现金流量和折现率后，资产未来现金流量的现值只需要将该资产的预计现金流量按照预计的折现率折现即可。

【注意】下面这个公式只是看着吓人，意思就是将预计的未来的现金流量折现到现在的意思，就是简单的基本数学运算。

$$资产未来现金流量的现值 = \sum \frac{第\ t\ 年预计资产未来现金流量}{(1+折现率)^t}$$

（四）外币未来现金流量及其现值的预计

企业使用的资产所收到的未来现金流量为外币时，应按以下顺序确定资产未来现金流量的现值：

（1）以外币（结算货币）表示的未来现金流量现值 = $\sum$［该资产所产生的未来现金流量（结算货币）×该结算货币适用的折现率的折现系数］；

（2）以记账本位币表示的资产未来现金流量的现值 = 以外币（结算货币）表示的未来现金流量现值×计算资产未来现金流量现值当日的即期汇率；

（3）以记账本位币表示的资产未来现金流量的现值与资产公允价值减去处置费用后的净额相比较，较高者为其可收回金额，根据可收回金额与资产账面价值相比较，确定是否需要确认减值损失以及确认多少减值损失。

其基本路线为：

以外币估算未来现金流—以外币折现率折现—将外币现值折算成记账本位币现值。

【例题 6－1·计算题】甲公司为一物流企业，经营国内、国际货物运输业务。由于拥有的货轮出现了减值迹象，甲公司于 2008 年 12 月 31 日对其进行减值测试。相关资料如下：

（1）甲公司以人民币为记账本位币，国内货物运输采用人民币结算，国际货物运输采用美元结算。

（2）货轮采用年限平均法计提折旧，预计使用 20 年，预计净残值率为 5%。2008 年 12 月 31 日，货轮的账面原价为人民币 38 000 万元，已计提折旧为人民币 27 075 万元，账面价值为人民币 10 925 万元。货轮已使用 15 年，尚可使用 5 年，甲公司拟继续经营使用货轮直至报废。

(3) 甲公司将货轮专门用于国际货物运输。由于国际货物运输业务受宏观经济形势的影响较大，甲公司预计货轮未来5年产生的净现金流量（假定使用寿命结束时处置货轮产生的净现金流量为零，有关现金流量均发生在年末）如下表所示。

年限	业务好时（20%的可能性）	业务一般时（60%的可能性）	业务差时（20%的可能性）
第1年	500	400	200
第2年	480	360	150
第3年	450	350	120
第4年	480	380	150
第5年	480	400	180

(4) 由于不存在活跃市场，甲公司无法可靠估计货轮的公允价值减去处置费用后的净额。

(5) 在考虑了货币时间价值和货轮特定风险后，甲公司确定10%为人民币适用的折现率，确定12%为美元适用的折现率。相关复利现值系数如下：

(P/F，10%，1) =0.9091；(P/F，12%，1) =0.8929

(P/F，10%，2) =0.8264；(P/F，12%，2) =0.7972

(P/F，10%，3) =0.7513；(P/F，12%，3) =0.7118

(P/F，10%，4) =0.6830；(P/F，12%，4) =0.6355

(P/F，10%，5) =0.6209；(P/F，12%，5) =0.5674

(6) 20×8年12月31日的汇率为1美元=6.85元人民币。甲公司预测以后各年末的美元汇率如下：第1年年末为1美元=6.80元人民币；第2年年末为1美元=6.75元人民币；第3年年末为1美元=6.70元人民币；第4年年末为1美元=6.65元人民币；第5年年末为1美元=6.60元人民币。

要求：

(1) 使用期望现金流量法计算货轮未来5年每年的现金流量。

(2) 计算货轮按照记账本位币表示的未来5年现金流量的现值，并确定其可收回金额。

(3) 计算货轮应计提的减值准备，并编制相关会计分录。

(4) 计算货轮2009年应计提的折旧，并编制相关会计分录。(2009年新制度考题)

【答案】

(1) 第1年期望现金流量=500×20%+400×60%+200×20%=380（万美元）

第2年期望现金流量=480×20%+360×60%+150×20%=342（万美元）

第3年期望现金流量=450×20%+350×60%+120×20%=324（万美元）

第4年期望现金流量=480×20%+380×60%+150×20%=354（万美元）

第5年期望现金流量=480×20%+400×60%+180×20%=372（万美元）

（2）未来5年现金流量的现值 =（$380\times0.8929+342\times0.7972+324\times0.7118+354\times0.6355+372\times0.5674$）$\times6.85=8\ 758.48$（万元），因无法可靠估计货轮的公允价值减去处置费用后的净额，所以可收回金额为8 758.48万元。

（3）应计提减值准备 $=10\ 925-8\ 758.48=2\ 166.52$（万元）。

会计分录：

借：资产减值损失　　21 665 200

　　贷：固定资产减值准备　　21 665 200

（4）2009年应计提折旧 $=8\ 758.48\div5=1\ 751.70$（万元）。

会计分录：

借：主营业务成本　　17 517 000

　　贷：累计折旧　　17 517 000

（1）有同学在纠结这里的累计折旧为什么记入“主营业务成本”，其实折旧的提取一般都影响利润，主营业务成本和管理费用一样都会导致利润的减少。由于此处货轮就是货运公司的主要业务收入来源，有收入记入“主营业务收入”，主要成本就是折旧，所以这里是没有问题的。

（2）有同学在纠结为什么减值之后折旧不用考虑5%的残值，其实这里也是题目故意设置的一个“坑”：首先，减值之后一般都会重新告诉折旧年限和残值，所以不能理所当然地认为残值还未改变；其次，题目说了减值之后用到报废，言外之意就是残值为0，当然这里条件给的也不够清晰。

第三节　资产减值损失的确认与计量

一、注意事项

（1）一旦发生减值，应当将资产的账面价值减记至可收回金额，减记的金额确认为资产减值损失，计入当期损益。

（2）发生减值后，那么账面价值就要减掉减值金额，即账面价值 = 原值 − 折旧（摊销）金额 − 资产减值准备。那么资产在未来计提折旧（摊销）的时候，应当以新的账面价值为基础计提每月折旧（摊销）。

（3）资产减值金额一旦确定，在以后会计期间不得转回。

【注意】本章所学的资产的减值在后期不得转回，也是会计的谨慎性的考虑。但是前面存货章节学习的存货跌价可以转回，后面的金融资产的减值也可以转回。这要注意区分清楚。

二、分录

借：资产减值损失

　　贷：固定资产减值准备/无形资产减值准备/商誉减值准备/长期股权投资减值准备等

【例题6-2·单选题】2014年3月31日，甲公司采用出包方式对某固定资产进行改良，该固定资产账面原价为4 000万元，预计使用年限为8年，至改良时已使用3年，预计净残值为0，采用年限平均法计提折旧。甲公司支付出包工程款120万元，2014年8月31日，固定资产改良完毕达到预定可使用状态并投入使用，预计尚可使用年限为6年，预计净残值为0，仍采用年限平均法计提折旧。2014年12月31日甲公司对该固定资产进行减值测试，预计其可收回金额为2 200万元。则甲公司2014年影响营业利润的金额为（　　）万元。

A. 545　　B. 145.56　　C. 420　　D. 300

【答案】A

【解析】注意影响营业利润的有三个因素：两个折旧和减值。2014年改良前计提的折旧 $4\ 000 \div 8 \times (3 \div 12) = 125$（万元），2014年8月31日固定资产达到预定可使用状态的入账价值 $= 4\ 000 - 4\ 000 \div 8 \times 3 + 120 = 2\ 620$（万元）。2014年改良后计提的折旧 $2\ 620 \div 6 \times (4 \div 12) = 145.56$（万元），2014年年末的账面价值 $= 2\ 620 - 145.56 = 2\ 474.44$（万元），应当计提减值损失 $2\ 474.44 - 2\ 200 = 274.44$（万元）。则甲公司2014年影响营业利润的金额 $= 125 + 145.56 + 274.44 = 545$（万元）。

第四节　资产组的认定及减值处理

一、资产组的认定

资产组是企业可以认定的最小资产组合，其产生的现金流入应当基本独立于其他资产或者资产组。

如图6-2所示，A、B、C、D四个设备一起生产甲产品，且A、B、C三个设备除了为甲产品提供零部件之外，不再为其他产品提供，而D设备不仅为甲产品提供零部件，还为乙产品提供零部件，因此A、B、C可以认定为一个资产组，而D不能认定为一个资产组。

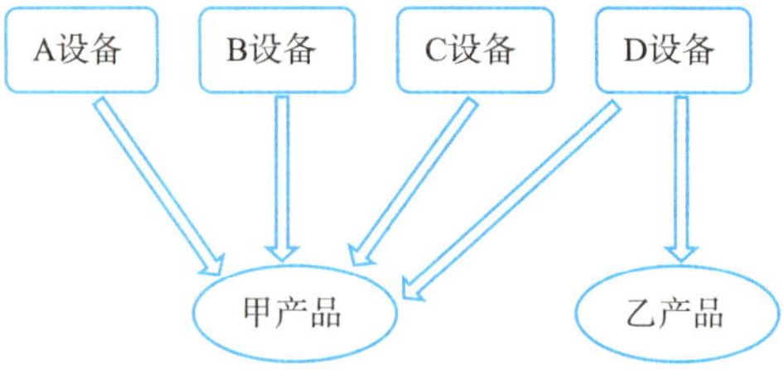

图6-2　资产组的认定

资产组一经确定后，不得随意变更。

二、资产组减值测试

资产组减值测试的原理与单项资产是一致的。

注意事项：

（1）资产组的可收回金额要考虑两个问题，首先就是整个资产组的可收回金额，如果整个资产组的可收回金额低于账面价值，那资产组里面的各项资产就按照各自所占比例分摊减值的金额。

（2）但是，如果题目又告诉了资产组里面某单项资产的可收回金额，那某单项资产减值后的账面余额能低于可收回金额吗？很显然不能，因此该单项资产的减值只能以该单项资产的可收回金额为限，剩余的部分在资产组的其他资产里面去分摊。

（3）资产组往往会有“商誉”，毕竟你去收购资产组的时候很可能有溢价，如果有商誉，那就优先冲抵商誉的金额。

（一）资产组的账面价值和可收回金额的确定基础

在确定资产组的可收回金额时，应当按照该资产组的公允价值减去处置费用后净额与其未来现金流量的现值之间较高者确定。

（二）资产组减值的会计处理

根据减值测试的结果，资产组（包括资产组组合）的可收回金额如低于其账面价值的，应当确认相应的减值损失。减值损失金额应当按照下列顺序进行分摊：

（1）首先抵减分摊至资产组中商誉的账面价值；

（2）然后根据资产组中除商誉之外的其他各项资产的账面价值所占比重，按比例抵减其他各项资产的账面价值。

以上资产账面价值的抵减，应当作为各单项资产（包括商誉）的减值损失处理，计入当期损益。抵减后的各资产的账面价值不得低于以下三者之中最高者：该资产的公允价值减去处置费用后的净额（如可确定的）、该资产预计未来现金流量的现值（如可确定的）和零。因此而导致的未能分摊的减值损失金额，应当按照相关资产组中其他各项资产的账面价值所占比重进行分摊。(前面已经讲过)

【例题 6－3·计算题】 XYZ 公司有一条甲生产线，该生产线生产光学器材，由 A、B、C 三部机器构成，成本分别为 400 000 元、600 000 元和 1 000 000 元。使用年限为 10 年，净残值为零，以年限平均法计提折旧。各机器均无法单独产生现金流量，但整条生产线构成完整的产销单位，属于一个资产组。2005 年甲生产线所生产的光学产品有替代产品上市，到年底，导致公司光学产品的销路锐减 40%，因此，对甲生产线进行减值测试。

2005 年 12 月 31 日，A、B、C 三部机器的账面价值分别为 200 000 元、300 000 元和 500 000 元。估计 A 机器的公允价值减去处置费用后的净额为 150 000 元，B、C 机器都无法合理估计其公允价值减去处置费用后的净额以及未来现金流量的现值。

第六章

整条生产线预计尚可使用5年。经估计其未来5年的现金流量及其恰当的折现率后，得到该生产线预计未来现金流量的现值为600 000元。由于公司无法合理估计生产线的公允价值减去处置费用后的净额，公司以该生产线预计未来现金流量的现值为其可收回金额。

鉴于在2005年12月31日该生产线的账面价值为1 000 000元，而其可收回金额为600 000元，生产线的账面价值高于其可收回金额，因此，该生产线已经发生了减值，因此，公司应当确认减值损失400 000元，并将该减值损失分摊到构成生产线的3部机器中。由于A机器的公允价值减去处置费用后的净额为150 000元，因此，A机器分摊了减值损失后的账面价值不应低于150 000元。

具体分摊过程如下表所示。

项目	机器A	机器B	机器C	整个生产线（资产组）
账面价值	200 000	300 000	500 000	1 000 000
可收回金额				600 000
减值损失				400 000
减值损失分摊比例	20%	30%	50%	
分摊减值损失	50 000	120 000	200 000	370 000
分摊后账面价值	150 000	180 000	300 000	
尚未分摊的减值损失				30 000
二次分摊比例		37.50%	62.50%	
二次分摊减值损失		11 250	18 750	30 000
二次分摊后应确认减值损失总额		131 250	218 750	
二次分摊后账面价值	150 000	168 750	281 250	600 000

注：按照分摊比例，机器A应当分摊减值损失80 000元（400 000×20%）。但由于机器A的公允价值减去处置费用后的净额为150 000元，因此，机器A最多只能确认减值损失50 000元（200 000－150 000），未能分摊的减值损失30 000元（80 000－50 000），应当在机器B和机器C之间进行再分摊。

根据上述计算和分摊结果，构成甲生产线的机器A、机器B和机器C应当分别确认减值损失50 000元、131 250元和218 750元，账务处理如下：

借：资产减值损失——机器A　　50 000
　　　　　　　　——机器B　　131 250
　　　　　　　　——机器C　　218 750
　贷：固定资产减值准备——机器A　　50 000
　　　　　　　　　　　——机器B　　131 250
　　　　　　　　　　　——机器C　　218 750

三、商誉减值测试与处理

（一）关于商誉，我们要了解几个知识

（1）商誉是什么，这个在前面已经详细了解过，是企业合并形成的。

（2）企业合并形成的商誉，至少应当在每年年度终了进行减值测试。

（3）商誉难以独立产生现金流，因此商誉应当结合与其相关的资产或者资产组组合进行减值测试。

（二）商誉减值测试的注意事项

（1）商誉和使用寿命不确定的无形资产应当每年进行减值测试。

（2）正如前面所说，资产组的减值中应当首先冲抵商誉，而商誉是没办法单独存在的，实际上商誉必须依附于所在的资产或资产组。比如某项资产的账面价值是1 000万元，商誉是100万元，那我们这项资产包含商誉的金额就是1 100万元。

（3）开篇我们也讲过一个问题，那就是商誉的不完整性，比如某项资产的公允价值1 500万元，我用1 000万元买下60%的股份，那么商誉就是1 000 - 1 500 × 60% = 100（万元），这里要假设40%的少数股东也跟控股股东具有相同的溢价率，因此少数股东的商誉就是100/0.6 × 0.4 = 66.67（万元），那么总的商誉就是166.67万元。如果此时题目告诉该资产的账面价值是1 200万元，那加上完全商誉的金额就应该是1 200 + 166.67 = 1 366.67（万元）。

解题步骤：

（1）计算控股股东商誉；

（2）计算完全商誉：完全商誉 = 控股股东商誉/控股股东股权比例；

（3）该资产包含商誉的账面价值：资产账面价值 + 完全商誉的价值；

（4）将该资产的可收回金额与包含商誉的账面价值进行比较，确定减值金额。

【例题6－4】 甲企业在2007年1月1日以1 600万元的价格收购了乙企业80%股权。在收购日，乙企业可辨认资产的公允价值为1 500万元，没有负债和或有负债。因此，甲企业在其合并财务报表中确认商誉400万元（1 600 - 1 500 × 80%）、乙企业可辨认净资产1 500万元和少数股东权益300万元（1 500 × 20%）。

假定乙企业的所有资产被认定为一个资产组。由于该资产组包括商誉，因此，它至少应当于每年年度终了进行减值测试。在2007年年末，甲企业确定该资产组的可收回金额为1 000万元，可辨认净资产的账面价值为1 350万元。由于乙企业作为一个单独的资产组的可收回金额1 000万元中，包括归属于少数股东权益在商誉价值中享有的部分。因此，出于减值测试的目的，在与资产组的可收回金额进行比较之前，必须对资产组的账面价值进行调整，使其包括归属于少数股东权益的商誉价值100万元[（1 600/80% - 1 500）× 20%]。然后，再据以比较该资产组的账面价值和可收回金额，确定是否发生了减值损失。

我们先按照我们的步骤做一遍：

(1) 控股股东商誉是400万元；

(2) 完全商誉就是400/0.8=500（万元）（其中100万元是少数股东的商誉）；

(3) 该资产组含商誉的账面价值：1 350+500=1 850（万元）；

(4) 可收回金额是1 000万元，那么减值金额是1 850-1 000=850（万元）；

(5) 也就是说控股股东商誉400万元和少数股东商誉100万元都要冲抵，然后资产还要减值350万元；

(6) 假设本题可收回金额是1 500万元，那么我们只需要冲抵商誉350万元，那么控股股东的商誉冲抵是350×80%=280（万元），还剩下400-280=120（万元），少数股东应该冲抵350×20%=70（万元）。

其测试过程如下表所示。

商誉减值测试过程

单位：万元

2007年年末	商誉	可辨认资产	合计
账面价值	400	1 350	1 750
未确认归属于少数股东权益的商誉价值	100		100
调整后账面价值	500	1 350	1 850
可收回金额			1 000
减值损失			850

以上计算出的减值损失850万元应当首先冲减商誉的账面价值，然后，再将剩余部分分摊至资产组中的其他资产。在本例中，850万元减值损失中有500万元应当属于商誉减值损失，其中，由于确认的商誉仅限于甲企业持有乙企业80%股权部分，因此，甲企业只需要在合并报表中确认归属于甲企业的商誉减值损失，即500万元商誉减值损失的80%，即400万元。剩余的350万元（850-500）减值损失应当冲减乙企业可辨认资产的账面价值，作为乙企业可辨认资产的减值损失。减值损失的分摊过程如下表所示。

商誉减值分摊表

单位：万元

2007年年末	商誉	可辨认资产	合计
账面价值	400	1 350	1 750
确认的减值损失	(400)	(350)	(750)
确认减值损失后的账面价值		1 000	1 000

【例题6-5·单选题】甲企业在2015年1月1日以1 600万元的价格收购了乙企业80%股权，并能够控制乙企业的财务和经营决策。此前甲企业和乙企业无关联方关系。在购买日，乙企业可辨认净资产的公允价值为1 500万元，没有负债和或有负债。假定乙企业的所有资产被认定为一个资产组，而且乙企业的所有可辨认资产均未发生资产减值迹象，未进行过减值测试。2015年年末，甲企业经计算确定该资产组的可收回金额为1 550万元，按购买日公允价值持续计算的可辨认净资产的账面价值为1 350万元。则甲企业在2015年年末合并财务报表中应列示的商誉的账面价值为（　　）万元。

A. 300　　B. 100　　C. 240　　D. 160

【答案】D

【解析】合并财务报表中商誉在计提减值准备前的账面价值 =1 600 -1 500 ×80% = 400（万元），2015年年末合并财务报表中包含完全商誉的乙企业净资产的账面价值 = 1 350 +400 ÷80% =1 850（万元），该资产组的可收回金额为1 550万元，该资产组应确认减值损失 =1 850 -1 550 =300（万元），因完全商誉的价值为500万元，所以减值损失只冲减商誉300万元，但合并财务报表中反映的是归属于母公司的商誉，未反映归属于少数股东权益的商誉，因此合并财务报表中商誉减值损失 =300 ×80% =240（万元），2015年年末合并财务报表中列示的商誉的账面价值 =400 -240 =160（万元）。

学到现在，学完了资产一半的内容了，如果你头脑里面框架清晰，你会觉得很简单，当然你也可能觉得稍显模糊，这个时候最好的办法就是自己动手画一遍框架，然后像剥洋葱般的一层层地剥下去，梳理清楚之后再往下走，这个过程可能要2~3个小时，但是彻底关掉手机静心梳理3个小时的收获却非常巨大，为后面的学习进一步夯实基础。同时再提醒一次，任何一道简单的题目，包括原书的例题，务必不看答案自己做几遍，你会发现每一遍都有新的问题，也有新的收获！

第六章 资产减值

彬哥跟你说：

本章知识简单，但是你也会遇到小问题，比如商誉的减值，那么这里我要教你们一个学习方法，那就是“套路学习法”。

在有限的时间里面，并不是你一定要学懂每一个知识，对于某些知识，因为每个人的理解能力差异巨大，有人可以 1 遍理解，有人 3 遍理解，有人 10 遍也理解不了，自己把自己的思维给限制了，这个时候你就别强制性地去理解，因为这样的后果会让自己的“大脑死机”，那么最正确的做法就是三遍之后还搞不定，那就先把“做题套路”给搞懂，先把题目做会，然后继续前行！

今日复习步骤：

第一遍：回忆 & 重新复习一遍框架（10 分钟）

学习要求：是自己重新找一遍框架，不需要掌握所有细节，但求框架了然于心。

第二遍：对细节进一步掌握（40 分钟）

（1）每年都进行减值测试的有哪些？

（2）资产可收回金额的计量涉及哪些考点？哪些不熟悉？

（3）资产减值损失涉及哪些考点？

（4）资产组涉及哪些考点，哪些不熟悉？

第三遍：重新复习一遍框架（5 分钟）

我问你答：

（1）资产减值的范围有哪些？有哪几种比较特殊的要每年都进行减值测试？

（2）资产可收回金额如何估计？

（3）外币未来现金流量如何估计？

（4）资产减值损失如何确定？会计处理如何？分录怎么写？

（5）资产组如何确定？有什么要求？

（6）资产组减值测试原理是什么？资产组减值损失金额如何分摊？

（7）商誉减值测试要注意什么？解题步骤是什么？

本章作业：

（1）请把讲义例题做三遍（做错的题目，请分析错误原因并记录到改错本）。

（2）请复习完口述一遍框架，睡前请再回忆一遍框架。

（3）第二天早上，请再回忆一遍框架，对于回忆不起来的内容，请翻书看一遍。

第 4 天

复习旧内容：

用简短的时间再过一遍资产（一）的框架，对本节学习更有利。

学习新内容：

金融工具

学习方法：

（1）按照资产（一）的老方法学习，初始计量—后续计量—处置。

（2）金融工具在 2018 年进行了重新编写，主要原因是与国际准则接轨，英文版准则的特点就是限制性用语很多，没有精确的定义，而且很多语言与我们日常学习思维有很大的差距，所以看起来觉得很不顺利，但实际上只是表达方式不一样而已，所以不用害怕，也不要尝试搞懂每个词语的意思。比如文中讲到“借贷安排”，按照我们日常的学习一定要去搞懂“借贷安排”四个字到底是什么，但是在这里，我们不要这样学习，而是知道“借贷安排”可能是什么，然后继续前行，如果你一定要去尝试搞懂每个词语是什么？本章你很可能跨不过去！第一遍看完马上看第二遍，然后第三遍，你会发现你已经会做题了，但是对某些词语还是不敢下一个肯定的定义，这是正常的现象！

你今天可能有的心态：

学到目前，你应该已经开始变得自信，可能还有少部分同学的学习能力稍差，还在慢慢突围，这个时候你可以选择暂停一天。

自己动手将前面章节的框架慢慢画一下，像剥洋葱一样一层层地剥下去，这样你就会对前面的知识更加了解。

简单解释今天学习内容：

（1）金融资产分为三类，分别是“以摊余成本计量的金融资产”“以公允价值计量且其变动计入当期损益的金融资产”“以公允价值计量且其变动计入其他综合收益的金融资产”，至于每一种资产到底划分到哪一种资产，考试的时候都会明确告诉，我认为不用太担心。

（2）金融资产的计量也有一些变化，要引起关注，最好的办法就是自己对每一个分录不管简单还是复杂都要动笔去写一遍。

（3）金融负债和权益工具的划分。这里之所以存在是因为随着金融创新的发展，一笔业务到底是企业欠的钱还是作为企业的权益，这个需要进行判断，很多时候很难划分，但是我觉得掌握基本原则即可。如果是负债，那要偿还的金额应该相对固定，而且也是必须偿还。

（4）关于套期会计。这里涉及衍生金融资产，就是我们日常所说期货、期权等，这里要做的就是用会计的记账来解决期货和现货的一些差异问题。

可能会遇到的难点：

经过前言和前面的一些简单解释，本章的分录不会遇到太多难点，但是文字的增加却是一个挑战，这里强调几个内容：

（1）以公允价值计量且其变动计入其他综合收益的金融资产有两种，两种的后续处理有很大的差异，这个应该是考试的重点。

（2）套期会计较难理解，但是实际上可考性没那么大，所以轻松应对套期会计。

习题注意事项：

（1）再次强调！动笔写分录！再简单的分录你也可能会错！别偷懒！

（2）多思考，多总结！本书的特点是总结特别多，但这不是代表你什么都不用思考了，你要学会自己思考！

建议学习时间：

4 个小时

第七章　金融工具

- 金融工具
  - 金融工具概述
    - 金融工具
      - 金融资产
      - 金融负债
      - 权益工具
    - 金融工具的另一种分类
      - 基础金融工具
      - 衍生工具
  - 金融资产和金融负债的分类和重分类
    - 金融资产
      - 以摊余成本计量的金融资产
      - 以公允价值计量且其变动计入其他综合收益的金融资产
      - 以公允价值计量且其变动计入当期损益的金融资产
    - 金融负债
      - 以公允价值计量且其变动计入当期损益的金融负债
      - 金融资产转移不符合终止确认条件或继续涉入被转移金融资产所形成的金融负债
      - 部分财务担保合同，以及不属于以公允价值计量且其变动计入当期损益的金融负债、以低于市场利率贷款的贷款承诺
      - 不属于以上类型的金融负债，分类为以摊余成本计量的金融负债
    - 重分类
      - 原则　金融资产可以进行重分类，金融负债不得进行重分类
      - 计量　六种重分类情形的不同账务处理
  - 金融负债和权益工具的区分
    - 金融负债和权益工具的具体区分
      - 总体要求　金融负债和权益工具定义
      - 基本原则
        - 是否存在无条件地避免交付现金或其他金融资产的合同义务
        - 是否通过交付固定数量的自身权益工具结算
      - 以外币计价的配股权、期权或认股权证
      - 或有结算条款
      - 结算选择权
      - 合并财务报表中金融负债和权益工具的区分
      - 特殊金融工具的区分
      - 金融负债和权益工具之间的重分类
      - 收益和库存股
    - 复合金融工具
  - 金融工具的计量
    - 初始计量
      - FVTPL——金融资产或金融负债，交易费用计入当期损益
      - 其他类别的金融资产或金融负债，交易费用计入初始确认金额
    - 后续计量
      - 金融资产
        - 金融资产后续计量原则
        - 以摊余成本计量的金融资产的会计处理
        - 以公允价值后续计量的金融资产的会计处理
      - 金融负债
    - 金融工具的减值
      - 一般减值模型
      - 金融工具减值三阶段
      - 特殊情形
      - 预期信用损失的计量
      - 金融工具减值的账务处理
  - 金融资产转移（见附加章节）

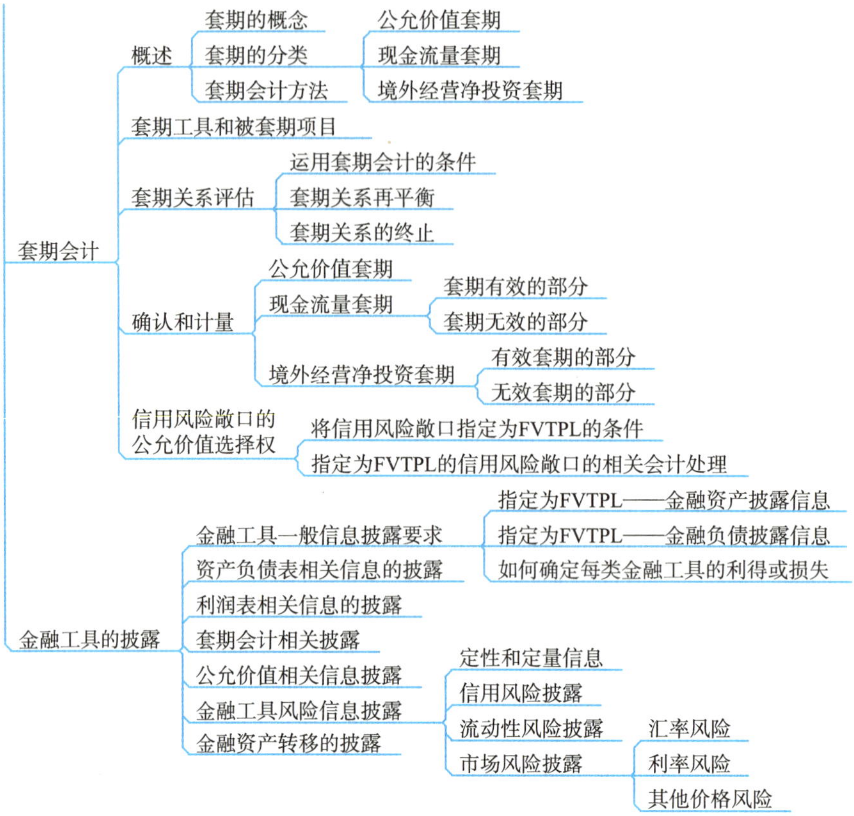

图7－1　本章学习框架

【重难点解析】

(1) 英文版的准则或者教材有什么特别？大概是思维模式不一样，跟我们中文的思维方法有那么一些不同，中文的思维方法是“一就是一，二就是二”，但是英文版的思维方法是“给足够的定义，然后使用者去判断”，而且由于是英文原版翻译过来，在一些词语的使用上，我们会觉得特别的拗口。那么我们该如何学习？我认为可以简称为“佛系学习法”，如果是自学，先迅速地看本章节，对于陌生的单词，先不求甚解地往前冲，第一遍要求知道本章讲解了什么东西，然后第二遍慢慢来弥补第一遍的漏洞，对于陌生名字还是不求甚解，就按照字面意思简单了解，继续来第三遍，你会发现结合前后文，对这些所谓的翻译过来的名词慢慢能够消化。

(2) 本章讲了哪些内容？讲了金融资产、金融负债、自身的权益工具以及套期会计。其实核心还是金融资产，就是企业自身持有的各种金融资产该如何分类？该如何去进行会计计量？而对于金融负债和权益工具，虽然花了一节来讲解，实则不重要，也就干了一件事情，就是一份融资类的协议，到底是应该算企业的负债还是算企业自身发行的权益工具，因为在金融大爆炸时代，为了规避监管或者其他需要，经常“明股实债”或者“明债实股”，这样就需要借一双“慧眼”去识别到底是负债还是权益，当然也是简单了解即可。至于套期会计，主要是解决衍生资产的会计记账问题，是2019年教材新增，或许会有考点，但是我认为金融工具章节的可考点很多，套期会计反而就不是那么重要的出题点。

(3) 那么金融资产到底如何分类？你们会发现第一遍有点看不懂，因为准则说要看业务模式。可什么是业务模式？那我们就简单举例，虽然不一定严谨，但是却可以让大家在复杂中看到一丝简单。

按照业务模式分类，可以分为以下三类：

(1) 以收取合同现金流量为目标的业务模式。

(2) 以收取合同现金流量和出售金融资产为目标的业务模式。

(3) 其他业务模式。

我相信在中文环境中学习的同学看到这些内容都会头晕脑涨，什么是“业务模式”？什么是“收取合同现金流量”？那么翻译成我们的白话文就可以这么翻译：

我们按照管理这些资产获取收益的方式来划分，可以分为以下三类：

(1) 主要是为了获取持有期间该金融资产的固定的稳定的收益；

(2) 持有的目的不只是为了获取每年的固定的稳定收益，还可能在适当的时候出售该金融资产获取收益；

(3) 除了 (1) 和 (2) 之外的其他方式，比如持有的目的就是为了出售赚取差价。

第一种我们就可以考虑记入“以摊余成本计量的金融资产”；第二种我们就可以考虑记入“以公允价值计量且其变动计入其他综合收益的金融资产”；那么剩下的就是“以公允价值计量且其变动计入当期损益的金融资产”。

上面的表述并不是最严谨的表述，但却是帮助你们尽快入门的好方法，这样在后面的学习中你们才不会被这些专业术语给带跑。

第七章

第一节 金融工具概述

金融工具是指形成一方的金融资产并形成其他方的金融负债或权益工具的合同。金融工具包括金融资产、金融负债和权益工具。

其中，合同的形式多种多样，可以是书面的，也可以不采用书面形式。实务中的金融工具合同通常采用书面形式。非合同的资产和负债不属于金融工具。例如，应交所得税是企业按照税收法规规定承担的义务，不是以合同为基础的义务，因此不符合金融工具定义。

一句话概括金融工具：所谓金融工具，一方购买的金融资产，很显然是另外一方发行的，要么是对方发行的负债，要么是对方发行的权益，所以金融工具包括金融资产、金融负债和自身的权益工具。

一、金融资产

金融资产，是指企业持有的现金、其他方的权益工具以及符合下列条件之一的资产：

（1）从其他方收取现金或其他金融资产的合同权利，例如，企业的银行存款、应收账款、应收票据和发放的贷款等均属于金融资产。而预付账款不是金融资产，因其产生的未来经济利益是商品或服务，不是收取现金或其他金融资产的权利；

（2）在潜在有利条件下，与其他方交换金融资产或金融负债的合同权利，例如，企业购入的看涨期权或看跌期权等衍生工具；

（3）将来须用或可用企业自身权益工具进行结算的非衍生工具合同，且企业根据该合同将收到可变数量的自身权益工具；

（4）将来须用或可用企业自身权益工具进行结算的衍生工具合同，但以固定数量的自身权益工具交换固定金额的现金或其他金融资产的衍生工具合同除外。

一句话概括金融资产：如果是中文思维，很显然列举出哪些是金融资产即可，但是这里却写了符合条件的四类资产，很难记忆吗？很难！需要记忆吗？不需要！因为这就是英文表达方式，只是为了告诉我们所谓资产是一种获取收益的权利。

二、金融工具的另一种分类

金融工具还可以分为基础金融工具和衍生工具。衍生工具，是指属于金融工具准则范围并同时具备下列特征的金融工具或其他合同。

（1）其价值随特定利率、金融工具价格、商品价格、汇率、价格指数、费率指数、信用等级、信用指数或其他变量的变动而变动，变量为非金融变量（比如特定区域的地震损失指数、特定城市的气温指数等）的，该变量不应与合同的任何一方存在特定关系；

（2）不要求初始净投资，或者与对市场因素变化预期有类似反应的其他合同相比，要求较少的初始净投资；

（3）在未来某一日期结算。

常见的衍生工具有期权、期货、远期、互换等。例如我们熟悉的股指期货和大宗商品期货（如铜、铝、锌、黄豆、玉米、棉花等），通过缴纳较小比例的保证金，进入一个较大金额的期货合同，获取一个较大的杠杆。衍生工具是建立在基础工具之上的，比如股票就是一种基础金融工具，那么以股票为基础，我们可以建立股指期货、股票期权等。

第二节　金融资产和金融负债的分类和重分类

金融资产和金融负债的分类是确认和计量的基础。企业应当根据其管理金融资产的业务模式和金融资产的合同现金流量特征，对金融资产进行合理的分类。金融资产一般划分为以下三类：

（1）以摊余成本计量的金融资产（Amortized Cost，AC）；

（2）以公允价值计量且其变动计入其他综合收益的金融资产（Fair Value Through Other Comprehensive Income，FVTOCI）；

（3）以公允价值计量且其变动计入当期损益的金融资产（Fair Value Through Profit and Loss，FVTPL）。

因为新的金融资产名称，直接由英文翻译过来，读起来比较拗口，为方便后续讲解、教学和理解记忆，分别取对应英文首字母简称代替。如何理解三类金融资产命名？先看计量属性，分两种情形，“以摊余成本计量”和“以公允价值计量”；“以公允价值计量”的再按“公允价值变动”的记入口径，继续细分，分为记入“当期损益”和“其他综合收益”。实际上这种命名方式对我们学习有好处，从名称上我们就能看出计量方式和入账方式，更加容易理解。

同时，企业应当结合自身业务特点和风险管理要求，对金融负债进行合理的分类。对金融资产和金融负债的分类一经确定，不得随意变更。

一句话概括金融资产分类：金融资产分类由原先“四分类”改为“三分类”，原先金融工具确认和计量准则按照持有金融资产的意图和目的将金融资产分为四类（即以公允价值计量且其变动计入当期损益的金融资产、持有至到期投资、贷款和应收款项、可供出售金融资产），新修订的金融工具确认和计量准则规定以企业持有金融资产的“业务模式”和“金融资产合同现金流量特征”作为金融资产分类的判断依据，将金融资产分类为以摊余成本计量的金融资产、以公允价值计量且其变动计入其他综合收益的金融资产以及以公允价值计量且其变动计入当期损益的金融资产三类，如图7－2所示。

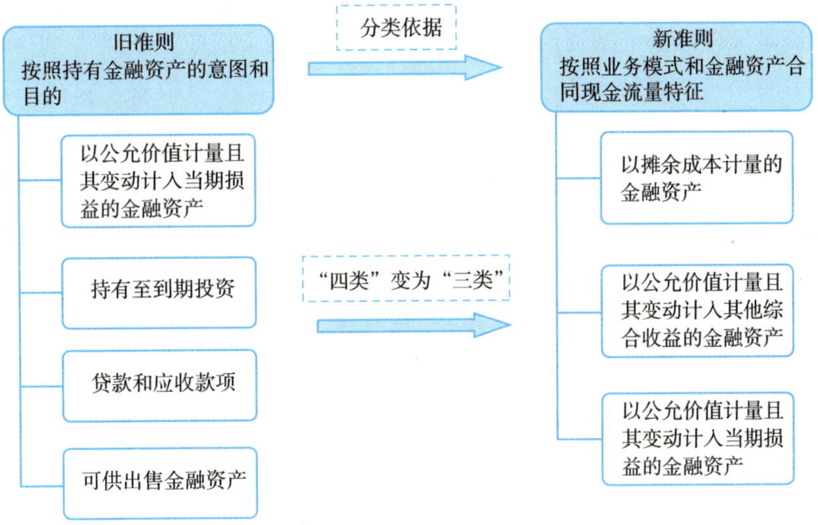

图7－2　金融资产的重新分类

一、金融资产的分类

（一）关于企业管理金融资产的业务模式

业务模式评估。企业管理金融资产的业务模式，是指企业如何管理其金融资产以产生现金流量。业务模式决定企业所管理金融资产现金流量的来源是收取合同现金流量、出售金融资产还是两者兼有。

1. 以收取合同现金流量为目标的业务模式（本书简称“业务模式一”）

在以收取合同现金流量为目标的业务模式下，企业管理金融资产旨在通过在金融资产存续期内收取合同付款来实现现金流量，而不是通过持有并出售金融资产产生整体回报。

业务模式一：例如企业买入一项债券，目标就是收取每期债券利息，没有出售的目的，打算一直持有。

2. 以收取合同现金流量和出售金融资产为目标的业务模式（本书简称“业务模式二”）

在以收取合同现金流量和出售金融资产为目标的业务模式下，企业的关键管理人员认为收取合同现金流量和出售金融资产对于实现其管理目标而言都是不可或缺的。例如，企业的目标是管理日常流动性需求同时维持特定的收益率或将金融资产的存续期与相关负债的存续期进行匹配。与以收取合同现金流量为目标的业务模式相比，此业务模式涉及的出售通常频率更高、价值更大。因为出售金融资产是此业务模式的目标之一，在该业务模式下不存在出售金融资产的频率或者价值的明确界限。

业务模式二：有同学在纠结，此业务模式涉及的出售相对于第一种模式来说频率更高、价值更大，那考试的时候如何判断，考试的时候可不需要你判断，题目会直接告诉考生是属于哪种模式。那么业务模式二如何理解？就是持有的这份金融资产会收取每年比较稳定的收益，但是在机会好的时候也会卖出获取收益，实际上它是一种双重目标。

3. 其他业务模式（本书简称“业务模式三”）

如果企业管理金融资产的业务模式，不是以收取合同现金流量为目标，也不是既以收取合同现金流量又以出售金融资产来实现其目标，该金融资产应当分类为以公允价值计量且其变动计入当期损益的金融资产。（此项业务模式为排除业务模式一和业务模式二后的其他业务模式）

业务模式三：这种模式实际上是前面两种模式之外的第三种，属于一种排除法，权益资产和衍生资产基本都属于这种模式，因为权益资产和衍生资产基本不是为了收取合同现金流量为目标，而是为了出售赚取差价，所以一般都归类为“以公允价值计量且其变动计入当期损益的金融资产”。

（二）关于金融资产的合同现金流量的特征

金融资产的合同现金流量特征，是指金融工具合同约定的、反映相关金融资产经济特征的现金流量属性。企业分类为以摊余成本计量的金融资产和以公允价值计量且其变动计入其他综合收益的金融资产，其合同现金流量特征应当与基本借贷安排相一致。即相关金融资产在特定日期产生的合同现金流量仅为对本金和以未偿付本金金额为基础的利息的支付。

合同现金流量特征应当与基本借贷安排相一致，即相关金融资产在特定日期产生的合同现金流量仅为对本金和以未偿付本金金额为基础的利息的支付。实际上这句话也是直接由英文翻译，原文为“Solely Payments for Principal and Interests，简称为 SPPI”。可以理解为企业持有一项普通公司债券，那么企业收取的合同现金流，就仅仅只有债券的本金和利息。即与基本借贷安排相一致的意思是，站在债券发行方角度，支出的合同现金流就是还本付息，刚好与持有方的每笔现金流的金额和频率等相一致，同时方向相反。

那么权益工具投资很显然不符合基本借贷安排，权益工具未来能够收到的现金流量具有很大的不确定性，而且收到的股利也不是以未偿付本金金额为基础的利息的支付。

（三）金融资产的具体分类

下面学习金融资产的具体分类，对于老学员来说，一定要注意金融资产分类已经从以前按单一维度（按持有金融资产的意图和目的）进行分类，变为按两个维度（业务模式和合同现金流量特征）进行分类。下面介绍具体的分类标准，由于分类需要一系列实务中的职业判断，大概率情形下，考试会直接告诉大家某一项金融资产的分类，因此大家此处不用太纠结，了解其分类逻辑，轻松学习。但是每一类金融资产的具体核算科目，则必须完全掌握。

（1）金融资产同时符合下列条件的，应当分类为以摊余成本计量的金融资产：

①企业管理该金融资产的业务模式是以收取合同现金流量为目标。（满足“业务模式一”）

②该金融资产的合同条款规定，在特定日期产生的现金流量，仅为对本金和以未偿付本金金额为基础的利息的支付。

企业一般应当设置“贷款”“应收账款”“债权投资”等科目核算分类为以摊余成本计量的金融资产。

一句话概括以摊余成本计量的金融资产：“满足业务模式一”且合同现金流量特征应当与基本借贷安排相一致。什么叫与基本借贷安排一致，就是相关金融资产在特定日期产生的合同现金流量仅为对本金和以未偿付本金金额为基础的利息的支付。

（2）金融资产同时符合下列条件的，应当分类为以公允价值计量且其变动计入其他综合收益的金融资产：

①企业管理该金融资产的业务模式既以收取合同现金流量为目标又以出售该金融资产为目标。（满足“业务模式二”）

②该金融资产的合同条款规定，在特定日期产生的现金流量，仅为对本金和以未偿付本金金额为基础的利息的支付。

企业应当设置“其他债权投资”科目核算分类为以公允价值计量且其变动计入其他综合收益的金融资产。

> 【注意】“其他权益工具投资”科目核算指定为以公允价值计量且其变动计入其他综合收益的非交易性权益工具投资，后面会学习。

一句话概括分类为以公允价值计量且其变动计入其他综合收益的金融资产：满足“业务模式二”且合同现金流量特征应当与基本借贷安排相一致。

（3）按照上述（1）和（2）以摊余成本计量的金融资产和以公允价值计量且其变动计入其他综合收益的金融资产之外的金融资产，企业应当将其分类为以公允价值计量且其变动计入当期损益的金融资产。例如股票、基金、可转换债券。

一句话概括以公允价值计量且其变动计入当期损益的金融资产：此处也是采用排除法归类，把不属于上述（1）和（2）分类为以公允价值计量且其变动计入当期损益的金融资产，它实际上包含两种情况：第一种情况，满足业务模式三，且合同现金流量特征应当与基本借贷安排相一致；第二种情况，业务模式是所有业务模式情形（包括业务模式一、业务模式二和业务模式三），但是合同现金流量特征应不满足与基本借贷安排相一致。

企业应当设置"交易性金融资产"科目核算以公允价值计量且其变动计入当期损益的金融资产。企业持有的直接指定为以公允价值计量且其变动计入当期损益的金融资产，也在本科目核算。（注：指定分类这种情况比较特殊）

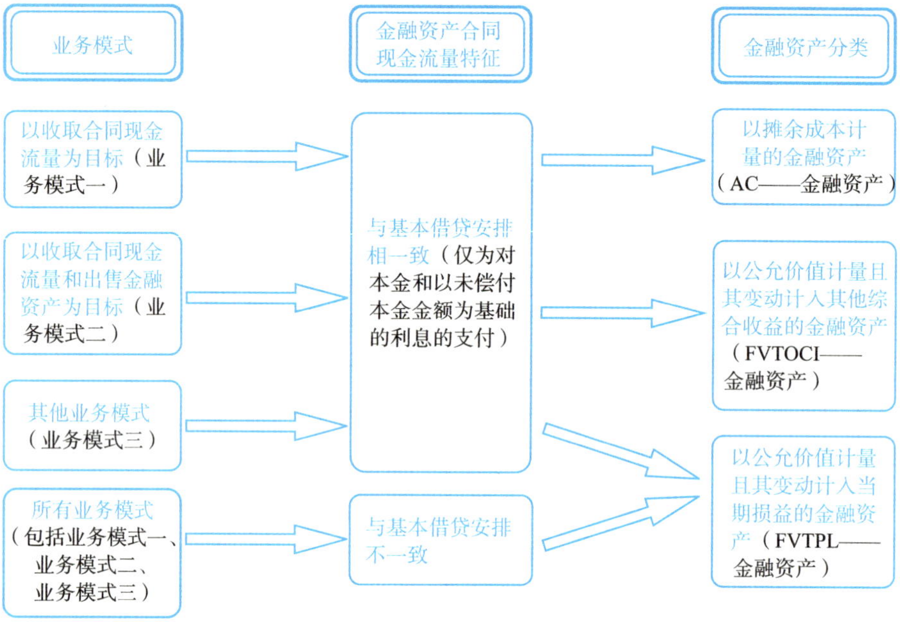

图7－3　金融资产分类流程

【注意】金融资产分类流程图是帮助大家梳理分类需要思考的逻辑过程，采用平行画图的方法帮助大家记忆，而实务中真实分类需要一系列的职业判断，大概率情形下，考试会直接告诉大家某一项金融资产的分类，如果在客观题中进行考查，请大家牢记这张图。例如，实务中，可能先通过判断是否"与基本借贷安排相一致"，这样如果是"与基本借贷安排不一致"的情形，就无须判断金融资产的业务模式了，可以直接归类为以公允价值计量且其变动计入当期损益的金融资产，这样可以节省一步操作，实际这种情形就是上图的最后一种情形；当然按照图示进行判断，最终分类结论也是一样的。因此，在考试时推荐图示情况进行判断，这样就是平行判断思路，更容易记忆。

（四）金融资产分类的特殊规定

权益工具投资的合同现金流量评估一般不符合基本借贷安排，因此只能分类为以公允价值计量且其变动计入当期损益的金融资产。然而在初始确认时，企业可以将非交易性权益工具投资指定为以公允价值计量且其变动计入其他综合收益的金融资产，并按规定确认股利收入。该指定一经做出，不得撤销。

权益工具投资由于合同现金流特征不符合基本借贷安排，因此通常情况下，只能分类为FVTPL——金融资产，特殊情况下可以将非交易性权益工具投资指定为FVTOCI——金融资产。

初始确认时，企业可基于单项非交易性权益工具投资，将其指定为以公允价值计量且其变动计入其他综合收益的金融资产，其公允价值的后续变动计入**其他综合收益**，不需**计提减值准备**。除了获得的股利（明确代表投资成本部分收回的股利除外）计入**当期损益**外，其他相关的利得和损失（包括汇兑损益）均应当计入**其他综合收益**，且后续不得转入当期损益。当金融资产**终止确认**时，之前计入其他综合收益的累计利得或损失应当**从其他综合收益中转出，计入留存收益。**

什么是非交易性权益工具投资？例如，企业投资其他上市公司股票或者非上市公司股权的，都可能属于这种情形。**在新金融工具确认和计量准则下，允许企业将非交易性权益工具投资指定为以公允价值计量且其变动计入其他综合收益进行处理，但该指定不可撤销。**

后续计量中，除了获得的股利计入当期损益外，其他相关的利得和损失计入其他综合收益，而且不需减值，终止确认需转出，但不影响当期损益，属于所有者权益内部科目结转。因此，如果一旦被指定为以公允价值计量且其变动计入其他综合收益的金融资产，那么持有期间的公允价值变动将不会对损益产生影响。

【注意】非交易性权益工具投资指定为以公允价值计量且其变动计入其他综合收益的金融资产，由于其性质特殊，非常具有可考性，其特征主要如下：

（1）是属于“指定”形式，不是“分类”情形；

（2）该指定一经做出，不得撤销；

（3）在“其他权益工具投资”科目核算，而非“其他债权投资”科目核算；

（4）公允价值后续变动计入其他综合收益；

（5）股利一般计入当期损益外，其他相关的利得和损失（包括汇兑损益）均应当计入其他综合收益，且后续不得转入当期损益；

（6）由于它属于“指定”形式不需要计提减值准备，其他分类为以公允价值计量且其变动计入其他综合收益的金融资产需要进行减值；

（7）当金融资产终止确认时，之前计入其他综合收益的累计利得或损失应当从其他综合收益中转出，计入留存收益。

需要注意的是，企业在**非同一控制下**的企业合并中确认的或有对价构成金融资产的，该金融资产应当分类为以公允价值计量且其变动计入当期损益的金融资产，不得指定为以公允价值计量且其变动计入其他综合收益的金融资产。

这个考点是企业合并报表的考点，是指非同一控制下的企业合并中，购买方很可能要支付一笔或有对价，那这笔对价该如何入账的问题，应该计入以公允价值计量且其变动计入当期损益的金融资产，不得计入其他综合收益。

【例题7－1·单选题】甲公司利用自有资金购买银行理财产品。该理财产品为保本固定收益型，期限为6个月，不可转让交易，也不可提前赎回，实际收益超过保证收益的部分由银行享有。甲公司购买该理财产品的主要目的在于取得理财产品利息收入。不考虑其他因素，甲公司对持有的该银行理财产品，正确的会计处理是（　　）。

A. 指定为以公允价值计量且其变动计入其他综合收益的金融资产
B. 划分为以公允价值计量且其变动计入当期损益的金融资产
C. 划分为以公允价值计量且其变动计入其他综合收益的金融资产
D. 划分为以摊余成本计量的金融资产

【答案】D

【解析】该理财产品的合同现金流量为本金和利息，且企业管理该理财产品的业务模式为收取利息、收回本金，所以甲公司应当将该理财产品划分为以摊余成本计量的金融资产。

表7－1　金融资产汇总

会计科目	金融资产名称	分类标准
债权投资	以摊余成本计量的金融资产（AC）	（1）企业管理该金融资产的业务模式是以收取合同现金流量为目标 （2）该金融资产的合同条款规定，在特定日期产生的现金流量，仅为对本金和以未偿付本金金额为基础的利息的支付
其他债权投资	分类为以公允价值计量且其变动计入其他综合收益的金融资产（FVTOCI）	（1）企业管理该金融资产的业务模式既以收取合同现金流量为目标又以出售该金融资产为目标 （2）该金融资产的合同条款规定，在特定日期产生的现金流量，仅为对本金和以未偿付本金金额为基础的利息的支付
交易性金融资产	以公允价值计量且其变动计入当期损益的金融资产（FVTPL）	其他
其他权益工具投资	指定为以公允价值计量且其变动计入其他综合收益的金融资产	特殊：非交易性权益工具

二、金融负债的分类

（一）除下列各项外，企业应当将金融负债分类为以摊余成本计量的金融负债

（1）以公允价值计量且其变动计入当期损益的金融负债，包括交易性金融负债（含属于金融负债的衍生工具）和指定为以公允价值计量且其变动计入当期损益的金融负债。

（2）金融资产转移不符合终止确认条件或继续涉入被转移金融资产所形成的金融负债。对此类金融负债，企业应当按照金融资产转移相关规定进行计量。

（3）部分财务担保合同，以及不属于以公允价值计量且其变动计入当期损益的金融负债、以低于市场利率贷款的贷款承诺。

（二）公允价值选择权

在初始确认时，为了提供更相关的会计信息，企业可以将一项金融资产、一项金融负

债或者一组金融工具（金融资产、金融负债或者金融资产及负债）**指定为以公允价值计量且其变动计入当期损益的金融资产或金融负债**，但该指定应当满足下列条件之一：

（1）金融资产或金融负债能够消除或显著减少会计错配。

【注意】什么叫减少会计错配？就是同一组金融资产和金融负债由于计量方法不一样可能会导致会计错配，如果这种指定能够减少会计错配，那可以指定。

（2）根据正式书面文件载明的企业风险管理或投资策略，以公允价值为基础对金融负债组合或金融资产和金融负债组合进行管理和业绩评价，并在企业内部以此为基础向关键管理人员报告。

企业将一项金融资产、一项金融负债或者一组金融工具（金融资产、金融负债或者金融资产及负债）**指定为以公允价值计量且其变动计入当期损益的，一经做出不得撤销**。即使造成会计错配的金融工具被终止确认，也不得撤销这一指定。

三、金融工具的重分类

企业改变其管理金融资产的业务模式时，应当按照规定对所有受影响的相关金融资产进行重分类。企业对所有金融负债均不得进行重分类。所以，金融资产（即非衍生债权资产）可以在三类金融资产之间进行重分类。企业管理金融资产业务模式的变更是**一种极其少见的情形**，如表 7－2 所示。

表 7－2　　三类金融资产之间重分类的六种转换情形

转换前	转换后	重分类日计量规则	原账面价值与公允价值之间的差额
以摊余成本计量的金融资产（AC）	以公允价值计量且其变动计入当期损益的金融资产（FVTPL）	重分类日公允价值	当期损益
以摊余成本计量的金融资产（AC）	以公允价值计量且其变动计入其他综合收益的金融资产（FVTOCI）	重分类日公允价值	其他综合收益 （注：该金融资产重分类不影响其实际利率和预期信用损失的计量）
以公允价值计量且其变动计入其他综合收益的金融资产（FVTOCI）	以摊余成本计量的金融资产（AC）	计入其他综合收益的累计利得或损失转出，调整该金融资产在重分类日的公允价值	以调整后的金额作为新的账面价值，即视同该金融资产一直以摊余成本计量 （注：该金融资产重分类不影响其实际利率和预期信用损失的计量）
以公允价值计量且其变动计入其他综合收益的金融资产（FVTOCI）	以公允价值计量且其变动计入当期损益的金融资产（FVTPL）	继续以公允价值进行计量，将之前计入其他综合收益的累计利得或损失从其他综合收益转入当期损益	无

续表

转换前	转换后	重分类日计量规则	原账面价值与公允价值之间的差额
以公允价值计量且其变动计入当期损益的金融资产（FVTPL）	以摊余成本计量的金融资产（AC）	重分类日公允价值作为新的账面余额，确定实际利率，重分类日作为金融资产减值规定的初始确认日	重分类日公允价值作为新的账面余额
以公允价值计量且其变动计入当期损益的金融资产（FVTPL）	以公允价值计量且其变动计入其他综合收益的金融资产（FV-TOCI）	继续以公允价值进行计量，确定实际利率，重分类日作为金融资产减值规定的初始确认日	无

企业对金融资产进行重分类，应当自重分类日起采用未来适用法进行相关会计处理，不得对以前已经确认的利得、损失（包括减值损失或利得）或利息进行追溯调整。重分类日，是指导致企业对金融资产进行重分类的业务模式发生变更后的首个报告期间的第一天。例如，甲上市公司决定于2017年3月22日改变某金融资产的业务模式，则重分类日为2017年4月1日（即下一个季度会计期间的期初）；乙上市公司决定于2017年10月15日改变某金融资产的业务模式，则重分类日为2018年1月1日。

（1）业务模式改变，金融资产应当进行重分类；

（2）所有金融负债不得重分类；

（3）三种金融资产之间可以互相进行重分类（总共会有六种重分类情况），实务中变更业务模式和重分类情形极其少见；

（4）企业对金融资产进行重分类，应当自重分类日起采用未来适用法进行相关会计处理，不得追溯调整；

（5）重分类日，一般为业务模式发生变更后的首个报告期间的第一天，即下一个季度会计期间的期初。

【例题7－2】2016年10月15日，甲银行以公允价值500 000元购入一项债券投资，并按规定将其分类为以摊余成本计量的金融资产，该债券的账面余额为500 000元，2017年10月15日，甲银行变更了其管理债券投资组合的业务模式，其变更符合重分类的要求，因此，甲银行于2018年1月1日将该债券从以摊余成本计量重分类为以公允价值计量且其变动计入当期损益。2018年1月1日，该债券的公允价值为490 000元，已确认的减值准备为6 000元。假设不考虑该债券的利息收入。

甲银行会计处理如下：

借：交易性金融资产　　490 000
　　债权投资减值准备　　6 000
　　公允价值变动损益　　4 000
　　贷：债权投资　　　　　500 000

【例题7-3】2016年9月15日，甲银行以公允价值500 000元购入一项债券投资，并按规定将其分类为以公允价值计量且其变动计入其他综合收益的金融资产，该债券的账面余额为500 000元，2017年10月15日，甲银行变更了其管理该类证券投资组合的业务模式，其变更符合重分类的要求，因此，甲银行2018年1月1日将该债券从以公允价值计量且其变动计入其他综合收益的金融资产重分类为以摊余成本计量的金融资产。2018年1月1日，该债券的公允价值为490 000元，已确认的减值准备为6 000元。假设不考虑利息收入。

甲银行的会计处理如下：

借：债权投资　500 000

　　其他债权投资——公允价值变动　10 000

　　其他综合收益——信用减值准备　6 000

　　贷：其他债权投资——成本　500 000

　　　　其他综合收益——其他债权投资公允价值变动　10 000

　　　　债权投资减值准备　6 000

【解析】①以公允价值计量且其变动计入其他综合收益的金融资产的会计处理为：

借：其他债权投资——成本　500 000

　　贷：银行存款　500 000

借：其他综合收益——其他债权投资公允价值变动　10 000

　　贷：其他债权投资——公允价值变动　10 000

借：信用减值损失　6 000

　　贷：其他综合收益——信用减值准备　6 000

②以摊余成本计量的金融资产的会计处理为：

借：债权投资——成本　500 000

　　贷：银行存款　500 000

借：信用减值损失　6 000

　　贷：债权投资减值准备　6 000

我们现在要把①调成②，也就是答案的分录。

第三节　金融负债和权益工具的区分

会计教材金融工具章节内容松散而冗长，因此赠送大家对应视频课程，快速学习突破。

扫码获赠课程

我们认为该部分可考性极低且难度较大。如果以文字形式全部印在书本上，会让大家不但失去学习的兴趣，且不小心花费大量时间来学习。因此我们将该部分内容从书本中删除。同时考前会附赠该部分的预测题，以帮助大家用最少的时间，快速学完该部分内容。

最后我们建议，对于时间较少的同学，可以选择对该部分战略性放弃，以保证投入更多的时间来复习高频考点，降低学习压力、减轻学习负担。

第四节　金融工具的计量

一、金融资产和金融负债的初始计量

企业初始确认金融资产或金融负债，应当按照公允价值计量。对于以公允价值计量且其变动计入当期损益的金融资产和金融负债，**相关交易费用应当直接计入当期损益；对于其他类别的金融资产或金融负债，相关交易费用应当计入初始确认金额。**

一句话概括交易费用初始确认：以公允价值计量且其变动计入当期损益的金融资产和金融负债，相关交易费用应当直接计入当期损益（一般记入“投资收益”科目）。

企业应当根据《企业会计准则第 39 号——公允价值计量》的规定，确定金融资产和金融负债在初始确认时的公允价值。公允价值通常为相关金融资产或金融负债的交易价格。金融资产或金融负债公允价值与交易价格存在差异的，企业应当区别下列情况进行处理：

（1）在初始确认时，金融资产或金融负债的公允价值依据相同资产或负债在活跃市场上的报价或者以仅使用可观察市场数据的估值技术确定的，企业应当将该公允价值与交易价格之间的差额确认为一项利得或损失。

（2）在初始确认时，金融资产或金融负债的公允价值以其他方式确定的，企业应当将该公允价值与交易价格之间的差额递延。初始确认后，企业应当根据某一因素在相应会计期间的变动程度将该递延差额确认为相应会计期间的利得或损失。该因素应当仅限于市场参与者对该金融工具定价时将予考虑的因素，包括时间等。

一句话概括公允价值与交易价格差异：初始确认时有活跃市场上的报价或可观察，确认一项利得或损失；其他方式确定的，需要按某一因素进行递延，例如时间。

企业取得金融资产所支付的价款中包含的已宣告但尚未发放的债券利息或现金股利，应当单独确认为应收项目进行处理。

一句话概括债券利息或现金股利：支付的价款中包含的已宣告但尚未发放的债券利息或现金股利（一般记入“应收利息”或“应收股利”科目）。

二、金融资产的后续计量

（一）金融资产后续计量原则

企业在对金融资产进行后续计量时，需要注意的是：如果一项金融工具以前被确认为一项金融资产并以公允价值计量，而现在它的公允价值低于零，企业应将其确认为一项负债。但对于主合同为资产的混合合同，即使整体公允价值可能低于零，企业应当始终将混合合同整体作为一项金融资产进行分类和计量。

【注意】这种以公允价值计量的金融资产，公允价值低于零，变为负债的情形。跟我们之前学的“应收账款”科目余额如果在贷方，就变成一项负债的思路和逻辑比较类似。

（二）以摊余成本计量的金融资产的会计处理

1. 实际利率

实际利率法，是指计算金融资产或金融负债的摊余成本以及将利息收入或利息费用分摊计入各会计期间的方法（不考虑减值）。

实际利率，是指将金融资产或金融负债在预计存续期的估计未来现金流量，折现为该金融资产账面余额或该金融负债摊余成本所使用的利率。

经信用调整的实际利率，是指将购入或源生的已发生信用减值的金融资产在预计存续期的估计未来现金流量，折现为该金融资产摊余成本的利率。

【注意】经信用调整的意思，就是按考虑了信用减值因素以后，重新预估将来的现金流，用新的现金流折现金融资产的账面价值、重新计算的一个实际利率。

2. 摊余成本

金融资产或金融负债的摊余成本，应当以该金融资产或金融负债的初始确认金额经下列调整后的结果确定：

（1）扣除已偿还的本金。

（2）加上或减去采用实际利率法将该初始确认金额与到期日金额之间的差额进行摊销形成的累计摊销额。

（3）扣除计提的累计信用减值准备（仅适用于金融资产）。

对于浮动利率金融资产或浮动利率金融负债，以反映市场利率波动而对现金流量的定期重估将改变实际利率。如果浮动利率金融资产或浮动利率金融负债的初始确认金额等于到期日应收或应付本金的金额，则未来利息付款额的重估通常不会对该资产或负债的账面价值产生重大影响。

企业与交易对手方修改或重新议定合同，未导致金融资产终止确认，但导致合同现金流量发生变化的，或者企业修正了对合同现金流量的估计的，应当重新计算该金融资产的账面余额，并将相关利得或损失计入当期损益。重新计算的该金融资产的账面余额，应当根据将重新议定或修改的合同现金流量按金融资产的原实际利率（或者购买或源生的已发生信用减值的金融资产应按经信用调整的实际利率）折现的现值确定。对于修改或重新议定合同所产生的所有成本或费用，企业应当调整修改后的金融资产账面价值，并在修改后金融资产的剩余期限内摊销。

以摊余成本计量且不属于任何套期关系的金融资产所产生的利得或损失，应当在终止确认、重分类、按照实际利率法摊销或确认减值时，计入当期损益。

3. 会计处理

交易费用计入初始投资成本。

借：债权投资——成本（这里是面值）

  贷：银行存款

    债权投资——利息调整（这里有可能在借方）

> 【注意】“成本”和“利息调整”两个二级科目的一级科目都是“债权投资”，所以“成本”那里是写面值，然后“利息调整”科目调整到入账价值。

举例，甲公司购买了一批债券，该批债券面值是 1 000 万元，甲公司为该批债券支出 1 250 万元（包括交易费用 10 万元），甲公司根据其管理该债券的业务模式和该债券的合同现金流量特征，将该债券分类为以摊余成本计量的金融资产。账务处理如下：

借：债权投资——成本	1 000	
——利息调整	250	
贷：银行存款		1 250

摊余成本！摊余成本！摊余成本！

回忆摊余成本的公式：期末摊余成本 = 期初摊余成本 ×（1 + 实际利率）– 本期应该收回的现金

其中：

投资收益 = 期初摊余成本 × 实际利率

所以也可以写成：期末摊余成本 = 期初摊余成本 + 投资收益 – 本期应该收回的现金

影响摊余成本的因素有：

（1）已偿还的本金。

（2）初始确认金额与到期日金额之间的差额进行摊销形成的累计摊销额。

（3）已发生的减值损失（需要注意的是，如果发生减值，相当于投资方认为有一部分损失了，这时摊余成本要按照减值之后的金额计量）。

以摊余成本计量的金融资产，我们一定要形成条件反射：

（1）以摊余成本计量的金融资产的交易费用一定要计入初始入账价值。

（2）后续计量采用的是摊余成本法，用的是前言所介绍的摊余成本的方法。

（3）以摊余成本计量的金融资产的分录经常被忽略，建议大家多动笔写几次。

【例题7-4】2013年1月1日，甲公司支付价款1 000万元（含交易费用），从活跃市场上购入A公司同日发行的5年期债券，面值1 250万元，票面年利率4.72%，按年支付利息（即每年支付59万元），本金最后一次支付。合同约定，该债券的发行方在遇到特定情况时可以将债券赎回，且不需要为提前赎回支付额外款项。甲公司在购买该债券时，预计发行方不会提前赎回。甲公司根据其管理该债券的业务模式和该债券的合同现金流量特征，将该债券分类为以摊余成本计量的金融资产。假定不考虑所得税、减值损失等因素。计算确定该债券的实际利率r：

设该债券的实际利率为r，则可列出如下等式：

$59\times(1+r)^{-1}+59\times(1+r)^{-2}+59\times(1+r)^{-3}+59\times(1+r)^{-4}+(59+1\ 250)\times(1+r)^{-5}=1\ 000$（万元）。

采用插值法，可以计算得出r=10%。

【注意】这个插值法并不是会计的重点，是财管的重点，这里只需要知道是怎么来的，并不需要计算，相当于每年收到59万元，到期还会收到1 250万元的票面金额，但是现在只是付出了1 000万元，求收益率多高。

（1）2013年1月1日，购入A公司债券：

借：债权投资——成本　　1 250

　　贷：银行存款　　1 000

　　　　债权投资——利息调整　　250

【注意】"债权投资——成本"是在借方，说明资产增加1 250万元，但是贷方的"利息调整"是债权投资的二级科目，在贷方说明是抵减项，说明以摊余成本计量的金融资产的入账价值是1 000万元，也就是我们实际付出的成本（本例题没有将交易费用单独列出来）。

（2）2013年12月31日，确认实际利息收入、收到票面利息等：

借：应收利息　　59

　　债权投资——利息调整　　41

　　贷：投资收益　　100

借：银行存款　　59

　　贷：应收利息　　59

【注意】根据这个分录，那我们以摊余成本计量的金融资产的账面价值（摊余成本）是1 000+41=1 041（万元），我们直接根据公式计算就是：1 000×(1+10%)－1 250×4.72%=1 041（万元）

（3）2014年12月31日，确认实际利息收入、收到票面利息等：

借：应收利息　　59

　　债权投资——利息调整　　45

　　贷：投资收益　　104

借：银行存款　　59

　　贷：应收利息　　59

第七章

（4）2015年12月31日，确认实际利息收入、收到票面利息等：

借：应收利息　59

　债权投资——利息调整　50

　贷：投资收益　[(1 041×1.1－1 250×4.72%)×0.1]　109

借：银行存款　59

　贷：应收利息　59

（5）2016年12月31日，确认实际利息收入、收到票面利息等：

借：应收利息　59

　债权投资——利息调整　55

　贷：投资收益　114

借：银行存款　59

　贷：应收利息　59

（6）2017年12月31日，确认实际利息收入、收到票面利息和本金等：

借：应收利息　59

　债权投资——利息调整　(250－41－45－50－55)　59

　贷：投资收益　118

借：银行存款　59

　贷：应收利息　59

借：银行存款　1 250

　贷：债权投资——成本　1 250

【注意】如果是到期一次性支付利息呢？那么我们每年的摊余成本中就没有收到那笔钱，就不用扣减，因为没收到钱啊！“应收利息”就改成“债权投资——应计利息”。我们假设是到期一次性支付利息，我们的摊余成本的公式是：期末摊余成本＝期初摊余成本×(1＋实际利率)。

【例题7－5·计算题】2014年1月1日，甲公司自证券市场购入面值总额为2 000万元的债券。购入时实际支付价款2 078.98万元，另支付相关交易费用10万元。该债券发行日为2014年1月1日，系分期付息、到期还本债券，期限为5年，票面年利率为5%，实际年利率为4%，每年12月31日支付当年利息。甲公司根据其管理该债券的业务模式和该债券的合同现金流量特征，将该债券分类为以摊余成本计量的金融资产。

要求：

（1）计算该项以摊余成本计量的金融资产在2015年12月31日的账面价值。

（2）计算甲公司由于持有该项以摊余成本计量的金融资产2016年应确认的投资收益。(计算结果保留两位小数)

【答案】

（1）该项以摊余成本计量的金融资产在2014年12月31日的账面价值 =（2 078.98 + 10）×（1 +4%）－2 000 ×5% =2 072.54（万元），2015年12月31日的账面价值 = 2 072.54 ×（1 +4%）－2 000 ×5% =2 055.44（万元）。

（2）2016年甲公司持有该项以摊余成本计量的金融资产应确认投资收益 =2 055.44 × 4% =82.22（万元）。

【例题7－6·单选题】2011年1月1日，甲公司购入乙公司当日发行的4年期分期付息（于次年初支付上年度利息）、到期还本债券，面值为1 000万元，票面年利率为5%，实际支付价款为1 050万元，另发生交易费用2万元。甲公司根据其管理该债券的业务模式和该债券的合同现金流量特征，将该债券分类为以摊余成本计量的金融资产。每年年末确认投资收益，2011年12月31日，确认投资收益35万元。2011年12月31日，甲公司该债券的摊余成本为（　　）万元。（2012年）

A. 1 035

B. 1 037

C. 1 065

D. 1 067

【答案】B

【解析】思路：期末摊余成本 = 期初摊余成本 ×（1 + 实际市场利率）－当期收到的现金

同时：期末摊余成本 = 期初摊余成本 + 投资收益 － 当期收到的现金

第一步：2011年1月1日，初始入账成本（期初摊余成本）为：1 050 +2 =1 052（万元）。

第二步：实际市场利率并没有告诉我们！那我们该怎么办？但是告诉了当年确认的投资收益35万元，这不就是帮我们求出来了吗？

第三步：2011年12月31日，甲公司该债券的摊余成本 =1 052 +35 －1 000 ×5% = 1 037（万元）。

【思考】该题的考点有哪几个？

（三）以公允价值进行后续计量的金融资产的会计处理

（1）对于按照公允价值进行后续计量的金融资产，其公允价值变动形成的利得或损失，除与套期会计有关外，应当按照下列规定处理：

①以公允价值计量且其变动计入当期损益的金融资产的利得或损失，应当计入当期损益。

②分类为以公允价值计量且其变动计入其他综合收益的金融资产所产生的利得或损失，除减值损失或利得和汇兑损益之外，均应当计入其他综合收益，直至该金融资产终止确认或被重分类。但是，**采用实际利率法计算的该金融资产的利息应当计入当期损益**。该金融资产计入各期损益的金额应当与视同其一直按摊余成本计量而计入各期损益的金额相等。

该金融资产终止确认时，之前计入其他综合收益的累计利得或损失应当从其他综合收益中转出，计入当期损益。

③指定为以公允价值计量且其变动计入其他综合收益的非交易性权益工具投资，除了获得的股利（明确代表投资成本部分收回的股利除外）计入当期损益外，其他相关的利得和损失（包括汇兑损益）均应当计入其他综合收益，且后续不得转入当期损益。当其终止确认时，之前计入其他综合收益的累计利得或损失应当从其他综合收益中转出，计入留存收益。

一句话概括利得和损失：FVTPL——金融资产的利得和损失计入当期损益；分类为FVTOCI－金融资产的减值损失或利得、采用实际利率法计算的该金融资产的利息和汇兑损益计入当期损益，其他利得和损失计入其他综合收益，终止时允许转入当期损益；指定为FVTOCI—非交易性权益工具投资，股利（明确代表投资成本部分收回的股利除外）计入当期损益外，其他相关的利得和损失（包括汇兑损益）均应当计入其他综合收益，且后续不得转入当期损益。

（2）企业只有在同时符合下列条件时，才能确认股利收入并计入当期损益：

①企业收取股利的权利已经确立；

②与股利相关的经济利益很可能流入企业；

③股利的金额能够可靠计量。

【例题7－7】2013年1月1日，甲公司支付价款1 000万元（含交易费用），从上海证券交易所购入A公司同日发行的5年期公司债券12 500份，债券票面价值总额为1 250万元，票面年利率为4.72%，于年末支付本年度债券利息（即每年利息为59万元），本金在债券到期时一次性偿还。合同约定，该债券的发行方在遇到特定情况时可以将债券赎回，且不需要为提前赎回支付额外款项。甲公司在购买该债券时，预计发行方不会提前赎回。甲公司根据其管理该债券的业务模式和该债券的合同现金流量特征，将该债券分类为以公允价值计量且其变动计入其他综合收益的金融资产。

其他资料如下：

（1）2013年12月31日，A公司债券的公允价值为1 200万元（不含利息）；

（2）2014年12月31日，A公司债券的公允价值为1 300万元（不含利息）；

（3）2015年12月31日，A公司债券的公允价值为1 250万元（不含利息）；

（4）2016年12月31日，A公司债券的公允价值为1 200万元（不含利息）；

（5）2017年1月20日，通过上海证券交易所出售A公司债券12 500份，取得价款1 260万元。

假定不考虑所得税、减值损失等因素，计算该债券的实际利率r：

$59\times(1+r)^{-1}+59\times(1+r)^{-2}+59\times(1+r)^{-3}+59\times(1+r)^{-4}+(59+1\,250)\times(1+r)^{-5}=1\,000$（万元）

采用插值法，计算得出r＝10%。

日期	现金流入（A）	实际利息收入（B = 期初 D×10%）	已收回的本金（C = A - B）	摊余成本余额（D = 期初 D - C）	公允价值（E）	公允价值变动额（F = E - D - 期初 G）	公允价值变动累计金额（G = 期初 G + F）
2013 年 1 月 1 日				10 000 000	10 000 000	0	0
2013 年 12 月 31 日	590 000	1 000 000	-410 000	10 410 000	12 000 000	1 590 000	1 590 000
2014 年 12 月 31 日	590 000	1 041 000	-451 000	10 861 000	13 000 000	549 000	2 139 000
2015 年 12 月 31 日	590 000	1 086 100	-496 100	11 357 100	12 500 000	-996 100	1 142 900
2016 年 12 月 31 日	590 000	1 135 710	-545 710	11 902 810	12 000 000	-1 045 710	97 190

甲公司的有关账务处理如下：

（1）2013 年 1 月 1 日，购入 A 公司债券：

借：其他债权投资——成本　　12 500 000

　　贷：银行存款　　10 000 000

　　　　其他债权投资——利息调整　　2 500 000

【注意】“其他债权投资——成本”是在借方，说明资产增加 12 500 000 元，但是贷方的“利息调整”是其他债权投资的二级科目，在贷方说明是抵减项，说明以摊余成本计量的金融资产的入账价值是 10 000 000 元，也就是我们实际付出的成本（本例题没有将交易费用单独列出来）。

（2）2013 年 12 月 31 日，确认 A 公司债券实际利息收入、公允价值变动，收到债券利息：

借：应收利息　　590 000

　　其他债权投资——利息调整　　410 000

　　贷：投资收益　　（10 000 000 × 10%）1 000 000

【注意】“应收利息”是根据面值和票面利率算出来的债券利息，“投资收益”是根据期初摊余成本乘以实际利率算出来的。

借：银行存款　　590 000

　　贷：应收利息　　590 000

借：其他债权投资——公允价值变动　　1 590 000

　　贷：其他综合收益——其他债权投资公允价值变动　　1 590 000

【注意】2013 年 12 月 31 日期末摊余成本 = 10 000 000 ×（1 + 10%）- 590 000 = 10 410 000（元），债券的公允价值 12 000 000 元，故应调增“其他债权投资——公允价值变动” = 12 000 000 - 10 410 000 = 1 590 000（元）。

（3）2014年12月31日，确认A公司债券实际利息收入、公允价值变动，收到债券利息：

借：应收利息　590 000
　　其他债权投资——利息调整　451 000
　　贷：投资收益　（10 410 000×10%）1 041 000
借：银行存款　590 000
　　贷：应收利息　590 000
借：其他债权投资——公允价值变动　549 000
　　贷：其他综合收益——其他债权投资公允价值变动　549 000

【注意】2014年12月31日期末摊余成本＝10 410 000×（1＋10%）－590 000＝10 861 000（元），债券的公允价值13 000 000元，故应累计调增“其他债权投资——公允价值变动”＝13 000 000－10 861 000＝2 139 000（元），由于2013年12月31日已调增“其他债权投资——公允价值变动”1 590 000元，本期只需要调增＝2 139 000－1 590 000＝549 000（元）。

（4）2015年12月31日，确认A公司债券实际利息收入、公允价值变动，收到债券利息：

借：应收利息　590 000
　　其他债权投资——利息调整　496 100
　　贷：投资收益　（10 861 000×10%）1 086 100
借：银行存款　590 000
　　贷：应收利息　590 000
借：其他综合收益——其他债权投资公允价值变动　996 100
　　贷：其他债权投资——公允价值变动　996 100

【注意】2015年12月31日期末摊余成本＝10 861 000×（1＋10%）－590 000＝11 357 100（元），债券的公允价值12 500 000元，故应累计调增“其他债权投资——公允价值变动”＝12 500 000－11 357 100＝1 142 900（元），由于2014年12月31日已累计调增“其他债权投资——公允价值变动”2 139 000元，说明前期多调了，本期需要调整＝1 142 900－2 139 000＝－996 100（元）。

（5）2016年12月31日，确认A公司债券实际利息收入、公允价值变动，收到债券利息：

借：应收利息　590 000
　　其他债权投资——利息调整　545 710
　　贷：投资收益　（11 357 100×10%）1 135 710
借：银行存款　590 000
　　贷：应收利息　590 000
借：其他综合收益——其他债权投资公允价值变动　1 045 710
　　贷：其他债权投资——公允价值变动　1 045 710

【注意】2016 年 12 月 31 日期末摊余成本 = 11 357 100 ×（1 + 10%）- 590 000 = 11 902 810（元），债券的公允价值 12 000 000 元，故应累计调增“其他债权投资——公允价值变动”=12 000 000 - 11 902 810 = 97 190（元），由于 2015 年 12 月 31 日已累计调增“其他债权投资——公允价值变动”1 142 900 元，说明前期多调了，本期需要调整 = 97 190 - 1 142 900 = -1 045 710（元）。

（6）2017 年 1 月 20 日，确认出售 A 公司债券实现的损益：

借：银行存款　　12 600 000

　　其他债权投资——利息调整　　597 190

　　贷：其他债权投资——成本　　12 500 000

　　　　　　　　　——公允价值变动　　97 190

　　　　投资收益　　（倒挤）600 000

同时：

借：其他综合收益——其他债权投资公允价值变动　　97 190

　　贷：投资收益　　97 190

【例题 7 - 8】2016 年 1 月 1 日，甲公司从二级市场购入丙公司债券，支付价款合计 1 020 000 元（含已到付息期但尚未领取的利息 20 000 元），另发生交易费用 20 000 元。该债券面值 1 000 000 元，剩余期限为 2 年，票面年利率为 4%，每半年末付息一次。其合同现金流量特征满足仅为对本金和以未偿付本金金额为基础的利息的支付。甲公司根据其管理该债券的业务模式和该债券的合同现金流量特征，将该债券分类为以公允价值计量且其变动计入当期损益的金融资产。其他资料如下：

（1）2016 年 1 月 5 日，收到丙公司债券 2015 年下半年利息 20 000 元。

（2）2016 年 6 月 30 日，丙公司债券的公允价值为 1 150 000 元（不含利息）。

（3）2016 年 7 月 5 日，收到丙公司债券 2016 年上半年利息。

（4）2016 年 12 月 31 日，丙公司债券的公允价值为 1 100 000 元（不含利息）。

（5）2017 年 1 月 5 日，收到丙公司债券 2016 年下半年利息。

（6）2017 年 6 月 20 日，通过二级市场出售丙公司债券，取得价款 1 180 000 元（含第一季度利息 10 000 元）。

假定不考虑其他因素，甲公司的账务处理如下：

（1）2016 年 1 月 1 日，从二级市场购入丙公司债券：

借：交易性金融资产——成本　　1 000 000

　　应收利息　　20 000

（这是应收的利息，相当于你为这个利息是支付了钱的）

　　投资收益　　20 000

（交易费用计入了当期损益，但不是管理费用）

　　贷：银行存款　　1 040 000

（2）2016 年 1 月 5 日，收到该债券 2015 年下半年利息 20 000 元：

第七章

借：银行存款　　20 000
　　贷：应收利息　　20 000

(3) 2016 年 6 月 30 日，确认丙公司债券公允价值变动和投资收益：

借：交易性金融资产——公允价值变动　　150 000
　　贷：公允价值变动损益　　150 000

借：应收利息　　20 000
　　贷：投资收益　　20 000

(4) 2016 年 7 月 5 日，收到丙公司债券 2016 年上半年利息：

借：银行存款　　20 000
　　贷：应收利息　　20 000

(5) 2016 年 12 月 31 日，确认丙公司债券公允价值变动和投资收益：

借：公允价值变动损益　　50 000
　　贷：交易性金融资产——公允价值变动　　50 000

借：应收利息　　20 000
　　贷：投资收益　　20 000

(6) 2017 年 1 月 5 日，收到丙公司债券 2016 年下半年利息：

借：银行存款　　20 000
　　贷：应收利息　　20 000

(7) 2017 年 6 月 20 日，通过二级市场出售丙公司债券：

借：银行存款　　1 180 000
　　贷：交易性金融资产——成本　　1 000 000
　　　　　　　　　　——公允价值变动　　100 000
　　　　投资收益　　80 000

【例题 7－9】 2016 年 5 月 6 日，甲公司支付价款 1 016 万元（含交易费用 1 万元和已宣告发放现金股利 15 万元），购入乙公司发行的股票 200 万股，占乙公司有表决权股份的 0.5%。甲公司将其指定为以公允价值计量且其变动计入其他综合收益的非交易性权益工具投资。

2016 年 5 月 10 日，甲公司收到乙公司发放的现金股利 15 万元。

2016 年 6 月 30 日，该股票市价为每股 5.2 元。

2016 年 12 月 31 日，甲公司仍持有该股票；当日，该股票市价为每股 5 元。

2017 年 5 月 9 日，乙公司宣告发放股利 4 000 万元。

2017 年 5 月 13 日，甲公司收到乙公司发放的现金股利。

2017 年 5 月 20 日，甲公司由于某特殊原因，以每股 4.9 元的价格将股票全部转让。假定不考虑其他因素，甲公司的账务处理如下：

(1) 2016 年 5 月 6 日，购入股票：

借：其他权益工具投资——成本　　（交易费用计入成本）10 010 000
　　应收股利　　150 000

贷：银行存款　10 160 000

（2）2016 年 5 月 10 日，收到现金股利：

借：银行存款　150 000

　贷：应收股利　150 000

（3）2016 年 6 月 30 日，确认股票价格变动：

借：其他权益工具投资——公允价值变动

（2 000 000 × 5.2 - 10 010 000）390 000

　贷：其他综合收益——其他权益工具投资公允价值变动　390 000

（4）2016 年 12 月 31 日，确认股票价格变动：

借：其他综合收益——其他权益工具投资公允价值变动

（2 000 000 × 5 - 2 000 000 × 5.2）400 000

　贷：其他权益工具投资——公允价值变动　400 000

（5）2017 年 5 月 9 日，确认应收现金股利：

借：应收股利　（40 000 000 × 0.5%）200 000

　贷：投资收益　200 000

（6）2017 年 5 月 13 日，收到现金股利：

借：银行存款　200 000

　贷：应收股利　200 000

（7）2017 年 5 月 20 日，出售股票：

借：银行存款　9 800 000

其他权益工具投资——公允价值变动　10 000

盈余公积——法定盈余公积　20 000

利润分配——未分配利润　180 000

　贷：其他权益工具投资——成本　10 010 000

借：盈余公积——法定盈余公积　1 000

利润分配——未分配利润　9 000

　贷：其他综合收益——其他权益工具投资公允价值变动　10 000

【注意】"其他权益工具投资——公允价值变动"的变动余额 = 390 000 - 400 000 = -10 000（元），指定为以公允价值计量且其变动计入其他综合收益的非交易性权益工具投资，当其终止确认时，之前计入其他综合收益的累计利得或损失应当从其他综合收益中转出，计入留存收益。

如果甲公司根据其管理乙公司股票的业务模式和乙公司股票的合同现金流量特征，将乙公司股票分类为以公允价值计量且其变动计入当期损益的金融资产，且 2016 年 12 月 31 日乙公司股票市价为每股 4.8 元，其他资料不变，则甲公司应作如下账务处理：

（1）2016 年 5 月 6 日，购入股票：

借：交易性金融资产——成本　10 000 000

应收股利　150 000

（这是应收的股利，相当于你为这个股利是支付了钱的）

投资收益　10 000

（交易费用计入了当期损益，但不是管理费用）

贷：银行存款　10 160 000

（2）2016 年 5 月 10 日，收到现金股利：

借：银行存款　150 000

贷：应收股利　150 000

（3）2016 年 6 月 30 日，确认股票价格变动：

借：交易性金融资产——公允价值变动

（2 000 000 × 5.2 – 10 000 000）400 000

贷：公允价值变动损益　400 000

（4）2016 年 12 月 31 日，确认股票价格变动：

借：公允价值变动损益　800 000

贷：交易性金融资产——公允价值变动　800 000

注：公允价值变动 =200 ×（4.8 – 5.2）= – 80（万元）。

（5）2017 年 5 月 9 日，确认应收现金股利：

借：应收股利　（40 000 000 ×0.5%）200 000

贷：投资收益　200 000

（6）2017 年 5 月 13 日，收到现金股利：

借：银行存款　200 000

贷：应收股利　200 000

（7）2017 年 5 月 20 日，出售股票：

借：银行存款　9 800 000

交易性金融资产——公允价值变动　400 000

贷：交易性金融资产——成本　10 000 000

投资收益　200 000

【注意】以公允价值计量且其变动计入当期损益的金融资产的利得或损失，应当计入当期损益。

三、金融负债的后续计量

（一）金融负债后续计量原则

企业应当按照以下原则对金融负债后续计量：

（1）以公允价值计量且其变动计入当期损益的金融负债，应当按照公允价值后续计量。

（2）金融资产转移不符合终止确认条件或继续涉入被转移金融资产所形成的金融负债。对此类金融负债，企业应当按照《企业会计准则第 23 号——金融资产转移》相关规定进行计量。

（3）不属于指定为以公允价值计量且其变动计入当期损益的金融负债的财务担保合同或没有指定为以公允价值计量且其变动计入当期损益并将以低于市场利率贷款的贷款承诺，企业作为此类金融负债发行方的，应当在初始确认后按照损失准备金额以及初始确认金额扣除累计摊销额后的余额孰高进行计量。

（4）上述金融负债以外的金融负债，应当按摊余成本后续计量。

（二）金融负债后续计量的会计处理

（1）对于按照公允价值进行后续计量的金融负债，其公允价值变动形成利得或损失，除与套期会计有关外，应当计入当期损益。

【例题7－10】2016年7月1日，甲公司经批准在全国银行间债券市场公开发行10亿元人民币短期融资券，期限为1年，票面年利率5.58%，每张面值为100元，到期一次还本付息。所募集资金主要用于公司购买生产经营所需的原材料及配套件等。公司将该短期融资券指定为以公允价值计量且其变动计入当期损益的金融负债。假定不考虑发行短期融资券相关的交易费用以及企业自身信用风险变动。

2016年12月31日，该短期融资券市场价格每张120元（不含利息）；2017年6月30日，该短期融资券到期兑付完成。

据此，甲公司账务处理如下：

（1）2016年7月1日，发行短期融资券：

借：银行存款　100 000

　贷：交易性金融负债　100 000

（2）2016年12月31日，年末确认公允价值变动和利息费用：

借：公允价值变动损益　（100 000×120/100－100 000）20 000

　贷：交易性金融负债　20 000

借：财务费用　（100 000×5.58%×1/2）2 790

　贷：应付利息　2 790

（3）2017年6月30日，短期融资券到期：

借：财务费用　2 790

　贷：应付利息　2 790

借：交易性金融负债　120 000

　应付利息　5 580

　贷：银行存款　105 580

　　公允价值变动损益　20 000

（2）以摊余成本计量且不属于任何套期关系的一部分的金融负债所产生的利得或损失，应当在终止确认时计入当期损益或在按照实际利率法摊销时计入相关期间损益。

企业与交易对手方修改或重新议定合同，未导致金融负债终止确认，但导致合同现金流量发生变化的，应当重新计算该金融负债的账面价值，并将相关利得或损失计入当期损益。重新计算的该金融负债的账面价值，应当根据将重新议定或修改的合同现金流量按金融负债的原实际利率折现的现值确定。对于修改或重新议定合同所产生的所有成本或费用，企业应当调整修改后的金融负债账面价值，并在修改后金融负债的剩余期限内进行摊销。

【例题7-11】甲公司发行公司债券为建造专用生产线筹集资金。有关资料如下：

（1）2013年12月31日，委托证券公司以7 755万元的价格发行3年期分期付息公司债券。该债券面值为8 000万元，票面年利率4.5%，实际年利率5.64%，每年付息一次，到期后按面值偿还。假定不考虑发行公司债券相关的交易费用。

（2）生产线建造工程采用出包方式，于2014年1月1日开始动工，发行债券所得款项当日全部支付给建造承包商，2015年12月31日所建造生产线达到预定可使用状态。

（3）假定各年度利息的实际支付日期均为下年度的1月10日；2017年1月10日支付2016年度利息，一并偿付面值。

（4）所有款项均以银行存款支付。

据此，甲公司计算得出该债券在各年年末的摊余成本、应付利息金额、当年应予资本化或费用化的利息金额、利息调整的本年摊销和年末余额。有关结果如下表（金额单位：万元）：

		2013年12月31日	2014年12月31日	2015年12月31日	2016年12月31日
年末摊余成本	面值	8 000	8 000	8 000	8 000
	利息调整	-245	-167.62	-85.87	0
	合计	7 755	7 832.38	7 914.13	8 000
当年应予资本化或费用化的利息金额			437.38	441.75	445.87
年末应付利息金额			360	360	360
“利息调整”本年摊销额			77.38	81.75	85.87

相关账务处理如下（金额单位：元）：

（1）2013年12月31日，发行债券：

借：银行存款　　77 550 000

　　应付债券——利息调整　　（80 000 000－77 550 000）2 450 000

　　贷：应付债券——面值　　80 000 000

（2）2014年12月31日，确认和结转利息：

借：在建工程　　4 373 800

　　贷：应付利息　　3 600 000

　　　　应付债券——利息调整　　773 800

【注意】2014年12月31日年末摊余成本＝7 755×(1＋5.64%)－8 000×4.5%＝7 832.38（万元），“利息调整”本年摊销额＝7 832.38－7 755＝77.38（万元）。

2015年1月10日，支付利息：

借：应付利息　　3 600 000

　　贷：银行存款　　3 600 000

（3）2015 年 12 月 31 日，确认和结转利息：

借：在建工程　　4 417 500

　　贷：应付利息　　3 600 000

　　　　应付债券——利息调整　　817 500

【注意】 2015 年 12 月 31 日年末摊余成本 = 7 832.38 ×（1 + 5.64%）− 8 000 × 4.5% = 7 914.13（万元），"利息调整"本年摊销额 = 7 914.13 − 7 832.38 = 81.75（万元）。

2016 年 1 月 10 日，支付利息：

借：应付利息　　3 600 000

　　贷：银行存款　　3 600 000

【注意】 2015 年 12 月 31 日所建造生产线达到预定可使用状态，由"在建工程"转入"固定资产"科目。

（4）2016 年 12 月 31 日，确认和结转利息：

借：财务费用　　4 458 700

　　贷：应付利息　　3 600 000

　　　　应付债券——利息调整　　858 700

【注意】 2016 年 12 月 31 日"利息调整"本年摊销额 = 8 000 − 7 914.13 = 85.87（万元）。由于生产线已经建造完成，后续利息支出和利息调整计入财务费用。

（5）2017 年 1 月 10 日，债券到期兑付：

借：应付利息　　3 600 000

　　应付债券——面值　　80 000 000

　　贷：银行存款　　83 600 000

四、金融工具的减值

金融工具的减值，新准则较旧准则最大的变动，在于以前确认金融资产的减值，是一项"事后"确认，要等到有客观证据表明金融资产已经真实发生损失时，才计提相应的减值准备。而新准则转化成一项"事先"就根据损失可能性发生的概率加权平均之后的大小作为减值准备确认，然后"事中"再进行调整。这实际上也是为了应对 2008 年国际金融危机发生后，原先华尔街市场金融工具的风险在财务报表上被大量隐藏，国际会计准则理事会进行了一项较大修改，而国内《企业会计准则第 22 号——金融工具确认和计量》也保持了同步修改。

何为预期信用损失？这里举两个例子，帮助大家理解。

预期信用损失：是指以发生违约的风险为权重的金融工具信用损失的加权平均值，也就是不同违约概率下一旦违约造成损失大小的加权平均。

【例 1】应收账款账龄分析法实际上就是一种按照预期损失计提减值，这是因为导致应收账款收不回的事件并未真正发生，认为账龄越长的应收账款，能完整收回的可能性即概率越低，因此我们可能根据账龄 1 年以内的，计提 5% 的坏账损失，账龄 1 ~ 2 年的，计提10%的坏账损失，以此类推。这种情形就是企业根据付款方违约付款的可能性，而提前预估一种损失的方法。

【例2】在银行工作的学员或者借过房贷的学员，可能知道银行贷款的五级分类："正常类""关注类""次级类""可疑类""损失类"，后三类贷款一般是指银行的不良贷款，一般分类标准为贷款预期天数，以及借款人本身信用情况、抵押物情况发生改变。"正常类"贷款对应的损失概率一般为0，"关注类"贷款的损失概率一般不会超过5%，"次级类"贷款的损失概率一般在30%~50%，"可疑类"贷款的损失概率一般在50%~75%，"损失类"贷款的损失概率一般在75%~100%，按照监管规定，银行需要根据不同类别的贷款分别计提拨备。这种情形就是银行根据借款方违约的可能性，而提前计提拨备预估损失的一种方法。

因此本章的预期信用损失，这个专业术语所涉及的处理思路，还是我们之前学过的，只不过在这里又换了一个高大上的名字。

（一）金融工具减值概述

对金融工具减值的规定通常称为"预期信用损失法"。该方法与过去规定的、根据实际已发生减值损失确认减值准备的方法有根本性不同。在预期信用损失法下，减值准备的计提不以减值的实际发生为前提，而是以未来可能的违约事件造成的损失的期望值来计量当前（资产负债表日）应当确认的减值准备。

1. 预期信用损失的定义

预期信用损失是指以发生违约的风险为权重的金融工具信用损失的加权平均值。

这里的发生违约的风险，可以理解为发生违约的概率。

信用损失，是指企业按照原实际利率折现的、根据合同应收的所有合同现金流量与预期收取的所有现金流量之间的差额，即全部现金短缺的现值。

2. 适用减值规定的项目

企业应当以预期信用损失为基础，对下列项目进行减值会计处理并确认损失准备：

（1）分类为以摊余成本计量的金融资产和以公允价值计量且其变动计入其他综合收益的金融资产（AC－金融资产和FVTOCI－金融资产）。

（2）租赁应收款。

（3）合同资产。合同资产是指《企业会计准则第14号——收入》定义的合同资产。

（4）部分贷款承诺和财务担保合同。

> 一句话概括金融工具减值：原金融工具确认和计量准则对于金融资产减值的会计处理采用的是"已发生损失法"，即只有在客观证据表明金融资产已经发生损失时，才对相关金融资产计提减值准备。新的金融工具确认和计量准则将金融资产减值会计处理由"已发生损失法"修改为"预期损失法"，要求考虑金融资产未来预期信用损失情况，从而更加及时、足额地计提金融资产减值准备，便于揭示和防控金融资产信用风险。

（二）金融工具减值的三阶段

表 7－3 金融工具减值三阶段

	第一阶段	第二阶段	第三阶段
金融资产质量	信用风险自初始确认后未显著增加	信用风险自初始确认后已显著增加但尚未发生信用减值	初始确认后发生信用减值
预期信用损失	按照未来 12 个月的预期信用损失计量损失准备	按照该工具整个存续期的预期信用损失计量损失准备	按照该工具整个存续期的预期信用损失计量损失准备
利息收入	账面余额×实际利率	账面余额×实际利率	摊余成本（账面余额－已计提减值准备）×实际利率

上述三个阶段的划分，适用于购买或源生时未发生信用减值的金融工具。对于购买或源生时已发生信用减值的金融资产，企业仅将初始确认后整个存续期内预期信用损失的变动确认为损失准备，并按其摊余成本和经信用调整的实际利率计算利息收入。

一句话解释：购买的时候并未发生信用减值才适合三阶段划分法，如果购进的时候已经发生了信用减值，那减值就是真实存在的，那直接就是第三阶段了，不需要再划分第一和第二阶段！

【例题 7－12】甲公司于 2016 年 1 月 1 日以 3 060 万元购入面值为 3 000 万元的 5 年期、到期还本、按年付息的一般公司债券，该债券票面年利率为 5%，实际年利率为 4.28%，甲公司管理层将其作为以摊余成本计量的金融资产核算。2016 年 12 月 31 日，甲公司认为该债券投资预期信用损失显著增加，但未发生信用减值，由此确认预期信用损失准备 50 万元。不考虑其他因素，甲公司下列会计处理中正确的有（　　）。

A. 2016 年 1 月 1 日该债券投资的初始计量金额为 3 060 万元

B. 2016 年年末摊余成本为 3 040.97 万元

C. 2017 年应确认投资收益 128.01 万元

D. 2017 年应确认投资收益 130.15 万元

【答案】AD

【解析】A 选项，2016 年 1 月 1 日该债券投资的初始确认金额为 3 060 万元；

B 选项，2016 年年末账面余额 =3 060×(1+4.28%)－3 000×5% =3 040.97（万元），摊余成本 =3 040.97－50 =2 990.97（万元）；

C、D 选项，因未发生信用减值，属于第二阶段，利息收入 = 账面余额×实际利率，2017 年应确认投资收益 =3 040.97×4.28% =130.15（万元）。

（三）特殊情形

在以下两类情形下，企业无须就金融工具初始确认时的信用风险与资产负债表日的信用风险进行比较分析。

1. 较低信用风险

如果企业确定金融工具的违约风险较低，借款人在短期内履行其支付合同现金流量义务的能力很强，并且即使较长时期内经济形势和经营环境存在不利变化，也不一定会降低借款人履行其支付合同现金流量义务的能力，那么该金融工具可被视为具有较低的信用风险。对于在资产负债表日具有较低信用风险的金融工具，企业可以不用与其初始确认时的信用风险进行比较，而直接作出该工具的信用风险自初始确认后未显著增加的假定（企业对这种简化处理有选择权）。

2. 应收款项、租赁应收款和合同资产

企业对于第十一章收入所规定的、不含重大融资成分（包括根据该章不考虑不超过一年的合同中融资成分的情况）的应收款项和合同资产，应当始终按照整个存续期内预期信用损失的金额计量其损失准备（企业对这种简化处理没有选择权）。除此之外，准则还允许企业作出会计政策选择，对包含重大融资成分的应收款项、合同资产和租赁应收款（可分别对应收款项、合同资产、应收租赁款作出不同的会计政策选择），始终按照相当于整个存续期内预期信用损失的金额计量其损失准备。

（四）预期信用损失的计量

企业计量金融工具预期信用损失的方法应当反映下列各项要素：

（1）通过评价一系列可能的结果而确定的无偏概率加权平均金额。

（2）货币时间价值。

（3）在资产负债表日无须付出不必要的额外成本或努力即可获得的有关过去事项、当前状况以及未来经济状况预测的合理且有依据的信息。

企业应当按照下列方法确定有关金融工具的信用损失（见表7－4）。

表7－4　确定有关金融工具的信用损失的方法

金融工具	信用损失
金融资产	企业应收取的合同现金流量与预期收取的现金流量之间差额的现值
租赁应收款项	企业应收取的合同现金流量与预期收取的现金流量之间差额的现值
未提用的贷款承诺	在贷款承诺持有人提用相应贷款的情况下，企业应收取的合同现金流量与预期收取的现金流量之间差额的现值
财务担保合同	企业就该合同持有人发生的信用损失向其做出赔付的预计付款额，减去企业预期向该合同持有人、债务人或任何其他方收取的金额之间差额的现值
资产负债表日已发生信用减值但并非购买或源生已发生信用减值的金融资产	该金融资产账面余额与按原实际利率折现的估计未来现金流量的现值之间的差额

企业应当以概率加权平均为基础对预期信用损失进行计量。企业对预期信用损失的计量应当反映发生信用损失的各种可能性，但不必识别所有可能的情形。在计量预期信用损失时，企业需考虑的最长期限为企业面临信用风险的最长合同期限（包括考虑续约选择权），而不是更长期间，即使该期间与业务实践相一致。

（五）金融工具减值的账务处理

1. 减值准备的计提和转回

借：信用减值损失

　　贷：贷款损失准备

　　　　债权投资减值准备

　　　　坏账准备

　　　　合同资产减值准备

　　　　租赁应收款减值准备

　　　　预计负债

　　　　其他综合收益——信用减值准备

注意：对于分类为以公允价值计量且其变动计入其他综合收益的金融资产，企业应当在其他综合收益中确认其损失准备，并将减值损失或利得计入当期损益，且不应减少该金融资产在资产负债表中列示的账面价值，科目为“其他综合收益——信用减值准备”。

2. 已发生信用损失金融资产的核销

企业实际发生信用损失，认定相关金融资产无法收回，经批准予以核销的：

借：贷款损失准备/坏账准备/合同资产减值准备/租赁应收款减值准备

　　信用减值损失（如果核销金额大于已计提的损失准备）

　　贷：贷款

　　　　应收账款

　　　　合同资产

　　　　应收租赁款

【例题7－13】 甲公司于2017年12月15日购入一项公允价值为1 000万元的债务工具，分类为以公允价值计量且其变动计入其他综合收益的金融资产。该工具合同期限为10年，年利率为5%，本例假定实际利率也为5%。初始确认时，甲公司已经确定其不属于购入或源生的已发生信用减值的金融资产。

2017年12月31日，由于市场利率变动，该债务工具的公允价值跌至950万元。甲公司认为，该工具的信用风险自初始确认后并无显著增加，应按12个月内预期信用损失计量损失准备，损失准备金额为30万元。为简化起见，本例不考虑利息。

2018年1月1日，甲公司决定以当日的公允价值950万元，出售该债务工具。

甲公司相关账务处理如下：

（1）购入该工具时：

借：其他债权投资——成本	10 000 000	
贷：银行存款		10 000 000

（2）2017年12月31日：

借：信用减值损失	300 000	
其他综合收益——其他债权投资公允价值变动	500 000	

第七章

贷：其他债权投资——公允价值变动		500 000
其他综合收益——信用减值准备		300 000
分开写：		
借：其他综合收益——其他债权投资公允价值变动	500 000	
贷：其他债权投资——公允价值变动		500 000
借：信用减值损失	300 000	
贷：其他综合收益——信用减值准备		300 000
（3）2018 年 1 月 1 日：		
借：银行存款	9 500 000	
投资收益	200 000	
其他综合收益——信用减值准备	300 000	
其他债权投资——公允价值变动	500 000	
贷：其他综合收益——其他债权投资公允价值变动		500 000
其他债权投资——成本		10 000 000

第五节　金融资产转移

见本书最后附加章节。

第六节　套期会计

会计教材金融工具章节内容松散而冗长，因此赠送大家对应视频课程，帮助大家快速学习突破。

扫下方二维码领取电子版讲义

我们认为该部分可考性极低且难度较大。如果以文字形式全部印在书本上，不但会让大家失去学习的兴趣，且不小心花费大量时间来学习。因此我们将该部分内容从书本中删除。同时考前会附赠该部分的预测题，以帮助大家用最少的时间，快速学完该部分内容。

最后我们建议，对于时间较少的同学，可以选择对该部分战略性放弃，以保证投入更多的时间来复习高频考点，降低学习压力、减轻学习负担。

第七节　金融工具的披露

本节内容不重要，故我们将该部分内容从书本中删除，同时赠送电子版讲义和视频课程给大家，以及在考前会附赠该部分的预测题，以帮助大家用最少的时间，快速学完该部分内容。最后我们建议，对于时间较少的同学，可以选择对该部分战略性放弃，以保证投入更多的时间来复习高频考点，这样不仅不会增加学习压力，反而可以减轻学习负担。

扫下方二维码领取电子版讲义

第七章　金融工具

彬哥跟你说：

遇到金融工具，很多 CPA 考生就基本无法翻越过去了，但是还好，你看到了彬哥的这本书，我要告诉你的是，金融工具由于是国外的准则翻译过来的，所以文字比较晦涩，但是会计处理和考试很简单啊！你完全可以将金融工具翻译成白话文！

比如：什么是“以摊余成本计量的金融资产”，那就是准备持有至到期的债券类投资，因为原准则的定义是“以收取合同现金流量为目标的业务模式”，这不就是相当于持有至到期吗？原准则的第二个规定是“现金流量要跟基本借贷安排相一致”，这不就是说要“债权类的投资吗”？股票是不可以的！这种白话文翻译不一定 100% 准确，但是可以帮助我们迅速搞懂，这没啥问题！

金融工具的重点当然是第四节的会计处理了，这也是可以出题的地方，因此第四节的会计分录要多去跟着写几次，找准感觉！

今日复习步骤：

第一遍：回忆 & 重新复习一遍框架（10 分钟）

学习要求：自己重新找一遍框架，不需要掌握所有细节，但求框架了然于心。

第二遍：对细节进一步掌握（30 分钟）

（1）金融资产和金融负债的分类以及重分类涉及哪些考点？

（2）金融负债和权益工具如何区分？

（3）金融工具计量涉及哪些考点？

第三遍：重新复习一遍框架（5 分钟）

我问你答：

（1）金融资产分为哪几类？金融资产分类标准是什么？如何判断具体属于哪一类？

（2）金融资产之间重分类的情形有哪些？不同情形下重分类日的计量规则是什么？

（3）金融资产和金融负债的初始计量如何处理？

（4）金融资产的后续计量有几种情形？每种情形的会计处理如何进行？

（5）金融负债的后续计量原则是什么？不同情形下后续计量的会计处理如何进行？

（6）金融工具如何进行账务处理？损失准备如何确认？

（7）指定为以公允价值计量且其变动计入其他综合收益的非交易性权益工具涉及哪些考点？

本章作业：

（1）请把讲义例题做三遍（做错的题目，请分析错误原因并记录到改错本）。

（2）请复习完口述一遍框架，睡前请再回忆一遍框架。

（3）第二天早上，请再回忆一遍框架，对于回忆不起来的内容，请翻书看一遍。

第 5 天

复习旧内容：

资产（一）的框架图。

学习新内容：

资产（二）第八章第一～第五节。

学习方法：

本章的一个重要思想就是“跟着框架走”，随时要问自己“我现在学到第几节了？这一节大概是讲什么内容的？”因为本章知识的分值占比可能高达30%甚至更多，所以内容比较复杂，因此随时都有迷失的可能性，要随时提醒自己的学习位置！

你今天可能有的心态：

紧张！期待！又害怕！都放轻松下来，本章内容很多，但是我们第一，坚持“框架在心中”做到不迷路，第二，我将每个知识点都设置了习题，看不懂了就去做习题，从习题再回来就行！本章可以适当多花点时间，过了本章，后面的内容就一马平川，毫无难点了！加油！一起努力！

简单解释今天学习内容：

（1）今天的知识主要是讲企业合并和长期股权投资，企业合并都知道，一个公司控制了另外一个公司，企业合并有三种类型：一是吸收合并，一个公司消失了，不存在了；二是新设合并，两个公司都不存在了，组建了一个新的名字；三是控股合并，两个公司还独立存在，因此控股合并才存在长期股权投资。

（2）长期股权投资其实分为两大类：第一大类就是我们上面所说的形成控股合并的长期股权投资；第二大类就是不形成控股合并的长期股权投资，比如联营企业和合营企业。

（3）那么既然是形成控股合并的长期股权投资，两个公司相互独立，各自有各自的个别财务报表，同时在合并时或者年末的时候还需要编制合并财务报表，即把二者的个别报表相加并做一些调整抵销；那不形成控股合并的长期股权投资这里就不需要编制合并报表了，因为并没有控制，无权“并表”。

（4）本章第一～第二节就是基础知识，基本没难点，第三节主要讲不形成控股合并的长期股权投资的计量（包括初始和后续），第四节和第五节讲形成控股合并的长期股权投资，其中第四节讲非同一控制企业合并，第五节讲同一控制下企业合并。

可能会遇到的难点：

（1）首先务必知道我们在学什么，我们学到哪里了？不能迷路，如果迷路了就回头整理一下思路，看看学到哪里了。

（2）形成控股合并的长期股权投资和不形成控股合并的长期股权投资初始计量的差异就是“交易费用”到底计入成本不？其中形成控股合并的是计入了当期损益。后续计量是成本法和权益法的差异，特别是对权益法要着重理解。

（3）在学到第四节和第五节的时候一定要在个别报表和合并报表进行自由切换和形成套路。慢慢地往下梳理就行。

习题注意事项：

（1）本章我设置了很多习题，这些习题搞懂之后就不看答案重新做，很显然第一遍重新做你还会继续错，坚持做完，做完之后对完答案再做一遍，很显然你还会错第二遍，于是循环往复。

（2）动笔写！动笔写！只有动笔去一遍一遍地纠正了，你们考试的时候下笔才有自信！

建议学习时间：

6 个小时（建议周六学习），建议上午学完第一 ~ 第三节，下午专攻第四 ~ 第五节，学完之后晚上还可以复习一遍，不要分散得太开。

第三篇
资产（二）

第八章　长期股权投资及企业合并

各位同学，本章是超级重点，可能会有一点难度，但是如果你跨过了这章，那你的会计基本就可以过关了，所以请稍微耐心点。之所以把这章放在这里，就是想让你们尽快跨过这个坎儿，后面的内容就可以用一马平川来形容了。本章学习可能会遇到以下问题：

（1）可能有一些小的知识点难以理解，比如权益法下面的公允价值跟账面价值的差别以及未实现内部交易损益，这些知识点本书举了通俗的例子，耐心看懂，本书也稍微做了一些简化，以减轻负担。

（2）本章把长期股权投资、企业合并、合并财务报表整合到一起，应该也是一种全新的学习思路，学习之前要熟悉整篇框架，然后在学习的过程中不断地提醒自己现在学的是"不形成控股合并的长期股权投资"还是"形成控股合并的长期股权投资"，是"同一控制下的控股合并"还是"非同一控制下的控股合并"，只有不断地提醒自己，才能不至于迷失在书本之中。

（3）学习本章最大的特点就是容易混淆，可能感觉自己学懂了，在不经意间又混淆了，其实这是正常现象，无须迷茫，在混淆之后整理清楚即可。

（4）本章将长投和合并报表结合，也是考试的出题套路，因此本书设置了大量的真题，目的是希望通过真题来达到熟练运用的程度。可是真题也是有难度的，如果是自学，觉得不会做，可以考虑结合答案搞懂之后再来回顾知识点。

【本章说明】

（1）本章是将长期股权投资、企业合并、合并财务报表三章内容打乱，按照考试出题的思路重新编排。对于企业合并和合并财务报表的一些概念性内容放在前面讲述，是为了给后面的内容打基础。

（2）本章思路：

假定，甲公司和乙公司在此之前没有任何联系，甲公司 2015 年 1 月 1 日购买了乙公司 5% 的股权，对乙公司的经营没有任何影响，那对于甲公司而言，乙公司的股权在会计上如何处理？根据金融工具章节的内容，可以确认为以公允价值计量且其变动计入当期损益的金融资产（为了方便，本章以下都用交易性金融资产代替）或者指定为以公允价值计量且其变动计入其他综合收益的金融资产。

甲公司2015年7月1日又购买了乙公司20%的股权，可以对乙公司的经营产生重大影响，因为甲公司持有的股权可以影响乙公司的经营，那么肯定不能再用金融资产来核算了，不符合会计的谨慎性，这个时候我们就要引入一个新的名词——长期股权投资。意思是将要长期持有这个股权，不是为了短期谋利了！

2016年1月1日，甲公司又购买了乙公司50%的股权，目前为止，共持有乙公司75%的股权，可以对乙公司的经营产生控制。可以肯定地告诉你，这里仍然叫作甲公司对乙公司的长期股权投资，可是，25%和75%有区别吗？嗯，当然还是有区别的，我们又要引入一个新的概念——不形成控股合并的长期股权投资和形成控股合并的长期股权投资。当持有25%时，是不形成控股合并的长期股权投资；持有75%是形成控股合并的长期股权投资。可是，这一天，会计上又要怎么处理呢？

2016年1月1日，甲公司持有乙公司75%的股权，能够控制乙公司的生产经营，这时候乙公司就叫甲公司的子公司了。首先，甲公司和乙公司各自都有自己经营的财务报表，二者是独立法人，这就叫个别财务报表；其次，甲公司作为乙公司的母公司，难道母公司不想看看自己到底有多少家产？于是就把甲公司和乙公司的个别财务报表相加，并做一些调整，这就是合并财务报表！也就是除了个别财务报表外，还需要编制合并财务报表！

上面这些知识就是我们本篇需要学习的知识，我们将逐步学习，或许某些考点有一些小小的难度，但是我们在每个考点后面都设置了相应的例题，通过例题再回头学习也是一个很好的方法。

那么我们接下来看看本章的布局，了解本章的布局对各位学习好本章意义重大（见图8－1）。

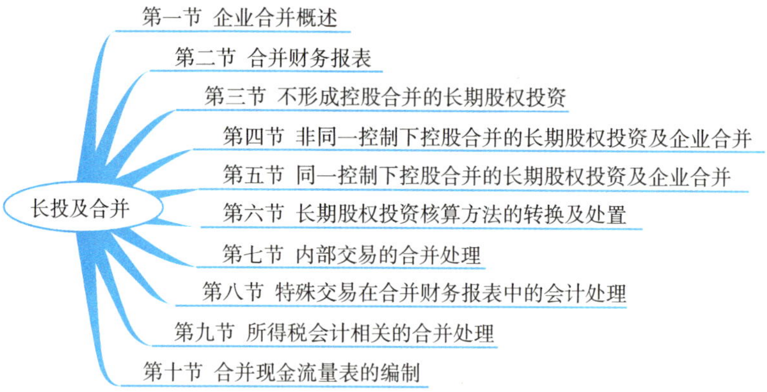

图8－1 长投及合并布局

从这里我们可以看到本章的一些布局，而且各位也一定要在每一节的学习中知道自己在学习什么？

（1）第一节和第二节，主要讲述企业合并和合并财务报表的一些概念性的东西，讲述什么是企业合并以及合并财务报表编制的基本原则。

（2）第三节、第四节、第五节和第六节主要讲两种不同的长期股权投资的处理。第三节讲述不形成控股合并的长期股权投资，第四节和第五节讲述形成控股合并的长期股权投资，其中第四节讲述非同一控制下控股合并的长期股权投资，第五节讲述同一控制下控股合并的长期股权投资，第六节主要讲述长期股权投资核算方法的转换。

（3）第七节、第八节、第九节和第十节主要是合并财务报表的内容，就是合并财务报表内部交易的抵销和一些特殊处理。

综上，真正涉及企业合并报表内容的是第四节、第五节和第七节之后的章节。保持整章框架的清晰对于学习本章意义重大。

所以，请随时问一下自己在学习什么？

【重难点解析】

长期股权投资和合并报表都有几个较难理解的知识点，在重难点解析这里用通俗的语言帮助大家理解一下，对后面的学习会有很大的帮助：

（1）长期股权投资的含义。

长期股权投资，通俗的理解就是为了长期持有股权，而不是为了短期赚差价而买卖；短期赚差价买卖而持有的股权是前面金融工具章节所学习的内容。

根据最新准则，长期股权投资主要包含以下内容：

①投资企业能够对被投资单位实施控制的权益性投资，即对子公司投资；

②投资企业与其他合营方一同对被投资单位实施共同控制的权益性投资，即对合营企业投资；

③投资企业对被投资单位具有重大影响的权益性投资，即对联营企业投资。

其中①叫作形成控股合并的长期股权投资，②和③叫作不形成控股合并的长期股权投资。

如果仅持有较少股份（比如只是持有5%），对被投资公司无较大影响，不得称为长期股权投资，一般确认为金融资产。

（2）关于“形成控股合并的长期股权投资”和“不形成控股合并的长期股权投资”的后续计量的一些思考。

两者的后续计量是不一样的，我们可以这么思考一下：

①不形成控股合并的长期股权投资：不形成控股，也就是联营企业和合营企业，那如何在个别财务报表中反映投资的成果呢？最直接的方法就是投资单位的长期股权投资随着被投资单位的所有者权益的变动而变动，因为不管被投资单位是盈利还是亏损，最终都会反映到所有者权益。这就是所谓的“权益法”。

举例，2010年1月1日A公司购买B公司30%的股权，A公司能够对B公司产生重大影响，2010年，B公司实现净利润2 000万元。（假设不考虑其他任何因素）。那么A公司的分录如下：

借：长期股权投资——损益调整　　（20 000 000×30%）6 000 000

　　贷：投资收益　　6 000 000

②形成控股合并的长期股权投资：形成控股合并，理论上肯定是“权益法”最好，但是形成控股合并是要编制合并报表的，投资的成果可以在合并报表反映，所以个别报表就无须太过详细，不需要随着被投资单位所有者权益的变动而变动，只要不发生减值就不用变动，这就是“成本法”。

（3）关于权益法下购买时账面价值和公允价值差异的理解，举例说明：

2010 年 1 月 1 日，A 公司购买 B 公司 30% 的股份，能够对 B 公司产生重大影响：

①在购买时，B 公司存货账面价值是 500 万元，公允价值是 800 万元，那么 A 公司作为投资方，看到的是存货的公允价值，因此在 A 公司眼里，存货就是 800 万元。

②年末 B 公司将存货销售 80%，B 公司自己计入的成本是 400 万元（500×80%），可是 A 公司站在公允价值来看成本应该是 640 万元（800×80%），因此 A 公司认为 B 公司的成本应该多 240 万元，站在 A 公司的角度来看，B 公司实现的利润应该减少 240 万元，如下表所示。

	A 公司眼里的存货价值	B 公司账面价值
投资时存货的价值	800 万元	500 万元
销售 80% 的成本	640 万元	400 万元
因为公允和账面之差确认的成本差额：240 万元		

③年末 B 公司实现净利润 2 000 万元，但是在 A 公司看来应当调减 240 万元，因为二者确认的成本不一样。所以 A 公司确认的投资收益只能是（2 000－240）×30% = 528（万元）。

分录为：

借：长期股权投资——损益调整　　5 280 000

　贷：投资收益　　5 280 000

【思考】如果是固定资产和无形资产的账面价值与公允价值存在差异，那是怎么影响成本的？那不就是它们折旧或者摊销的金额不一样形成的差额影响成本吗？

（4）关于权益法下未实现内部交易的处理如下图所示。

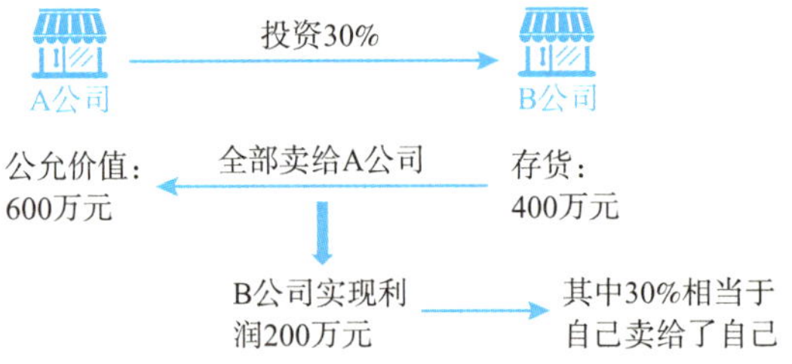

权益法内部交易图解

A 公司购买 B 公司 30% 的股份，能够对 B 公司产生重大影响：

B 公司将账面价值 400 万元的存货以 600 万元的价格销售给 A 公司，B 公司确认利润 200 万元，但是请问这个 200 万元的利润真的实现了吗？A 公司在 B 公司中拥有 30% 的股份，那岂不是 200 万元利润中的 30% 还是自己卖给自己了吗？哪里存在利润？

什么情况下这部分未实现内部交易的利润才叫实现？那就是对外部第三方销售之后才叫实现，否则就不叫实现。

假设B公司今年实现净利润2 000万元，该内部交易的存货今年还未对外销售，那么对于B公司销售给A公司的存货确认的200万元利润，并没有完全实现，则A公司因持有B公司30%确认的“投资收益”是：(2 000－200)×30%＝540（万元）。为什么要乘以30%呢？因为30%相当于自己卖给了自己，而剩下的70%是B公司的其余股东卖给A公司的，所以只有自己持有的30%没有实现。

假设A公司将该批存货的80%对外销售，即还剩下20%，因此只有这部分没有卖出的才影响未实现内部损益，那A公司应该确认的“投资收益”为：[2 000－200×(1－80%)]×30%＝588（万元）。

综上所述，假设有未实现内部交易损益，应确认的投资收益应该是：

[净利润－内部交易损益×(1－对外销售比例)]×持股比例

结合②和③我们可以看出，购买时存在公允和账面差异，是卖掉的部分（或者折旧和摊销的部分）影响投资收益，而存在未实现内部交易时，则是未销售的部分（或者未折旧、未摊销的部分）影响投资收益。

（5）关于个别财务报表和合并财务报表。

2015年5月5日，甲公司购买乙公司60%的股份，能够控制乙公司的生产与经营，首先，甲公司在个别报表确认了对乙公司的“长期股权投资”；其次，甲公司和乙公司分别都有各自的财务报表，这就是它们自身的个别财务报表。

但是，在购买日（5月5日）和年末的时候，我们站在整体的角度，对它们进行分析，因为能够对乙公司进行控制，需要将甲公司和乙公司的财务报表进行合并，这就是组成了一张合并财务报表。

也就是说，在购买日（5月5日）以及每个资产负债表日（12月31日），都需要在个别财务报表的基础上编制合并财务报表，那么合并财务报表有哪些需要思考的呢？

①我们前面表述得很清楚，合并财务报表是在个别报表相加的基础上进行调整，是以个别报表为基础。

②既然甲公司和乙公司要一起编制合并报表，那中间重复的部分就应该抵销掉，毕竟合并报表的意思是双方成为一家人，不分你我了。

比如，哪些可以抵销呢？

甲公司购买乙公司60%的股权，甲公司确认“长期股权投资”，乙公司认为自己“所有者权益”的60%是属于甲公司，也就是甲公司的长期股权投资其实就是买的乙公司的所有者权益，那么所有者权益其实反映的就是“资产—负债”的金额，因此合并报表中已经将子公司的资产和负债并入合并报表，那么就需要将母公司的长期股权投资和子公司的所有者权益进行抵销。

借：乙公司的所有者权益

　　商誉（非同一控制才存在商誉）

贷：长期股权投资

少数股东权益（剩下的40%）

合并后所有的内部交易部分需要抵销，如甲公司和乙公司的内部商品交易，甲公司和乙公司的债权债务交易等。

（6）关于所得税问题。

【注意】这是后面章节的内容，但是本章要稍微用一点内容，那我们在这里只搞懂皮毛就行，详细的后面再学习，如果实在理解不了请不要理解，到后面的所得税章节自然会理解，不要强迫自己理解。

首先，我们要明白，会计的计量和税务机关（税法）的计量大体相同，但是会有一定的差异，比如会计从谨慎性原则的角度思考，需要减值，但是减值就相应减少了利润，税务机关肯定不干，所以税务机关不认可资产减值，这就会导致资产的会计计量和税法计量产生差异。

其次，在资产中，会计上面的价值叫账面价值，税法上面的价值叫计税基础，现在账面价值是500万元，也就是在未来，这500万元可以计入成本，但是现在计税基础是600万元，也就是说税法中还有600万元可以计入成本，这就是说其实会计里面还少计入了100万元的成本，如果按照税法计算，在会计报表中未来是可以少缴税25万元（100×25%）的，这就是递延所得税资产。

综上所述，根据不同的持股比例我们可以把持有的股权投资划分为三类，如表8－1所示。

表8－1　　股权的分类

	金融资产	不形成控股合并的长期股权投资	形成控股合并的长期股权投资
所占份额	份额少，无较大影响	重大影响/共同控制	控制
后续计量	公允价值	权益法	成本法
合并报表		无	有

长期股权投资框架如表8－2所示。

表8－2　　长期股权投资框架

<table>
<tr><th colspan="2" rowspan="2"></th><th colspan="2">形成控股合并的长期股权投资</th><th rowspan="2">不形成控股合并的长期股权投资</th></tr>
<tr><th>同一控制</th><th>非同一控制</th></tr>
<tr><td rowspan="2">初始计量</td><td>入账成本</td><td>被合并方所有者权益在最终控制方合并财务报表中的账面价值的份额</td><td>付出的对价的公允价值</td><td>支付的对价的公允价值＋交易费用</td></tr>
<tr><td>直接交易费用</td><td colspan="2">计入当期损益（管理费用）</td><td>计入成本</td></tr>
</table>

续表

	形成控股合并的长期股权投资		不形成控股合并的长期股权投资
	同一控制	非同一控制	
后续计量	成本法： “长期股权投资”的账面价值不变，除非发生减值		权益法： 权益法的核心就是长期股权投资的账面价值随着被投资单位所有者权益的变动而变动。 借：长期股权投资——损益调整/其他综合收益/其他权益变动 贷：投资收益/其他综合收益/资本公积——其他资本公积 （或者反向变动）
处置	差额计入损益		（1）收到的金额跟长期股权投资的账面价值的差额计入投资收益 （2）之前计入的“其他综合收益”要转入“投资收益”或“留存收益” “资本公积——其他资本公积”要转入“投资收益”

【框架说明】

（1）长期股权投资分为两类：一类是形成控股合并的长期股权投资；另一类是不形成控股合并的长期股权投资。二者最典型的一个区别就是对于交易费用的处理，在形成控股合并的长期股权投资中，交易费用计入当期损益（管理费用），在不形成控股合并的长期股权投资中，交易费用要记入长期股权投资的初始投资成本。

（2）形成控股合并的长期股权投资又可以分为两类：一类是同一控制下企业合并；另一类是非同一控制下企业合并。二者的典型区别就是初始投资成本的不同，同一控制由于在合并前一直受同一控制，因此初始入账成本是以被合并方的账面价值的份额入账；而非同一控制下企业合并，其初始入账成本是购买方所支付的对价的公允价值（不包含交易费用）。

框架如下图所示。

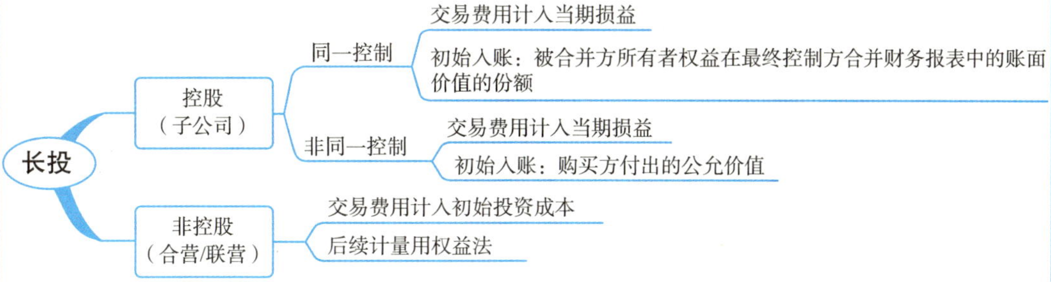

第一节 企业合并概述

一、企业合并的界定

企业合并是将两个或两个以上单独的企业合并形成一个报告主体的交易或事项。从会计角度，交易是否构成企业合并，进而是否能够按照企业合并准则进行会计处理，主要应关注两个方面：

一是被购买方是否构成业务。业务是指企业内部某些生产经营活动或资产负债的组合，该组合具有投入、加工处理过程和产出能力，能够独立计算其成本费用或所产生的收入。企业取得的不形成业务的一组资产或是资产、负债的组合时，应将购买成本基于购买日所取得各项可辨认资产、负债的相对公允价值进行分配，不按照企业合并准则进行处理。

二是交易发生前后是否涉及对标的业务控制权的转移。

二、企业合并方式

企业合并的方式分为三种：控股合并、吸收合并和新设合并。

（1）控股合并。A＋B＝A＋B 的模式，在这种模式中，A 公司取得对 B 公司的控制权，但合并后 A、B 仍作为两个独立的公司继续经营。这种情况下需要在 A 公司的个别报表中确认对 B 公司的“长期股权投资”。

（2）吸收合并。A＋B＝A 的模式，A 公司将 B 公司的资产和负债全部吸收进自己的公司，并以 A 公司的名义继续经营，而被吸收的 B 公司在合并后消失，因此不存在所谓的“长期股权投资”。

（3）新设合并。A＋B＝C 的模式，A、B 公司协议合并，把各自的资产和负债放在一起组成一家新的 C 公司，原来的 A、B 两个公司都消失，因此不存在“长期股权投资”。

综上所述，只有第一种控股合并才会在个别财务报表中确认“长期股权投资”。

本书主要讲控股合并，也会稍微讲一下吸收合并的会计处理。

三、企业合并类型的划分

企业合并是将两个或两个以上单独的企业合并形成一个报告主体的交易或事项。那对于合并前的几个企业，简单来说，一定会存在“有关系”或者“没有关系”两种结果。

即企业合并又分为同一控制下的企业合并和非同一控制下的企业合并。

（1）同一控制下的企业合并：指参与合并的企业在合并前后均受同一方或相同的多方最终控制且该控制并非暂时性的。即合并前的企业之间存在关联方关系。

（2）非同一控制下的企业合并：是指参与合并各方在合并前后不受同一方或相同的多方最终控制的合并交易。即合并前的企业之间不存在关联方关系。

【小知识】企业之间的合并是否属于同一控制下的企业合并，应综合考虑企业合并交易的各方面情况，按照实质重于形式的原则进行判断。通常情况下，同一控制下的企业合并是指发生在同一集团内部企业之间的合并。同受国家控制的企业之间发生的合并，不应仅仅因为参与合并各方前后均受国家控制而将其作为同一控制下的企业合并。

第二节　合并财务报表

在控股合并中，A 公司和 B 公司分别存在各自的个别财务报表，因为两者是独立运营，因此在合并日（购买日）和每个资产负债表日需要编制二者的合并财务报表，也就是说合并财务报表是在个别财务报表的基础上进行编制的。

一、合并财务报表概述

合并财务报表，是指反映母公司和其全部子公司形成的企业集团整体财务状况、经营成果和现金流量的财务报表。

合并财务报表至少包括合并资产负债表、合并利润表、合并所有者权益变动表（或合并股东权益变动表）、合并现金流量表和附注。

二、合并范围的确定

【注意】本知识点的文字比较晦涩，但是实际上不重要，意思就是判断哪些要纳入合并范围，能达到控制就需要纳入合并范围。至于怎么才叫“达到控制”，这个考试的时候会直接告诉我们，甚至题目只要告诉我们持股份额达到 50% 以上我们就明白达到了控制。至于本节内容各位就不要纠结，稍微看一下即可。

（一）以“控制”为基础，确定合并范围

合并财务报表的合并范围应当以控制为基础予以确定。控制，是指投资方拥有对被投资方的权力，通过参与被投资方的相关活动而享有可变回报，并且有能力运用对被投资方的权力影响其回报金额。

投资方在判断能否控制被投资方时，具体判断如下：

1. 判断通过涉入被投资方的活动享有的是否为可变回报

（1）可变回报的定义：是不固定且可能随着被投资方业绩而变化的回报，可以仅是正回报，仅是负回报，或者同时包括正回报和负回报。

（2）如何判断是可变回报：（考试并不需要你们判断）我们不能只是看形式，要看实质。比如投资人可能形式上是通过债务安排来投资，但是可能通过分析合同细节，发现他们实质上就是股权类投资。

2. 判断投资方是否对被投资方拥有权力，并能够运用此权力影响回报金额

（1）权力的定义。

投资方能够主导被投资方的相关活动时，称投资方对被投资方享有“权力”。在判断投资方是否对被投资方拥有权力时，应注意以下几点：

①权力只表明投资方主导被投资方相关活动的现时能力，并不要求投资方实际行使其权力。

②权力是一种实质性权利，而不是保护性权利。

③权力是为自己行使的，而不是代其他方行使。

④权力通常表现为表决权，但有时也可能表现为其他合同安排。

（2）“权力”是一种实质性权利。

①实质性权利。实质性权利，是指持有人在对相关活动进行决策时，有实际能力行使的可执行权利。通常情况下实质性权利应当是当前可执行的权利，但在某些情况下目前不可行使的权利也可能是实质性权利。

②保护性权利。保护性权利旨在保护持有这些权利的当事方的权益，而不赋予当事方对这些权利所涉及的主体的权力。

（3）权利的一般来源——来自表决权。

①直接或间接持有被投资方半数以上表决权。

当被投资方的相关活动由持有半数以上表决权的投资方表决决定，或者主导相关活动的权力机构的多数成员由持有半数以上表决权的投资方指派，而且权力机构的决策由多数成员主导时，持有半数以上表决权的投资方拥有被投资方的权力。

②持有被投资方半数以上表决权但无权力。

投资方虽然持有被投资方半数以上表决权，但当这些表决权不是实质性权利时，其并不拥有对被投资方的权力。比如，企业被政府接管，虽然拥有半数表决权，但是实际上是没有权力的。

③直接或间接持有被投资方半数或半数以下表决权。

持有半数或半数以下表决权的投资方（或者虽持有半数以上表决权，但仅凭自身表决权比例仍不足以主导被投资方相关活动的投资方），应综合考虑具体事实和情况，以判断其持有的表决权与相关事实和情况相结合是否可以赋予投资方拥有对于被投资方的权力。

（4）权力源自表决权之外的其他权力——来自合同安排。

在某些情况下，某些主体的投资方对其的权力并非源自表决权，被投资方的相关活动由一项或多项合同安排决定，例如证券化产品、部分投资基金等结构化主体。

（5）权力与回报之间的联系。

投资方必须不仅拥有对被投资方的权利和因涉入被投资者而承担或有权获得可变回报，而且有能力使用权利来影响因涉入被投资者而获得的投资方回报。只有当投资方不仅拥有对被投资方的权力、通过参与被投资方的相关活动而享有可变回报，并且有能力运用对被投资方的权力来影响其回报的金额时，投资方才控制被投资方。

（二）合并范围的豁免——投资性主体

1. 豁免规定

母公司应当将其全部子公司（包括母公司所控制的被投资单位可分割部分、结构化主体）纳入合并范围。但是，如果母公司是投资性主体，则只应将那些为投资性主体的投资活动提供相关服务的子公司纳入合并范围，其他子公司不应予以合并，母公司对其他子公司的投资应当按照公允价值计量且其变动计入当期损益。

一个投资性主体的母公司如果其本身不是投资性主体，则应当将其控制的全部主体，包括投资性主体以及通过投资性主体间接控制的主体，纳入合并财务报表范围。

2. 投资性主体的定义

当母公司同时满足以下三个条件时，该母公司属于投资性主体：

（1）该公司是以向投资方提供投资管理服务为目的，从一个或多个投资者处获取资金；

（2）该公司的唯一经营目的，是通过资本增值、投资收益或两者兼有而让投资者获得回报；

（3）该公司按照公允价值对几乎所有投资的业绩进行计量和评价。

3. 因投资性主体转换引起的合并范围的变化

当母公司由非投资性主体转变为投资性主体时，除仅将为其投资活动提供相关服务的子公司纳入合并财务报表范围编制合并财务报表外，企业自转变日起对其他子公司不再予以合并，其会计处理参照部分处置子公司股权但不丧失控制权的处理原则。

当母公司由投资性主体转变为非投资性主体时，应将原未纳入合并财务报表范围的子公司于转变日纳入合并财务报表范围，原未纳入合并财务报表范围的子公司在转变日的公允价值视同为购买的交易对价，按照非同一控制下企业合并的会计处理方法进行会计处理。

（三）控制的持续评估

控制的评估是持续的，当环境或情况发生变化时，投资方需要评估控制的两个基本要素中的一个或多个是否发生了变化。如果有任何事实或情况表明控制的两项基本要素中的一个或多个发生了变化，投资方应重新评估对被投资方是否具有控制。

【判断正误】

（1）某公司持有被投资方半数以上投票权，但当这些投票权不是实质性权利，应该纳入合并范围。

错误，只有实质性权利才能纳入合并范围。

（2）深创投公司投资了甲、乙、丙三个子公司，除了投资外没其他关系，应该纳入合并范围。

错误，因为深创投是投资性主体，且甲、乙、丙三个子公司不是提供投资管理服务，不应纳入合并范围。

（3）甲公司持有被投资者48%的投票权，剩余投票权由数千位股东持有，但没有股东持有超过1%的投票权，没有任何股东与其他股东达成协议或能够作出共同决策，甲公司应当将其纳入合并范围。

正确。

(4) 甲公司持有被投资者40%的投票权，股东协议授予甲公司任免负责相关活动的管理人员及确定其薪酬的权利，若要改变协议，须获得2/3以上的多数股东表决权同意，应将甲纳入合并范围。

正确。

三、合并财务报表的编制原则和编制程序

（一）合并财务报表的编制原则

合并财务报表的编制除遵循财务报表编制的一般原则和要求外，还应遵循以下原则和要求：

（1）以个别财务报表为基础编制；

（2）一体性原则；

（3）重要性原则。

（二）合并财务报表编制的前期准备事项

（1）统一母子公司的会计政策；

（2）统一母子公司的资产负债表日及会计期间；

（3）对子公司以外币表示的财务报表进行折算；

（4）收集编制合并财务报表的相关资料。

（三）合并财务报表的编制程序

（1）设置合并工作底稿；

（2）将母公司、纳入合并范围的子公司个别资产负债表、利润表及所有者权益变动表各项目的数据过入合并工作底稿，并在合并工作底稿中对母公司和子公司个别财务报表各项目的数据进行加总，计算得出个别资产负债表、个别利润表及个别所有者权益变动表各项目合计数额；

（3）编制调整分录与抵销分录；

（4）计算合并财务报表各项目的合并金额；

（5）填列合并财务报表。

第三节　不形成控股合并的长期股权投资

【说明】

(1) 前面已经讲过企业合并，只有控股合并才会涉及“长期股权投资”，吸收合并和新设合并不涉及。

（2）而且控股合并也分为两种，一种是同一控制下的企业合并，另一种是非同一控制下的企业合并，两者的会计处理会有一定的差异。

（3）只有形成控股合并的长期股权投资需要编制合并财务报表，不形成控股合并的长期股权投资是无须编制合并财务报表的。

长期股权投资的种类如图 8－2 所示。

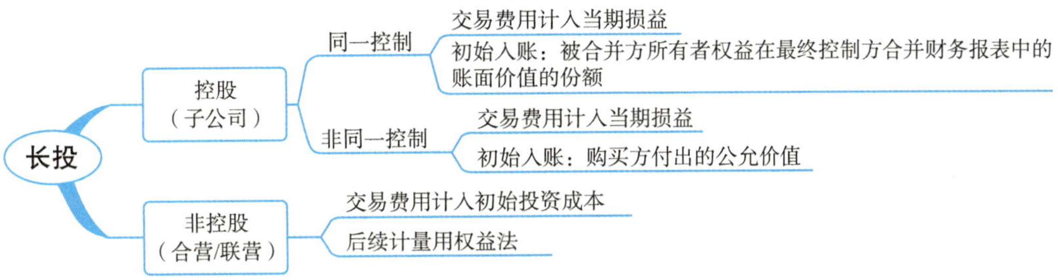

图 8－2　长投的种类

我们本节讲的是“非控股”形成的长期股权投资，大致框架如表 8－3 所示。

表 8－3　“非控股”框架

初始计量	购买价款＋交易费用	借：长期股权投资——投资成本 　贷：银行存款等
	如果是发行股票	借：长期股权投资——投资成本 　贷：股本 　　资本公积——股本溢价
	发行股票支付的佣金	借：资本公积——股本溢价 　贷：银行存款
后续计量（权益法）	第一步：调初始投资	借：长期股权投资——投资成本 　贷：营业外收入
	第二步：调整利润	借：长期股权投资——损益调整 　贷：投资收益
	第三步：分配现金股利	借：应收股利 　贷：长期股权投资——损益调整
	第四步：实现亏损	借：投资收益 　贷：长期股权投资——损益调整
	第五步：其他综合收益	借：长期股权投资——其他综合收益 　贷：其他综合收益
	第六步：其他权益变动	借：长期股权投资——其他权益变动 　贷：资本公积——其他资本公积

续表

处置	收到价款	借：银行存款 　　贷：长期股权投资——投资成本 　　　　　　　　　　——损益调整 　　　　　　　　　　——其他权益变动 　　　　　　　　　　——其他综合收益 　　　　投资收益
	将其他综合收益转入投资收益或留存收益： 资本公积——其他资本公积转入投资收益	借：其他综合收益 　　资本公积——其他资本公积 　　贷：投资收益 　　　　盈余公积 　　　　利润分配——未分配利润

权益法后续计量的处理见图8－3。

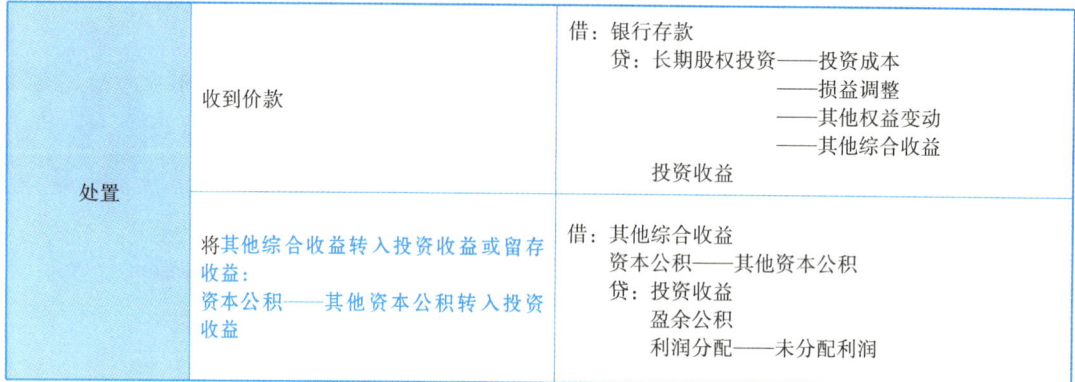

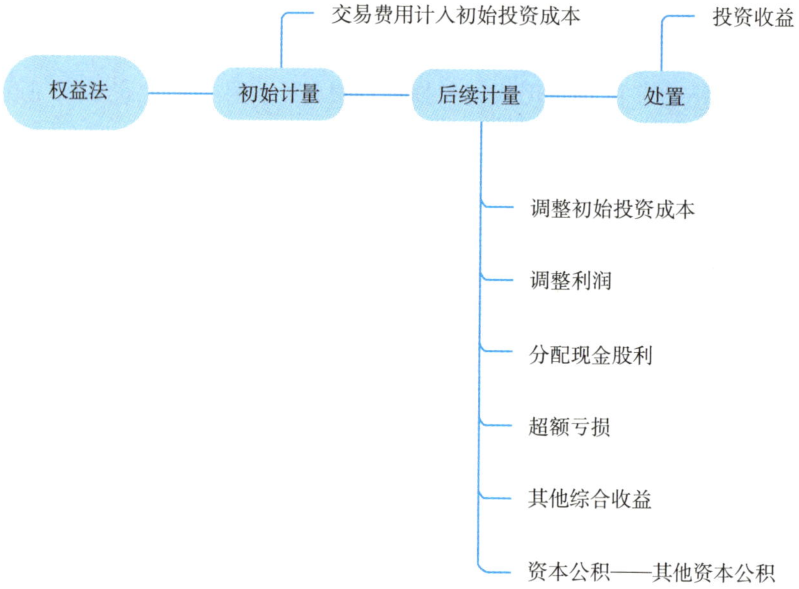

图8－3　权益法后续计量的处理

一、不形成控股合并的长期股权投资的初始计量

1. 初始投资成本

基本原理：实际支付的价款，即"购买价款＋交易费用"。

2. 为取得长期股权投资发生的有关费用的处理

（1）为取得长期股权投资发生的各项直接相关费用，包括支付的审计费用、资产评估费用、法律咨询费用等，应当于发生时计入初始投资成本。

借：长期股权投资——投资成本

　　贷：银行存款

（2）为取得长期股权投资发行权益性证券相关的佣金、手续费等费用应当冲减发行权益性证券所确认的溢价收入——资本公积——股本溢价。

借：长期股权投资——投资成本

　　贷：股本（发行股票的数量×每股面值）

　　　　资本公积——股本溢价（差额）

借：资本公积——股本溢价（权益性证券发行费用）

　　贷：银行存款

（3）为取得长期股权投资发行的债券或承担其他债务支付的手续费、佣金等，应当计入所发行债券及其他债务的初始计量金额。

借：应付债券——利息调整

　　贷：银行存款

【例题 8－1】 2006 年 3 月 5 日，A 公司通过增发 9 000 万股本公司普通股（每股面值 1 元）取得 B 公司 20% 的股权，该 9 000 万股股份的公允价值为 15 600 万元。A 公司向证券承销机构等支付了 600 万元的佣金和手续费。假定 A 公司取得该部分股权后，能够对 B 公司的财务和生产经营决策施加重大影响。

A 公司应当以所发行股份的公允价值作为取得长期股权投资的成本，账务处理为：

借：长期股权投资　　156 000 000

　　贷：股本　　90 000 000

　　　　资本公积——股本溢价　　66 000 000

发行权益性证券过程中支付的佣金和手续费，应冲减权益性证券的溢价发行收入，账务处理为：

借：资本公积——股本溢价　　6 000 000

　　贷：银行存款　　6 000 000

【例题 8－2·单选题】 2014 年 2 月 1 日，甲公司以增发 1 000 万股本公司普通股股票和一台大型设备为对价，取得乙公司 25% 股权。其中，所发行普通股面值为每股 1 元，公允价值为每股 10 元。为增发股份，甲公司向证券承销机构等支付佣金和手续费 400 万元。用作对价的设备账面价值为 1 000 万元，公允价值为 1 200 万元。当日，乙公司可辨认净资产公允价值为 40 000 万元。假定甲公司能够对乙公司施加重大影响。不考虑其他因素，甲公司该项长期股权投资的初始投资成本是（　　）万元。(2014 年)

A. 10 000　　B. 11 000

C. 11 200　　D. 11 600

【答案】 C

【解析】 甲公司对乙公司的长期股权投资不形成控股合并，故甲公司该项长期股权投资的初始投资成本 $=1\ 000\times10+1\ 200=11\ 200$（万元）。向证券承销机构等支付佣金和手续费 400 万元，冲减资本公积，不影响长期股权投资的初始投资成本。

【易错点】 有同学在思考，为何不考虑增值税，因为题目中有“不考虑其他因素”这句话。实际上近年来，增值税变化极大，如果要考虑增值税，题目肯定会明确告知税率。

二、不形成控股合并的长期股权投资的后续计量（权益法）

（一）权益法定义

权益法是指长期股权投资以初始投资成本计量后，在投资持有期间，根据被投资单位所有者权益的变动，投资企业按应享有（或应分担）被投资企业所有者权益的份额调整其投资收益。

权益法的核心就是长期股权投资的账面价值随着被投资单位所有者权益的变动而变动。那么被投资单位所有者权益有哪些变动呢？实现了利润或者亏损会相应地增加所有者权益或减少所有者权益，分配了现金股利会减少所有者权益，其他综合收益变动也属于所有者权益的变动，“资本公积——其他资本公积”的变动也属于所有者权益的变动。

（二）适用范围

合营企业和联营企业（即非控股合并形成的长期股权投资）。

（三）权益法的核算

权益法的六步骤（程序）：

（1）调初始投资成本（调初始）；

（2）投资损益的确认（调利润）；

（3）取得现金股利或利润的处理（调股利）；

（4）超额亏损的确认（调超额亏损）；

（5）其他综合收益的处理（调其他综合收益）；

（6）被投资单位所有者权益其他变动的处理（调其他资本公积）。

下面对六步骤详细讲解：

1. 调初始投资成本（调初始）

（1）初始投资成本大于取得时应享有被投资单位可辨认净资产公允价值份额的，该差额在本质上属于商誉，因为支付多了。这里不需要对长期股权投资的成本进行调整。

（2）初始投资成本小于取得时应享有被投资单位可辨认净资产公允价值份额的，相当于被投资单位作出的让步，属于“营业外收入”，应当调整长期股权投资的账面价值。

借：长期股权投资——投资成本

　　贷：营业外收入

【例题8－3】甲企业购买乙企业30%的股份，支付200万元的现金，并为此合并支付了10万元的交易费用，该企业的可辨认净资产公允价值为1 000万元，会计处理如下：

（1）确认初始投资成本：

借：长期股权投资——投资成本　　2 100 000

　　贷：银行存款　　2 100 000

注意：这里之所以强调10万元的交易费用，是为了提醒各位注意在“非控股形成的长期股权投资”中，交易费用要计入初始投资成本。

（2）调整初始投资成本：

因 $200+10=210<1\ 000\times30\%=300$，所以 $300-210=90$（万元）计入营业外收入

借：长期股权投资——投资成本　　900 000

　　贷：营业外收入　　900 000

假如乙企业的可辨认净资产的公允价值只有500万元，那么 $500\times30\%=150$（万元），初始投资成本210万元比150万元高60万元，我们不用调整，属于商誉。

【例题8-4·单选题】 甲公司2007年1月1日以3 000万元的价格购入乙公司30%的股份，另支付相关费用15万元。购入时乙公司可辨认净资产的公允价值为11 000万元（假定乙公司各项可辨认资产、负债的公允价值与账面价值相等）。乙公司2007年实现净利润600万元。甲公司取得该项投资后对乙公司具有重大影响。假定不考虑其他因素，该投资对甲公司2007年度利润总额的影响为（　　）万元。

A. 165　　B. 180　　C. 465　　D. 480

【答案】 C

【解析】 本题放在这个具体的位置，大家基本都会做，但是如果在考试中，很多考生都会因为没有条件反射导致出错。

购入时产生的营业外收入 $=11\ 000\times30\%-(3\ 000+15)=285$（万元）

期末根据净利润确认的投资收益 $=600\times30\%=180$（万元）

所以对甲公司2007年利润总额的影响 $=285+180=465$（万元）。

【套路】 看到长期投资一定要形成"条件反射"！看到非控股，首先交易费用记入"初始投资成本"，然后一定要记得调整初始，这是常考不衰的考点。

2. 投资损益的确认（调利润）

投资企业取得长期股权投资后，应当按照应享有或应分担被投资单位实现净利润或发生净亏损的份额，调整长期股权投资的账面价值，并确认为当期损益。

实现盈利：

借：长期股权投资——损益调整

　　贷：投资收益

发生亏损：

借：投资收益

　　贷：长期股权投资——损益调整

【例题8-5】 假定甲企业购买乙企业20%的股权，对乙企业具有重大影响，在投资时长期股权投资的成本大于取得投资时被投资单位可辨认净资产公允价值份额的情况下，取得投资当年被投资单位实现净利润2 000万元，取得投资时被投资单位各项资产、负债的账面价值和公允价值相同，且在投资期内没有发生任何内部交易，不需要对被投资单位的净损益进行调整，那么当年投资企业确认的投资收益为400万元（$2\ 000\times20\%$）。财务处理如下：

借：长期股权投资——损益调整　　4 000 000
　　贷：投资收益　　4 000 000

【思考】上面例题专门强调了“取得投资时被投资单位各项资产、负债的账面价值和公允价值相同”和“在投资期内没有发生任何内部交易”，也就是如果这两个假设不成立，那投资收益的金额就要发生变化！接下来看看这两个假设不成立的时候怎么处理。

在确认应享有或应分担被投资单位的净利润或净亏损的时候，在被投资单位账面净利润的基础上，应考虑进行适当调整：

（1）被投资单位采用的会计政策及会计期间与投资企业不一致的，应当按投资企业的会计政策及会计期间对被投资单位的会计政策进行调整。

（2）购买时被投资企业可辨认净资产的公允价值和账面价值之差的处理。

投资方在确认应享有被投资单位净损益的份额时，应当以取得投资时被投资单位可辨认净资产的公允价值为基础，对被投资单位的净利润进行调整后确认。

这个知识点在前言讲过，这里再举例说明：

在投资时，作为投资方关注的是被投资方的公允价值，但是被投资方自身账簿上面还有个账面价值，而这两个价值往往会产生差异，因此，我们假设有这样一个投资：

①取得投资的时候被投资方的公允价值是6 200万元，账面价值是6 000万元，假设是由于存货引起，存货的公允价值1 200万元，账面是1 000万元。其他各项资产和负债的公允价值和账面价值均相等。

②假设取得投资的当年存货对外销售60%。

③假设取得投资当年被投资企业实现利润800万元。

④那么在计算利润的时候，被投资单位自身计算的存货成本是1 000×60% =600（万元）；可是投资单位的角度认为应该是1 200×60% =720（万元），因为投资单位认可的是公允价值。

⑤因此站在投资单位的角度来看，被投资单位的利润应当根据公允价值进行调整，即800－(720－600) =680（万元）。

总结：也就是说卖出的部分才影响利润，因为卖出的部分影响营业成本。那如果是固定资产或者无形资产呢？由于公允价值和账面价值差异，导致折旧或者摊销的差异，因此是折旧和摊销的金额影响利润。

【例题8－6】 甲公司于2017年1月10日购入乙公司30%的股份，购买价款为3 300万元，并自取得投资之日起派人参与乙公司的财务和生产经营决策。取得投资当日，乙公司可辨认净资产公允价值为9 000万元，除下表所列项目外，乙公司其他资产、负债的公允价值与账面价值相同。

假定乙公司于2017年实现净利润900万元，其中，在甲公司取得投资后的账面存货有80%对外出售。甲公司与乙公司的会计年度及采用的会计政策相同。固定资产、无形资产均按年限平均法（直线法）提取折旧或摊销，预计净残值均为0。假定甲公司、乙公司间未发生任何内部交易。

单位：万元

项目	账面原价	已提折旧或摊销	公允价值	乙公司预计使用年限	甲公司取得投资后剩余使用年限
存货	750	—	1 050	—	—
固定资产	1 800	360	2 400	20	16
无形资产	1 050	210	1 200	10	8
合计	3 600	570	4 650	—	—

甲公司在确定其应享有的投资收益时，应在乙公司实现净利润的基础上，根据取得投资时乙公司有关资产的账面价值与其公允价值差额的影响进行调整（假定不考虑所得税影响）：

存货公允价值与账面价值的差额应调减的利润 =（1 050 - 750）×80% =240（万元）

固定资产公允价值与账面价值的差额应调整增加的折旧额 =2 400 ÷16 - 1 800 ÷20 =60（万元）

无形资产公允价值与账面价值的差额应调整增加的摊销额 =1 200 ÷8 - 1 050 ÷10 =45（万元）

调整后的净利润 =900 - 240 - 60 - 45 =555（万元）

甲公司应享有份额 =555 ×30% =166.50（万元）

确认投资收益的账务处理如下：

借：长期股权投资——损益调整　　　　1 665 000

　　贷：投资收益　　　　1 665 000

（3）取得长期股权投资以后，未实现内部交易损益的调整。

在确认投资收益时，除考虑公允价值的调整外，对于投资企业与其联营企业及合营企业之间发生的未实现内部交易损益应予抵销。

我们先举例说明：

我们构建一个投资：

①甲企业持有乙企业30%的股份，有重大影响；

②甲企业将一批账面600万元的存货以1 000万元的价格出售给乙企业；

③甲企业确认利润400万元，可是真的实现了吗？站在甲、乙整体的角度，甲公司将存货卖给乙公司就要增加存货的账面价值400万元，这是很容易操纵利润的，所以也要将这个虚增的利润属于自己的部分抵销掉。等乙企业对外销售了，这批存货不在内部了才叫实现。（注意，在本篇的前言举例是按照乙企业销售给甲企业进行举例，这里是甲企业销售给乙企业，基本原理其实一样，只是解释稍有不同，毕竟方向不一样，但是会计处理一样）

总结：也就是说，在这里跟第一个调整相反，这里是未卖出的存货影响我们的利润，因为这个利润还未实现啊；那么如果内部交易的是固定资产呢？那就是还未折旧的影响我们的利润，因为也是还未实现！

【例题8-7·单选题】 甲公司持有乙公司30%的股权，能够对乙公司施加重大影响。2012年度乙公司实现净利润8 000万元，当年6月20日，甲公司将成本为600万元的商品以1 000万元的价格出售给乙公司，乙公司将其作为管理用固定资产并于当月投入使用，预计使用10年，净残值为零，采用年限平均法计提折旧。不考虑其他因素，甲公司在其2012年度的个别财务报表中应确认对乙公司投资的投资收益为（　　）万元。(2012年)

A. 2 100　　B. 2 280　　C. 2 286　　D. 2 400

【答案】 C

【解析】

第一步，400万元的利润并没有实现，如果是存货应该是卖出的时候就实现了，而固定资产是折旧才叫实现。

第二步，差额为400万元，那当年可以实现折旧金额20万元（因为是折旧10年，2012年只剩下半年)，这个20万元实现了。

第三步，调整利润：[8 000 -(400 -20)] ×30% =2 286（万元)。

未实现内部交易是一个常考点，不管是在权益法下面，还是后面的企业合并报表都会考，因此在这里详细讲一下：

未实现内部交易分为逆流交易和顺流交易，但是不管顺流交易还是逆流交易，它们对利润的调整方法思路基本一样，如图8-4所示。

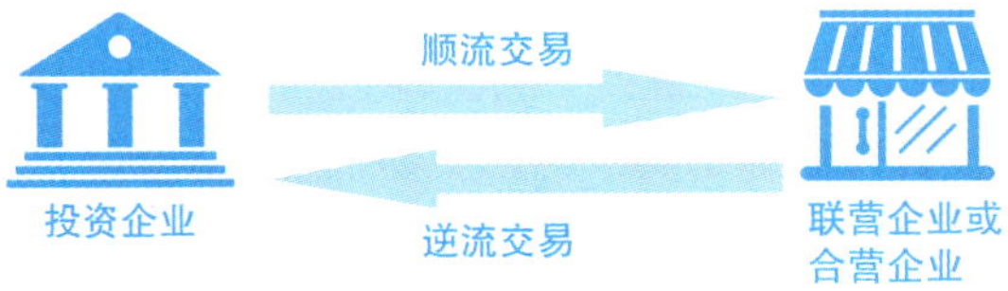

图8-4　未实现内部交易

【注意】未实现内部交易的理解：可以将“投资企业”和“被投资企业”看成一个整体，在这个整体中，无论是顺流交易还是逆流交易，实质上都是“内部的交易”，也就是“自己卖给自己”，利润是没有实现的。由于这是非控股，因此，属于自己份额的部分就属于未实现的部分，应当予以抵销的也就是属于自己的部分！

第一，逆流交易的处理：

所谓逆流交易，即是**联营企业或合营企业向投资企业出售资产的行为**，在该资产出售给外部独立的第三方之前，不应确认联营企业或合营企业因该交易产生的损益中投资企业应享有的份额。

如果投资企业有其他子公司，需要编制合并财务报表的，应在合并财务报表中对长期股权投资及包含未实现内部交易损益的账面价值进行调整，抵销有关资产账面价值中包含的未实现内部交易损益，并相应调整对联营企业或合营企业的长期股权投资。

【例题8-8】 甲企业于2007年1月取得乙公司20%有表决权股份，能够对乙公司施加重大影响。假定甲企业取得该项投资时，乙公司各项可辨认资产、负债的公允价值与其账面价值相同。2007年8月，乙公司将其成本为600万元的某商品以1 000万元的价格出售给甲企业，甲企业将取得的商品作为存货。至2007年资产负债表日，甲企业仍未对外出售该存货。乙公司2007年实现净利润为3 200万元。假定不考虑所得税因素。

甲企业在按照权益法确认应享有乙公司2007年净损益时，应进行以下账务处理：

乙公司经调整净利润 =3 200 -（1 000 -600）=2 800（万元）

借：长期股权投资——损益调整　　（28 000 000 ×20%）5 600 000

　　贷：投资收益　　5 600 000

分开写：

实现净利润：

借：长期股权投资——损益调整　　（32 000 000 ×20%）6 400 000

　　贷：投资收益　　6 400 000

抵销未实现内部交易损益：

借：投资收益　　（4 000 000 ×20%）800 000

　　贷：长期股权投资——损益调整　　800 000

进行上述处理后，投资企业有子公司，虽然联营企业不用编制合并报表，但是如果有其他子公司，投资企业是需要编制合并报表的，这时甲企业的财务数据应纳入合并财务报表，站在合并财务报表的角度，反映在甲企业的个别财务报表上面是“存货”增加了，而乙公司不纳入合并范围，内部交易影响乙公司净利润的变动，从合并财务报表角度应消除投资收益和存货，所以合并财务报表应抵销的分录是：（特别强调，不是联营企业和合营企业需要编制合并报表，而是说假设甲公司还有其他子公司的时候，这时甲公司需要编制合并财务报表，这时就需要进行下列的调整，所以这个知识也只是作为了解即可）

借：投资收益　　800 000

　　贷：存货　　800 000

但是在个别报表中的抵销分录是：

借：投资收益　　800 000

　　贷：长期股权投资——损益调整　　800 000

两个分录比较之后进行调整，所以在合并财务报表中进行以下调整：

借：长期股权投资　　800 000

　　贷：存货　　800 000

【接上题】

假设2007年12月31日，甲企业已对外出售该存货的70%，30%形成期末存货。

经调整后的净利润 =3 200 -400 ×30% =3 080（万元）

借：长期股权投资——损益调整　　　　(30 800 000 ×20%) 6 160 000

　　贷：投资收益　　　　　　　　　　　　　　　　　　6 160 000

假定在2008年，甲企业将剩下的30%也对外销售，那么2007年未实现的内部交易损益已经全部实现，甲企业在确认应享有乙公司2008年净损益时，应考虑将未确认的该部分内部交易损益计入投资收益。

假设甲企业于2008年将剩下的30%也对外销售，乙公司2008年实现净利润为3 600万元。假定不考虑所得税因素。

个别报表应确认投资收益 =(3 600 +120) ×20% =744（万元）

借：长期股权投资——损益调整　　　　　　　　　7 440 000

　　贷：投资收益　　　　　　　　　　　　　　　　　　7 440 000

第二，顺流交易的处理：

顺流交易即投资企业向联营企业和合营企业出售资产的行为，在该交易存在未实现内部交易损益的情况下（即有关资产未向外部独立第三方出售），投资企业在采用权益法计算确认应享有联营企业或合营企业的投资收益时，应抵销该未实现内部交易损益的影响，同时调整对联营企业或合营企业长期股权投资的账面价值。

【例题8 -9】甲企业持有乙公司20%有表决权股份，能够对乙公司的财务和生产经营决策施加重大影响。2007年，甲企业将其账面价值为600万元的商品以1 000万元的价格出售给乙公司。至2007年资产负债表日，该批商品尚未对外部第三方出售。假定甲企业取得该项投资时，乙公司各项可辨认资产、负债的公允价值与其账面价值相同，两者在以前期间未发生过内部交易。乙公司2007年净利润为2 000万元。假定不考虑所得税因素。

甲企业在该项交易中实现利润400万元，其中的80万元（400 ×20%）是针对本企业持有的对联营企业的权益份额，在采用权益法计算确认投资损益时应予抵销，即甲企业应当进行的账务处理为：

借：长期股权投资——损益调整

　　　　　　　　　　[(20 000 000 -4 000 000) ×20%]3 200 000

　　贷：投资收益　　　　　　　　　　　　　　　　　　3 200 000

分开写：

实现利润时：

借：长期股权投资——损益调整　　　　(20 000 000 ×20%) 4 000 000

　　贷：投资收益　　　　　　　　　　　　　　　　　　4 000 000

抵销内部交易损益：

借：投资收益　　　　　　　　（4 000 000 × 20%）800 000

　　贷：长期股权投资——损益调整　　　　　　　　800 000

进行上述处理后，投资企业有子公司，虽然联营企业不用编制合并报表，但是如果有其他子公司，投资企业是需要编制合并报表的，这时甲企业的财务数据应纳入合并财务报表，站在合并财务报表的角度，甲公司将产品卖给乙公司，属于增加了“营业收入”“营业成本”，其中利润的增加也属于增加了“长期股权投资”，因此在合并财务报表中要进行抵销：

借：营业收入　　　　　　　　2 000 000

　　贷：营业成本　　　　　　　　1 200 000

　　　　长期股权投资　　　　　　　　800 000

由于个别财务报表抵销了投资收益：

借：投资收益　　　　　　　　800 000

　　贷：长期股权投资——损益调整　　　　800 000

所以应对合并报表做以下调整：

借：营业收入　　　　（10 000 000 × 20%）2 000 000

　　贷：营业成本　　　　（6 000 000 × 20%）1 200 000

　　　　投资收益　　　　　　　　800 000

应当说明的是：投资企业与其联营企业及合营企业之间发生的无论是顺流交易还是逆流交易产生的未实现内部交易损失，属于转让资产发生减值损失的，有关的未实现内部交易损失不应予以抵销。原因是该损失原则上不因是否发生资产的内部转移而发生变化，即使有关资产未发生实际交易，有证据表明其可收回金额等低于账面价值的，无论资产持有方是哪个企业，均应按照会计准则规定计提相应的减值损失，即相关损失与转让交易无关。

转让资产发生减值损失：即相互之间转让资产，资产的卖出价低于账面成本价，这部分减值损失不应予以抵销。比如，上面的例题中甲公司将账面价值 1 000 万元的存货以 800 万元的价格销售给乙公司，这其实是属于存货的跌价，在这里计算长期股权投资的时候，就不用抵销这里未实现的内部交易损益。

3. 取得现金股利或分配现金利润的处理（调现金股利）

权益法下取得的现金股利或分配现金利润冲减长期股权投资成本，不确认投资收益，故不影响投资企业的利润。

借：应收股利

　　贷：长期股权投资——损益调整

【提示】为什么不影响损益？

因为权益法的特点就是被投资单位的所有者权益发生变动就要引起“长期股权投资”的账面价值变动，所以这里的贷方只能是“长期股权投资——损益调整”，而不能是“投资收益”。而且因为企业实现了净利润，已经确认了“投资收益”，因此分配现金股利无须再次确认“投资收益”。

【例题8－10】 甲企业持有乙企业20%的股份，能够对乙企业产生重大影响，2004年，乙企业实现了净利润1 000万元，分配股利200万元。乙企业公允价值和账面价值相等，不考虑内部交易，账务处理如下：

实现了利润：

借：长期股权投资——损益调整　　2 000 000

　　贷：投资收益　　2 000 000

分配股利：

借：应收股利　　（2 000 000×20%）400 000

　　贷：长期股权投资——损益调整　　400 000

4. 超额亏损的确认

投资企业在确认应分担被投资单位发生的亏损时，应按照以下顺序处理，如图8－5所示。

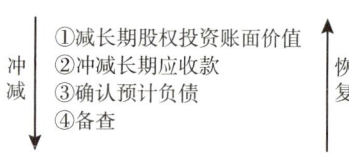

冲减 ↓

①减长期股权投资账面价值

②冲减长期应收款

③确认预计负债

④备查

↑ 恢复

图8－5　超额亏损的处理

被投资单位于以后期间实现盈利的，应按相反顺序进行恢复，同时确认投资收益科目。即应当按顺序分别借记“预计负债”“长期应收款”“长期股权投资”等科目，贷记“投资收益”科目。具体处理如表8－4所示。

表8－4　　被投资单位发生亏损时的处理流程

	冲减	恢复
（1）减记长期股权投资的账面价值	借：投资收益 　贷：长期股权投资——损益调整	借：长期股权投资——损益调整 　贷：投资收益
（2）如果存在对被投资企业的长期应收款的情况下，冲减长期应收款	【注意】这里的长期应收款是指投资方对被投资方的长期债权，并且该债权没有明确的清收计划，实质上构成对被投资单位的净投资，但不包括投资企业与被投资单位之间因销售商品、提供劳务等日常活动所产生的长期债权	
	借：投资收益 　贷：长期应收款	借：长期应收款 　贷：投资收益

续表

	冲减	恢复
（3）如果还不足冲减，按照投资合同或者约定，投资企业仍需承担额外损失弥补等义务的，应当按照义务金额确认预计负债	借：投资收益 　　贷：预计负债	借：预计负债 　　贷：投资收益
（4）上述情况都处理完毕还不足冲减，剩余的应在账外备查登记	—	—

【例题8－11·单选题】 甲公司2010年年初按投资份额出资170万元对乙公司进行长期股权投资，占乙公司股权比例的30%，甲公司对乙公司没有其他长期权益，也未约定需要承担额外损失赔偿义务。投资当年乙公司亏损120万元；2011年乙公司亏损450万元；2012年乙公司实现净利润50万元。2012年A公司计入投资收益的金额为（　　）万元。

A. 12　　B. 0　　C. 14　　D. 15

【答案】 C

【解析】 根据超额亏损的确认，首先冲减长期股权投资，然后是长期应收款，然后是预计负债，最后是备查账簿。如果实现了盈利就原路返回。

2010年和2011年甲公司确认的亏损为（120＋450）×30%＝171（万元），2012年甲公司确认实现的利润为50×30%＝15（万元）。

在这里，由于题目告诉我们并没有长期应收款，也不需要确认预计负债，而长期股权投资的账面价值170万元早就冲减完毕，所以剩下的171－170＝1（万元）全部计入备查账簿，因此在实现利润的时候要首先冲减备查账簿的金额1万元，其次转回长期股权投资的账面价值14万元，所以应该确认“投资收益”。

借：长期股权投资——损益调整　　14
　　贷：投资收益　　14

5. 其他综合收益的处理

在权益法核算下，被投资单位确认的其他综合收益及其变动，也会影响被投资单位所有者权益总额，进而影响投资企业应享有被投资单位所有者权益的份额。比如，被投资单位的“以公允价值计量且其变动计入其他综合收益的金融资产”的变动。

借：长期股权投资——其他综合收益
　　贷：其他综合收益

（或相反分录）

【注意】就“其他综合收益”来说，目前我们在以下地方有用到：

（1）非投资性房地产转变为公允价值模式的投资性房地产，如果转换的时候公允价值高于非投资性房地产的账面价值，差额要记入“其他综合收益”。（注意，投资性房地产本身由成本法转变为公允价值法，属于会计政策变更，影响的是留存收益）

（2）以公允价值计量且其变动计入其他综合收益的金融资产公允价值变动记入“其他综合收益”。

“其他综合收益”这个考点在很多地方都会接触，在后面的学习过程中慢慢总结。

6. 被投资单位所有者权益的其他变动处理

采用权益法核算时，投资企业对于被投资单位除净损益、其他综合收益以及利润分配以外所有者权益的其他变动，应按照持股比例与被投资单位所有者权益的其他变动计算的归属于本企业的部分，相应调整长期股权投资的账面价值，同时增加或减少资本公积（其他资本公积）。

被投资单位除净损益、其他综合收益以及利润分配以外所有者权益的其他变动，主要包括：**被投资单位接受其他股东的资本性投入、被投资单位发行可分离交易的可转换公司债券中包含的权益成分、以权益结算的股份支付等**。

借：长期股权投资——其他权益变动

　　贷：资本公积——其他资本公积

（或相反分录）

【例题8－12】 A企业持有B企业30%的股份，能够对B企业施加重大影响。B企业为上市公司，当期B企业的母公司给予B公司捐赠1 000万元，该捐赠实质上属于资本性投入，B公司将其计入资本公积（股本溢价）。不考虑其他因素，A企业按权益法作如下会计处理：

A企业在确认应享有被投资单位所有者权益的其他变动＝1 000×30%＝300（万元）

借：长期股权投资——其他权益变动　　3 000 000

　　贷：资本公积——其他资本公积　　3 000 000

【注意】股票股利的处理：被投资单位分派的股票股利，投资企业不作账务处理，但应于除权日注明所增加的股数，以反映股份的变化情况。

【小结】关于权益法的长期股权投资，一定要形成条件反射，各位应该经常发现，考试的时候经常错，但是考完就想起来了，那是因为考场上面本来就高度紧张，如果不能形成条件反射就很容易出错，所以在平时做题过程中一定要加强这方面的锻炼：

比如权益法的长期股权投资，看到题目说30%的股份，那我们要马上想到这可能是考权益法，那我们第一反应就是寻找“交易费用”，因为这要计入成本，然后马上要寻找被投资方可辨认净资产的公允价值，因为这涉及调整“初始投资成本”，然后就是其他五步调整。这些条件反射要不断地通过做题去自我训练，否则做题不仅速度慢还会经常出错。

【例题 8－13·单选题】乙公司为丙公司和丁公司共同投资设立，2017 年 1 月 1 日，乙公司增资扩股，甲公司出资 450 万元取得乙公司 30% 股权并能够对其施加重大影响。甲公司投资日，乙公司可辨认净资产的公允价值和账面价值为 1 600 万元。2017 年，乙公司实现净利润 900 万元，其他综合收益增加 120 万元。甲公司拟长期持有对乙公司的投资。甲公司适用的所得税税率为 25%。不考虑其他因素，下列各项关于甲公司 2017 年对乙公司投资相关会计处理的表述中，正确的是（　　）。（2017 年）

A. 按照实际出资金额确定对乙公司投资的投资成本

B. 将按持股比例计算享有乙公司其他综合收益变动的份额确认为投资收益

C. 投资时将实际出资金额与享有乙公司可辨认净资产份额之间的差额确认为其他综合收益

D. 对乙公司投资年末账面价值与计税基础不同产生的应纳税暂时性差异，不应确认递延所得税负债

【答案】D

【解析】选项 A，长期股权投资的初始投资成本为付出对价的 450 万元，但是初始投资成本小于乙公司净资产份额 480 万元（1 600×30%），差额 30 万元应该调整初始投资成本记入“长期股权投资——投资成本”科目，同时计入营业外收入，即乙公司投资的投资成本金额为 480 万元，选项 A 不正确；

选项 B，按持股比例计算其应享有乙公司其他综合收益的份额，应该确认为其他综合收益，所以选项 B 不正确；

选项 C，投资时，实际出资额和应享有乙公司的可辨认净资产的份额之间的差额，应当计入营业外收入，所以选项 C 不正确；

选项 D，我们暂时还未学习，在所得税章节会学习，因甲公司准备长期持有长期股权投资，故不确认递延所得税，选项 D 正确。

三、非控股合并下的长期股权投资的减值

长期股权投资后续计量中，无论是权益法核算还是成本法核算，如果存在减值迹象，都应该计提减值准备，而且长期股权投资的减值准备一经计提，持有期间不允许转回。

借：资产减值损失

　　贷：长期股权投资减值准备

任何情况下的长期股权投资减值处理都一样，本篇后续内容不再赘述。

【本节考点回顾】

(1) 非控股合并下的长期股权投资的初始计量。

(2) 非控股合并下的长期股权投资的后续计量——权益法（分录）。

①调初始投资成本（调初始）。

②投资损益的调整（调利润）（购买时公允和账面的差、内部交易损益调整）。

③取得现金股利或利润的处理（调股利）。

④超额亏损的确认（调超额亏损）。

⑤其他综合收益的处理（调其他综合收益）。

⑥被投资单位所有者权益其他变动的处理（调其他资本公积）。

第四节　非同一控制下控股合并的长期股权投资及企业合并

在重难点解析中已经了解到长期股权投资分为两种：非控股合并的长期股权投资和控股合并的长期股权投资。根据企业合并类型的划分，控股合并的长期股权投资也分为两种：同一控制下控股合并和非同一控制下控股合并，如图 8－6 所示。

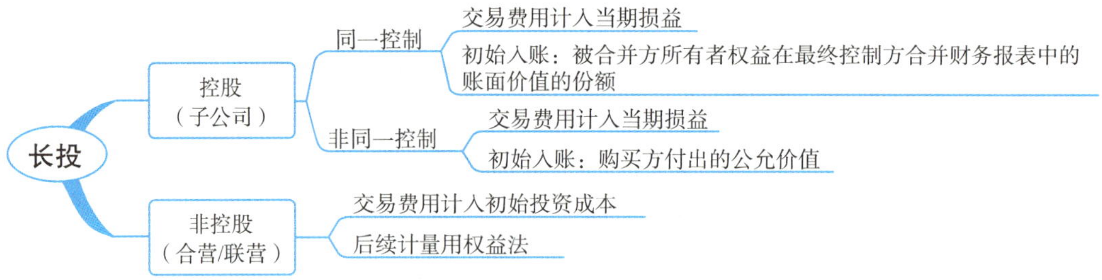

图 8－6　长投框架

本节我们主要讲述控股形成的长期股权投资里面的非同一控制下的控股合并（见表 8－5 和表 8－6）。

表 8－5　　非同一控制下控股合并形成的长期股权投资的个别报表框架

初始计量	(1) 初始投资成本为付出对价的公允价值	借：长期股权投资 　贷：银行存款 　　股本 　　资本公积——股本溢价
	(2) 若为合并发生的交易费用	借：管理费用 　贷：银行存款
	(3) 若是发行股票进行合并，为发行股票支付的佣金（不是合并交易费用）冲减资本公积	借：资本公积——股本溢价 　贷：银行存款

续表

后续计量（成本法）	被投资单位实现利润或者发生亏损	长期股权投资的账面价值不变
	如果分配现金股利	借：应收股利 　　贷：投资收益
	减值	按照减值的方法处理
处置	收到的价款跟长期股权投资的账面价值的差额记入“投资收益”	借：银行存款 　　长期股权投资减值准备 　　贷：长期股权投资 　　　　投资收益（或借方）

表 8-6　　非同一控制下控股合并形成的长期股权投资的合并报表框架

购买日合并报表	（1）确认长期股权投资，属于前面的内容	
	（2）确认“商誉”	商誉＝初始投资成本－被购买方可辨认净资产公允价值份额
	（3）将被购买方从“账面价值”调整到“公允价值”	借：相关资产 　　贷：资本公积——其他资本公积（或者反向分录）
	（4）将母公司长期股权投资和子公司股东权益抵销	借：股本 　　资本公积 　　其他综合收益 　　盈余公积 　　未分配利润 　　商誉（借方差额） 　　贷：长期股权投资 　　　　少数股东权益 　　　　盈余公积（贷方差额） 　　　　未分配利润（贷方差额）
		注：本来贷方差额应该记入“营业外收入”，但是由于购买日不需要编制合并利润表，该差额体现在合并资产负债表上，应调整合并资产负债表的盈余公积和未分配利润
购买日后合并报表（即合并后每个资产负债表日都需要重新编制）	（1）将被购买方从“账面价值”调整到“公允价值”（实际就是重复之前的行为）	借：相关资产 　　贷：资本公积——其他资本公积（或者反向分录） （同时，由于从账面价值调整到了公允价值，相应地也会影响损益，因为折旧或者摊销的金额肯定变了）
	（2）将后续计量从成本法调整成权益法	权益法调整 （调整到权益法是合并财务报表的要求）
	（3）将母公司长期股权投资和子公司股东权益抵销	借：股本 　　资本公积 　　其他综合收益 　　盈余公积 　　未分配利润 　　商誉（借方差额） 　　贷：长期股权投资 　　　　少数股东权益

续表

购买日后合并报表（即合并后每个资产负债表日都需要重新编制）	(4) 将子公司的利润分配和母公司的投资收益等进行抵销	借：投资收益 少数股东损益 未分配利润——年初 贷：提取盈余公积 对所有者（或股东）的分配 未分配利润

一、非同一控制下控股合并的长期股权投资的初始计量

非同一控制下控股合并的长期股权投资的处理原则：非同一控制下企业合并中的各合并方在合并之前并不属于同一最终控制方，也就跟不形成控股合并的长期股权投资是一个原理，**支付的对价的公允价值为企业合并成本！但是为合并所支付的交易费用不能计入初始投资成本，只能计入当期损益**！如表 8-7 所示。

表 8-7　非同一控制下控股合并的长期股权投资的初始计量

(1) 初始投资成本	支付对价的公允价值	
(2) 投出的各项资产或负债的处理（相当于卖掉!）	投出资产为固定资产或无形资产	其差额记入“资产处置损益”
	投出资产为存货	按其公允价值确认主营业务收入或其他业务收入，按其账面价值结转主营业务成本或其他业务成本，若存货计提跌价准备的，应将跌价准备一并结转
	投出资产为金融资产等	其差额记入“投资收益或留存收益”。以公允价值计量且其变动记入其他综合收益的金融资产持有期间公允价值变动形成的“其他综合收益”应一并转入投资收益或留存收益
(3) 发生的相关费用的处理	合并方为进行企业合并发生的各项直接相关费用	应当于发生时计入当期损益（管理费用），不计入初始投资成本（包括为进行企业合并而支付的审计费用、资产评估费用、法律咨询费用等） 借：管理费用 贷：银行存款
	为企业合并发行权益性证券相关的佣金、手续费等费用	应当冲减发行权益性证券所确认的溢价收入（股本溢价）。 借：长期股权投资 贷：股本（发行股票的数量 × 每股面值） 资本公积——股本溢价（差额） 借：资本公积——股本溢价（权益性证券发行费用） 贷：银行存款
	为企业合并发行的债券或承担其他债务支付的手续费、佣金等	应当计入所发行债券及其他债务的初始计量金额。 借：应付债券——利息调整 贷：银行存款

续表

(4) 企业通过多次交易分步实现非同一控制下控股合并（个表）	原投资为长期股权投资	购买日长期股权投资初始成本 = 原投资账面价值 + 新增股份公允价值 【注意】购买日之前持有的股权投资因采用权益法形成的其他综合收益，暂时不做处理，待到处置该项投资时，再按长期股权投资的规定进行处理
	原投资为金融资产	购买日长期股权投资初始成本 = 原投资公允价值 + 新增股份公允价值

【例题 8－14】 A 公司于 2006 年 3 月 31 日取得 B 公司 70% 的股权。为核实 B 公司的资产价值，A 公司聘请专业资产评估机构对 B 公司的资产进行评估，支付评估费用 300 万元。合并中，A 公司支付的有关资产在购买日的账面价值与公允价值如下表所示。

2006 年 3 月 31 日　　单位：万元

项目	账面价值	公允价值
土地使用权（自用）	6 000	9 600
专利技术	2 400	3 000
银行存款	2 400	2 400
合计	10 800	15 000

假定合并前 A 公司与 B 公司不存在任何关联方关系，A 公司用作合并对价的土地使用权和专利技术原价为 9 600 万元，至企业合并发生时已累计摊销 1 200 万元。

分析：

本例中因 A 公司与 B 公司在合并前不存在任何关联方关系且取得 70% 股权，应作为非同一控制下的企业合并处理。

A 公司对于合并形成的对 B 公司的长期股权投资，应按确定的企业合并成本作为其初始投资成本。A 公司应进行如下账务处理：

借：长期股权投资　　150 000 000
　　累计摊销　　12 000 000
　　贷：无形资产　　96 000 000
　　　　银行存款　　24 000 000
　　　　资产处置损益　　42 000 000
借：管理费用　　3 000 000
　　贷：银行存款　　3 000 000

【注意】 有同学在这里没有看清楚题目，混淆了 9 600 万元的含义。

首先，“土地使用权”和“专利技术”的原价是 9 600 万元，已经累计摊销 1 200 万元，当前账面价值 8 400 万元；其次，“土地使用权”和“专利技术”的公允价值合计是 12 600 万元（9 600 + 3 000）；因此投出的时候确认的“资产处置损益”为 4 200 万元。

【例题 8 – 15】 2006 年 3 月 5 日，A 公司通过增发 9 000 万本公司普通股（每股面值 1 元）取得 B 公司 60% 的股权，该 9 000 万股股份的公允价值为 20 600 万元，并为该笔交易支付了 30 万元的手续费。为增发该部分股份，A 公司向证券承销机构等支付了 600 万元的佣金和手续费。账务处理如下：

借：长期股权投资	206 000 000	
贷：股本		90 000 000
资本公积——股本溢价		116 000 000
借：管理费用	300 000	
贷：银行存款		300 000

为发行权益性证券支付的佣金和手续费，冲减权益性证券的溢价发行收入：

借：资本公积——股本溢价	6 000 000	
贷：银行存款		6 000 000

【例题 8 – 16 · 单选题】 甲公司 2013 年 2 月 1 日，以银行存款 600 万元和一项无形资产取得乙公司 80% 的股份，能够对乙公司的生产经营决策实施控制，当日乙公司可辨认净资产公允价值为 2 000 万元。作为对价的无形资产在购买日的账面余额为 2 300 万元，已计提摊销 800 万元，未计提减值准备，公允价值为 1 500 万元。甲公司在此之前与乙公司不存在关联方关系，甲公司为取得该项投资另支付相关税费 20 万元，相关手续于当日办理完毕。不考虑其他因素，甲公司对乙公司投资的初始投资成本为（　　）万元。

A. 1 300　　B. 2 120

C. 2 100　　D. 1 632

【答案】 C

【思路】 看到 80%，且无关联，即为非同一控制下控股合并的长期股权投资。初始投资成本 = 支付对价的公允价值。交易费用计入管理费用。

【解析】 该项合并为非同一控制下的控股合并，初始投资成本 = 600 + 1 500 = 2 100（万元），故支付的相关税费应计入当期损益。

二、非同一控制下控股合并的长期股权投资的后续计量（成本法）

（一）适用范围

适用于企业持有的、能够对被投资单位实施控制的长期股权投资。简单地理解，就是对控股的子公司的后续计量采用成本法。而非控股的长期股权投资，后续的计量要采用权益法。

（二）核算方法

（1）在成本法下，长期股权投资以最初的初始投资成本计量，除非新增投资或者减值，长期股权投资的账面金额不会改变。

（2）如果分配了现金股利或现金利润，确认投资收益。（回忆：在个别报表的权益法下分配现金股利应该怎么处理?）

（3）如果只是将未分配利润或盈余公积转增股本，投资方并没有取得现金股利，不用确认投资收益。

宣告发放现金股利时：

借：应收股利

　　贷：投资收益

如果发生减值：

借：资产减值损失

　　贷：长期股权投资减值准备

------------分------------割------------线------------

【注意】分割线上面的内容是个别报表的内容，但是形成控股合并的长期股权投资还需要编制企业合并报表，下面的内容就是讲解非同一控制下企业合并和合并财务报表的编制，通常是个别报表和企业合并报表联合出题，如表8-8所示。

表8-8　　非同一控制下企业合并和合并财务报表的编制

购买日合并报表	（1）确认长期股权投资，这是前面的内容	
	（2）确认“商誉”	商誉＝初始投资成本－被购买方可辨认净资产公允价值份额
	（3）将被购买方从“账面价值”调整到“公允价值”	借：相关资产 　　贷：资本公积——其他资本公积（或相反分录）
	（4）将母公司长期股权投资和子公司股东权益抵销	借：股本 　　资本公积 　　其他综合收益 　　盈余公积 　　未分配利润 　　商誉（借方差额） 　　贷：长期股权投资 　　　　少数股东权益 　　　　盈余公积（贷方差额） 　　　　未分配利润（贷方差额） 注：本来贷方差额应该记入“营业外收入”，但是由于购买日不需要编制合并利润表，该差额体现在合并资产负债表上，应调整合并资产负债表的盈余公积和未分配利润。

续表

购买日后合并报表（即合并后每个资产负债表日都需要重新编制）	（1）将被购买方从“账面价值”调整到“公允价值”（实际就是重复之前的行为）	借：相关资产 　　贷：资本公积——其他资本公积（或相反分录） （同时，由于从账面价值调整到了公允价值，相应地也会影响损益，因为折旧或者摊销的金额肯定变了）
	（2）将后续计量从成本法调整成权益法	权益法调整（调整到权益法是合并财务报表的要求）
	（3）将母公司长期股权投资和子公司股东权益抵销	借：股本 　　资本公积 　　其他综合收益 　　盈余公积 　　未分配利润 　　商誉（借方差额） 　　贷：长期股权投资 　　　　少数股东权益
	（4）将子公司的利润分配和母公司的投资收益等进行抵销	借：投资收益 　　少数股东损益 　　未分配利润——年初 　　贷：提取盈余公积 　　　　对所有者（或股东）的分配 　　　　未分配利润

三、非同一控制下企业合并的处理

对于非同一控制下企业合并的长期股权投资讲述的是购买方的个别报表如何编制，而企业合并及合并日后的处理讲述的是购买方的合并报表如何编制。

企业的合并报表一定是在个别报表的基础上编制的。

（一）非同一控制下企业合并的处理原则

非同一控制下的企业合并，主要涉及购买方及购买日的确定、企业合并成本的确定、合并中取得各项可辨认资产、负债的确认和计量、合并差额的处理。

1. 确定购买方

非同一控制下的企业合并，在购买日取得对其他参与合并企业控制权的一方为购买方，参与合并的其他企业为被购买方。

2. 确定购买日

购买日，是指购买方实际取得对被购买方控制权的日期。

同时满足以下条件时，一般可认为实现了控制权的转移，形成购买日。有关的条件包括：

（1）企业合并合同或协议已获股东大会等内部权力机构通过。

（2）按照规定，合并事项需要经过国家有关主管部门审批的，已获得相关部门的批准。

（3）参与合并各方已办理了必要的财产产权交接手续。

（4）购买方已支付了购买价款的大部分（一般应超过50%），并且有能力、有计划支付剩余款项。

（5）购买方实际上已经控制了被购买方的财务和经营政策，享有相应的收益并承担相应的风险。

3. 确定企业合并成本

企业合并成本包括购买方为进行企业合并支付的现金或非现金资产、发行或承担的债务、发行的权益性证券等在购买日的公允价值。

在长期股权投资的初始计量中已经讲述得非常清楚了，这里不再反复讲述。

（二）非同一控制取得子公司购买日合并财务报表的编制

购买日合并报表的编制，严格遵循四步走的套路。

第一步：初始确认。

第二步：计算商誉（强调!! 在控股合并中商誉的确认是在合并财务报表中！不是个别报表!）。

第三步：将被购买方的资产负债从账面价值调整到公允价值。站在合并方的角度来看，合并方是按照公允价值来购买的，在编制合并报表的时候，需要将被合并方的资产和负债调整到公允价值，差额记入的是“资本公积——其他资本公积”。

第四步：将母公司的长期股权投资与子公司的股东权益进行抵销。

【思考】为什么是四步走，原理其实很简单。

首先，目的是为了将母公司的长期股权投资和子公司的股东权益进行抵销，既然要抵销，长期股权投资一方面会跟子公司的股东权益存在差额，这个差额要么是正商誉要么是负商誉，所以需要计算出来。

其次，购买时按照公允价值进行购买，因此要做抵销分录，一定要把被购买方从账面价值调整到公允价值，方可正常抵销。

（1）确认长期股权投资。

借：长期股权投资

　　贷：银行存款等

【注意】一般来说，这里确认的“长期股权投资”跟个别报表确认的一致，不会有差异，但是也有特殊情况，那就是多次购买形成控股合并时，合并报表确认的长期股权投资和个别报表确认的长期股权投资可能会存在差异，稍后详细说明。

（2）计算商誉：初始投资成本 - 被购买方可辨认净资产公允价值的份额。

（3）按公允价值对非同一控制下取得子公司的财务报表进行调整（将子公司的账面价值调整到公允价值）。

借：固定资产等（账面和公允的差额）

贷：资本公积——其他资本公积

【注意】这里差额记入的是子公司的“资本公积——其他资本公积”。要将母公司的长期股权投资和子公司的股东权益抵销，母公司的长期股权投资是付出的对价的公允价值，子公司的股东权益不调整到公允价值，那下一步抵销肯定不平，所以差额记入了子公司的“资本公积——其他资本公积”。这里考试经常设置陷阱。

（4）母公司长期股权投资与子公司所有者权益抵销处理。

借：股本（实收资本）
　　资本公积（将子公司账面价值和公允价值的差额也要记入此科目，即（3）的调整）
　　其他综合收益
　　盈余公积
　　未分配利润
　　商誉（借方余额）
　　贷：长期股权投资
　　　　少数股东权益
　　　　盈余公积
　　　　未分配利润（贷方余额）

【例题 8－17】 甲公司2011年1月1日以定向增发公司普通股票的方式，购买取得A公司70%的股权。甲公司定向增发普通股股票10 000万股（每股面值为1元），甲公司普通股股票面值每股为1元，市场价格每股为2.95元。甲公司并购A公司属于非同一控制下的企业合并，假定不考虑所得税、甲公司增发该普通股股票所发生的审计以及发行等相关的费用。

A公司在购买日股东权益总额为32 000万元，其中股本为20 000万元，资本公积为8 000万元、盈余公积为1 200万元、未分配利润为2 800万元。A公司购买日应收账款账面价值为3 920万元、公允价值为3 820万元；存货的账面价值为20 000万元、公允价值为21 100万元；固定资产账面价值为18 000万元、公允价值为21 000万元。购买日股东权益公允价值总额为36 000万元。（单位：万元）

第一步：确认长期股权投资。

甲公司将购买取得A公司70%的股权作为长期股权投资入账，其账务处理如下：

借：长期股权投资——A公司	29 500	
贷：股本		10 000
资本公积		19 500

第二步：计算商誉：初始入账成本－被购买方可辨认净资产公允价值的份额。

29 500－36 000×70%＝4 300（万元）

第三步：将被购买方从账面价值调整到公允价值（公允价值 36 000 万元，账面价值 32 000 万元）。

借：存货 1 100
　　固定资产 3 000
　　贷：应收账款 100
　　　　资本公积 4 000

第四步：将母公司的长期股权投资与子公司的股东权益进行抵销。

借：股本 20 000
　　资本公积 （8 000 +4 000） 12 000
　　盈余公积 1 200
　　未分配利润 2 800
　　商誉 4 300
　　贷：长期股权投资——A 公司 29 500
　　　　少数股东权益 10 800

【强调】

（1）这里的资本公积是需要加上“第三步”从账面价值调整到公允价值记入的“资本公积——其他资本公积”；

（2）对于非同一控制下的控股合并，不要忘记商誉。

（三）非同一控制下的吸收合并

我们前面讲过，企业合并分为三种：吸收合并、控股合并、新设合并。新设合并就是设立一个新公司，不必要讲解，我们通篇讲解的都是控股合并，因为控股合并跟长期股权投资紧密相连，那么吸收合并怎么处理呢？

（1）购买方在购买日应当将合并中取得的符合确认条件的各项资产、负债，按其公允价值确认为本期的资产和负债；

（2）作为合并对价的有关非货币性资产在购买日的公允价值与其账面价值的差额，应作为资产的处置损益记入合并当期的利润表；

（3）确定的企业合并成本与所取得的被购买方可辨认净资产公允价值的差额，视情况分别确认为商誉或是作为企业合并当期的损益记入利润表。

借：资产（购买日取得对方资产的公允价值）
　　商誉（借方差额）
　　贷：负债（购买日承担对方负债的公允价值）
　　　　相关资产（支付的合并对价的公允价值）
　　　　营业外收入（贷方差额）

基本处理原则与非同一控制下的控股合并类似，不同点在于在非同一控制下吸收合并中，合并中取得的可辨认资产和负债是作为个别财务报表中的项目列示，**合并中产生的商誉也是作为购买方账簿及个别财务报表中的资产列示。**

(四)通过多次交易分步实现的企业合并(非同一控制)

一些思考:

通过多次交易分步实现的企业合并,那么在控制之前的投资应该存在三种形式(见表8-9)。

(1)权益法核算的长期股权投资;

(2)以公允价值计量且其变动计入当期损益的金融资产;

(3)指定为以公允价值计量且其变动计入其他综合收益的金融资产。

表8-9

种类	个别报表	合并报表
权益法核算的长期股权投资	账面价值+公允价值 其他综合收益不转出	公允价值+公允价值 其他综合收益转入投资收益(或留存收益)
以公允价值计量且其变动计入当期损益的金融资产	公允价值+公允价值 公允账面之差记入投资收益	跟个别报表保持一致
指定为以公允价值计量且其变动计入其他综合收益的金融资产	公允价值+公允价值 (1)其他综合收益转入留存收益 (2)公允账面之差计入留存收益	跟个别报表保持一致

【小知识】关于账面价值和公允价值的一些问题,很多人仍然有点模糊,本节内容要涉及,给大家补充一下。

以公允价值计量且其变动计入当期损益的金融资产和指定为以公允价值计量且其变动计入其他综合收益的金融资产:后续计量采用公允价值模式进行计量,也就是在报表中反映的就是公允价值,因此可以简单理解为“账面价值=公允价值”。那为什么在转换的时候有可能出现账面价值和公允价值不一样呢?比如2016年12月31日是100万元,但是2017年2月1日转换变成120万元呢?其实不是账面和公允不一样,而是因为在2月1日还没有来得及做公允价值变动的调整而已。

不形成控股合并的长期股权投资:账面价值≠公允价值,因为“不形成控股合并的长期股权投资”的后续计量采用的权益法,因此这个是账面价值。但是该笔长期股权投资在公允市场还有公平的买卖价格,也就是还有一个“公允价值”,因此“账面价值≠公允价值”。

1. 个别报表(账面价值+公允价值)

对于个别报表的处理,在长期股权投资的初始计量中已经讲过,这里不再重复。

合并成本=购买日之前持有的被购买方的股权于购买日的账面价值

+购买日新购入股权所支付对价的公允价值

2. 合并财务报表(公允价值+公允价值)

(1)购买方对于购买日之前持有的被购买方的股权,按照该股权在购买日的公允价值进行重新计量,公允价值与账面价值的差额计入当期投资收益。

（2）合并成本 = 购买日之前持有的被购买方的股权于购买日的公允价值 + 购买日新购入股权所支付对价的公允价值。

（3）比较购买日合并成本与现有的被购买方可辨认净资产公允价值的份额，确定购买日应予确认的商誉，或者应计入营业外收入（用留存收益代替）的金额。

（4）购买日之前持有的被购买方的股权涉及权益法核算下的其他综合收益以及除净损益、其他综合收益和利润分配外的其他所有者权益变动的，与其相关的其他综合收益、其他所有者权益变动应当转为购买日所属当期损益，由于被购买方重新计量设定收益计划净负债或净资产变动而产生的其他综合收益等不能重分类进损益的其他综合收益除外。（也就是能重分类进损益的情况下，个别报表不转投资收益，但是合并报表要转投资收益）

【解释】多次交易实现的控股合并，有可能是在实现控股前是以公允价值计量且其变动计入当期损益的金融资产或者指定为以公允价值计量且其变动计入其他综合收益的金融资产，也有可能是权益法核算的长期股权投资，差异如下：

以公允价值计量且其变动计入当期损益的金融资产或者指定为以公允价值计量且其变动计入其他综合收益的金融资产“账面价值 = 公允价值”，因此个别报表和合并报表在这里并没有区别。

指定为以公允价值计量且其变动计入其他综合收益的金融资产在转换前的“其他综合收益”要在个别报表中转入“留存收益”。

以权益法核算的长期股权投资形成的“其他综合收益”，在个别报表中并不需要转入“投资收益”，而是在合并报表中才需要转入“投资收益”。（能重新进行分类的情况下）

换种方式思考，以权益法核算的长期股权投资转换为合并的时候，在合并报表中需要确认两笔投资收益：第一笔是账面价值和公允价值的差异需要确认“投资收益”；第二笔是“其他综合收益”需要转入“投资收益”。

注意：以权益法核算的长期股权投资形成的“其他综合收益”，要在能重分类进损益的情况下，才能转入投资收益。该部分“其他综合收益”采用与被投资方处置该投资相同的基础进行处理。

【思考】个别报表的长期股权投资的合并成本总是跟合并报表的长期股权投资成本一致吗？

不一定，一般情况下是一致的，但是在从“权益法”转为“成本法”的这里就不一致，因为个别报表是“账面价值 + 公允价值”，而合并报表是“公允价值 + 公允价值”，所以在这种情况下，计算商誉以及合并报表的抵销一定要用合并报表的合并成本来计算。

【例题 8－18】长江公司于 2012 年 1 月 1 日以货币资金 1 500 万元取得了大海公司 25% 的所有者权益，对大海公司能够施加重大影响，大海公司在该日的可辨认净资产的公允价值为 5 000 万元，大海公司 2012 年度实现净利润 1 000 万元，没有支付股利，因分类为以公允价值计量且其变动计入其他综合收益的金融资产公允价值变动增加其他综合收益 100 万元。2013 年 1 月 1 日，长江公司以货币资金 2 200 万元进一步取得大海公司 45% 的所有者权益，因此取得了控制权。大海公司在该日的可辨认净资产的公允价值为 5 500 万元。原 25% 股权在该日的公允价值为 1 800 万元。长江公司和大海公司属于非同一控制下的公司。

（1）长江公司在个别报表中应确认的合并成本？

合并成本 =（1 500 +1 000 ×25% +100 ×25%）+2 200 =3 975（万元）

【注意】 这题看似简单，但是也希望各位能够从这个题目得到启示，看见 25% 就想到权益法——那么交易费用应该计入成本（这里没有）——是否需要调整初始（5 000 ×25% =1 250），这些思路一定要建立！否则后面做题会出现很多错误。

同时有同学问分类为以公允价值计量且其变动计入其他综合收益的金融资产公允价值变动增加其他综合收益 100 万元是什么意思？意思即代表被投资单位的其他综合收益增加了 100 万元。

（2）长江公司在合并报表中应确认的合并成本和商誉？

合并成本 =1 800 +2 200 =4 000（万元）

商誉 =（1 800 +2 200）–5 500 ×（25% +45%）=150（万元）

（3）计算长江公司 2013 年度合并财务报表中因购买大海公司 45% 股权应确认的投资收益。

投资收益 =1 800 –［1 500 +1 000 ×25% +25］+25 =50（万元）

四、非同一控制下取得子公司购买日后合并财务报表的编制

何谓购买日后合并财务报表的编制，意思是合并后每个资产负债表日都需要编制合并报表，不仅包含当年要编制合并报表，以后年度也需要连续编制合并报表，当然考试基本是考当年！

非同一控制下取得子公司购买日后合并财务报表的编制也是分为四步走：两个调整，两个抵销。

第一步：第一个调整！将被购买方由账面价值调到公允价值。

第二步：第二个调整！从成本法调整到权益法。

第三步：第一个抵销！将母公司的长期股权投资和子公司的股东权益进行抵销。

第四步：第二个抵销！将子公司的利润分配和母公司的投资收益进行抵销。

假设还有“应收股利”和“应付股利”，也要记得一并抵销！

【注意】为什么是这四步调整？我们要明白的是购买日后需要做的第一个抵销分录还是将母公司的长期股权投资和子公司的股东权益进行抵销，那么如何抵销呢？

（1）商誉在后续是保持不变的，因此我们这里不用重新计算；

（2）每个资产负债表日都是全新地按照个别报表来汇总调整编制，因此在购买日做过的从“账面价值”调整到“公允价值”的分录仍然需要做一遍。而且需要注意的

是，由于购买日后有利润，因此公允和账面之差也会影响利润；

(3) 既然子公司的盈利亏损等都会反映到子公司的所有者权益，那么，母公司的长期股权投资如果不按照权益法调整，就也不能够完全抵销；

(4) 调整之后就是母公司调整后的长期股权投资和子公司调整后的股东权益进行抵销；

(5) 站在整个集团角度，母公司没有实现投资收益，子公司也没有分配股利，所以需要抵销。

具体处理如下：

调整分录（以固定资产为例，假定固定资产公允价值大于账面价值）如下：

第一步：第一个调整！将被购买方由账面价值调到公允价值。

(1) 投资当年。

借：固定资产——原价（调整固定资产价值）

　　贷：资本公积

借：管理费用（当年按公允价值应补提折旧）

　　贷：固定资产——累计折旧

(2) 连续编制合并财务报表（就是下一个资产负债表日）。

说明：每一年度的合并财务报表都是重新编制，因此需要把之前的数据也拿出来重新抵销一次。

应说明的是，本期合并财务报表中年初“所有者权益”各项目的金额应与上期合并财务报表中的期末“所有者权益”对应项目的金额一致，因此，上期编制合并财务报表时涉及股本（或实收资本）、资本公积、其他综合收益、盈余公积项目的，在本期编制合并财务报表调整和抵销分录时均应用“股本——年初”“资本公积——年初”“其他综合收益——年初”“盈余公积——年初”项目代替；对于上期编制调整和抵销分录时涉及利润表中的项目及所有者权益变动表“未分配利润”的项目，在本期编制合并财务报表调整分录和抵销分录时均应用“未分配利润——年初”项目代替。

借：固定资产——原价（调整固定资产价值）

　　贷：资本公积——年初

借：未分配利润——年初（年初累计补提折旧）

　　贷：固定资产——累计折旧

借：管理费用（当年补提折旧）

　　贷：固定资产——累计折旧

第二步：第二个调整！从个别报表的成本法调整到合并报表的权益法。

实现利润（注意，这里是调整之后的利润）：

借：长期股权投资——损益调整

　　贷：投资收益

发生亏损：

借：投资收益

　　贷：长期股权投资——损益调整

分配现金股利：

借：投资收益

　　贷：长期股权投资——损益调整

【注意】有的同学有疑问，为什么这里“从成本法调整到权益法”，分配现金股利是借“投资收益”，权益法中不是不影响损益吗？因为权益法分配现金股利不影响损益，直接记入“应收股利”，但是这里是成本法转为权益法，由于在成本法下面记入了“投资收益”，所以在这里要将“投资收益”抵销掉！

【说明】在编制合并报表的过程中，因为是控股合并，个别报表是采用成本法计量，但是合并报表要调整为权益法，调整利润时需要考虑购买时被购买方的账面价值和公允价值的差额。**但是在这里不考虑未实现内部交易损益，因为控股合并需要编制合并财务报表，内部交易的抵销可以通过内部交易的抵销分录去抵销，不用在这里反映，在后面的内部交易的调整中会反映出来。**

第三步：第一个抵销！母公司长期股权投资与子公司所有者权益的抵销。

借：股本（实收资本）

　　资本公积

　　其他综合收益

　　盈余公积

　　未分配利润

　　商誉（借方差额）

　　贷：长期股权投资（母公司）

　　　　少数股东权益（子公司所有者权益×少数股东投资持股比例）

第四步：第二个抵销！母公司对子公司、子公司相互之间持有对方长期股权投资的投资收益的抵销。

借：投资收益

　　少数股东损益

　　未分配利润——年初

　　贷：提取盈余公积

　　　　对所有者（或股东）的分配

　　　　未分配利润

【说明】有同学对这个抵销分录表示不理解，简单说一下：站在合并报表的角度，母公司没有对子公司的“投资收益”，子公司也没有所谓的利润分配，因此要予以抵销。

【例题8－19】接【例题8－16】甲公司2011年1月1日以定向增发普通股票的方式，购买持有A公司70%的股权。甲公司对A公司长期股权投资的金额为29 500万元，甲公司购买日编制的合并资产负债表中确认合并商誉4 300万元。

A公司在购买日股东权益总额为32 000万元，其中股本为20 000万元、资本公积为8 000万元、盈余公积为1 200万元、未分配利润为2 800万元。A公司购买日应收账款账面价值为3 920万元、公允价值为3 820万元；存货的账面价值为20 000万元、公允价值为21 100万元；固定资产账面价值为18 000万元、公允价值为21 000万元。

A公司2011年12月31日股东权益总额为38 000万元，其中股本为20 000万元、资本公积为8 000万元、盈余公积为3 200万元、未分配利润为6 800万元。A公司2011年全年实现净利润10 500万元，A公司当年提取盈余公积2 000万元、向股东分配现金股利4 500万元。截至2011年12月31日，应收账款按购买日确认的金额收回，确认的坏账已核销；购买日存货公允价值增值部分，当年已全部实现对外销售。

购买日固定资产公允价值增加系公司用办公楼增值。该办公楼采用的折旧方法为年限平均法，该办公楼剩余折旧年限为20年，假定该办公楼评估增值在未来20年内平均摊销。

（1）甲公司2011年年末编制合并财务报表时相关项目计算如下：

A公司调整后本年净利润＝10 500＋［100（购买日应收账款公允价值减值的实现而调减资产减值损失）－1 100（购买日存货公允价值增值的实现而调增营业成本）－150（固定资产公允价值增值计算的折旧而调增管理费用）］＝9 350（万元）

150万元系固定资产公允价值增值3 000万元按剩余折旧年限摊销额。

A公司调整后本年年末未分配利润＝2 800（年初）＋9 350－2 000（提取盈余公积）－4 500（分派股利）＝5 650（万元）

权益法下甲公司对A公司投资的投资收益＝9 350×70%＝6 545（万元）

权益法下甲公司对A公司长期股权投资本年年末余额＝29 500＋6 545－4 500（分派股利）×70%＝32 895（万元）

少数股东损益＝9 350×30%＝2 805（万元）

少数股东权益的年末余额＝10 800＋2 805－4 500×30%＝12 255（万元）

很多同学在这里纠结：

①少数股东权益的10 800万元是从哪里得来？首先【例题8－18】里面有，其次呢，假设不管上一道题，那么少数股东权益不就是相当于被购买方可辨认净资产的公允价值的份额吗？本题说了股东权益是32 000万元，那么我们一定要形成一个条件反射，看见账面就要去迅速地寻找公允价值，本题没有明确告诉，但是告诉了各项资产负债的公允账面相差4 000万元，所以公允价值是36 000万元，所以少数股东权益的初始金额是10 800万元。

②本题告诉的A公司年末的股东权益，我们需要按照公允和账面的差额进行调整之后方可抵销。

（2）甲公司2011年编制合并财务报表时，应当进行如下调整抵销处理：

①按公允价值对A公司财务报表项目进行调整。根据购买日A公司资产和负债的公允价值与账面价值之间的差额，调整A公司相关公允价值变动的资产和负债项目及资本公积项目。

在合并工作底稿中，其调整分录如下：

借：存货　1 100
　　固定资产　3 000
　　贷：应收账款　100
　　　　资本公积　4 000

借：营业成本　1 100
　　贷：存货　1 100

借：管理费用　150
　　贷：固定资产　150

借：应收账款　100
　　贷：信用减值损失　100

②按照权益法对甲公司财务报表项目进行调整。

借：长期股权投资——A公司　6 545
　　贷：投资收益　6 545

借：投资收益　（4 500×70%）3 150
　　贷：长期股权投资　3 150

③长期股权投资与所有者权益的抵销。

借：股本　20 000
　　资本公积　（8 000+4 000）12 000
　　盈余公积　3 200
　　未分配利润　5 650
　　商誉　4 300
　　贷：长期股权投资　32 895
　　　　少数股东权益　12 255

④投资收益与子公司利润分配等项目的抵销。

借：投资收益　6 545
　　少数股东损益　2 805
　　未分配利润——年初　2 800
　　贷：提取盈余公积　2 000
　　　　向股东分配利润　4 500
　　　　未分配利润　5 650

⑤应收股利与应付股利的抵销。

借：其他应付款——应付股利　　3 150

　　贷：其他应收款——应收股利　　3 150

【例题8－20】接【例题8－19】A公司在购买日相关资产和负债等资料同上，即购买日A公司股东权益总额为32 000万元，其中股本为20 000万元，资本公积为8 000万元、盈余公积为1 200万元、未分配利润为2 800万元。A公司购买日应收账款账面价值为3 920万元、公允价值为3 820万元；存货的账面价值为20 000万元、公允价值为21 100万元；固定资产账面价值为18 000万元、公允价值为21 000万元。截至2012年12月31日，应收账款按购买日公允价值的金额收回；购买日的存货，当年已实现对外销售。

购买日固定资产公允价值增加的系公司管理用办公楼，该办公楼采用的折旧方法为年限平均法。

该办公楼剩余折旧年限为20年，假定该办公楼评估增值在未来20年内平均摊销。

A公司2012年12月31日股东权益总额为44 000万元，其中股本为20 000万元、资本公积为8 000万元、盈余公积为5 600万元、未分配利润为10 400万元。A公司2012年全年实现净利润12 000万元，A公司当年提取盈余公积2 400万元、向股东分配现金股利6 000万元。

（1）甲公司编制2012年度合并财务报表时，相关项目计算如下：

A公司调整后本年净利润＝12 000－150（固定资产公允价值增值计算的折旧）＝11 850（万元）

A公司调整后本年年初未分配利润＝6 800＋100（上年实现的购买日应收账款公允价值减值）－1 100（上年年实现的购买日存货公允价值增值）－150（固定资产公允价值增值计算的折旧）＝5 650（万元）

A公司调整后本年年末未分配利润＝5 650＋11 850－2 400（提取盈余公积）－6 000（分派股利）＝9 100（万元）

权益法下甲公司对A公司投资的投资收益＝11 850×70%＝8 295（万元）

权益法下甲公司对A公司长期股权投资本年年末余额＝32 895（上年末长期股权投资余额）＋8 295－6 000（分配股利）×70%＝36 990（万元）

少数股东损益＝11 850×30%＝3 555（万元）

少数股东权益的年末余额＝12 255＋3 555－6 000×30%＝14 010（万元）

（2）甲公司2012年编制合并财务报表时，应当进行的调整抵销处理如下：

①按公允价值对A公司财务报表项目进行调整，其调整分录如下：

借：存货　　1 100

　　固定资产　　3 000

　　贷：应收账款　　100

　　　　资本公积　　4 000

借：未分配利润——年初　　1 100
　　贷：存货　　1 100
借：未分配利润——年初　　150
　　贷：固定资产　　150
借：应收账款　　100
　　贷：未分配利润——年初　　100
借：管理费用　　150
　　贷：固定资产　　150
或：
借：固定资产　　（3 000 - 150）2 850
　　未分配利润——年初　　1 150
　　贷：资本公积　　4 000
借：管理费用　　150
　　贷：固定资产　　150
②按照权益法对甲公司财务报表项目进行调整：
借：长期股权投资　　6 545
　　贷：未分配利润——年初　　6 545
借：未分配利润——年初　　3 150
　　贷：长期股权投资　　3 150
借：长期股权投资　　8 295
　　贷：投资收益　　8 295
借：投资收益　　4 200
　　贷：长期股权投资　　4 200
③长期股权投资与子公司所有者权益的抵销：
借：股本　　20 000
　　资本公积　　（8 000 + 4 000）12 000
　　盈余公积　　5 600
　　未分配利润　　9 100
　　商誉　　4 300
　　贷：长期股权投资　　36 990
　　　　少数股东权益　　14 010
④投资收益与子公司利润分配等项目的抵销：
借：投资收益　　8 295
　　少数股东损益　　3 555
　　未分配利润——年初　　5 650
　　贷：提取盈余公积　　2 400

向股东分配利润　　　　6 000
未分配利润　　　　9 100
⑤应收股利与应付股利的抵销：
借：其他应付款——应付股利　　　　4 200
贷：其他应收款——应收股利　　　　4 200

【例题8－21】甲公司为一上市的集团公司，原持有乙公司30%股权，能够对乙公司施加重大影响。甲公司2013年及2014年发生的相关交易事项如下：

（1）2013年1月1日，甲公司从乙公司的控股股东——丙公司处受让乙公司50%股权，受让价格为13 000万元，款项已用银行存款支付，并办理了股东变更登记手续。购买日，乙公司可辨认净资产的账面价值为18 000万元，公允价值为20 000万元（含原未确认的无形资产公允价值2 000万元），除原未确认入账的无形资产外，其他各项可辨认资产及负债的公允价值与其账面价值相同。上述无形资产系一项商标权，自购买日开始尚可使用10年，预计净残值为零，采用直线法摊销。

甲公司受让乙公司50%股权后，共计持有乙公司80%股权，能够对乙公司实施控制。甲公司受让乙公司50%股权时，所持乙公司30%股权的账面价值为5 400万元，其中投资成本4 500万元，损益调整870万元，其他权益变动30万元；公允价值为6 200万元。

（2）2013年1月1日，乙公司个别财务报表中所有者权益为18 000万元，其中实收资本为15 000万元，资本公积为100万元，盈余公积为290万元，未分配利润为2 610万元。

2013年度，乙公司个别财务报表实现净利润500万元，因一项分类为以公允价值计量且其变动计入其他综合收益的金融资产公允价值变动产生的其他综合收益60万元。

（3）2014年1月1日，甲公司向丁公司转让所持乙公司70%股权，转让价格为20 000万元，款项已收到，并办理了股东变更登记手续。出售日，甲公司所持乙公司剩余10%股权的公允价值为2 500万元。转让乙公司70%股权后，甲公司不能对乙公司实施控制、共同控制或施加重大影响。

其他相关资料：

甲公司与丙公司、丁公司于交易发生前无任何关联关系。甲公司受让乙公司50%股权后，甲公司与乙公司无任何关联方交易。

乙公司按照净利润的10%计提法定盈余公积，不计提任意盈余公积。2013年度及2014年度，乙公司未向股东分配利润。

不考虑相关税费及其他因素。

要求：

（1）根据资料（1），计算甲公司2013年度个别财务报表中受让乙公司50%股权后长期股权投资的初始投资成本，并编制与取得该股权相关的会计分录。

（2）根据资料（1），计算甲公司2013年度合并财务报表中因购买乙公司发生的合并成本及应列报的商誉。

(3) 根据资料(1)，计算甲公司2013年度合并财务报表中因购买乙公司50%股权应确认的投资收益。

(4) 根据资料(1)和资料(2)，编制与甲公司2013年度合并资产负债表和合并利润表相关的调整及抵销分录。

(5) 根据上述资料，计算甲公司2014年度个别财务报表中因处置70%股权应确认的投资收益，并编制相关会计分录。

(6) 根据上述资料，计算甲公司2014年度合并财务报表中因处置70%股权应确认的投资收益，并编制相关会计分录(2015年)。

【注意】第(5)问和第(6)问暂时还未学习，可以等到学习之后再做！

学会读题，是做题的根本，因此，对于大题目我们就带着大家读一下题目：

(1) 读到持有乙公司30%的股份时，我们的大脑要开始思考30%的后续计量是权益法，交易费用计入成本，要六步调整，特别是调初始不能忘记；

(2) 继续往后读题，再次受让50%的股份，那我们心里就明白，原来这个题目是考查“从权益法到成本法”，那我们就要条件反射个别报表是“账面+公允”，合并报表是“公允+公允”，因此我们要开始寻找账面和公允到底是多少；

(3) 继续往后读，看到了股东权益的价值是18 000万元，这很显然是账面价值，依据条件反射，要马上搜寻“公允价值”，原来公允价值就在下面一句话告诉了；

(4) 然后我们就看到了30%的账面和公允，而且看见权益法的账面价值，我们就要第一条件反射是怎么构成，投资成本多少，其他综合收益变动多少，因为这个会影响合并利润表的利润；

(5) 材料(2)告诉了详细的股东权益各个项目的金额，我们马上知道这是为了抵销而准备的，但是这里埋下了一个地雷，那就是股东权益的“账面”和“公允”的差额要记入“资本公积——其他资本公积”；

(6) 同时告诉了2013年度的净利润和其他综合收益！现在已经达到了控股，因此这里无非就是告诉我们合并报表的长期股权投资后续计量从成本法调整到权益法需要使用；

(7) 出售了70%，还剩下10%。这里也有一个关于语文的地雷，我们要注意的是，到底是80%总份额的70%，还是出售的80%份额中乙公司的70%股权。

经过认真读题，基本上思路清晰，但是实际上考试的时候很可能需要读两遍题目，所以一定要在改错本上面做好记录。

【答案】

(1) 根据资料(1)，计算甲公司2013年度个别财务报表中受让乙公司50%股权后长期股权投资的初始投资成本，并编制与取得该股权相关的会计分录。

长期股权投资的初始投资成本=5 400+13 000=18 400(万元)

借：长期股权投资　　13 000

　　贷：银行存款　　13 000

（2）根据资料（1），计算甲公司2013年度合并财务报表中因购买乙公司发生的合并成本及应列报的商誉。

合并成本 =6 200 +13 000 =19 200（万元）

商誉 =6 200 +13 000 -20 000 ×80% =3 200（万元）

（3）根据资料（1），计算甲公司2013年度合并财务报表中因购买乙公司50%股权应确认的投资收益。

应确认的投资收益 =6 200 -5 400 +30 =830（万元）

【注意】这里确认的投资收益是指在多次购买实现控股的这个时刻，合并报表自身需要确认两笔投资收益，跟后续的计量没关系。其中一笔是因为30%股权的公允和账面的差异，另外一笔30万元是因为在个别报表未将“资本公积——其他资本公积”转入“投资收益”，而在合并报表要转。

（4）根据资料（1）和资料（2），编制与甲公司2013年度合并资产负债表和合并利润表相关的调整及抵销分录。

将子公司从账面价值调整到公允价值	借：无形资产 2 000 　贷：资本公积 2 000 借：管理费用 200 　贷：无形资产 200
通过多次交易形成非同一控制下的合并，合并财务报表需要确认的两笔“投资收益”	借：长期股权投资 800 　贷：投资收益 800 借：资本公积——其他资本公积 30 　贷：投资收益 30
从成本法调整到权益法	借：长期股权投资 288 　贷：投资收益 [(500 -200) ×80%] 240 　　其他综合收益 (60 ×80%) 48
将母公司的长期股权投资与子公司的股东权益抵销	借：实收资本 15 000 　资本公积 (2 000 +100) 2 100 　其他综合收益 60 　盈余公积 (290 +50) 340 　年末未分配利润 (2 610 +500 -200 -50) 2 860 　商誉 3 200 　贷：长期股权投资 19 488 　　少数股东权益 4 072
	①资本公积这里的2 000万元，就是前面所说无形资产的账面公允之差 ②盈余公积是340万元（290 +50），因为今年净利润是500万元，题目说了按照净利润提取，而且法律也规定按照净利润提取10%，所以未调整之前要提取盈余公积 ③未分配利润就要按照调整之后的金额进行处理，也要扣减掉盈余公积
将子公司的利润分配和母公司的投资收益抵销	借：投资收益 240 　少数股东损益 60 　年初未分配利润 2 610 　贷：提取盈余公积 50 　　年末未分配利润 2 860

(5) 根据上述资料，计算甲公司2014年度个别财务报表中因处置70%股权应确认的投资收益，并编制相关会计分录。

从成本法到公允价值法，两步处理：

①卖掉的部分要确认损益（投资收益）：20 000 - 18 400 ×7 ÷8 =3 900（万元）。

②剩余的部分要转入公允价值，账面和公允之差要计入当期损益（投资收益）：2 500 - 18 400 ×1 ÷8 =200（万元）。

【特殊事项注意】 因为本大题最初是从权益法转入到成本法，然后才是成本法转入到公允价值法，从权益法转入到成本法的过程中，在个别财务报表中的资本公积——其他资本公积并没有转，因此在这里需要将个别财务报表的“资本公积——其他资本公积”转入“投资收益”，所以最初权益法下面的30万元的“资本公积——其他资本公积”需要转入“投资收益”。

于是，个别报表应确认的投资收益 =20 000 - 16 100 +30 +2 500 - 2 300 =4 130（万元）。

借：银行存款　　20 000

　　贷：长期股权投资　　16 100

　　　　投资收益　　3 900

借：资本公积——其他资本公积　　30

　　贷：投资收益　　30

借：交易性金融资产　　2 500

　　贷：长期股权投资　　2 300

　　　　投资收益　　200

(6) 根据上述资料，计算甲公司2014年度合并财务报表中因处置70%股权应确认的投资收益，并编制相关会计分录。

所谓合并报表上的投资收益，是假设在合并报表全部处置掉，也就是所持有的全部公允价值，减掉合并财务报表的长期股权投资的账面价值（调整到权益法），然后考虑其他综合收益。

长期股权投资的账面价值：19 200（初始）+(500 - 200 +60)×80%(权益法调整)=19 488（万元）

合并财务报表确认的投资收益：20 000 +2 500 - 19 488 +60 ×80%(其他综合收益转投资收益)=3 060（万元）

【本节考点回顾】

(1) 非同一控制下控股合并的长期股权投资的初始计量。

①入账价值；

②为合并发生的交易费用的处理（3种）；

③多次交易分步实现的非同一控制下的控股合并（个别报表）。

(2) 后续计量：成本法。

（3）多次交易分步实现的非同一控制下的控股合并（合并报表）。

（4）非同一控制下，购买日合并报表的编制（分录）。

①个别报表确认；

②确认商誉；

③将被购买方的资产负债从账面价值调整到公允价值；

④将母公司的长期股权投资与子公司的股东权益进行抵销。

（5）非同一控制下，购买日后合并报表的编制（分录）。

①第一个调整——将被购买方由账面价值调到公允价值；

②第二个调整——从成本法调整到权益法；

③第一个抵销——将母公司的长期股权投资和子公司的股东权益进行抵销；

④第二个抵销——将子公司的利润分配和母公司的投资收益进行抵销。

第五节　同一控制下控股合并的长期股权投资及企业合并

长期股权投资框架见图 8－7。

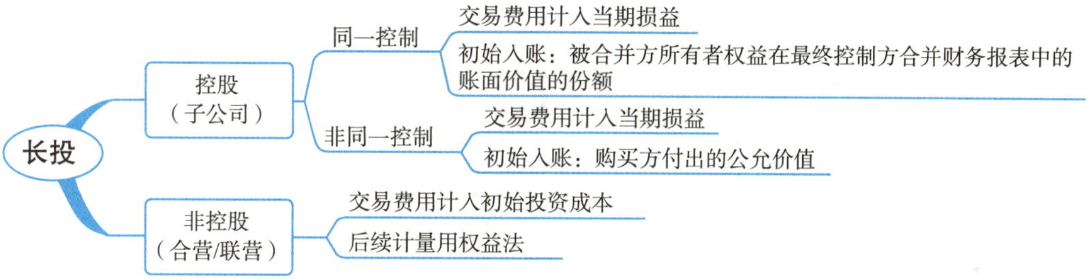

图 8－7　长期股权投资框架

本节学习的是控股合并形成的长期股权投资中的同一控制下控股合并形成的长期股权投资，其基本框架如表 8－10 和表 8－11 所示。

表 8－10　　个别报表框架

1. 初始计量：初始投资成本是被合并方所有者权益在最终控制方合并财务报表中的账面价值的份额（包括最终控制方收购被合并方而形成的商誉）。三个注意事项： （1）最终控制方合并财务报表中的账面价值份额； （2）是被合并方所有者权益的账面价值份额； （3）包括最终控制方收购被合并方而形成的商誉，全部商誉，非比例商誉。 借：长期股权投资 　　贷：资产 　　　　负债等 　　　　资本公积——资本溢价（或股本溢价）（也可能在借方） 投出的各项资产，承担的各项负债都是以账面价值计入，因为是同一控制下控股合并形成的，同时初始投资成本和付出的对价的账面价值的差额计入“资本公积——资本溢价（或股本溢价）”科目。 2. 后续计量（成本法） 3. 处置

表 8－11　　合并报表框架

合并日合并财务报表的处理	（1）确认长期股权投资	（个别报表的处理，跟合并报表无关）
	（2）将母公司的长期股权投资和子公司的股东权益抵销（同一控制不会产生新的商誉）	借：股本 资本公积 其他综合收益 盈余公积 未分配利润 贷：长期股权投资 少数股东权益
	（3）将子公司之前的留存收益转回（以母公司资本公积为限）	借：资本公积 贷：盈余公积 未分配利润
合并日后合并财务报表的处理	（1）将长期股权投资从成本法调整到权益法（合并报表需要调整）	借：长期股权投资——损益调整 贷：投资收益等
	（2）将母公司的长期股权投资和子公司的股东权益抵销（同一控制不会产生新的商誉）	借：股本（实收资本） 资本公积 其他综合收益 盈余公积 未分配利润——年末 贷：长期股权投资 少数股东权益
	（3）将子公司之前的留存收益转回（以母公司资本公积为限）	借：投资收益 少数股东损益 未分配利润——年初 贷：提取盈余公积 对所有者（或股东）的分配 未分配利润——年末

一、同一控制下控股合并的长期股权投资的初始计量

同一控制下企业合并的处理原则：合并前后都是受同一方最终控制，比如 A 和 B 合并前都属于 C 控制，现在 A 合并了 B，那么相对于 C 来说，总的资产负债价值并没有任何变化，因此，同一控制下企业合并的基本原则一定是账面价值原则！

（1）初始投资成本：合并方应以合并日被合并方所有者权益在最终控制方合并财务报表中的账面价值的份额（包括最终控制方收购被合并方而形成的商誉）作为长期股权投资的初始投资成本，借记“长期股权投资”，按支付对价的账面价值，贷记有关资产或者负债。

（2）初始投资成本与支付的对价的账面价值的差额，计入资本公积（资本溢价或股本溢价），资本公积（资本溢价或股本溢价）的余额不足冲减的，依次冲减盈余公积、未分配利润。

（3）合并前后都受同一最终控制方控制，因此作为对价支付的各项资产不用作销售处理，不用确认损益。

（4）合并支付的价款或对价中包含的已宣告但尚未发放的现金股利或利润，应作为应

收项目处理，不计入企业合并成本。

借：长期股权投资

　　应收股利

　　贷：有关资产、负债（账面价值）

　　　　资本公积——资本溢价或股本溢价（也可能在借方）

同一控制下企业合并中发生的与企业合并相关的费用与非同一控制下企业合并的会计处理相同，即为合并支付的交易费用，不能计入初始投资成本，只能计入当期损益；发行权益性证券或者发行债券所支付的佣金，权益性证券是冲减“资本公积”，债券是计入债券的成本。

【例题8－22】A、B公司分别为P公司控制下的两家子公司。A公司于2017年3月10日自母公司P处取得B公司100%的股权，合并后B公司仍维持其独立法人资格继续经营。为进行该项企业合并，A公司发行了1 500万股本公司普通股（每股面值1元）作为对价。假定A、B公司采用的会计政策相同。合并日，A公司及B公司的所有者权益构成如下表所示。

A公司及B公司的所有者权益构成　　单位：万元

A公司		B公司	
项目	金额	项目	金额
股本	9 000	股本	1 500
资本公积	2 500	资本公积	500
盈余公积	2 000	盈余公积	1 000
未分配利润	5 000	未分配利润	2 000
合计	18 500	合计	5 000

个别报表应该确认的长期股权投资：

借：长期股权投资　　（B公司账面价值）50 000 000

　　贷：股本　　15 000 000

　　　　资本公积——股本溢价　　35 000 000

假设为进行本次合并，支付了评估费、律师费等交易费用合计10万元，请问如何处理？

借：管理费用　　100 000

　　贷：银行存款　　100 000

假设发行股票支付给100万元的佣金，请问该如何处理？

借：资本公积——股本溢价　　1 000 000

　　贷：银行存款　　1 000 000

那么，结合以上条件，本次合并总共确认的资本公积的金额是多少？

3 500 - 100 = 3 400（万元）

合并报表本题不处理，待学到后面的章节再学习。

【例题8-23】 A公司按面值发行3 000万元的债券取得B公司60%的股份，合并当日B公司所有者权益相当于最终控制方的账面价值为8 000万元，另支付发行债券手续费30万元。该合并是同一控制下企业合并。

要求：编制A公司的会计分录。

【答案】

A公司会计处理如下：

借：长期股权投资——B公司　　(8 000×60%) 4 800

　　贷：应付债券——面值　　3 000

　　　　资本公积——资本溢价（或股本溢价）　　1 800

借：应付债券——利息调整　　30

　　贷：银行存款　　30

【例题8-24·单选题】 甲公司和乙公司为同一集团下的两个子公司。2011年3月12日，甲公司以一项固定资产作为对价取得乙公司70%的股权，能够有权利主导乙公司相关活动并获得回报，另为企业合并支付了审计咨询等费用30万元。甲公司该项固定资产原值700万元，预计使用年限10年，至合并日已经使用了6年，当日该无形资产的公允价值为600万元。同日，乙公司相对于最终控制方而言的所有者权益账面价值总额为600万元，公允价值为700万元，假定甲公司和乙公司采用的会计政策及会计期间均相同，不考虑其他因素，则甲公司取得该项长期股权投资的初始投资成本为（　　）万元。

A. 360　　B. 420　　C. 500　　D. 525

【答案】 B

【解析】 甲公司取得该项长期股权投资的初始投资成本 = 600×70% = 420（万元）。

（5）（小小考点）初始投资成本中所谓的被投资方账面所有者权益份额，是指相对于最终控制方而言的账面价值，即，同一控制下企业合并形成的长期股权投资，其初始投资成本是合并日按照持股比例与被合并方所有者权益在最终控制方合并财务报表上的账面价值享有的份额。（包括最终控制方收购被合并方而形成的商誉）

【例题8-25】 甲公司为某一集团母公司，分别控制乙公司和丙公司。2007年1月1日，甲公司从本集团外部用银行存款3 500万元购入丁公司80%股权（属于非同一控制下企业合并）并能够掌控丁公司的财务和经营政策，购买日，丁公司可辨认净资产的公允价值（等于账面价值）为4 000万元。2008年1月1日，乙公司购入甲公司所持丁公司80%股权，形成同一控制下的企业合并。2007年1月~12月31日，丁公司实现净利润800万元，无其他所有者权益变动。则2008年1月1日，乙公司购入丁公司80%股权的初始投资成本为多少？

【解析】乙公司购买丁公司股权的账面价值，应该是丁公司在甲公司合并报表中的账面价值所享有的份额。乙公司购入丁公司80%股份属于同一控制下的控股合并，合并日丁公司账面所有者权益是指其相对于最终控制方甲公司而言的账面价值。合并日2008年1月1日，对于甲公司而言丁公司按购买日持续计算的净资产价值 =4 000 +800 =4 800（万元），2007年1月1日，甲公司确认合并商誉 =3 500 -4 000 ×80% =300（万元），则合并日乙公司购入丁公司80%股权的初始投资成本 =4 800 ×80% +300 =4 140（万元）。

（6）通过多次交换交易、分步取得股权最终形成同一控制下控股合并。

在个别财务报表中，应当以持股比例计算的合并日应享有被合并方所有者权益在最终控制方合并财务报表上的账面价值享有的份额，作为该项投资的初始投资成本。

合并日初始投资成本 = 合并日被合并方所有者权益在最终控制方合并财务报表上的账面价值享有的份额

新增投资部分的初始投资成本 = 合并日初始投资成本 - 原股权投资于合并日的账面价值

新增投资部分初始投资成本与为取得新增部分投资所支付对价的账面价值的差额，调整资本公积（资本溢价或股本溢价），资本公积不足冲减的，依次冲减盈余公积和未分配利润。

【例题8 -26 · 单选题】 2014年1月1日，甲公司取得A公司25%的股份，实际支付款项6 000万元（假设期初不需要调整），2014年度，A公司实现净利润1 000万元，无其他所有者权益变动。2015年1月1日，甲公司购买同一集团内另一企业持有的A公司40%的股权。为取得该股权，甲公司再支付2 000万元现金以及一项固定资产，这项固定资产账面价值500万元，公允价值600万元。

取得该股权时，A公司的可辨认净资产的公允价值是25 000万元，账面价值是23 000元，进一步取得投资后，甲公司能够对A公司实施控制。甲公司2015年1月1日进一步取得股权投资时应确认的资本公积为（　　）万元。

A. 6 200　　B. 6 900　　C. 6 950　　D. 6 750

【答案】 A

【解析】

（1）合并日长期股权投资初始入账价值：23 000 ×65% =14 950（万元）。

（2）确认原投资在2015年1月1日的账面价值：6 000 +1 000 ×25% =6 250（万元）。

（3）新增投资部分的初始投资成本 =14 950 -6 250 =8 700（万元）。

（4）2015年1月1日新投资的账面价值 =2 000 +500 =2 500（万元）。

（5）计入资本公积的金额：8 700 -2 500 =6 200（万元）。

二、企业合并涉及的或有对价

所谓或有对价，就是可能支付的对价，这是“或有事项”的内容，本书放在后面会详细讲解，那么这里可以简单了解一下。所谓或有对价就是可能付出的价格，既然是可能，那么就要达到一定的可能程度，根据谨慎性原则，应该确认为相关的资产或者负债，这样就影响了付出的对价。这是基本原理。

（一）同一控制下企业合并形成的控股合并所涉及的或有对价

一句话概括影响：因为在同一控制下企业合并形成的控股合并下，长期股权投资的初始投资成本是被合并方所有者权益在最终控制方合并财务报表中的账面价值的份额，所以或有对价不会影响长期股权投资的账面价值，影响的是调整的资本公积（资本溢价或股本溢价）的金额。

同一控制下企业合并形成的控股合并，在确认长期股权投资初始投资成本时，应按照《企业会计准则第13号——或有事项》的规定，判断是否应就或有对价确认预计负债或者确认资产，以及确认的金额；确认预计负债或资产的，该预计负债或资产金额与后续或有对价结算金额的差额不影响当期损益，应当调整资本公积（资本溢价或股本溢价），资本公积（资本溢价或股本溢价）不足冲减的，调整留存收益。

（二）非同一控制下企业合并涉及或有对价时长期股权投资成本的计算

一句话概括影响：非同一控制下企业合并形成的长期股权投资的初始投资成本是付出的对价的公允价值，因此或有对价是直接影响企业合并成本的，那么影响了企业合并成本也应该影响商誉的金额；而且如果在购买日存在的情况，在12个月内取得进一步的证据发现还需要确认或有对价的，那也可以调整企业合并成本；如果超过12个月取得进一步证据或者就算在12个月内但不是购买日就存在的情况而是新出现的情况，那么根据谨慎性原则肯定不能调整企业合并成本，而是可能确认为金融工具（根据最新的金融工具准则只能确认为以公允价值计量且其变动计入当期损益的金融资产，不能计入其他综合收益）。

分为两种情况：

一是在购买日应当合理估计或有对价并将其计入企业合并成本，购买日后12个月内取得新的或进一步证据表明购买日已存在状况，从而需要对企业合并成本进行调整的，可以据以调整企业合并成本；

二是无论是购买日后12个月内还是其他时点，如果出现新的情况导致对原估计或有对价进行调整的，则不能再对企业合并成本进行调整，相关或有对价属于金融工具的，应以公允价值计量，计入**以公允价值计量且其变动计入当期损益的金融资产**，或有对价不属于金融工具的，则应按照或有事项等准则进行处理。

上述会计处理的出发点在于，对企业合并交易原则上确认和计量时点应限定为购买日，购买日以后视新的情况对原购买成本进行调整的，不能视为购买日的状况，因此也就不能据以对企业合并成本进行调整。

【例题8－27】A上市公司2009年1月2日以现金3亿元自B公司购买其持有的C公司100%股权，并于当日向C公司董事会派出成员，主导其财务和生产经营决策。股权转让协议约定，B公司就C公司在收购完成后的经营业绩向A公司作出承诺：C公司2009年度、2010年度、2011年度经审计扣除非经常性损益后归属于母公司股东的净利润分别不低于2 000万元、3 000万元和4 000万元。如果C公司未达到承诺业绩，B公司将在C公司每一相应年度的审计报告出具后30日内，按C公司实际实现的净利润与承诺利润的差额，以现金方式对A公司进行补偿。

购买日，A 公司根据 C 公司所处市场状况及行业竞争力等情况判断，预计 C 公司能够完成承诺期利润。

2009 年，C 公司实现净利润 2 200 万元。2010 年，由于整体宏观经济形势变化，C 公司实现净利润 2 400 万元，且预期 2011 年该趋势将持续，预计能够实现净利润约 2 600 万元。

分析：本案例中，A 上市公司与 B 公司在交易前不存在关联关系，该项企业合并应为非同一控制下企业合并。购买日为 2009 年 1 月 2 日，当日 A 上市公司支付了有关价款 3 亿元，同时估计 C 公司能够实现承诺利润，或有对价估计为 0。A 上市公司应当确认对 C 公司长期股权投资成本为 3 亿元。

借：长期股权投资　　300 000 000

　贷：银行存款　　300 000 000

2009 年 C 公司实现了预期利润，A 上市公司无须进行会计处理。

2010 年 C 公司未实现预期利润，且预计 2011 年也无法实现，则 A 上市公司需要估计该或有对价的公允价值并予以确认。因该预期利润未实现的情况是在购买日后新发生的，在购买日后超过 12 个月且不属于对购买日已存在状况的进一步证据，应于发生时计入当期损益。B 公司对有关利润差额的补偿将以现金支付，该或有对价属于金融工具，A 上市公司应当进行的会计处理为：

（对于 2010 年而言，A 公司应收取的补偿已经确定，不属于或有对价，是否还作为“以公允价值计量且其变动计入当期损益的金融资产”处理？注：对于该项处理，准则并不明确，实务中可以有两种处理方式，一种是统一作为“以公允价值计量且其变动计入当期损益的金融资产”，另一种是 2010 年的部分作为应收项目，后续仍不确定部分作为“以公允价值计量且其变动计入当期损益的金融资产”）

借：交易性金融资产　　20 000 000

　贷：公允价值变动损益　　20 000 000

本例中有关或有对价的公允价值调整在个别财务报表中不作为对长期股权投资成本的调整，相应地，在合并财务报表中，也不能调整购买日原已确认商誉金额。但由于 C 公司未实现预期利润，可能表明购买日原已确认商誉已发生减值，A 上市公司应当对商誉进行减值测试。

三、同一控制下控股合并的长期股权投资的后续计量（成本法）

同一控制下控股合并的长期股权投资的后续计量和非同一控制下控股合并的长期股权投资的后续计量一样，都是使用成本法，这里不再详细讲述。

----------分----------割----------线----------

【注意】分割线上面主要讲述的是同一控制下控股合并的个别报表处理，下面讲述的就是同一控制下控股合并的企业合并报表的处理，如表 8－12 所示。

表 8-12　　同一控制下控股合并的企业合并报表的处理

合并日合并财务报表的处理	(1) 确认长期股权投资	(个别报表的处理，跟合并报表无关)
	(2) 将母公司的长期股权投资和子公司的股东权益抵销（同一控制不会产生新的商誉）	借：股本 资本公积 其他综合收益 盈余公积 未分配利润 贷：长期股权投资 少数股东权益
	(3) 将子公司之前的留存收益转回	借：资本公积 贷：盈余公积 未分配利润
合并日后合并财务报表的处理	(1) 将长期股权投资从成本法调整到权益法（合并报表需要调整）	借：长期股权投资 贷：投资收益等
	(2) 将母公司长期股权投资和子公司的股东权益进行抵销	借：股本（实收资本） 资本公积 其他综合收益 盈余公积 未分配利润——年末 贷：长期股权投资 少数股东权益
	(3) 将子公司的利润分配和母公司的投资收益进行抵销	借：投资收益 少数股东损益 未分配利润——年初 贷：提取盈余公积 对所有者（或股东）的分配 未分配利润——年末

四、同一控制下企业合并的处理

（一）同一控制下企业合并的处理原则

合并方在企业合并中取得的资产和负债，应当按照合并日被合并方的账面价值计量。合并方取得的净资产账面价值与支付的合并对价账面价值（或发行股份面值总额）的差额，应当调整资本公积（资本溢价或股本溢价）；资本公积不足冲减的，调整留存收益。

同一控制下的企业合并，不产生新的资产和负债。

被合并方在企业合并前，在最终控制方合并报表中原已确认的商誉应作为合并中取得的资产确认，但合并过程中不产生新的商誉。

（二）同一控制下取得子公司合并日合并财务报表的编制

1. 合并日合并财务报表的编制原则

(1) 合并日的资产负债表：被合并方的资产、负债应以其账面价值并入合并资产负债表。这里的账面价值是指被合并方的资产、负债（包括最终控制方收购被合并方而形成的商誉）在最终控制方财务报表中的价值。

(2) 合并利润表：合并方在编制合并日的合并利润表时，应包含合并方及被合并方自合并当期期初至合并日实现的净利润，双方在当期所发生的交易，应当按照合并财务报表的有关原则进行抵销。

(3) 合并现金流量表的编制和利润表的编制原则相同。

2. 合并日合并财务报表的编制

这是在合并的时点的合并财务报表的处理，合并完了之后在每个资产负债表日还需要重新编制合并财务报表。

同一控制下取得子公司合并日合并财务报表的编制，简单地说就是分为三步走：

第一步：个别财务报表确认长期股权投资（这是个别报表的内容）；

第二步：抵销分录（将母公司的“长期股权投资”和子公司“股东权益”抵销）；

第三步：将被合并企业的留存收益转回。

【注意】为什么要将被合并企业的留存收益转回？

因为企业在编制合并财务报表时已将被合并方的所有者权益全部从借方抵销了，那么被合并方的留存收益也抵销了，此时在合并财务报表中体现的都是合并方的留存收益，但同一控制下的控股合并是假设合并方与被合并方在合并之前就是一体化存续下来的，应该在合并财务报表中体现出母子公司的留存收益，故要做这笔恢复留存收益的调整分录。

会计处理如下：

第一步：个别报表确认长期股权投资。

借：长期股权投资（被合并方的账面价值的份额）

　　贷：资产

　　　　资本公积——资本溢价（差额，也可能在借方）

第二步：抵销分录：子公司的所有者权益与母公司的长期股权投资抵销。

借：股本（实收资本）

　　资本公积

　　其他综合收益

　　盈余公积

　　未分配利润

　　贷：长期股权投资

　　　　少数股东权益

第三步：将被合并企业的留存收益按持股比例转回，以母公司的资本公积为限。

借：资本公积

　　贷：盈余公积

　　　　未分配利润

【例题 8-28】 甲公司 2012 年 1 月 1 日以 28 600 万元的价格取得 A 公司 80% 的股权，A 公司净资产的公允价值为 35 000 万元。甲公司在购买 A 公司过程中发生审计、评估和法律服务等相关费用 120 万元。上述价款均以银行存款支付。甲公司与 A 公司均为同一控制下的企业。A 公司采用的会计政策与甲公司一致。

A公司股东权益总额为32 000万元，其中股本为20 000万元，资本公积为8 000万元，盈余公积为1 200万元，未分配利润为2 800万元。合并后，甲公司在A公司股东权益中所拥有的份额为25 600万元。

甲公司对A公司长期股权投资的初始投资成本为25 600万元。购买该股权过程中发生的审计、估值等相关费用直接计入当期损益，即计入当期管理费用。

借：长期股权投资——A公司　　25 600
　　管理费用　　120
　　资本公积——资本溢价（或股本溢价）　　3 000
　　贷：银行存款　　（28 600＋120）28 720

在本例中，对于甲公司为购买A公司所发生的审计及评估等费用实际上已支付给会计师事务所等中介机构，不属于甲公司与A公司所构成的企业集团内部交易，不涉及抵销处理的问题。编制合并日合并资产负债表时，甲公司应当进行如下抵销处理：

借：股本　　20 000
　　资本公积　　8 000
　　盈余公积　　1 200
　　未分配利润　　2 800
　　贷：长期股权投资　　25 600
　　　　少数股东权益　　6 400

借：资本公积　　3 200
　　贷：盈余公积　　（1 200×80%）960
　　　　未分配利润　　（2 800×80%）2 240

（三）同一控制下的吸收合并

基本原理：所谓吸收合并，就是被合并方消失，其资产和负债全部进入合并方，那根据同一控制的基本原理，把被合并方的资产和负债全部按照账面价值计入合并方即可。

（1）合并中取得资产、负债入账价值的确定。合并方对同一控制下吸收合并中取得的资产、负债应当按照相关资产、负债在被合并方的原账面价值入账。

（2）合并差额的处理。合并方在确认了合并中取得的被合并方的资产和负债的入账价值后，所确认的净资产（即“资产－负债”）入账价值与付出各项资产的账面价值的差额，应计入资本公积（资本溢价或股本溢价），资本公积（资本溢价或股本溢价）的余额不足冲减的，相应冲减盈余公积和未分配利润。

借：资产（被合并方原账面价值）
　　贷：负债（被合并方原账面价值）
　　　　资产（合并方付出的资产的账面价值）
　　　　资本公积（资本溢价或股本溢价）（有可能在借方）

（3）交易费用、发行权益性证券的佣金等的处理跟控股合并一样。

（4）吸收合并编制的是个别财务报表，不存在编制合并财务报表的说法。

【例题8－29】 2017年6月30日，P公司向S公司的股东定向增发1 000万股普通股（每股面值为1元，市价为10.85元）对S公司进行吸收合并，并于当日取得S公司净资产。当日，P公司和S公司资产、负债情况如下表所示。

资产负债表（简表）

2017年6月30日　　　　单位：万元

项目	P公司		S公司	
	账面价值	公允价值	账面价值	公允价值
资产：				
货币资金	4 312.50		450	450
存货	6 200		255	450
应收账款	3 000		2 000	2 000
长期股权投资	5 000		2 150	3 800
固定资产：				
固定资产原价	10 000		4 000	5 500
减：累计折旧	3 000		1 000	0
固定资产净值	7 000		3 000	
无形资产	4 500		500	1 500
商誉	0		0	0
资产总计	30 012.50		8 355	13 700
负债和所有者权益：				
短期借款	2 500		2 250	2 250
应付账款	3 750		300	300
其他负债	375		300	300
负债合计	6 625		2 850	2 850
实收资本（股本）	7 500		2 500	
资本公积	5 000		1 500	
盈余公积	5 000		500	
未分配利润	5 887.50		1 005	
所有者权益合计	23 387.50		5 505	10 850
负债和所有者权益合计	30 012.50		8 355	

本例中假定P公司和S公司为同一集团内两家全资子公司，合并前其共同的母公司为A公司。该项合并中参与合并的企业在合并前及合并后均为A公司最终控制，为同一控制下的企业合并。自6月30日开始，P公司能够对S公司净资产实施控制，该日即为合并日。因合并后S公司失去其法人资格，P公司应确认合并中取得的S公司的各项资产和负债，假定P公司与S公司在合并前采用的会计政策相同。

P公司对该项合并应进行的会计处理为：

借：货币资金	4 500 000	
库存商品（存货）	2 550 000	
应收账款	20 000 000	
长期股权投资	21 500 000	
固定资产	30 000 000	
无形资产	5 000 000	
贷：短期借款		22 500 000
应付账款		3 000 000
其他应付款（其他负债）		3 000 000
股本		10 000 000
资本公积		45 050 000

（四）通过多次交易分步实现同一控制下企业合并（合并报表）

对于分步实现的同一控制下企业合并，在编制合并财务报表时，应视同参与合并的各方在最终控制方开始控制时即以目前的状态存在进行调整，在编制比较报表时，以不早于合并方和被合并方同处于最终控制方的控制之下的时点开始，将被合并方的有关资产、负债并入合并方合并财务报表的比较报表中，并将合并而增加的净资产在比较报表中调整所有者权益项下的相关项目。

为避免对被合并方净资产的价值进行重复计算，合并方在取得被合并方控制权之前持有的股权投资，在取得原股权之日与合并方和被合并方同处于同一方最终控制之日孰晚日起至合并日之间已确认有关损益、其他综合收益以及其他净资产变动，应分别冲减比较报表期间的期初留存收益或当期损益。

【例题8－30】甲公司为P公司的全资子公司。2011年1月1日，甲公司与非关联方A公司分别出资600万元及1 400万元设立乙公司，并分别持有乙公司30%及70%的股权。

2012年1月1日，P公司向A公司收购其持有乙公司70%的股权，乙公司成为P公司的全资子公司，当日乙公司净资产的账面价值与其公允价值相等。

2013年3月1日，甲公司向P公司购买其持有乙公司70%的股权，乙公司成为甲公司的全资子公司。

甲公司与A公司不存在关联关系，甲公司购买乙公司70%股权的交易和原取得乙公司30%股权的交易不属于“一揽子交易”，甲公司在可预见的未来打算一直持有乙公司股权。

乙公司自2011年1月1日至2012年1月1日实现净利润800万元，自2012年1月1日至2013年1月1日实现净利润600万元，自2013年1月1日至3月1日实现净利润100万元（不考虑所得税等影响）。

本例中，2013年3月1日，甲公司从P公司手中购买乙公司70%股权的交易属于同一控制下企业合并。并且甲公司自2012年1月1日起与乙公司同受P公司最终控制，甲公司合并财务报表应自取得原股权之日（2011年1月1日）和双方同处于同一方最终控制之日（2012年1月1日）孰晚日（2012年1月1日）起，将乙公司纳入合并范围。

在甲公司合并财务报表中，视同自2012年1月1日起，甲公司即持有乙公司100%股权，重溯2012年1月1日的报表项目，2011年1月1日至2012年1月1日的合并财务报表并不重溯。

2012年1月1日，乙公司净资产的账面价值为2 800万元（2 000+800）。此前，甲公司持有对乙公司的长期股权投资的账面价值为840万元（600+800×30%）。因此，甲公司在编制合并财务报表时，并入乙公司2012年（比较期间）年初各项资产、负债后，因合并而增加净资产2 800万元，冲减长期股权投资账面价值840万元，两者之间的差额调增资本公积1 960万元（2 800-840）。

借：资产、负债	2 800	
贷：长期股权投资		840
资本公积		1 960

甲公司对于合并日（即2013年3月1日）的各报表项目，除按照本篇“第二节合并财务报表编制原则、前期准备事项及程序”的一般规定编制合并分录外，还应冲减2012年1月1日至2013年1月1日对乙公司30%的长期股权投资的权益法核算结果，冲减乙公司2013年1月1日至3月1日实现的净利润中按照权益法核算归属于甲公司的份额。即冲减期初留存收益180万元（600×30%），冲减投资收益30万元（100×30%）。

借：期初留存收益	180	
投资收益	30	
贷：长期股权投资		210

五、同一控制下取得子公司合并日后合并财务报表的编制

【注意】前面的是合并日的处理，这里是合并日“后”每个资产负债表日的合并报表的编制，每个资产负债表日也是在个别财务报表的基础上进行重新编制。

我们这里也是三步走：

第一步，将长期股权投资从成本法调整到权益法。

第二步，将调整后的长期股权投资跟子公司的股东权益抵销。

第三步，将对子公司的投资收益与子公司当年的利润分配抵销（站在整体的角度来看，都是一个公司，不存在投资收益）。

会计处理如下：

第一步：长期股权投资成本法核算的结果调整为权益法核算的结果。

调整分录如下：

1. 投资当年

（1）调整被投资单位盈利：

借：长期股权投资

　　贷：投资收益

（2）调整被投资单位亏损：

借：投资收益

　　贷：长期股权投资

（3）调整被投资单位分派现金股利：

借：投资收益（注意这里是投资收益）

　　贷：长期股权投资

（4）调整子公司其他综合收益变动：

借：长期股权投资

　　贷：其他综合收益

（5）调整子公司除净损益、其他综合收益以及利润分配以外的所有者权益的其他变动：

借：长期股权投资

　　贷：资本公积

2. 连续编制合并财务报表

（1）调整以前年度被投资单位盈亏：

借：长期股权投资

　　贷：未分配利润——年初（亏损作相反分录）

（2）调整被投资单位本年盈利：

借：长期股权投资

　　贷：投资收益

（3）调整被投资单位本年亏损：

借：投资收益

　　贷：长期股权投资

（4）调整被投资单位以前年度分派现金股利：

借：未分配利润——年初

　　贷：长期股权投资

（5）调整被投资单位当年分派现金股利：

借：投资收益

　　贷：长期股权投资

（6）调整子公司以前年度其他综合收益变动：

借：长期股权投资

　　贷：其他综合收益——年初（或作相反分录）

（7）调整子公司本年其他综合收益变动（假定其他综合收益增加）：

借：长期股权投资

　　贷：其他综合收益——本年（或作相反分录）

（8）调整子公司以前年度除净损益、其他综合收益以及利润分配以外的所有者权益的其他变动：

借：长期股权投资

　　贷：资本公积——年初（或作相反分录）

（9）调整子公司本年除净损益、其他综合收益以及利润分配以外的所有者权益的其他变动：

借：长期股权投资

　　贷：资本公积——本年（或作相反分录）

从上面可以看出，连续编制合并财务报表其实就是将之前的分录重新写一遍，然后对当年进行调整，没有难度，所以考试的时候基本只考当年的合并财务报表编制，很少涉及连续编制企业合并报表。

第二步：将调整后的长期股权投资与子公司的股东权益进行抵销。

借：股本（实收资本）

　　资本公积

　　其他综合收益

　　盈余公积

　　未分配利润——年末

　　贷：长期股权投资

　　　　少数股东权益

【注意】在合并财务报表中，子公司少数股东分担的当期亏损超过了少数股东在该子公司期初所有者权益中所享有的份额的（即发生超额亏损），其余额仍应当冲减少数股东权益，**即少数股东权益可以出现负数。**

第三步：母公司对子公司、子公司相互之间持有对方长期股权投资的投资收益的抵销。

借：投资收益

　　少数股东损益

　　未分配利润——年初

　　贷：提取盈余公积

　　　　对所有者（或股东）的分配

　　　　未分配利润——年末

【例题8－31】甲公司于2012年1月1日，以28 600万元的价格取得A公司80%的股权，使其成为子公司，甲公司与A公司均为同一控制下的企业。

A公司2012年1月1日股东权益总额为32 000万元，其中股本为20 000万元，资本公积为8 000万元，盈余公积为1 200万元，未分配利润为2 800万元；2012年12月

31 日，股东权益总额为 38 000 万元，其中股本为 20 000 万元，资本公积 8 000 万元，盈余公积为 3 200 万元，未分配利润为 6 800 万元。

A 公司 2012 年全年实现净利润 10 500 万元，经公司董事会提议并经股东会批准，2012 年提取盈余公积 2 000 万元，向股东宣告分派现金股利 4 500 万元。

本例中，A 公司当年实现净利润 10 500 万元，经公司董事会提议并经股东会批准，2012 年提取盈余公积 2 000 万元，向股东宣告分派现金股利 4 500 万元。甲公司对 A 公司长期股权投资取得时的账面价值为 25 600 万元，2012 年 12 月 31 日仍为 25 600 万元，甲公司当年确认投资收益为 3 600 万元。

将成本法核算的结果调整为权益法核算结果的相关的调整分录如下：

借：长期股权投资——A 公司　　（10 500 × 80%）8 400
　　贷：投资收益　　8 400
借：投资收益　　（4 500 × 80%）3 600
　　贷：长期股权投资——A 公司　　3 600

经过上述调整分录后，甲公司对 A 公司长期股权投资的账面价值为 30 400 万元（25 600 + 8 400 − 3 600）。甲公司对 A 公司长期股权投资账面价值 30 400 万元正好与母公司在 A 公司股东权益所拥有的份额相等。

【例题 8 − 32】 接【例题 8 − 31】本例经过调整后甲公司对 A 公司长期股权投资的金额为 30 400 万元；A 公司股东权益总额为 38 000 万元，甲公司拥有 80% 的股权，即在子公司股东权益中拥有 30 400 万元；其余 20% 则属于少数股东权益。

长期股权投资与子公司所有者权益抵销时，其抵销分录如下：

借：股本　　20 000
　　资本公积　　8 000
　　盈余公积　　3 200
　　未分配利润　　6 800
　　贷：长期股权投资　　30 400
　　　　少数股东权益　　7 600

其次，还必须将对子公司的投资收益与子公司当年利润分配相抵销，使合并财务报表反映母公司股东权益变动的情况，其抵销分录如下：

借：投资收益　　8 400
　　少数股东损益　　2 100
　　未分配利润——年初　　2 800
　　贷：提取盈余公积　　2 000
　　　　向股东分配利润　　4 500
　　　　未分配利润　　6 800

另外，本例中A公司本年宣告分派现金股利4 500万元，股利款项尚未支付，A公司已将其计列应付股利4 500万元。甲公司根据A公司宣告的分派现金股利的公告，按照其所享有的金额，已确认应收股利，并在其资产负债表中计列应收股利3 600万元。这属于母公司与子公司之间的债权债务，在编制合并资产负债表时必须将其予以抵销，其抵销分录如下：

借：其他应付款——应付股利　　3 600

　　贷：其他应收款——应收股利　　3 600

值得注意的是，子公司发行累积优先股等其他权益工具的，无论当期是否宣告发放其股利，在计算列报母公司合并利润表中的“归属于母公司股东的净利润”时，应扣除当期归属于除母公司之外的其他权益工具持有者的可累计分配股利，扣除金额应在“少数股东损益”项目中列示；子公司发行不可累积优先股等其他权益工具的，在计算列报母公司合并利润表中的“归属于母公司股东的净利润”时，应扣除当期宣告发放的归属于除母公司之外的其他权益工具持有者的不可累积分配股利，扣除金额应在“少数股东损益”项目中列示。

【本节考点回顾】

（1）同一控制下控股合并的长期股权投资的初始计量。

①初始投资成本；

②为合并支付的费用的处理；

③多次交换、分步取得的股权最终形成同一控制下控股合并（个别报表）。

（2）后续计量——成本法。

（3）同一控制下，购买日合并报表编制（分录）。

①个别财务报表确认长期股权投资；

②抵销分录（将母公司的“长期股权投资”和子公司“股东权益”抵销）；

③将被合并企业的留存收益转回，以母公司的资本公积为限。

（4）同一控制下，购买日后合并报表编制（分录）。

①将长期股权投资从成本法调整到权益法；

②将调整后的长期股权投资跟子公司的股东权益抵销；

③将对子公司的投资收益与子公司当年的利润分配抵销。

第 6 天

复习旧内容：

第八章第一 ~ 第五节。

学习新内容：

资产（二）第八章第六节 ~ 第十节（之所以这么紧凑的安排，就是为了连贯，各位辛苦点）。

学习方法：

其实学到现在，我们应该明白一个原理，其实长期股权投资和企业合并基本都是按照套路来思考就行了，比如合并日几步走，合并日后几步处理，今天的内容依旧是套路。

各位一定要有一个思路：越是看起来难的内容，基本考试出题不会太难，都是按照书本的知识来出，如果看着简单的知识，反而会千变万化。

你今天可能有的心态：

前面一天的内容折腾得你们够呛，跟智商无关，是真的难度稍微大一点，可是难度再大，几道题之后就降服了难点！

今天的内容就稍微简单点啦，反正，跨过了今天的内容，“革命”就差不多成功啦！以后就一马平川了！

简单解释今天学习内容：

（1）第六节的内容主要是长期股权投资后续计量的转换。因为根据前面的知识，我们知道一份股权，很少的时候是金融资产按照公允价值计量，再增加持有达到重大影响，那就要按照权益法核算，等到了控股的时候，就需要按照成本法核算了。

（2）第七节 ~ 第十节讲述的就是合并财务报表内部的一些抵销，前面我们讲述过在合并日（购买日）和合并日后（购买日后）需要编制长期股权投资和子公司股东权益的抵销分录，这里的抵销原理一样，是内部交易的抵销，比如内部买卖存货，未实现的部分就需要抵销。所谓抵销都是套路，搞懂原理，记住套路就行。

可能会遇到的难点：

（1）我希望各位再回忆一下前面的内容，特别是非同一控制下和同一控制下的长期股权投资的个别报表及合并报表的处理。

（2）偶尔有个别的抵销可能稍微难理解一点，这时你们要学会画图，比如减值、所得税，都去画一下图就好了。

习题注意事项：

今天的课程一般不会单独出题，一般都是和前面的课程结合一起出题。

（1）第六节的长期股权投资后续计量的转换，这不正是个别报表和合并报表最好的结合吗？先是权益法核算，然后是控股、个别报表和合并报表分别怎么处理，最后引出后面的内部交易的抵销。

（2）内部交易的抵销都是跟前面的内容一起出题，不过只要看到内部交易的问题，肯定会专门出一问让我们处理内部交易，或者单独处理一次。

建议学习时间：

5～6 小时，建议周日进行学习，利用周六周日学完这些章节，这是很牛很牛的事情，然后接下来两天就是不断地复习。

第六节　长期股权投资核算方法的转换及处置

一、长期股权投资核算方法的转换

学习本节内容，我们需要先梳理以下几个知识点：

（1）持有被投资公司的股份，按照持股比例不同，有三种计量方法：

①子公司：形成控股合并的长期股权投资，后续计量采用成本法。

②联营和合营：不形成控股合并但形成重大影响的长期股权投资，后续计量采用权益法。

③金融资产：不形成控制也不具有重大影响，作为交易性金融资产或指定为以公允价值计量且其变动计入其他综合收益的金融资产，按照公允价值计量。

（2）关于个别财务报表和合并财务报表。

甲公司持有乙公司60%的股份，那么甲公司和乙公司各自有自己的个别财务报表，但是年末的时候还需要将二者的报表加总以及进行调整之后形成合并财务报表。

因此假设我们处置子公司的持股份额，将控股变成非控股，首先个别报表中要做出售处理，同时合并报表中也要做相应的反映。

控股形成的长期股权投资，在个别报表中按照成本法核算，但是在合并报表中为了抵销的需要，需要将个别报表的成本法调整到权益法，然后计入合并报表。

（3）经过前面的了解，我们的转换就可以分为以下六种形式，如图8－8和表8－13所示。

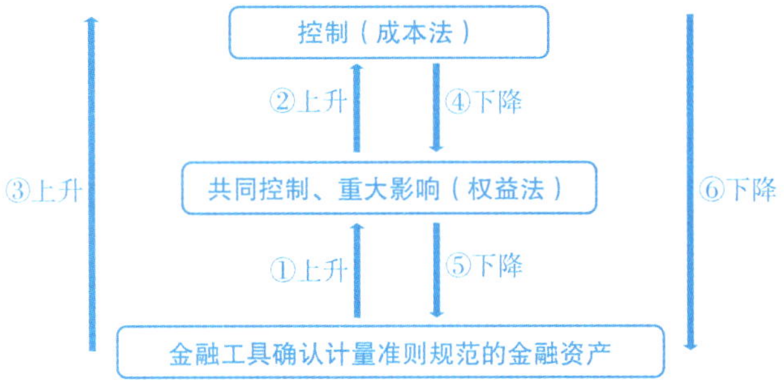

图8－8　长期股权投资核算方法的转换

表8－13　　股权投资转换的六种情形

转换形式	个别报表	合并报表
公允价值计量转换为权益法	注：此处的金融资产可能有两类，即以公允价值计量且其变动计入当期损益的金融资产和指定为以公允价值计量且其变动计入其他综合收益的金融资产。 原投资调整到公允价值 公允价值＋公允价值	无合并报表

续表

转换形式	个别报表	合并报表
	（1）原投资账面和公允价值的差额计入"投资收益"或者"留存收益" （2）原投资公允价值变动计入"其他综合收益"的转入"留存收益"	
权益法转换为成本法（非同一控制）	长投账面价值 = 原投资账面价值 + 新增投资公允价值	（1）原投资部分调整到公允价值 原投资公允价值 + 新增投资公允价值 （2）原投资账面和公允价值的差额计入"投资收益" （3）权益法下确认的"其他综合收益"转入投资收益或留存收益
公允价值计量转换为成本法（非同一控制）	（1）长投账面价值 = 原投资公允价值 + 新增投资公允价值 （2）原金融资产，视同处置	无须调整
成本法转换为权益法	（1）卖出部分：确认投资收益 （2）剩余投资：追溯调整为权益法下的账面价值（视同从一开始就是以权益法计量）	剩余投资调整到公允价值（相当于整体卖掉） （1）账面价值和公允价值的差额确认"投资收益" （2）对个别财务报表中的处置部分的投资收益的归属期间进行调整（冲减投资收益） （3）将与处置部分和剩余投资有关的其他综合收益、其他所有者权益变动全部转入投资收益或留存收益
权益法转换为公允价值计量	（1）剩余投资调整到公允价值，公允价值与账面价值的差额确认损益 （2）卖出部分确认损益 （3）权益法下面的全部"其他综合收益"转入"投资收益"或"留存收益"；"资本公积——其他资本公积"转入"投资收益"	无合并报表
成本法转换为公允价值计量	（1）剩余投资调整到公允价值，公允价值与账面价值的差额确认损益 （2）卖出部分公允价值与账面价值的差额确认损益	无须调整剩余投资价值

通过表 8－13 我们发现，只有涉及成本法的转换时，才会有合并报表，因为只有控股合并才会形成合并报表，这个一定要记住。

（一）公允价值计量转换为权益法或者成本法

长期股权投资的初始投资成本 = 原股权的公允价值 + 新增投资应支付对价的公允价值

（1）原股权投资是以公允价值计量且其变动计入当期损益的金融资产的，原股权投资于转换日的公允价值与账面价值之间的差额转入当期损益。

（2）原股权投资是指定为以公允价值计量且其变动计入其他综合收益的金融资产的，原股权投资于转换日的公允价值与账面价值之间的差额，以及原计入其他综合收益的累计公允价值变动转入留存收益。

简单的理解就是将公允价值核算的金融资产卖掉，然后去购入权益法核算的长期股权投资。

【例题8－33】甲公司于2015年2月取得乙公司10%的股权，对乙公司不具有控制、共同控制和重大影响，甲公司将其指定为以公允价值计量且其变动计入其他综合收益的金融资产，投资成本为900万元。

2016年3月1日，甲公司又以1 800万元取得乙公司12%的股权，当日乙公司可辨认净资产公允价值总额为12 000万元。取得该部分股权后，按照乙公司章程规定，甲公司能够派人参与乙公司的财务和生产经营决策，对该项长期股权投资转为采用权益法核算。假定甲公司在取得乙公司10%的股权后，双方未发生任何内部交易，未派发现金股利或利润。除所实现净利润外，未发生其他所有者权益变动事项。2016年3月1日，甲公司对乙公司投资原10%股权的公允价值为1 300万元，原计入其他综合收益的累计公允价值变动收益为400万元。

本例中，2016年3月1日，甲公司对乙公司投资原10%股权的公允价值为1 300万元，因追加投资改按权益法核算，原计入其他综合收益的累计公允价值变动收益400万元转入留存收益。甲公司按照10%提取法定盈余公积，不提取任意盈余公积。

甲公司对乙公司股权增持后，持股比例改为22%，初始投资成本为3 100万元（1 300＋1 800），应享有乙公司可辨认净资产公允价值份额为2 640万元（12 000×22%），前者大于后者460万元，不调整长期股权投资的账面价值。

甲公司对上述交易的会计处理如下：

借：其他权益工具投资——成本	9 000 000	
贷：银行存款		9 000 0000
借：其他权益工具投资——公允价值变动	4 000 000	
贷：其他综合收益		4 000 000
借：长期股权投资——投资成本	31 000 000	
贷：银行存款		18 000 000
其他权益工具投资——成本		9 000 000
——公允价值变动		4 000 000
借：其他综合收益	4 000 000	
贷：盈余公积——法定盈余公积		400 000
利润分配——未分配利润		3 600 000

【例题8-34】A公司于2018年3月以2 000万元取得B上市公司5%的股权，对B公司不具有重大影响，A公司将其分类为交易性金融资产，按公允价值计量。2019年4月1日，A公司又斥资25 000万元自C公司取得B公司另外50%股权。假定A公司在取得对B公司的长期股权投资后，B公司未宣告发放现金股利。A公司原持有B公司5%的股权于2019年3月31日的公允价值为2 500万元（与2019年4月1日的公允价值相等），累计计入公允价值变动损益的金额为500万元。A公司与C公司不存在任何关联方关系。

本例中，A公司是通过分步购买最终达到对B公司控制，因A公司与C公司不存在任何关联方关系，故形成非同一控制下企业合并。在购买日，A公司应进行如下账务处理：

借：长期股权投资　　275 000 000

　贷：交易性金融资产　　25 000 000

　　银行存款　　250 000 000

（二）权益法转变为成本法

权益法转变为成本法是每年的必考点，选择题和大题都具有可考性，因此请各位务必重视，权益法转变为成本法要分为个别财务报表和合并财务报表的处理。

【小知识】权益法核算的长期股权投资，也就是投资企业个别财务报表记录的长期股权投资，这是账面价值；但是，在公平的市场中，该长期股权投资还有公允价值，在这个地方，公允价值和账面价值是不一样的。

处理如下：

（1）**个别财务报表：**权益法下长期股权投资的账面价值+新增投资所支付的公允价值。

（2）**合并财务报表：**权益法下长期股权投资的公允价值+新增投资所支付的公允价值。

（3）账面价值和公允价值的差额记入"投资收益"，但是这个投资收益不反映在个别财务报表中，而是反映在合并财务报表中。

（4）权益法下长期股权投资的"其他综合收益"在个别报表中不转出，但是在合并报表中要转入投资收益或留存收益。

综上可以看出，合并财务报表需要确认两个部分：一是长期股权投资的账面价值跟公允价值的差额计入合并财务报表的投资收益；二是权益法下长期股权投资的"其他综合收益"要转入"投资收益"或"留存收益"。

【例题8-35】A公司于2008年3月以12 000万元取得B公司20%的股权，并能对B公司施加重大影响，采用权益法核算该项股权投资，当年度确认对B公司的投资收益450万元。2009年4月，A公司又斥资15 000万元自C公司取得B公司另外30%的股权。A公司除净利润外，无其他所有者权益变动，按净利润的10%提取盈余公积。A公司对该项长期股权投资未计提任何减值准备。A公司所持B公司20%的股权在2009年4月的公允价值是16 000万元。购买日，A公司应进行以下账务处理：

个别报表的长期股权投资账面价值：(12 000 +450) +15 000 =27 450（万元）。

因此在购买日需要确认的是新增投资所支付的价值 15 000 万元。

借：长期股权投资　　150 000 000

　　贷：银行存款　　150 000 000

合并报表的长期股权投资账面：16 000 +15 000 =31 000（万元）。

合并报表确认的损益：16 000 -(12 000 +450) =3 550（万元）。

（三）成本法到公允价值计量

个别报表的处理：

（1）处置的部分需要确认损益（投资收益）；

（2）剩余的部分从账面价值调整到公允价值，差额记入“投资收益”。

【例题 8 -36】甲公司持有乙公司 60% 股权并能控制乙公司，投资成本为 1 200 万元，按成本法核算。2008 年 5 月 12 日，甲公司出售所持乙公司股权的 90% 给非关联方，所得价款为 1 800 万元，剩余 6% 股权于丧失控制权日的公允价值为 200 万元，甲公司将其分类为以公允价值计量且其变动计入当期损益的金融资产中的交易性金融资产。假定不考虑其他因素，甲公司于丧失控制权日的会计处理如下：

出售股权：

借：银行存款　　18 000 000

　　贷：长期股权投资　　10 800 000

　　　　投资收益　　7 200 000

剩余股权的处理：

借：交易性金融资产——成本　　2 000 000

　　贷：长期股权投资　　1 200 000

　　　　投资收益　　800 000

【例题 8 -37 · 单选题】2013 年 1 月 1 日 A 公司以 6 000 万元取得 B 公司 100% 的有表决权股份，能够对 B 公司实施控制。2014 年 1 月 1 日，A 公司将持有的 B 公司 80% 的股权对外出售，收到价款 5 000 万元。处置后，A 公司无法再对 B 公司实施控制，也不能施加共同控制或重大影响，因此将剩余投资指定为以公允价值计量且其变动计入其他综合收益的金融资产。剩余股权的公允价值为 1 250 万元。假定不考虑其他因素，则因处置持有 B 公司部分股权，对甲公司 2014 年度损益的影响金额为（　　）万元。

A. 325　　B. 250　　C. 435　　D. 674

【答案】B

【解析】成本法转公允价值法，要确认两个“投资收益”，一是卖掉的部分投资收益，二是剩余的部分转为公允价值法后，公允价值跟账面价值的“投资收益”。

首先卖掉的投资收益是：5 000 -6 000 ×80% =200（万元）

其次是剩余的部分转为公允价值确认的投资收益：1 250 - 6 000 × 20% = 50（万元）

【提示】 可以采用公式计算：总的投资收益 = 处置部分获得价款 + 剩余部分公允价值 - 初始总成本。

第八章

（四）权益法到公允价值计量

个别报表的处理：

（1）处置的部分需要确认损益（投资收益）。

（2）剩余的部分从账面价值调整到公允价值，差额记入“投资收益”。

（3）原权益法核算的长期股权投资的“其他综合收益”，采用与被投资单位相同的会计处理，即债权类确认的“其他综合收益”转入“投资收益”，权益类确认的“其他综合收益”转入“留存收益”。

（4）原权益法核算的长期股权投资的“资本公积——其他资本公积”全额转入“投资收益”。

【注意】为什么不是按照出售的比例结转？因为从权益法转为公允价值法，转变之后不存在长期股权投资了，所以与长期股权投资相关的“其他综合收益”和“资本公积——其他资本公积”全额结转。

但是请各位区分一下，从权益法到公允价值法，是将100%的“其他综合收益”及“资本公积——其他资本公积”全额结转，**如果是处置一部分股份，其具有重大影响，这个时候就属于“权益法到权益法”，因为还有重大影响，长期股权投资还存在，因此只能按照售出的比例结转“其他综合收益”和“资本公积——其他资本公积”。**

【例题8 - 38】 甲公司持有乙公司30%的有表决权股份，能够对乙公司施加重大影响，对该股权投资采用权益法核算。2008年10月，甲公司将该项投资中的50%出售给非关联方，取得价款1 800万元。相关股权划转手续于当日完成。甲公司持有乙公司剩余15%股权，无法再对乙公司施加重大影响，指定为以公允价值计量且其变动计入其他综合收益的金融资产。股权出售日，剩余股权的公允价值为1 800万元。

出售该股权时，长期股权投资的账面价值为3 200万元，其中投资成本2 600万元，损益调整为300万元，因被投资单位指定为以公允价值计量且其变动计入其他综合收益的金融资产的累计公允价值变动享有部分为200万元，除净损益、其他综合收益和利润分配以外的其他所有者权益变动为100万元。不考虑相关税费等其他因素影响。甲公司的会计处理如下：

（1）确认有关股权投资的处置损益。

借：银行存款	18 000 000	
贷：长期股权投资		16 000 000
投资收益		2 000 000

（2）由于被投资单位确定的其他综合收益是根据乙公司非交易性权益工具公允价值变动所确认的，因此终止采用权益法核算，将原确认的相关其他综合收益全部转入留存收益。

借：其他综合收益　　2 000 000

　　贷：盈余公积　　（2 000 000×10%）200 000

　　　　利润分配——未分配利润　　（2 000 000×90%）1 800 000

（3）由于终止采用权益法核算，将原计入资本公积的其他所有者权益变动全部转入当期损益。

借：资本公积——其他资本公积　　1 000 000

　　贷：投资收益　　1 000 000

（4）剩余股权投资指定为以公允价值计量且其变动计入其他综合收益的金融资产，当天公允价值为1 800万元，账面价值为1 600万元，两者差异计入当期投资收益。

借：其他权益工具投资——成本　　18 000 000

　　贷：长期股权投资　　16 000 000

　　　　投资收益　　2 000 000

【例题8－39·单选题】2010年3月10日，甲公司处置其所持有的乙公司20%的股权，取得价款400万元，甲公司对剩余10%的股权投资指定为以公允价值计量且其变动计入其他综合收益的金融资产核算。甲公司对其原有股权采用权益法核算，已知原股权的账面价值为360万元（其中投资成本为270万元，损益调整为40万元，债权投资确认的其他综合收益变动为50万元）。处置股权当日，剩余股权的公允价值为200万元，乙公司可辨认净资产公允价值为2 000万元。不考虑其他因素，则甲公司在减资当日应确认的投资收益的金额为（　　）万元。

A. 120　　B. 140　　C. 240　　D. 290

【答案】D

【解析】根据我们所学知识，权益法转为公允价值法，需要三步走：

（1）出售的部分确认投资收益：400－(270＋40＋50)×2/3＝160（万元）；

（2）“其他综合收益”全额转入“投资收益”：50万元；

（3）剩余的部分转入公允价值，差额确认投资收益：200－(270＋90)×1/3＝80（万元）。

所以合计确认投资收益：160＋50＋80＝290（万元）。

【提示】也可以直接采用公式计算：减资日投资收益＝处置部分获得价款＋剩余部分公允价值－原股权账面价值＋其他综合收益。

（五）成本法到权益法

成本法到权益法，分为个别财务报表和合并财务报表的处理，在合并财务报表中相当于全部卖掉，前面讲过，那我们来详细研究一下：

1. 个别财务报表的处理

(1) 处置部分：卖掉的时点需要确认损益（投资收益）。

借：银行存款

　　贷：长期股权投资

　　　　投资收益（差额）

(2) 剩余投资追溯调整权益法账面价值，假设当初买进的时候就是按照这个持股比例进行权益法核算，然后调整初始投资成本，投资收益确认等（按照权益法的标准处理模式进行处理）。

①投资时点商誉的追溯。剩余的长期股权初始投资成本大于按照剩余持股比例计算原投资时应享有被投资单位可辨认净资产公允价值的份额的差额，属于投资作价中体现的商誉部分，不调整长期股权投资的账面价值；属于初始投资成本小于原投资时应享有被投资单位可辨认净资产公允价值份额的，在调整长期股权投资成本的同时，应调整留存收益。

②投资后的追溯调整。

借：长期股权投资

　　贷：留存收益（盈余公积、利润分配——未分配利润）（原投资时至处置投资当期期初被投资单位留存收益变动×剩余持股比例）

　　　　投资收益（处置投资当期期初至处置日被投资单位的净损益变动×剩余持股比例）

　　　　其他综合收益（被投资单位其他综合收益变动×剩余持股比例）

　　　　资本公积——其他资本公积（其他原因导致被投资单位其他所有者权益变动×剩余持股比例）

2. 合并财务报表的处理

正如前面所讲，合并财务报表相当于将整个长期股权投资卖掉，因为权益法并不需要编制合并报表。

在合并财务报表中，应当从成本法调整到权益法入账，所有长期股权投资在合并财务报表中的账面价值应当是从成本法调整到权益法下的账面价值。

与原有子公司股权投资相关的其他综合收益，应当采用与被投资单位直接处置相关资产或负债相同的基础进行会计处理。即原有子公司非交易性权益工具确认的“其他综合收益”转入“留存收益”。

【例题8－40】 2007年1月1日，甲公司支付600万元取得乙公司100%的股权，投资当时乙公司可辨认净资产的公允价值为500万元，商誉100万元。2007年1月1日至2008年12月31日，乙公司的净资产增加了75万元，其中按购买日公允价值计算实现的净利润为50万元，持有指定为以公允价值计量且其变动计入其他综合收益的非交易性权益工具投资的公允价值升值25万元。

2009年1月8日，甲公司转让乙公司60%的股权，收取现金480万元存入银行，转让后甲公司对乙公司的持股比例为40%，能够对其施加重大影响。2009年1月8日，即甲公司丧失对乙公司的控制权日，乙公司剩余40%股权的公允价值为320万元。假定甲、乙公司提取盈余公积的比例均为10%。假定乙公司未分配现金股利，并不考虑其他因素。

甲公司在其个别财务报表和合并财务报表中的处理分别如下：

(1) 甲公司个别财务报表的处理。

①确认部分股权处置收益（卖掉其中60%确认的投资收益!）

借：银行存款　　4 800 000

　　贷：长期股权投资　　(6 000 000×60%) 3 600 000

　　　　投资收益　　1 200 000

②对剩余股权改按权益法核算。

这里是对剩余的部分进行追溯调整，假设当初买进就只是买了40%，那么我们就按照权益法进行后续计量，要调整初始投资成本和投资收益等，但是由于已经跨年度，以前年度的投资收益应该已经结转进股东权益，所以这里也要直接记入“盈余公积”和“未分配利润”。

借：长期股权投资　　300 000

　　贷：盈余公积　　(500 000×40%×10%) 20 000

　　　　未分配利润　　(500 000×40%×90%) 180 000

　　　　其他综合收益　　(250 000×40%) 100 000

经上述调整后，在个别财务报表中，剩余股权的账面价值为270万元（600×40%+30)。

(2) 那我们来看看合并财务报表应该确认的投资收益。

第一步，假设全部卖掉，应该收到480+320=800（万元)；

第二步，合并财务报表的账面价值是：600（初始投资成本）+50（净利润）+25（其他综合收益）=675（万元)；

第三步，“其他综合收益”要转入“留存收益”，其他综合收益是25万元。

因此，合并财务报表应当确认的投资收益是：800－675=125（万元)。

【提示】要树立一个思想，所谓的合并财务报表是在个别财务报表的基础上调整的，比如合并财务报表总共需要确认125万元的投资收益，但是个别财务报表已经确认了120万元，那合并财务报表只需要补充确认5万元就可以。

则丧失控制权日，合并财务报表中的调整分录为：

①对剩余股权投资由个别财务报表中的账面价值调整到丧失控制日的公允价值（这里是将剩余的40%的长期股权投资从账面价值调整到公允价值)。

借：长期股权投资　　(3 200 000－2 700 000) 500 000

　　贷：投资收益　　500 000

②对个别财务报表中的部分处置投资收益的归属期间进行调整。

借：投资收益　　　　　　　　　　　　　　　　　　　　　　450 000

　贷：盈余公积　　　　　　　　　　　　（500 000×60%×10%）30 000

　　　未分配利润　　　　　　　　　　　（500 000×60%×90%）270 000

　　　其他综合收益　　　　　　　　　　　（250 000×60%）150 000

③由于与子公司股权投资相关的其他综合收益为其持有的非交易性权益工具投资的累计公允价值变动，在子公司终止确认时该其他综合收益应转入留存收益。

借：其他综合收益　　　　　　　　　　　　　　　　　　　250 000

　贷：盈余公积　　　　　　　　　　　　　（250 000×10%）25 000

　　　利润分配——未分配利润　　　　　　　（250 000×90%）225 000

二、长期股权投资的处置

处置所得价款与处置长期股权投资账面价值之间的差额，应确认为处置损益。全部处置时权益法下确认的相关其他综合收益和资本公积——其他资本公积，应全部转出。

部分处置的处理，参照长期股权投资核算方法的转换。

【本节考点回顾】

（1）公允价值计量转换为权益法或者成本法。

（2）权益法转变为成本法（个表和合表的区别）。

（3）成本法计量到公允价值法。

（4）权益法到公允价值法。

（5）成本法到权益法。

第七节　内部交易的合并处理

【特别提醒】在编制企业合并报表的时候，需要将长期股权投资从成本法调整到权益法，在调整长期股权投资的时候我们都只是考虑了“投资时点的公允账面之差”对净利润的影响，那需要考虑对内部交易的影响吗？

答案是“不需要”，因为我们在编制企业合并报表里面，内部交易有专门的分录进行处理。所以在做长投的综合题目的时候，如果出到编制企业合并报表，又给了内部交易的这些条件，后面肯定是要求我们写内部交易的单独分录，无须在成本法调整到权益法的过程中进行考虑！

从第七节内容以后，都是合并财务报表的处理，千万要和前几节个别财务报表的处理区分开。

一、内部商品交易的合并处理（见表 8－14）

表 8－14　　内部商品交易的合并处理

<table>
<tr><td rowspan="3">内部商品交易的抵销</td><td>将年初存货中未实现内部销售利润抵销</td><td colspan="2">借：未分配利润——年初（年初存货中未实现内部销售利润）
　贷：营业成本</td></tr>
<tr><td>将本期内部商品销售收入抵销</td><td colspan="2">借：营业收入（本期内部商品销售产生的收入）
　贷：营业成本</td></tr>
<tr><td>将期末存货中未实现内部销售利润抵销</td><td colspan="2">借：营业成本
　贷：存货（期末存货中未实现内部销售利润）</td></tr>
<tr><td></td><td>首先抵销存货跌价准备期初数</td><td colspan="2">借：存货——存货跌价准备
　贷：未分配利润——年初</td></tr>
<tr><td rowspan="2">发生减值的调整</td><td>抵销因本期销售存货结转的存货跌价准备</td><td colspan="2">借：营业成本
　贷：存货——存货跌价准备</td></tr>
<tr><td>抵销存货跌价准备期末数与上述余额的差额，但存货跌价准备的抵销以存货中未实现内部销售利润为限</td><td colspan="2">借：存货——存货跌价准备
　贷：资产减值损失
（或作相反分录）</td></tr>
<tr><td rowspan="3">涉及递延所得税资产</td><td>确认本期合并财务报表中递延所得税资产期末余额（即列报金额）</td><td colspan="2">—</td></tr>
<tr><td rowspan="2">调整合并财务报表中本期递延所得税资产</td><td>（1）调整期初数</td><td>借：递延所得税资产
　贷：未分配利润——年初</td></tr>
<tr><td>（2）调整期初期末差额</td><td>借：递延所得税资产
　贷：所得税费用
（或作相反分录）</td></tr>
</table>

1. 内部商品交易的抵销

我们举例来说明这个问题：

【例题 8－41】甲公司持有乙公司 70% 的股份，能够决定乙公司的生产经营，甲公司将账面价值 600 万元的商品以 1 000 万元的价格出售给乙公司，乙公司仍作为存货处理。（假设不考虑税费）

甲公司个别财务报表的处理：

借：银行存款	10 000 000	
贷：营业收入		10 000 000
借：营业成本	6 000 000	
贷：存货		6 000 000

假设一：假设乙公司把所有商品以 1 200 万元卖出去，那么乙公司分录为：

借：银行存款	12 000 000	
贷：营业收入		12 000 000

借：营业成本　　10 000 000
　　贷：存货　　10 000 000

那么站在整个合并财务报表角度，这个产品成本就是600万元，最终销售价格就是1 200万元，中间甲公司多的营业收入1 000万元和乙公司多的营业成本1 000万元根本不存在，所以应当抵销：

借：营业收入　　10 000 000
　　贷：营业成本　　10 000 000

假设二：假设乙公司年末未销售该商品，那么站在整个合并财务报表的角度，整个公司根本不存在营业收入，也不存在营业成本，存货也不能无故增加400万元，这就要做一个抵销分录：

借：营业收入　　10 000 000
　　贷：营业成本　　6 000 000
　　　　存货　　4 000 000

因此，我们可以做一个总结，对于当年的内部交易，我们应该有一个统一的分录：

借：营业收入（本期内部交易的商品收入）
　　贷：营业成本
　　　　存货（未实现的内部损益）

分解开就是：

借：营业收入
　　贷：营业成本
借：营业成本
　　贷：存货（未实现的内部损益）

2. 我们来探讨一下关于减值的处理

【例题8－42】接【例题8－41】存货在乙公司的个别财务报表的账面价值是1 000万元，但是合并财务报表的账面价值是600万元，我们来画图看看：

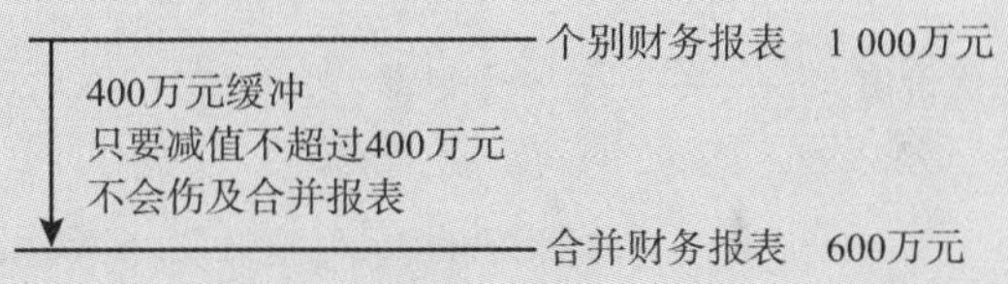

从上图我们可以看出，个别财务报表的账面价值是1 000万元，合并财务报表的账面价值是600万元，个别财务报表的存货跌价幅度只要不超过400万元，并不会导致合并财务报表的账面价值减值，因此在合并财务报表看来，只要在400万元内的存货跌价准备都不是真的跌价，都应该全额转回。

假设乙公司认为存货的市场价格下跌，确认了200万元的存货跌价准备。

乙公司的个别财务报表处理：

借：资产减值损失　　2 000 000
　　贷：存货——存货跌价准备　　2 000 000
合并财务报表就要做一个相反分录：
借：存货跌价准备　　2 000 000
　　贷：资产减值损失　　2 000 000
假设乙公司认为存货的市场价格下跌，确认了500万元的存货跌价准备。
乙公司个别财务报表的处理：
借：资产减值损失　　5 000 000
　　贷：存货跌价准备　　5 000 000
合并财务报表认为400万元的存货跌价准备应该转回，多的100万元确实减值了：
借：存货——存货跌价准备　　4 000 000
　　贷：资产减值损失　　4 000 000

3. 我们再来探讨一下递延所得税

根据图8－9，我们来探讨一下：

（1）计税基础：甲公司以1 000万元的价格卖给乙公司，因此税务机关认可计税基础1 000万元。

（2）个别报表账面价值：该批存货目前在乙公司，因此账面价值也是1 000万元。

（3）合并报表账面价值：合并报表账面价值是600万元。

假设企业所得税税率为25%。

在个别报表中，计税基础和账面价值相等，因此个别报表不存在递延所得税的问题。

在合并报表中，计税基础是1 000万元，账面价值是600万元，因此计税基础大于账面价值400万元，应该确认递延所得税资产100万元（400×25%）。

假设个别报表确认了100万元的存货跌价准备，那么个别报表中需要确认递延所得税资产25万元（100×25%），这个时候合并报表就只需要确认75万元（300×25%）即可。

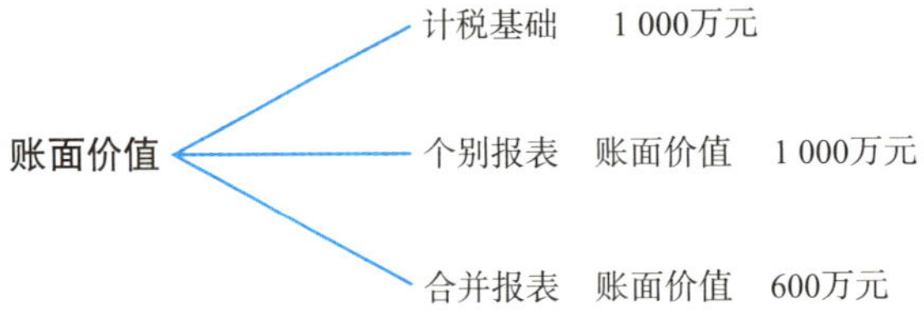

图8－9　存货的计税基础及账面价值

（一）不考虑存货跌价准备情况下的内部销售业务的抵销

步骤如下：

1. 将年初存货中未实现内部销售利润抵销

借：未分配利润——年初（年初存货中未实现内部销售利润）
　　贷：营业成本

问：根据经验，在连续编制合并报表过程中，应该是直接将利润表科目换成“未分配利润——年初”，其他科目不用换，那这里应该是：

借：未分配利润——年初

　　贷：存货

可是为什么这里的“存货”换成了“营业成本”呢？

答：这是存货的特殊之处，书上的解答是“这一抵销分录，可以理解为上期内部购进的存货中包含的未实现内部销售损益在本期视为实现利润，将上期未实现内部销售损益转为本期实现利润，冲减当期的合并销售成本”。

2. 将本期内部商品销售收入抵销

借：营业收入（本期内部商品销售产生的收入）

　　贷：营业成本

3. 将期末存货中未实现内部销售利润抵销

借：营业成本

　　贷：存货（期末存货中未实现内部销售利润）

【例题 8－43】 甲公司系 A 公司的母公司。甲公司本期个别利润表的营业收入中有 2 000 万元，系向 A 公司销售商品实现的收入，其商品成本为 1 400 万元，销售毛利率为 30%。A 公司本期从甲公司购入的商品本期均未实现销售，期末存货中包含有 2 000 万元从甲公司购进的商品，该存货中包含的未实现内部销售损益为 600 万元。

抵销分录：

借：营业收入	2 000	
贷：营业成本		1 400
存货		600

（二）存货跌价准备的合并处理

首先抵销存货跌价准备期初数，抵销分录为：

借：存货——存货跌价准备

　　贷：未分配利润——年初

然后抵销因本期销售存货结转的存货跌价准备，抵销分录为：

借：营业成本

　　贷：存货——存货跌价准备

这个分录也是个别报表的相反分录，因为计提了存货跌价准备之后销售，分录为：

借：存货跌价准备

　　贷：营业成本

由于合并财务报表要转回，所以就做了一笔相反分录。

最后抵销存货跌价准备期末数与上述余额的差额，但存货跌价准备的抵销以存货中未实现内部销售利润为限。

借：存货——存货跌价准备

　　贷：资产减值损失

或作相反分录。

（三）内部交易存货相关所得税会计的合并抵销处理

1. 确认本期合并财务报表中递延所得税资产期末余额（即列报金额）

递延所得税资产的期末余额 = 期末合并财务报表中存货可抵扣暂时性差异余额 × 所得税税率

合并财务报表中存货账面价值为站在合并财务报表角度期末结存存货的价值，即集团内部销售方（不是购货方）存货成本与可变现净值孰低的结果。

合并财务报表中存货计税基础为集团内部购货方期末结存存货的成本。

2. 调整合并财务报表中本期递延所得税资产

本期期末递延所得税资产的调整金额 = 合并财务报表中递延所得税资产的期末余额 - 购货方个别财务报表中已确认的递延所得税资产

（1）调整期初数：

借：递延所得税资产

　　贷：未分配利润——年初

注：合并财务报表中期初递延所得税资产调整金额即为上期期末合并财务报表中递延所得税资产的调整金额。

（2）调整期初期末差额：

借：递延所得税资产

　　贷：所得税费用

或作相反分录。

【例题8-44】 甲公司本期个别利润表的营业收入有5 000万元，系向A公司销售产品取得的销售收入，该产品销售成本为3 500万元，销售毛利率为30%。A公司在本期将该批内部购进商品的60%实现销售，其销售收入为3 750万元，销售成本为3 000万元，销售毛利率为20%，并列示于其个别利润表中；该批商品的另外40%则形成A公司期末存货，即期末存货为2 000万元，列示于A公司的个别资产负债表中。

在编制合并财务报表时，其抵销分录如下：

借：营业收入　　5 000

　　贷：营业成本　　5 000

期末存货中未实现内部销售利润 =（5 000 - 3 500）×40% =600（万元）

借：营业成本　　600

　　贷：存货　　600

本期合并报表中确认营业收入3 750万元。

本期合并报表中确认营业成本 =3 500×60% =2 100（万元）

本期期末合并报表中列示的存货 =3 500×40% =1 400（万元）

合并报表中存货未实现内部销售利润为600万元，应确认递延所得税资产余额 = 600×25% =150（万元）。

借：递延所得税资产　　150
　　贷：所得税费用　　150

【例题8-45】上期甲公司与A公司内部购销资料、内部销售的抵销处理见【例题8-44】。本期甲公司个别财务报表中向A公司销售商品取得销售收入6 000万元，销售成本为4 200万元，甲公司销售毛利率与上期相同，为30%。A公司个别财务报表中从甲公司购进商品本期实现对外销售收入为5 625万元，销售成本为4 500万元，销售毛利率为20%；期末内部购进形成的存货为3 500万元（期初存货2 000万元+本期购进存货6 000万元-本期销售成本4 500万元），存货价值中包含的未实现内部销售损益为1 050万元。此时，编制合并财务报表时应进行以下合并处理：

（1）调整期初未分配利润的数额：

借：未分配利润——年初　　600
　　贷：营业成本　　600

（2）抵销本期内部销售收入：

借：营业收入　　6 000
　　贷：营业成本　　6 000

（3）抵销期末存货中包含的未实现内部销售损益：

借：营业成本　　1 050
　　贷：存货　　（3 500×30%）1 050

合并报表中存货未实现内部销售利润为1 050万元，应确认递延所得税资产余额=1 050×25%=262.5（万元）。

借：递延所得税资产　　150
　　贷：未分配利润——年初　　150
借：递延所得税资产　　（262.5-150）112.5
　　贷：所得税费用　　112.5

【例题8-46】甲公司系A公司的母公司，甲公司本期向A公司销售商品2 000万元，其销售成本为1 400万元；A公司购进的该商品当期全部未实现对外销售而形成期末存货。A公司期末对存货进行检查时，发现该商品已经部分陈旧，其可变现净值已降至1 840万元。为此，A公司期末对该存货计提存货跌价准备160万元，并在其个别财务报表中列示。

在本例中，该存货的可变现净值降至1 840万元，高于抵销未实现内部销售损益后的金额1 400万元。

此时，在编制本期合并财务报表时，应进行如下合并处理：

（1）将内部销售收入与内部销售成本抵销：

借：营业收入　　2 000
　　贷：营业成本　　2 000

（2）将内部销售形成的存货价值中包含的未实现内部销售损益抵销：

借：营业成本　　600

贷：存货 600

(3) 将A公司本期计提的存货跌价准备抵销：

借：存货——存货跌价准备 160

贷：资产减值损失 160

合并报表中存货成本为1 400万元，可变现净值为1 840万元，账面价值为1 400万元，计税基础为2 000万元。

应确认递延所得税资产余额 =(2 000 - 1 400) ×25% =150（万元）

因个别报表中已确认递延所得税资产 =160 ×25% =40（万元），合并报表中调整分录如下：

借：递延所得税资产 110

贷：所得税费用 110

【例题8 -47】 甲公司为A公司的母公司。甲公司本期向A公司销售商品2 000万元，其销售成本为1 400万元，并以此在其个别利润表中列示。A公司购进的该商品当期全部未实现对外销售而形成期末存货；期末对存货进行检查时，发现该存货已经部分陈旧，其可变现净值降至1 320万元。为此，A公司期末对该存货计提存货跌价准备680万元。

在本例中，该存货的可变现净值降至1 320万元，低于抵销未实现内部销售损益后的金额（1 400万元）。在A公司本期计提的存货跌价准备680万元中，其中的600万元是相对于A公司取得成本（2 000万元）高于甲公司销售该商品的取得成本（1 400万元）部分计提的，另外80万元则是相对于甲公司销售该商品的取得成本（1 400万元）高于其可变现净值（1 320万元）的部分计提的。

此时，A公司对计提存货跌价准备中相当于抵销的未实现内部销售损益的数额600万元部分，从整个企业集团来说，该商品的取得成本为1 400万元，在可变现净值高于这一金额的情况下，不需要计提存货跌价准备，故必须将其予以抵销；而对于另外的80万元的存货跌价准备，从整个企业集团来说，则是必须计提的存货跌价准备，则不需要进行抵销处理。

在编制本期合并财务报表时，应进行如下抵销处理：

(1) 将内部销售收入与内部销售成本抵销：

借：营业收入 2 000

贷：营业成本 2 000

(2) 将内部销售形成的存货价值中包含的未实现内部销售损益抵销：

借：营业成本 600

贷：存货 600

(3) 将A公司本期计提的存货减值准备中相当于未实现内部销售利润的部分抵销：

借：存货——存货跌价准备 600

贷：资产减值损失 600

合并报表中存货成本为1 400万元，可变现净值为1 320万元，账面价值为1 320万元，计税基础为2 000万元。

应确认递延所得税资产余额 =（2 000 - 1 320）×25% = 170（万元）。

因个别报表中已确认递延所得税资产 = 680 ×25% = 170（万元）。

合并报表中无调整分录。

【例题 8 - 48】 接【例题 8 - 46】甲公司与 A 公司之间内部销售情况、内部销售及存货跌价准备的抵销处理见【例题 8 - 46】。A 公司与甲公司之间本期未发生内部销售。本期期末存货系上期内部销售结存的存货。A 公司本期期末对存货清查时，该内部购进存货的可变现净值为 1 200 万元，A 公司期末存货跌价准备余额为 800 万元。

本例中，该内部购进存货的可变现净值由上期期末的 1 840 万元降至 1 200 万元，既低于 A 公司从甲公司购买时的取得成本，也低于抵销未实现内部销售损益后的金额（即甲公司销售该商品的成本 1 400 万元）。A 公司本期期末存货跌价准备余额 800 万元，从计提时间来看，包括上期期末计提结存的存货跌价准备 160 万元，还包括本期期末计提的存货跌价准备 640 万元。上期计提的部分，在编制上期合并财务报表时已将其与相应的资产减值损失相抵销，从而影响到本期的“未分配利润——年初”项目。

为此，对于这一部分在本期编制合并财务报表时需要调整“未分配利润——年初”项目的数额。而对于本期计提的 640 万元存货跌价准备，其中 440 万元是相对上期计提存货跌价准备后存货净额与甲公司该内部销售商品的销售成本之间的差额计提的，而另外 200 万元则是由相对甲公司该内部销售商品的销售成本与其可变现净值之间的差额计提的。从整个企业集团来说，前者应当予以抵销，后者则是属于应当计提的。

甲公司在编制本期合并财务报表时，应进行如下合并处理：

（1）借：存货——存货跌价准备　　160

　　　贷：未分配利润——年初　　160

（2）借：未分配利润——年初　　600

　　　贷：存货　　600

有同学这里有疑问，为什么贷方变成了“存货”？

实际上这是两个分录的合并，在实际操作中不建议合并这两个分录：

首先，抵销上年度未实现的内部商品交易损益

借：未分配利润——年初　　600

　　贷：营业成本　　600

其次，由于该批存货期末并没有对外销售，因此还是属于未实现内部交易损益，因此期末应该处理：

借：营业成本　　600

　　贷：存货　　600

两个分录合并即是：

借：未分配利润——年初　　600

　　贷：存货　　600

（3）借：存货——存货跌价准备　　440

贷：资产减值损失 440

合并报表中存货成本为1 400万元，可变现净值为1 200万元，账面价值为1 200万元，计税基础为2 000万元。

应确认递延所得税资产余额=(2 000－1 200)×25%=200（万元），因个别报表中已确认递延所得税资产=800×25%=200（万元），合并报表中调整分录如下：

借：递延所得税资产 110

贷：未分配利润——年初 110

借：所得税费用 110

贷：递延所得税资产 110

【例题8－49·单选题】甲公司拥有乙公司80%的有表决权股份，能够控制乙公司财务和经营决策。2013年6月1日，甲公司将本公司生产的一批产品出售给乙公司，售价为1 600万元（不含增值税），成本为1 000万元。至2013年12月31日，乙公司已对外售出该批存货的40%，当日，剩余存货的可变现净值为500万元。甲公司、乙公司均采用资产负债表债务法核算其所得税，适用的所得税税率均为25%。不考虑其他因素，对上述交易进行抵销后，2013年12月31日在合并财务报表层面因该业务应列示的递延所得税资产为（ ）万元。

A. 25 B. 95 C. 100 D. 115

【答案】D

【解析】2013年12月31日剩余存货在合并财务报表层面的成本=1 000×60%=600（万元），因可变现净值为500万元，所以账面价值为500万元，计税基础=1 600×60%=960（万元），因该事项应列示的递延所得税资产=(960－500)×25%=115（万元）。

二、内部债权债务的合并处理

内部债权债务的合并处理比内部商品交易的处理简单，因为内部债权债务不存在所谓的“营业成本”和“营业收入”等，直接将“应付账款”和“应收账款”抵销就行，见表8－15。

表8－15 内部债权债务的合并处理

（1）内部债权债务项目本身的抵销		借：债务类项目 贷：债权类项目
（2）内部投资收益（利息收入）和利息费用的抵销		借：投资收益 贷：财务费用（在建工程等）
（3）内部应收账款计提坏账准备的抵销	抵销坏账准备的期初数	借：应收账款——坏账准备 贷：未分配利润——年初
	将本期计提（或冲回）的坏账准备数额抵销	借：应收账款——坏账准备 贷：信用减值损失 （或作相反分录）

续表

（4）内部应收款项相关所得税会计的合并抵销处理	先抵销期初坏账准备对递延所得税的影响	借：未分配利润——年初（期初坏账准备余额×所得税税率） 　　贷：递延所得税资产
	然后确认递延所得税资产期初期末余额的差额	若坏账准备期末余额大于期初余额： 借：所得税费用（坏账准备增加额×所得税税率） 　　贷：递延所得税资产 若坏账准备期末余额小于期初余额则为相反分录

（一）内部债权债务项目本身的抵销

在编制合并资产负债表时，需要进行抵销处理的内部债权债务项目主要包括：（1）应收账款与应付账款；（2）应收票据与应付票据；（3）预付账款与预收账款；（4）长期债券投资与应付债券；（5）应收股利与应付股利；（6）其他应收款与其他应付款。

抵销分录为：

借：债务类项目

　　贷：债权类项目

（二）内部应收账款计提坏账准备的抵销

在应收账款采用备抵法核算其坏账损失的情况下，某一会计期间坏账准备的数额是以当期应收账款为基础计提的。在编制合并财务报表时，随着内部应收账款的抵销，也需将与此相联系的内部应收账款计提的坏账准备抵销。其抵销程序如下：

首先抵销坏账准备的期初数，抵销分录为：

借：应收账款——坏账准备

　　贷：未分配利润——年初

然后将本期计提（或冲回）的坏账准备数额抵销，抵销分录与计提（或冲回）分录借贷方向相反。

即：借：应收账款——坏账准备

　　　　贷：信用减值损失

或：借：信用减值损失

　　　　贷：应收账款——坏账准备

具体做法是：先抵期初数，然后抵销期初数与期末数的差额。

（三）内部应收款项相关所得税会计的合并抵销处理

首先抵销期初坏账准备对递延所得税的影响：

借：未分配利润——年初（期初坏账准备余额×所得税税率）

　　贷：递延所得税资产

然后确认递延所得税资产期初期末余额的差额，递延所得税资产的期末余额＝期末坏账准备余额×所得税税率。

若坏账准备期末余额大于期初余额：

借：所得税费用（坏账准备增加额×所得税税率）

　　贷：递延所得税资产

若坏账准备期末余额小于期初余额：

借：递延所得税资产

　　贷：所得税费用（坏账准备减少额×所得税税率）

【例题8－50】 P公司2014年12月31日个别资产负债表中的内部应收账款为475万元，坏账准备余额为25万元。假定P公司2014年系首次编制合并财务报表。

抵销分录为：

借：应付账款　500

　　贷：应收账款　500

借：应收账款——坏账准备　25

　　贷：信用减值损失　25

借：所得税费用　6.25

　　贷：递延所得税资产　6.25

连续编制合并财务报表情况：

（1）若P公司2015年12月31日个别资产负债表中的内部应收账款仍为475万元，坏账准备余额仍为25万元。

抵销分录为：

借：应付账款　500

　　贷：应收账款　500

借：应收账款——坏账准备　25

　　贷：未分配利润——年初　25

借：未分配利润——年初　6.25

　　贷：递延所得税资产　6.25

（2）若P公司2015年12月31日个别资产负债表中的内部应收账款为570万元，坏账准备余额为30万元。

借：应付账款　600

　　贷：应收账款　600

借：应收账款——坏账准备　25

　　贷：未分配利润——年初　25

借：应收账款——坏账准备　5

　　贷：信用减值损失　5

应抵销递延所得税资产余额＝30×25%＝7.5（万元）。

借：未分配利润——年初　6.25

　　贷：递延所得税资产　6.25

借：所得税费用　1.25
　贷：递延所得税资产　1.25

(3) 若P公司2015年12月31日个别资产负债表中的内部应收账款项目为380万元，坏账准备账户期末余额为20万元。

借：应付账款　400
　贷：应收账款　400
借：应收账款——坏账准备　25
　贷：未分配利润——年初　25
借：信用减值损失　5
　贷：应收账款——坏账准备　5

应抵销递延所得税资产余额 =20×25% =5（万元）。

借：未分配利润——年初　6.25
　贷：递延所得税资产　6.25
借：递延所得税资产　1.25
　贷：所得税费用　1.25

(4) 若P公司2015年12月31日个别资产负债表中的内部应收账款项目为0。

抵销分录为：

借：应收账款——坏账准备　25
　贷：未分配利润——年初　25
借：信用减值损失　25
　贷：应收账款——坏账准备　25

应抵销递延所得税资产余额为0。

借：未分配利润——年初　6.25
　贷：递延所得税资产　6.25
借：递延所得税资产　6.25
　贷：所得税费用　6.25

三、内部固定资产交易的合并处理

（一）未发生变卖或报废的内部交易固定资产的抵销

未发生变卖或报废的内部交易固定资产的抵销处理如表8－16所示。

表8－16　未发生变卖或报废的内部交易固定资产的抵销处理

(1) 将期初固定资产原价中未实现内部销售利润抵销	借：未分配利润——年初 　贷：固定资产——原价（期初固定资产原价中未实现内部销售利润）
(2) 将期初累计多提折旧抵销	借：固定资产——累计折旧（期初累计多提折旧） 　贷：未分配利润——年初

续表

(3) 将本期购入的固定资产原价中未实现内部销售利润抵销	一方销售的商品，另一方购入后作为固定资产 借：营业收入（本期内部固定资产交易产生的收入） 　贷：营业成本（本期内部固定资产交易产生的销售成本） 　　固定资产——原价（本期购入的固定资产原价中未实现内部销售利润） 一方的固定资产，另一方购入后仍作为固定资产 借：资产处置收益 　贷：固定资产——原价
(4) 将本期多提折旧抵销	借：固定资产——累计折旧（本期多提折旧） 　贷：管理费用

（二）发生变卖或报废情况下的内部固定资产交易的抵销

表 8－17　　　　发生变卖或报废情况下的内部固定资产交易的抵销处理

(1) 将期初固定资产原价中未实现内部销售利润抵销	借：未分配利润——年初 　贷：资产处置收益（期初固定资产原价中未实现内部销售利润）
(2) 将期初累计多提折旧抵销	借：资产处置收益（期初累计多提折旧） 　贷：未分配利润——年初
(3) 将本期多提折旧抵销	借：资产处置收益（本期多提折旧） 　贷：管理费用

【例题 8－51】 A 公司和 B 公司同为甲公司控制下的两个子公司。A 公司将其净值为 1 280 万元的某厂房，以 1 500 万元的价格变卖给 B 公司作为固定资产使用。A 公司因该内部固定资产交易实现收益 220 万元，并列示于其个别利润表之中。B 公司以 1 500 万元的金额将该厂房作为固定资产的原价入账，并列示其个别资产负债表之中。

在该内部固定资产交易中，A 公司因交易实现资产处置收益 220 万元。

编制合并财务报表时，甲公司必须将因该固定资产交易实现的资产处置收益与固定资产原值中包含的未实现内部销售损益的数额予以抵销。其抵销分录如下：

借：资产处置收益　　　　220

　贷：固定资产——原价　　　　220

通过上述抵销处理后，该内部固定资产交易所实现的损益予以抵销，该厂房的原价通过抵销处理后调整为 1 280 万元。

【例题 8－52】 A 公司和 B 公司同为甲公司控制下的两个子公司。A 公司于 2011 年 12 月将自己生产的产品销售给 B 公司作为固定资产使用，A 公司销售该产品的销售收入为 1 680 万元，销售成本为 1 200 万元，B 公司以 1 680 万元的价格作为该固定资产的原价入账。

此时，与一般的内部商品交易的抵销处理相似，编制合并财务报表时，甲公司应当将该产品的销售收入 1 680 万元及其销售成本 1 200 万元，以及 B 公司固定资产原价中包含的未实现内部销售损益 480 万元（1 680－1 200）予以抵销。

在合并工作底稿中应进行如下抵销处理：

借：营业收入　　1 680

　　贷：营业成本　　1 200

　　　　固定资产——原价　　480

【例题8－53】 A公司和B公司同为甲公司控制下的两个子公司。A公司于2011年1月1日，将自己生产的产品销售给B公司作为固定资产使用，A公司销售该产品的销售收入为1 680万元，销售成本为1 200万元。B公司以1 680万元的价格作为该固定资产的原价入账。B公司购买的该固定资产用于公司的行政管理，该固定资产属于不需要安装的固定资产，当月投入使用，其折旧年限为4年，预计净残值为0。为简化合并处理，假定该内部交易固定资产在交易当年按12个月计提折旧。

甲公司在编制合并财务报表时，应当进行如下抵销处理：

（1）将该内部交易固定资产相关销售收入与销售成本及原价中包含的未实现内部销售利润予以抵销。本例中，A公司因该内部交易确认销售收入1 680万元，结转销售成本1 200万元；B公司该固定资产的原价为1 680万元，其中包含的未实现内部销售损益为480万元（1 680－1 200）。

在合并工作底稿中应进行如下抵销处理：

借：营业收入　　1 680

　　贷：营业成本　　1 200

　　　　固定资产——原价　　480

（2）将当年计提的折旧和累计折旧中包含的未实现内部销售损益予以抵销。该固定资产在B公司按4年的折旧年限计提折旧，每年计提折旧420万元，其中每年计提的折旧和累计折旧中均包含未实现内部销售损益的摊销额120万元。

在合并工作底稿中应进行如下抵销处理：

借：固定资产——累计折旧　　120

　　贷：管理费用　　120

通过上述抵销分录，在合并工作底稿中累计折旧额减少120万元，其合并数为300万元；管理费用减少120万元，其合并数为300万元。

【例题8－54】 接【例题8－53】B公司2012年其个别资产负债中，该内部交易固定资产原价为1 680万元，累计折旧为840万元，该固定资产净值为840万元。

甲公司编制2012年度合并财务报表时，应当进行如下抵销处理：

（1）借：未分配利润——年初　　480

　　　　贷：固定资产——原价　　480

（2）借：固定资产——累计折旧　　120

　　　　贷：未分配利润——年初　　120

（3）借：固定资产——累计折旧　　120

　　　　贷：管理费用　　120

【例题8－55】接【例题8－54】B公司2013年个别资产负债表中，该内部交易固定资产原价为1 680万元，累计折旧为1 260万元，该固定资产净值为420万元。该内部交易固定资产2013年计提折旧为420万元。

甲公司编制2013年度合并财务报表时，应当进行如下抵销处理：

(1) 借：未分配利润——年初　480

　　贷：固定资产——原价　480

(2) 借：固定资产——累计折旧　240

　　贷：未分配利润——年初　240

(3) 借：固定资产——累计折旧　120

　　贷：管理费用　120

【例题8－56】接【例题8－55】2014年12月该内部交易固定资产使用期满，B公司于2014年12月对其进行清理。B公司对该固定资产清理时实现固定资产清理净收益14万元，在2014年度个别利润表中以营业外收入项目列示。随着对该固定资产的清理，该固定资产的原价和累计折旧已转销，在2014年12月31日个别资产负债表固定资产中已无该固定资产的列示。

此时，甲公司编制合并财务报表时，应当进行如下抵销处理：

(1) 按照内部交易固定资产原价中包含的未实现内部销售利润，调整"未分配利润——年初"科目：

借：未分配利润——年初　480

　　贷：资产处置收益　480

(2) 按以前会计期间因固定资产原价中包含的未实现内部销售利润而多计提累计折旧的数额，调整"未分配利润——年初"科目：

借：资产处置收益　360

　　贷：未分配利润——年初　360

(3) 将本期因固定资产原价中包含的未实现内部销售利润而多计提的折旧额抵销：

借：资产处置收益　120

　　贷：管理费用　120

随着内部交易固定资产的清理，该固定资产的原价、累计折旧和净值在B公司个别资产负债表中均无列示，故涉及调整"未分配利润——年初"科目的抵销处理，均通过"资产处置收益"科目进行。

以上三笔抵销分录，可以合并为以下抵销分录：

借：未分配利润——年初　120

　　贷：管理费用　120

【例题8－57】接【例题8－56】2014年12月31日，该内部交易固定资产使用期满，但该固定资产仍处于使用之中，B公司未对其进行清理报废。B公司2014年度个别资产负债表固定资产仍列示该固定资产的原价1 680万元，累计折旧1 680万元；在其个别报表利润表列示固定资产当年计提的折旧420万元。此时，甲公司在编制2014年度合并财务报表时，应当进行如下抵销处理：

（1）将内部交易固定资产原价中包含的未实现内部销售利润抵销，并调整“未分配利润——年初”项目：

借：未分配利润——年初　　480

　贷：固定资产——原价　　480

（2）将因固定资产原价中包含的未实现内部销售利润而多计提的累计折旧抵销，并调整“未分配利润——年初”项目：

借：固定资产——累计折旧　　360

　贷：未分配利润——年初　　360

（3）将本期因固定资产原价中包含的未实现内部销售利润而多计提的折旧额抵销：

借：固定资产——累计折旧　　120

　贷：管理费用　　120

【例题8－58】接【例题8－57】该内部交易固定资产2015年仍处于使用之中。B公司个别资产负债表中内部交易固定资产为1 680万元，累计折旧为1 680万元；由于固定资产超期使用不计提折旧，B公司个别利润表中无该内部固定资产计提的折旧费用。

（1）将固定资产原价中包含的未实现内部销售利润抵销，调整“未分配利润——年初”项目：

此时，甲公司编制合并财务报表时，应进行如下抵销处理：

借：未分配利润——年初　　480

　贷：固定资产——原价　　480

（2）将累计折旧包含的未实现内部销售利润抵销，调整“未分配利润——年初”项目：

借：固定资产——累计折旧　　480

　贷：未分配利润——年初　　480

四、内部无形资产交易的合并处理

（一）未发生变卖或报废的内部交易无形资产的抵销（见表8－18）

表8－18　　未发生变卖或报废的内部交易无形资产的抵销处理

（1）将期初无形资产原价中未实现内部销售利润抵销	借：未分配利润——年初 　贷：无形资产——原价（期初无形资产原价中未实现内部销售利润）
（2）将期初累计多提摊销抵销	借：无形资产——累计摊销（期初累计多提摊销） 　贷：未分配利润——年初
（3）将本期购入的无形资产原价中未实现内部销售利润抵销	借：资产处置收益 　贷：无形资产——原价
（4）将本期多提摊销抵销	借：无形资产——累计摊销（本期多提摊销） 　贷：管理费用

（二）发生变卖情况下的内部无形资产交易的抵销

将上述抵销分录中的“无形资产——原价”项目和“无形资产——累计摊销”项目用“资产处置收益”项目代替如表8－19所示。

表8－19　发生变卖或报废的内部交易无形资产的抵销处理

（1）将期初无形资产原价中未实现内部销售利润抵销	借：未分配利润——年初 贷：资产处置收益（期初无形资产原价中未实现内部销售利润）
（2）将期初累计多提摊销抵销	借：资产处置收益（期初累计多提摊销） 贷：未分配利润——年初
（3）将本期多提摊销抵销	借：资产处置收益（本期多提摊销） 贷：管理费用

第八节　特殊交易在合并财务报表中的会计处理

一、追加投资的会计处理

（一）母公司购买子公司少数股东股权

（1）什么叫购买子公司少数股权？目前已经达到控股的程度了，母公司还继续购买少数股东持有的股权。

（2）个别财务报表：按照付出的对价的公允价值确认新增长期股权投资。

（3）合并财务报表：合并财务报表中，因购买少数股权新取得的长期股权投资与按照新增持股比例计算应享有**子公司自购买日或合并日开始持续计算的可辨认净资产份额之间的差额**，应当调整母公司个别报表中的资本公积（资本溢价或股本溢价），资本公积不足冲减的，调整留存收益。（不影响商誉）

（4）问：何谓自购买日或合并日开始持续计算的可辨认净资产的份额？

答：意思是按照购买日或者合并日确认的价值进行持续经营到当前的时刻的价值。比如实现了利润要增加价值，分配了股利要减少价值。

【例题8－59·单选题】甲公司于2014年12月29日以2 000万元取得对乙公司80%的股权，能够对乙公司实施控制，形成非同一控制下的企业合并，合并当日乙公司可辨认净资产公允价值总额为1 600万元，2015年12月31日甲公司又出资180万元自乙公司的其他股东处取得乙公司10%的股权，交易日乙公司自购买日开始持续计算的净资产账面价值金额（对母公司的价值）为1 900万元。甲公司、乙公司及乙公司的少数股东在交易前不存在任何关联方关系。不考虑其他因素，则甲公司在编制2015年的合并资产负债表时，因购买少数股权而调整的资本公积金额为（　　）万元。

A. 10　　B. 20　　C. 30　　D. -10

【答案】A

【解析】

(1) 个别报表确认的长期股权投资为 1 800 000 元。

借：长期股权投资　　1 800 000

　　贷：银行存款　　1 800 000

(2) 根据自购买日持续计算的净资产账面价值金额是 19 000 000×10% =1 900 000。

因此在合并报表中应该是，长期股权 1 900 000 元，故，与个别报表相比，合并报表应做的调整分录为：

借：长期股权投资　　100 000

　　贷：资本公积　　(1 900 000 - 1 800 000) 100 000

(二) 企业因追加投资等原因能够对非同一控制下的被投资方实施控制

(1) 如果属于"一揽子交易"，**应当将各项交易作为一项取得子公司控制权的交易进行会计处理。**

(2) 如果不属于"一揽子交易"，在合并财务报表中，**对于购买日之前持有的被购买方的股权，应当按照该股权在购买日的公允价值进行重新计量，公允价值与其账面价值之间的差额计入当期投资收益（即"公允价值 + 公允价值"）。**

从权益法到成本法的注意事项：

个别财务报表：原股份的账面价值 + 新增投资所支付对价的公允价值

合并财务报表：原股份的公允价值 + 新增投资所支付对价的公允价值

权益法下的"其他综合收益"在个别报表不用转为"投资收益"，而在合并财务报表需要转为"投资收益"或"留存收益"。

因此合并报表需要确认两部分：(1) 公允和账面的差额计入投资收益；(2)"其他综合收益"转入"投资收益"或"留存收益"。

【提示】这段话你们自己读起来可能还是有点问题，这里用通俗的语言解释一下：

(1) 多次购买股权，如果根据协议，多次购买其实就是属于一个交易，只是多次支付而已，那就是一笔交易，那么我们直接将多次支付的对价的公允价值相加就是长期股权投资的初始投资成本。

(2) 如果不是多次购买股权，那其实就是我们前面所说的权益法或者公允价值法到成本法的处理。特别注意权益法转变为成本法，个别财务报表是"账面价值 + 公允价值"，合并财务报表是"公允价值 + 公允价值"。

(三) 本期增加子公司时如何编制合并财务报表

1. 同一控制下企业合并增加的子公司或业务（当期期初——期末）

视同合并后形成的企业集团报告主体自最终控制方开始实施控制时是一体化存续下来的。

编制合并资产负债表时，应当调整合并资产负债表期初数，合并资产负债表的留存收益项目应当反映母子公司视同作为一个整体运行至合并日应实现的盈余公积和未分配利润的情况，同时应当对比较报表相关项目进行调整。

编制合并利润表时，应当将子公司或业务合并当期期初至报告期末的收入、费用、利润纳入合并利润表，而不是从合并日开始纳入合并利润表，同时应当对比较报表的相关项目进行调整。

编制合并现金流量表时，应当将该子公司或业务自合并当期期初到报告期末的现金流量纳入合并现金流量表，同时应当对比较报表的相关项目进行调整。

2. 非同一控制下企业合并或其他方式增加子公司或业务（购买日——期末）

应当从购买日开始编制合并报表。

在编制资产负债表时，不调整合并资产负债表的期初数，企业以非货币性资产出资设立子公司或对子公司增资的，需要将该非货币性资产调整恢复至原账面价值，并在此基础上持续编制合并报表。

在编制合并利润表时，应当将该子公司或业务自购买日至报告期末的收入、费用、利润纳入合并利润表；在编制合并现金流量表时，应当将该子公司购买日至报告期末的现金流量纳入合并现金流量表。总结见表 8 – 20。

表 8 – 20

类别	同一控制	非同一控制
基本原则	一体化存续	自购买日起
合并资产负债表	调整年初数	不调整年初数
合并利润表	年初——年末	购买日——年末
合并现金流量表	年初——年末	购买日——年末

二、处置对子公司投资的会计处理

（一）在不丧失控制权的情况下部分处置对子公司的长期股权投资

（1）不丧失控制权的情况下处置对子公司的长期股权投资：意思是处置部分投资，但是没有丧失控制权。

（2）个别报表：按照收到的价款跟处置的长期股权投资的成本作比较，确认投资收益。

（3）合并财务报表：不确认损益，不影响商誉！母公司在不丧失控制权的情况下部分处置对子公司的长期股权投资的，处置价款与处置长期股权投资相对应享有子公司自购买日或合并日开始持续计算的净资产份额之间的差额，应当调整资本公积（资本溢价或股本溢价），资本公积不足冲减的，调整留存收益。

合并财务报表中确认资本公积的金额 = 售价 − 出售日应享有子公司按购买日公允价值持续计算的净资产账面价值对应处置的份额

【例题8－60·单选题】甲公司于2014年12月31日以2 800万元取得对乙公司95%的股权，能够对乙公司实施控制，形成非同一控制下的企业合并，合并当日乙公司可辨认净资产公允价值总额为2 200万元。2015年12月10日甲公司处置乙公司5%的股权取得价款220万元。当日乙公司有关资产、负债以购买日公允价值开始持续计算的价值为3 024万元，2015年12月10日乙公司可辨认净资产公允价值为3 080万元。甲公司、乙公司及乙公司的少数股东在交易前不存在任何关联方关系。2015年年末甲公司在编制合并资产负债表时，应确认的商誉和因处置少数股权而调整的资本公积金额分别为（　　）万元。

A. －4，68.8　　B. 710，68.8　　C. 60，68.6　　D. 710，66

【答案】B

【解析】2015年年末甲公司在编制合并资产负债表时，应确认的商誉＝2 800－2 200×95%＝710（万元），因处置少数股权应调整的资本公积金额＝220－3 024×5%＝68.8（万元）。

（二）母公司因处置对子公司长期股权投资而丧失控制权

1. 一次交易处置子公司

母公司因处置部分股权投资或其他原因丧失了对原有子公司控制的，在合并财务报表中，应当进行如下会计处理：

（1）终止确认长期股权投资、商誉等的账面价值，并终止确认少数股东权益（包括属于少数股东的其他综合收益）的账面价值。

（2）按照丧失控制权日的公允价值重新计量剩余股权，按剩余股权对被投资方的影响程度，将剩余股权作为长期股权投资或金融工具进行核算。

（3）处置股权取得的对价与剩余股权的公允价值之和，减去按原持股比例计算应享有原有子公司自购买日开始持续计算的净资产账面价值份额与商誉之和，形成的差额计入丧失控制权当期的投资收益。

（4）与原有子公司的股权投资相关的其他综合收益、其他所有者权益变动，应当在丧失控制权时转入当期损益，由于被投资方重新计量设定受益计划净负债或净资产变动而产生的其他综合收益等不能重分类进损益的除外。

几句话解释：

（1）丧失控制权，就是“成本法转权益法”或“成本法转公允价值法”。

（2）权益法和公允价值法，不用编制合并报表，因此在合并报表中的长期股权投资就要当作全部卖掉。

（3）合并报表中的长期股权投资是“从成本法调整到权益法”，因此合并报表中的长期股权投资是权益法下面的账面价值。

（4）在合并报表中的长期股权投资是涉及“其他综合收益”和“资本公积——其他资本公积”的，这一块也要转出。

鉴于此，我给大家一个简单公式，这个公式也被我跟我的学员多次证明了正确：

合并报表确认的投资收益＝（卖出的部分收到的对价＋剩余部分的公允价值）－该长期

股权投资在合并报表中的账面价值（合并报表是按照权益法调整过的）+其他综合收益（资本公积——其他资本公积）

注意：其他综合收益不能重分类进损益的除外。

2. 多次交易分步处置子公司

企业通过多次交易分步处置对子公司股权投资直至丧失控制权，在合并财务报表中，首先应判断分步交易是否属于“一揽子交易”。

如果分步交易不属于“一揽子交易”，则在丧失对子公司控制权以前的各项交易，应按照本节中“（一）在不丧失控制权的情况下部分处置对子公司长期股权投资”的规定进行会计处理。

如果分步交易属于“一揽子交易”，则应将各项交易作为一项处置原有子公司并丧失控制权的交易进行会计处理，其中，对于丧失控制权之前的每一次交易，处置价款与处置投资对应的享有该子公司自购买日开始持续计算的净资产账面价值的份额之间的差额，在合并财务报表中应当计入其他综合收益，在丧失控制权时一并转入丧失控制权当期的损益。

【例题8－61·多选题】B公司为A公司的全资子公司，2014年11月30日，A公司与C公司签订不可撤销的转让协议（属于“一揽子交易”），约定A公司向C公司转让其持有的B公司100%股权，对价总额为5 000万元。考虑到C公司的资金压力以及股权平稳过渡，双方在协议中约定，C公司应在2014年12月31日之前支付2 000万元，以先取得B公司20%股权；C公司应在2015年12月31日之前支付3 000万元，以后取得B公司剩余80%股权。2014年12月31日至2015年12月31日期间，B公司的相关活动仍然由A公司单方面主导。

2014年12月31日，按照协议约定，C公司向A公司支付2 000万元，A公司将其持有的B公司20%股权转让给C公司并已办理股权变更手续；当日，B公司自购买日持续计算的净资产账面价值为3 500万元。2015年6月30日，C公司向A公司支付3 000万元，A公司将其持有的B公司剩余80%股权转让给C公司并已办理股权变更手续，自此C公司取得B公司的控制权；当日，B公司自购买日持续计算的净资产账面价值为4 000万元。A公司下列说法或会计处理中正确的有（　　）。

A. 2014年12月31日，在合并财务报表中计入投资收益1 300万元

B. 2014年12月31日，在合并财务报表中计入其他综合收益1 300万元

C. 2015年6月30日，A公司不再将B公司纳入合并范围

D. 2015年6月30日，A公司应确认投资收益1 100万元

【答案】BCD

【解析】2014年12月31日，A公司转让持有的B公司20%股权，在B公司的股权比例下降至80%，A公司仍控制B公司。处置价款2 000万元与处置20%股权对应的B公司净资产账面价值的份额700万元（3 500×20%）之间的差额为1 300万元，在合并财务报表中计入其他综合收益，选项A错误，选项B正确；2015年6月30日，A公司转让B公司剩余80%股权，丧失对B公司控制权，不再将B公司纳入合并范围，选项C

正确；2015 年 6 月 30 日，A 公司应将处置价款 3 000 万元与享有的 B 公司净资产份额 3 200 万元（4 000 × 80%）之间的差额 200 万元，计入投资收益；同时，将第一次交易计入其他综合收益的 1 300 万元转入投资收益，应确认投资收益 = −200 + 1 300 = 1 100（万元）。

（三）本期减少子公司时如何编制合并财务报表

在本期出售或转让子公司部分股份或全部股份，丧失对该子公司的控制权而使其成为非子公司的情况下，应当将其排除在合并财务报表的合并范围之外。

在编制合并资产负债表时，不需要对该出售或转让股份而成为非子公司的资产负债表进行合并。

编制合并利润表时，则应当以该子公司期初至丧失控制权成为非子公司之日止的利润表为基础，将该子公司自期初至丧失控制权之日止的收入、费用、利润纳入合并利润表。

在编制现金流量表时，应将该子公司自期初至丧失控制权之日止的现金流量信息纳入合并现金流量表，并将出售该子公司所收到的现金扣除子公司持有的现金和现金等价物以及相关处置费用后的净额，在有关投资活动类的"处置子公司及其他营业单位所收到的现金"项目反映。

三、因子公司少数股东增资导致母公司股权稀释

如果由于子公司的少数股东对子公司进行增资，导致母公司股权稀释，母公司应当按照增资前的股权比例计算其在增资前子公司账面净资产中的份额，该份额与增资后按母公司持股比例计算的在增资后子公司账面净资产份额之间的差额计入合并报表的资本公积，资本公积不足冲减的，调整留存收益。

【例题 8 − 62 · 多选题】2014 年，A 公司和 B 公司分别出资 750 万元和 250 万元设立 C 公司，A 公司、B 公司对 C 公司的持股比例分别为 75% 和 25%。C 公司为 A 公司的子公司。2015 年 B 公司对 C 公司增资 500 万元，增资后占 C 公司股权比例为 35%。交易完成后，A 公司仍控制 C 公司。C 公司自成立日至增资前实现净利润 1 000 万元，除此以外，不存在其他影响 C 公司净资产变动的事项（不考虑所得税等影响）。A 公司下列会计处理中正确的有（　　）。

A. B 公司对 C 公司增资前 A 公司享有的 C 公司净资产账面价值为 1 500 万元

B. B 公司对 C 公司增资后 A 公司享有的 C 公司净资产账面价值为 1 625 万元

C. 增资后 A 公司合并资产负债表中应调增资本公积 125 万元

D. 增资后 A 公司个别负债表中应调增资本公积 125 万元

【答案】ABC

【解析】A 公司持股比例原为 75%，由于少数股东增资而变为 65%。增资前，A 公司按照 75% 的持股比例享有的 C 公司净资产账面价值为 1 500（2 000 × 75%）万元，选

项A正确；增资后，A公司按照65%持股比例享有的净资产账面价值为1 625万元（2 500×65%），两者之间的差额125万元，在A公司合并资产负债表中应调增资本公积，选项B和选项C正确，选项D错误。

四、交叉持股的合并处理

交叉持股，是指在由母公司和子公司组成的企业集团中，母公司持有子公司一定比例股份，能够对其实施控制，同时子公司也持有母公司一定比例股份，即相互持有对方的股份。

母子公司有交互持股情形的，在编制合并财务报表时，对于母公司持有的子公司股权，与通常情况下母公司长期股权投资与子公司所有者权益的合并抵销处理相同。对于子公司持有的母公司股权，应当按照子公司取得母公司股权日所确认的长期股权投资的初始投资成本，将其转为合并财务报表中的库存股，作为所有者权益的减项，在合并资产负债表中所有者权益项目下以“减：库存股”项目列示；对于子公司持有母公司股权所确认的投资收益（如利润分配或现金股利），应当进行抵销处理。子公司将所持有的母公司股权指定为以公允价值计量且其变动计入其他综合收益的金融资产的，按照公允价值计量的，同时冲销子公司累计确认的公允价值变动。

子公司相互之间持有的长期股权投资，应当比照母公司对子公司的股权投资的抵销方法，将长期股权投资与其对应的子公司所有者权益中所享有的份额相互抵销。

五、逆流交易的合并处理

如果母子公司之间发生逆流交易，即子公司向母公司出售资产，则所发生的未实现内部交易损益，应当按照母公司对该子公司的分配比例在**“归属于母公司所有者的净利润”和“少数股东损益”之间分配抵销**。

【例题8－63】甲公司是A公司的母公司，持有A公司80%的股份。2013年5月1日，A公司向甲公司销售商品1 000万元，商品销售成本为700万元，甲公司以银行存款支付全款，将购进的该批商品作为存货核算。截至2013年12月31日，该批商品仍有20%未实现对外销售。2013年年末，甲公司对剩余存货进行检查，发现未发生存货跌价损失。除此之外，甲公司与A公司2013年未发生其他交易（不考虑所得税等影响）。

本例中，2013年存货中包含的未实现内部销售损益为60万元［（1 000－700）×20%］。在2013年合并财务报表工作底稿中的抵销分录如下：

借：营业收入	1 000	
贷：营业成本		940
存货		60

同时，由于该交易为逆流交易，应将内部销售形成的存货中包含的未实现内部销售损益在甲公司和A公司少数股东之间进行分摊。

在存货中包含的未实现内部销售损益中，归属于少数股东的未实现内部销售损益分摊金额为12万元（60×20%）。在2013年合并财务报表工作底稿中的抵销分录如下：

借：少数股东权益　　12

　　贷：少数股东损益　　12

子公司之间出售资产所发生的未实现内部交易损益，应当按照母公司对出售方子公司的持股比例在“归属于母公司所有者的净利润”和“少数股东损益”之间分配抵销。

六、其他特殊交易

对于站在企业集团合并财务报表角度的确认和计量结果与其所属的母公司或子公司的个别财务报表层面的确认和计量结果不一致的，在编制合并财务报表时，应站在企业集团角度对该特殊交易事项予以调整。例如，母公司将借款作为实收资本投入子公司用于长期资产的建造，母公司应在合并财务报表层面反映借款利息的资本化金额。再如，子公司作为投资性房地产的大厦，出租给集团内其他企业使用，母公司应在合并财务报表层面作为固定资产反映。

第九节　所得税会计相关的合并处理

一、所得税会计概述

关于所得税的原理已经在内部商品交易进行了说明，这里我们再做一遍关于内部商品交易的所得税的题目来增强理解。

【例题8-64】2014年1月1日，P公司以银行存款购入S公司80%的股份，能够对S公司实施控制。2014年S公司从P公司购进A商品400件，购买价格为每件2万元（不含增值税，下同）。P公司A商品每件成本为1.5万元。2014年S公司对外销售A商品300件，每件销售价格为2.2万元；2014年年末结存A商品100件。2014年12月31日，A商品每件可变现净值为1.8万元；S公司对A商品计提存货跌价准备20万元。

2015年S公司对外销售A商品20件，每件销售价格为1.8万元。2015年12月31日，S公司年末存货中包括从P公司购进的A商品80件，A商品每件可变现净值为1.4万元。S公司个别财务报表中A商品存货跌价准备的期末余额为48万元。假定P公司和S公司均采用资产负债表债务法核算所得税，适用的所得税税率均为25%。

要求：编制2014年和2015年与存货有关的抵销分录（编制抵销分录时应考虑递延所得税的影响）。

【答案】

（1）2014年抵销分录。

①抵销内部存货交易中未实现的收入、成本和利润	借：营业收入 （400×2）800 　贷：营业成本 800 借：营业成本 50 　贷：存货 [100×(2-1.5)] 50
②抵销计提的存货跌价准备	借：存货——存货跌价准备 20 　贷：资产减值损失 20
③调整合并财务报表中递延所得税资产	借：递延所得税资产 7.5 　贷：所得税费用 7.5

2014 年 12 月 31 日合并财务报表中结存存货账面价值 = 100×1.5 = 150（万元），计税基础 = 100×2 = 200（万元），合并财务报表中应确认递延所得税资产 = (200 - 150)×25% = 12.5（万元）。

因 S 公司个别财务报表中已确认递延所得税资产 = 20×25% = 5（万元），所以合并财务报表中递延所得税资产调整金额 = 12.5 - 5 = 7.5（万元）。

（2）2015 年抵销分录。

①抵销期初存货中未实现内部销售利润	借：未分配利润——年初 50 　贷：营业成本 50
②抵销期末存货中未实现内部销售利润	借：营业成本 40 　贷：存货 [80×(2-1.5)] 40
③抵销期初存货跌价准备	借：存货——存货跌价准备 20 　贷：未分配利润——年初 20
④抵销本期销售商品结转的存货跌价准备	借：营业成本 （20/100×20）4 　贷：存货——存货跌价准备 4
⑤调整本期存货跌价准备	借：存货——存货跌价准备 24 　贷：资产减值损失 24
⑥调整合并财务报表中递延所得税资产	借：递延所得税资产 7.5 　贷：未分配利润——年初 7.5 借：所得税费用 7.5 　贷：递延所得税资产 7.5

【解释】 分录⑤：2015 年 12 月 31 日结存的存货中未实现内部销售利润为 40 万元，存货跌价准备的期末余额为 48 万元，期末存货跌价准备可抵销的余额为 40 万元，本期应抵销的存货跌价准备 = 40 - (20 - 4) = 24（万元）。

分录⑥：2015 年 12 月 31 日合并报表中结存存货账面价值 = 80×1.4 = 112（万元），计税基础 = 80×2 = 160（万元），合并报表中应确认递延所得税资产余额 = (160 - 112)×

25% =12（万元）。

因S公司个别报表中已确认递延所得税资产 =48 ×25% =12（万元），所以本期合并报表中递延所得税资产调整金额 =12 -12 -7.5 = -7.5（万元）。

第八章

二、内部交易固定资产等相关所得税会计的合并抵销处理

（一）确认本期合并财务报表中递延所得税资产期末余额（即列报金额）

$$递延所得税资产的期末余额=\frac{期末合并财务报表中固定}{资产可抵扣暂时性差异余额}\times所得税税率$$

合并财务报表中固定资产账面价值为集团内部销售方

（不是购货方）期末固定资产的账面价值

合并财务报表中固定资产计税基础为集团内部购货方期末按税法规定确定的账面价值。

（二）调整合并财务报表中本期递延所得税资产

本期期末递延所得税资产的调整金额 = 合并财务报表中递延所得税资产的期末余额 − 购货方个别财务报表中已确认的递延所得税资产

1. 调整期初数

借：递延所得税资产

　　贷：未分配利润——年初

注：合并财务报表中期初递延所得税资产调整金额即为上期期末合并财务报表中递延所得税资产的调整金额。

2. 调整期初期末差额

借：递延所得税资产

　　贷：所得税费用

或做相反分录。

【例题8 -65】 A公司和B公司同为甲公司控制下的子公司。A公司于2011年1月1日，将自己生产的产品销售给B公司作为固定资产使用，A公司销售该产品的销售收入为1 680万元，销售成本为1 200万元。B公司以1 680万元的价格作为该固定资产的原价入账。B公司购买的该固定资产用于公司的销售业务，该固定资产属于不需要安装的固定资产，当月投入使用，其折旧年限为4年，预计净残值为零。B公司对该固定资产确定的折旧年限和预计净残值与税法规定一致。为简化合并处理，假定该内部交易固定资产在交易当年按12个月计提折旧。

甲公司在编制合并财务报表时，应当进行如下抵销处理：

借：营业收入	1 680	
贷：营业成本		1 200
固定资产——原价		480

借：固定资产——累计折旧　　120
　　贷：销售费用　　120

2011 年 12 月 31 日固定资产中未实现内部销售利润 = 480 − 120 = 360（万元），应确认递延所得税资产 = 360 × 25% = 90（万元）。

借：递延所得税资产　　90
　　贷：所得税费用　　90

账面价值 = 1 200 − 1 200 ÷ 4 = 900（万元）

计税基础 = 1 680 − 1 680 ÷ 4 = 1 260（万元）

可抵扣暂时性差异 = 1 260 − 900 = 360（万元）

第十节　合并现金流量表的编制

请注意：这里的现金流量表并不是重要的知识点，而且我们还没有完整地讲前面的现金流量，所以这个并不需要你们学得多透彻。

一、合并现金流量表概述

合并现金流量表是综合反映母公司及其子公司组成的企业集团，在一定会计期间现金流入、现金流出数量以及其增减变动情况的财务报表。现金流量表要求按照收付实现制反映企业经济业务引起的现金流入和现金流出。

二、编制合并现金流量表需要抵销的项目

编制合并现金流量表时需要进行抵销处理的项目，主要有：

（1）母公司与子公司、子公司相互之间当期以现金投资或收购股权增加的投资所产生的现金流量；

（2）母公司与子公司、子公司相互之间当期取得投资收益收到的现金与分配股利、利润或偿付利息支付的现金；

（3）母公司与子公司、子公司相互之间以现金结算债权与债务所产生的现金流量；

（4）母公司与子公司、子公司相互之间当期销售商品所产生的现金流量；

（5）母公司与子公司、子公司相互之间处置固定资产、无形资产和其他长期资产收回的现金净额与构建固定资产、无形资产和其他长期资产支付的现金等；

（6）母公司与子公司相互之间当期发生的其他内部交易所产生的现金流量等。

【例题 8 − 66】甲股份有限公司（以下简称“甲公司”）2012 及 2013 年发生了以下交易事项：

（1）2012 年 4 月 1 日，甲公司以定向发行本公司普通股 2 000 万股为对价，自乙公司取得 A 公司 30% 股权，并于当日向 A 公司派出董事，参与 A 公司生产经营决策。当日，甲公司发行股份的市场价格为 5 元/股，另支付中介机构佣金 1 000 万元；A 公司可辨认净资产公允价值为 30 000 万元，除一项固定资产公允价值为 2 000 万元、账面价值

为800万元外，其他资产、负债的公允价值与账面价值相同。A公司增值的固定资产原取得成本为1 600万元，原预计使用年限为20年，自甲公司取得A公司股权时起仍可使用10年，采用年限平均法计提折旧，预计净残值为零。

A公司2012年实现净利润2 400万元，假定A公司有关损益在年度中均衡实现；2012年4月至12月产生其他综合收益600万元（因分类为以公允价值计量且其变动计入其他综合收益的金融工具的公允价值增加600万元）。

甲公司与乙公司及A公司在发生该项交易前不存在关联方关系。

（2）2013年1月2日，甲公司追加购入A公司30%股权并自当日起控制A公司。购买日，甲公司用作合并对价的是本公司一项土地使用权及一项专利技术。土地使用权和专利技术的原价合计为6 000万元，已累计摊销1 000万元，公允价值合计为12 600万元。

购买日，A公司可辨认净资产公允价值为36 000万元；A公司所有者权益账面价值为26 000万元，具体构成为：股本6 667万元、资本公积（资本溢价）4 000万元、其他综合收益2 400万元、盈余公积6 000万元、未分配利润6 933万元。

甲公司原持有A公司30%股权于购买日的公允价值为12 600万元。

（3）2013年6月20日，甲公司将其生产的某产品出售给A公司。该产品在甲公司的成本为800万元，销售给A公司的售价为1 200万元（不含增值税市场价格）。

A公司将取得的该产品作为管理用固定资产，预计可使用10年，预计净残值为零，采用年限平均法计提折旧。

截至2013年12月31日，甲公司应收A公司上述货款尚未收到。甲公司对1年以内应收账款（含应收关联方款项）按照期末余额的2%计提坏账准备。

甲公司应收A公司货款于2014年3月收到，A公司从甲公司购入的产品处于正常使用中。

其他资料：

本题不考虑所得税等相关税费。

要求：

（1）确定甲公司2012年4月1日对A公司30%股权投资成本，说明甲公司对该项投资应采用的核算方法及理由，编制与确认该项投资相关的会计分录。

（2）计算甲公司2012年因持有A公司30%股权应确认的投资收益，并编制2012年与调整该项股权投资账面价值相关的会计分录。

（3）确定甲公司合并A公司的购买日、企业合并成本及应确认的商誉金额，分别计算甲公司个别财务报表、合并财务报表中因持有A公司60%股权投资应计入损益的金额，确定购买日甲公司个别财务报表中对A公司60%股权投资的账面价值并编制购买日甲公司合并A公司的抵销分录。

（4）编制甲公司2013年合并财务报表时，与A公司内部交易相关的抵销分录。

（5）编制甲公司2014年合并财务报表时，与A公司2013年内部交易相关的抵销分录。（2014年B卷）

【带你读题】

1. 看见30%，我们条件反射应该包括：

（1）不形成控股合并的长期股权投资，交易费用要计入初始投资成本。

（2）权益法的调整第一步就是调整初始投资成本，这里也可能设置一个陷阱。

（3）不管权益法还是成本法，发行股票的佣金是冲减的“资本公积——股本溢价”

2. “A公司可辨认净资产公允价值为30 000万元，除一项固定资产公允价值为2 000万元、账面价值为800万元外，其他资产、负债的公允价值与账面价值相同。”这里很显然要考察权益法下面的利润调整问题！

3. “A公司2012年实现净利润2 400万元，假定A公司有关损益在年度中均衡实现；2012年4月至12月产生其他综合收益600万元。”这里给我们出了一道语文题目，各位要注意一下语文知识：4月1日购买30%的股权，但是题目给定的利润是全年实现2 400万元，又告诉我们年度内均衡实现，那么购买后就实现了2 400×9/12＝1 800（万元）；这一句话是告诉我们从4月到12月产生其他综合收益600万元，这里就不用乘9/12了。

4. “2013年1月2日，甲公司追加购入A公司30%股权并自当日起控制A公司”从30%到60%，说明从“权益法变成成本法”，根据学习经验，个别报表是“账面＋公允”，合并报表是“公允＋公允”，因此我们自然要去搜索账面价值和公允价值，账面价值通过前面的材料就可以计算出来，而公允价值接下来也告诉了。

5. 既然控股了，那本题很显然会要求我们编制合并报表，因此要接着搜索被购买方可辨认净资产的公允价值和账面价值。接下来也给了我们信息，A公司可辨认净资产公允价值为36 000万元；A公司所有者权益账面价值为26 000万元，那公允账面之差为10 000万元！因此，本题的思路就逐步清晰了！

【答案】

（1）甲公司对A公司投资成本为10 000万元

该项投资应采用权益法核算，理由是甲公司向A公司董事会派出成员，参与其生产经营决策，能够施加重大影响

借：长期股权投资　10 000

　贷：股本　2 000

　　资本公积　8 000

借：资本公积　1 000

　贷：银行存款　1 000

（2）甲公司因持有A公司投资应确认的投资收益＝[2 400－(2 000÷10－800÷10)]×9÷12×30%＝513（万元）

借：长期股权投资——损益调整　513

　　——其他综合收益　(600×30%) 180

　贷：投资收益　513

　　其他综合收益　180

(3) 购买日为2013年1月2日

企业合并成本 =12 600 +12 600 =25 200(万元)

商誉 =25 200 -36 000 ×60% =3 600(万元)

个别财务报表应确认的损益为 =12 600 -(6 000 -1 000) =7 600(万元)

借:长期股权投资　　12 600

　　累计摊销　　1 000

　　贷:无形资产　　6 000

　　　　资产处置损益　　7 600

合并财务报表应确认计入损益 =7 600 +[12 600 -(10 000 +513 +180)] +180 = 9 687(万元)

甲公司在个别财务报表中长期股权投资的账面价值 =(10 000 +513 +180) +12 600 = 23 293(万元)

购买日合并抵销分录:

借:股本　　6 667

　　资本公积　　(4 000 +10 000) 14 000

　　其他综合收益　　2 400

　　盈余公积　　6 000

　　未分配利润　　6 933

　　商誉　　3 600

　　贷:长期股权投资　　25 200

　　　　少数股东权益　　(36 000 ×40%) 14 400

(购买日合并抵销,是以被合并公司可辨认净资产公允价值为基础,但题目告知的是A公司所有者权益账面价值的组成,所以,我们要将所有者权益账面价值的组成调整为可辨认净资产公允价值的组成。因购买日A公司可辨认净资产公允价值36 000万元和A公司所有者权益账面价值26 000万元的差额,我们要确认资本公积10 000万元)

(4) 将本期购入的固定资产原价中未实现内部销售利润抵销

借:营业收入　　1 200

　　贷:营业成本　　800

　　　　固定资产　　400

将本期多提折旧抵销

借:固定资产(累计折旧)　　[(1 200 -800)/10 ×1/2] 20

　　贷:管理费用　　20

内部债权债务项目本身的抵销

借:应付账款　　1 200

　　贷:应收账款　　1 200

将本期计提(或冲回)的坏账准备数额抵销

借:应收账款(坏账准备)　　(1200 ×2%) 24

　　贷:信用减值损失　　24

(5) 将期初固定资产原价中未实现内部销售利润抵销

借：年初未分配利润　　(1 200 - 800) 400

　　贷：固定资产　　400

将期初累计多提折旧抵销

借：固定资产（累计折旧）　　[(1 200 - 800)/10 × 1/2] 20

　　贷：年初未分配利润　　20

将本期多提折旧抵销

借：固定资产（累计折旧）　　[(1 200 - 800)/10] 40

　　贷：管理费用　　40

抵销坏账准备的期初数

借：应收账款（坏账准备）　　(1 200 × 2%) 24

　　贷：年初未分配利润　　24

将本期冲回的坏账准备数额抵销

借：信用减值损失　　(1 200 × 2%) 24

　　贷：应收账款（坏账准备）　　24

第八章　长期股权投资及企业合并

彬哥跟你说：

彬哥想说的是：长期股权投资和企业合并是纸老虎。

因为考试的时候都是把长期股权投资和企业合并放在一起出题，所以我们也把长期股权投资和企业合并进行了整合，这样考试就是按照我们学习的这个思路进行考核！

刚开始接触长期股权投资和企业合并报表，你会被“传说”给吓住，因为所有人都告诉你这些内容很难，因此你的心里也是恐惧的！

但是当你按照框架去学习，然后发现一切似乎也没那么难，有一些小的知识点确实有点理解难度，但是整体思路还是清晰的。

那么我要说的是，对于“个别难度你无法理解的知识点”，如果五遍之后你还是无法清晰的理解，这个时候你应该学会“跳过去”。你可以先把做题的套路记下来，然后跨过去往前走，如果本章学懂了80%之后，你要学会跨到下一章继续前行，千万不可在本章“止步不前”。

对于做题，你们会发现一个问题，长投和企业合并报表的分值特别重，但是每一道题目你都能够得到80%的分数，另外20%的分数很可能模棱两可，这属于常态，毕竟80分在CPA考试中也算是高分了。

勇敢面对然后勇敢跨过去，这就是本章的学习提醒！

今日复习步骤：

第一遍：回忆 & 重新复习一遍框架（15分钟）

学习要求：这一遍的目的是自己重新找一遍框架，不需要掌握所有细节，但求框架了然于心。

（1）长期股权投资从初始、后续、处置三段来学习；

（2）后续计量有两种：权益法和成本法；

（3）合并报表分为非同一控制下控股合并和同一控制下控股合并；

（4）长期股权投资核算方法的转换有六种；

（5）内部交易的合并处理。

第二遍：对细节进一步掌握（120～300分钟）

（1）不形成控股合并的长期股权投资涉及哪些考点？

（2）非同一控制下控股合并的长期股权投资及企业合并涉及哪些考点？

（3）同一控制下控股合并的长期股权投资及企业合并涉及哪些考点？

（4）长期股权投资核算方法的转换及处置涉及哪些考点？

（5）内部交易的合并处理涉及哪些考点？

第三遍：重新复习一遍框架（10分钟）

我问你答：

1. 不形成控股合并的长期股权投资（写出相关分录）

（1）非控股合并下的长期股权投资的初始计量要注意哪些？初始计量时相关费用如何处理？

（2）非控股合并下的长期股权投资的后续计量采用什么方法？该方法有几个步骤？每一步骤具体如何处理？

（3）权益法调整利润时，对于购买时公允价值和账面价值的差如何处理？对于内部交易损益未实现的部分如何处理？

（4）被投资单位分派现金股利和股票股利如何处理？

（5）长期股权投资减值如何处理？

2. 非同一控制下控股合并的长期股权投资及企业合并（写出相关分录）

（1）非同一控制下控股合并的长期股权投资的初始投资成本如何计算？发生的相关费用如何处理？企业通过多次交易分步实现非同一控制下的控股合并时，初始投资成本如何计算？

（2）非同一控制下控股合并的长期股权投资的后续计量采用什么方法？收到现金股利时如何处理？

（3）非同一控制下企业合并分为购买日和购买日后的处理，购买日如何处理？购买日后如何处理？

（4）企业通过多次交易分步实现非同一控制下企业合并时，个别报表和合并报表分别如何处理？

3. 同一控制下控股合并的长期股权投资及企业合并（写出相关分录）

（1）同一控制下控股合并的长期股权投资的初始投资成本如何计算？发生的相关费用如何处理？

（2）初始计量中包含已宣告但未发放的现金股利或利润，如何处理？

（3）初始投资成本中被投资方账面所有者权益份额如何理解？

（4）企业通过多次交易分步实现非同一控制下控股合并时，初始投资成本如何计算？

（5）企业合并中涉及或有对价的如何处理？

（6）同一控制下企业合并分为合并日和合并日后的处理，合并日如何处理？合并日后如何处理？

4. 长期股权投资核算方法的转换及处置（写出相关分录）

（1）长期股权投资核算方法的转换有几种情形？

（2）公允价值计量转为权益法，个别报表和合并报表分别如何处理？

（3）权益法转为成本法（非同一控制），个别报表和合并报表分别如何处理？

（4）公允价值法转为成本法（非同一控制），个别报表和合并报表分别如何处理？

（5）成本法转为权益法，个别报表和合并报表分别如何处理？

（6）权益法转为公允价值法，个别报表和合并报表分别如何处理？

（7）成本法转为公允价值法，个别报表和合并报表分别如何处理？

5. 内部交易的合并处理（写出相关分录）

（1）内部商品交易的抵销涉及哪三步？分录如何写？内部交易商品发生减值时，如何合并处理？涉及所得税时，如何合并处理？

（2）内部债权债务合并时如何处理？涉及计提的坏账准备如何处理？涉及所得税时，如何合并处理？

（3）内部固定资产交易的合并如何抵销？对于多计提的折旧如何处理？对于未实现内部销售利润时如何处理？若固定资产发生变卖或报废时如何处理？

（4）内部无形资产交易的合并如何抵销？对于多计提的折旧如何处理？对于未实现内部销售利润时如何处理？若固定资产发生变卖或报废时如何处理？

6. 特殊交易在合并报表中的处理（写出相关分录）

（1）母公司购买子公司少数股东的股权，个别报表和合并报表如何处理？

（2）母公司在不丧失控制权的情况下部分处置对子公司的长期股权投资时，个别报表和合并报表如何处理？

（3）母公司处置对子公司的长期股权投资而丧失控制权的，其合并报表中的投资收益如何确认？

（4）子公司少数股东增资导致母公司股权稀释时，母公司在增资前后按持股比例计算的子公司的账面净资产份额之间的差额如何处理？

（5）对于内部交易中涉及的逆流交易，合并报表中如何处理？

本章作业：

（1）请把讲义例题做三遍（做错的题目，请分析错误原因并记录到改错本）。

（2）请复习完口述一遍框架，睡前请再回忆一遍框架。

（3）第二天早上，请再回忆一遍框架，对于回忆不起来的内容，请翻书看一遍。

第 7 天

复习旧内容：

重新复习和整理一遍资产篇的内容。

学习新内容：

无

学习方法：

（1）默默地在脑海里面过框架，并且一层一层地剥下去，可能会卡壳儿，特别是资产（二），先记下来，等会儿补足。

（2）然后将资产（一）的作业重新做一遍，看看哪些又忘记了，同时改错本也要跟进。

（3）资产（二）的作业先不忙做，时间不够，明天重新做。

你今天可能有的心态：

开始疲惫啦，疲惫啦，放松一下放松一下！看看资产（一）的作业放松一下。不着急！你坚持到现在，我只能告诉你会计你学得差不多了，接下来继续多动笔、多思考，安静就行啦！

简单解释今天学习内容：

复习

可能会遇到的难点：

无

习题注意事项：

不管简单还是难，现在的你们还没达到只需要看的状态，书上例题也需要重新动笔，行动起来吧，别骄傲自大，动笔！动笔！

建议学习时间：

3 个小时

第 8 天

复习旧内容：

继续复习！今天主要复习资产（二）

学习新内容：

无

学习方法：

资产（二）内容多，分值重，但是考点特别清晰，因此要不断地做题，题目不在多，在精，但是也在于动笔。

你今天可能有的心态：

昨天的复习稍微理顺了一下，今天继续理顺，你们现在稍微比昨天轻松了一点，因为你们发现理顺一下其实还是清晰的，如果有些同学还是乱，请回头盯着我给你们做的框架重新梳理一遍，但是不要回听录音，思考的过程很重要。

简单解释今天学习内容：

无

可能会遇到的难点：

首先还是框架，框架之下去加枝叶，但不要忘记自己学到哪里了。

习题注意事项：

习题不管简单还是难都要动笔，动笔是第一要务，只要出现了一点小错误，这道题就要重新做一次。

建议学习时间：

3 ~4 个小时

第 9 天

复习旧内容：

花 15 分钟回忆一遍前面的框架吧，资产篇要进行深入回忆。

学习新内容：

负债和所有者权益

学习方法：

今天的内容比较简单，而且考点不多，主要是常识性的考点。

你今天可能有的心态：

前面的东西或许还有一点模糊，都是正常的，在今天学习之前先翻一下前面的改错本，然后回忆一下前面的框架，因为我们还有第二轮第三轮，后续也要随时复习，所以不用着急，边往前走边往回看。

简单解释今天学习内容：

资产 = 所有者权益 + 负债

（1）负债的意思“我欠人家的钱”，那么在这里没多少需要特别强调的，主要是注意长期负债的基本原理还是我们前面学习的“摊余成本法”，同时“可转换债券”就是达到一定的条件可以转换成股票的债券，这是企业为了发行债券的时候降低利率而发行的，因为具有“股”和“债”的双重属性，所以看到“可转换债券”要做股债分离。

（2）所有者权益这里主要是了解一下各个科目所代表的具体意思，前面简单了解，这里就可以详细了解一次。

可能会遇到的难点：

（1）看到“可转换债券”，第一步就是要股债分离，将债券的未来现金流折现计算债券的价值，由此推出股权的价值；同时对于交易费用也要在股和债之间分摊。

（2）股东权益这里，要区分“资本公积——其他资本公积”和“资本公积——股本溢价”，这里会在考试中有所涉及，比如后面章节的股份支付就涉及“资本公积——其他资本公积”。

习题注意事项：

今天的习题很少，所以建议大家继续看看之前的改错本。

建议学习时间：

2 个小时

第四篇
负债和所有者权益

【本篇特色】

本篇内容，特别是所有者权益章节稍微有点拗口，但是实际上这两章基本没有考点，多数知识点做到了解即可。

【重难点（考点）解析】

（1）应付债券的处理与“以摊余成本计量的金融资产”处理一致，对此也很好理解，“以摊余成本计量的金融资产”是作为会计主体的企业购买其他主体发行的债券，而“应付债券”则是企业作为债券发行方，向债券持有人偿还本息，只是角色之间的转换罢了。因此，和以摊余成本计量的金融资产的处理类似，这里也需要注意两个要点：一是交易费用一定要冲减债券的入账价值（跟以摊余成本计量的金融资产的交易费用计入成本相反）；二是后续采用摊余成本计量。

（2）可转换公司债券是债券的一种，其最大的特点是在持有期间可以转换为债券发行公司的股票，本质上讲，可转换债券是在发行公司债券的基础上，附加了一份股票期权，可见这种债券含有一定的股票价值，所以需要做权益成分和负债成分的分离！首先我们分离出其中纯债券部分的价值，这可以用未来现金流量折现的方法来实现，剔除了纯债券价值的票面价值就是权益价值。如果有交易费用，就按照各自的相对公允价值比例在二者之间分摊。

第九章 负 债

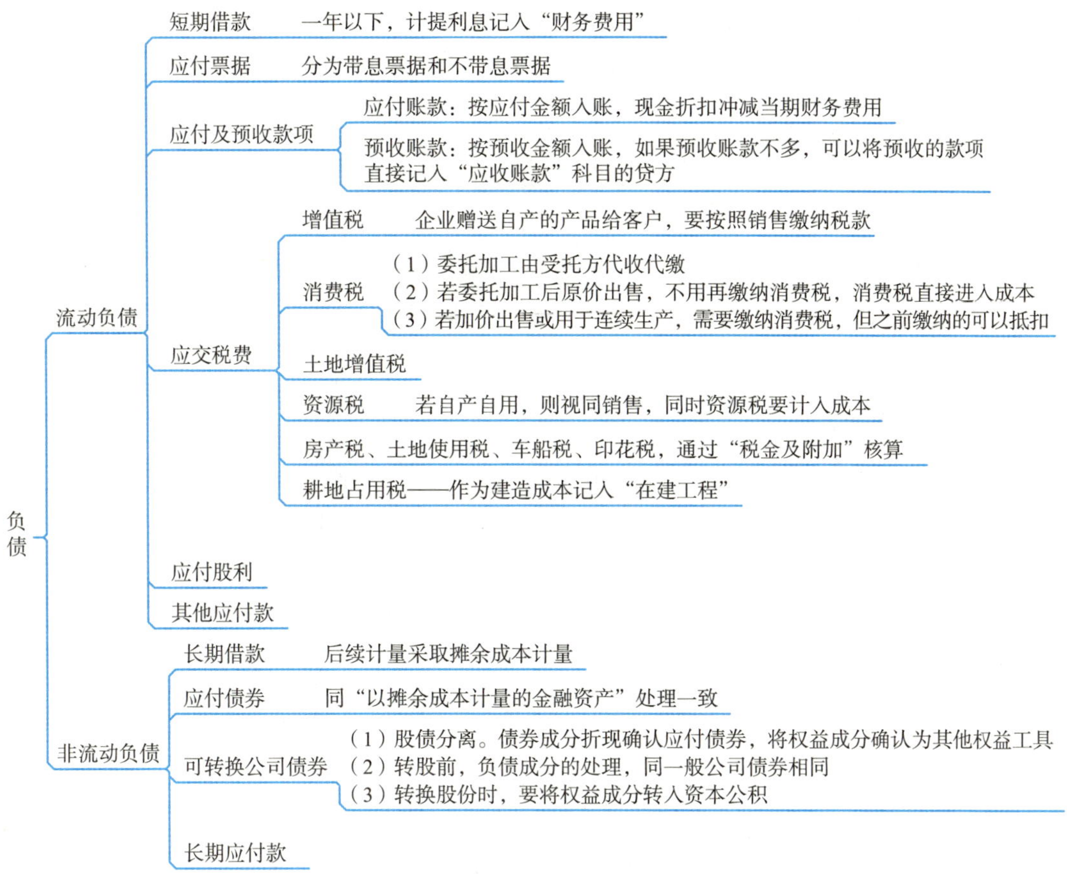

图 9－1 本章学习框架

第一节 流动负债

一、短期借款

短期借款是指企业向银行或其他金融机构借入的期限在 1 年以下（含 1 年）的各种借款。

（1）发放贷款。

借：银行存款

　　贷：短期借款

（2）计提利息。

借：财务费用

　　贷：应付利息

二、应付票据

应付票据是由出票人出票，付款人在指定日期无条件支付特定的金额给收款人或持票人的票据。应付票据按是否带息分为带息应付票据和不带息应付票据。

对于带息票据，通常应在期末对尚未支付的应付票据计提利息，计入当期财务费用。

三、应付及预收款项

（一）应付账款

应付账款一般按应付金额入账，而不按到期应付金额的现值入账。

对于现金折扣，按发票上记载的应付金额的总值（即不扣除折扣）入账。将来实际获得的现金折扣，直接冲减当期财务费用。

（二）预收账款

预收账款是指买卖双方协议商定，由购货方预先支付一部分货款给供应方而发生的一项负债。预收账款一般按预收金额入账。预收账款的核算，应视企业具体情况而定。如果预收账款较多，可以设置“预收账款”科目；如果预收账款不多，可以将预收的款项直接记入“应收账款”科目的贷方，不设置“预收账款”科目，所以企业的预收账款的余额很可能就是“应收账款”的贷方余额。

同理，企业的“预付账款”余额也有可能就是“应付账款”的借方余额！如图9－2所示。

“应收账款”项目
- （1）应收账款所属明细账借方余额合计
- （2）预收账款所属明细账借方余额合计
- （3）减去与应收账款有关的坏账准备贷方余额

“预收账款”项目
- （1）应收账款所属明细账贷方余额合计
- （2）预收账款所属明细账贷方余额合计

图9－2　应付账款和预收账款

四、应交税费

包括增值税、消费税、其他应交税费。

（一）增值税

前言已经讲述过增值税是怎么回事，我们说可以把增值税专用发票当作现金票据看待，除非某些情况下不得抵扣进项税额（比如人为原因造成资产的损毁）。

1. 一般科目设置

应交税费——应交增值税（进项税额、已交税金、销项税额、出口退税、进项税额转出、转出未交增值税、转出多交增值税、减免税款、销项税额抵减）；

应交税费——未交增值税；

应交税费——预交增值税；

应交税费——待抵扣进项税额。

2. 一般情况下

借：应交税费——应交增值税（进项税额）

　　贷：银行存款

或者销售商品时：

借：银行存款

　　贷：主营业务收入

　　　　应交税费——应交增值税（销项税额）

【例题9-1】 某工业生产企业为增值税一般纳税人，本期从房地产开发企业购入不动产作为行政办公场所，按固定资产核算。工业企业为购置该不动产共支付价款和相关税费8 000万元，其中含增值税330万元。根据现行增值税制度规定，工业企业对上述经济业务，应作如下处理：

借：固定资产　　76 700 000

　　应交税费——应交增值税（进项税额）　　3 300 000

　　贷：银行存款　　80 000 000

3. 视同销售的会计处理

视同销售是税法当中的概念，在会计中我们只需有一个大致的了解。举一个例子来说，企业把自产的产品送给顾客，虽然没有收入，但是税务机关仍然会要求企业交税，也就是说虽是送出的产品却仍要看作是销售来纳税，这就是视同销售。无论会计上如何核算视同销售，但是税法上都应该按照市场价格计算增值税销项税额，记入“应交税费——应交增值税（销项税额）”科目。

4. 进项税额不予抵扣的处理

进项税额不予抵扣也是税法的重点内容，因此会计这里只需要掌握最基本的知识即可。所谓进项税额不得抵扣是指购进的货物发生了非正常损失（人为原因导致），或者外购的货物和服务用于简易纳税、免征增值税、集体福利和个人消费项目，要对已经抵扣过进项税额的项目进行转出。即“应交税费——应交增值税（进项税额转出）”。

【例题9-2】 某工业企业为增值税一般纳税人，本期购入一批材料，增值税专用发票上面注明的增值税税额为15.6万元，材料价款为120万元。材料已入库，货款已经支付。材料入库后，该企业将该批材料全部用于发放职工福利。账务处理如下：

材料入库时：

借：原材料　1 200 000
　应交税费——应交增值税（进项税额）　156 000
　贷：银行存款　1 356 000

用于发放职工福利时：

借：应付职工薪酬　1 356 000
　贷：原材料　1 200 000
　　应交税费——应交增值税（进项税额转出）　156 000

5. 转出多交增值税或者未交增值税

月份终了，为了分别反映增值税一般纳税人欠交增值税款和待抵扣增值税款的情况，企业应当做如下分录：

（1）转出未交增值税：

借：应交税费——应交增值税（转出未交增值税）
　贷：应交税费——未交增值税

（2）转出多交增值税：

借：应交税费——未交增值税
　贷：应交税费——应交增值税（转出多交增值税）

6. 企业缴纳增值税的分录处理

（1）缴纳当月的：

借：应交税费——应交增值税（已交税金）
　贷：银行存款

（2）缴纳以前期间未交增值税：

借：应交税费——未交增值税
　贷：银行存款

（3）预交增值税：

借：应交税费——预交增值税
　贷：银行存款

（二）消费税

在会计科目中，对消费税的理解要求并不高，我们只需要了解消费税是国家对某些奢侈品或者污染环境产品征收的税目即可，其科目设置为“应交税费——应交消费税”。

一般情况下，分录为：

借：税金及附加
　贷：应交税费——应交消费税

除一般情况之外，我们还要特别注意委托加工的会计处理。消费税法规定：委托加工由受托方代收代缴消费税，如果委托加工收回后原价出售，不用再交消费税；如果加价出售或者用于连续生产应税消费品，需要交消费税，但是之前受托加工方代收代缴的消费税可以抵扣。

因此，如果委托加工产品收回后直接销售，那么消费税就直接进入了成本（因为消费税是价内税）：

借：委托加工物资

　　贷：银行存款（应付账款）

如果收回后加价销售或者用于连续生产应税消费品，那之前的消费税是可以抵扣的：

借：应交税费——应交消费税

　　贷：银行存款（应付账款）

【例题9－3】 某企业委托外单位加工材料（非金银首饰），原材料价款20万元，加工费用5万元，由受托方代收代缴的消费税为0.5万元（不考虑增值税），材料已经加工完毕验收入库，加工费用尚未支付。假定该企业材料采用实际成本核算。

根据该项经济业务，委托方应作如下账务处理：

（1）如果委托方收回加工后的材料用于继续生产应税消费品，委托方的会计处理如下：

借：委托加工物资　200 000

　　贷：原材料　200 000

借：委托加工物资　50 000

　　应交税费——应交消费税　5 000

　　贷：应付账款　55 000

借：原材料　250 000

　　贷：委托加工物资　250 000

（2）如果委托方收回加工后的材料直接用于销售（不高于受托方的计税价格），委托方的账务处理如下：

借：委托加工物资　200 000

　　贷：原材料　200 000

借：委托加工物资　55 000

　　贷：应付账款　55 000

借：原材料　255 000

　　贷：委托加工物资　255 000

（三）其他应交税费

其他应交税费内容见表9－1。

表9－1　应交税费

（1）资源税	一般情况	借：税金及附加 　　贷：应交税费——应交资源税
	如果自产自用，需要视同销售，同时资源税要计入成本	借：生产成本或制造费用 　　贷：应交税费——应交资源税

续表

(2) 土地增值税	—	借：税金及附加/固定资产清理/在建工程 　　贷：应交税费——应交土地增值税
(3) 房产税、土地使用税、车船税和印花税（通过“税金及附加”科目进行核算）	通过“应交税费”核算	借：税金及附加 　　贷：应交税费——应交房产税（或土地使用税、车船税）
	印花税：直接记入“税金及附加”	借：税金及附加 　　贷：银行存款
(4) 耕地占用税	应当作为建造成本计入在建工程中	借：在建工程 　　贷：银行存款

五、应付股利

六、其他应付款

第二节　非流动负债

一、长期借款

长期借款，是指企业从银行或其他金融机构借入的期限在 1 年以上（不含 1 年）的借款，后续计量也是按照**摊余成本**计量。

初始计量：

借：银行存款

　　贷：长期借款——本金

　　　　　　　——利息调整（也有可能在借方）

后续计量采取摊余成本计量：

借：在建工程/财务费用/制造费用

　　贷：应付利息

　　　　长期借款——利息调整（也有可能在借方）

二、应付债券

应付债券的处理与“以摊余成本计量的金融资产”处理一致，对此也很好理解，“以摊余成本计量的金融资产”是作为会计主体的企业购买其他主体发行的债券，而“应付债券”则是企业作为债券发行方，向债券持有人偿还本息，只是角色之间的转换罢了，见表 9－2。

表 9－2　应付债券

发行的时候	借：银行存款 　　应付债券——利息调整（可能在贷方） 　　贷：应付债券——面值
支付利息的时候（后续按摊余成本计量）	借：在建工程/制造费用/财务费用 　　贷：应付利息 　　　　应付债券——利息调整（可能在借方）
债券偿还	借：应付债券——面值 　　　　　　——利息调整（有可能在贷方） 　　贷：银行存款

【例题 9－4】 2011 年 12 月 31 日，甲公司经批准发行 5 年期一次还本、分期付息的公司债券 10 000 000 元，债券利息在每年 12 月 31 日支付，票面利率为年利率 6%。假定债券发行时的市场利率为 5%。

甲公司该批债券实际发行价格为：

10 000 000 ×0.7835 +10 000 000 ×6% ×4.3295 =10 432 700（元）

甲公司根据上述资料，采用实际利率法和摊余成本计算确定的利息费用。

(1) 2011 年 12 月 31 日发行债券时：

借：银行存款	10 432 700	
贷：应付债券——面值		10 000 000
——利息调整		432 700

(2) 2012 年 12 月 31 日计算利息费用时：

财务费用 =10 432 700 ×5% =521 635（元）

借：财务费用等	521 635	
应付债券——利息调整	78 365	
贷：应付利息		600 000

2013 年、2014 年、2015 年确认利息费用的会计处理同 2012 年。

(3) 2016 年 12 月 31 日归还债券本金及最后一期利息费用时：

借：财务费用等	505 062. 94	
应付债券——面值	10 000 000	
——利息调整	94 937. 06	
贷：银行存款		10 600 000

【例题9-5·单选题】某股份有限公司于2014年1月1日发行3年期，每年1月1日付息、到期一次还本的公司债券，债券面值为200万元，票面年利率为5%，实际年利率为6%，发行价格为196.65万元，另支付发行费用2万元。按实际利率法确认利息费用。该债券2015年度确认的利息费用为（　　）万元。

A. 11.78　　B. 12　　C. 10　　D. 11.68

【答案】A

【解析】该债券2014年度确认的利息费用=(196.65-2)×6%=11.68（万元），2015年度确认的利息费用=(194.65+11.68-200×5%)×6%=11.78（万元）。

【注意】有同学在这里纠结为什么另外支付的发行费用2万元是减少了发行价格，意思就是“真正借入的钱”，本来是收到了196.65万元，但是支付了发行费用2万元，因此实际上只是收到了194.65万元，这就是期初的摊余成本。

三、可转换公司债券

1. 发行可转换公司债券时

企业发行的可转换公司债券，应当在初始确认时将其包含的负债成分和权益成分进行分拆，将负债成分确认为应付债券，将权益成分确认为其他权益工具。

在进行分拆时，应当先对负债成分的未来现金流量进行折现确定负债成分的初始确认金额，再按发行价格总额扣除负债成分初始确认金额后的金额确定权益成分的初始确认金额。

发生的交易费用，应当在负债成分和权益成分之间按照各自的相对公允价值进行分摊。

借：银行存款
　　应付债券——可转换公司债券（利息调整）（或贷方）
　　贷：应付债券——可转换公司债券（面值）
　　　　其他权益工具（权益成分公允价值）

所谓债券的价值，就是将来能够收到的钱折现到现在的价值，这是内在的经济价值！看到任何关于可转换债券的题目，第一条件反射就是“股债分离”，从而逐步形成做题的条件反射。

2. 转换股份前

可转换公司债券的负债成分，在转换为股份前，其会计处理与一般公司债券相同，即按照实际利率和摊余成本确认利息费用，按面值和票面利率确认应付利息，差额作为利息调整进行摊销。

3. 转换股份时

可转换公司债券，在转换股份时，对于权益成分部分，要转入资本公积。

借：应付债券——可转换公司债券（面值）
　　其他权益工具
　　贷：股本
　　　　应付债券——可转换公司债券（利息调整）

资本公积——股本溢价（差额）

【例题9-6】甲公司经批准于2011年1月1日按面值发行5年期一次还本按年付息的可转换公司债券200 000 000元，款项已收存银行，债券票面年利率为6%。债券发行1年后可转换为普通股股票，初始转股价为每股10元，股票面值为每股1元。债券持有人若在当期付息前转换股票的，应按债券面值和应付利息之和除以转股价，计算转换的股份数。假定2012年1月1日债券持有人将持有的可转换公司债券全部转换为普通股股票，甲公司发行可转换公司债券时二级市场上与之类似的没有附带转换权的债券市场利率为9%。甲公司的账务处理如下：

（1）2011年1月1日发行可转换公司债券时：

借：银行存款	200 000 000	
应付债券——可转换公司债券（利息调整）	23 343 600	
贷：应付债券——可转换公司债券（面值）		200 000 000
其他权益工具		23 343 600

可转换公司债券负债成分的公允价值为：

200 000 000×0.6499+200 000 000×6%×3.8897=176 656 400（元）

可转换公司债券权益成分的公允价值为：

200 000 000-176 656 400=23 343 600（元）

（2）2011年12月31日确认利息费用时：

借：财务费用等	15 899 076	
贷：应付利息——可转换公司债券利息		12 000 000
应付债券——可转换公司债券（利息调整）		3 899 076

（3）2012年1月1日债券持有人行使转换权时（假定利息尚未支付）：

转换的股份数为：

（200 000 000+12 000 000）÷10=21 200 000（股）

借：应付债券——可转换公司债券（面值）	200 000 000	
应付利息——可转换公司债券利息	12 000 000	
其他权益工具	23 343 600	
贷：股本		21 200 000
应付债券——可转换公司债券（利息调整）		19 444 524
资本公积——股本溢价		194 699 076

四、长期应付款

长期应付款，是指企业除长期借款和应付债券以外的其他各种长期应付款项。

第九章 负 债

彬哥跟你说：

说起本章，大概没有什么想说的了，因为基本没什么考点！

那么我还是要提醒你们：

既然本章不难，你可以继续往前学一章，那就是“所有者权益”章节。

然后你要保持复习，在 CPA 的考试中，没有谁比谁更聪明，也没有谁比谁记忆更好，唯一要做的就是不断翻书，不断重复！你正好利用本章的简单把前面所学复习一遍。

学到这里你还有“不安全感”吗？就是那种“似乎什么都学了，又似乎什么都没掌握”的错觉？这种感觉很正常，随着你学习程度的加深会逐步消失，所以不要被这种“不安全感”给控制住，三遍法之后继续前行，不断地保持复习即可。

今日复习步骤：

第一遍：回忆 & 重新复习一遍框架（10 分钟）

学习要求：这一遍的目的是自己重新找一遍框架，不需要掌握所有细节，但求框架了然于心。

流动负债包括哪些？非流动负债包括哪些？

第二遍：对细节进一步掌握（20 分钟）

（1）长期借款的考点有哪些？

（2）应付债券的考点有哪些？

（3）可转换公司债券考点有哪些？

（4）长期应付款指什么？

第三遍：重新复习一遍框架（5 分钟）

我问你答：

（1）委托加工产品收回后两种方式的处理？入账价值是多少？

（2）长期借款指哪些？后续计量采用什么方法？分录如何写？

（3）应付债券如何处理？入账价值如何计算？利息支付的时候如何处理？完整分录如何写？

（4）可转换公司债券初始如何确认？发生的交易费用如何处理？

（5）可转换公司债券转股时如何处理？分录如何写？

本章作业：

（1）请把讲义例题做三遍（做错的题目，请分析错误原因并记录到改错本）。

（2）请复习完口述一遍框架，睡前请再回忆一遍框架。

（3）第二天早上，请再回忆一遍框架，对于回忆不起来的内容，请翻书看一遍。

第十章　所有者权益

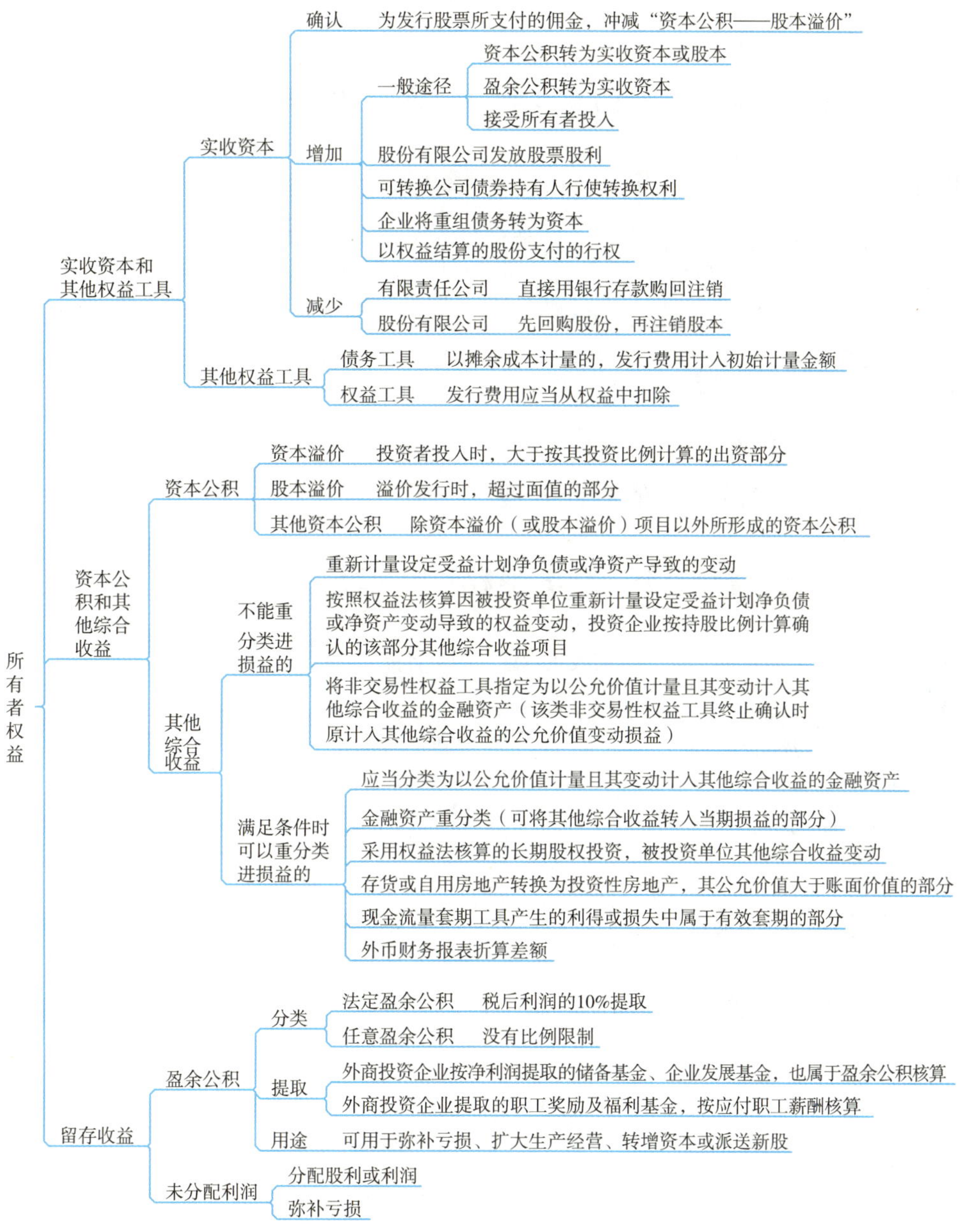

图 10－1　本章学习框架

【本章说明】虽然在考试中基本不涉及本章具体知识点，但理解这些知识对于我们全方位、更透彻地理解资产负债表有很大帮助，所以在学习本章内容时，要有舍有得地去掌握。

所有者权益分为实收资本（股本）、其他权益工具、资本公积、其他综合收益、盈余公积和未分配利润等。

第一节　实收资本和其他权益工具

一、实收资本确认和计量的基本要求（见表10－1）

表10－1　　实收资本确认和计量的基本要求

设置“股本”或“实收资本”科目，贷方记增加，借方记减少	借：银行存款/原材料/无形资产 　贷：股本/实收资本 　　资本公积——资本溢价（股本溢价）
为发行股票所支付的佣金，冲减“资本公积——股本溢价”	借：资本公积——股本溢价 　贷：银行存款

二、实收资本增减变动的会计处理

（一）实收资本增加的会计处理（见表10－2）

表10－2　　实收资本增加的会计处理

企业增加资本的一般途径	（1）资本公积转为实收资本或者股本	借：资本公积——股本溢价（或资本溢价） 　贷：实收资本/股本
	（2）盈余公积转为实收资本	借：盈余公积 　贷：实收资本/股本
	（3）所有者投入（包括原企业所有者和新投资者）	借：银行存款/无形资产/固定资产/长期股权投资等 　贷：实收资本/股本 　　资本公积——资本溢价/股本溢价
股份有限公司发放股票股利		借：利润分配 　贷：股本
可转换公司债券持有人行使转换权利		借：应付债券——可转换公司债券（面值、利息调整） 　其他权益工具 　贷：股本 　　资本公积——股本溢价

续表

企业将重组债务转为资本（后面会详细讲述） 就是债权人给债务人免除部分债务，剩余的债权直接转为股本	借：应付账款 　贷：股本/实收资本 　　资本公积——股本溢价/资本溢价 　　投资收益
以权益结算的股份支付的行权 在行权日，按根据实际行权情况确定的金额	借：资本公积——其他资本公积 　贷：实收资本/股本

（二）实收资本减少的会计处理（见表 10 – 3）

表 10 – 3　　实收资本减少的会计处理

有限责任公司	股份有限公司	
借：实收资本 　贷：库存现金/银行存款	回购的时候	借：库存股（按照实际支付的金额记入“库存股”） 　贷：银行存款
	注销的时候	借：股本 　资本公积——股本溢价 　盈余公积/利润分配——未分配利润（股本溢价不足冲减时，继续冲减留存收益） 　贷：库存股

【例题 10 – 1】 B 股份有限公司截至 2018 年 12 月 31 日共发行股票 30 000 000 股，股票面值为 1 元，“资本公积——股本溢价”6 000 000 元，盈余公积 4 000 000 元。经股东大会批准，B 公司以现金回购本公司股票 3 000 000 股并注销。

假定 B 公司按照每股 4 元回购股票，不考虑其他因素，B 公司的账务处理如下：

库存股的成本 =3 000 000 ×4 =12 000 000（元）

借：库存股　　12 000 000

　贷：银行存款　　12 000 000

借：股本　　3 000 000

　资本公积——股本溢价　　6 000 000

　盈余公积　　3 000 000

　贷：库存股　　12 000 000

增加内容：假定 B 公司以每股 0.9 元回购股票，其他条件不变。B 公司的账务处理如下：

库存股的成本 =3 000 000 ×0.9 =2 700 000（元）

借：库存股　　2 700 000

　贷：银行存款　　2 700 000

借：股本 3 000 000
　　贷：库存股 2 700 000
　　　　资本公积——股本溢价 300 000

由于B公司以低于面值的价格回购股票，股本与库存股成本的差额300 000元应作增加资本公积处理。

三、其他权益工具确认与计量及会计处理（下面的内容了解即可）

企业发行的除普通股（作为实收资本或股本）以外，按照金融负债和权益工具区分原则分类为权益工具的其他权益工具，按照以下原则进行会计处理：

（一）其他权益工具会计处理的基本原则

对于归类为权益工具的金融工具，无论其名称中是否包含“债”，其利息支出或股利分配都应当作为发行企业的利润分配，其回购、注销等作为权益的变动处理；对于归类为金融负债的金融工具，无论其名称中是否包含“股”，其利息支出或股利分配原则上按照借款费用进行处理，其回购或赎回产生的利得或损失等计入当期损益。

企业（发行方）发行金融工具，其发生的手续费、佣金等交易费用，如分类为债务工具且以摊余成本计量的，应当计入所发行工具的初始计量金额；如分类为权益工具的，应当从权益（其他权益工具）中扣除。

（二）科目设置

（1）应付债券：发行方对于归类为金融负债的金融工具。

（2）衍生工具：对于需要拆分且形成衍生金融负债或衍生金融资产。

（3）交易性金融负债：发行的且嵌入了非紧密相关的衍生金融资产或衍生金融负债的金融工具，如果发行方选择将其整体指定为以公允价值计量且其变动计入当期损益的。

（4）其他权益工具：企业发行的除普通股以外的归类为权益工具的各种金融工具。

（三）主要账务处理

1. 发行方的账务处理

（1）发行时的处理（见表10－4）。

表10－4　发行时的处理

发行的金融工具种类	会计处理
债务工具并以摊余成本计量的	与第九章应付债券核算相同

续表

发行的金融工具种类		会计处理
权益工具	发行时	借：银行存款 贷：其他权益工具——优先股、永续债等
	在存续期间分派股利	借：利润分配——应付优先股股利、应付永续债利息等 贷：应付股利——优先股股利、永续债利息等
复合金融工具	与第九章可转换公司债券核算相同。	
本身是衍生金融负债或衍生金融资产或者内嵌了衍生金融负债或衍生金融资产的	按照金融工具确认和计量准则中有关衍生工具的规定进行处理	

（2）后续计量的处理（见表10－5）。

表10－5　　后续计量的处理

类型			会计处理
权益工具与金融负债重分类	①权益工具重分类为金融负债		借：其他权益工具——优先股、永续债等（账面价值） 贷：应付债券——优先股、永续债等（面值） ——优先股、永续债等（利息调整）（应付债券公允价值与面值的差额）（或借方） 资本公积——资本溢价（或股本溢价）（重分类后公允价值与原账面价值的差额）（或借方）
	②金融负债重分类为权益工具		借：应付债券——优先股、永续债等（面值） ——优先股、永续债等（利息调整）（利息调整余额）（或贷方） 贷：其他权益工具——优先股、永续债等
发行方按合同条款约定赎回所发行的除普通股以外的金融工具	分类为权益工具的	①回购	借：库存股——其他权益工具 贷：银行存款
		②注销	借：其他权益工具 贷：库存股——其他权益工具 资本公积——资本溢价（或股本溢价）（或借方）
	分类为金融负债的		借：应付债券 贷：银行存款 财务费用（或借方）
发行方按合同条款约定将发行的除普通股以外的金融工具转换为普通股			借：应付债券（账面价值） 其他权益工具（账面价值） 贷：实收资本（或股本）（面值） 资本公积——资本溢价（或股本溢价）（差额） 银行存款（支付现金）

2. 投资方的账务处理

如果投资方因持有发行方发行的金融工具而对发行方拥有控制、共同控制或重大影响的，按照《企业会计准则第2号——长期股权投资》和《企业会计准则第20号——企业合并》进行确认和计量；投资方需编制合并财务报表的，按照《企业会计准则第33号——合并财务报表》的规定编制合并财务报表。

第二节 资本公积和其他综合收益

一、资本公积确认与计量

资本公积包括资本溢价（或股本溢价）以及其他资本公积。

资本（或股本）溢价是指企业收到投资者的超过其在企业注册资本（或股本）中所占份额的投资。形成资本溢价（或股本溢价）的原因有溢价发行股票，投资者超额缴入资本等。

（一）资本（或股本）溢价的会计处理

1. 资本溢价

投资者投入的资本中按其投资比例计算的出资额部分，应记入“实收资本”科目，大于部分记入“资本公积——资本溢价”科目。

2. 股本溢价

股份有限公司在采用与股票面值相同的价格发行股票的情况下，企业发行股票取得的收入，应全部记入“股本”科目；在采用溢价发行股票的情况下，企业发行股票取得的收入，相当于股票面值的部分记入“股本”科目，超过股票面值的溢价部分在扣除发行手续费、佣金等发行费用后，记入“资本公积——股本溢价”科目。

（二）其他资本公积的会计处理

1. 以权益结算的股份支付（后面的内容，这里只是看看）

（1）在等待期每个资产负债表日，应按确定的金额：

借：管理费用等

　　贷：资本公积——其他资本公积

（2）在行权日，应按实际行权的权益工具数量计算确定的金额：

借：银行存款（按行权价收取的金额）

　　资本公积——其他资本公积（等待期累计确定的金额）

　　贷：股本（增加股份的面值）

　　　　资本公积——股本溢价（差额）

2. 采用权益法核算的长期股权投资

（1）被投资单位除净损益、其他综合收益和利润分配以外的所有者权益的其他变动，投资方按持股比例计算应享有的份额：

借：长期股权投资——其他权益变动

　　贷：资本公积——其他资本公积

或作相反会计分录。

（2）处置采用权益法核算的长期股权投资时：

借：资本公积——其他资本公积

贷：投资收益（或相反分录）

我们顺便回忆一遍长期股权投资的权益法后续的“六步走”套路！

（三）资本公积转增资本的会计处理

借：资本公积

贷：实收资本等

二、其他综合收益的确认与计量及会计处理

其他综合收益，是指企业根据其他会计准则规定未在当期损益中确认的各项利得和损失。包括以后会计期间**不能重分类进损益的其他综合收益和以后会计期间满足规定条件时将重分类进损益的其他综合收益两类**。

（1）以后会计期间不能重分类进损益的其他综合收益项目，**主要包括：**

①重新计量设定受益计划净负债或净资产导致的变动；

②按照权益法核算因被投资单位重新计量设定受益计划净负债或净资产变动导致的权益变动，投资企业按持股比例计算确认的该部分其他综合收益项目；

③在初始确认时，企业可以将非交易性权益工具指定为以公允价值计量且其变动计入其他综合收益的金融资产，该指定后不得撤销，即当该类非交易性权益工具终止确认时原计入其他综合收益的公允价值变动损益不得重分类进损益。

（2）以后会计期间满足规定条件时将重分类进损益的其他综合收益项目。

①符合金融工具准则规定，同时符合两个条件的金融资产应当分类为以公允价值计量且其变动计入其他综合收益：企业管理该金融资产的业务模式既以收取合同现金流量为目标又以出售该金融资产为目标；该金融资产的合同条款规定，在特定日期产生的现金流量，仅为对本金和以未偿付本金金额为基础的利息的支付。当该类金融资产终止确认时，之前计入其他综合收益的累计利得或损失应当从其他综合收益中转出，计入当期损益。

②按照金融工具准则规定，将以公允价值计量且其变动计入其他综合收益的债务工具投资重分类为以摊余成本计量的金融资产的，或重分类为以公允价值计量且其变动计入当期损益的金融资产的，按规定可以将原计入其他综合收益的利得或损失转入当期损益部分。

③采用权益法核算的长期股权投资。

被投资单位其他综合收益变动，投资方按持股比例计算应享有的份额：

借：长期股权投资——其他综合收益

贷：其他综合收益

（被投资单位其他综合收益减少作相反的会计分录）

处置采用权益法核算的长期股权投资时：

借：其他综合收益

贷：投资收益（或相反分录）

④存货或自用房地产转换为投资性房地产。

企业将作为存货的房地产转为采用公允价值模式计量的投资性房地产，其公允价值大于账面价值的：

借：投资性房地产——成本（转换日的公允价值）

　　贷：开发产品等

　　　　其他综合收益（差额）

企业将自用房地产转为采用公允价值模式计量的投资性房地产，其公允价值大于账面价值的：

借：投资性房地产——成本（转换日的公允价值）

　　累计折旧

　　固定资产减值准备

　　贷：固定资产

　　　　其他综合收益（差额）

处置该项投资性房地产时，因转换计入其他综合收益的金额应转入当期其他业务成本：

借：其他综合收益

　　贷：其他业务成本

⑤现金流量套期工具产生的利得或损失中属于有效套期的部分。

现金流量套期工具利得或损失中属于有效套期部分，直接确认为其他综合收益。

⑥外币财务报表折算差额。

按照外币折算的要求，企业在处置境外经营的当期，将已列入合并财务报表所有者权益的外币报表折算差额中与该境外经营相关部分，自其他综合收益项目转入处置当期损益。如果是部分处置境外经营，应当按处置的比例计算处置部分的外币报表折算差额，转入处置当期损益。

【例题 10－2·单选题】企业发生的下列交易或事项中，不会引起当期资本公积（资本溢价）发生变动的是（　　）。（2013 年）

A. 以资本公积转增股本

B. 根据董事会决议，每 2 股缩为 1 股

C. 授予员工股票期权在等待期内确认相关费用

D. 同一控制下企业合并中取得被合并方净资产份额小于所支付对价账面价值

【答案】C

【解析】很多同学卡在了 B 选项，实际上本题的考点在于 C 选项，在后面的股份支付章节要学习，这里影响的是“资本公积——其他资本公积”，做题的时候这些考点一定要心里清楚。

那么 B 选项是怎么影响的？因为 2 股缩为 1 股，实际上缩为 1 股之后面值还是保持不变，多出来的要记入“资本公积——股本溢价（资本溢价）”。

【例题 10－3·单选题】甲公司为境内上市公司。2017 年，甲公司发生的导致其净资产变动的交易或事项如下：(1) 接受其大股东捐赠 500 万元；(2) 当年将作为存货的商品房改为出租，甲公司对投资性房地产采用公允价值模式进行后续计量。转换日，商品房的公允价值大于其账面价值 800 万元；(3) 按照持股比例计算应享有联营企业持有的其他债权投资公允价值变动份额 350 万元；(4) 现金流量套期工具产生的利得中属于有效套期部分的金额 120 万元。下列各项关于甲公司上述交易或事项产生的净资产变动在以后期间不能转入损益的是（　　）。(2017 年)

A. 接受大股东捐赠

B. 商品房改为出租时公允价值大于其账面价值的差额

C. 现金流量套期工具产生的利得中属于有效套期的部分

D. 按照持股比例计算应享有联营企业变动份额

【答案】A

【解析】本题考点就是两种类型的其他综合收益，也属于常考点。选项 A，接受大股东捐赠，应当记入“资本公积——股本溢价（资本溢价）”，不能转为损益。

第三节　留存收益

一、盈余公积

（一）盈余公积的有关规定

盈余公积是指企业按照有关规定从净利润中提取的积累资金。公司制企业的盈余公积包括法定盈余公积和任意盈余公积，法定盈余公积是指企业按照规定的比例从净利润中提取的盈余公积。任意盈余公积是指企业按照股东会或股东大会决议提取的盈余公积。

按照税后利润的 10% 提取法定公积金，对任意盈余公积没有比例限制，公司法定公积金累积额为公司注册资本的 50% 以上时，可以不再提取。

企业提取的盈余公积可用于弥补亏损、扩大生产经营、转增资本或派送新股等。

（二）盈余公积的确认和计量

1. 提取盈余公积

借：利润分配——提取法定盈余公积
　　　　　　——提取任意盈余公积
　贷：盈余公积——法定盈余公积
　　　　　　——任意盈余公积

表 10－6　外商投资企业作为盈余公积核算的项目

情形	处理	分录
外商投资企业按规定提取储备基金、企业发展基金	作为盈余公积核算	借：利润分配——提取储备基金 　　　　　　——提取企业发展基金 　贷：盈余公积——储备基金 　　　　　　——企业发展基金
外商投资企业按规定提取职工奖励及福利基金	作为应付职工薪酬核算	借：利润分配——提取职工奖励及福利基金 　贷：应付职工薪酬

2. 盈余公积的用途（见表 10－7）

表 10－7　盈余公积的用途

（1）弥补亏损	借：盈余公积 　贷：利润分配——盈余公积补亏
（2）转增资本	借：盈余公积 　贷：实收资本（或股本）
（3）用盈余公积派送新股	借：盈余公积 　贷：股本

二、未分配利润

（一）分配股利或利润的会计处理

（1）经股东大会或类似机构决议，分配现金股利或利润：

借：利润分配——应付现金股利或利润

　　贷：应付股利

（2）经股东大会或类似机构决议，分配股票股利：

借：利润分配——转作股本的股利

　　贷：股本

（二）弥补亏损的会计处理

企业以当年实现的利润弥补以前年度亏损时，不需要进行专门的会计处理。

【例题 10－4】A 股份有限公司的股本为 100 000 000 元，每股面值 1 元。2018 年年初未分配利润为贷方 80 000 000 元，2018 年实现净利润 50 000 000 元。

假定公司按照 2018 年实现净利润的 10% 提取法定盈余公积，5% 提取任意盈余公积，同时向股东按每股 0.2 元派发现金股利，按每 10 股送 3 股的比例派发股票股利。2019 年 3 月 15 日，公司以银行存款支付了全部现金股利，新增股本也已经办理完股权登记和相关增资手续。

A 公司的账务处理如下：

（1）2018 年度终了时，企业结转本年实现的净利润。

借：本年利润　　50 000 000

　　贷：利润分配——未分配利润　　50 000 000

（2）提取法定盈余公积和任意盈余公积。

借：利润分配——提取法定盈余公积　　5 000 000

　　　　　　——提取任意盈余公积　　2 500 000

　　贷：盈余公积——法定盈余公积　　5 000 000

　　　　　　　　——任意盈余公积　　2 500 000

（3）结转“利润分配”的明细科目。

借：利润分配——未分配利润　　7 500 000

　　贷：利润分配——提取法定盈余公积　　5 000 000

　　　　　　　　——提取任意盈余公积　　2 500 000

A 公司 2018 年年底“利润分配——未分配利润”科目的余额为 80 000 000 + 50 000 000 − 7 500 000 = 122 500 000（元）。

即贷方余额 122 500 000 元，反映企业的累计未分配利润为 122 500 000 元。

（4）批准发放现金股利：100 000 000 × 0.2 = 20 000 000（元）。

借：利润分配——应付现金股利　　20 000 000

　　贷：应付股利　　20 000 000

借：利润分配——未分配利润　　20 000 000

　　贷：利润分配——应付现金股利　　20 000 000

2019 年 3 月 15 日，实际发放现金股利：

借：应付股利　　20 000 000

　　贷：银行存款　　20 000 000

（5）2019 年 3 月 15 日，发放股票股利：100 000 000 × 1 × 30% = 30 000 000（元）。

借：利润分配——转作股本的股利　　30 000 000

　　贷：股本　　30 000 000

借：利润分配——未分配利润　　30 000 000

　　贷：利润分配——转作股本的股利　　30 000 000

第十章　所有者权益

彬哥跟你说：

本章内容不难，前面也说了，可以跟“负债”章节一起学习，简单的章节可以一次多学几章！但是各位一定要学会学习，一定要在“不安全感”中保持前行！

今日复习步骤：

第一遍：回忆 & 重新复习一遍框架（8 分钟）

学习要求：这一遍的目的是自己重新找一遍框架，不需要掌握所有细节，但求框架了然于心。

第二遍：对细节进一步掌握（20 分钟）

（1）实收资本的考点有哪些？

（2）资本公积的考点有哪些？

（3）其他综合收益的考点有哪些？

（4）留存收益的考点有哪些？

第三遍：重新复习一遍框架（5 分钟）

我问你答：

（1）我们学过的，哪些计入资本溢价，哪些计入其他资本公积？哪些是直接计入所有者权益的利得和损失？

（2）其他综合收益分为几类？每一类都具体包括哪些？

（3）留存收益包括哪些？

（4）外商提取的哪些基金，也属于盈余公积核算？

（5）分配利润的会计分录如何写？

本章作业：

（1）请把讲义例题做三遍（做错的题目，请分析错误原因并记录到改错本）。

（2）请复习完口述一遍框架，睡前请再回忆一遍框架。

（3）第二天早上，请再回忆一遍框架，对于回忆不起来的内容，请翻书看一遍。

第 10 天

复习旧内容：

前面的框架回忆一遍，大概需要半个小时。

学习新内容：

收入、费用和利润

学习方法：

收入章节进行了较大的调整，也是在跟国际准则靠拢，所以首先要注意的就是语言文字也不是我们擅长的，所以有些词语读起来“拗口”，不要去太纠结，这都是从英文直接翻译过来的，真的需要考生掌握的内容都会有例题进行辅助，因此本章的学习如下：

（1）可能第一遍看不懂，或者只能看懂不到 50%，不要着急，这是正常的，因为你对这种语言不熟悉，首先自己在草稿纸上面写一遍标题，看看本章具体在讲什么内容，然后带着这个框架去看第二遍和第三遍，你可能每一次看到这些文字都不想看，没事，先跳过去，当你看下一遍的时候可能就想多看一点了；

（2）对于每一个例题都要搞懂，对每一个分录一定要自己去写一遍，这样才能加深对每一种处理方法的理解。

你今天可能有的心态：

学了这么久了，有点累了，可以选择休息一天再学了，或者今天学完了休息一天。但是你学到了现在，其实已经打完了大 Boss，现在就是在收拾战场而已，坚持！加油！

简单解释今天学习内容：

（1）收入的确认分为五步走，首先看是否应该确认收入，然后是确认多少收入，总共是五步走，这五步走会怎么考？大概率是出选择题来考核。

（2）特定交易的会计处理中，就是在具体的项目里面如何确认进行会计处理。对于每种特定交易的处理我们应该把教材的例题重新做一遍。

可能会遇到的难点：

本章难点基本没有，主要是分录要多动笔，自己动笔做题，动笔写分录。

习题注意事项：

思考 + 动笔

建议学习时间：

3 个小时

第五篇
收入及财务报告

【本篇说明】

之所以将收入和财务报告写在一起，主要是因为财务报告并不是重点章节，收入是非常重要的章节，但是难度不大，因此我就把这两章放在一起了。

本篇有很多分录，按照最初的要求，对每一个分录都应该默写一遍，看看自己写的分录跟书上的分录有多大差距，并寻找出差距的原因，所以请多动笔，不要偷懒。

【重难点解析】

（1）收入，首先对收入的确认和计量的“五步走”的理解要深入，对其中的例外要进行重点关注，应该是常考点；其次就是对于特殊类型的销售要注意理解，特别是分录要自己动笔去写几遍。

（2）本篇也会涉及利润，就是我们前言所学内容，跟我一起来默写一遍利润的公式吧：

营业利润＝营业收入－营业成本－税金及附加－销售费用－管理费用－研发费用
－财务费用－资产减值损失－信用减值损失＋其他收益
＋投资收益（－投资损失）＋净敞口套期收益（－净敞口套期损失）
＋公允价值变动收益（－公允价值变动损失）
＋资产处置收益（－资产处置损失）

利润总额＝营业利润＋营业外收入－营业外支出

净利润＝利润总额－所得税费用

一定要区分清楚营业利润和利润总额的差异。

（3）关于财务报告，本章的特点就是考点清晰，这里不做详细讲解，后面的内容会帮助大家抓出考点。

第十一章　收入、费用和利润

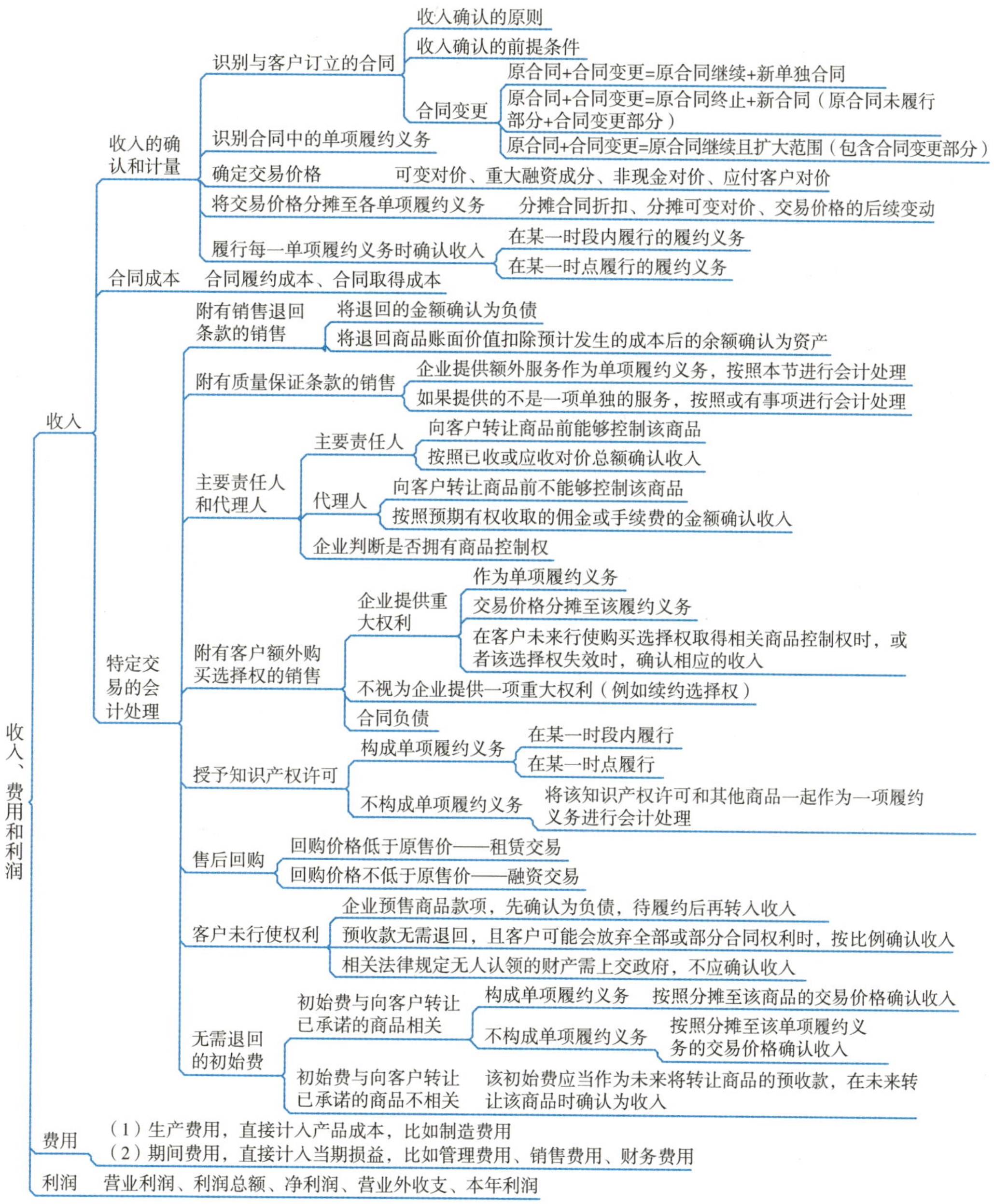

图 11-1　本章学习框架

第一节 收　入

新收入准则发布后，真的是愁煞无数考生，准则中每个字都认识，组合在一起就不知道在讲啥。这都是翻译国际准则的问题，活生生地创造了很多汉语中没有的词语，导致我们学习的底层基础（核心概念）非常脆弱。不过，经过一年多的冥思苦想，现在终于能够把晦涩难懂的准则原文翻译成通俗易懂的语言，在教材每个知识点后面附上【BT 解释】，相信大家一定能够看得懂。

一、收入的概念

1. 收入的定义

收入，是指企业在日常活动中形成的、会导致所有者权益增加的、与所有者投入资本无关的经济利益的总流入。

2. 收入准则适用范围

收入准则适用于所有与客户之间的合同，不涉及企业对外出租资产收取的租金、进行债权投资收取的利息、进行股权投资取得的现金股利、保险合同取得的保费收入等。

企业以存货换取客户的非货币性资产等，适用本准则；其他非货币性资产交换，按照《企业会计准则第 7 号——非货币性资产交换》进行会计处理。

本章所称商品，既包括商品，也包括服务。

二、关于收入确认的原则

企业确认收入的方式应当反映其向客户转让商品的模式，收入的金额应当反映企业因转让商品或提供服务而预期有权收取的对价金额。

企业应当在履行了合同中的履约义务，即在客户取得相关商品控制权时确认收入。取得相关商品控制权，是指能够主导该商品的使用并从中获得几乎全部的经济利益，也包括有能力阻止其他方主导该商品的使用并从中获得经济利益。

取得商品控制权同时包括以下三个要素：

一是能力，即客户必须拥有现时权利，能够主导该商品的使用并从中获得几乎全部经济利益。

二是主导该商品的使用。

三是能够获得几乎全部的经济利益。

三、收入的确认与计量

收入确认和计量大致分为五步：

第一步，识别与客户订立的合同；第二步，识别合同中的单项履约义务；第三步，确定交易价格；第四步，将交易价格分摊至各单项履约义务；第五步，履行各单项履约义务时确认收入。

（一）识别与客户订立的合同

1. 合同识别

（1）合同的定义。

合同，是指双方或多方之间订立有法律约束力的权利义务的协议，包括书面形式、口头形式、商业惯例等形式。

（2）收入确认的原则。

企业与客户之间的合同同时满足下列5个条件的，企业应当在客户取得相关商品控制权时确认收入：

①合同各方已批准该合同并承诺将履行各自义务；②该合同明确了合同各方与所转让的商品相关的权利和义务；③该合同有明确的与所转让的商品相关的支付条款；④该合同具有商业实质；⑤企业因向客户转让商品而有权取得的对价很可能收回。

企业在进行上述判断时，需要注意以下三点：

一是合同约定的权利和义务是否具有法律约束力；

二是合同是否具有商业实质；

三是企业在评估其因向客户转让商品而有权取得的对价是否很可能收回时，仅应考虑客户到期时支付对价的能力和意图（即客户的信用风险）。企业预期很可能无法收回全部合同对价时，应当判断其原因是客户的信用风险还是企业向客户提供了价格折让所致。

在合同开始日即满足前款条件的合同，企业在后续期间无须对其进行重新评估，除非有迹象表明相关事实和情况发生重大变化。在合同开始日不符合上述5个条件的合同，企业应当在后续期间对其进行持续评估，并在其满足上述五个条件时按照规定进行会计处理。

对于不符合上述5个条件的合同，企业只有在不再负有向客户转让商品的剩余义务，且已向客户收取的对价无须退回时，才能将已收取的对价确认为收入；否则，应当将已收取的对价作为负债进行会计处理。没有商业实质的非货币性资产交换，不确认收入。

【BT 解释】

（1）为什么合同同时满足5个条件是收入确认的前提？

为了防止以虚假合同操纵收入，需要对合同的条件进行限定，只有同时满足5个条件才表明这个合同是真的销售合同。例如，条件①表明该合同已经生效，未生效的合同当然不能确认收入。条件②和条件③说明这个合同是有偿销售商品的合同，不是赠与合同。条件④说明这个合同具有商业实质，符合实质重于形式要求。条件⑤对价很可能收回，才能满足经济利益很可能流入的条件。

（2）关于合同的后续评估的问题

合同只有同时满足5个条件，才能确认收入。如果不满足，当然不能确认收入。但事物总是发展变化的，现在不满足，说不定以后能满足，所以需要在以后期间持续评估，一旦同时满足了就可以确认收入。另外，也要考虑特殊情况。比如已经收到合

第十一章

同价款，但合同一直无法满足条件，是不是永远就只能作为负债呢？不一定，如果这笔款项既不用退回客户，又没有承担任何义务，那说明不会导致企业未来经济利益流出，不满足负债的定义，所以就可以确认收入。

2. 合同合并

企业与同一客户（或该客户的关联方）同时订立或在相近时间内先后订立的两份或多份合同，在满足下列条件之一时，应当合并为一份合同进行会计处理：

（1）该两份或多份合同**基于同一商业目的**而订立并构成**“一揽子”交易**，如一份合同在不考虑另一份合同的对价的情况下将会发生亏损；

（2）该两份或多份合同中的一份合同的**对价金额取决于其他合同的定价或履行情况**，比如一份合同发生违约，将会影响另一份合同的对价金额；

（3）该两份或多份合同中所承诺的商品（或每份合同中所承诺的部分商品）构成**单项履约义务**。

两份或多份合同合并为一份合同进行会计处理的，仍然需要区分该一份合同中包含的各单项履约义务。

【BT 解释】

合同合并，是体现实质重于形式的要求，如果名义上是多份合同，但彼此之间高度关联，那就应该作为一个合同来处理。这个知识点简单了解即可，不是考察重点。

3. 合同变更

合同变更，是指经合同各方批准对原合同**范围或价格**作出的变更。企业应当区分下列三种情形对合同变更分别进行会计处理：

（1）合同变更部分作为单独合同。

合同变更增加了**可明确区分的商品及合同价款**，且新增合同价款**反映了新增商品单独售价**的（以下简称为“合同变更的第 1 种情形”），应当将该合同变更部分作为一份单独的合同进行会计处理。

【例题 11－1·计算分析题】公司 A 与客户 B 签订销售合同。公司 A 以 100 元的单价，销售 100 件产品给客户 B，货款共计人民币 10 000 元。10 天后，公司 A 交付了 80 件产品，确认了收入 8 000 元。第 30 天，双方签订变更合同，除原合同规定的权利义务之外，公司 A 以人民币 95 元的单价（假定该价格反映了合同变更时的单独售价）再销售 50 件相同的产品给客户 B。

【答案】由于合同变更增加了可明确区分的商品及合同价款，而且新增合同价款反映了新增商品的单独售价，因此该合同变更部分应当作为一份新合同来处理。即：公司 A 应当对原合同 100 件产品按照 100 元的单价确认收入，对新合同 50 件产品按照单价 95 元确认收入。

（2）合同变更作为原合同终止及新合同订立。

合同变更不属于第 1 种情形，且在合同变更日已转让商品与未转让商品之间**可明确区分**的（以下简称为“合同变更的第 2 种情形”），应当视为原合同终止，同时，将原合同未履约部分与合同变更部分合并为新合同进行会计处理。

【例题 11-2·计算分析题】公司 A 与客户 B 签订销售合同。公司 A 以 100 元的单价，销售 100 件产品给客户 B，货款共计人民币 10 000 元。10 天后，公司 A 交付了 80 件产品，确认了收入 8 000 元。第 30 天，双方签订变更合同，除原合同规定的权利义务之外，公司 A 以人民币 50 元的单价（假定该价格没有反映合同变更时的单独售价）再销售 50 件相同的产品给客户 B。

【答案】虽然合同变更增加了可明确区分的商品及合同价款，但由于新增合同价款没有反映新增商品的单独售价，而且在合同变更日已转让商品与未转让商品之间可明确区分（即已销售的 80 件和未销售的 20 件是可明确区分）。因此，应当视为原合同终止，同时，将原合同未履约部分与合同变更部分合并为新合同进行会计处理。即新合同对价 = 原合同剩余 20 件产品的对价 2 000 元 + 合同变更部分 50 件产品的对价 2 500 元，新合同产品的单价 =(2 000 +2 500) ÷(20 +50) =64.29（元）。

（3）合同变更部分作为原合同的组成部分。

合同变更不属于上述第 1 种情形，且在合同变更日已转让商品与未转让商品之间**不可明确区分**的（以下简称为“合同变更的第 3 种情形”），应当将该合同变更部分作为原合同的组成部分，在合同变更日重新计算履约进度，并调整当期收入和相应成本等。

【例题 11-3·计算分析题】2017 年 1 月 15 日，乙建筑公司和客户签订了一项总金额为 1 000 万元的固定造价合同，在客户自有土地上建造一幢办公楼，预计合同总成本 700 万元。假定该建造服务属于在某一时段内履行的履约义务，并根据累计发生的合同成本占合同预计总成本的比例确定履约进度。

截至 2017 年年末，乙公司累计已发生成本 420 万元，履约进度为 60%（420 ÷ 700）。因此，乙公司在 2017 年确认收入 600 万元（1 000 ×60%）。

2018 年年初，合同双方同意更改该办公楼屋顶的设计，合同价格和预计总成本因此而分别增加 200 万元和 120 万元。

【答案】合同变更没有增加可明确区分的商品，且在合同变更日已转让的商品与未转让的商品之间不可明确区分（整个合同只有 1 个商品，即办公楼，当然不可明确区分），因此，乙公司应当将合同变更作为原合同的组成部分进行会计处理。即合同变更后的交易价格为 1 200 万元（1 000 +200），乙公司重新估计的履约进度为 51.2% [420 ÷(700 +120)]，乙公司在合同变更日应额外确认收入 14.4 万元（1 200 ×51.2% -600）。

【BT 解释】

关于合同变更的 3 种情形，确实不好理解。我觉得理解的关键在于单项履约义务（后面要学习的内容）。先解释什么是单项履约义务，再解释合同变更与单项履约义务的关系。

（1）什么是单项履约义务？

单项履约义务是独立确认收入的基本单位，识别合同中到底有几个单项履约义务是收入确认的关键所在。只要构成单项履约义务，就需要单独确认收入；但如果不构成单项履约义务，就不能单独确认收入。这个是理解合同变更情形的关键。

什么是单项履约义务？教材没给出很好的定义，我觉得可以理解为销售合同的标的（义务对象），比如合同约定企业向客户销售手机和提供12个月的通信服务，共收取价款5 000元。那这个合同就有两个标的（即单项履约义务），分别是转移手机的所有权、提供12个月的通信服务，那就要分别确认收入，把合同价款5 000元在两个单项履约义务分摊。

如何识别合同中的单项履约义务呢？主要看两点，一是商品本身可以明确区分（条件1），比如销售的商品A和商品B，你是你，我是我，一目了然；二是商品之间在合同层面可以明确区分（条件2），即这两个商品之间没有高度关联、相互影响的关系，可以理解为商品之间的价格相互独立。满足这两个条件，就构成单项履约义务，就应该单独确认收入。

（2）从单项履约义务看合同变更的3种情形。

合同变更第1种情形：合同变更增加了可明确区分的商品（条件1），且新增合同价款反映了新增商品单独售价（条件2），这不就说明新增合同构成单项履约义务，那当然应该作为一个新合同单独确认收入。

合同变更第2种和第3种情形：如果不满足第1种情形，说明合同变更部分不构成单项履约义务，只能与原合同合并为一个单项履约义务来处理。但是，如果原合同已经履行了一部分，这时就要考虑已履行部分是否构成单项履约义务（即已转让和未转让商品是否可明确区分）。如果构成，那就不用追溯调整已履行部分确认的收入，只需把未履行部分与合同变更部分打包处理（即第2种情形）；如果不构成，那就只能把原合同全部和合同变更部分打包处理，作为一项单项履约义务，重新确认收入（第3种情形）。

（二）识别合同中的单项履约义务

合同开始日，企业应当对合同进行评估，识别该合同所包含的各单项履约义务，并确定各单项履约义务是在某一时段内履行，还是在某一时点履行；然后，在履行各单项履约义务时分别确认收入。履约义务，是指合同中企业向客户转让可明确区分商品的承诺。

企业应当将下列向客户转让商品的承诺作为单项履约义务：

1. 企业向客户转让可明确区分商品（或者商品或服务的组合）的承诺

企业向客户承诺的商品同时满足下列条件的，应当作为可明确区分商品：

（1）客户能够从该商品本身或从该商品与其他易于获得的资源一起使用中受益（即商品本身可明确区分）；

（2）企业向客户转让该商品的承诺与合同中其他承诺可单独区分，以识别企业承诺转让的是每一项商品，还是由这些商品组成的一个或多个组合产出（即合同层面可明确区分）。

【提示】下列情形通常表明企业向客户转让该商品的承诺与合同中的其他承诺不可明确区分：

(1) 企业需提供重大的服务以将该商品与合同中承诺的其他商品进行整合，形成合同约定的某个或某些组合产出转让给客户。

例如，企业为客户建造写字楼的合同中，企业向客户提供的砖头、水泥、人工都能使客户获益，但企业对客户的承诺是建造一栋写字楼，而非提供砖头、水泥等，企业需要提供重大的服务将这些商品进行整合，以形成合同约定的一项组合产出（即写字楼）转让给客户。因此，在该合同中，砖头、水泥、人工等商品彼此之间不能单独区分。

(2) 该商品将对合同中承诺的其他商品予以重大修改或定制。

例如，企业承诺向客户开发一款现有软件，并提供安装服务，虽然该软件可以单独使用，但在安装过程需要进行定制化的重大修改，以使其与客户现有系统相兼容。此时，转让软件的承诺与提供定制化重大修改的承诺在合同层面是不可明确区分的。

(3) 该商品与合同中承诺的其他商品具有高度关联性。即合同中承诺的每一项商品均受到合同中其他商品的重大影响。

例如，企业承诺为客户设计一种新产品并负责生产10个样品，企业在生产和测试样品的过程中需要对产品的设计进行不断的修正，并导致已生产的样品均可能需要进行不同程度的返工。此时，企业提供的设计服务和生产样品的服务是不断交替反复进行的，二者高度关联，因此，在合同层面是不可明确区分的。

要注意的是，企业向客户销售商品，往往约定需要将商品运送至客户指定的地方。通常情况下，商品控制权转移给客户之前发生的运输活动不构成单项履约义务，商品控制权转移之后发生的运输活动可能构成单项履约义务。

2. 一系列实质相同且转让模式相同的、可明确区分的商品

当企业向客户连续转让某种承诺的商品时，如每天提供类似劳务的长期劳务合同等，如果这些商品属于实质相同且转让模式相同的一系列商品时，企业应当将这一系列商品作为单项履约义务。

实质相同，是指商品本身相同，比如都是提供类似的保洁服务。

转让模式相同，是指每一项可明确区分的商品均满足在某一时段内履行履约义务的条件，且采用相同方法确定其履约进度。

【BT 解释】

(1) 为什么要区分单项履约义务?

通俗说，就是只有“干活了”才有钱。针对有多重交易的合同，到底有几个人干活，不能把全部收入算到一个人头上，避免虚增毛利和提前确认收入。比如买商品 A 送商品 B 的促销，收入要在 AB 之间分摊，不能全部算给 A，避免虚增 A 的毛利。

(2) 怎么识别单项履约义务?

通俗说，就是要搞清楚你到底卖的是什么?

比如，为客户建房，虽然向客户转移砖头、钢筋、水泥，但这些商品都不是你真正要卖的对象，你真正卖的是建筑服务，所以砖头、钢筋、水泥不属于单项履约义务，不能分摊收入。

(3) 什么是在某一时段履行的单项履约义务?

通俗说，就是要干很久才能完成的义务，不像卖商品一下子就完事了。主要是卖劳务、卖服务，比如保洁服务，为客户建造房子（注意区别房地产开发商卖房子），为客户代工生产产品（注意区分商家卖自己的产品）。

（三）确定交易价格

交易价格，是指企业因向客户转让商品而预期有权收取的对价金额。

企业代第三方收取的款项（例如增值税）以及企业预期将退还给客户的款项，应当作为负债进行会计处理，不计入交易价格。

合同标价并不一定代表交易价格，企业应当根据合同条款，并结合以往的习惯做法等确定交易价格。

对交易价格有影响的因素主要有：可变对价、重大融资成分、非现金对价、应付客户对价等。

1. 可变对价

企业与客户的合同中约定的对价金额可能是固定的，也可能会因折扣、价格折让、返利、退款、奖励积分、激励措施、业绩奖金、索赔、或有事项等因素而变化。

合同中存在可变对价的，企业应当对计入交易价格的可变对价进行估计。

(1) 可变对价最佳估计数的确定。

企业应当按照**期望值**或**最可能发生金额**确定可变对价的最佳估计数。当合同仅有两个可能结果时，通常按照**最可能发生金额**估计可变对价金额。

(2) 计入交易价格的可变对价金额的限制。

企业按照期望值或最可能发生金额确定可变对价金额之后，计入交易价格的可变对价金额还应该满足限制条件，即包含可变对价的交易价格，应当不超过在相关不确定性消除时，累计已确认的收入极可能不会发生重大转回的金额。

每一资产负债表日，企业应当重新估计应计入交易价格的可变对价金额，包括重新评估对可变对价的估计是否受到限制，以如实反映报告期末存在的情况以及报告期内发生的情况变化。

【BT解释】

(1) “极可能”是指远高于“很可能”（>50%），但小于“基本确定”（>95%）。

(2) 体现的是谨慎性要求，防止操纵收入，要求估计交易价格时应保守点，不能高估以后随便冲回。

2. 合同中存在的重大融资成分

如果企业将商品控制权转移给客户的时间与客户实际付款时间不一致，且合同约定的对价与商品正常交易价格差异很大时，可能存在重大融资成分，比如企业以赊销方式销售商品，或者要求客户支付预付款等。

合同中存在重大融资成分的，企业应当按照假定客户在取得商品控制权时即以现金支付的应付金额确定交易价格（即**现销价格**）。该交易价格与合同对价之间的差额，应当在合同期间内采用实际利率法摊销。

在评估合同中是否存在融资成分以及该融资成分对于该合同而言是否重大时，企业应当考虑所有的相关事实与情况，包括：

（1）已承诺的对价金额与已承诺商品的现销价格之间的差额。

（2）企业将承诺的商品转让给客户与客户支付款项之间的预计时间间隔和相应市场现行利率的共同影响。

企业向客户转让商品与客户支付相关款项之间虽然存在时间间隔，但两者之间的合同没有包括重大融资成分的情形有：

（1）客户就商品支付了预付款，且可以自行决定这些商品转让时间。如向客户出售其发行的**储值卡**，客户可以随时持卡购物；企业向客户**授予奖励积分**，客户可以随时兑换积分。

（2）客户承诺支付的对价中有相当大的部分是可变的，该对价金额或付款时间取决于某一未来事项是否发生，且该事项实质不受客户或企业控制。例如，按照实际销售量收取的特许权使用费。

（3）合同承诺的对价金额与现销价格之间的差额是由于向客户或企业提供融资利益以外的其他原因所导致，且这一差额与产生该差额的原因是相称的。例如，合同约定的支付条款是为了向企业或客户提供保护，以防止另一方未能依照合同充分履行其部分或全部义务；例如，**客户扣留的质量保证金**。

为简化实务操作，如果在合同开始日，企业预计客户取得商品控制权与客户支付价款间隔不超过一年的，可以不考虑合同中存在的重大融资成分。

【BT 解释】

（1）考虑合同重大融资成分，是为了准确核算合同中的销售收入和利息收入（或利息费用），这体现了实质重于形式的要求。（常考）

（2）存在重大融资成分的两种情形：

①企业向客户提供融资（即先交货、后收钱）：先确认收入（按商品单独售价、不是按合同对价），然后在未来期间确认利息收入（即摊销未实现融资收益），最后收回商品销售收入（即借款本金）和利息收入。

②客户向企业提供融资（先收钱、后交货）：先确认负债（按收到的合同对价），在未来确认利息费用（即摊销未确认融资费用），最后以交付商品（商品单独售价）来偿付负债（即借款本息和）。

【例题11-4·计算分析题】2018年1月1日，甲公司与乙公司签订合同，向其销售一批产品。合同约定，该批产品将于2年之后交货。合同中包含两种可供选择的付款方式，即乙公司可以在2年后交付产品时支付449.44万元，或者在合同签订时支付400万元。乙公司选择在合同签订时支付货款。该批产品的控制权在交货时转移。甲公司于2018年1月1日收到乙公司支付的货款。上述价格均不包含增值税，且假定不考虑相关税费影响。假定摊销年利率为6%，以万元为单位。

请编写甲公司与该事项相关的会计分录：

（1）2018年1月1日收到货款：

借：银行存款　　400

　　未确认融资费用　　49.44

　　贷：合同负债　　449.44

（2）2018年12月31日确认融资成分的影响：

借：财务费用　　（400×6%）24

　　贷：未确认融资费用　　24

（3）2019年12月31日交付产品：

2019年合同负债期初摊余成本=2018年期末摊余成本=400×（1+6%）=424（万元）（"未确认融资费用"是"合同负债"的备抵科目）

应确认的财务费用=424×6%=25.44（万元）

借：财务费用　　25.44

　　贷：未确认融资费用　　25.44

借：合同负债　　449.44

　　贷：主营业务收入　　449.44

【提示】什么是合同负债？

合同负债，是指企业已收或应收客户对价而应向客户转让商品的义务。

在收入准则中，已不再使用"预收账款"和"递延收益"科目，而是用"合同负债"代替。但在其他准则中，"预收账款"和"递延收益"还是存在。

3. 非现金对价

当企业因转让商品而有权向客户收取的对价是非现金形式时，如实物资产、无形资产、股权等。企业通常应当按照非现金对价在**合同开始日**的**公允价值**确定交易价格。但是，如果非现金对价的公允价值不能合理估计的，企业应当参照其承诺向客户转让商品的**单独售价**间接确定交易价格。

非现金对价的公允价值可能会因为对价的形式而发生变动（如企业从客户收取的是股票，股票本身价格会发生变动），也可能会因为对价形式以外的原因而发生变动（如企业有权收取非现金对价的公允价值因企业履约情况而发生变动）。

合同开始日之后，非现金对价的公允价值因**对价形式以外的原因**而发生变动的，应当作为可变对价，按照计入交易价格的可变对价金额限制条件的相关规定进行会计处理。

合同开始日之后，非现金对价公允价值因对价形式而发生变动，该变动金额不计入交易价格。

【BT 解释】

非现金对价，就是企业以存货换取其他企业的非货币性资产，以前是按照非货币性资产交换准则处理，以存货公允价值确认收入（交易价格）。但是，新收入准则发布后，这种情形就不再适用于非货币性资产交换准则，除非换入资产的公允价值不能合理估计，不再按照存货公允价值（换出公允）确认收入，而是按照取得换入资产的公允价值（换入公允）来确认收入。

简单来说，就是确认交易价格，先按非现金对价的公允价值，如果不能合理估计再按商品的单独售价确认。

【例题 11－5·判断题】销售合同约定客户支付对价的形式为股票的，企业应当根据合同开始日后股票公允价值的变动调整合同的交易价格。（　　）（2019 年 A 卷）

【答案】×

【解析】合同开始日后，非现金对价的公允价值因对价形式而发生变动的，该变动金额不应计入交易价格。

【例题 11－6·计算分析题】甲企业为客户生产一台专用设备。双方约定，如果甲企业能够在 30 天内交货，则可以额外获得 600 股客户的股票作为奖励。合同开始日，该股票的价格为每股 4 元；由于缺乏执行类似合同的经验，甲企业当日估计，该 600 股股票的公允价值计入交易价格将不满足累计已确认的收入极可能不会发生重大转回的限制条件。合同开始日之后的第 27 天，企业将该设备交付给客户，从而获得了 600 股股票，该股票在此时的价格为每股 4.5 元。假定甲企业将该股票作为以公允价值计量且其变动计入当期损益的金融资产。

【答案】本例中，合同开始日，该股票的价格为每股 4 元，由于缺乏执行类似合同的经验，甲企业当日估计，该 600 股股票的公允价值计入交易价格将不满足累计已确认的收入极可能不会发生重大转回的限制条件，甲企业不应将该 600 股股票的公允价值 2 400 元计入交易价格。合同开始日之后的第 27 天，甲企业获得了 600 股股票，该股票在此时的价格为每股 4.5 元。甲企业应按股票（非现金对价）在合同开始日的公允价值，即 2 400 元（4×600）确认为收入，因对价形式原因而发生的变动，即 300 元（$4.5\times600-4\times600$）计入公允价值变动损益。

4. 应付客户对价

企业在向客户转让商品的同时，需要向客户或第三方支付对价的，除为了自客户取得其他可明确区分商品的款项外，应当将该应付对价冲减商品交易价格，并在确认相关收入与支付客户对价二者孰晚的时点冲减当期收入。

【BT 解释】

为什么要考虑应付客户对价?

也是为了避免虚增收入。企业为了扩大收入，可能给客户提供购买商品返现金的优惠，这时就只能以收到的净额（收到的钱－付出的钱）确认收入。比如 BT 学院为了上市要做大收入，向学员承诺，买 CPA 课程只要 500 元，而且下单后能够返现 100 元，那当然不能按照 500 元确认收入，只能按照 400 元确认收入。

当然，如果企业向客户付钱是因为向客户采购了商品，那就不会影响销售收入的确认，销售商品和采购商品本来就是两码事，区分清楚就好。

（四）将交易价格分摊至各单项履约义务

合同中包含两项或多项履约义务时，企业应当在合同开始日，按照各单项履约义务所承诺商品的单独售价的相对比例，将交易价格分摊至各单项履约义务。

单独售价，是指企业向客户单独销售商品的价格。

单独售价无法直接观察的，企业应当综合考虑其能够合理取得的全部相关信息，采用市场调整法、成本加成法、余值法等方法合理估计单独售价。企业应当最大限度地采用可观察的输入值，并对类似的情况采用一致的估计方法。

企业在商品近期售价波动幅度巨大，或者因未定价且未曾单独销售而使售价无法可靠确定时，可采用余值法估计其单独售价。

【例题 11－7·计算分析题】 2017 年 3 月 1 日，甲公司与客户签订合同，向其销售 A、B 两项商品，A 商品的单独售价为 6 000 元；B 商品的单独售价为 24 000 元，合同价款为 25 000 元。合同约定，A 商品于合同开始日交付，B 商品在一个月之后交付，只有当两项商品全部交付之后，甲公司才有权收取 25 000 元的合同对价。假定 A 商品和 B 商品分别构成单项履约义务，其控制权在交付时转移给客户。上述价格均不包含增值税，且假定不考虑相关税费影响。

【答案】 本例中，分摊至 A 商品的合同价款为 5 000［(6 000 ÷ (6 000 + 24 000)) × 25 000］元，分摊至 B 商品的合同价款为 20 000［(24 000 ÷ (6 000 + 24 000)) × 25 000］元，甲公司的账务处理如下：

（1）交付 A 商品时：

借：合同资产	5 000	
贷：主营业务收入		5 000

（2）交付 B 商品时：

借：应收账款	25 000	
贷：合同资产		5 000
主营业务收入		20 000

【注意】合同中规定“只有当两项商品全部交付之后，甲公司才有权收取25 000元的合同对价”，本案例中是先交付A商品，一个月之后交付B商品，因此只有当A、B两个商品都交付才能确认“应收账款”，在交付A商品时只能确认“合同资产”。

【BT解释】

（1）什么是合同资产？

合同资产，是指企业已向客户转让商品而有权收取对价的权利，且该权利取决于时间流逝之外的其他因素。

（2）合同资产与应收账款的区别。

从法律角度来看，两者都属于债权（收款权），但合同资产是附条件收款权，比如合同约定只有履行合同中的其他业务才能收取款项，除了承担信用风险，还要承担其他风险。应收账款是无条件收款权，只承担信用风险（即客户违约风险）。

1. 分摊合同折扣

（1）定义。

合同折扣，是指合同中各单项履约义务所承诺商品的单独售价之和高于合同交易价格的金额。

例如，某合同的对价是100万元，共有2个单项履约义务A和B，单独售价分别为80万元、40万元，单独售价之和为120万元，大于合同对价100万元，差额20万元属于合同折扣。

（2）分摊原则：一般全体分摊，特殊局部分摊。

对于合同折扣，企业应当在各单项履约义务之间按比例分摊（即全体分摊）。

有确凿证据表明合同折扣仅与合同中一项或多项（而非全部）履约义务相关的，企业应当将该合同折扣分摊至相关一项或多项履约义务（即局部分摊）。

同时满足下列三项条件时，企业应当将合同折扣分摊至合同中的一项或多项（而非全部）履约义务：

（1）企业经常将该合同中的各项可明确区分的商品单独销售或者以组合的方式单独销售；

（2）企业也经常将其中部分可明确区分的商品以组合的方式按折扣价格单独销售；

（3）上述第二项中的折扣与该合同中的折扣基本相同，且针对每一组合中的商品的评估为将该合同的全部折扣归属于某一项或多项履约义务提供了可观察的证据。

此外，如果有确凿证据表明合同折扣仅与合同中的一项或多项（而非全部）履约义务相关，且企业采用余值法估计单独售价的，企业应当首先在该一项或多项（而非全部）履约义务之间分摊合同折扣，然后再采用余值法估计单独售价。

【BT 解释】

(1) 分摊合同折扣，是为了准确核算不同商品的毛利，是谁的折扣就算到谁的头上，如果区分不了那就大家一起来分摊。

(2) 怎么理解局部分摊要满足的三项条件?

这 3 个条件说的是如果能够确定部分商品组合销售折扣金额与全部商品组合销售的折扣金额（即合同折扣）相同，就能确定合同折扣只与这部分商品相关，把折扣金额由他们分摊即可，不用全部分摊。

举例说明：比如某合同包括销售商品 A、B、C 共 3 个单项履约义务，合同总折扣是 100 元，已知商品 A、B 组合也经常对外单独销售，而且销售折扣也是 100 元，那么可知这个销售商品 A、B、C 的合同折扣只与 A、B 有关，不用分摊给 C。

2. 分摊可变对价

类似分摊合同折扣的处理，合同中包含可变对价的，该可变对价可能与整个合同相关（即全体分摊），也可能仅与合同中的某一特定组成部分有关（即局部分摊），后者包括两种情形：

（1）可变对价可能与合同中的一项或多项（而非全部）履约义务有关。

比如是否获得奖金取决于企业能否在指定时期内转让某项已承诺的商品。

（2）可变对价可能与企业向客户转让的构成单项履约义务的一系列可明确区分商品中的一项或多项（而非全部）商品有关。

比如为期两年的保洁服务合同，第二年的服务价格将根据指定的通货膨胀率确定。

同时满足下列条件的，企业应当将可变对价及可变对价的后续变动额分摊至与之相关的某项履约义务，或者构成单项履约义务的一系列可明确区分商品中的某项商品（即局部分摊）：

（1）可变对价的条款专门针对企业为履行该项履约义务或转让该项可明确区分商品所作的努力；

（2）企业在考虑了合同中的全部履约义务及支付条款后，将合同对价中的可变金额全部分摊至该项履约义务或该项可明确区分商品符合分摊交易价格的目标。

对于不满足上述条件的可变对价及可变对价的后续变动额，以及可变对价及其后续变动额中未满足上述条件的剩余部分，企业应当按照分摊交易价格的一般原则，将其分摊至合同中的各单项履约义务。对于已履行的履约义务，其分摊的可变对价后续变动额应当调整变动当期的收入。

【BT 解释】

对于可变对价，如果与整个合同相关，则在全部单项履约义务之间分摊（全部分摊）；如果只与合同特定组成部分相关（要满足特定条件），则只在相关的某项履约义务之间分摊（局部分摊）。

【例题 11-8·计算分析题】甲公司与乙公司签订合同，将其拥有的两项专利技术X和Y授权给乙公司使用。假定两项授权均构成单项履约义务，且都属于在某一时点履行的履约义务。合同约定，授权使用X的价格为80万元，授权使用Y的价格为乙公司使用该专利技术所生产的产品销售额的3%。X和Y的单独售价分别为80万元和100万元。甲公司估计其就授权使用Y而有权收取的特许权使用费为100万元。假定上述价格均不包含增值税。

【答案】本例中，该合同中包含固定对价和可变对价，其中，授权使用X的价格为固定对价，且与其单独售价一致，授权使用Y的价格为乙公司使用该专利技术所生产的产品销售额的3%，属于可变对价，该可变对价全部与授权使用Y能够收取的对价有关，且甲公司估计基于实际销售情况收取的特许权使用费的金额接近Y的单独售价。因此，甲公司将可变对价部分的特许权使用费金额全部由Y承担符合交易价格的分摊目标。

（五）履行每一单项履约义务时确认收入

企业应当在履行了合同中的履约义务，即客户取得相关商品控制权时确认收入，控制权转移是确认收入的前提。

对于履约义务，企业首先判断履约义务是否满足在某一时段内履行的条件，如不满足，则该履约义务属于在某一时点履行的履约义务。

对于在某一时段内履行的履约义务，企业应当选取恰当的方法来确定履约进度；对于在某一时点履行的履约义务，企业应当综合分析控制权转移的迹象，判断其转移时点。

【BT解释】

确认收入的前提是履行了对应的单项履约义务，这也是为了防止企业提前确认收入。通俗地说，“干活了”才能确认收入，不干活哪有收入。

1. 在某一时段内履行的履约义务的收入确认条件

（1）在某一时段内履行履约义务的条件。

满足下列条件之一的，属于在某一时段内履行的履约义务，相关收入应当在该履约义务履行的期间内确认：

①客户在企业履约的同时即取得并消耗企业履约所带来的经济利益。企业在履约过程中是持续地向客户转移该服务的控制权的，该履约义务属于在某一时段内履行的履约义务，企业应当在提供该服务的期间内确认收入。比如长途运输服务、咨询服务。

②客户能够控制企业履约过程中在建的商品。企业在履约过程中创建的商品包括在产品、在建工程、尚未完成的研发项目、正在进行的服务等。

③企业履约过程中所产出的商品具有不可替代用途，且该企业在整个合同期间内有权就累计至今已完成的履约部分收取款项（“不可替代用途”+“合格收款权”）。

【提示】关于“合格收款权”的判断：
(1) 客户或其他方导致合同终止，而非企业的原因
(2) 能够补偿已发生的成本加合理利润
(3) 并不意味着随时可行使无条件的收款权

【例题11-9·计算分析题】甲公司是一家造船企业，与乙公司签订了一份船舶建造合同，按照乙公司的具体要求设计和建造船舶。甲公司在自己的厂区内完成该船舶的建造，乙公司无法控制在建过程中的船舶。甲公司如果想把该船舶出售给其他客户，需要发生重大的改造成本。双方约定，如果乙公司单方面解约，乙公司需向甲公司支付相当于合同总价30%的违约金，且建造中的船舶归甲公司所有。假定该合同仅包含一项履约义务，即设计和建造船舶。

【答案】

本例中，船舶是按照乙公司的具体要求进行设计和建造的，甲公司需要发生重大的改造成本将该船舶改造之后才能将其出售给其他客户，因此，该船舶具有不可替代用途。然而，如果乙公司单方面解约，仅需向甲公司支付相当于合同总价30%的违约金，表明甲公司无法在整个合同期间内都有权就累计至今已完成的履约部分收取能够补偿其已发生成本和合理利润的款项。因此，甲公司为乙公司设计和建造船舶不属于在某一时段内履行的履约义务。

注意：本例中甲公司是“企业”，乙公司是“客户”，“客户”乙公司无法控制在建过程中的船舶，而是由“企业”甲公司控制。

(2) 在某一时段内履行的履约义务的收入确认方法。

对于在某一时段内履行的履约义务，企业应当在该段时间内按照**履约进度**确认收入，履约进度不能合理确定的除外。企业应当考虑商品的性质，采用**产出法**或**投入法**确定恰当的履约进度，并且在确定履约进度时应当扣除那些控制权尚未转移给客户的商品和服务。

①产出法。产出法主要是根据已转移给客户的商品对于客户的价值确定履约进度，主要包括按照实际测量的完工进度、评估已实现的结果、已达到的里程碑、时间进度、已完工或交付的产品等确定履约进度的方法。企业在评估是否采用产出法确定履约进度时，应当考虑所选择的产出指标是否能够如实地反映向客户转移商品的进度。产出法是直接计量已完成的产出，一般能够客观地反映履约进度。当产出法所需要的信息可能无法直接通过观察获得，或者为获得这些信息需要花费很高的成本时，可采用投入法。

②投入法。投入法主要是根据企业履行履约义务的投入确定履约进度，主要包括以投入的材料数量、花费的人工工时或机器工时、发生的成本和时间进度等投入指标确定履约进度。当企业从事的工作或发生的投入是在整个履约期间内平均发生时，也可以采用直线法确认收入。

【例题 11 - 10 · 计算分析题】 甲公司于 2×18 年 12 月 1 日接受一项设备安装任务，安装期为 3 个月，合同总收入 600 000 元，至年底已预收安装费 440 000 元，实际发生安装费用为 280 000 元（假定均为安装人员薪酬），估计还将发生安装费用 120 000 元。假定甲公司按实际发生的成本占估计总成本的比例确定安装的履约进度，不考虑增值税等其他因素。甲公司的账务处理如下：

实际发生的成本占估计总成本的比例 = 280 000 ÷ (280 000 + 120 000) × 100% = 70%

2×18 年 12 月 31 日确认的劳务收入 = 600 000 × 70% − 0 = 420 000（元）

（1）实际发生劳务成本。

借：合同履约成本——设备安装	280 000	
贷：应付职工薪酬		280 000

（2）预收劳务款。

借：银行存款	440 000	
贷：合同负债——××公司		440 000

（3）2×18 年 12 月 31 日确认劳务收入并结转劳务成本。

借：合同负债——××公司	420 000	
贷：主营业务收入——设备安装		420 000
借：主营业务成本——设备安装	280 000	
贷：合同履约成本——设备安装		280 000

对于同一合同下属于在一时段内履行的履约义务涉及与客户结算对价的，通常情况下，企业对其已向客户转让商品而有权收取的对价金额应当确认为合同资产或应收账款，对于其已收或应收客户对价而应向客户转让商品的义务，应当确认合同负债。

由于同一合同下的合同资产和合同负债应当以净额列示，企业也可以设置“合同结算”科目（或其他类似科目），以核算同一合同下属于在某一时段内履行履约义务涉及与客户结算对价的合同资产或合同负债：

（1）设置“合同结算——价款结算”：反映定期与客户进行结算的金额；

（2）设置“合同结算——收入结转”：反映按履约进度结转的收入金额。

在资产负债表日，“合同结算”科目：

（1）期末余额在借方的，根据其流动性，在资产负债表中分别列示为“合同资产”或“其他非流动资产”项目；

（2）期末余额在贷方的，根据其流动性，在资产负债表中分别列示为“合同负债”或“其他非流动负债”项目。

由于企业的投入与向客户转移商品的控制权之间未必存在直接的对应关系，因此，企业在采用投入法时，应当扣除那些虽然已经发生，但是未导致向客户转移商品的投入。实务中，企业通常按照累计实际发生的成本占预计总成本的比例（即成本法）确定履约进度，累计实际发生的成本包括企业向客户转移商品过程中所发生的直接成本和间接成本，如直接人工、直接材料、分包成本以及其他与合同相关的成本。企业在采用成本法确定履约进度时，可能需要对已发生的成本进行适当调整的情形有：

（1）已发生的成本并未反映企业履行其履约义务的进度，如因企业生产效率低下等原因而导致的**非正常消耗**，包括非正常消耗的直接材料、直接人工及制造费用等，除非企业和客户在订立合同时已经预见会发生这些成本并将其包括在合同价款中。

（2）已发生的成本与企业履行其履约义务的**进度不成比例**。如果企业已发生的成本与履约进度不成比例，企业在采用成本法时需要进行适当调整。

当企业在合同开始日就能够预期将满足下列所有条件时，企业在采用成本法确定履约进度时不应包括该商品的成本，而是应当按照其成本金额确认收入：

一是该商品不构成单项履约义务；

二是客户先取得该商品的控制权，之后才接受与之相关的服务；

三是该商品的成本占预计总成本的比重较大；

四是企业自第三方采购该商品，且未深入参与其设计和制造，对于包含该商品的履约义务而言，企业是主要责任人。

【例题 11－11 · 计算分析题】2018 年 10 月，甲公司与客户签订合同，为客户装修一栋办公楼，包括安装一部电梯，合同总金额为 100 万元。甲公司预计的合同总成本为 80 万元，其中包括电梯的采购成本 30 万元。

2018 年 12 月，甲公司将电梯运达施工现场并经过客户验收，客户已取得对电梯的控制权，但是根据装修进度，预计到 2019 年 2 月才会安装该电梯。截至 2018 年 12 月，甲公司累计发生成本 40 万元，其中包括支付给电梯供应商的采购成本 30 万元以及因采购电梯发生的运输和人工等相关成本 5 万元。

假定该装修服务（包括安装电梯）构成单项履约义务，并属于在某一时段内履行的履约义务，甲公司是主要责任人，但不参与电梯的设计和制造；甲公司采用成本法确定履约进度。上述金额均不含增值税。

本例中，截至 2018 年 12 月，甲公司发生成本 40 万元（包括电梯采购成本 30 万元以及因采购电梯发生的运输和人工等相关成本 5 万元），甲公司认为其已发生的成本和履约进度不成比例，因此需要对履约进度的计算作出调整，将电梯的采购成本排除在已发生成本和预计总成本之外。在该合同中，该电梯不构成单项履约义务，其成本相对于预计总成本而言是重大的，甲公司是主要责任人，但是未参与该电梯的设计和制造，客户先取得了电梯的控制权，随后才接受与之相关的安装服务，因此，甲公司在客户取得该电梯控制权时，按照该电梯采购成本的金额确认转让电梯产生的收入。

【注意】电梯采购成本满足采用成本法按照其成本金额确认收入的四个条件，因此将电梯采购成本的金额确认转让电梯产生的收入。

因此，2018 年 12 月，该合同的履约进度为 20%［(40－30)÷(80－30)］，应确认的收入和成本金额分别为 44 万元［(100－30)×20%＋30］和 40 万元［(80－30)×20%＋30］。

对于每一项履约义务，企业只能采用一种方法来确定其履约进度，并加以一贯运用。对于类似情况下的类似履约义务，企业应当采用相同的方法确定履约进度。

资产负债表日，企业应当在按照合同的交易价格总额乘以履约进度扣除以前会计期间累计已确认的收入后的金额，确认为当期收入。当履约进度不能合理确定时，企业已经发生的成本预计能够得到补偿的，应当按照已经发生的成本金额确认收入，直到履约进度能够合理确定为止。每一资产负债表日，企业应当对履约进度进行重新估计。当客观环境发生变化时，企业也需要重新评估履约进度是否发生变化，以确保履约进度能够反映履约情况的变化，该变化应当作为会计估计变更进行会计处理。

2. 在某一时点履行的履约义务

当一项履约义务不属于在某一时段内履行的履约义务时，应当属于在某一时点履行的履约义务。对于在某一时点履行的履约义务，企业应当在客户取得相关商品控制权的时点确认收入。

在判断客户是否已取得商品控制权时，企业应当考虑下列5个迹象：

（1）企业就该商品享有现时收款权利，即客户就该商品负有现时付款义务。

（2）企业已将该商品的法定所有权转移给客户，即客户已拥有该商品的法定所有权。

（3）企业已将该商品实物转移给客户，即客户已实物占有该商品。但是，客户占有实物并不意味其就一定取得了该商品的控制权。

（4）企业已将该商品所有权上的主要风险和报酬转移给客户。

（5）客户已接受该商品。当商品通过客户的验收，通常表明客户已经接受该商品。

在对控制权转移时点的五个迹象中，需要格外关注的有：

（1）委托代销安排。委托代销安排中，如果受托方并未在企业向其转让商品时获得商品的控制权，则不应在此时点确认收入。

（2）售后代管安排。售后代管商品是指企业与客户签订合同，企业已经就销售的商品向客户收款或取得收款权利，但是直到在未来某一时点将该商品交付给客户之前，企业仍然继续持有该商品实物的安排。

在售后代管商品的安排下，除了应当考虑客户是否取得商品控制权的迹象之外，还应当同时满足以下四个条件，才表明客户取得了该商品的控制权：一是该安排必须具有商业实质，例如是应客户的要求而订立的；二是属于客户的商品必须能够单独识别，例如单独存放在指定地点；三是该商品可随时交付给客户；四是企业不能自行使用该商品或将该商品提供给其他客户。

【例题11－12·计算分析题】2018年1月1日，甲公司与乙公司签订合同，向其销售一台设备和专用零部件。该设备和零部件的制造期为2年。甲公司在完成设备和零部件的生产之后，能够证明其符合合同约定的规格。假定企业向客户转让设备和零部件为两个单项履约义务，且都属于在某一时点履行的履约义务。

2019年12月31日，乙公司支付了该设备和零部件的合同价款，并对其进行了验收。乙公司运走了设备，但是考虑到其自身的仓储能力有限，且其工厂紧邻甲公司的仓库，因此要求将零部件存放于甲公司的仓库中，并且要求甲公司按照其指令随时安排发货。乙公司已拥有零部件的法定所有权，且这些零部件可明确识别为属于乙公司的物品。甲公司在其仓库内的单独区域内存放这些零部件，并且应乙公司的要求可随时发货，甲公司不能使用这些零部件，也不能将其提供给其他客户使用。

本例中，2019年12月31日，该设备的控制权移给乙公司；对于零部件而言，甲公司已经收取合同价款，但是应乙公司的要求尚未发货，乙公司已拥有零部件的法定所有权并且对其进行了验收，虽然这些零部件实物尚由甲公司持有，但是其满足在“售后代管商品”的安排下客户取得商品控制权的条件，这些零部件的控制权也已经转移给了乙公司。因此，甲公司应当确认销售设备和零部件的相关收入。除销售设备和零部件之外，甲公司还为乙公司提供了仓储保管服务，该服务与设备和零部件可明确区分，构成单项履约义务，甲公司需要将部分交易价格分摊至该项服务，并在提供该项服务的期间确认收入。

【例题11－13·计算分析题】A公司生产并销售笔记本电脑。2017年，A公司与零售商B公司签订销售合同，向其销售1万台电脑。由于B公司的仓储能力有限，无法在2017年底之前接收该批电脑，双方约定A公司在2018年按照B公司的指令按时发货，并将电脑运送至B公司指定的地点。2017年12月31日，A公司共有上述电脑库存1.2万台，其中包括1万台将要销售给B公司的电脑。这1万台电脑和其余2 000台电脑一起存放并统一管理，并且彼此之间可以互相替换。

本例中，尽管是由于B公司没有足够的仓储空间才要求A公司暂不发货，并按照其指定的时间发货，但是由于这1万台电脑与A公司的其他产品可以互相替换，且未单独存放保管，A公司在向B公司交付这些电脑之前，能够将其提供给其他客户或者自行使用。因此，这1万台电脑在2017年12月31日不满足“售后代管商品”安排下确认收入的条件。

四、合同成本

（一）合同履约成本

企业为履行合同可能会发生各种成本，企业在确认收入的同时应当对这些成本进行分析，属于本书其他章节（比如固定资产、无形资产等）范围的，应当按照相关章节的要求进行会计处理；不属于其他章节范围且同时满足下列条件的，应当作为合同履约成本确认为一项资产：

（1）该成本与一份当前或预期取得的合同直接相关。

预期取得的合同应当是企业能够明确识别的合同，例如，现有合同续约后的合同、尚未获得批准的特定合同等。

与合同直接相关的成本包括直接人工、直接材料、制造费用或类似费用、明确由客户承担的成本以及仅因该合同而发生的其他成本。

（2）该成本增加了企业未来用于履行（或持续履行）履约义务的资源。

（3）该成本预期能够收回。

【BT 解释】

（1）合同履约成本，属于成本类科目，用于归集企业在履约过程中发生的资本化支出，就是以前的工程施工、劳务成本等科目。

（2）所谓增加未来履约义务，就是给企业增加了经济利益，比如给企业建造房子，随着投入的增加，未来交付房子的价值当然不断增加。

下列支出不属于合同履约成本。企业应当在下列支出发生时，将其计入**当期损益**：

一是**管理费用**，除非这些费用明确由客户承担。

二是**非正常消耗**的直接材料、直接人工和制造费用（或类似费用），这些支出为履行合同发生，但未反映在合同价格中。

三是与履约义务中**已履行**（包括已全部履行或部分履行）部分相关的支出，即该支出与企业过去的履约活动相关。

四是无法在尚未履行的与**已履行**（或已部分履行）的履约义务之间区分的相关支出。

【BT 解释】

（1）不属于合同履约成本，说明不满足资本化条件，比如管理费用、非正常消耗开支等。

（2）为什么与履约义务中已履行部分相关的支出，不属于合同履约成本呢？

因为合同履约成本属于资产，而资产的定义强调要能够带来**未来经济利益的流入**。如果跟已履行部分相关，就属于沉没成本。比如销售商品之后发生的产品质量保修服务，就属于销售费用。

（二）合同取得成本

企业为取得合同发生的增量成本预期能够收回的，应当作为合同取得成本确认为一项资产。

增量成本，是指企业不取得合同就不会发生的成本，例如销售佣金等。企业因现有合同续约或发生合同变更需要支付的额外佣金，也属于为取得合同发生的增量成本。为简化实务操作，该资产摊销期限不超过一年的，可以在发生时计入当期损益。

企业为取得合同发生的、除预期能够收回的增量成本之外的其他支出，例如，无论是否取得合同均会发生的差旅费、投标费、为准备投标资料发生的相关费用等，应当在发生时计入当期损益，除非这些支出明确由客户承担。

【例题 11－14·多选题】企业为取得销售合同发生的且由企业承担的下列支出，应在发生时计入当期损益的有（　　）。（2019 年 B 卷）

A. 尽职调查发生的费用　　B. 投标活动发生的交通费

C. 投标文件制作费　　D. 招标文件购买费

【答案】ABCD

【解析】企业为取得合同发生的、除预期能够收回的增量成本之外的其他支出，如无论是否取得合同均会发生的差旅费、投标费、为准备投标资料发生的相关费用等，应当在发生时计入当期损益，除非这些支出明确由客户承担。因此，选项ABCD均正确。

（三）合同履约成本和合同取得成本的摊销和减值

1. 摊销

确认为资产的合同履约成本和合同取得成本，企业应当采用与该资产相关的商品收入确认相同的基础（即在履约义务履行的时点或按照履约义务的履约进度）进行摊销，计入当期损益。

2. 减值

合同履约成本和合同取得成本的账面价值高于下列两项的差额的，超出部分应当计提减值准备，并确认为资产减值损失：

一是企业因转让与该资产相关的商品预期能够取得的剩余对价；

二是为转让该相关商品估计将要发生的成本。估计将要发生的成本主要包括直接人工、直接材料、制造费用（或类似费用）、明确由客户承担的成本以及仅因该合同而发生的其他成本（例如，支付给分包商的成本）等。

以前期间减值的因素之后发生变化，使得第一项减去第二项的差额高于该资产账面价值的，应当转回原已计提的资产减值准备，并计入当期损益，但转回后的资产账面价值不应超过假定不计提减值准备情况下该资产在转回日的账面价值。

在确定合同履约成本和合同取得成本的减值损失时，企业应当首先确定其他资产减值损失；然后，按照本节的要求确定合同履约成本和合同取得成本的减值损失。

企业按照第六章的规定测试相关资产组的减值情况时，应当将按照上述要求确定与合同成本有关的资产减值后的新账面价值计入相关资产组的账面价值。

五、关于特定交易的会计处理

（一）附有销售退回条款的销售

企业将商品控制权转让给客户之后，可能会因为各种原因允许客户退货，此销售为附有销售退回条件的销售。

对于附有销售退回条款的销售，企业应当在客户取得相关商品控制权时，按照因向客户转让商品而预期有权收取的对价金额（即，不包含预期因销售退回将退还的金额）确认收入，按照预期因销售退回将退还的金额确认负债；同时，按照预期将退回商品转让时的账面价值，扣除收回该商品预计发生的成本（包括退回商品的价值减损）后的余额，确认为一项资产，按照所转让商品转让时的账面价值，扣除上述资产成本的净额结转成本。

每一资产负债表日，企业应当重新估计未来销售退回情况，如有变化，应当作为会计估计变更进行会计处理。

【BT 解释】

（1）该处理体现了谨慎性要求，防止企业在确认收入以后大幅冲减收入，导致当期利润波动过大。这有点类似采用备抵法计提坏账准备，不能等实际发生坏账时才处理，而是要根据预估情况提前计提坏账准备，等实际发生坏账时先冲减坏账准备。对于附有销售退回条款的销售，要提前计提预计负债作为准备金，然后在资产负债表日根据最新情况调整准备金（多退少补），等到在实际退货时冲减准备金，最后退货期满时把准备金余额平账。

（2）账务处理要点：（类似坏账准备的计提、转回、结转）

①转让商品控制权时：确认收入（预期退回金额确认**预计负债**）、结转成本（预期退回商品确认**应收退货成本**）

②资产负债表日：重新估计退货率（调整预计负债、应收退货成本）

③实际发生销售退回时：冲收入（用预计负债代替）、冲成本（用应收退货成本代替）

④退货期满时：将预计负债、应收退货成本余额平账（冲为0）

当然，教材是把第三步和第四步合并处理，先把预计负债、应收退货成本全部冲掉，再把它们与实际退货金额的差额分别转入主营业务收入、主营业务成本。

【例题 11－15·计算分析题】 甲公司是一家健身器材销售公司。2019 年 10 月 1 日，甲公司向乙公司销售 5 000 件健身器材，单位销售价格为 500 元，单位成本为 400 元，开出的增值税专用发票上注明的销售价格为 250 万元，增值税税额为 32.5 万元。健身器材已经发出，但款项尚未收到。根据协议约定，乙公司应于 2019 年 12 月 1 日之前支付货款，在 2020 年 3 月 31 日之前有权退还健身器材。甲公司根据过去的经验，估计该批健身器材的退货率约为 20%。在 2019 年 12 月 31 日，甲公司对退货率进行了重新评估，认为只有 10% 的健身器材会被退回。甲公司为增值税一般纳税人，健身器材发出时纳税义务已经发生，实际发生退回时取得税务机关开具的红字增值税专用发票。假定健身器材发出时控制权转移给乙公司。甲公司的账务处理如下：

（1）2019 年 10 月 1 日发出健身器材。

借：应收账款	2 825 000	
贷：主营业务收入		2 000 000
预计负债——应付退货款		500 000
应交税费——应交增值税（销项税额）		325 000
借：主营业务成本	1 600 000	
应收退货成本	400 000	
贷：库存商品		2 000 000

（2）2019 年 12 月 1 日前收到货款。

借：银行存款	2 825 000	
贷：应收账款		2 825 000

第十一章

(3) 2019年12月31日，甲公司对退货率进行重新评估。

借：预计负债——应付退货款	250 000	
贷：主营业务收入		250 000
借：主营业务成本	200 000	
贷：应收退货成本		200 000

(4) 2020年3月31日发生销售退回，假定实际退货量为400件，退货款项已经支付。

借：库存商品	160 000	
应交税费——应交增值税（销项税额）	26 000	
预计负债——应付退货款	250 000	
贷：应收退货成本		160 000
主营业务收入		（差额）50 000
银行存款		226 000
借：主营业务成本	（差额）40 000	
贷：应收退货成本		40 000

（二）附有质量保证条款的销售

企业在向客户销售商品时，根据合同约定、法律规定或本企业以往的习惯做法等，可能会为所销售的商品提供质量保证。

1. 质量保证的分类

（1）构成单项履约义务的质量保证：服务类质量保证。

①对于客户能够选择单独购买质量保证的，表明该质量保证构成单项履约义务；

②对于客户虽然不能选择单独购买质量保证，但是，如果该质量保证在向客户保证所销售的商品符合既定标准之外提供了一项单独服务的，也应当作为单项履约义务。

（2）不构成单项履约义务的质量保证：保证类质量保证。

2. 处理原则

（1）作为单项履约义务的质量保证应当按本节规定进行会计处理，并将部分交易价格分摊至该项履约义务。

（2）对于不能作为单项履约义务的质量保证，企业应当按照《企业会计准则第13号——或有事项》的规定进行会计处理。

3. 考虑因素

在评估质量保证是否在向客户保证所销售商品符合既定标准之外提供了一项单独的服务时，企业应当考虑：

（1）该质量保证是否为法定要求。当法律要求企业提供质量保证时，该法律规定通常表明企业承诺提供的质量保证不是单项履约义务。

（2）质量保证期限。质量保证期限越长，越有可能表明向客户提供了保证商品符合既定标准之外的服务，越有可能构成单项履约义务。

（3）企业承诺履行任务的性质。如果企业必须履行某些特定的任务以保证所销售的商品符合既定标准（如企业负责运输被客户退回的瑕疵商品），则这些特定的任务可能不构成单项履约义务。

企业提供的质量保证同时包含作为单项履约义务和不能作为单项履约义务的质量保证的，应当分别对其进行会计处理，无法合理区分的，应当将这两类质量保证一起作为单项履约义务进行会计处理。

【例题 11－16·计算分析题】 甲公司与客户签订合同，销售一部手机。该手机自售出起一年内如果发生质量问题，甲公司负责提供质量保证服务。此外，在此期间内，由于客户使用不当（例如手机进水）等原因造成的产品故障，甲公司也免费提供维修服务。该维修服务不能单独购买。

【答案】 本例中，甲公司的承诺包括：销售手机、提供质量保证服务以及维修服务。甲公司针对产品的质量问题提供的质量保证服务是为了向客户保证所销售商品符合既定标准，因此不构成单项履约义务；甲公司对由于客户使用不当而导致的产品故障提供的免费维修服务，属于在向客户保证所销售商品符合既定标准之外提供的单独服务，尽管其没有单独销售，该服务与手机可明确区分，应该作为单项履约义务。因此，在该合同下，甲公司的履约义务有两项：销售手机和提供维修服务，甲公司应当按照其各自单独售价的相对比例，将交易价格分摊至这两项履约义务，并在各项履约义务履行时分别确认收入。

（三）主要责任人和代理人

当企业向客户销售商品涉及其他参与方时，企业应当判断其自身在该项交易中的身份是主要责任人还是代理人。

1. 判断原则

企业在特定商品转让给客户之前是否能够控制商品（见表 11－1）。

表 11－1

	是否拥有控制权	确认收入标准
主要责任人	企业在向客户转让商品前能够控制该商品	按照有权收取的对价总额确认收入
代理人	不能够控制	按照既定的佣金金额或比例计算的金额确认收入，或者按照已收或应收对价总额扣除应支付给其他相关方的价款后的净额确认收入

2. 企业作为主要责任人的情况

（1）企业自该第三方取得商品或其他资产控制权后，再转让给客户。

（2）企业能够主导该第三方代表本企业向客户提供服务。

（3）企业自该第三方取得商品控制权后，通过提供重大的服务将该商品与其他商品整合成合同约定的某组合产出转让给客户。

3. 需要考虑的相关事实和情况

实务中，企业在判断其在向客户转让特定商品之前是否已经拥有对该商品的控制权时，不应仅局限于合同的法律形式，而应当综合考虑所有相关事实和情况进行判断，这些事实和情况包括：

（1）转让商品的主要责任是企业还是第三方。比如，客户认为谁对商品的质量或性能负责、谁提供售后服务、谁负责解决客户投诉等。

（2）该商品的存货风险在转让商品前后由企业还是第三方承担。

（3）所交易商品的价格由企业还是第三方决定。

【BT 解释】

为什么要区分主要责任人和代理人？

也是为了避免虚增收入。比如京东自营和淘宝就属于完全不同性质的业务，京东自营卖的是自家的货，当然要按总额确认收入。但淘宝作为平台商，自己并不卖货，而是为别人卖货提供服务，所以别人卖货的收入不是淘宝的收入，淘宝只能以收到的佣金、手续费来确认收入。

（四）附有客户额外购买选择权的销售

1. 适用情形

企业在销售商品的同时，有时会向客户授予选择权，允许客户据此免费或者以折扣价格购买额外的商品，此种情况称为附有客户额外购买选择权的销售。

企业向客户授予的额外购买选择权的形式包括销售激励、客户奖励积分、未来购买商品的折扣券以及合同续约选择权等。

2. 处理原则

对于附有客户额外购买选择权的销售，企业应当评估该选择权是否向客户提供了一项重大权利。企业提供重大权利的，应当作为单项履约义务，将交易价格分摊至该履约义务，在客户未来行使购买选择权取得相关商品控制权时，或者在该选择权失效时确认相应的收入。

3. 判断标准

在考虑授予客户的该项权利是否重大时，应根据其金额和性质综合进行判断。

（1）如果客户只有在订立了一项合同的前提下才取得了额外购买选择权，并且客户行使该选择权购买额外商品时，能够享受到超过该地区或该市场中其他同类客户所能够享有的折扣，则通常认为该选择权向客户提供了一项重大权利。

（2）当企业向客户提供了额外购买选择权，但客户在行使该选择权购买商品的价格反映了该商品的单独售价时，即使客户只能通过与企业订立特定合同才能获得该选择权，该选择权也不应被视为企业向该客户提供了一项重大权利。

【例题 11－17·计算分析题】2017 年 1 月 1 日，甲公司开始推行一项奖励积分计划。根据该计划，客户在甲公司每消费 10 元可获得 1 个积分，每个积分从次月开始在购物时可以抵减 1 元，截至 2017 年 1 月 31 日，客户共消费 100 000 元，可获得 10 000 个积分，根据历史经验，甲公司估计该积分的兑换率为 95%。假定上述金额均不包含增值税，且假定不考虑相关税费影响。

【答案】本例中，甲公司认为其授予客户的积分为客户提供了一项重大权利，应当作为单项履约义务。客户购买商品的单独售价合计为 100 000 元，考虑积分的兑换率，甲公司估计积分的单独售价为 9 500 元（1×10 000×95%）。甲公司按照商品和积分单独售价的相对比例对交易价格进行分摊：

商品分摊的交易价格＝[100 000÷(100 000＋9 500)]×100 000＝91 324（元）

积分分摊的交易价格＝[9 500÷(100 000＋9 500)]×100 000＝8 676（元）

因此，甲公司应当在商品的控制权转移时确认收入 91 324 元，同时确认合同负债 8 676 元。

借：银行存款　　100 000

　　贷：主营业务收入　　91 324

　　　　合同负债　　8 676

截至 2017 年 12 月 31 日，客户共兑换了 4 500 个积分，甲公司对该积分的兑换率进行了重新估计，仍然预计客户总共将会兑换 9 500 个积分。因此，甲公司以客户兑换的积分数占预期将兑换的积分总数的比例为基础确认收入。

积分当年应当确认的收入＝4 500÷9 500×8 676＝4 110（元）；剩余未兑换的积分＝8 676－4 110＝4 566（元），仍然作为合同负债。

借：合同负债　　4 110

　　贷：主营业务收入　　4 110

截至 2018 年 12 月 31 日，客户累计兑换了 8 500 个积分。甲公司对该积分的兑换率进行了重新估计，预计客户总共将会兑换 9 700 个积分。积分当年应当确认的收入＝8 500÷9 700×8 676－4 110＝3 493（元）；剩余未兑换的积分＝8 676－4 110－3 493＝1 073（元），仍然作为合同负债。

借：合同负债　　3 493

　　贷：主营业务收入　　3 493

（五）授予知识产权许可

1. 适用情形

授予知识产权许可，是指企业授予客户对企业拥有的知识产权享有相应权利。常见的知识产权包括软件和技术、影视和音乐等的版权、特许经营权以及专利权、商标权和其他版权等。

2. 处理原则

企业向客户授予知识产权许可的，应当评估该知识产权许可是否构成单项履约义务。

（1）对于不构成单项履约义务的，企业应当将该知识产权许可和其他商品一起作为一项履约义务进行会计处理。例如，企业向客户销售设备和相关软件，该软件与设备内嵌其中、不可分离。

（2）对于构成单项履约义务的，应当进一步确定其是在某一时段内履行还是在某一时点履行，同时满足下列条件时，应当作为在某一时段内履行的履约义务确认相关收入；否则，应当作为在某一时点履行的履约义务确认相关收入：

①合同要求或客户能够合理预期企业将从事对该项知识产权有重大影响的活动。

②该活动对客户将产生有利或不利影响。

③该活动不会导致向客户转让商品。

【提示】对于某一时点履行的履约义务，在履行该履约义务时确认收入。在客户能够使用某项知识产权许可并开始从中获益之前，企业不能对此类知识产权许可确认收入。例如企业授权客户在一定期间内使用软件，但是在企业向客户提供该软件的密钥之前，客户都无法使用该软件，因此企业在向客户提供密钥之前虽然已经授权，也不应确认收入。

【BT 解释】

怎么理解属于在某一时段履行义务的 3 个条件？

（1）准则的目的是为了防止企业提前确认收入，因为只有履行了对应的义务才能确认收入。

（2）3 个条件说明企业在未来期间承担了重大义务，而且这个重大义务是与客户利益相关，因此只有在未来履行义务时确认收入（即按时段来确认收入）。

【例题 11－18·计算分析题】 甲公司是一家设计制作连环漫画的公司。甲公司授权乙公司可在 4 年内使用其 3 部连环漫画中的角色形象和名称。甲公司的每部连环漫画都有相应的主要角色，而且甲公司会定期创造新的角色，且角色的形象也会随时演变。乙公司是一家大型游轮的运营商，乙公司可以按不同的方式（例如，展览或演出）使用这些漫画中的角色。合同要求乙公司必须使用最新的角色形象。在授权期内，甲公司每年向乙公司收取 1 000 万元。

【答案】 本例中，甲公司除了授予知识产权许可外不存在其他履约义务。甲公司基于下列因素的考虑，认为该许可的相关收入应当在某一时段内确认：

一是乙公司合理预期（根据甲公司以往的习惯做法），甲公司将实施对该知识产权许可产生重大影响的活动，包括创作角色及出版包含这些角色的连环漫画等；

二是，这些活动直接对乙公司产生的有利或不利影响，这是因为合同要求乙公司必须使用甲公司创作的最新角色，这些角色塑造得成功与否，会直接对乙公司产生影响；

三是，尽管乙公司可以通过该知识产权许可从这些活动中获益，但在这些活动发生时并没有导致向乙公司转让任何商品或服务。

3. 基于销售或使用情况的特许权使用费

企业向客户授予知识产权许可，并约定按客户实际销售或使用情况收取特许权使用费的，应当在下列两者孰晚的时点确认收入：（1）客户后续销售或使用行为实际发生；

（2）企业履行相关履约义务。

【提示】这是估计可变对价的一个例外规定。

（六）售后回购

售后回购，是指企业销售商品的同时承诺或有权选择日后再将该商品购回的销售方式。

企业应当区分下列两种情形分别进行会计处理：

（1）企业因存在与客户的**远期安排**而**负有回购义务或企业享有回购权利的**，表明客户在销售时点并未取得相关商品控制权，企业应当作为**租赁交易或融资交易**进行相应的会计处理（见表11－2）。

表11－2

租赁交易与融资交易	回购价格与原售价相比	会计处理
租赁交易	回购价格＜原售价	按租赁交易进行会计处理
融资交易	回购价格≥原售价	在收到客户款项时确认金融负债，并将该款项和回购价格的差额在回购期间内确认为利息费用等

（2）企业负有**应客户要求**回购商品义务的，应当在合同开始日评估客户是否具有行使该要求权的重大经济动因。

客户**具有**行使该要求权**重大经济动因**的，企业应当将售后回购作为租赁交易或融资交易，按照上述第1种情形进行会计处理；否则，企业应当将其作为附有销售退回条款的销售交易进行会计处理。

在判断客户是否具有行权的重大经济动因时，企业应当综合考虑各种相关因素，包括回购价格与预计回购时市场价格之间的比较，以及权利的到期日等。例如，如果回购价格明显高于该资产回购时的市场价值，则表明客户有行权的重大经济动因。

【例题11－19·计算分析题】甲公司向乙公司销售一台设备，销售价格为200万元，同时双方约定两年之后，甲公司将以120万元的价格回购该设备。假定不考虑货币时间价值等其他因素影响。

【答案】本例中，根据合同有关甲公司在两年后回购该设备的约定，乙公司并未取得该设备的控制权。不考虑货币时间价值等影响，该交易的实质是乙公司支付了80万元（200－120）的对价取得了该设备2年的使用权。因此，甲公司应当将该交易作为租赁交易进行会计处理。

【例题11－20·计算分析题】甲公司向乙公司销售其生产的一台设备，销售价格为2 000万元，双方约定，乙公司在5年后有权要求甲公司以1 500万元的价格回购该设备。甲公司预计该设备在回购时的市场价值将远低于1 500万元。

【答案】本例中，假定不考虑时间价值的影响，甲公司的回购价格低于原售价，但远高于该设备在回购时的市场价值，甲公司判断乙公司有重大的经济动因行使其权利要求甲公司回购该设备。因此，甲公司应当将该交易作为租赁交易进行会计处理。

（七）客户未行使的权利

（1）企业因销售商品向客户收取了预收款，应当将预收款确认为合同负债，待未来履行了相关履约义务时再将该负债转为收入。

（2）当企业预收款项无须退回，且客户可能会放弃其全部或部分合同权利时（如放弃储值卡的使用等），企业预期将有权获得与客户所放弃的合同权利相关的金额的，应当按照客户行使合同权利的模式按比例将上述金额确认为收入；

否则，企业只有在客户要求其履行剩余履约义务的可能性极低时，才能将上述负债的相关余额转为收入。

（3）如果有相关法律规定，企业所收取的与客户未行使权利相关的款项须转交给其他方的（例如法律规定无人认领的财产需上交政府），企业不应将其确认为收入。

【BT 解释】

该规定本质是解决如何处理客户放弃的合同权利的问题（如企业不用退回的客户放弃充值卡余额），如果企业预期有权获取对方放弃的权利，则按比例将该放弃的金额确认为收入；如果企业预期无权收取，那就只能等企业没有履约义务时才能确认。

【例题 11－21·计算分析题】甲公司经营连锁面包店。2×18 年，甲公司向客户销售 5 000 张储值卡，每张卡的面值为 200 元，总额为 1 000 000 元。客户可在甲公司经营的任何一家门店使用该储值卡进行消费。根据历史经验，甲公司预期客户购买的储值卡中将有大约相当于储值卡面值金额 5%（即 50 000 元）的部分不会被消费。截至 2×18 年 12 月 31 日，客户使用该储值卡消费的金额为 400 000 元。假定不考虑增值税等相关因素。

【答案】

甲公司预期将有权获得与客户未行使的合同权利相关的金额为 50 000 元，该金额应当按照客户行使合同权利的模式按比例确认为收入。

甲公司在 2×18 年销售的储值卡应当确认的收入包括两个部分：一个是客户实际消费的 400 000 元，另一部分是按比例分摊预期客户放弃的 50 000 元，即应当确认收入＝400 000＋50 000×400 000/950 000＝421 052. 63（元）

甲公司的账务处理为：

（1）销售储值卡：

借：库存现金　　　　1 000 000

　　贷：合同负债　　　　1 000 000

(2) 根据储值卡的消费金额确认收入：

借：合同负债　　421 052.63

　贷：主营业务收入　　421 052.6

（八）无须退回的初始费

企业在合同开始（或临近合同开始）日向客户收取的无须退回的初始费通常包括入会费、接驳费、初装费。企业收取该初始费时，应当评估该初始费是否与向客户转让已承诺的商品相关。

(1) 该初始费与向客户转让已承诺的商品相关，且转让该商品构成单项履约义务的，企业应当在转让该商品时，按照分摊至该商品的交易价格确认收入；

(2) 该初始费与向客户转让已承诺的商品相关，但转让该商品不构成单项履约义务的，企业应当在包含该商品的单项履约义务履行时，按照分摊至该单项履约义务的交易价格确认收入；

(3) 该初始费与向客户转让已承诺的商品不相关的，该初始费应当作为未来将转让商品的预收款，在未来转让该商品时确认为收入。

在合同开始（或临近合同开始）日，企业通常必须开展一些初始活动，为履行合同进行准备，如一些行政管理性质的准备工作，这些活动虽然与履行合同有关，但并没有向客户转让已承诺的商品，因此，不构成单项履约义务，即使企业向客户收取的无须退回的初始费与这些初始活动相关（如健身房收取的会员登记费），也不应在这些活动完成时将该初始费确认为收入，而是应当将该初始费作为未来将转让商品的预收款，在未来转让该商品时确认为收入。

【BT 解释】

怎么理解无须退回的初始费？

(1) 理解的关键还是在于单项履约义务。初始费作为合同对价之一，肯定要分摊到对应的单项履约义务，等未来在履行对应的单项履约义务时才能确认收入。

(2) 有几个概念要准确区分，不能混同。

合同中已承诺的商品不等于单项履约义务，只有可明确区分的商品才构成单项履约义务。这是上面第 1 种情形不同处理的由来。

为履行合同的初始活动不等于单项履约义务，它不是合同的标的，初始活动可能构成合同履约成本。所以，与初始活动相关的初始费就不能在初始活动完成时确认收入，而是要等未来履行单项履约义务时确认收入。

【例题 11－22·计算分析题】 甲公司经营一家会员制健身俱乐部。甲公司与客户签订了为期 2 年的合同，客户入会之后可以随时在该俱乐部健身。除俱乐部的年费 2 000 元之外，甲公司还向客户收取了 50 元的入会费，用于补偿俱乐部为客户进行注册登记、准备会籍资料以及制作会员卡等初始活动所花费的成本。甲公司收的入会费和年费均无须返还。

本例中，甲公司承诺的服务是向客户提供健身服务，而甲公司为会员入会所进行的初始活动并未向客户提供其所承诺的服务，而只是一些内部行政管理性质的工作。因此，甲公司虽然为补偿这些初始活动向客户收取了50元入会费，但是该入会费实质上是客户为健身服务所支付的对价的一部分，故应当作为健身服务的预收款，与收取的年费一起在2年内分摊确认为收入。

第二节 费 用

一、费用的确认

费用是指企业在日常活动中发生的、会导致所有者权益减少的、与向所有者分配利润无关的经济利益的总流出。

费用分为生产费用和期间费用，生产费用直接计入产品成本，如制造费用直接计入产品成本；期间费用则直接计入当期损益，如管理费用、财务费用、销售费用。

二、期间费用

期间费用是指本期发生的，不能直接或间接归入某种产品成本的各项费用，包括管理费用、销售费用和财务费用。

1. 管理费用

管理费用是指企业为组织和管理企业生产经营所发生的管理费用（项目很多，没必要单独记忆，遇到之后一般能判断）。

2. 销售费用

销售费用是指企业在销售商品和材料、提供劳务的过程中发生的各种费用。

3. 财务费用

财务费用是指企业为筹集生产经营所需资金等而发生的筹资费用。

注意：研发费用反映企业进行研究与开发过程中发生的费用化支出。该项目应根据“管理费用”科目下的“研发费用”明细科目的发生额分析填列。

【小知识】制造费用属于什么科目？

制造费用属于成本类科目，包括产品生产成本中除直接材料和直接工资以外的其余一切生产成本，主要包括企业各个生产单位（车间、分厂）为组织和管理生产所发生的一切费用（行政管理部门的固定资产所发生的固定资产维修费列入“管理费用”）。具体有以下项目：各个生产单位管理人员的工资、职工福利费、房屋建筑费、劳动保护费、季节性生产和修理期间的停工损失等。制造费用在期末按照一定的方式分摊进入生产成本。

【例题 11－23·单选题】下列各项中，不应计入管理费用的是（　　）。（2007 年）

A. 发生的排污费　　B. 发生的矿产资源补偿费

C. 管理部门固定资产报废净损失　　D. 发生的业务招待费

【答案】C

【解析】管理部门固定资产报废净损失应计入营业外支出。

第三节　利　润

一、利润的构成

利润是指企业在一定会计期间的经营成果。利润包括收入减去费用后的净额、直接计入当期利润的利得和损失等。

直接计入当期利润的利得和损失，是指应当计入当期损益、会导致所有者权益发生增减变动的、与所有者投入资本或者向所有者分配利润无关的利得或者损失。

（一）营业利润

营业利润＝营业收入－营业成本－税金及附加－销售费用－管理费用－研发费用－财务费用－资产减值损失－信用减值损失＋其他收益
＋投资收益（－投资损失）＋净敞口套期收益（－净敞口套期损失）
＋公允价值变动收益（－公允价值变动损失）
＋资产处置收益（－资产处置损失）

（二）利润总额

利润总额＝营业利润＋营业外收入－营业外支出

其中：

营业外收入是指企业发生的与其日常活动无直接关系的各项利得。

营业外支出是指企业发生的与其日常活动无直接关系的各项损失。

（三）净利润

净利润＝利润总额－所得税费用

其中：所得税费用是指企业确认的应从当期利润总额中扣除的所得税费用。

【例题 11－24·单选题】企业因下列交易事项产生的损益中，不影响发生当期营业利润的是（　　）。（2014 年）

A. 固定资产报废损失

B. 投资于银行理财产品取得的收益

C. 预计与当期产品销售相关的保修义务

D. 因授予高管人员股票期权在当期确认的费用

第十一章

【答案】A
【解析】固定资产报废损失计入营业外支出，不影响当期营业利润，选项A正确。选项D会在股份支付章节进行详细学习。

二、营业外收支的会计处理

（一）营业外收入

营业外收入是指企业发生的与其日常活动无直接关系的各项利得，主要包括非流动资产毁损报废利得，与企业日常活动无关的政府补助、盘盈利得、捐赠利得等。

但是，企业接受控股股东（或控股股东的子公司）或非控股股东（或非控股股东的子公司）直接或间接代为代偿、债务豁免或捐赠，经济实质表明属于控股股东或非控股股东对企业的资本性投入，应当将相关利得计入所有者权益（资本公积）。

（二）营业外支出

营业外支出是指企业发生的与其日常活动无直接关系的各项损失，主要包括公益性捐赠支出、非常损失、盘亏损失、非流动资产毁损报废损失等。

【注意】营业外收入和营业外支出应当分别核算，不得相互抵销。

【例题11－25·单选题】下列各项中，不应计入营业外支出的是（　　）。（2010年）
A. 支付的合同违约金
B. 固定资产报废损失
C. 向慈善机构支付的捐赠款
D. 在建工程建设期间发生的工程物资盘亏损失
【答案】D
【解析】在建工程建设期间发生的工程物资盘亏损失应计入所建工程项目成本，选项D错误。

三、本年利润的会计处理

借：本年利润
　　贷：利润分配——未分配利润

四、综合收益总额

净利润加上其他综合收益扣除所得税影响后的净额为综合收益总额。

第十一章　收入、费用和利润

彬哥跟你说：

在本章，你会遇到一些小麻烦，倒不是很难，而是“有点看不懂”！因为收入准则在2018年发生了变化，而且这是为了跟国际准则接轨！什么意思呢？就是用英文的方式在表达内容！中文的方式是“1＋1＝2”这种模式，但是英文准则却不是，英文准则是“1＋1不能等于3，也不能等于4”，就是不给你明确地说是“2”，限定了一大堆文字！这就让我们觉得有点莫名其妙，归根结底是两种思维模式导致的差异！

今日复习步骤：

第一遍：回忆＆重新复习一遍框架（15分钟）

学习要求：这一遍的目的是自己重新找一遍框架，不需要掌握所有细节，但求框架了然于心。

第二遍：对细节进一步掌握（60分钟）

（1）收入的确认和计量有五步骤，每一步骤涉及哪些考点？

（2）合同成本、特定交易的会计处理涉及哪些考点？

（3）费用、利润分别涉及哪些考点？

第三遍：重新复习一遍框架（10分钟）

我问你答：

（1）收入确认的前提条件是什么？

（2）合同变更有哪几种情形？每种情形如何处理？

（3）合同交易价格包括哪些？如何确定合同交易价格？

（4）涉及多项履约义务时，如何将交易价格分摊？对合同折扣和可变对价如何进行分摊？

（5）合同资产和应收账款有什么区别？如何区分资产与合同履约成本？

（6）履行每一单项履约义务时如何确认收入？

（7）附有销售退回条款的销售如何进行会计处理？

（8）附有质量保证条款的销售如何进行会计处理？

（9）附有客户额外购买选择权的销售如何进行会计处理？

（10）售后回购交易如何进行会计处理？

（11）费用包括哪些费用，如何判断具体属于哪一类？

（12）营业利润、利润总额、净利润的公式是什么？

本章作业：

（1）请把讲义例题做三遍（做错的题目，请分析错误原因并记录到改错本）。

（2）请复习完口述一遍框架，睡前再回忆一遍。

（3）第二天早上，请再回忆一遍框架，对于回忆不起来的内容，请翻书看一遍。

第 11 天

复习旧内容：

收入、费用和利润

学习新内容：

财务报告

学习方法：

财务报告的学习不能去死记，主要应抓重点，对于不重要的不要深究，同时多看看以前的考题。

你今天可能有的心态：

或许很自信了，或许有点担心前面有点忘记，其实每天回忆下框架，没事翻翻改错本，基本不会忘记，就算忘记也能够很快找回，所以无须担心忘记，在适当的时机重新翻一遍改错本和回忆一遍框架就行。

简单解释今天学习内容：

（1）财务报告的内容我们在前面有接触，会计科目也有接触，本章的内容就是对一些科目的填列做一些解释。

（2）考试并不会考财务报告的填列，所以只要对一些重点科目的填列进行详细了解就行。

（3）现金流量表对企业来说是一个很重要的表，可以看出一个企业的真实经营情况，一个企业的现金流量分为三种：经营活动产生的、投资活动产生的（包括投资经营性资产和金融资产）、筹资活动产生的。三种流量的划分是一个重要考点，经营活动产生的现金流量也有直接法和间接法两种不同的编写方式。

可能会遇到的难点：

1. 长期应付款和长期应收款的列报。

书上的定义如下："长期应收款"项目，应根据"长期应收款"科目的期末余额，减去相应的"未实现融资收益"科目和"坏账准备"科目所属相关明细科目期末余额后的金额填列；"长期应付款"项目，应根据"长期应付款"科目的期末余额，减去相应的"未确认融资费用"科目期末余额后的金额填列。

简单方法：直接根据下一年度的"摊余成本"进行填列就是正确的数字！比如2015 年年末"长期应付款"的列报就是 2016 年年末的长期应付款的摊余成本。

2. 三种现金流量的划分。

这不是一个难点，只是需要各位细致一点：经营活动产生的现金流量跟日常经营相关，投资活动产生的现金流量要注意包括对长期资产的构建，筹资活动产生的现金流量涉及发行股票和债券。有两个特殊的事项要注意：

（1）现金及现金等价物可以看作一样的东西，现金和现金等价物之间的转换不是现金流量。

（2）买卖固定资产和无形资产属于投资活动产生的现金流量。

习题注意事项：

本章没太多习题，2015 年考过几道文字内容的习题，各位可以关注一下，比如关联方的识别、报告分部等。

建议学习时间：

2 ~3 个小时

第十二章　财务报告

【注意】学注会切忌胡乱记忆，比如本章文字内容较多，但是并不需要去记忆，对于需要掌握的知识点我会着重强调，其他内容看看就行。

- 财务报告
  - 资产负债表
    - 反映企业在某一特定日期的财务状况
    - 金融资产和金融负债应当分别列示，不得相互抵销
    - 列示
      - 资产流动性划分
        - （1）一个正常营业周期中变现、出售或耗用
        - （2）为交易而持有
        - （3）一年内变现
        - （4）一年内，交换或清偿能力不受限制的现金或现金等价物
      - 负债流动性划分
        - （1）一个正常营业周期中清偿
        - （2）为交易而持有
        - （3）一年内到期清偿
        - （4）无权自主将清偿推迟至资产负债表日后一年以上
      - 特殊项目　划分为持有待售的资产或负债，应当归类为流动资产或负债
    - 填列
      - 总账科目余额
        - 直接填列
        - 几个总账科目计算　货币资金
      - 明细科目余额计算　开发支出、预收款项、交易性金融资产、其他债权投资、应付职工薪酬
      - 总账和明细账余额　长期借款：要减去一年内到期且不能自主将清偿义务展期的长期借款后的金额
      - 余额减去备抵后的净额　长期股权投资、固定资产、无形资产等
      - 综合运用上述填列方法分析填列
  - 利润表
    - 反映企业在一定会计期间经营的成果
    - （1）营业收入=主营业务收入+其他业务收入
      （2）营业利润=营业收入-营业成本-税金及附加-销售费用-管理费用-研发费用-财务费用-资产减值损失-信用减值损失+其他收益+投资收益+净敞口套期收益+公允价值变动收益+资产处置收益
      （3）利润总额=营业利润+营业外收入-营业外支出
      （4）净利润=利润总额-所得税费用
      （5）其他综合收益净额
      （6）综合收益总额
    - 合并报表中，要单独列示归属于母公司和少数股东的损益及综合收益
  - 现金流量表
    - 反映一定会计期间现金和现金等价物流入和流出
    - 现金等价物
      - （1）通常是指从购买日起3个月内到期的债券（权益性投资一般不属于此类）
      - （2）现金和现金等价物之间的转换，不属于现金流量的内容
    - 填列
      - 经营活动　企业实际收到的政府补助
      - 投资活动　取得和收回投资、购建和处置固定（无形）资产
      - 筹资活动　发行股份、分派现金股利、银行借款、发现和偿还公司债券

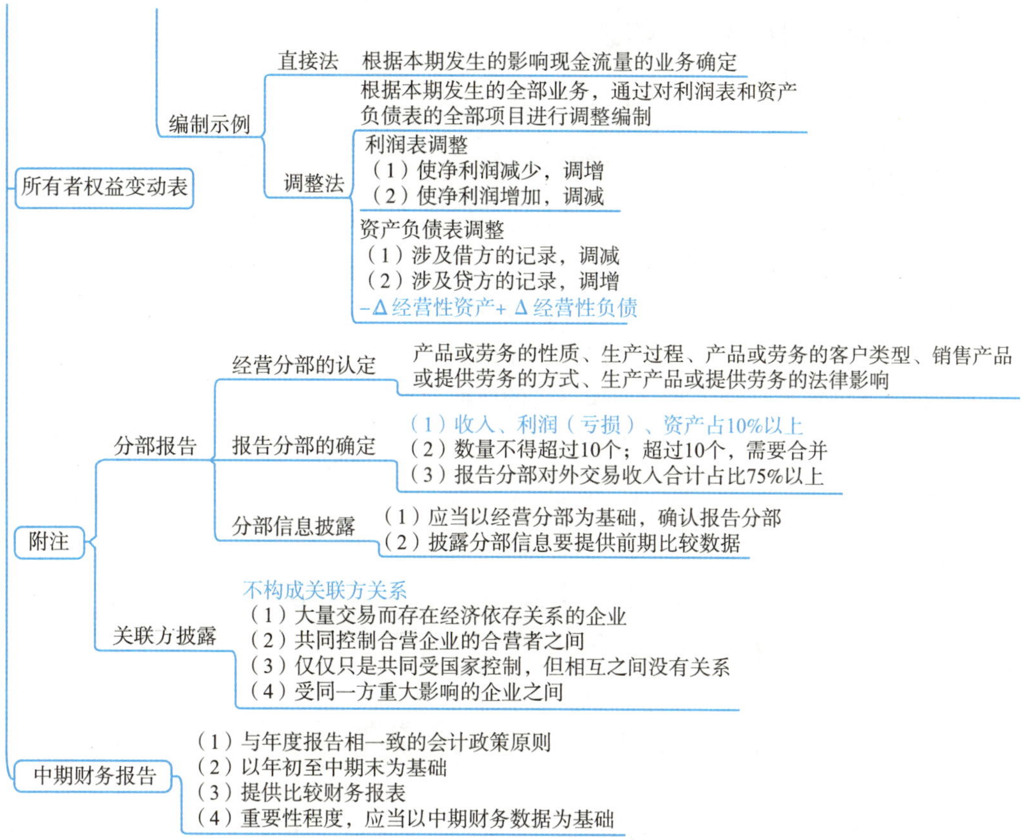

图 12-1　本章学习框架

第一节　财务报告概述

【说明】为什么有财务报告？财务报告为什么要对数据进行调整？

企业在进行融资或者其他活动的时候，需要将财务报表拿给“第三人”看，而这个数据必须真实地反映企业的现状，所以必须对“账簿”的数据进行一定的加工。比如企业有长期借款1 000万元，但是这个借款半年后就到期，那么如果还告诉“第三人”这是“长期借款”，很显然会误导“第三人”，因此应当放入“一年内到期的非流动负债”，这样就相当于提醒“第三人”要注意这里的钱是1年内要还的！这就是财务报表的真实作用！

财务报告包括财务报表和其他应当在财务报告中披露的相关信息和资料。

一、财务报表的定义和构成

财务报表是对企业财务状况、经营成果和现金流量的结构性表述。财务报表至少应当包括下列组成部分：（1）资产负债表；（2）利润表；（3）现金流量表；（4）所有者权益（或股东权益，下同）变动表；（5）附注。财务报表的这些组成部分具有同等的重要程度。（四表一附）

二、财务报表列报的基本要求

财务报表列报有多项要求，需要掌握的有以下两点：

（一）财务报表项目金额间的相互抵销

财务报表项目应当以总额列报，资产和负债、收入和费用、直接计入当期利润的利得和损失项目的金额不能相互抵销，即不得以净额列报，但企业会计准则另有规定的除外。以下三种情况不属于抵销，可以以净额列示：

（1）一组类似交易形成的利得和损失以净额列示，但具有重要性的除外；

（2）资产或负债项目按扣除备抵项目后的净额列示；

（3）非日常活动产生的利得和损失，以同一交易形成的收益扣减相关费用后的净额列示。

（二）比较信息的列报

企业在列报当期财务报表时，至少应当提供所有列报项目上一个可比会计期间的比较数据，以及与理解当期财务报表的相关说明。

第二节　资产负债表

一、资产负债表的内容及结构

资产负债表是反映企业在某一特定日期财务状况的财务报表。它反映企业在某一特定日期所拥有或控制的经济资源、所承担的现时义务和所有者对净资产的要求权。

资产负债表的结构在前言已经学过，左边是资产，右边是负债和所有者权益。

二、资产和负债按流动性列报

根据财务报表列报准则的规定，资产负债表上资产和负债应当按照流动性分别分为流动资产和非流动资产、流动负债和非流动负债列示。

（一）资产的流动性划分

资产满足下列条件之一的，应当归类为流动资产：

（1）预计在一个正常营业周期中变现、出售或耗用；

（2）主要为交易目的而持有；如交易性金融资产；**但是并非所有交易性金融资产均为流动资产，比如自资产负债表日起超过一年到期且预期持有超过一年的以公允价值计量且其变动计入当期损益的非流动金融资产的期末账面价值，在“其他非流动金融资产”项目反映；**

（3）预计在资产负债表日起 1 年内（含 1 年）变现；

（4）自资产负债表日起 1 年内，交换其他资产或清偿负债的能力不受限制的现金或现金等价物。

（二）负债的流动性划分

负债满足下列条件之一的，应当归类为流动负债：

（1）预计在一个正常营业周期中清偿；

（2）主要为交易目的而持有；

（3）自资产负债表日起一年内到期应予以清偿；

（4）企业无权自主地将清偿推迟至资产负债表日后一年以上。（这句话的重点是“无权自主”）

（三）特殊项目划分

对于划分为持有待售的非流动资产（比如固定资产、无形资产、长期股权投资等），应当归类为流动资产，在“持有待售资产”项目列报；被划分为持有待售的处置组中的与转让资产相关的负债，应当归类为流动负债，在“持有待售负债”项目列报。

【例题12-1·多选题】 甲公司2013年12月31日持有的下列资产、负债中，应当作为2013年资产负债表中流动性项目列报的有（　　）。（2013年）

A. 将于2014年7月出售的账面价值为800万元的以公允价值计量且其变动计入其他综合收益的金融资产

B. 预付固定资产购买价款1 000万元，该固定资产将于2014年6月取得

C. 因计提固定资产减值确认递延所得税资产500万元，相关固定资产没有明确的处置计划

D. 到期日为2014年6月30日的负债2 000万元，该负债在2013年资产负债表日后期间已签订展期一年的协议

【答案】 ABD

【解析】 选项B，预付购买价款并且准备一年内转为固定资产，属于流动性项目；选项C，应作为非流动资产列报；选项D，对于在资产负债表日起一年内到期的负债，甲公司不能自主地将清偿义务展期，即使在资产负债表日后事项期间重新签订清偿计划，仍应当作为流动负债列报，这里的关键就是能否自主。

【小知识】预付账款应该记入流动资产还是非流动资产，其实实务界有两种观点，但是纵观CPA历年的考题，一直采用以下观点：如果预付账款预计将在未来一年（或者一个营业周期）之内结转为其他资产，则预付账款应作为流动资产列报，否则应作为非流动资产列报。

三、资产负债表的填列方法

1. 根据总账科目余额填列

（1）根据总账科目的余额直接填列。

“其他权益工具投资”“递延所得税资产”“长期待摊费用”“短期借款”“应付票据”“持有待售负债”“交易性金融负债”“租赁负债”“递延收益”“递延所得税负债”“实收

资本（或股本）”“其他权益工具”“库存股”“资本公积”“其他综合收益”“专项储备”“盈余公积”等项目，应根据有关总账科目的余额填列。其中，自资产负债表日起一年内到期应予清偿的租赁负债的期末账面价值，在“一年内到期的非流动负债”项目反映。

（2）根据几个总账科目的期末余额计算填列。

货币资金 = 库存现金 + 银行存款 + 其他货币资金

其他应付款 = 其他应付款 + 应付利息 + 应付股利

2. 根据明细科目的余额分析计算填列

（1）“开发支出”项目，应根据“研发支出”科目中所属的“资本化支出”明细科目期末余额填列；

（2）“应付账款”项目，应根据“应付账款”和“预付账款”科目所属的相关明细科目的期末贷方余额合计数填列；

（3）“预收款项”项目，应根据“预收账款”和“应收账款”科目所属各明细科目的期末贷方余额合计数填列；

（4）“交易性金融资产”项目，应根据“交易性金融资产”科目的明细科目期末余额分析填列，自资产负债表日起超过一年到期且预期持有超过一年的以公允价值计量且其变动计入当期损益的非流动金融资产，在“其他非流动金融资产”项目中填列；

（5）“其他债权投资”项目，应根据“其他债权投资”科目的明细科目余额分析填列，自资产负债表日起一年内到期的长期债权投资，在“一年内到期的非流动资产”项目中填列，购入的以公允价值计量且其变动计入其他综合收益的一年内到期的债权投资，在“其他流动资产”项目中填列；

（6）“应收款项融资”项目，应根据“应收票据”“应收账款”科目的明细科目期末余额分析填列；

（7）“应付职工薪酬”项目，应根据“应付职工薪酬”科目的明细科目期末余额分析填列；

（8）“应交税费”项目，应根据“应交税费”科目的明细科目期末余额分析填列，其中的借方余额，应当根据其流动性在“其他流动资产”或“其他非流动资产”项目中填列；

（9）“一年内到期的非流动资产”和“一年内到期的非流动负债”项目，应根据有关非流动资产或负债项目的明细科目余额分析填列；

（10）“预计负债”项目，应根据“预计负债”科目的明细科目期末余额分析填列；

（11）“未分配利润”项目，应根据“利润分配”科目所属的“未分配利润”明细科目期末余额填列。

3. 根据总账科目和明细科目的余额分析计算填列

（1）“长期借款”项目，应根据“长期借款”总账科目余额扣除“长期借款”科目所属的明细科目中将在资产负债表日起一年内到期且企业不能自主地将清偿义务展期的部分后的金额填列；

（2）“应付债券”项目，应根据“应付债券”总账科目余额扣除“应付债券”科目所属的明细科目中将在资产负债表日起一年内到期且企业不能自主地将清偿义务展期的部分后的金额填列；

（3）“其他流动资产”“其他流动负债”项目，应根据有关总账科目及有关科目的明细科目期末余额分析填列；

（4）“其他非流动负债”项目，应根据有关科目的期末余额减去将于一年内（含一年）到期偿还数后的金额填列。

4. 根据有关科目余额减去其备抵科目余额后的净额填列

（1）“持有待售资产”“长期股权投资”“商誉”等项目，应根据相关科目的期末余额减去相应减值准备后的余额填列。

（2）“在建工程”项目，应根据“在建工程”和“工程物资”科目的期末余额，扣减“在建工程减值准备”和“工程物资减值准备”科目的期末余额后的金额填列。

（3）“固定资产”项目，应根据“固定资产”和“固定资产清理”科目的期末余额，减去“累计折旧”和“固定资产减值准备”科目的期末余额后的金额填列。

（4）“无形资产”“投资性房地产”“生产性生物资产”“油气资产”项目，应根据相关科目的期末余额扣减相关的累计折旧（摊销、折耗）填列，已计提减值准备的，还应扣减相应的减值准备。

（5）“长期应收款”项目，应根据“长期应收款”科目的期末余额，减去相应的“未实现融资收益”科目和“坏账准备”科目所属相关明细科目期末余额后的金额填列。

（6）“长期应付款”项目，应根据“专项应付款”和“长期应付款”科目的期末余额，减去相应的“未确认融资费用”科目期末余额后的金额填列。

（7）“使用权资产”项目，应根据“使用权资产”科目的期末余额，减去“使用权资产累计折旧”和“使用权资产减值准备”科目的期末余额后的金额填列。

（8）“应收票据”项目，应根据“应收票据”科目的期末余额，减去“坏账准备”中相关期末余额后的金额分析填列。

> 做题方法：假设题目要求计算2015年的长期应付款（或者长期应收款）的列报，实际上最简单的计算方法就是直接计算2016年12月31日摊余成本即可。2016年的12月31日的摊余成本就是2015年年末的列报金额。

5. 综合运用上述填列方法分析填列

（1）“其他应收款”项目，应根据“其他应收款”“应收利息”“应收股利”科目的期末余额，减去“坏账准备”科目中有关坏账准备期末余额后的金额填列。

（2）“应收账款”项目，应根据“应收账款”和“预收账款”科目所属各明细科目的期末借方余额合计数，减去“坏账准备”科目中有关应收账款计提的坏账准备期末余额后的金额填列。

（3）“预付款项”项目，应根据“预付账款”和“应付账款”科目所属各明细科目的期末借方余额合计数，减去“坏账准备”科目中有关预付款项计提的坏账准备期末余额后的金额填列。

（4）“债权投资”项目，应根据“债权投资”科目的相关明细科目的期末余额，减去“债权投资减值准备”科目中的相关减值准备的期末余额后的金额分析填列。①自资产负债表日起一年内到期的长期债权投资，在“一年内到期的非流动资产”项目中填列；②购入的以摊余成本计量的一年内到期的债权投资，在“其他流动资产”项目中填列。

（5）“合同资产”和“合同负债”项目，应根据“合同资产”科目和“合同负债”科目的明细科目期末余额分析填列，同一合同下的合同资产和合同负债应当以净额列示，其中：①净额为借方余额的，应当根据其流动性在“合同资产”或“其他非流动资产”项目中填列，已计提减值准备的，还应减去“合同资产减值准备”科目中相应的期末余额后的金额填列；②净额为贷方余额的，应当根据其流动性在“合同负债”或“其他非流动负债”项目中填列。

（6）“存货”项目，应根据“材料采购”“原材料”“发出商品”“库存商品”“周转材料”“委托加工物资”“生产成本”“受托代销商品”等科目的期末余额及“合同履约成本”科目的明细科目中初始确认时摊销期限不超过一年或一个正常营业周期的期末余额合计，减去“受托代销商品款”“存货跌价准备”科目期末余额及“合同履约成本减值准备”科目后的金额填列，材料采用计划成本核算，以及库存商品采用计划成本核算或售价核算的企业，还应按加或减材料成本差异、商品进销差价后的金额填列。

（7）“其他非流动资产”项目，应根据有关科目的期末余额减去将于一年内（含一年）收回数后的金额，及“合同取得成本”科目和“合同履约成本”科目的明细科目中初始确认时摊销期限在一年或一个正常营业周期以上的期末余额，减去“合同取得成本减值准备”科目和“合同履约成本减值准备”科目中相应的期末余额填列。

【例题 12-2·单选题】 A 公司于 2015 年 1 月 1 日从 C 公司购入不需安装的 N 型机器作为固定资产使用，该机器已收到。购货合同约定，N 型机器的总价款为 2 000 万元，分 3 年支付，2015 年 12 月 31 日支付 1 000 万元，2016 年 12 月 31 日支付 600 万元，2017 年 12 月 31 日支付 400 万元。假定 A 公司购买机器价款的现值为 1 813.24 万元，实际年利率为 6%。2015 年 12 月 31 日资产负债表中“长期应付款”项目期末余额为（　　）万元。

A. 922.03　　B. 544.68　　C. 377.35　　D. 400

【答案】 C

【解析】 2015 年 12 月 31 日“长期应付款”科目余额 = 2 000 − 1 000 = 1 000（万元），“未确认融资费用”科目余额 = (2 000 − 1 813.24) − 1 813.24 × 6% = 77.97（万元），应付本金余额 = 1 000 − 77.97 = 922.03（万元）。2016 年未确认融资费用摊销额 = 922.03 × 6% = 55.32（万元），2016 年应付本金减少额 = 600 − 55.32 = 544.68（万元），该部分金额应在 2015 年 12 月 31 日资产负债表中“一年内到期的非流动负债”项目反映。2015 年 12 月 31 日资产负债表中“长期应付款”项目期末余额 = 922.03 − 544.68 = 377.35（万元）。

根据我们的简单方法来计算：2015 年年底“长期应付款”的列报金额，就是 2016 年的摊余成本：

2015 年 12 月 31 日的摊余成本：1 813.24 × (1 + 6%) − 1 000 = 922.03（万元）

2016 年 12 月 31 日的摊余成本：922.03 × (1 + 6%) − 600 = 377.35（万元）

所以应该选 C。

第三节　利润表

一、利润表的内容

利润表是反映企业在一定会计期间经营成果的财务报表。

二、利润表的结构（见表 12－1）

表 12－1　　　　利润表填写过程

项目	计算过程
营业收入	营业收入＝主营业务收入＋其他业务收入
营业利润	营业利润＝营业收入－营业成本－税金及附加－销售费用－管理费用－研发费用－财务费用－资产减值损失－信用减值损失＋其他收益＋投资收益＋净敞口套期收益＋公允价值变动收益＋资产处置收益（如果不是收益，而是损失，则以负号“－”列示）
利润总额	利润总额＝营业利润＋营业外收入－营业外支出
净利润	净利润＝利润总额－所得税费用
其他综合收益的税后净额	反映企业根据企业会计准则规定未在损益中确认的各项利得和损失扣除所得税影响后的净额
综合收益总额	反映企业净利润与其他综合收益的税后净额的合计金额

需要注意的是，企业如存在终止经营，还应当在利润表中分别列示持续经营损益和终止经营损益。

综合收益，是指企业在某一期间除与所有者以其所有者身份进行的交易之外的其他交易或事项所引起的所有者权益变动。综合收益总额项目反映了净利润和其他综合收益扣除所得税影响后的净额相加后的合计金额。

其他综合收益，是指企业根据其他会计准则规定未在当期损益中确认的各项利得和损失。

其他综合收益项目应当根据其他相关会计准则的规定分为下列两类列报：

（1）不能重分类进损益的其他综合收益项目，主要包括：

①重新计量设定受益计划变动额；②权益法不能转损益的其他综合收益变动；③其他权益工具投资公允价值变动；④企业自身信用风险公允价值变动等。

（2）将重分类进损益的其他综合收益项目，主要包括：

①权益法下可转损益的其他综合收益；②其他债权投资公允价值变动；③金融资产重分类计入其他综合收益的金额；④其他债权投资信用减值准备；⑤现金流量套期储备；⑥外币财务报表折算差额；⑦自用房地产或作为存货的房地产转换为以公允价值模式计量的投资性房地产在转换日公允价值大于账面价值部分等。

在合并利润表中，企业应当在净利润项目之下单独列示归属于母公司所有者的损益和归属于少数股东的损益，在综合收益总额项目之下单独列示归属于母公司所有者的综合收益总额和归属于少数股东的综合收益总额。

【例题12-3·单选题】2015年2月20日，甲公司以每股10元的价格从二级市场购入乙公司股票10万股，支付价款100万元，另支付相关交易费用2万元。甲公司将购入的乙公司股票指定为以公允价值计量且其变动计入其他综合收益的金融资产核算。2015年12月31日，乙公司股票市场价格为每股15元。甲公司适用的所得税税率为25%。甲公司2015年利润表中因所持有乙公司股票应确认的“其他综合收益”金额是（　　）万元。

A. 36　　B. 48　　C. 50　　D. 112.5

【答案】A

【解析】甲公司持有乙公司股票2015年12月31日的账面价值=15×10=150（万元），初始成本=100+2=102（万元），2015年利润表中因该项投资应确认的“其他综合收益”的金额=(150-102)×(1-25%)=36（万元）。

【小知识】为何其他综合收益在利润表以净额列示，而我们前面做分录没有考虑这个问题？

（1）这实际上是由于所得税的影响，等你们学到了后面的“所得税”章节就明白，由于会计税法差异，公允价值引起的“其他综合收益”会影响递延所得税负债或者资产。

借：递延所得税资产

　　贷：其他综合收益

或

借：其他综合收益

　　贷：递延所得税负债

（2）为何我们做题经常不会考虑所得税？

因为我们做题都是单独做金融资产的题目或者对单个知识点的考核，题目一般都不需要我们考虑所得税，所以不用考虑净额的问题！

第四节　现金流量表

一、现金流量表的内容及结构

现金流量表，是指反映企业在一定会计期间现金和现金等价物流入和流出的报表。

现金，是指企业库存现金以及可以随时用于支付的存款。不能随时用于支付的存款不属于现金。

（一）现金流量表的内容

现金等价物，是指企业持有的期限短、流动性强、易于转换为已知金额现金、价值变动风险很小的投资。期限短，一般是指从购买日起三个月内到期。现金等价物通常包括三个月内到期的债券投资等。权益性投资变现的金额通常不确定，因而不属于现金等价物。企业应当根据具体情况，确定现金等价物的范围，一经确定不得随意变更。

（二）现金流量表的结构

在现金流量表中，现金及现金等价物被视为一个整体，企业现金形式的转换、现金和现金等价物之间的转换不属于现金流量的内容。

【解释】

（1）现金及现金等价物被视为一个整体，意思即是现金和现金等价物之间的互换并不会产生现金流；

（2）现金等价物的定义是“投资日起三个月到期”，注意“投资日”三个字。

【例题 12－4·单选题】 下列各项中，能够引起现金流量净额发生变动的是（　　）。（2014 年）

A. 以存货抵偿债务

B. 以银行存款支付采购款

C. 将现金存为银行活期存款

D. 以银行存款购买 2 个月内到期的债券投资

【答案】 B

【解析】 选项 A，不涉及现金流量变动；选项 B 使现金流量减少，能够引起现金流量表净额发生变动；选项 C，银行活期存款属于现金，不涉及现金流量变动；选项 D，2 个月内到期的债券投资属于现金等价物，以银行存款换取现金等价物不涉及现金流量的变动。

二、现金流量表的填列方法

现金流量，是指某一段时间内企业现金和现金等价物的流入和流出数量，可以分为三类，即经营活动产生的现金流量、投资活动产生的现金流量和筹资活动产生的现金流量。

（一）经营活动产生的现金流量

经营活动，是指企业投资活动和筹资活动以外的所有交易和事项，包括销售商品或提供劳务、购买商品或接受劳务、收到返还的税费、支付工资、缴纳各项税款等。

【注意】企业实际收到的政府补助，无论是与资产相关还是收益相关，均在“收到其他与经营活动有关的现金”填列。

（二）投资活动产生的现金流量

投资活动，是指企业长期资产的构建（对内投资）和不包括在现金等价物范围内的投资（对外投资）及其处置活动，例如取得和收回投资、购建和处置固定资产、购买和处置无形资产等。

（三）筹资活动产生的现金流量

筹资活动，是指导致企业资本及债务规模和构成发生变化的活动，包括发行股票或接受投入资本、分派现金股利、取得和偿还银行借款、发行和偿还公司债券等。

【提示】分派现金股利属于筹资活动，收到现金股利属于投资活动。

【例题 12－5·多选题】 在编制现金流量表时，下列现金流量中属于经营活动现金流量的有（　　）。(2014 年)

A. 当期缴纳的所得税

B. 收到的活期存款利息

C. 发行债券过程中支付的交易费用

D. 支付的基于股份支付方案给予高管人员的现金增值额

【答案】 ABD

【解析】 选项 C，属于筹资活动现金流量。

三、现金流量表编制

（一）现金流量表编制方法

编制现金流量表时，列报经营活动现金流量的方法有两种：直接法和间接法。

1. 直接法

一般以利润表中的营业收入为起算点，调节与经营活动有关的项目的增减变动，然后计算出经营活动产生的现金流量。此方法便于分析企业经营活动产生的现金流量的来源和用途，预测企业现金流量的未来前景。

2. 间接法

将净利润调节为经营活动现金流量，实际上就是将按权责发生制原则确定的净利润调整为现金净流入，并剔除投资活动和筹资活动对现金流量的影响。此方法便于将净利润与经营活动产生的现金流量净额进行比较，了解净利润与经营活动产生的现金流量差异的原因，从现金流量的角度分析净利润的质量。

【注意】只有经营活动现金流量可以采用间接法！

（二）现金流量表补充资料（间接法）

将净利润（权责发生制）调节为经营活动产生的现金流量净额（收付实现制）时，调增、调减项目的确定原则：

1. 调整事项属于利润表项目

（1）使净利润减少，调增；

（2）使净利润增加，调减。

比如“投资收益”不属于经营活动相关的收益，它增加了净利润，那就要调减；比如资产减值损失没有支付现金，但减少了利润，因此要调增。大致总结一下需要调整的利润表项目，具体见表12－2。

表12－2 现金流量表调整内容

调增	调减
（1）折旧和摊销中记入管理费用和销售费用的部分 （2）财务费用 （3）营业外支出 （4）公允价值变动收益、投资收益、资产处置收益本年度为负 （5）资产减值损失 （6）信用减值损失	（1）营业外收入 （2）公允价值变动收益、投资收益、资产处置收益为正 （3）其他收益

2. 调整事项属于资产负债表项目

（1）在资产负债表项目涉及的会计科目借方记录，调减；

（2）在资产负债表项目涉及的会计科目贷方记录，调增。

一句话简单概括：－Δ经营性资产＋Δ经营性负债

举例说明：比如经营性资产存货本年度增加了，增加存货并不影响利润，但是存货的增加说明现金支出的增加，这会影响经营活动的现金流减少；再比如经营性负债应付账款增加了，说明欠款越多，欠款越多说明我们就少支付了现金，因此也会导致经营活动的现金流增加。

【例题12－6·多选题】甲公司2019年度发生的有关交易或事项如下：

（1）出售固定资产收到现金净额60万元。该固定资产的成本为90万元，累计折旧为80万元，未计提减值准备。

（2）以现金200万元购入一项无形资产，本年度摊销60万元，其中40万元计入当期损益，20万元计入在建工程的成本。

（3）以现金2 500万元购入一项固定资产，本年度计提折旧500万元，全部计入当期损益。

（4）存货跌价准备期初余额为零，本年度计提存货跌价准备920万元。

（5）递延所得税资产期初余额为零，本年因计提存货跌价准备确认递延所得税资产230万元。

（6）出售本年购入的交易性金融资产，收到现金200万元。该交易性金融资产的成本为100万元，持有期间公允价值变动收益为50万元。

（7）期初应收账款为1 000万元，本年度销售产品实现营业收入6 700万元，本年度因销售商品收到现金5 200万元，期末应收账款为2 500万元。

甲公司2019年度实现净利润6 500万元。

下列各项关于甲公司2019年度现金流量表列报的表述中，正确的有（　　）。

A. 筹资活动现金流入200万元

B. 投资活动现金流入260万元

C. 经营活动现金流入5 200万元

D. 投资活动现金流出2 800万元

E. 经营活动现金流量净额6 080万元

【答案】BCDE

【解析】题目未涉及筹资活动，选项A错误；投资活动现金流入 =60（1）+200（6）=260（万元），选项B正确；本期销售商品收到现金5 200万元，选项C正确；投资活动现金流出 =200（2）+2 500（3）+100（6）=2 800（万元），选项D正确；经营活动现金流量净额 =6 500 -［60 -（90 -80）］+40 +500 +920 -230 -（200 -100）+（1 000 -2 500）=6 080（万元），选项E正确。

【注意】第（6）项着重强调了交易性金融资产是本年度购入的，也是本年度售出的，因此流入流出都在一年。选项E是从净利润往回调整到经营活动现金流量净额，其中［60 -（90 -80）］是求出固定资产的“资产处置收益”，然后再减去。注意，资产处置收益不属于经营活动现金流量。

第五节　所有者权益变动表

一、所有者权益变动表的内容

所有者权益是指企业资产扣除负债后由所有者享有的剩余权益。所有者权益的来源包括所有者投入的资本（包括实收资本和资本溢价等资本公积）、其他综合收益、留存收益（包括盈余公积和未分配利润）等。

《企业会计准则》规定，所有者权益变动表应当反映构成所有者权益的各组成部分当期的增减变动情况。综合收益和与所有者（或股东）的资本交易导致的所有者权益的变动，应当分别列示。与所有者的资本交易，是指与所有者以其所有者身份进行的、导致企业所有者权益变动的交易。

二、所有者权益变动表的结构

企业应当以矩阵的形式列示所有者权益变动表：一方面，列示导致所有者权益变动的交易或事项，按所有者权益变动的来源对一定时期所有者权益变动情况进行全面反映；另一方面，按照所有者权益各组成部分（包括实收资本、资本公积、其他综合收益、盈余公积、未分配利润、库存股等）及其总额列示相关交易或事项对所有者权益的影响。

根据《企业会计准则》规定，企业需要提供比较所有者权益变动表，所有者权益变动表还就各项目再分为“本年金额”和“上年金额”两栏分别填列。

第六节　附　注

一、附注的主要内容

附注是对资产负债表、利润表、现金流量表和所有者权益变动表等报表中所列示项目的文字描述或明细资料，以及对未能在这些报表中列示项目的说明等。

二、分部报告

经营分部，是指企业内同时满足下列条件的组成部分：

（1）该组成部分能够在日常活动中产生收入、发生费用；

（2）企业管理层能够定期评价该组成部分的经营成果，以决定向其配置资源、评价其业绩；

（3）企业能够取得该组成部分的财务状况、经营成果和现金流量等有关会计信息。

（一）经营分部的认定

企业存在相似经济特征的两个或多个经营分部，在同时满足下列条件时，可以合并为一个分部：

（1）各单项产品或劳务的性质相同或相似，包括产品或劳务的规格、型号、最终用途等；

（2）生产过程的性质相同或相似，包括采用劳动密集或资本密集方式组织生产、使用相同或者相似设备和原材料、采用委托生产或加工方式等；

（3）产品或劳务的客户类型相同或相似，包括大宗客户、零散客户等；

（4）销售产品或提供劳务的方式相同或相似，包括批发、零售、自产自销、委托销售、承包等；

（5）生产产品或提供劳务受法律、行政法规的影响相同或相似，包括经营范围或交易定价机制等。

【例题 12－7·多选题】 下列各项中，编制分部报告确定经营分部时，属于可以将两个或多个经营分部合并为一个经营分部条件的有（　　）。

A. 生产过程的性质相同或相似

B. 产品或劳务的客户类型相同或相似

C. 销售产品或提供劳务的方式相同或相似

D. 生产产品或提供劳务受法律、行政法规的影响相同或相似

【答案】 ABCD

【解析】 四个选项均正确。

（二）报告分部的确定

（1）企业以经营分部为基础确定报告分部时，应满足下列三个条件之一：

①该分部的分部收入占所有分部收入合计的10%或者以上；

②该分部的分部利润（亏损）的绝对额，占所有盈利分部利润合计额或者所有亏损分部亏损合计额的绝对额两者中较大者的10%或者以上；

③该分部的分部资产占所有分部资产合计额的10%或者以上。

（2）未满足这些条件，但企业认为披露该经营分部信息对财务报告使用者有用的，也可将其确定为报告分部。**报告分部的数量通常不超过10个。** 如果报告分部的数量超过10个需要合并的，以经营分部的合并条件为基础，对相关的报告分部予以合并。

（3）报告分部的对外交易收入合计额占合并总收入或企业总收入的比重未达到75%的，

将其他的分部确定为报告分部（即使它们未满足规定的条件），直到该比重达到75%。

（三）分部信息的披露

企业报告分部确定后，应当在附注中披露报告分部下列信息：

（1）确定报告分部考虑的因素、报告分部的产品和劳务的类型。

（2）每一报告分部的利润（亏损）总额相关信息，包括利润（亏损）总额组成项目及计量的相关会计政策信息。

（3）每一报告分部的资产总额、负债总额相关信息，包括资产总额组成项目的信息，以及有关资产、负债计量的相关会计政策。

（4）除上述已经作为报告分部信息组成部分披露的内容外，企业还应当披露下列信息：

①每一产品和劳务或每一类似产品和劳务的对外交易收入；

②企业取得的来自本国的对外交易收入总额以及位于本国的非流动资产（不包括金融资产、独立账户资产、递延所得税资产）总额，企业从其他国家取得的对外交易收入总额以及位于其他国家的非流动资产（不包括金融资产、独立账户资产、递延所得税资产）的总额；

③企业对主要客户的依赖程度。

三、关联方披露

（一）关联方关系的认定

关联方关系的存在是以控制（A类）、共同控制（B类）或重大影响（C类）为前提条件的。在判断是否存在关联方时，应当遵循实质重于形式的原则。

从一个企业的角度出发，与其存在关联方的各方包括：

（1）该企业的母公司，包括直接控制、间接控制，只要能控制就行。（A类母子）

（2）该企业的子公司，包括直接控制、间接控制，只要能控制就行。（A类母子）

（3）与该企业受同一母公司控制的其他企业。（亲兄弟）

（4）对该企业实施共同控制的投资方。（B类母子）

（5）对该企业施加重大影响的投资方。（C类母子）

（6）该企业的合营企业。（B类母子）

（7）该企业的联营企业。（C类母子）

（8）该企业的主要投资者个人及与其关系密切的家庭成员。（企业与个人：本企业的投资人及其家庭成员）

（9）该企业或其母公司的关键管理人员及其关系密切的家庭成员。（企业与个人：本企业或者母公司的高管及其家庭成员，但不包括子公司关键管理人员）

（10）该企业主要投资者个人、关键管理人员或与其关系密切的家庭成员控制、共同控制的其他企业。（不包括重大影响）（企业与企业：本企业投资人、高管及其家庭成员控制或共同控制的企业）

（11）该企业关键管理人员提供服务的提供方与服务接受方。

提供关键管理人员服务的主体（以下简称服务提供方）向接受该服务的主体（以下简称服务接受方）提供关键管理人员服务的，服务提供方和服务接受方之间是否构成关联方关系应当具体分析判断。

①服务接受方在编制财务报表时，应当将服务提供方作为关联方进行相关披露。服务接受方可以不披露服务提供方所支付或应支付给服务提供方有关员工的报酬，但应当披露其接受服务而应支付的金额。

②服务提供方在编制财务报表时，不应仅因为向服务接受方提供了关键管理人员服务就将其认定为关联方，而应当按照《企业会计准则第36号——关联方披露》判断双方是否构成关联方并进行相应的会计处理。

（12）企业与其所属企业集团的其他成员单位（包括母公司和子公司）的合营企业或联营企业。

（13）企业的合营企业与企业的其他合营企业或联营企业。

（二）不构成关联方关系的情况

（1）与该企业发生日常往来的资金提供者、公用事业部门、政府部门和机构以及因与该企业发生大量交易而存在经济依存关系的单个客户、供应商、特许商、经销商或代理商之间，不构成关联方关系。

（2）与该企业共同控制合营企业的合营者之间，通常不构成关联方关系。（父母不算）

（3）仅仅同受国家控制而不存在控制、共同控制或重大影响关系的企业，不构成关联方关系。

（4）受同一方重大影响的企业之间不构成关联方（见图12－2）。（第三类兄弟不算）

图12－2　不构成关联方关系

【解释】

（1）中A、B为合营各方，共同控制合营企业C，A、B合营各方之间不形成关联方关系。

（2）中B、C企业同受A企业重大影响，A和B、A和C之间构成关联关系，但是B和C之间不形成关联方关系。

（三）关联方交易的类型

存在关联方关系的情况下，关联方直接发生的交易为关联方交易，关联方的交易类型主要有：（1）购买或销售商品；（2）购买或销售除商品以外的其他资产；（3）提供或接受劳务；（4）担保；（5）提供资金（贷款或股权投资）；（6）租赁；（7）代理；（8）研究与开发项目的转移；（9）许可协议；（10）代表企业或由企业代表另一方进行债务结算；（11）关键管理人员薪酬。

（四）关联方的披露

（1）企业无论是否发生关联方交易，均应当在附注中披露与该企业之间存在直接控制关系的母公司和子公司有关的信息。

（2）企业与关联方发生关联方交易的，应当在附注中披露该关联方关系的性质、交易类型及交易要素。

（3）对外提供合并财务报表的，对于已经包括在合并范围内各企业之间的交易不予披露。

【例题 12－8·多选题】 甲企业相关的下列各方中，与甲企业构成关联方关系的有（　　）。

A. 对甲企业施加重大影响的投资方

B. 与甲企业发生大量交易而存在经济依存关系的供应商

C. 与甲企业控股股东关键管理人员关系密切的家庭成员

D. 甲企业母公司的关键管理人员

【答案】 ACD

【解析】 选项 B，仅仅存在经济依存性的供应商不属于关联方。

第七节　中期财务报告

一、中期财务报告的定义及其构成

1. 中期财务报告的定义

中期财务报告，是指以中期为基础编制的财务报告。中期财务报告包括月度、季度、半年度，也包括年初至本中期末的财务报告。

2. 中期财务报告的构成

中期财务报告至少应当包括以下部分：（1）资产负债表；（2）利润表；（3）现金流量表；（4）附注。

二、中期财务报告的编制要求

（一）中期财务报告编制应遵循的原则

（1）遵循与年度财务报告相一致的会计政策原则。

（2）遵循重要性原则。

①重要性程度的判断应当以中期财务数据为基础，而不得以预计的年度财务数据为基础。

②重要性原则的运用应当保证中期财务报告包括了与理解企业中期末财务状况和中期经营成果及其现金流量相关的信息。

③重要性程度的判断需要根据具体情况作具体分析和职业判断。

（3）遵循及时性原则。

（二）中期合并财务报表和母公司财务报表编报要求

企业上年度编制合并财务报表的，中期期末应当编制合并财务报表。上年度财务报告除了包括合并财务报表，还包括母公司财务报表的，中期财务报告也应当包括母公司财务报表。

（1）上年度编报合并财务报表的企业，其中期财务报告中也应当编制合并财务报表，而且合并财务报表的合并范围、合并原则、编制方法和合并报表的格式与内容等也应当与上年度合并财务报表相一致。但当年新企业会计准则有新的规定除外。

（2）上年度财务报告包括了合并财务报表，但报告中期内处置了所有应纳入合并范围的子公司的，中期财务报告应包括当年子公司处置前的相关财务信息。

（3）企业在报告中期内新增子公司的，在中期末就应当将该子公司财务报表纳入合并财务报表的合并范围。

（4）应当编制合并财务报表的企业，如果在上年度财务报告中除了提供合并财务报表外，还提供了母公司财务报表，那么在其中期财务报告中除了应当提供合并财务报表之外，也应当提供母公司财务报表。

（三）比较财务报表编制要求

在中期财务报告中，企业应当提供以下比较财务报表：

（1）本中期末的资产负债表和**上年度末的资产负债表**；

（2）本中期的利润表、**年初至本中期末的利润表以及上年度可比期间的利润表**；

（3）年初至本中期末的现金流量表和**上年度年初至上年可比本中期末的现金流量表**。

（四）中期财务报告的确认与计量

1. 中期财务报告的确认与计量的基本原则

（1）中期财务报告中各会计要素的确认和计量原则**应当与年度财务报表所采用的原则相一致**。

（2）在编制中期财务报告时，中期会计计量**应当以年初至本中期末为基础**。

（3）企业在中期不得随意变更会计政策，**应采用与年度财务报告相一致的会计政策**。

2. 季节性、周期性或者偶然性取得的收入的确认和计量

对于季节性、周期性或者偶然性取得的收入，除了在会计年度末允许预计或者递延的之外，企业都应当在发生时予以确认和计量，**不应当在中期财务报表中预计或者递延**。

3. 会计年度中不均匀发生的费用的确认与计量

对于会计年度中不均匀发生的费用，除了在会计年度末允许预提或者待摊的之外，**企业均应当在发生时予以确认和计量，不应当在中期财务报表中预提或者待摊**。

（五）中期会计政策变更的处理

企业在中期如果发生了会计政策的变更，应当按照《企业会计准则第28号——会计政策、会计估计变更和差错更正》的规定处理，并按照准则规定在财务报表附注中作相应披露。

【例题 12－9·多选题】 下列各项有关中期财务报告的表述中，正确的有（　　）。（2012 年）

A. 中期财务报告的会计计量应当以年初至本中期末为基础

B. 中期资产负债表应当提供本中期末和上年度末的资产负债表

C. 中期财务报告重要性程度的判断应当以中期财务数据为基础

D. 中期财务报告的编制应当遵循与年度财务报告相一致的会计政策

【答案】 ABCD

第十二章　财务报告

彬哥跟你说：

本章你学的应该很轻松，虽然也会遇到极个别让你有点模糊的知识点，比如“间接法”，但是整体还好，而且本章考点轻松！

那么你在搞懂本章之余，记得回去看看“收入”这一章，进行循环往复的消化！

今日复习步骤：

第一遍：回忆 & 重新复习一遍框架（10 分钟）

学习要求：这一遍的目的是自己重新找一遍框架，不需要掌握所有细节，但求框架了然于心。

第二遍：对细节进一步掌握（30 分钟）

（1）资产负债表涉及哪些考点？

（2）利润表涉及哪些考点？

（3）现金流量表涉及哪些考点？

（4）分部报告和关联方披露有哪些考点？

（5）中期财务报告涉及哪些考点？

第三遍：重新复习一遍框架（8 分钟）

我问你答：

（1）流动和非流动资产及负债的划分要求是什么？

（2）资产负债表中存货、长期应付款等科目如何列报？

（3）利润表如何填写？营业利润、利润总额如何计算？

（4）区分各种活动属于哪类现金流量？

（5）现金流量表有几种编制方法？间接法如何运用？

（6）经营分部的认定条件是什么？报告分部的确定条件是什么？

（7）哪些构成关联方关系？

（8）中期财务报告编制要求有哪些？中期财务报告确认与计量的原则是什么？

本章作业：

（1）请把讲义例题做三遍（做错的题目，请分析错误原因并记录到改错本）。

（2）请复习完口述一遍框架，睡前再回忆一遍。

（3）第二天早上，请再回忆一遍框架，对于回忆不起来的内容，请翻书看一遍。

第 12 天

复习旧内容：

翻看一遍收入、费用和利润及财务报告两章

学习新内容：

特殊事项（一）：或有事项、非货币性资产交换、债务重组、政府补助

学习方法：

今天的内容不多，这四个特殊事项都是非常简单的内容，这四章要多去默写分录，直到跟标准答案一致为止。

你今天可能有的心态：

其实昨天的财务报告你可能是有点懵的，觉得内容挺多的，也有一些内容看不懂，因为我们很多人并没有实务经验所以有些看不懂很正常，但是每个考点清楚了就行，今天的内容要继续放松心态，分值不重，每章也就 2～3 分的水平，所以可以轻松学习啦！后面的内容除了所得税稍微难理解一点，其他都不难！

简单解释今天学习内容：

（1）或有事项，就是不确定的事情，那么根据会计的谨慎性原则一般是不能在财务报表确认的，只有达到很高的可能性才能确定为资产或者负债；

（2）非货币性资产交换，就是用一项非货币性资产交换另外一项非货币性资产，其实本质还是购买原则嘛，那就该怎么买就怎么买就行；

（3）债务重组，2020 年重新修订，不要求债务人发生财务困难和债权人作出让步，而是按照金融工具准则终止确认金融负债（债务人）或者金融债权（债权人）。

（4）政府补助，就是政府无偿给的东西，不是股权投资。所以也涉及营业外收入或其他收益，但是什么时候记入“营业外收入”或“其他收益”这个要谨慎，有些可以立即确认，但是若为了补偿以后的事项，那就暂时存于“递延收益”这个账户，等到期转入就行，这也体现了会计的谨慎性。

可能会遇到的难点：

应该来说今天的内容毫无难点，那么我们就探讨一下考点吧：

（1）或有事项的分录是考点，或有事项确认的金额也是考点。

（2）非货币性资产是考点，非货币性资产涉及的损益也是考点。

（3）债务重组 2020 年采用新准则，是考察重点，但肯定考得很简单。

（4）政府补助这里有两个考点：一是什么是政府补助，政府补助一定要是政府转移的财产，免税减税和出口退税不能叫政府补助，因为退税其实就是退的自己之前先垫付的税；二是什么时候记入“营业外收入”或“其他收益”这也是考点，比如与资产相关的政府补助，应在资产折旧的时候慢慢来记入。

建议学习时间：

3 个小时

第六篇
特殊事项（一）

【本篇说明】

特殊事项（一）的内容包括或有事项、非货币性资产交换、债务重组、政府补助、借款费用、股份支付、外币折算。之所以这么区分，是因为这几章的内容较为简单，而且每章的分值都较低，并且或多或少有一些共同点。

【重难点（考点）解析】

(1) 关于或有事项，首先要明白什么是或有事项？就是未来可能发生也可能不发生的事项，比如未来可能输掉一个诉讼，一般情况下，作为严谨的会计是不能轻易确认这笔可能支付的赔偿的，因为会计需要谨慎性，只有根据情况判定，这笔交易很可能支付了，而且金额大致能够确定了，那我们可以先将这笔支出确认。

(2) 关于非货币性资产交换，最简单的方法就是“购买法”。所谓非货币性资产交换不就是拿自己的非货币性资产去购买他人的非货币性资产吗？那么我们来简单了解一下：

首先我们看看公允价值法，所谓公允价值法，就是能够得到市场公允价值，比如甲企业用公允价值为100万元的固定资产和13万元的增值税专用发票去跟乙企业的一项长期股权投资互换，请问长期股权投资的账面价值是多少，那不就是113万元吗？因为甲企业付出了100万元的固定资产和13万元的专用发票，不就是可以简化成113万元买了长期股权投资吗？

其次我们看看所谓的成本法，也就是我们找不到市场公允价值，只有成本。比如甲企业用账面价值70万元的固定资产跟乙企业账面价值80万元的无形资产互换，假设不考虑税费，那么甲企业的固定资产没有公允价值，那不就是花了70万元买一个无形资产吗？无形资产的入账价值不就是70万元吗？那么乙企业交换的甲企业的固定资产的入账价值也不就是80万元吗？因为他是花了80万元的无形资产买的啊！

(3) 关于债务重组，2020年采用了新债务重组准则，一定要清空以往的旧观念，重新学习该部分内容。其中最核心的变化是债务重组涉及的债权和债务的范围缩小了，仅针对金融工具准则规范的债权债务，因此债权人终止确认债权、债务人终止确认债务都要按照金融工具准则进行账务处理。比如，债务人以非货币性资产偿债，对于债权人而言，相当于终止确认一项金融债权，其账面价值与公允价值的差额应计入投资收益。这和之前的做法完全不同，一定要转变思路。

(4) 关于政府补助，首先，所谓的政府补助，是指政府无偿给予企业的货币性资产和非货币性资产。其次，政府补助有两种形态，一种是利用政府补助去购置资产，这叫与资产相关的政府补助，另一种是补偿企业已经发生和即将发生的费用或损失，这叫与收益相关的政府补助，具体见表1。

最后，政府补助的处理方法也有两种：一是总额法，即将政府补助全额确认为收益（或记入其他收益或记入营业外收入）；二是净额法，即将政府补助作为相关成本费用的扣减，比如直接抵减购置的资产的成本。

表 1　政府补助框架

（1）与资产相关的政府补助	①总额法	收到相关补助的时候，记入“递延收益”，在相关资产使用寿命内按合理、系统的方法分期记入损益。相关资产在使用寿命结束时或结束前被处置（出售、转让、报废），尚未分摊的递延收益余额应当一次性转入资产处置当期的资产处置损益或营业外收入，不再予以递延
	②净额法	将补助冲减相关资产账面价值
（2）与收益相关的政府补助	情况一：用于补偿以后期间的相关成本费用或损失的，在收到时应当先判断企业能否满足政府补助所附条件	①如收到时暂时无法确定，则应当先作为预收款项记入“其他应付款”科目，待客观情况表明企业能够满足政府补助所附条件后，再确认递延收益 ②如收到补助时，客观情况表明企业能够满足政府补助所附条件，则应当确认递延收益，并在确认相关费用或损失的期间，计入当期损益或冲减相关成本
	情况二：用于补偿已发生的相关成本费用或损失的，直接计入当期损益或冲减相关成本	①如果企业已经实际收到补助资金，应当按照实际收到的金额计入当期损益或冲减相关成本 ②如果会计期末企业尚未收到补助资金，但企业符合相关政策规定后就获得了收款权，且与之相关的经济利益很可能流入企业，企业应当在这项补助成为应收款时按照应收的金额予以确认，计入当期损益或冲减相关成本 ③已计入损益的政府补助需要退回的，应当分别下列情况进行会计处理： 初始确认时冲减相关资产成本的，应当调整资产账面价值； 存在尚未摊销的递延收益的，冲减相关递延收益账面余额，超出部分计入当期损益； 属于其他情况的，直接计入当期损益

（5）为什么会有借款费用这一章节，是因为借款费用并不都是记入“财务费用”，而是有些“借款费用”要资本化，有些要“费用化”。什么叫费用化？这是常态，就是我的费用应该直接计入当期损益（财务费用）。但是有些情况下是不行的，比如为购建固定资产而使用的借款所产生的利息，金额一般较大，如果直接计入当期损益会造成当期利润的大幅度波动，因此准则规定先将这个借款费用计入固定资产成本，以后慢慢来折旧就行了，于是就有了资本化和费用化。

有的借款专门用于某个特定项目，有的借款可用于企业任何事项，由此我们就可分为两种借款：专门借款和一般借款。对于专门借款，理论上只要开始资本化，所有的借款费用都应该计入资产的成本（也即资本化），但是假如把没有用的专门借款放在银行生息或者做短期理财，那就减少了成本，因此可以扣除掉；那么对于一般借款呢？一般借款并不是专门用来建造某个特定资产的，因此不用管它放在银行赚了多少钱，我们只需要管到底为建造这个资产用了多少的一般借款，然后这些借款有多少利息，然后这部分就资本化，其他没有使用的部分所产生的利息，自然需要费用化，跟资本化没有关系。

（6）关于股份支付，就是企业为了激励高管或者员工努力工作，给他们许下的一个美好愿望，达到了一定的标准给他们一定的股权（或者固定价格购入）或按照一定的股权的价值给予现金。

因此股份支付分为“以权益结算的股份支付”和“以现金结算的股份支付”。什么是“以权益结算的股份支付”？就是到期可以以固定的价格购买一定的股数；什么是“以现金结算的股份支付”？就是到期可以按照一定的金额给予现金。

我们来举例看看二者的区别。假设2011年1月1日确定的这个股份支付，3年之后可以行权，细节不详细表述，我们只是看看二者的区别：

见表2，2014年12月31日是可行权日，2011年1月1日为授予日，在这个时间点双方都不处理。

表2　　股份支付的会计处理

日期	以权益结算的股份支付	以现金结算的股份支付
2011年1月1日（授予日）	不作处理	不作处理
2011年12月31日	按照授予日的公允价值计算 （资本公积——其他资本公积）	按照本期期末的公允价值计算 （应付职工薪酬）
2012年12月31日	按照授予日的公允价值计算 （资本公积——其他资本公积）	按照本期期末的公允价值计算 （应付职工薪酬）
2013年12月31日	按照授予日的公允价值计量 （资本公积——其他资本公积）	按照本期期末的公允价值计量 （应付职工薪酬）
2014年12月31日	不作任何变化	按照本期期末的公允价值计量 （公允价值变动损益）

（7）关于外币折算，本章基本没有太多内容，理解起来也很简单。假设报表是按照人民币来计算的，那如果你有一些外币计价的东西，在资产负债表日势必因为折算要产生一定的差异，很可能就记入了“财务费用——汇兑损益”科目。为何是很可能，而不是肯定，因为有些情况下是不用记入的！

同时我们还要明白三个价格：卖价、中间价、买价，这都是站在银行的角度看的，中间价就是取买卖平均值，卖价高于买价，这样就产生了汇兑损失。比如，某公司拿100万美元去银行换人民币，该100万美元之前在资产负债表上面是按照中间价入账的，假设中间价是6.5，那么在资产负债表上面就是650万元（毕竟记账本位币是人民币），那么银行的买价是6.4，中间出现了10万元的收益，这就要记入“财务费用——汇兑损益”科目。

那么除了兑换会产生之外，还有哪些情况会产生？那就是我们的货币性科目，由于在每个资产负债表日都要重新按照当日的汇率计算一遍，一般都会产生“财务费用——汇兑损益”这个科目。

那么我们为什么要思考非货币性科目呢？比如交易性金融资产按照美元计价，年初是50万美元的公允价值，汇率是6.5，那我们入账金额就是325万元（50×6.5），年末公允价值是55万美元，汇率是6.4，那么金额就是352（55×6.4）万元，中间差额27万元直接记入“公允价值变动损益”，就不用记入“财务费用——汇兑损益”科目了。

第十三章　或有事项

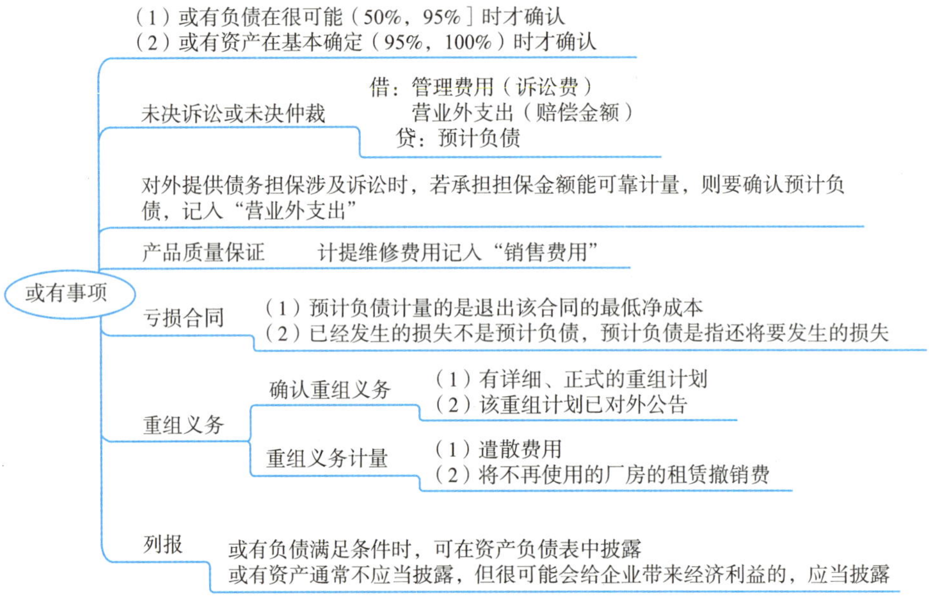
或有事项
（1）或有负债在很可能（50%，95%］时才确认
（2）或有资产在基本确定（95%，100%）时才确认
未决诉讼或未决仲裁
借：管理费用（诉讼费）
营业外支出（赔偿金额）
贷：预计负债
对外提供债务担保涉及诉讼时，若承担担保金额能可靠计量，则要确认预计负债，记入“营业外支出”
产品质量保证
计提维修费用记入“销售费用”
亏损合同
（1）预计负债计量的是退出该合同的最低净成本
（2）已经发生的损失不是预计负债，预计负债是指还将要发生的损失
重组义务
确认重组义务
（1）有详细、正式的重组计划
（2）该重组计划已对外公告
重组义务计量
（1）遣散费用
（2）将不再使用的厂房的租赁撤销费
列报
或有负债满足条件时，可在资产负债表中披露
或有资产通常不应当披露，但很可能会给企业带来经济利益的，应当披露

图 13－1　本章学习框架

第一节　或有事项概述

一、或有事项的概念和特征

或有事项是指过去的交易或者事项形成的，其结果须由某些未来事项的发生或不发生才能决定的不确定事项。常见的或有事项包括：未决诉讼或未决仲裁、债务担保、产品质量保证、亏损合同、重组义务、承诺、环境污染整治。

二、或有负债和或有资产

或有负债，是指过去的交易或事项形成的潜在义务，其存在须通过未来不确定事项的发生或不发生予以证实；或过去的交易或事项形成的现时义务，履行该义务不是很可能导致经济利益流出企业或该义务的金额不能可靠计量。

或有资产，是指过去的交易或者事项形成的潜在资产，其存在须通过未来不确定事项的发生或不发生予以证实。

从上面的表述可以看出，或有资产和或有负债都具有很大的不确定性，一来是否将会实际发生还不能确定，二来金额不能可靠的计量，因此根据会计的谨慎性，只能在财务报表附注中披露，不能确认为资产或者负债；但是当不是很可能的事件变成很可能，并且现时义务的金额能够可靠计量了，那就需要确认为资产或者负债。

那么，不可能还是很可能到底有什么标准呢？通常按照一定的概率区间加以判断：

（1）基本确定（95%，100%）

（2）很可能（50%，95%]

（3）可能（5%，50%]

（4）极小可能（0，5%]

第二节　或有事项的确认和计量

一、或有事项的确认

与或有事项有关的义务应当在同时符合以下三个条件时确认为预计负债进行确认和计量：

（1）该义务是企业承担的现时义务；

（2）履行该义务很可能（50%，95%]导致经济利益流出企业；

（3）该义务的金额能够可靠地计量。

二、预计负债的计量

当与或有事项有关的义务符合确认为负债的条件时应当将其确认为预计负债，预计负债应当按照履行相关现时义务所需支出的最佳估计数进行初始计量。

预计负债的初始入账价值是“最佳估计数”，那么最佳估计数该怎么估计？

（一）最佳估计数的确定（见图13－2）

- 最佳估计数
  - 连续范围相等概率：取中间值（算术平均数）
  - 其他情况
    - 单个项目：最可能发生的金额
    - 多个项目：按照各种可能结果及相关概率计算确定（加权平均数）

图13－2　最佳估计数

举例：

（1）假设乙公司涉及一起诉讼案，年末的时候尚未判决，咨询法律顾问后，律师认为公司很可能败诉，赔偿金额在200万～400万元，那么这个时候，最佳估计数就是取平均值300万元。

（2）接上面例题，法律顾问认为乙公司很可能败诉，如果败诉，40%的概率要赔偿200万元，60%的概率要赔偿300万元，此时针对该单个事件，我们直接取最可能发生的金额300万元为最佳估计数，因为60%的概率要赔偿300万元。

（3）甲公司销售3 000件产品，其中5%很可能发生较大的质量问题，此时每件产品将承担2 000元的维修费；有10%很可能发生较小的质量问题，此时每件产品将承担500元的维修费用。此时针对多个事件（既有较大质量问题，又有较小质量问题），应当采用加权平均值作为或有负债的最佳估计数，即3 000 ×5% ×2 000 +3 000 ×10% ×500 =450 000（元）。

（二）对预期可获得补偿的处理

如果企业清偿因或有事项而确认的负债所需支出全部或部分预期由第三方或其他方补偿，则此补偿金额只有在**基本确定**能够收到时，才能作为资产单独确认，确认的补偿金额不应超过所确认负债的账面价值。

【注意事项】

（1）补偿金额要获得确认，必须是**基本确定**能够收到时，才能确认为资产。但不能冲减预计负债的账面价值，应冲减“营业外支出”。

（2）或有事项确认为资产的通过“其他应收款”科目核算，**不能作为预计负债金额的扣减**，也就是不能冲减预计负债的账面价值。

【例题13－1】2018年12月31日，乙股份有限公司因或有事项而确认了一笔金额为1 000 000元的负债；同时，公司因该或有事项，基本确定可从甲股份有限公司获得400 000元的赔偿。

本例中，乙股份有限公司应分别确认一项金额为1 000 000元的负债和一项金额为400 000元的资产，而不能只确认一项金额为600 000元（1 000 000－400 000）的负债。同时，公司所确认的补偿金额400 000元不能超过所确认的负债的账面价值1 000 000元。

借：营业外支出	1 000 000	
贷：预计负债		1 000 000
借：其他应收款	400 000	
贷：营业外支出		400 000

（三）预计负债的计量需要考虑的其他因素

企业在确定最佳估计数时，应当综合考虑与或有事项有关的风险、不确定性、货币时间价值和未来事项等因素。

第三节　或有事项会计的具体应用

一、未决诉讼或未决仲裁

注意事项：年末计提预计负债时，需要将诉讼费用和赔偿金额一起贷记“预计负债”，其中诉讼费用借记“管理费用”，而赔偿金额借记“营业外支出”。

借：管理费用
　　营业外支出
　　贷：预计负债

【例题 13－2·单选题】2014 年 12 月 10 日，甲公司因合同违约而涉及一桩诉讼案件。根据甲公司的法律顾问判断，最终的判决很可能对甲公司不利。2014 年 12 月 31 日，甲公司尚未接到法院的判决，因诉讼须承担的赔偿的金额也无法准确地确定。不过，据专业人士估计，赔偿金额可能在 90 万～100 万元（含甲公司将承担的诉讼费 2 万元），且该范围内支付各种赔偿金额的可能性相同。根据《企业会计准则第 13 号——或有事项》准则的规定，甲公司应在 2014 年利润表中确认的预计负债和营业外支出金额各为（　　）万元。

A. 100，98　　B. 95，93　　C. 95，95　　D. 90，88

【答案】B

【解析】甲公司应确认的预计负债金额＝(90＋100)÷2＝95（万元），其中，诉讼费 2 万元应计入管理费用，计入营业外支出的金额＝95－2＝93（万元）。

分录为：

借：管理费用	20 000	
营业外支出	930 000	
贷：预计负债		950 000

二、债务担保

企业对外提供债务担保常常会涉及诉讼，如果很可能要承担担保金额，且金额能够可靠计量，则要确认预计负债。

借：营业外支出
　　贷：预计负债

三、产品质量保证

（1）计提维修费用的时候，借方记入“销售费用”，贷方记入“预计负债”：

借：销售费用——产品质量保证
　　贷：预计负债——产品质量保证

（2）实际发生维修费用时：

借：预计负债——产品质量保证
　　贷：银行存款

（3）如果质量保证期满，应当将该批产品的“预计负债”全部冲销掉：

借：预计负债——产品质量保证
　　贷：销售费用——产品质量保证

【例题 13-3·单选题】某公司2014年分别销售甲、乙产品1万件和1.5万件，销售单价分别为100元和80元。公司向购买者承诺提供产品售后2年内免费保修服务，预计保修期内将发生的保修费占销售额的2%~6%。2014年实际发生保修费7万元，2014年1月1日预计负债的年初数为4万元。假定无其他或有事项，则甲公司2014年年末资产负债表“预计负债”项目的金额为（　　）万元。

A. 8　　B. 13　　C. 5.8　　D. 0

【答案】C

【解析】甲公司2014年年末资产负债表“预计负债”项目的金额=4+(1×100+1.5×80)×(2%+6%)/2-7=5.8（万元）。

分录为：

(1) 提取销售费用的时候：

借：销售费用　　88 000

　　贷：预计负债　　88 000

注意保修费在2%~6%，取中间值就是4%。

(2) 实际发生保修费用的时候：

借：预计负债　　70 000

　　贷：银行存款　　70 000

(3) 因此，期末的预计负债金额为：4（期初金额）+8.8（本年计提）-7（本年实际发生）=5.8（万元）

四、亏损合同

对于亏损合同，我们需要明确以下4点：

(1) 待执行合同本身并不是或有事项，只有待执行合同变成亏损合同的时候才是或有事项。

(2) 预计负债的计量应当反映退出该合同的最低净成本，即履行该合同的成本与未能履行该合同而发生的补偿或处罚两者之中的较低者！

(3) 如果与亏损合同相关的义务无须支付任何补偿即可撤销，企业通常就不存在现时义务，不应确认预计负债。

(4) 合同存在标的资产的，应当对标的资产进行减值测试并按规定确认减值损失，如果预计亏损超过该减值损失，应将超过部分确认为预计负债；合同不存在标的资产的，亏损合同相关义务满足预计负债确认条件时，应当确认为预计负债。

【例题 13-4·单选题】2012年12月1日，甲公司与乙公司签订一项不可撤销的产品销售合同，合同规定：甲公司于3个月后提交乙公司一批产品，合同价格（不含增值税额）为500万元，如甲公司违约，将支付违约金100万元。至2012年年末，甲公司为生产该产品已发生成本20万元，因原材料价格上涨，甲公司预计生产该产品的总成

本为580万元。不考虑其他因素，2012年12月31日，甲公司因该合同确认的预计负债为（　　）。(2012年)

A. 20万元　　B. 60万元　　C. 80万元　　D. 100万元

【答案】 B

【解析】 甲公司继续执行合同将发生的损失 = 580 - 500 = 80（万元），如违约将支付违约金100万元并可能承担已发生成本20万元的损失，甲公司应继续执行合同，执行合同将发生的成本 = 580 - 20 = 560（万元），应确认预计负债 = 560 - 500 = 60（万元）。

注意：有人问为什么不是80万元，因为20万元是已经发生的，是已经存在的损失，继续履行还将发生60万元的损失，我们计算的是预计负债。

五、重组义务

（一）重组义务的确认

重组，是指企业制定和控制的，将显著改变企业组织形式、经营范围或经营方式的计划实施行为。

属于重组的事项主要包括：

（1）出售或终止企业的部分业务；

（2）对企业的组织结构进行较大调整；

（3）关闭企业的部分营业场所，或将营业活动由一个国家或地区迁移到其他国家或地区。

企业承担的重组义务满足预计负债确认条件的，应当确认为预计负债。企业应当按照与重组有关的直接支出确定预计负债金额。直接支出不包括留用职工岗前培训、市场推广、新系统和营销网络投入等支出。

下列情况同时存在时，表明企业承担了重组义务：

（1）有详细、正式的重组计划，包括重组涉及的业务、主要地点、需要补偿的职工人数、预计重组支出、计划实施时间等；

（2）该重组计划已对外公告，或已向受其影响的各方通告了该计划的主要内容，从而使各方形成了对该企业将实施重组的合理预期。

（二）重组义务的计量

表13-1是重点，也就是只有两项计入重组义务，其他的不能计入，即“遣散费用”和“将不再使用的厂房的租赁撤销费”计入重组义务，其他的不能计算在内。

表 13－1　　与重组有关支出的判断表

支出项目	包括	不包括	不包括的原因
自愿遣散	√		
强制遣散（如果自愿遣散目标未满足）	√		
将不再使用的厂房的租赁撤销费	√		
将职工和设备从拟关闭的工厂转移到继续使用的工厂		√	支出与继续进行的活动相关
剩余职工的再培训		√	支出与继续进行的活动相关
新经理的招募成本		√	支出与继续进行的活动相关
推广公司新形象的营销成本		√	支出与继续进行的活动相关
对新分销网络的投资		√	支出与继续进行的活动相关
重组的未来可辨认经营损失（最新预计值）		√	支出与继续进行的活动相关
特定不动产、厂场和设备的减值损失		√	减值准备应当按照《企业会计准则第 8 号——资产减值》进行评估，并作为资产的抵减项

【例题 13－5·单选题】2012 年 12 月，经董事会批准，甲公司自 2013 年 1 月 1 日起撤销某营销网点，该业务重组计划已对外公告。为实施该业务重组计划，甲公司预计发生以下支出或损失：因辞退职工将支付补偿款 100 万元，因撤销门店租赁合同将支付违约金 20 万元，因处置门店内设备将发生损失 65 万元，因将门店内库存存货运回公司本部将发生运输费 5 万元。回答下列问题。

（1）该重组业务确认的预计负债金额为（　　）万元。

A. －120　　B. －165　　C. －185　　D. －190

（2）该业务重组计划对甲公司 2012 年度利润总额的影响金额为（　　）万元。（2012 年真题改编）

A. －120　　B. －165　　C. －185　　D. －190

【答案】（1）A；（2）C

【解析】注意读懂题目，题目问的是影响利润总额的金额，那么这里哪些项目影响利润总额呢？

（1）与重组义务相关的会计影响。因辞退员工应支付的补偿 100 万元和因撤销门店租赁合同将支付的违约金 20 万元属于重组的直接支出，这个 120 万元肯定会影响利润总额。

（2）处置门店内设备，属于处置固定资产，在一年内处置，不可撤销，就是我们后面要学习的“持有待售的固定资产”，持有待售的固定资产如果价格低于账面价值，应当确认资产减值损失。所以这里需要确认 65 万元的资产减值损失。

借：资产减值损失　　650 000
　贷：持有待售资产减值准备　　650 000

所以这里影响利润总额的金额是185万元。

【注意】很多同学问，这里运输费用5万元，为什么不影响2012年的利润总额呢？我们再来仔细对题，题目中是“将”发生运输费用5万元，也就是这5万元还没发生，所以不影响2012年的利润总额。

第四节　或有事项的列报

一、预计负债的列报

企业应在会计报表附注中披露以下内容：

（1）预计负债的种类、形成原因以及经济利益流出不确定性的说明；

（2）各类预计负债的期初、期末余额和本期变动情况；

（3）与预计负债有关的预期补偿金额和本期已确认的预期补偿金额。

二、或有负债的披露

关于或有负债（不包括极小可能导致经济利益流出企业的或有负债），企业应在会计报表附注中披露以下内容：

（1）或有负债的种类及其形成原因，包括已贴现商业承兑汇票、未决诉讼、未决仲裁、对外提供担保等形成的或有负债；

（2）经济利益流出不确定性的说明；

（3）或有负债预计产生的财务影响，以及获得补偿的可能性，无法预计的，应当说明原因。

在涉及未决诉讼、未决仲裁的情况下，按相关规定披露全部或部分信息预期对企业造成重大不利影响的，企业无须披露这些信息，但应当披露该未决诉讼、未决仲裁的性质，以及没有披露这些信息的事实和原因。

三、或有资产的披露

企业通常不应当披露或有资产，但或有资产很可能会给企业带来经济利益的，应当披露其形成的原因以及预计产生的财务影响等。

第十三章　或有事项

彬哥跟你说：

接下来，就进入特殊事项的学习了，特殊事项的大部分章节都很简单，2 个小时学习三章，然后花 3 个小时去消化三章，这是问题不大的，但是你们一定要注意的是：要坚持刻意练习！

对于简单的章节，反而很容易丢分，因为我们思想上放松了！所以对每一个分录都要坚持自己去写！对每一道简单的题目都要动笔计算出来！

今日复习步骤：

第一遍：回忆 & 重新复习一遍框架（10 分钟）

学习要求：这一遍的目的是自己重新找一遍框架，不需要掌握所有细节，但求框架了然于心。

第二遍：对细节进一步掌握（25 分钟）

（1）或有资产和或有负债的确认？

（2）预计负债的计量有哪些考点？

（3）或有事项具体会计处理，涉及哪些考点？

（4）或有事项的列报有哪些考点？

第三遍：重新复习一遍框架（5 分钟）

我问你答：

（1）或有资产或负债的确认条件？

（2）预计负债的初始入账价值如何估计？

（3）未决诉讼仲裁的会计处理？分录如何写？

（4）产品质量保证的会计处理？分录如何写？

（5）亏损合同如何确认？分录如何写？

（6）重组义务的确认条件是什么？哪几类支出可以计入重组义务？

（7）或有负债和或有资产的披露条件有哪些？

本章作业：

（1）请把讲义例题做三遍（做错的题目，请分析错误原因并记录到改错本）。

（2）请复习完口述一遍框架，睡前再回忆一遍。

（3）第二天早上，请再回忆一遍框架，对于回忆不起来的内容，请翻书看一遍。

第十四章　非货币性资产交换

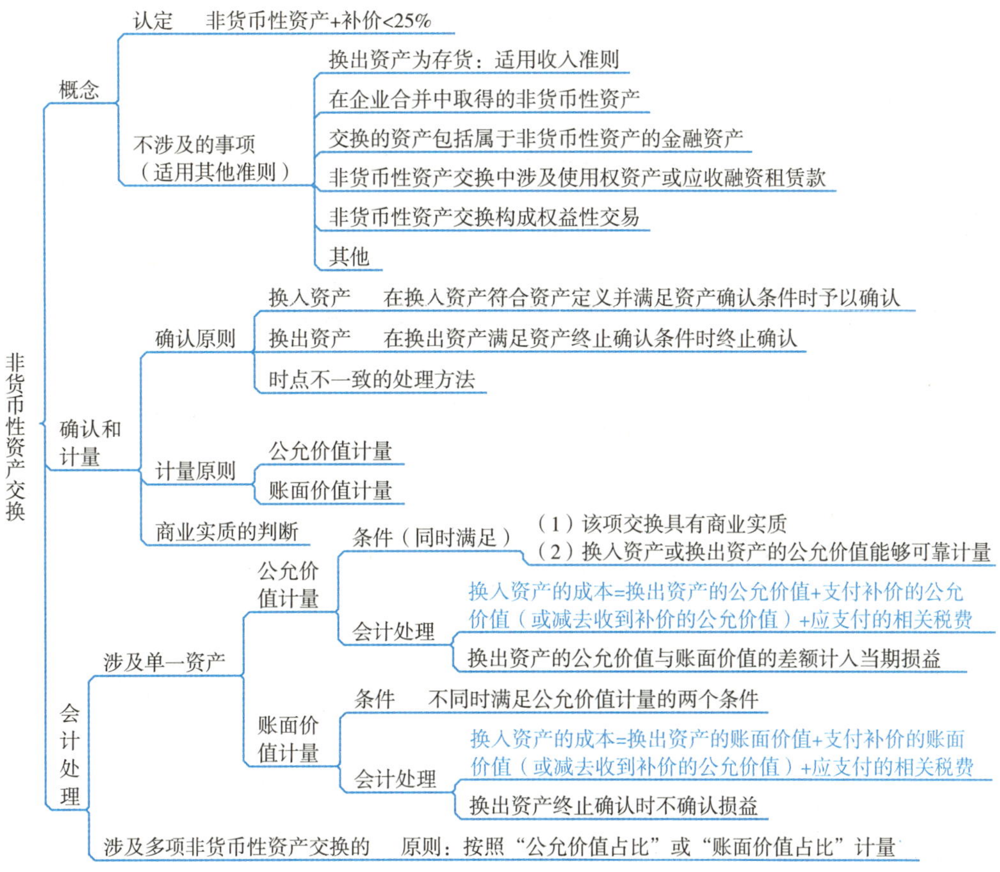

图 14－1　本章学习框架

【重难点（考点）解析】

什么是非货币性资产交换，就是双方在资产的互换过程中不涉及货币性资产（补价），或者涉及货币性资产，但是小于25%。那么我们就要搞懂什么是货币性资产，教材的定义是：企业持有的货币资金和收取固定或可确定金额的货币资金的权利。从这个定义可以看出，并不是我们在财管中学的流动性强的资产都可以当现金，我们这里是“收取固定或可确定金额的货币资金”，也就是“以摊余成本计量的金融资产”是货币性资产，而“交易性金融资产”是非货币性资产。

第一节　非货币性资产交换的概念

一、非货币性资产交换的认定

非货币性资产交换，是指企业主要以固定资产、无形资产、投资性房地产和长期股权投资等非货币性资产进行的交换。该交换不涉及或只涉及少量的货币性资产（即补价）。其中，货币性资产，是指企业持有的货币资金和收取固定或可确定金额的货币资金的权利，包括现金、银行存款、应收账款和应收票据等。非货币性资产，是指货币性资产以外的资产。

非货币性资产交换也可以涉及少量补价，但是要求补价占整个资产交换金额的比例低于25%。即补价÷整个资产交换金额<25%，则属于非货币性资产交换，若≥25%则不是。

具体来说：

（1）从收到补价的企业来看，收到的补价的公允价值占换出资产公允价值（或占换入资产公允价值和收到的货币性资产之和）的比例低于25%的，视为非货币性资产交换；

（2）从支付补价的企业来看，支付的货币性资产占换出资产公允价值与支付的补价的公允价值之和（或占换入资产公允价值）的比例低于25%的，视为非货币性资产交换。

【这里有两大考点】

（1）什么是货币性资产，考了多年。要注意的就是准备持有至到期的债券投资属于货币性资产，这跟我们日常的认识不一样。

（2）在非货币性资产的交换中涉及补价问题，也就是支付货币性资产问题，这个补价占整个资产交换金额的比例低于25%。

二、非货币性资产交换不涉及的交易和事项

本章所指非货币性资产交换不涉及以下交易和事项：

（一）换出资产为存货的非货币性资产交换

企业以存货换取客户的非货币性资产（如固定资产、无形资产等）的，换出存货的企业相关的会计处理适用《企业会计准则第14号——收入》。

（二）在企业合并中取得的非货币性资产

非货币性资产交换中涉及企业合并的，适用《企业会计准则第20号——企业合并》《企业会计准则第2号——长期股权投资》和《企业会计准则第33号——合并财务报表》。

（三）交换的资产包括属于非货币性资产的金融资产

非货币性资产交换中涉及由《企业会计准则第22号——金融工具确认和计量》规范的金融资产的，金融资产的确认、终止确认和计量适用《企业会计准则第22号——金融工具确认和计量》和《企业会计准则第23号——金融资产转移》。

（四）非货币性资产交换中涉及使用权资产或应收融资租赁款

非货币性资产交换中涉及由《企业会计准则第21号——租赁》规范的使用权资产或应收融资租赁款等的，相关资产的确认、终止确认和计量适用《企业会计准则第21号——租赁》。

（五）非货币性资产交换构成权益性交易

非货币性资产交换的一方直接或间接对另一方持股且以股东身份进行交易，或者非货币性资产交换的双方均受同一方或相同的多方最终控制，且该非货币性资产交换的交易实质是交换的一方向另一方进行了权益性分配或交换的一方接受了另一方权益性投入，应当适用权益性交易的有关会计处理规定。例如，集团重组中发生的非货币性资产划拨、划转行为，在股东或最终控制方的安排下，企业无代价或以明显不公平的代价将非货币性资产转让给其他企业或接受其他企业的非货币性资产，该类转让的实质是企业进行了权益性分配或接受了权益性投入，不适用本章所述的非货币性资产交换会计处理，应当适用权益性交易的有关会计处理规定。企业应当遵循实质重于形式的原则判断非货币性资产交换是否构成权益性交易。

（六）其他不适用非货币性资产交换准则的交易和事项

（1）企业从政府无偿取得非货币性资产（比如，政府无偿提供非货币性资产给企业建造固定资产等）的，适用《企业会计准则第16号——政府补助》。

（2）企业将非流动资产或处置组分配给所有者的，适用《企业会计准则第42号——持有待售的非流动资产、处置组和终止经营》。

（3）企业以非货币性资产向职工发放非货币性福利的，适用《企业会计准则第9号——职工薪酬》。

（4）企业以发行股票形式取得的非货币性资产，相当于以权益工具换入非货币性资产，其成本确定适用《企业会计准则第37号——金融工具列报》。

（5）企业用于非货币性资产交换的非货币性资产应当符合资产的定义并满足资产的确认条件，且作为资产列报于企业的资产负债表上。因此，企业用于交换的资产目前尚未列报于资产负债表上，或不存在或尚不属于本企业的，适用其他相关会计准则。

【例题 14－1·单选题】2017 年，甲公司发生的有关交易或事项如下：(1) 购入商品应付乙公司账款 2 000 万元，以库存商品偿付该欠款的 20%，其余以银行存款支付；(2) 以持有的公允价值为 2 500 万元的对联营企业（丙公司）投资换取公允价值为 2 400 万元的丁公司 25% 股权，补价 100 万元以现金收取并存入银行；(3) 以分期收款结算方式销售大型设备，款项分 3 年收回；(4) 甲公司向戊公司发行自身普通股，取得戊公司对己公司 80% 股权。上述交易均发生于非关联方之间。不考虑其他因素，下列各项关于甲公司 2017 年发生的上述交易或事项中，属于非货币性资产交换的是（　　）。(2017 年)

A. 分期收款销售大型设备

B. 以甲公司普通股取得己公司 80% 股权

C. 以库存商品和银行存款偿付乙公司款项

D. 以丙公司股权换取丁公司股权并收到部分现金补价

【答案】D

【解析】选项 A，属于销售商品，不属于非货币性资产交换；选项 B，发行本公司股票属于所有者权益，不属于资产，不属于非货币性资产交换；选项 C，属于用资产偿还债务，不属于非货币性资产交换。

第二节　非货币性资产交换的确认和计量

一、非货币性资产交换的确认原则

企业应当分别按照下列原则对非货币性资产交换中的换入资产进行确认，对换出资产终止确认：对于换入资产，企业应当在换入资产符合资产定义并满足资产确认条件时予以确认；对于换出资产，企业应当在换出资产满足资产终止确认条件时终止确认。

例如，某企业在非货币性资产交换中的换入资产或换出资产均为固定资产，按照《企业会计准则第 4 号——固定资产》和《企业会计准则第 14 号——收入》的规定，换入的固定资产应当在与该固定资产有关的经济利益很可能流入企业，且成本能够可靠地计量时确认；换出的固定资产应当以换入企业取得该固定资产控制权时点作为处置时点终止确认。

换入资产的确认时点与换出资产的终止确认时点存在不一致的，企业在资产负债表日应当按照下列原则进行处理：

(1) 换入资产满足资产确认条件，换出资产尚未满足终止确认条件的，在确认换入资产的同时将交付换出资产的义务确认为一项负债。

(2) 换入资产尚未满足资产确认条件，换出资产满足终止确认条件的，在终止确认换出资产的同时将取得换入资产的权利确认为一项资产。

二、非货币性资产交换的计量原则

非货币性资产交换的计量，有一个基本原则，那就是“购买”原则：比如甲公司用几项资产去交换乙公司几项资产，如果都具有公允价值，那不就是相当于甲公司花钱买了资产吗？那不就是“付出对价的公允价值 + 相关交易费用”吗？

关于增值税的说明，在前言中已经明确说了，在会计考试中我们把增值税专用发票看成现金票据就行，因为对方可以凭这个专用发票去抵扣以后应交的增值税。比如，企业以公允价值为 100 万元的固定资产（假设增值税的税率为 13%）去交换一项专利权（假设这项专利权不用交增值税，没有发生其他交易费用），请问专利权的入账金额是多少？应该是 113 万元（100 + 100 × 13%），相当于用 100 万元的固定资产作为对价，同时给对方 13 万元现金票据（增值税专用发票）。

而且何谓公允价值？就是在公平市场上的交易价格，对方的产品公允价值是 100 万元，那你付出的对价肯定是 100 万元，不会多不会少，二者是必然相等。

实务中，在考虑了补价因素的调整后，正常交易中换入资产的公允价值和换出资产的公允价值通常是一致的。

【例题 14 – 2】 甲公司为增值税一般纳税人，2019 年 8 月 25 日以其拥有的一项非专利技术与乙公司的固定资产交换。交换日，甲公司换出非专利技术的原价为 80 万元（不考虑增值税），累计摊销为 15 万元，未计提减值准备，公允价值无法可靠计量；换入固定资产的原价为 72 万元，未计提折旧和跌价准备，公允价值为 100 万元，增值税税额为 13 万元，甲公司将其作为固定资产；甲公司另收到乙公司支付的 30 万元现金。不考虑其他因素，甲公司对该交易应确认的收益为（　　）万元。

【解析】 甲公司的无形资产跟乙公司的固定资产交换，甲公司的无形资产的公允价值无法获得，那么只需要知道乙公司对价就行了。

（1）乙公司的对价是 143 万元（固定资产 100 万元，增值税进项税额 13 万元，现金 30 万元）。

（2）所以甲公司的无形资产的公允价值是 143 万元，现在账面价值是 65（80 – 15）万元，所以换出的无形资产应当确认的资产处置损益是 78（143 – 65）万元。

假设没有公允价值呢？那也是“购买”的原则，既然都没有公允价值，那就是“付出对价的账面价值 + 相关交易费用”。

1. 公允价值

以公允价值计量时，应当以换出资产的公允价值和应支付的相关税费作为换入资产的成本，换出资产的公允价值与账面价值的差额计入当期损益。

2. 账面价值

以账面价值计量时，应当以换出资产的账面价值和应支付的相关税费作为换入资产的成本，不确认损益。

三、商业实质的判断（简单了解）

满足下列条件之一的非货币性资产交换具有商业实质：

（1）换入资产的未来现金流量在风险、时间分布或金额方面与换出资产显著不同。

（2）使用换入资产所产生的预计未来现金流量现值与继续使用换出资产所产生的预计未来现金流量现值不同，且其差额与换入资产和换出资产的公允价值相比是重大的。

第三节　非货币性资产交换的会计处理

一、以公允价值为基础计量的会计处理

非货币性资产交换同时满足下列条件的，应当以换出资产的公允价值，加上支付补价的公允价值（或减去收到补价的公允价值）和应支付的相关税费作为换入资产的成本，换出资产的公允价值与其账面价值的差额计入当期损益：（1）该项交换具有商业实质；（2）换入资产或换出资产的公允价值能够可靠地计量。

换入资产和换出资产公允价值均能够可靠计量的，应当以换出资产的公允价值作为确定换入资产成本的基础，但有确凿证据表明换入资产的公允价值更加可靠的除外。

换出资产公允价值与其账面价值的差额，应当区别不同情况进行处理：（视同出售处理）

（1）换出资产为固定资产、在建工程、生产性生物资产、无形资产的，换出资产公允价值与其账面价值的差额，计入资产处置损益。

（2）换出资产为长期股权投资的，换出资产公允价值与其账面价值的差额，计入投资收益。如果是以权益法核算的长期股权投资，还应将持有期间形成的"其他综合收益"转入投资收益或留存收益，以及将"资本公积——其他资本公积"转入投资收益。

（3）投出资产为投资性房地产的，按换出资产公允价值或换入资产公允价值确认其他业务收入，按换出资产账面价值结转其他业务成本，二者之间的差额计入当期损益。

换入资产与换出资产涉及相关税费的，按照相关税收规定计算确定。

【例题 14－3】2019 年 9 月，A 公司以生产经营过程中使用的一台设备交换 B 打印机公司生产的一批打印机，换入的打印机作为固定资产管理。A、B 公司均为增值税一般纳税人，适用的增值税税率为 13%。设备的账面原价为 150 万元，在交换日的累计折旧为 45 万元，公允价值为 90 万元。打印机的账面价值为 110 万元，在交换日的市场价格为 90 万元，计税价格等于市场价格。B 公司换入 A 公司的设备是生产打印机过程中需要使用的设备。

假设 A 公司此前没有为该项设备计提资产减值准备，整个交易过程中，除支付该项设备的运杂费 15 000 元外，没有发生其他相关税费。假设 B 公司此前也没有为库存打印机计提存货跌价准备，其在整个交易过程中没有发生除增值税以外的其他税费。

分析：整个资产交换过程没有涉及收付货币性资产，因此，该项交换属于非货币性资产交换。本例对 A 公司来讲，换入的打印机是经营过程中必须的资产，对 B 公司来讲，换入的设备是生产打印机过程中必须使用的机器，两项资产交换后对换入企业的特定价值显著不同，两项资产的交换具有商业实质；同时，两项资产的公允价值都能够可靠地计量，符合以公允价值计量的两个条件，因此，A 公司和 B 公司均应当以换出资产的公允价值为基础，确定换入资产的成本，并确认产生的损益。

A 公司的账务处理如下：

A 公司换入资产的增值税进项税额 =900 000×13% =117 000（元）

换出设备的增值税销项税额 =900 000×13% =117 000（元）

借：固定资产清理	1 050 000	
累计折旧	450 000	
贷：固定资产——设备		1 500 000
借：固定资产清理	15 000	
贷：银行存款		15 000
借：固定资产——打印机	900 000	
应交税费——应交增值税（进项税额）	117 000	
资产处置损益	165 000	
贷：固定资产清理		1 065 000
应交税费——应交增值税（销项税额）		117 000

B 公司的账务处理如下：

根据增值税的有关规定，企业以库存商品换入其他资产，视同销售行为发生，应计算增值税销项税额，缴纳增值税。

换出打印机的增值税销项税额 =900 000×13% =117 000（元）

换入设备的增值税进项税额 =900 000×13% =117 000（元）

假定 B 公司换出存货的交易符合《企业会计准则第 14 号——收入》规定的收入确认条件。

借：固定资产——设备	900 000	
应交税费——应交增值税（进项税额）	117 000	
贷：主营业务收入		900 000
应交税费——应交增值税（销项税额）		117 000
借：主营业务成本	1 100 000	
贷：库存商品——打印机		1 100 000

第十四章

【例题 14 -4·多选题】甲公司与丙公司签订一项资产置换合同，甲公司以其持有的联营企业 30% 的股权作为对价，另以银行存款支付补价 100 万元，换取丙公司生产的一台大型设备，该设备的总价款为 3 900 万元，该联营企业 30% 股权的取得成本为 2 200 万元；取得时该联营企业可辨认净资产公允价值为 7 500 万元（可辨认资产、负债的公允价值与账面价值相等）。

甲公司取得该股权后至置换大型设备时，该联营企业累计实现净利润 3 500 万元，分配现金股利 400 万元，未来可转入损益的其他综合收益增加 650 万元。交换日，甲公司持有该联营企业 30% 股权的公允价值为 3 800 万元，不考虑税费及其他因素，下列各项对上述交易的会计处理中，正确的有（　　）。(2013 年)

A. 甲公司处置该联营企业股权确认投资收益620万元

B. 丙公司确认换入该联营企业股权入账价值为3 800万元

C. 丙公司确认换出大型专用设备的营业收入为3 900万元

D. 甲公司确认换入大型专用设备的入账价值为3 900万元

【答案】 ABCD

【解析】 长期股权投资处置时的账面价值 =2 200 + (7 500 ×30% -2 200) + (3 500 -400) ×30% +650 ×30% =3 375（万元），甲公司处置该联营企业股权确认投资收益 =3 800 -3 375 +650 ×30% =620（万元），选项A正确；丙公司换入该联营企业股权按其公允价值3 800万元入账，选项B正确；丙公司换出其生产的大型专用设备应按其公允价值3 900万元确认营业收入，选项C正确；甲公司确认换入大型专用设备的入账价值 =3 800 +100 =3 900（万元），选项D正确。

【小提示】 看见30%自然要条件反射不能形成控股合并的长期股权投资，自然要想到交易费用计入成本，以及后续的六步调整，特别是初始调整，本题如果没有这些条件反射，做题很容易出现错误。

二、以换出资产账面价值计量的会计处理

未同时满足准则规定的两个条件的非货币性资产交换，即（1）该项交换具有商业实质；（2）换入资产或换出资产的公允价值能够可靠地计量，应当以换出资产的账面价值，加上支付补价的账面价值（或减去收到补价的公允价值）和应支付的相关税费作为换入资产的成本，对于换出资产，终止确认时不确认损益。

【例题14 -5】 丙公司拥有一台专有设备，该设备账面原价450万元，已计提折旧330万元。丁公司拥有一项长期股权投资，账面价值90万元，两项资产均未计提减值准备。丙公司决定以其专有设备交换丁公司的长期股权投资，该专有设备是生产某种产品必须的设备。由于专有设备系当时专门制造、性质特殊，其公允价值不能可靠计量；丁公司拥有的长期股权投资的公允价值也不能可靠计量。经双方商定，丁公司支付了20万元补价。假定交易中没有涉及相关税费。

分析：该项资产交换涉及收付货币性资产，即补价20万元。对丙公司而言，收到的补价20万元 ÷ 换出资产账面价值120万元 =16.7% <25%，因此，该项交换属于非货币性资产交换，丁公司的情况也类似。由于两项资产的公允价值不能可靠计量，因此，对于该项资产交换，换入资产的成本应当按照换出资产的账面价值确定，且不确认损益。

丙公司的账务处理如下：

借：固定资产清理	1 200 000	
累计折旧	3 300 000	
贷：固定资产——专有设备		4 500 000

借：长期股权投资　　　　　　　　　　　　　　　　1 000 000
　　银行存款　　　　　　　　　　　　　　　　　　200 000
　　贷：固定资产清理　　　　　　　　　　　　　　　　1 200 000

丁公司的账务处理如下：

借：固定资产——专有设备　　　　　　　　　　　　1 100 000
　　贷：长期股权投资　　　　　　　　　　　　　　　　900 000
　　　　银行存款　　　　　　　　　　　　　　　　　　200 000

三、涉及多项非货币性资产交换的会计处理

涉及多项非货币性资产交换的会计处理跟单项的处理并没有什么不同，都是按照“购买法”来进行处理。相当于以一笔款项购入多项固定资产，我们先求出总成本（支付对价的公允价值或者账面价值+有关交易费用），然后按照合理比例（公允价值占比或者账面价值占比）对总成本进行分摊。

要注意的是，分配时有先后次序，先要扣除换入金融资产的公允价值，剩下的金额在换入的其他非金融资产之间分配。

（一）以公允价值为基础计量的情况

1. 同时换入多项资产

对于同时换入的多项资产，按照换入的除金融资产以外的各项换入资产的公允价值的相对比例（换入资产的公允价值不能够可靠计量的，可以按照换入的金融资产以外的各项资产的原账面价值的相对比例或其他合理的比例），将换出资产公允价值总额（涉及补价的，加上支付补价的公允价值或减去收到补价的公允价值）扣除换入金融资产公允价值后的净额进行分摊，以分摊至各项换入资产的金额，加上应支付的相关税费，作为各项换入资产的成本进行初始计量。

有确凿证据表明换入资产的公允价值更加可靠的，以各项换入资产的公允价值和应支付的相关税费作为各项换入资产的初始计量金额。

每项换入资产成本＝该项资产的公允价值（金融资产除外）
÷换入资产公允价值总额（金融资产除外）
×（换出资产公允价值总额－换入金融资产公允价值）＋相关税费

2. 同时换出多项资产

对于同时换出的多项资产，将各项换出资产的公允价值与其账面价值之间的差额，在各项换出资产终止确认时计入当期损益。

【例题14－6】甲公司和乙公司均为增值税一般纳税人，适用的增值税税率均为13%。20×9年8月，为适应业务发展的需要，经协商，甲公司决定以生产经营过程中使用的机器设备和专用货车换入乙公司生产经营过程中使用的小汽车和客运汽车。甲公司设备的账面原价为1 800万元，在交换日的累计折旧为300万元，公允价值为1 350万元；货车的账面原价为600万元，在交换日的累计折旧为480万元，公允价值为100

第十四章

万元。乙公司小汽车的账面原价为1 300万元，在交换日的累计折旧为690万元，公允价值为709.5万元；客运汽车的账面原价为1 300万元，在交换日的累计折旧为680万元，公允价值为700万元。乙公司另外向甲公司支付银行存款45.765万元，其中包括由于换出和换入资产公允价值不同而支付的补价40.5万元，以及换出资产销项税额与换入资产进项税额的差额5.265万元。

假定甲公司和乙公司都没有为换出资产计提减值准备；甲公司换入乙公司的小汽车、客运汽车作为固定资产使用和管理；乙公司换入甲公司的设备、货车作为固定资产使用和管理。假定甲公司和乙公司上述交易涉及的增值税进项税额按照税法规定可抵扣且已得到认证；不考虑其他相关税费。

分析：本例涉及收付货币性资产，应当计算甲公司收到的货币性资产占甲公司换出资产公允价值总额的比例（等于乙公司支付的货币性资产占乙公司换入资产公允价值的比例），即：

40.5万元÷(1 350+100)万元=2.79%<25%

可以认定这一涉及多项资产的交换行为属于非货币性资产交换。对于甲公司而言，为了拓展运输业务，需要小汽车、客运汽车等，乙公司为了扩大产品生产，需要设备和货车，换入资产对换入企业均能发挥更大的作用。因此，该项涉及多项资产的非货币性资产交换具有商业实质；同时，各单项换入资产和换出资产的公允价值均能可靠计量。因此，甲、乙公司均应当以公允价值为基础确定换入资产的总成本，确认产生的相关损益。同时，按照各单项换入资产的公允价值占换入资产公允价值总额的比例，确定各单项换入资产的成本。

甲公司的账务处理如下：

(1) 根据税法的有关规定：

换出设备的增值税销项税额=1 350×13%=175.5（万元）

换出货车的增值税销项税额=100×13%=13（万元）

换入小汽车、客运汽车的增值税进项税额=(709.5+700)×13%=183.235（万元）

(2) 计算换入资产、换出资产公允价值总额：

换出资产公允价值总额=1 350+100=1 450（万元）

换入资产公允价值总额=709.5+700=1 409.5（万元）

(3) 计算换入资产总成本：

换入资产总成本=换出资产公允价值－补价+应支付的相关税费=1 450－40.5+0=1 409.5（万元）

(4) 计算确定换入各项资产的公允价值占换入资产公允价值总额的比例：

小汽车公允价值占换入资产公允价值总额的比例=709.5÷1 409.5=50.34%

客运汽车公允价值占换入资产公允价值总额的比例=700÷1 409.5=49.66%

(5) 计算确定换入各项资产的成本：

小汽车的成本=1 409.5×50.34%=709.5（万元）

客运汽车的成本=1 409.5×49.66%=700（万元）

(6) 会计分录：

借：固定资产清理	16 200 000	
累计折旧	7 800 000	
贷：固定资产——设备		18 000 000
——货车		6 000 000
借：固定资产——小汽车	7 095 000	
——客运汽车	7 000 000	
应交税费——应交增值税（进项税额）	1 832 350	
银行存款	457 650	
资产处置损益	1 700 000	
贷：固定资产清理		16 200 000
应交税费——应交增值税（销项税额）		1 885 000

乙公司的账务处理如下：

(1) 根据税法的有关规定：

换入货车的增值税进项税额 = 100 × 13% = 13（万元）

换入设备的增值税进项税额 = 1 350 × 13% = 175.5（万元）

换出小汽车、客运汽车的增值税销项税额 = (709.5 + 700) × 13% = 183.235（万元）

(2) 计算换入资产、换出资产公允价值总额：

换入资产公允价值总额 = 1 350 + 100 = 1 450（万元）

换出资产公允价值总额 = 709.5 + 700 = 1 409.5（万元）

(3) 确定换入资产总成本：

换入资产总成本 = 换出资产公允价值 + 支付的补价 = 1 409.5 + 40.5 = 1 450（万元）

(4) 计算确定换入各项资产的公允价值占换入资产公允价值总额的比例：

设备公允价值占换入资产公允价值总额的比例 = 1 350 ÷ 1 450 = 93.10%

货车公允价值占换入资产公允价值总额的比例 = 100 ÷ 1 450 = 6.90%

(5) 计算确定换入各项资产的成本：

设备的成本 = 1 450 × 93.10% = 1 350（万元）

货车的成本 = 1 450 × 6.90% = 100（万元）

(6) 会计分录：

借：固定资产清理	12 300 000	
累计折旧	13 700 000	
贷：固定资产——小汽车		13 000 000
——客运汽车		13 000 000
借：固定资产——设备	13 500 000	
——货车	1 000 000	
应交税费——应交增值税（进项税额）	1 885 000	

第十四章

贷：固定资产清理	12 300 000
应交税费——应交增值税（销项税额）	1 832 350
银行存款	457 650
资产处置损益	1 795 000

（二）以账面价值为基础计量的情况

1. 同时换入多项资产

对于同时换入的多项资产，按照各项换入资产的公允价值的相对比例（换入资产的公允价值不能够可靠计量的，也可以按照各项换入资产的原账面价值的相对比例或其他合理的比例），将换出资产的账面价值总额（涉及补价的，加上支付补价的账面价值或减去收到补价的公允价值）分摊至各项换入资产，加上应支付的相关税费，作为各项换入资产的初始计量金额。

每项换入资产成本 = 该项资产的公允价值 ÷ 换入资产公允价值总额 × 换出资产的账面价值总额 + 相关税费

2. 同时换出多项资产

对于同时换出的多项资产，各项换出资产终止确认时均不确认损益。

【例题 14 -7 · 单选题】2014 年 3 月 2 日，甲公司以账面价值为 350 万元的厂房和 150 万元的专利权，换入乙公司账面价值为 300 万元的在建房屋和 100 万元的长期股权投资，不涉及补价。上述资产的公允价值均无法获得。不考虑其他因素，甲公司换入在建房屋的入账价值为（　　）万元。

A. 280　　B. 300　　C. 350　　D. 375

【答案】D

【解析】甲公司换入在建房屋的入账价值 = (350 + 150) × 300/(300 + 100) = 375（万元）。

第十四章　非货币性资产交换

彬哥跟你说：

本章难度不大，掌握好基本原则就没问题。

有人始终在这一章纠缠增值税的问题，其实我在前言就已经说过了，考会计不是考税法，而且增值税的税率变化频繁，只要不明确告诉你增值税税率的，都无须考虑增值税。这里你们要切记！

今日复习步骤：

第一遍：回忆 & 重新复习一遍框架（8 分钟）

学习要求：这一遍的目的是自己重新复习一遍框架，不需要掌握所有细节，但求框架了然于心。

非货币资产交换的定义——确认和计量——会计处理

第二遍：对细节进一步掌握（20 分钟）

（1）非货币性资产交换认定涉及哪些考点？

（2）非货币性资产交换的确认和计量涉及哪些考点？

（3）非货币性资产交换的会计处理中涉及哪些考点？

第三遍：重新复习一遍框架（5 分钟）

我问你答：

（1）货币性资产包括哪些？非货币性资产包括哪些？

（2）非货币性资产交换中，补价比例有什么要求？

（3）非货币性资产交换的确认和计量的原则是什么？公允价值和账面价值分别如何计量？

（4）涉及多项非货币性资产交换，如何确认每项换入资产的成本？

本章作业：

（1）请把讲义例题做三遍（做错的题目，请分析错误原因并记录到改错本）。

（2）请复习完口述一遍框架，睡前再回忆一遍。

（3）第二天早上，请再回忆一遍框架，对于回忆不起来的内容，请翻书看一遍。

第十五章　债务重组

- 债务重组
  - 定义
    - 不改变交易对手方的情况下，经债权人和债务人协定或法院裁定，就清偿债务的时间、金额或方式等重新达成协议的交易
    - 债权和债务的范围
      - 仅指金融工具准则规范的债权和债务
      - 不包括合同资产、合同负债、预计负债，但包括租赁应收款、租赁应付款
    - 不适用的情形
      - 通过债务重组形成企业合并
      - 债务重组构成权益性交易
  - 债务重组的方式
    - 以资产清偿债务
      - 债权人的会计处理
        - 受让金融资产
          - 受让的金融资产以公允价值计量
          - 金融资产确认金额与债权终止确认日账面价值的差额记入“投资收益”
        - 受让非金融资产
          - 以放弃债权的公允价值为基础进行计量
          - 放弃债权的公允价值与账面价值的差额记入“投资收益”
        - 受让多项资产
          - 金融资产以公允价值计量
          - 其他资产按比例分摊放弃债权公允价值扣除金融资产的净额
        - 受让处置组
          - 放弃债权的公允价值与账面价值的差额记入“投资收益”
        - 将受让的资产或者处置组划分为持有待售
      - 债务人的会计处理
        - 以金融资产清偿
          - 债务的账面价值与偿债金融资产账面价值的差额，记入“投资收益”
          - 对于其他债权投资，其他综合收益应转入“投资收益”
          - 对于其他权益工具投资，其他综合收益应转入“留存收益”
        - 以非金融资产清偿
          - 不需要区分资产处置损益和债务重组损益，也不需要区分不同资产的处置损益
          - 清偿债务账面价值与转让资产账面价值之间的差额，记入“其他收益——债务重组收益”（以日常活动产出的商品或服务清偿债务的，同样处理）
    - 将债务转为权益工具
      - 债权人的会计处理
        - 将债权转为长期股权投资（联营/合营企业）
          - 按照“以资产清偿债务”的相关规定计量其初始投资成本
          - 债权人放弃债权的公允价值与账面价值之间的差额，应当记入“投资收益”
      - 债务人的会计处理
        - 初始确认权益工具时，应当按照权益工具的公允价值计量，公允价值不能可靠计量的，按照所清偿债务的公允价值计量
        - 清偿债务账面价值与权益工具确认金额之间的差额，记入“投资收益”科目
        - 因发行权益工具而支出的相关税费等，应当依次冲减资本溢价、盈余公积、未分配利润等

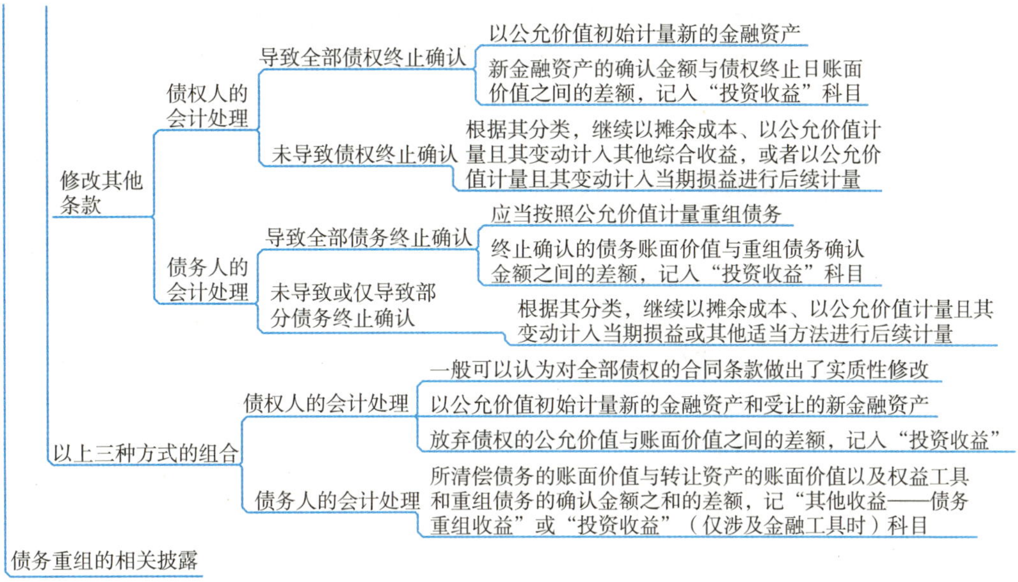

图 15－1　本章学习框架

一、债务重组的定义

债务重组，是指在不改变交易对手方的情况下，经债权人和债务人协定或法院裁定，就清偿债务的时间、金额或方式等重新达成协议的交易。债务重组不强调在债务人发生财务困难的背景下进行，也不论债权人是否作出让步。

本准则适用于所有债务重组，**但下列各项适用其他相关会计准则：**

债务重组涉及的债权和债务，是指《企业会计准则第 22 号——金融工具确认和计量》规范的债权和债务，不包括合同资产、合同负债、预计负债，但包括租赁应收款和租赁应付款。债务重组中涉及的债权、重组债权、债务、重组债务和其他金融工具的确认、计量和列报，适用《企业会计准则第 22 号——金融工具确认和计量》和《企业会计准则第 37 号——金融工具列报》等金融工具相关准则。

通过债务重组形成企业合并的，适用《企业会计准则第 20 号——企业合并》。债务人以股权投资清偿债务或者将债务转为权益工具，可能对应导致债权人取得被投资单位或债务人控制权，在合并财务报表层面，债权人取得资产和负债的确认和计量适用《企业会计准则第 20 号——企业合并》的有关规定。

债务重组构成权益性交易的，应当适用权益性交易的有关会计处理规定，债权人和债务人不确认构成权益性交易的债务重组相关损益。债务重组构成权益性交易的情形包括：(1）债权人直接或间接对债务人持股，或者债务人直接或间接对债权人持股，且持股方以股东身份进行债务重组；（2）债权人与债务人在债务重组前后均受同一方或相同的多方最终控制，且该债务重组的交易实质是债权人或债务人进行了权益性分配或接受了权益性投入。

例如，甲公司是乙公司股东，为了弥补乙公司临时性经营现金流短缺，甲公司向乙公司提供 1 000 万元无息借款，并约定于 6 个月后收回。借款期满时，尽管乙公司具有充足的现金流，甲公司仍然决定免除乙公司部分本金还款义务，仅收回200万元借款。在此项交易中，如果甲公司不以股东身份而是以市场交易者身份参与交易，在乙公司具有足够偿债能力的情况下不会免除其部分本金。因此，甲公司和乙公司应当将该交易作为权益性交易，不确认债务重组相关损益。

债务重组中不属于权益性交易的部分仍然应当确认债务重组相关损益。例如，假设前例中债务人乙公司确实出现财务困难，其他债权人对其债务普遍进行了减半的豁免，那么甲公司作为股东比其他债务人多豁免300万元债务的交易应当作为权益性交易，正常豁免500万元债务的交易应当确认债务重组相关损益。

企业在判断债务重组是否构成权益性交易时，应当遵循实质重于形式原则。例如，假设债权人对债务人的权益性投资通过其他人代持，债权人不具有股东身份，但实质上以股东身份进行债务重组，债权人和债务人应当认为该债务重组构成权益性交易。

二、债务重组的方式

债务重组一般包括下列方式，或下列一种以上方式的组合：

1. 债务人以资产清偿债务

按照相关会计准则要求及本企业会计核算要求，债权人核算相关受让资产的类别可能与债务人不同。例如，债务人以作为固定资产核算的房产清偿债务，债权人可能将受让的房产作为投资性房地产核算；债务人以部分长期股权投资清偿债务，债权人可能将受让的投资作为金融资产核算；债务人以存货清偿债务，债权人可能将受让的资产作为固定资产核算等。

2. 债务人将债务转为权益工具

债务人将债务转为权益工具，这里的权益工具，是指根据《企业会计准则第37号——金融工具列报》分类为"权益工具"的金融工具，会计处理上体现为股本、实收资本、资本公积等科目。

3. 修改其他条款

除第一项和第二项以外，采用调整债务本金、改变债务利息、变更还款期限等方式修改债权和债务的其他条款，形成重组债权和重组债务。

三、债务重组的会计处理

债务重组中涉及的债权和债务的终止确认，应当遵循《企业会计准则第22号——金融工具确认和计量》和《企业会计准则第23号——金融资产转移》有关金融资产和金融负债终止确认的规定。债权人在收取债权现金流量的合同权利终止时终止确认债权，债务人在债务的现时义务解除时终止确认债务。

由于债权人与债务人之间进行的债务重组涉及债权和债务的认定，以及清偿方式和期限等的协商，通常需要经历较长时间，例如破产重整中进行的债务重组。只有在符合上述终止确认条件时才能终止确认相关债权和债务，并确认债务重组相关损益。对于在报告期间已经开始协商、但在报告期资产负债表日后的债务重组，不属于资产负债表日后调整事项。

对于终止确认的债权，债权人应当结转已计提的减值准备中对应该债权终止确认部分的金额。对于终止确认的分类为以公允价值计量且其变动计入其他综合收益的债权，之前计入其他综合收益的累计利得或损失应当从其他综合收益中转出，记入“投资收益”科目。

（一）债务人以资产清偿债务

1. 债权人的会计处理

债务人以资产清偿债务进行债务重组的，债权人应当在相关资产符合其定义和确认条件时予以确认。放弃债权的公允价值与账面价值之间的差额，记入“投资收益”科目。

（1）债权人受让金融资产。

债权人受让包括现金在内的单项或多项金融资产的，应当按照《企业会计准则第22号——金融工具确认和计量》的规定进行确认和计量。金融资产初始确认时应当以其公允价值计量，金融资产确认金额与债权终止确认日账面价值之间的差额，记入“投资收益”科目。但是，收取的金融资产的公允价值与交易价格（即放弃债权的公允价值）存在差异的，应当按照《企业会计准则第22号——金融工具确认和计量》第三十四条的规定处理。

（2）债权人受让非金融资产。

以放弃债权的公允价值为基础进行计量。

①存货的成本，包括放弃债权的公允价值，以及使该资产达到当前位置和状态所发生的可直接归属于该资产的税金、运输费、装卸费、保险费等其他成本。

②对联营企业或合营企业投资的成本，包括放弃债权的公允价值，以及可直接归属于该资产的税金等其他成本。

③投资性房地产的成本，包括放弃债权的公允价值，以及可直接归属于该资产的税金等其他成本。

④固定资产的成本，包括放弃债权的公允价值，以及使该资产达到预定可使用状态前所发生的可直接归属于该资产的税金、运输费、装卸费、安装费、专业人员服务费等其他成本。确定固定资产成本时，应当考虑预计弃置费用因素。

⑤生物资产的成本，包括放弃债权的公允价值，以及可直接归属于该资产的税金、运输费、保险费等其他成本。

⑥无形资产的成本，包括放弃债权的公允价值，以及可直接归属于使该资产达到预定用途所发生的税金等其他成本。

（3）债权人受让多项资产。

债权人受让多项非金融资产，或者包括金融资产、非金融资产在内的多项资产的，应当按照《企业会计准则第22号——金融工具确认和计量》的规定确认和计量受让的金融资产；按照受让的金融资产以外的各项资产在债务重组合同生效日的公允价值比例，对放弃债权在合同生效日的公允价值扣除受让金融资产当日公允价值后的净额进行分配，并以此为基础分别确定各项资产的成本。（类似非货币性资产交换对换入多项资产成本的分摊方法）

（4）债权人受让处置组。

债务人以处置组清偿债务的，债权人应当分别按照《企业会计准则第 22 号——金融工具确认和计量》和其他相关准则的规定，对处置组中的金融资产和负债进行初始计量，然后按照金融资产以外的各项资产在债务重组合同生效日的公允价值比例，对放弃债权在合同生效日的公允价值以及承担的处置组中负债的确认金额之和，扣除受让金融资产当日公允价值后的净额进行分配，并以此为基础分别确定各项资产的成本。

（5）债权人将受让的资产或处置组划分为持有待售类别。

债务人以资产或处置组清偿债务，且债权人在取得日未将受让的相关资产或处置组作为非流动资产和非流动负债核算，而是将其划分为持有待售类别的，债权人应当在初始计量时，比较假定其不划分为持有待售类别情况下的初始计量金额和公允价值减去出售费用后的净额，以两者孰低计量。

2. 债务人的会计处理

以资产清偿债务方式进行债务重组的，债务人应当在相关资产和所清偿债务符合终止确认条件时予以终止确认，所清偿债务账面价值与转让资产账面价值之间的差额计入当期损益。

（1）债务人以金融资产清偿债务。

债务人以单项或多项金融资产清偿债务的，债务的账面价值与偿债金融资产账面价值的差额，记入“投资收益”科目。偿债金融资产已计提减值准备的，应结转已计提的减值准备。对于以分类为以公允价值计量且其变动计入其他综合收益的债务工具投资清偿债务的，之前计入其他综合收益的累计利得或损失应当从其他综合收益中转出，记入“投资收益”科目。对于以指定为以公允价值计量且其变动计入其他综合收益的非交易性权益工具投资清偿债务的，之前计入其他综合收益的累计利得或损失应当从其他综合收益中转出，记入“盈余公积”“利润分配——未分配利润”等科目。

（2）债务人以非金融资产清偿债务。

债务人以单项或多项非金融资产清偿债务，或者以包括金融资产和非金融资产在内的多项资产清偿债务的，不需要区分资产处置损益和债务重组损益，也不需要区分不同资产的处置损益，而应将所清偿债务账面价值与转让资产账面价值之间的差额，记入“其他收益——债务重组收益”科目。偿债资产已计提减值准备的，应结转已计提的减值准备。

债务人以包含非金融资产的处置组清偿债务的，应当将所清偿债务和处置组中负债的账面价值之和，与处置组中资产的账面价值之间的差额，记入“其他收益——债务重组收益”科目。处置组所属的资产组或资产组组合按照《企业会计准则第 8 号——资产减值》分摊了企业合并中取得的商誉的，该处置组应当包含分摊至处置组的商誉。处置组中的资产已计提减值准备的，应结转已计提的减值准备。

债务人以日常活动产出的商品或服务清偿债务的，应当将所清偿债务账面价值与存货等相关资产账面价值之间的差额，记入“其他收益——债务重组收益”科目。（不再确认收入、结转成本）

【例题 15-1】 2020 年 6 月 18 日，甲公司向乙公司销售商品一批，应收乙公司款项的入账金额为 95 万元。甲公司将该应收款项分类为以摊余成本计量的金融资产。乙公司将该应付账款分类为以摊余成本计量的金融负债。2020 年 10 月 18 日，双方签订债务重组合同，乙公司以一项作为无形资产核算的非专利技术偿还该欠款。该无形资产的账面余额为 100 万元，累计摊销额为 10 万元，已计提减值准备 2 万元。10 月 22 日，双方办理完成该无形资产转让手续，甲公司支付评估费用 4 万元。当日，甲公司应收款项的公允价值为 87 万元，已计提坏账准备 7 万元，乙公司应付款项的账面价值仍为 95 万元。假设不考虑相关税费。

（1）债权人的会计处理。

2020 年 10 月 22 日，债权人甲公司取得该无形资产的成本为债权公允价值 87 万元与评估费用 4 万元的合计 91 万元。甲公司的账务处理如下：

借：无形资产	910 000	
坏账准备	70 000	
投资收益	10 000	
贷：应收账款		950 000
银行存款		40 000

（2）债务人的会计处理。

乙公司 10 月 22 日的账务处理如下：

借：应付账款	950 000	
累计摊销	100 000	
无形资产减值准备	20 000	
贷：无形资产		1 000 000
其他收益——债务重组收益		70 000

【例题 15-2】 2019 年 11 月 5 日，甲公司向乙公司赊购一批材料，含税价为 234 万元。2020 年 9 月 10 日，甲公司因发生财务困难，无法按合同约定偿还债务，双方协商进行债务重组。乙公司同意甲公司用其生产的商品、作为固定资产管理的机器设备和一项债券投资抵偿欠款。当日，该债权的公允价值为 210 万元，甲公司用于抵债的商品市价（不含增值税）为 90 万元，抵债设备的公允价值为 75 万元，用于抵债的债券投资市价为 23.55 万元。抵债资产于 2020 年 9 月 20 日转让完毕，甲公司发生设备运输费用 0.65 万元，乙公司发生设备安装费用 1.5 万元。

乙公司以摊余成本计量该项债权。2020 年 9 月 20 日，乙公司对该债权已计提坏账准备 19 万元，债券投资市价为 21 万元。乙公司将受让的商品、设备和债券投资分别作为低值易耗品、固定资产和以公允价值计量且其变动计入当期损益的金融资产核算。

甲公司以摊余成本计量该项债务。2020年9月20日，甲公司用于抵债的商品成本为70万元；抵债设备的账面原价为150万元，累计折旧为40万元，已计提减值准备18万元；甲公司以摊余成本计量用于抵债的债券投资，债券票面价值总额为15万元，票面利率与实际利率一致，按年付息。当日，该项债务的账面价值仍为234万元。

甲、乙公司均为增值税一般纳税人，适用增值税率为13%，经税务机关核定，该项交易中商品和设备的计税价格分别为90万元和75万元。不考虑其他相关税费。

（1）债权人的会计处理。

低值易耗品可抵扣增值税 =90×13% =11.7（万元）

设备可抵扣增值税 =75×13% =9.75（万元）

低值易耗品和固定资产的成本应当以其公允价值比例（90:75）对放弃债权公允价值扣除受让金融资产公允价值后的净额进行分配后的金额为基础确定。

低值易耗品的成本 =90÷(90+75)×(210－23.55－11.7－9.75) =90（万元）

固定资产的成本 =75÷(90+75)×(210－23.55－11.7－9.75) =75（万元）

2020年9月20日，乙公司的账务处理如下：

①结转债务重组相关损益：

借：低值易耗品	900 000	
在建工程——在安装设备	750 000	
应交税费——应交增值税	214 500	
交易性金融资产	210 000	
坏账准备	190 000	
投资收益	75 500	
贷：应收账款——甲公司		2 340 000

②支付安装成本：

借：在建工程——在安装设备	15 000	
贷：银行存款		15 000

③安装完毕达到可使用状态：

借：固定资产——××设备	765 000	
贷：在建工程——在安装设备		765 000

（2）债务人的会计处理。

甲公司9月20日的账务处理如下：

借：固定资产清理	920 000	
累计折旧	400 000	
固定资产减值准备	180 000	
贷：固定资产		1 500 000
借：固定资产清理	6 500	
贷：银行存款		6 500

借：应付账款	2 340 000
贷：固定资产清理	926 500
库存商品	700 000
应交税费——应交增值税	214 500
债权投资——成本	150 000
其他收益——债务重组收益	349 000

（二）债务人将债务转为权益工具

1. 债权人的会计处理

债务人将债务转为权益工具方式进行债务重组的，债权人应当在相关资产符合其定义和确认条件时予以确认。

债务人将债务转为权益工具方式进行债务重组导致债权人将债权转为对联营企业或合营企业的权益性投资的，债权人应当按照“以资产清偿债务”的相关规定计量其初始投资成本。

债权人放弃债权的公允价值与账面价值之间的差额，应当计入投资收益。

2. 债务人的会计处理

将债务转为权益工具方式进行债务重组的，债务人应当在所清偿债务符合终止确认条件时予以终止确认。

债务重组采用将债务转为权益工具方式进行的，债务人初始确认权益工具时，应当按照权益工具的公允价值计量，权益工具的公允价值不能可靠计量的，应当按照所清偿债务的公允价值计量。所清偿债务账面价值与权益工具确认金额之间的差额，记入“投资收益”科目。债务人因发行权益工具而支出的相关税费等，应当依次冲减资本溢价、盈余公积、未分配利润等。

【例题15-3】2019年2月10日，甲公司从乙公司购买一批材料，约定6个月后甲公司应结清款项100万元（假定无重大融资成分）。乙公司将该应收款项分类为以公允价值计量且其变动计入当期损益的金融资产；甲公司将该应付款项分类为以摊余成本计量的金融负债。2019年8月12日，甲公司因无法支付货款与乙公司协商进行债务重组，双方商定乙公司将该债权转为对甲公司的股权投资。10月20日，乙公司办结了对甲公司的增资手续，甲公司和乙公司分别支付手续费等相关费用1.5万元和1.2万元。债转股后甲公司总股本为100万元，乙公司持有的抵债股权占甲公司总股本的25%，对甲公司具有重大影响，甲公司股权公允价值不能可靠计量。甲公司应付款项的账面价值仍为100万元。

2019年6月30日，应收款项和应付款项的公允价值均为85万元。

2019年8月12日，应收款项和应付款项的公允价值均为76万元。

2019年10月20日，应收款项和应付款项的公允价值仍为76万元。

假定不考虑其他相关税费。

第十五章

（1）债权人的会计处理

乙公司的账务处理如下：

①6月30日：

借：公允价值变动损益	150 000	
贷：交易性金融资产——公允价值变动		150 000

②8月12日：

借：公允价值变动损益	90 000	
贷：交易性金融资产——公允价值变动		90 000

③10月20日，乙公司对甲公司长期股权投资的成本为应收款项公允价值76万元与相关税费1.2万元的合计77.2万元。

借：长期股权投资——甲公司	772 000	
交易性金融资产——公允价值变动	240 000	
贷：交易性金融资产——成本		1 000 000
银行存款		12 000

（2）债务人的会计处理。

10月20日，由于甲公司股权的公允价值不能可靠计量，初始确认权益工具公允价值时应当按照所清偿债务的公允价值76万元计量，并扣除因发行权益工具支出的相关税费1.5万元。甲公司的账务处理如下：

借：应付账款	1 000 000	
贷：实收资本		250 000
资本公积——资本溢价		495 000
银行存款		15 000
投资收益		240 000

（三）修改其他条款

除第一项和第二项以外，采用调整债务本金、改变债务利息、变更还款期限等方式修改债权和债务的其他条款，形成重组债权和重组债务。

1. 债权人的会计处理

对于债权人，债务重组通过调整债务本金、改变债务利息、变更还款期限等修改合同条款方式进行的，合同修改前后的交易对手方没有发生改变，合同涉及的本金、利息等现金流量很难在本息之间及债务重组前后做出明确分割，即很难单独识别合同的特定可辨认现金流量。因此通常情况下，应当整体考虑是否对全部债权的合同条款做出了实质性修改。如果做出实质性修改，或者债权人与债务人之间签订协议，以获取实质上不同的新金融资产方式替换债权，应当终止确认原债权，并按照修改后的条款或新协议确认新金融资产。

债务重组采用以修改其他条款方式进行的，如果修改其他条款导致全部债权终止确认，债权人应当按照修改后的条款以公允价值初始计量新的金融资产，新金融资产的确认金额与债权终止确认日账面价值之间的差额，记入“投资收益”科目。

如果修改其他条款未导致债权终止确认，债权人应当根据其分类，继续以摊余成本、以公允价值计量且其变动计入其他综合收益，或者以公允价值计量且其变动计入当期损益进行后续计量。

对于以摊余成本计量的债权，债权人应当根据重新议定合同的现金流量变化情况，重新计算该重组债权的账面余额，并将相关利得或损失记入“投资收益”科目。重新计算的该重组债权的账面余额，应当根据将重新议定或修改的合同现金流量按债权原实际利率折现的现值确定，购买或源生的已发生信用减值的重组债权，应按经信用调整的实际利率折现。

对于修改或重新议定合同所产生的成本或费用，债权人应当调整修改后的重组债权的账面价值，并在修改后重组债权的剩余期限内摊销。

2. 债务人的会计处理

对于债务人，如果对债务或部分债务的合同条款做出“实质性修改”形成重组债务，或者债权人与债务人之间签订协议，以承担“实质上不同”的重组债务方式替换债务，债务人应当终止确认原债务，同时按照修改后的条款确认一项新金融负债。其中，如果重组债务未来现金流量（包括支付和收取的某些费用）现值与原债务的剩余期间现金流量现值之间的差异超过10%，则意味着新的合同条款进行了“实质性修改”或者重组债务是“实质上不同”的，有关现值的计算均采用原债务的实际利率。

债务重组采用修改其他条款方式进行的，如果修改其他条款导致债务终止确认，债务人应当按照公允价值计量重组债务，终止确认的债务账面价值与重组债务确认金额之间的差额，记入“投资收益”科目。

如果修改其他条款未导致债务终止确认，或者仅导致部分债务终止确认，对于未终止确认的部分债务，债务人应当根据其分类，继续以摊余成本、以公允价值计量且其变动计入当期损益或其他适当方法进行后续计量。

对于以摊余成本计量的债务，债务人应当根据重新议定合同的现金流量变化情况，重新计算该重组债务的账面价值，并将相关利得或损失记入“投资收益”科目。重新计算的该重组债务的账面价值，应当根据将重新议定或修改的合同现金流量按债务的原实际利率或按《企业会计准则第24号——套期会计》第二十三条规定的重新计算的实际利率（如适用）折现的现值确定。

对于修改或重新议定合同所产生的成本或费用，债务人应当调整修改后的重组债务的账面价值，并在修改后重组债务的剩余期限内摊销。

（四）以上三种方式的组合方式

1. 债权人的会计处理

债务重组采用组合方式进行的，一般可以认为对全部债权的合同条款做出了实质性修改，债权人应当按照修改后的条款，以公允价值初始计量新的金融资产和受让的新金融资产，按照受让的金融资产以外的各项资产在债务重组合同生效日的公允价值比例，对放弃债权在合同生效日的公允价值扣除受让金融资产和重组债权当日公允价值后的净额进行分配，并以此为基础分别确定各项资产的成本。放弃债权的公允价值与账面价值之间的差额，记入“投资收益”科目。

2. 债务人的会计处理

对于权益工具，债务人应当在初始确认时按照权益工具的公允价值计量，权益工具的公允价值不能可靠计量的，应当按照所清偿债务的公允价值计量。

对于修改其他条款形成的重组债务，债务人应当参照上文“修改其他条款”部分的内容，确认和计量重组债务。

所清偿债务的账面价值与转让资产的账面价值以及权益工具和重组债务的确认金额之和的差额，记入“其他收益——债务重组收益”或“投资收益”（仅涉及金融工具时）科目。

【例题 15－4】 A 公司为上市公司，2016 年 1 月 1 日，A 公司取得 B 银行贷款 5 000 万元，约定贷款期限为 4 年（即 2019 年 12 月 31 日到期），年利率 6%，按年付息，A 公司已按时支付所有利息。2019 年 12 月 31 日，A 公司出现严重资金周转问题，多项债务违约，信用风险增加，无法偿还贷款本金。2020 年 1 月 10 日，B 银行同意与 A 公司就该项贷款重新达成协议，新协议约定：（1）A 公司将一项作为固定资产核算的房产转让给 B 银行，用于抵偿债务本金 1 000 万元，该房产账面原值 1 200 万元，累计折旧 400 万元，未计提减值准备；（2）A 公司向 B 银行增发股票 500 万股，面值 1 元/股，占 A 公司股份总额的 1%，用于抵偿债务本金 2 000 万元，A 公司股票于 2020 年 1 月 10 日的收盘价为 4 元/股；（3）在 A 公司履行上述偿债义务后，B 银行免除 A 公司 500 万元债务本金，并将尚未偿还的债务本金 1 500 万元展期至 2020 年 12 月 31 日，年利率 8%；如果 A 公司未能履行（1）、（2）所述偿债义务，B 银行有权终止债务重组协议，尚未履行的债权调整承诺随之失效。B 银行以摊余成本计量该贷款，已计提贷款损失准备 300 万元。该贷款于 2020 年 1 月 10 日的公允价值为 4 600 万元，予以展期的贷款的公允价值为 1 500 万元。2020 年 3 月 2 日，双方办理完成房产转让手续，B 银行将该房产作为投资性房地产核算。2020 年 3 月 31 日，B 银行为该笔贷款补提了 100 万元的损失准备。2020 年 5 月 9 日，双方办理完成股权转让手续，B 银行将该股权投资分类为以公允价值计量且其变动计入当期损益的金融资产，A 公司股票当日收盘价为 4.02 元/股。

A 公司以摊余成本计量该贷款，截至 2020 年 1 月 10 日，该贷款的账面价值为 5 000 万元。不考虑相关税费。

（1）债权人的会计处理。

A 公司与 B 银行以组合方式进行债务重组，同时涉及以资产清偿债务、将债务转为权益工具、包括债务豁免的修改其他条款等方式，可以认为对全部债权的合同条款做出了实质性修改，债权人在收取债权现金流量的合同权利终止时应当终止确认全部债权，即在 2020 年 5 月 9 日该债务重组协议的执行过程和结果不确定性消除时，可以确认债务重组相关损益，并按照修改后的条款确认新金融资产。

债权人 B 银行的账务处理如下：

①3 月 2 日：

投资性房地产成本＝放弃债权公允价值 4 600 万元－受让股权公允价值 2 000 万元－重组债权公允价值 1 500 万元＝1 100 万元

借：投资性房地产　　11 000 000

　　贷：贷款——本金　　11 000 000

②3 月 31 日：

借：信用减值损失　　1 000 000

　　贷：贷款损失准备　　1 000 000

③5 月 9 日：

受让股权的公允价值 $=4.02\times500=2\ 010$（万元）

借：交易性金融资产——成本　　20 100 000

　　贷款——本金　　15 000 000

　　贷款损失准备　　4 000 000

　　贷：贷款——本金　　39 000 000

　　　　投资收益　　100 000

（2）债务人的会计处理。

该债务重组协议的执行过程和结果不确定性于 2×20 年 5 月 9 日消除时，债务人清偿该部分债务的现时义务已经解除，可以确认债务重组相关损益，并按照修改后的条款确认新金融负债。

债务人 A 公司的账务处理如下：

①3 月 2 日：

借：固定资产清理　　8 000 000

　　累计折旧　　4 000 000

　　贷：固定资产　　12 000 000

借：长期借款——本金　　8 000 000

　　贷：固定资产清理　　8 000 000

②5 月 9 日：

借款的新现金流量 $=1\ 500\times(1+8\%)/(1+6\%)=1\ 528.5$（万元）

现金流变化 $=(1\ 528.5-1\ 500)/1\ 500=1.9\%<10\%$

因此针对 1 500 万元本金部分的合同条款的修改不构成实质性修改，不终止确认该部分负债。

借：长期借款——本金　　42 000 000

　　贷：股本　　5 000 000

　　　　资本公积　　15 100 000

　　　　长期借款——本金　　15 285 000

　　　　其他收益——债务重组收益　　6 615 000

本例中，即使没有"A 公司未能履行（1）、（2）所述偿债义务，B 银行有权终止债务重组协议，其他债权调整承诺随之失效"的条款，债务人仍然应当谨慎处理，考虑在债务的现时义务解除时终止确认原债务。

四、债务重组的相关披露

债务重组中涉及的债权、重组债权、债务、重组债务和其他金融工具的披露，应当按照《企业会计准则第37号——金融工具列报》的规定处理。此外，债权人和债务人还应当在附注中披露与债务重组有关的额外信息。

债权人应当在附注中披露与债务重组有关的下列信息：

（1）根据债务重组方式，分组披露债权账面价值和债务重组相关损益。分组时，债权人可以按照以资产清偿债务方式、将债务转为权益工具方式、修改其他条款方式、组合方式为标准分组，也可以根据重要性原则以更细化的标准分组。

（2）债务重组导致的对联营企业或合营企业的权益性投资增加额，以及该投资占联营企业或合营企业股份总额的比例。

债务人应当在附注中披露与债务重组有关的下列信息：

（1）根据债务重组方式，分组披露债务账面价值和债务重组相关损益。分组的标准与对债权人的要求类似。

（2）债务重组导致的股本等所有者权益的增加额。

报表使用者可能关心与债务重组相关的其他信息，例如，债权人和债务人是否具有关联方关系；如何确定债务转为权益工具方式中的权益工具，以及修改其他条款方式中的新重组债权或重组债务等的公允价值；是否存在与债务重组相关的或有事项等，企业应当根据《企业会计准则第13号——或有事项》《企业会计准则第22号——金融工具确认和计量》《企业会计准则第36号——关联方披露》《企业会计准则第37号——金融工具列报》和《企业会计准则第39号——公允价值计量》等准则规定，披露相关信息。

第十五章　债务重组

彬哥跟你说：

本章无难点！但是学到了这里我还是想提醒各位：

（1）保持复习！保持不断的复习！当内容越学越多的时候，你们一定要把前面所学的知识形成框架，不断复习，保持熟悉。

（2）这个时候如果你还只开始了一门会计的话，可以尝试新加一门其他科目了，因为会计学到这里基本上代表学的差不多了，接下来消化就好。

今日复习步骤：

第一遍：回忆 & 重新复习一遍框架（5 分钟）

学习要求：这一遍的目的是自己重新找一遍框架，不需要掌握所有细节，但求框架了然于心。

债务重组一般分为三类——以资产清偿、债务转权益工具、修改其他条款

第二遍：对细节进一步掌握（15 分钟）

（1）资产清偿债务涉及哪些考点？

（2）债务转权益工具涉及哪些考点？

（3）修改其他条款涉及哪些考点？

第三遍：重新复习一遍框架（5 分钟）

我问你答：

（1）以资产清偿的基本原则是什么？相关分录如何写？

（2）债务转权益工具的相关分录如何写？

（3）修改其他条款，债务人、债权人分别如何作会计处理？

本章作业：

（1）请把讲义例题做三遍（做错的题目，请分析错误原因并记录到改错本）。

（2）请复习完口述一遍框架，睡前请再回忆一遍框架。

（3）第二天早上，请再回忆一遍框架，对于回忆不起来的内容，请翻书看一遍。

第十六章　政府补助

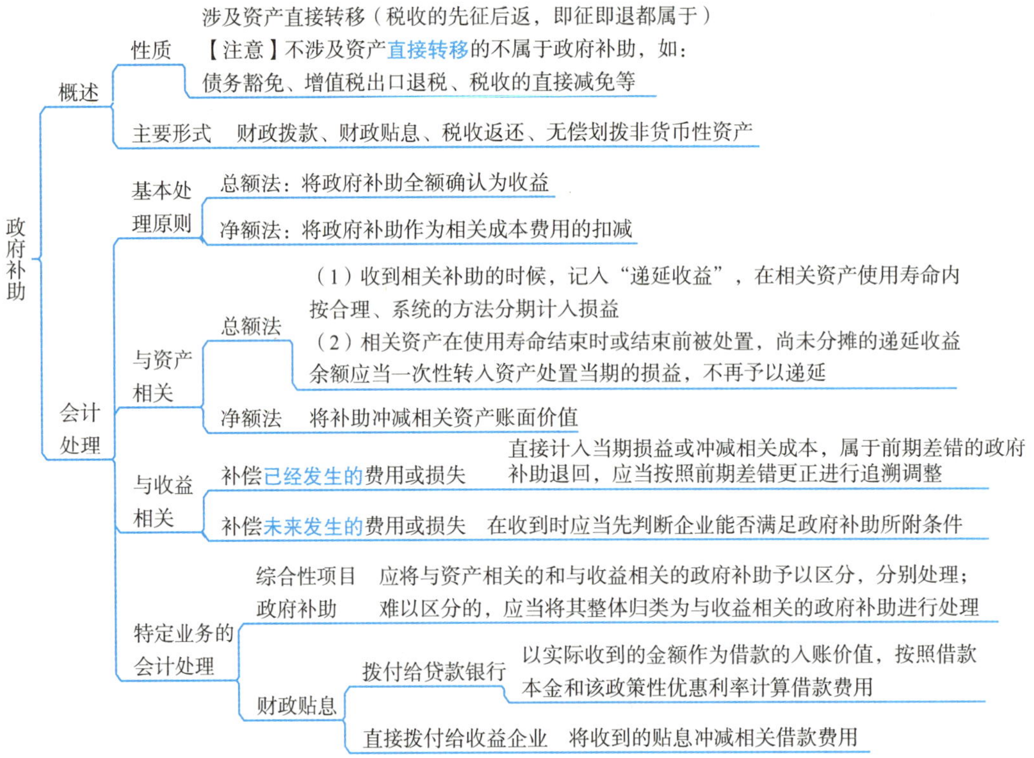

图 16－1　本章学习框架

【重难点（考点）解析】

（1）哪些属于政府补助？一定要无偿性和交付资产，简单的免税和减税不是政府补助。

（2）政府补助分为与资产相关的政府补助和与收益相关的政府补助，两者的处理方式不一样，因此，影响的当期损益的金额也不一样。

（3）涉及财政贴息的处理，主要分为“财政将贴息资金拨付给贷款银行”和“财政将贴息资金拨付给受益企业”，其中“财政将贴息资金拨付给贷款银行”的处理分为两种情况，一种是按照实际情况处理，另一种是按照“摊余成本法”来处理，因为前言学过摊余成本，所以这里我们的学习也将非常简单，无须担心，本书对教材的内容进行了简化，降低了学习难度。

第一节　政府补助概述

政府补助：是指企业从政府无偿取得货币性资产或非货币性资产，但不包括政府作为企业所有者投入的资本。

1. 政府补助的特征

（1）无偿性；

（2）直接取得资产。政府补助是企业从政府直接取得的资产，包括货币性资产和非货币性资产。如企业取得的财政拨款，先征后返（退）、即征即退等方式返还的税款，行政划拨的土地使用权、自然形成的天然林等。不涉及资产直接转移的经济资源不属于政府补助准则规范的政府补助，比如政府与企业间的债务豁免，除税收返还外的税收优惠，如直接减征、免征、增加计税抵扣额、抵免部分税额等。

此外，还需说明的是增值税出口退税不属于政府补助。

政府补助的主要形式：财政拨款、财政贴息、税收返还、无偿划拨非货币性资产。

政府补助的分类：**与资产相关的政府补助和与收益相关的政府补助**。

相关链接：企业从政府取得的经济资源，如果与企业销售商品或提供劳务等活动密切相关，且来源于政府的经济资源是企业商品或服务的对价或者对价的组成部分，应当确认为收入，不属于政府补助范畴。

【提示】这里多次出题，考点如下：

（1）一定是资产的转移才叫政府补助，纯粹的税收优惠，比如减征、免征等，其不涉及资产的直接转移，不属于政府补助；

（2）增值税出口退税不属于政府补助；

（3）政府投资入股的资产也不叫政府补助。

2. 政府补助的分类

政府补助分为与资产相关的政府补助和与收益相关的政府补助两类。

（1）与资产相关的政府补助指企业取得的、用于购建或以其他方式形成长期资产的政府补助。

（2）与收益相关的政府补助指除与资产相关的政府补助之外的，主要用于补偿企业已经发生或即将发生的费用或损失。

【例题16－1·单选题】下列项目中，属于与收益相关的政府补助的是（　　）。

A. 政府拨付的用于企业购买无形资产的财政拨款

B. 政府向企业无偿划拨长期非货币性资产

C. 政府对企业用于建造固定资产的相关贷款给予的财政补贴

D. 企业收到的先征后返的增值税

【答案】D

【解析】企业收到的先征后返的增值税，属于与收益相关的政府补助，应将其计入当期其他收益。

第二节　政府补助的会计处理

政府补助的基本处理原则如表 16－1 所示。

表 16－1　　政府补助处理原则

会计处理方法	一是总额法，将政府补助全额确认为收益
	二是净额法，将政府补助作为相关资产账面价值或所补偿费用的扣减
会计科目	与企业日常活动相关的政府补助，应当按照经济业务实质，计入其他收益或冲减相关成本费用
	与企业日常活动无关的政府补助，计入营业外收支
	通常情况下，若政府补助补偿的成本费用是营业利润之中的项目，或该补助与日常销售行为密切相关，如增值税即征即退等，则认为该政府补助与日常活动相关。否则，就是与企业日常活动无关

有同学在问，“其他收益”属于什么科目？怎么以前没有见过？其实前面已经学过，这个科目是 2017 年教材新增的一个科目。“其他收益”，在利润表的“营业利润”项目之上单独列报“其他收益”项目，计入其他收益的政府补助在该项目中反映。

政府补助分为与收益相关的政府补助和与资产相关的政府补助。

一、与资产相关的政府补助

与资产相关的政府补助的会计处理如表 16－2 所示。

表 16－2　　与资产相关的政府补助的会计处理

总额法	收到相关补助的时候，记入“递延收益”，在相关资产使用寿命内按合理、系统的方法分期计入损益。相关资产在使用寿命结束时或结束前被处置（出售、转让、报废），尚未分摊的递延收益余额应当一次性转入资产处置当期的资产处置损益（或营业外收入），不再予以递延	
	收到补助款时	借：银行存款 　　贷：递延收益
	分期转入损益	借：递延收益 　　贷：其他收益（日常）/营业外收入（非日常）
	资产被提前处置时	借：递延收益 　　贷：资产处置损益/营业外收入
净额法	将补助冲减相关资产账面价值	
	收到补助款时	借：银行存款 　　贷：递延收益
	购入资产时	借：固定资产 　　贷：银行存款 借：递延收益 　　贷：固定资产

【注意事项】

（1）企业对某项经济业务选择总额法或净额法后，应当对该项业务一贯地运用该方法，不得随意变更。

（2）实务中存在政府无偿给予企业长期非货币性资产的情况，如无偿给予的土地使用权和天然起源的天然林等。对无偿给予的非货币性资产，企业应当按照公允价值或名义金额对此类补助进行计量。企业在收到非货币性资产时，应当借记有关资产科目，贷记“递延收益”科目，在相关资产使用寿命内按合理、系统的方法分期计入损益，借记“递延收益”科目，贷记“其他收益”或“营业外收入”科目。对以名义金额（1元）计量的政府补助，在取得时计入当期损益。

【例题16－2】按照国家有关政策，企业购置环保设备可以申请补贴以补偿其环保支出。丁企业于2008年1月向政府有关部门提交了210万元的补助申请，作为对其购置环保设备的补贴。2008年3月15日，丁企业收到了政府补贴款210万元。2008年4月20日，丁企业购入不需安装环保设备，实际成本为480万元，使用寿命10年，采用直线法计提折旧（假设无残值）。2016年4月，丁企业的设备发生毁损（假定不考虑其他因素）。

丁企业的账务处理如下：

方法一：丁企业选择总额法进行会计处理，具体见下表。

<table>
<tr><td colspan="2">（1）2008年3月15日实际收到财政拨款，确认政府补助</td><td>借：银行存款 2 100 000
贷：递延收益 2 100 000</td></tr>
<tr><td colspan="2">（2）2008年4月20日购入设备</td><td>借：固定资产 4 800 000
贷：银行存款 4 800 000</td></tr>
<tr><td rowspan="2">（3）自2008年5月起每个资产负债表日（月末）计提折旧，同时分摊递延收益</td><td>①计提折旧（假设该设备用于污染物排放测试，折旧费用计入制造费用）</td><td>借：制造费用 40 000
贷：累计折旧 40 000</td></tr>
<tr><td>②分摊递延收益（月末）</td><td>借：递延收益
（2 100 000 ÷ 10 ÷ 12）17 500
贷：其他收益 17 500</td></tr>
<tr><td rowspan="2">（4）2016年4月设备毁损，同时转销递延收益余额</td><td>①设备毁损</td><td>借：固定资产清理 960 000
累计折旧 3 840 000
贷：固定资产 4 800 000
借：营业外支出 960 000
贷：固定资产清理 960 000</td></tr>
<tr><td>②转销递延收益余额</td><td>借：递延收益
（2 100 000 － 17 500 × 12 × 8）420 000
贷：营业外收入 420 000</td></tr>
</table>

方法二：丁企业选择净额法进行会计处理。

(1) 2008 年 3 月 15 日实际收到财政拨款：

借：银行存款　2 100 000

　贷：递延收益　2 100 000

(2) 2008 年 4 月 20 日购入设备：

借：固定资产　4 800 000

　贷：银行存款　4 800 000

借：递延收益　2 100 000

　贷：固定资产　2 100 000

(3) 自 2008 年 5 月起每个资产负债表日（月末）计提折旧：

抵减之后的固定资产的账面价值是 270 万元，后续的折旧就按照 270 万元进行折旧即可。

借：制造费用　22 500

　贷：累计折旧　(2 700 000 ÷ 10 ÷ 12) 22 500

(4) 2016 年 4 月设备毁损：

借：固定资产清理　540 000

　累计折旧　2 160 000

　贷：固定资产　2 700 000

借：营业外支出　540 000

　贷：固定资产清理　540 000

二、与收益相关的政府补助（见表 16－3）

表 16－3　与收益相关的政府补助的会计处理

情况一：用于补偿以后期间的相关成本费用或损失的，在收到时应当先判断企业能否满足政府补助所附条件		
(1) 如收到时暂时无法确定，则应当先作为预收款项记入“**其他应付款**”科目，待客观情况表明企业能够满足政府补助所附条件后，**再确认递延收益**	收到时	借：银行存款 贷：其他应付款
	能够确定时	借：其他应付款 贷：递延收益
	实际发生时	借：递延收益 贷：其他收益/管理费用/营业外收入
(2) 如收到补助时，客观情况表明企业能够满足政府补助所附条件，则应当**确认递延收益**，并在确认相关费用或损失的期间，**计入当期损益或冲减相关成本**	收到时	借：银行存款 贷：递延收益
	实际发生时	借：递延收益 贷：其他收益/管理费用/营业外收入

情况二：用于补偿已发生的相关成本费用或损失的，直接计入当期损益或冲减相关成本	
（1）如果企业已经实际收到补助资金，应当按照实际收到的金额计入当期损益或冲减相关成本	借：银行存款 　　贷：其他收益/管理费用/营业外收入 或冲减相关成本 借：银行存款 　　贷：生产成本等
（2）如果会计期末企业尚未收到补助资金，但企业在符合了相关政策规定后就获得了收款权，且与之相关的经济利益很可能流入企业，企业应当在这项补助成为应收款时按照应收的金额予以确认，记入当期损益或冲减相关成本	借：其他应收款 　　贷：其他收益/管理费用/营业外收入
（3）已计入损益的政府补助需要退回的，应当分别下列情况进行会计处理	①初始确认时冲减相关资产成本的，应当调整资产账面价值 ②存在尚未摊销的递延收益的，冲减相关递延收益账面余额，超出部分计入当期损益 ③属于其他情况的，直接计入当期损益。此外，对于属于前期差错的政府补助退回，应当按照前期差错更正进行追溯调整

【例题16-3】甲企业于2014年3月15日与企业所在地地方政府签订合作协议，根据协议约定，当地政府将向甲企业提供1 000万元奖励资金，用于企业的人才激励和人才引进奖励，甲企业必须按年向当地政府报送详细的资金使用计划并按规定用途使用资金。协议同时还约定，甲企业自获得奖励起10年内注册地址不得迁离本区，否则政府有权追回奖励资金。甲企业于2014年4月10日收到1 000万元补助资金，分别在2014年12月、2015年12月、2016年12月使用了400万元、300万元和300万元，用于发放给总裁级别类高管年度奖金。

假设甲企业收到补助时，客观情况表明甲企业在未来10年内离开该地区的可能性很小，会计处理如下：

（1）收到时：

借：银行存款　　10 000 000

　　贷：递延收益　　10 000 000

（2）将补贴资金发放给高管时：

借：递延收益　　4 000 000

　　贷：管理费用　　4 000 000

后面两次支付会计处理相同。

【例题16-4】甲软件企业2016年2月15日收到即征即退的增值税10万元，账务处理如下：

借：银行存款　　100 000

　　贷：其他收益　　100 000

【例题 16-5】 甲企业收到了政府支付的自然灾害补助资金 100 万元，账务处理如下：

借：银行存款	1 000 000	
贷：营业外收入		1 000 000

【例题 16-6】 接【例题 16-2】，假设 2009 年 5 月，有关部门在对丁企业的检查中发现，丁企业不符合申请补助的条件，要求丁企业退回补助款。丁企业于当月退回了补助款 210 万元。

丁企业的账务处理如下：

方法一：总额法的退回。

借：递延收益	1 890 000	
其他收益	210 000	
贷：银行存款		2 100 000

方法二：净额法的退回，应当视同一开始就没有收到政府补助，调整相关资产的账面价值。本例题中应调整固定资产成本和累计折旧，将实际退回金额与账面价值调整数之间的差额计入当期损益。

借：固定资产	1 890 000	
制造费用	210 000	
贷：银行存款		2 100 000

三、特定业务的会计处理

（1）综合性项目政府补助。综合性项目政府补助同时包含与资产相关的政府补助和与收益相关的政府补助，企业需要将其进行分解并分别进行会计处理；难以区分的，企业应当将其整体归类为与收益相关的政府补助进行处理。

（2）财政贴息。企业取得政策性优惠贷款贴息的，应当区分财政将贴息资金拨付给贷款银行和财政将贴息资金直接拨付给企业两种情况，分别进行会计处理，如表 16-4 所示。

表 16-4　财政贴息的会计处理

财政将贴息资金拨付给贷款银行	第一种方法：以实际收到的借款的金额作为入账价值，按照借款本金和该政策性优惠利率计算借款费用
	第二种方法：以借款的公允价值作为借款的入账价值并按照实际利率法计算借款费用，实际收到的金额与借款公允价值之间的差额确认为递延收益，递延收益在借款存续期内采用实际利率法摊销，冲减相关借款费用
财政将贴息资金直接拨付给受益企业	由于企业先按照同类贷款市场利率向银行支付利息，所以实际收到的借款金额通常是借款的公允价值，企业应当将对应的贴息冲减相关借款费用

【例题16－7】2015年1月1日，丙企业向银行贷款100万元，期限2年，按月计息，按季度付息，到期一次还本。由于这笔贷款资金将被用于国家扶持产业，符合财政贴息的条件，所以贷款利率显著低于丙企业取得同类贷款的市场利率。假设丙企业取得同类贷款的年市场利率为9%，丙企业与银行签订的贷款合同约定的年利率为3%，丙企业按年向银行支付贷款利息，财政按年向银行拨付贴息资金。贴息后实际支付的年利息率为3%，贷款期间的利息费用满足资本化条件，记入相关在建工程的成本。这属于财政将贴息资金拨付给贷款银行：

按照第一种方法账务处理如下：

（1）2015年1月1日，丙企业取得银行贷款100万元。

借：银行存款　　1 000 000

　　贷：长期借款——本金　　1 000 000

（2）2015年1月31日起每月月末，丙企业按月计提利息，企业实际承担的利息支出为1 000 000×3%÷12＝2 500（元）。

借：在建工程　　2 500

　　贷：应付利息　　2 500

按照第二种方法账务处理如下：

将财政贴息的现值确认为递延收益，后续按照实际利率法进行摊销。

根据题意，每月的财政补贴应该是：1 000 000×(9%－3%)÷12＝5 000（元），市场利率是9%，因此，根据年金现值计算出现值：5 000×(P/A，9%/12，24)＝109 446（元）（考试会告诉年金现值系数）。

（1）取得贷款时：

借：银行存款　　1 000 000

　　长期借款——利息调整　　109 446

　　贷：长期借款——本金　　1 000 000

　　　　递延收益　　109 446

取得贷款时的长期借款的实际成本：1 000 000－109 446＝890 554（元）

（2）按月计提利息：

按照摊余成本计算，第一期利息：890 554×9%÷12＝6 679（元）

借：在建工程　　6 679

　　贷：应付利息　　2 500

　　　　长期借款——利息调整　　4 179

这里计入在建工程的金额是6 679元，其中2 500元是支付的利息，4 179元是政府补贴的摊销部分，其应冲减相关的借款费用，这里是冲减在建工程。

同时，摊销递延收益：

借：递延收益　　4 179

　　贷：在建工程　　4 179

上面两种方法下，计入在建工程的利息支出是一致的，均为 2 500 元。所不同的是第一种方法下，银行贷款在资产负债表中反映账面价值为 1 000 000 元，第二种方法下，银行贷款的入账价值为 890 554 元，递延收益为 109 446 元，各月需要按照实际利率法进行摊销。

如果是直接支付给企业又该如何处理？

【例题 16－8】 接【例题 16－7】丙企业与银行签订的贷款合同约定的年利率为 9%，丙企业按月计提利息，按季度向银行支付贷款利息，以付息凭证向财政申请贴息资金。财政按年与丙企业结算贴息资金。

（1）2015 年 1 月 1 日，丙企业取得银行贷款 100 万元。

借：银行存款	1 000 000	
贷：长期借款——本金		1 000 000

（2）2015 年 1 月 31 日起每月月末，丙企业按月计提利息，应向银行支付的利息金额为 1 000 000 × 9% ÷ 12 = 7 500（元），企业实际承担的利息支出为 1 000 000 × 3% ÷ 12 = 2 500（元），应收政府贴息为 5 000 元。

借：在建工程	7 500	
贷：应付利息		7 500
借：其他应收款	5 000	
贷：在建工程		5 000

四、政府补助的列报和披露

1. 政府补助的列报

企业应在利润表的“营业利润”项目之上单独列报“其他收益”项目，计入其他收益的政府补助在该项目反映。冲减相关成本费用的政府补助，在相关成本费用项目中反映。与企业日常经营活动无关的政府补助，在利润表的营业外收支项目中列报。

2. 政府补助的附注披露

企业应当在附注中披露与政府补助有关的下列信息：政府补助的种类、金额和列报项目；计入当期损益的政府补助金额；本期退回的政府补助金额及原因。

【例题 16－9·多选题】 甲公司 2013 年自财政部门取得以下款项：（1）2 月 20 日，收到拨来的以前年度已完成重点科研项目的经费补贴 260 万元；（2）6 月 20 日，取得国家对公司进行扶改项目的支持资金 3 000 万元，用于购置固定资产，相关资产于当年 12 月 28 日达到预定可使用状态，预计使用年限为 20 年，采用年限平均法计提折旧；（3）12 月 30 日，收到战略性新兴产业研究补贴 4 000 万元，该项目自取得补贴款时已发生研究支出 1 600 万元，预计项目结项前仍将发生研究支出 2 400 万元。假定上述政府补助在 2013 年以前均未给予确认，不考虑其他因素，下列关于甲公司 2013 年对政府补助相关的会计处理中，正确的有（　　）。（2013 年）

A. 当期应入损益的政府补助是 1 860 万元

B. 当期取得与收益相关的政府补助是 260 万元

C. 当期取得与资产相关的政府补助是3 000万元

D. 当期应计入资本公积的政府补助是4 000万元

【答案】AC

【解析】当期取得与收益相关的政府补助为260 +4 000 =4 260（万元），选项B错误；当期应计入损益的政府补助为260 +1 600 =1 860（万元），选项A正确；当期取得与资产相关的政府补助为3 000万元，选项C正确；政府补助不计入资本公积，选项D错误。

【例题16 -10 · 单选题】2014年1月5日，政府拨付A企业450万元财政拨款（同日到账），要求购买大型科研设备1台用于某项科研项目。2014年1月31日，A企业购入大型设备（假设不需安装），实际成本为480万元，其中30万元以自有资金支付，使用寿命10年，采用年限平均法计提折旧（假设无残值）。假定不考虑其他因素。上述业务影响2014年度利润总额为（　　）万元。

A. 41.25　　B. −44　　C. −85.25　　D. −2.75

【答案】D

【解析】（1）采取总额法计算：2014年计提折旧计入管理费用的金额 =480/10/12 ×11 =44（万元），递延收益摊销计入其他收益的金额 =450/10/12 ×11 =41.25（万元），上述业务影响2014年度利润总额 =41.25 −44 = −2.75（万元）。

（2）采取净额法计算：取得的补助冲减相关资产账面价值，故取得的资产的实际入账价值为30万元（480 −450），所以2014年计提的折旧为30/10 ×(11/12) =2.75（万元）。

第十六章　政府补助

彬哥跟你说：

本章难度系数也不大，分值不重，但是很容易考，所以各位还要重视，分录比较多，都自己去写一下！

今日复习步骤：

第一遍：回忆 & 重新复习一遍框架（5 分钟）

学习要求：这一遍的目的是自己重新找一遍框架，不需要掌握所有细节，但求框架了然于心。

（1）什么叫政府补助？

（2）政府补助分为哪几类？

（3）什么是与资产相关的政府补助？

（4）什么是与收益相关的政府补助？

第二遍：对细节进一步掌握（20 分钟）

（1）政府补助主要形式有哪些考点？

（2）政府补助处理原则有哪些考点？

（3）与资产相关的政府补助涉及哪些考点？

（4）与收益相关的政府补助涉及哪些考点？

第三遍：重新复习一遍框架（5 分钟）

我问你答：

（1）哪些行为属于政府补助？哪些不属于？

（2）政府补助的处理原则是什么？

（3）如何区分是与收益相关的政府补助还是与资产相关的政府补助？

（4）与资产相关的政府补助如何进行会计处理？分录怎么写？有哪些需要注意的？

（5）与收益相关的政府补助如何进行会计处理？分录怎么写？有哪些需要注意的？

（6）企业收到的财政贴息如何进行会计处理？

本章作业：

（1）请把讲义例题做三遍（做错的题目，请分析错误原因并记录到改错本）。

（2）请复习完口述一遍框架，睡前请再回忆一遍框架。

（3）第二天早上，请再回忆一遍框架，对于回忆不起来的内容，请翻书看一遍。

第 13 天

复习旧内容：

稍微翻一下前一天学的 4 章内容，不用花太多时间

学习新内容：

特殊事项（一）：借款费用、股份支付、外币折算

学习方法：

基本学习方法还是跟前面一样，不难，需要默写分录，直到跟标准答案一致为止。

你今天可能有的心态：

感觉跨过了资产篇（二）之后好像真的一马平川。

简单解释今天学习内容：

（1）借款费用其实就是讲的借款利息到底是直接记入“财务费用”还是要记入“在建工程”的问题，这就涉及资本化和费用化的问题，所以就需要知道什么时候资本化什么时候费用化。

（2）股份支付指的就是企业给员工或者他人的一种激励承诺，达到工作年限或者达到一定的要求可以给予“优惠购买股票的权利”或“参照股票的价格给予现金奖励的权利”。

（3）外币折算。假设选定人民币作为本币，那其他货币就是外币，每个编制财务报表的日子都需要将外币计价的资产换算成人民币，汇率的变动，就是本章要学习的。

可能会遇到的难点：

本章没什么难点，只是需要记住以下考点：

（1）借款费用的考点有借款费用的开始、暂停和结束；专门借款和一般借款的资本化金额的计算；

（2）股份支付主要就是以权益结算的股份支付和以现金结算的股份支付的异同；

（3）外币折算的考点包括货币性资产和非货币资产期末的外币折算。

习题注意事项：

例题默写，直到跟标准答案一样为止。

建议学习时间：

2 ~ 3 个小时

第十七章　借款费用

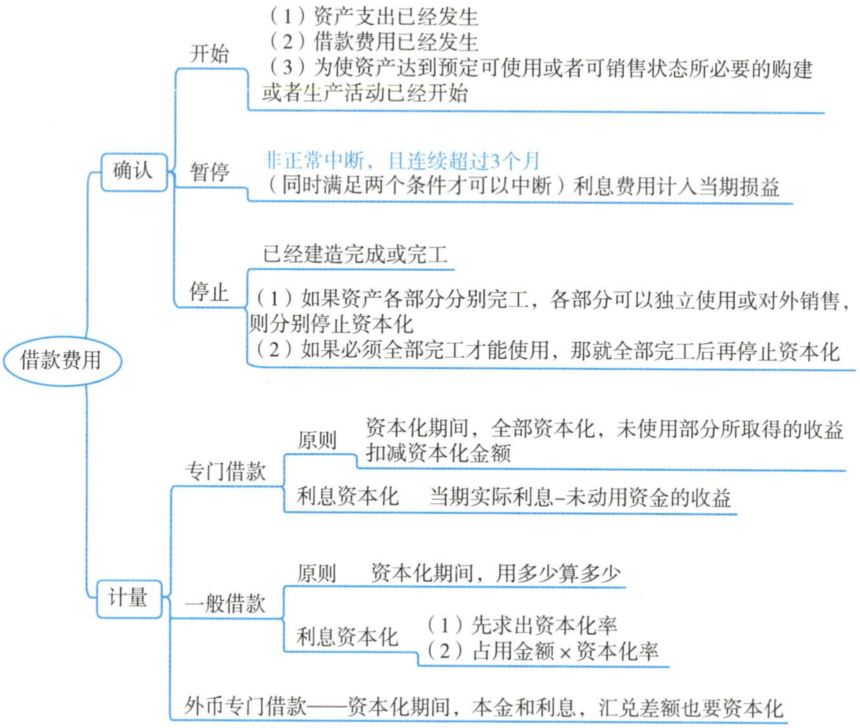

图 17－1　本章学习框架

【重难点（考点）解析】

（1）借款费用的三个时点：①开始资本化的时点：资产支出已经发生、借款费用已经发生、为使资产达到预定可使用状态所必要的购建或者生产活动已经开始；②暂停资本化的时间：在购建或者生产过程中发生非正常中断且中断时间连续超过 3 个月；③停止资本化。

（2）关于专门借款，理论上是资本化期间的所有利息支出都应该资本化，不管使用未使用，但是应该扣除专门借款放在银行类似的短期收益。

（3）关于一般借款，既然不是为购建该资产专门持有的，那么就只管用了多少算多少的利息，符合资本化条件则资本化就行。

第一节　借款费用概述

一、借款费用的范围

（1）因借款而发生的利息。

（2）因借款而发生的折价或溢价**的摊销**。

（3）因外币借款而发生的汇兑差额。

（4）因借款而发生的辅助费用。

二、借款的范围

借款分为专门借款和一般借款。

专门借款：是为购建或者生产符合资本化条件的资产而专门借入的款项。

一般借款：是指专门借款之外的借款，没有特指用于符合资本化条件的资产的购建或生产。

三、符合资本化条件的资产

符合资本化条件的资产是指需要经过相当长时间的购建或者生产活动才能达到预定可使用或者可销售状态的固定资产、投资性房地产和存货等资产。建造合同成本、确认为无形资产的开发支出等在符合条件的情况下，也可以认定为符合资本化条件的资产。

“相当长的时间”是指为资产的购建或者生产所必要的时间，通常为1年以上（含1年）。

第二节　借款费用的确认

前言已经讲过，借款费用可以资本化也可以费用化，我们主要看一下怎么资本化。

请注意三个知识点：（1）什么时候开始资本化；（2）什么时候暂停资本化；（3）什么时候停止资本化。这是考试需要使用到的知识点。

一、借款费用开始资本化的时点

借款费用只有在同时满足以下三个条件时才能开始资本化：

（1）“**资产支出已经发生**”，是指企业已经发生了支付现金、转移非现金资产或者承担带息债务形式所发生的支出。

（2）“借款费用已经发生”。

（3）“为使资产达到预定可使用或者可销售状态所必要的购建或者生产活动已经开始”。

二、借款费用暂停资本化的时间

什么叫暂停资本化？就是在这个暂停期间发生的利息费用不能计入资产的成本，只能计入当期损益（财务费用）。

符合资本化条件的资产在购建或者生产过程中发生非正常中断、且中断时间连续超过3个月的，应当暂停借款费用的资本化！

这里需要注意的一定是“非正常中断”“连续超过3个月”，这两个条件缺一不可。

比如，一项工程因为意外事故停工4个月，那就应该暂停资本化；如果是东北的工地由于冰冻停工4个月，这就是正常的现象，无须暂停。

三、借款费用停止资本化的时点

（1）符合资本化条件的资产的实体建造（包括安装）或者生产工作已经全部完成或者实质上已经完成。

（2）所购建或者生产的符合资本化条件的资产与设计要求、合同规定或者生产要求相符或者基本相符，即使有极个别与设计、合同或者生产要求不相符的地方，也不影响其正常使用或者销售。

（3）继续发生在所购建或生产的符合资本化条件的资产上的支出金额很少或者几乎不再发生。

如果资产的各部分分别完工，各部分可以独立使用或者对外销售，那可以分别停止资本化；如果必须全部完工才能使用的，那等全部完工后再停止资本化。

第三节　借款费用的计量

一、借款利息资本化金额的确定

1. 基本原则

专门借款：在资本化期间，不管使用没使用，所有专门借款都要资本化，未使用部分所取得的收益可扣减资本化金额。

比如，专门借款2 000万元，1月1日使用了1 000万元，那么2 000万元的利息费用需要全部资本化，没使用的1 000万元进行短期投资的收益可以冲减资本化金额。

一般借款：在资本化期间，用多少算多少。

比如，某企业有一般借款2 000万元，1月1日使用了1 000万元，那么只就这1 000万元的利息费用进行资本化，其他都跟本项目无关。

2. 具体规定

在借款费用资本化期间内，每一会计期间的利息（包括折价或溢价的摊销）资本化金额，应当按照下列方法确定：

（1）为购建或者生产符合资本化条件的资产而借入专门借款的，应当以专门借款当期实际发生的利息费用，减去将尚未动用的借款资金存入银行取得的利息收入或进行暂时性投资取得的投资收益后的金额确定。

（2）为购建或者生产符合资本化条件的资产而占用了一般借款的，企业应当根据累计资产支出超过专门借款部分的资产支出加权平均数乘以所占用一般借款的资本化率，计算确定一般借款应予资本化的利息金额。资本化率应当根据一般借款加权平均利率计算确定。

这里我要解释一个名词，那就是一般借款的资本化率，看似复杂，实则简单。举例说明：现在企业有两笔一般借款，一笔是1 000万元，利率是8%，另一笔是2 000万元，利率是7%，现在我们为购建某项资产占用了1 200万元的一般借款，请问这个1 200万元是来源于第二笔的2 000万元还是来源于第一笔的？由于是一般借款，所以根本没办法判断，因此我们是不是应该求出两笔借款的加权平均利率？这就是资本化率。

【举例】一般借款的资本化率——加权平均成本

假设2018年有两笔一般借款：

	借入日期	年利率
第一笔借款：2 000万元	2018年4月1日	7%
第二笔借款：3 000万元	2018年7月1日	8%

那么2018年的一般借款资本化率为：

（1）2018年的所有利息：2 000×7%×9/12+3 000×8%×6/12=225（万元）

（2）那么一般借款资本化率就为：225/(2 000×9/12+3 000×6/12)=7.5%

【例题17-1】ABC公司于2017年1月1日正式动工兴建一幢办公楼，工期预计为1年6个月，工程采用出包方式，分别于2017年1月1日、2017年7月1日和2018年1月1日支付工程进度款。公司为建造办公楼于2017年1月1日专门借款2 000万元，借款期限为3年，年利率为6%。另外，在2017年7月1日又专门借款4 000万元，借款期限为5年，年利率为7%。借款利息为按年支付（如无特别说明，本章例题中名义利率与实际利率均相同）。

闲置借款资金均用于固定收益债券短期投资，该短期投资月收益率为0.5%。

办公楼于2018年6月30日完工，达到预定可使用状态。

公司为建造该办公楼的支出金额如下表所示。

支出金额详情

日期	每期资产支出金额（万元）	累计资产支出金额（万元）	闲置借款资金用于短期投资金额（万元）	闲置借款资金用于短期投资期限
2017年1月1日	1 500	1 500	500	6个月（2017.1.1－2017.6.30）
2017年7月1日	2 500	4 000	2 000	6个月（2017.7.1－2017.12.31）
2018年1月1日	1 500	5 500	500	6个月（2018.1.1－2018.6.30）
总计	5 500	—	3 000	

由于ABC公司使用了专门借款建造办公楼，而且办公楼建造支出没有超过专门借款金额，因此公司2017年、2018年为建造办公楼应予资本化的利息金额计算如下：

(1) 确定借款费用资本化期间为2017年1月1日至2018年6月30日。

(2) 计算在资本化期间内专门借款实际发生的利息金额:

2017年专门借款发生的利息金额=2 000×6%+4 000×7%×6/12=260(万元);

2018年1月1日~6月30日专门借款发生的利息金额=2 000×6%×6/12+4 000×7%×6/12=200(万元)。

(3) 计算在资本化期间内利用闲置的专门借款资金进行短期投资的收益:

2017年短期投资收益=500×0.5%×6+2 000×0.5%×6=75(万元);

2018年1月1日~6月30日短期投资收益=500×0.5%×6=15(万元)。

(4) 由于在资本化期间内,专门借款利息费用的资本化金额应当以其实际发生的利息费用减去将闲置的借款资金进行短期投资取得的投资收益后的金额确定,因此:

2017年的利息资本化金额=260-75=185(万元);

2018年的利息资本化金额=200-15=185(万元)。

有关账务处理如下:

2017年12月31日

借:在建工程	1 850 000	
应收利息(或银行存款)	750 000	
贷:应付利息		2 600 000

2018年6月30日:

借:在建工程	1 850 000	
应收利息(或银行存款)	150 000	
贷:应付利息		2 000 000

【例题17-2】 沿用【例题17-1】,假定ABC公司建造办公楼没有专门借款,占用的都是一般借款。

ABC公司为建造办公楼占用的一般借款有两笔,具体如下:

(1) 向A银行长期贷款2 000万元,期限为2016年12月1日~2019年12月1日,年利率为6%,按年支付利息。

(2) 按票面发行公司债券1亿元,于2016年1月1日发行,期限为5年,年利率为8%,按年支付利息。

假定这两笔一般借款除了用于办公楼建设外,没有用于其他符合资本化条件的资产的购建或者生产活动。

假定全年按360天计算,其他资料沿用【例题17-1】。

鉴于ABC公司建造办公楼没有占用专门借款,而占用了一般借款,因此,公司应当首先计算所占用一般借款的加权平均利率作为资本化率,然后计算建造办公楼的累计资产支出加权平均数,将其与资本化率相乘,计算求得当期应予资本化的借款利息金额。具体如下:

(1) 计算所占用一般借款资本化率:

一般借款资本化率 (年) =(2 000×6% +10 000×8%) ÷(2 000 +10 000) =7.67%

(2) 计算累计资产支出加权平均数:

2017 年累计资产支出加权平均数 =1 500 +2 500 ×180/360 =2 750 (万元)

2018 年累计资产支出加权平均数 =(4 000 +1 500) ×180 ÷360 =2 750 (万元)

(3) 计算每期利息资本化金额:

2017 年为建造办公楼的利息资本化金额 =2 750 ×7.67% =210.93 (万元)

2017 年实际发生的一般借款利息费用 =2 000 ×6% +10 000 ×8% =920 (万元)

2018 年为建造办公楼的利息资本化金额 =2 750 ×7.67% =210.93 (万元)

2018 年 1 月 1 日 ~6 月 30 日。实际发生的一般借款利息费用 =(2 000 ×6% +10 000 ×8%) ×180 ÷360 =460 (万元)

(4) 根据上述计算结果，账务处理如下:

2017 年 12 月 31 日:

借: 在建工程	2 109 300	
财务费用	7 090 700	
贷: 应付利息		9 200 000

2018 年 6 月 30 日:

借: 在建工程	2 109 300	
财务费用	2 490 700	
贷: 应付利息		4 600 000

【例题 17 -3】 沿用【例题 17 -1】和【例题 17 -2】，假定 ABC 公司为建造办公楼于 2017 年 1 月 1 日专门借款 2 000 万元，借款期限为 3 年，年利率为 6%。除此之外，没有其他专门借款。在办公楼建造过程中所占用的一般借款仍为两笔，一般借款有关资料沿用【例题 17 -2】。其他相关资料均同【例题 17 -1】和【例题 17 -2】。

在这种情况下，公司应当首先计算专门借款利息的资本化金额，然后计算所占用一般借款利息的资本化金额。具体如下:

(1) 计算专门借款利息资本化金额:

2017 年专门借款利息资本化金额 =2 000 ×6% -500 ×0.5% ×6 =105 (万元)

2018 年专门借款利息资本化金额 =2 000 ×6% ×180/360 =60 (万元)

(2) 计算一般借款资本化金额:

在建造办公楼过程中，自 2017 年 7 月 1 日起已经有 2 000 万元占用了一般借款，另外，2018 年 1 月 1 日支出的 1 500 万元也占用了一般借款。计算这两笔资产支出的加权平均数如下:

2017 年占用了一般借款的资产支出加权平均数 =2 000 ×180/360 =1 000 (万元)

由于一般借款利息资本化率与【例题 17 -2】相同，即为 7.67%。所以:

2017 年应予资本化的一般借款利息金额 = 1 000 × 7.67% = 76.70（万元）

2018 年占用了一般借款的资产支出平均数 = (2 000 + 1 500) × 180/360 = 1 750（万元）

则 2018 年应予资本化的一般借款利息金额 = 1 750 × 7.67% = 134.23（万元）

（3）根据上述计算结果，公司建造办公楼应予资本化的利息金额如下：

2017 年利息资本化金额 = 105 + 76.70 = 181.70（万元）

2018 年利息资本化金额 = 60 + 134.23 = 194.23（万元）

（4）有关账务处理如下：

2017 年 12 月 31 日：

借：在建工程	1 817 000
财务费用	8 433 000
应收利息（或银行存款）	150 000
贷：应付利息	10 400 000

注：2017 年实际借款利息 = 2 000 × 6% + 2 000 × 6% + 10 000 × 8% = 1 040（万元）。

2017 年专门借款短期投资收益 = 500 × 0.5% × 6 = 15（万元）

2018 年 6 月 30 日：

借：在建工程	1 942 300
财务费用	3 257 700
贷：应付利息	5 200 000

注：2018 年 1 月 1 日 ~6 月 30 日的实际借款利息 = 1 040 ÷ 2 = 520（万元）。

【例题 17－4·单选题】甲公司建造一条生产线，该工程预计工期两年，建造活动自 2014 年 7 月 1 日开始，当日预付承包商建造工程款 3 000 万元。9 月 30 日，追加支付工程进度款 2 000 万元。甲公司该生产线建造工程占用借款包括：（1）2014 年 6 月 1 日借入的三年期专门借款 4 000 万元，年利率 6%；（2）2014 年 1 月 1 日借入的两年期一般借款 3 000 万元，年利率 7%，甲公司将闲置部分专门借款投资货币市场基金，月收益率为 0.6%，不考虑其他因素。2014 年甲公司该生产线建造工程应予资本化的利息费用是（　　）万元。(2013 年)

A. 119.50　　B. 122.50　　C. 137.50　　D. 139.50

【答案】A

【解析】专门借款应予资本化的利息费用 = 4 000 × 6% × 6/12 − 1 000 × 0.6% × 3 = 120 − 18 = 102（万元）

一般借款应予资本化的利息费用 = 1 000 × 7% × 3/12 = 17.5（万元）

2014 年应予资本化的利息费用 = 102 + 17.5 = 119.5（万元）

这道题考的较为综合，如果要增加难度，可以考虑把一般借款增加到两笔，实际上我们的考试最多也就这个难度。

【例题 17 - 5 · 多选题】甲公司为增值税一般纳税人。2017 年 1 月 1 日，甲公司通过公开拍卖市场以 5 000 万元购买可使用 50 年的土地使用权，用于建造商品房。为建造商品房，甲公司于 2017 年 3 月 1 日向银行专门借款 4 000 万元，年利率为 5%（等于实际利率）。截至 2017 年 12 月 31 日，建造商品房累计支出 5 000 万元，增值税进项税额 585 万元，商品房尚在建造过程中，专门借款未使用期间获得投资收益 5 万元。不考虑其他因素，下列各项关于甲公司购买土地使用权建造商品房会计处理的表述中，正确的有（　　）。（2017 年）

A. 购买土地使用权发生的成本计入所建造商品房的成本

B. 2017 年专门借款应支付的利息计入所建造商品房的成本

C. 建造商品房所支付的增值税进项税额计入所建造商品房的成本

D. 专门借款未使用期间获得的投资收益冲减所建造商品房的成本

【答案】ABD

【解析】选项 A，土地使用权是用于建造商品房，应该计入所建造商品房的成本；选项 B，专门借款支付的利息计入所建造商品房的成本；选项 C，增值税是价外费用，无须计入成本；选项 D，专门借款未使用期间获得的投资收益冲减资产成本。

二、外币专门借款汇兑差额资本化金额的确定

本知识点并不是重点，我们搞懂书上例题即可。为什么外币专门借款汇兑差额要专门拿出来讲，实际上这与我们的“外币汇兑”是相关的，因为作为“借款”这种外币货币性项目，期末都会受到“汇兑损益”的影响，这种影响应该跟利息一样，一起记入“成本”，也就是资本化。

举例：甲公司借外币 1 000 万美元，借入时的汇率是“1∶7.70”，那么我们入账金额应换成人民币“1 000 ×7.70 =7 700 万元”，假如当年利息为 100 万美元，然后期末的汇率是“1∶7.75”，这个时候你会发现你需要还“1 000 ×7.75 =7 750 万元”，也就是你除了要还 100 万元美元的利息之外，你还要承担 50 万元人民币的汇兑损益。

为购建固定资产而专门借入的外币借款所产生的汇兑差额，是购建固定资产的一项代价，应当予以资本化，计入固定资产成本。

外币专门借款本金及其利息的汇兑差额，应当予以资本化。其他外币借款的本金及其利息产生的汇兑差额应当作为财务费用，记入“当期损益”。

【例题 17 - 6】甲公司于 2011 年 1 月 1 日，为建造某工程项目专门以美元面值发行公司债券 1 000 万元，年利率为 8%，期限为 3 年，假定不考虑与发行债券有关的辅助费用、未支出专门借款的利息收入或投资收益。合同约定，每年 1 月 1 日支付上年利息，到期还本。

工程于 2011 年 1 月 1 日开始实体建造，2012 年 6 月 30 日完工，达到预定可使用状态，期间发生的资产支出如下：

2011 年 1 月 1 日，支出 200 万美元；

2011 年 7 月 1 日，支出 500 万美元；

2012 年 1 月 1 日，支出 300 万美元。

公司的记账本位币为人民币，外币业务采用外币业务发生时当日的市场汇率折算。相关汇率如下：

2011 年 1 月 1 日，市场汇率为 1 美元 =7.70 元人民币；

2011 年 12 月 31 日，市场汇率为 1 美元 =7.75 元人民币；

2012 年 1 月 1 日，市场汇率为 1 美元 =7.77 元人民币；

2012 年 6 月 30 日，市场汇率为 1 美元 =7.80 元人民币。

本例中，公司计算外币借款汇兑差额资本化金额如下（会计分录中金额单位：元）：

（1）计算 2011 年汇兑差额资本化金额：

①债券应付利息 =1 000 ×8% ×7.75 =80 ×7.75 =620（万元）

账务处理为：

借：在建工程	6 200 000	
贷：应付利息		6 200 000

②外币债券本金及利息汇兑差额 =1 000 ×（7.75 －7.70）+1 000 ×8% ×（7.75 －7.75）=50（万元）

③账务处理为：

借：在建工程	500 000	
贷：应付债券		500 000

（2）2012 年 1 月 1 日实际支付利息时，应当支付 80 万美元，折算成人民币为 621.60 万元（80 ×7.77）。该金额与原账面金额 620 万元之间的差额 1.60 万元应当继续予以资本化，计入在建工程成本。账务处理为：

借：应付利息	6 200 000	
在建工程	16 000	
贷：银行存款		6 216 000

（3）计算 2012 年 6 月 30 日时的汇兑差额资本化金额：

①债券应付利息 =1 000 ×8% ×1/2 ×7.80 =40 ×7.80 =312（万元）

账务处理为：

借：在建工程	3 120 000	
贷：应付利息		3 120 000

②外币债券本金及利息汇兑差额 =1 000 ×（7.80 －7.75）+1 000 ×8% ×1/2 ×（7.80 －7.80）=50（万元）

③账务处理为：

借：在建工程	500 000	
贷：应付债券		500 000

第十七章　借款费用

彬哥跟你说：

借款费用，这是不得不高度重视的章节！甚至你专门花一个晚上来学习也不为过。因为这里不仅可以出选择题，还可以出大题，这里难吗？我倒认为不是难，而是数字很多，我们做题的时候往往容易算错。

今日复习步骤：

第一遍：回忆 & 重新复习一遍框架（10 分钟）

学习要求：这一遍的目的是自己重新找一遍框架，不需要掌握所有细节，但求框架了然于心。

借款费用的确认、借款费用利息资本化要求。

第二遍：对细节进一步掌握（20 分钟）

（1）借款费用确认涉及哪些知识点？

（2）专门借款利息费用涉及哪些考点？

（3）一般借款利息费用涉及哪些考点？

（4）外币专门借款涉及哪些考点？

第三遍：重新复习一遍框架（5 分钟）

我问你答：

（1）借款费用的范围包括哪些？因借款而发生的折价或溢价的摊销是否属于借款费用？

（2）借款费用资本化的条件？开始、暂停、停止资本化的时点？

（3）专门借款利息资本化金额确定的原则是什么？专门借款闲置期间投资收益如何处理？

（4）一般借款利息资本化金额确定的原则是什么？一般借款闲置期间利息如何处理？

（5）外币专门借款资本化范围有哪些？外币专门借款的汇兑差额是否资本化？金额如何确定？

本章作业：

（1）请把讲义例题做三遍（做错的题目，请分析错误原因并记录到改错本）。

（2）请复习完口述一遍框架，睡前请再回忆一遍框架。

（3）第二天早上，请再回忆一遍框架，对于回忆不起来的内容，请翻书看一遍。

第十八章　股份支付

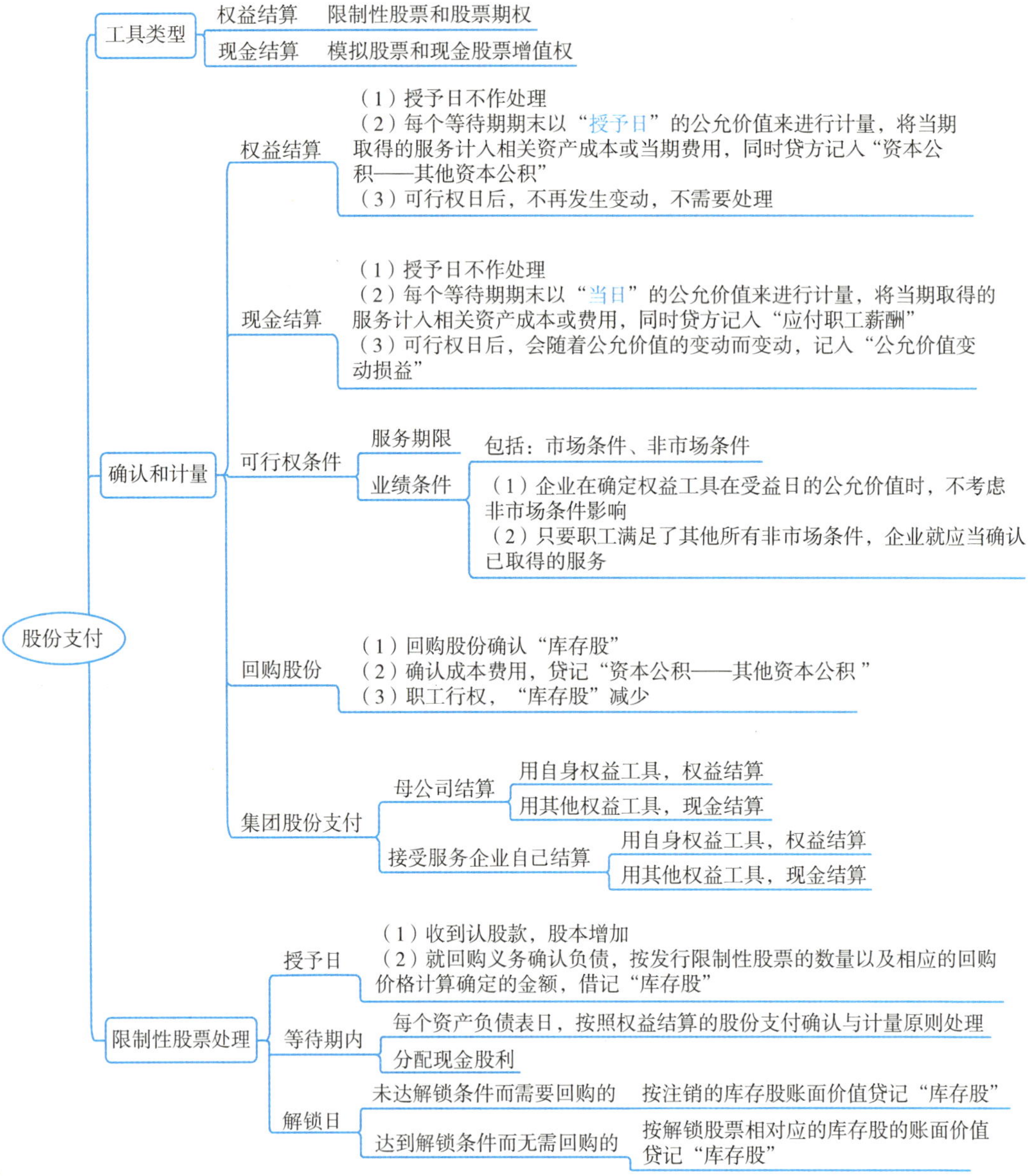

图 18－1　本章学习框架

【重难点（考点）解析】

（1）股份支付分为“**以权益结算的股份支付**”和“**以现金结算的股份支付**”，顾名思义，一个支付股票一个支付现金。

（2）在“授予日”是都不做处理的，在等待期内的每个资产负债表日要分别作确认，但是“以权益结算的股份支付”要以“授予日”的公允价值作确认，“以现金结算的股份支付”要以“每个资产负债表日”的公允价值作确认。

（3）在“可行权日”之后，“以权益结算的股份支付”确认的金额不再变动，而“以现金结算的股份支付”确认的股份支付还要变动，是按照每个资产负债表日的公允价值变动，记入“公允价值变动损益”。

第一节 股份支付概述

股份支付，指企业为获取职工和其他方服务而授予权益工具或者承担以权益工具为基础确定的负债的交易。

一、股份支付的四个主要环节

以股票期权为例，股份支付的主要环节如图 18－2 所示。

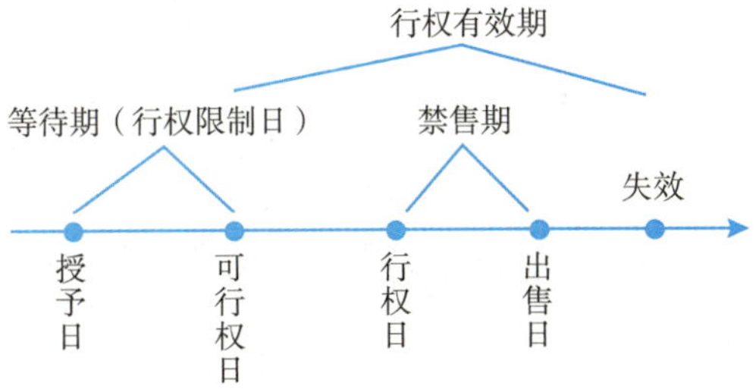

图 18－2

（1）授予日：即企业给予对方期权的日期。

（2）可行权日：到期或者满足其他条件，对方可以行使权利购买股票的日期。

（3）行权日：正式买股票的日期。

（4）等待期：就是授予日到可行权日之间需要等待的日期，等待期内每年的期末叫等待期每个资产负债表日。

二、股份支付工具的主要类型

1. 以权益结算的股份支付

指企业为获取服务而以股份或其他权益工具作为对价进行结算的交易。通常包括**限制性股票和股票期权**。

2. 以现金结算的股份支付

指企业为获取服务而承担的以股份或其他权益工具为基础计算的**交付现金或其他资产**

的义务的交易。通常包括**模拟股票和现金股票增值权**。

【例题 18－1·单选题】下列各项中，应当作为以现金结算的股份支付进行会计处理的是（　　）。(2014 年)

A. 以低于市价向员工出售限制性股票的计划

B. 授予高管人员低于市价购买公司股票的期权计划

C. 公司承诺达到业绩条件时向员工无对价定向发行股票的计划

D. 授予研发人员以预期股价相对于基准日股价的上涨幅度为基础支付奖励款的计划

【答案】D

【解析】选项 A、B 和 C，是企业为获取职工服务而以股份或其他权益工具作为对价进行结算的交易，属于以权益结算的股份支付；选项 D，是企业为获取服务而承担的以股份或其他权益工具为基础计算的交付现金义务的交易，属于以现金结算的股份支付。

第二节　股份支付的确认和计量

股份支付确认和计量的含义：是对职工和其他方支付的一种费用，以权益结算的股份支付是允许对方以便宜的价格购买股票，以现金结算的股份支付是到期后直接支付现金，因此，按照会计的谨慎性原则，虽然是到期才会有这笔费用，却需要在等待期内分期确认相应的费用，所以，在每个等待期资产负债表日需要确认费用（管理费用）。

表 18－1 的有些分录你们看不明白，待本章内容学完之后再重新看就明白了。

表 18－1　　股份支付的框架

日期	以权益结算的股份支付	以现金结算的股份支付
授予日	不作会计处理	不作会计处理
等待期内每个资产负债表日	按照“授予日”的公允价值进行计量 借：管理费用 　　贷：资本公积——其他资本公积	按照等待期的资产负债表日公允价值进行计量 借：管理费用 　　贷：应付职工薪酬
行权日	借：银行存款 　　资本公积——其他资本公积 　　贷：股本（为股份支付发行的股份） 　　　　资本公积——股本溢价	借：应付职工薪酬——股份支付 　　贷：银行存款
可行权日之后公允价值变动（意思是还未行权的部分的公允价值发生变动）	不需要作处理	记入“公允价值变动损益” 借：公允价值变动损益 　　贷：应付职工薪酬——股份支付

一、以权益结算的股份支付的确认和计量原则

总结如下：

（1）“授予日”不作处理；

（2）每个等待期期末以“授予日”的公允价值来进行计量；

（3）按照权益工具在授予日的公允价值，将当期取得的服务计入相关资产成本或当期费用，同时计入资本公积中的其他资本公积。

【例题18-2】2011年12月，A公司董事会批准了一项股份支付协议。协议规定，2012年1月1日，公司向其200名管理人员每人授予100股股票期权，这些职员必须从2012年1月1日起在该公司连续服务3年，即可以4元每股购买100股A公司股票。公司估计该期权在授予日（2012年1月1日）的公允价值为15元。

第一年有20名职员离开A公司，A公司估计三年中离开的职员的比例将达到20%；第二年又有10名职员离开公司，公司将估计的职员离开比例修正为15%；第三年又有15名职员离开。

（1）费用和资本公积计算过程如下表所示。

单位：元

年份	计算	当期费用	累计费用
2012	200×100×(1-20%)×15×1/3	80 000	80 000
2013	200×100×(1-15%)×15×2/3-80 000	90 000	170 000
2014	(200-20-10-15)×100×15-170 000	62 500	232 500

（2）账务处理如下：

①2012年1月1日：

授予日不作账务处理。

②2012年12月31日：

借：管理费用　　80 000（按照授予日的公允价值计算）

　　贷：资本公积——其他资本公积　　80 000（计入的是资本公积）

③2013年12月31日：

借：管理费用　　90 000

　　贷：资本公积——其他资本公积　　90 000

④2014年12月31日：

借：管理费用　　62 500

　　贷：资本公积——其他资本公积　　62 500

⑤假设全部155名职员都在2015年12月31日行权，A公司股份面值为1元：

借：银行存款　62 000
　　资本公积——其他资本公积　232 500
　　贷：股本　15 500
　　　　资本公积——股本溢价　279 000

【例题 18－3·单选题】2016 年 1 月 1 日，甲公司经股东大会批准与其高管人员签订股份支付协议。协议约定：等待期为 2016 年 1 月 1 日起两年，两年期满有关高管人员仍在甲公司工作且每年净资产收益率不低于 15% 的，高管人员每人可无偿取得 10 万股甲公司股票。甲公司普通股按董事会批准该股份支付协议前 20 天平均市场价格计算的公允价值为 20 元/股，授予日甲公司普通股的公允价值为 18 元/股。2016 年 12 月 31 日，甲公司普通股的公允价值为 15 元/股。根据甲公司生产经营情况及市场价格波动等因素综合考虑，甲公司预计该股份支付行权日其普通股的公允价值为 24 元/股。不考虑其他因素，下列各项中，属于甲公司在计算 2016 年因该股份支付确认费用时应使用的普通股的公允价值是（　　）。（2017 年）

A. 预计行权日甲公司普通股的公允价值

B. 2016 年 1 月 1 日甲公司普通股的公允价值

C. 2016 年 12 月 31 日甲公司普通股的公允价值

D. 董事会批准该股份支付协议前 20 天按甲公司普通股平均市场价格计算的公允价值

【答案】B

【解析】以权益结算的股份支付，企业应当在等待期内的每个资产负债表日，以对可行权权益工具数量的最佳估计为基础，按照权益工具在授予日的公允价值，将当期取得的服务计入相关资产成本或当期费用，同时计入资本公积的其他资本公积。

二、以现金结算的股份支付的确认和计量原则

以现金结算的股份支付和以权益结算的股份支付的差异总结如下：

（1）授予日不作处理。

（2）“以现金结算的股份支付”在**每个等待期资产负债表日以当日的公允价值**计量，而“以权益结算的股份支付”是**以授予日的公允价值**计量。

（3）可行权日之后，“以现金结算的股份支付”还会**随着公允价值的变动而变动**，但是“以权益结算的股份支付”**不会再发生变动**。

（4）“以现金结算的股份支付”确认的金额，计入相关资产或当期费用，同时记入“应付职工薪酬”，但是“以权益结算的股份支付”记入“资本公积——其他资本公积”。

（5）“以现金结算的股份支付”在可行权日之后，由于公允价值变动导致确认的费用变动，应该记入“公允价值变动损益”。

【例题 18－4】2015 年年初，公司为其 200 名中层以上职员每人授予 100 份现金股票增值权，这些职员从 2015 年 1 月 1 日起在该公司连续服务 3 年，即可按照当时股价的增长幅度获得现金，该增值权应在 2019 年 12 月 31 日之前行使。A 公司估计，该增值权

在负债结算之前的每一资产负债表日以及结算日的公允价值和可行权后的每份增值权现金支出额如表1所示。

表1

单位：元

年份	公允价值	支付现金
2015	14	
2016	15	
2017	18	16
2018	21	20
2019		25

第一年有20名职员离开A公司，A公司估计三年中还将有15名职员离开；第二年又有10名职员离开公司，公司估计还将有10名职员离开；第三年又有15名职员离开。第三年年末，有70人行使股份增值权取得了现金。第四年年末，有50人行使了股份增值权。第五年年末，剩余35人也行使了股份增值权。

（1）费用和应付职工薪酬的计算过程如表2所示。

表2

单位：元

年份	负债计算①	支付现金计算②	负债③	支付现金④	当期费用⑤
2015	（200－35）×100×14×1/3	—	77 000	—	77 000
2016	（200－40）×100×15×2/3	—	160 000	—	83 000
2017	（200－45－70）×100×18	70×100×16	153 000	112 000	105 000
2018	（200－45－70－50）×100×21	50×100×20	73 500	100 000	20 500
2019	0	35×100×25	0	87 500	14 000
总额	—			299 500	299 500

其中：①计算得③，②计算得④，当期③－前一期③＋当期④＝当期⑤

有同学理解不了可行权之后的公式计算，其实就是下面这个公式：

期初余额＋本期新增（即当期应确认的费用）＝本期减少（即当期支付的现金）＋期末余额，移项后，本期新增（即当期应确认的费用）＝期末余额－期初余额＋本期减少（即当期支付的现金）

（2）账务处理如下：

①2015年12月31日：

借：管理费用　　77 000

　　贷：应付职工薪酬——股份支付　　77 000

②2016 年 12 月 31 日：

借：管理费用　　83 000

　　贷：应付职工薪酬——股份支付　　83 000

③2017 年 12 月 31 日：

借：管理费用　　105 000

　　贷：应付职工薪酬——股份支付　　105 000

借：应付职工薪酬——股份支付　　112 000

　　贷：银行存款　　112 000

④2018 年 12 月 31 日：

借：公允价值变动损益　　20 500

　　贷：应付职工薪酬——股份支付　　20 500

借：应付职工薪酬——股份支付　　100 000

　　贷：银行存款　　100 000

⑤2019 年 12 月 31 日：

借：公允价值变动损益　　14 000

　　贷：应付职工薪酬——股份支付　　14 000

借：应付职工薪酬——股份支付　　87 500

　　贷：银行存款　　87 500

三、可行权条件的种类、处理和修改

可行权条件是指能够确定企业是否得到职工或其他方提供的服务，且该服务使职工或其他方具有获得股份支付协议规定的权益工具或现金等权利的条件。反之，为非可行权条件。

（一）可行权条件的种类

可行权条件包括服务期限条件和业绩条件：

（1）服务期限条件，是指职工或其他方完成规定服务期限才可行权的条件。

（2）业绩条件，是指职工或其他方完成规定服务期限且企业已经达到特定业绩目标才可行权的条件，具体包括市场条件和非市场条件：

①市场条件是指行权价格、可行权条件以及行权可能性与权益工具的市场价格相关的业绩条件，如股份支付协议中关于股价上升至何种水平职工或其他方相应取得多少股份的规定。

②非市场条件是指除市场条件之外的其他业绩条件，如股份支付协议中关于达到最低盈利目标或销售目标才可行权的规定。

企业在确定权益工具在授予日的公允价值时，不考虑非市场条件的影响。但非市场条件是否得到满足，影响企业对预计可行权情况的估计。**对于可行权条件为业绩条件的股份支付，只要职工满足了其他所有非市场条件（如利润增长率、服务期限等），企业就应当确认已取得的服务。**

（二）可行权条件的修改

1. 条款和条件的有利修改

应考虑修改后的可行权条件，将增加的权益工具的公允价值相应地确认为取得服务的增加。

2. 条款和条件的不利修改

如同该变更从未发生，除非企业取消了部分或全部已授予的权益工具。

3. 取消或结算

（1）将取消或结算作为加速可行权处理，立即确认原本应在剩余等待期内确认的金额。

（2）在取消或结算时支付给职工的所有款项均应作为权益的回购处理，回购支付的金额高于该权益工具在回购日公允价值的部分，计入当期费用。

（3）如果向职工授予新的权益工具，并在新权益工具授予日认定所授予的新权益工具是用于替代被消灭的权益工具的，企业应以处理原权益工具条款和条件修改相同的方式，对所授予的替代权益工具进行处理。

注意，此处说的有利、不利条件是对职工或者其他方利益而言，不是相对于企业而言。

【例题 18－5·多选题】下列关于附等待期的股份支付会计处理的表述中，正确的有（　　）。（2014 年）

A. 以权益结算的股份支付，相关权益性工具的公允价值在授予日后不再调整

B. 附市场条件的股份支付，应在市场及非市场条件均满足时确认相关成本费用

C. 现金结算的股份支付在授予日不作会计处理，权益结算的股份支付应予处理

D. 业绩条件为非市场条件的股份支付，等待期内应根据后续信息调整对可行权情况的估计

【答案】AD

【解析】选项 B，只要满足非市场条件，企业就应当确认相关成本费用；选项 C，除立即可行权的股份支付外，现金结算的股份支付以及权益结算的股份支付在授予日均不作处理。

四、回购股份进行职工期权激励

1. 回购股份

借：库存股

　　贷：银行存款（实际支付的款项）

2. 等待期内，按照权益工具在授予日的公允价值确认成本费用

借：管理费用等

　　贷：资本公积——其他资本公积

3. 职工行权

借：银行存款（企业收到的股票价款）

　　资本公积——其他资本公积（等待期内资本公积累计确认的金额）

贷：库存股（交付给职工的库存股成本）
　　资本公积——股本溢价（差额）

五、集团股份支付的处理

企业集团（由母公司和其全部子公司构成）内发生的股份支付交易，应当按照以下规定进行会计处理：

（1）结算企业以其本身权益工具结算的，应当将该股份支付交易作为权益结算的股份支付处理；除此之外，应当作为现金结算的股份支付处理。

结算企业是接受服务企业的投资者的，应当按照授予日权益工具的公允价值或应承担负债的公允价值确认为对接受服务企业的长期股权投资，同时确认资本公积（其他资本公积）或负债。

解释：所谓结算企业就是给钱的企业，在集团支付中有两种情况：第一，是接受服务企业自己不结算，让给其他公司（比如母公司）来结算；第二，就是自己接受服务自己结算。

（2）接受服务企业没有结算义务或授予本企业职工的是其本身权益工具的，应当将该股份支付交易作为权益结算的股份支付处理；接受服务企业具有结算义务且授予本企业职工的是企业集团内其他企业权益工具的，应当将该股份支付交易作为现金结算的股份支付处理。

解释：接受服务企业有两种情况是“以权益结算的股份支付”，第一种就是我们上面所讲的用自己的权益来结算，第二种就是自己根本没有结算义务，比如我们上面所讲的由母公司结算，子公司不需要结算。根据上面表述，可以将集团股份支付分为以下四种情形：

①假设是母公司帮助子公司结算，而且母公司用的自身的权益工具结算：

母公司：借：长期股权投资
　　　　　贷：资本公积——其他资本公积

子公司：借：管理费用
　　　　　贷：资本公积——其他资本公积

②假设母公司帮助子公司结算，但是不是用的自身的权益工具结算：

母公司：借：长期股权投资
　　　　　贷：应付职工薪酬

子公司：借：管理费用
　　　　　贷：资本公积——其他资本公积

【注意】无论母公司采用何种结算方式，子公司均采用权益结算股份支付原则计算成本费用。

③假设接受服务企业用的自身的权益工具进行结算：

借：管理费用
　贷：资本公积——其他资本公积

④假设接受服务企业自己结算，但是用的是其他的权益工具：

借：管理费用

　　贷：应付职工薪酬

【例题 18－6·多选题】 甲公司为母公司，其所控制的企业集团内 2013 年发生以下与股份支付相关的交易或事项：（1）甲公司与其子公司（乙公司）高管签订协议，授予乙公司高管 100 万份股票期权，待满足行权条件时，乙公司高管可以每股 4 元的价格自甲公司购买乙公司股票；（2）乙公司授予其研发人员 20 万份现金股票增值权，这些研发人员在乙公司连续服务 2 年，即可按照乙公司股价的增值幅度获得现金；（3）乙公司自市场回购本公司股票 100 万股，并与销售人员签订协议，如未来 3 年销售业绩达标，销售人员将无偿取得该部分股票；（4）乙公司向丁公司发行 500 万股本公司股票，作为支付丁公司为乙公司提供咨询服务的价款。不考虑其他因素，下列各项中，乙公司应当作为以权益结算的股份支付的有（　　）。

A. 乙公司高管与甲公司签订的股份支付协议

B. 乙公司与本公司销售人员签订的股份支付协议

C. 乙公司与本公司研发人员签订的股份支付协议

D. 乙公司以定向发行本公司股票取得咨询服务的协议

【答案】 ABD

【解析】 母公司授予子公司激励对象股票期权，乙公司应当作为以权益结算的股份支付处理，选项 A 正确；乙公司与本公司销售人员以及与定向发行本公司股票取得咨询服务，属于以权益结算的股份支付，选项 B 和 D 正确；授予本公司研发人员的现金股票增值权属于现金结算的股份支付，选项 C 错误。

第三节　限制性股票的处理

关于限制性股票的处理，意思就是给激励对象非公开发行一定数量的股票，给予一定的锁定期和解锁期，在锁定期和解锁期内，不得上市流通及转让。达到解锁条件，可以解锁；如果全部或部分股票未被解锁而失效或作废，通常由上市公司按照事先约定的价格立即进行回购。

一、授予日的处理

（1）收到认股款：

借：银行存款

　　贷：股本

　　　　资本公积——股本溢价

（2）就回购义务确认负债，按照发行限制性股票的数量以及相应的回购价格计算确定的金额，借记“库存股”：

借：库存股（回购价格 × 回购数量）

　　贷：其他应付款——限制性股票回购义务

二、等待期内的会计处理

（一）与股份支付有关的会计处理

在每个资产负债表日，按照权益结算的股份支付确认与计量原则处理。

（二）分配现金股利的会计处理

上市公司在等待期内发放现金股利的会计处理，应视其发放的现金股利是否可撤销采取不同的方法。

现金股利可撤销，即未达到解锁条件，被回购限制性股票的持有者将无法获得其在等待期内应收的现金股利。

等待期内，上市公司在核算应分配给限制性股票持有者的现金股利时，应合理估计未来解锁条件的满足情况，该估计与进行股份支付会计处理时在等待期内每个资产负债表日对可行权权益工具数量进行的估计应当保持一致！具体见表 18－2。

表 18－2　　现金股利的会计处理

项目		预计未来可解锁	预计未来不可解锁
现金股利可撤销	分配股利时	借：利润分配——应付现金股利或利润 　贷：应付股利——限制性股票股利 同时，按分配的现金股利金额： 借：其他应付款——限制性股票回购义务 　贷：库存股	上市公司应分配给限制性股票持有者的现金股利应当冲减相关的负债。 借：其他应付款——限制性股票回购义务 　贷：应付股利——限制性股票股利
	实际支付时	借：应付股利——限制性股票股利 　贷：银行存款	借：应付股利——限制性股票股利 　贷：银行存款
现金股利不可撤销	宣告时	借：利润分配——应付现金股利或利润 　贷：应付股利——限制性股票股利	上市公司应分配给限制性股票持有者的现金股利应当计入当期成本费用。 借：管理费用 　贷：应付股利——应付限制性股票股利
	实际支付时	借：应付股利——限制性股票股利 　贷：银行存款	借：应付股利——应付限制性股票股利 　贷：银行存款

三、解锁日的会计处理

（1）上市公司未达到限制性股票解锁条件而需回购的股票：

借：其他应付款——限制性股票回购义务

　　贷：银行存款

同时，注销库存股：

借：股本

　　资本公积——股本溢价

贷：库存股（回购价格 × 回购数量）

（2）上市公司达到限制性股票解锁条件而无须回购的股票，按照解锁股票相对应的负债的账面价值：

借：其他应付款——限制性股票回购义务

贷：库存股

资本公积——股本溢价（有可能在借方）

第十八章　股份支付

彬哥跟你说：

股份支付也是一个需要一个晚上专门学习的章节，因为股份支付的消化时间甚至比借款费用还要长一点！股份支付的难点在于两种股份支付方式的比较，这里如果不熟悉随时可能发生混乱，那么学到这里，我们一定要注意：

（1）请回归讲义！框架很好，但是框架的目的帮助我们消化讲义的，不能本末倒置了，框架在空中，讲义在地上，因此一定要脚踏实地的回归讲义。

（2）从宏观到微观，从微观到宏观。很多人一直在半空，很多人一直在地上！一直在半空的人会有一种自己什么都会了的错觉，一直在地上的人会有一种自己什么都不会的错觉，因此要学会从宏观到微观，然后从微观到宏观。

今日复习步骤：

第一遍：回忆 & 重新复习一遍框架（10 分钟）

学习要求：自己重新找一遍框架，不需要掌握所有细节，但求框架了然于心。

（1）股份支付是什么？股份支付的确认和计量有哪些内容？

（2）限制性股票有哪些内容？

第二遍：对细节进一步掌握（30 分钟）

（1）以权益现金结算的股份支付的确认和计量涉及哪些考点？

（2）回购股份进行激励、集团股份支付分别涉及哪些考点？

（3）限制性股票涉及哪些考点？

第三遍：重新复习一遍框架（5 分钟）

我问你答：

（1）股份支付的主要类型有哪些？如何区分？

（2）权益结算的股份支付的确认和计量原则是什么？如何进行会计处理？分录怎么写？（授予日、可行权日、行权日、出售日）

（3）现金结算的股份支付的确认和计量原则是什么？如何进行会计处理？分录怎么写？（授予日、可行权日、行权日、出售日）

（4）回购股份进行职工期权激励，如何处理？会计分录如何写？

（5）集团股份支付有哪几种情况？每一种如何进行会计处理？每一种如何写会计分录？

（6）限制性股票是什么意思？授予日、等待期、解锁日如何处理？会计分录怎么写？

本章作业：

（1）请把讲义例题做三遍（做错的题目，请分析错误原因并记录到改错本）。

（2）请复习完口述一遍框架，睡前请再回忆一遍框架。

（3）第二天早上，请再回忆一遍框架，对于回忆不起来的内容，请翻书看一遍。

第十九章　外币折算

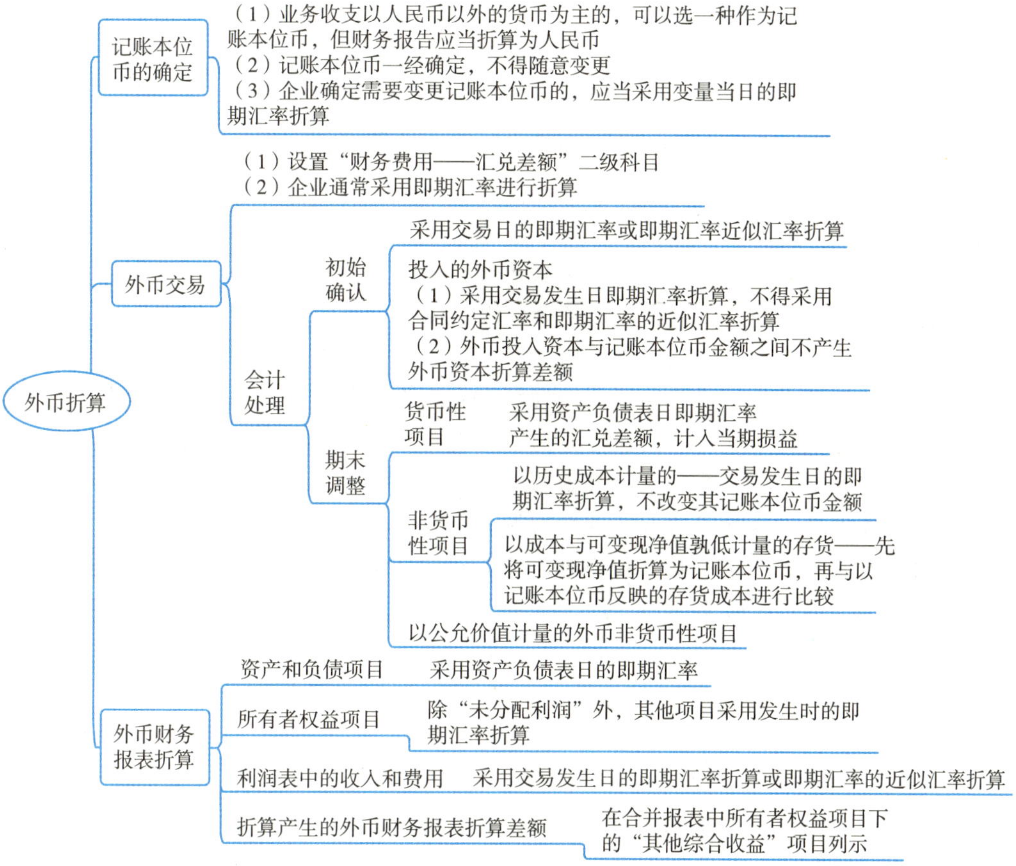

图 19－1　本章学习框架

【重难点（考点）解析】

本章考点较少，但是以下几个问题需要注意：

（1）本章在“财务费用”科目下面增加了一个二级科目“汇兑差额”，但是并不是所有的资产负债都会产生“财务费用——汇兑差额”。

（2）外币货币性项目（银行存款、应收账款、应付账款等）由于在入账和每个资产负债表日都要换算成人民币进行核算，因此会产生“财务费用——汇兑差额”。

（3）外币非货币性项目（固定资产、存货、无形资产等）是按照历史成本入账的，因此不会产生“财务费用——汇兑差额”，但是有些非货币性项目（比如交易性金融资产）期末也会按照公允价值变动，但是外币汇率的变动直接影响到了“公允价值变动损益/其他综合收益”这个科目，因此也不影响“财务费用——汇兑差额”这个科目。

第一节　记账本位币的确定

一、记账本位币的定义

记账本位币是指企业经营所处的主要经济环境中的货币。

二、企业记账本位币的确定

我国《会计法》规定，业务收支以人民币以外的货币为主的单位，可以选定其中一种货币作为记账本位币，但是，编报的财务会计报告应当折算为人民币。

企业选定记账本位币，应当考虑下列因素：

（1）从日常活动收入的角度来看，所选择的货币能够对企业商品和劳务的销售价格起主要作用，通常以该货币进行商品和劳务销售价格的计价及结算；

（2）从日常活动支出的角度看，所选择的货币能够对商品和劳务所需人工、材料和其他费用产生主要影响，通常以该货币进行这些费用的计价和结算；

（3）融资活动获得的资金以及保存从经营活动中收取款项所使用的货币。

企业记账本位币一经确定，不得随意变更，除非与确定企业记账本位币相关的经营所处的主要经济环境发生重大变化。

三、境外经营记账本位币的确定

1. 境外经营的含义

境外经营通常是指企业在境外的子公司、合营企业、联营企业、分支机构。当企业在境内的子公司、联营企业、合营企业或者分支机构选定的记账本位币不同于企业的记账本位币时，也应当视同境外经营。

2. 境外经营记账本位币的确定

境外经营记账本位币的选择还应当考虑该境外经营与企业的关系：

（1）境外经营对其所从事的活动是否拥有很强的自主性；

（2）境外经营活动中与企业的交易是否在境外经营活动中占有较大比重；

（3）境外经营活动产生的现金流量是否直接影响企业的现金流量、是否可以随时汇回；

（4）境外经营活动产生的现金流量是否足以偿还其现有债务和可预期的债务。

【例题 19－1·多选题】境外经营的子公司在选择确定记账本位币时，应当考虑的因素有（　　）。(2007 年)

A. 境外经营所在地货币管制状况

B. 与母公司交易占其交易总量的比重

C. 境外经营所产生的现金流量是否直接影响母公司的现金流量

D. 境外经营所产生的现金流量是否足以偿付现有及可预期的债务

E. 相对于境内母公司，其经营活动是否具有很强的自主性

【答案】ABCDE

【解析】上述选项均正确。

四、记账本位币变更的会计处理

企业因经营所处的主要经济环境发生重大变化，确需变更记账本位币的，应当采用变更当日的即期汇率将所有项目折算为变更后的记账本位币，折算后的金额作为新的记账本位币的历史成本。由于采用同一即期汇率进行折算，因此，不会产生汇兑差额。

第二节　外币交易的会计处理

一、外币交易的核算程序

1. 账户设置

设置“财务费用——汇兑差额”这个二级科目。

2. 外币核算的基本程序

企业发生外币交易时，其会计核算的基本程序为：

(1) 将外币金额按照交易发生日的即期汇率或即期汇率的近似汇率折算为记账本位币金额，按照折算后的记账本位币金额登记有关账户。

(2) 期末，将所有外币货币性项目的外币余额，按照期末即期汇率折算为记账本位币金额，并与原记账本位币金额相比较，其差额记入“财务费用——汇兑差额”科目。

(3) 结算外币货币性项目时，将其外币结算金额按照当日即期汇率折算为记账本位币金额，并与原记账本位币金额相比较，其差额记入“财务费用——汇兑差额”科目。

二、即期汇率和即期汇率的近似汇率

即期汇率，通常是指中国人民银行公布的当日人民币外汇牌价的中间价。企业发生的外币兑换业务或涉及外币兑换的交易事项，应当按照交易实际采用的汇率（即银行买入价或卖出价）折算。

即期汇率的近似汇率，是指按照系统合理的方法确定的、与交易发生日即期汇率近似的汇率，通常采用当期平均汇率或加权平均汇率等。

企业通常应当采用即期汇率进行折算。汇率变动不大的，也可以采用即期汇率的近似汇率进行折算。

三、外币交易的会计处理

（一）初始确认

企业发生外币交易的，应在初始确认时采用交易发生日的即期汇率将外币金额折算为记账本位币金额；也可以采用按照系统合理的方法确定的、与交易发生日即期汇率近似的汇率折算。

企业收到投资者以外币投入的资本，应当采用交易发生日即期汇率折算，不得采用合同约定汇率和即期汇率的近似汇率折算，外币投入资本与相应的货币性项目的记账本位币金额之间不产生外币资本折算差额。

【例题 19－2】 乙股份有限公司的记账本位币为人民币，对外币交易采用交易日的即期汇率折算。2019 年 8 月 3 日，从境外丙公司购入不需要安装的设备一台，设备价款为 250 000 美元，购入该设备当日的即期汇率为 1 美元＝7.6 元人民币，适用的增值税税率为 13%，款项尚未支付，增值税以银行存款支付。相关会计分录如下：

借：固定资产——机器设备 （250 000×7.6） 1 900 000
　　应交税费——应交增值税（进项税额） 247 000
　贷：应付账款——丙公司 1 900 000
　　　银行存款 247 000

【例题 19－3】 乙股份有限公司以人民币为记账本位币，对外币交易采用交易日的即期汇率折算。2019 年 6 月 1 日，将 50 000 美元到银行兑换为人民币，银行当日的美元买入价为 1 美元＝7.55 元人民币，中间价为 1 美元＝7.60 元人民币。

本例中，企业与银行发生货币兑换，兑换所用汇率为银行的买入价或卖出价，而通常记账所用的即期汇率为中间价，由于汇率变动而产生的汇兑差额计入当期财务费用。有关会计分录如下：

借：银行存款——人民币 （50 000×7.55） 377 500
　　财务费用——汇兑差额 2 500
　贷：银行存款——美元 （50 000×7.6） 380 000

（二）期末调整或结算

外币交易期末调整或结算如图 19－2 所示。

1. 货币性项目

货币性项目，是指企业持有的货币和将以固定或可确定金额的货币收取的资产或者偿付的负债。例如，库存现金、银行存款、应收账款、其他应收款、长期应收款、应付账款、其他应付款、短期借款、长期借款、应付债券、长期应付款等。

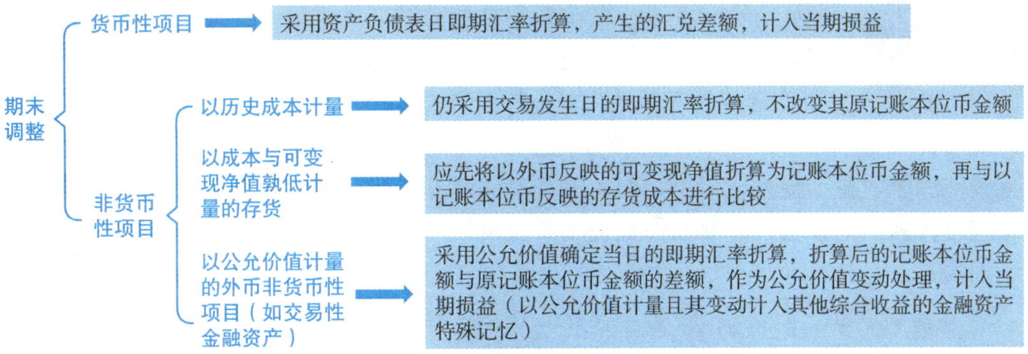

图 19－2

货币性项目，采用资产负债表日即期汇率折算。因资产负债表日即期汇率与初始确认时或者前一资产负债表日即期汇率不同而产生的汇兑差额，计入当期损益。

【例题 19－4·单选题】 甲公司外币业务采用业务发生时的即期汇率进行折算，按月计算汇兑损益。5 月 20 日对外销售产品发生应收账款 500 万欧元，当日的市场汇率为 1 欧元＝10.30 元人民币。5 月 31 日的市场汇率为 1 欧元＝10.28 元人民币；6 月 1 日的市场汇率为 1 欧元＝10.32 元人民币；6 月 30 日的市场汇率为 1 欧元＝10.35 元人民币。7 月 10 日收到该应收账款，当日市场汇率为 1 欧元＝10.34 元人民币。该应收账款 6 月份应当确认的汇兑收益为（　　）万元人民币。

A. －10　　B. 15　　C. 25　　D. 35

【答案】 D

【解析】 该应收账款 6 月份应当确认的汇兑收益＝500×(10.35－10.28)＝35（万元人民币）。

2. 非货币性项目

非货币性项目，是指货币性项目以外的项目。如预付账款、预收账款、存货、长期股权投资、交易性金融资产（股票、基金）、固定资产、无形资产等。

问：为什么预付账款和预收账款也是非货币性项目？

答：由于预付款项通常将通过收取固定数量、规格的存货（非货币性项目）的方式进行结算，预收款项通常将会通过交付固定数量、规格的存货（非货币性项目）的方式进行结算，即交付或收取的对价均为非货币性项目，该对价的公允价值即标的存货在未来结算日的公允价值，而不是一个固定或可确定的金额，因此预收、预付款项不是货币性项目，而是以历史成本计量的外币非货币性项目。

（1）以历史成本计量的外币非货币性项目，仍采用交易发生日的即期汇率折算，不改变其记账本位币金额。

（2）对于以成本与可变现净值孰低计量的存货，如果其可变现净值以外币确定，则在确定存货的期末价值时，应先将可变现净值折算为记账本位币金额，再与以记账本位币反映的存货成本进行比较。

（3）对于以公允价值计量的股票、基金等非货币性项目，如果期末的公允价值以外币反映，则应当先将该外币按照公允价值确定当日的即期汇率折算为记账本位币金额，再与原记账本位币金额进行比较，其差额**作为公允价值变动损益**，计入当期损益。

（4）以公允价值计量且其变动计入其他综合收益的外币货币性金融资产形成的汇兑差额，应当计入当期损益；外币非货币性金融资产形成的汇兑差额，与其公允价值变动一起计入其他综合收益。但是，对于采取实际利率法计算的金融资产的外币利息产生的汇兑差额，应当计入当期损益，非交易性权益工具投资的外币现金股利产生的汇兑差额，应当计入当期损益。

【例题 19－5·多选题】 下列各项属于外币货币性项目的有（　　）。

A. 预收账款

B. 应交税费

C. 以公允价值计量且其变动计入其他综合收益的外币货币性金融资产

D. 应付职工薪酬

【答案】 CD

【解析】 预收款型、预付款项不属于货币性项目。选项 B 通常以人民币直接交税，不需设置应交税费外币账户，所以不属于外币性货币项目。

【例题 19－6·多选题】 甲公司以人民币为记账本位币，2017 年发生的有关外币交易或事项如下：(1) 外币美元资本投入，合同约定的折算汇率与投入美元资本当日的即期汇率不同；(2) 支付应付美元货款，支付当日的即期汇率与应付美元货款的账面汇率不同；(3) 年末折算汇率与交易发生时或账面汇率不同。不考虑应予资本化的金额及其他因素，下列各项关于甲公司 2017 年上述外币交易或事项会计处理的表述中，正确的有（　　）。(2017 年)

A. 偿还美元账款时按偿还当日的即期汇率折算为人民币记账

B. 收到外币美元资本投入时按合同约定的折算汇率折算的人民币记账

C. 外币美元资本于年末按年末汇率折算的人民币金额调整其账面价值

D. 各外币货币性项目按年末汇率折算的人民币金额与其账面人民币金额的差额计入当期损益

【答案】 AD

【解析】 企业收到投资者以外币投入的资本，应当采用交易发生日即期汇率折算，不得采用合同约定汇率和即期汇率的近似汇率折算，所以选项 B 和 C 不正确。

【例题 19－7】 P 上市公司以人民币为记账本位币。2017 年 11 月 2 日，从英国 W 公司采购国内市场尚无的 A 商品 10 000 件，每件价格为 1 000 英镑，当日即期汇率为 1 英镑 = 15 元人民币。2017 年 12 月 31 日，尚有 1 000 件 A 商品未销售出去，国内市场仍无 A 商品供应，A 商品在国际市场的价格降至 900 英镑。12 月 31 日的即期汇率是 1 英镑 = 15.5 元人民币。假定不考虑增值税等相关税费。

本例题中，由于存货在资产负债表日采用成本与可变现净值孰低计量，因此，在以外币购入存货并且该存货在资产负债表日确定的可变现净值以外币反映时，计提存货跌价准备应当考虑汇率变动的影响。因此，该公司应作会计分录如下：

11 月 2 日，购入 A 商品：

借：库存商品——A　　150 000 000

　　贷：银行存款——英镑　　（10 000 ×1 000 ×15）150 000 000

12 月 31 日，计提存货跌价准备：

借：资产减值损失　　1 050 000

　　贷：存货跌价准备　　（1 000 ×1 000 ×15 －1 000 ×900 ×15.5）1 050 000

【例题 19 －8】 国内甲公司的记账本位币为人民币。2017 年 12 月 10 日以每股 1.5 美元的价格购入乙公司 B 股 10 000 股作为交易性金融资产，当日汇率为 1 美元 =7.6 元人民币，款项已付。2017 年 12 月 31 日，由于市价变动，当月购入的乙公司 B 股的市价变为每股 1 美元，当日汇率为 1 美元 =7.65 元人民币。假定不考虑相关税费的影响。

2017 年 12 月 10 日，该公司应对上述交易作以下处理：

借：交易性金融资产　　（1.5 ×10 000 ×7.6）114 000

　　贷：银行存款——美元　　114 000

根据《企业会计准则第 22 号——金融工具确认和计量》，交易性金融资产以公允价值计量。由于该项交易性金融资产是以外币计价，在资产负债表日，不仅应考虑股票市价的变动，还应一并考虑美元与人民币之间汇率变动的影响，上述交易性金融资产在资产负债表日的人民币金额为 76 500 元（即 1 ×10 000 ×7.65）入账，与原账面价值 114 000 元的差额为 37 500 元人民币，计入公允价值变动损益。相应的会计分录为：

借：公允价值变动损益　　37 500

　　贷：交易性金融资产　　37 500

37 500 元人民币既包含甲公司所购乙公司 B 股股票公允价值变动的影响，又包含人民币与美元之间汇率变动的影响。

2018 年 1 月 10 日，甲公司将所购乙公司 B 股股票按当日市价每股 1.2 美元全部售出，所得价款为 12 000 美元，按当日汇率 1 美元 =7.7 元人民币折算为人民币金额 92 400 元，与其原账面价值人民币金额 76 500 元的差额为 15 900 元，对于汇率的变动和股票市价的变动不进行区分，均作为投资收益进行处理。因此，售出当日，甲公司应作会计分录如下：

借：银行存款——美元　　（1.2 ×10 000 ×7.7）92 400

　　贷：交易性金融资产　　（114 000 －37 500）76 500

　　　　投资收益　　15 900

第三节 外币财务报表折算

【注意】第三节和第二节的区别在哪里？

第二节是指自身的财务报表中存在以外币计价的资产，要在每个资产负债表日换算成记账本位币；而第三节是指在境外有子公司，每个资产负债表日要将整个资产负债表转换成记账本位币记账！两者说的不是一回事！

一、境外经营财务报表的折算

（一）折算方法（见图 19－3）

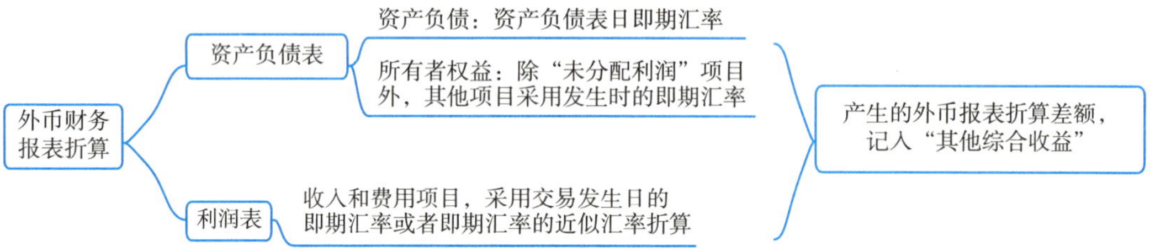

图 19－3　外币财务报表折算

注：（1）其中“未分配利润”是在所有者权益里面倒挤出来的，无须换算；（2）当期提取的盈余公积，采用当年平均汇率折算。可以理解为利润是全年平均取得，所以用当年平均汇率折算！

【例题 19－9】 国内甲公司的记账本位币为人民币，该公司在境外有一子公司乙公司，乙公司确定的记账本位币为美元。根据合同约定，甲公司拥有乙公司 70% 的股权，并能够对乙公司的财务和经营政策施加重大影响。甲公司采用当期平均汇率折算乙公司利润表项目。乙公司的有关资料如下：

2017 年 12 月 31 日的汇率为 1 美元＝6.2 元人民币，2017 年的平均汇率为 1 美元＝6.4 元人民币，实收资本、资本公积发生日的即期汇率为 1 美元＝7 元人民币，2017 年 12 月 31 日的股本为 500 万美元，折算成人民币为 3 500 万元；累计盈余公积为 50 万美元，折算成人民币为 345 万元，累计未分配利润为 120 万美元，折算成人民币为 835 万元，甲、乙公司均在年末提取盈余公积，乙公司当年提取的盈余公积为 70 万美元。

报表折算见表1、表2和表3。

表1 **利润表**

2017年

项目	期末数（万美元）	折算汇率	折算为人民币金额（万元人民币）
一、营业收入	2 000	6.4	12 800
减：营业成本	1 500	6.4	9 600
税金及附加	40	6.4	256
管理费用	100	6.4	640
财务费用	10	6.4	64
加：投资收益	30	6.4	192
二、营业利润	380	—	2 432
加：营业外收入	40	6.4	256
减：营业外支出	20	6.4	128
三、利润总额	400	—	2 560
减：所得税费用	120	6.4	768
四、净利润	280	—	1 792
五、每股收益			
六、其他综合收益			
七、综合收益总额			

表2 **所有者权益变动表**

2017年 单位：万元

项目	股本			盈余公积			未分配利润		其他综合收益	股东权益合计
	美元	折算汇率	人民币	美元	折算汇率	人民币	美元	人民币		人民币
一、本年年初余额	500	7	3 500	50		345	120	835		4 680
二、本年增减变动金额										
（一）净利润							280	1 792		1 792
（二）其他综合收益										-582
其中： 外币报表折算差额									-582	-582
（三）利润分配										
提取盈余公积				70	6.4	448	-70	-448		0
三、本年年末余额	500	7	3 500	120		793	330	2 179	-582	5 890

当期计提的盈余公积采用当期平均汇率折算，期初盈余公积为以前年度计提的盈余公积按相应年度平均汇率折算后金额的累计，期初未分配利润记账本位币金额为以前年度未分配利润记账本位币金额的累计。

表 3 资产负债表

2017 年 12 月 31 日 单位：万元

资产	期末数（美元）	折算汇率	折算为人民币金额	负债和股东权益	期末数（美元）	折算汇率	折算为人民币金额
流动资产：				流动负债：			
货币资金	190	6.2	1 178	短期借款	45	6.2	279
应收账款	190	6.2	1 178	应付账款	285	6.2	1 767
存货	240	6.2	1 488	其他流动负债	110	6.2	682
其他流动资产	200	6.2	1 240	流动负债合计	440	—	2 728
流动资产合计	820	—	5 084	非流动负债：			
非流动资产：				长期借款	140	6.2	868
长期应收款	120	6.2	744	应付债券	80	6.2	496
固定资产	550	6.2	3 410	其他非流动负债	90	6.2	558
在建工程	80	6.2	496	非流动负债合计	310	—	1 922
无形资产	100	6.2	620	负债合计	750		4 650
其他非流动资产	30	6.2	186	股东权益：			
非流动资产合计	880	—	5 456	股本	500	7	3 500
				盈余公积	120		793
				未分配利润	330		2 179
				其他综合收益			-582
				股东权益合计	950		5 890
资产总计	1 700		10 540	负债和股东权益总计	1 700		10 540

【提示】其他综合收益为以记账本位币反映的净资产减去以记账本位币反映的实收资本、资本公积、累计盈余公积及累计未分配利润后的余额。

（二）特殊项目的处理

（1）少数股东应分担的外币报表折算差额，应并入少数股东权益列示于合并资产负债表中。

借：其他综合收益

　　贷：少数股东权益

或作相反分录。

（2）实质上构成对境外经营净投资的外币货币性项目产生的汇兑差额的处理。

母公司含有实质上构成对子公司（境外经营）净投资的外币货币性项目的情况下，在编制合并财务报表时，应分别以以下两种情况编制抵销分录：

①实质上构成对子公司净投资的外币货币性项目以母公司或子公司的记账本位币反映，则在抵销长期应收应付项目的同时，将其产生的汇兑差额转入“其他综合收益”项

目。即借记或贷记“财务费用——汇兑差额”科目，贷记或借记“其他综合收益”。

②实质上构成对子公司净投资的外币货币性项目以母、子公司的记账本位币以外的货币反映，则应将母、子公司此项外币货币项目产生的汇兑差额相互抵销，差额转入“其他综合收益”。

简单来说，在编制合并财务报表时，如有实质上构成对境外经营净投资的外币货币性项目，因汇率变动而产生的汇兑差额，也应列入所有者权益“其他综合收益”；处置境外经营时，计入处置当期损益。

【例题 19－10·单选题】下列关于境内母公司实质构成对境外子公司净投资的外币货币性项目，在资产负债表日产生的汇兑差额在合并财务报表的列示方法中，正确的是（　　）。

A. 转入合并利润表的财务费用项目

B. 转入合并利润表的投资收益项目

C. 转入合并资产负债表的未分配利润项目

D. 转入合并资产负债表的其他综合收益项目

【答案】D

【解析】母公司含有实质上构成对子公司（境外经营）净投资的外币货币性项目的情况下，汇兑差额应该记入“其他综合收益”。

二、境外经营的处置

境外经营为子公司的，企业在处置境外经营时，应当按照合并财务报表处置子公司的原则进行相应的会计处理。在包含境外经营的财务报表中，将已列入其他综合收益的外币报表折算差额中与该境外经营相关部分，自所有者权益项目转入处置当期损益；部分处置境外经营的，应当按处置的比例计算处置部分的外币报表折算差额，转入处置当期损益。

处置的境外经营为子公司的，将已列入其他综合收益的外币报表折算差额中归属于少数股东的部分，视全部处置或部分处置分别予以终止确认或转入少数股东权益。

【例题 19－11·多选题】下列各项关于对境外经营财务报表进行折算的表述中，正确的有（　　）。(2012 年)

A. 对境外经营财务报表折算产生的差额应在合并资产负债表中单独列示

B. 合并报表中对境外子公司财务报表折算产生的差额应由控股股东享有或分担

C. 对境外经营财务报表中实收资本项目的折算应按业务发生时的即期汇率折算

D. 处置境外子公司时应按处置比例计算处置部分的外币报表折算差额计入当期损益

【答案】ACD

【解析】合并报表中对境外子公司财务报表折算产生的差额中，少数股东应分担的外币财务报表折算差额，应并入少数股东权益列示于合并资产负债表。

借：其他综合收益

　　贷：少数股东权益

第十九章　外币折算

彬哥跟你说：

学到了这个章节，固然你前面的内容不一定百分百消化好，即使你只消化了 60%，你的“不安全感”应该也在逐步消失了，所谓的不安全感是来自于对未来的不确定，现在学到了这里基本上就知道会计要学一些什么了。

关于外币折算，我还是想强调第二节和第三节的区别，第二节是指自己的个别财务报表中有外币项目该怎么办？而第三节是指有境外经营的实体，境外的财务报表在资产负债表日怎么折算成人民币的问题。

今日复习步骤：

第一遍：回忆 & 重新复习一遍框架（5 分钟）

学习要求：这一遍的目的是自己重新找一遍框架，不需要掌握所有细节，但求框架了然于心。

第二遍：对细节进一步掌握（25 分钟）

（1）记账本位币的确定涉及哪些考点？

（2）外币交易的会计处理涉及哪些考点？

（3）外币财务报表折算涉及哪些考点？

第三遍：重新复习一遍框架（5 分钟）

我问你答：

（1）如何确定境外经营记账本位币？

（2）如何区分货币性项目和非货币性项目？

（3）外币交易期末调整，采用什么汇率进行折算？若产生差额，要如何处理？

（4）境外经营财务报表的折算方法是什么？其中未分配利润是否需要折算？

本章作业：

（1）请把讲义例题做三遍（做错的题目，请分析错误原因并记录到改错本）。

（2）请复习完口述一遍框架，睡前请再回忆一遍框架。

（3）第二天早上，请再回忆一遍框架，对于回忆不起来的内容，请翻书看一遍。

第 14 天

复习旧内容：

复习前面所学的特殊事项（一），总共七章内容

学习新内容：

无

学习方法：

慢慢重新翻一遍，动笔写一下他们的异同，并把例题和真题重新独立做一遍，有错误的做三遍！

思考+动笔，一样都不能少！

你今天可能有的心态：

轻松的心态，隐约觉得长期股权投资和企业合并报表有点忘记了，何不抽个周末的晚上重新复习一次？

简单解释今天学习内容：

复习

可能会遇到的难点：

无

习题注意事项：

动笔+思考！改错本要重新整理！

建议学习时间：

3 个小时

第 15 天

复习旧内容：

无

学习新内容：

所得税

学习方法：

所得税前面简单提过，在这里还单独作为一天的内容，说明确实是有一定的重要性，但是难度不大，笔者已经帮各位设置了具体的做题步骤，按照步骤去思考即可。

你今天可能有的心态：

今天的所得税可能自学会觉得有那么点枯燥和难理解，可以边看边结合笔者设置的做题套路去理解；

理解了就非常简单，所以，继续前行，我们的进度已经到了 90% 啦！

简单解释今天学习内容：

（1）所得税这章为什么存在？其实这是由于会计和税务的规定差异造成的！会计会根据谨慎性原则做账，但是税务上面更多的是倾向实际原则，比如“公允价值变动损益”影响会计上的利润，但是税务机关可没看到你这里有现金收入，税务机关是肯定不会承认的，这就形成了差异。

（2）现在某金融资产公允价值上升 200 万元，会计上确认了 200 万元的“公允价值变动损益”，这时在会计上就确认了“应交所得税”，但是税法上根本不承认这个收益啊，说暂时这个税不用交，等你真的卖掉的时候如果赚了再交这个税就行，所以就相当于暂时把这笔税欠着，这就是“递延所得税负债”。

（3）还是接上面的例题。现在某金融资产公允价值下降 200 万元，会计上确认了 200 万元的“公允价值变动损益”，这时在会计上就可以少缴税，但是税法上根本不承认这笔损失啊，说对不起，这个费用我不认，你不能作为损失扣除，等你卖掉真的亏了你可以少缴税，所以你暂时不能扣，按照规定缴税，等卖掉再说，所以这就是“递延所得税资产”。

可能会遇到的难点：

本章笔者觉得按照套路去理解不会出现太多问题，但是有一个小问题可能会稍微让大家有所困惑，2012 年也出了这个考题，那就是免税合并影响了递延所得税。

关于免税合并，这其实是一个小考点，考的不会太多，但是考到应该分值就会较高，这里简单解释一下。假设一项资产账面价值400万元，出售价格600万元，其中购买方买了后在账上的成本就是600万元，出售方赚了200万元要缴税；但是假设满足免税条件（条件是税法的规定），在税法上出售方不用就这200万元收益缴税，那么购买方的计税基础就只能是400万元，这样计税基础和会计上的账面价值就出现了差异。这就是免税合并的解释。

习题注意事项：

本章学完之后就会发现考过来考过去也就这些考点，所以深入研究几道真题即可。

建议学习时间：

3个小时

第七篇
特殊事项（二）

【本篇说明】

本篇总共两章：**一是所得税；二是租赁**。之所以将这两章放在一起，因为所得税非常重要，需要专门独立一篇来学习，同时租赁虽不重要，但是分录稍显复杂，放在前面一篇感觉会拉高上一篇的难度，因此将这两章写在一起了。

【重难点（考点）解析】

基本原理：税务机关不完全“认同”会计报表。

会计报表讲究谨慎性，比如资产发生减值要记入“资产减值损失”，而税务机关讲求的是“实际发生”制，如果可以随便提取减值，那么利润减少，就将导致国家税收减少！因此，这样就有了两套记账的基础，两者都没有错误，只是目的不一样，所以会有一些差异。因此一项资产在会计上有会计的账面价值，也有税务上的账面价值（计税基础）。

（1）那么一般有哪些情况会导致会计的账面价值和税务上的账面价值不一样呢？

①固定资产和无形资产的折旧规定不一样（即会计规定的折旧和税法规定的不一样）。

②会计上面的资产出现了减值，但是税法不认。

③会计上面某些资产采用公允价值计量，期末出现了公允价值变动，但是税法中不认公允价值变动，坚持按照成本计量。

④在会计中预提了某些负债，计入了当期的费用（比如质量保证费用的预提），但是税法中不认这个预提，认为应当等实际发生再计入费用，这样负债的计量也出现了差异。

（2）举例讲解何为计税基础？何为账面价值？

计税基础，通俗地说是指资产负债表日后，资产或负债在计算以后期间应纳税所得额时，根据税法规定还可以再抵扣或应纳税的剩余金额。**计税基础分为资产的计税基础和负债的计税基础。**

资产的计税基础，是指未来可以抵扣的金额。比如现在按照税法的规定计算某资产的账面价值还有200万元，那么未来还有200万元可以进行抵扣。如果会计的账面价值还有300万元，那就形成了差异，为什么会形成差异呢？或许是资产的会计和税法的折旧方法不一样，也或许是资产的减值造成的（税法是不认减值的）。

负债的计税基础，是指负债的账面价值减去未来期间计算应纳税所得额时按照税法规定可予抵扣的金额。假如2008年全年确认的预计负债为60万元，并将此列作了当年的销售费用，于是当年预计负债的账面价值为60万元（假定该项以前没有余额，同时当年也没有使用任何保修费）。按照会计上的处理，既然列作了销售费用，在计算会计利润时，就可以作为利润的减项，这是毋庸置疑的，但是，在税法上却规定：该项保修费要在未来实际发生时才能在税前列支（扣除），只能将来逐步扣除。按照负债计税基础的定义，该项预计负债的计税基础为0。

正是由于账面价值和计税基础的不同导致了各项差异。

(3) 经过上面的初步了解，我们可以思考一下所得税做题的基本步骤（如果不太懂，可以等学完具体内容再回头看）：

①该项目影响当期应交所得税吗?

②有暂时性差异吗?

③该暂时性差异确认递延所得税资产（负债）吗（有些不确认）?

④确认的递延所得税资产（负债）影响所得税费用吗?

一般经过这几步，基本上你的所有题目都没有问题，而且我们在做题的时候一定要严格遵循这四步：

我们举一个简单的例子来说明一下：甲企业购进一项固定资产，入账价值为1 000万元，会计规定按照10年进行折旧，税法规定按照5年进行折旧，期末残值都为零。

第一年：

①会计折旧100万元，税法折旧200万元，因为计算当期所得税，是以税法规定为标准的，所以会计上在计算当期所得税的时候要调减利润100万元（因为税法多提折旧100万元）；

②会计账面价值900万元，税法账面价值800万元，因此形成了暂时性差异；

③这个差异要确认“递延所得税负债”；

④这个差异是影响所得税费用的。

借：所得税费用

　　贷：递延所得税负债

(4) 具体哪些情况会产生会计和税法的差异呢?

①折旧不同导致（税法和会计的折旧方法不一样）；

②减值造成不同（税法不认可减值）；

③公允价值变化造成（税法不认可公允价值变化）；

④以后年度可抵扣造成不同（亏损可以5年内抵减）；

⑤对于负债来说，就是未来到底能否抵减。

第二十章　所得税

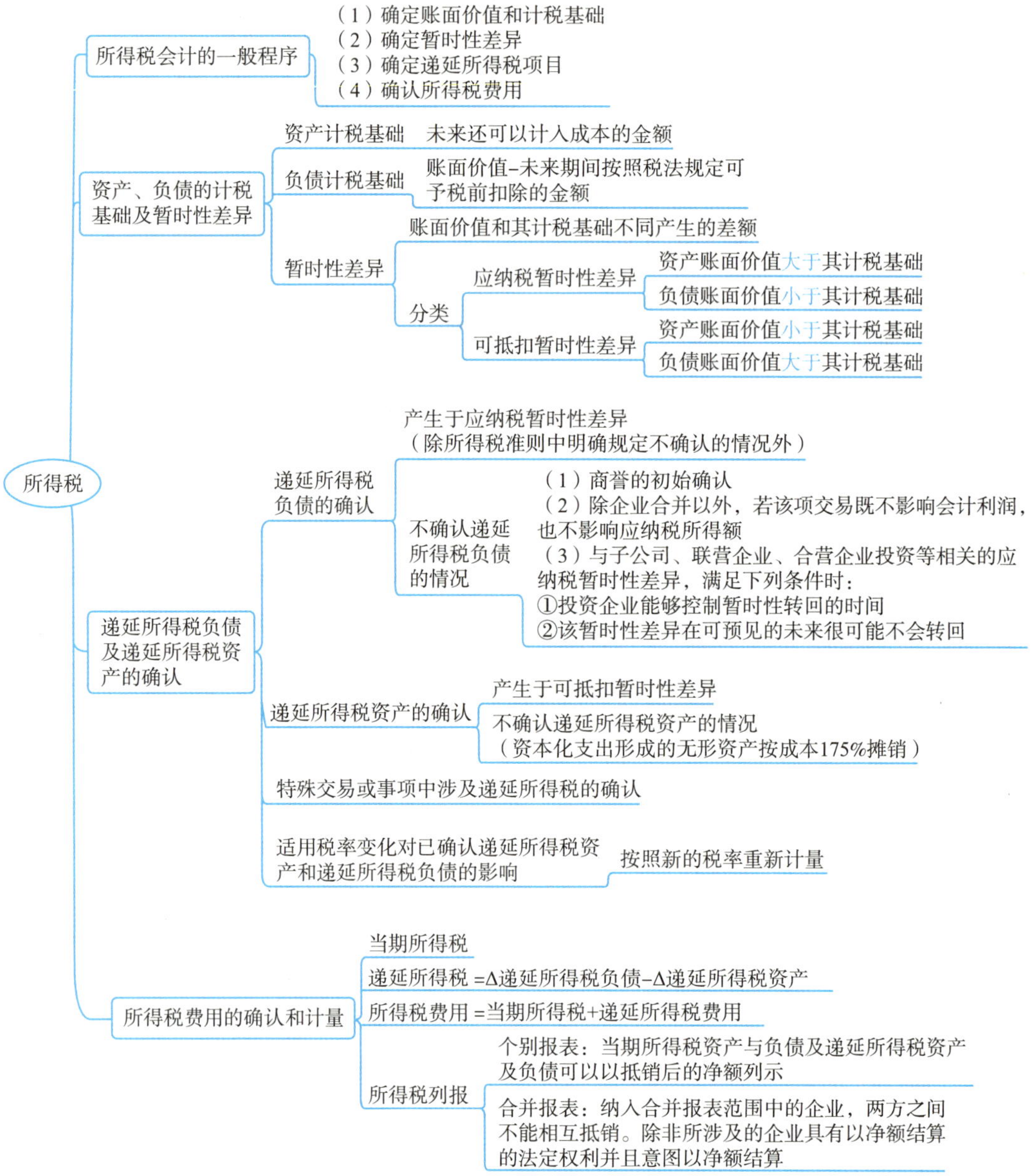
所得税
所得税会计的一般程序
（1）确定账面价值和计税基础
（2）确定暂时性差异
（3）确定递延所得税项目
（4）确认所得税费用
资产、负债的计税基础及暂时性差异
资产计税基础
未来还可以计入成本的金额
负债计税基础
账面价值–未来期间按照税法规定可予税前扣除的金额
暂时性差异
账面价值和其计税基础不同产生的差额
分类
应纳税暂时性差异
资产账面价值大于其计税基础
负债账面价值小于其计税基础
可抵扣暂时性差异
资产账面价值小于其计税基础
负债账面价值大于其计税基础
递延所得税负债及递延所得税资产的确认
递延所得税负债的确认
产生于应纳税暂时性差异（除所得税准则中明确规定不确认的情况外）
不确认递延所得税负债的情况
（1）商誉的初始确认
（2）除企业合并以外，若该项交易既不影响会计利润，也不影响应纳税所得额
（3）与子公司、联营企业、合营企业投资等相关的应纳税暂时性差异，满足下列条件时：
①投资企业能够控制暂时性转回的时间
②该暂时性差异在可预见的未来很可能不会转回
递延所得税资产的确认
产生于可抵扣暂时性差异
不确认递延所得税资产的情况（资本化支出形成的无形资产按成本175%摊销）
特殊交易或事项中涉及递延所得税的确认
适用税率变化对已确认递延所得税资产和递延所得税负债的影响
按照新的税率重新计量
所得税费用的确认和计量
当期所得税
递延所得税 =Δ递延所得税负债–Δ递延所得税资产
所得税费用 =当期所得税+递延所得税费用
所得税列报
个别报表：当期所得税资产与负债及递延所得税资产及负债可以以抵销后的净额列示
合并报表：纳入合并报表范围中的企业，两方之间不能相互抵销。除非所涉及的企业具有以净额结算的法定权利并且意图以净额结算

图 20－1　本章学习框架

第一节　所得税会计概述

一、资产负债表债务法的理论基础

所得税会计的产生主要就是税法有税法的规定，而会计也有会计的规定，二者对某项资产和负债的处理并不完全相同，但是我们交税是按照税法的规定来交，因此就要对会计里面的相关资产负债按照税法的规定来做相关调整，因此我们“所得税费用”并不只是会计报表的“应交所得税”，而包括了“递延所得税”。

借：所得税费用

　　递延所得税资产

　　贷：应交税费——应交所得税

　　　　递延所得税负债

分开写：

借：所得税费用

　　贷：应交税费——应交所得税

借：递延所得税资产

　　贷：所得税费用

借：所得税费用

　　贷：递延所得税负债

递延所得税资产和递延所得税负债的确认和计量。减少未来期间应交所得税的暂时性差异形成递延所得税资产，即未来实际发生时由税前会计利润计算应纳税所得额时会计纳税调整减少的暂时性差异，应确认递延所得税资产；增加未来期间应交所得税的暂时性差异，形成递延所得税负债，即未来实际发生时由税前会计利润计算应纳税所得额时会纳税调整增加的暂时性差异，应确认递延所得税负债。

举例说明：某项资产原值 1 000 万元，按照会计折旧年限是 5 年，但是税法规定折旧年限是 10 年，都是直线法：

假设在第一年：首先，会计每年折旧 200 万元，而税法每年折旧 100 万元，我们在计算所得税的时候，要求按照税法规定调减费用 100 万元（200 - 100），增加利润 100 万元；其次，年末的时候按照会计折旧，账面余额是 800 万元，按照税法折旧，账面余额是 900 万元，因此，税法未来可以抵扣的金额是 900 万元，而会计只有 800 万元了，也就是税法可以抵扣的更多，因此应该确认可抵扣暂时性差异 100 万元。

二、所得税会计的一般程序

（1）确定账面价值和计税基础；

（2）确定暂时性差异；

（3）确定递延所得税项目；

（4）确认所得税费用。

第二节　资产、负债的计税基础及暂时性差异

一、资产的计税基础

资产的计税基础，是税法上面的概念，指企业收回资产账面价值的过程中，计算应纳税所得额时按照税法可以自应税经济利益中抵扣的总金额。

简而言之，就是未来还可以计入成本的金额。

因此，税法上面的计税基础可能会跟会计上面的账面价值产生差异，由此就产生了递延所得税。

（一）固定资产

（1）税法和会计规定的折旧政策不一致会导致差异。

（2）减值准备产生的差异。

持有固定资产期间，在对固定资产计提了减值准备之后，因税法规定企业计提的减值准备在发生实质性损失前不得扣除，在有关资产减值转为实质性损失前，也会造成账面价值和计税基础的差异。因此，我们可以知道：

计税基础 = 实际成本 - 税法累计折旧

账面价值 = 实际成本 - 会计累计折旧 - 固定资产减值准备

【例题 20 -1 · 计算题】 A 企业于 2016 年 12 月 20 日取得的某项固定资产，原价为 750 万元，使用年限为 10 年，会计上采用年限平均法计提折旧，净残值为零。税法规定该类（由于技术进步、产品更新换代较快的）固定资产采用加速折旧法计提的折旧可予税前扣除，该企业在计税时采用双倍余额递减法计列折旧，净残值为零。2018 年 12 月 31 日，企业估计该项固定资产的可收回金额为 550 万元。

分析：2018 年 12 月 31 日，该项固定资产的账面净值 = 750 - 75 × 2 = 600（万元），该账面净值大于其可收回金额 550 万元，两者之间的差额应计提 50 万元的固定资产减值准备。

2018 年 12 月 31 日，该项固定资产的账面价值 = 750 - 75 × 2 - 50 = 550（万元）

其计税基础 = 750 - 750 × 20% - 600 × 20% = 480（万元）

该项固定资产的账面价值 550 万元与其计税基础 480 万元之间的 70 万元差额，将于未来期间计入企业的应纳税所得额。

【例题 20 -2 · 计算题】 B 企业于 2016 年年末以 750 万元购入一项生产用固定资产，按照该项固定资产的预计使用情况，B 企业在会计核算时估计其使用寿命为 5 年，计税时，按照适用税法规定，其最低折旧年限为 10 年，该企业计税时按照 10 年计算确定可税前扣除的折旧额。假定会计与税收均按年限平均法计列折旧，净残值均为零。2017 年该项固定资产按照 12 个月计提折旧。本例题中假定固定资产未发生减值。

该项固定资产在2017年12月31日的账面价值＝750－750÷5＝600（万元）

该项固定资产在2017年12月31日的计税基础＝750－750÷10＝675（万元）

该项固定资产的账面价值600万元与其计税基础675万元之间产生的75万元差额，在未来期间会减少企业的应纳税所得额。

（二）无形资产

税法为了鼓励企业进行无形资产的研发，规定费用化的部分可以加计75%扣除（这里影响当期的利润），同时规定资本化的部分按照175%进行摊销，这样会计的账面价值和计税基础形成了差异。

（1）对于内部研究开发形成的无形资产，企业会计准则规定有关研究开发支出区分两个阶段，研究阶段的支出应当费用化计入当期损益，而开发阶段符合资本化条件以后发生的支出应当资本化作为无形资产的成本；税法规定，企业为开发新技术、新产品、新工艺发生的研究开发费用，未形成无形资产计入当期损益的，在按照规定据实扣除的基础上，按照研究开发费用的75%加计扣除；形成无形资产的，按照无形资产成本的175%摊销。

总结：账面价值＝开发阶段符合资本化条件后发生的支出－累计摊销

计税基础＝账面价值×175%

但是，如该无形资产不是产生于企业合并交易，同时在确认时既不影响会计利润也不影响应纳税所得额，则不确认该暂时性差异的所得税影响。该种情况下，无形资产在初始确认时，对于会计和税收规定之间存在的暂时性差异不予确认，持续持有过程中，在初始未予确认暂时性差异的所得税影响范围内的摊销额的差异不予确认。

【例题20－3·计算题】A企业当期为开发新技术发生研究开发支出计2 000万元，其中研究阶段支出400万元，开发阶段符合资本化条件前发生的支出为400万元，符合资本化条件后至达到预定用途前发生的支出为1 200万元。税法规定，企业为开发新技术、新产品、新工艺发生的研究开发费用，未形成无形资产计入当期损益的，按照研究开发费用的75%加计扣除；形成无形资产的，按照无形资产成本的175%摊销。假定开发形成的无形资产在当期期末已达到预定用途（尚未开始摊销）。

A企业当期发生的研究开发支出中，按照会计准则规定应予费用化的金额为800万元，形成无形资产的成本为1 200万元，即期末所形成无形资产的账面价值为1 200万元。

A企业当期发生的2 000万元研究开发支出，费用化部分按照税法规定可在当期税前扣除的金额为1 400万元。所形成的无形资产在未来期间可予税前扣除的金额为2 100万元，其计税基础为2 100万元，形成暂时性差异900万元。应予说明的是，上述900万元的暂时性差异因产生于无形资产的初始确认，该无形资产并非产生于企业合并，且该无形资产在初始确认时既未影响会计利润，也未影响应纳税所得额，因此，该900万元暂时性差异的所得税影响不予确认。

（2）无形资产在后续计量时，会计与税法的差异主要产生于对无形资产是否需要摊销、无形资产摊销方法、摊销年限、预计净残值的不同以及无形资产减值准备的计提。

总结：

账面价值{使用寿命有限的 = 实际成本 − 会计累计摊销 − 无形资产减值准备
使用寿命不确定的 = 实际成本 − 无形资产减值准备}

计税基础 = 实际成本 − 税法累计摊销

【例题 20－4·计算题】 乙企业于 2017 年 1 月 1 日取得的某项无形资产，取得成本为 1 500 万元，取得该项无形资产后，根据各方面情况判断，乙企业无法合理预计其使用期限，将其作为使用寿命不确定的无形资产。2017 年 12 月 31 日，对该项无形资产进行减值测试表明其未发生减值。企业在计税时，对该项无形资产按照 10 年的期限采用直线法摊销，摊销金额允许税前扣除。

会计上将该项无形资产作为使用寿命不确定的无形资产，因未发生减值，其在 2017 年 12 月 31 日的账面价值为取得成本 1 500 万元。

该项无形资产在 2017 年 12 月 31 日的计税基础为 1 350 万元（成本 1 500 − 按照税法规定可予税前扣除的摊销额 150）。

该项无形资产的账面价值 1 500 万元与其计税基础 1 350 万元之间的差额 150 万元将计入未来期间企业的应纳税所得额。

（三）以公允价值计量且其变动计入当期损益的金融资产

计税基础按照取得时候的成本计算。

账面价值后续计量按照“公允价值”计量，后续的公允价值变动形成的差异，记入“公允价值变动损益”。

【例题 20－5·计算题】 2017 年 10 月 20 日，甲公司自公开市场取得一项权益性投资，支付价款 2 000 万元，作为交易性金融资产核算。2017 年 12 月 31 日，该投资的市价为 2 200 万元。

该项交易性金融资产的期末市价为 2 200 万元，其按照会计准则规定进行核算的、在 2017 年资产负债表日的账面价值为 2 200 万元。

因税法规定以公允价值计量的金融资产在持有期间公允价值的变动不计入应纳税所得额，其在 2017 年资产负债表日的计税基础应维持原取得成本不变，为 2 000 万元。

该交易性金融资产的账面价值 2 200 万元与其计税基础 2 000 万元之间产生了 200 万元的暂时性差异，该暂时性差异在未来期间转回时会增加未来期间的应纳税所得额。

（四）以公允价值计量且其变动计入其他综合收益的金融资产

之所以把以公允价值计量且其变动计入其他综合收益的金融资产专门拿出来强调一下，其实不管在哪里看到都应该高度注意，考点极多，在金融资产章节已经总结过一次。

在这里，以公允价值计量且其变动计入其他综合收益的金融资产的会计处理是按照公允价值进行计量，而税法中按照投资成本计量，之间会出现差额。

【例题 20-6·计算题】2017 年 11 月 8 日，甲公司自公开的市场上取得一项基金投资，作为以公允价值计量且其变动计入其他综合收益的金融资产核算。该投资的成本为 1 500 万元。2017 年 12 月 31 日，其市价为 1 575 万元。

按照会计准则规定，该项金融资产在会计期末应以公允价值计量，其账面价值应为期末公允价值 1 575 万元。

因税法规定资产在持有期间公允价值变动不计入应纳税所得额，则该项金融资产的期末计税基础应维持其原取得成本不变，为 1 500 万元。

该金融资产在 2017 年资产负债表日的账面价值 1 575 万元与其计税基础 1 500 万元之间产生的 75 万元暂时性差异，将会增加未来该资产处置期间的应纳税所得额。

（五）其他资产

因企业会计准则规定与税收法规规定不同，企业持有的其他资产，可能造成其账面价值与计税基础之间存在差异。

1. 投资性房地产

（1）公允价值模式后续计量：

账面价值 = 公允价值

计税基础 = 历史成本 - 折旧/摊销

（2）成本模式后续计量：

其处理就跟固定资产或无形资产一样，因为折旧（摊销）或者减值会产生差异。

这里要特别强调：

（1）公允价值模式的投资性房地产，首先会计要确认“公允价值变动”，同时税法中的投资性房地产要按照历史成本进行折旧或者摊销，这两个因素会产生差异。因此，公允价值模式下一定会导致差异。

（2）成本模式下，可能因折旧摊销方式和年限不同而导致差异。

【例题 20-7·计算题】A 公司于 2017 年 1 月 1 日将其某自用房屋用于对外出租，该房屋的成本为 750 万元，预计使用年限为 20 年。转为投资性房地产之前，已使用 4 年，企业按照年限平均法计提折旧，预计净残值为零。转为投资性房地产核算后，预计能够持续可靠取得该投资性房地产的公允价值，A 公司采用公允价值对该投资性房地产进行后续计量。假定税法规定的折旧方法、折旧年限及净残值与会计规定相同。同时，税法规定资产在持有期间公允价值的变动不计入应纳税所得额，待处置时一并计算确定应计入应纳税所得额的金额。该项投资性房地产在 2017 年 12 月 31 日的公允价值为 900 万元。

该投资性房地产在 2017 年 12 月 31 日的账面价值为其公允价值 900 万元，其计税基础为取得成本扣除按照税法规定允许税前扣除的折旧额后的金额，即其计税基础 = 750 - 750 ÷ 20 × 5 = 562.5（万元）。

该项投资性房地产的账面价值 900 万元与其计税基础 562.5 万元之间产生了 337.5 万元的暂时性差异，会增加企业在未来期间的应纳税所得额。

2. 其他各种资产减值准备（略）

综上所述，我们总结一下，如表 20－1 所示。

表 20－1

资产种类	账面价值和计税基础差异原因
固定资产	（1）折旧方法不一致（有可能也包括残值不一样） （2）计提减值准备
无形资产	（1）税法中规定形成资产的部分允许按照 175% 进行后续摊销，这样跟会计形成了差异；但是这部分不会确认递延所得税资产 （2）无形资产的摊销方法跟税法要求不一致 （3）会计中无形资产出现了减值
以公允价值计量且其变动计入其他综合收益的金融资产和交易性金融资产	会计按照公允价值，公允价值变动记入“其他综合收益”或“公允价值变动损益”，而税法就是按照初始成本保持不变
投资性房地产	（1）如果采用成本模式进行后续计量，那差异就是因为折旧和减值产生 （2）如果采用公允价值进行后续计量，那差异就是会计的公允价值变动和税法的折旧（摊销）产生

二、负债的计税基础

负债的计税基础，是指负债的账面价值减去未来期间计算应纳税所得额时按照税法规定可予抵扣的金额。

负债的计税基础＝账面价值－未来期间按照税法规定可予税前扣除的金额

举两个简单的例子说明一下：

（1）甲公司今年销售产品计提了 100 万元的质量保证费用，分录为：

借：销售费用

　　贷：预计负债

但是税法认为，这个销售费用在今年不能扣，因为是计提的，但是你真的在今后的日子里面实际发生，那可以作为费用税前扣除，因此，这里的负债的计税基础就是 0，因为未来只要发生都可以全部扣除。

（2）甲公司被税务机关罚款 100 万元，根据所得税的规定，被行政机关罚款是不得税前扣除的。其账面价值是 100 万元，而且在今后的日子里，这 100 万元都不允许扣除，因此这里的未来可以扣除的金额是 0，于是计税基础也是 100 万元，这里就不存在账面价值和计税基础的差异了。

（一）企业因销售商品提供售后服务等原因确认的预计负债

按照或有事项的规定，企业应将预计提供售后服务发生的支出满足有关确认条件时，在销售当期确认为费用，同时确认预计负债。如果税法规定，与销售产品相关的支出应于实际发生时税前扣除。因该类事项产生的预计负债在期末的计税基础为其账面价值与未来期间可税前扣除的金额之间的差额，即为0。

因其他事项确认的预计负债，应按照税法规定的计税原则确定其计税基础。某些情况下，因有些事项确认的预计负债，如果税法规定无论是否实际发生均不允许税前扣除，即未来期间按照税法规定可予抵扣的金额为0，其账面价值与计税基础相同。

【例题20－8·计算题】 甲企业2017年因销售产品承诺提供3年的保修服务，在当年度利润表中确认了500万元的销售费用，同时确认为预计负债，当年度未发生任何保修支出。假定按照税法规定，与产品售后服务相关的费用在实际发生时允许税前扣除。

该项预计负债在甲企业2017年12月31日资产负债表中的账面价值为500万元。

该项预计负债的计税基础＝账面价值－未来期间计算应纳税所得额时按照税法规定可予抵扣的金额＝500万元－500万元＝0。

（二）预收账款

预收账款收到的时候，一般不会确认为收入，因此也不影响所得税，会计跟税法一致。

但在某些情况下，按照税法规定应计入当期应纳税所得额（很少），有关预收账款的计税基础为零，即因其产生时已经缴纳所得税，未来期间可全额扣除。

收到预收账款：

借：银行存款

　　贷：预收账款

一般的企业收到预收账款（负债），是不允许计入收入，不用交税，这里税法和会计规定一致，但是有一些企业（如房地产）是收到预收款项就要交税，这个时候等会计上以后实际确认收入的时候就可以抵扣了。

（1）预收款项计入当期应纳税所得额（如房地产开发企业），计税基础＝0。

（2）预收款项未计入当期应纳税所得额，计税基础＝账面价值。

（三）应付职工薪酬

企业对于会计确认的合理的职工薪酬是可以税前扣除的，但是对某些项目做了一些特别规定：（下面的所谓8%、14%、2%是为了举例方便而写出来，并不是要你们记住）：

职工教育经费，税法规定不超过“工资、薪金”8%的部分可以当期税前扣除，超过的可以以后期间继续扣除。由于可以继续抵扣，于是就产生了差异。

职工福利费和工会经费，税法规定分别不超过“工资、薪金”14%和2%的部分可以当期税前扣除，超过的部分不允许再扣除，那这里就不存在差异了。

以现金结算的股份支付中，在等待期内确认的“应付职工薪酬”，在实际支付的时候是可以全额扣除的。

【例题20－9·单选题】 2015年1月1日，B公司为其100名中层以上管理人员每人授予100份现金股票增值权，这些人员从2015年1月1日起必须在该公司连续服务3年，即可自2017年12月31日起根据股价的增长幅度获得现金，该增值权应在2018年12月31日之前行使完毕。B公司2015年12月31日计算确定的应付职工薪酬的余额为200万元。税法规定，以现金结算的股份支付形成的应付职工薪酬，实际支付时可计入应纳税所得额。2015年12月31日，该应付职工薪酬的计税基础为（　　）万元。

A. 200　　B. 0　　C. 100　　D. -200

【答案】B

【解析】该应付职工薪酬的计税基础 = 账面价值200 - 可从未来经济利益中扣除的金额200 = 0。

（四）其他负债

其他负债如企业应交的罚款和滞纳金等，在尚未支付之前按照会计规定确认为费用，同时作为负债反映。税法规定，行政性的罚款和滞纳金不得税前扣除，其计税基础为账面价值减去未来期间计税时可予税前扣除的金额0之间的差额，即计税基础等于账面价值。

例如：甲企业因为迟缴税款，被税务机关罚款100 000元，分录为：

借：营业外支出　　100 000

　　贷：其他应付款　　100 000

账面价值是10万元，不允许在当期扣除，在以后期间也不允许扣除，因此以后期间可以抵扣的金额是0，不存在账面价值和计税基础的差异。

三、特殊交易或事项中产生的资产、负债计税基础的确定

除企业在正常生产经营活动过程中取得的资产和负债以外，对于某些特殊交易中产生的资产、负债，其计税基础的确定应遵从税法规定，如企业合并过程中取得资产、负债计税基础的确定。

四、暂时性差异

暂时性差异是指资产、负债的账面价值与其计税基础不同产生的差额。分为应纳税暂时性差异和可抵扣暂时性差异。

除因资产、负债的账面价值与计税基础不同产生的暂时性差异以外，按照税法规定可以结转以后年度的未弥补亏损和税款抵减，也视同可抵扣暂时性差异处理。

（一）应纳税暂时性差异

应纳税暂时性差异，是指在确定未来收回资产或清偿负债期间的应纳税所得额时，将导致产生应税金额的暂时性差异。

应纳税暂时性差异通常产生于以下情况：

（1）资产的账面价值大于其计税基础；

（2）负债的账面价值小于其计税基础。

（二）可抵扣暂时性差异

可抵扣暂时性差异，是指在确定未来收回资产或清偿负债期间的应纳税所得额时，将导致产生可抵扣金额的暂时性差异。

可抵扣暂时性差异一般产生于以下情况：

（1）资产的账面价值小于其计税基础；

（2）负债的账面价值大于其计税基础。

例如：某项资产账面原值是1 000万元，会计按照5年折旧，税法按照10年折旧，都采用直线折旧法。

第一年年末：会计账面价值是800万元，税法计税基础是900万元，于是产生了可抵扣暂时性差异。

如果会计按照10年折旧，税法按照5年折旧。

第一年年末：会计账面价值是900万元，税法计税基础是800万元，那产生了应纳税暂时性差异。

【例题20-10·多选题】下列项目中，产生应纳税暂时性差异的有（　　）。

A. 税法折旧大于会计折旧形成的差额部分

B. 交易性金融资产，期末公允价值大于账面价值

C. 期末预提产品质量保证费用

D. 对无形资产，企业根据期末可收回金额小于账面价值的部分计提了减值准备

【答案】AB

（三）特殊项目产生的暂时性差异

1. 未作为资产、负债确认的项目产生的暂时性差异

某些交易或事项发生以后，因为不符合资产、负债的确认条件而未体现为资产负债表中的资产或负债，但按照税法规定能够确定其计税基础的，其账面价值与计税基础之间的差异也构成暂时性差异。如企业发生的符合条件的广告费和业务宣传费支出，除另有规定外，不超过当期销售收入15%的部分准予扣除；超过部分准予在以后纳税年度结转扣除。该类费用在发生时按照会计准则规定即计入当期损益，不形成资产负债表中的资产，但按照税法规定可以确定其计税基础的，两者之间的差额也形成暂时性差异（可抵扣暂时性差异）。

举例：甲企业2016年的销售收入是1 000万元，发生了180万元的广告费和业务宣传费，其中150万元（1 000×15%）可以当期抵扣，剩下的30万元可以以后年度抵扣，因此这个30万元就是可抵扣暂时性差异。

即：账面价值＝0

计税基础＝30万元

2. 可抵扣亏损及税款抵减产生的暂时性差异

按照税法规定可以结转以后年度的**未弥补亏损及税款抵减**，虽不是因资产、负债的账面价值与计税基础不同产生的，但与可抵扣暂时性差异具有同样的作用，均能减少未来期

间的应纳税所得额和应交所得税，会计处理上视同可抵扣暂时性差异，在符合确认条件的情况下，应确认与其相关的递延所得税资产（税法规定当年的未弥补可以在以后5个纳税年度进行抵扣）。

举例：甲企业2013年亏损100万元，税率为25%，假设未来能够产生足够的应纳税额，那么在未来5年可以抵扣的亏损是100万元，这就是可抵扣暂时性差异。

第三节 递延所得税负债及递延所得税资产的确认和计量

一、递延所得税负债的确认和计量

（一）确认递延所得税负债

除所得税准则中明确规定可不确认递延所得税负债的情况以外，企业对于所有的应纳税暂时性差异均应确认相关的递延所得税负债。除直接计入所有者权益的交易或事项以及企业合并中取得资产、负债相关的以外，在确认递延所得税负债的同时，应增加利润表中的所得税费用。

举例：假设固定资产有100万元的应纳税暂时性差异，所得税税率是25%，那就要确认递延所得税负债：

借：所得税费用	250 000	
贷：递延所得税负债		250 000

但是，“除直接计入所有者权益的交易或事项以及企业合并中取得资产、负债相关的以外，在确认递延所得税负债的同时，应增加利润表中的所得税费用”的意思其实主要是指以公允价值计量且其变动计入其他综合收益的金融资产。如果以公允价值计量且其变动计入其他综合收益的金融资产有100万元的应纳税暂时性差异，那分录为：

借：其他综合收益（注意，这里就不是所得税费用）	250 000	
贷：递延所得税负债		250 000

因此，学到这里，我们再来总结一遍“以公允价值计量且其变动计入其他综合收益的金融资产”的一些特殊性：

（1）交易费用要计入初始入账金额；

（2）公允价值变动要记入“其他综合收益”，不影响损益；

（3）出售的时候“其他综合收益”要转入“投资收益”，影响损益，这也是跟交易性金融资产的一个区别；

（4）账面价值和计税基础会产生差异，也会影响暂时性差异，但是不影响“所得税费用”，因为影响的是“其他综合收益”。

注意：你们可以自己回忆一下“指定为以公允价值计量且其变动计入其他综合收益的金融资产”的差别。

【例题20-11·计算题】A企业于2017年12月6日购入某项设备，取得成本为500万元，会计上采用年限平均法计提折旧，使用年限为10年，净残值为零，因该资产长年处于强震动状态，计税时按双倍余额递减法计列折旧，使用年限及净残值与会计相同。A企业适用的所得税税率为25%。假定该企业不存在其他会计与税收处理的差异。

2018年12月31日：

资产账面价值=500-500÷10=450（万元）

资产计税基础=500-500×20%=400（万元）

递延所得税负债余额=(450-400)×25%=12.5（万元）

借：所得税费用　　12.5

　　贷：递延所得税负债　　12.5

2019年12月31日：

资产账面价值=500-500÷10×2=400（万元）

资产计税基础=500-500×20%-400×20%=320（万元）

递延所得税负债余额=(400-320)×25%=20（万元）

借：所得税费用　　7.5

　　贷：递延所得税负债　　(20-12.5) 7.5

（二）不确认递延所得税负债的情况

有些情况下，虽然资产、负债的账面价值与其计税基础不同，产生了应纳税暂时性差异，但出于各方面考虑，所得税准则中规定不确认相应的递延所得税负债，主要包括：

（1）商誉的初始确认。商誉我们在企业合并学过，商誉=合并成本-被购买方可辨认净资产公允价值的份额。我们思考一个问题：

①前面的知识点学习过，所谓的免税合并是被合并方股东不缴税，合并方以被合并方的原账面价值为计税基础，会计以公允价值为账面价值。

②商誉=合并成本-被购买方可辨认净资产公允价值的份额，那么由于免税合并中资产和负债的计税基础是原账面价值，会计上的账面价值是公允价值，这里要确认递延所得税资产或负债，这里会影响商誉的金额。分录为：

借：递延所得税资产

　　贷：商誉

或：

借：商誉

　　贷：递延所得税负债

③商誉经过调整之后，但是税法上由于是免税合并，商誉的计税基础为零，商誉在会计中的账面价值和计税基础出现了差异，在这里由于商誉的账面价值和计税基础的差异，不确认递延所得税负债。

④简单来说，免税合并导致的资产与负债的账面价值跟计税基础的差异会影响商誉的金额，但是由于免税合并本身导致的商誉的账面价值和计税基础的差额不用确认递延所得税负债。

⑤但是假设商誉在后续发生了减值，那么这时就跟普通的资产一样，需要确认递延所得税资产。

下面我们看一道例题可以更加明白这个问题：

【例题 20－12·计算题】A 企业以增发市场价值为 15 000 万元的自身普通股为对价购入 B 企业 100% 的净资产，对 B 企业进行吸收合并，合并前 A 企业与 B 企业不存在任何关联方关系。假定该项合并符合税法规定的免税合并条件，交易各方选择进行免税处理，购买日 B 企业各项可辨认资产、负债的公允价值及其计税基础如下表所示。

单位：万元

	公允价值	计税基础	暂时性差异
固定资产	6 750	3 875	2 875
应收账款	5 250	5 250	
存货	4 350	3 100	1 250
其他应付款	(750)	0	(750)
应付账款	(3 000)	(3 000)	0
不包括递延所得税的可辨认资产、负债的公允价值	12 600	9 225	3 375

B 企业适用的所得税税率为 25%，预期在未来期间不会发生变化，该项交易中应确认递延所得税负债及商誉的金额计算如下：

可辨认净资产公允价值　12 600

＋递延所得税资产　187.5

－递延所得税负债　1 031.25

＝考虑递延所得税后可辨认资产、负债的公允价值　11 756.25

＋商誉　3 243.75

＝企业合并成本　15 000

不考虑递延所得税的商誉＝15 000－12 600＝2 400（万元）

借：递延所得税资产　187.5

　　贷：商誉　187.5

借：商誉　1 031.25

　　贷：递延所得税负债　1 031.25

考虑递延所得税后的商誉＝2 400－187.5＋1 031.25＝3 243.75（万元）

因此，企业合并时递延所得税资产和递延所得税负债对应科目为商誉。

因该项合并符合税法规定的免税合并条件，当事各方选择进行免税处理的情况下，购买方在免税合并中取得的被购买方有关资产、负债应维持其原计税基础不变。被购买方原账面上未确认商誉，即商誉的计税基础为零。

该项合并中所确认的商誉金额3 243.75万元与其计税基础零之间产生的应纳税暂时性差异，按照准则中规定，不再进一步确认相关的所得税影响。

思路如下：

①确认可辨认净资产公允价值

②+递延所得税资产－递延所得税负债

③=考虑递延所得税后可辨认净资产公允价值

④确认企业合并成本（企业合并成本为固定不变的）

⑤确认商誉=企业合并成本－考虑递延所得税后可辨认净资产公允价值

应予说明的是，按照会计准则规定在非同一控制下的企业合并形成的商誉，并且按照所得税法规定商誉在初始确认时计税基础等于账面价值的（即应税合并形成的商誉），该商誉在后续计量过程中因计提减值准备，使商誉的账面价值小于计税基础，会产生可抵扣暂时性差异，应确认相关的所得税影响。

（2）除企业合并以外的其他交易或事项中，如果该项交易或事项发生时既不影响会计利润，也不影响应纳税所得额，则所产生的资产、负债的初始确认金额与其计税基础不同，形成应纳税暂时性差异的，交易或事项发生时不确认相应的递延所得税负债。

（3）与子公司、联营企业、合营企业投资等相关的应纳税暂时性差异，一般应确认相应的递延所得税负债，但同时满足以下两个条件的除外：**一是投资企业能够控制暂时性差异转回的时间；二是该暂时性差异在可预见的未来很可能不会转回**。满足上述条件时，投资企业可以运用自身的影响力决定暂时性差异的转回，如果不希望其转回，则在可预见的未来该项暂时性差异即不会转回，对未来期间的计税不产生影响，从而无须确认相应的递延所得税负债。

对于采用权益法核算的长期股权投资，其计税基础与账面价值产生的有关暂时性差异是否应确认相关的所得税影响，应当考虑该项投资的持有意图：

①在准备长期持有的情况下，对于采用权益法核算的长期股权投资账面价值与计税基础之间的差异，投资企业一般不确认相关的所得税影响。

②在持有意图由长期持有转变为拟近期出售的情况下，因长期股权投资的账面价值与计税基础不同产生的有关暂时性差异，均应确认相关的所得税影响。

【提示】虽然权益法核算的长期股权投资在长期持有的情况下，不需要确认相关的所得税影响，但是我们也需要搞懂权益法下的长期股权投资到底哪些情况下会导致暂时性差异：

（1）在会计上，不形成控股合并的长期股权投资的后续计量需要采用权益法，也就是后续的六步调整，但是在税法中，只能按照初始入账成本计量，后续的变动就会导致计税基础和账面价值的差异；

（2）在会计上，如果长期股权投资发生减值，需要计提减值准备，这个也会形成会计和税法的差异。

所以我们在做题目的时候特别是做大题目的时候一定要看清楚条件是否明确地说明该笔长期股权投资准备长期持有。

【例题 20－13·多选题】 在计算应纳税所得额时可能调整的项目有（　　）。

A. 采用公允价值模式计量的投资性房地产转让的净收益

B. 国债的利息收入

C. 广告宣传费用支出

D. 持有的以公允价值计量且其变动计入其他综合收益的金融资产公允价值变动

E. 权益法下长期股权投资确认的投资收益

【答案】 ABCE

【解析】 选项 A 计税基础＝历史成本－折旧；账面价值＝期末公允价值，形成差异；选项 B 为免税收入，计税基础为 0；选项 C 为可抵扣暂时性差异；选项 D 影响的是其他综合收益，不影响当期所得税；选项 E 应当考虑该项投资的持有意图。

（三）递延所得税负债的计量

递延所得税负债应以相关应纳税暂时性差异转回期间适用的所得税税率计量。无论应纳税暂时性差异的转回期间如何，递延所得税负债的确认不要求折现。

二、递延所得税资产的确认和计量

（一）递延所得税资产的确认

递延所得税资产产生于可抵扣暂时性差异。确认因可抵扣暂时性差异产生的递延所得税资产应以未来期间可能取得的应纳税所得额为限。

（1）对与子公司、联营企业、合营企业的投资相关的可抵扣暂时性差异，同时满足下列条件的，应当确认相关的递延所得税资产：一是暂时性差异在可预见的未来很可能转回；二是未来很可能获得用来抵扣可抵扣暂时性差异的应纳税所得额。

（2）按照税法规定可以结转以后年度的未弥补亏损和税款抵减，应视同可抵扣暂时性差异处理。在预计可利用未弥补亏损或税款抵减的未来期间内能够取得足够的应纳税所得额时，除准则中规定不予确认的情况外，应当以很可能取得的应纳税所得额为限，确认相应的递延所得税资产，同时减少确认当期的所得税费用。

（二）不确认递延所得税资产的特殊情况

某些情况下，如果企业发生的某项交易或事项不是企业合并，并且交易发生时既不影响会计利润也不影响应纳税所得额，且该项交易中产生的资产、负债的初始确认金额与其计税基础不同，产生可抵扣暂时性差异的，所得税准则中规定在交易或事项发生时不确认相应的递延所得税资产。

举例说明：税法规定资本化支出形成无形资产的按成本 175% 进行摊销，这里税法的计税基础是成本的 175%，但是会计的初始确认金额还是按照原成本，但是在当年并不影响会计利润也不影响应纳税所得额，所以这里不确认相应的递延所得税资产（也就是无形资产按照175%进行摊销，有暂时性差异，但是不确认递延所得税资产）。

这里说明一下：

无形资产的账面价值和计税基础的差异有可能是因为税法规定按照175%进行摊销引起的，这种情况下不用确认递延所得税资产。但是其他的情况，比如无形资产的摊销不一致，无形资产的减值引起的账面价值和计税基础的差异，这里是需要确认递延所得税资产或者负债的。

（三）递延所得税资产的计量

（1）税率的确定。确认递延所得税资产时，应当以预期收回该资产期间的适用所得税税率为基础计算确定。无论相关的可抵扣暂时性差异转回期间如何，递延所得税资产均不予折现。

（2）递延所得税资产的减值。资产负债表日，企业应当对递延所得税资产的账面价值进行复核。如果未来期间很可能无法取得足够的应纳税所得额用以利用可抵扣暂时性差异带来的利益，应当减记递延所得税资产的账面价值。递延所得税资产的账面价值减记以后，继后期间根据新的环境和情况判断能够产生足够的应纳税所得额用以利用可抵扣暂时性差异，使得递延所得税资产包含的经济利益能够实现的，应相应恢复递延所得税资产的账面价值。

三、特殊交易或事项中涉及递延所得税的确认

（一）与直接计入所有者权益的交易或事项相关的所得税

与当期及以前期间直接计入所有者权益的交易或事项相关的当期所得税及递延所得税应当计入所有者权益。直接计入所有者权益的交易或事项主要有：会计政策变更采用追溯调整法或对前期差错更正采用追溯重述法调整期初留存收益、以公允价值计量且其变动计入其他综合收益的金融资产的公允价值变动计入所有者权益、同时包含负债及权益成分的金融工具在初始确认时计入所有者权益、自用房地产转为采用公允价值模式计量的投资性房地产时公允价值大于原账面价值的差额计入其他综合收益等。

【解释】

（1）该段文字的意思，某些交易和事项确认的递延所得税资产或者负债不是记入“所得税费用”，而是直接计入所有者权益，比如“其他综合收益”和“盈余公积”等。

（2）以公允价值计量且其变动计入其他综合收益的金融资产公允价值变动记入“其他综合收益”，因此暂时性差异这里也记入“其他综合收益”。

借：递延所得税资产

　　贷：其他综合收益

也就是以公允价值计量且其变动计入其他综合收益的金融资产有暂时性差异，有递延所得税资产（负债），但是不影响所得税费用。

（3）会计政策变更采用追溯调整法在后面详细解释。

（二）与企业合并相关的递延所得税

在企业合并中，购买方取得的可抵扣暂时性差异，按照税法规定可以用于抵减以后年度应纳税所得额，但在购买日不符合递延所得税资产确认条件而不予以确认。购买日后12个月内，如取得新的或进一步信息表明购买日的相关情况已经存在，预期被购买方在购买日可抵扣暂时性差异带来的经济利益能够实现的，应当确认相关的递延所得税资产，同时减少商誉，商誉不足冲减的，差额部分确认为当期损益；除上述情况以外，确认与企业合并相关的递延所得税资产，应当计入当期损益。

【例题20－14·计算题】 甲公司于2018年1月1日购买乙公司80%股权，形成非同一控制下企业合并。因会计准则规定与适用税法规定的处理方法不同，在购买日产生可抵扣暂时性差异300万元。假定购买日及未来期间企业适用的所得税税率为25%。

购买日，因预计未来期间无法取得足够的应纳税所得额，未确认与可抵扣暂时性差异相关的递延所得税资产75万元。购买日确认的商誉为50万元。

在购买日后6个月，甲公司预计能够产生足够的应纳税所得额用以抵扣企业合并时产生的可抵扣暂时性差异300万元，且该事实于购买日已经存在，则甲公司应作如下会计处理：

借：递延所得税资产　　750 000
　贷：商誉　　500 000
　　所得税费用　　250 000

假定，在购买日后6个月，甲公司根据新的事实预计能够产生足够的应纳税所得额用以抵扣企业合并时产生的可抵扣暂时性差异300万元，且该新的事实于购买日并不存在，则甲公司应作如下会计处理：

借：递延所得税资产　　750 000
　贷：所得税费用　　750 000

（三）与股份支付相关的当期及递延所得税

与股份支付相关的支出在按照会计准则规定确认为成本费用时，其相关的所得税影响应区别于税法的规定进行处理：如果税法规定与股份支付相关的支出不允许税前扣除，则不形成暂时性差异；如果税法规定与股份支付相关的支出允许税前扣除，在按照会计准则规定确认成本费用的期间内，企业应当根据会计期末取得的信息估计可税前扣除的金额计算确定其计税基础及由此产生的暂时性差异，符合确认条件的情况下，应当确认相关递延所得税。其中预计未来期间可税前扣除的金额超过按照会计准则规定确认的与股份支付相关的成本费用，超过部分的所得税影响应直接计入所有者权益。

四、适用税率变化对已确认递延所得税资产和递延所得税负债的影响

因税收法规的变化，导致企业在某一会计期间适用的所得税税率发生变化的，企业应对已确认的递延所得税资产和递延所得税负债按照新的税率重新计量。

【总结】经过前面的学习，你们有点感觉，但是也有点晕头转向，那我们再拿出前面所说的套路来看看：

(1) 该项目影响当期应交所得税吗?

(2) 有暂时性差异吗?

(3) 该暂时性差异确认递延所得税资产（负债）吗（有些不确认)?

(4) 确认的递延所得税资产（负债）影响所得税费用吗?

假设是固定资产，每年的折旧会出现差异：

(1) 该项目影响当期应交所得税吗？影响！因为折旧不一样，要按照税法的折旧计算!

(2) 有暂时性差异吗？账面价值和计税基础出现了差异，会有暂时性差异。

(3) 该暂时性差异确定递延所得税资产（负债）吗？确认!

(4) 确认的递延所得税资产（负债）影响所得税费用吗？影响!

假设是无形资产一定要分情况：

首先，如果是摊销或者减值出现差异，那跟固定资产的处理一样；

其次，如果是因为无形资产按照175%进行摊销产生的差异呢？这就要注意：

(1) 该差异影响当期应交所得税吗？税法按照175%摊销肯定影响当期应交所得税!

(2) 有暂时性差异吗？当然有，毕竟税法是按照175%计算的计税基础。

(3) 该暂时性差异确认递延所得税资产（负债）吗？**不确认!**

(4) 影响所得税费用吗？不影响!

注意：无形资产按照175%进行摊销不确认递延所得税资产或者负债，但是因为摊销和减值产生差异，是需要确认递延所得税资产或者负债的。

假设是以公允价值计量且其变动计入其他综合收益的金融资产呢?

(1) 该项目影响当期应交所得税吗？**不影响！因为**以公允价值计量且其变动计入其他综合收益的金融资产**公允价值变动计入的是“其他综合收益”，不影响损益。**

(2) 有暂时性差异吗？当然有!

(3) 该暂时性差异确认递延所得税资产（负债）吗？确认!

(4) 确认的递延所得税资产（负债）影响所得税费用吗？不影响！因为分录是：

借：其他综合收益

　　贷：递延所得税负债

第四节　所得税费用的确认和计量

一、当期所得税

当期所得税，是指企业按照税法规定计算确定的针对当期发生的交易和事项，应缴纳给税务部门的所得税金额，即应交所得税，应以适用的税收法规为基础计算确定。

特别强调的是，这个当期所得税并不能以会计利润来计算，而是税法的规定，要求按照税法的规定来调整，按照考试的惯例，调整的大致有如下的科目：

（1）折旧金额不一样；

（2）税法不认可减值；

（3）国债利息免税；

（4）税法不认可公允价值变动；

（5）行政机关的罚款不能扣除。

应交所得税 = 应纳税所得额 × 所得税税率

应纳税所得额 = 税前会计利润 + 纳税调整增加额 − 纳税调整减少额

二、递延所得税

即按照《企业会计准则》规定应予确认的递延所得税资产和递延所得税负债在期末应有的金额相对于原已确认金额之间的差额，即递延所得税资产及递延所得税负债的**当期发生额，但不包括计入所有者权益的交易或事项及企业合并的所得税影响**。

【小说明】

（1）影响递延所得税费用的是递延所得税资产和递延所得税负债的当期发生额，因此是“递延所得税资产（负债）期末余额 − 递延所得税资产（负债）期初余额”。

（2）直接计入所有者权益的交易和企业合并，由于它们对应的不是“所得税费用”，因此它们不影响递延所得税费用。

那么也就是说，记入“其他综合收益”的部分，虽然影响了递延所得税资产或者负债，但是依旧不影响递延所得税费用，也更谈不上影响所得税费用了，因为它的科目记入的是“其他综合收益”！很多考生在这里总是陷入误解，特别强调一下！

递延所得税 =（递延所得税负债的期末余额 − 递延所得税负债的期初余额）−（递延所得税资产的期末余额 − 递延所得税资产的期初余额）

即：　　**递延所得税 = Δ 递延所得税负债 − Δ 递延所得税资产**

【例题 20 − 15 · 计算题】 甲企业持有的某项以公允价值计量且其变动计入其他综合收益的其他债权投资，成本为 500 万元，会计期末，其公允价值为 600 万元，该企业适用的所得税税率为 25%。除该事项外，该企业不存在其他会计与税收法规之间的差异，且递延所得税资产和递延所得税负债不存在期初余额。

会计期末在确认 100 万元的公允价值变动时，账务处理为：

借：其他债权投资	1 000 000	
贷：其他综合收益		1 000 000

确认应纳税暂时性差异的所得税影响时，账务处理为：

借：其他综合收益	250 000	
贷：递延所得税负债		250 000

三、所得税费用

计算确定了当期所得税及递延所得税以后，利润表中应予确认的所得税费用为两者之和，即：

所得税费用＝当期所得税＋递延所得税费用

在这里再强调一次：计入当期损益的所得税费用或收益不包括企业合并和直接在所有者权益中确认的交易或事项产生的所得税影响。与直接计入所有者权益的交易或者事项相关的当期所得税和递延所得税，应当计入所有者权益。这里最直接的例子就是“以公允价值计量且其变动计入其他综合收益的金融资产”公允价值的变动形成的递延所得税项目。

【例题 20－16·计算题】A 公司 2017 年度利润表中利润总额为 3 000 万元，该公司适用的所得税税率为 25%。递延所得税资产及递延所得税负债不存在期初余额。与所得税核算有关的情况如下：

2017 年发生的有关交易和事项中，会计处理与税收处理存在差别的有：

（1）2017 年 1 月开始计提折旧的一项固定资产，成本为 1 500 万元，使用年限为 10 年，净残值为 0，会计处理按双倍余额递减法计提折旧，税收处理按直线法计提折旧。假定税法规定的使用年限及净残值与会计规定相同。

（2）向关联企业捐赠现金 500 万元。假定按照税法规定，企业向关联方的捐赠不允许税前扣除。

（3）当期取得作为交易性金融资产核算的股票投资成本为 800 万元，2017 年 12 月 31 日的公允价值为 1 200 万元。税法规定，以公允价值计量的金融资产持有期间市价变动不计入应纳税所得额。

（4）违反环保法规定应支付罚款 250 万元。

（5）期末对持有的存货计提了 75 万元的存货跌价准备。

单位：万元

项目	账面价值	计税基础	差异	
			应纳税暂时性差异	可抵扣暂时性差异
存货	2 000	2 075		75
固定资产				
固定资产原价	1 500	1 500		
减：累计折旧	300	150		
减：固定资产减值准备	0	0		
固定资产账面价值	1 200	1 350		150
交易性金融资产	1 200	800	400	
其他应付款	250	250		
总计			400	225

第二十章

【答案】(1) 2017 年度当期应交所得税：

应纳税所得额 =3 000 +150 +500 -400 +250 +75 =3 575 (万元)

应交所得税 =3 575 ×25% =893.75 (万元)

(2) 2017 年度递延所得税：

递延所得税资产 =225 ×25% =56.25 (万元)

递延所得税负债 =400 ×25% =100 (万元)

递延所得税 =100 -56.25 =43.75 (万元)

(3) 利润表中应确认的所得税费用：

所得税费用 =893.75 +43.75 =937.50 (万元)，确认所得税费用的账务处理如下：

借：所得税费用　　9 375 000

　　递延所得税资产　　562 500

　　贷：应交税费——应交所得税　　8 937 500

　　　　递延所得税负债　　1 000 000

【例题 20 -17·计算题】 沿用【例题 20 -16】中有关资料，假定 A 公司 2018 年当期应交所得税为 1 155 万元。资产负债表中有关资产、负债的账面价值与其计税基础相关资料如下表所示，除所列项目外，其他资产、负债项目不存在会计和税收的差异。

单位：万元

项目	账面价值	计税基础	差异	
			应纳税暂时性差异	可抵扣暂时性差异
存货	4 000	4 200		200
固定资产				
固定资产原价	1 500	1 500		
减：累计折旧	540	300		
减：固定资产减值准备	50	0		
固定资产账面价值	910	1 200		290
交易性金融资产	1 675	1 000	675	
预计负债	250	0		250
总计			675	740

(1) 当期所得税 = 当期应交所得税 =1 155 万元；

(2) 递延所得税：

①期末递延所得税负债　　168.75 (675 ×25%)

期初递延所得税负债　　100

递延所得税负债增加　　68.75

②期末递延所得税资产　　185 (740 ×25%)

期初递延所得税资产　　56.25

递延所得税资产增加　　128.75

递延所得税 =68.75 - 128.75 = -60（万元）（收益）

（3）确认所得税费用：

所得税费用 =1 155 - 60 =1 095（万元），确认所得税费用的账务处理如下：

借：所得税费用　　10 950 000

　　递延所得税资产　　1 287 500

　　贷：递延所得税负债　　687 500

　　　　应交税费——应交所得税　　11 550 000

【例题 20 - 18 · 多选题】 2019 年 7 月 1 日，甲公司自行研究开发的 A 专利技术达到预定可使用状态，并作为无形资产入账。A 专利技术的成本为 2 000 万元，预计使用年限为 10 年，预计净残值为 0，采用直线法摊销。根据税法规定，A 专利技术的计税基础为其成本的 175%。假定甲公司 A 专利技术的摊销方法、摊销年限和净残值符合税法规定。甲公司 2019 年实现利润总额为 5 000 万元，适用所得税税率为 25%。假定不考虑其他因素。甲公司关于 A 专利技术的下列会计处理中正确的有（　　）。

A. 2019 年 12 月 31 日无形资产的计税基础为 3 325 万元

B. 无形资产产生的可抵扣暂时性差异确认为递延所得税资产

C. 2019 年应交所得税为 1 231.25 万元

D. 2019 年所得税费用为 1 000 万元

【答案】 AC

【解析】 2019 年 12 月 31 日，无形资产账面价值为 2 000 - 2 000 ÷ 10 ÷ 2 = 1 900（万元），计税基础为 1 900 × 175% = 3 325（万元），选项 A 正确；无形资产产生的可抵扣暂时性差异不确认为递延所得税资产，选项 B 错误；2019 年应交所得税为（5 000 - 2 000 ÷ 10 ÷ 2 × 75%）× 25% = 1 231.25（万元），选项 C 正确；2019 年所得税费用为 1 231.25 万元，选项 D 错误。

【例题 20 - 19】 甲公司 2018 年实现利润总额 3 260 万元，当年度发生的部分交易或事项如下：

（1）自 2 月 20 日起自行研发一项新技术，2018 年以银行存款支付研发支出共计 460 万元，其中研究阶段支出 120 万元，开发阶段符合资本化条件前支出 60 万元，符合资本化条件后支出 280 万元，研发活动至 2018 年年底仍在进行中。税法规定，企业为开发新技术、新产品、新工艺发生的研究开发费用，未形成资产计入当期损益的，在按规定据实扣除的基础上，按照研究开发费用的 75% 加计扣除；形成无形资产的，按照无形资产成本的 175% 摊销。

（2）7 月 20 日，以每股 7.5 元购入 20 万股乙公司股票，指定为以公允价值计量且其变动计入其他综合收益的金融资产。2018 年 12 月 31 日，乙公司股票公允价值为每股 8.8 元。税法规定，企业持有的股票等金融资产以取得成本作为计税基础。

（3）2018 年发生广告费 5 000 万元。甲公司当年度销售收入 15 000 万元。税法规定，企业发生的广告费不超过当年销售收入 15% 的部分，准予扣除；超过部分，准予在以后纳税年度结转扣除。

其他有关资料，甲公司适用的所得税税率为 25%，本题不考虑中期财务报告的影响，除上述差异外，甲公司 2018 年未发生其他纳税调整事项，递延所得税资产和负债无期初余额，假定甲公司在未来期间能够产生足够的应纳税所得额用以利用可抵扣暂时性差异的所得税影响。

要求：

（1）对甲公司 2018 年进行研发新技术发生支出进行会计处理，确定 2018 年 12 月 31 日所形成开发支出的计税基础，判断是否确认递延所得税并说明理由。

（2）对甲公司购入及持有乙公司股票进行会计处理，计算该以公允价值计量且其变动计入其他综合收益的金融资产在 2018 年 12 月 31 日的计税基础，编制确认递延所得税相关的会计分录。

（3）计算甲公司 2018 年应交所得税和所得税费用，并编制确认所得税费用相关的会计分录。

【答案】

（1）

①会计分录：

借：研发支出——费用化支出　　180

　　　　　　——资本化支出　　280

　　贷：银行存款　　460

②开发支出的计税基础 =280×175% =490（万元），不确认递延所得税资产。

理由：该项交易不是企业合并，交易发生时既不影响会计利润，也不影响应纳税所得额，若确认递延所得税资产，违背历史成本计量属性。

（2）

①购入及持有乙公司股票会计分录：

借：其他权益工具投资——成本　　（20×7.5）150

　　贷：银行存款　　150

借：其他权益工具投资——公允价值变动　　（20×8.8－20×7.5）26

　　贷：其他综合收益　　26

②该以公允价值计量且其变动计入其他综合收益的金融资产在 2018 年 12 月 31 日的计税基础为其取得时成本 150 万元。

③确认递延所得税相关的会计分录：

借：其他综合收益　　[（176－150）×25%] 6.5

　　贷：递延所得税负债　　6.5

（3）

①甲公司 2018 年应交所得税和所得税费用：

甲公司 2018 年应交所得税 = [3 260 - 180 × 75% + (5 000 - 15 000 × 15%)] × 25% = 1 468.75（万元）

甲公司 2018 年递延所得税费用 = -(5 000 - 15 000 × 15%) × 25% = -687.5（万元）

甲公司 2018 年所得税费用 = 1 468.75 - 687.5 = 781.25（万元）

②确认所得税费用相关的会计分录：

借：所得税费用　　781.25

　　递延所得税资产　　687.5

　贷：应交税费——应交所得税　　1 468.75

四、所得税的列报

一般情况下，在个别财务报表中，当期所得税资产与负债及递延所得税资产及递延所得税负债可以以抵销后的净额列示。在合并财务报表中，纳入合并范围的企业中，一方的当期所得税资产或递延所得税资产与另一方的当期所得税负债或递延所得税负债一般不能予以抵销，除非所涉及的企业具有以净额结算的法定权利并且意图以净额结算。

表 20 - 2　　影响所得税情况汇总

项目	导致差异的项目	影响当期所得税吗？	有暂时性差异吗？	确认递延所得税资产或负债吗？	影响递延所得税费用吗？
固定资产	折旧/减值	影响	有	确认	影响
无形资产	摊销/减值	影响	有	确认	影响
无形资产	税法按照 175% 摊销	影响	有	不确认	不影响
投资性房地产	公允价值变动/折旧减值	影响	有	确认	影响
交易性金融资产	公允价值变动	影响	有	确认	影响
以公允价值计量且其变动计入其他综合收益的金融资产	公允价值变动（减值也有影响，但是这里不讨论）	不影响	有	确认	不影响
长期股权投资	权益法的变动/减值（准备长期持有）	影响	有	不	不
商誉的初始确认	初始确认	不	有	不	不
职工教育经费	未来还可以继续抵扣	影响	有	确认	影响
工会经费	未来不能继续抵扣	影响	没有	不确认	不影响
可以抵扣亏损	未来可以减少利润	不影响	有	确认	影响
预计负债	如果是未来可以税前扣除，则有暂时性差异；如果不能扣除，则没有	影响	可以扣除的话有暂时性差异	可以扣除的话需要确认	可以扣除的话影响
行政机关罚款	不得税前扣除	影响	没有	不确认	不影响
国债利息	免税	影响	没有	不确认	不影响

【例题 20－20·判断题】 判断下列问题的对错。

(1) 在会计上和税法上摊销年限及方式相同的无形资产不可能产生递延所得税资产；

(2) 以摊余成本计量的金融资产不产生暂时性差异；

(3) 预收账款不会产生递延所得税资产；

(4) 按照税法规定可以结转以后年度的未弥补亏损和税款抵减，应视同可抵扣暂时性差异处理；

(5) 根据新的会计准则规定，商誉产生的应纳税暂时性差异不确认相应的递延所得税负债；

(6) 与联营企业、合营企业投资相关的应纳税暂时性差异不确认相应的递延所得税负债。

【答案】

(1) 错。当出现减值时，会产生暂时性差异，从而产生递延所得税资产。

(2) 错。当出现减值时，会产生暂时性差异。

(3) 错。预收账款计入当期应纳税所得额时（如房地产企业），计税基础＝0。

(4) 对。广告费、业务宣传费和职工教育费也视同可抵扣暂时性差异处理。

(5) 对。免税合并时，商誉的计税基础＝0，此时产生的应纳税暂时性差异不确认递延所得税负债；应税合并形成的商誉，后续计量时因计提减值准备而形成的可抵扣暂时性差异，应确认为递延所得税资产。

(6) 错。一般应确认为递延所得税负债，除了同时满足两个条件外：

①投资企业能够控制暂时性差异转回的时间；

②该暂时性差异在可预见的未来很有可能不会转回。

第二十章　所得税

彬哥跟你说：

所得税，是你们很多人有点怕的章节吧！考试也喜欢考。本章我觉得最佳学习顺序是：

（1）预习。先把讲义简单看一遍，先做一个简单的预习。

（2）听课。这一次听课，就可以有的放矢地听课，知道自己哪里不懂，在哪里补足。

（3）重新梳理几遍！内容有点多，其实讲义也帮助大家梳理了框架，但是一定要自己梳理才是正确的方式。

当然，最后是做题熟悉！对于学习方法提醒，好像没有太多要说的了。

今日复习步骤：

第一遍：回忆 & 重新复习一遍框架（10 分钟）

学习要求：自己重新找一遍框架，不需要掌握所有细节，但求框架了然于心。

计税基础—暂时性差异—递延所得税资产（负债）—所得税费用。

第二遍：对细节进一步掌握（50 分钟）

（1）资产和负债的计税基础涉及哪些考点？

（2）暂时性差异涉及哪些考点？

（3）递延所得税资产和负债的确认和计量涉及哪些考点？

（4）所得税费用涉及哪些考点？

第三遍：重新复习一遍框架（5 分钟）

我问你答：

（1）资产、负债的计税基础如何确定？

（2）暂时性差异是什么意思？分为哪几类？每一类产生情况是什么？

（3）递延所得税资产和负债的确认情形？分录如何写？有哪些不确认递延所得资产或负债的情形？

（4）确认递延所得税费用的分录如何写？哪些情况不确认递延所得税费用？

（5）递延所得税费用如何计算？所得税费用如何计算？

（6）所得税做题的基本步骤是什么？

（7）汇总影响所得税情况表。

本章作业：

（1）请把讲义例题做三遍（做错的题目，请分析错误原因并记录到改错本）。

（2）请复习完口述一遍框架，睡前请再回忆一遍框架。

（3）第二天早上，请再回忆一遍框架，对于回忆不起来的内容，请翻书看一遍。

第 16 天

复习旧内容：

细致复习所得税，重做所得税的题目，自己按照我们的思路整理一遍。

学习新内容：

租赁

学习方法：

今年采用租赁新准则，内容像收入准则一样抽象难懂，所以，一定要耐着性子，先搭建框架，然后通过反复阅读，通过例题来理解准则条款，慢慢熟悉内容，丰富细节，消除陌生感。

你今天可能有的心态：

学到现在其实心里已经习惯了，不过在这个阶段你可以加一门其他课程了，边学会计边学其他科目。

简单解释今天学习内容：

租赁，出租人让渡资产使用权，承租人支付对价。我们找房东租房居住，就是属于租赁。对于我们而言，通过支付租金，获得了该房屋在租期内占有、使用、收益的权利，预期在未来能够带来经济利益流入，复合会计中的资产定义，应该确认一项使用权资产。然后，该使用权资产在未来期间进行摊销。此外，我们还要确认以后支付租金的现时义务，作为一项租赁负债，在以后期间计提利息支出。

可能会遇到的难点：

本章文字抽象，内容较多，需要耐心学习。

习题注意事项：

今年是新准则采用的第一年，很有可能会考大题，所以要重视。但是，既然是第一年考察，一定会考得很简单，所以不用恐惧，掌握基础内容即可。

建议学习时间：

2～3 个小时

第二十一章　租　赁

租赁，是指在一定期间内，出租人将资产的使用权让与承租人以获取对价的合同。新租赁准则与原准则相比，承租人会计处理不再区分经营租赁和融资租赁，而是采用单一的会计处理模型，也就是说，除采用简化处理的短期租赁和低价值资产租赁外，对所有租赁均确认使用权资产和租赁负债，参照固定资产准则对使用权资产计提折旧，采用固定的周期性利率确认每期利息费用。出租人租赁仍分为融资租赁和经营租赁两大类，并分别采用不同的会计处理方法。

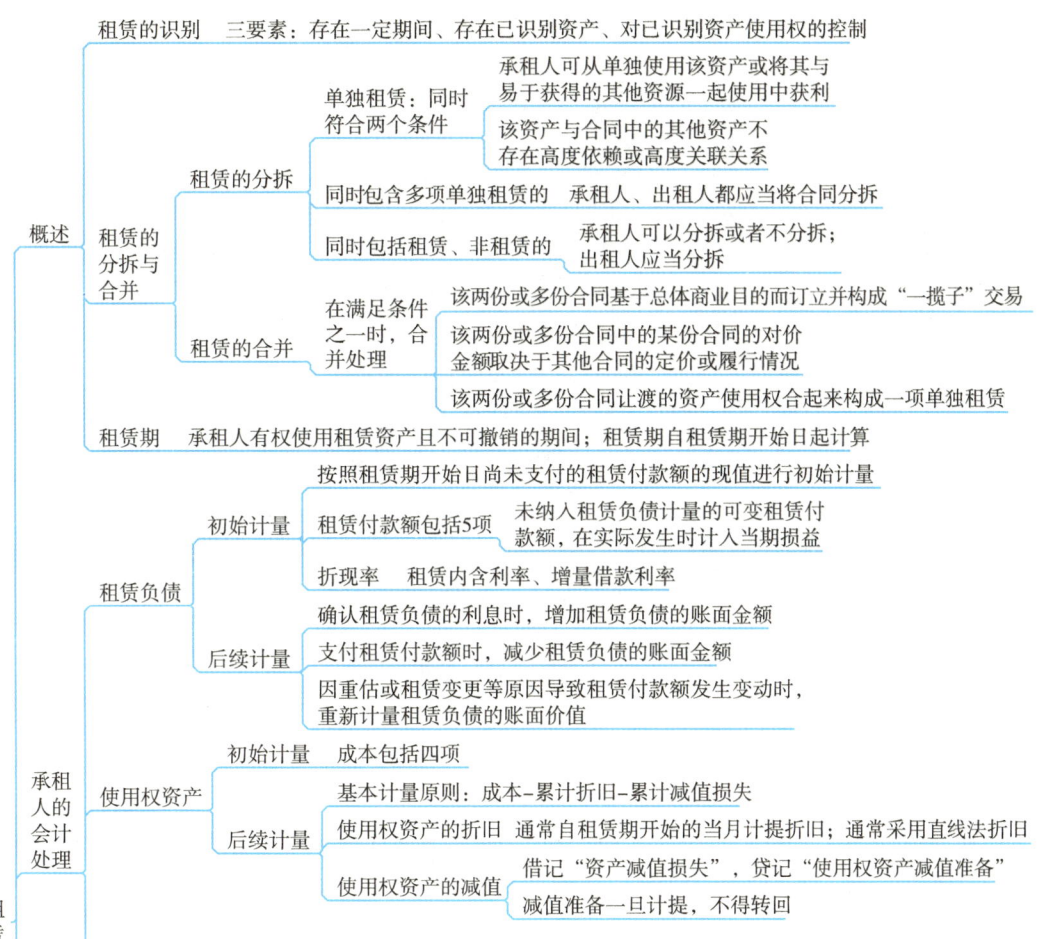

- 租赁
  - 概述
    - 租赁的识别　三要素：存在一定期间、存在已识别资产、对已识别资产使用权的控制
    - 租赁的分拆与合并
      - 租赁的分拆
        - 单独租赁：同时符合两个条件
          - 承租人可从单独使用该资产或将其与易于获得的其他资源一起使用中获利
          - 该资产与合同中的其他资产不存在高度依赖或高度关联关系
        - 同时包含多项单独租赁的　承租人、出租人都应当将合同分拆
        - 同时包括租赁、非租赁的　承租人可以分拆或者不分拆；出租人应当分拆
      - 租赁的合并
        - 在满足条件之一时，合并处理
          - 该两份或多份合同基于总体商业目的而订立并构成“一揽子”交易
          - 该两份或多份合同中的某份合同的对价金额取决于其他合同的定价或履行情况
          - 该两份或多份合同让渡的资产使用权合起来构成一项单独租赁
    - 租赁期　承租人有权使用租赁资产且不可撤销的期间；租赁期自租赁期开始日起计算
  - 承租人的会计处理
    - 租赁负债
      - 初始计量
        - 按照租赁期开始日尚未支付的租赁付款额的现值进行初始计量
        - 租赁付款额包括5项　未纳入租赁负债计量的可变租赁付款额，在实际发生时计入当期损益
        - 折现率　租赁内含利率、增量借款利率
      - 后续计量
        - 确认租赁负债的利息时，增加租赁负债的账面金额
        - 支付租赁付款额时，减少租赁负债的账面金额
        - 因重估或租赁变更等原因导致租赁付款额发生变动时，重新计量租赁负债的账面价值
    - 使用权资产
      - 初始计量　成本包括四项
      - 后续计量
        - 基本计量原则：成本-累计折旧-累计减值损失
        - 使用权资产的折旧　通常自租赁期开始的当月计提折旧；通常采用直线法折旧
        - 使用权资产的减值
          - 借记“资产减值损失”，贷记“使用权资产减值准备”
          - 减值准备一旦计提，不得转回

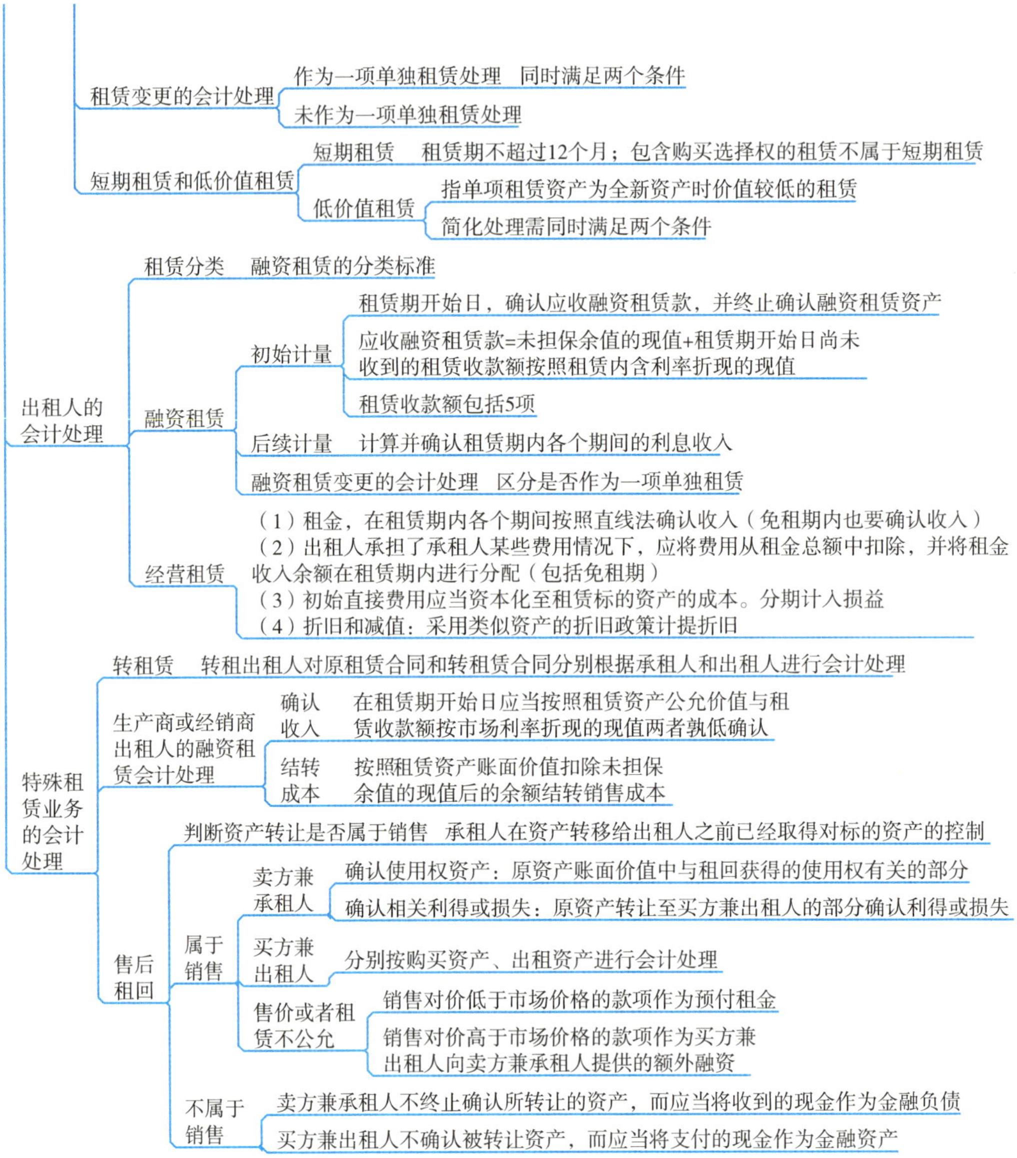
租赁变更的会计处理
作为一项单独租赁处理　同时满足两个条件
未作为一项单独租赁处理
短期租赁和低价值租赁
短期租赁　租赁期不超过12个月；包含购买选择权的租赁不属于短期租赁
低价值租赁
指单项租赁资产为全新资产时价值较低的租赁
简化处理需同时满足两个条件
出租人的会计处理
租赁分类　融资租赁的分类标准
融资租赁
初始计量
租赁期开始日，确认应收融资租赁款，并终止确认融资租赁资产
应收融资租赁款=未担保余值的现值+租赁期开始日尚未收到的租赁收款额按照租赁内含利率折现的现值
租赁收款额包括5项
后续计量　计算并确认租赁期内各个期间的利息收入
融资租赁变更的会计处理　区分是否作为一项单独租赁
经营租赁
（1）租金，在租赁期内各个期间按照直线法确认收入（免租期内也要确认收入）
（2）出租人承担了承租人某些费用情况下，应将费用从租金总额中扣除，并将租金收入余额在租赁期内进行分配（包括免租期）
（3）初始直接费用应当资本化至租赁标的资产的成本。分期计入损益
（4）折旧和减值：采用类似资产的折旧政策计提折旧
特殊租赁业务的会计处理
转租赁　转租出租人对原租赁合同和转租赁合同分别根据承租人和出租人进行会计处理
生产商或经销商出租人的融资租赁会计处理
确认收入　在租赁期开始日应当按照租赁资产公允价值与租赁收款额按市场利率折现的现值两者孰低确认
结转成本　按照租赁资产账面价值扣除未担保余值的现值后的余额结转销售成本
售后租回
判断资产转让是否属于销售　承租人在资产转移给出租人之前已经取得对标的资产的控制
属于销售
卖方兼承租人
确认使用权资产：原资产账面价值中与租回获得的使用权有关的部分
确认相关利得或损失：原资产转让至买方兼出租人的部分确认利得或损失
买方兼出租人
分别按购买资产、出租资产进行会计处理
售价或者租赁不公允
销售对价低于市场价格的款项作为预付租金
销售对价高于市场价格的款项作为买方兼出租人向卖方兼承租人提供的额外融资
不属于销售
卖方兼承租人不终止确认所转让的资产，而应当将收到的现金作为金融负债
买方兼出租人不确认被转让资产，而应当将支付的现金作为金融资产

图 21－1　本章学习框架

第一节　租赁概述

一、租赁的识别

在合同开始日，企业应当评估合同是否为租赁或者包含租赁。如果合同一方让渡了在一定期间内控制一项或多项已识别资产使用的权利以换取对价，则该合同为租赁或者包含租赁。

一项合同要被分类为租赁，必须满足三要素：

（1）存在一定期间：在合同中，“一定期间”也可以表述为已识别资产的使用量。

（2）存在已识别资产。

（3）资产供应方向客户转移对已识别资产使用权的控制。

另外，接受商品或服务的合同可能由合营安排或合营安排的代表签订。在这种情况下，企业评估合同是否包含一项租赁时，应将整个合营安排视为该合同中的客户，评估该合营安排是否在使用期间有权控制已识别资产的使用。

除非合同条款或条件发生变化，企业无须重新评估合同是否为租赁或者是否包含租赁。

1. 已识别资产

（1）对资产的指定。

已识别资产通常由合同明确指定，也可以在资产可供客户使用时隐性指定。

例如甲与乙签订了使用乙公司一节火车车厢的五年期合同，具体哪节火车车厢虽未在合同中明确指定，但是被隐含指定，因为乙公司仅拥有一节适合客户甲使用的火车车厢，必须使用其来履行合同，乙公司无法自由替换该车厢。因此，火车车厢是一项已识别资产。

（2）物理可区分。

例如，光缆的部分容量，物理上不可区分，则该部分不属于已识别资产。除非其实质上代表该资产的全部产能，从而使客户获得因使用该资产所产生的几乎全部经济利益的权利。

（3）实质性替换权。

即使合同已对资产进行指定，如果资产供应方在整个使用期间拥有对该资产的实质性替换权，则该资产不属于已识别资产。

同时符合下列条件时，表明资产供应方拥有资产的实质性替换权：

（1）资产供应方拥有在整个使用期间替换资产的实际能力。

例如，客户无法阻止供应方替换资产，且用于替换的资产对于资产供应方而言易于获得或者可以在合理期间内取得。如果合同仅赋予资产供应方在特定日期或者特定事件发生日或之后拥有替换资产的权利或义务，则没有实质性替换权。

（2）资产供应方通过行使替换资产的权利将获得经济利益。即，替换资产的预期经济利益将超过替换资产所需成本。

企业在评估资产供应方的替换权是否为实质性权利时，应基于合同开始日的事实和情况，而不应考虑在合同开始日企业认为不可能发生的未来事件。

企业难以确定资产供应方是否拥有实质性替换权的，应视为资产供应方没有对该资产的实质性替换权。

2. 客户是否控制已识别资产使用权的判断

为确定合同是否让渡了在一定期间内控制已识别资产使用的权利，企业应当评估合同中的客户是否有权获得在使用期间因使用已识别资产所产生的几乎全部经济利益，并有权在该使用期间主导已识别资产的使用。

（1）客户是否有权获得因使用资产所产生的几乎全部经济利益。

①企业应当在约定的客户权利范围内考虑其所产生的经济利益。

②客户应当有权获得整个使用期间使用该资产所产生的几乎全部经济利益。

③客户可以通过多种方式直接或间接获得使用资产所产生的经济利益。

④如果合同规定客户应向资产供应方或另一方支付因使用资产所产生的部分现金流量作为对价，该现金流量仍应视为客户因使用资产而获得的经济利益的一部分。

（2）客户是否有权主导资产的使用。

存在下列情形之一的，可视为客户有权主导对已识别资产在整个使用期间的使用：

（1）客户有权在整个使用期间主导已识别资产的使用目的和使用方式；

（2）已识别资产的使用目的和使用方式在使用期间前已预先确定，并且客户有权在整个使用期间自行或主导他人按照其确定的方式运营该资产，或者客户设计了已识别资产（或资产的特定方面）并在设计时已预先确定了该资产在整个使用期间的使用目的和使用方式。

二、租赁的分拆与合并

（一）租赁的分拆

合同中同时包含多项单独租赁的，承租人和出租人应当将合同予以分拆，并分别各项单独租赁进行会计处理。合同中同时包含租赁和非租赁部分的，承租人和出租人应当将租赁和非租赁部分进行分拆，除非企业适用新租赁准则的简化处理。分拆时，各租赁部分应当分别按照新租赁准则进行会计处理，非租赁部分应当按照其他适用的企业会计准则进行会计处理。

同时符合下列条件，使用已识别资产的权利构成合同中的一项单独租赁：

（1）承租人可从单独使用该资产或将其与易于获得的其他资源一起使用中获利。

（2）该资产与合同中的其他资产不存在高度依赖或高度关联关系。

1. 承租人的处理

在分拆合同包含的租赁和非租赁部分时，承租人应当按照各项租赁部分单独价格及非租赁部分单独价格之和的相对比例分摊合同对价。租赁和非租赁部分的相对单独价格，应当根据出租人或类似资产供应方就该部分或类似部分向企业单独收取的价格确定。如果可观察的单独价格不易于获得，承租人应当最大限度地利用可观察的信息估计单独价格。

为简化处理，承租人可以按照租赁资产的类别选择是否分拆合同包含的租赁和非租赁部分。承租人选择不分拆的，应当将各租赁部分及与其相关的非租赁部分分别合并为租赁，按照新租赁准则进行会计处理。

【例题 21－1】甲公司从乙公司租赁一台推土机、一辆卡车和一台长臂挖掘机用于采矿业务，租赁期为 4 年。乙公司同意在整个租赁期内维护各项设备。合同固定对价为 3 000 000 元，按年分期支付，每年支付 750 000 元。合同对价包含了各项设备的维护费用。

分析：甲公司未采用简化处理，而是将非租赁部分（维护服务）与租入的各项设备分别进行会计处理。甲公司认为租入的推土机、卡车和长臂挖掘机分别属于单独租赁，原因如下：(1) 甲公司可从单独使用这三项设备中的每一项，或将其与易于获得的其他资源一起使用中获利（例如，甲公司易于租入或购买其他卡车或挖掘机用于其采矿业务）；并且 (2) 尽管甲公司租入这三项设备只有一个目的（即从事采矿业务），但这些设备不存在高度依赖或高度关联关系。因此，甲公司得出结论，合同中存在三个租赁部分和对应的三个非租赁部分（维护服务）。甲公司将合同对价分摊至三个租赁部分和非租赁部分。

市场上有多家供应方提供类似推土机和卡车的维护服务，因此这两项租入设备的维护服务存在可观察的单独价格。假设其他供应方的支付条款与甲、乙公司签订的合同条款相似，甲公司能够确定推土机和卡车维护服务的可观察单独价格分别为 160 000 元和 80 000 元。长臂挖掘机是高度专业化机械，其他供应方不出租类似挖掘机或为其提供维护服务。乙公司对从本公司购买相似长臂挖掘机的客户提供四年的维护服务，可观察对价为固定金额 280 000 元，分四年支付。因此，甲公司估计长臂挖掘机维护服务的单独价格为 280 000 元。甲公司观察到乙公司在市场上单独出租租赁期为 4 年的推土机、卡车和长臂挖掘机的价格分别为 900 000 元、580 000 元和 1 200 000 元。

甲公司将合同固定对价 3 000 000 元分摊至租赁和非租赁部分的情况如下表所示（单位：元）：

		推土机	卡车	长臂挖掘机	合计
可观察的单独价格	租赁	900 000	580 000	1 200 000	2 680 000
	非租赁				520 000（注 1）
	合计				3 200 000
固定对价总额					3 000 000
分摊率（注 2）					93.75%

注：(1) 160 000 + 80 000 + 280 000 = 520 000（元）；(2) 按照规定，承租人按照推土机、卡车、长臂挖掘机这三个租赁部分单独价格 900 000 元、580 000 元、1 200 000 元和非租赁部分的单独价格之和 520 000 元的相对比例，来分摊合同对价。分拆后，推土机、卡车和长臂挖掘机的租赁付款额（折现前）分别为 843 750 元、543 750 元和 1 125 000 元。

2. 出租人的处理

出租人应当分拆租赁部分和非租赁部分，根据《企业会计准则第 14 号——收入》(2017) 关于交易价格分摊的规定分摊合同对价。

（二）租赁的合并

企业与同一交易方或其关联方在同一时间或相近时间订立的两份或多份包含租赁的合同，在满足下列条件之一时，应当合并为一份合同进行会计处理：

(1) 该两份或多份合同基于总体商业目的而订立并构成“一揽子”交易，若不作为整体考虑则无法理解其总体商业目的。

(2) 该两份或多份合同中的某份合同的对价金额取决于其他合同的定价或履行情况。

（3）该两份或多份合同让渡的资产使用权合起来构成一项单独租赁。

两份或多份合同合并为一份合同进行会计处理的，仍然需要区分该一份合同中的租赁部分和非租赁部分。

三、租赁期

租赁期：承租人有权使用租赁资产且不可撤销的期间。

承租人有续租选择权，且合理确定将行使该选择权的，租赁期还应当包含续租选择权涵盖的期间；承租人有终止租赁选择权，但合理确定将不会行使该选择权的，租赁期应当包含终止租赁选择权涵盖的期间。

（一）租赁期开始日

租赁期自租赁期开始日起计算。租赁期开始日，是指出租人提供租赁资产使其可供承租人使用的起始日期。如果承租人在租赁协议约定的起租日或租金起付日之前，已获得对租赁资产使用权的控制，则表明租赁期已经开始。租赁协议中对起租日或租金支付时间的约定，并不影响租赁期开始日的判断。

【例题 21－2】在某商铺的租赁安排中，出租人于 2020 年 1 月 1 日将房屋钥匙交付承租人，承租人在收到钥匙后，就可以自主安排对商铺的装修布置，并安排搬迁。合同约定有 3 个月的免租期，起租日为 2020 年 4 月 1 日，承租人自起租日开始支付租金。

分析：此交易中，由于承租人自 2020 年 1 月 1 日起就已拥有对商铺使用权的控制，因此租赁期开始日为 2020 年 1 月 1 日，即租赁期包含出租人给予承租人的免租期。

（二）不可撤销期间

在确定租赁期和评估不可撤销租赁期间时，企业应根据租赁条款约定确定可强制执行合同的期间。

如果承租人和出租人双方均有权在未经另一方许可的情况下终止租赁，且罚款金额不重大，则该租赁不再可强制执行。

如果只有承租人有权终止租赁，则在确定租赁期时，企业应将该项权利视为承租人可行使的终止租赁选择权予以考虑。

如果只有出租人有权终止租赁，则不可撤销的租赁期包括终止租赁选择权所涵盖的期间。

（三）续租选择权和终止租赁选择权

在租赁期开始日，企业应当评估承租人是否合理确定将行使续租或购买标的资产的选择权，或者将不行使终止租赁选择权。在评估时，企业应当考虑对承租人行使续租选择权或不行使终止租赁选择权带来经济利益的所有相关事实和情况，包括自租赁期开始日至选择权行使日之间的事实和情况的预期变化。

通常，租赁的不可撤销期间越短，承租人行使续租选择权或不行使终止租赁选择权的可能性就越大，原因在于不可撤销期间越短，获取替代资产的相对成本就越高。

续租选择权或终止租赁选择权可能与租赁的其他条款相结合。例如，无论承租人是否行使选择权，均保证向出租人支付基本相等的最低或固定现金，在此情形下，应假定承租人合理确定将行使续租选择权或不行使终止租赁选择权。又如，同时存在原租赁和转租赁时，转租赁期限超过原租赁期限，如原租赁包含5年的不可撤销期间和2年的续租选择权，而转租赁的不可撤销期限为7年，此时应考虑转租赁期限及相关租赁条款对续租选择权评估的可能影响。

购买选择权的评估方式应与续租选择权或终止租赁选择权的评估方式相同，购买选择权在经济上与将租赁期延长至租赁资产全部剩余经济寿命的续租选择权类似。

【例题 21－3】 承租人签订了一份建筑租赁合同，包括4年不可撤销期限和2年按照市价行使的续租选择权。在搬入该建筑之前，承租人花费了大量资金对租赁建筑进行了改良，预计在4年结束时租赁资产改良仍将具有重大价值，且该价值仅可通过继续使用租赁资产实现。

分析：在此情况下，承租人合理确定将行使续租选择权，因为如果在4年结束时放弃该租赁资产改良，将蒙受重大经济损失。因此，在租赁开始时，承租人确定租赁期为6年。

（四）对租赁期和购买选择权的重新评估

发生承租人**可控范围内**的**重大事件或变化**，且影响承租人是否合理确定将行使相应选择权的，承租人应当对其是否合理确定将行使续租选择权、购买选择权或不行使终止租赁选择权进行重新评估，并根据重新评估结果修改租赁期。承租人可控范围内的重大事件或变化包括但不限于下列情形：

（1）在租赁期开始日未预计到的重大租赁资产改良，在可行使续租选择权、终止租赁选择权或购买选择权时，预期将为承租人带来重大经济利益；

（2）在租赁期开始日未预计到的租赁资产的重大改动或定制化调整；

（3）承租人做出的与行使或不行使选择权直接相关的经营决策。

如果不可撤销的租赁期间发生变化，企业应当修改租赁期。例如，在下述情况下，不可撤销的租赁期将发生变化：

（1）承租人实际行使了选择权，但该选择权在之前企业确定租赁期时未涵盖；

（2）承租人未实际行使选择权，但该选择权在之前企业确定租赁期时已涵盖；

（3）某些事件的发生，导致根据合同规定承租人有义务行使选择权，但该选择权在之前企业确定租赁期时未涵盖；

（4）某些事件的发生，导致根据合同规定禁止承租人行使选择权。但该选择权在之前企业确定租赁期时已涵盖。

第二节　承租人会计处理

在租赁期开始日，承租人应当对租赁**确认使用权资产和租赁负债**，应用短期租赁和低价值资产租赁简化处理的除外。

一、初始计量

（一）租赁负债的初始计量

租赁负债应当按照租赁期开始日尚未支付的租赁付款额的现值进行初始计量。识别应纳入租赁负债的相关付款项目是计量租赁负债的关键。

1. 租赁付款额

租赁付款额，是指承租人向出租人支付的与在租赁期内使用租赁资产的权利相关的款项。

租赁付款额包括以下五项内容：

（1）固定付款额及实质固定付款额，存在租赁激励的，扣除租赁激励相关金额。

租赁业务中的实质固定付款额是指在形式上可能包含变量但实质上无法避免的付款额。例如：

①付款额设定为可变租赁付款额，但该可变条款几乎不可能发生，没有真正的经济实质。

②承租人有多套付款额方案，但其中仅有一套是可行的。在此情况下，承租人应采用该可行的付款额方案作为租赁付款额。

③承租人有多套可行的付款额方案，但必须选择其中一套。在此情况下，承租人应采用总折现金额最低的一套作为租赁付款额。

租赁激励，是指出租人为达成租赁向承租人提供的优惠，包括出租人向承租人支付的与租赁有关的款项、出租人为承租人偿付或承担的成本等。存在租赁激励的，承租人在确定租赁付款额时，应扣除租赁激励相关金额。

【例题 21－4】甲公司是一家知名零售商，从乙公司处租入已成熟开发的零售场所开设一家商店。根据租赁合同，甲公司在正常工作时间内必须经营该商店，且甲公司不得将商店闲置或进行分租。合同中关于租赁付款额的条款为：如果甲公司开设的这家商店没有发生销售，则甲公司应付的年租金为 100 元；如果这家商店发生了任何销售，则甲公司应付的年租金为 1 000 000 元。

分析：本例中，该租赁包含每年 1 000 000 元的实质固定付款额。该金额不是取决于销售额的可变付款额。因为甲公司是一家知名零售商，根据租赁合同，甲公司应在正常工作时间内经营该商店，所以甲公司开设的这家商店不可能不发生销售。

（2）取决于指数或比率的可变租赁付款额。

可变租赁付款额，是指承租人为取得在租赁期内使用租赁资产的权利，而向出租人支付的因租赁期开始日后的事实或情况发生变化（而非时间推移）而变动的款项。可变租赁付款额可能与下列各项指标或情况挂钩：

①由于市场比率或指数数值变动导致的价格变动。例如，基准利率或消费者价格指数变动可能导致租赁付款额调整。

②承租人源自租赁资产的绩效。例如，零售业不动产租赁可能会要求基于使用该不动产取得的销售收入的一定比例确定租赁付款额。

③租赁资产的使用。例如，车辆租赁可能要求承租人在超过特定里程数时支付额外的租赁付款额。

需要注意的是，可变租赁付款额中，仅取决于指数或比率的可变租赁付款额纳入租赁负债的初始计量中，包括与消费者价格指数挂钩的款项、与基准利率挂钩的款项和为反映市场租金费率变化而变动的款项等。此类可变租赁付款额应当根据租赁期开始日的指数或比率确定。除了取决于指数或比率的可变租赁付款额之外，其他可变租赁付款额均不纳入租赁负债的初始计量中。

（3）购买选择权的行权价格，前提是承租人合理确定将行使该选择权。

在评估时，承租人应考虑对其行使或不行使购买选择权产生经济激励的所有相关事实和情况。如果承租人合理确定将行使购买标的资产的选择权，则租赁付款额中应包含购买选择权的行权价格。

（4）行使终止租赁选择权需支付的款项，前提是租赁期反映出承租人将行使终止租赁选择权。

在评估时，承租人应考虑对其行使或不行使终止租赁选择权产生经济激励的所有相关事实和情况。如果承租人合理确定将行使终止租赁选择权，则租赁付款额中应包含行使终止租赁选择权需支付的款项，并且租赁期不应包含终止租赁选择权涵盖的期间。

【例题 21－5】 承租人甲公司租入某办公楼的一层楼，为期 10 年。甲公司有权选择在第 5 年后提前终止租赁，并以相当于 6 个月的租金作为罚金。每年的租赁付款额为固定金额 200 000 元。该办公楼是全新的，并且在周边商业园区的办公楼中处于技术领先水平。上述租赁付款额与市场租金水平相符。

分析：在租赁期开始日，甲公司评估后认为，6 个月的租金对于甲公司而言金额重大，同等条件下，也难以按更优惠的价格租入其他办公楼，可以合理确定不会选择提前终止租赁，因此其租赁负债不应包括提前终止租赁时需支付的罚金，租赁期确定为 10 年。

（5）根据承租人提供的担保余值预计应支付的款项。

担保余值，是指与出租人无关的一方向出租人提供担保，保证在租赁结束时租赁资产的价值至少为某指定的金额。如果承租人提供了对余值的担保，则租赁付款额应包含该担保下预计应支付的款项。

2. 折现率

租赁负债应当按照租赁期开始日尚未支付的租赁付款额的现值进行初始计量。在计算租赁付款额的现值时，承租人应当采用租赁内含利率作为折现率；无法确定租赁内含利率的，应当采用承租人增量借款利率作为折现率。

承租人增量借款利率，是指承租人在类似经济环境下为获得与使用权资产价值接近的资产，在类似期间以类似抵押条件借入资金须支付的利率。

租赁内含利率，是指使出租人的租赁收款额的现值与未担保余值的现值之和等于租赁资产公允价值与出租人的初始直接费用之和的利率。

其中，未担保余值，是指租赁资产余值中，出租人无法保证能够实现或仅由与出租人有关的一方予以担保的部分。

初始直接费用，是指为达成租赁所发生的增量成本。增量成本是指若企业不取得该租赁，则不会发生的成本，如佣金、印花税等。无论是否实际取得租赁都会发生的支出，不属于初始直接费用，例如为评估是否签订租赁而发生的差旅费、法律费用等，此类费用应当在发生时计入当期损益。

【例题21-6】 承租人甲公司与出租人乙公司签订了一份车辆租赁合同，租赁期为五年。在租赁开始日，该车辆的公允价值为100 000元，乙公司预计在租赁结束时其公允价值（即未担保余值）将为10 000元。租赁付款额为每年23 000元，于年末支付。乙公司发生的初始直接费用为5 000元。乙公司计算租赁内含利率r的方法如下：

$$23\,000\times(P/A,\ r,\ 5)+10\,000\times(P/F,\ r,\ 5)=100\,000+5\,000$$

本例中，计算得出的租赁内含利率r为5.79%。

【提示】 会计考试不会要求计算折现率，题目会直接告诉租赁内含利率或者增量借款利率。

（二）使用权资产的初始计量

使用权资产，是指承租人可在租赁期内使用租赁资产的权利。在租赁期开始日，承租人应当按照成本对使用权资产进行初始计量。该成本包括下列四项：

（1）租赁负债的初始计量金额。

（2）在租赁期开始日或之前支付的租赁付款额；存在租赁激励的，应扣除已享受的租赁激励相关金额。

在某些情况下，承租人可能在租赁期开始前就发生了与标的资产相关的经济业务或事项。例如，租赁合同双方经协商在租赁合同中约定，标的资产需经建造或重新设计后方可供承租人使用，承租人为获取标的资产使用权而支付的款项，此类款项无论在何时支付，均属于租赁付款额。

（3）承租人发生的初始直接费用。

（4）承租人为拆卸及移除租赁资产、复原租赁资产所在场地或将租赁资产恢复至租赁条款约定状态预计将发生的成本。

关于上述第（4）项成本，承租人有可能在租赁期开始日就承担了上述成本的支付义务，也可能在特定期间内因使用标的资产而承担了相关义务。承租人应在其有义务承担上述成本时，将这些成本确认为使用权资产成本的一部分。但是，承租人由于在特定期间内将使用权资产用于生产存货而发生的上述成本，应按照《企业会计准则第1号——存货》进行会计处理。承租人应当按照《企业会计准则第13号——或有事项》对上述成本的支付义务进行确认和计量。

【例题21-7】 承租人甲公司就某栋建筑物的某一层楼与出租人乙公司签订了为期10年的租赁协议，并拥有5年的续租选择权。有关资料如下：（1）初始租赁期内的不含税租金为每年50 000元，续租期间为每年55 000元，所有款项应于每年年初支付；（2）为获得该项租赁，甲公司发生的初始直接费用为20 000元，其中，15 000元为向该楼层前任租户支付的款项，5 000元为向促成此租赁交易的房地产中介支付的佣金；（3）作为对甲公司的激励，乙公司同意补偿甲公司5 000元的佣金；（4）在租赁期开始日，甲公司评估后认为，不能合理确定将行使续租选择权，因此，将租赁期确定为10年；(5) 甲公司无法确定租赁内含利率，其增量借款利率为每年5%，该利率反映的是甲公司以类似抵押条件借入期限为10年、与使用权资产等值的相同币种的借款而必须支付的利率。

为简化处理，假设不考虑相关税费影响。

分析：承租人甲公司的会计处理如下：

第一步，计算租赁期开始日租赁付款额的现值，并确认租赁负债和使用权资产。

在租赁期开始日，甲公司支付第1年的租金50 000元，并以剩余9年租金（每年50 000元）按5%的年利率折现后的现值计量租赁负债。计算租赁付款额现值的过程如下：

剩余9期租赁付款额 =50 000 ×9 =450 000（元）

租赁负债 =剩余9期租赁付款额的现值 =50 000 ×(P/A，5%，9) =355 391（元）

未确认融资费用 =剩余9期租赁付款额 －剩余9期租赁付款额的现值 =450 000 －355 391 =94 609（元）

借：使用权资产	405 391	
租赁负债——未确认融资费用	94 609	
贷：租赁负债——租赁付款额		450 000
银行存款（第1年的租赁付款额）		50 000

第二步，将初始直接费用计入使用权资产的初始成本。

借：使用权资产	20 000	
贷：银行存款		20 000

第三步，将已收的租赁激励相关金额从使用权资产入账价值中扣除。

借：银行存款	5 000	
贷：使用权资产		5 000

综上，甲公司使用权资产的初始成本为：405 391 +20 000 －5 000 =420 391（元）。

二、后续计量

（一）租赁负债的后续计量

1. 计量基础

在租赁期开始日后，承租人应当按以下原则对租赁负债进行后续计量：

（1）确认租赁负债的利息时，增加租赁负债的账面金额；

（2）支付租赁付款额时，减少租赁负债的账面金额；

（3）因重估或租赁变更等原因导致租赁付款额发生变动时，重新计量租赁负债的账面价值。

承租人应当按照固定的周期性利率计算租赁负债在租赁期内各期间的利息费用，并计入当期损益，但按照《企业会计准则第17号——借款费用》等其他准则规定应当计入相关资产成本的，从其规定。

此处的周期性利率，是指承租人对租赁负债进行初始计量时所采用的折现率，或者因租赁付款额发生变动或因租赁变更而需按照修订后的折现率对租赁负债进行重新计量时，承租人所采用的修订后的折现率。

【例题 21－8】承租人甲公司与出租人乙公司签订了为期 7 年的商铺租赁合同。每年的租赁付款额为 450 000 元，在每年年末支付。甲公司无法确定租赁内含利率，其增量借款利率为 5.04%。

分析：在租赁期开始日，甲公司按租赁付款额的现值所确认的租赁负债为 2 600 000 元。在第 1 年年末，甲公司向乙公司支付第 1 年的租赁付款额 450 000 元，其中，131 040 元（即，2 600 000×5.04%）是当年的利息，318 960 元（即，450 000－131 040）是本金，即租赁负债的账面价值减少 318 960 元。甲公司的账务处理为：

借：租赁负债——租赁付款额	450 000	
贷：银行存款		450 000
借：财务费用——利息费用	131 040	
贷：租赁负债——未确认融资费用		131 040

未纳入租赁负债计量的可变租赁付款额，即，并非取决于指数或比率的可变租赁付款额，应当在实际发生时计入当期损益，但按照《企业会计准则第 1 号——存货》等其他准则规定应当计入相关资产成本的，从其规定。

2. 租赁负债的重新计量

在租赁期开始日后，当发生下列四种情形时，承租人应当按照变动后的租赁付款额的现值重新计量租赁负债，并相应调整使用权资产的账面价值。使用权资产的账面价值已调减至零，但租赁负债仍需进一步调减的，承租人应当将剩余金额计入当期损益。

（1）实质固定付款额发生变动。

如果租赁付款额最初是可变的，但在租赁期开始日后的某一时点转为固定，那么，在潜在可变性消除时，该付款额成为实质固定付款额，应纳入租赁负债的计量中。承租人应当按照变动后租赁付款额的现值重新计量租赁负债。在该情形下，承租人采用的折现率不变，即，采用租赁期开始日确定的折现率。

【例题 21－9】承租人甲公司签订了一份为期 10 年的机器租赁合同。租金于每年年末支付，并按以下方式确定：第 1 年，租金是可变的，根据该机器在第 1 年下半年的实际产能确定；第 2～10 年，每年的租金根据该机器在第 1 年下半年的实际产能确定，即，租金将在第 1 年末转变为固定付款额。在租赁期开始日，甲公司无法确定租赁内含利率，其增量借款利率为 5%。假设在第 1 年年末，根据该机器在第 1 年下半年的实际产能所确定的租赁付款额为每年 20 000 元。

分析：本例中，在租赁期开始时，由于未来的租金尚不确定，因此甲公司的租赁负债为零。在第 1 年年末，租金的潜在可变性消除，成为实质固定付款额（即每年 20 000 元），因此甲公司应基于变动后的租赁付款额重新计量租赁负债，并采用不变的折现率（即 5%）进行折现。在支付第 1 年的租金之后，甲公司后续年度需支付的租赁付款额为

180 000 元（即，20 000×9），租赁付款额在第 1 年年末的现值为 142 156 元（即，20 000×（P/A，5%，9）），未确认融资费用为 37 844 元（即，180 000－142 156）。甲公司在第 1 年年末的相关账务处理如下：

支付第 1 年租金：

借：制造费用等　　20 000

　　贷：银行存款　　20 000

确认使用权资产和租赁负债：

借：使用权资产　　142 156

　　租赁负债——未确认融资费用　　37 844

　　贷：租赁负债——租赁付款额　　180 000

（2）担保余值预计的应付金额发生变动。

在租赁期开始日后，承租人应对其在担保余值下预计支付的金额进行估计。该金额发生变动的，承租人应当按照变动后租赁付款额的现值重新计量租赁负债。在该情形下，承租人**采用的折现率不变**。

（3）用于确定租赁付款额的指数或比率发生变动。

在租赁期开始日后，因浮动利率的变动而导致未来租赁付款额发生变动的，承租人应当按照变动后租赁付款额的现值重新计量租赁负债。在该情形下，承租人应采用反映利率变动的**修订后的折现率**进行折现。

在租赁期开始日后，因用于确定租赁付款额的指数或比率（浮动利率除外）的变动而导致未来租赁付款额发生变动的，承租人应当按照变动后租赁付款额的现值重新计量租赁负债。在该情形下，**承租人采用的折现率不变**。

需要注意的是，**仅当现金流量发生变动时，即租赁付款额的变动生效时，承租人才应重新计量租赁负债**，以反映变动后的租赁付款额。承租人应基于变动后的合同付款额，确定剩余租赁期内的租赁付款额。

（4）购买选择权、续租选择权或终止租赁选择权的评估结果或实际行使情况发生变化。

租赁期开始日后，发生下列情形的，承租人应采用修订后的折现率对变动后的租赁付款额进行折现，以重新计量租赁负债：

①发生承租人可控范围内的重大事件或变化，且影响承租人是否合理确定将行使续租选择权或终止租赁选择权的，承租人应当对其是否合理确定将行使相应选择权进行重新评估。上述选择权的评估结果发生变化的，承租人应当根据新的评估结果重新确定租赁期和租赁付款额。前述选择权的实际行使情况与原评估结果不一致等导致租赁期变化的，也应当根据新的租赁期重新确定租赁付款额。

②发生承租人可控范围内的重大事件或变化，且影响承租人是否合理确定将行使购买选择权的，承租人应当对其是否合理确定将行使购买选择权进行重新评估。评估结果发生变化的，承租人应根据新的评估结果重新确定租赁付款额。

上述两种情形下，承租人在计算变动后租赁付款额的现值时，应当采用剩余租赁期间的租赁内含利率作为折现率；无法确定剩余租赁期间的租赁内含利率的，应当采用重估日的承租人增量借款利率作为折现率。

【例题 21－10】承租人甲公司与出租人乙公司签订了一份办公楼租赁合同，每年的租赁付款额为 50 000 元，于每年年末支付。甲公司无法确定租赁内含利率，其增量借款利率为 5%。

不可撤销租赁期为 5 年，并且合同约定在第 5 年年末，甲公司有权选择以每年 50 000 元续租 5 年，也有权选择以 1 000 000 元购买该房产。甲公司在租赁期开始时评估认为，可以合理确定将行使续租选择权，而不会行使购买选择权，因此将租赁期确定为 10 年。

分析：在租赁期开始日，甲公司确认的租赁负债和使用权资产为 386 000 元，即，50 000 ×（P/A，5%，10）＝386 000（元）。租赁负债将按下表所述方法进行后续计量（单位：元）：

年限	租赁负债 年初金额	利息	租赁付款额	租赁负债 年末金额
	①	②＝①×5%	③	④＝①＋②－③
1	386 000*	19 300	50 000	355 300
2	355 300	17 765	50 000	323 065
3	323 065	16 155	50 000	289 255
4	289 255	14 465	50 000	253 765
5	253 765	12 690	50 000	216 490
6	216 490	10 825	50 000	177 325
7	177 325	8 865	50 000	136 165
8	136 165	6 810	50 000	93 010
9	93 010	4 650	50 000	47 650
10	47 650	2 350	50 000	—

注：*为便于计算，本题中，年金现值系数取两位小数。

在租赁期开始日，甲公司的账务处理为：

借：使用权资产　　386 000

　　租赁负债——未确认融资费用　　（500 000－386 000）114 000

　　贷：租赁负债——租赁付款额　　500 000

在第 4 年，该房产所在地房价显著上涨，甲公司预计租赁期结束时该房产的市价为 2 000 000 元，甲公司在第 4 年年末重新评估后认为，能够合理确定将行使上述购买选择权，而不会行使上述续租选择权。该房产所在地区的房价上涨属于市场情况发生的变化，不在甲公司的可控范围内。因此，虽然该事项导致购买选择权及续租选择权的评估结果发生变化，但甲公司不需重新计量租赁负债。

在第 5 年年末，甲公司实际行使了购买选择权。截至该时点，使用权资产的原值为 386 000 元，累计折旧为 193 000 元（即，386 000 × 5/10 ＝ 193 000 元）；支付了第 5 年租赁付款额之后，租赁负债的账面价值为 216 490 元，其中，租赁付款额为 250 000 元，未确认融资费用为 33 510 元（即，250 000－216 490＝33 510 元）。甲公司行使购买选择权的会计分录为：

借：固定资产——办公楼	976 510	
使用权资产累计折旧	193 000	
租赁负债——租赁付款额	250 000	
贷：使用权资产		386 000
租赁负债——未确认融资费用		33 510
银行存款		1 000 000

（二）使用权资产的后续计量

1. 计量基础

在租赁期开始日后，承租人应当采用成本模式对使用权资产进行后续计量，即，以成本减累计折旧及累计减值损失计量使用权资产。

承租人按照新租赁准则有关规定重新计量租赁负债的，应当相应调整使用权资产的账面价值。

2. 使用权资产的折旧

承租人应当参照《企业会计准则第 4 号——固定资产》有关折旧规定，自租赁期开始日起对使用权资产计提折旧。**使用权资产通常应自租赁期开始的当月计提折旧，当月计提确有困难的，为便于实务操作，企业也可以选择自租赁期开始的下月计提折旧，但应对同类使用权资产采取相同的折旧政策。**计提的折旧金额应根据使用权资产的用途，计入相关资产的成本或者当期损益。

承租人在确定使用权资产的折旧方法时，应当根据与使用权资产有关的经济利益的预期实现方式做出决定。通常，承租人按直线法对使用权资产计提折旧，其他折旧方法更能反映使用权资产有关经济利益预期实现方式的，应采用其他折旧方法。

承租人在确定使用权资产的折旧年限时，应遵循以下原则：

承租人能够合理确定租赁期届满时取得租赁资产所有权的，应当在租赁资产剩余使用寿命内计提折旧；承租人无法合理确定租赁期届满时能够取得租赁资产所有权的，应当在租赁期与租赁资产剩余使用寿命两者孰短的期间内计提折旧。如果使用权资产的剩余使用寿命短于前两者，则应在使用权资产的剩余使用寿命内计提折旧。

3. 使用权资产的减值

在租赁期开始日后，承租人应当按照《企业会计准则第 8 号——资产减值》的规定，确定使用权资产是否发生减值，并对已识别的减值损失进行会计处理。使用权资产发生减值的，按应减记的金额，**借记"资产减值损失"科目，贷记"使用权资产减值准备"科目。**使用权资产减值准备一旦计提，**不得转回**。承租人应当按照扣除减值损失之后的使用权资产的账面价值，进行后续折旧。

企业执行新租赁准则后，《企业会计准则第 13 号——或有事项》有关亏损合同的规定仅适用于采用短期租赁和低价值资产租赁简化处理方法的租赁合同以及在租赁开始日前已是亏损合同的租赁合同，不再适用于其他租赁合同。

（三）租赁变更的会计处理

租赁变更，是指原合同条款之外的租赁范围、租赁对价、租赁期限的变更，包括增加或终止一项或多项租赁资产的使用权，延长或缩短合同规定的租赁期等。租赁变更生效日，是指双方就租赁变更达成一致的日期。

1. 租赁变更作为一项单独租赁处理

租赁发生变更且同时符合下列条件的，承租人应当将该租赁变更作为一项单独租赁进行会计处理：

（1）该租赁变更通过增加一项或多项租赁资产的使用权而扩大了租赁范围；

（2）增加的对价与租赁范围扩大部分的单独价格按该合同情况调整后的金额相当。

2. 租赁变更未作为一项单独租赁处理

租赁变更未作为一项单独租赁进行会计处理的，在租赁变更生效日，承租人应当按照新租赁准则有关租赁分拆的规定对变更后合同的对价进行分摊；按照新租赁准则有关租赁期的规定确定变更后的租赁期；并采用变更后的折现率对变更后的租赁付款额进行折现，以重新计量租赁负债。在计算变更后租赁付款额的现值时，承租人应当采用剩余租赁期间的租赁内含利率作为折现率；无法确定剩余租赁期间的租赁内含利率的，应当采用租赁变更生效日的承租人增量借款利率作为折现率。

就上述租赁负债调整的影响，承租人应区分以下情形进行会计处理：

（1）租赁变更导致租赁范围缩小或租赁期缩短的，承租人应当调减使用权资产的账面价值，以反映租赁的部分终止或完全终止。承租人应将部分终止或完全终止租赁的相关利得或损失计入当期损益。

（2）其他租赁变更，承租人应当相应调整使用权资产的账面价值。

三、短期租赁和低价值资产租赁

对于短期租赁和低价值资产租赁，承租人可以选择不确认使用权资产和租赁负债。作出该选择的，承租人应当将短期租赁和低价值资产租赁的租赁付款额，在租赁期内各个期间按照直线法或其他系统合理的方法计入相关资产成本或当期损益。其他系统合理的方法能够更好地反映承租人的受益模式的，承租人应当采用该方法。

（一）短期租赁

短期租赁，是指在租赁期开始日，租赁期不超过 12 个月的租赁。包含购买选择权的租赁不属于短期租赁。

对于短期租赁，承租人可以按照租赁资产的类别作出采用简化会计处理的选择。如果承租人对某类租赁资产作出了简化会计处理的选择，未来该类资产下所有的短期租赁都应采用简化会计处理。

按照简化会计处理的短期租赁发生租赁变更或者其他原因导致租赁期发生变化的，承租人应当将其视为一项新租赁，重新按照上述原则判断该项新租赁是否可以选择简化会计处理。

【例题 21 – 11 · 分析题】承租人与出租人签订了一份租赁合同，约定不可撤销期间为 9 个月，且承租人拥有 5 个月的续租选择权。在租赁期开始日，承租人判断可以合理确定将行使续租选择权，因为续租期的月租赁付款额明显低于市场价格。在此情况下，承租人确定租赁期为 14 个月，不属于短期租赁，承租人不能选择上述简化会计处理。

（二）低价值资产租赁

低价值资产租赁，是指单项租赁资产为全新资产时价值较低的租赁。

承租人在判断是否是低价值资产租赁时，应基于租赁资产的全新状态下的价值进行评估，不应考虑资产已被使用的年限。

低价值资产租赁的标准应该是一个绝对金额，即仅与资产全新状态下的绝对价值有关，不受承租人规模、性质等影响，也不考虑该资产对于承租人或相关租赁交易的重要性。常见的低价值资产的例子包括平板电脑、普通办公家具、电话等小型资产。

对于低价值资产租赁，承租人可根据每项租赁的具体情况作出简化会计处理选择。低价值资产还应同时满足以下条件，才能对该资产租赁选择进行简化会计处理：

（1）只有承租人能够从单独使用该低价值资产或将其与承租人易于获得的其他资源一起使用中获利；

（2）该项资产与其他租赁资产没有高度依赖或高度关联关系。

但是，如果承租人已经或者预期要把相关资产进行转租赁，则不能将原租赁按照低价值资产租赁进行简化会计处理。值得注意的是，符合低价值资产租赁的，也并不代表承租人若采取购入方式取得该资产时该资产不符合固定资产确认条件。

第三节　出租人会计处理

一、出租人的租赁分类

1. 融资租赁和经营租赁

出租人应当在租赁开始日将租赁分为融资租赁和经营租赁。

租赁开始日，是指租赁合同签署日与租赁各方就主要租赁条款作出承诺日中的较早者。**租赁开始日可能早于租赁期开始日，也可能与租赁期开始日重合。**

一项租赁属于融资租赁还是经营租赁取决于交易的实质，而不是合同的形式。如果一项租赁实质上转移了与租赁资产所有权有关的几乎全部风险和报酬，出租人应当将该项租赁分类为融资租赁。出租人应当将除融资租赁以外的其他租赁分类为经营租赁。

2. 融资租赁的分类标准

一项租赁存在下列一种或多种情形的，通常分类为融资租赁：

（1）在租赁期届满时，租赁资产的所有权转移给承租人。即，如果在租赁协议中已经约定，或者根据其他条件，在租赁开始日就可以合理地判断，租赁期届满时出租人会将资产的所有权转移给承租人，那么该项租赁通常分类为融资租赁。

（2）承租人有购买租赁资产的选择权，所订立的购买价款预计将远低于行使选择权时租赁资产的公允价值，因而在租赁开始日就可以合理确定承租人将行使该选择权。

（3）资产的所有权虽然不转移，但租赁期占租赁资产使用寿命的大部分。实务中，这里的“大部分”一般指租赁期占租赁开始日租赁资产使用寿命的75%以上（含75%）。

这条标准强调的是租赁期占租赁资产使用寿命的比例，而非租赁期占该项资产全部可使用年限的比例。如果租赁资产是旧资产，在租赁前已使用年限超过资产自全新时起算可使用年限的75%以上时，则这条判断标准不适用，不能使用这条标准确定租赁的分类。

（4）在租赁开始日，租赁收款额的现值几乎相当于租赁资产的公允价值。实务中，这里的“几乎相当于”，通常掌握在90%以上。

（5）租赁资产性质特殊，如果不作较大改造，只有承租人才能使用。

一项租赁存在下列一项或多项迹象的，也可能分类为融资租赁：

（1）若承租人撤销租赁，撤销租赁对出租人造成的损失由承租人承担。

（2）资产余值的公允价值波动所产生的利得或损失归属于承租人。

例如，租赁结束时，出租人以相当于资产销售收益的绝大部分金额作为对租金的退还，说明承租人承担了租赁资产余值的几乎所有风险和报酬。

（3）承租人有能力以远低于市场水平的租金继续租赁至下一期间。

此经济激励政策与购买选择权类似，如果续租选择权行权价远低于市场水平，可以合理确定承租人将继续租赁至下一期间。

值得注意的是，出租人判断租赁类型时，上述情形和迹象并非总是决定性的，而是应综合考虑经济激励的有利方面和不利方面。若有其他特征充分表明，租赁实质上没有转移与租赁资产所有权相关的几乎全部风险和报酬，则该租赁应分类为经营租赁。例如，若租赁资产的所有权在租赁期结束时是以相当于届时其公允价值的可变付款额转让至承租人，或者因存在可变租赁付款额导致出租人实质上没有转移几乎全部风险和报酬，就可能出现这种情况。

租赁开始日后，除非发生租赁变更，出租人无须对租赁的分类进行重新评估。租赁资产预计使用寿命、预计余值等会计估计变更或发生承租人违约等情况变化的，出租人不对租赁进行重分类。

租赁合同可能包括因租赁开始日与租赁期开始日之间发生的特定变化而需对租赁付款额进行调整的条款与条件（例如，出租人标的资产的成本发生变动，或出租人对该租赁的融资成本发生变动）。在此情况下，出于租赁分类目的，此类变动的影响均视为在租赁开始日已发生。

二、出租人对融资租赁的会计处理

1. 初始计量

在租赁期开始日，出租人应当对融资租赁确认**应收融资租赁款**，并终止确认融资租赁资产。出租人对应收融资租赁款进行初始计量时，应当以**租赁投资净额作为应收融资租赁款的入账价值**。

租赁投资净额＝未担保余值的现值＋租赁期开始日尚未收到的租赁收款额按照租赁内含利率折现的现值

其中：出租人应定期复核计算租赁投资总额时所使用的**未担保余值**。若预计未担保余值降低，出租人应修改租赁期内的收益分配，并立即确认预计的减少额。

租赁内含利率，是指使**出租人的租赁投资净额**等于租赁资产公允价值与出租人的初始直接费用之和的利率。因此，出租人发生的**初始直接费用**包括在租赁投资净额中，也即包括在应收融资租赁款的初始入账价值中。

租赁收款额，是指出租人因让渡在租赁期内使用租赁资产的权利而应向承租人收取的款项，包括：

（1）承租人需支付的固定付款额及实质固定付款额。存在租赁激励的，应当扣除租赁激励相关金额。

（2）取决于指数或比率的可变租赁付款额。该款项在初始计量时根据租赁期开始日的指数或比率确定。

纳入出租人租赁投资净额的可变租赁付款额**只包含**取决于指数或比率的可变租赁付款额。在初始计量时，**应当采用租赁期开始日的指数或比率进行初始计量**。

出租人取得的未纳入租赁投资净额计量的可变租赁付款额，如与资产的未来绩效或使用情况挂钩的可变租赁付款额，**应当在实际发生时计入当期损益**。

（3）购买选择权的行权价格，前提是合理确定承租人将行使该选择权。

（4）承租人行使终止租赁选择权需支付的款项，前提是租赁期反映出承租人将行使终止租赁选择权。

（5）由承租人、与承租人有关的一方以及有经济能力履行担保义务的独立第三方向出租人提供的担保余值。

借：应收融资租赁款——租赁收款额（租赁收款额，包括上述（1）~（5）项）
　　贷：银行存款（初始直接费用）
　　　　融资租赁资产（账面价值）
　　　　资产处置损益（融资租赁资产公允价值与账面价值的差额）
　　　　应收融资租赁款——未实现融资收益

【例题 21-12】2019 年 12 月 1 日，甲公司与乙公司签订了一份租赁合同，从乙公司租入塑钢机一台。租赁合同主要条款如下：

（1）租赁资产：全新塑钢机。

（2）租赁期开始日：2020 年 1 月 1 日。

（3）租赁期：2020 年 1 月 1 日至 2025 年 12 月 31 日，共 72 个月。

（4）固定租金支付：自 2020 年 1 月 1 日，每年年末支付租金 160 000 元。如果甲公司能够在每年年末的最后一天及时付款，则给予减少租金 10 000 元的奖励。

（5）取决于指数或比率的可变租赁付款额：租赁期限内，如遇中国人民银行贷款基准利率调整时，出租人将对租赁利率作出同方向、同幅度的调整。基准利率调整日之前各期和调整日当期租金不变，从下一期租金开始按调整后的租金金额收取。

（6）租赁开始日租赁资产的公允价值：该机器在 2019 年 12 月 31 日的公允价值为 700 000 元，账面价值为 600 000 元。

（7）初始直接费用：签订租赁合同过程中乙公司发生可归属于租赁项目的手续费、佣金 10 000 元。

（8）承租人的购买选择权：租赁期届满时，甲公司享有优惠购买该机器的选择权，购买价为 20 000 元，估计该日租赁资产的公允价值为 80 000 元。

（9）取决于租赁资产绩效的可变租赁付款额：2021 年和 2022 年两年，甲公司每年按该机器所生产的产品——塑钢窗户的年销售收入的 5% 向乙公司支付。

（10）承租人的终止租赁选择权：甲公司享有终止租赁选择权。在租赁期间，如果甲公司终止租赁，需支付的款项为剩余租赁期间的固定租金支付金额。

（11）担保余值和未担保余值均为 0。

（12）全新塑钢机的使用寿命为 7 年。

分析：出租人乙公司的会计处理如下：

第一步，判断租赁类型。

本例存在优惠购买选择权，优惠购买价 20 000 元远低于行使选择权日租赁资产的公允价值 80 000 元，因此在 2019 年 12 月 31 日就可合理确定甲公司将会行使这种选择权。另外，在本例中，租赁期 6 年，占租赁开始日租赁资产使用寿命的 86%（占租赁资产使用寿命的大部分）。同时，乙公司综合考虑其他各种情形和迹象，认为该租赁实质上转移了与该项设备所有权有关的几乎全部风险和报酬，因此将这项租赁认定为融资租赁。

第二步，确定租赁收款额。

（1）承租人的固定付款额是考虑扣除租赁激励后的金额。

(160 000 - 10 000) × 6 = 900 000（元）

（2）取决于指数或比率的可变租赁付款额。

该款项在初始计量时根据租赁期开始日的指数或比率确定，因此本例题在租赁期开始日不做考虑。

（3）承租人购买选择权的行权价格。

租赁期届满时，甲公司享有优惠购买该机器的选择权，购买价为 20 000 元，估计该日租赁资产的公允价值为 80 000 元。优惠购买价 20 000 元远低于行使选择权日租赁资产的公允价值，因此在 2019 年 12 月 31 日就可合理确定甲公司将会行使这种选择权。

结论：租赁付款额中应包括承租人购买选择权的行权价格 20 000 元。

（4）终止租赁的罚款。

虽然甲公司享有终止租赁选择权，但若终止租赁，甲公司需支付的款项为剩余租赁期间的固定租金支付金额。

结论：根据上述条款，可以合理确定甲公司不会行使终止租赁选择权。

（5）由承租人向出租人提供的担保余值：甲公司向乙公司提供的担保余值为 0。

综上所述租赁收款额为：900 000 + 20 000 = 920 000（元）

第三步，确认租赁投资总额。

租赁投资总额 = 在融资租赁下出租人应收的租赁收款额 + 未担保余值

本例中租赁投资总额 = 920 000 + 0 = 920 000（元）

第四步，确认租赁投资净额的金额和未实现融资收益。

租赁投资净额在金额上等于租赁资产在租赁期开始日公允价值 700 000 + 出租人发生的租赁初始直接费用 10 000 = 710 000（元）

未实现融资收益 = 租赁投资总额 - 租赁投资净额 = 920 000 - 710 000 = 210 000（元）

第五步，计算租赁内含利率。

租赁内含利率是使租赁投资总额的现值（即租赁投资净额）等于租赁资产在租赁开始日的公允价值与出租人的初始直接费用之和的利率。

本例中列出公式 150 000 ×（P/A，r，6）+ 20 000 ×（P/F，r，6）= 710 000，计算得到租赁的内含利率为 7.82%。

第六步，账务处理。

2020 年 1 月 1 日

借：应收融资租赁款——租赁收款额　　920 000

　　贷：银行存款　　10 000

　　　　融资租赁资产　　600 000

　　　　资产处置损益　　100 000

　　　　应收融资租赁款——未实现融资收益　　210 000

若某融资租赁合同必须以收到租赁保证金为生效条件，出租人收到承租人交来的租赁保证金，借记“银行存款”，贷记**“其他应收款——租赁保证金”**科目。承租人到期不交租金，以保证金抵作租金时，借记“其他应收款——租赁保证金”，贷记“应收融资租赁款”科目。承租人违约，按租赁合同或协议规定没收保证金时，**借记“其他应收款——租赁保证金”，贷记“营业外收入”**等科目。

2. 融资租赁的后续计量

出租人应当按照固定的周期性利率计算并确认租赁期内各个期间的利息收入。

【例题 21 - 13】沿用【例题 21 - 12】，以下说明出租人如何确认计量租赁期内各期间的利息收入。

分析：

第一步，计算租赁期内各期的利息收入，如下表所示。

日期	租金	确认的利息收入	租赁投资净额余额
①	②	③ + 期初④ × 7.82%	期末④ = 期初④ - ② + ③
2020 年 1 月 1 日			710 000
2020 年 12 月 31 日	150 000	55 522	615 522
2021 年 12 月 31 日	150 000	48 134	513 656
2022 年 12 月 31 日	150 000	40 168	403 824

续表

日期	租金	确认的利息收入	租赁投资净额余额
①	②	③ + 期初④ × 7．82%	期末④ = 期初④ - ② + ③
2023 年 12 月 31 日	150 000	31 579	285 403
2024 年 12 月 31 日	150 000	22 319	157 722
2025 年 12 月 31 日	150 000	12 278 *	20 000
2025 年 12 月 31 日	20 000		
合计	920 000	210 000	

注：* 作尾数调整 12 278 = 15 000 + 20 000 - 157 722。

第二步，会计分录：

2020 年 12 月 31 日收到第一期租金时：

借：银行存款　　150 000

　　贷：应收融资租赁款——租赁收款额　　150 000

借：应收融资租赁款——未实现融资收益　　55 522

　　贷：租赁收入　　55 522

2021 年 12 月 31 日收到第二期租金时：

借：银行存款　　150 000

　　贷：应收融资租赁款——租赁收款额　　150 000

借：应收融资租赁款——未实现融资收益　　48 134

　　贷：租赁收入　　48 134

3. 融资租赁变更的会计处理

（1）变更作为一项单独租赁。

融资租赁发生变更且同时符合下列条件的，出租人应当将该变更作为一项单独租赁进行会计处理：

①该变更通过增加一项或多项租赁资产的使用权而扩大了租赁范围或延长了租赁期限；

②增加的对价与租赁范围扩大部分或租赁期限延长部分的单独价格按该合同情况调整后的金额相当。

（2）变更未作为一项单独租赁。

①被分类为经营租赁。

如果融资租赁的变更未作为一项单独租赁进行会计处理，且满足假如变更在租赁开始日生效，该租赁会被分类为经营租赁条件的，出租人应当自租赁变更生效日开始将其作为一项新租赁进行会计处理，并以租赁变更生效日前的租赁投资净额作为租赁资产的账面价值。

②被分类为融资租赁。

如果融资租赁的变更未作为一项单独租赁进行会计处理，且满足假如变更在租赁开始日生效，该租赁会被分类为融资租赁条件的，即，修改或重新议定租赁合同，未导致应收融资租赁款终止确认，但导致未来现金流量发生变化的，应当重新计算该应收融资租赁款的账面余额，并将相关利得或损失计入当期损益。

重新计算应收融资租赁款账面余额时，应当根据重新议定或修改的租赁合同现金流量按照应收融资租赁款的原折现率或按照《企业会计准则第 24 号——套期会计》（2017）第二十三条规定重新计算的折现率（如适用）折现的现值确定。

对于修改或重新议定租赁合同所产生的所有成本和费用，企业应当调整修改后的应收融资租赁款的账面价值，并在修改后的应收融资租赁款的剩余期限内进行摊销。

【例题 21 - 14】 承租人就某套机器设备与出租人签订了一项为期 5 年的租赁，构成融资租赁。合同规定，每年年末承租人向出租人支付租金 10 000 元，租赁期开始日，出租资产公允价值为 37 908 元。按照公式 10 000 ×（P/A，r，5）= 37 908，计算得出租赁内含利率 10%，租赁收款额为 50 000 元，未确认融资收益为 12 092 元。在第 2 年年初，承租人和出租人同意对原租赁进行修改，缩短租赁期限到第 3 年年末，每年支付租金时点不变，租金总额从 50 000 变更到 33 000。假设本例中不涉及未担保余值、担保余值、终止租赁罚款等。

分析：本例中，如果原租赁期限设定为 3 年，在租赁开始日，租赁类别被分类为经营租赁，那么，在租赁变更生效日，即第 2 年年初，出租人将租赁投资净额余额 31 699 元（37 908 + 37 908 × 10% - 10 000）作为该套机器设备的入账价值，并从第 2 年年初开始，作为一项新的经营租赁（2 年租赁期，每年末收取租金 11 500 元）进行会计处理。

第 2 年年初会计分录如下：

借：固定资产　　31 699

　　应收融资租赁款——未确认融资收益（12 092 - 37 908 × 10%）8 301

　　贷：应收融资租赁款——租赁收款额　　（50 000 - 10 000）40 000

三、出租人对经营租赁的会计处理

1. 租金的处理

在租赁期内各个期间，出租人应采用直线法或者其他系统合理的方法将经营租赁的租赁收款额确认为租金收入。如果其他系统合理的方法能够更好地反映因使用租赁资产所产生经济利益的消耗模式的，则出租人应采用该方法。

2. 出租人对经营租赁提供激励措施

出租人提供免租期的，出租人应将租金总额在不扣除免租期的整个租赁期内，按直线法或其他合理的方法进行分配，免租期内应当确认租金收入。出租人承担了承租人某些费用的，出租人应将该费用自租金收入总额中扣除，按扣除后的租金收入余额在租赁期内进行分配。

3. 初始直接费用

出租人发生的与经营租赁有关的初始直接费用应当资本化至租赁标的资产的成本，在租赁期内按照与租金收入相同的确认基础分期计入当期损益。

4. 折旧和减值

对于经营租赁资产中的固定资产，出租人应当采用类似资产的折旧政策计提折旧；对于其他经营租赁资产，应当根据该资产适用的企业会计准则，采用系统合理的方法进行摊销。

出租人应当按照《企业会计准则第 8 号——资产减值》的规定，确定经营租赁资产是否发生减值，并对已识别的减值损失进行会计处理。

5. 可变租赁付款额

出租人取得的与经营租赁有关的可变租赁付款额，**如果是与指数或比率挂钩的，应在租赁期开始日计入租赁收款额；除此之外的，应当在实际发生时计入当期损益。**

6. 经营租赁的变更

经营租赁发生变更的，出租人应自变更生效日开始，将其作为一项新的租赁进行会计处理，与变更前租赁有关的预收或应收租赁收款额视为新租赁的收款额。

第四节 特殊租赁业务的会计处理

一、转租赁

转租情况下，原租赁合同和转租赁合同通常都是单独协商的，交易对手也是不同的企业，准则要求转租出租人对原租赁合同和转租赁合同分别根据承租人和出租人会计处理要求，进行会计处理。

承租人在对转租赁进行分类时，转租出租人应基于原租赁中产生的使用权资产，而不是租赁资产（如作为租赁对象的不动产或设备）进行分类。原租赁资产不归转租出租人所有，原租赁资产也未计入其资产负债表。因此，转租出租人应基于其控制的资产（即使用权资产）进行会计处理。

原租赁为短期租赁，且转租出租人作为承租人已按照准则采用简化会计处理方法的，应将转租赁分类为经营租赁。

【例题 21－15】 甲企业（原租赁承租人）与乙企业（原租赁出租人）就 8 000 平方米办公场所签订了一项为期 5 年的租赁（原租赁）。在第 3 年年初，甲企业将该 8 000 平方米办公场所转租给丙企业，期限为原租赁的剩余 3 年时间（转租赁）。假设不考虑初始直接费用。

分析：甲企业应基于原租赁形成的使用权资产对转租赁进行分类。本例中，转租赁的期限覆盖了原租赁的所有剩余期限，综合考虑其他因素，甲企业判断其实质上转移了与该项使用权资产有关的几乎全部风险和报酬，甲企业将该项转租赁分类为融资租赁。

甲企业的会计处理为：(1) 终止确认与原租赁相关且转给丙企业（转租承租人）的使用权资产，并确认转租赁投资净额；(2) 将使用权资产与转租赁投资净额之间的差额确认为损益；(3) 在资产负债表中保留原租赁的租赁负债，该负债代表应付原租赁出租人的租赁付款额。在转租期间，中间出租人既要确认转租赁的融资收益，也要确认原租赁的利息费用。

二、生产商或经销商出租人的融资租赁会计处理

生产商或经销商通常为客户提供购买或租赁其产品或商品的选择。

如果生产商或经销商出租其产品或商品构成融资租赁，则该交易产生的损益应相当于按照考虑适用的交易量或商业折扣后的正常售价直接销售标的资产所产生的损益。构成融资租赁的，生产商或经销商出租人在租赁期开始日应当按照租赁资产公允价值与租赁收款额按市场利率折现的现值两者孰低确认收入，并按照租赁资产账面价值扣除未担保余值的现值后的余额结转销售成本，收入和销售成本的差额作为销售损益。

由于取得融资租赁所发生的成本主要与生产商或经销商赚取的销售利得相关，生产商或经销商出租人应当在租赁期开始日将其计入损益。即，与其他融资租赁出租人不同，生产商或经销商出租人取得融资租赁所发生的成本不属于初始直接费用，不计入租赁投资净额。

【例题21－16】甲公司是一家设备生产商，与乙公司（生产型企业）签订了一份租赁合同，向乙公司出租所生产的设备，合同主要条款如下：（1）租赁资产：设备A；（2）租赁期：2019年1月1日至2021年12月31日，共3年；（3）租金支付：自2019年起每年年末支付年租金1 000 000元；（4）租赁合同规定的利率：5%（年利率），与市场利率相同；（5）该设备于2019年1月1日的公允价值为2 700 000元，账面价值为2 000 000元；（6）甲公司取得该租赁发生的相关成本为5 000元；（7）该设备于2019年1月1日交付乙公司，预计使用寿命为8年，无残值；租赁期届满时，乙公司可以100元购买该设备，预计租赁到期日该设备的公允价值不低于1 500 000元，乙公司对此金额提供担保；租赁期内该设备的保险、维修等费用均由乙公司自行承担。假设不考虑其他因素和各项税费影响。

分析：第一步，判断租赁类型。本例中租赁期满乙公司可以远低于租赁到期日租赁资产公允价值的金额购买租赁资产，甲公司认为其可以合理确定乙公司将行使购买选择权，综合考虑其他因素，与该项资产所有权有关的几乎所有风险和报酬已实质转移给乙公司，因此甲公司将该租赁认定为融资租赁。

第二步，计算租赁期开始日租赁收款额按市场利率折现的现值，确定收入金额。

租赁收款额＝租金×期数＋购买价格＝1 000 000×3＋100＝3 000 100（元）

租赁收款额按市场利率折现的现值＝1 000 000×（P/A，5%，3）＋100×（P/F，5%，3）＝2 723 286（元）

按照租赁资产公允价值与租赁收款额按市场利率折现的现值两者孰低的原则，确认收入为2 700 000元。

第三步，计算租赁资产账面价值扣除未担保余值的现值后的余额，确定销售成本金额。

销售成本＝账面价值－未担保余值的现值＝2 000 000－0＝2 000 000（元）

第四步，会计分录：

2019年1月1日（租赁期开始日）：

借：应收融资租赁款——租赁收款额	3 000 100	
贷：营业收入		2 700 000
应收融资租赁款——未实现融资收益		300 100

借：营业成本　　2 000 000
　贷：存货　　2 000 000
借：销售费用　　5 000
　贷：银行存款　　5 000

由于甲公司在确定营业收入和租赁投资净额（即应收融资租赁款）时，是基于租赁资产的公允价值，因此，甲公司需要根据租赁收款额、未担保余值和租赁资产公允价值重新计算租赁内含利率。

即，1 000 000 ×（P/A，r，3）+ 100 ×（P/F，r，3）= 2 700 000，r = 5.4606% ≈ 5.46%，计算租赁期内各期分摊的融资收益如下表所示：

日期	收取租赁款项	确认的融资收入	应收租赁款减少额	应收租赁款净额
	①	② = 期初④ × 5.4606%	③ = ① − ②	期末④ = 期初④ − ③
2019 年 1 月 1 日				2 700 000
2019 年 12 月 31 日	1 000 000	147 436	852 564	1 847 436
2020 年 12 月 31 日	1 000 000	100 881	899 119	948 317
2021 年 12 月 31 日	1 000 000	51 783 *	948 217 *	100
2021 年 12 月 31 日	100		100	
合计	3 000 100	300 100	2 700 000	

注：* 作尾数调整：51 783 = 1 000 000 − 948 217；948 217 = 948 317 − 100。

2019 年 12 月 31 日会计分录：
借：应收融资租赁款——未实现融资收益　　147 436
　贷：租赁收入　　147 436
借：银行存款　　1 000 000
　贷：应收融资租赁款——租赁收款额　　1 000 000
2020 年 12 月 31 日和 2021 年 12 月 31 日会计分录略。

为吸引客户，生产商或经销商出租人有时以较低利率报价。使用该利率会导致出租人在租赁期开始日确认的收入偏高。在这种情况下，生产商或经销商出租人应当将销售利得限制为采用市场利率所能取得的销售利得。

三、售后租回交易的会计处理

若企业（卖方兼承租人）将资产转让给其他企业（买方兼出租人），并从买方兼出租人租回该项资产，则卖方兼承租人和买方兼出租人均应按照售后租回交易的规定进行会计处理。企业应当按照《企业会计准则第 14 号——收入》（2017）的规定，评估确定售后租回交易中的资产转让是否属于销售，并区别进行会计处理。

如果承租人在资产转移给出租人之前已经取得对标的资产的控制，则该交易属于售后租回交易。然而，如果承租人未能在资产转移给出租人之前取得对标的资产的控制，那么即便承租人在资产转移给出租人之前先获得标的资产的法定所有权，该交易也不属于售后租回交易。

1. 售后租回交易中的资产转让属于销售

卖方兼承租人应当按原资产账面价值中与租回获得的使用权有关的部分，计量售后租回所形成的使用权资产，并仅就转让至买方兼出租人的权利确认相关利得或损失。**（也就是说原账面价值分成两部分，一部分与使用权资产有关，另一部分转让至买方兼出租人）**

买方兼出租人根据其他适用的企业会计准则对资产购买进行会计处理，并根据新租赁准则对资产出租进行会计处理。

如果销售对价的公允价值与资产的公允价值不同，或者出租人未按市场价格收取租金，企业应当进行以下调整：

（1）销售对价低于市场价格的款项作为预付租金进行会计处理；

（2）销售对价高于市场价格的款项作为买方兼出租人向卖方兼承租人提供的额外融资进行会计处理。

同时，承租人按照公允价值调整相关销售利得或损失，出租人按市场价格调整租金收入。

在进行上述调整时，企业应当按以下二者中较易确定者进行：

（1）销售对价的公允价值与资产的公允价值的差异；

（2）合同付款额的现值与按市场租金计算的付款额的现值的差异。

2. 售后租回交易中的资产转让不属于销售

卖方兼承租人不终止确认所转让的资产，而应当将收到的现金作为金融负债，并按照《企业会计准则第22号——金融工具确认和计量》（2017）进行会计处理。

买方兼出租人不确认被转让资产，而应当将支付的现金作为金融资产，并按照《企业会计准则第22号——金融工具确认和计量》（2017）进行会计处理。

【例题21－17】 甲公司（卖方兼承租人）以货币资金24 000 000元的价格向乙公司（买方兼出租人）出售一栋建筑物，交易前该建筑物的账面原值是24 000 000元，累计折旧是4 000 000元。与此同时，甲公司与乙公司签订了合同，取得了该建筑物18年的使用权（全部剩余使用年限为40年），年租金为2 000 000元，于每年年末支付，租赁期满时，甲公司将以100元购买该建筑物。根据交易的条款和条件，甲公司转让建筑物不满足《企业会计准则第14号——收入》（2017）中关于销售成立的条件。假设不考虑初始直接费用和各项税费的影响。该建筑物在销售当日的公允价值为36 000 000元。

分析：在租赁期开始日，甲公司对该交易的会计处理如下：

借：货币资金	24 000 000	
贷：长期应付款		24 000 000

在租赁期开始日，乙公司对该交易的会计处理如下：

借：长期应收款	24 000 000	
贷：货币资金		24 000 000

【例题21－18】 甲公司（卖方兼承租人）以货币资金40 000 000元的价格向乙公司（买方兼出租人）出售一栋建筑物，交易前该建筑物的账面原值是24 000 000元，累计折旧是4 000 000元。与此同时，甲公司与乙公司签订了合同，取得了该建筑物18年的使用权（全部剩余使用年限为40年），年租金为2 400 000元，于每年年末支付。根据交易的条款和条件，甲公司转让建筑物符合《企业会计准则第14号——收入》（2017）中关于销售成立的条件。假设不考虑初始直接费用和各项税费的影响。该建筑物在销售当日的公允价值为36 000 000元。

分析：由于该建筑物的销售高于公允价值，甲公司和乙公司分别进行了调整，以按照公允价值计量销售收益和租赁应收款。超额售价4 000 000元（40 000 000－36 000 000）作为乙公司向甲公司提供的额外融资进行确认。

甲、乙公司均确定租赁内含年利率为4.5%。年付款额现值为29 183 980元（年付款额2 400 000元，共18期，按每年4.5%进行折现），其中4 000 000元与额外融资相关，25 183 980元与租赁相关（分别对应年付款额328 948元和2 071 052元）。

具体计算过程如下：

年付款额现值＝2 400 000×（P/A，4.5%，18）＝29 183 980（元），额外融资年付款额＝4 000 000÷29 183 980×2 400 000＝328 948（元），租赁相关年付款额＝2 400 000－328 948＝2 071 052（元）。

1. 在租赁期开始日，甲公司对该交易的会计处理如下：

第一步，按与租回获得的使用权部分占该建筑物的原账面金额的比例计算售后租回所形成的使用权资产。

使用权资产＝（24 000 000－4 000 000）（注1）×［25 183 980（注2）÷36 000 000（注3）］＝13 991 100（元）

注1：该建筑物的账面价值。

注2：18年使用权资产的租赁付款额现值。

注3：该建筑物的公允价值。

第二步，计算与转让至乙公司的权利相关的利得。

出售该建筑物的全部利得＝36 000 000－20 000 000＝16 000 000（元），其中：

（a）与该建筑物使用权相关利得＝16 000 000×（25 183 980÷36 000 000）＝11 192 880（元）；

（b）与转让至乙公司的权利相关的利得＝16 000 000－（a）＝16 000 000－11 192 880＝4 807 120（元）。

第三步，会计分录：

（1）与额外融资相关。

借：货币资金　　4 000 000

　　贷：长期应付款　　4 000 000

（2）与租赁相关。

借：货币资金　36 000 000

　　使用权资产　13 991 100

　　固定资产——建筑物——累计折旧　4 000 000

　　租赁负债——未确认融资费用（37 278 936－25 183 980）12 094 956

　　贷：固定资产——建筑物——原值　24 000 000

　　　　租赁负债——租赁付款额（2 071 052×18）37 278 936

　　　　资产处置损益　4 807 120

后续甲公司支付的年付款额2 400 000元中2 071 052元作为租赁付款额处理；328 948元作为以下两项进行会计处理：（1）结算金融负债4 000 000元而支付的款项；（2）利息费用。

以第1年年末为例：

借：租赁负债——租赁付款额　2 071 052

　　长期应付款（328 948－180 000）148 948

　　财务费用——利息费用（注）　1 313 279

　　贷：租赁负债——未确认融资费用（注）　1 133 279

　　　　银行存款　2 400 000

注：利息费用＝25 183 980×4.5%＋4 000 000×4.5%＝1 133 279＋180 000＝1 313 279（元）

2. 综合考虑租期占该建筑物剩余使用年限的比例等因素，乙公司将该建筑物的租赁分类为经营租赁。

在租赁期开始日，乙公司对该交易的会计处理如下：

借：固定资产——建筑物　36 000 000

　　长期应收款　4 000 000

　　贷：货币资金　40 000 000

租赁期开始日之后，乙公司将从甲公司处年收款额2 400 000元中的2 071 052元作为租赁收款额进行会计处理。从甲公司处年收款额中的其余328 948元作为以下两项进行会计处理：（1）结算金融资产4 000 000元而收到的款项；（2）利息收入。以第1年年末为例：

借：银行存款　2 400 000

　　贷：租赁收入　2 071 052

　　　　利息收入　180 000

　　　　长期应收款　148 948

第二十一章　租　赁

彬哥跟你说：

不得不说，《会计》教材真的越来越厚，这是好事还是坏事呢？我觉得可以辩证看待：

（1）对你的学习来说，确实增加了难度。

（2）但是相对于你的竞争对手来说，因为厚度大增，很多人就更不敢开始 CPA 了，无形中增加了放弃率，坚持下来的人也更容易过关。

本章内容今年重新编写，但是你别心慌，后面已经不多了，稍微忍一下就过去了。

今日复习步骤：

第一遍：回忆 & 重新复习一遍框架（10 分钟）

学习要求：自己重新找一遍框架，不需要掌握所有细节，但求框架了然于心。

第二遍：对细节进一步掌握（30 分钟）

（1）租赁识别的要素有哪些？

（2）承租人的初始、后续计量涉及哪些考点？

（3）出租人的会计处理涉及哪些考点？

（4）特殊租赁业务涉及哪些考点？

第三遍：重新复习一遍框架（5 分钟）

我问你答：

（1）识别租赁的要素是什么？

（2）承租人如何初始确认租赁负债与使用权资产？如何进行后续计量？

（3）承租人的租赁变更分为哪两种？分别如何处理？

（4）出租人如何进行租赁分类？

（5）出租人的融资租赁、经营租赁分别如何进行处理？

（6）出租人对经营租赁中的免租期或对承租人承担部分费用如何处理？初始直接费用如何处理？

（7）售后租回交易如何判断销售是否成立？分别如何进行处理？

本章作业：

（1）请把讲义例题做三遍（做错的题目，请分析错误原因并记录到改错本）。

（2）请复习完口述一遍框架，睡前请再回忆一遍框架。

（3）第二天早上，请再回忆一遍框架，对于回忆不起来的内容，请翻书看一遍。

第 17 天

复习旧内容：

租赁稍微看一遍，不用花太多时间。

学习新内容：

特殊事项（三）：会计政策、会计估计变更和差错更正；资产负债表日后事项。

学习方法：

这两章内容的处理比较类似，考试绝大部分是选择题，抓住理解的关键点即可。

你今天可能有的心态：

整体心态来说吧，看到这里的基本能够做到心态平和了，我们已经学到 95% 了。

简单解释今天学习内容：

（1）所谓会计政策和会计估计，两者的区分是一个考点，如果真要给个简单的解释，政策属于更基础性的东西，什么叫基础性的，就是对入账价值产生影响，比如资产是采用公允价值入账还是成本入账？比如“交易费用”是不是该计入成本？而会计估计就是对后续计量产生一些影响，而且还由于涉及估计，因此可以有误差，所以会计估计的调整影响并没有会计政策的调整影响这么大。

（2）期后事项又是什么呢？其实就是在资产负债表日（12 月 31 日）之后发生的事情，但是这个时候财务报表还没有对外发布，还有修改的可能性，所以针对在此期间发生的事情看能否进行调整或者披露。如果是去年的事情，只是在这个阶段获得了最终的结果，那这就是调整事项；如果是本期发生的一些重大事情，可能需要及时披露出来，那就是非调整事项。

可能会遇到的难点：

本章不难，抓住考点即可。

习题注意事项：

选择题居多

建议学习时间：

2 个小时

第八篇
特殊事项（三）

第二十二章　会计政策、会计估计变更和差错更正

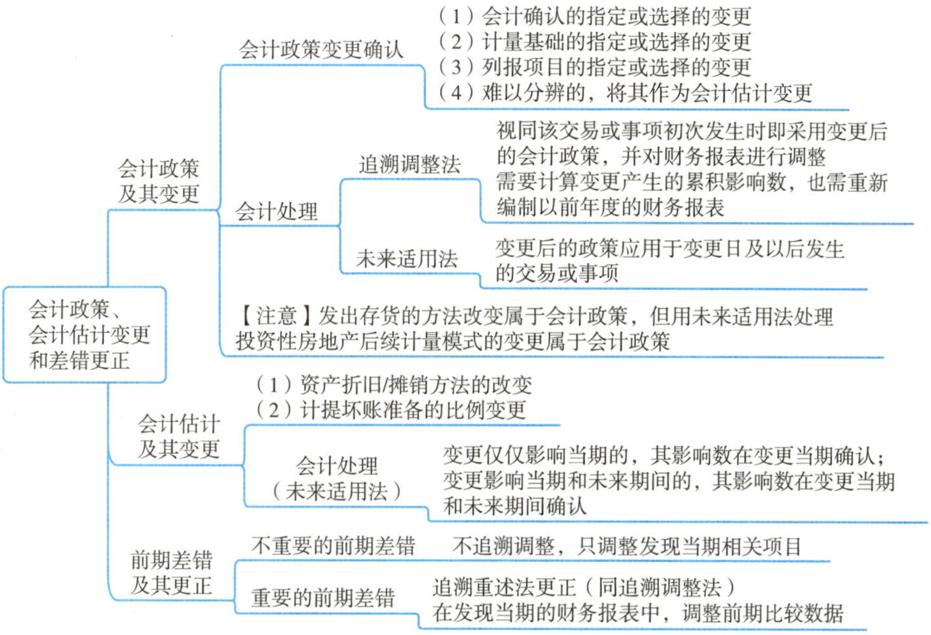

图 22－1　本章学习框架

【重难点（考点）解析】

（1）会计政策和会计估计变更的划分：所谓会计估计，就是涉及到预测的事件，比如残值的估计、折旧（摊销）年限的估计、可收回金额的估计、公允价值的估计等，这些金额的确认并不是百分百的准确，需要有一个预计的思路历程，所以叫会计估计；而所谓会计政策就不存在各种估计，要么是确定的，要么是在众多的准则中选择一个，比如投资性房地产到底是选择成本法还是选择公允价值法，比如发出存货的计量到底采用先进先出法还是移动加权平均法。

（2）从上面我们可以看出，会计政策是比较严谨的，一般选择了就不能轻易变更，如果准则真的允许变更，那一般也需要追溯调整（就是往回慢慢调整过来），除非追溯调整不可用，但是会计估计，本来就是一种估计，如果变更也是预计未来出现了改变，

并不需要往回追溯，只需要在未来按照新的估计计算就行。

(3) 在追溯调整的时候我们一定要注意所得税的影响，因为往回追溯是会影响往期的利润的，而由于每年年末的利润都要转入股东权益里面去，所以最终影响的还是所有者权益，但一定要注意的就是有利润就涉及到所得税。

(4) 差错更正是以前出现了过错，重大的我们要追溯重述，不重大的我们未来改过来就行，不需要往回追溯。差错更正的追溯重述和会计政策变更的追溯调整大同小异，区别主要是以下两个：

①差错更正多了一个科目叫“以前年度损益调整”，而会计政策变更没有经过这个过渡科目，直接记入“利润分配——未分配利润”。

②差错更正涉及的所得税是当期所得税，而会计政策变更更多的是涉及到递延所得税。

第一节 会计政策及其变更

一、会计政策概述

会计政策，是指企业在会计确认、计量和报告中所采用的原则、基础和会计处理方法。

二、会计政策变更

会计政策变更，是指企业对相同的交易或事项由原来采用的会计政策改用另一会计政策的行为。

满足下列条件之一的，企业可以变更会计政策：

第一，法律、行政法规或者国家统一的会计制度等要求变更；

第二，会计政策变更能够提供更可靠、更相关的会计信息。

以下两种情况不属于会计政策变更：

(1) 本期发生的交易或者事项与以前相比具有本质差别而采用新的会计政策。

长期股权投资由于出售股份或者购买新的股份，导致从权益到成本或者从成本到权益，这里不是会计政策变更，因为从控股和非控股之间的转换属于本质的差别。

但是如果准则规定对子公司的长期股权投资也要变成权益法计量，那这个时候就属于会计政策的变更。

(2) 对初次发生的或不重要的交易或者事项采用新的会计政策。

三、会计政策变更与会计估计变更的划分

(1) 以会计确认是否发生变更作为判断基础。

一般地，对会计确认的指定或选择是会计政策，其相应的变更是会计政策变更。

（2）以计量基础是否发生变更作为判断基础。

一般地，对计量基础的指定或选择是会计政策，其相应的变更是会计政策变更。

（3）以列报项目是否发生变更作为判断基础。

一般地，对列报项目的指定或选择是会计政策，其相应的变更是会计政策变更。

（4）根据会计确认、计量基础和列报项目所选择的、为取得与资产负债表项目有关的金额或数值（如预计使用寿命、净残值等）所采用的处理方法，不是会计政策，而是会计估计，其相应的变更是会计估计变更。

（5）难以对某项变更区分会计政策变更或会计估计变更的，应当将其作为会计估计变更。

【例题22-1·单选题】下列项目中，不属于会计政策变更的是（　　）。

A. 分期付款取得的固定资产由购买价款改为购买价款现值计价

B. 商品流通企业采购费用由计入营业费用改为计入取得存货的成本

C. 将内部研发项目开发阶段的支出由计入当期损益改为符合规定条件的确认为无形资产

D. 固定资产折旧方法由年限平均法改为双倍余额递减法

【答案】D

【解析】固定资产折旧方法的改变属于会计估计变更。

四、会计政策变更的会计处理

发生会计政策变更时，有两种会计处理方法，即追溯调整法和未来适用法。

（一）追溯调整法

追溯调整法，是指对某项交易或事项变更会计政策，视同该项交易或事项初次发生时即采用变更后的会计政策，并以此对财务报表相关项目进行调整的方法。

追溯调整法通常由以下步骤构成：

第一步，计算会计政策变更的累积影响数；（所谓累积影响数就是累积影响的金额）

第二步，编制相关项目的调整分录；

会计政策变更涉及损益调整的事项通过“利润分配——未分配利润”科目核算，而后面我们将学的差错更正和资产负债表日后调整事项涉及损益调整的事项通过“以前年度损益调整”科目核算；（稍后看分录）

第三步，调整列报前期最早期初财务报表相关项目及其金额；（调整报表的意思）

第四步，附注说明。

所谓累积影响数，就是确认的累积税后影响金额，通常可以根据下列步骤求出：

第一步，根据新会计政策重新计算受影响的前期交易或事项；

第二步，计算两种会计政策下的差异；

第三步，计算差异的所得税影响金额；

应说明的是，会计政策变更的追溯调整不会影响以前年度应交所得税的变动，也就是说不会涉及应交所得税的调整；但追溯调整时如果涉及暂时性差异，则应考虑递延所得税的调整，这种情况应考虑前期所得税费用的调整。（会计政策变更是对会计上面的变更，税法规定并没有变更，因此会计政策变更影响的是“递延所得税资产或负债”）

第四步，确定前期中每一期的税后差异；

第五步，计算会计政策变更的累积影响数。

需要注意的是，对以前年度损益进行追溯调整或追溯重述的，应当重新计算各列报期间的每股收益。

【例题22－2】 甲公司2015年、2016年分别以4 500 000元和1 100 000元的价格从股票市场购入A、B两只以交易为目的的股票（假设不考虑购入股票发生的交易费用），市价一直高于购入成本。公司采用成本与市价孰低法对购入股票进行计量。公司从2017年起对其以交易为目的购入的股票由成本与市价孰低改为公允价值计量，公司保存的会计资料比较齐备，可以通过会计资料追溯计算。假设所得税税率为25%，公司按净利润的10%提取法定盈余公积，按净利润的5%提取任意盈余公积。公司发行普通股4 500万股，未发行任何稀释性潜在普通股。两种方法计量的交易性金融资产账面价值如下表所示。

两种方法计量的交易性金融资产账面价值。

单位：元

会计政策 股票	成本与市价孰低	2015年年末公允价值	2016年年末公允价值
A股票	4 500 000	5 100 000	5 100 000
B股票	1 100 000	—	1 300 000

根据上述资料，甲公司的会计处理如下：

1. 计算改变交易性金融资产计量方法后的累积影响数如下表所示。

改变交易性金融资产计量方法后的累积影响数。

单位：元

时间	公允价值	成本与市价孰低	税前差异	所得税影响	税后差异
2015年年末	5 100 000	4 500 000	600 000	150 000	450 000
2016年年末	1 300 000	1 100 000	200 000	50 000	150 000
合计	6 400 000	5 600 000	800 000	200 000	600 000

甲公司2017年12月31日的比较财务报表列报前期最早期初为2016年1月1日。

甲公司在2015年年末按公允价值计量的账面价值为5 100 000元，按成本与市价孰低计量的账面价值为4 500 000元，两者的所得税影响为150 000元，两者差异的税后净影响额为450 000元，即为该公司追溯至2016年期初由成本与市价孰低改为公允价值的累积影响数。

甲公司在2016年年末按公允价值计量的账面价值为6 400 000元，按成本与市价孰低计量的账面价值为5 600 000元，两者的所得税影响合计为200 000元，两者差异的税后净影响额为600 000元，其中，450 000元是调整2016年累积影响数，150 000元是调整2016年当期金额。

甲公司按照公允价值重新计量2016年年末B股票账面价值，其结果为公允价值变动收益少计了200 000元，所得税费用少计了50 000元，净利润少计了150 000元。

2. 编制有关项目的调整分录。

（1）对2015年有关事项的调整分录：

①调整会计政策变更累积影响数：

借：交易性金融资产——公允价值变动　　600 000

　　贷：利润分配——未分配利润　　450 000

　　　　递延所得税负债　　150 000

②调整利润分配：

按照净利润的10%提取法定盈余公积，按照净利润的5%提取任意盈余公积，共计提取盈余公积450 000×15% =67 500（元）。

借：利润分配——未分配利润　　67 500

　　贷：盈余公积　　67 500

（2）对2016年有关事项的调整分录：

①调整交易性金融资产：

借：交易性金融资产——公允价值变动　　200 000

　　贷：利润分配——未分配利润　　150 000

　　　　递延所得税负债　　50 000

②调整利润分配：

按照净利润的10%提取法定盈余公积，按照净利润的5%提取任意盈余公积，共计提取盈余公积150 000×15% =22 500（元）。

借：利润分配——未分配利润　　22 500

　　贷：盈余公积　　22 500

3. 财务报表调整和重述（财务报表略）。

甲公司在列报2017年财务报表时，应调整2017年资产负债表有关项目的年初余额、利润表有关项目的上年金额及所有者权益变动表有关项目的上年金额和本年金额。

①资产负债表项目的调整：

调增交易性金融资产年初余额800 000元；调增递延所得税负债年初余额200 000元；调增盈余公积年初余额90 000元；调增未分配利润年初余额510 000元。

②利润表项目的调整：

调增公允价值变动收益上年金额 200 000 元；调增所得税费用上年金额 50 000 元；调增净利润上年金额 150 000 元；调增基本每股收益上年金额 0.0033 元。

注：

调增基本每股收益上年金额 = 调增净利润/公司流通在外普通股股数 = (150 000 ÷ 10 000) ÷ 4 500 = 0.0033（元/股）

③调增盈余公积上年年初金额 67 500 元，未分配利润上年年初金额 382 500 元，所有者权益合计上年年初金额 450 000 元。

调增盈余公积上年金额 22 500 元，未分配利润上年金额 127 500 元，所有者权益合计上年金额 150 000 元。

调增盈余公积本年年初金额 90 000 元，未分配利润本年年初金额 510 000 元，所有者权益合计本年年初金额 600 000 元。

（二）未来适用法

未来适用法，是指将变更后的会计政策应用于变更日及以后发生的交易或者事项，或者在会计估计变更当期和未来期间确认会计估计变更影响数的方法。

在未来适用法下，不需要计算会计政策变更产生的累积影响数，也无须重新编制以前年度的财务报表。

【例题 22－3·单选题】 甲公司发出存货按先进先出法计价，期末存货按成本与可变现净值孰低法计价。2015 年 1 月 1 日将发出存货由先进先出法改为加权平均法。2015 年年初 A 材料账面余额等于账面价值 40 000 元，数量为 50 千克。2015 年 1 月、2 月分别购入 A 材料 600 千克、350 千克，单价分别为 850 元、900 元，3 月 5 日领用 A 材料 400 千克。甲公司用未来适用法对该项会计政策变更进行会计处理，则 2015 年第一季度末 A 材料的账面余额为（　　）元。

A. 540 000　　B. 467 500　　C. 510 000　　D. 519 000

【答案】 D

【解析】 单位成本 = (40 000 + 600 × 850 + 350 × 900) ÷ (50 + 600 + 350) = 865（元/千克）；

2015 年第一季度末 A 材料的账面余额 = (50 + 600 + 350 − 400) × 865 = 519 000（元）。

（三）会计政策变更会计处理方法的选择

（1）国家有规定的，按国家有关规定执行。

（2）能追溯调整的，采用追溯调整法处理（追溯到可追溯的最早期期初）。

（3）不能追溯调整的，采用未来适用法处理。

五、会计政策变更的披露

企业应当在附注中披露与会计政策变更有关的下列信息：

（1）会计政策变更的性质、内容和原因；

（2）当期和各个列报前期财务报表中受影响的项目名称和调整金额；

（3）无法进行追溯调整的，说明该事实和原因以及开始应用变更后的会计政策的时点、具体应用情况。

第二节　会计估计及其变更

一、会计估计概述

会计估计，是指企业对结果不确定的交易或事项以最近可利用的信息为基础所做的判断。

第一，会计估计的存在是由于经济活动中内在的不确定性因素的影响。

第二，进行会计估计时，往往以最近可利用的信息或资料为基础。

第三，进行会计估计并不会削弱会计确认和计量的可靠性。

二、会计估计变更

会计估计变更，是指由于资产和负债的当前状况及预期经济利益和义务发生了变化，从而对资产或负债的账面价值或者资产的定期消耗金额进行调整。例如，固定资产折旧方法由年限平均法改为年数总和法。

企业据以进行估计的基础发生了变化，或者由于取得新信息、积累更多经验以及后来的发展变化，可能需要对会计估计进行修订。会计估计变更的依据应当真实、可靠。

【例题22-4·单选题】甲公司为某集团母公司，其与控股子公司（乙公司）会计处理存在差异的下列事项中，在编制合并财务报表时，应当作为会计政策予以统一的是（　　）。（2014年）

A. 甲公司产品保修费用的计提比例为售价的3%，乙公司为售价的1%

B. 甲公司对机器设备的折旧年限按不少于10年确定，乙公司为不少于15年

C. 甲公司对投资性房地产采用成本模式进行后续计量，乙公司采用公允价值模式

D. 甲公司对1年以内应收款项计提坏账准备的比例为期末余额的5%，乙公司为期末余额的10%

【答案】C

【解析】选项A、选项B和选项D，属于会计估计；选项C，属于会计政策。

三、会计估计变更的会计处理

企业对会计估计变更应当采用未来适用法处理。

（1）会计估计变更仅影响变更当期的，其影响数应当在变更当期予以确认。

（2）会计估计变更既影响变更当期又影响未来期间的，其影响数应当在变更当期和未来期间予以确认。

（3）难以对某项变更区分为会计政策变更或会计估计变更的，应当将其作为会计估计变更处理。

【例题 22－5·计算题】甲公司 2011 年 12 月 20 日购入一台管理用设备，初始入账价值为 100 万元，原估计使用年限为 10 年，预计净残值为 4 万元，按双倍余额递减法计提折旧。由于固定资产所含经济利益预期实现方式的改变和技术因素的原因，已不能继续按原定的折旧方法、折旧年限计提折旧。甲公司于 2014 年 1 月 1 日将设备的折旧方法改为年限平均法，将设备的折旧年限由原来的 10 年改为 8 年，预计净残值仍为 4 万元。甲公司所得税采用资产负债表债务法核算，适用的所得税税率为 25%。

要求：

（1）计算上述设备 2012 年和 2013 年计提的折旧额。

（2）计算上述设备 2014 年计提的折旧额。

（3）计算上述会计估计变更对 2014 年净利润的影响。

【答案】

（1）设备 2012 年计提的折旧额 = 100 × 2 ÷ 10 = 20（万元）

设备 2013 年计提的折旧额 =（100 － 20）× 2 ÷ 10 = 16（万元）

（2）2014 年 1 月 1 日设备的账面净值 = 100 － 20 － 16 = 64（万元）

设备 2014 年计提的折旧额 =（64 － 4）÷（8 － 2）= 10（万元）

（3）按原会计估计，设备 2014 年计提的折旧额 =（100 － 20 － 16）× 2 ÷ 10 = 12.8（万元）

上述会计估计变更使 2014 年净利润增加 =（12.8 － 10）×（1 － 25%）= 2.1（万元）

四、会计估计变更的披露

企业应当在附注中披露与会计估计变更有关的下列信息：

（1）会计估计变更的内容和原因。

（2）会计估计变更对当期和未来期间的影响数。

（3）会计估计变更的影响数不能确定的，披露这一事实和原因。

【例题 22－6·多选题】下列情形中，应采用未来适用法处理的有（　　）。

A. 当期期初确定会计政策变更对以前各期累积影响数不切实可行

B. 固定资产折旧方法发生变更

C. 固定资产预计使用年限发生变更

D. 难以对某项变更区分为会计政策变更或会计估计变更

E. 当期期初确定会计政策变更对以前各期累积影响数能够合理确定

【答案】ABCD

【解析】固定资产折旧方法、预计使用年限和净残值的变更都属于会计估计变更，应采用未来适用法处理；企业难以对某项变更区分会计政策变更或会计估计变更的，应当将其作为会计估计变更，采用未来适用法处理；当期期初确定会计政策变更对以前各期累积影响数能够合理确定，应采用追溯调整法处理。

第三节　前期差错及其更正

一、前期差错概述

前期差错，是指由于没有运用或错误运用下列两种信息，而对前期财务报表造成省略或错报：

（1）编报前期财务报表时预期能够取得并加以考虑的可靠信息；

（2）前期财务报告批准报出时能够取得的可靠信息。

前期差错通常包括计算错误、应用会计政策错误、疏忽或曲解事实以及舞弊产生的影响等。

二、前期差错更正的会计处理

前期差错的重要程度，应根据差错的性质和金额加以具体判断。

（一）对于不重要的前期差错

对于不重要的前期差错，企业不需要调整财务报表相关项目的期初数（也就是不需要追溯），但应调整发现当期与前期相同的相关项目。

【例题22－7·综合题】 A公司在2014年12月31日发现一台价值9 600元的设备，应计入固定资产，并于2013年2月1日开始计提折旧的管理用设备，在2013年计入当期费用。该公司固定资产折旧采用直线法，该资产估计使用年限为4年，假设不考虑净残值因素。则2014年12月31日更正此差错的会计分录为：

借：固定资产		9 600	
贷：管理费用			9 600
借：管理费用	（9 600÷4÷12×23）	4 600	
贷：累计折旧			4 600

（二）重要的前期差错的会计处理

企业应当采用追溯重述法更正重要的前期差错，但确定前期差错累积影响数不切实可行的除外。

追溯重述法，是指在发现前期差错时，视同该项前期差错从未发生过，从而对财务报表相关项目进行更正的方法。追溯重述法的会计处理与追溯调整法相同。

确定前期差错影响数不切实可行的，可以从可追溯重述的最早期间开始调整留存收益的期初余额，财务报表其他相关项目的期初余额也应当一并调整，也可以采用未来适用法。

企业应当在重要的前期差错发现当期的财务报表中，调整前期比较数据。

对于年度资产负债表日至财务报告批准报出日之间发现的报告年度的会计差错及报告年度前不重要的前期差错，应按照《企业会计准则第29号——资产负债日后事项》的规

定进行处理。

重要的前期差错的处理与会计政策变更的追溯调整法是差不多的，只是这里引入了一个新的过渡科目“以前年度损益调整”，因为前期差错都是以前年度发生的，所以将所有的调整项目中与利润相关的先记入“以前年度损益调整”这个科目。

【例题22－8·多选题】 对下列交易或事项进行会计处理时，不应调整年初未分配利润的有（　　）。

A. 对以前年度收入确认差错进行更正

B. 对不重要的交易或事项采用新的会计政策

C. 累积影响数无法合理确定的会计政策变更

D. 对当期发生的与以前相比具有本质差别的交易或事项采用新的会计政策

【答案】 BCD

【解析】 选项A，重要的前期差错，应当采用追溯重述法更正，但确定前期差错累积影响数不切实可行的除外。

【例题22－9】 B公司在2016年发现，2015年公司漏记一项生产用固定资产的折旧费用150 000元，所得税申报表中未扣除该项费用。假设2015年适用所得税税率为25%，无其他纳税调整事项。该公司按净利润的10%、5%提取法定盈余公积和任意盈余公积。公司发行股票份额为1 800 000股。假定税法允许调整应交所得税。假定2015年用该设备生产的产品均已完工并全部对外销售。

1. 分析前期差错的影响数。

2015年少计折旧费用150 000元；多计所得税费用37 500元（150 000×25%）；多计净利润112 500元；多计应交税费37 500元（150 000×25%）；多提法定盈余公积和任意盈余公积11 250元（112 500×10%）和5 625元（112 500×5%）。

2. 编制有关项目的调整分录。

（1）补提折旧：

借：以前年度损益调整　　150 000

　　贷：累计折旧　　150 000

（2）调整应交所得税：

借：应交税费——应交所得税　　37 500

　　贷：以前年度损益调整　　37 500

（3）将“以前年度损益调整”科目余额转入利润分配：

借：利润分配——未分配利润　　112 500

　　贷：以前年度损益调整　　112 500

（4）调整利润分配有关数字：

借：盈余公积　　16 875

　　贷：利润分配——未分配利润　　16 875

3. 财务报表调整和重述（财务报表略）。

B 公司在列报 2016 年财务报表时，应调整 2016 年资产负债表有关项目的年初余额，利润表有关项目及所有者权益变动表的上年金额也应进行调整。

（1）资产负债表项目的调整：

调减固定资产 150 000 元；调减应交税费 37 500 元；调减盈余公积 16 875 元；调减未分配利润 95 625 元。

（2）利润表项目的调整：

调增营业成本上年金额 150 000 元；调减所得税费用上年金额 37 500 元；调减净利润上年金额 112 500 元；调减基本每股收益上年金额 0.0625 元。

（3）所有者权益变动表项目的调整：

调减前期差错更正项目中盈余公积上年金额 16 875 元，未分配利润上年金额 95 625 元，所有者权益合计上年金额 112 500 元。

三、前期差错更正的披露

企业应当在附注中披露与前期差错更正有关的下列信息：

（1）前期差错的性质。

（2）各个列报前期财务报表中受影响的项目名称和更正金额。

（3）无法进行追溯重述的，说明该事实和原因以及对前期差错开始进行更正的时点、具体更正情况。

在以后期间的财务报表中，不需要重复披露在以前期间的附注中已披露的前期差错更正的信息。

【小知识】你们学到现在应该对会计政策、会计估计变更以及差错更正有了很深的了解，但很多同学还是在纠结，到底什么时候影响“递延所得税资产”或“递延所得税负债”，什么时候影响“应交税费——应交所得税”。

实际上这里的判断很简单，就看税法是否认可。比如“发生减值”和“公允价值变动损益”这种情况，税法是不认可的，所以影响的是“递延所得税资产或负债”；

但假如是“少记折旧”等类似的问题，其本身就是要计入当期所得税的，那么影响的就是“应交税费——应交所得税”。

因此可以发现会计政策变更影响的是“递延所得税资产或负债”，因为变的是会计政策而不是税法，因此要确认“递延所得税资产或负债”；但是差错更正就不一定了，有可能影响当期利润，比如以前年度忘记计提折旧，但是也可能影响递延所得税资产或负债，比如以前年度的公允价值变动计算少了或者没有计提减值准备。

第二十二章　会计政策、会计估计变更和差错更正

彬哥跟你说：

本章内容和下一章可以一起学习，难度不大！但是你们一定要注意，这两章可是必考的地方。我依旧要强调：

（1）无规划不学习。到这个阶段了，我相信你们很多人都已经学会了规划，但是很多人还是得过且过的学习，每月目标、每周目标、明天学习目标，这些都要清晰地规划出来，无须写出来，但是心中必须有数。

（2）循环复习。到了简单章节，很多同学都只顾拼命往前跑，忘了要循环复习了，不要只顾前行，还要不断回头。

今日复习步骤：

第一遍：回忆 & 重新复习一遍框架（5 分钟）

学习要求：这一遍的目的是自己重新找一遍框架，不需要掌握所有细节，但求框架了然于心。

（1）什么是会计政策，什么是会计政策变更？

（2）什么是会计估计，什么是会计估计变更？

（3）什么叫前期差错，如何更正？

第二遍：对细节进一步掌握（25 分钟）

（1）会计政策及变更涉及哪些考点？

（2）会计估计及变更涉及哪些考点？

（3）前期差错及其更正涉及哪些考点？

第三遍：重新复习一遍框架（5 分钟）

我问你答：

（1）哪些属于会计政策？哪些属于会计估计？若难以区分时，如何处理？

（2）会计政策变更采用哪些处理方法？它们是否影响累积影响数？是否需要重新编制以前年度财务报表？

（3）会计估计变更采用什么方法处理？

（4）不重要的前期差错如何处理？

（5）重要的前期差错如何处理？

本章作业：

（1）请把讲义例题做三遍（做错的题目，请分析错误原因并记录到改错本）。

（2）请复习完口述一遍框架，睡前请再回忆一遍框架。

（3）第二天早上，请再回忆一遍框架，对于回忆不起来的内容，请翻书看一遍。

第二十三章　资产负债表日后事项

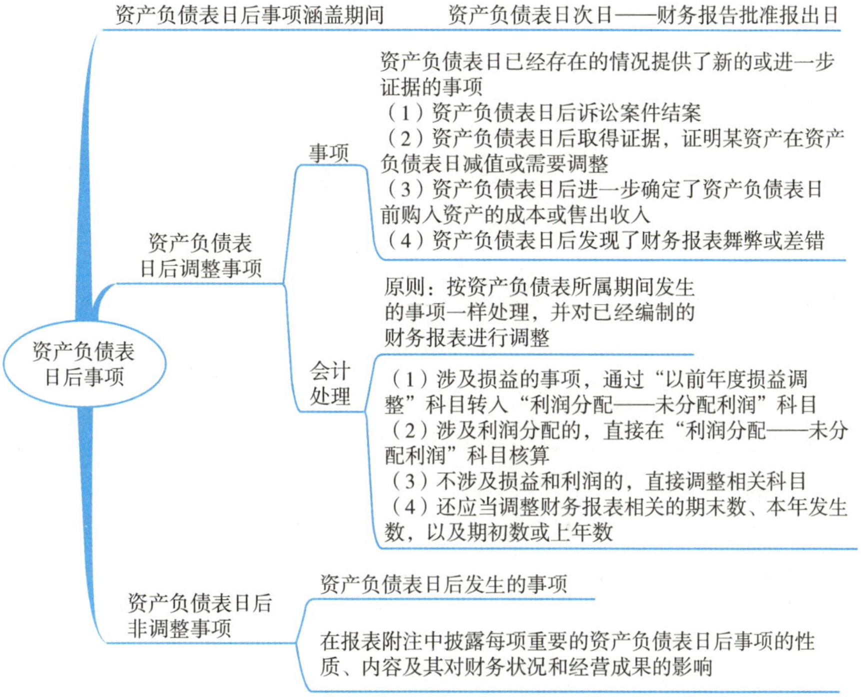

图 23－1　本章学习框架

【重难点（考点）解析】

（1）什么是资产负债表日后事项：发生在资产负债表日（通常指年度资产负债表日 12 月 31 日）至财务报告批准报出日之间发生的某些事项（见图 23－2）。

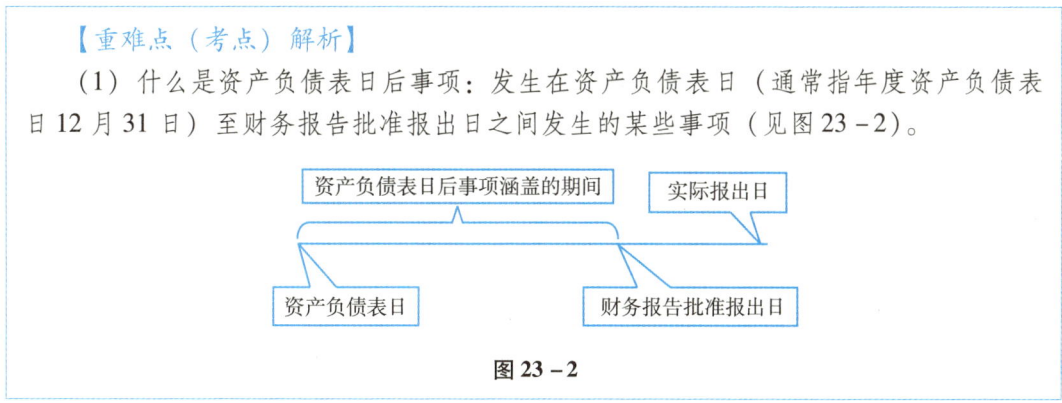

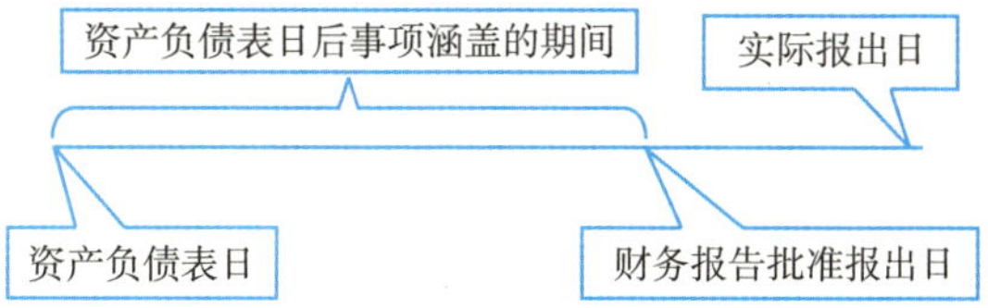

图 23－2

(2) 为什么会有资产负债表日后事项，因为资产负债表日后事项这个阶段的财务报表并没有对外报出，为了保持财务报表的严谨性，我们对这个阶段发生的一些事情可以直接调整上一年度的财务报表或者进行披露。

(3) 什么情况需要调整上一年度财务报表？那就是这个事情本来就是上一年度发生的事情，由于当时不能最终确定，没有进行相应处理。比如上一年度发生的诉讼，在财务报告批准报出日之前判决生效，那我们就需要回去调整上一年度的财务报表。

(4) 什么情况是需要在上一年度财务报表进行披露？那就是本年度发生的事情，本来应该在本年度的财务报表进行反映，但是由于这个事情比较重大，趁着上一年度的财务报表还未报出，提前在上一年度的财务报表进行披露。所以资产负债表日后事项分为调整事项和非调整事项。

第一节　资产负债表日后事项概述

一、资产负债表日后事项的定义

资产负债表日后事项，是指资产负债表日至财务报告批准报出日之间发生的有利或不利事项。它包括资产负债表日后调整事项和资产负债表日后非调整事项。

资产负债表日包括会计年度末和会计中期（中期是指短于一个完整的会计年度的报告期间）期末。年度资产负债表日，是指每年的12月31日；中期资产负债表日，是指各会计中期期末。例如，提供半年度财务报告时，资产负债表日是该年度的6月30日。这里的财务报告是指对外提供的财务报告，不包括为企业内部管理部门提供的内部报表。

财务报告批准报出日，是指董事会或类似机构批准财务报告报出的日期。

二、资产负债表日后事项涵盖的期间

资产负债表日后事项所涵盖的期间是自资产负债表日次日起至财务报告批准报出日止的一段时间（见图23－3）。

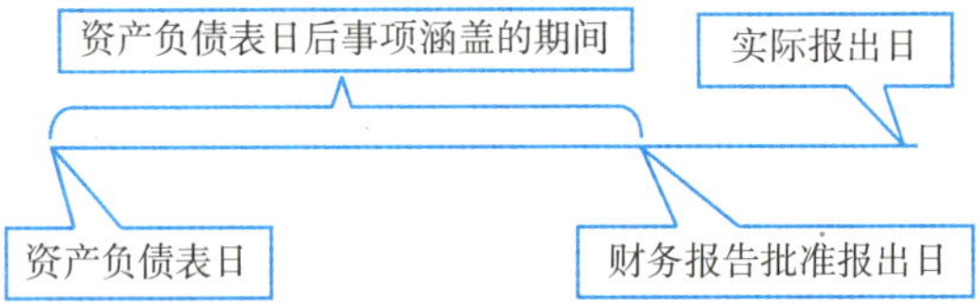

图23－3　资产负债表日后事项涵盖期间

资产负债表日后事项涵盖的期间应当包括：

报告期间下一期间的第一天至董事会或类似机构批准财务报告对外公布的日期。

财务报告批准报出以后，实际报出之前又发生与资产负债表日或其后事项有关的事项，并由此影响财务报告对外公布日期的，应以董事会或类似机构再次批准财务报告对外公布的日期为截止日期。

【例题23-1】某上市公司2017年的年度财务报告于2018年2月20日编制完成，注册会计师完成年度财务报表审计工作并签署审计报告的日期为2018年4月16日，董事会批准财务报告对外公布的日期为2018年4月17日，财务报告实际对外公布的日期为2018年4月23日，股东大会召开日期为2018年5月10日。

该公司2017年年报的资产负债表日后事项涵盖的期间为2018年1月1日至2018年4月17日。

如果在4月17日至23日之间发生了重大事项，需要调整财务报表相关项目的数字或需要在财务报表附注中披露；经调整或说明后的财务报告再经董事会批准报出的日期为2018年4月25日，实际报出的日期为2018年4月30日。

资产负债表日后事项涵盖的期间为2018年1月1日至2018年4月25日。

三、资产负债表日后事项的内容

资产负债表日后事项包括资产负债表日后调整事项和资产负债表日后非调整事项。

（一）调整事项

资产负债表日后调整事项，是指对资产负债表日已经存在的情况提供了新的或进一步证据的事项。

以下是资产负债表日后调整事项：

（1）资产负债表日后诉讼案件结案，法院判决证实了企业在资产负债表日已经存在现时义务，需要调整原先确认的与该诉讼案件相关的预计负债，或确认一项新负债；

（2）资产负债表日后取得确凿证据，表明某项资产在资产负债表日发生了减值或者需要调整该项资产原先确认的减值金额；

（3）资产负债表日后进一步确定了资产负债表日前购入资产的成本或售出资产的收入；

（4）资产负债表日后发现了财务报表舞弊或差错。

（二）非调整事项

资产负债表日后非调整事项，是指表明资产负债表日后发生的情况的事项。非调整事项的发生不影响资产负债表日企业的财务报表数字，只说明资产负债表日后发生了某些情况。对于财务报告使用者来说，非调整事项说明的情况有的重要，有的不重要；其中重要的非调整事项虽然与资产负债表日的财务报表数字无关，但可能影响资产负债表日以后的财务状况和经营成果，不加以说明将会影响财务报告使用者作出正确估计和决策，故准则要求适当披露。

以下是资产负债表日后非调整事项：

（1）资产负债表日后发生重大诉讼、仲裁、承诺；

（2）资产负债表日后资产价格、税收政策、外汇汇率发生重大变化；

（3）资产负债表日后因自然灾害导致资产发生重大损失；

（4）资产负债表日后发行股票和债券以及其他巨额举债；

（5）资产负债表日后资本公积转增资本；

（6）资产负债表日后发生巨额亏损；

（7）资产负债表日后发生企业合并或处置子公司；

（8）资产负债表日后企业利润分配方案中拟分配的以及经审议批准宣告发放的现金股利和利润。

（三）调整事项与非调整事项的区别

对资产负债表日后事项，若在资产负债表日或之前已经存在，则属于调整事项；反之，则属于非调整事项。

请注意，这里是一个常考点，会计考审计也考，那就是什么是调整事项什么是非调整事项，要注意几点：

看时间。如果过了财务报表批准报出日，再发生这种调整事项是不能调整的，直接反映到当年的会计报表就行，不需要调整上一年度的财务报表。

那就是区分“调整事项”和“非调整事项”，调整事项一定是上一年度存在的事情，只是下一年才最终确认而已。

【例题 23－2·多选题】甲股份有限公司2013年度财务报告经董事会批准对外公布的日期为2014年3月30日，实际对外公布的日期为2014年4月3日。该公司2014年1月1日至4月3日发生的下列事项中，应当作为资产负债表日后事项中的调整事项的有（　　）。

A. 3月1日发现2013年10月接受捐赠获得的一项固定资产尚未入账

B. 3月11日临时股东大会决议购买乙公司51%的股权并于4月2日执行完毕

C. 4月2日甲公司为从丙银行借入8 000万元长期借款而签订重大资产抵押合同

D. 2月1日与丁公司签订的债务重组协议执行完毕，该债务重组协议系甲公司于2014年1月5日与丁公司签订

E. 3月10日甲公司被法院判决败诉并要求支付赔款1 000万元，对此项诉讼甲公司已于2013年年末确认预计负债800万元

【答案】AE

【解析】3月1日发现2013年10月接受捐赠获得的一项固定资产尚未入账，是会计差错，属于调整事项；3月10日甲公司被法院判决败诉并要求支付赔款1 000万元，对此项诉讼甲公司已于2013年年末确认预计负债800万元，属于调整事项。

第二节　调整事项的会计处理

一、调整事项的处理原则

资产负债表日后发生的调整事项，应当如同资产负债表所属期间发生的事项一样，作出相关账务处理，并对资产负债表日已经编制的财务报表进行调整。这里的财务报表包括资产负债表、利润表及所有者权益变动表等内容，但不包括现金流量表正表。

由于资产负债表日后事项发生在次年，报告年度的有关账目已经结转，特别是损益类

科目在结账后已无余额。因此，资产负债表日后发生的调整事项，应当区分以下情况进行处理：

涉及损益的事项，通过“以前年度损益调整”科目核算，调整完成后，应将“以前年度损益调整”科目的贷方或借方余额，转入“利润分配——未分配利润”科目。

涉及利润分配调整的事项，直接在“利润分配——未分配利润”科目核算。

不涉及损益以及利润分配的事项，调整相关科目。

通过上述账务处理后，还应同时调整财务报表相关项目的数字，包括：

（1）资产负债表日编制的财务报表相关项目的期末数或本年发生数；

（2）当期编制的财务报表相关项目的期初数或上年数；

（3）经过上述调整后，如果涉及报表附注内容的，还应当调整报表附注相关项目的数字。

调整事项的基本处理原则就是我们前面所说的“追溯重述法”一致，首先通过“以前年度损益调整”科目进行调整，等处理完所得税之后，转入“利润分配——未分配利润”科目。

二、资产负债表日后调整事项的具体会计处理方法

为简化处理，如无特殊说明，本章所有的例子均假定如下：财务报告批准报出日是次年4月30日，所得税税率为25%，按净利润的10%提取法定盈余公积，提取法定盈余公积后不再作其他分配；调整事项按税法规定均可调整应缴纳的所得税；涉及递延所得税资产的，均假定未来期间很可能取得用来抵扣暂时性差异的应纳税所得额；不考虑报表附注中有关现金流量表项目的数字。

资产负债表日后诉讼案件结案，法院判决证实了企业在资产负债表日已经存在现时义务，需要调整原先确认的与该诉讼案件相关的预计负债，或确认一项新负债。

【例题23－3·计算题】甲公司与乙公司签订一项销售合同，合同中订明甲公司应在2017年8月销售给乙公司一批物资。由于甲公司未能按照合同发货，致使乙公司发生重大经济损失。2017年12月，乙公司将甲公司告上法庭，要求甲公司赔偿450万元。2017年12月31日法院尚未判决，甲公司按或有事项准则对该诉讼事项确认预计负债300万元。2018年2月10日，经法院判决甲公司应赔偿乙公司400万元。甲、乙双方均服从判决。判决当日，甲公司向乙公司支付赔偿款400万元。甲、乙两公司2017年所得税汇算清缴均在2018年3月20日完成（假定该项预计负债产生的损失不允许在预计时税前抵扣，只有在损失实际发生时，才允许税前抵扣）。

本例中，2018年2月10日的判决证实了甲、乙两公司在资产负债表日（即2017年12月31日）分别存在现时赔偿义务和获赔权利，因此两公司都应将“法院判决”这一事项作为调整事项进行处理。甲公司和乙公司2017年所得税汇算清缴均在2018年3月20日完成，因此，应根据法院判决结果调整报告年度应纳税所得额和应纳所得税税额。

1. 甲公司的账务处理如下：

（1）2018 年 2 月 10 日，记录支付的赔款，并调整递延所得税资产：

借：以前年度损益调整　　1 000 000

　贷：其他应付款　　1 000 000

借：应交税费——应交所得税　　250 000

　贷：以前年度损益调整　　（1 000 000×25%）250 000

借：应交税费——应交所得税　　750 000

　贷：以前年度损益调整　　750 000

借：以前年度损益调整　　750 000

　贷：递延所得税资产　　750 000

借：预计负债　　3 000 000

　贷：其他应付款　　3 000 000

借：其他应付款　　4 000 000

　贷：银行存款　　4 000 000

注：2017 年年末因确认预计负债 300 万元时已确认相应的递延所得税资产，资产负债表日后事项发生后递延所得税资产不复存在，故应冲销相应记录。

（2）将“以前年度损益调整”科目余额转入未分配利润：

借：利润分配——未分配利润　　750 000

　贷：以前年度损益调整　　750 000

（3）因净利润变动，调整盈余公积：

借：盈余公积　　（750 000×10%）75 000

　贷：利润分配——未分配利润　　75 000

（4）调整报告年度报表：

①资产负债表项目的年末数调整：

调减递延所得税资产 75 万元；调增其他应付款 400 万元，调减应交税费 100 万元，调减预计负债 300 万元；调减盈余公积 7.5 万元，调减未分配利润 67.5 万元。

②利润表项目的调整：

调增营业外支出 100 万元，调减所得税费用 25 万元，调减净利润 75 万元。（利润表略）

③所有者权益变动表项目的调整：

调减净利润 75 万元，提取盈余公积项目中盈余公积一栏调减 7.5 万元，未分配利润一栏调减 67.5 万元。（所有者权益变动表略）

2. 乙公司的账务处理如下：

（1）2018 年 2 月 10 日，记录收到的赔款，并调整应交所得税：

借：其他应收款　　4 000 000

　贷：以前年度损益调整　　4 000 000

借：以前年度损益调整　　1 000 000

　　贷：应交税费——应交所得税　　1 000 000

借：银行存款　　4 000 000

　　贷：其他应收款　　4 000 000

（2）将“以前年度损益调整”科目余额转入未分配利润：

借：以前年度损益调整　　3 000 000

　　贷：利润分配——未分配利润　　3 000 000

（3）因净利润增加，补提盈余公积：

借：利润分配——未分配利润　　300 000

　　贷：盈余公积　　300 000

（4）调整报告年度财务报表相关项目的数字（财务报表略）：

①资产负债表项目的年末数调整：

调增其他应收款400万元，调增应交税费100万元，调增盈余公积30万元，调增未分配利润270万元。

②利润表项目的调整：

调增营业外收入400万元，调增所得税费用100万元，调增净利润300万元。

③所有者权益变动表项目的调整：

调增净利润300万元，提取盈余公积项目中盈余公积一栏调增30万元，未分配利润一栏调增270万元。

资产负债表日后取得确凿证据，表明某项资产在资产负债表日发生了减值或者需要调整该项资产原先确认的减值金额。

【例题23－4·综合题】 甲公司2009年6月销售给乙公司一批物资，货款为2 000 000元（含增值税）。乙公司于7月收到所购物资并验收入库。按合同规定，乙公司应于收到所购物资后3个月内付款。由于乙公司财务状况不佳，到2009年12月31日仍未付款。甲公司于2009年12月31日已为该项应收账款计提坏账准备100 000元。2009年12月31日资产负债表上“应收账款”项目的金额为4 000 000元，其中1 900 000元为该项应收账款。甲公司于2010年2月3日（所得税汇算清缴前）收到人民法院通知，乙公司已宣告破产清算，无力偿还所欠部分货款。甲公司预计可收回应收账款的60%。

本例中，甲公司在收到人民法院通知后，首先可判断该事项属于资产负债表日后调整事项。甲公司原对应收乙公司账款计提了100 000元的坏账准备，按照新的证据应计提的坏账准备为800 000元（2 000 000×40%），差额700 000元应当调整2009年度财务报表相关项目的数字。

甲公司的账务处理如下：

（1）补提坏账准备。

应补提的坏账准备＝2 000 000×40%－100 000＝700 000（元）

借：以前年度损益调整——信用减值损失　　700 000

　　贷：坏账准备　　700 000

（2）调整递延所得税资产。

借：递延所得税资产　　175 000

　　贷：以前年度损益调整——所得税费用　　（700 000×25%）175 000

（3）将“以前年度损益调整”科目的余额转入未分配利润。

借：利润分配——未分配利润　　525 000

　　贷：以前年度损益调整　　525 000

（4）因净利润减少，调减盈余公积。

借：盈余公积——法定盈余公积　　52 500

　　贷：利润分配——未分配利润　　（525 000×10%）52 500

（5）调整报告年度财务报表相关项目的数字。

①资产负债表项目的调整：

调减应收账款700 000元，调增递延所得税资产175 000元；调减盈余公积52 500元，调减未分配利润472 500元。

②利润表项目的调整：

调增资产减值损失700 000元，调减所得税费用175 000元，调减净利润525 000元。

③所有者权益变动表项目的调整：

调减净利润525 000元；提取盈余公积项目中盈余公积一栏调减52 500元，未分配利润调减472 500元。

（6）调整2010年1月资产负债表相关项目的年初数（资产负债表略）。

甲公司在编制2010年1月的资产负债表时，按照调整前2009年12月31日的资产负债表的数字作为资产负债表的年初数，由于发生了资产负债表日后调整事项，甲公司除了调整2009年度资产负债表相关项目的数字外，还应当调整2010年1月资产负债表相关项目的年初数，其年初数按照2009年12月31日调整后的数字填列。

资产负债表日后进一步确定了资产负债表日前购入资产的成本或售出资产的收入。

【例题23-5·综合题】甲公司2019年11月8日销售一批商品给乙公司，取得收入120万元（不含税，增值税税率13%）。甲公司发出商品后，按照正常情况已确认收入，并结转成本100万元。2019年12月31日，该笔货款尚未收到，甲公司未对应收账款计提坏账准备。2020年1月12日，由于产品质量问题，本批货物被退回。甲公司于2020年2月28日完成2019年所得税汇算清缴。

本例中，销售退回业务发生在资产负债表日后事项涵盖期间内，属于资产负债表日后调整事项。由于销售退回发生在甲公司报告年度所得税汇算清缴之前，因此在所得税汇算清缴时，应扣除该部分销售退回所实现的应纳税所得额。

甲公司的账务处理如下：

（1）2020年1月12日，调整销售收入：

借：以前年度损益调整　　1 200 000
　　应交税费——应交增值税（销项税额）　　156 000
　　贷：应收账款　　1 356 000

（2）调整销售成本：

借：库存商品　　1 000 000
　　贷：以前年度损益调整　　1 000 000

（3）调整应缴纳的所得税：

借：应交税费——应交所得税　　50 000
　　贷：以前年度损益调整　　50 000

（4）将“以前年度损益调整”科目的余额转入利润分配：

借：利润分配——未分配利润　　150 000
　　贷：以前年度损益调整　　150 000

（5）调整盈余公积：

借：盈余公积　　15 000
　　贷：利润分配——未分配利润　　15 000

（6）调整相关财务报表（略）。

【例题 23－6·单选题】甲公司为上市公司，其2016年度财务报告于2017年3月1日对外报出。该公司在2016年12月31日有一项未决诉讼，经咨询律师，估计很可能败诉并预计将支付的赔偿金额、诉讼费等在760万元至1 000万元之间（其中诉讼费为7万元）。为此，甲公司预计了880万元的负债；2017年1月30日法院判决甲公司败诉，并需赔偿1 200万元，同时承担诉讼费用10万元。上述事项对甲公司2016年度利润总额的影响金额为（　　）万元。(2012年)

A. －880　　B. －1 000　　C. －1 200　　D. －1 210

【答案】D

【解析】本题中的资产负债表日后诉讼案件结案属于资产负债表日后调整事项，调整的金额也要影响甲公司2016年度利润总额，所以上述事项对甲公司2016年度利润总额的影响金额＝－(1 200＋10)＝－1 210（万元）。

第三节　非调整事项的会计处理

一、非调整事项的处理原则

资产负债表日后发生的非调整事项，是表明资产负债表日后发生的情况的事项，与资产负债表日存在状况无关，不应当调整资产负债表日的财务报表。但有的非调整事项对财务报告使用者具有重大影响，如不加以说明，将不利于财务报告使用者做出正确估计和决策，因此，资产负债表日后事项准则要求在报表附注中披露“重要的资产负债表日后非调整事项的性质、内容，及其对财务状况和经营成果的影响”。

二、非调整事项的具体会计处理办法

资产负债表日后发生的非调整事项，应当在报表附注中披露每项重要的资产负债表日后非调整事项的性质、内容，及其对财务状况和经营成果的影响。无法做出估计的，应当说明原因。

资产负债表日后，企业利润分配方案中拟分配的以及经审议批准宣告发放的股利或利润，不确认为资产负债表日负债，但应当在附注中单独披露。

第二十三章　资产负债表日后事项

彬哥跟你说：

本章跟上一章一起学习完毕。

今日复习步骤：

第一遍：回忆 & 重新复习一遍框架（5 分钟）

学习要求：这一遍的目的是自己重新找一遍框架，不需要掌握所有细节，但求框架了然于心。

什么是资产负债表日后事项？什么是资产负债表日后调整事项和非调整事项？

第二遍：对细节进一步掌握（15 分钟）

资产负债表日后事项分为哪几类？区别是什么？每一类事项的处理原则是什么？

第三遍：重新复习一遍框架（5 分钟）

我问你答：

（1）资产负债表日后事项涵盖期间是哪些？

（2）哪些属于资产负债表日后事项？

（3）资产负债表日后调整和非调整事项如何区分？

（4）资产负债表日后调整事项处理原则是什么？会计如何处理？

（5）资产负债表日后非调整事项处理原则是什么？会计如何处理？

本章作业：

（1）请把讲义例题做三遍（做错的题目，请分析错误原因并记录到改错本）。

（2）请复习完口述一遍框架，睡前请再回忆一遍框架。

（3）第二天早上，请再回忆一遍框架，对于回忆不起来的内容，请翻书看一遍。

第 18 天

复习旧内容：

前一天的内容可以稍微复习一下

学习新内容：

应付职工薪酬和每股收益

学习方法：

职工薪酬和每股收益属于简单的内容，但是有些小事情要注意，首先职工薪酬新增了一些内容，比如离职后福利的计算，这些内容比较晦涩难懂，我建议先学第一节和第二节，即可去学习每股收益，剩下的职工薪酬内容等最后来学习，因为分值低甚至没有分，但是理解也晦涩，所以要学会适当安排进度。

你今天可能有的心态：

轻松加愉快！因为到这里我们学完了 98% 的内容啦！

简单解释今天学习内容：

（1）职工薪酬，无非就是给职工的各种待遇怎么记入的问题，前面两节很好理解，主要是分录问题。（2）基本每股收益很简单，公式是：每股收益 = 净利润 ÷ 流通在外的普通股加权平均数。这些数字题目都会告诉。（3）但是也涉及稀释每股收益，所谓的稀释每股收益是一种潜在的影响，也就是某些项目暂时不影响每股收益，但是假设现在转换成股票可能影响到每股收益，我们为了严谨，提前计算一下。（4）但是每股收益也会涉及到每股收益的列报，比如今年给老股东每人都发了一定比例的股票，其实股东的持股比例不变，当然对净利润也没啥影响，但是由于今年发放股票股利，导致每股收益突然下降，会给人造成误解，因此我们要将去年的每股收益也进行调整，以方便比较。

可能会遇到的难点：

本章最大的易混淆点就是每股收益这里：

（1）假设 6 月 1 日发行了可转换债券，那么我们要直接假设 6 月 1 日就全部换成股票，对我们的每股收益的影响，这叫稀释每股收益，而且这里假设全部换成股票，要计算加权。（2）假设 6 月 1 日给每个股东按一定比例发放了股票股利，股票增加，但是这里是对老股东发的，其实不影响老股东的收益，这里就无须加权了。这两个知识点很容易混淆。

习题注意事项：

职工薪酬很少考，每股收益基本每年都有习题，而且很容易把稀释每股收益和每股收益的列报结合起来考。

建议学习时间：

3 个小时

第九篇
特殊事项（四）

第二十四章　应付职工薪酬

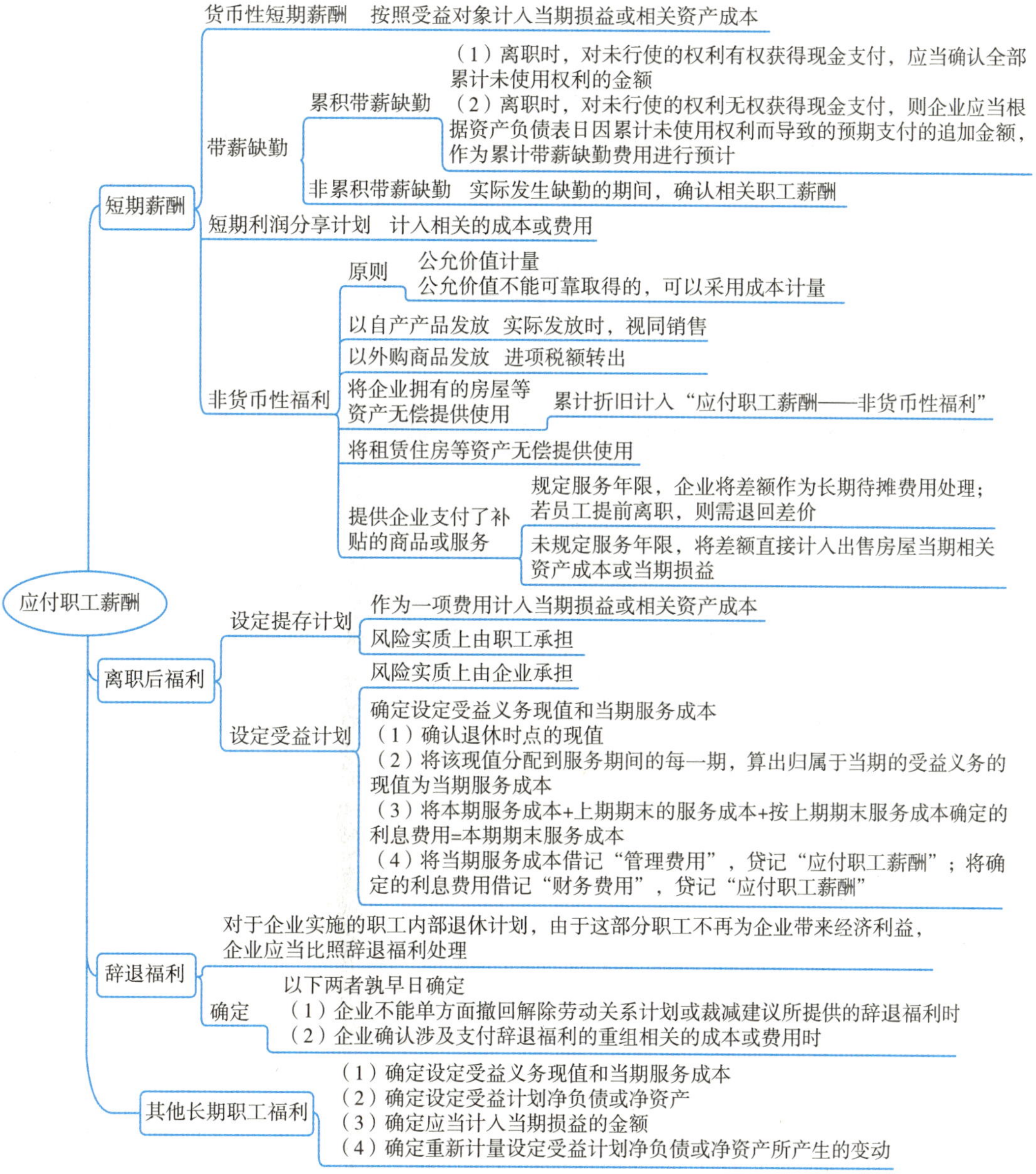

应付职工薪酬
短期薪酬
货币性短期薪酬　按照受益对象计入当期损益或相关资产成本
带薪缺勤
累积带薪缺勤
（1）离职时，对未行使的权利有权获得现金支付，应当确认全部累计未使用权利的金额
（2）离职时，对未行使的权利无权获得现金支付，则企业应当根据资产负债表日因累计未使用权利而导致的预期支付的追加金额，作为累计带薪缺勤费用进行预计
非累积带薪缺勤　实际发生缺勤的期间，确认相关职工薪酬
短期利润分享计划　计入相关的成本或费用
非货币性福利
原则
公允价值计量
公允价值不能可靠取得的，可以采用成本计量
以自产产品发放　实际发放时，视同销售
以外购商品发放　进项税额转出
将企业拥有的房屋等资产无偿提供使用
累计折旧计入“应付职工薪酬——非货币性福利”
将租赁住房等资产无偿提供使用
提供企业支付了补贴的商品或服务
规定服务年限，企业将差额作为长期待摊费用处理；若员工提前离职，则需退回差价
未规定服务年限，将差额直接计入出售房屋当期相关资产成本或当期损益
离职后福利
设定提存计划
作为一项费用计入当期损益或相关资产成本
风险实质上由职工承担
设定受益计划
风险实质上由企业承担
确定设定受益义务现值和当期服务成本
（1）确认退休时点的现值
（2）将该现值分配到服务期间的每一期，算出归属于当期的受益义务的现值为当期服务成本
（3）将本期服务成本+上期期末的服务成本+按上期期末服务成本确定的利息费用=本期期末服务成本
（4）将当期服务成本借记“管理费用”，贷记“应付职工薪酬”；将确定的利息费用借记“财务费用”，贷记“应付职工薪酬”
辞退福利
对于企业实施的职工内部退休计划，由于这部分职工不再为企业带来经济利益，企业应当比照辞退福利处理
确定
以下两者孰早日确定
（1）企业不能单方面撤回解除劳动关系计划或裁减建议所提供的辞退福利时
（2）企业确认涉及支付辞退福利的重组相关的成本或费用时
其他长期职工福利
（1）确定设定受益义务现值和当期服务成本
（2）确定设定受益计划净负债或净资产
（3）确定应当计入当期损益的金额
（4）确定重新计量设定受益计划净负债或净资产所产生的变动

图 24－1　本章学习框架

第一节　职工和职工薪酬的范围及分类

一、职工的概念

职工，是指与企业订立劳动合同的所有人员，含全职、兼职和临时职工，也包括虽未与企业订立劳动合同但由企业正式任命的人员。

二、职工薪酬的概念及分类

职工薪酬，是指企业为获得职工提供的服务或解除劳动关系而给予的各种形式的报酬。企业提供给职工配偶、子女、受赡养人、已故员工遗属及其他受益人等的福利，也属于职工薪酬。职工薪酬主要包括短期薪酬、离职后福利、辞退福利和其他长期职工福利。

（一）短期薪酬

是指企业在职工提供相关服务的年度报告期间结束后十二个月内将全部予以支付的职工薪酬，因解除与职工的劳动关系给予的补偿除外。

短期薪酬主要包括：（1）职工工资、奖金、津贴和补贴；（2）职工福利费；（3）医疗保险费、工伤保险费和生育保险费等社会保险费；（4）住房公积金；（5）工会经费和职工教育经费；（6）职工短期带薪缺勤；（7）短期利润分享计划；（8）非货币性福利；（9）其他短期薪酬。

（二）离职后福利

离职后福利，是指企业为获得职工提供的服务而在职工退休或与企业解除劳动关系后，提供的各种形式的报酬和福利，属于短期薪酬和辞退福利的除外。

离职后福利计划，是指企业与职工就离职后福利达成的协议，或者企业为向职工提供离职后福利制定的规章或办法等。离职后福利计划又分为设定提存计划和设定受益计划。设定提存计划，是指向独立的基金缴存固定费用后，企业不再承担进一步支付的离职后福利计划。设定受益计划，是指除设定提存计划以外的离职职工福利计划。

（三）辞退福利

辞退福利，是指企业在职工劳动合同到期之前解除与职工的劳动合同关系，或者为鼓励职工自愿接受裁减而给予职工的补偿。

辞退福利主要包括：

（1）在职工劳动关系合同尚未到期前，不论职工本人是否愿意，企业决定解除与职工的劳动关系而给予的补偿。

（2）在职工劳动合同尚未到期前，为鼓励职工自愿接受裁减而给予的补偿，职工有权利选择继续在职或接受补偿离职。

（四）其他长期职工福利

其他长期职工福利，是指除短期薪酬、离职后福利、辞退福利之外所有的职工薪酬，包括长期带薪缺勤、长期残疾福利、长期利润分享计划等。

第二节　短期薪酬的确认与计量

企业应当在职工为其提供服务的会计期间，将实际发生的短期薪酬确认为负债，并计入当期损益，其他会计准则要求或允许计入资产成本的除外。

一、货币性短期薪酬

企业应当根据职工提供服务情况和工资标准计算应计入职工薪酬的工资总额，按照受益对象计入当期损益或相关资产成本。

借：生产成本（生产工人）
　　制造费用（车间管理人员）
　　管理费用（行政管理人员）
　　销售费用（销售人员）
　　在建工程（基建人员）
　　研发支出——资本化支出（研发人员）
　　贷：应付职工薪酬——工资
　　　　　　　　　　——职工福利
　　　　　　　　　　——社会保险费
　　　　　　　　　　——住房公积金
　　　　　　　　　　——工会经费
　　　　　　　　　　——职工教育经费等

【例题24－1·计算题】2015年6月，甲公司当月应发工资1 560万元，其中：生产部门直接生产人员工资1 000万元；生产部门管理人员工资200万元；公司管理部门人员工资360万元。

根据所在地政府规定，公司分别按照职工工资总额的10%和8%计提医疗保险费和住房公积金，缴纳给当地社会保险经办机构和住房公积金管理机构。公司分别按照职工工资总额的2%和1.5%计提工会经费和职工教育经费。

假定不考虑所得税影响。

应计入生产成本的职工薪酬金额＝1 000＋1 000×（10%＋8%＋2%＋1.5%）＝1 215（万元）

应计入制造费用的职工薪酬金额＝200＋200×（10%＋8%＋2%＋1.5%）＝243（万元）

应计入管理费用的职工薪酬金额＝360＋360×（10%＋8%＋2%＋1.5%）＝437.4（万元）

公司应根据上述业务，做如下账务处理：

借：生产成本　12 150 000
　　制造费用　2 430 000
　　管理费用　4 374 000
　　贷：应付职工薪酬——工资　15 600 000
　　　　——医疗保险费　1 560 000
　　　　——住房公积金　1 248 000
　　　　——工会经费　312 000
　　　　——职工教育经费　234 000

二、带薪缺勤

带薪缺勤应当分为累积带薪缺勤和非累积带薪缺勤两类。

（一）累积带薪缺勤

累积带薪缺勤是指带薪权利可以结转下期的带薪缺勤，本期尚未用完的带薪缺勤权利可以在未来期间使用。企业应当在职工提供服务从而增加了其未来享有的带薪缺勤权利时，确认与累积带薪缺勤相关的职工薪酬，并以累积未行使权利而增加的预期支付金额计量。

如果累积带薪缺勤在职工离开企业时，对未行使的权利有权获得现金支付，企业就应当确认职工全部累积未使用权利的金额。如果在职工离开企业时，不能获得现金支付，则企业应当根据资产负债表日因累积未使用权利而导致的预期支付的追加金额，作为累积带薪缺勤费用进行预计。

【例题24－2·计算题】乙公司共有1 000名职工，自2015年1月1日起，该公司实行累积带薪缺勤制度。该制度规定，每个职工每年可享受5个工作日带薪年休假，未使用的年休假只能向后结转一个日历年度，超过1年未使用的权利作废，不能在职工离开公司时获得现金支付；职工休年休假是以后进先出为基础，即首先从当年可享受的权利中扣除，再从上年结转的带薪年休假余额中扣除；职工离开公司时，公司对职工未使用的累积带薪年休假不支付现金。

2015年12月31日，每个职工当年平均未使用带薪年休假为2天。根据过去的经验并预期该经验将继续适用，乙公司预计2016年有950名职工将享受不超过5天的带薪年休假，剩余50名职工每人将平均享受6天半年休假，假定这50名职工全部为总部各部门经理，该公司平均每名职工每个工作日工资为300元。

分析：乙公司在2015年12月31日应当预计由于职工累积未使用的带薪年休假权利而导致预期将支付的工资负债，即相当于75天（50×1.5天）的年休假工资22 500元（75×300），并做如下账务处理：

借：管理费用　22 500
　　贷：应付职工薪酬——累积带薪缺勤　22 500

2016 年，如果 50 名职工均未享受累积未使用的带薪年休假，则冲回上年度确认的费用：

借：应付职工薪酬——累积带薪缺勤　　22 500

　贷：管理费用　　22 500

2016 年，如果 50 名职工均享受了累积未使用的带薪年休假，则 2016 年确认的工资费用应扣除上年度已确认的累积带薪费用。

（二）非累积带薪缺勤

非累积带薪缺勤是指带薪权利不能结转下期的带薪缺勤，本期尚未用完的带薪缺勤权利将予以取消，并且职工离开企业时也无权获得现金支付。

企业应当在职工实际发生缺勤的会计期间确认与非累积带薪缺勤相关的职工薪酬。

三、短期利润分享计划

是指因职工提供服务而与职工达成的基于利润或其他经营成果提供薪酬的协议。长期利润分享计划属于其他长期职工福利。

企业根据企业经济效益增长的实际情况提取的奖金，属于奖金计划，应当比照利润分享计划进行处理。

【例题 24－3·计算题】丙公司有一项利润分享计划，要求丙公司将其至 2015 年 12 月 31 日止会计年度的税前利润的指定比例支付给在 2015 年 7 月 1 日至 2016 年 6 月 30 日为丙公司提供服务的职工。该奖金于 2016 年 6 月 30 日支付。2015 年 12 月 31 日止财务年度的税前利润为 1 000 万元人民币。如果丙公司在 2015 年 7 月 1 日至 2016 年 6 月 30 日期间没有职工离职，则当年的利润分享支付总额为税前利润的 3%。丙公司估计职工离职将使支付额降低至税前利润的 2.5%（其中，直接参加生产的职工享有 1%，总部管理人员享有 1.5%），不考虑个人所得税影响。

分析：尽管支付额是按照截至 2015 年 12 月 31 日止财务年度的税前利润的 3% 计量，但是业绩却是基于职工在 2015 年 7 月 1 日至 2016 年 6 月 30 日期间提供的服务。因此，丙公司在 2015 年 12 月 31 日应按照税前利润的 50% 的 2.5% 确认负债和成本及费用，金额为 125 000 元（10 000 000×50%×2.5%）。余下的利润分享金额，连同针对估计金额与实际支付金额之间的差额作出的调整额，在 2016 年予以确认。

2015 年 12 月 31 日的账务处理如下：

借：生产成本　　50 000

　　管理费用　　75 000

　　贷：应付职工薪酬——利润分享计划　　125 000

2016 年 6 月 30 日，丙公司的职工离职使其支付的利润分享金额为 2015 年度税前利润的 2.8%（直接参加生产的职工享有 1.1%，总部管理人员享有 1.7%），在 2×16 年确认余下的利润分享金额，连同针对估计金额与实际支付金额之间的差额作出的调整额合计为 155 000 元（10 000 000 ×2.8% －125 000）。其中，计入生产成本的利润分享计划金额 60 000 元（10 000 000 ×1.1% －50 000）。计入管理费用的利润分享计划金额 95 000 元（10 000 000 ×1.7% －75 000）。

2016 年 6 月 30 日的账务处理如下：

借：生产成本　　60 000

　　管理费用　　95 000

　　贷：应付职工薪酬——利润分享计划　　155 000

四、非货币性福利

企业向职工提供非货币性福利的，应当按照公允价值计量。公允价值不能可靠取得的，可以采用成本计量。

企业向职工提供的非货币性福利，应当分情况处理：

（一）以自产产品或外购商品发放给职工作为福利（见表 24－1 和表 24－2）

表 24－1　以自产产品发放给职工作为福利的会计处理

决定发放非货币性福利	将自产产品实际发放时
借：生产成本 管理费用 在建工程 研发支出等 贷：应付职工薪酬——非货币性福利	借：应付职工薪酬——非货币性福利 贷：主营业务收入 应交税费——应交增值税（销项税额） 借：主营业务成本 贷：库存商品

表 24－2　以外购商品发放给职工作为福利的会计处理

购入时	决定发放非货币性福利时	发放时
借：库存商品等 应交税费——应交增值税（进项税额） 贷：银行存款	借：生产成本 管理费用 在建工程 研发支出等 贷：应付职工薪酬——非货币性福利	借：应付职工薪酬——非货币性福利 贷：库存商品等 应交税费——应交增值税（进项税额转出）

【例题 24－4·单选题】 甲公司为增值税一般纳税人，销售和进口货物适用的增值税税率为 13%。2019 年 6 月甲公司董事会决定将本公司生产的 500 件产品作为福利发放给公司管理人员。该批产品的单位成本为 1.2 万元，市场销售价格为每件 2 万元（不含增值税税额）。假定不考虑其他相关税费，甲公司在 2019 年因该项业务应计入管理费

用的金额为（　　）万元。

A. 600　　B. 770　　C. 1 000　　D. 1 130

【答案】 D

【解析】 企业向职工提供非货币性福利的，应当按照公允价值计量。甲公司2019年因该项业务应计入管理费用的金额 $=500\times2\times(1+13\%)=1\ 130$（万元）。

【例题24－5】 甲公司为一家生产笔记本电脑的企业，共有职工200名，2020年2月，公司以其生产的成本为10 000元的高级笔记本电脑和外购的每部不含税价格为1 000元的手机作为春节福利发放给公司每名职工。该型号笔记本电脑的售价为每台14 000元，甲公司适用的增值税税率为13%，已开具了增值税专用发票；甲公司以银行存款支付了购买手机的价款和增值税进项税额，已取得增值税专用发票，适用的增值税税率为13%。假定200名职工中170名为直接参加生产的职工，30名为总部管理人员。

分析：企业以自己生产的产品作为福利发放给职工，应计入成本费用的职工薪酬金额以公允价值计量，计入主营业务收入，产品按照成本结转，但要根据相关税收规定，视同销售计算增值税销项税额。外购商品发放给职工作为福利，应当将交纳的增值税进项税额计入成本费用。

笔记本电脑的售价总额 $=14\ 000\times170+14\ 000\times30=2\ 380\ 000+420\ 000=2\ 800\ 000$（元）

笔记本电脑的增值税销项税额 $=170\times14\ 000\times13\%+30\times14\ 000\times13\%=309\ 400+54\ 600=364\ 000$（元）

甲公司决定发放非货币性福利时，应作如下账务处理：

借：生产成本　　（$170\times14\ 000\times1.13$）2 689 400
　　管理费用　　（$30\times14\ 000\times1.13$）474 600
　　贷：应付职工薪酬——非货币性福利　　3 164 000

实际发放笔记本电脑时，应作如下账务处理：

借：应付职工薪酬——非货币性福利　　3 164 000
　　贷：主营业务收入　　2 800 000
　　　　应交税费——应交增值税（销项税额）　　364 000

借：主营业务成本　　2 000 000
　　贷：库存商品　　2 000 000

手机的采购成本 $=170\times1\ 000+30\times1\ 000=170\ 000+30\ 000=200\ 000$（元）

手机的进项税额 $=170\times1\ 000\times13\%+30\times1\ 000\times13\%=22\ 100+3\ 900=26\ 000$（元）

甲公司决定发放非货币性福利时，应作如下账务处理：

借：生产成本　　192 100
　　管理费用　　33 900
　　贷：应付职工薪酬——非货币性福利　　226 000

购买手机时，甲公司应作如下账务处理：

借：库存商品	200 000	
应交税费—应交增值税（进项税额）	26 000	
贷：银行存款		226 000
借：应付职工薪酬——非货币性福利	226 000	
贷：库存商品		200 000
应交税费——应交增值税（进项税额转出）		26 000

（二）将拥有的房屋等资产无偿提供给职工使用或租赁住房等资产供职工无偿使用

（1）将企业拥有的房屋等资产无偿提供给职工使用，根据受益对象处理：

借：管理费用等

　贷：应付职工薪酬——非货币性福利

借：应付职工薪酬——非货币性福利

　贷：累计折旧

（2）将租赁住房等资产供职工无偿使用，根据受益对象处理：

借：管理费用等

　贷：应付职工薪酬——非货币性福利

借：应付职工薪酬——非货币性福利

　贷：其他应付款

【例题 24-6·计算题】 公司决定为企业的部门经理每人租赁住房一套，并提供轿车一辆免费使用，轿车的月折旧总额为 1.8 万元，外租住房的月租金总额为 3.5 万元。

乙公司对该非货币性福利的会计处理如下：

（1）计提轿车折旧时：

借：管理费用	18 000	
贷：应付职工薪酬——非货币性福利		18 000
借：应付职工薪酬——非货币性福利	18 000	
贷：累计折旧		18 000

（2）确认租金费用时：

借：管理费用	35 000	
贷：应付职工薪酬——非货币性福利		35 000
借：应付职工薪酬——非货币性福利	35 000	
贷：银行存款		35 000

（三）向职工提供企业支付了补贴的商品或服务（以提供包含补贴的住房为例）

（1）如果出售住房的合同或协议中规定了职工在购得住房后至少应当提供服务的年限，且如果职工提前离开则应退回部分差价，企业应当将该项差额作为长期待摊费用处理，并在合同或协议规定的服务年限内平均摊销，根据受益对象分别计入相关资产成本或当期损益（见表24－3）。

表24－3　向职工提供企业支付了补贴的商品的会计处理

购入住房时	借：固定资产 　贷：银行存款
出售时	借：银行存款 　长期待摊费用 　贷：固定资产
摊销时	借：管理费用等 　贷：应付职工薪酬——非货币性福利 借：应付职工薪酬——非货币性福利 　贷：长期待摊费用

（2）如果出售住房的合同或协议中未规定职工在购得住房后必须服务的年限，企业应当将该项差额直接计入出售住房当期相关资产成本或当期损益。

【例题24－7】2015年5月，甲公司购买了100套全新的公寓拟以优惠价格向职工出售，该公司共有100名职工，其中80名为直接生产人员，20名为公司总部管理人员。甲公司拟向直接生产人员出售的住房平均每套购买价为100万元，向职工出售的价格为每套80万元；拟向管理人员出售的住房平均每套购买价为180万元，向职工出售的价格为每套150万元。假定该100名职工均在2015年度中陆续购买了公司出售的住房，售房协议规定，职工在取得住房后必须在公司服务15年。不考虑相关税费。

甲公司出售住房时应做如下账务处理：

借：银行存款　94 000 000
　长期待摊费用　22 000 000
　贷：固定资产　116 000 000

出售住房后的每年，甲公司应当按照直线法在15年内摊销长期待摊费用，并做如下账务处理：

借：生产成本　1 066 667
　管理费用　400 000
　贷：应付职工薪酬——非货币性福利　1 466 667
借：应付职工薪酬——非货币性福利　1 466 667
　贷：长期待摊费用　1 466 667

第三节 离职后福利的确认与计量

离职后福利，是指企业为获得职工提供的服务而在职工退休或与企业解除劳动关系后，提供的各种形式的报酬和福利，短期薪酬和辞退福利除外。离职后福利包括退休福利（如养老金和一次性的退休支付）及其他离职后福利。

离职后福利计划，是指企业与职工就离职后福利达成的协议或者企业为向职工提供离职后福利制定的规章或办法等，企业应当将离职后福利计划分类为设定提存计划和设定受益计划两种类型。

一、设定提存计划

设定提存计划，是指向独立的基金缴存固定费用后，企业不再承担进一步支付义务的离职后福利计划。

企业应在资产负债表日确认为换取职工在会计期间内为企业提供的服务而应付给设定提存计划的提存金，并作为一项费用计入当期损益或相关资产成本。

借：管理费用等

　　贷：应付职工薪酬

借：应付职工薪酬

　　贷：银行存款

【例题 24－8】甲企业为管理人员设立了一项企业年金：每月该企业按照每个管理人员工资的5%向独立于甲企业的年金基金缴存企业年金，年金基金将其计入该管理人员个人账户并负责资金的运作。该管理人员退休时可以一次性获得其个人账户的累积额，包括公司历年来的缴存额以及相应的投资收益。公司除了按照约定向年金基金缴存之外不再负有其他义务，既不享有缴存资金产生的收益，也不承担投资风险。因此，该福利计划为设定提存计划。2015 年，按照计划安排，该企业向年金基金缴存的金额为 1 000 万元。账务处理如下：

借：管理费用	10 000 000	
贷：应付职工薪酬		10 000 000
借：应付职工薪酬	10 000 000	
贷：银行存款		10 000 000

二、设定受益计划

设定受益计划是指除设定提存计划以外的离职后福利计划。

【提示】在设定提存计划下，风险实质上要由职工来承担。在设定受益计划下，风险实质上由企业来承担。

设定受益计划的核算涉及四个步骤：

步骤一：确定设定受益义务现值和当期服务成本。
步骤二：确定设定受益计划净负债或净资产。
步骤三：确定应当计入当期损益的金额。
步骤四：确定应当计入其他综合收益的金额。

下面详细讲述设定受益计划的核算

步骤一：确定设定受益义务现值和当期服务成本。

（1）确认退休时点的现值。

（2）将该现值分配到服务期间的每一期，算出归属于当期的受益义务的现值为当期服务成本。

（3）将本期服务成本 + 上期期末的服务成本 + 按上期期末服务成本确定的利息费用 = 本期期末服务成本。

（4）将当期服务成本借记“管理费用”，贷记“应付职工薪酬”。将确定的利息费用借记“财务费用”，贷记“应付职工薪酬”。

企业应当通过下列两步确定设定受益义务现值和当期服务成本。

（1）根据预期累计福利单位法，采用无偏且相互一致的精算假设对有关人口统计变量（如职工离职率和死亡率）和财务变量（如未来薪金和医疗费用的增加）等作出估计，计量设定受益计划所产生的义务，并确定相关义务的归属期间。

（2）根据资产负债表日与设定受益计划义务期限和币种相匹配的国债或活跃市场上的高质量公司债券的市场收益率确定折现率，将设定受益计划所产生的义务予以折现，以确定设定受益计划义务的现值和当期服务成本。

设定受益义务的现值，是指企业在不扣除任何计划资产的情况下，为履行当期和以前期间职工服务产生的义务所需的预期未来支付额的现值。

当期服务成本，是指职工当期提供服务所导致的设定受益计划义务现值的增加额。

【例题 24－9】甲企业在 2014 年 1 月 1 日建立一项福利计划向其未来退休的管理员工提供退休补贴，退休补贴根据工龄有不同的层次，该计划于当日开始实施。该福利计划为一项设定受益计划。假设管理人员退休时企业将每年向其支付退休补贴直至其去世，通常企业应当根据生命周期表对死亡率进行精算（为阐述方便，本例中测算表格中的演算，忽略死亡率），并考虑退休补贴的增长率等因素，将退休后补贴折现到退休时点，然后按照预期累计福利单位法在职工的服务期间进行分配。

假设一位 55 岁管理人员于 2014 年年初入职，年折现率为 10%，预计该职工将在服务 5 年后即 2019 年年初退休。下表列示了企业如何按照预期累计福利单位法确定其设定受益义务现值和当期服务成本，假定精算假设不变。

单位：元

	2014年	2015年	2016年	2017年	2018年
福利归属于以前年度	0	1 310	2 620	3 930	5 240
福利归属于当年	1 310	1 310	1 310	1 310	1 310
当年和以前年度	1 310	2 620	3 930	5 240	6 550
期初义务	0	895	1 968.5	3 248.5	4 764.5
利率为10%的利息	0	89.5 = 895 × 10%	197 = 1 968.5 × 10%	325 = 3 248.5 × 10%	476.5 = 4 764.5 × 10%
当期服务成本	$895 = 1\ 310/(1+10\%)^4$	$984 = 1\ 310/(1+10\%)^3$	$1\ 083 = 1\ 310/(1+10\%)^2$	$1\ 191 = 1\ 310/(1+10\%)$	1 310
期末义务	895	1 968.5 = 895 + 89.5 + 984	3 248.5 = 1 968.5 + 197 + 1 083	4 764.5 = 3 248.5 + 325 + 1 191	6 550.5 = 4 764.5 + 476 + 1 310

注：（1）期初义务是归属于以前年度的设定受益义务的现值。（2）当期服务成本是归属于当年的设定受益义务的现值。（3）期末义务是归属于当年和以前年度的设定受益义务的现值。

本例中，假设该职工退休后直至去世前企业将为其支付的累计退休福利在其退休时点的折现额约为6 550元，则该管理人员为企业服务的5年中每年所赚取的当期福利为这一金额的1/5即1 310元。当期服务成本即为归属于当年福利的现值。因此，在2014年，当期服务成本为1 310/1.4641。其他各年以此类推。

2014年末，企业对该管理人员的会计处理如下：

借：管理费用（当期服务成本）　　895

　　贷：应付职工薪酬　　895

同理，2015年年末，企业对该管理人员的会计处理如下：

借：管理费用（当期服务成本）　　984

　　贷：应付职工薪酬　　984

借：财务费用　　89.5

　　贷：应付职工薪酬　　89.5

以后各年，以此类推。

【例题24-10】假设甲企业在2014年1月1日设立了一项设定受益计划，并于当日开始实施。该设定受益计划具体规定如下：

(1) 甲企业向所有在职员工提供统筹外补充退休金，这些职工在退休后每年可以额外获得12万元退休金，直至去世。

(2) 职工获得该额外退休金基于自该计划开始日期为公司提供的服务，而且应当自该设定受益计划开始日起一直为公司服务至退休。为简化起见，假定符合计划的职工为100人，当前平均年龄为40岁，退休年龄为60岁，还可以为公司服务20年。假定在退休前无人离职，退休后平均剩余寿命为15年。假定适用的折现率为10%，并且假定不考虑未来通货膨胀影响等其他因素。

计算设定受益计划义务及其现值如表1所示。计算职工服务期间每期服务成本如表2所示。

表1　　计算设定受益计划义务及其现值　　单位：万元

	退休后第1年	退休后第2年	退休后第3年	退休后第4年	……	退休后第14年	退休后第15年
(1) 当年支付	1 200	1 200	1 200	1 200	……	1 200	1 200
(2) 折现率	10%	10%	10%	10%	……	10%	10%
(3) 复利现值系数	0.9091	0.8264	0.7513	0.6830	……	0.2633	0.2394
(4) 退休时点现值=(1)×(3)	1 091	992	902	820	……	316	287
(5) 退休时点现值合计	9 127						

表2　　计算职工服务期间每期服务成本　　单位：万元

服务年份	服务第1年	服务第2年	……	服务第19年	服务第20年
福利归属	……				
——以前年度	0	456.35	……	8 214.3	8 670.65
——当年	456.35	456.35	……	456.35	456.35
——以前年度+当年	456.35	912.7	……	8 670.65	9 127
期初义务	0	74.62	……	6 788.68	7 882.41
利息	0	7.46	……	678.87	788.24
当期服务成本	74.62 *	82.08 **	……	414.86 ***	456.35
期末义务	74.62	164.16		7 882.41	9 127 ****

注：* $74.62=456.35/(1+10\%)^{19}$

** $82.08=456.35/(1+10\%)^{18}$

*** $414.86=456.35/(1+10\%)$

**** 含尾数调整

服务第1年至第20年的账务处理如下：
服务第1年年末，甲公司的账务处理如下：

借：管理费用（或相关资产成本）	746 200	
贷：应付职工薪酬——设定受益计划义务		746 200

服务第2年年末，甲企业的账务处理如下：

借：管理费用（或相关资产成本）	820 800	
贷：应付职工薪酬——设定受益计划义务		820 800
借：财务费用（或相关资产成本）	74 600	
贷：应付职工薪酬——设定受益计划义务		74 600

服务第3年至第20年，以此类推处理。

步骤二：确定设定受益计划净负债或净资产。

设定受益计划义务现值－设定受益计划资产的公允价值>0，差额为净负债；

设定受益计划义务现值－设定受益计划资产的公允价值<0，差额为净资产。

设定受益计划存在资产的，企业应当将设定受益计划义务现值减去设定受益计划资产公允价值所形成的赤字或盈余确认为一项设定受益计划净负债或净资产。

设定受益计划存在盈余的，企业应当以设定受益计划的盈余和资产上限两项的孰低者计量设定受益计划净资产。其中，资产上限，是指企业可从设定受益计划退款或减少未来对设定受益计划缴存资金而获得的经济利益的现值。

计划资产包括长期职工福利基金持有的资产以及符合条件的保险单，不包括企业应付但未付给基金的提存金以及由企业发行并由基金持有的任何不可转换的金融工具。

【例题24－11】承【例题24－10】，假设该企业共有5 000名管理人员，按照预期累计福利单位法计算出上述设定受益计划的总负债为3亿元，若该企业专门购置了国债作为计划资产，这笔国债2015年的公允价值为1亿元，假设该国债仅能用于偿付企业的福利计划负债（除非在支付所有计划负债后尚有盈余），且除福利计划负债以外，该企业的其他债权人不能要求用以偿付其他负债，公司没有最低缴存额的现值，则整个设定受益计划净负债为2亿元。如果该笔国债2016年的公允价值为4亿元，则该项设定受益计划存在盈余为1亿元，假设该企业可从设定受益计划退款或减少未来对该计划缴存资金而获得的经济利益的现值（即资产上限）为1.5亿元，则该项设定受益计划净资产为1亿元。

步骤三：确定应当计入当期损益的金额。

报告期末，企业应当在损益中确认的设定受益计划产生的职工薪酬成本包括：服务成本和设定受益净负债或净资产的利息净额。

服务成本包括当期服务成本、过去服务成本和结算利得或损失。

（1）当期服务成本，是指因职工当期服务导致的设定受益义务现值的增加额。

【例题24－12】承【例题24－9】，当期服务成本如例24－9表中所示，当期服务成本是按照预期累计福利单位法计算出的归属于当年的福利的现值。2015年甲企业对该管理人员的当期服务成本为984元，2016年当期服务成本为1 083元，以后各年以此类推。

（2）过去服务成本，是指设定受益计划修改所导致的与以前期间职工服务相关的设定受益计划义务现值的增加或减少。

过去服务成本不包括下列各项：

①以前假定的薪酬增长金额与实际发生金额之间的差额，对支付以前年度服务产生的福利义务的影响；

②企业对支付养老金增长金额具有推定义务的，对可自行决定养老金增加金额的高估和低估；

③财务报表中已确认的精算利得或计划资产回报导致的福利变化的估计；

④在没有新的福利或福利改进的情况下，职工达到既定要求之后导致既定福利（即并不取决于未来雇佣的福利）的增加。

【例题 24－13】承【例题 24－9】，假设 2015 年年初企业建立这项设定受益计划时该管理人员已经入职一年，企业对管理人员归属于 2014 年度服务的设定受益义务的现值增加，因此企业应当立即在 2015 年初的利润表中确认 895 万元的过去服务成本。

（3）结算利得和损失。企业应当在设定受益计划结算时，确认一项结算利得或损失。

设定受益计划结算利得或损失是下列两项的差额：

①在结算日确定的设定受益计划义务现值。

②结算价格，包括转移的计划资产的公允价值和企业直接发生的与结算相关的支付。

结算是未在计划条款中规定的福利的支付，未纳入精算假设中，因此结算利得或损失应当计入当期损益，而在计划条款中规定的福利的支付（包括可选择福利支付性质的情况）不属于结算，已纳入精算假设中，在支付此类福利时产生利得或损失，则属于精算利得或损失，应作为重新计量的一部分计入其他综合收益。

【例题 24－14】承【例题 24－10】，假设该企业 2017 年因经营困难需要重组，一次性支付给职工退休补贴 2 亿元。重组日的该项设定受益义务总现值为 3 亿元，则结算利得为 1 亿元（等于 3 亿元减去 2 亿元）。

（4）设定受益计划净负债或净资产的利息净额。设定受益计划净负债或净资产的利息净额，是指设定受益净负债或净资产在所处期间由于时间流逝产生的变动。包括计划资产的利息收益、设定受益计划义务的利息费用以及资产上限影响的利息。

【例题 24－15】承【例题 24－10】，假设该企业 2015 年年初有设定受益计划净负债 2 亿元，2015 年年初折现率为 10%，假设没有福利支付和提存金缴存，则其利息费用净额为 2 亿元 ×10%。2016 年年初有设定受益计划净资产 1 亿元，假设 2016 年年初折现率为 10%，则其利息收入净额为 1 亿元 ×10%。

2015 年年末企业应当进行如下会计处理：

借：财务费用	20 000 000	
贷：应付职工薪酬		20 000 000

2016 年年末企业应当进行如下会计处理：

借：应付职工薪酬　　10 000 000

　　贷：财务费用　　10 000 000

步骤四：确定应当计入其他综合收益的金额。

设定受益净负债或净资产的重新计量应当计入其他综合收益，且在后续期间不应重分类计入损益，但是企业可以在权益范围内转移这些在其他综合收益中确认的金额。

重新计量设定受益计划净负债或净资产所产生的变动包括下列部分：

（1）精算利得和损失。

（2）计划资产回报，扣除包含在设定受益净负债或净资产的利息净额中的金额。

（3）资产上限影响的变动，扣除包括在设定受益计划净负债或净资产的利息净额中的金额。

【提示】注意区分应当计入当期损益的金额和应当计入其他综合收益的金额

（1）计入当期损益金额包括：①当期服务成本；②过去服务成本；③结算利得和损失；④设定受益计划净负债或净资产的利息净额。

（2）计入其他综合收益的金额包括：①精算利得和损失；②计划资产回报，扣除包括在设定受益净负债或净资产的利息净额中的金额；③资产上限影响的变动，扣除包括在设定受益计划净负债或净资产的利息净额中的金额。

【例题 24－16】承【例题 24－10】，假设 2015 年年末甲企业进行精算重估的时候发现折现率已经变为 8%，假设不考虑计划资产回报和资产上限影响的变动，假设甲企业由于折现率变动导致重新计量设定受益计划净负债的增加额共计 500 万元。则 2015 年年末甲企业应当进行如下会计处理：

借：其他综合收益——设定受益计划净负债重新计量——精算损失

　　5 000 000

　　贷：应付职工薪酬——设定受益计划义务　　5 000 000

以后各年，以此类推。

【例题 24－17·单选题】下列各项有关职工薪酬的会计处理中，正确的是（　　）。（2015 年）

A. 与设定受益计划相关的当期服务成本应计入当期损益

B. 与设定受益计划负债相关的利息费用应计入其他综合收益

C. 与设定受益计划相关的过去服务成本应计入期初留存收益

D. 因重新计量设定受益计划净负债产生的精算损失应计入当期损益

【答案】A

【解析】选项 B，应该计入当期损益；选项 C，应该计入当期成本或损益；选项 D，应该计入其他综合收益。

第四节　辞退福利的确认与计量

辞退福利，是指企业在职工劳动合同到期之前解除与职工的劳动关系，或者为鼓励职工自愿接受裁减而给予职工的补偿。

辞退福利包括两方面的内容：**一是在职工劳动合同尚未到期前，不论职工本人是否愿意，企业决定解除与职工的劳动关系而给予的补偿；二是在职工劳动合同尚未到期前，为鼓励职工自愿接受裁减而给予的补偿，职工有权利选择继续在职或接受补偿离职**。辞退福利还包括当公司控制权发生变动时，对辞退的管理层人员进行补偿的情况。

> 【注意】
>
> （1）将辞退福利与正常退休养老金区分开。
>
> （2）对于职工虽然没有与企业解除劳动合同，但未来不再为企业提供服务，不能为企业带来经济利益，企业承诺提供实质上具有辞退福利性质的经济补偿，比照辞退福利处理。

企业向职工提供辞退福利的，应当在以下两者孰早日确认辞退福利产生的职工薪酬负债，并计入当期损益：

（1）企业不能单方面撤回解除劳动关系计划或裁减建议所提供的辞退福利时。

（2）企业确认涉及支付辞退福利的重组相关的成本或费用时。

同时存在下列情况时，表明企业承担了重组义务：

①有详细、正式的重组计划，包括重组涉及的业务、主要地点、需要补偿的员工人数及其岗位性质、预计重组支出、计划实施时间等；

②该重组计划已对外公告。

在确认辞退福利时，需要注意以下两个方面：

第一，对于分期或分阶段实施的解除劳动关系计划或自愿裁减建议，企业应当将整个计划看作是由各单项解除劳动关系计划或自愿裁减建议组成，在每期或每阶段计划符合预计负债确认条件时，将该期或该阶段计划中由提供辞退福利产生的预计负债予以确认，计入该部分计划满足预计负债确认条件的当期管理费用，不能等全部计划都符合确认条件时再予以确认。

第二，对于企业实施的职工内部退休计划，由于这部分职工不再为企业带来经济利益，企业**应当比照辞退福利处理**。

辞退福利的计量因辞退计划中职工有无选择权而有所不同：

第一，对于职工没有选择权的辞退计划，应当根据计划条款规定拟解除劳动关系的职工数量、每一职位的辞退补偿等计提应付职工薪酬。

第二，对于自愿接受裁减的建议，因接受裁减的职工数量不确定，企业应当根据《企业会计准则第 13 号——或有事项》规定，**预计将会**接受裁减建议的职工数量，根据预计的职工数量和每一职位的辞退补偿等计提应付职工薪酬。

第三，企业应当按照辞退计划条款的规定，合理预计并确认辞退福利产生的应付职工薪酬。辞退福利预期在其确认的年度报告期间期末后 12 个月内完全支付的，应当适用短期薪酬的相关规定。

第四，对于辞退福利预期在年度报告期间期末后 12 个月内不能完全支付的，应当适用本准则关于其他长期职工福利的有关规定。即实质性辞退工作在一年内实施完毕但补偿款项超过一年支付的辞退计划，企业应当选择恰当的折现率，以折现后的金额计量应计入当期损益的辞退福利金额。

由于被辞退的职工不再为企业带来未来经济利益，因此，对于所有辞退福利，均应当于辞退计划满足负债确认条件的当期一次计入费用（12 个月内支付），不计入资产成本。

借：管理费用

　　贷：应付职工薪酬

【例题 24－18】 甲公司为一家空调制造企业，2015 年 9 月，为了能够在下一年度顺利实施转产，甲公司管理层制订了一项辞退计划。计划规定：自 2016 年 1 月 1 日起，企业将以职工自愿方式，辞退其柜式空调生产车间的职工。辞退计划的详细内容，包括拟辞退的职工所在部门、数量、各级别职工能够获得的补偿以及计划大体实施的时间等均已与职工沟通，并达成一致意见，辞退计划已于当年 12 月 10 日经董事会正式批准，辞退计划将于下一个年度内实施完毕。该项辞退计划的详细内容如表 1 所示。

表 1

单位：万元

所属部门	职位	辞退数量（人）	工龄（年）	每人补偿
空调车间	车间主任 副主任	10	1～10	10
			10～20	20
			20～30	30
空调车间	高级技工	50	1～10	8
			10～20	18
			20～30	28
	一般技工	100	1～10	5
			10～20	15
			20～30	25
合计		160		

2015 年 12 月 31 日，企业预计各级别职工拟接受辞退职工数量的最佳估计数（最可能发生数）及其应支付的补偿如表 2 所示。

表 2 单位：万元

所属部门	职位	辞退数量（人）	工龄（年）	接受数量（人）	每人补偿额	补偿金额
空调车间	车间主任副主任	10	1～10	5	10	50
			10～20	2	20	40
			20～30	1	30	30
	高级技工	50	1～10	20	8	160
			10～20	10	18	180
			20～30	5	28	140
	一般技工	100	1～10	50	5	250
			10～20	20	15	300
			20～30	10	25	250
合计		160		123		1 400

按照《企业会计准则第 13 号——或有事项》有关计算最佳估计数的方法，预计接受辞退的职工数量可以根据最可能发生的数量确定。根据表 2，愿意接受辞退职工的最可能数量为 123 名，预计补偿总额为 1 400 万元，则企业在 2015 年（辞退计划是 2015 年 12 月 10 日由董事会批准）应做如下账务处理：

借：管理费用 14 000 000

　　贷：应付职工薪酬——辞退福利 14 000 000

第五节　其他长期职工福利的确认与计量

其他长期职工福利，指除短期薪酬、离职后福利和辞退福利以外的其他所有职工福利。其他长期职工福利包括以下各项（假设预计在职工提供相关服务的年度报告期末以后 12 个月内不会全部结算）：长期带薪缺勤，如其他长期服务福利、长期残疾福利、长期利润分享计划和长期奖金计划，以及递延酬劳等。

企业向职工提供的其他长期职工福利，符合设定提存计划条件的，应当按照设定提存计划的有关规定进行会计处理。符合设定受益计划条件的，企业应当按照设定受益计划的有关规定，确认和计量其他长期职工福利净负债或净资产。在报告期末，企业应当将其他长期职工福利产生的职工薪酬成本确认为下列组成部分：

（1）服务成本。

（2）其他长期职工福利净负债或净资产的利息净额。

（3）重新计量其他长期职工福利净负债或净资产所产生的变动。

为了简化相关会计处理，上述项目的总净额应计入当期损益或相关资产成本。

其他长期职工福利的核算步骤：

步骤一：确定设定受益义务的现值和当期服务成本。

步骤二：确定设定受益计划净负债或净资产。

步骤三：确定应当计入当期损益的金额。

步骤四：确定重新计量设定受益计划净负债或净资产所产生的变动。

【例题24－19·计算题】2015年年初甲企业为其管理人员设立了一项递延奖金计划：将当年利润的5%提成作为奖金，但要两年后即2016年年末才向仍然在职的员工分发。假设2015年当年利润为1亿元，且该计划条款中明确规定：员工必须在这两年内持续为公司服务，如果提前离开将拿不到奖金。具体会计处理如下：

步骤一：确定设定受益计划义务的现值和当期服务成本。

假设不考虑死亡率和离职率等因素，2015年年初预计两年后企业为此计划的现金流支出为500万元，按照预期累计福利单位法归属于2015年的福利为500/2＝250（万元），选取同时期同币种的国债收益率作为折现率（5%）进行折现，则2015年的当期服务成本为250/(1＋5%)＝2 380 952（元）。假定2015年年末折现率变为3%，则2×15年末的设定受益义务现值即设定受益计划负债为250/(1＋3%)＝2 427 184（元）。

步骤二：确定设定受益计划净负债或净资产。

核实设定受益计划有无计划资产，假设在本例中，该项设定受益计划没有计划资产，2015年年末的设定受益计划净负债即设定受益计划负债为2 427 184元。

步骤三：确定应当计入当期损益的金额。

如步骤一所示，本例中发生利润从而导致负债的当年，即2015年的当期服务成本为2 380 952元。由于期初负债为0，2015年年末，设定受益计划净负债的利息费用为0。

步骤四：确定重新计量设定受益计划净负债或净资产所产生的变动。

变动包括精算利得或损失、计划资产回报和资产上限影响的变动三个部分，计入当期损益。由于假设本例中没有计划资产，因此重新计量设定受益计划净负债或净资产所产生的变动仅包括精算利得或损失。

由步骤一可知，2015年年末的精算损失为46 232元。

2015年年末，上述递延奖金计划的会计处理为：

借：管理费用——当期服务成本	2 380 952	
——精算损失	46 232	
贷：应付职工薪酬——递延奖金计划		2 427 184

同理，2016年年末，假设折现率仍为3%，甲企业当期服务成本为250万元，设定受益计划净负债的利息费用＝2 427 184×3%＝72 816（元）。则甲企业2016年年末的会计处理为：

借：管理费用	2 500 000	
财务费用	72 816	
贷：应付职工薪酬——递延奖金计划		2 572 816

实际支付该项递延奖金时，会计处理为：

借：应付职工薪酬——递延奖金计划	5 000 000	
贷：银行存款		5 000 000

第二十四章　应付职工薪酬

彬哥跟你说：

本章也算是考试必考章节吧！但是难度不大。

我要特别提醒的是，“设定受益计划”这个知识点是真的有难度，当然你可以尝试搞懂，但是如果你时间不足够了，可以先把这个知识点跳过，只需要知道精算损失这一块是记入到哪一个科目，其他的呢，先标记清楚，待你学完了再回来攻破。

今日复习步骤：

第一遍：回忆 & 重新复习一遍框架（10 分钟）

学习要求：这一遍的目的是自己重新找一遍框架，不需要掌握所有细节，但求框架了然于心。

第二遍：对细节进一步掌握（40 分钟）

（1）短期薪酬具体分为哪些，每一项如何进行会计处理，考点有哪些？

（2）离职后福利分为哪几类，每一类如何进行会计处理，考点有哪些？

（3）辞退福利如何确定？

（4）其他长期职工福利考点有哪些？

第三遍：重新复习一遍框架（5 分钟）

我问你答：

（1）货币性短期薪酬如何处理？

（2）带薪缺勤分为累积和非累积带薪缺勤，这两类处理有什么区别？

（3）短期利润分享计划如何处理？

（4）非货币性福利分为哪几类？每一类如何处理？相应会计分录如何写？

（5）离职后福利中，设定提存计划如何处理？

（6）离职后福利中，设定受益计划有几个步骤，每个步骤具体内容是什么，如何处理？

（7）辞退福利何时确认？内部退休计划如何处理？

本章作业：

（1）请把讲义例题做三遍（做错的题目，请分析错误原因并记录到改错本）。

（2）请复习完口述一遍框架，睡前请再回忆一遍框架。

（3）第二天早上，请再回忆一遍框架，对于回忆不起来的内容，请翻书看一遍。

第二十五章　每股收益

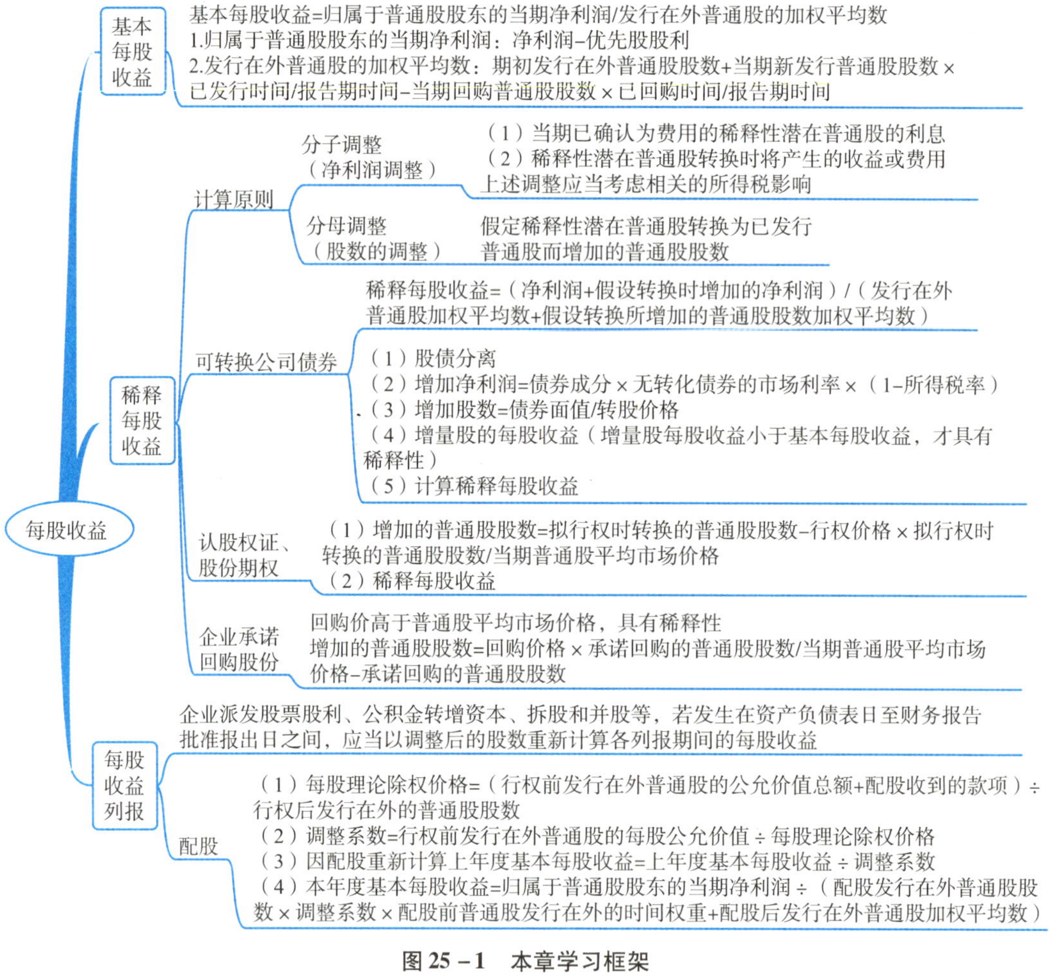
每股收益
基本每股收益
基本每股收益=归属于普通股股东的当期净利润/发行在外普通股的加权平均数
1.归属于普通股股东的当期净利润：净利润–优先股股利
2.发行在外普通股的加权平均数：期初发行在外普通股股数+当期新发行普通股股数×已发行时间/报告期时间–当期回购普通股股数×已回购时间/报告期时间
稀释每股收益
计算原则
分子调整（净利润调整）
（1）当期已确认为费用的稀释性潜在普通股的利息
（2）稀释性潜在普通股转换时将产生的收益或费用
上述调整应当考虑相关的所得税影响
分母调整（股数的调整）
假定稀释性潜在普通股转换为已发行普通股而增加的普通股股数
可转换公司债券
稀释每股收益=（净利润+假设转换时增加的净利润）/（发行在外普通股加权平均数+假设转换所增加的普通股股数加权平均数）
（1）股债分离
（2）增加净利润=债券成分×无转化债券的市场利率×（1–所得税率）
（3）增加股数=债券面值/转股价格
（4）增量股的每股收益（增量股每股收益小于基本每股收益，才具有稀释性）
（5）计算稀释每股收益
认股权证、股份期权
（1）增加的普通股股数=拟行权时转换的普通股股数–行权价格×拟行权时转换的普通股股数/当期普通股平均市场价格
（2）稀释每股收益
企业承诺回购股份
回购价高于普通股平均市场价格，具有稀释性
增加的普通股股数=回购价格×承诺回购的普通股股数/当期普通股平均市场价格–承诺回购的普通股股数
每股收益列报
企业派发股票股利、公积金转增资本、拆股和并股等，若发生在资产负债表日至财务报告批准报出日之间，应当以调整后的股数重新计算各列报期间的每股收益
配股
（1）每股理论除权价格=（行权前发行在外普通股的公允价值总额+配股收到的款项）÷行权后发行在外的普通股股数
（2）调整系数=行权前发行在外普通股的每股公允价值÷每股理论除权价格
（3）因配股重新计算上年度基本每股收益=上年度基本每股收益÷调整系数
（4）本年度基本每股收益=归属于普通股股东的当期净利润÷（配股发行在外普通股股数×调整系数×配股前普通股发行在外的时间权重+配股后发行在外普通股加权平均数）

图 25－1　本章学习框架

第一节　每股收益概述

每股收益是指普通股股东每持有一股普通股所能享有的企业净利润或需承担的企业净亏损。

每股收益包括基本每股收益和稀释每股收益两类。

第二节　基本每股收益

基本每股收益＝归属于普通股股东的当期净利润/发行在外普通股的加权平均数

（1）归属于普通股股东的当期净利润：净利润－优先股股利。

（2）发行在外普通股的加权平均数：以时间为标准进行加权。

发行在外普通股加权平均数＝期初发行在外普通股股数＋当期新发行普通股股数×已发行时间/报告期时间－当期回购普通股股数×已回购时间/报告期时间

【例题25－1·计算题】 某公司2017年期初发行在外的普通股为30 000万股；4月30日新发行普通股16 200万股；12月1日回购普通股7 200万股以备将来奖励职工之用。该公司当年度实现净利润为16 250万元。假定该公司按月数计算每股收益的时间权重。2017年度基本每股收益计算如下：

发行在外普通股加权平均数＝30 000×12÷12＋16 200×8÷12－7 200×1÷12＝40 200（万股）

或者：

发行在外普通股加权平均数＝30 000×4÷12＋46 200×7÷12＋39 000×1÷12＝40 200（万股）

基本每股收益＝16 250÷40 200＝0.4（元/股）

【例题25－2·单选题】 甲公司为境内上市公司。2017年度，甲公司涉及普通股股数的有关交易或事项如下：（1）年初发行在外普通股25 000万股；（2）3月1日发行普通股2 000万股；（3）5月5日，回购普通股800万股；（4）5月30日注销库存股800万股。下列各项中，不会影响甲公司2017年度基本每股收益金额的是（　　）。（2017年）

A. 当年发行的普通股股数　　B. 当年注销的库存股股数

C. 当年回购的普通股股数　　D. 年初发行在外的普通股股数

【答案】 B

【解析】 选项B，由于在回购时已经减少了股数，影响了基本每股收益，因此注销的时候不再影响基本每股收益。

第三节　稀释每股收益

我们在财务报告中，不仅要计算基本每股收益，还要计算稀释每股收益。

一、基本计算原则

稀释每股收益是以基本每股收益为基础，假设企业所有发行在外的稀释性潜在普通股均已转换为普通股，从而分别调整归属于普通股股东的当期净利润以及发行在外普通股的加权平均数计算而得的每股收益。

（一）稀释性潜在普通股

目前，我国企业发行的潜在普通股主要有**可转换公司债券、认股权证、股份期权**等。

需要特别说明的是，潜在普通股是否具有稀释性的判断标准是看其对持续经营每股收益的影响；也就是说，假定潜在普通股当期转换为普通股，如果会减少持续经营每股收益或增加持续经营每股亏损，表明具有稀释性，否则，具有反稀释性。**根据会计的谨慎性原则，我们只用考虑具有稀释性潜在普通股的影响，而不考虑不具有稀释性潜在普通股的影响。**

（二）分子的调整

计算稀释每股收益时，应当根据下列事项对归属于普通股股东的当期净利润进行调整：

（1）当期已确认为费用的稀释性潜在普通股的利息；

（2）稀释性潜在普通股转换时将产生的收益或费用。

上述调整应当考虑相关的所得税影响。

（三）分母的调整

计算稀释每股收益时，当期发行在外普通股的加权平均数应当为计算基本每股收益时普通股的加权平均数与假定稀释性潜在普通股转换为已发行普通股而增加的普通股股数的加权平均数之和。

计算稀释性潜在普通股转换为已发行普通股而增加的普通股股数的加权平均数时，以前期间发行的稀释性潜在普通股，应当**假设在当期期初转换为普通股**；当期发行的稀释性潜在普通股，应当**假设在发行日转换**为普通股。

需要注意的是，这些稀释性的潜在普通股是假设在发行日就转换为普通股，因此在计算的时候要注意发行的时间，在计算的时候需要加权！

二、可转换公司债券

稀释每股收益＝（净利润＋假设转换时增加的净利润）/（发行在外普通股加权平均数＋假设转换所增加的普通股股数加权平均数）

【例题25－3】某上市公司2017年归属于普通股股东的净利润为38 200万元，期初发行在外普通股股数20 000万股，年内普通股股数未发生变化。2017年1月1日，公司按面值发行60 000万元的三年期可转换公司债券，债券每张面值100元，票面固定年利率为2%，利息自发行之日起每年支付一次，即每年12月31日为付息日。该批可转换公司债券自发行结束后12个月以后即可转换为公司股票，即转股期为发行12个月后至债券到期日止的期间。转股价格为每股10元，即每100元债券可转换为10股面值为1元的普通股。债券利息不符合资本化条件，直接计入当期损益，所得税税率为25%。

这里要特别强调，假设发行时候直接转换增加的净利润就是当年的利息费用，要注意两个事情：

（1）看见可转换债券，第一条件反射就是将负债成分和权益成分进行分离，而影响净利润的是财务费用，也即负债的价值与实际利率的乘积。

（2）一定要注意所得税的影响，因为利息可以抵税。

假设不具备转换选择权的类似债券的市场利率为3%。公司在对该批可转换公司债券初始确认时，根据《企业会计准则第37号——金融工具列报》的有关规定将负债和权益成分进行了分拆。2017年度稀释每股收益计算如下：

基本每股收益＝38 200÷20 000＝1.91（元/股）

每年支付利息＝60 000×2%＝1 200（万元）

负债成分公允价值＝1 200÷(1＋3%)＋1 200÷$(1+3\%)^2$＋61 200÷$(1+3\%)^3$＝58 302.83（万元）

权益成分公允价值＝60 000－58 302.83＝1 697.17（万元）

假设转换所增加的净利润＝58 302.83×3%×(1－25%)＝1 311.81（万元）

假设转换所增加的普通股股数＝60 000÷10＝6 000（万股）

增量股的每股收益＝1 311.81÷6 000＝0.22（元/股）

增量股的每股收益小于基本每股收益，可转换公司债券具有稀释作用。

稀释每股收益＝(38 200＋1 311.81)÷(20 000＋6 000)＝1.52（元/股）

三、认股权证、股份期权

对于盈利企业认股权证和股份期权等的行权价格低于当期普通股平均市场价格时，应当考虑其稀释性。

增加的普通股股数＝拟行权时转换的普通股股数－行权价格×拟行权时转换的普通股股数/当期普通股平均市场价格

简单理解：假设行权时收到的现金直接去市场回购股票，回购的股票数量低于行权增加的股票，这就是平白无故增加的股数，导致了每股收益的稀释。

【例题25－4·计算题】某公司2017年度归属于普通股股东的净利润为2 750万元，发行在外普通股加权平均数为5 000万股，该普通股平均每股市场价格为8元。2017年1月1日，该公司对外发行1 000万份认股权证，行权日为2018年3月1日，每份认股权证可以在行权日以7元的价格认购本公司1股新发的股份。

该公司2017年度每股收益计算如下：

基本每股收益＝2 750÷5 000＝0.55（元/股）

调整增加的普通股股数＝1 000－1 000×7÷8＝125（万股）

稀释每股收益＝2 750÷(5 000＋125)＝0.54（元/股）

四、限制性股票

（一）等待期内基本每股收益的计算

限制性股票由于未来可能被回购，性质上属于或有可发行股票，因此在计算基本每股收益时不应当包括在内。上市公司在等待期内基本每股收益的计算，应视其发放的现金股利是否可撤销采取不同的方法（见表25－1）。

表25－1　　等待期内基本每股收益的计算

现金股利可撤销	等待期内计算基本每股收益时，分子应扣除当期分配给预计未来可解锁限制性股票持有者的现金股利；分母不应包含限制性股票的股数。
现金股利不可撤销	由于不管解锁与否，已分配的现金股利都无须退回，表明在分配利润时这些股票享有了与普通股相同的权利，因此，属于同普通股股东一起参加剩余利润分配的其他权益工具。等待期内计算基本每股收益时，分子应扣除归属于预计未来可解锁限制性股票持有者的净利润；分母不应包含限制性股票的股数。

（二）等待期内稀释每股收益的计算

上市公司在等待期内稀释每股收益的计算，应视解锁条件不同采取不同的方法（见表25－2）。

表25－2

解锁条件仅为服务期限条件的	（1）公司应假设资产负债表日尚未解锁的限制性股票已于当期期初（或晚于期初的授予日）全部解锁，并参照股份期权的有关规定考虑限制性股票的稀释性。 （2）行权价格低于公司当期普通股平均市场价格时，应当考虑其稀释性，计算稀释每股收益。其中行权价格为限制性股票的发行价格加上资产负债表日尚未取得的职工服务的公允价值。 公式为： 行权价格＝限制性股票的发行价格＋资产负债表日尚未取得的职工服务的公允价值 稀释每股收益＝当期净利润÷（普通股加权平均数＋调整增加的普通股加权平均数） ＝当期净利润÷［普通股加权平均数＋（限制性股票股数－行权价格×限制性股票股数÷当期普通股平均市场价格）］ 需要注意的是，限制性股票这里也需要考虑时间权数。
解锁条件包含业绩条件的	这时公司需要作出判断，公司应当假设资产负债表日即为解锁日并据以判断资产负债表日的实际业绩情况是否满足解锁条件的业绩要求。若满足，按照上述处理方法进行处理；若不满足，则不用考虑。

【例题25－5·计算题】甲公司为上市公司，采用授予职工限制性股票的形式实施股权激励计划。2015年1月1日，公司以非公开发行的方式向600名管理人员每人授予100股自身股票（每股面值为1元），授予价格为每股8元。当日，600名管理人员出资认购了相关股票，总认购款为480 000元，甲公司履行了相关增资手续。甲公司估计该限制性股票股权激励在授予日的公允价值为每股15元。

激励计划规定，这些管理人员从2015年1月1日起在甲公司连续服务3年的，所授予股票将于2018年1月1日全部解锁；其间离职的，甲公司将按照原授予价格每股8元回购相关股票。2015年1月1日至2018年1月1日期间，所授予股票不得上市流通或转让；激励对象因获授限制性股票而取得的现金股利由公司代管，作为应付股利在解锁时向激励对象支付；对于未能解锁的限制性股票，公司在回购股票时应扣除激励对象已享有的该部分现金分红。

2015 年度，甲公司实现净利润 500 万元，发行在外普通股（不含限制性股票）加权平均数为 200 万股，宣告发放现金股利每股 1 元；甲公司估计三年中离职的管理人员合计为 80 人，当年年末有 30 名管理人员离职。假定甲公司 2015 年度当期普通股平均市场价格为每股 35 元。

基本每股收益 = [5 000 000 - 1 × (600 - 80) × 100] ÷ 2 000 000 = 2.47（元）

行权价格 = 8 + 15 × 2 ÷ 3 = 18（元）

由于行权价格低于当期普通股平均市场价格，因此应当考虑限制性股票的稀释性。

发行在外的限制性股票在 2015 年的加权平均数 = 600 × 100 × (364 ÷ 365) + (600 - 30) × 100 × (1 ÷ 365) = 59 991.78（股）

稀释每股收益 = 5 000 000 ÷ [2 000 000 + (59 991.78 - 18 × 59 991.78 ÷ 35)] = 5 000 000 ÷ 2 029 139 = 2.46（元）

五、企业承诺将回购其股份的合同

对于盈利企业，企业承诺将回购其股份的合同中规定的回购价格高于当期普通股平均市场价格时，应当考虑其稀释性。

增加的普通股股数 = 回购价格 × 承诺回购的普通股股数/当期普通股平均市场价格 - 承诺回购的普通股股数

有同学在纠结，回购股份不是影响基本每股收益吗？为什么这里又影响了稀释每股收益？

因为这里是“承诺将回购其股份”，不是现在立即回购，而是已经作出了承诺以后会回购，所以按照稀释每股收益的定义，这是会影响稀释每股收益的。

【例题 25 - 6】某公司 2017 年度归属于普通股股东的净利润为 400 万元，发行在外普通股加权平均数为 1 000 万股。2017 年 3 月 2 日该公司与股东签订一份远期回购合同，承诺一年后以每股 5.5 元的价格回购其发行在外的 240 万股普通股。假设，该普通股 2017 年 3 月至 12 月平均市场价格为 5 元。

2017 年度每股收益计算如下：

基本每股收益 = 400 ÷ 1 000 = 0.4（元/股）

调整增加的普通股股数 = 240 × 5.5 ÷ 5 - 240 = 24（万股）

稀释每股收益 = 400 ÷ (1 000 + 24 × 10 ÷ 12) = 0.39（元/股）

注意：如果是以市场价格回购股份，则不存在股份稀释性。

【例题 25 - 7 · 单选题】甲公司 2010 年 1 月 1 日发行在外的普通股为 27 000 万股，2010 年度实现归属于普通股股东的净利润为 18 000 万元，普通股平均市价为每股 10 元。2010 年度，甲公司发生的与其权益性工具相关的交易或事项如下：

(1) 4 月 20 日，宣告发放股票股利，以年初发行在外普通股股数为基数每 10 股送 1 股，除权日为 5 月 1 日。

(2) 7月1日，根据经批准的股权激励计划，授予高管人员6 000万份股票期权。每份期权行权时可按4元的价格购买甲公司1股普通股，行权日为2011年8月1日。

(3) 12月1日，甲公司按市价回购普通股6 000万股，以备实施股权激励计划之用。

甲公司2010年度的稀释每股收益是（　　）元/股。

A. 0.55　　B. 0.56　　C. 0.58　　D. 0.62

【答案】 C

【解析】 稀释每股收益 $=18\ 000\div[(27\ 000+27\ 000\div10\times1-6\ 000\times1\div12)+(6\ 000-6\ 000\times4\div10)\times6\div12]=0.58$（元/股）。

六、多项潜在普通股

为了反映潜在普通股最大的稀释作用，稀释性潜在普通股应当按照其稀释程度从大到小的顺序计入稀释每股收益，直至稀释每股收益达到最小值。

七、子公司、合营企业或联营企业发行的潜在普通股

子公司、合营企业、联营企业发行能够转换成其普通股的稀释性潜在普通股，不仅应当包括在其稀释每股收益计算中，而且还应当包括在合并稀释每股收益以及投资者稀释每股收益的计算中。

【例题25-8·计算题】 甲公司2017年度归属于普通股股东的净利润为72 000万元（不包括子公司乙公司利润或乙公司支付的股利）。发行在外普通股加权平均数为60 000万股，持有乙公司70%的普通股权。乙公司2017年度归属于普通股股东的净利润为32 400万元，发行在外的普通股加权平均数为13 500万股，该普通股当年平均市场价格为8元。年初，乙公司对外发行900万份可用于购买其普通股的认股权证，行权价格为4元，甲公司持有其中的18万份认股权证，当年无认股权证被行权。假设除股利外，母子公司之间没有其他需要抵销的内部交易。甲公司取得对乙公司的投资时，乙公司各项可辨认资产等的公允价值与其账面价值一致。2017年每股收益计算如下：

(1) 子公司（乙公司）每股收益：

基本每股收益 $=32\ 400\div13\ 500=2.4$（元/股）

调整增加的普通股股数 $=900-900\times4\div8=450$（万股）

稀释后的每股收益 $=32\ 400\div(13\ 500+450)=2.32$（元）

(2) 合并每股收益：

归属于母公司普通股股东的母公司利润 $=72\ 000$（万元）

包括在合并基本每股收益计算中的子公司净利润部分 $=2.4\times13\ 500\times70\%=22\ 680$（万元）

基本每股收益 $=(72\ 000+22\ 680)\div60\ 000=1.58$（元/股）

子公司净利润中归属于普通股且由母公司享有的部分 $=2.32\times13\ 500\times70\%=21\ 924$（万元）

子公司净利润中归属于认股权证且由母公司享有的部分 = 2.32 × 450 × 18 ÷ 900 = 20.88（万元）

稀释后的每股收益 = (72 000 + 21 924 + 20.88) ÷ 60 000 = 1.57（元/股）

第四节　每股收益的列报

所谓每股收益的列报，跟稀释每股收益是不一样的，列报就是财务报表怎么记录，那么为了可比性等原因，我们在列报的时候可能会对基本每股收益进行一些调整！

特别强调，派发股票股利、公积金转增资本、拆股、并股以及配股，这些都会引起普通股股数的变动，但是这里不管怎么变动，都没有对新股东发行股票，而是在老股东的基础上变化，甚至老股东的份额都有可能不会改变，因此这里不存在加权。比如 6 月 1 日发行股票股利，这里也不需要对新发行的股票股利进行加权处理，因为都是老股东！

一、重新计算

（一）派发股票股利、公积金转增资本、拆股和并股

企业派发股票股利、公积金转增资本、拆股和并股等，会增加或减少其发行在外的普通股或潜在普通股的数量。为了保持前后期可比性，应在相关报批手续全部完成以后，按调整后的股数重新计算各列报期间的每股收益。

上述变化发生于资产负债表日至财务报告批准报出日之间的，应当以调整后的股数重新计算各列报期间的每股收益。

【例题 25－9·计算题】某企业 2016 年和 2017 年归属于普通股股东的净利润分别为 1 596 万元和 1 848 万元，2016 年 1 月 1 日发行在外的普通股 800 万股，2016 年 4 月 1 日按市价新发行普通股 160 万股，2017 年 7 月 1 日分派股票股利，以 2016 年 12 月 31 日总股本 960 万股为基数每 10 股送 3 股，假设不存在其他股数变动因素。2017 年度比较利润表中每股收益的计算如下：

2017 年发行在外的普通股加权平均数 = (800 + 160 + 288) × 12 ÷ 12 = 1 248（万股）

（注意，上面的 288 是派发的股票股利，由于股票都是对老股东进行派发，因此并未加权）

2016 年度发行在外普通股加权平均数 = 800 × 1.3 × 12 ÷ 12 + 160 × 1.3 × 9 ÷ 12 = 1 196（万股）

（注意，之所以把 2016 年的股数乘以 1.3，是因为 2017 年分派了股票股利，如果 2016 年不重新计算，会给人造成 2017 年的每股收益突然下降很多的错觉）

2017 年度基本每股收益 = 1 848/1 248 = 1.48（元/股）

2016 年度基本每股收益 = 1 596/1 196 = 1.33（元/股）

（二）配股

配股是向**全部现有股东以低于当前股票市价的价格**发行普通股，实际上可以理解为按市价发行股票和无对价送股的混合体。列报的处理如下：

（1）每股理论除权价格 =（行权前发行在外普通股的公允价值总额 + 配股收到的款项）÷ 行权后发行在外的普通股股数

（2）调整系数 = 行权前发行在外普通股的每股公允价值 ÷ 每股理论除权价格

（3）因配股重新计算上年度基本每股收益 = 上年度基本每股收益 ÷ 调整系数

（4）本年度基本每股收益 = 归属于普通股股东的当期净利润 ÷（配股前发行在外普通股股数 × 调整系数 × 配股前普通股发行在外的时间权重 + 配股后发行在外普通股加权平均数）

【例题 25－10·计算题】 某企业 2017 年度归属于普通股股东的净利润为 23 500 万元，2017 年 1 月 1 日发行在外普通股股数为 8 000 万股，2017 年 6 月 10 日，该企业发布增资配股公告，向截至 2017 年 6 月 30 日所有登记在册的老股东配股，配股比例为每 4 股配 1 股，配股价格为每股 6 元，除权交易基准日为 2017 年 7 月 1 日。假设行权前一日的市价为每股 11 元，2016 年度基本每股收益为 2.64 元。2017 年度比较利润表中的基本每股收益的计算如下：

每股理论除权价格 =（11 ×8 000 +6 ×2 000）÷（8 000 +2 000）=10（元）

调整系数 =11 ÷10 =1.1

因配股重新计算的 2016 年度基本每股收益 =2.64 ÷1.1 =2.4（元/股）

2017 年度基本每股收益 =23 500/（8 000 ×1.1 ×6 ÷12 +10 000 ×6 ÷12）=2.5（元/股）

需要说明的是，企业存在发行在外的除普通股以外的金融工具的，在计算基本每股收益时，基本每股收益中的分子，即归属于普通股股东的净利润不应包含其他权益工具的股利或利息，其中，对于发行的不可累积优先股等其他权益工具应扣除当期宣告发放的股利，对于发行的累积优先股等其他权益工具，无论当期是否宣告发放股利，均应予以扣除。基本每股收益计算中的分母，为发行在外普通股的加权平均股数。

对于同普通股股东一起参加剩余利润分配的其他权益工具，在计算普通股每股收益时，归属于普通股股东的净利润不应包含根据可参加机制计算的应归属于其他权益工具持有者的净利润。

【例题 25－11·计算题】 甲公司 2017 年度实现净利润为 200 000 万元，发行在外普通股加权平均数为 250 000 万股。2017 年 1 月 1 日，甲公司按票面金额平价发行 600 万股优先股，优先股每股票面金额为 100 元。该批优先股股息不可累积，即当年度未向优先股股东足额派发股息的差额部分，不可累积到下一计息年度。2017 年 12 月 31 日，甲公司宣告并以现金全额发放当年优先股股息，股息率为 6%。根据该优先股合同条款规定，甲公司将该批优先股分类为权益工具，优先股股息不在所得税前列支。

2017 年度基本每股收益计算如下：

归属于普通股股东的净利润 =200 000 －100 ×600 ×6% =196 400（万元）

基本每股收益 = 196 400 ÷ 250 000 = 0.79（元/股）

企业发行的金融工具中包含转股条款的，即存在潜在稀释性的，在计算稀释每股收益时考虑的因素与企业发行可转换公司债券、认股权证相同。

整理来看看基本每股收益、稀释每股收益以及每股收益的列报的内容（见表25-3）。

表25-3　基本每股收益、稀释每股收益、每股收益的列报

基本每股收益	(1) 基本每股收益 = 归属于普通股股东的当期净利润 ÷ 发行在外普通股的加权平均数； (2) 发行在外普通股加权平均数 = 期初发行在外普通股股数 + 当期新发行普通股股数 × 已发行时间/报告期时间 - 当期回购普通股股数 × 已回购时间/报告期时间
稀释每股收益	(1) 可转换债券：稀释每股收益 = (净利润 + 假设转换时增加的净利润)/(发行在外普通股加权平均数 + 假设转换所增加的普通股股数加权平均数)； (2) 认股权证和股份期权：增加的普通股股数 = 拟行权时转换的普通股股数 - 行权价格 × 拟行权时转换的普通股股数 ÷ 当期普通股平均市场价格； (3) 限制性股票： 行权价格 = 限制性股票的发行价格 + 资产负债表日尚未取得的职工服务的公允价值 稀释每股收益 = 当期净利润 ÷ (普通股加权平均数 + 调整增加的普通股加权平均数) = 当期净利润 ÷ [普通股加权平均数 + (限制性股票股数 - 行权价格 × 限制性股票股数 ÷ 当期普通股平均市场价格)] (4) 股份回购：增加的普通股股数 = 回购价格 × 承诺回购的普通股股数/当期普通股平均市场价格 - 承诺回购的普通股股数。 注意，稀释每股收益需要考虑时间加权！
每股收益的列报	(1) 派发股票股利、公积金转增资本、拆股和并股：主要是调整上一年的每股收益的列报。 (2) 配股： ①每股理论除权价格 = (行权前发行在外普通股的公允价值总额 + 配股收到的款项) ÷ 行权后发行在外的普通股股数； ②调整系数 = 行权前发行在外普通股的每股公允价值 ÷ 每股理论除权价格； ③因配股重新计算上年度基本每股收益 = 上年度基本每股收益 ÷ 调整系数； ④本年度基本每股收益 = 归属于普通股股东的当期净利润 ÷ (配股前发行在外普通股股数 × 调整系数 × 配股前普通股发行在外的时间权重 + 配股后发行在外普通股加权平均数)

（三）以前年度损益的追溯调整或追溯重述

按照《企业会计准则第28号——会计政策、会计估计变更和差错更正》的规定对以前年度损益进行追溯调整或追溯重述的，应当重新计算各列报期间的每股收益。

二、列报

企业应当在利润表中单独列示基本每股收益和稀释每股收益。

企业应当在附注中披露与每股收益有关的下列信息：

（1）基本每股收益和稀释每股收益分子、分母的计算过程；

（2）列报期间不具有稀释性但以后期间很可能具有稀释性的潜在普通股。

（3）在资产负债表日至财务报告批准报出日之间，企业发行在外普通股或潜在普通股发生重大变化的情况。

第二十五章　每股收益

彬哥跟你说：

当然，每股收益也是必考点，难度不大。

学到了这里，基本上算是结束了，但是 2018 年又新增了两章，那么近两年肯定是喜欢在后面两章出题，所以你们还是要继续坚持学完后面的内容。

今日复习步骤：

第一遍：回忆 & 重新复习一遍框架（5 分钟）

学习要求：这一遍的目的是自己重新找一遍框架，不需要掌握所有细节，但求框架了然于心。

基本每股收益、稀释每股收益、每股收益列报是什么？

第二遍：对细节进一步掌握（25 分钟）

（1）基本每股收益的考点有哪些？

（2）稀释每股收益的考点有哪些？

（3）每股收益列报考点有哪些？

第三遍：重新复习一遍框架（5 分钟）

我问你答：

（1）基本每股收益如何计算？

（2）哪些属于稀释性潜在普通股？

（3）可转换公司债券、认股权证、股份期权的稀释每股收益如何计算？

（4）限制性股票、承诺回购股份的合同，涉及的稀释每股收益如何计算？

（5）每股收益的列报中，哪些需要重新计算上一年的每股收益？

（6）配股后的每股收益如何计算？

本章作业：

（1）请把讲义例题做三遍（做错的题目，请分析错误原因并记录到改错本）。

（2）请复习完口述一遍框架，睡前请再回忆一遍框架。

（3）第二天早上，请再回忆一遍框架，对于回忆不起来的内容，请翻书看一遍。

第 19 天

复习旧内容：

应付职工薪酬和每股收益

学习新内容：

持有待售的非流动资产、处置组和终止经营；政府及民间非营利组织会计

学习方法：

这两章学习起来可能会遇到一些障碍，那我们按照如下的方法学习：

（1）持有待售的非流动资产、处置组和终止经营侧重于概念的理解，什么是非流动资产，什么是处置组，什么是终止经营，以及处置组的减值该如何处理。那么概念性的东西就是很难理解，当理解不了的时候就看后面的例题，从例题回到概念性的理解。

（2）政府及民间非营利组织会计的内容很多，也是首次纳入注会的教材，主要原因是政府准则的变化导致。对于该章节，分录的处理很多，而且分录的处理会涉及到一些新科目，因此最佳的学习是动笔去写各个分录，无须去死记硬背。

你今天可能有的心态：

应该是有一点点小开心和小幸福了，觉得马上要学完了，但是当你们看到接下来的这么多文字的时候也是崩溃的，不要害怕，考点不多，只是内容多而已。

简单解释今天学习内容：

（1）所谓的持有待售的非流动资产、处置组要注意的有以下几点：

①转为持有待售的时候，如果账面价值高于公允价值减去处置费用的金额，要计入资产减值损失；

②如果未来恢复了净值，可以转回之前计提的资产减值损失。

（2）关于政府及民间非营利组织会计，这里的核心就是财务会计和预算会计的平行记账，财务会计的处理跟前面内容相似，但是预算会计却是第一次接触，主要是以“收付实现制”为基础，也就是有现金流才会有记账，否则不用处理。

可能会遇到的难点：

（1）持有待售处置组中科目繁多，而且有些科目不受本章节规范。

（2）政府会计的预算会计以及新增众多科目需要我们去理解记忆，不要死记硬背。

建议学习时间：

4 个小时

第十篇
特殊事项（五）

第二十六章　持有待售的非流动资产、处置组和终止经营

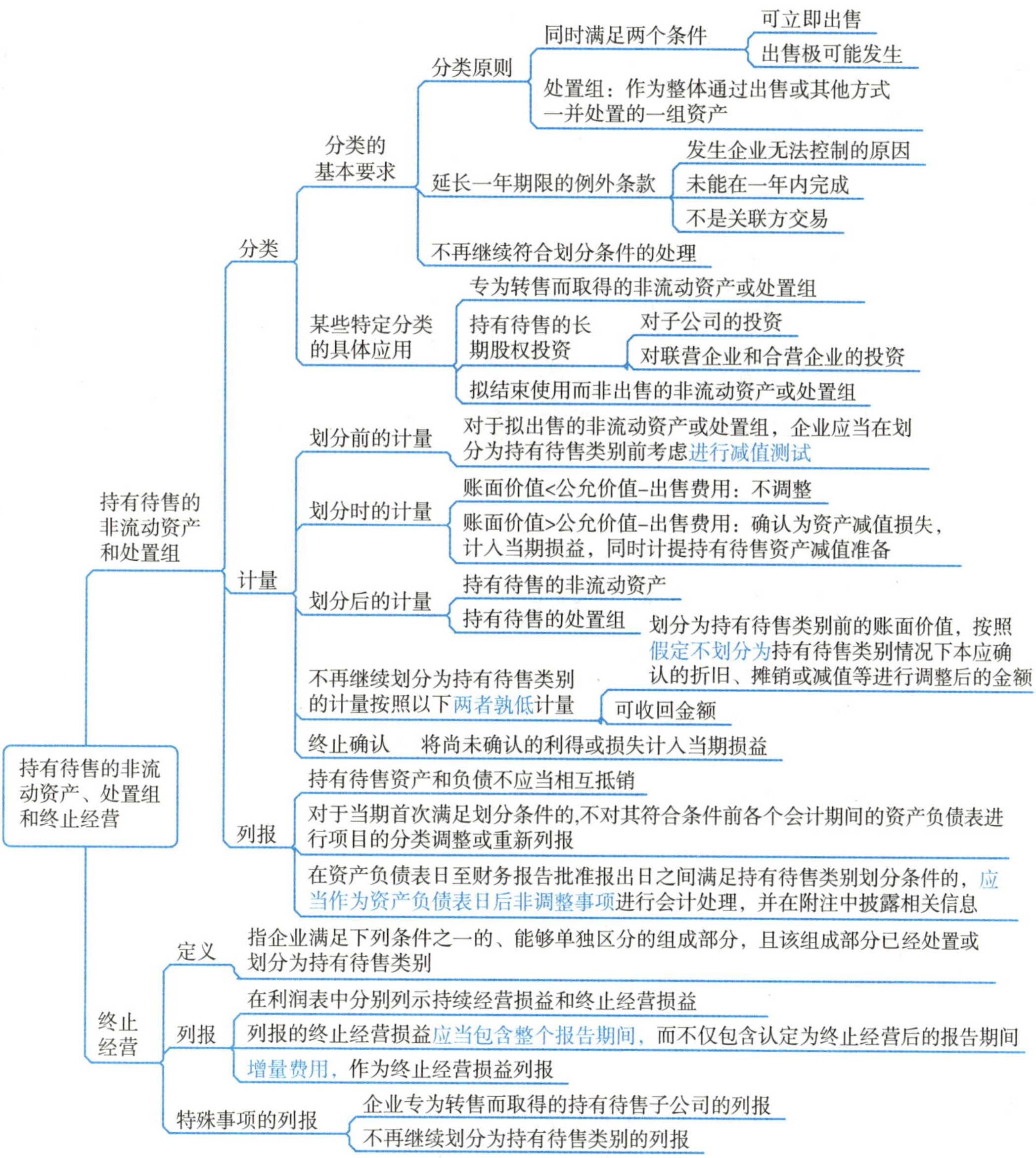

图 26－1　本章学习框架

本章来源于《企业会计准则第 42 号——持有待售的非流动资产、处置组和终止经营》，是 2017 年新发布的准则，所以收录进 2018 年的教材，因此本章也极具可考性。

关于本准则的适用范围，这是我们首先要了解的内容：

本准则的计量规定适用于所有非流动资产，但下列各项的计量适用其他相关会计准则：

（1）采用公允价值模式进行后续计量的投资性房地产，适用《企业会计准则第 3 号——投资性房地产》；

（2）采用公允价值减去出售费用后的净额计量的生物资产，适用《企业会计准则第 5 号——生物资产》；

（3）职工薪酬形成的资产，适用《企业会计准则第 9 号——职工薪酬》；

（4）递延所得税资产，适用《企业会计准则第 18 号——所得税》；

（5）由金融工具相关会计准则规范的金融资产，适用金融工具相关会计准则；

（6）由保险合同相关会计准则规范的保险合同所产生的权利，适用保险合同相关会计准则。

【注意】这段话有这几个需要注意的点：

（1）流动资产不适合本准则。

（2）公允价值模式进行后续计量的投资性房地产不适合，但是成本模式进行后续计量的投资性房地产适合！

（3）采用公允价值减去出售费用后的金额计量的生物资产不适合，其他适合。

（4）递延所得税资产不适合。

（5）金融工具不适合。

第一节　持有待售的非流动资产和处置组

一、持有待售类别的分类

（一）持有待售类别分类的基本要求

1. 分类原则

企业主要通过出售而非持续使用一项非流动资产或处置组收回其账面价值的，应当将其划分为持有待售类别。

处置组，是指在一项交易中作为整体通过出售或其他方式一并处置的一组资产，以及在该交易中转让的与这些资产直接相关的负债。企业合并中取得的商誉应当按照合理的方法分摊至相关的资产组或资产组组合，如果处置组即为该资产组或者包括在该资产组或资产组组合中，处置组也应当包含分摊的商誉。

对于符合持有待售类别划分条件但仍在使用的非流动资产或处置组，由于通过该资产或处置组的使用收回的价值相对于通过出售收回的价值是微不足道的，资产的账面价值仍然主要通过出售收回，因此企业不应当因持有待售的非流动资产或处置组仍在产生零星收入而不将其划分为持有待售类别。

非流动资产或处置组划分为持有待售类别，应当同时满足两个条件：

（1）可立即出售。根据类似交易中出售此类资产或处置组的惯例，在当前状况下即可立即出售。

（2）出售极可能发生。即企业已经就一项出售计划作出决议且获得确定的购买承诺，预计出售将在一年内完成。

2. 延长一年期限的例外条款

有些情况下，由于发生一些企业无法控制的原因，可能导致出售未能在一年内完成。如果涉及的出售是关联方交易，不允许放松一年期限条件。如果涉及的出售不是关联方交易，且有充分证据表明企业仍然承诺出售非流动资产或处置组，允许放松一年期限条件，企业可以继续将非流动资产或处置组划分为持有待售类别。企业无法控制的原因包括：

（1）意外设定条件。买方或其他方意外设定导致出售延期的条件，企业针对这些条件已经及时采取行动，且预计能够自设定导致出售延期的条件起一年内顺利化解延期因素。

（2）发生罕见情况。因发生罕见情况，导致持有待售的非流动资产或处置组未能在一年内完成出售，企业在最初一年内已经针对这些新情况采取必要措施且重新满足了持有待售类别的划分条件。这里的“罕见情况”主要指因不可抗力引发的情况、宏观经济形势发生急剧变化等不可控情况。

3. 不再继续符合划分条件的处理

持有待售的非流动资产或处置组不再继续满足持有待售类别划分条件的，企业不应当继续将其划分为持有待售类别。部分资产或负债从持有待售的处置组中移除后，如果处置组中剩余资产或负债新组成的处置组仍然满足持有待售类别划分条件，企业应当将新组成的处置组划分为持有待售类别，否则应当将满足持有待售类别划分条件的非流动资产单独划分为持有待售类别。

（二）某些特定持有待售类别分类的具体应用

1. 专为转售而取得的非流动资产或处置组

对于企业专为转售而新取得的非流动资产或处置组，如果在取得日满足“预计出售将在一年内完成”的规定条件，且短期（通常为3个月）内很可能满足划分为持有待售类别的其他条件，企业应当在取得日将其划分为持有待售类别。

2. 持有待售的长期股权投资

（1）对子公司的投资。有些情况下，企业因出售对子公司的投资等原因导致其丧失对子公司的控制权，出售后企业可能保留对原子公司的部分权益性投资，也可能丧失所有权益。无论企业是否保留非控制的权益性投资，应当在拟出售的对子公司投资满足持有待售类别划分条件时，处理如下：

①母公司个别报表：将对子公司投资整体划分为持有待售类别，而不是仅将拟处置的投资划分为持有待售类别。

②合并财务报表：将子公司所有资产和负债划分为持有待售类别，而不是仅将拟处置

的投资对应的资产和负债划分为持有待售类别。

③**无论对子公司的投资是否划分为持有待售类别，企业始终应当按照合并财务报表的规定确定合并范围，编制合并财务报表**。

（2）对联营企业和合营企业的投资。

①对联营企业或合营企业的权益性投资全部或部分分类为持有待售资产的应当停止权益法核算。②对于未划分为持有待售资产的剩余权益性投资，**应当在划分为持有待售的那部分权益性投资出售前继续采用权益法进行会计处理**。

【解释】

（1）对子公司投资，如果出售部分投资导致丧失对子公司的控制权的：

在个别财务报表中：将对子公司投资整体（注意是整体，不是出售部分）划分为持有待售类别。

在合并财务报表中：将子公司所有（注意是所有，而不是拟处置的部分）资产和负债都要划分为持有待售类别。

但是，无论是否划分为持有待售，只要还没有出售，应该编制合并财务报表的，还需要整体编制合并财务报表。

（2）对子公司投资，如果出售部分投资不会导致丧失对子公司的控制权的：

不用确认为持有待售资产，因为不是主要通过出售而非持续使用一项非流动资产或处置组收回其账面价值。

（3）对联营企业和合营企业的投资：

如果将部分份额划分为持有待售资产，剩下的份额不管还有多少，仍然应当按照权益法核算，直到持有待售资产彻底处置掉。

【例题 26-1】企业集团G拟出售持有的部分长期股权投资，假设拟出售的股权符合持有待售类别的划分条件。

情形一：企业集团G拥有子公司100%的股权，拟出售全部股权。

情形二：企业集团G拥有子公司100%的股权，拟出售55%的股权，出售后将丧失对子公司的控制权，但对其具有重大影响。

情形三：企业集团G拥有子公司100%的股权，拟出售25%的股权，仍然拥有对子公司的控制权。

情形四：企业集团G拥有子公司55%的股权，拟出售6%的股权，出售后将丧失对子公司的控制权，但对其具有重大影响。

情形五：企业集团G拥有联营企业35%的股权，拟出售30%的股权，G持有剩余的5%股权，且对被投资方不具有重大影响。

情形六：企业集团G拥有合营企业50%的股权，拟出售35%的股权，G持有剩余的15%股权，且对被投资方不具有共同控制或重大影响。

分析：情形一，企业集团G应当在母公司个别财务报表中将拥有的子公司全部股权划分为持有待售类别，在合并财务报表中将子公司所有资产和负债划分为持有待售类别。

情形二，企业集团G应当在母公司个别财务报表中将拥有的子公司全部股权划分为持有待售类别，在合并财务表中将子公司所有资产和负债划分为持有待售类别。

情形三，由于企业集团G仍然拥有对子公司的控制权，该长期股权投资并不是“主要通过出售而非持续使用收回其账面价值”的，因此不应当将拟处置的部分股权划分为持有待售类别。

情形四与情形二类似，企业集团G应当在母公司个别财务报表中将拥有的子公司55%的股权划分为持有待售类别，在合并财务表中将子公司所有资产和负债划分为持有待售类别。

情形五，企业集团G应当将拟出售的30%股权划分为持有待售类别，不再按权益法核算，剩余5%的股权在前述30%的股权处置前，应当采用权益法进行会计处理，在前述30%的股权处置后，应当按照《企业会计准则第22号——金融工具确认和计量》有关规定进行会计处理。

情形六与情形五类似，企业集团G应当将拟出售的35%股权划分为持有待售类别，不再按权益法核算，剩余15%的股权在前述35%的股权处置前，应当采用权益法进行会计处理，在前述35%的股权处置后，应当按照《企业会计准则第22号——金融工具确认和计量》有关规定进行会计处理。

3. 拟结束使用而非出售的非流动资产或处置组

非流动资产或处置组可能因为种种原因而结束使用，且企业并不会将其出售，或仅获取其残值，由于对该非流动资产或处置组的使用几乎贯穿其整个经济使用寿命期，其账面价值并非主要通过出售收回，**企业不应当将其划分为持有待售类别**。

对于暂时停止使用的非流动资产，不应当认为其拟结束使用，**也不应当将其划分为持有待售类别**。

二、持有待售类别的计量

持有待售类别的计量主要是从以下三个方面进行计量：

（1）划分为持有待售类别前的计量。

（2）划分为持有待售类别时的计量。

（3）划分为持有待售类别后的计量。

（一）划分为持有待售类别前的计量

企业将非流动资产或处置组首次划分为持有待售类别前，应当按照相关会计准则规定计量非流动资产或处置组中各项资产和负债的账面价值。比如固定资产要进行折旧和减值，无形资产要进行摊销和减值。对于拟出售的非流动资产或处置组，企业应当在划分为持有待售类别前考虑进行减值测试。

（二）划分为持有待售类别时的计量

对于持有待售的非流动资产或处置组，企业在初始计量时，应当按照相关会计准则规定计量流动资产、适用其他准则计量规定的非流动资产和负债（**因为流动资产和部分非流**

动资产和负债并不适用于本准则)。

如果持有待售的非流动资产或处置组整体的账面价值低于其公允价值减去出售费用后的净额，企业不需要对账面价值进行调整；如果账面价值高于其公允价值减去出售费用后的净额，企业应当将账面价值减记至公允价值减去出售费用后的净额，减记的金额确认为资产减值损失，计入当期损益，同时计提持有待售资产减值准备。

【例题 26－2·计算题】 2017 年 3 月 1 日，公司 L 购入公司 M 全部股权，支付价款 1 600 万元。购入该股权之前，公司 L 的管理层已经做出决议，一旦购入公司 M，将在一年内将其出售给公司 N，公司 M 当前状况下即可立即出售。预计公司 L 还将为出售该子公司支付 12 万元的出售费用。公司 L 与公司 N 计划于 2017 年 3 月 31 日签署股权转让合同。

情形一：公司 L 与公司 N 初步议定股权转让价格为 1 620 万元。情形二：公司 L 尚未与公司 N 议定转让价格，购买日股权公允价值与支付价款一致。

情形一：公司 M 是专为转售而取得的子公司，其不划分为持有待售类别情况下的初始计量金额应当为 1 600 万元，当日公允价值减去出售费用后的净额为 1 608 万元，按照二者孰低计量。公司 L 2017 年 3 月 1 日的账务处理如下：

借：持有待售资产——长期股权投资	16 000 000	
贷：银行存款		16 000 000

情形二：公司 M 是专为转售而取得的子公司，其不划分为持有待售类别情况下的初始计量金额为 1 600 万元，当日公允价值减去出售费用后的净额为 1 588 万元，按照二者孰低计量。公司 L 2017 年 3 月 1 日的账务处理如下：

借：持有待售资产——长期股权投资	15 880 000	
资产减值损失	120 000	
贷：银行存款		16 000 000

（三）划分为持有待售类别后的计量

1. 持有待售的非流动资产的后续计量

企业在资产负债表日重新计量持有待售的非流动资产时，如果其账面价值高于公允价值减去出售费用后的净额，应当将账面价值减记至公允价值减去出售费用后的净额，减记的金额确认为资产减值损失，计入当期损益，同时计提持有待售资产减值准备。

如果后续资产负债表日持有待售的非流动资产公允价值减去出售费用后的净额增加，以前减记的金额应当予以恢复，并在划分为持有待售类别后非流动资产确认的资产减值损失金额内转回，转回金额计入当期损益，划分为持有待售类别前确认的资产减值损失不得转回。

持有待售的非流动资产不应计提折旧或摊销。

【例题 26－3·计算题】 承【例题 26－2】，2017 年 3 月 31 日，公司 L 与公司 N 签订合同，转让所持有公司 M 的全部股权，转让价格为 1 607 万元，公司 L 预计还将支付 8 万元的出售费用。

情形一：2017 年 3 月 31 日，公司 L 持有的公司 M 的股权公允价值减去出售费用后的净额为 1 599 万元，账面价值为 1 600 万元，以二者孰低计量，公司 L 2017 年 3 月 31 日的账务处理如下：

借：资产减值损失　　　　10 000

　　贷：持有待售资产减值准备——长期股权投资　　　　10 000

情形二：2017 年 3 月 31 日，公司 L 持有的公司 M 的股权公允价值减去出售费用后的净额为 1 599 万元，账面价值为 1 588 万元，以二者孰低计量，公司 L 不需要进行账务处理。

2. 持有待售的处置组的后续计量

【提示】持有待售的处置组的处理相对比较复杂，首先跟前面《资产减值》章节的内容有点类似，按照资产组来确认减值损失，首先抵减商誉，商誉不够抵减再按照比例抵减资产组各项资产的账面价值。但这里是持有待售的处置组，又具有自身的特殊性，因为流动资产、金融资产等资产并不适合本章的一些规定，所以这些资产要按照自身的准则持续计量，抵减完商誉之后，只能抵减适用于本章规定的持有待售资产的账面价值。

企业在资产负债表日重新计量持有待售的处置组时，应当按照下列步骤处理：

（1）应当首先按照相关会计准则规定计量处置组中的流动资产、适用其他准则计量规定的非流动资产和负债的账面价值。例如，处置组中的金融工具，应当按照《企业会计准则第 22 号——金融工具确认和计量》的规定计量（因为这些资产不适用本章所述准则的规定，按照各自的准则正常处理）。

（2）经过“1”的正常处理后，我们可以得出处置组最终的整体账面价值，如果账面价值高于其公允价值减去出售费用后的净额，应当将账面价值减记至公允价值减去出售费用后的净额，减记的金额确认为资产减值损失，计入当期损益，同时计提持有待售资产减值准备。

（3）对于持有待售的处置组确认的资产减值损失金额，如果该处置组包含商誉，应当先抵减商誉的账面价值。

（4）抵减商誉的价值之后，再根据处置组中适用本章计量规定的各项非流动资产账面价值所占比重，按比例抵减其账面价值。确认的资产减值损失金额应当以处置组中包含的适用本章计量规定的各项资产的账面价值为限，不应分摊至处置组中包含的流动资产或适用其他准则计量规定的非流动资产（需要强调的是，抵减的价值跟“1”里面所述的流动资产和适用其他准则计量规定的非流动资产和负债无关，只涉及到本章准则相关的非流动资产）。

（5）（资产减值准备的转回）如果后续资产负债表日持有待售的处置组公允价值减去出售费用后的净额增加，以前减记的金额应当予以恢复，并在划分为持有待售类别后适用本章计量规定的非流动资产确认的资产减值损失金额内转回，转回金额计入当期损益，且不应当重复确认适用其他准则计量规定的非流动资产和负债按照相关准则规定已经确认的利得。已抵减的商誉账面价值，以及适用本章计量规定的非流动资产在划分为持有待售类别前确认的资产减值损失不得转回。对于持有待售的处置组确认的资产减值损失后续转回金额，应当根据处置组中除商誉外适用本章计量规定的各项非流动资产账面价值所占比重，按比例增加其账面价值。

资产减值准备转回的注意事项：

（1）之前我们在《资产减值》章节学过，商誉的减值不能转回，因此第“3”步里面确认的商誉减值是不允许转回的；

（2）在划分为持有待售之前所做适用于本章计量规定的非流动资产确认的资产减值是不允许在这里转回的。

【例题 26－4·综合题】 企业 A 拥有一个销售门店，2017 年 6 月 15 日，该门店的部分科目余额表如下表所示。当日，企业 A 与企业 B 签订转让协议，将该门店整体转让，转让初定价格为 1 900 000 元。转让协议同时约定，对于门店 2017 年 6 月 10 日购买的一项作为其他权益工具投资核算的债券投资，其转让价格以转让完成当日市场报价为准。假设该门店满足划分为持有待售类别的条件，但不符合终止经营的定义。2017 年 6 月 15 日门店部分科目余额见下表。

2017 年 6 月 15 日门店部分科目余额（考虑持有待售会计处理前）　　单位：元

科目名称	借方余额	贷方余额
现金	310 000	—
应收款项	260 000	—
库存商品	300 000	—
存货跌价准备	—	100 000
其他权益工具投资	380 000	—
固定资产	1 100 000	—
累计折旧	—	30 000
固定资产减值准备	—	15 000
无形资产	950 000	—
累计摊销	—	14 000
无形资产减值准备	—	5 000
商誉	200 000	—
应付账款	—	310 000
应付职工薪酬	—	560 000
预计负债	—	250 000

截至 2017 年 6 月 15 日，固定资产还应当计提折旧 5 000 元，无形资产还应当计提摊销 1 000 元，固定资产和无形资产均用于管理用途。2017 年 6 月 15 日，其他权益工具投资公允价值降至 360 000 元，固定资产可收回金额降至 1 020 000 元。2017 年 6 月 15 日，该门店的公允价值为 1 900 000 元，企业 A 预计为转让门店还需支付律师和注册会计师专业咨询费共计 70 000 元。假设企业 A 不存在其他持有待售的非流动资产或处置组，不考虑税收影响。

2017年6月30日，该门店尚未完成转让，企业A作为其他权益工具投资核算的债券投资市场报价上升至370 000元，假设其他资产价值没有变化。企业B在对门店进行检查时发现一些资产轻微破损，企业A同意修理，预计修理费用为5 000元，企业A还将律师和注册会计师咨询费预计金额调整至40 000元。当日，门店处置组整体的公允价值为1 910 000元。

分析：

（1）2017年6月15日，企业A首次将该处置组划分为持有待售类别前，应当按照适用的会计准则计量各项资产和负债的账面价值。其账务处理如下：

借：管理费用　　6 000

　　贷：累计折旧　　5 000

　　　　累计摊销　　1 000

借：其他综合收益　　20 000

　　贷：其他权益工具投资　　20 000

借：资产减值损失　　30 000

　　贷：固定资产减值准备　　30 000

经上述调整后，2017年6月15日该门店各资产和负债的账面价值见下表。

2017年6月15日门店资产和负债账面价值　　单位：元

项目	账面价值
持有待售资产：	
现金	310 000
应收款项	260 000
存货	200 000
其他权益工具投资	360 000
固定资产	1 020 000
无形资产	930 000
商誉	200 000
持有待售资产小计	3 280 000
持有待售负债：	
应付账款	（310 000）
应付职工薪酬	（560 000）
预计负债	（250 000）
持有待售负债小计	（1 120 000）
合计	2 160 000

（2）2017年6月15日，企业A将该门店处置组划分为持有待售类别时，其账务处理如下：

借：持有待售资产——现金　　310 000

　　　　　　　　——应收账款　　260 000

　　　　　　　　——库存商品　　300 000

——其他权益工具投资　　360 000
——固定资产　　1 020 000
——无形资产　　930 000
——商誉　　200 000
存货跌价准备　　100 000
固定资产减值准备　　45 000
累计折旧　　35 000
累计摊销　　15 000
无形资产减值准备　　5 000
贷：持有待售资产减值准备——存货跌价准备　　100 000
现金　　310 000
应收账款　　260 000
库存商品　　300 000
其他权益工具投资　　360 000
固定资产　　1 100 000
无形资产　　950 000
商誉　　200 000
借：应付账款　　310 000
应付职工薪酬　　560 000
预计负债　　250 000
贷：持有待售负债——应付账款　　310 000
——应付职工薪酬　　560 000
——预计负债　　250 000

（3）2017 年 6 月 15 日，由于该处置组的账面价值 2 160 000 元高于公允价值减去出售费用后的净额 1 900 000 − 70 000 = 1 830 000（元），企业 A 应当以 1 830 000 元计量处置组，并计提持有待售资产减值准备 2 160 000 − 1 830 000 = 330 000（元），计入当期损益。

持有待售资产的减值损失应当先抵减处置组中商誉的账面价值 200 000 元，剩余金额 130 000 元再根据固定资产、无形资产账面价值所占比重，按比例抵减其账面价值。2017 年 6 月 15 日，各项资产和负债分摊持有待售资产减值损失及抵减减值损失后的账面价值见下表：

2017 年 6 月 15 日门店资产和负债抵减减值损失后的账面价值　　单位：元

项目	2017 年 6 月 15 日抵减减值损失前账面价值	减值损失分摊	2017 年 6 月 15 日抵减减值损失后账面价值
现金	310 000	—	310 000
应收款项	260 000	—	260 000

续表

项目	2017年6月15日抵减减值损失前账面价值	减值损失分摊	2017年6月15日抵减减值损失后账面价值
存货	200 000	—	200 000
其他权益工具投资	360 000	—	360 000
固定资产	1 020 000	-68 000*	952 000
无形资产	930 000	-62 000**	868 000
商誉	200 000	-200 000	0
应付账款	-310 000	—	-310 000
应付职工薪酬	-560 000	—	-560 000
预计负债	-250 000	—	-250 000
合计	2 160 000	-330 000	1 830 000

注：*130 000 ÷ (1 020 000 + 930 000) × 1 020 000
**130 000 ÷ (1 020 000 + 930 000) × 930 000

企业A的账务处理如下：

借：资产减值损失　　330 000
　贷：持有待售资产减值准备——固定资产　　68 000
　　　　　　　　　　　　——无形资产　　62 000
　　　　　　　　　　　　——商誉　　200 000

(4) 2017年6月30日，企业A按照适用的会计准则计量其他权益工具投资，账务处理如下：

借：持有待售资产——其他权益工具投资　　10 000
　贷：其他综合收益　　10 000

当日，该处置组的账面价值为1 840 000元（包含其他权益工具投资已经确认的利得10 000元），预计出售费用为5 000 + 40 000 = 45 000（元），公允价值减去出售费用后的净额为1 910 000 - 45 000 = 1 865 000（元），高于账面价值。

处置组的公允价值减去出售费用后的净额后持续增加的，应当在原已确认的持有待售资产减值损失范围内转回，但已抵减的商誉账面价值200 000元和划分为持有待售类别前已计提的资产减值准备不得转回，因此，转回金额应当以68 000 + 62 000 = 130 000（元）为限。根据上述分析，企业A可转回已经确认的持有待售资产减值损失（1 865 000 - 10 000）- 1 830 000 = 25 000（元），根据固定资产、无形资产账面价值所占比重，按比例转回其账面价值。资产减值损失转回金额的分摊见下表。

2017年6月30日门店资产和负债减值损失转回后的账面价值 单位：元

报表项目	2017年6月15日抵减减值后账面价值	2017年6月30日按照其他适用准则重新计量	2017年6月30日重新计量后的账面价值	减值损失转回的分摊	2017年6月30日减值损失转回后账面价值
持有待售资产					
现金	310 000		310 000		310 000
应收款项	260 000		260 000		260 000
存货	200 000		200 000		200 000
其他权益工具投资	360 000	10 000	370 000		370 000
固定资产	952 000		952 000	13 077 *	965 077
无形资产	868 000		868 000	11 923 **	879 923
商誉	0		0		0
持有待售资产小计	2 950 000				2 985 000
持有待售负债					
应付账款	-310 000		-310 000		-310 000
应付职工薪酬	-560 000		-560 000		-560 000
预计负债	-250 000		-250 000		-250 000
持有待售负债小计	-1 120 000				-1 120 000
合计	1 830 000	10 000	1 840 000	25 000	1 865 000

注：* 13 077 = 25 000 ÷ (952 000 + 868 000) × 952 000

** 11 923 = 25 000 ÷ (952 000 + 868 000) × 868 000

借：持有待售资产减值准备——固定资产　　13 077

　　　　　　　　　　　　——无形资产　　11 923

　　贷：资产减值损失　　25 000

企业A在2017年6月30日的资产负债表中应当分别以“持有待售资产”和“持有待售负债”列示2 985 000元和1 120 000元。由于处置组不符合终止经营定义，持有待售资产确认的资产减值损失应当在利润表中以持续经营损益列示。企业同时应当在附注中进一步披露该持有待售处置组的相关信息。

持有待售的处置组中的非流动资产不应计提折旧或摊销，持有待售的处置组中的负债和适用其他准则计量规定的非流动资产的利息或租金收入、支出以及其他费用应当继续予以确认。

【例题26-5·问答题】企业F拟将拥有的核电站转让给企业H，双方已签订了转让协议。由于核电站主体设备核反应堆将对当地生态环境产生一定影响，在核电站最初建造完成并交付使用时，企业F考虑到设备使用期满后将其拆除并整治污染的弃置费用，确认了38.55万元的预计负债，并按照每年10%的实际利率对该弃置费用逐期确认利息费用。

【解析】 企业F将核电站划分为持有待售类别后，该预计负债应当作为持有待售负债，且该资产弃置义务产生的利息费用应当继续确认。

（四）不再继续划分为持有待售类别的计量

非流动资产或处置组因不再满足持有待售类别划分条件而不再继续划分为持有待售类别或非流动资产从持有待售的处置组中移除时，应当按照以下两者孰低计量：

（1）划分为持有待售类别前的账面价值，按照假定不划分为持有待售类别情况下本应确认的折旧、摊销或减值等进行调整后的金额；

（2）可收回金额。

这样处理的结果是，原来划分为持有待售的非流动资产或处置组在重新分类后的账面价值，与其从未划分为持有待售类别情况下的账面价值相一致。由此产生的差额计入当期损益，可以通过"资产减值损失"科目进行会计处理。

（五）终止确认

持有待售的非流动资产或处置组在终止确认时，企业应当将尚未确认的利得或损失计入当期损益。

【例题26-6·综合题】 承【例题26-2】和【例题26-3】，2017年6月25日，公司L为转让公司N的股权支付律师费5万元。6月29日，公司L完成对公司N的股权转让，收到价款1 607万元。

情形一：公司L 2017年6月25日支付出售费用的账务处理如下：

借：投资收益	50 000	
贷：银行存款		50 000

公司L 2017年6月29日的账务处理如下：

借：持有待售资产减值准备——长期股权投资	10 000	
银行存款	16 070 000	
贷：持有待售资产——长期股权投资		16 000 000
投资收益		80 000

情形二：公司L 2017年6月25日支付出售费用的账务处理如下：

借：投资收益	50 000	
贷：银行存款		50 000

公司L 2017年6月29日的账务处理如下：

借：银行存款	16 070 000	
贷：持有待售资产——长期股权投资		15 880 000
投资收益		190 000

【例题 26-7】承【例题 26-4】，2017 年 9 月 19 日，该门店完成转让，企业 A 以银行存款分别支付维修费用 5 000 元和律师、注册会计师专业咨询费 37 000 元。当日企业 A 作为其他权益工具投资核算的债券投资市场报价为 374 000 元，企业 B 以银行存款支付所有转让价款 1 914 000 元。

分析：企业 A 账务处理如下：

借：资产处置损益	5 000	
贷：银行存款		5 000
借：资产处置损益	37 000	
贷：银行存款		37 000
借：银行存款	1 914 000	
持有待售资产减值准备——存货跌价准备	100 000	
持有待售减值准备——固定资产	54 923	
——无形资产	50 077	
——商誉	200 000	
持有待售负债——应付账款	310 000	
——应付职工薪酬	560 000	
——预计负债	250 000	
贷：持有待售资产——现金		310 000
——应收账款		260 000
——库存商品		300 000
——其他权益工具投资		370 000
——固定资产		1 020 000
——无形资产		930 000
——商誉		200 000
资产处置损益		49 000
借：资产处置损益	10 000	
贷：其他综合收益		10 000

三、持有待售类别的列报

（1）持有待售资产和负债不应当相互抵销。“持有待售资产”和“持有待售负债”应当分别作为流动资产和流动负债列示。

（2）对于当期首次满足持有待售类别划分条件的非流动资产或划分为持有待售类别的处置组的资产和负债，**不应当调整可比会计期间资产负债表，即不对其符合持有待售类别划分条件前各个会计期间的资产负债表进行项目的分类调整或重新列报。**

（3）非流动资产或处置组在资产负债表日至财务报告批准报出日之间满足持有待售类别划分条件的，应当作为资产负债表日后非调整事项进行会计处理，并在附注中披露相关信息。

第二节 终止经营

【提示】根据新的利润表，在净利润下面增加了两行，分别是“持续经营净利润”和“终止经营净利润”，之所以增加这两行，是为了让财务报表使用者了解该企业准备退出哪些行业和地区以及对净利润的影响，这样更加清晰明了。那么本节所学终止经营，就是为了告诉我们什么是终止经营？终止经营≠持有待售，因为已经处置的，该资产今年的损益也要记入终止经营的利润，同时也不是转为持有待售了就是终止经营，符合终止经营需要满足一定的条件。因为终止经营一般涉及的是一项独立的主要业务或一个单独的主要经营地区，是从战略上退出一个重要的行业或地区，一般都比较重大。与该终止经营相关的收入、费用等都要在“终止经营净利润”中反映。

一、终止经营的定义

终止经营，是指企业满足下列条件之一的、能够单独区分的组成部分，且该组成部分已经**处置或划分为持有待售类别**：

（1）该组成部分代表一项独立的主要业务或一个单独的主要经营地区；

（2）该组成部分是拟对一项独立的主要业务或一个单独的主要经营地区进行处置的一项相关联计划的一部分；

（3）该组成部分是专为转售而取得的子公司。

终止经营的定义包含以下三方面含义：

（1）终止经营应当是企业能够单独区分的组成部分。该组成部分的经营和现金流量在企业经营和编制财务报表时是能够与企业的其他部分清楚区分的。企业组成部分可能是一个资产组，也可能是一组资产组组合，通常是企业的一个子公司、一个事业部或事业群。

（2）终止经营应当具有一定的规模。终止经营应当代表**一项独立的主要业务或一个单独的主要经营地区**，或者是拟对一项独立的主要业务或一个单独的主要经营地区进行处置的一项相关联计划的一部分。专为转售而取得的子公司也是企业的组成部分，但不要求具有一定规模。

并非所有处置组都符合终止经营的定义，企业需要运用职业判断确定终止经营。如果企业主要经营一项业务或主要在一个地理区域内开展经营，企业的一个主要产品或服务线也可能满足终止经营定义中的规模条件。有些专为转售而取得的重要的合营企业或联营企业，也可能因为符合有关组成部分的第（1）和（2）项条件而符合终止经营的定义。

【例题 26-8·问答题】某快餐企业A在全国拥有500家零售门店，A决定将其位于Z市的8家零售门店中的一家门店C出售，并于2017年8月13日与企业B正式签订了转让协议，假设该门店C符合持有待售类别的划分条件。判断C是否构成A的终止经营。

【解析】尽管门店C是一个处置组，也符合持有待售类别的划分条件，但由于它只是一个零售点，不能代表一项独立的主要业务或一个单独的主要经营地区，也不构成拟对一项独立的主要业务或一个单独的主要经营地区进行处置的一项相关联计划的一部分，因此该处置组并不构成企业的终止经营。

（3）终止经营应当满足一定的时点要求。符合终止经营定义的组成部分应当属于以下两种情况之一：

①组成部分在资产负债表日之前已经处置，包括已经出售、结束使用（如关停或报废等）。多数情况下，如果组成部分的所有资产和负债均已处置，产生收入和发生成本的来源消失，这时确定组成部分“处置”的时点是较为容易的。但在有些情况下，组成部分的资产仍处于出售或报废过程中，仍可能发生清理费用，企业需要根据实际情况判断组成部分是否已经处置，从而符合终止经营的定义。

【例题26－9·问答题】企业集团C拥有一家经营药品批发业务的子公司H，药品批发构成C的一项独立的主要业务，且H在全国多个城市设立了营业网点。由于经营不善，C决定停止H的所有业务。至2017年10月13日，已处置了该子公司所有存货并辞退了所有员工，但仍有一些债权等待收回，部分营业网点门店的租约尚未到期，仍需支付租金费用。判断H是否构成C的终止经营。

分析：由于子公司H原药品批发业务已经停止，收回债权、处置租约等尚未结算的未来交易并不构成上述业务的延续，因此该子公司的经营已经终止，应当认为2017年10月13日后该子公司符合终止经营的定义。

②组成部分在资产负债表日之前已经划分为持有待售类别。有些情况下，企业对一项独立的主要业务或一个单独的主要经营地区进行处置的一项相关联计划持续数年，并非组成部分中所有的资产组或资产组组合能够同时满足持有待售类别的划分条件。随着处置计划的进行，组成部分中的一些资产组或资产组组合可能先满足持有待售类别划分条件且构成企业的终止经营，其他资产组或资产组组合可能在未来满足持有待售类别的划分条件，应当适时将其作为终止经营处理。

【例题26－10】企业集团F决定出售其专门从事酒店管理的下属子公司R，酒店管理构成F的一项主要业务。子公司R管理一个酒店集团和一个连锁健身中心。为获取最大收益，F决定允许将酒店集团和连锁健身中心出售给不同买家，但酒店和健身中心的转让是相互关联的，即两者或者均出售，或者均不出售。F于2017年12月6日与企业S就转让连锁健身中心正式签订了协议，假设此时连锁健身中心符合了持有待售类别的划分条件，但酒店集团尚不符合持有待售类别的划分条件。判断酒店集团和连锁健身中心是否构成F的终止经营。

分析：处置酒店集团和连锁健身中心构成一项相关联的计划，虽然酒店集团和连锁健身中心可能出售给不同买家，但分别属于对一项独立的主要业务进行处置的一项相关联计划的一部分，因此连锁健身中心符合终止经营的定义，酒店集团在未来符合持有待售类别划分条件时也符合终止经营的定义。

二、终止经营的列报

企业应当在利润表中分别列示持续经营损益和终止经营损益。

下列不符合终止经营定义的持有待售的非流动资产或处置组所产生的相关损益，应当在利润表中作为持续经营损益列报：

（1）企业初始计量或在资产负债表日重新计量持有待售的非流动资产或处置组时，因账面价值高于其公允价值减去出售费用后的净额而确认的资产减值损失。

（2）后续资产负债表日持有待售的非流动资产或处置组公允价值减去出售费用后的净额增加，因恢复以前减记的金额而转回的资产减值损失。

（3）持有待售的非流动资产或处置组的处置损益。

终止经营的相关损益应当作为终止经营损益列报，列报的终止经营损益应当包含整个报告期间，而不仅包含认定为终止经营后的报告期间。相关损益具体包括：

（1）终止经营的经营活动损益，如销售商品、提供服务的收入、相关成本和费用等。

（2）企业初始计量或在资产负债表日重新计量符合终止经营定义的持有待售的处置组时，因账面价值高于其公允价值减去出售费用后的净额而确认的资产减值损失。

（3）后续资产负债表日符合终止经营定义的持有待售处置组的公允价值减去出售费用后的净额增加，因恢复以前减记的金额而转回的资产减值损失。

（4）终止经营的处置损益。

（5）终止经营处置损益的调整金额，可能引起调整的情形包括：最终确定处置条款，如与买方商定交易价格调整额和补偿金；消除与处置相关的不确定因素，如确定卖方保留的环保义务或产品质量保证义务；履行与处置相关的职工薪酬支付义务等。

企业在处置终止经营的过程中可能附带产生一些增量费用，如果不进行该项处置就不会产生这些费用，企业应当将这些增量费用作为终止经营损益列报。

三、特殊事项的列报

1. 企业专为转售而取得的持有待售子公司的列报

如果企业专为转售而取得的子公司符合持有待售类别的划分条件，应当按照持有待售的处置组和终止经营的有关规定进行列报，但适当简化了其资产负债表列示和附注披露。除非企业是投资性主体并将该子公司按照公允价值计量且其变动计入当期损益，否则应当按照《企业会计准则第 33 号——合并财务报表》的规定，将该子公司纳入合并范围。

2. 不再继续划分为持有待售类别的列报

对于非流动资产或处置组，如果其不再继续划分为持有待售类别或非流动资产从持有待售的处置组中移除，在资产负债表中，企业应当将原来分类为持有待售类别的非流动资产或处置组重新作为固定资产、无形资产等列报，并调整其账面价值。在当期利润表中，企业应当将账面价值调整金额作为持续经营损益列报。企业还应在附注中披露相关信息。

持有待售的对联营企业或合营企业的权益性投资不再符合持有待售类别划分条件的，应当自划分为持有待售类别日起采用权益法进行追溯调整。持有待售的对子公司、共同经营的权益性投资不再符合持有待售类别划分条件的，同样应当自划分为持有待售类别日起追溯调整。

第二十六章　持有待售的非流动资产、处置组和终止经营

彬哥跟你说：

本章内容不难，也不能完全算新增内容，以前零散在其他章节出现过，比如固定资产曾经是有“持有待售的固定资产”这个知识点的，只不过从 2018 年开始，就独立一章出来了！

今日复习步骤：

第一遍：回忆 & 重新复习一遍框架（5 分钟）

学习要求：这一遍的目的是自己重新找一遍框架，不需要掌握所有细节，但求框架了然于心。

（1）持有待售的非流动资产的分类、计量和列报。

（2）终止经营的定义、列报。

第二遍：对细节进一步掌握（25 分钟）

（1）持有待售的非流动资产的分类。

（2）持有待售类别的计量分为划分前、划分时、划分后，都涉及哪些考点？

（3）不再继续划分为持有待售类别的资产涉及哪些考点？

（4）持有待售的资产的列报涉及哪些考点？

（5）终止经营如何判断？

第三遍：重新复习一遍框架（5 分钟）

我问你答：

（1）持有待售的非流动资产的分类原则是什么？

（2）特定持有待售资产如何分类，比如专为转售取得的、持有待售的长期股权投资？

（3）持有待售资产的计量，划分为持有待售类别前如何计量？划分为持有待售类别时如何计量？划分为持有待售类别后如何计量？

（4）不再继续划分为持有待售类别的资产，如何计量？

（5）持有待售资产如何列报？持有待售的资产和负债是否可以相互抵销？

（6）终止经营的定义是什么？如何判断是否属于终止经营？

本章作业：

（1）请把讲义例题做三遍（做错的题目，请分析错误原因并记录到改错本）。

（2）请复习完口述一遍框架，睡前请再回忆一遍框架。

（3）第二天早上，请再回忆一遍框架，对于回忆不起来的内容，请翻书看一遍。

第二十七章　政府及民间非营利组织会计

2018、2019 年的考试涉及了一些本章内容，但本章分录众多、篇幅较长，且考试难度不大，我们认为，如果把本章内容全部印在书本上，首先，会增加篇幅，让大家失去对本章的学习兴趣。其次会让大家误以为本章很重要，而花费过多的时间在本章内容上，故我们将该部分内容从书本中删除，同时赠送电子版讲义和视频课程给大家，以帮助大家用最少的时间，快速学完该部分内容。最后，我们建议，不要花大量时间来记忆本章分录，学会本章讲义中的题目即可，这两年的试题，几乎就来自于教材例题，如果确实觉得大量的分录消化起来比较难，可以选择对部分分录战略性放弃，只要掌握例题中涉及分录就好，以保证投入更多时间来复习高频考点，这样不仅不会增加学习压力，反而可以减轻学习负担。

扫下方二维码领取电子版讲义

第 20 天

复习旧内容：

无

学习新内容：

附加章节

学习方法：

本章有几个考点，但是能够准确抓住考点，有一些内容确实枯燥，我们就利用不忙的时候轻松学一下，如果有些文字内容实在看不懂那可以选择性的放弃，不影响大局，我们不可能每一分都抓住。

你今天可能有的心态：

啦啦啦啦～接下来要开始复习啦～多看，多思考！动笔＋思考，缺一不可。

简单解释今天学习内容：

今天的内容很杂，我就说说重要的考点吧：

（1）金融资产转移这里会出选择题，什么时候可以终止确认？什么时候不能终止确认？

（2）反向收购，2016 年出了大题，以防再考到，我将这里编写得更加仔细。

可能会遇到的难点：

无

习题注意事项：

无

建议学习时间：

3 个小时

第二十八章　附加章节

【本章特色】

本章是将教材中一些理解起来有一定的难度，出题概率不大的一些内容，单独拿出来形成一篇。对于本篇的学习，不需要深挖，只要理解书上的例题，理解其会计处理的基本原则就完成任务了。

第一节　金融资产转移

【本节说明】

(1) 本节是金融工具的章节，随着金融产品的创新，一项金融产品转移出去，到底是真的转移，还是借转移之名进行融资，需要判断，这就是本章存在的原因。

(2) 金融资产转移分为三种类型：①终止确认；②不符合终止确认；③继续涉入（部分终止）。

(3) 本章易考点包括：①终止确认和不符合终止确认的条件；②他们两者的分录。

(4) 对于继续涉入，这个如果要吃透需要花费一定的时间，而且可考性极低，所以简单了解书上内容即可。

一、金融资产终止确认的一般原则

金融资产终止确认是指企业将之前确认的金融资产从其资产负债表中予以转出。金融资产满足下列条件之一的，应当终止确认：

(1) 收取该金融资产现金流量的合同权利终止。

(2) 该金融资产已转移，且该转移满足本节关于终止确认的规定。

二、金融资产终止确认的判断

(一) 确定金融资产是部分还是整体适用终止确认原则

当且仅当金融资产（或一组金融资产，下同）的一部分满足下列三个条件之一时，终止确认的相关规定适用于该金融资产部分，否则，适用于该金融资产整体：

(1) 该金融资产部分仅包括金融资产所产生的特定可辨认现金流量。

（2）该金融资产部分仅包括与该金融资产所产生的全部现金流量完全成比例的现金流量部分。

（3）该金融资产部分仅包括与该金融资产所产生的特定可辨认现金流量完全成比例的现金流量部分。

在除上述情况外的其他所有情况下，有关金融资产终止确认的相关规定适用于金融资产的整体。

（二）判断企业是否已转移金融资产

企业在判断是否已转移金融资产时，应分以下两种情形作进一步的判断：

（1）企业将收取金融资产现金流量的合同权利转移给其他方。

企业将收取金融资产现金流量的合同权利转移给其他方，表明该项金融资产发生了转移，通常表现为金融资产的合法出售或者金融资产现金流量权利的合法转移。

（2）企业保留了收取金融资产现金流量的合同权利，但承担了将收取的该现金流量支付给一个或多个最终收款方的合同义务。

上述情形下，当且仅当同时符合以下三个条件时，转出方才能按照金融资产转移的情形进行后续分析及处理，否则，被转移金融资产应予以继续确认：

①企业（转出方）只有从该金融资产收到对等的现金流量时，才有义务将其支付给最终收款方。

②转让合同规定禁止企业（转出方）出售或抵押该金融资产，但企业可以将其作为向最终收款方支付现金流量义务的保证。

③企业（转出方）有义务将代表最终收款方收取的所有现金流量及时划转给最终收款方，且无重大延误。企业无权将该现金流量进行再投资。

（三）分析所转移金融资产的风险和报酬转移情况

企业转移了金融资产所有权上几乎所有风险和报酬的，应当终止确认该金融资产，并将转移中产生或保留的权利和义务单独确认为资产或负债。

以下情形表明企业已将金融资产所有权上几乎所有的风险和报酬转移给了转入方：

（1）企业无条件出售金融资产。

（2）企业出售金融资产，同时约定按回购日该金融资产的公允价值回购。

（3）企业出售金融资产，同时与转入方签订看跌或看涨期权合约，且该看跌或看涨期权为深度价外期权（即到期日之前不大可能变为价内期权）。

企业保留了金融资产所有权上几乎所有风险和报酬的，应当继续确认该金融资产。

以下情形通常表明企业保留了金融资产所有权上几乎所有的风险和报酬：

（1）企业出售金融资产并与转入方签订回购协议，协议规定企业将按照固定回购价格或是按照原售价加上合理的资金成本向转入方回购原被转移金融资产，或者与售出的金融资产相同或实质上相同的金融资产。

（2）企业融出证券或进行证券出借。

（3）企业出售金融资产并附有将市场风险敞口转回给企业的总回报互换。

(4) 企业出售短期应收款项或信贷资产，并且全额补偿转入方可能因被转移金融资产发生的信用损失。

(5) 企业出售金融资产，同时向转入方签订看跌或看涨期权合约，且该看跌期权或看涨期权为一项价内期权。

(6) 采用附追索权方式出售金融资产。企业出售金融资产时，如果根据与购买方之间的协议约定，在所出售金融资产的现金流量无法收回时，购买方能够向企业进行追偿，企业也应承担任何未来损失。

企业既没有转移也没有保留金融资产所有权上几乎所有的风险和报酬的，应当判断其是否保留了对金融资产的控制，根据是否保留了控制分别进行处理。

（四）分析企业是否保留了控制

企业既没有转移也没有保留金融资产所有权上几乎所有的风险和报酬，且未放弃对该金融资产控制的，应当按照其继续涉入被转移金融资产的程度确认有关金融资产，并相应确认有关负债。

如果企业对金融资产的继续涉入仅限于金融资产的一部分，例如，企业持有回购一部分被转移金融资产的看涨期权，或者企业保留了某项剩余权益但并未导致企业保留所有权上几乎所有的风险和报酬，且企业保留了控制权，则企业应当按照转移日因继续涉入而继续确认部分和不再确认部分的相对公允价值，在两者之间分配金融资产的原账面价值，并按其继续涉入被转移金融资产的部分确认有关金融资产，并相应确认有关负债。

三、金融资产转移的会计处理

（一）满足终止确认条件的金融资产转移的会计处理

对于满足终止确认条件的金融资产转移，企业应当按照被转移的金融资产是金融资产的整体还是金融资产的一部分，分别按照以下方式进行会计处理。

1. 金融资产整体转移的会计处理

金融资产整体转移满足终止确认条件的，应当将下列两项金额的差额计入当期损益：

(1) 被转移金融资产在终止确认日的账面价值。

(2) 因转移金融资产而收到的对价，与原直接计入其他综合收益的公允价值变动累计额（涉及转移的金融资产为分类为以公允价值计量且其变动计入其他综合收益的金融资产的情形）之和。

金融资产整体转移形成的损益＝因转移收到的对价－所转移金融资产账面价值＋/－原直接计入其他综合收益的公允价值变动累计利得（或损失）

因转移收到的对价＝因转移交易实际收到的价款＋新获得金融资产的公允价值＋因转移获得的服务资产的价值－新承担金融负债的公允价值－因转移承担的服务负债的公允价值

【例题 28－1】2017 年 1 月 1 日，甲公司将持有的乙公司发行的 10 年期公司债券出售给丙公司，经协商出售价格为 311 万元人民币，2016 年 12 月 31 日该债券公允价值为 310 万元人民币。该债券于 2016 年 1 月 1 日发行，甲公司持有该债券时将其分类为以公允价值计量且其变动计入其他综合收益的金融资产，面值（取得成本）为 300 万元人民币。

本例中，假设甲公司和丙公司在出售协议中约定，出售后该公司债券发生的所有损失均由丙公司自行承担，甲公司已将债券所有权上的几乎所有风险和报酬转移给丙公司，因此，应当终止确认该金融资产。

根据上述资料，首先应确定出售日该笔债券的账面价值。由于资产负债表日（即 2016 年 12 月 31 日）该债券的公允价值为 310 万元人民币，而且该债券属于以公允价值计量且其变动计入其他综合收益的金融资产，因此出售日该债券账面价值为 310 万元人民币。其次，应确定已计入其他综合收益的公允价值累计变动额。2016 年 12 月 31 日甲公司计入其他综合收益的利得为 10 万元（310－300）。最后，确定甲公司出售该债券形成的损益。按照金融资产整体转移形成的损益的计算公式计算，出售该债券形成的收益为 11 万元（311－310＋10）（包含因终止确认而从其他综合收益中转出至当期损益的 10 万元）。

甲公司出售该公司债券业务应作如下账务处理：

借：银行存款	3 110 000	
贷：其他债权投资		3 100 000
投资收益		10 000

同时，将原计入其他综合收益的公允价值变动转出：

借：其他综合收益——公允价值变动	100 000	
贷：投资收益		100 000

2. 金融资产部分转移的会计处理

企业转移了金融资产的一部分，且该被转移部分满足终止确认条件的，应当将转移前金融资产整体的账面价值，在终止确认部分和继续确认部分（在此种情形下，所保留的服务资产应当视同继续确认金融资产的一部分）之间，按照转移日各自的相对公允价值进行分摊，并将下列两项金额的差额计入当期损益：

（1）终止确认部分在终止确认日的账面价值。

（2）终止确认部分收到的对价（包括获得的所有新资产减去承担的所有新负债），与原计入其他综合收益的公允价值变动累计额中对应终止确认部分的金额（涉及部分转移的金融资产为分类为以公允价值计量且其变动计入其他综合收益的金融资产的情形）之和。

（二）继续确认被转移金融资产的会计处理

企业保留了被转移金融资产所有权上几乎所有的风险和报酬的，表明企业所转移的金融资产不满足终止确认的条件，不应当将其从企业的资产负债表中转出。此时，企业应当继续确认所转移的金融资产整体，因资产转移而收到的对价，应当在收到时确认为一项金融负债。需要注意的是，该金融负债与被转移金融资产应当分别确认和计量，不得相互抵销。在后续会计期间，企业应当继续确认该金融资产产生的收入或利得以及该金融负债产生的费用或损失。

【例题 28 -2】 2018 年 4 月 1 日，甲公司将其持有的一笔国债出售给丙公司，售价为 20 万元人民币。同时，甲公司与丙公司签订了一项回购协议，3 个月后由甲公司将该笔国债购回，回购价为 20.175 万元。2018 年 7 月 1 日，甲公司将该笔国债购回。不考虑其他因素，甲公司应作如下账务处理：

（1）判断是否终止确认。

由于此项出售属于附回购协议的金融资产出售，到期后甲公司应按固定价格将该笔国债购回，因此可以判断，甲公司保留了该笔国债几乎所有的风险和报酬，不应终止确认，该笔国债应按转移前的计量方法继续进行后续计量。

（2）2018 年 4 月 1 日，甲公司出售该笔国债时：

借：银行存款　　200 000

　　贷：卖出回购金融资产款　　200 000

（3）2018 年 6 月 30 日，甲公司应按根据未来回购价款计算的该卖出回购金融资产款的实际利率计算并确认有关利息费用，计算得出该卖出回购金融资产的实际利率为 3.5%。

卖出回购国债的利息费用 = 200 000 × 3.5% × 3/12 = 1 750（元）

借：利息支出　　1 750

　　贷：卖出回购金融资产款　　1 750

（4）2018 年 7 月 1 日，甲公司回购时：

借：卖出回购金融资产款　　201 750

　　贷：银行存款　　201 750

该笔国债与该笔卖出回购金融资产款在资产负债表上不应抵销；该笔国债确认的收益，与该笔卖出回购金融资产款产生的利息支出在利润表中不应抵销。

（三）继续涉入被转移金融资产的会计处理

企业既没有转移也没有保留金融资产所有权上几乎所有风险和报酬，且保留了对该金融资产控制的，应当按照其继续涉入被转移金融资产的程度继续确认该被转移金融资产，并相应确认相关负债。

企业应当对因继续涉入被转移金融资产形成的有关资产确认相关收益，对继续涉入形成的有关负债确认相关费用。

相关负债应当根据被转移的资产是按公允价值计量还是摊余成本计量予以计量，使得被转移资产和相关负债的账面价值：

（1）被转移的金融资产以摊余成本计量的，等于企业保留的权利和义务的摊余成本；

（2）被转移金融资产以公允价值计量的，等于企业保留的权利和义务按独立基础计量的公允价值。

如果所转移的金融资产以摊余成本计量，确认的相关负债不得指定为以公允价值计量且其变动计入当期损益。

企业通过对被转移金融资产提供担保方式继续涉入的，应当在转移日按照金融资产的账面价值和担保金额两者之中的较低者，按继续涉入的程度继续确认被转移资产，同时按照担保金额和担保合同的公允价值之和确认相关负债。

【例题 28－3】甲银行与乙银行签订一笔贷款转让协议，由甲银行将其本金为 1 000 万元、年利率为 10%、贷款期限为 9 年的组合贷款出售给乙银行，售价为 990 万元。双方约定，由甲银行为该笔贷款提供担保，担保金额为 300 万元，实际贷款损失超过担保金额的部分由乙银行承担。转移日，该笔贷款（包括担保）的公允价值为 1 000 万元，其中，担保的公允价值为 100 万元。甲银行没有保留对该笔贷款的管理服务权。

分析：在本例中，由于甲银行既没有转移也没有保留该笔组合贷款所有权上几乎所有的风险和报酬，而且假设该贷款没有市场，乙银行不具备出售该笔贷款的实际能力，导致甲银行保留了对该笔贷款的控制，所以应当按照甲银行继续涉入被转移金融资产的程度继续确认该被转移金融资产，并相应确认相关负债。

由于转移日该笔贷款的账面价值为 1 000 万元，提供的担保金额为 300 万元，甲银行应当按照 300 万元继续确认该笔贷款。由于担保合同的公允价值为 100 万元，所以甲银行确认相关负债金额为 400 万元（300 + 100）。因此，转移日甲银行应作以下账务处理：

借：存放中央银行款项	9 900 000	
继续涉入资产	3 000 000	
贷款处置损益	1 100 000	
贷：贷款		10 000 000
继续涉入负债		4 000 000

对金融资产的继续涉入仅限于金融资产一部分的，企业应当按照转移日因继续涉入而继续确认部分和不再确认部分的相对公允价值，在两者之间分配金融资产的账面价值，并将下列两项金额的差额计入当期损益：

（1）分配至不再确认部分的账面金额（以转移日为准）；

（2）不再确认部分所收到的对价。

如果涉及转移的金融资产分类为以公允价值计量且其变动计入其他综合收益的金融资产的，不再确认部分的金额对应的原计入其他综合收益的公允价值变动累计额应当计入当期损益。

第二节　反向购买

【本节说明】

其实本节理解起来并不难，也就是我们资本市场上所说的“借壳上市”，但是监管越来越严，借壳上市也越来越困难；

反向购买是怎么回事？

(1) A公司总共1 500万股，每股公允价值20元；B公司总共900万股，每股公允价值40元。

(2) 如果A公司要收购B公司900万股，请问需要发行多少股份？1 800万股！

(3) 这个时候A公司控制B公司100%的股权，但是由于A公司给B公司股东发行了1 800万股，因此B公司股东控制了A公司54.55% [1 800/(1 500 + 1 800) = 54.55%]，所以B公司股东控制了A公司多数股份，由于A公司控制了B公司100%股份，也就相当于B公司股东控制（A + B）的54.55%的股份！这就是反向收购！因此，B公司才是会计上真正的控制方，A公司只是法律上的母公司。

(4) 那么B公司股东为这笔收购付出了多少成本？B公司股东付出的成本不就是以前对B公司是100%控制，现在变成了54.55%的控制，这个差异不就是B公司股东付出的成本吗？计算出（1 − 54.55%）的价值就是B公司付出的成本。

那么成本就是（900/54.55% − 900）× 40 = 750 × 40 = 30 000（万元）。

因此，我们可以看看反向收购的构造（见图28 − 1）。

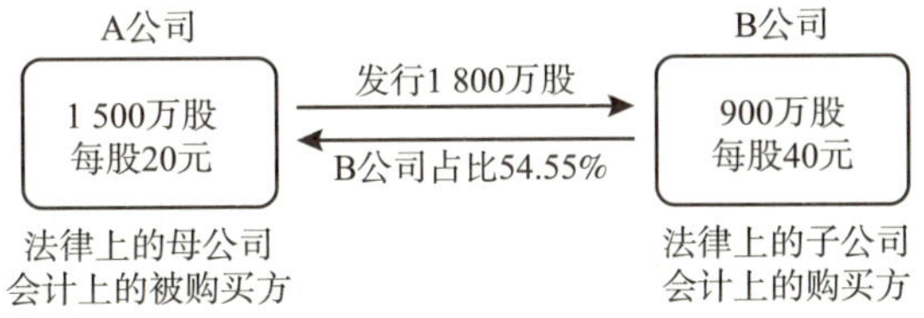

图28 − 1

那么我们就此思考一下：

(1) 在合并报表中：A公司既然是被购买方，那么应该以公允价值入账，B公司是购买方，应该以账面价值入账。

(2) 在法律上，A公司已经全部收购了B公司的股票，因此股数只能是A公司的股数，是3 300万股。

(3) 但是B公司的所有者权益的金额还在，因此合并报表上面反映的股数虽然是A公司的股数，但是金额还是B公司的金额。

一、反向购买的会计处理

非同一控制下的企业合并，以发行权益性证券交换股权的方式进行的，通常发行权益性证券的一方为购买方。但某些企业合并中，发行权益性证券的一方因其生产经营决策在合并后被参与合并的另一方所控制的，发行权益性证券的一方虽然为法律上的母公司，但其为会计上的被购买方，该类企业合并通常称为“反向购买”。

1. 企业合并成本

反向购买中，企业合并成本是指法律上的子公司（购买方）如果以发行权益性证券的方式为获取在合并后报告主体的股权比例，应向法律上母公司（被购买方）的股东发行的权益性证券数量与其公允价值计算的结果。购买方的权益性证券在购买日存在公开报价的，通常应以公开报价作为其公允价值；购买方的权益性证券在购买日不存在可靠公开报价的，应参照购买方的公允价值和被购买方的公允价值二者之中有更为明显证据支持的作为基础，确定购买方假定应发行权益性证券的公允价值。

2. 合并财务报表的编制

反向购买后，法律上的母公司应当遵从以下原则编制合并财务报表：

（1）合并财务报表中，法律上子公司的资产、负债应以其在合并前的账面价值进行确认和计量。

（2）合并财务报表中的留存收益和其他权益余额应当反映的是法律上子公司在合并前的留存收益和其他权益余额。

（3）合并财务报表中的权益性工具的金额应当反映法律上子公司合并前发行在外的股份面值以及假定在确定该项企业合并成本过程中新发行的权益性工具的金额。但是，在合并财务报表中的权益结构应当反映法律上母公司的权益结构，即法律上母公司发行在外权益性证券的数量及种类。

（4）法律上母公司的有关可辨认资产、负债在并入合并财务报表时，应以其在购买日确定的公允价值进行合并，企业合并成本大于合并中取得的法律上母公司（被购买方）可辨认净资产公允价值的份额体现为商誉，小于合并中取得的法律上母公司（被购买方）可辨认净资产公允价值的份额确认为合并当期损益。

（5）合并财务报表的比较信息应当是法律上子公司的比较信息（即法律上子公司的前期合并财务报表）。

（6）法律上子公司的有关股东在合并过程中未将其持有的股份转换为对法律上母公司股份的，该部分股东享有的权益份额在合并财务报表中应作为少数股东权益列示。因法律上子公司的部分股东未将其持有的股份转换为法律上母公司的股权，其享有的权益份额仍仅限于对法律上子公司的部分，该部分少数股东权益反映的是少数股东按持股比例计算享有法律上子公司合并前净资产账面价值的份额。另外，对于法律上母公司的所有股东，虽然该项合并中其被认定为被购买方，但其享有合并形成报告主体的净资产及损益，不应作为少数股东权益列示。

应予以说明的是，上述反向购买的会计处理原则仅适用于合并财务报表的编制。法律上母公司在该项合并中形成的对法律上子公司长期股权投资成本的确定，应当遵从《企业会计准则第 2 号——长期股权投资》的相关规定（见表 28－1）。

表 28 –1　　　　　　　　　　　　　合并报表列报

项目	合并金额
流动资产	A 公司在购买日的公允价值 + B 公司账面价值
非流动资产	A 公司在购买日的公允价值（不含反向购买时产生的长期股权投资）+ B 公司账面价值
商誉	B 公司的合并成本 – A 公司可辨认净资产公允价值的份额（如果为负数，则反映在留存收益中）
资产总额	合计
流动负债	A 公司在购买日的公允价值 + B 公司账面价值
非流动负债	A 公司在购买日的公允价值 + B 公司账面价值
负债总额	合计
股本（A 公司股票股数）	B 公司合并前发行在外的股份面值 × A 公司持有 B 公司股份比例 + 假定 B 公司在确定该项企业合并成本过程中新发行的权益性工具的面值
资本公积	差额
盈余公积	B 公司合并前盈余公积 × A 公司持有 B 公司股份比例
未分配利润	B 公司合并前未分配利润 × A 公司持有 B 公司股份比例
少数股东权益（B 公司的少数股东享有的部分）	少数股东按持有 B 公司股份比例计算享有 B 公司合并前净资产账面价值的份额
所有者权益总额	资产总额 – 负债总额

总结：合并报表的列报：

资产负债类（除商誉）= A 公司在购买日的公允价值 + B 公司账面价值

留存收益 = B 公司合并前金额 × A 公司持有 B 公司股份比例

3. 每股收益的计算

发生反向购买当期，用于计算每股收益的发行在外普通股加权平均数为：

（1）自当期期初至购买日，发行在外的普通股数量应假定为在该项合并中法律上母公司向法律上子公司股东发行的普通股数量；

（2）自购买日至期末发行在外的普通股数量为法律上母公司实际发行在外的普通股股数。

反向购买后对外提供比较合并财务报表的，其比较前期合并财务报表中的基本每股收益，应以法律上子公司在每一比较报表期间归属于普通股股东的净损益除以在反向购买中法律上母公司向法律上子公司股东发行的普通股股数计算确定。

上述假定法律上子公司发行的普通股股数在比较期间内和自反向购买发生期间的期初至购买日之间内未发生变化。如果法律上子公司发行的普通股股数在此期间发生了变动，计算每股收益时应适当考虑其影响并进行调整。

【例题28-4·综合题】A上市公司于2017年9月30日通过定向增发本企业普通股对B企业进行合并，取得B企业100%股权。假定不考虑所得税影响。A公司及B企业在合并前简化资产负债表如下表所示。

其他资料：

(1) 2017年9月30日，A公司通过定向增发企业普通股，以2股换1股的比例自B企业原股东处取得了B企业全部股权。A公司发行了1 800万股普通股以取得B企业全部900万股普通股。

A公司及B企业合并前资产负债表 单位：万元

	A公司	B企业
流动资产	3 000	2 700
非流动资产	21 000	36 000
资产总额	24 000	38 700
流动负债	1 200	900
非流动负债	300	1 800
负债总额	1 500	2 700
所有者权益：		
股本	1 500	900
资本公积		
盈余公积	6 000	10 260
未分配利润	15 000	24 840
所有者权益总额	22 500	36 000

(2) A公司普通股在2017年9月30日的公允价值为20元，B企业每股普通股当日的公允价值为40元。A公司、B企业每股普通股的面值均为1元。

(3) 2017年9月30日，A公司除非流动资产公允价值较账面价值高4 500万元以外，其他资产、负债项目的公允价值与其账面价值相同。

(4) 假定A公司与B企业在合并前不存在任何关联方关系。

对于该项企业合并，虽然在合并中发行权益性证券的一方为A公司，但因其生产经营决策的控制权在合并后由B企业原股东控制，B企业应在购买方，A公司为被购买方。

(1) 确定该项合并中B企业的合并成本：

A公司在该项合并中向B企业原股东增发了1 800万股普通股，合并后B企业原股东持有A公司的股权比例为54.55%（1 800÷3 300），如果假定B企业发行本企业普通股在合并后主体享有同样的股权比例，则B企业应当发行的普通股股数为750万股（900÷54.44%－900），其公允价值为30 000万元，企业合并成本为30 000万元。

(2) 企业合并成本在可辨认资产、负债中的分配：

企业合并成本	30 000
A 公司可辨认资产、负债：	
流动资产	3 000
非流动资产	25 500
流动负债	（1 200）
非流动负债	（300）
商誉	3 000

A 公司合并 B 企业后资产负债表简表如下表所示。

A 公司 2017 年 9 月 30 日合并资产负债表

单位：万元

项目	金额
流动资产	5 700
非流动资产	61 500
商誉	3 000
资产总额	70 200
流动负债	2 100
非流动负债	2 100
负债总额	4 200
所有者权益：	
股本（3 300 万股普通股）	1 650
资本公积	29 250
盈余公积	10 260
未分配利润	24 840
所有者权益总额	66 000

（3）每股收益。

本例中假定 B 企业 2016 年实现合并净利润 1 800 万元，2017 年 A 公司与 B 企业形成的主体实现合并净利润为 3 450 万元，自 2016 年 1 月 1 日至 2017 年 9 月 30 日，B 企业发行在外的普通股股数未发生变化。

A 公司 2017 年基本每股收益：

$3\ 450 \div (1\ 800 \times 9 \div 12 + 3\ 300 \times 3 \div 12) = 1.59$（元）

提供比较报表的情况下，比较报表中的每股收益应进行调整，A 公司 2016 年的基本每股收益 $=1\ 800 \div 1\ 800 = 1$（元）

(4) 上例中，B企业的全部股东中，假定只有其中的90%以原持有的对B企业股权换取了A公司增发的普通股。A公司应发行的普通股股数为1 620万股（900×90%×2）。企业合并后，B企业的股东拥有合并后报告主体的股权比例为51.92%（1 620÷3 120）。通过假定B企业向A公司发行本企业普通股在合并后主体享有同样的股权比例，在计算B企业须发行的普通股数量时，不考虑少数股权的因素，故B企业应当发行的普通股股数为750万股（900×90%÷51.92%－900×90%），B企业在该项合并中的企业合并成本为30 000万［(1 560－810)×40］，B企业未参与股权交换的股东拥有B企业的股份为10%，享有B企业合并前净资产的份额为3 600万元，在合并财务报表中应作为少数股东权益列示。

二、非上市公司购买上市公司股权实现间接上市的会计处理

非上市公司以所持有的对子公司投资等资产为对价取得上市公司的控制权，构成反向购买的，上市公司编制合并报表时应当区别以下情况处理：

(1) 交易发生时，上市公司未持有任何资产、负债或仅持有现金、交易性金融资产等不构成业务的资产或负债的，应按照权益性交易的原则进行处理，不得确认商誉或确认廉价购买利得计入当期损益。

(2) 交易发生时，上市公司保留的资产、负债构成业务的，对于形成非同一控制下企业合并的，企业合并成本与取得的上市公司可辨认净资产公允价值份额的差额应当确认为商誉或计入当期损益。

非上市公司取得上市公司的控制权，构成反向购买的，上市公司在其个别财务报表中应当按照本教材资产篇（二）长期股权投资的原则确定资产的入账价值。上市公司的前期比较个别财务报表应为其自身个别财务报表。

【例题28－5·综合题】 甲公司为境内上市公司，专门从事能源生产业务。2015年，甲公司发生的企业合并及相关交易事项如下：

(1) 2015年2月20日，甲公司召集董事会，审议通过了以换股方式购买专门从事新能源开发业务的乙公司80%股权的议案。2016年3月10日，甲公司、乙公司及其控股股东丙公司各自内部决策批准了该项交易方案。2016年6月18日，证券监管机构核准了甲公司以换股方式购买乙公司80%股权的方案。

2015年6月30日，甲公司以3∶1的比例向丙公司发行6 000万股普通股，取得了乙公司80%股权，有关股份登记和股东变更手续当日完成；同日，甲公司、乙公司的董事会进行了改选，丙公司开始控制甲公司，甲公司开始控制乙公司。甲公司、乙公司普通股每股面值均为1元，2015年6月30日，甲公司普通股的公允价值为每股3元，乙公司普通股的公允价值为每股9元。

2015年7月16日，甲公司支付为实施上述换股合并而发生的会计师、律师、评估师等费用350万元，支付财务顾问费1 200万元。

（2）甲公司、乙公司资产、负债等情况如下：

2015年6月30日，甲公司账面资产总额17 200万元，其中固定资产账面价值4 500万元，无形资产账面价值1 500万元；账面负债总额9 000万元；账面所有者权益（股东权益）合计8 200万元，其中：股本5 000万（每股面值1元），资本公积1 200万元，盈余公积600万元，未分配利润1 400万元；2015年6月30日，甲公司除一项无形资产外，其他资产、负债的公允价值与其账面价值相同，该无形资产为一项商标权，账面价值1 000万元，公允价值3 000万元，按直线法摊销，预计尚可使用5年，预计净残值为零。

2015年6月30日，乙公司账面资产总额34 400万元，其中固定资产账面价值8 000万元，无形资产账面价值3 500万元；账面负债总额13 400万元；账面所有者权益（股东权益）合计21 000万元，其中股本2 500万元（每股面值1元），资本公积500万元，盈余公积1 800万元，未分配利润16 200万元。2015年6月30日，乙公司除一项固定资产外，其他资产、负债的公允价值与其账面价值相同，该固定资产为一栋办公楼，账面价值3 500万元，公允价值6 000万元，按年限平均法计提折旧，预计尚可使用20年，预计净残值为零。

（3）2015年12月20日，甲公司向乙公司销售一批产品，销售价格（不含增值税）为100万元，成本为80万元，款项已收回。截至2015年12月31日，乙公司从甲公司购入的产品已对外出售50%，其余50%形成存货。

其他有关资料如下：

合并前，丙公司、丁公司分别持有乙公司80%和20%股权，甲公司与乙公司、丙公司、丁公司不存在任何关联方关系；合并后，甲公司与乙公司除资产（3）所述内部交易外，不存在其他任何内部交易。

甲公司和乙公司按照年度净利润的10%计提法定盈余公积，不计提任何盈余公积。企业合并后，甲公司和乙公司没有向股东分配利润。

甲公司和乙公司适用的所得税税率均为25%。甲公司以换股方式购买乙公司80%股权的交易适用特殊处理规定，即收购企业、被收购企业的原有各项资产和负债的计税基础保持不变，甲公司和乙公司合并前的各项资产、负债的账面价值和计税基础相同，不存在套期未确认暂时性差异所得税影响的事项。甲公司和乙公司预计未来年度均有足够的应纳税所得额用以抵扣暂时性差异。

除所得税外，不考虑增值税及其他相关税费，不考虑其他因素。

要求：

（1）根据资料（1）~（2）及其他资料，判断该项企业合并的类型及会计上的购买方和被购买方，并说明理由。

（2）根据资料（1）~（2）及其他资料，确定该企业合并的购买日（或合并日）并说明理由。

（3）根据资料（1）~（2）及其他资料，计算甲公司取得乙公司80%股权投资的成本，并编制相关会计分录。

（4）根据资料（1）~（2）及其他资料，计算该项企业合并的合并成本和商誉（如有的话）。

（5）根据资料（1）~（2）及其他资料，计算甲公司购买日（或合并日）合并资产负债表中固定资产、无形资产、递延所得税资产（或负债）、盈余公积和未分配利润的列报金额。

（6）根据资料（3），编制甲公司2015年度合并财务报表相关的抵销分录。（2016年）

【答案】

（1）合并类型：反向购买；会计上的购买方：乙公司；被购买方：甲公司；

理由：2015年6月30日，甲公司以3:1的比例向丙公司发行6 000万股普通股，取得乙公司80%股权，有关股份登记和股东变更手续当日完成；同日，甲公司、乙公司的董事会进行了改选，丙公司开始控制甲公司，甲公司开始控制乙公司；甲公司与乙公司、丙公司、丁公司不存在任何关联方联系。

（2）购买日：2015年6月30日；理由：2015年6月30日，甲公司以3:1的比例向丙公司发行6 000万股普通股，取得了乙公司80%股权，有关股份登记和股东变更手续当日完成；同日，甲公司、乙公司的董事会进行了改选。实质上购买方取得对被购买方的控制权。

（3）甲公司取得乙公司80%股权投资的成本，并编制相关会计分录。

甲公司取得乙公司80%股权投资成本=6 000×3=18 000（万元），相关会计分录为：

借：长期股权投资	18 000	
贷：股本		6 000
资本公积——股本溢价		12 000
借：管理费用	1 550	
贷：银行存款		1 550

（4）合并成本：企业合并后，乙公司原股东丙公司持有甲公司的股权比例为（6 000/（6 000+5 000））=54.55%；假定乙公司发行本公司普通股对甲公司进行企业合并，在合并后主体享有同样的股权比例，乙公司应当发行的普通股股数为2 500×80%/54.55%-2 500×80%=1 666.36（万股）。

企业合并成本=1 666.36×9=15 000（万元）

企业合并商誉=15 000-（8 200+2 000×75%）=5 300（万元）

【解析】为什么有2 000×75%？

被合并方的可辨认净资产的账面价值是8 200万元（17 200-9 000），然后有一项无形资产的账面和公允差异2 000万元，理应公允价值是10 200万元，但是这里是免税合并。免税合并的时候，税法是按照账面价值入账，但是会计是按照公允价值，因此会形成递延所得税负债，这样就减少了商誉。

借：商誉　500

　　贷：递延所得税负债　500

(5) 固定资产的列报金额 =4 500 +8 000 =12 500（万元）

无形资产的列报金额 =1 500 +(3 000 -1 000) +3 500 =7 000（万元）

递延所得税资产的列报金额 =0

递延所得税负债的列报金额 =(3 000 -1 000) ×25% =500（万元）

盈余公积的列报金额 =600 +1 800 ×80% -600 =1 440（万元）

未分配利润的列报金额 =1 400 +16 200 ×80% -1 400 =12 960（万元）

(6) 内部交易抵销分录为：

借：营业收入　100

　　贷：营业成本　100

借：营业成本　10

　　贷：存货　10

企业因该内部交易应确认的递延所得税资产 =10 ×25% =2.5（万元）

借：递延所得税资产　2.5

　　贷：所得税费用　2.5

第三节　合营安排

【本节说明】

(1) 本节是长期股权投资的内容，因为长期股权投资包括形成控股合并的长期股权投资和不形成控股合并的长期股权投资，不形成控股合并的长期股权投资又包含对合营企业投资和对联营企业投资。

(2) 本节内容就是讲述哪些属于合营安排。

一、概念及合营安排的认定

(一) 合营安排

合营安排是指一项由两个或两个以上的参与方共同控制的安排。合营安排具有下列特征：

1. 各参与方均受到该安排的约束

2. 两个或两个以上的参与方对该安排实施共同控制

(二) 共同控制及判断原则

1. 共同控制

是指按照相关约定对某项安排所共同的控制，并且该安排的相关活动必须经过分享控制权的参与方一致同意后才能决策。

（1）集体控制。如果所有参与方或一组参与方必须一致行动才能决定某项安排的相关活动，则称所有参与方或一组参与方集体控制该安排。

（2）相关活动的决策。主体应当在确定是由参与方组合集体控制该安排，而不是某一参与方单独控制该安排后，再判断这些集体控制该安排的参与方是否共同控制该安排。当且仅当相关活动的决策要求集体控制该安排的参与方一致同意时，才存在共同控制。

当相关约定中设定了就相关活动作出决策所需的最低投票权比例时，若存在多种参与方的组合形式均能满足最低投票权比例要求的情形，则该安排就不是合营安排！

也就是说如果存在两个或两个以上的参与方组合能够集体控制某项安排的，不构成共同控制。

【例题28－6】假定一项安排涉及三方：A公司、B公司、C公司在该安排中拥有的表决权分别为50%、30%和20%。A公司、B公司、C公司之间的相关约定规定，75%以上的表决权即可对安排的相关活动作出决策。

在本例中，A公司和B公司是能够集体控制该安排的唯一组合，当且仅当A公司、B公司一致同意时，该安排的相关活动决策方能表决通过。因此A公司、B公司对安排具有共同控制权。

推论一下：如果A公司、B公司、C公司在甲企业中拥有的表决权分别为50%、25%和25%，请问构成共同控制吗？因为A跟B或者A跟C都可以独立作出决定，因此不构成共同控制！

如果A公司、B公司、C公司在甲企业中拥有的表决权分别为80%、10%和10%也不能构成共同控制了，因为A公司可以独自作出决定！

（3）争议解决机制。

相关约定条款的存在一般不会妨碍某项安排成为合营安排。但是，如果在各方未就相关活动的重大决策达成一致意见的情况下，其中一方具备“一票通过权”或者潜在表决权等特殊权力，则需要仔细分析，很可能具有特殊权力的一方实质上具备控制权，不构成合营安排。

（4）仅享有保护性权利的参与方不享有共同控制。

（5）一项安排的不同活动可能分别由不同的参与方或参与方组合主导。

（6）综合评估多项相关协议。

2. 合营安排中的不同参与方

只要两个或两个以上的参与方对该安排实施共同控制，一项安排就可以被认定为合营安排，并不要求所有参与方都对该安排享有共同控制。对合营安排享有共同控制的参与方（分享控制权的参与方）被称为“合营方”；对合营安排不享有共同控制的参与方被称为“非合营方”。

二、合营安排的分类

合营安排分为共同经营和合营企业。

共同经营，是指合营方享有该安排相关资产且承担该安排相关负债的合营安排。

合营企业，是指合营方仅对该安排的净资产享有权利的合营安排。

在实务中，主体可以从合营安排是否通过单独主体达成为起点，判断一项合营安排是共同经营还是合营企业。

（一）单独主体

是指具有单独可辨认的财务架构的主体，包括单独的法人主体和不具备法人主体资格但法律所认可的主体。单独主体并不一定要具备法人资格，但必须具有法律所认可的单独可辨认的财务架构，确认某主体是否属于单独主体必须考虑适用的法律法规。合营安排最常见的形式包括有限责任公司、合伙企业、合作企业等。在某些情况下，信托、基金也可被视为单独主体！

（二）合营安排未通过单独主体达成

当合营安排未通过单独主体达成时，该合营安排为共同经营。（就是非正式的合伙企业）

（三）合营安排通过单独主体达成

如果合营安排通过单独主体达成，该合营安排可能是共同经营也可能是合营企业（见表28－2）。

表28－2　　共同经营和合营企业对比

对比项目	共同经营	合营企业
合营安排的条款	参与方对合营安排的相关资产享有权利并对相关负债承担义务	参与方对与合营安排有关的净资产享有权利，即单独主体（而不是参与方），享有与安排相关资产的权利，并承担与安排相关负债的义务
对资产的权利	参与方按照约定的比例分享合营安排的相关资产的全部利益（例如，权利、权属或所有权等）	资产属于合营安排，参与方并不对资产享有权利
对负债的义务	参与方按照约定的比例分担合营安排的成本、费用、债务及义务。第三方对该安排提出的索赔要求，参与方作为义务人承担赔偿责任	合营安排对自身的债务或义务承担责任。参与方仅以其各自对该安排认缴的投资额为限对该安排承担相应的义务。合营安排的债权方无权就该安排的债务对参与方进行追索
收入、费用及损益	合营安排建立了各参与方按照约定的比例（例如按照各自所耗用的产能比例）分配收入和费用的机制。某些情况下，参与方按约定的份额比例享有合营安排产生的净损益不会必然使其被分类为合营企业，仍应当分析参与方对该安排相关资产的权利以及对该安排相关负债的义务	各参与方按照约定的份额比例享有合营安排产生的净损益
担保	参与方为合营安排提供担保（或提供担保的承诺）的行为本身并不直接导致一项安排被分类为共同经营	

【注意】共同经营有点类似于合伙企业，而合营企业类似于有限责任公司！

【例题 28 -7 · 单选题】在关于合营安排的表述中，正确的是（　　）。

A. 当合营安排未通过单独主体达成时，该合营安排为共同经营

B. 两个参与方组合能够集体控制某项安排的，该安排构成合营安排

C. 合营安排中参与方对合营安排提供担保的，该合营安排为共同经营

D. 合营安排为共同经营的，参与方对合营安排有关的净资产享有权利

【答案】A

【解析】两个参与方组合能够集体控制某项安排的，该安排不构成合营安排，选项B错误；合营安排中参与方对合营安排提供担保的行为本身并不直接导致一项安排被分类为共同经营，选项C错误；合营安排为共同经营的，参与方按照约定的比例分享合营安排的相关资产的全部利益，选项D错误。

三、重新评估

相关事实和情况的变化有时可能导致某一参与方控制该安排，从而使该安排不再是合营安排。

由于相关事实和情况发生变化，合营安排的分类可能发生变化，可能由合营企业转变为共同经营，或者由共同经营转为合营企业。

四、共同经营参与方的会计处理

（一）共同经营中合营方的会计处理

1. 一般会计处理原则

合营方应当确认其与共同经营中利益份额相关的下列项目，并按照相关企业会计准则的规定进行会计处理：

一是确认单独所持有的资产和单独所承担的负债；

二是共同经营中的资产、负债、收入和费用按比例确定。

【例题 28 -8 · 计算题】2013 年 1 月 1 日，A 公司和 B 公司共同出资购买一栋写字楼，各自拥有该写字楼 50% 的产权，用于出租收取租金。合同约定，该写字楼相关活动的决策需要 A 公司和 B 公司一致同意方可作出；A 公司和 B 公司的出资比例、收入分享比例和费用分担比例均为各自 50%。该写字楼购买价款为 8 000 万元，由 A 公司和 B 公司以银行存款支付，预计使用寿命 20 年，预计净残值为 320 万元，采用年限平均法按月计提折旧。该写字楼的租赁合同约定，租赁期限为 10 年，每年租金为 480 万元，按月交付。该写字楼每月支付维修费 2 万元。

另外，A 公司和 B 公司约定，该写字楼的后续维护和维修支出（包括再装修支出和任何其他的大修支出）以及与该写字楼相关的任何资金需求，均由 A 公司和 B 公司按比例承担。假设 A 公司和 B 公司均采用成本法对投资性房地产进行后续计量，不考虑税费等其他因素影响。

本例中，由于关于该写字楼相关活动的决策需要 A 公司和 B 公司一致同意方可作出，所以 A 公司和 B 公司共同控制该写字楼，购买并出租该写字楼为一项合营安排。由

于该合营安排并未通过一个单独主体来架构，并明确约定了A公司和B公司享有该安排中资产的权利、获得该安排相应收入的权利、承担相应费用的责任等，因此该合营安排是共同经营。A公司的相关会计处理如下：

（1）出资购买写字楼时：

借：投资性房地产　　　　　　　　　　（8 000×50%）40 000 000

　　贷：银行存款　　　　　　　　　　　　　　　　　　40 000 000

（2）每月确认租金收入时：

借：银行存款　　　　　　　　　　　（480×50%÷12）200 000

　　贷：其他业务收入　　　　　　　　　　　　　　　　　200 000

（3）每月计提写字楼折旧时：

借：其他业务成本　　　　　　　　　　　　　　　　　160 000

　　贷：投资性房地产累计折旧　［（8 000－320）÷20÷12×50%］160 000

（4）支付维修费时：

借：其他业务成本　　　　　　　　　　（20 000×50%）10 000

　　贷：银行存款　　　　　　　　　　　　　　　　　　10 000

2. 合营方向共同经营投出或者出售不构成业务的资产的会计处理

合营方向共同经营投出或出售资产等（该资产构成业务的除外），在共同经营将相关资产出售给第三方或相关资产消耗之前（即，未实现内部利润仍包括在共同经营持有的资产账面价值中时），应当仅确认归属于共同经营其他参与方的利得或损失。如果投出或出售的资产发生符合《企业会计准则第8号——资产减值》等规定的资产减值损失的，合营方应当全额确认该损失。

3. 合营方自共同经营购买不构成业务的资产的会计处理

合营方自共同经营购买资产等（该资产构成业务的除外），在将该资产等出售给第三方之前（即，未实现内部利润仍包括在合营方持有的资产账面价值中时），不应当确认因该交易产生的损益中该合营方应享有的部分。即，此时应当仅确认因该交易产生的损益中归属于共同经营其他参与方的部分。

【例题28－9·计算题】甲公司和乙公司共同设立一项安排C，假定该安排划分为共同经营，甲公司和乙公司对于安排C分别享有50%的份额。2016年12月31日，甲公司支付采购价款（不含增值税）300万元，购入安排C的一批产品，甲公司将该批产品作为存货入账，尚未对外出售。该项产品在安排C中的账面价值为200万元。甲公司和乙公司分别确认的损益为多少？

【答案】安排C因上述交易确认了收益100万元。甲公司对该收益按份额应享有50万元（100×50%）。但由于在资产负债表日，该项存货仍未出售给第三方，因此该未实现内部损益50万元应当被抵销，相应减少存货的账面价值。但乙公司对该收益应享有50万元，应当予以确认（100×50%），乙公司享有的50万元收益反映在甲公司存货的期末账面价值中。

4. 合营方取得构成业务的共同经营的利益份额的会计处理

企业应当按照企业合并准则的相关规定判断该共同经营是否构成业务。该处理原则不仅适用于收购现有的构成业务的共同经营中的利益份额，也适用于与其他参与方一起设立共同经营，且由于有其他参与方注入既存业务，使共同经营设立时即构成业务。

【例题 28－10·计算题】 B 公司和 C 公司共同设立一项安排甲，假定该安排构成一项业务，且属于共同经营。B 公司和 C 公司对于安排甲的资产、负债及损益分别享有 50% 的份额。A 公司（非）于 2015 年 12 月 31 日购买了 B 公司持有的全部安排甲的利益份额，购买对价为 300 万元。A 公司所取得的单独持有的资产及共同持有的资产份额以及所单独承担的负债及共同承担的负债份额的公允价值如下：

单位：万元

资产：	金额	负债：	金额
货币资金	20	流动负债	30
固定资产	200	非流动负债	10
其他资产	80		
资产总额	300	负债总额	40

假定不考虑所得税，A 公司取得的该共同经营利益份额中可辨认净资产的公允价值为 260 万元，A 公司支付的对价为 300 万元，A 公司应相应确认商誉 40 万元。合营方增加其持有的一项构成业务的共同经营的利益份额时，如果合营方对该共同经营仍然是共同控制，则合营方之前持有的共同经营的利益份额不应按照新增投资日的公允价值重新计量。

（二）对共同经营不享有共同控制的参与方的会计处理原则

对共同经营不享有共同控制的参与方（非合营方），如果享有该共同经营相关资产且承担该共同经营相关负债的，比照合营方进行会计处理。否则，应当按照相关企业会计准则的规定对其利益份额进行会计处理。例如，如果该参与方对于合营安排的净资产享有权利并且具有重大影响，则按照长期股权投资准则等相关规定进行会计处理；如果该参与方对于合营安排的净资产享有权利并且无重大影响，则按照金融工具确认和计量准则等相关规定进行会计处理；向共同经营投出构成业务的资产的，以及取得共同经营的利益份额的，则按照合并财务报表及企业合并等相关准则进行会计处理。

第二十八章　附加章节

彬哥跟你说：

学完了全书，心情放松了，接下来要做的就是制订好复习计划！什么时候复习哪几章？什么时候开始做成套真题？

今日复习步骤：

第一遍：回忆 & 重新复习一遍框架（5 分钟）

学习要求：自己重新找一遍框架，不需要掌握所有细节，但求框架了然于心。

（1）金融资产转移讲了什么？

（2）反向购买是什么意思？

（3）合营安排的主要内容是什么？

第二遍：对细节进一步掌握（40 分钟）

（1）金融资产涉及哪些考点？

（2）反向购买涉及哪些考点？

（3）如何判断是否属于合营安排？

第三遍：重新复习一遍框架（10 分钟）

我问你答：

（1）金融资产终止确认如何区分部分或整体终止确认？

（2）金融资产符合终止确认时如何计量？

（3）继续涉入时，不同情形下如何进行会计处理？

（4）反向购买中购买方和被购买方如何确定？合并成本如何计算？合并财务报表编制原则是什么？合并报表中涉及的合并金额如何计算？

（5）反向购买中每股收益如何计算？

（6）合营安排的判断原则是什么？

（7）共同经营和合营企业的区别有哪些？

（8）共同经营的会计处理原则是什么？

本章作业：

（1）请把讲义例题做三遍（做错的题目，请分析错误原因并记录到改错本）。

（2）请复习完口述一遍框架，睡前请再回忆一遍框架。

（3）第二天早上，请再回忆一遍框架，对于回忆不起来的内容，请翻书看一遍。

第 21 天

复习旧内容：

今天给大家规划一下接下来各自的复习安排。

简单解释今天学习内容：

第 21 天了，你们也逐步养成了良好的学习习惯，接下来离考试还有很久，因此你们还要经历多轮复习，在这里，给大家规划一下接下来的复习安排，希望各位按照要求去慢慢完成：

（1）不可一日不学习。当然这比较夸张，偶尔一天确实忙得忘记学习了，这确实是情有可原的，但是尽量做到每天都保持学习状态，就算看几眼改错本也好，这种状态不能丢。

（2）复习首先回忆整体框架，然后往下一点一点地梳理，最后进入到习题，抓住自己的漏洞。

（3）对于习题，一定要重新做一次，看看忘记没有，而且复习的时候不要看答案，要先做，然后对照答案。

（4）改错本要经常更新，对于很熟悉的题目可以撕掉了，对于不熟悉的题目重新换个改错本记录下来，说明问题很大，重新记录一次会加深印象。

可能会遇到的难点：

各位加油，“思考 + 动笔”一样都不可少，并无例外，唯有前行！

BT学院
btclass.cn 陪伴奋斗年华

明星讲师

李彬

BT 学院（www.btclass.cn）明星老师，注册会计师全国统一考试辅导教材「21 天突破注会」系列丛书作者

2019 年一人带出 15 个一次过六科学员，92 个一次性过五科学员，346 个过四科学员；累计带出一次过 6 科学员 80 名。

零基础开始考证之路，自创框架学习法！2012 年一次性极高分通过注册会计师专业阶段考试（459 分），2013 年 6 月一次性通过注册税务师考试（5 门），2013 年 9 月高分通过司法考试（400+）。

↑备考CPA的同学，可以扫码添加彬哥的微信

向艳老师

主讲：会计
16 年 CPA 全国状元（478.25）
BT 学院教研组负责人，多年财会教学经验
极致耐心细致教学，上课传授高效学神备考方法

七喜老师

主讲：财管
自学半个月过财管，2 年过 CPA
曾在世界 500 强、央企等担任管理会计工作
擅长框架法教学，自带圈粉属性的声音，课堂超高互动率

叶子老师

主讲：税法
注册会计师、中国人民大学会计学毕业
担任多年上市公司会计主管，具有多年财会教学经验
以班主任风格授课，条理清晰，生动形象，重点极其突出！

颖儿老师

主讲：经济法
在职宝妈均分 80+ 过 CPA
擅长多线备考，手握数十本证书的考证狂魔
擅长以图说“法”，自创高效抗遗忘法，帮助学员牢记知识点！

丽丽老师

主讲：审计、战略
注册会计师，2 年过 CPA
曾在立信事务所担任审计、担任多年高校财会老师
被誉为最温柔耐心的 CPA 老师，立志打造最快乐的 CPA 课堂

题库领取

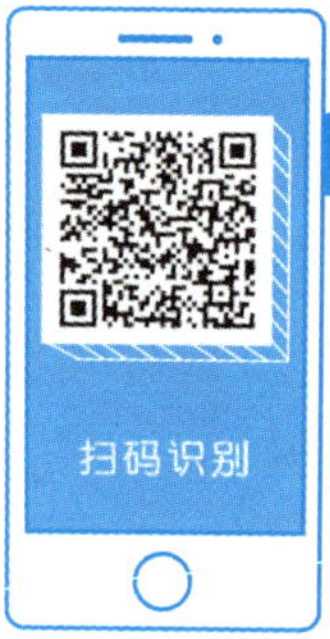

Step 1

扫描二维码

Step 2

扫码后弹出
【BT研习社】，
点击“关注公众号”，
如已关注请忽略此步

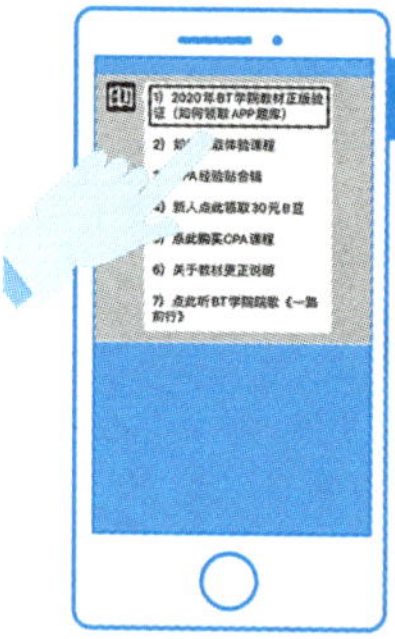

Step 3

关注后自动领取7天导学课+精品课
点击弹出消息中的“2020年BT学院教材正版验证”（如何领取APP题库）

Step 4

刮开封面题库码刮银，
获取题库码

Step 5

在领取BT学院APP题库
页面中填写题库优惠码，
填写完毕后点击“兑换”

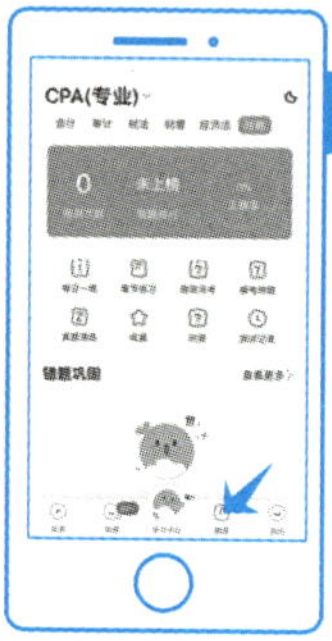

Step 6

领取成功后，
下载【BT学院】APP，
点击【题库】即可做题

下载BT学院APP

联系官方客服

BT学院——陪伴奋斗年华

致敬这个时代最有梦想的人

有时候会觉得自己很孤单，哪怕并不缺少亲人朋友关切的眼神。因为没有处在相同的境地，没有面临等同的压力，没有殊途同归的共同目标，所以有口难言，情绪都烂在心里。想要与志同道合的朋友喝酒聊天，想要在他们眼里找回激情和梦想，想要与保持着同一份初心的人一路前行。

陪伴，是最温暖的情怀，是最长情的告白，而BT学院就想要送你这一份温暖，陪伴奋斗年华。

学习知识固然重要，可是陪伴或许才是教育的本质。有“效率”的陪伴，应该是“双向沟通”，就像高效的学习不应当只是“单向传输”一样。老师懂你的困惑，你也能跟上老师的节奏，及时的互通和反馈才是陪伴的真谛！信息时代里，我们缺少的绝对不是那堆冷冰冰的知识，而是能有良师在授业解惑之余不断引导你培养终身受益的学习方法，有益友持续鼓励你坚定不渝地前行，这或许就是教育的本质。这样的经历在我们学生时代也许并不陌生，只是多年之后再回首，那些坚定又充实的学习时光竟然是那般遥远。在BT学院里，我们想要给你陪伴，带你再回那段时光。

纵然无线WiFi不能传递热能，可是陪伴却可以带来无限温情。直播间里，老师说“懂得了就扣1”，一连串的1111让我们透过屏幕感受到你们的欣喜和雀跃；班级群里，助教说“复习完了要打卡”，同学们较着劲儿地报进度，互相鼓励着去坚持，真切地觉得在奋斗的不只是自己。

纵使我们来自全国各地，可是有着相同的奋斗心情。我们在一群素未谋面的陌生人中嗅到了至真至纯的人情味儿，让早读成为了习惯，拼搏至凌晨成为了常态。助教的督促，老师的答疑，同学的鼓励，让汗水终将换来理想成绩的感动。正是对这份温暖的向往，对目标的矢志不渝，让你在最美的年华，选择了奋斗在BT学院。一个人走得很快，但一群人相伴可以走得更远。

熹微晨光中，鸟鸣和BT学院陪你；静谧的夜里，咖啡和BT学院陪你；没有休息的周六日，没有旅行的假期，BT学院一直陪你，陪你！陪你遥望真理无穷，陪你感受每进一寸的欢喜，陪你平缓坎坷心情，陪你度过奋斗年华！

BT学院—陪伴奋斗年华。BestTime，最美的年华，奋斗在BT学院！

目 录

CONTENTS

第一章 总　论 …… 1
第二章 存　货 …… 2
第三章 固定资产 …… 3
第四章 无形资产 …… 4
第五章 投资性房地产 …… 5
第六章 资产减值 …… 6
第七章 金融工具 …… 7
第八章 长期股权投资及企业合并 …… 9
第九章 负　债 …… 12
第十章 所有者权益 …… 13
第十一章 收入、费用和利润 …… 14
第十二章 财务报告 …… 16
第十三章 或有事项 …… 17
第十四章 非货币性资产交换 …… 18
第十五章 债务重组 …… 19
第十六章 政府补助 …… 20
第十七章 借款费用 …… 21
第十八章 股份支付 …… 22
第十九章 外币折算 …… 23
第二十章 所得税 …… 24
第二十一章 租　赁 …… 25
第二十二章 会计政策、会计估计变更和差错更正 …… 27
第二十三章 资产负债表日后事项 …… 27
第二十四章 应付职工薪酬 …… 28
第二十五章 每股收益 …… 29
第二十六章 持有待售的非流动资产、处置组和终止经营 …… 30
第二十七章 政府及民间非营利组织会计 …… 32
第二十八章 附加章节 …… 34

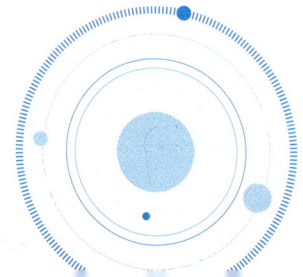

第一章 总论

- 总论
  - 概述
    - 会计是以货币为主要计量单位，反映和监督一个单位经济活动的一种经济管理工作
  - 会计信息质量要求
    - 1.可靠性
    - 2.相关性
    - 3.可理解性
    - 4.可比性
    - 5.实质重于形式
    - 6.重要性
    - 7.谨慎性
    - 8.及时性
  - 财务报表目标、会计基本假设和会计基础
    - 财务报告使用者
      - (1) 投资者
      - (2) 债权人
      - (3) 政府及其有关部门和社会公众
    - 会计基本假设
      - 1.会计主体
      - 2.持续经营
      - 3.会计分期
      - 4.货币计量
    - 会计基础
      - 权责发生制
      - 收付实现制
        - 政府会计的预算会计
  - 会计要素及其确认与计量
    - 会计要素
      - 资产
      - 负债
      - 所有者权益
      - 收入
      - 费用
      - 利润
    - 会计要素计量属性
      - 历史成本
      - 重置成本
      - 可变现净值
      - 现值
      - 公允价值
  - 财务报告

第二章 存货

- 存货
  - 初始计量
    - 外购：购买价款+其他相关费用（非正常损失不计入成本）
    - 加工：形成过程中发生的各种成本之和
    - 其他方式：公允价值
    - 存货盘盈：按其重置成本作为入账价值；通过“待处理财产损溢”科目，冲减当期管理费用
  - 后续计量
    - 发出存货的计量方法
      - 先进先出法：先购入的先发出
      - 移动加权平均法：每次进货都要重新计算一次存货的成本
      - 月末一次加权平均法：当月全部进货数量加月初存货数量的加权平均成本
      - 个别计价法：逐一确认成本
    - 期末存货的计量
      - 按成本和可变现净值孰低计量
      - 可变现净值
        - （1）产成品、材料等直接用于出售的存货——估计售价-销售费用及税费
        - （2）材料、半成品等需要加工的存货——成品估计售价-完工时估计要发生的成本-销售费用及相关税费
        - （3）对于签订合同的存货，估计售价为合同价，没有合同的估计售价为一般市场价格
        - （4）如果一批产品中，其中一部分有合同，一部分没有合同，那期末存货计量要分开计算，分开计提存货跌价准备，不得相互抵销
      - 存货跌价准备
        - 计提：在每一个资产负债表日，比较存货与可变现净值，当可变现净值小于存货成本时，确认减值。记入“资产减值损失”
        - 转回：当减值因素消失，存货跌价准备在原已计提的存货跌价准备的金额内转回，转回的金额记入当期损益（资产减值损失）
  - 处置
    - 盘亏或毁损
      - (1)人为原因造成的，扣除残料价值、保险及过失人赔偿后，将净损失金额记入管理费用
      - (2)自然原因造成的，扣除残料价值、保险赔偿等，将净损失金额记入营业外支出
    - 出售
      - (1)确认收入结转成本
      - (2)对于已计提存货跌价准备的存货，在结转销售成本时，应同时结转对应的已经计提的存货跌价准备
        - 借：存货跌价准备
        -   贷：主营业务成本

第三章 固定资产

- 固定资产
  - 初始计量
    - 外购（购买价款+相关费用）
      - (1) 需要安装：首先计入在建工程，待安装完毕转入固定资产
      - (2) 分期付款："摊余成本法"
    - 自建（发生成本之和）
      - 自营建造
        - (1)建造期间，发生的工程物资盘亏、报废及毁损，减去残料价值以及保险公司、过失人等赔偿后的净损失，计入在建工程的成本
        - (2)盘盈的工程物资或处置净收益，冲减在建工程的成本
        - 安全生产费，费用化直接冲减；资本化在确认为固定资产时一次计提完折旧
      - 出包方式
    - 弃置费用　将弃置费用折现到现在计入固定资产
  - 后续计量
    - 折旧
      - 折旧方法
        - 直线法、工作量法、年数总和法
        - 双倍余额递减法
          - (1)最后两年采用直线法摊销，要考虑净残值
          - (2)前几年计算折旧时，不考虑净残值
      - 折旧时间　当月增加，当月不提，当月减少，当月仍然计提
    - 改建
      - 资本化
        - (1)将固定资产账面价值转入"在建工程"
        - (2)将被替换部分的账面价值扣除，若卖掉有收益，则冲减营业外支出
        - (3)完工后转入固定资产，按重新确认的价值，使用寿命、预计净残值和折旧方法计提折旧
      - 费用化　直接计入当期损益（管理费用或销售费用）
    - 减值　资产的可回收金额低于账面价值，要减值，记入"资产减值损失"
  - 处置
    - 出售
      - 将账面净值转入"固定资产清理"科目
        - 借：固定资产清理
          - 累计折旧
          - 固定资产减值准备
        - 贷：固定资产
      - 发生清理费用
        - 借：固定资产清理
        - 贷：银行存款
      - 处置
        - 借：银行存款
          - 资产处置损益（如果亏损）
        - 贷：固定资产清理
          - 资产处置损益（如果盈利）
    - 报废　将其账面价值转入当期损益，计入"营业外支出"

第四章 无形资产

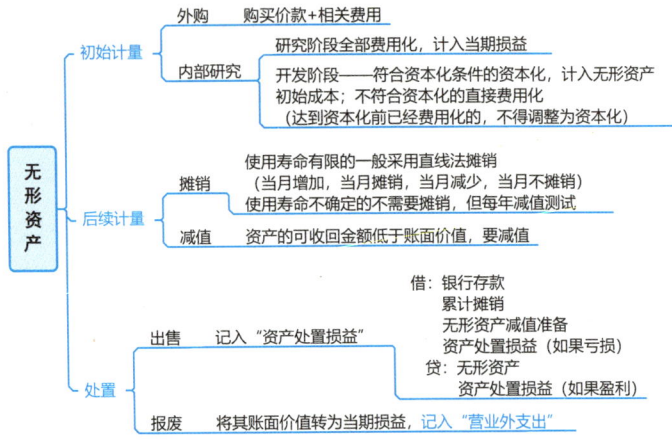

- 无形资产
  - 初始计量
    - 外购：购买价款+相关费用
    - 内部研究
      - 研究阶段全部费用化，计入当期损益
      - 开发阶段——符合资本化条件的资本化，计入无形资产初始成本；不符合资本化的直接费用化（达到资本化前已经费用化的，不得调整为资本化）
  - 后续计量
    - 摊销
      - 使用寿命有限的一般采用直线法摊销（当月增加，当月摊销，当月减少，当月不摊销）
      - 使用寿命不确定的不需要摊销，但每年减值测试
    - 减值：资产的可收回金额低于账面价值，要减值
  - 处置
    - 出售：记入“资产处置损益”
      - 借：银行存款
        - 累计摊销
        - 无形资产减值准备
        - 资产处置损益（如果亏损）
      - 贷：无形资产
        - 资产处置损益（如果盈利）
    - 报废：将其账面价值转为当期损益，记入“营业外支出”

第五章 投资性房地产

投资性房地产

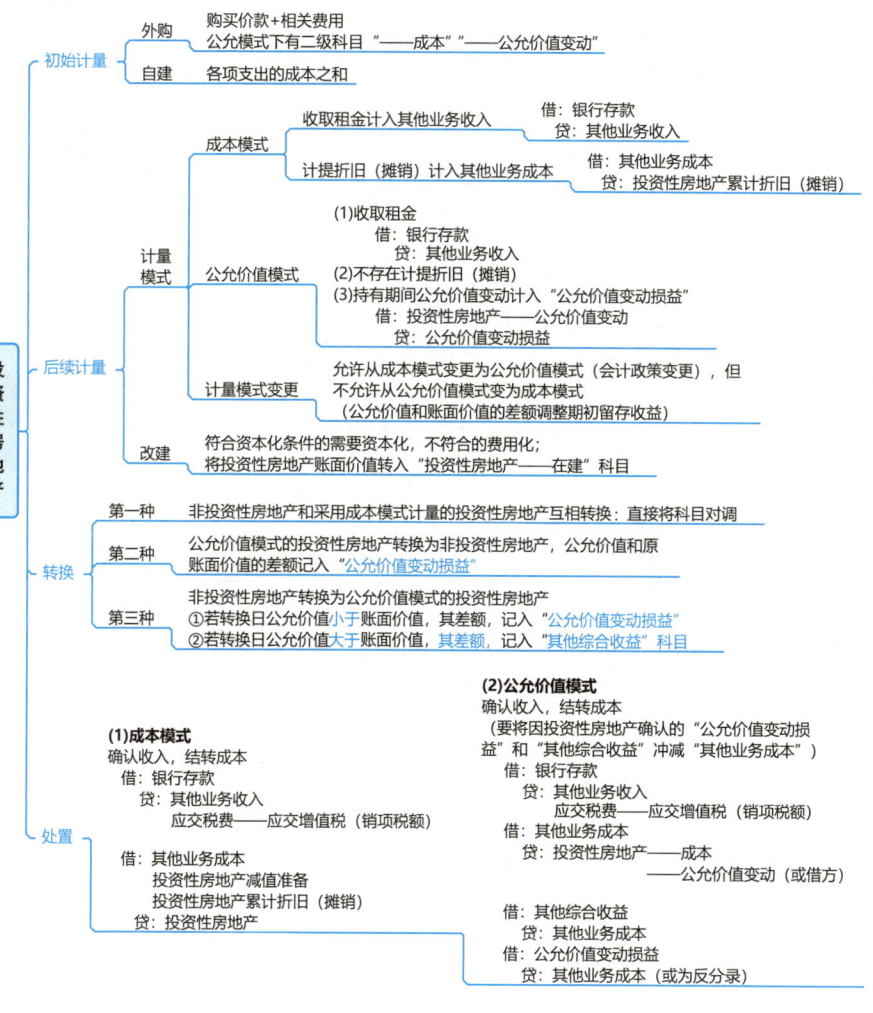

- 初始计量
  - 外购
    - 购买价款+相关费用
    - 公允模式下有二级科目“——成本”“——公允价值变动”
  - 自建
    - 各项支出的成本之和
- 后续计量
  - 计量模式
    - 成本模式
      - 收取租金计入其他业务收入
        - 借：银行存款
        - 贷：其他业务收入
      - 计提折旧（摊销）计入其他业务成本
        - 借：其他业务成本
        - 贷：投资性房地产累计折旧（摊销）
    - 公允价值模式
      - (1)收取租金
        - 借：银行存款
        - 贷：其他业务收入
      - (2)不存在计提折旧（摊销）
      - (3)持有期间公允价值变动计入“公允价值变动损益”
        - 借：投资性房地产——公允价值变动
        - 贷：公允价值变动损益
    - 计量模式变更
      - 允许从成本模式变更为公允价值模式（会计政策变更），但不允许从公允价值模式变为成本模式
      - （公允价值和账面价值的差额调整期初留存收益）
  - 改建
    - 符合资本化条件的需要资本化，不符合的费用化；
    - 将投资性房地产账面价值转入“投资性房地产——在建”科目
- 转换
  - 第一种
    - 非投资性房地产和采用成本模式计量的投资性房地产互相转换：直接将科目对调
  - 第二种
    - 公允价值模式的投资性房地产转换为非投资性房地产，公允价值和原账面价值的差额记入“公允价值变动损益”
  - 第三种
    - 非投资性房地产转换为公允价值模式的投资性房地产
    - ①若转换日公允价值小于账面价值，其差额，记入“公允价值变动损益”
    - ②若转换日公允价值大于账面价值，其差额，记入“其他综合收益”科目
- 处置
  - **(1)成本模式**
    - 确认收入，结转成本
      - 借：银行存款
        - 贷：其他业务收入
          - 应交税费——应交增值税（销项税额）
      - 借：其他业务成本
        - 投资性房地产减值准备
        - 投资性房地产累计折旧（摊销）
        - 贷：投资性房地产
  - **(2)公允价值模式**
    - 确认收入，结转成本
    - （要将因投资性房地产确认的“公允价值变动损益”和“其他综合收益”冲减“其他业务成本”）
      - 借：银行存款
        - 贷：其他业务收入
          - 应交税费——应交增值税（销项税额）
      - 借：其他业务成本
        - 贷：投资性房地产——成本
          - ——公允价值变动（或借方）
      - 借：其他综合收益
        - 贷：其他业务成本
      - 借：公允价值变动损益
        - 贷：其他业务成本（或为反分录）

第六章 资产减值

- 资产减值
  - 资产减值范围
    - 长期股权投资、采用成本模式进行后续计量的投资性房地产、固定资产、无形资产、商誉等
    - 3 个特殊资产每年要进行减值测试：商誉、使用寿命不确定的无形资产、尚未达到可使用状态的无形资产
  - 资产可收回金额
    - 公允价值减去处置费用后的净额与资产预计未来现金流量的现值两者之间较高者确定
    - 外币计量
      (1)以外币估算未来现金流
      (2)以外币折现率折现
      (3)将外币现值以即期汇率折算成记账本位币
  - 资产减值损失的确认和计量
    - (1)一旦发生减值，减记的金额确认为资产减值损失，计入当期损益（资产减值损失）
      (2)减值后，影响折旧/摊销的计提金额
      (3)资产减值一旦确定，以后期间不得转回
  - 资产组
    - 一经确认，不得随意变更
    - 减值
      - (1)先抵减资产组中的商誉
        (2)按比例抵减账面价值
        (3)抵减后资产账面价值不得低于三者中最高者
        （公允价值-处置费用后的净额、预计未来现金流量现值、零）
        (4)未能分摊的减值，对其他各项资产继续按照比例分摊
  - 商誉减值
    - (1)计算控股股东商誉
      (2)计算完全商誉：完全商誉=控股股东商誉÷控股股东股权比例
      (3)该资产包含商誉的账面价值：资产账面价值+完全商誉的价值
      (4)将该资产的可收回金额与包含商誉的账面价值进行比较，确定减值金额

第七章 金融工具

- 金融工具
  - 金融工具概述
    - 金融工具
      - 金融资产
      - 金融负债
      - 权益工具
    - 金融工具的另一种分类
      - 基础金融工具
      - 衍生工具
  - 金融资产和金融负债的分类和重分类
    - 金融资产
      - 以摊余成本计量的金融资产
      - 以公允价值计量且其变动计入其他综合收益的金融资产
      - 以公允价值计量且其变动计入当期损益的金融资产
    - 金融负债
      - 以公允价值计量且其变动计入当期损益的金融负债
      - 金融资产转移不符合终止确认条件或继续涉入被转移金融资产所形成的金融负债
      - 部分财务担保合同，以及不属于以公允价值计量且其变动计入当期损益的金融负债、以低于市场利率贷款的贷款承诺
      - 不属于以上类型的金融负债，分类为以摊余成本计量的金融负债
    - 重分类
      - 原则　金融资产可以进行重分类，金融负债不得进行重分类
      - 计量　六种重分类情形的不同账务处理
  - 金融负债和权益工具的区分
    - 金融负债和权益工具的具体区分
      - 总体要求　金融负债和权益工具定义
      - 基本原则
        - 是否存在无条件地避免交付现金或其他金融资产的合同义务
        - 是否通过交付固定数量的自身权益工具结算
      - 以外币计价的配股权、期权或认股权证
      - 或有结算条款
      - 结算选择权
      - 合并财务报表中金融负债和权益工具的区分
      - 特殊金融工具的区分
      - 金融负债和权益工具之间的重分类
      - 收益和库存股
    - 复合金融工具
    - 永续债的会计处理
  - 金融工具的计量
    - 初始计量
      - FVTPL-金融资产或金融负债，交易费用计入当期损益
      - 其他类别的金融资产或金融负债，交易费用计入初始确认金额
    - 后续计量
      - 金融资产
        - 金融资产后续计量原则
        - 以摊余成本计量的金融资产的会计处理
        - 以公允价值后续计量的金融资产的会计处理
      - 金融负债
    - 金融工具的减值
      - 金融工具减值概述
      - 金融工具减值的三阶段
      - 特殊情形
      - 预期信用损失的计量
      - 金融工具减值的账务处理
  - 金融资产转移（见附加章节）
  - ...（接下页）

金融工具

- ...（接上页）
- 套期会计
  - 概述
    - 套期的概念
    - 套期的分类
      - 公允价值套期
      - 现金流量套期
      - 境外经营净投资套期
    - 套期会计方法
  - 套期工具和被套期项目
  - 套期关系评估
    - 运用套期会计的条件
    - 套期关系再平衡
    - 套期关系的终止
  - 确认和计量
    - 公允价值套期
    - 现金流量套期
      - 套期有效的部分、套期无效部分
    - 境外经营净投资套期
      - 有效套期的部分、无效套期部分
  - 信用风险敞口的公允价值选择权
    - 将信用风险敞口指定为FVTPL的条件
    - 指定为FVTPL的信用风险敞口的相关会计处理
- 金融工具的披露
  - 金融工具一般信息披露要求
  - 资产负债表相关信息的披露
  - 利润表相关信息的披露
  - 公允价值相关信息披露
  - 金融工具风险信息披露

第八章 长期股权投资及企业合并

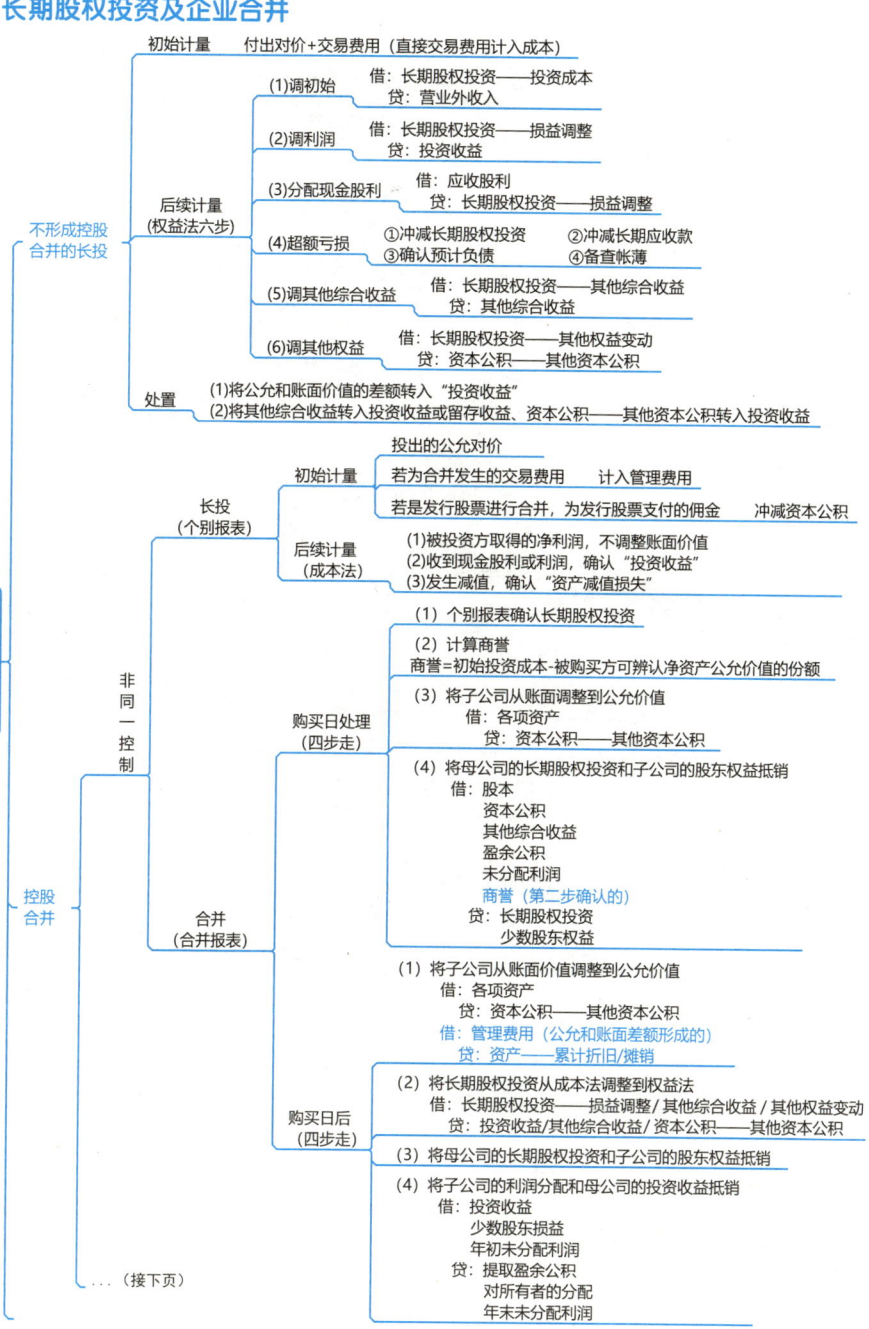

- 长投及合并
  - 不形成控股合并的长投
    - 初始计量：付出对价+交易费用（直接交易费用计入成本）
    - 后续计量（权益法六步）
      - (1)调初始
        - 借：长期股权投资——投资成本
        - 贷：营业外收入
      - (2)调利润
        - 借：长期股权投资——损益调整
        - 贷：投资收益
      - (3)分配现金股利
        - 借：应收股利
        - 贷：长期股权投资——损益调整
      - (4)超额亏损
        - ①冲减长期股权投资
        - ②冲减长期应收款
        - ③确认预计负债
        - ④备查帐薄
      - (5)调其他综合收益
        - 借：长期股权投资——其他综合收益
        - 贷：其他综合收益
      - (6)调其他权益
        - 借：长期股权投资——其他权益变动
        - 贷：资本公积——其他资本公积
    - 处置
      - (1)将公允和账面价值的差额转入“投资收益”
      - (2)将其他综合收益转入投资收益或留存收益、资本公积——其他资本公积转入投资收益
  - 控股合并
    - 非同一控制
      - 长投（个别报表）
        - 初始计量
          - 投出的公允对价
          - 若为合并发生的交易费用：计入管理费用
          - 若是发行股票进行合并，为发行股票支付的佣金：冲减资本公积
        - 后续计量（成本法）
          - (1)被投资方取得的净利润，不调整账面价值
          - (2)收到现金股利或利润，确认“投资收益”
          - (3)发生减值，确认“资产减值损失”
      - 合并（合并报表）
        - 购买日处理（四步走）
          - （1）个别报表确认长期股权投资
          - （2）计算商誉
            - 商誉=初始投资成本-被购买方可辨认净资产公允价值的份额
          - （3）将子公司从账面调整到公允价值
            - 借：各项资产
            - 贷：资本公积——其他资本公积
          - （4）将母公司的长期股权投资和子公司的股东权益抵销
            - 借：股本
              - 资本公积
              - 其他综合收益
              - 盈余公积
              - 未分配利润
              - 商誉（第二步确认的）
            - 贷：长期股权投资
              - 少数股东权益
        - 购买日后（四步走）
          - （1）将子公司从账面价值调整到公允价值
            - 借：各项资产
            - 贷：资本公积——其他资本公积
            - 借：管理费用（公允和账面差额形成的）
            - 贷：资产——累计折旧/摊销
          - （2）将长期股权投资从成本法调整到权益法
            - 借：长期股权投资——损益调整/其他综合收益/其他权益变动
            - 贷：投资收益/其他综合收益/资本公积——其他资本公积
          - （3）将母公司的长期股权投资和子公司的股东权益抵销
          - （4）将子公司的利润分配和母公司的投资收益抵销
            - 借：投资收益
              - 少数股东损益
              - 年初未分配利润
            - 贷：提取盈余公积
              - 对所有者的分配
              - 年末未分配利润
    - ...（接下页）

长投及合并

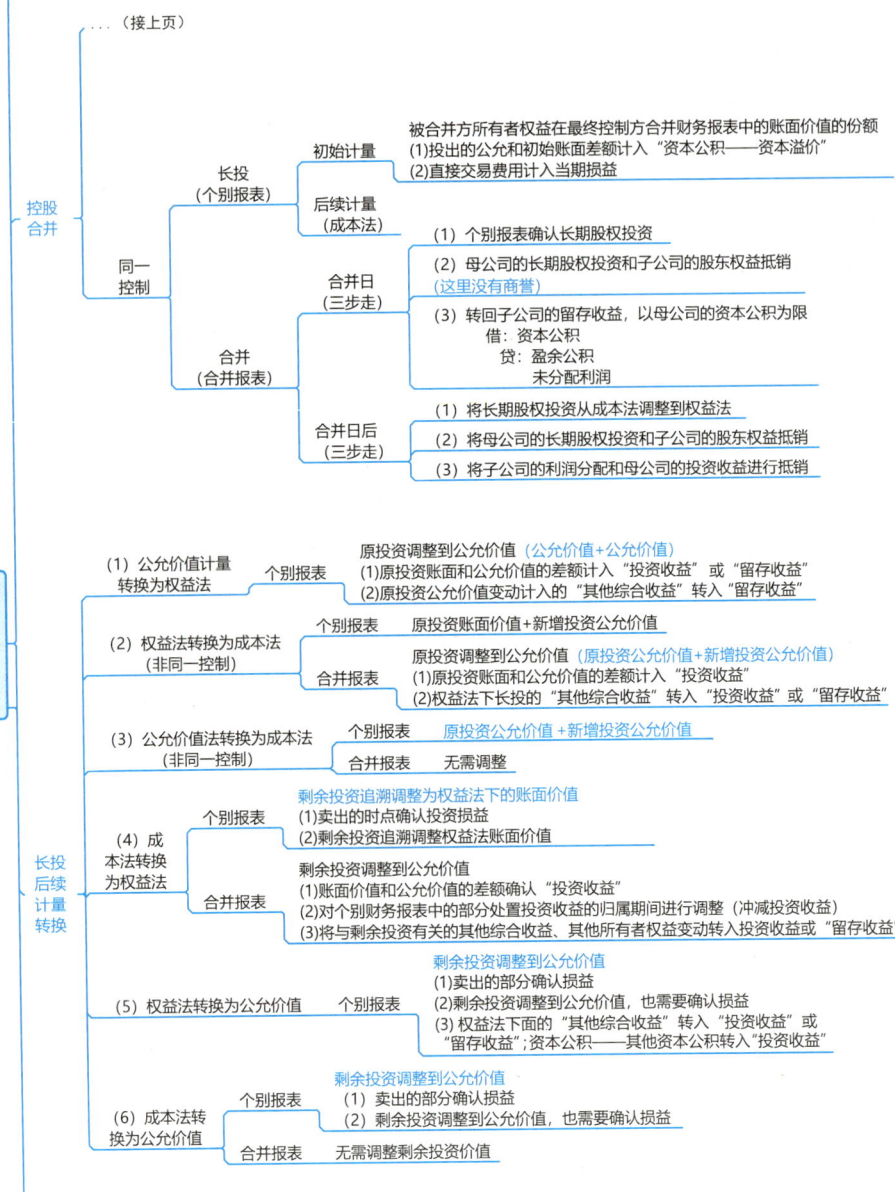

- …（接上页）
- 控股合并
  - …（接上页）
  - 同一控制
    - 长投（个别报表）
      - 初始计量
        - 被合并方所有者权益在最终控制方合并财务报表中的账面价值的份额
        - (1)投出的公允和初始账面差额计入“资本公积——资本溢价”
        - (2)直接交易费用计入当期损益
      - 后续计量（成本法）
    - 合并（合并报表）
      - 合并日（三步走）
        - (1) 个别报表确认长期股权投资
        - (2) 母公司的长期股权投资和子公司的股东权益抵销（这里没有商誉）
        - (3) 转回子公司的留存收益，以母公司的资本公积为限
          - 借：资本公积
          - 贷：盈余公积
          - 未分配利润
      - 合并日后（三步走）
        - (1) 将长期股权投资从成本法调整到权益法
        - (2) 将母公司的长期股权投资和子公司的股东权益抵销
        - (3) 将子公司的利润分配和母公司的投资收益进行抵销
- 长投后续计量转换
  - (1) 公允价值计量转换为权益法
    - 个别报表
      - 原投资调整到公允价值（公允价值+公允价值）
      - (1)原投资账面和公允价值的差额计入“投资收益”或“留存收益”
      - (2)原投资公允价值变动计入的“其他综合收益”转入“留存收益”
  - (2) 权益法转换为成本法（非同一控制）
    - 个别报表：原投资账面价值+新增投资公允价值
    - 合并报表
      - 原投资调整到公允价值（原投资公允价值+新增投资公允价值）
      - (1)原投资账面和公允价值的差额计入“投资收益”
      - (2)权益法下长投的“其他综合收益”转入“投资收益”或“留存收益”
  - (3) 公允价值法转换为成本法（非同一控制）
    - 个别报表：原投资公允价值+新增投资公允价值
    - 合并报表：无需调整
  - (4) 成本法转换为权益法
    - 个别报表
      - 剩余投资追溯调整为权益法下的账面价值
      - (1)卖出的时点确认投资损益
      - (2)剩余投资追溯调整权益法账面价值
    - 合并报表
      - 剩余投资调整到公允价值
      - (1)账面价值和公允价值的差额确认“投资收益”
      - (2)对个别财务报表中的部分处置投资收益的归属期间进行调整（冲减投资收益）
      - (3)将与剩余投资有关的其他综合收益、其他所有者权益变动转入投资收益或“留存收益”
  - (5) 权益法转换为公允价值
    - 个别报表
      - 剩余投资调整到公允价值
      - (1)卖出的部分确认损益
      - (2)剩余投资调整到公允价值，也需要确认损益
      - (3) 权益法下面的“其他综合收益”转入“投资收益”或“留存收益”；资本公积——其他资本公积转入“投资收益”
  - (6) 成本法转换为公允价值
    - 个别报表
      - 剩余投资调整到公允价值
      - (1) 卖出的部分确认损益
      - (2) 剩余投资调整到公允价值，也需要确认损益
    - 合并报表：无需调整剩余投资价值
- …（接下页）

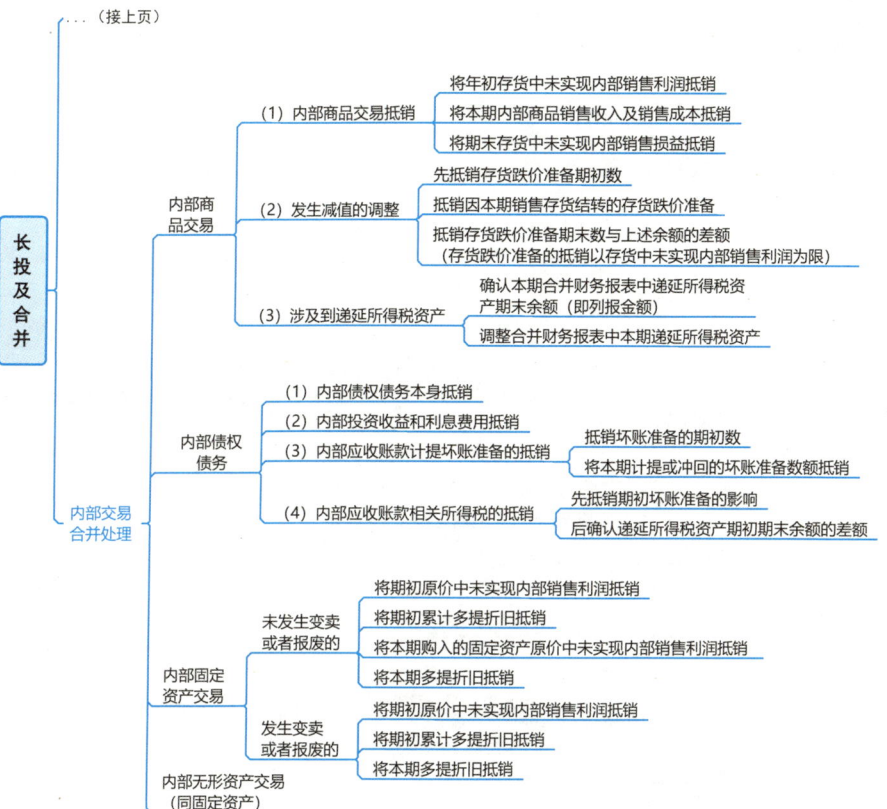

- **长投及合并**
  - …（接上页）
  - 内部交易合并处理
    - 内部商品交易
      - （1）内部商品交易抵销
        - 将年初存货中未实现内部销售利润抵销
        - 将本期内部商品销售收入及销售成本抵销
        - 将期末存货中未实现内部销售损益抵销
      - （2）发生减值的调整
        - 先抵销存货跌价准备期初数
        - 抵销因本期销售存货结转的存货跌价准备
        - 抵销存货跌价准备期末数与上述余额的差额（存货跌价准备的抵销以存货中未实现内部销售利润为限）
      - （3）涉及到递延所得税资产
        - 确认本期合并财务报表中递延所得税资产期末余额（即列报金额）
        - 调整合并财务报表中本期递延所得税资产
    - 内部债权债务
      - （1）内部债权债务本身抵销
      - （2）内部投资收益和利息费用抵销
      - （3）内部应收账款计提坏账准备的抵销
        - 抵销坏账准备的期初数
        - 将本期计提或冲回的坏账准备数额抵销
      - （4）内部应收账款相关所得税的抵销
        - 先抵销期初坏账准备的影响
        - 后确认递延所得税资产期初期末余额的差额
    - 内部固定资产交易
      - 未发生变卖或者报废的
        - 将期初原价中未实现内部销售利润抵销
        - 将期初累计多提折旧抵销
        - 将本期购入的固定资产原价中未实现内部销售利润抵销
        - 将本期多提折旧抵销
      - 发生变卖或者报废的
        - 将期初原价中未实现内部销售利润抵销
        - 将期初累计多提折旧抵销
        - 将本期多提折旧抵销
    - 内部无形资产交易（同固定资产）

第九章 负债

- 负债
  - 流动负债
    - 短期借款：一年以下，计提利息计入“财务费用”
    - 应付票据：分为带息票据和不带息票据
    - 应付及预收款项
      - 应付账款：按应付金额入账，现金折扣冲减当期财务费用
      - 预收账款：按预收金额入账，如果预收账款不多，可以将其计入“应收账款”科目的贷方
    - 应交税费
      - 增值税：企业赠送自产的产品给客户，要视同销售缴纳税款
      - 消费税
        - (1)委托加工由受托方代收代缴
        - (2)若委托加工后原价出售，不用再缴纳消费税，消费税直接计入成本
        - (3)若加价出售或用于连续生产应税消费品，需要缴纳消费税，但之前缴纳的可以抵扣
      - 土地增值税
      - 资源税：若自产自用，则视同销售，同时资源税要计入成本
      - 房产税、土地使用税、车船税、印花税，通过“税金及附加”核算
      - 耕地占用税——作为建造成本计入在建工程
    - 应付股利
    - 其他应付款
  - 非流动负债
    - 长期借款：后续计量采取摊余成本计量
    - 应付债券：同“以摊余成本计量的金融资产”处理一致
    - 可转换公司债券
      - (1)股债分离。债券成分折现确认应付债券，将权益成份确认为其他权益工具
      - (2)转股前，负债成分的处理，同一般公司债券相同
      - (3)转换股份时，要将权益成分转入资本公积
    - 长期应付款

第十章 所有者权益

- 所有者权益
  - 实收资本和其他权益工具
    - 实收资本
      - 确认
        - 为发行股票所支付的佣金，冲减“资本公积——股本溢价”
      - 增加
        - 一般途径
          - 资本公积转为实收资本或股本
          - 盈余公积转为实收资本
          - 接受所有者投入
        - 股份有限公司发放股票股利
        - 可转换公司债券持有人行使转换权利
        - 企业将重组债务转为资本
        - 以权益结算的股份支付的行权
      - 减少
        - 有限责任公司：直接用银行存款购回注销
        - 股份有限公司：先回购股份，再注销股本
    - 其他权益工具
      - 权益工具：发行费用应当从权益中扣除
      - 债务工具：以摊余成本计量的，发行费用计入初始计量金额
  - 资本公积和其他综合收益
    - 资本公积
      - 资本溢价：投资者投入时，大于按其投资比例计算的出资部分
      - 股本溢价：溢价发行时，超过面值的部分
      - 其他资本公积：除资本溢价（或股本溢价）项目以外所形成的资本公积
    - 其他综合收益
      - 不能重分类进损益的
        - 重新计量设定受益计划净负债或净资产导致的变动
        - 按照权益法核算因被投资单位重新计量设定受益计划净负债或净资产变动导致的权益变动，投资企业按持股比例计算确认的该部分其他综合收益项目
        - 将非交易性权益工具指定为以公允价值计量且其变动计入其他综合收益的金融资产（该类非交易性权益工具终止确认时原计入其他综合收益的公允价值变动损益）
      - 满足条件时可以重分类进损益的
        - 应当分类为以公允价值计量且其变动计入其他综合收益的金融资产
        - 金融资产重分类（可将其他综合收益转入当期损益的部分）
        - 采用权益法核算的长期股权投资，被投资单位其他综合收益变动
        - 存货或自用房地产转换为投资性房地产，其公允价值大于账面价值的部分
        - 现金流量套期工具产生的利得或损失中属于有效套期的部分
        - 外币财务报表折算差额
  - 留存收益
    - 盈余公积
      - 分类
        - 法定盈余公积：税后利润的10%提取
        - 任意盈余公积：没有比例限制
      - 提取
        - 外商投资企业按净利润提取的储备基金、企业发展基金，也属于盈余公积核算
        - 外商投资企业提取的职工奖励及福利基金，按应付职工薪酬核算
      - 用途
        - 可用于弥补亏损、扩大生产经营、转增资本
    - 未分配利润
      - 分配股利或利润
      - 弥补亏损

第十一章 收入、费用和利润

- **收入、费用和利润**
  - 收入的确认和计量
    - 识别与客户订立的合同
      - 合同识别
        - 确认收入的前提：合同应同时满足5个条件
        - 后续评估：满足条件则不用，未满足条件则需要
      - 合同变更
        - 1.合同变更部分作为单独合同：可明确区分商品+反映单独售价
        - 2.合同变更作为原合同终止及新合同订立：不属于情形1+已转让与未转让商品可明确区分
        - 3.合同变更部分作为原合同组成部分：不属于情形1+已转让与未转让商品不可明确区分
    - 识别合同中的单项履约义务
      - 转让可明确区分的商品的承诺
        - 2个条件
          - 商品本身可区分
          - 合同层面可区分
        - 合同层面不可区分
          - 需提供重大服务进行整合或组合
          - 重大修改或定制
          - 彼此高度关联
      - 一系列实质相同且转让模式相同、可明确区分商品
    - 确定交易价格
      - 可变对价
        - 最佳估计数的确定　期望值or最可能发生金额
        - 限制　不得超过极可能不发生重大转回的金额
      - 存在重大融资成分
        - 按现销价格确定交易价格，与合同价格的差额，按实际利率摊销
        - 间隔不超过1年，可以不考虑
      - 非现金对价
        - 按非现金资产公允价值确定交易价格
        - 如果公允价值不能合理估计，则按商品单独售价
      - 应付客户对价　冲减交易价格，因向客户购买商品除外
    - 将交易价格分摊至各单项履约义务
      - 按单独售价比例分摊交易价格
      - 单独售价无法观察：市场调整法、成本加成法、余值法
    - 履行每一单项履约义务时确认收入
      - 在某一时段内履行的履约义务
        - 条件
          - 客户在企业履约同时取得并消耗企业履约带来的经济利益
          - 客户能够控制在建商品
          - 不可替代用途+合格收款权
        - 按履约进度确认收入　产出法、投入法
      - 在某一时点履行的履约义务
        - 在商品控制权转移时确认收入
        - 判断控制权是否转移时应当考虑5个迹象
  - 合同成本
    - 合同履约成本
      - 确认资产的条件
        - 1.与当前或预期取得的合同直接相关
        - 2.增加了未来用于履行履约义务的资源
        - 3.该成本预期能够收回
      - 计入当期损益的支出
        - 1.管理费用
        - 2.非正常消耗的支出
        - 3.与履约义务中已履行部分相关支出
        - 4.无法在尚未履行的与已履行的履约义务之间区分的支出
    - 合同取得成本
      - 确认资产的条件　取得合同的增量成本预期能够收回
      - 简化处理　摊销期不超过一年的，可以计入当期损益
    - 摊销和减值
      - 摊销　与收入确认相同基础进行摊销，计入当期损益
      - 减值
        - 情形：账面价值>转让资产预期取得的剩余对价-为转让该相关商品估计要发生的成本
        - 处理：确认资产减值损失，以后可以转回
  - ...

（接下页）

收入、费用和利润

- …（接上页）
- 特定交易会计处理
  - 附有销售退回条款的销售
    - 转移控制权时
      - 预计要退还的价款计入预计负债
      - 预计要收回的商品计入应收退货成本
    - 资产负债表日重估退货率
      - 调增退货率：调增预计负债、应收退货成本，调减销售收入、销售成本
      - 调减退货率：调减预计负债、应收退货成本，调增销售收入、销售成本
    - 实际收到退货时
      - 确认库存商品
      - 冲减销项税额
      - 冲减销售收入（先冲减预计负债为0，差额倒挤销售收入）
      - 冲减销售成本（先冲减应收退货成本为0，差额倒挤销售成本）
  - 附有质量保证条款的销售
    - 构成单项履约义务
      - 情形：可单独购买或属于既定标准外的单独服务
      - 处理：分摊交易价格，在实际履行时确认收入
    - 不构成单项履约义务
      - 按或有事项（产品质量保证）处理
  - 主要责任人和代理人
    - 原则
      - 以转让商品前是否拥有控制权来判断
    - 主要责任人
      - 条件
        - 向客户转让商品前能够控制该商品
      - 情形
        - 1.自第三方取得商品控制权后再转让
        - 2.能够主导第三方代表企业向客户提供服务
        - 3.自第三方取得控制权后，提供重大服务整合成组合产出转让给客户
      - 处理
        - 按应收或已收合同对价确认收入
    - 代理人
      - 向客户转让商品前不能够控制该商品
      - 按照预期有权收取的佣金或手续费的金额确认收入
  - 附有客户额外购买选择权的销售
    - 向客户提供重大权利
      - 作为单项履约义务
      - 分摊交易价格，在客户未来行使购买选择权或者该选择权失效时，确认相应的收入
    - 未向客户提供重大权利
      - 不分摊交易价格
  - 授予知识产权许可
    - 构成单项履约义务
      - 在某一时段内履行
      - 在某一时点履行
      - 应同时满足3个条件：
        - 1.企业将从事有重大影响的活动
        - 2.该活动对客户将产生有利或不利影响
        - 3.该活动不会导致向客户转移商品
    - 不构成单项履约义务
      - 将该知识产权许可和其他商品一起作为一项履约义务进行会计处理
    - 按销售或使用情况收取特许权使用费的
      - 应当在以下两项孰晚的时点确认收入：
        - 1.客户后续销售或使用行为实际发生
        - 2.企业履行相关履约义务
  - 售后回购
    - 企业有权利或义务
      - 回购价格<原售价：租赁交易
      - 回购价格≥ 原售价：融资交易
    - 客户有选择权
      - 在合同开始日评估客户是否将行权
        - 行权：同情形1处理
        - 不行权：附有销售退回条款的销售
  - 客户未行使权利
    - 一般预收款：作为合同负债，在履行相关义务时转入收入
    - 无需退回的预收款：企业预期有权获得客户放弃的合同权利时，按比例确认收入；否则只有在客户要求履约可能性极低时才能转入收入
    - 特殊情形：法律规定无人认领的财产需上交政府，企业不应确认收入
  - 无需退回的初始费
    - 与向客户转让已承诺的商品相关
      - 该商品构成单项履约义务
        - 按照分摊至该商品的交易价格确认收入
      - 该商品不构成单项履约义务
        - 按照分摊至包含该商品的单项履约义务的交易价格确认收入
    - 与向客户转让已承诺的商品不相关
      - 该初始费应当作为未来将转让商品的预收款，在未来转让该商品时确认为收入
- 费用
  - (1)生产费用，直接计入产品成本，比如制造费用；
  - (2)期间费用，直接计入当期损益，比如管理费用、销售费用、财务费用；
- 利润
  - 营业利润、利润总额、净利润、营业外收支、本年利润

第十二章 财务报告

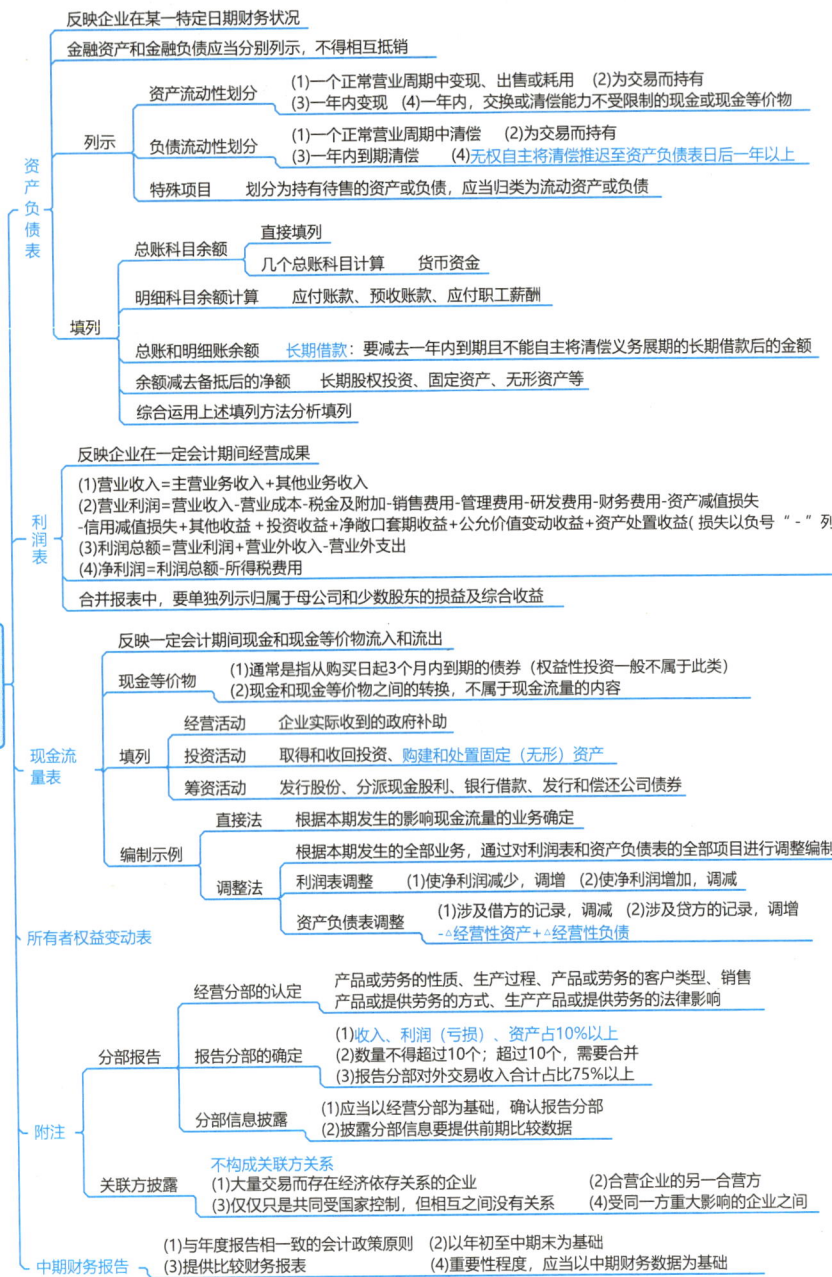

- 财务报告
  - 资产负债表
    - 反映企业在某一特定日期财务状况
    - 金融资产和金融负债应当分别列示，不得相互抵销
    - 列示
      - 资产流动性划分
        - (1)一个正常营业周期中变现、出售或耗用 (2)为交易而持有 (3)一年内变现 (4)一年内，交换或清偿能力不受限制的现金或现金等价物
      - 负债流动性划分
        - (1)一个正常营业周期中清偿 (2)为交易而持有 (3)一年内到期清偿 (4)无权自主将清偿推迟至资产负债表日后一年以上
      - 特殊项目 划分为持有待售的资产或负债，应当归类为流动资产或负债
    - 填列
      - 总账科目余额
        - 直接填列
        - 几个总账科目计算 货币资金
      - 明细科目余额计算 应付账款、预收账款、应付职工薪酬
      - 总账和明细账余额 长期借款：要减去一年内到期且不能自主将清偿义务展期的长期借款后的金额
      - 余额减去备抵后的净额 长期股权投资、固定资产、无形资产等
      - 综合运用上述填列方法分析填列
  - 利润表
    - 反映企业在一定会计期间经营成果
    - (1)营业收入=主营业务收入+其他业务收入
      (2)营业利润=营业收入-营业成本-税金及附加-销售费用-管理费用-研发费用-财务费用-资产减值损失-信用减值损失+其他收益＋投资收益+净敞口套期收益+公允价值变动收益+资产处置收益(损失以负号“-”列示)
      (3)利润总额=营业利润+营业外收入-营业外支出
      (4)净利润=利润总额-所得税费用
    - 合并报表中，要单独列示归属于母公司和少数股东的损益及综合收益
  - 现金流量表
    - 反映一定会计期间现金和现金等价物流入和流出
    - 现金等价物
      - (1)通常是指从购买日起3个月内到期的债券（权益性投资一般不属于此类）
      - (2)现金和现金等价物之间的转换，不属于现金流量的内容
    - 填列
      - 经营活动 企业实际收到的政府补助
      - 投资活动 取得和收回投资、购建和处置固定（无形）资产
      - 筹资活动 发行股份、分派现金股利、银行借款、发行和偿还公司债券
    - 编制示例
      - 直接法 根据本期发生的影响现金流量的业务确定
      - 调整法
        - 根据本期发生的全部业务，通过对利润表和资产负债表的全部项目进行调整编制
        - 利润表调整 (1)使净利润减少，调增 (2)使净利润增加，调减
        - 资产负债表调整 (1)涉及借方的记录，调减 (2)涉及贷方的记录，调增 -△经营性资产+△经营性负债
  - 所有者权益变动表
  - 附注
    - 分部报告
      - 经营分部的认定 产品或劳务的性质、生产过程、产品或劳务的客户类型、销售产品或提供劳务的方式、生产产品或提供劳务的法律影响
      - 报告分部的确定
        - (1)收入、利润（亏损）、资产占10%以上
        - (2)数量不得超过10个；超过10个，需要合并
        - (3)报告分部对外交易收入合计占比75%以上
      - 分部信息披露
        - (1)应当以经营分部为基础，确认报告分部
        - (2)披露分部信息要提供前期比较数据
    - 关联方披露
      - 不构成关联方关系
        - (1)大量交易而存在经济依存关系的企业 (2)合营企业的另一合营方 (3)仅仅只是共同受国家控制，但相互之间没有关系 (4)受同一方重大影响的企业之间
  - 中期财务报告
    - (1)与年度报告相一致的会计政策原则 (2)以年初至中期末为基础 (3)提供比较财务报表 (4)重要性程度，应当以中期财务数据为基础

第十三章 或有事项

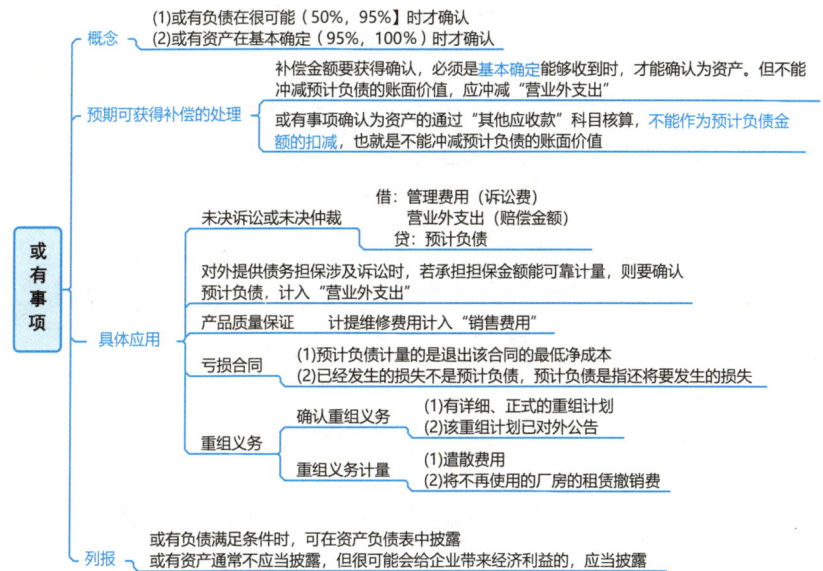

- **或有事项**
  - 概念
    - (1)或有负债在很可能（50%，95%】时才确认
    - (2)或有资产在基本确定（95%，100%）时才确认
  - 预期可获得补偿的处理
    - 补偿金额要获得确认，必须是基本确定能够收到时，才能确认为资产。但不能冲减预计负债的账面价值，应冲减“营业外支出”
    - 或有事项确认为资产的通过“其他应收款”科目核算，不能作为预计负债金额的扣减，也就是不能冲减预计负债的账面价值
  - 具体应用
    - 未决诉讼或未决仲裁
      - 借：管理费用（诉讼费）
      - 　　营业外支出（赔偿金额）
      - 　贷：预计负债
    - 对外提供债务担保涉及诉讼时，若承担担保金额能可靠计量，则要确认预计负债，计入“营业外支出”
    - 产品质量保证
      - 计提维修费用计入“销售费用”
    - 亏损合同
      - (1)预计负债计量的是退出该合同的最低净成本
      - (2)已经发生的损失不是预计负债，预计负债是指还将要发生的损失
    - 重组义务
      - 确认重组义务
        - (1)有详细、正式的重组计划
        - (2)该重组计划已对外公告
      - 重组义务计量
        - (1)遣散费用
        - (2)将不再使用的厂房的租赁撤销费
  - 列报
    - 或有负债满足条件时，可在资产负债表中披露
    - 或有资产通常不应当披露，但很可能会给企业带来经济利益的，应当披露

第十四章 非货币性资产交换

- 非货币性资产交换
  - 概念
    - 认定：非货币性资产+补价<25%
    - 不涉及的事项（适用其他准则）
      - 换出资产为存货：适用收入准则
      - 在企业合并中取得的非货币性资产
      - 交换的资产包括属于非货币性资产的金融资产
      - 非货币性资产交换中涉及使用权资产或应收融资租赁款
      - 非货币性资产交换构成权益性交易
      - 其他
  - 确认和计量
    - 确认原则
      - 换入资产：在换入资产符合资产定义并满足资产确认条件时予以确认
      - 换出资产：在换出资产满足资产终止确认条件时终止确认
      - 时点不一致的处理方法
    - 计量原则
      - 公允价值计量
      - 账面价值计量
    - 商业实质的判断
  - 会计处理
    - 涉及单一资产
      - 公允价值计量
        - 条件
          - 1.该项交换具有商业实质
          - 2.换入资产或换出资产的公允价值能够可靠计量
        - 会计处理
          - 换入资产的成本=换出资产的公允价值+支付补价的公允价值（或减去收到补价的公允价值）+应支付的相关税费
          - 换出资产的公允价值与账面价值的差额计入当期损益
      - 账面价值计量
        - 条件：不同时满足公允价值计量的两个条件
        - 会计处理
          - 换入资产的成本=换出资产的账面价值+支付补价的账面价值（或减去收到补价的公允价值）+应支付的相关税费
          - 换出资产终止确认时不确认损益
    - 涉及多项非货币性资产交换的
      - 原则：按照“公允价值占比”或“账面价值占比”计量

第十五章 债务重组

- 债务重组
  - 定义
    - 不改变交易对手方的情况下，经债权人和债务人协定或法院裁定，就清偿债务的时间、金额或方式等重新达成协议的交易
    - 债权债务的范围
      - 仅指金融工具准则规范的债权和债务
      - 不包括合同资产、合同负债、预计负债，但包括租赁应收款、租赁应付款
    - 不适用的情形
      - 通过债务重组形成企业合并
      - 债务重组构成权益性交易
  - 债务重组的方式
    - 以资产清偿债务
      - 债权人的会计处理
        - 受让金融资产
          - 受让的金融资产以公允价值计量
          - 金融资产确认金额与债权终止确认日账面价值的差额记入“投资收益”
        - 受让非金融资产
          - 以放弃债权的公允价值为基础进行计量
          - 放弃债权的公允价值与账面价值的差额计入“投资收益”
        - 受让多项资产
          - 金融资产以公允价值计量
其他资产按比例分摊放弃债权公允价值扣除金融资产的净额
          - 放弃债权的公允价值与账面价值的差额计入“投资收益”
        - 受让处置组
        - 将受让的资产或者处置组划分为持有待售
      - 债务人的会计处理
        - 以金融资产清偿
          - 债务的账面价值与偿债金融资产账面价值的差额，记入“投资收益”
          - 对于其他债权投资，其他综合收益应转入“投资收益”；
对于其他权益工具投资，其他综合收益应转入“留存收益”
        - 以非金融资产清偿
          - 不需要区分资产处置损益和债务重组损益，也不需要区分不同资产的处置损益
          - 清偿债务账面价值与转让资产账面价值之间的差额，记入“其他收益——债务重组收益”（以日常活动产出的商品或服务清偿债务的，同样处理）
    - 将债务转为权益工具
      - 债权人的会计处理
        - 将债权转为长期股权投资（联营/合营企业）
          - 按照“以资产清偿债务”的相关规定计量其初始投资成本
          - 债权人放弃债权的公允价值与账面价值之间的差额，应当记入“投资收益”
      - 债务人的会计处理
        - 初始确认权益工具时，应当按照权益工具的公允价值计量，公允价值不能可靠计量的，按照所清偿债务的公允价值计量
        - 清偿债务账面价值与权益工具确认金额之间的差额，记入“投资收益”科目
        - 因发行权益工具而支出的相关税费等，应当依次冲减资本溢价、盈余公积、未分配利润等
    - 修改其他条款
      - 债权人的会计处理
        - 导致全部债权终止确认
          - 以公允价值初始计量新的金融资产
          - 新金融资产的确认金额与债权终止日账面价值之间的差额，记入“投资收益”科目
        - 未导致债权终止确认
          - 根据其分类，继续以摊余成本、以公允价值计量且其变动计入其他综合收益，或者以公允价值计量且其变动计入当期损益进行后续计量
      - 债务人的会计处理
        - 导致全部债务终止确认
          - 应当按照公允价值计量重组债务
          - 终止确认的债务账面价值与重组债务确认金额之间的差额，记入“投资收益”科目
        - 未导致或仅导致部分债务终止确认
          - 根据其分类，继续以摊余成本、以公允价值计量且其变动计入当期损益或其他适当方法进行后续计量
    - 以上三种方式的组合
      - 债权人的会计处理
        - 一般可以认为对全部债权的合同条款做出了实质性修改
        - 以公允价值初始计量新的金融资产和受让的新金融资产
        - 放弃债权的公允价值与账面价值之间的差额，记入“投资收益”
      - 债务人的会计处理
        - 所清偿债务的账面价值与转让资产的账面价值以及权益工具和重组债务的确认金额之和的差额，记“其他收益——债务重组收益”或“投资收益”（仅涉及金融工具时）科目
  - 债务重组的相关披露

第十六章 政府补助

- 政府补助
  - 概述
    - 性质
      - 涉及资产直接转移（税收的先征后返，即征即退都属于）
      - 【注意】不涉及资产直接转移的不属于政府补助，比如：债务豁免、增值税出口退税、税收的直接减免等
    - 主要形式
      - 财政拨款、财政贴息、税收返还、无偿划拨非货币性资产
  - 会计处理
    - 基本处理原则
      - 会计处理方法
        - 总额法：将政府补助全额确认为收益
        - 净额法：将政府补助作为相关成本费用的扣减
        - 企业对某项经济业务选择总额法或者净额法后，应当对该业务一贯地运用该方法，不得随意变更
      - 会计科目
        - 与企业日常相关的政府补助，按照经济业务实质，计入其他收益或冲减相关成本费用
        - 与企业日常活动无关的政府补助，计入营业外收入
    - 与资产相关
      - 总额法
        - 1.收到相关补助的时候，计入“递延收益”，在相关资产使用寿命内按合理、系统的方法分期记入损益
        - 2.相关资产在使用寿命结束时或结束前被处置，尚未分摊的递延收益余额应当一次性转入资产处置当期的损益，不再予以递延
      - 净额法
        - 将补助冲减相关资产账面价值
    - 与收益相关
      - 补偿已经发生的费用或损失
        - 直接计入当期损益或冲减相关成本
        - （1）若企业已经实际收到补助资金，应当按照实际收到的金额计入当期损益或冲减相关成本
        - （2）若会计期间尚未收到补助资金，但企业符合相关政策规定后就获得了收款权，则应当在这项补助成为应收账款时按照应收的金额予以确认，计入当期损益或冲减相关成本
        - 已计入损益的政府补助需要退回的
          - （1）初始确认时冲减相关资产成本的，应当调整资产账面价值
          - （2）存在尚未摊销的递延收益的，冲减相关递延收益账面余额，超出部分计入当期损益
          - （3）属于其他情况的，直接计入当期损益，属于前期差错的政府补助退回，应当按照前期差错更正进行追溯调整
      - 补偿未来发生的费用或损失
        - 在收到时应当先判断企业能否满足政府补助所附条件
        - （1）若暂时无法确定，应当先作为预收账款计入“其他应付款”，待满足政府补助所附条件后，再确认递延收益
        - （2）若满足政府补助所附条件，则应当确认递延收益，并在确认相关费用或损失的期间，计入当期损益或冲减相关成本
    - 特定业务的会计处理
      - 综合性项目政府补助
        - 应将与资产相关的和与收益相关的政府补助予以区分，分别处理；难以区分的，应当将其整体归类为与收益相关的政府补助进行处理
      - 财政贴息
        - 拨付给贷款银行
          - 以实际收到的金额作为借款的入账价值，按照借款本金和该政策性优惠利率计算借款费用
          - 以借款的公允价值作为借款的入账价值并按照实际利率法计算借款费用，实际收到的金额与借款公允价值之间的差额确认为递延收益，递延收益在借款存续期内采用实际利率法摊销，冲减相关借款费用
        - 直接拨付给受益企业
          - 将收到的贴息冲减相关借款费用
    - 政府补助的列报和披露
      - 政府补助的列报
        - 其他收益、相关成本费用、营业外收支
      - 政府补助的附注披露
        - 政府补助的种类、金额和列报项目
        - 计入当期损益的政府补助金额
        - 本期退回的政府补助金额及原因

第十七章 借款费用

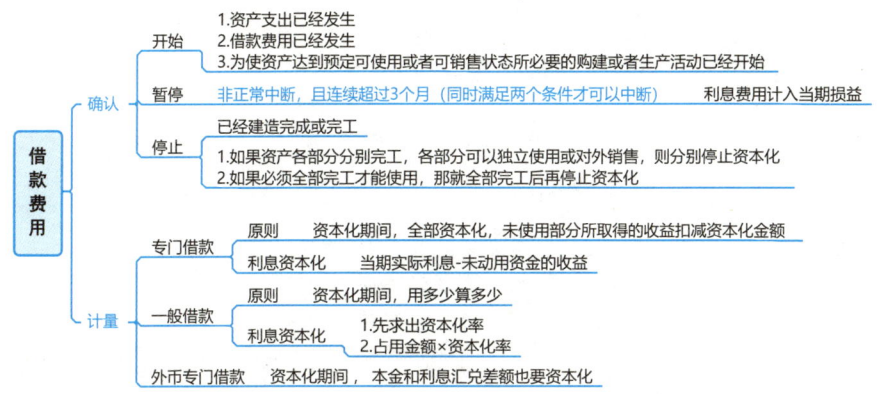

- 借款费用
  - 确认
    - 开始
      - 1.资产支出已经发生
      - 2.借款费用已经发生
      - 3.为使资产达到预定可使用或者可销售状态所必要的购建或者生产活动已经开始
    - 暂停
      - 非正常中断，且连续超过3个月（同时满足两个条件才可以中断）
        - 利息费用计入当期损益
    - 停止
      - 已经建造完成或完工
        - 1.如果资产各部分分别完工，各部分可以独立使用或对外销售，则分别停止资本化
        - 2.如果必须全部完工才能使用，那就全部完工后再停止资本化
  - 计量
    - 专门借款
      - 原则
        - 资本化期间，全部资本化，未使用部分所取得的收益扣减资本化金额
      - 利息资本化
        - 当期实际利息-未动用资金的收益
    - 一般借款
      - 原则
        - 资本化期间，用多少算多少
      - 利息资本化
        - 1.先求出资本化率
        - 2.占用金额×资本化率
    - 外币专门借款
      - 资本化期间，本金和利息汇兑差额也要资本化

第十八章 股份支付

股份支付

- 概述
  - 环节：授予日、可行权日、行权日、出售日
  - 工具类型
    - 权益结算：限制性股票和股票期权
    - 现金结算：模拟股票和现金股票增值权
- 确认和计量
  - 权益结算
    - 1.授予日不作处理
    - 2.每个等待期期末以“授予日”的公允价值来进行计量，将当期取得的服务计入相关资产成本或当期费用，同时贷方计“资本公积——其他资本公积”
    - 3.可行权日后，不再发生变动，不需要处理
  - 现金结算
    - 1.授予日不作处理
    - 2.每个等待期期末以“当日”的公允价值来进行计量，将当期服务计入相关资产成本或费用，同时贷方计“应付职工薪酬”
    - 3.可行权日后，会随着公允价值的变动而变动，计入“公允价值变动损益”
  - 可行权条件
    - 服务期限
    - 业绩条件
      - 包括：市场条件、非市场条件
      - 1.企业在确定权益工具在授予日的公允价值时，不考虑非市场条件影响
      - 2.只要职工满足了其他所有非市场条件，企业就应当确认已取得的服务
  - 回购股份
    - 1.回购股份确认“库存股”
    - 2.确认成本费用，贷计“资本公积——其他资本公积”
    - 3.职工行权，“库存股”减少
  - 集团股份支付
    - 母公司结算
      - 用自身权益工具，权益结算
      - 用其他权益工具，现金结算
    - 接受服务企业自己结算
      - 用自身权益工具，权益结算
      - 用其他权益工具，现金结算
- 限制性股票处理
  - 授予日
    - 1.收到认股款，股本增加
    - 2.就回购义务确认负债，按发行限制性股票的数量以及相应的回购价格计算确定的金额
      - 借：库存股
      - 贷：其他应付款——限制性股票回购义务
  - 等待期内
    - 股份支付有关：每个资产负债表日，按照权益结算的股份支付确认与计量原则处理
    - 分配现金股利

项目		预计未来可解锁	预计未来不可解锁
现金股利可撤销	分配股利时	借：利润分配——应付现金股利或利润 贷：应付股利——限制性股票股利 同时，按分配的现金股利金额： 借：其他应付款——限制性股票回购义务 贷：库存股	上市公司应分配给限制性股票持有者的现金股利应当冲减相关的负债 借：其他应付款——限制性股票回购义务 贷：应付股利——限制性股票股利
	实际支付时	借：应付股利——限制性股票股利 贷：银行存款	借：应付股利——限制性股票股利 贷：银行存款
现金股利不可撤销	宣告时	借：利润分配——应付现金股利或利润 贷：应付股利——限制性股票股利	上市公司应分配给限制性股票持有者的现金股利应当计入当期成本费用 借：管理费用 贷：应付股利——应付限制性股票股利
	实际支付时	借：应付股利——限制性股票股利 贷：银行存款	借：应付股利——应付限制性股票股利 贷：银行存款

  - 解锁日
    - 未达解锁条件而需要回购的：按注销的库存股账面价值贷记“库存股”
    - 达到解锁条件而无需回购的：按解锁股票相对应的库存的账面价值贷记“库存股”

第十九章 外币折算

- **外币折算**
  - 记账本位币的确定
    - (1)业务收支以人民币以外的货币为主的，可以选一种作为记账本位币，但财务报告应当折算为人民币
    - (2)记账本位币一经确定，不得随意变更
    - (3)企业确实需要变更记账本位币的，应当采用变更当日的即期汇率折算
  - 外币交易
    - (1)设置“财务费用——汇兑差额”二级科目
    - (2)企业通常采用即期汇率进行折算
    - 会计处理
      - 初始确认
        - 采用交易日的即期汇率或即期汇率近似汇率折算
        - 投入的外币资本
          - (1)采用交易发生日即期汇率折算，不得采用合同约定和即期汇率的近似汇率折算
          - (2)外币投入资本与记账本位币金额之间不产生外币资本折算差额
      - 期末调整
        - 货币性项目
          - 采用资产负债表日即期汇率；产生的汇兑差额，计入当期损益
        - 非货币性项目
          - 以历史成本计量的——交易发生日的即期汇率折算，不改变其记账本位币金额
          - 以成本与可变现净值孰低的存货——先将可变现净值折算为记账本位币，再与以记账本位币反映的存货成本进行比较
          - 以公允价值计量的外币非货币性项目(如交易性金融资产)——采用公允价值确定当日的即期汇率折算，折算后的记账本位币金额与原记账本位币金额的差额，作为公允价值变动处理，计入当期损益（以公允价值计量且其变动计入其他综合收益的金融资产特殊记忆）
  - 外币财务报表折算
    - 资产和负债项目：采用资产负债表日的即期汇率
    - 所有者权益项目：除“未分配利润”外，其他项目采用发生时的即期汇率折算
    - 利润表中收入和费用：采用交易发生日的即期汇率或即期汇率的近似汇率折算
    - 折算产生的外币财务报表折算差额：在合并报表中所有者权益项目下的“其他综合收益”项目列示

第二十章 所得税

- 所得税
  - 所得税会计的一般程序
    - 1.确定账面价值和计税基础
    - 2.确定暂时性差异
    - 3.确定递延所得税项目
    - 4.确认所得税费用
  - 资产、负债的计税基础及暂时性差异
    - 资产计税基础：未来还可以税前扣除的总金额
    - 负债计税基础：账面价值-未来期间按照税法规定可予税前扣除的金额
    - 暂时性差异
      - 账面价值和其计税基础不同产生的差额
      - 分类
        - 应纳税暂时性差异
          - 资产账面价值大于其计税基础
          - 负债账面价值小于其计税基础
        - 可抵扣暂时性差异
          - 资产账面价值小于其计税基础
          - 负债账面价值大于其计税基础
  - 递延所得税负债及递延所得税资产的确认
    - 递延所得税负债的确认
      - 产生于应纳税暂时性差异（除所得税准则中明确规定不确认的情况外）
      - 不确认递延所得税负债的情况
        - 1.商誉的初始确认
        - 2.除企业合并以外，若该项交易既不影响会计利润，也不影响应纳税所得额
        - 3.与子公司、联营企业、合营企业投资等相关的应纳税暂时性差异，满足下列条件时：
          - ① 投资企业能够控制暂时性转回的时间
          - ② 该暂时性差异在可预见的未来很可能不会转回
    - 递延所得税资产的确认
      - 产生于可抵扣暂时性差异
      - 不确认递延所得税资产的情况（资本化支出形成的无形资产按成本175%摊销）
    - 特殊交易或事项中涉及递延所得税的确认
    - 适用税率变化对已确认递延所得税资产和递延所得税负债的影响：按照新的税率重新计量
  - 所得税费用的确认和计量
    - 当期所得税
    - 递延所得税 =△递延所得税负债-△递延所得税资产
    - 所得税费用 =当期所得税+递延所得税费用
    - 所得税列报
      - 个别报表：当期所得税资产与负债及递延所得税资产及负债可以以抵销后的净额列示
      - 合并报表：纳入合并报表范围中的企业，两方之间不能相互抵销除非所涉及的企业具有以净额结算的法定权利并且意图以净额结算

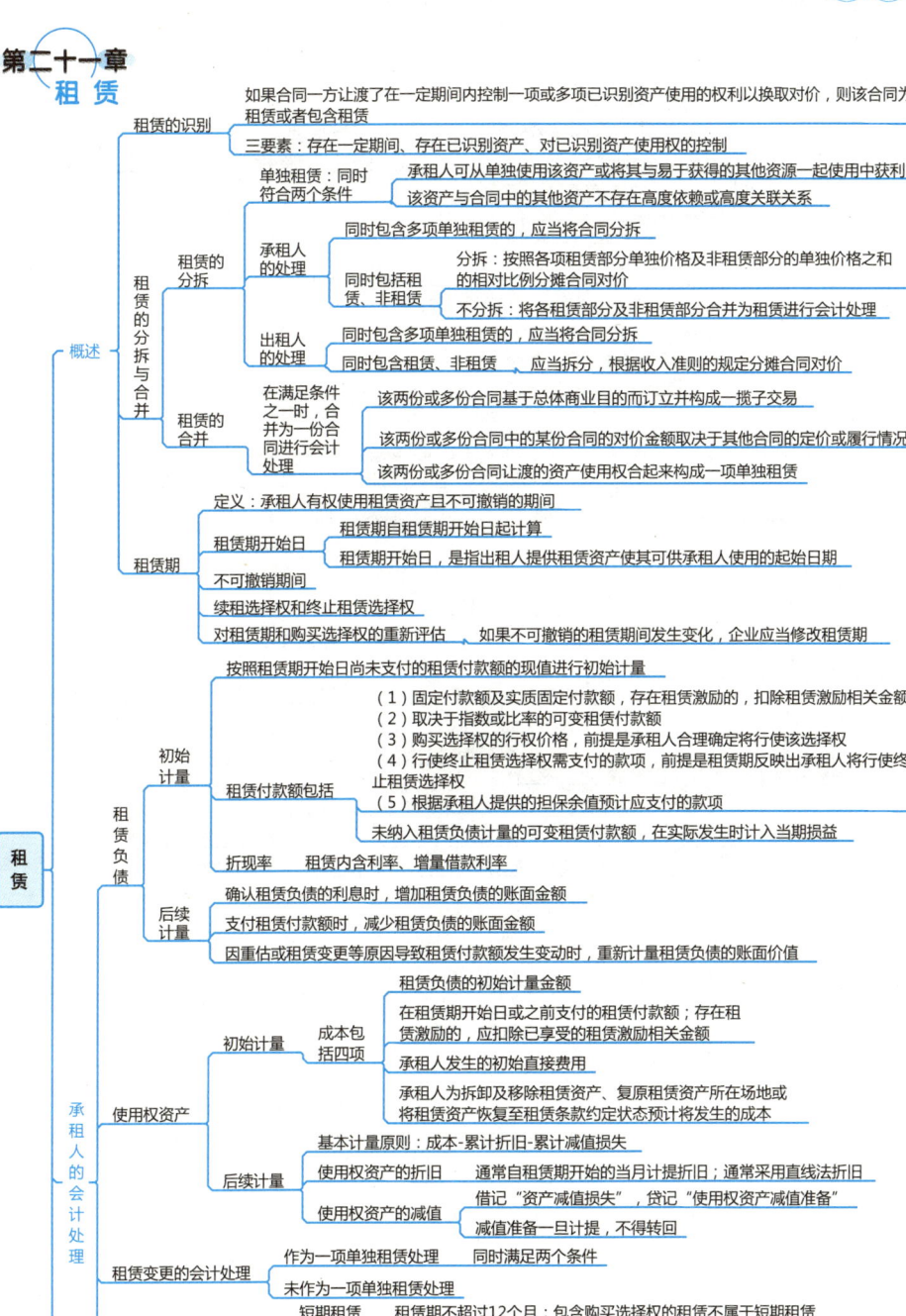

第二十一章 租赁

- **租赁**
  - 概述
    - 租赁的识别
      - 如果合同一方让渡了在一定期间内控制一项或多项已识别资产使用的权利以换取对价，则该合同为租赁或者包含租赁
      - 三要素：存在一定期间、存在已识别资产、对已识别资产使用权的控制
    - 租赁的分拆与合并
      - 租赁的分拆
        - 单独租赁：同时符合两个条件
          - 承租人可从单独使用该资产或将其与易于获得的其他资源一起使用中获利
          - 该资产与合同中的其他资产不存在高度依赖或高度关联关系
        - 承租人的处理
          - 同时包含多项单独租赁的，应当将合同分拆
          - 同时包括租赁、非租赁
            - 分拆：按照各项租赁部分单独价格及非租赁部分的单独价格之和的相对比例分摊合同对价
            - 不分拆：将各租赁部分及非租赁部分合并为租赁进行会计处理
        - 出租人的处理
          - 同时包含多项单独租赁的，应当将合同分拆
          - 同时包含租赁、非租赁
            - 应当拆分，根据收入准则的规定分摊合同对价
      - 租赁的合并
        - 在满足条件之一时，合并为一份合同进行会计处理
          - 该两份或多份合同基于总体商业目的而订立并构成一揽子交易
          - 该两份或多份合同中的某份合同的对价金额取决于其他合同的定价或履行情况
          - 该两份或多份合同让渡的资产使用权合起来构成一项单独租赁
    - 租赁期
      - 定义：承租人有权使用租赁资产且不可撤销的期间
      - 租赁期开始日
        - 租赁期自租赁期开始日起计算
        - 租赁期开始日，是指出租人提供租赁资产使其可供承租人使用的起始日期
      - 不可撤销期间
      - 续租选择权和终止租赁选择权
      - 对租赁期和购买选择权的重新评估
        - 如果不可撤销的租赁期间发生变化，企业应当修改租赁期
  - 承租人的会计处理
    - 租赁负债
      - 初始计量
        - 按照租赁期开始日尚未支付的租赁付款额的现值进行初始计量
        - 租赁付款额包括
          - （1）固定付款额及实质固定付款额，存在租赁激励的，扣除租赁激励相关金额
          - （2）取决于指数或比率的可变租赁付款额
          - （3）购买选择权的行权价格，前提是承租人合理确定将行使该选择权
          - （4）行使终止租赁选择权需支付的款项，前提是租赁期反映出承租人将行使终止租赁选择权
          - （5）根据承租人提供的担保余值预计应支付的款项
          - 未纳入租赁负债计量的可变租赁付款额，在实际发生时计入当期损益
        - 折现率
          - 租赁内含利率、增量借款利率
      - 后续计量
        - 确认租赁负债的利息时，增加租赁负债的账面金额
        - 支付租赁付款额时，减少租赁负债的账面金额
        - 因重估或租赁变更等原因导致租赁付款额发生变动时，重新计量租赁负债的账面价值
    - 使用权资产
      - 初始计量
        - 成本包括四项
          - 租赁负债的初始计量金额
          - 在租赁期开始日或之前支付的租赁付款额；存在租赁激励的，应扣除已享受的租赁激励相关金额
          - 承租人发生的初始直接费用
          - 承租人为拆卸及移除租赁资产、复原租赁资产所在场地或将租赁资产恢复至租赁条款约定状态预计将发生的成本
      - 后续计量
        - 基本计量原则：成本-累计折旧-累计减值损失
        - 使用权资产的折旧
          - 通常自租赁期开始的当月计提折旧；通常采用直线法折旧
        - 使用权资产的减值
          - 借记“资产减值损失”，贷记“使用权资产减值准备”
          - 减值准备一旦计提，不得转回
    - 租赁变更的会计处理
      - 作为一项单独租赁处理
        - 同时满足两个条件
      - 未作为一项单独租赁处理
    - 短期租赁和低价值租赁
      - 短期租赁
        - 租赁期不超过12个月；包含购买选择权的租赁不属于短期租赁
      - 低价值租赁
        - 指单项租赁资产为全新资产时价值较低的租赁
        - 简化处理需同时满足两个条件
  - ...（接下页）

租赁

- ...（接上页）
- 出租人的会计处理
  - 租赁分类
    - 融资租赁的分类标准
  - 融资租赁
    - 初始计量
      - 租赁期开始日，确认应收融资租赁款，并终止确认融资租赁资产
      - 应收融资租赁款=未担保余值的现值+租赁期开始日尚未收到的租赁收款额按照租赁内含利率折现的现值
      - 租赁收款额包括5项
      - 借：应收融资租赁款——租赁收款额
贷：银行存款（初始直接费用）
融资租赁资产（账面价值）
资产处置损益（融资租赁资产公允价与账面价差额）
应收融资租赁款——未实现融资收益
    - 后续计量
      - 计算并确认租赁期内各个期间的利息收入
    - 融资租赁变更的会计处理
      - 区分是否作为一项单独租赁
  - 经营租赁
    - 1.租金，在租赁期内各个期间按照直线法确认收入（免租期内也要确认收入）
    - 2.出租人承担了承租人某些费用情况下，应将费用从租金总额中扣除，并将租金收入余额在租赁期内进行分配。（包括免租期）
    - 3.初始直接费用应当资本化至租赁标的资产的成本。分期计入损益
    - 4.折旧和减值：采用类似资产的折旧政策计提折旧
- 特殊租赁业务的会计处理
  - 转租赁
    - 转租出租人对原租赁合同和转租赁合同分别根据承租人和出租人进行会计处理
  - 生产商或经销商出租人的融资租赁会计处理
    - 确认收入
      - 在租赁期开始日应当按照租赁资产公允价值与租赁收款额按市场利率折现的现值两者孰低确认
    - 结转成本
      - 按照租赁资产账面价值扣除未担保余值的现值后的余额结转销售成本
  - 售后租回
    - 判断资产转让是否属于销售
      - 承租人在资产转移给出租人之前已经取得对标的资产的控制
    - 属于销售
      - 卖方兼承租人
        - 确认使用权资产：原资产账面价值中与租回获得的使用权有关的部分
        - 确认相关利得或损失：原资产转让至买方兼出租人的部分确认利得或损失
      - 买方兼出租人
        - 分别按购买资产、出租资产进行会计处理
      - 售价或者租赁不公允
        - 销售对价低于市场价格的款项作为预付租金
        - 销售对价高于市场价格的款项作为买方兼出租人向卖方兼承租人提供的额外融资
    - 不属于销售
      - 卖方兼承租人不终止确认所转让的资产，而应当将收到的现金作为金融负债
      - 买方兼出租人不确认被转让资产，而应当将支付的现金作为金融资产

第二十二章 会计政策、会计估计变更和差错更正

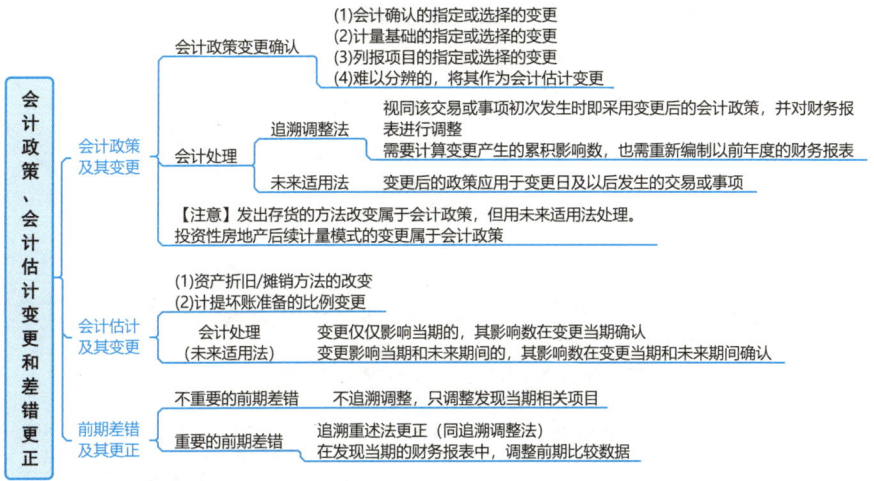

会计政策、会计估计变更和差错更正

- 会计政策及其变更
  - 会计政策变更确认
    - (1)会计确认的指定或选择的变更
    - (2)计量基础的指定或选择的变更
    - (3)列报项目的指定或选择的变更
    - (4)难以分辨的，将其作为会计估计变更
  - 会计处理
    - 追溯调整法
      - 视同该交易或事项初次发生时即采用变更后的会计政策，并对财务报表进行调整
      - 需要计算变更产生的累积影响数，也需重新编制以前年度的财务报表
    - 未来适用法
      - 变更后的政策应用于变更日及以后发生的交易或事项
  - 【注意】发出存货的方法改变属于会计政策，但用未来适用法处理。投资性房地产后续计量模式的变更属于会计政策
- 会计估计及其变更
  - (1)资产折旧/摊销方法的改变
  - (2)计提坏账准备的比例变更
  - 会计处理（未来适用法）
    - 变更仅仅影响当期的，其影响数在变更当期确认
    - 变更影响当期和未来期间的，其影响数在变更当期和未来期间确认
- 前期差错及其更正
  - 不重要的前期差错
    - 不追溯调整，只调整发现当期相关项目
  - 重要的前期差错
    - 追溯重述法更正（同追溯调整法）
    - 在发现当期的财务报表中，调整前期比较数据

第二十三章 资产负债表日后事项

资产负债表日后事项

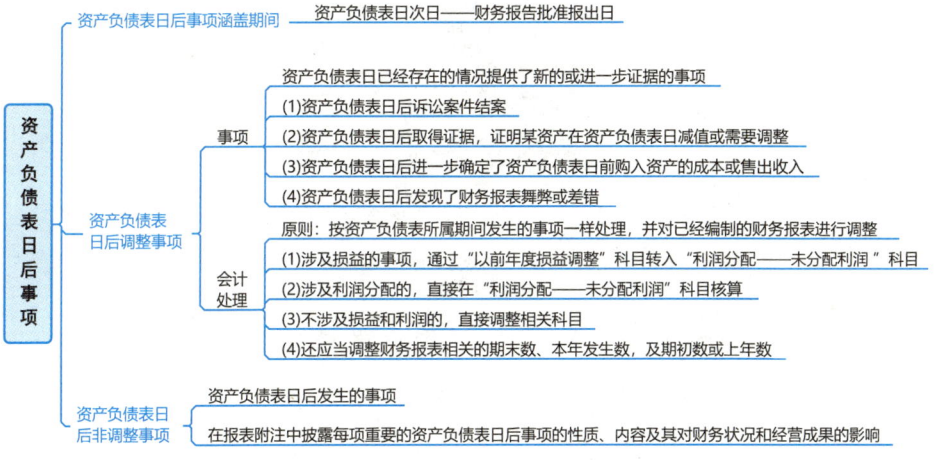

- 资产负债表日后事项涵盖期间
  - 资产负债表日次日——财务报告批准报出日
- 资产负债表日后调整事项
  - 事项
    - 资产负债表日已经存在的情况提供了新的或进一步证据的事项
    - (1)资产负债表日后诉讼案件结案
    - (2)资产负债表日后取得证据，证明某资产在资产负债表日减值或需要调整
    - (3)资产负债表日后进一步确定了资产负债表日前购入资产的成本或售出收入
    - (4)资产负债表日后发现了财务报表舞弊或差错
  - 会计处理
    - 原则：按资产负债表所属期间发生的事项一样处理，并对已经编制的财务报表进行调整
    - (1)涉及损益的事项，通过“以前年度损益调整”科目转入“利润分配——未分配利润”科目
    - (2)涉及利润分配的，直接在“利润分配——未分配利润”科目核算
    - (3)不涉及损益和利润的，直接调整相关科目
    - (4)还应当调整财务报表相关的期末数、本年发生数，及期初数或上年数
- 资产负债表日后非调整事项
  - 资产负债表日后发生的事项
  - 在报表附注中披露每项重要的资产负债表日后事项的性质、内容及其对财务状况和经营成果的影响

第二十四章 应付职工薪酬

- 应付职工薪酬
  - 短期薪酬
    - 货币性短期薪酬：按照受益对象计入当期损益或相关资产成本
    - 带薪缺勤
      - 累积带薪缺勤
        - 1.在使用当期确认
        - 2.离职时，对未行使的权利有权获得现金支付，应当确认全部累计未使用权利的金额
        - 3.离职时，对未行使的权利无权获得现金支付，则企业应当根据资产负债表日因累计未使用权利而导致的预期支付的追加金额，作为累计带薪缺勤费用进行预计
      - 非累积带薪缺勤：实际发生缺勤的期间，确认相关职工薪酬
    - 短期利润分享计划：计入当期损益或相关的资产成本（要求的工作时间对确认有影响）
    - 非货币性福利
      - 原则
        - 公允价值计量
        - 公允价值不能可靠取得的，可以采用成本计量
      - 以自产产品发放
        - 实际发放时，视同销售
        - 先通过“应付职工薪酬”科目归集当期应计入成本费用金额
      - 以外购商品发放：进项税额转出
      - 将企业拥有的房屋等资产无偿提供使用
        - 公允价值计入当期损益或相关资产成本
        - 累计折旧计入“应付职工薪酬——非货币性福利”
      - 将租赁住房等资产无偿提供使用：租金计入当期损益或相关资产成本，并确认应付职工薪酬
      - 提供企业支付了补贴的商品或服务
        - 规定服务年限，企业将差额作为长期待摊费用处理；在服务年限内摊销，计入相关资产成本或当期损益。若员工提前离职，则需退回差价（员工补交）
        - 未规定服务年限，将差额直接计入出售房屋当期相关资产成本或当期损益
  - 离职后福利
    - 设定提存计划
      - 作为一项费用计入当期损益或相关资产成本
      - 风险实质上由职工承担
    - 设定受益计划
      - 风险实质上由企业承担
      - 确定设定受益义务现值和当期服务成本
        - 1. 确认退休时点的现值
        - 2.将该现值分配到服务期间的每一期，算出归属于当期的受益义务的现值为当期服务成本
        - 3.将本期服务成本+上期期末的服务成本+按上期期末服务成本确定的利息费用=本期期末服务成本
        - 4.将当期服务成本借记“管理费用”，贷记“应付职工薪酬”。将确定的利息费用借记“财务费用”，贷记“应付职工薪酬”
  - 辞退福利
    - 对于企业实施的职工内部退休计划，由于这部分职工不再为企业带来经济利益，企业应当比照辞退福利处理
    - 确定
      - 以下两者孰早日确定
      - 1.企业不能单方面撤回解除劳动关系计划或裁减建议所提供的辞退福利时
      - 2.企业确认涉及支付辞退福利的重组相关的成本或费用时
    - 1.分期或分阶段实施的，在每期或每阶段符合预计负债确认条件时，计入当期管理费用
    - 2.内部退休计划，自职工停止提供服务日至正常退休日期间，确认为预计负债，一次计入当期管理费用
  - 其他长期职工福利
    - 1.确定设定受益义务现值和当期服务成本
    - 2.确定设定受益计划净负债或净资产
    - 3.确定应当计入当期损益的金额
    - 4.确定重新计量设定受益计划净负债或净资产所产生的变动

第二十五章 每股收益

- **每股收益**
  - 基本每股收益
    - 基本每股收益=归属于普通股股东的当期净利润/发行在外普通股的加权平均数
    - 1.归属于普通股股东的当期净利润：净利润-优先股股利
    - 2.发行在外普通股的加权平均数：期初发行在外普通股股数+当期新发行普通股股数×已发行时间/报告期时间-当期回购普通股股数×已回购时间/报告期时间
  - 稀释每股收益
    - 计算原则
      - 分子调整（净利润调整）
        - （1）当期已确认为费用的稀释性潜在普通股的利息
        - （2）稀释性潜在普通股转换时将产生的收益或费用
        - 上述调整应当考虑相关的所得税影响
      - 分母调整（股数的调整）
        - 假定稀释性潜在普通股转换为已发行普通股而增加的普通股股数
    - 可转换公司债券
      - 稀释每股收益=（净利润+假设转换时增加的净利润）/（发行在外普通股加权平均数+假设转换所增加的普通股股数加权平均数）
      - (1)股债分离；
      - (2)增加净利润=债券成分×无转化债券的市场利率×（1-所得税率）
      - (3)增加股数=债券面值/转股价格
      - (4)增量股的每股收益（增量股每股收益小于基本每股收益，才具有稀释性）
      - (5)计算稀释每股收益
    - 认股权证、股份期权
      - (1)增加的普通股股数=拟行权时转换的普通股股数-行权价格×拟行权时转换的普通股股数/当期普通股平均市场价格
      - (2)稀释每股收益
    - 企业承诺回购股份
      - 回购价高于普通股平均市场价格，具有稀释性
      - 增加的普通股股数=回购价格×承诺回购的普通股股数/当期普通股平均市场价格-承诺回购的普通股股数
  - 每股收益列报
    - 企业派发股票股利、公积金转增资本、拆股和并股等，若发生在资产负债表日至财务报告批准报出日之间，应当以调整后的股数重新计算各列报期间的每股收益
    - 配股
      - 1.每股理论除权价格=（行权前发行在外普通股的公允价值总额+配股收到的款项）÷行权后发行在外的普通股股数
      - 2.调整系数=行权前发行在外普通股的每股公允价值÷每股理论除权价格
      - 3.因配股重新计算上年度基本每股收益=上年度基本每股收益÷调整系数
      - 4.本年度基本每股收益=归属于普通股股东的当期净利润÷（配股发行在外普通股股数×调整系数×配股前普通股发行在外的时间权重+配股后发行在外普通股加权平均数）

第二十六章 持有待售的非流动资产、处置组和终止经营

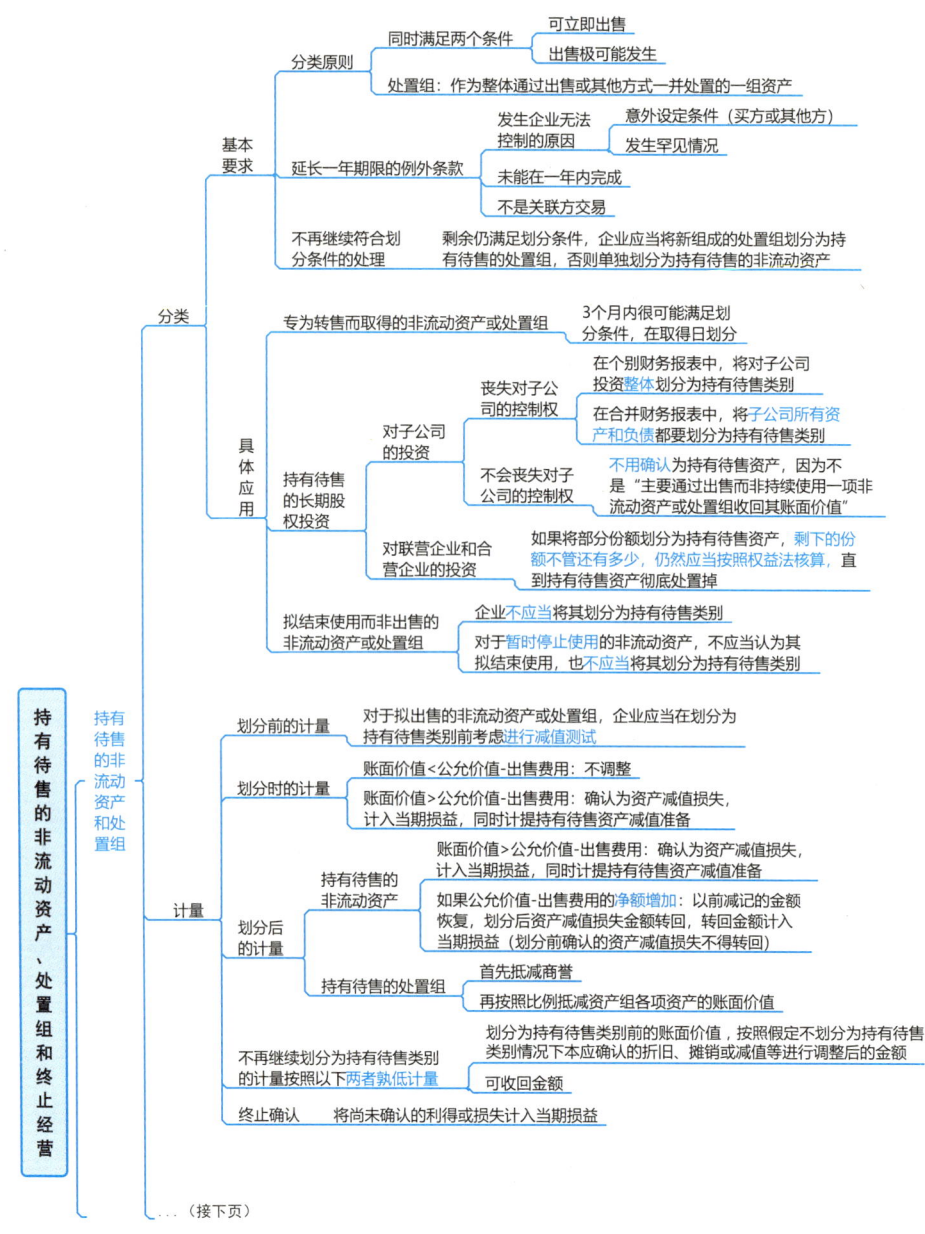

- 持有待售的非流动资产、处置组和终止经营
  - 持有待售的非流动资产和处置组
    - 分类
      - 基本要求
        - 分类原则
          - 同时满足两个条件
            - 可立即出售
            - 出售极可能发生
          - 处置组：作为整体通过出售或其他方式一并处置的一组资产
        - 延长一年期限的例外条款
          - 发生企业无法控制的原因
            - 意外设定条件（买方或其他方）
            - 发生罕见情况
          - 未能在一年内完成
          - 不是关联方交易
        - 不再继续符合划分条件的处理
          - 剩余仍满足划分条件，企业应当将新组成的处置组划分为持有待售的处置组，否则单独划分为持有待售的非流动资产
      - 具体应用
        - 专为转售而取得的非流动资产或处置组
          - 3个月内很可能满足划分条件，在取得日划分
        - 持有待售的长期股权投资
          - 对子公司的投资
            - 丧失对子公司的控制权
              - 在个别财务报表中，将对子公司投资整体划分为持有待售类别
              - 在合并财务报表中，将子公司所有资产和负债都要划分为持有待售类别
            - 不会丧失对子公司的控制权
              - 不用确认为持有待售资产，因为不是“主要通过出售而非持续使用一项非流动资产或处置组收回其账面价值”
          - 对联营企业和合营企业的投资
            - 如果将部分份额划分为持有待售资产，剩下的份额不管还有多少，仍然应当按照权益法核算，直到持有待售资产彻底处置掉
        - 拟结束使用而非出售的非流动资产或处置组
          - 企业不应当将其划分为持有待售类别
          - 对于暂时停止使用的非流动资产，不应当认为其拟结束使用，也不应当将其划分为持有待售类别
    - 计量
      - 划分前的计量
        - 对于拟出售的非流动资产或处置组，企业应当在划分为持有待售类别前考虑进行减值测试
      - 划分时的计量
        - 账面价值<公允价值-出售费用：不调整
        - 账面价值>公允价值-出售费用：确认为资产减值损失，计入当期损益，同时计提持有待售资产减值准备
      - 划分后的计量
        - 持有待售的非流动资产
          - 账面价值>公允价值-出售费用：确认为资产减值损失，计入当期损益，同时计提持有待售资产减值准备
          - 如果公允价值-出售费用的净额增加：以前减记的金额恢复，划分后资产减值损失金额转回，转回金额计入当期损益（划分前确认的资产减值损失不得转回）
        - 持有待售的处置组
          - 首先抵减商誉
          - 再按照比例抵减资产组各项资产的账面价值
      - 不再继续划分为持有待售类别的计量按照以下两者孰低计量
        - 划分为持有待售类别前的账面价值，按照假定不划分为持有待售类别情况下本应确认的折旧、摊销或减值等进行调整后的金额
        - 可收回金额
      - 终止确认
        - 将尚未确认的利得或损失计入当期损益
  - ……

（接下页）

持有待售的非流动资产、处置组和终止经营

- ...（接上页）
- 列报
  - 持有待售资产和负债不应当相互抵销
  - 对于当期首次满足划分条件的,不对其符合条件前各个会计期间的资产负债表进行项目的分类调整或重新列报
  - 在资产负债表日至财务报告批准报出日之间满足持有待售类别划分条件的，应当作为资产负债表日后非调整事项进行会计处理，并在附注中披露相关信息

终止经营

- 定义
  - 指企业满足下列条件之一的、能够单独区分的组成部分，且该组成部分已经处置或划分为持有待售类别
    - 1. 代表一项独立的主要业务或一个单独的主要经营地区
    - 2. 是拟对一项独立的主要业务或一个单独的主要经营地区进行处置的一项相关联计划的一部分
    - 3. 是专为转售而取得的子公司
- 列报
  - 在利润表中分别列示持续经营损益和终止经营损益
  - 列报的终止经营损益应当包含整个报告期间，而不仅包含认定为终止经营后的报告期间
  - 增量费用，作为终止经营损益列报
- 特殊事项的列报
  - 企业专为转售而取得的持有待售子公司的列报
  - 不再继续划分为持有待售类别的列报

第二十七章 政府及民间非营利组织会计

- 政府及民间非营利组织会计
  - 概述
    - 标准体系：由政府会计基本准则、具体准则及应用指南和政府会计制度等组成
    - 核算模式
      - 适度分离：双功能、双基础、双报告
      - 相互衔接
    - 会计要素及其确认和计量
      - 政府预算会计要素：预算收入、预算支出与预算结余
      - 政府财务会计要素包括资产、负债、净资产、收入和费用
    - 政府财务报告和决算报告
      - 反映政府会计主体某一特定日期的财务状况和某一会计期间的运行情况和现金流量等
      - 反映政府会计主体年度预算收支执行结果
  - 政府单位特定业务会计核算
    - 单位会计核算一般原则（对于纳入部门预算管理的现金收支业务，在采用财务会计核算的同时应当进行预算会计核算）
      - 预算会计
        - 预算收入-预算支出=预算结余
        - 收付实现制
      - 财务会计
        - 资产-负债=净资产
        - 收入-费用=本期盈余
        - 权责发生制
    - 国库集中支付业务
      - 财政直接支付
        - 收到“财政直接支付入账通知书”时
          - 预算会计
            - 借：事业支出、行政支出等
            - 贷：财政拨款预算收入
          - 财务会计
            - 借：库存物品、固定资产、应付职工薪酬、业务活动费用、单位管理费用等
            - 贷：财政拨款收入
        - 年度终了，根据本年度财政直接支付预算指标数与当年财政直接支付实际支出数的差额
        - 下年度恢复财政直接支付额度后，单位以财政直接支付方式发生实际支出时
      - 财政授权支付
        - 收到代理银行盖章的“授权支付到账通知书”时
          - 预算会计
            - 借：资金结存——零余额账户用款额度
            - 贷：财政拨款预算收入
          - 财务会计
            - 借：零余额账户用款额度
            - 贷：财政拨款收入
        - 按规定支用额度时
        - 年末，依据代理银行提供的对账单注销额度时
        - 下年初恢复额度时
        - 财政授权支付预算指标数大于零余额账户用款额度下达数
    - 非财政拨款收支业务
      - 事业（预算）收入
      - 捐赠（预算）收入和支出
      - 债务预算收入和债务还本支出
      - 投资支出
    - 预算结转结余及分配业务
      - 财政拨款结转结余的核算
      - 非财政拨款结转的核算
      - 非财政拨款结余的核算
      - 经营结余、其他结余及非财政拨款结余分配
    - 净资产业务
      - 本期盈余及本年盈余分配
      - 专用基金
      - 无偿调拨净资产
      - 权益法调整
      - 以前年度盈余调整
      - 累计盈余
    - ...（接下页）

政府及民间非营利组织会计

- 政府单位特定业务会计核算
  - ...（接上页）
  - 资产业务
    - 资产业务的几个共性内容
      - 资产取得
      - 资产处置
    - 应收账款
    - 库存物品
    - 固定资产
    - 自行研发取得的无形资产
    - 公共基础设施和政府储备物资
    - 受托代理资产
  - 负债业务
- 民间非营利组织会计
  - 会计概述
    - 通过筹集社会民间资金举办的、不以营利为目的，从事教育、科技、文化、卫生、宗教等社会公益事业，提供公共产品的社会服务组织
    - 特征
      - (1)该组织不以营利为宗旨和目的
      - (2)资源提供者向该组织投入资源不取得经济回报
      - (3)资源提供者不享有该组织的所有权
    - 特点
      - (1)以权责发生制为会计核算基础
      - (2)在采用历史成本计价的基础上，引入公允价值计量基础
      - (3)其会计要素不应包括所有者权益和利润，而是设置了净资产这一要素
    - 会计要素
      - 反映财务状况的会计要素：资产-负债=净资产（净资产包括限定性净资产和非限定性净资产）
      - 反映业务成果的会计要素：收入-费用=净资产变动额（收入分为交换交易所形成的和非交换交易所形成的）
    - 民间非营利组织财务会计报告
      - 资产负债表、业务活动表和现金流量表三张基本报表
      - 分为年度财务会计报告和中期财务会计报告
  - 特定业务的会计核算
    - 捐赠业务
    - 受托代理业务
    - 会费收入
    - 业务活动成本
    - 净资产

第二十八章 附加章节

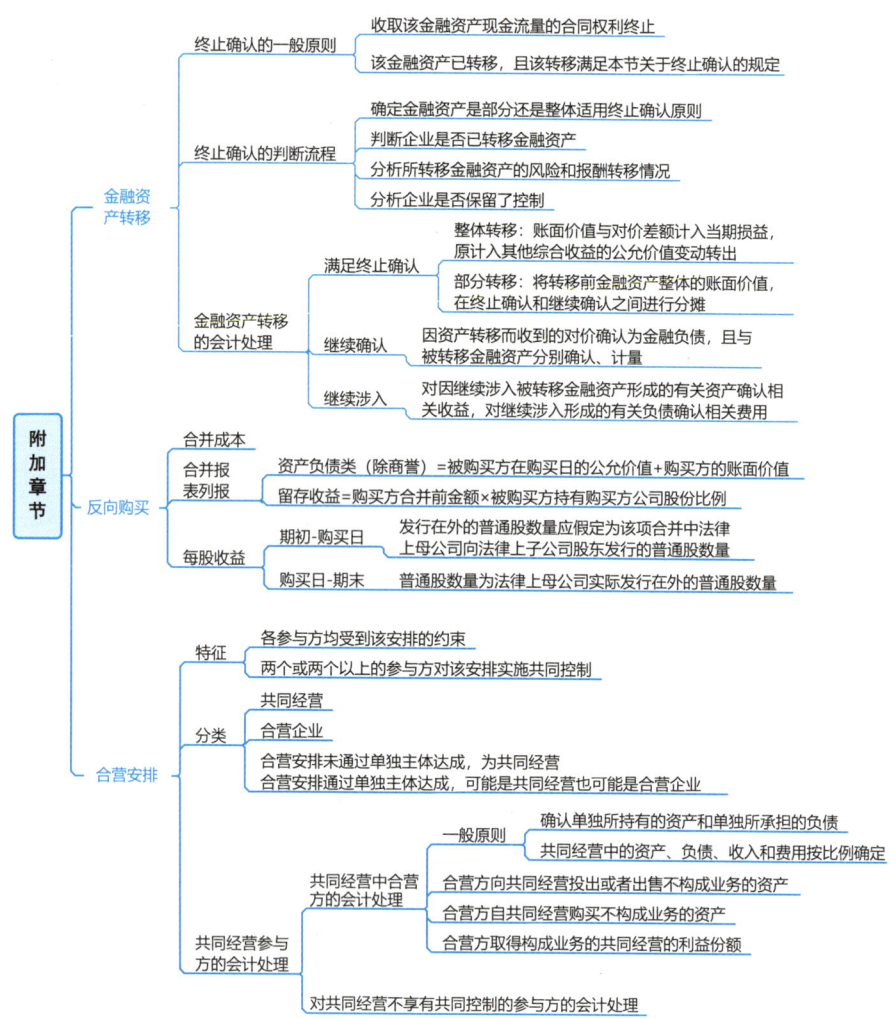

- **附加章节**
  - 金融资产转移
    - 终止确认的一般原则
      - 收取该金融资产现金流量的合同权利终止
      - 该金融资产已转移，且该转移满足本节关于终止确认的规定
    - 终止确认的判断流程
      - 确定金融资产是部分还是整体适用终止确认原则
      - 判断企业是否已转移金融资产
      - 分析所转移金融资产的风险和报酬转移情况
      - 分析企业是否保留了控制
    - 金融资产转移的会计处理
      - 满足终止确认
        - 整体转移：账面价值与对价差额计入当期损益，原计入其他综合收益的公允价值变动转出
        - 部分转移：将转移前金融资产整体的账面价值，在终止确认和继续确认之间进行分摊
      - 继续确认
        - 因资产转移而收到的对价确认为金融负债，且与被转移金融资产分别确认、计量
      - 继续涉入
        - 对因继续涉入被转移金融资产形成的有关资产确认相关收益，对继续涉入形成的有关负债确认相关费用
  - 反向购买
    - 合并成本
    - 合并报表列报
      - 资产负债类（除商誉）=被购买方在购买日的公允价值+购买方的账面价值
      - 留存收益=购买方合并前金额×被购买方持有购买方公司股份比例
    - 每股收益
      - 期初-购买日
        - 发行在外的普通股数量应假定为该项合并中法律上母公司向法律上子公司股东发行的普通股数量
      - 购买日-期末
        - 普通股数量为法律上母公司实际发行在外的普通股数量
  - 合营安排
    - 特征
      - 各参与方均受到该安排的约束
      - 两个或两个以上的参与方对该安排实施共同控制
    - 分类
      - 共同经营
      - 合营企业
      - 合营安排未通过单独主体达成，为共同经营
        合营安排通过单独主体达成，可能是共同经营也可能是合营企业
    - 共同经营参与方的会计处理
      - 共同经营中合营方的会计处理
        - 一般原则
          - 确认单独所持有的资产和单独所承担的负债
          - 共同经营中的资产、负债、收入和费用按比例确定
        - 合营方向共同经营投出或者出售不构成业务的资产
        - 合营方自共同经营购买不构成业务的资产
        - 合营方取得构成业务的共同经营的利益份额
      - 对共同经营不享有共同控制的参与方的会计处理

笔记区

笔记区